U0105636

一九八九年

中國文化研究年鑑

中國文化書院　編

出版說明

　　年鑑的重要性，是眾人皆知的。在大陸有各式各樣的年鑑，關於文史哲方面的年鑑如《中國百科年鑑》、《中國出版年鑑》、《中國哲學年鑑》、《中國歷史學年鑑》、《中國考古學年鑑》、《中國文學研究年鑑》、《中國古典文學研究年鑑》、《唐代文學研究年鑑》、《中國文藝年鑑》、《北京文藝年鑑》、《中國戲劇年鑑》、《福建戲劇年鑑》、《廣東省戲劇年鑑》、《中國比較文學年鑑》等；而這麼多的年鑑中獨缺有關中國文化的年鑑，實在可惜。有鑑於此，由湯一介先生所主持的中國文化書院花費了整整一年的時間編成這部《一九八九年中國文化研究年鑑》，並交由本社出版。

　　這部年鑑由於體系龐大、內容涵蓋層面廣、年代延伸時間長，要完成編輯出版的工作實在相當困難，除了中國文化書院耗費了相當的時間、精力完成年鑑的編纂工作外，本社亦稟持著發揚中國文化的創刊宗旨，投入了許多人力、心力、物力，且在經費並不充裕的情況下，我們仍願意與中國文化書院合力出版這本中國有史以來第一部有關中國文化研究的年鑑，希望為發揚中國文化上盡點心力。

　　由大陸中國文化書院編纂，台灣國文天地雜誌社出版，這部結合海峽兩岸力量合力完成的年鑑，我們深信對中國文化的發揚是具有相當意義的。

國文天地雜誌社叢書編輯部

民國七十九年十二月

目　錄

〈論文摘編〉

●1985 年

叄　學術動態（1981-1988年）　　　（編輯：陳繼東）

肆　中國文化研究之教育機構、叢書、雜誌、報紙
（編輯：程漫紅、席大明）

〈研究教育交流團體與機構〉

〈叢書〉

伍　臺灣、香港的中國文化研究　　（編輯：胡欣）

陸　國外中國文化研究　　　　　　　　（編輯：胡欣）

柒　中國文化研究著名學者介紹　　　　（編輯：喬清舉）

捌　中國文化大事記（1919年——1949年）
（編輯：陳繼東）

玖　中國文化研究資料索引　　　　　　（編輯：胡欣）

編後語　　　　　　　　　　　　　　　　　　湯一介　855

序

　　年鑑的重要性，盡人皆知。最近幾年來，我國確實出版了不少的年鑑。許多學科都有了自己的年鑑，這是一個十分令人歡欣鼓舞的現象。

　　如果說還有什麼缺憾的話，那就是，中國文化還沒有自己的年鑑。年來研究中國文化的高潮，在全國激盪。異論蜂起，衆說紛紜，論文如雨，專著如雲。對我國社會主義精神文明的建設，起著促進推動的作用。可是，想找一本提綱挈領的年鑑一類的書，能夠讓讀者一覽無遺，立刻對中國文化的研究得到一個全貌，却還沒有。

　　中國文化書院建院數年以來，以弘揚中國文化，引進外國文化爲職志，舉辦了許多全國範圍内的培訓班，召開了一些國際學術討論會，出版了大量的論著和學報，團結了大批的中外港台的知名學者，成績具在，用不着老王賣瓜。去年，院内的一些同仁又着手編纂一部中國文化年鑑。經過了堅持不懈的努力，現在終於編成了。這填補了我國年鑑出版工作的一個空白，一定會受到國内外歡迎的。

　　年鑑，顧名思義，記載的應該是過去一年的事。但是，因爲這是第一册，只講過去一年，不足以概全貌。因此，我們就把時間上限延伸了不少。以後再出的話，就能夠嚴格地遵守年鑑的規格了。

　　現在，我們懷著良好的願望，伴之以真誠的祝福，把這一册年鑑送出去，送給海内外愛好中國文化的志同道合者。既在雪中送了炭，又在錦上添了花，願它走向天涯，走向海角，走出中國，走向世界。得到贊賞，我們高興；得到批評，我們感謝。無論如何，對己對人，都會有好處的。

　　是爲序。

季羨林

1989 年 4 月 5 日

壹

專　論

（編輯：孫尚揚）

論中國傳統哲學中的真善美問題

湯一介

　　真、善、美歷來是哲學討論的重要範疇。中國傳統哲學在這三個方面提供了獨特而有價值的思想資料，從而表現了中華民族在理論思維方面的獨創性。

　　中國傳統哲學關於真、善、美的觀點集中體現在中國古代思想家長期討論的三個命題之中，即：「天人合一」、「知行合一」、「情景合一」。

　　關於「天」和「人」這兩個概念可以因不同的哲學家而有十分不同的涵義，這裡不可能詳細討論，但無論如何「天（道）」總是就宇宙的根本或宇宙的總體方面說的，「人（道）」往往是就人們的社會生活或人本身方面說的。天人關係問題從來就是中國古代思想家所研究的最重要的問題，司馬遷說他的《史記》是一部「究天人之際」的書；董仲舒答漢武帝策問時說，他講的是「天人相與之際」的學問；魏晉玄學創始者之一何晏說另一創始者王弼是「始可與言天人之際」的哲學家；中國道教茅山宗的真正創始者陶弘景說只有顧歡（另一道教領袖）了解他「心理所得」是「天人之際」的問題。在中國傳統哲學中對「天人關係」雖有各種說法，如荀子提出的「明天人之分」，莊子的「蔽於天而不知人」，郭象的「天者，萬物之總名」等等，而且「天人關係」問題在魏晉時期又常通過「自然」與「名教」的關係表現出來。但中國傳統哲學的主流卻大都把論證「天人合一」或以說明「天人合一」為第一要務。

　　孔子多言「人事」，而少言「天命」，然而孔子並非不講「天命」。我們知道，他不僅說過「唯天爲大」，而且認爲「天命」與「聖人之言」是一致的，他說：「君子有三畏：畏天命，畏大人，畏聖人之言。」最早提出完整意義的「天人合一」思想的哲學家是孟子，如他說：「盡其心者，知其性也；知其性，則知天矣」；又說：「夫君子所過者化，所存者神，上下與天地同流」，這表明他把「天」和「人」看成一個統一的整體。荀子雖然講「明天人之分」，而其根本要求則在「制天命而用之」，即從「人」的方面來統一「天」，因而他把「人」抬高到與「天」、「地」並列的地位：「天有其時，地有其財，人有其治，夫是謂之能參」。「故善言古者，必有節於今；善言天者，必有徵於人。凡論者，貴其有辯合，有符驗。故坐而言之，起而可設，張而可施行。」道家的老子主張：「人法地，地法天，天法道，道法自然」，這「天」、「地」、「人」等是一統一的系列，都統一於「道」。就是「蔽於天而不知人」的莊周也說：「天地與我並生，萬物與我爲一」，而「至人」更可「與天地精神相往來」。董仲舒宣揚「天人感

應」，他說：「天亦有喜怒之氣，哀樂之心，與人相副。以類合之，天人一也」。董仲舒這類言「天人合一」的理論自然是唯心主義的，且帶有神秘主義色彩。

魏晉玄學討論的中心課題是「自然」與「名教」的關係問題，而實際上也是天人關係問題。雖有嵇康阮籍提倡「越名教而任自然」，但他們實際上是反對假名教而相信真名教的，正如魯迅所說：「魏晉時代，崇奉禮教的看來似乎很不錯，而實際上是毀壞禮教，不信禮教的。表面上毀壞禮教者，實則倒是承認禮教，太相信禮教。」而魏晉玄學的主流則更是以調和「自然」與「名教」爲主題。王弼主張「體用如一」，故有「舉本統末」之言，謂了解「天道」即可了解「人事」，聖人可以「體沖和以通無」，體現「天道」以至於同於「天」。郭象也講「體用如一」，以爲「用外無體」，他認爲聖人「常遊外以弘內」，在現實社會中就可以實現符合「天道」的理想社會，所以「名教」不僅不和「自然」相矛盾，恰恰應在「人間世」中來實現其「逍遙遊」。魏晉名士多言「放達」，但有的人是「行爲之放」，僅得「放達」之皮相，如王衍、胡毋輔之流，以矜富虛浮爲放達；有的人是「心胸之放」，則得「放達」之骨骸，如嵇康、阮籍等人，以輕世傲時爲放達；有的人是「與自然爲一體之放達」，則得「放達」之精髓，如不爲五斗米折腰的陶潛即是。陶潛是個大文學家，其實也是一個大思想家，他體現了魏晉時文士最高尚的一種人生境界，他在《形影神贈等詩》最後抒發他的思想境界說：「縱浪大化中，不喜亦不懼，應盡便須盡，無復獨多慮」；在《與子儼等疏》中說：「常言五六月中，北窗下臥，遇涼風暫至，自謂是羲皇上人」。這種與自然爲一體的放達，雖不同於孔子的「天人合一」的思想境界，卻正是魏晉人所追求的一種「天人合一」的精神世界。

宋儒所講的身心性命之學，更是以「天人合一」爲其所要論證的基本命題。周敦頤明確地說：「聖人與天地合其德」，「聖希天」。故王夫之說：「自漢以後，皆涉獵故跡，而不知聖學爲人道之本。然濂溪周子首爲《太極圖說》，以究天人合一之源」。張載的《西銘》更謂「天地之塞，吾其體；天地之帥，吾其性」；《東銘》則謂「儒者則因誠致明，故天人合一，致學而可以成聖，得天而未始遺人」。二程講「體用一源」，其目的亦在明「天人合一」之理，故說：「在天爲命，在人爲性，主於身爲心，其實一也」；又說：「天人無二，不必以合言（按：意謂天人本一體）；性無內外，不可以分語」，「聖人之心，與天爲一」。朱熹也說：「天即人，人即天。人之始生，得之於天也。既生此人，則天又在人矣。」「人」及人類社會雖由「天」而有，但既有「人」及人類社會，「天道」將由人來體現，即「天道」通過人的行爲實現於社會，而能完全實現「天道」者唯聖人。所以朱熹說：「聖人……與天爲一」。程朱理學如此，陸王心學也以闡明「天人合一」之理爲己任。陸九淵說：「宇宙內事是己分內事，己分內事是宇宙內事」。王守仁說：「心無體，以天地萬物感應爲一體」，「蓋天地萬物，與人原是一體，其發竅之最精處，是人心一點靈明，雨風露電，日月星辰，禽獸草木，山川木石，與人原只一體。故五穀禽獸之類皆可以養人，藥石之類皆可以療疾。只爲同此一氣，故能相通耳」。王陽明從主觀唯心主義立場講「天人合一」，所以他說：「大人之能以天地萬物爲一體，非意之也，其心之仁本若是」。他在解釋《大學》中的「親民」與「明明德」時又用了「體用如一」的觀點，他說，「明明德者，立其天地萬物一體之體

也；親民者，達其天地萬物一體之用也；故明明德必在於親民，而親民乃所以明其明德也。」明清之際的重要思想家黃宗羲和王夫之都從不同的方面論證了「天人合一」之理。黃宗羲從「盈天地皆心」的觀點出發批評把「理」與「心」析分爲二，他說：「夫自來儒者，未有不以理歸之天地萬物，以明覺歸之一已，歧而二之，由是其不勝支離之病。陽明謂良知即天理，則天理明覺，只是一事，故爲有功於聖學」，故「心無本體，工夫所至，即其本體」，這是按照中國傳統哲學中「體用不二」來說明「天人合一」。王夫之以「天」與「人」之氣化同運，來說明「天人合一」之理，他說：「父母載乾坤之德以生成，則天地運行之氣，生物之心在是，而吾之形色天性，與父母無二，即與天地無二也」。因爲「天人之蘊，一氣而已」，所以「道一也，在天則爲天道，在人則爲人道」，「天」與「人」「惟其一本，故能合」，「惟其異，故必相須以成而有合」。王夫之認爲，「天道」乃一剛健之氣化的流行，而人受之爲「仁義之心」，故謂「成之者，人也；繼之者，天人之際也」，「天人相接續之際，命之流行於人者也」，蓋「天人同於一原」也。

中國傳統哲學中，無論唯物主義還是唯心主義都以討論「天人合一」爲中心課題，唯物主義往往是從「元氣」論出發，把整個宇宙視爲氣化流行，而人即在其中謀求與天地氣化流行成爲和諧之整體。而唯心主義，或以「天」（「天道」或「天理」）爲一超時空的至健的大秩序，而「人」（「人道」或「人事」）則是依此超時空之至健的大秩序而行事、「體道」以求宇宙之和諧；或以「天」爲「心」，認爲一切道理俱於一心之中，充分發揮「本心」之作用即可「與天同體」。從中國傳統哲學上看，雖然唯物主義和唯心主義論宇宙統一性問題時的立論基礎並不相同；但是，在它們之間也有若干共同點。這些共同點，或者可以說表現了中國傳統哲學思維方式的某些特殊性。這就是：第一、所謂「天人合一」的觀念表現了從總體上觀察事物的思想，不多作分析，而是直接的描述，我們可以稱它爲一種直觀的「總體觀念」；第二、論證「天人合一」的基本觀點是「體用如一」，即「天道」與「人道」的統一是「即體即用」，此可謂爲絕對的「統一觀念」；第三、中國傳統哲學，不僅沒有把「人道」看成僵化的東西，而且認爲「天道」也是生動活潑的，生生不息的，「天行健，君子以自強不息」，人類社會之所以應發展、人們的道德之所以應提高，是因爲其應適應「天道」的發展，此可謂爲同步的「發展觀念」；第四、「天」雖是客體，「人道」要符合「天道」，但「人」是天地之心（核心之心），它要爲天地立心，天地如無「人」則無生意、無理性、無道德，此可謂之爲道德的「人本觀念」。這就是中國傳統哲學中「天人合一」思想的全部内涵。

關於「知行」問題，一般中國哲學史著作往往從認識論角度去分析它，但在中國傳統哲學中，它更是一個倫理道德問題。認識論問題如果不與道德修養問題相結合，就很難成爲中國哲學的一個部分而流傳下來，因此認識論問題往往與倫理道德是同一問題，故中國古代哲學家主張在社會生活中不僅應「知」（認識），而且應「行」（實踐，身體力行）。

至於「善」，雖然各個不同的階級或階層、集團的看法不同，所立的標準各異，但在中國傳統哲學中重要的哲學家大都認爲「知」和「行」必須是統一的，否則就根本談不上「善」。所以，從總體上看，「知行合一」思想實貫穿於中國傳統

哲學之始終。古代賢哲們把「知」和「行」能否統一看作是關係到做人的根本態度問題，知行統一是他們所追求的理想之一。從孔子起就把「言行一致」視爲道德上劃分君子與小人的一個標準，「君子恥其言過其行」。孟子講「良知」、「良能」，雖以惻隱之心、羞惡之心、辭讓之心、是非之心等四端爲人先天所固有的，但要成爲道德的仁、義、禮、智，則必須把四端「擴而充之」，這點必須在道德實踐中方可達到，所以孟子説：「凡有四端於我者，知皆擴而充之矣，若火之始然，泉之始達。苟能充之，足以保四海；苟不能充之，不足以事父母。」荀子强調「行」爲「知」的目的，但同時也承認「知」對「行」的指導作用，因此他説：「不聞不若聞之，聞之不若見之，見之不若知之，知之不若行之。學至於行之而止矣。行之，明也；明之，聖人也。聖人也者，本仁義，當是非，齊言行，不失毫釐，無它道焉，已乎行之矣。故聞之而不見，雖博必謬；見之而不知，雖識必妄；知之而不行，雖敦必困。不聞不見，則雖當非仁也，其道百舉，而爲陷也。」《大學》講三綱領八條目，也是説的知行的統一過程。至宋儒，程頤雖主張「知先行後」，但在道德修養方面則認爲：「知而不能行，只是未真知」，所以黃宗羲説：「伊川先生已有知行合一之言。」（《宋元學案》卷七五）朱熹雖繼承了程頤「知先行後」之説，但他特別提出「知行常相須」、「知與行工夫，須著並進」，其理由是：「論先後，知爲先；論輕重，行爲重」，所以有人説程朱是「重知的知行合一説」。「知」雖是「行」的基礎，而「論知之與行，曰方其知之，而行之未及也，則知尚淺」，「既親歷其域，則知之益明，非前日之意味。」朱熹之所以重「行」，則是因爲他把「知」與「行」問題從根本上視爲道德修養問題，所以他説：「善在那裡，自家卻去行他，行之久則與自家爲一，爲一則得之在我。未能行，善自善，我自我。」「善在那裡」是「知」的問題，「自家卻去行他」是「行」的問題，是一個道德實踐問題，必得「知行合一」，才可以體現至善之美德。中國傳統哲學中常言「體道」（或「體天道」、「體天理」），這或有二義：其一是指「以道爲體」，即聖人應和「道」認同，應同於「天」；其二是説實踐「道體」，即要求依「天道」而身體力行之。至於王陽明的「知行合一」學説自然爲大家所熟悉，但看來對他這一學説也有誤解之處，往往抓住他的「一念發動處便是行」這句話就斷定他「銷行歸知」、「以知爲行」。其實從一定意義上説，王陽明並沒有把「知」和「行」完全等同起來。所謂「一念發動處便是行」，正是就人們道德修養上説的，所以在這句話的後面他進而指出：「發動處不善，就將這個不善處克倒了，須要徹根徹底，不使那一念不善潛在胸中。」他又説：「知之真切篤實處即是行，行之明覺精察處即是知。知行功夫，本不可離，只是後世學者分爲兩截用功，失卻知行本體。」王陽明對知行的統一關係也有明確的説明，他説：「知是行的主意，行是知的功夫，知是行之始，行是知之成。」如果從認識論的角度，或者可以説王陽明某些話有「合行於知」的嫌疑，但從道德修養層面上看，強調「知行合一」是有一定的積極意義的。到明清之際，王夫之雖主張「行先知後」、「行可兼知」，但他在講道德修養問題時，仍主張「知行合一」，他説：「蓋本知行者，致知力行之謂也。唯其爲致知力行，故功可得而分；功可得而分，則可立先後之序，可立先後之序，而先後之互相而成，則由知而知所行，由行而行則知之，亦

可云並進而有功。」知行之所以是「並進而有功」的，就是因爲知行問題歸根結底仍是道德問題。在王夫之看來，「智者，知禮者也；禮者，履其知也。履其知而禮皆中節，知禮則精義人神，日進於高明而無窮。」故聖人之由明而誠，率性以成己之事；聖人之由誠而明，則修道以成物之教，「誠明合一，則其知焉者即行焉，行焉者咸知矣」。這正是中國傳統哲學中做人的道理之所在。

目前在中國哲學史的研究中流行著一種觀點，認爲宋明以來的道學家談論知行問題，總是把這個認識論問題和道德修養問題混爲一談，並認爲這是中國古代哲學家的偏限性和錯誤所在。這雖有點道理，但似有兩點可以討論：第一、宋明以來的理學家本來就不以爲知行問題只是認識論問題，而認爲知行問題之所以重要，正因爲它關乎道德修養問題，所以從理學家本身的立論上說，不存在把認識論問題與道德修養問題混淆在一起的問題。第二、作爲道德修養方面，「知行合一」的學說或知行統一的觀點不能說沒有一點合理之處，不能認爲全無積極意義。作爲道德修養上的知行從根本上說是不應割爲兩截的。王陽明所說的「知是行的主意，行是知的功夫；知是行之始，行是知之成」應是中國古代哲學家對這一問題的較好總結。

「情景合一」是一個美學問題，王國維在《人間詞話》中寫道：「詞以境界爲最上，有境界則自成高格，自有名句」。何謂「境界」，王說：「境非獨謂景物也。喜怒哀樂，亦爲人心中之一境界。故能寫真景物、真感情者，謂之有境界，否則謂無境界。」所以，「境界」一辭，除「景物」外，實當亦兼指「情意」。葉嘉瑩在《迦陵論詞叢稿》中有段對王國維「境界說」的解釋頗有見地，他說：「境界之產生，全賴吾人感受之作用；境界之存在，全賴吾人感受之所及。因此，外在世界在未經吾人感受之功能予以再現時，並不得稱之爲境界。從此一結論看來，可見靜安先生所標舉之境界說，與滄浪之興趣說及阮亭之神韻說，原來也是有著相通之處的。」布顏圖在《畫學心法問答》中對「境界」的解釋也如靜安先生，他說：「山水不出筆墨情景，情景者，境界也。」所以王國維說：「昔人論詩詞，有景語、情語之別。不知一切景語，皆情語也。」可見王國維認爲一切詩詞等文藝創作以「情景合一」爲上品。但這一「情景合一」的美學觀點，並非創始於王國維。中國文學藝術理論真正獨立出來成爲一門學問、成爲較有系統的理論體系，大體上說應該是在魏晉南北朝時期。當時已有「情景合一」的思想，這點在鍾嶸的《詩品序》中反映得較爲清楚，他說：「夫四言，文約意廣，取效風騷，便可多得。每苦文繁而意少，故世罕習焉。五言居文詞之要，是衆作之有滋味者也，故云會於流俗。豈不以指事造形，窮情寫物，最爲詳切者邪！故詩有三義焉：一曰興，二曰比，三曰賦。文已盡而有餘，興也；因物味老，比也；直書其事，寓言於物，賦也。宏斯三義，酌而用之，干之以風力，潤之以丹彩，使味之者無極，聞之者動心，是詩之最也。」這種認爲「至文」、「神品」當「窮情寫物」的思想，即「情景合一」。到明朝，有前後七子多言「情景合一」，如後七子之謝榛《四溟詩話》中說：「作詩本乎情景，孤不自成，兩不相背」；又說：「詩乃模寫情景之具，情融乎內而深且長，景耀乎外而遠且大。」而與謝榛不同派別的公安派袁中道似乎也以「情景合一」立論，如他在《牡丹史序》中說：「天地間之景，與慧人才士之情，歷千百年來，互竭其心力之所至，以呈工角巧意，其餘無蘊矣。」明清之際大戲曲家李漁亦謂：「文貴高

潔，詩尚清真，況於詞乎？作詞之料，不過情景二字。非對眼前寫景，即據心上說情。說得情出，寫得景明，即是好詞。」而王夫之在《薑齋詩話》中說得更明白：「情景名爲二，而實不可離。神於詩者，妙合無垠。巧者則有情中景，景中情」，「景中生情，情中生景，故曰景者情之景，情者景之情」，「情景一合，自得妙語」。所謂「情景一合，自得妙語」，也許正是中國傳統文藝理論的基本命題，因此，對「美」的看法也應當由此命題上去尋求。在中國傳統思想中有一種傾向，「美」和「善」往往是聯繫在一起的，「充實之爲美」是指得到了一種高尚享受的精神境界。孔子聽《武》，說它「盡美而未盡善」；而《韶》則是「盡善盡美」。「盡善盡美」的音樂才是最高的、最理想的音樂。最高、最理想的音樂如此，其他藝術當然也是一樣。「盡善盡美」的藝術即要提高人的精神境界，並使之從中得到最高的美的享受；而創作藝術作品的人必須是「有境界」的，他的藝術作品必須是「情景合一」的。

　　從中國傳統哲學的總體上看，可以說「知行合一」、「情景合一」是從「天人合一」派生出來的。「知行合一」無非是要求人們既要知「天道」、「人道」，又要行「天道」、「人道」，而「人道」本於「天道」，故實知且行「天道」即可。「情景合一」無非是要求人們以其思想感情再現天地造化之工，故亦是「天人合一」之表現。中國傳統哲學之所以在真、善、美的問題上追求這三個「合一」，就在於中國傳統哲學的基本精神乃是教人如何「做人」，爲此就應有一個「做人」要求，即要有一個理想的真、善、美的境界。達到了這個「天人合一」、「知行合一」、「情景合一」的真、善、美的理想境界的人就是所謂的「聖人」。人們的理想所表現的形式和內容雖然千差萬別，但總應有一種理想，追求一高尚的精神境界。在中國傳統思想中有一種理想主義的傾向，從孔子起就嚮往「天下有道」的社會，並極力想把它現實於現實社會之中，甚至並不認爲它肯定能實現，但卻認爲人們應有這種對理想的追求，應用「知其不可而爲之」的精神致力於此。所以當子貢問孔子：「如有博施於民而能濟衆何如？可謂仁乎」的時候，孔子回答說：「何事於仁，必也聖乎！堯舜其猶病諸。」可見孔子也並沒有認爲堯舜時代的社會就是人類最高的理想社會。因此，對中國古代思想家來說，就有一個對理想社會如何看法的問題。在中國古代的一些思想家看來，理想社會就是一種理想，它只有實現的可能性，但並不一定能把這種可能性變爲現實性。儘管理想社會從來沒有實現過，但要不要追求它卻是一個根本性問題，是一個人生態度問題。理想社會雖不一定能在現實中實現，但對於中國古代思想家來說，卻可以在他們的個人生活中實現，或者說可以在他們的心中實現。爲什麼張載的《西銘》那麼受後來理學家以及偉大的唯物主義哲學家王夫之的重視？我以爲就在於《西銘》體現了我國古代哲人追求理想社會的精神，而且在他們的心中已建立了這種精神。張載所理想的「民，吾同胞；物，吾與也」的社會是否能實現，這對他固然很重要；但更重要的是人能不能有一種追求理想社會的人生態度，所以《西銘》以「存，吾順事；沒，吾寧也」一句作爲結語。人生在世必須去盡自己的責任，這個責任就是如何爲實現理想的「大同世界」而奮鬥，爲創造一個和諧的社會而盡力。從這裡看，中國古代思想家的理想社會實際上帶有很大的空想色彩，他們不可能把自己的理想建立在現實的基礎上，這是時

代和階級的侷限性所致。

中國傳統哲學中的這種理想主義的傾向又是以人本主義爲前提的。在中國古代的一些哲學家看來，「人」在天地之中是最重要的，只有「人」才能「爲天地立心，爲生民立命，爲往世繼絕學，爲萬世開太平」，所以孔子說：「人能弘道，非道弘人」。「道」（「天道」）是客觀存在的，但「道」要人來發揚光大它，要人在實踐中體現它。人怎樣才能體現「天道」？中國古代的一些哲人認爲，如果懂得了「天人合一」、「知行合一」、「情景合一」的根本道理，那麼，人就有了一種做人的最高境界，也就可以把其美好的理想凝聚心中，而求實現於人間世。

「天人合一」的問題雖然說的是人和整個宇宙的關係，但它把「人」視爲整個宇宙的中心。《中庸》中說：「誠者，天之道；誠之者，人之道也。誠者不勉而中，不思而得，從容中道，聖人也。」因此，聖人的行爲不僅應符合「天道」的要求，而且應以實現「天道」的要求爲己任。人生活在天地之中，不應取消極態度，而應「自強不息」，「天行健，君子以自強不息」，體現宇宙大化的流行。這樣人就會對自己有個要求，有個做人的道理，有個高尚的精神境界。其中最重要的就是要作到「知行合一」，有個道德修養上的知行統一觀。《大學》的「三綱領八條目」就是說的這個道理，它說：「大學之道在明明德，在親民，在止於至善」，「古之欲明明德於天下者，先治其國。欲治其國者，先齊其家，欲齊其家者，先修其身。欲修其身者，先正其心，欲正其心者，先誠其意。欲誠其意者，先致其知。致知在格物。物格而后知致，知致而后意誠，意誠而后心正，心正而后身修，身修而后家齊，家齊而后國治，國治而后天下平。」從「格物致知」到「治國平天下」，這是一個認識過程，更是一個實踐的過程。人應該有理想，最高的理想是「致太平」，使人類社會達到「大同」境地。而「大同世界」的基本要求首先是每個人都應對自己有個做人的要求，要有個做人的道理，要能「己所不欲，勿施於人」。孔子說：「吾道一以貫之，忠恕而已矣。」理想的「大同世界」能否達到自然是個問題，但人們應有這個要求，並從中得到做人的樂趣。要「做人」，也要有「做人」的樂趣，要能在生活中領略天地造化之功；要真正領略天地造化之功，就必須在再現「天地造化之功」中表現人的創造力，表現人的精神境界，表現人之所以爲人，使文成「至文」，畫成「神品」，樂成「天籟」。所以藝術的要求應是「情景合一」。當人進入這一創造的境界，將是真、善、美合一的境界，人生的意義、人類最高的理想正在於此。孔子說他自己「七十而從心所欲不逾矩」，大概就是中國古代思想家們所追求的這種境界。他們以爲自己的一切言行和整個宇宙、人類社會、他人和自我的身心內外都和諧了，這種境界是真、善、美合一的境界，自然也就是所謂「聖人」的境界了。中國傳統哲學如果說有其一定的價值，也許就在於它提出了一種「做人」的道理。它把「人」（一個在特定關係中的「人」）作爲自然和社會的核心，因此加重了人的責任感。在中國古代的賢哲看來，「做人」是最不容易的，作到和自然、社會、他人以及自我的身心內外的和諧就更不容易。對這種「做人的責任感」似乎應給以充分的理解並在改造的基礎上加以繼承。

中國傳統哲學對中華民族的民族心理曾有著深刻的影響，它凝結成中華民族的一種特殊的心理特性。這種特殊的心理特性在過去長期影響著我們這個民族的各個

方面，它既表現了中華民族思想文化傳統的優點，也表現了其缺點。中國傳統哲學凝聚而成並長期影響著我們這個民族的或許有以下四個方面，即空想的理想主義、實踐的道德觀念、求統一的思維方式、直觀的理性主義。

㈠中國傳統哲學的主要哲學家大都對現實社會抱著一種積極的熱誠的態度，企圖用他們的學說、他們的理想來轉化現實政治，然而他們的學說、理想不僅轉化不了現實政治，而且往往被用來作爲粉飾現實政治的工具，「大同」或「致太平」的思想幾乎成了中國古代人們所普遍追求的一種理想。儒家思想中有，道家的思想中也有；統治階級希望有「太平盛世」，被壓迫的勞動人民也期望有「太平世界」。儒家的經典《禮記・禮運》勾畫出一個「大同世界」的藍圖；道家的經典《老子》第八十一章也描繪出一個理想的和諧世界。有的帝王以「太平」爲年號；有的帝王自稱爲「太平皇帝」；有些農民起義也以「太平」相號召，東漢末的黃巾起義以「太平道」爲其組織形式；宋朝的起義農民以「殺盡不平，享太平」爲宗旨，一直到近代洪秀全領導的農民起義軍仍號「太平軍」，國號「太平天國」。可見，「致太平」的「大同」世界在過去的時代裡多麼深入人心！但真正的「太平盛世」從來就沒有實現過。由此可見中國傳統思想的「理想主義」帶有很大的空想成分。那些先哲們雖然可能是真誠地提倡他們的「治國平天下」的理想，可是他們的那一套並沒有實現的可能性。不僅如此，所謂「治國平天下」的理想歸根結底不過是理想化的封建社會。

㈡中國傳統哲學有著人本主義的傾向，它不僅和「神本主義」佔統治地位的西方中世紀不同，而且，也和西方近世的人本主義有區別。西方的人本主義把「人」作爲單個的個人，強調個性解放，有強烈的個人主義，而中國過去社會裡的「人本主義」可以說是一種「道德的人本主義」。它把「人」放在一定的關係中加以考察。因此，有所謂君臣、父子、夫婦、兄弟、朋友等五倫，講什麼「君義臣忠」、「父慈子孝」等等。不僅如此，中國傳統哲學還把「人」作爲核心，從「人」的方面來探討「人」和「宇宙」的關係，特別強調「天」和「人」統一性（「天人合一」）。它一方面用「人事」去附會「天命」（天道），要求人去體現「天道」之流行；另一方面又往往把「人」的道德性加之於「天」，使「天」成爲一理性的、道德的化身，而「天理」的基本內容則是仁、義、禮、智等至善的德行。這樣一來，「天」雖然作爲客體與「人」對立，但又帶有「人」的強烈的主體性。由於中國傳統哲學講「知行合一」，即要實現「天理」，而「天理」是一「至善的表德」，所以人們的實踐活動最根本的是道德實踐。而最高的藝術作品又必須以「至善」爲前提，即所謂「盡善盡美」。可見，中國傳統哲學注意了倫理道德在社會生活中的重要意義，特別強調「知」和「行」必須統一，這有其可取的一面。但是，賦予「天」以道德性，把道德實踐活動作爲最根本的實踐活動，這就很難解決社會生活中存在的種種矛盾，這是一種歷史唯心主義。這種把道德實踐提高到社會生活的第一位的觀點，相對地說限制了實證科學的發展。在過去中國的社會裡，往往把醫學、天文曆算、農業技術等等看成是「小技」，而「身心性命之學」才是「大道」。不大重視對客觀世界的研究，因以認識論方面的理論不發展，甚至可以說沒有建立起完整的系統的認識論體系；對人的心理活動的分析也較爲籠統；邏輯學也

很不發展，缺少系統的推理理論。

　　㈢中國傳統哲學中的重要哲學家（除個別外）大都把建立一個和諧統一的社會作爲自己的責任，因此在中國傳統哲學中雖有豐富的辯證法思想，但往往卻以矛盾的調和爲終點。中國傳統哲學的理論思維方式，以一開始就注重一對概念的統一關係或諸種概念的相互關係。《易經》系統以乾、坤（後來以陰、陽）爲一對對立統一的概念；而《洪範》則以五行之間的對立統一關係立論。特別是到春秋戰國時期，「天」和「人」作爲一對哲學概念提出後，中國傳統哲學就較多地注重「天」和「人」的統一的一面。這種思想方式自有其合理性，因爲強調統一，強調和諧，而反對「過」與「不及」，在一定條件下有利於社會的穩定和發展，有利於人們注意研究事物之間的聯繫。但是，這種思維方式也有很大的缺陷。過分地強調社會的和諧和統一，是使我們的封建社會長期停滯、資本主義萌芽生長緩慢的一個原因。我們的傳統哲學之所以缺乏系統的認識論和邏輯學，就在於我們傳統哲學的理論思維往往是一種沒有經過分化的總體觀，它雖包含著相當豐富的真理顆粒，但由於缺乏必要的分析和論證，因而不容易發展成現代科學。因此，必須對中國傳統哲學的思維方式加以改造，繼續和發揚重視事物之間的聯繫，強調事物之間的統一與和諧等思維傳統，並把它建立在堅實的邏輯論證和科學的認識論的基礎上。同時應該注重分析，把西方現代哲學（特別是分析哲學）的某些方法吸收過來，並在馬克思主義哲學的基礎上取中西哲學之長，避中西哲學之短，建立中國化的馬克思主義哲學體系。

　　㈣與上述問題相聯繫，中國傳統哲學有一種直觀的理性主義的傾向。在中國傳統哲學中，有注重「經驗」的，有注重「理性」的，有兩者同時並重或有所偏重的。這裡説的中國傳統哲學有一種直觀的理性主義的傾向，是就其發展的趨勢説的，不是一概而論。中國古代哲學家大都很注重「心」的作用，儒家是這樣，道家也是這樣。儒家注重「心」的作用，是從積極方面發揮人的主觀能動性方面著眼。在先秦，孟子提出：「耳目之官不思，而蔽於物，則引之而已。心之官則思，思則得之，不思則不得也。此天之所以與我者，先立乎其大，則其小者弗能奪也。此爲大人而已矣」，所以擴充「心」的作用則「足以保四海；苟不充之，不足以事父母」。荀子説：「心者形之君，而神明之主也，出令而無受命。」但對於爲什麼「心」有這樣的作用的問題則沒有什麼具體的説明。到宋以後，無論是唯物主義還是唯心主義也都十分重視「心」的作用，唯物主義哲學家張載的《正蒙》中有《大心》一篇專門討論了「心」的作用，他説：「大其心則能體天下之物」。唯心主義哲學家程頤説：「盡己之心則能盡人盡物。」朱熹認爲，「理」俱於「心」，如能充分發揮「心」的作用以窮物理，則因物理而可使「心之全體大用無不明」，所以他説：「心包萬理，萬理具於一心，能存心而後可窮理。」至於陸王心學更強調「心」的作用，無復多論。王夫之雖然主張感性認識和理性認識不可偏廢，但他也特別強調「心」的作用，如他説：「目所不見之有色，耳所不聞之有聲，言所不及之有意，小體之小也，至於心而無不得矣。思之而不至而有理，未思焉耳。故曰盡其心者知其理，心者天之具體也。」他還説：「萬物皆有固然之用，萬事皆有當然之則，所謂理也。……具此理於中而知之不昧，行之不疑，分所謂心也。……故理

者人心之實，而心者即天理之所著存者也。」理就是心的實在的內容，心就是天理所在之處。由此可以看出王夫之仍受朱熹的「理俱於心」的影響。從道家看，他們往往是從消極方面來對待如何發揮人的主觀能動性問題。這點看來似乎是矛盾的，其實在道家的哲學體系中是可以理解的。老子主張「滌除玄覽」，如何清除雜垢而深刻地從總體上認識世界，這要靠理性的作用，所以老子說：「不出戶，知天下，不窺牖，知天道，其出彌遠，其知彌少，是以聖人不行而知，不爲而成」，他要求排除耳目見聞的作用，而發揮「心」的作用。莊子雖然是不可知論者，但他實際上也是由消極方面來對待如何發揮心的作用的問題，他講「心齋」、「坐忘」等等都是要用「心」來控制自己，使之不受外界的任何影響。魏晉玄學是以老莊思想爲骨架的一種思辨性很強的哲學。王弼認爲，聖人和一般人不同之處就在於他的「神明」（心的智慧）比一般人高，「聖人茂於人者，神明也」；所以他能和本體之無相通，「體沖和以通無」。至嵇康、阮籍則多言「無心」，要使自己不受外界干擾就要以「無措於心」來對待之。郭象發揮了這一思想，他以爲聖人應「無心而應物」。「無心」並不是否定「心」的作用，恰恰是要充分發揮自己「心」的作用，使不受外界影響。郭象認爲，至人無心，如山一樣「萌然」不動，這樣就可以「其動也天，其靜也地，其行也水流，其止也淵默」，「誠能應不以心而理自玄符，與變化升降而以世爲量，然後足爲物主而順時無極，故非相者所測耳」。中國傳統哲學強調「心」（理性）的作用，自有其可取之處。強調「心」的作用，即強調人的主動性，強調人在宇宙中的核心地位，而人之所以能是宇宙的核心，正在於人有「明德」之心。人的理性又是帶有道德性的，宋儒認爲「仁」是心之體，可見中國傳統哲學有道德理性主義的傾向。但是，對於爲什麼「心」有如此之作用和如此之特性的問題，則很少分析；對「心」的作用的過程（心理活動之過程）更缺乏具體分析，致使中國傳統哲學的主流成爲一種直觀的道德理性主義。

　　一個民族既然能長期存在，並有其不間斷的歷史和思想文化傳統，必有其存在的道理，其傳統思想文化亦必有其特定的價值，如何把它的思想文化中的優秀方面發揚起來，如何克服和揚棄其消極方面，對這個民族的發展至關重要。而這也正是哲學工作者，尤其是從事中國哲學史研究的哲學工作者的義不容辭的任務。中國歷史上有豐富的獨創性的哲學思想，我們應以馬克思主義爲指導，繼續和發揚中國傳統哲學的優秀部分，從而創造出中國化的馬克思主義哲學體系。這對提高我們民族的理論思維水平將是很有意義的，對我們民族在不久的將來能站在科學的最高峯至關重要。

（原載《中國社會科學》1984 年第 4 期）

中國傳統文化的反思

張岱年

近幾年來，各種報章雜誌上發表了討論文化問題的文章多篇，真可謂衆說紛紜、各抒己見，表現了百家爭鳴的景象。對於許多問題，都還未能取得一致的結論，我認爲這是「爭鳴」的正常情況。可能再經過若干年的鑽研討論，對於一些基本問題，會達到一些共同的認識，此時正不必急急做出結論。這裡，我就關於傳統文化的三個問題再提出一些個人的管見。

這三個問題是：㈠從紀元前到十五世紀，中國文化經常居於世界的前列，這期間的文化延續發展有沒有內在的思想基礎？

㈡十五世紀以後，與西方相比，中國落後了，其落後的原因究竟何在？

㈢「五四」以後，尤其是新中國成立以後，以往的傳統文化究竟還有那些影響？

一

上古時代，殷周秦漢的文化是獨立發展的，在許多方面都可與西方古希臘羅馬相比。戰國時期，百家爭鳴，儒、墨、道、法、名辯、陰陽，諸子並起，文化學術達到了高度的繁榮。漢代獨尊儒術，於是名、墨之學中絕，先秦時代的部分學術失傳了，但是科學、文藝等仍有進一步的顯著發展。佛教傳入以後，中國對於佛教採取了容納而不屈從的態度，允許佛教的廣泛流傳，而仍保留儒學的主導地位。隋唐時代，儒、道、佛三教並尊；宋代理學興起。理學一方面汲取了佛教、道家的一些思想資料，一方面又批判佛、老，從而達到了理論思維的更高水平。北宋時代，在哲學、科學、藝術各方面，在當時世界上，都處於領先的地位。（只是在軍事上，由於取消了將帥的主動權，因而不能抗拒遊牧民族的入侵。）

從春秋戰國到宋代，中國文化雖然經過曲折的過程（由百家爭鳴而獨尊儒術，而三教並尊，到理學興起），但總的說來還是不斷發展的。這期間的文化發展有無內在的思想基礎呢？我認爲，對於這個問題只能做出肯定的回答。中國古代傳統思想中含有一種奮發向上、堅強不屈的精神，這就是文化發展的思想基礎。

中國古代神話沒有完整的體系，但具有一個特點，即含有一些人類改造自然的故事，如女媧煉石補天，后羿「上射十日」，都是宣揚人有改變自然的能力。後起的盤古傳說，講盤古開天闢地，也與西方上帝創造世界不同。（在傳說中，盤古只

是一個巨人，並非不死之神。）這些傳說顯示出中華民族的先民們崇拜積極進取的
英雄。

儒家雖然提倡「溫良恭儉讓」，但也宣揚積極進取的精神。孔子自述平生的態
度是「其爲人也，發憤忘食，樂以忘憂，不知老之將至云爾！」（《論語·述而》）
孔子一生積極活動，致被當時的隱者譏爲「知其不可而爲之者」（同書《憲問》）。
他在一定程度上肯定「狂者」的可取，而所謂「狂者」是具有「進取」精神的。他
說「不得中行而與之，必也狂狷乎！狂者進取，狷者有所不爲也」。（同書《子
路》）有人認爲孔子的積極活動只是爲了復古，乃是倒退的活動，其實這是一種誤
解。事實上，孔子雖然講過「吾從周」，但並不認爲周制是盡美盡善的，而主張對
周制有所損益。他的政治理想是中央集權的「德治」，「天下有道，則禮樂征伐自
天子出」（同書《季氏》）。「德治」的觀點不免迂闊，但中央集權的主張卻符合時
勢的要求。要之，孔子是在一定程度上肯定「進取」精神的。孔子還稱讚「剛
毅」，他說：「剛毅木訥近仁」。（同書《子路》）孔子弟子曾子則贊揚「弘毅」：
「士不可以不弘毅，任重而道遠。仁以爲己任，不亦重乎！死而後已，不亦遠
乎！」（同書《泰伯》）孔、曾這種贊揚「剛毅」、「弘毅」的態度，也表現了積極
進取的精神。

《周易大傳》提出「剛健」觀念和「自強不息」的原則。《乾卦·象傳》云：「天
行健，君子以自強不息」。《文言》云：「大哉乾乎，剛健中正，純粹精也」。「天
行」即日月五星的運行，「乾」是天的本性，天的本性是「剛健」，即運行不已；
人應效法天行，勉力向上，絕不停息。《需卦·象傳》云：「需須也，陷在象也，剛
健而不陷，其義不困窮矣。」《大有·象傳》云：「大有，其德剛健而文明，應乎天
而時行，是以元亨」。如遇險阻，能保持剛健的品德，就可以免於困窮了。「天行
健」，是一種主動的宇宙觀；「君子以自強不息」，是一種積極的人生觀。這些都
是精粹思想。兩漢以來，傳說《周易大傳》是孔子所著。到宋代有人懷疑其中的一部
分並非孔子的著作。近年來多數哲學史家都認爲《易傳》是戰國時代的作品，但仍有
一些易學專家信持漢代的傳說，肯定《易傳》是孔子的手筆。總之，在歷史上，《易
傳》是以孔子手著的名義發生影響的。漢代以後，《易》是五經之首，是一般知識分
子所必讀，因而具有廣泛而深遠的影響。

我認爲《周易大傳》中的「剛健」、「自強不息」的觀念就是中國傳統文化中積
極進取精神的集中表示，也就是古代文化發展的內在思想基礎。

儒家強調「貴賤上下」的等級區分，因而受到歷代專制君主的尊崇，這是儒家
思想的保守方面。但是儒家反對「苛政」、「暴政」，反對君主「言莫予違」的個
人獨裁。自漢代以來，知識分子有一個「以天下爲己任」、「國家興亡、匹夫有
責」的傳統，這是在儒學的「剛健」、「自強不息」的進步觀念影響之下形成的優
良傳統。中華民族，在二千多年的曲折過程之中，時治時亂、時分時合、時盛時
衰、時進時退，但始終保持著民族的獨立性。這不能不說是與民族文化的優良傳統
有一定的聯繫。

二

　　十五世紀以後，西方走出了「中世紀」，進入資產階級文明的近代，而中國還在原地踏步。到了十九世紀四十年代，發生了英國侵華的鴉片戰爭之後，中華民族遭遇到歷史上最嚴重的民族危機。先進人士努力尋求「救亡圖強」的道路，而頑固派依然盲目守舊。1949 年，「中國人民站起來了！」但是，直到今日，「現代化」建設的任務尚有待於完成。

　　中國近代嚴重落後的原因何在？

　　很多論者把中國近代落後的原因完全歸咎於儒學。我認為，儒學有消極保守的方面，確實與中國近代遲遲不進具有必然的聯繫；但是儒學也有積極進步的方面。所以，把落後的原因完全歸咎於儒學，並不符合歷史事實。

　　儒學有那些消極方面呢？除了維護君權、強調貴賤等級之外，儒學缺乏對於形式邏輯的研究，又不重視自然知識，因而不能為自然科學的研究提供理論基礎。此外，儒學更重農輕商，不利於商品經濟的發展。但這還不是中國落後的主因。

　　我認為，中國近代遲遲不進的主要原因還不在於儒學，而在於明清時代中央集權的君主專制制度的空前加強。明代初年，廢除了宰相，將一切權力集中於皇帝個人，其後又實行廷杖制，對於直言敢諫的朝臣橫加笞責。對於文化學術採取了高壓政策，實行「八股取士」的科舉制，藉以禁錮知識分子的思想。到了清代，雖然廢除了廷杖制，卻大興文字獄，對於學術思想的壓制，更是變本加厲。在這種君主專制制度的高壓之下，自由思想難以萌發，文化發展的生機枯萎了！

　　歷史經驗證明：君主專制的政治制度及其文化專制主義政策，是扼制文化發展的嚴重阻力。西方近代文化的蓬勃發展，正是以思想自由為主要契機的。

　　我們現在的歷史任務是建設社會主義的新文化。在新文化建設的過程中，最重要的關鍵是消除文化專制主義的任何遺留和影響，這也就是「百家爭鳴、百花齊放」的方針的貫徹執行。

三

　　經過辛亥革命、五四運動，到 1949 年，不可否認，中華民族已經進入一個新的時代。

　　新中國成立以後，經過五十年代的多次運動，終於在六十年發動了「史無前例」的「文化大革命」轟轟烈烈的「破四舊」，其結果卻是舊社會的最野蠻最卑鄙的現象沈淹泛起，釀成了文化的大倒退。1978 年撥亂返正，實行改革開放政策，文化學術出現了新的曙光。在經濟改革大步前進的同時，社會上又出現了嚴重的不正之風，思想界發生了「信仰危機」，「反傳統」的思想也瀰漫一時。在這種情況之下，傳統文化在現實生活中還有那些影響？中國「現代化」的艱難行進與傳統文化的關係如何？

　　我認為，文化的內容包含不同的層次，至少有兩個層次，一是高層文化，即學

術思想，包含哲學、宗教、科學技術、文學藝術等等。二是底層文化，即社會心理，包含大多數人的通俗觀念、願望以及潛意識等等。中國傳統的高層文化的核心即是儒家和道家的哲學思想。中國傳統的底層文化即是世俗的價值觀與二千年來小農經濟所養成的風俗習慣。在歷史上，哲學家的思想與社會中一般人的意識，既互相影響，又有很大的區別，二者往往有很大的距離。例如，儒家宣揚「安貧樂道」，道家更是唾棄富貴利祿，而一般人所追求的還是「富貴榮華、升官發財。」晉代隱士魯褒寫了一篇《錢神論》，描述了當時的社會心理：「富者榮貴，貧者賤辱。……錢之爲言泉也，百姓日常，其源不匱，無遠不往，無深不至。……錢之所祐，吉無不利。何必讀書，然後富貴！……由是論之，可謂神物，無位而尊，無勢而熱，排朱門，入紫闥，錢之所在，危可使安，死可使活；錢之所去，貴可使賤，生可使殺。……子夏云：死生有命，富貴在天。吾以死生無命，富貴在錢」。此文譏刺當時社會上的拜金主義，可謂痛快淋漓。此文寫作於西晉時代，也適合於其前其後的社會情況。哲學家雖然不斷發出「正其義不謀其利」的理論號召，社會上多數人還是追求物質財富的。而亦由於哲學家「重義輕利」，很少人對於社會財富問題進行理論的探索，因而一般人對於物質財富的追求僅僅停留在庸俗見解的水平上。

儒家學說在歷史上曾居於統治地位，時至今日，古代哲學，不論儒家和道家的，很少人對之感到興趣了，更很少人對之有比較深切的理解了。哲學上的孔孟老莊、程朱陸王；文學上的楚辭漢賦、李杜韓柳，對於一般人來說，都已是非常遙遠了。

有一個真實的故事。前年《光明日報》的「學者訪問錄」上登載了一篇「梁漱溟訪問記」，當時梁先生大讀其所贊揚的「孔顏樂處」，但發表出來都寫成「苦言樂處」。在一次座談會，梁先生急急作了更正，後來報紙上才登出正式刊誤。當時的記者是一位有名的作家。我認爲把「孔顏樂處」誤寫爲「苦言樂處」，具有典型的意義。如果一個在記者還不曉得所謂「孔顏樂處」的典故，那麼，社會上有多少人理解所謂「孔顏樂處」呢？這就證明，古代哲學距離現在已經十分遙遠了！

近年以來，各種報章雜誌上，有許多文章對於儒家「重義輕利」、「存理去欲」進行譴責、批判，認爲是對於「現代化」的嚴重障礙。事實上，在今日的時代，究竟還有多少人贊同「重義輕利」、「存理去欲」呢？中國近代社會遲滯不進，是否儒家的「義利」、「理欲」學說的影響所致呢？在儒家學派中，孟子、董仲舒、程朱、陸王是宣揚「重義輕利」的，程朱與王守仁更鼓吹「存理去欲」，但是也有主張義利統一的思想家，如陳亮、葉適、顏元、李塨；戴震更強調理欲的統一。不能説儒家都是宣揚「重義輕利」、「存理去欲」的。事實上。在今天的現實社會上，「見利忘義」、「損公肥私」的行爲和現象屢見不鮮，這才是應受譴責的不正之風。

我認爲，中國的古代傳統文化中，古代的哲學思想，現在雖然還有人在研究、解釋，但在實際社會生活中，已經沒有多大影響了；在現實社會中，仍然具有實際影響的，是從古以來的社會心理。尊官貴長、追求財利，自古已然，於今爲烈。五十年代關於共產主義道德的宣傳，曾經取得良好的效應；「史無前例」的文化大革

命以後，不正之風卻蔓延起來。魯襃的《錢神論》撰寫於西晉時代，卻仍可以爲今日社會生活的寫照。

然而時代的進步也還是明顯的。辛亥革命取消了君主專制；五四運動進一步批判了三綱（君爲臣綱、父爲子綱、夫爲妻綱），都具有重要的歷史意義。但是，機關裡的家長作風，社會上「官本經」的現象以及重男輕女的習俗仍然相當嚴重。宗教迷信亦有死灰復燃之勢。在社會主義的原則下的移風易俗，還是一個嚴重的任務。

傳統的社會心理中亦有積極的方面。在歷史上，每次民族矛盾激化的時候，雖然有甘爲内奸的投降派，但是廣大人民還是同仇敵愾，堅決起來進行反侵略的鬥爭。近代以來，中國遭受西方列强及日本軍國主義的侵略，廣大人民更是投入了救亡圖存的英勇搏鬥。自秦漢到明清，中國人民雖然長期呻吟於專制君權的壓迫之下，但是忍耐也有一定的限度，如果暴政超過了一定的限度，人民是堅決起來進行反抗的。應該承認，中國人民的社會心理中，還存在著反侵略、反暴虐的抗爭意識，也就是自重、自强的反奴役意識。

廣大人民的反侵略、反暴虐的抗爭意識，與學者知識分子的「自强不息」的思想觀念是相互一致的，這正是中華民族雖然遭受災難而仍然保持獨立的思想基礎。

今天是中華民族文化繼往開來的轉變時期，應該實現新的民族覺醒，既要充分認識傳統文化的嚴重缺陷，也要理解傳統文化中所蘊藏的前進動力。

1988 年 11 月 8 日

文化的民族性和時代性
——在中國文化書院第三期講習班上的講演

龐　樸

　　爲什麼我選這麼一個文化的民族性和時代性問題呢？我是想談一點文化學的問題，關於文化的理論問題。大家都知道，文化史的研究和比較文化史的研究現在得到普遍的注意，但是關於文化的理論問題，屬於文化學方面的事情，大家還沒來得及歸納和整理，也沒有很好的翻譯作品出現。大概從 1919 年以來，直到 1949 年，翻譯過幾本西方的關於文化學的著作，1949 年後，好像沒有。所以文化學的問題，或者説關於文化的理論和方法問題，對我們來説還是很生疏的；儘管它是一個比較基礎的工作。從邏輯上來説，搞不好理論和方法，沒有一個相應的辦法，就沒有辦法進行研究。我們應該進行這方面的探索，並建議出版社系統地出一些文化學的譯叢。

　　我今天講四個問題：第一個問題講文化結構；第二個問題講文化的民族性；第三個問題講文化的時代性；第四個問題講文化的民族性和時代性。這是些最基本、最起碼、最初步、最簡單的理論，也許談不上什麼文化學。

一　文化結構問題

　　我想結合中國近代歷史來談，可以談得具體一點。中國近代史的内容十分豐富，可以從各個角度去分析，去研究。至今爲止，我們大概從政治上研究中國近代史的比較多，比較普遍，也比較成熟。前幾年近代史學家劉大年教授號召人們從經濟上研究，估計不久會出現新的成就。從軍事上研究近代史的著作也看到一些。我們現在的課題是從文化上來看中國近代史。從文化方面看，近代史最顯著特點就是中西文化之爭，而中西文化的爭論，恰恰反應了文化結構的展開。怎麼説呢？爲什麼這樣來提問題呢？我們先做一些歷史的考查。

　　鴉片戰爭以後，中國被大炮轟開了國門，於是救亡圖存成了一個歷史性的使命。當時有識的朝野之士，認識到向敵人學習的必要性，紛紛提出如何學西方的問題，興起了後來我們概括的所謂洋務運動。什麼叫洋務運動？就是學習西方的先進技術來武裝我們這個古老的民族，叫做「師夷之長技以制夷」，叫做「中學爲體，西學爲用」。搞了好多年洋務運動，以後據説搞得還不錯了。我們至少武裝了一個北洋艦隊，據説在全世界就噸位來説佔第七位。可是這個第七位的北洋艦隊被第二十一位的日本艦隊在甲午海戰中全部消滅了。這個事實告訴人們，僅僅有了艦隊，

僅僅有了數量足夠多的艦隊，並不一定能救亡圖存，更不用說富國強兵了。爲什麼第七位的艦隊被第二十一位的艦隊打敗呢？這裡邊有個制度問題。你有艦隊，你得有駕駛艦隊的人。當時我們主要靠英國、德國這樣一些將領訓練北洋海軍。將領可以從外面請，但是戰士要自己出。戰士是什麼樣的？人才，經過什麼樣的教育，他有什麼樣的素質？管理艦隊、指揮艦隊的人的素質又怎樣？給艦隊制定方針、政策的政府，是怎麼來制定這些方針政策的。如此這般追問下去，人們慢慢意識到這裡有個制度問題。

於是有了廢科舉、興學校、興議會等等這樣一些教育制度、政治制度的變革，那就是大家熟悉的維新變法。維新變法後來失敗了，搞不下去了，因爲它觸及到許多人的既得利益，並爲傳統思想所不容。大家都熟悉裡面的許多故事和許多人物，結果出來了辛亥革命。改良的辦法不行，只有進行革命的辦法。改良也好，革命也好，基本上是圍繞著制度問題。辛亥革命是成功的，但是辛亥革命也失敗了。革命以後，政治制度變了，皇帝換成總統，但是社會制度沒變，整個民族狀況，國家地位，人們的生活方式，很少有變化，特別是人們的思想狀態，未曾發生什麼革命性的變化。於是有了五四新文化運動，五四新文化運動要解決的是民主精神與科學態度問題，是整個社會的更深層的東西，這就是一部中國近代史最簡單的輪廓。

一部近代史，就這樣分成三段：第一段，引進技術，停留在物質的方面；第二段，改革制度；第三段，深入到社會的心理。當然引進技術的同時，難免有些理論和制度的問題，在第二階段也難免繼續引進技術，等等。但是，如果我們宏觀地看一下，大體上是這樣三段。

這樣一個歷史的進程，它說明了一個什麼問題？從文化史的角度，給我們提供了什麼樣的啓發呢？我想說，這三個歷史階段，恰好是文化結構的三個層面的展開。這就進入了我所要著重談的第一個問題。

不管什麼類型的和何種發展程度的文化，就其結構來說，都包含三個層面。第一個層面是物質的層面；第三個最深的層面是心理層面或者說意識的層面；中間一個第二層，是表層和裡層的結合和統一，就是物質化了的意識，或者是物質裡面所包含的意識，如理論、制度、行爲等。這是我對文化結構的粗淺了解，它可以幫助我們說明很多問題。例如，這三個層面恰恰與科學的三大部類相合：自然科學的大部分成果體現爲文化的物質部分；社會科學研究的對象是中間那一部分，制度部分；而人文科學大多研究文化的深層即第三層的東西。人文科學和社會科學如何分，大家的分法還不一樣，我現在姑且提出這個說法，用文化三結構來區分科學三部類，也許可以算作一個辦法。

另外，這樣理解的文化結構和中國近代史發展結合起來看，能發現非常有趣的現象：這個歷史的發展也就是邏輯的展開。歷史的和邏輯的表現出非常有趣的統一。我們說洋務運動，或者說近代史的第一階段，它著重去接受西方的物質文明，洋槍洋炮、中體西用。這是兩種文化接觸時候首先容易碰到的問題。我們後來研究洋務運動的人，把洋務說得一無是處，說他們捨本逐末，什麼什麼的，這有點苛求古人，因爲兩種文化接觸時，首先容易被接受的便是物質文明或者說是文化的最表層的東西。爲了證明這個結論，不妨另外舉一個相反的例子。火藥從中國傳到外

國，我們不是把火藥包成一包藥傳出去，不是把一硝二磺三木炭的藥方單獨傳出去的，實際上首先傳出去的據說是爆竹。爆竹傳出去，西方接受的是什麼呢？我們研究一下，它接受的是技術部分，火藥的製作。它沒接受爆竹所表示的信仰的部分。大家都知道在中國的用處，它是為了驅邪的，是為了迎神的。放一個爆竹把鬼嚇走，把神迎來，這是屬於文化第三層的東西。爆竹不僅僅是火藥和製作，它還包含看不見的東西，包含一種觀念，一種宗教情緒。西方人只學火藥，沒有學驅邪觀念。假如大家同意這個例子的話，我們再去看中體西用這個口號，再去看洋務運動的歷史，看文化接觸時開始發生的現象，便看得更清楚點，更冷靜一點了。再舉一個例子，明朝末年，羅馬的天主教會，派來了傳教士。他們那兒正在進行宗教改革，天主教有點混不下去了，到我們這兒想振一振天主教的教威，派了一些有學問的人。大家都知道很有名的利瑪竇，他在來中國以前，仔細研究了中國文化，最後帶來了好幾種東西。中國人首先感興趣的或者首先毫不保留接受的，是他帶來的鐘錶，鐘錶是記時的工具，是非常必要的。中國當時的記時工具不如機械鐘錶方便，這是純技術的東西，沒有階段性，沒有民族性，是屬於文化最表層的東西，很快被接受了。再進一步，利瑪竇宣傳他們天文學的理論，當然他也帶來了一些天文儀器。他們的天文學體系是黃道座標，中國是赤道座標，他們的儀器沒法用，他們的理論也和中國不一樣，他在宣傳天文學時所碰到的困難便和鐘錶大不一樣。大體上花了十年的功夫，多次利用測量日蝕、月蝕的辦法來證明他的理論和儀器的準確，最後才被當時的政府接受了。利瑪竇帶來的第三個東西，最主要東西，當然是天主教。傳教是他來華的目的。但恰恰這個最主要的東西，是最不成功的東西。不是說沒有一個教徒，大知識分子徐光啓就是教徒；但這種涉及宗教感情，涉及到人們的倫理道德觀念的事，推行起來是非常困難頗費周折的。這是一個很小的例子，說明了文化的結構，文化接觸由淺入深的過程。

　　近代歷史的發展和文化結構的展開的第二個時期，包括戊戌變法和辛亥革命這兩個在政治價值上不同的階段。從政治上看，二者有改良與革命的根本差別；而從文化變遷上說，卻都是發生在結構的中間一層上。五四運動是第三個時期，更深刻的時期，它的任務是解決文化深層的問題，即人們的心理狀態問題，當時叫做「國民性」。事後看起來，這個任務完成得並不好，原因之一是當時的人差不多都犯了一個毛病。這個毛病是或者站在歐洲中心主義的立場上，或者站在華夏中心主義的立場上，提出了全盤西化論和中國文化本位論，而未能客觀地對待中國文化和西方文化。五四思潮是讓人眼花繚亂的，但基本上無非是保守的復古的中國文化主義和另外一個進取的、革新的、或者是全盤西化主義。保守的、復古的人排斥外來文化，批判西方文化。排斥外來文化的，有點像義和團的腦袋瓜；而批判西方文化的，往往是些絕頂聰明的人，像梁啓超《歐遊心影錄》所表示的。主張革新的、進取的、西化的人，又能分為英美派、蘇聯派以及法國派、德國派等等。五四運動很快被戰爭中斷了，它本來是可以逐漸深入地提出文化深層的問題的，可惜在中國，常常是用武器的批判來代替批判的武器，五四的課題，於是淹沒在炮火聲中了。

　　1949 年以後，我們又把中國近代史簡單地重演了一遍，只是頻率更快些。1949 年以後和西方國家的關係，大體有點像清朝初期鎖國外交的狀態，自己把自

已封閉起來。後來把門打開了，已經是很晚了。1978 年、1979 年這個時候，成套引進設備，實際上又是解決物質的層面；後來改革經濟體制，那是文化的中間層問題；現在大家關心文化研究，考慮傳統與現代化的關係，實際上是重在一個文化心態問題。在這短短的時期裡，我們把近代史又跑了一遍，終於達到了可以客觀地從容地來比較世界文化，冷靜地自覺地來研究中國文化的時候。希望我們好好珍惜這一大好時機。

現在全世界研究中國文化的人，可以說大概有三部分（我和杜維明教授討論過這個問題，不知他講過沒有）：一是大陸上的人，二是海外華人，三是外國的漢學家。這樣三部分人的處境和他們的希望以及他們所得出的結論都不太一樣。大陸上中國人當然是研究中國文化的主體，是主人翁，有一個使命感，有切膚之痛，感到緊迫，希望中國文化繁榮起來。但是我們的確有我們的弱點，我們對於什麼叫西方文化若明若暗，不像了解中國文化那樣地了解西方文化，因此不能很好地進行中外比較。海外華人在這點上好得多，但他們另有他們的狀況，他們那怕是研究自然科學的也好，我接觸過一些研究自然科學的人，我發現研究自然科學的人比研究人文科學的人更留戀中國文化，因爲中國文化在世界上的地位，實際上也就是他們自己在世界上的地位。他們的社會地位、社會榮譽跟中國文化的社會地位和榮譽密切相關。因此這些華人容易傾向於過分地不太冷靜地肯定中國文化，實際上是肯定他們自己。他們受著一種文化的包圍，如果他們不是很好地表彰中國文化，他們隨時隨地受到一種威脅，有時威脅還很大，所以他們有這樣的缺點。第三種人，西方的漢學家，他們也十分重視中國的文化。但是他們也有一個天生的弱點，就是文化上的隔閡幾乎不能超越，不太好理解中國這樣一個奇怪的古老的文化心理狀態。如果他們之中個別人還加上一個不好的心眼的話，希望你保守你的文化，就像在非洲保存一個天然動物園一樣，保存一個活的博物館，保存一塊活化石。假如是這樣就更糟糕。我問過美國的魏克曼，他說不是他自己，確實有人有這種想法。這是當今世界上研究中國文化的三種狀況。我們應該充分地了解這些狀況，不受各種因素對我們的干擾，拿出我們自己的科學態度來。這是我想講的第一個問題。

二　文化的民族性

文化民族性的問題，我講的時候有點擔心，不管誰都怕戴保守的帽子，我一講文化民族性，就有保守的可能。不過我還是要講，文化的民族性多講一點，文化的時代性少講一點。因爲文化的時代性大家都比較清楚，而且容易接受；對文化的民族性了解得差一點，或者說思想準備不足，尤其對我們力求改革的年輕人來說，是準備不足的。我想先講兩個故事、一個笑話。

1949 年六月青島解放，8 月我到了青島。青島房子都非常漂亮，小洋房一棟一棟的，每棟小洋房的樣子都不一樣。給我導遊的老青島誇耀說：「我們這個地方，每蓋一棟房子必須把圖紙報到建設局，建設局查了你的圖紙和所有房子不一樣，你才能施工。」後來我發現上當了，我跑了幾個西方國家，城鎮的房子多不一樣，他們故意不一樣，偏要和鄰居不一樣，他要表現他的個性。青島那些洋人房子的不一樣，

原因也是如此。可是我們怎樣理解這個不一樣呢？我們按照我們的心理狀態和行爲方法去理解，如果有不一樣，那一定是得到領導的同意，出於統一安排，在一個大一統下的不一樣。這完全是兩碼子事。西方人以不一樣爲特點，爲一種快樂，爲一種安定。我們恰恰以一樣爲安定，幹嘛出頭露尖好表現，這是我們的心理狀態。用我們的心理去解釋他們的行爲，就鬧了笑話。這是一個故事。

再一個故事。我在美國加洲大學柏克利分校一棟房子面前看到一對石獅子，我一看是咱們的產品，從形式氣派上看得出，是清朝初年的東西。一對石獅子放在一個建築物大門的兩邊，很神氣。大家都知道石獅子在中國有個上下首，石獅子的臉總是稍微歪一點，看起來它是在爲大家守衛著大門。我們天安門、頤和園的石獅子就是這樣放的。柏克利分校的石獅子正好放反了，一個往這邊歪，一個往那邊歪。我說：「魏克曼，這兩個石獅子放反了。」他顯得很不安。我趕緊把青島的故事講了一遍，他聽了哈哈大笑。我說：「我們也有這樣的毛病。」我說：「如果有兩個石獅子扔在地上，你們扶起來一定這樣放。爲什麼呢？民族性格，你們就是要向外，你們覺得這樣放非常安穩，看起來舒服。」魏克曼很同意。這個故事和青島房子的故事很相像，他們是那樣理解我們的石獅子，我們是那樣理解房子式樣的不一樣，這裡面確實有個民族文化心理問題。

再講一個笑話。有一個咖啡店，有三位客人。每人要了一杯咖啡，每杯咖啡裡都有一隻蒼蠅。日本客人見了勃然大怒，拍著桌子衝侍者說：「趕緊把你們經理叫來，我得告訴他怎樣經營咖啡店，怎樣管理他下面的雇員。」英國人看見蒼蠅後一聲不響，把錢往桌上悄悄一放慢條斯理地走了。美國人咖啡杯裡也有一隻蒼蠅，他見了把食指一勾，把侍者叫來，說：「在我們美國呀，蒼蠅歸蒼蠅放，咖啡歸咖啡放，客人愛吃多少蒼蠅，由他自己加，不必麻煩你們事先加好了。」美國人非常幽默，英國人是紳士派頭，日本人講究管理。笑話當然是笑話了，我很佩服編笑話的人，他非常懂得文化的民族性。

關於文化的民族性問題，涉及到文化的發生學，人類文化是怎麼產生，怎樣起源的。如果全世界的文化都從一個點上往外擴散，一個源頭，當然就無所謂民族性的問題；如果是各個點上自生自滅的，當然就有民族性的問題。這在文化發生學上叫一源說和多源說，或者叫做擴散說和演化說。擴散就是一個源頭的擴散或傳播，演化就是許多源頭各自發生發展。文化一源說是跟歐洲中心主義相伴隨而出現的，從時間上說大體上是十八、十九世紀資本主義稱霸世界的時候。隨著商品的推進，資本主義的一整套文化也跟著推進，而且有所向披靡之勢。於是在一些學者的頭腦裡形成一個想法，說全部人類文化最早也起源於同一個地方，然後慢慢向外擴散。這一個地方在哪兒呢？有各種各樣的說法，有說起源於埃及，有說起源於兩河流域，有說起於希臘等等，大體上是在那一帶。更多的人花了很大的功夫來對付中國文化，花了很大力量證明中國文化怎樣從西方傳過來的。有人說中國文化來源於埃及，中國的文字是埃及文字的演化；有人說中國的《山海經》受了印度、伊朗的刺激；中國天文學上的二十八宿來自巴比倫，中國的道家思想來自印度的某一部古書，中國的陰陽學說來源於伊朗的某一種觀點，中國的五行學說來源於希臘的四大元素等等。出於同樣的思想或者說作爲報復，中國也有很多人反其道而行之，說西

方的文化是從中國擴散過去的，說西方學問無非是聲光化電，這些東西在中國的《墨經》裡面，公元前三百、四百年前就有了。作爲一種報復也好，作爲一種民族的傲慢也好，作爲一種民族的沙文主義也好。甚至像嚴復這樣一個精通西學的人，他在他有名的翻譯著作的前言裡面，也多多少少流露有這種觀點。例如在《天演論》的自序裡面提到中國的《易經》，證明《易經》裡面哪些地方說了這個，說了那個。當然他了解西方的東西比較多，最後他加了一句：「我們不能因爲這個，就認爲西方學問都是從中國去的。那樣就會自己把自己的眼睛蒙起來了。」他說：「我們中國古人發起端，後人沒有繼其緒。我們沒有能夠繼續完成古人這個事業，西方人完成了。」嚴復尚且如此，其他那些頭腦遠遠不如嚴復聰明和開明的人，就更不用說了。

　　我自己就碰到過一位華夏中心主義者，文化源於中國的一源論者，一位農民。我曾在嶗山下放勞動，一位農民對我說：孔夫子了不起。我說：是了不起。他說：字是孔夫子造的。我沒法和他辯論，只好隨他說。最妙的是下面一段話，他說：外國的字也是孔夫子造的。孔夫子在中國造完字，就騎著馬到外國去了。外國人不會磕頭，因爲他們的膝蓋是直的，看見孔夫子來了也不磕頭。孔夫子一生氣，撥馬朝回走。後來外國人聽說來者是聖人，趕緊追趕。沒有追上孔夫子，只見路上留下馬尿和馬蹄印子，從此得到啓發，造了西方文字。這是一位農民親口對我說的，我覺得受益不淺。爲什麼呢？這裡面很反映了一些農民的心理狀態，在某種程度上這也是整個民族所具有的心理狀態。他用華夏中心主義對付歐洲中心主義，你那兒的一切，都是從我這兒去的，而且我這兒最下等的東西，到你那兒成了最上等的東西。這都是認爲文化起於一個來源，歐洲中心主義是資本主義的反映，華夏中心主義是農民的思想。最近有幾篇文章討論「八卦」與「二進制」的問題。談八卦和二進制，當然會想到萊布尼茨，想到萊布尼茨在北京的一個朋友，這個朋友的確把八卦寄給了萊布尼茨。而二進制的確是萊布尼茨發明的。最近所讀到的這些文章，彷彿是要爭奪「二進制」的發明權，說遠在伏羲氏時，至少在宋代就發明了「二進制」。的確，八卦圖可以用現代教學去表達它。但是，在八卦創立時，陰陽觀念是否就代表二進制？我的確表示懷疑。我隱隱覺得這倒很像剛才那個農民所講的故事。人們很難避免自發的自我中心意識，這也許是人類的一種集體無意識。一個人什麼時候能用社會的標準，而不以個人的標準衡量一切，這個人就成熟。一個民族什麼時候用世界的標準，而不用民族的標準衡量一切，那麼這個民族就成熟了。但是很難。「情人眼裡出西施」，不就是自我中心嗎？情感會掩蓋理智，排斥甚或代替理智。所以一源論的產生、傳播是不奇怪的。當然，還有其他原因，比如資本主義壯大的時候，歐洲中心主義就盛行；中國有古老的文化，也帶來了華夏中心主義的資本。

　　在文化發生學裡面，有另外一種理論，認爲文化是多源的。認爲不同的生活方式，造成不同的風俗習慣，形成不同的心理態度，產生不同的物質文明。比如，農業和畜牧業就不一樣。農業要求定居，畜牧業要求遊動。定居很容易傾向於以家庭爲本位，遊牧業就傾向於提高個體性。因此，不同的生活方式，產生了不同的文化狀態，形成了種種文化心理的積淀。社會心理學家證明，人的社會性遺傳，不是遺傳某種行爲本身，而是遺傳在某種條件下發展一定行爲的能力。人從遺傳中接受了

一張不曾顯影的底片，後天的生活條件將這張底片顯了影。長期從事農業的中華民族，有很多跟農業有關的心理、習俗。譬如，我們比較重視家庭，家庭是農業生產基本的單位。農業要求某時大量使用勞動力，另些時候可能沒事幹。這些大量勞力，必須是穩定的。因此家庭觀念諸如以家庭爲本位，依賴性，感情的聯繫，自我獨立的不發展等等都和它有關。這東西一直影響到昨天。昨天，北京晚報登了一則消息，看了非常生氣。一個十四歲的小孩跳樓自殺了。由於她洗碗把一個不好洗的油碗扔到了垃圾堆裡，家長打了孩子一頓。孩子跑了出去，又冷又餓，最後跳樓自殺。報紙的結論說：孩子的父母非常後悔，希望此事以後不再發生，完了。假如這事發生在西方國家，會判其父母罪的，他們是過失殺人。孩子有人權，得到法律的人權保障。我們的晚報輕描淡寫也沒抗議。在傳統中，這不是法律而是道德範圍的事，頂多大家指責其父母，父母頂多表示道德的懺悔。這是我們族權大於人權的一例。

文化多源說難以說清的事是：爲什麼不同地區發生的不同文化，會有共同的現象？大家都穿鞋，都穿衣，甚至有相同的社會制度，宗教信仰，抒情方式。他們說這叫趨同現象。文化源頭是不同的，發生起來就趨於相同，爲什麼趨同？不是萬有引力，而是文化要受到人本身生存發展與環境的限制。譬如人體裝飾，大體上所能承蒙的方式無非是那麼幾種，人體本身的需要和客觀物質的機械性質、物理性質決定了這種趨同現象。再比如天文學，赤道座標和黃道座標，雖然方法不同，但都是描述同一個現象的，而且還可以互換。甚至一些很神秘的理論認識，也是這樣。如亞里士多德把世界萬物以靈魂分成階梯，礦物靈魂最差，植物較低，動物較高，而人的靈魂最高。在同時，荀子也把人的靈魂分爲這四個階梯。人得自於自然的性是最高的，.礦物無識無知，植物有知，動物有識但沒有義，而人什麼都有。在地球的兩極，人們會提出相同的問題，得出相同的結論，只因爲人們所碰到的對象，所要解決的問題，所經過的發展過程，基本一致。其他文化現象都是這樣，物質的、制度的、心理的，都能找到許多趨同的現象。整個的發展是從簡到繁，整個文化同其生活、政治狀態及文化自己的規律有關。趨同的理論解決了不同地方會發生相同現象的問題。

當然，也不能因此否認傳播的作用。傳播說認爲文化通過各種渠道傳播。傳播又有各種情況：有的直接傳過去；有的只是得到一點信息，從而受到啓發；有的是擴大式的傳播，一種文化在起點所起作用可能是微小的，而在接受地卻會產生意想不到的重大作用。譬如說，西方在啓蒙運動時，儒家學說傳去了起了很大作用，在伏爾泰的作品裡充分反映了這點。落後的東西卻成了進步的力量。反過來，嚴復譯的《天演論》在中國成了「保種圖存」的革命理論。還有一種潛伏式的傳播，文化傳播過去了，當時，默默無聞，而在某個時候，突然爆發起來。所有這些傳播現象都說明了一點，任何文化傳播到新的背景下，它所發生的反應，取決於當地的文化特點。多源說有趨同、傳播等問題，但都離不開文化的民族性問題。

三　文化的時代性

只要承認發展，就有時代、過程問題。不能因爲文化有發展，有時代性，而説時代只是區別文化性上。時代與時代的區別不在於文化。過去人所謂文化史觀者，習慣於用文化的發展和文化的形態來劃分社會發展階段。譬如説，上古時代是神權時代，中古時代是英雄時代，現代時代是人權時代。或者説，上古時代是詩的時代，中古時代是散文的時代，近現代是哲學的時代。這無非是用文化的形態劃分社會發展階段。梁漱溟先生也是用文化形態來劃分社會，説西方是向前進取，中國是向中和諧，印度向後退步。現代是西方時代，未來是中國時代，我們過去曾經是中國時代，將來還是要回到中國時代，最後大家都走到印度時代。跟梁先生不一樣的錢穆先生，認爲中國文化代表青年，歐洲文化代表壯年，印度文化代表老年。因爲中國文化講求孝，這是子對親；歐洲文化講求愛，這是壯年人事；印度文化講求慈，這是老年的心態。這些大概都不可取。應該承認文化有時代性，但不能反過來用文化作爲各個時代的劃分依據。

既然文化有時代性，很自然一個事情就是不能用一個絕對的標準去衡量一切。怎麼説呢？不同時代有不同時代的價值標準。不能把今天當作絕對的、唯一的標準，用今天的標準衡量以前的一切，凡是符合今天標準的就是好，就是真；那就錯了。唐人的繪畫、塑像中婦女都是很富態的，有兩個下巴。現在看來不一定好看，可那時就以這樣爲美。對於歷史的評判，必須考慮到這個評判就是歷史的。你對歷史的認識本身也是歷史的。一切歷史認識本身都是歷史的，這是文化時代性所決定的。但這並不意味絕對相對主義，每一時代的文化裡面都有絕對的內容。每一個民族的文化裡面都有人類性的成分。人類性寓於民族性之中，永恒性寓於時代性之中，普遍性寓於特殊性之中。這樣，就可以避免相對主義和絕對主義的毛病。

四　文化的民族性和時代性

任何一個文化既是民族的，又是時代的，這話要與「我們文化是民族的形式，科學的內容」區別開來。抗日戰爭時期，由於統一戰線的關係，對五四時期所提出的「全盤西化」作出了讓步。説文化應該是「民族的形式」，「科學的內容」，據我所知，這是 1958 年有人提出的，認爲民族的成份僅僅是形式，不是內容。我想，民族性既是形式也是內容，時代性既是內容也是形式。

探討文化的民族性和時代性，有一個不能不回答的問題——傳統問題。假如你要回答中華文化的民族性，你就要回答中華文化的傳統。談時代性，也有一個傳統問題，存在新時代和舊時代的問題。

傳統既有民族性方面又有時代性方面，這不多説了。在五四時討論國民性問題，把國民性等於劣根性。魯迅寫了《阿Q正傳》，把阿Q槍斃了，其意在把國民性給徹底打倒。但國民性不僅是劣根性，還有「優根性」的方面。沈從文的小説與魯迅小説大體上是同時的。讀沈從文的小説，就會看到另一種國民性，善良、安祥、

和諧。這兩個人小說不能說誰就絕對錯或對，假如我們今天在「保種圖存」不再急迫的時候，比較全面地看看國民性，我建議大家將這兩位作家的小說一起看，也許會得出關於這個問題的進一步看法。

對待傳統怎麼辦？傳統有優劣並存的問題，而且優劣常纏在一起，劣的東西又是優的東西不可缺少的成份，甚至傳統中劣的東西本身又是優的東西。這怎麼辦？我建議大家看馮驥才的小說《神鞭》。它提出了一個關於文化的未來發展問題。天津有個使用辮子武功的人，很神奇，常除暴安良。到了辛亥革命，要剪掉辮子，辮子功就不存在了。國民八年，他又出現在天津，學了一手好槍法，他的話是這樣說的：「大清朝滅亡了，外面忽然鬧起剪辮子，你要知道我家祖宗在什麼情況下創造出辮子功，就知道我把祖宗的真命脈接過來了。祖宗的東西再好，割的時候就得割。我把辮子剪了，可把神留下了。」辮子功是在清朝入關之後，不得不練的，在不得不剪辮子時，把功夫轉移到了神槍法上去。這提出了一個問題。阿Q的那根辮子集中了國民性，阿Q的精神，最後槍斃了事，這是五四時代人們的看法和精神狀態。作爲今天的作者，馮驥才又處理辮子問題了。辮子在一個時候很神，等到需要剪的時候，就得剪。剪了以後，辮子雖沒了，但神留下了。把神轉移到別的地方去了，神是長存的。也許青年人不同意這種看法，把封建毒害仍視作最重要的事。傳統至今在壓著我們，都喘不過氣來，甚至不能邁步。這是事實，我不辯護這個東西。任何人、任何民族沒有辦法把自己的血液換一遍，擺脫不了傳統，它已深深地浸入血液裡。社會心理學家搞了一些很有趣的試驗。譬如：試驗男女孩（三——十三歲）語言能力。包括理解、詞彙量、表達。被試的孩子來自英、美、瑞典等國。最後統計數字表明，美國、瑞典女孩子的能力比男孩子強。唯獨在英國相反。結論是：英國從來注重男孩子表達能力。這可能是後天培養的。但它已作爲一種心理積澱在發揮著作用。國外華人、香港人、美國的唐人街等等，相同的比不同的多。他們有的已經好幾代了。他們說：「和西方人接觸，開頭很容易，可越接觸深，越難以了解。」心理素質的東西是難辦的。因此，我覺得無論是思維方式、抒情方式、價值判斷方式、社會組織方式，在這許多方面，或者說是悠久的傳統，我們希望隨著時代的前進，而不停地、飛快地更新。但是，沒有辦法去鏟除傳統。若鏟除一個民族的傳統，唯一的方法是鏟除這個民族。

所以會提出徹底鏟除傳統的問題，似乎有一個對現代化的了解問題。什麼叫現代化？或明或暗地每個人有一標準。這個標準是西方的標準，或大半是。而這個西方標準，又是籠統的。西方各國之間的傳統是有區別的，英國不同法國，而我們不作此分別，卻拿了一個理解的西方標準當作現代化的要求。比如，我們要求能挿會花，高消費，這就是誤解了西方初標。西方工業革命時期是非常克勤克儉的。馬克斯·韋伯的《新教倫理與資本主義精神》，對清教徒的精神分析得非常清楚。我們的要求是現代西方某些國家的標準。再如，漢字拉丁化，拉丁字有字音、字義，而漢字還有字形。在漢字中，字形很重要。這裡，可能把現代化和西方化混淆起來。當然，西方是最早現代化的地區，因此，現代化不免帶有許多西方的色彩。但是西方的現代化，也有自己的傳統在裡面。它不是一個抽象的、普遍適用的現代化。它的民主、它的科學都深深地帶著神學的烙印。這話可能刺耳。實際上它們是從神學脫

胎出來的。中世紀強調，人在上帝面前平等，資本主義強調人人在法律面前平等，精神是一致的。中世紀認爲上帝是萬能的，它給了世界以秩序，因此一切都是可以理解的，一切都是可以解釋的。其最終歸於上帝。這與科學到處發現規律是相關的，甚至可以說，正是神學啓發了科學精神。因此有許多大科學家是信仰上帝的，把自己的工作看作是爲了證明造物主的英明就不難理解了。因此，西方的民主、科學也都帶有其民族性，這並不是要拒絕科學、民主。現代化首先產生在西方，帶有西方的色彩，因而，現代化不等於西化。

　　如何搞中國式的現代化？至少有三個内容凝聚在這一口號中：一個是中國式；一個是社會主義；一個是現代化。「中國式」現在成了笑話，準確意義的中國式是中國傳統文化的進一步發展。社會主義是公有和集體所有，大家都是主人；而「現代化」難免有某些資本主義西方的色彩。這口號包括三種力量的衝突、統一與和諧。文化大概應該如此考慮它的未來發展。

試談馬克思主義在中國

李澤厚

　　沒有哪一種哲學或理論，能在現代世界史上留下如此深重的影響有如馬克思主義；它在俄國和中國佔據統治地位已數十年，從根本上影響、決定和支配了十幾億人和好幾代人的命運，並從而影響了整個人類的歷史進程。俄國不在本文範圍。這一事實在中國是如何可能的？它在中國的過去、現在和未來是怎樣？顯然是一個具有頭等意義的現代思想史課題。

　　而且，較之西方馬克思主義各派理論，馬克思主義在中國或者說中國的馬克思主義具有由實踐行動所提供的大量現實的經驗和教訓。例如盧卡契《歷史與階級意識》所強調的無產階級羣衆的階級意識、葛蘭西強調的無產階級在意識形態上的領導權和「文化批判」等等，都由毛澤東晚年以東方式的形態在文化大革命中廣泛實踐過。儘管二者仍有許多重大差異，但重視思想意識、倫理道德、文化批判、人的改造等意志主義和主觀主義的特色上，卻有許多近似或相接近的地方[1]，從毛澤東晚年的失敗也許可從理論上映證西方某些馬克思主義學派理論的一些問題。因之，對馬克思主義在中國的歷史命運的研究，對了解整個馬克思主義或許也將有所裨益。當然，本文不過是在目前的可能條件下作的嘗試而已。第一次嘗試總不會成功，希望失敗可以給後來者以某些借鑑。

一　1918 年—1927 年

　　在十月革命以前，中國少數留學生知識分子便知道並介紹過馬克思及其學說輪廓。其中，朱執信是最著名的一位[2]，但在中國及知識界並沒產生什麼影響。因此，毛澤東在 1949 年總結中國革命歷史並宣布基本國策的《論人民民主專政》一文中說，「十月革命一聲炮響，給我們送來了馬克思列寧主義」，便是相當準確的。馬克思主義是與十月革命和列寧主義一起，被中國當時一部分知識份子所歡迎、所接受、所傳播、所信仰。與俄國曾經經過普列漢諾夫等人的多年介紹、翻譯、研究、宣傳馬克思主義，具有思想理論的準備階段大不相同，馬克思主義在中國，一開始便是作爲指導當前行動的直接指南而被接受、理解和運用的。馬克思主義在中國的第一天所展現的便是這種革命實踐性格。中國沒有俄國那種「合法馬克思主義」。《資本論》等馬、恩、列的好些基本理論著作長期以來並無中譯本。李大釗、陳獨秀、毛澤東……這些中國的最大的馬克思主義者當時並沒有讀過許多馬、列的

書，他們所知道的，大都是從日本人寫作和翻譯的一些小册子中所介紹、解説的馬克思主義和列寧主義。因此第一個問題便是，在異常豐富複雜的馬克思主義中，他們到底注意了、理解了、選擇了些什麼？他們是如何選擇、如何運用的？這種選擇和運用是如何可能的？

1918 年至 1919 年初，李大釗連續發表了《法俄革命之比較觀》《庶民的勝利》《Bolshevism 的勝利》，表示了對俄國十月革命的讚賞、支持。1919 年 5 月李大釗發表了《我的馬克思主義觀》，這可説是第一篇真正介紹馬克思主義學説的長文，也標誌著中國最早一批進步知識份子對馬克思主義的接受和理解。從這篇文章中可以看出，十月革命的成功和河上肇等日本人的第二手的翻譯著作，便足以使中國這些知識份子抓住馬克思主義的某些基本要點，迅速和果斷地接受了它，成爲中國第一批馬克思主義者。之所以如此，首先是近現代救亡主題的急迫現實要求所造成，同時也是中國傳統的實用理性的展現，即要求有一種理性的信仰來作爲行動的指針。馬克思主義的基本理論和十月革命的實踐效果使這種潛在的可能變爲現實。

馬克思主義有各方面的豐富內容，恩格斯在馬克思墓前演説中曾指出唯物史觀和剩餘價值是馬克思兩個重大發現。剩餘價值理論本就是無產階級進行社會主義革命的理論依據和思想基石。但在當時，中國的資本主義剛才起步，無產階級也非常薄弱，連進行宣傳鼓動的廠礦企業都少得可憐，這一基本學説的實用性質和實用範圍都非常有限。因此，儘管李大釗、陳獨秀等人介紹馬克思主義時，都要介紹剩餘價值學説，但如果細看一下，便會發現，他們介紹的重點，真正極大地打動、影響、滲透到他們的心靈和頭腦中，並直接決定或支配其實際行動的，更多是馬克思主義的唯物史觀。其中，又特別是階級鬥爭學説。

李大釗説：

> 「馬氏社會主義的理論，可大別爲三部：一爲關於過去的理論，就是他的歷史論，也稱社會組識進化論；二爲關於現在的理論，就是他的經濟論，也稱資本主義的經濟論；三爲關於將來的理論，就是他的政策論，也稱社會主義運動論，就是社會民主主義。離了他的特有的唯物史觀，去考他的社會主義，簡直是不可能。因爲他根據他的史觀，確定社會組織是由如何的根本原因變化而來的……預言現在資本主義的組織不久必移入社會主義的組織，是必然的運命……。他這三部理論，都有不可分的關係，而階級競爭説恰如一條金線，把這三大原理從根本上聯絡起來。所以他的唯物史觀説，『即往的歷史都是階級競爭的歷史』。他的《資本論》也是首尾一貫的根據那『在今日社會組織下的資本階級與工人階級，被放在不得不仇視、不得不衝突的關係上』，的思想立論。關於實際運動的手段，他也是主張除了訴於最後的階級競爭，沒有第二個再好的方法」。[③]（1919 年 5 月）。

陳獨秀説：

> 「馬克思主義在德國變爲國家社會主義，……也叫做社會民主主義，因爲他

主張利用有產階級的議會來行社會主義，所以也叫做議會派，內中無論是柯祖基
的正統派或是柏因斯泰因的修正派，都不過大同小異罷了。在俄國才還了馬克思
的本來面目叫做共產主義……兩派的主張彼此正反相對如下表：

共產主義的主張	國家社會主義的主張
階級戰爭	勞資攜手
直接行動	議會政策
無產階級專政	民主政治
國際運動	國家主義

我們中國人對於這兩種社會主義，究竟應該採用那一種呢？……階級戰爭的
觀念確是中國人應該發達的了，再睜開眼睛看看我們有產階級的政治家政客的腐
敗而且無能和代議制度的信用，民主政治及議會政策在中國比在歐美更格外破產
了」④。（1921年7月1日）

　　如前所説，中國知識分子是通過十月革命和列寧主義來接受馬克思主義的。因
此李大釗陳獨秀所接受的唯物史觀與階級鬥爭學説又是與列寧堅決反對第二國際的
議會道路直接聯繫在一起的。這不但直接決定了他們對中國現實鬥爭道路的選擇，
（不走社會民主黨的和平道路，而走俄國布爾什維克的暴力革命道路）而且也決定
了他們所接受和理解的唯物史觀總是與激烈的階級鬥爭緊密聯在一起，正如上引李
大釗的解釋，馬克思關於過去（歷史觀）現在（經濟學）未來（社會主義）的理
論，都由階級鬥爭這「一條金線……聯絡起來。」
　　但是，中國知識分子有著自己的長久的文化傳統和觀念遺產，這些傳統和遺產
與唯物史觀、與階級鬥爭學説不但毫不相侔，甚至相互衝突；那麼，這種對於他們
是全新的觀念、思想的馬克思主義，爲什麼會如此迅速地被他們所接受呢？除了救
國這一現實急需外，有沒有什麼文化心理結構上的依據或條件呢？
　　本來，從晚清起，嚴復翻譯、介紹的進化論，在中國便一直深入人心風靡不
衰，從飽讀詩書的士大夫到年輕一代的知識者，曾非常迅速地扔棄千百年「一治一
亂」、「分久必合，合久必分」的循環論的歷史觀和「復三代之盛」的歷史退化
論，似乎並無任何思想困難或情感障礙便接受了以生物學爲基礎的社會達爾文主
義。這個現象值得注意。它似乎説明，中國由於沒有真正強烈的宗教信仰，知識者
仍然習慣於用自己的理性來判定衡量和估計事物，這種理性是一種經驗論的理智，
排斥著純粹的抽象思辨和非理性的情感狂熱，而與現實生活的經驗感受和積極意念
連在一起。所以它沒有「上帝造人」之類的思想情感上的阻礙，也沒有從宿命論角
度來安然接受「弱肉強食、優勝劣敗」的結論，而仍然追求和吶喊著自立自強和剛
健奮起。「自強」「剛健」本是儒學傳統，它却可以在西方輸入的進化論觀念下成
爲近代精神。可見，儘管現代傳來的好些西方學説，在某些具體內容、觀念上與
儒、道、墨、法的中國傳統背離、矛盾甚至相衝突，例如上述的進化論與歷史循環
論、退化論的背離，「弱肉強食」「生存競爭」與「和爲貴」（儒）「弱者道之
用」（道）的矛盾，却可以在更深一層的文化心理結構（「民族精神」、「國民

性」）上接受和融會他們。這所謂「更深一層」的「文化心理結構」的一種基本特質，便是求現實生存、肯定世俗生活並服務於它的實用理性。

也正因爲中國的實用理性使情感經常處在理智的控制、干預和滲透下，使人們的意念、信仰、希望以及意識形態經常要求某種理性的解釋，進化論在中國便主要不是作爲一種實證的科學學說來對待和研究，而是作爲一種意識形態、一種信仰、一種生活動力、人生觀點和生命意念而被接受和理解[⑤]。人們是懷著一種情感態度去接受、理解和信仰它，但這是一種理智認識後的信仰，而不同於純情感的傾倒或服從。正如同以前中國士大夫之信仰孔夫子不同於西方人崇拜上帝相信耶穌一樣。進化論觀念作爲意識形態和情感信仰，指導中國知識份子去生活和奮鬥，具有著理性的特徵。

顯而易見，由進化論走到唯物史觀，在中國知識羣中，是順理成章，相當自然的事。李大釗、陳獨秀當年便是如此。李大釗在爲馬克思主義者以前，歌頌著「青春」「今」，呼喊著「新的、舊的」，追求進步，肯定進化。陳獨秀則曾直接以「進化論」與「人權」「社會主義」作爲新文化啓蒙運動的思想理論基礎。人所共知，魯迅在成爲馬克思主義者以前，也是進化論的信徒。

唯物史觀之所以能替代進化論，它優越於後者之所在，對當時先進知識羣說，至少有突出的兩點。第一，它更爲具體地實在地解釋了人類歷史，不再是一個相當簡單的生存競爭原則或比較空泛的社會有機體觀念，而是以經濟發展作爲基礎來解釋社會的存在和各種社會上層建築、意識形態、觀念體系以及至風習民情，具有很大的理性說服力。中國一直有著「經世致用」重視功利的儒學傳統，有著從經濟（食貨）、地理各種社會物質存在條件或方面去研究和論證政治盛衰、民生貧富的思想學說。在春秋時期，便有「倉廩實則知禮節，衣食足則知榮辱」（《管子》）和「庶之、富之、教之」（《論語》）的思想觀念，它們一直未爲人們所遺忘。儘管有宋明理學的衝擊和統治，歷代治世能臣從桑弘羊到張居正的形象，不但被史書所詳加記錄，而且基本上爲士人們所肯定。這種「文化心理結構」的積澱，對不倦地向西方尋求救亡真理的現代中國知識份子先選擇進化論後又選擇了唯物史觀，應該說是起了作用的。儘管不一定自覺意識到，但思想傳統、情感傾向和心理結構上的認同，亦即沒有在情感、觀念上強烈的排拒感、難以接受感，無疑是一個重要因素。對比中國人由於長久的傳統觀念和倫理情感的排拒，一般較難接受弗洛依德戀母情結論和極端個人主義，對比具有強烈宗教信仰者難以接受「猴子變人」的進化論，似乎也表明這一點。

其次，就具體內容說，中國社會思想中一直有烏托邦的傳統。儒家「治國平天下」是希望「復三代之治」，道、墨甚至佛教也各有其不同的烏托之邦或極樂世界。到近代，洪秀全、康有爲和孫中山更分別構造了他們的「新天新地新人新世界」的大同遠景。[⑥]以空想社會主義爲自己現實奮鬥的最終目標和遠大理想，是這些志士仁人進行實踐鬥爭的一種巨大的動力。因之，由空想社會主義到唯物史觀的「科學社會主義」，在思想進程上也有順水推舟易於接受的便利。

這裡，重要的是，對中國知識份子來說，唯物史觀與進化論一樣，不是作爲具體科學，不是作爲對某種客觀規律的探討研究的方法或假設，而主要是作爲意識形

態、作爲未來社會的理想來接受、來信仰、來奉行的。「馬克思列寧主義的實踐性格非常符合中國人民救國救民的需要……重行動而富於歷史意識，無宗教信仰卻有治平理想，有清醒理智又充滿人際熱情……，這種傳統精神和文化心理結構，是否在氣質性格，思維習慣和行爲模式上，使中國人比較容易接受馬克思主義呢？[7]」其中特別是，馬克思主義主要作爲一種歷史觀與中國文化心理尊重歷史經驗富有歷史觀念歷史情感，更有相互接近的地方。1949 年的勝利和解放初關於「社會發展史」（即唯物史觀）的大規模的宣傳，使中國大陸絕大多數知識份子，包括好些宗教徒和非馬克思主義甚或反馬克思主義的著名學者、教授、哲學家、歷史學家，都自覺自願地接受了和相信了馬克思主義，「1949 年以後許多有自己明確的哲學觀點、信仰甚至體系的著名學者和知識份子如金岳霖、馮友蘭、賀麟、湯用彤、朱光潛、鄭昕等人，也都先後放棄或批判了自己的原哲學傾向，並進而接受馬克思主義。儘管他們對馬克思主義哲學了解的深度和準確度還可以討論，但接受的內在忠誠性卻無可懷疑。……這與他們由熱情地肯定共產黨領導革命成功使國家獨立不受外侮從而接受馬克思主義有關；但這種由『人道』（政治）而『天道』（哲學）的心理轉移，不又正是中國的思想傳統麼？他們不正是自覺不自覺地表現了這一傳統麼」[8]，甚至像頑強固執的熊十力、梁漱溟，也都在他們的晚期學術著作中，表露出或反射出他們對馬克思主義哲學某種程度上的認同或肯定態度[9]。

當然，還有一大批知識分子（主要是大陸以外的）並沒有接受而且許多還激烈反對馬克思主義。除了政治原因外，思想上的一個主要焦點是他們反對階級鬥爭學說。承認或否認從而積極參加或消極拒絕（或積極反對）階級鬥爭，便幾乎在中國成了是否接受馬克思主義的一個理論上的區分界線和標準尺度。1949 年以前中國知識份子中的馬克思主義者絕大多數是中國共產黨黨員，也在實踐上說明了這一點。因此，馬克思主義在中國，主要是以其唯物史觀（歷史唯物論）中的階級鬥爭學說而被接受、理解和奉行的。

「階級鬥爭，一些階級勝利了，一些階級消滅了。這就是歷史，這就是幾千年的文明史。拿這個觀點解釋歷史的就叫做歷史的唯物主義，站在這個觀點的反面的是歷史的唯心主義。」[10]

這條在「文化大革命」中被億萬人民無數次高聲誦讀的語錄，雖然並不能概括中國馬克思主義者甚至毛澤東本人對唯物史觀的全部看法，因爲階級鬥爭並不就是唯物史觀，唯物史觀也遠不止是階級鬥爭，但階級鬥爭作爲唯物史觀的一個重要的基本內容，數十年來對中國的革命知識份子來說，具有關鍵性的意義。共產主義作爲唯物史觀的未來圖景，提供的只是革命的信念和理想，階級鬥爭作爲唯物史觀的現實描述，才即是革命的依據，又是革命的手段和途徑。於是它就成了馬克思主義在中國最根本的理論學說和基本觀念。

所以，值得注意的是，在中國，常常是從階級鬥爭來看一切，包括從階級鬥爭的角度、形勢和要求來認識、研究以至描述、區別階級。無論是陳獨秀 1923 年的《中國國民革命與社會各階級》，或毛澤東 1926 年《中國社會各階級的分析》，都主要是從當時整個階級鬥爭的形勢、情況的角度和層面來分析中國社會各階級，因此著眼點和著重點主要不在各階級在社會生產關係中的歷史位置的具體科學考察，不

在對中國社會作嚴格的結構性的階級階層分析，不在以比較嚴密的數量統計爲基礎的所有制和財產分布的描述研究[11]，而主要在描述各階級在當時經濟特別是政治上的處境、狀態和他們在經濟特別是在政治上的態度和可能性。從而收支狀況、生活水平代替在社會生產關係和生產方式中的結構性的地位，常常不是生產中的地位，而是分配、消費中的地位，不是經濟條件，而是政治態度，更成爲注意的重點。中國馬克思主義的這種階級分析和階級觀念更接近於馬克思《法蘭西階級鬥爭》《路易·波拿巴的霧月十八日》等戰略論著中的階級分析，而不接近《資本論》、《俄國資本主義的發展》的基礎分析。它實際是從階級鬥爭（政治）來觀察、論證階級（經濟），分析階級也是爲了明確「誰是我們的敵人？誰是我們的朋友？」是爲了當前革命的急迫的實用需要。[12]。

階級鬥爭學說從陳獨秀、李大釗等人所率先傳播，得到大批青年歡欣鼓舞的接受和信仰後，很快就有具體行動的落實。首先是建黨，其次是「到民間去」。

建黨是列寧主義的基本學說。以職業革命家爲主體、有嚴格組織和鐵的紀律的共產黨組織在北京、上海、長沙等地相繼成立，並召開了第一次、第二次代表大會，並開始領導、組織工人進行鬥爭。上述思想理論上的階級分析也正是在有了這種階級鬥爭實踐之後才來進行的。中國共產黨沒有馬、列主義創始人以及考茨基、普列漢諾夫等人那種多方面多層次的理論論者，中國現代緊張的政治局勢和救亡鬥爭，使得人們在主客觀上很少能有足夠的條件來進行深入的理論思考和書齋研究，而把主要的力量、時間和注意，集中在急迫的鬥爭實踐上去了。中國傳統文化心理中的實用理性和集體（家國）意識無疑促成了這一特徵。所以，從唯物史觀到階級鬥爭，無不塗上這樣一種直接爲急迫的現實鬥爭、爲當前的社會需要服務的色調。馬克思主義的實踐性和革命性，在中國現代的特定環境下，在中國傳統的文化心理滲入下，具有了這樣一種單純和直接的實用特徵。

有學者研究胡適時，曾解釋爲何杜威與羅素大體同時來華講學，杜威的影響卻比羅素要大得多，認爲「杜威的實驗主義通過胡適的中國化的詮釋之後，這種『改造世界』的性格表現得更爲突出。……杜威和馬克思之間有許多根本的分歧，但在『改變世界』這一點上（包括強調理論與實踐的統一），他們的思想是屬於同一型態的。馬克思主義之所以能繼實驗主義之後炫惑了許多中國知識分子，這也是基本原因之一」。[13]其實，更重要的是，一方面，在上述的中國現代條件下，本來十分重視理論、具有一整套完備理論體系的馬克思主義本身，在中國也被染上了「有效即真理」和要求直接服務於當下實踐的實用主義的因素。這一點影響了它在中國的發展方向。但另方面，爲什麼馬克思主義能夠「繼實驗主義之後炫惑了許多中國知識份子」呢？即是說，馬克思主義如何比實用主義對中國知識份子有更大的可接受性呢？

除了現實的原因（救亡圖存）外，又似乎仍有其文化心理結構上的原因。就傳統心態說，中國的實用理性有與實用主義相近的一面，即重視真理的實用性、現實性，輕視與現實人生與生活實用無關的形而上學的思辨抽象和信仰模式，強調所謂「道在倫常日用之中」。但也有與實用主義並不相近的一面，即實用理性更注意長遠的效果和具有系統內反饋效應的模式習慣，即承認有一種客觀的「道」支配著現

實社會和日常生活，從而理性並非只是作爲行爲的工具，而且也是認識（或體認）道體的途徑。正是實用理性這一特點，使中國知識份子在馬克思主義與實用主義之間，在文化心理結構上更易傾向於前者一些。因爲馬克思主義不但有其關於社會發展的理論和未來世界的理想，而實用主義的理論建立在生物適應環境的基礎上，沒有這種理論和理想；而且馬克思主義是肯定客觀世界及其普遍規律的存在，是重視對這種客觀規律的認識和論證的，而實用主義則從理論上排斥這一點。所以，從一開始，中國馬克思主義者像李大釗、陳獨秀、瞿秋白、蔡和森等人就寫出了有關中國現實局勢和奮鬥前景的好些頗有理論水平的文章，今日看來，也遠遠超過了當時其他黨派和其他的思想理論學說（例如胡適的政論文章），他們對中國革命狀況和政治鬥爭的分析論證，具有比其他理論學說更有說服力的深刻性。這倒正是他們運用了馬克思主義即唯物史觀和階級鬥爭學說來觀察論證的結果。因爲當時中國確乎處在日益緊張的社會鬥爭和階級鬥爭之中，處在日益加劇的日本帝國主義侵略形勢下。

馬克思主義在中國的第一階段以李大釗的理論文章最具有代表性，李大釗是中國馬克思主義的早期理論代表。之所以如此，不僅在於李大釗是最早接受和最先傳播馬克思主義的先驅，而且也在於他的這種接受和傳播，從一開始便具有某種「中國化」的特色。這特色使他不同於陳獨秀，而與後來以毛澤東爲代表的中國馬克思主義倒有一脈相通之處。其中有兩點最值得注意：

第一，是民粹主義的色彩。[14]李大釗大概是最早號召知識青年學習俄國民粹派「到農村去」的中國馬克思主義者：

> 「我們青年應該到農村去，拿出當年俄羅斯青年在俄羅斯農村宣傳運動的精神，來作開發農村的事，是萬不容緩的。我們中國是一個農國。大多數的勞工階級就是那些農民。他們若是不解放，就是我們國民全體不解放，他們的苦痛，就是我們國民全體的苦痛；他們的愚暗，就是我們國民全體的愚暗；他們生活的利病，就是我們政治全體的利病。……
>
> 在都市裡漂泊的青年朋友們啊！你們要曉得：都市上有許多罪惡，鄉村裡有許多幸福；都市的生活，黑暗一方面多，鄉村的生活，光明一方面多；都市上的生活，幾乎是鬼的生活，鄉村中的活動，全是人的活動；都市的空氣污濁，鄉村的空氣清潔。你們爲何不趕緊收拾行裝，清還旅債，還歸你們的鄉土？……早早回到鄉里，把自己的生活弄簡單些，勞心也好，勞力也好，種菜也好，耕田也好，當小學教師也好，一日把八小時作些與人有益與己有益的工作，那其餘的工夫，都去作開發農村、改善農民生活的事業。一面勞作，一面和勞作的伴侶，在笑語間商量人向上的道理。只要知識階級加入了勞工團體……只要青年多多的還了農村……，那些掠奪農工、欺騙農民的強盜，就該銷聲匿跡了。
>
> 青年呵！走向農村去吧！日出而作，日入而息、耕田而食、鑿井而飲。那些終年在田野工作的父老婦孺，都是你們的同心伴侶，那炊煙鋤影雞犬相聞的境界，才是你們安身立命的地方呵！」（《青年與農村》1919 年 2 月－23 日《晨報》）

民粹主義一般有兩個相互結合的特色，一是痛恨資本主義，希望避免或跳過資本主義，來建立社會主義或理想社會；一是把這希望放在農村和農民身上。像這樣號召到農村去，這樣重視農村，歌頌農民，在陳獨秀等人那裡是看不見的。但這又並非李大釗一人的特點，在他前後的章太炎、魯迅（早期）、章士釗、梁漱溟、毛澤東等人那裡，曾各以不同的形態閃爍出這同一特色。可以看出，在中國近現代，始終有著以康有為、嚴復、孫中山、胡適、陳獨秀為突出代表的西化思潮與以洪秀全以及上述章太炎等人為突出代表的民粹思潮的傾向差異。其差異主要表現在對待資本主義基本採取讚揚、肯定（前者）還是保留、否定（後者）的不同態度上，前者更注意資本主義的物質文明、工業生產帶來的社會幸福、國家富強，後者則更著意如何能保持「純淨」的農村環境（廣義）、傳統美德、精神文明等等，以超越資本主義。這確乎與俄羅斯的「西歐派」與「斯拉夫派」有某些相似。但是，由於中國沒有像東歐正教那樣的宗教傳統，沒有俄羅斯農村公社的殘跡，以及近代一些其他重要原因，中國沒有或沒來得及產生純粹的民粹派的思潮、組織和活動。中國近現代所有的「志士仁人」都是自覺地「向西方尋求真理」，從而具有民粹思想的人經常處在某種不自覺的狀態，他們經常並不否定近代大工業、大生產，同時「西化派」中也有不少人揭發、批評資本主義的罪惡。所以上述劃分便只具有非常相對的意義，只是某種的思想傾向上的差異，並且只是從客觀上和整體上來說的。在各個具體人物身上，又還有各種具體矛盾的複雜情況。[15]但是，本文之所以要提出這個問題，指出這種差異，是因為中國近現代民粹思潮頗值得重視。正由於它沒有像俄國那樣具有著理論上和實踐上的獨立性格，沒有受過從普列漢諾夫到列寧的尖銳批判，從而它一開始便滲入了馬克思主義之中，而發生了作用和影響。這種作用和影響不一定全是壞的。許多方面，例如重視農村和農民，是符合中國實際，有助於馬克思主義在中國的勝利；但的確也帶來了一些問題和毛病，這在後面還要講到。

李大釗宣講的馬克思主義的第二個特點是道德主義。李大釗在一開始介紹階級鬥爭學說的同時，便又特別著重宣傳克魯泡特金的互助論。他曾用互助來「補充」階級鬥爭。

> 「一切形式的社會主義的根萌，都純粹是倫理的。協合與友誼，就是人類社會生活的普遍法則……就可以發現出來社會主義者共同一致規定的基礎……這基礎就是協合、友誼、互助、博愛的精神，就是把家族的精神推及於四海，推及於人類全體的生活的精神……
>
> 他（指馬克思）並不是承認人類的全歷史，通過去未來都是階級競爭的歷史。他的階級競爭說，不過是把他的經濟史觀應用於人類歷史的前史一段，不是通用於人類歷史的全體。他是確信人類真歷史的第一頁當與互助的經濟組織同時肇始。
>
> ……
>
> 這最後的階級競爭，是改造社會組織的手段。這互助的原理是改造人類精神的信條。我們主張物心兩面的改造。靈肉一致的改造」。[16]（《階級競爭與互助》1919 年 7 月 6 日《每周評論》）

「我們於此可以斷定，在這經濟構造建立於階級對立的時期，這互助的理
想、倫理的觀念，也未曾一日消滅，不過他常爲經濟構造所毀滅，終至不能實
現。這是馬氏學説中所含的真理。到了經濟構造建立於人類互助的時期，這倫理
的觀念可以不至如從前爲經濟構造所毀滅。可是當這過渡時代，倫理的感化，人
道的運動，應該加倍努力，以圖鏟除人類在前史中所受的惡習染，所養的惡習
質，不可單靠物質的變更。這是馬氏學説應加救正的地方。

　　我們主張以人道主義改造人的精神，同時以社會主義改造經濟組織。不改造
經濟組織，單求改造人類精神，必致沒有效果。不改造人類精神，單求改造經濟
組織，也怕不能成功。我們主張物心兩面的改造，靈肉一致的改造」⑰。（《我
的馬克思主義觀》）

　　以「互助」、「協合」、「友誼」、「人道」、「改造人類精神」來作爲改造
社會組織的互補劑和雙行道，使社會主義革命和階級鬥爭具有某種倫理的道德的性
質和內容，這一特徵與上述民粹主義特徵互相緊密地聯繫、融合和統一在一起，它
們是在同一個農業小生產的傳統社會基礎上產生出來的。它好像與中國傳統的孔孟
之道有些相似，但又有所不同。因爲這種「互助」、「協合」和「改造人類精神」
是強調建築在所謂「尊勞主義」，即以下層人民的勞動爲基礎的：

　　「我覺得人生求樂的方法，最好莫過於尊重勞動。一切樂境，都可由勞動得
來，一切苦境，都可由勞動解脫。……曉得勞動的人實在不知道苦是什麼東西。
譬如身子疲乏，若去勞動一時半刻，頓得非常爽快……免苦的好法子，就是勞
動。這叫做『尊勞主義』」。⑱（《現代青年活動的方向》1919年3月14-16日《晨報》）
　　「人道主義經濟學者持人心改造論，故其目的在道德的革命。社會主義經濟
學者持組織改造論，故其目的在社會的革命。這兩系都是反對個人主義經濟學的
……從前的經濟學，是以資本爲本位，以資本家爲本位。以後的經濟學，要以勞
動爲本位，以勞動者爲本位了。這正是個人主義向社會主義人道主義過渡的時
代」⑲（《我的馬克思主義觀》）。

　　從一開始，李大釗便把倫理、人道、精神改造與階級鬥爭、社會改造即所謂
「心與物」「靈與肉」相提並論，要求作雙向的同時改造。總之，反對「個人主義經濟
學」（即以亞當斯密爲代表的古典自由主義經濟學），主張「人道主義經濟學」與「社會
主義經濟學」相結合，階級鬥爭與在勞動基礎之上的互助合作相結合，這就是李大
釗所理解所宣傳的馬克思主義。難道，這與從先秦墨家以來的中國下層的傳統倫理
不有某種接近之處麼？從而，它與置根在同一小生產傳統土壤上的儒家的仁愛倫
理，又有了可以相通的一面。這一點，在後來的發展中便展現得更清楚了。

　　民粹主義因素，道德主義因素和實用主義因素的滲入，似乎是馬克思主義早期
在中國的傳播發展中最值得重視的幾個特徵。它之所以值得重視，是在於它對馬克
思主義理論的選擇、判斷、接受、運用中，亦即在馬克思主義中國化的進程中，起

了重要作用。雖然上面這些材料只是些思想文獻，論證只在純粹理論領域，但活的思想史正是現實歷程的一面鏡子。通過鏡子裡的這些特徵，深刻地反射出了在像中國這樣的農民國家和傳統文化心理結構中的馬克思主義的道路和命運。

這條道路和命運確乎不偶然，並不完全取決於個別人的意志和傾向。因此，只有清醒地及時認識它，研究它，才能發展它的强處和優勢，避免它所帶來的缺陷和弊病，從而才能更自覺地理解和掌握馬克思主義。可惜的是，我們的認識、研究似乎都太遲了一點。

二　1927 年—1949 年

馬克思主義在中國由於與現實政治鬥爭的具體實踐密不可分，粘連一起，其思想理論的發展没有取得獨立的形態，從而其階段的區劃標準也没有獨立的自身尺度，基本取決於社會政治鬥爭的幾個主要關鍵環節而形成爲不同的階段。大體説來，從 1918 年到 1927 年大革命，是以李大釗、陳獨秀爲主要代表的早期。1927年大革命失敗到 1949 年，是以毛澤東、劉少奇等人爲主要代表的「毛澤東思想」的成熟期。第三個階級是 1949 年勝利到 1976 年毛澤東逝世，這是毛的思想佔據絕對統治地位以及其片面發展的時期。從 1976 年以後至今是新時期。

第一期到第二期的中介人物，從理論上看，主要似應是瞿秋白。

瞿秋白 1923 年由蘇聯回國，重辦《新青年》作爲共產黨的理論季刊。在《新青年之新宣言》一文[20]中，瞿秋白公開宣布《新青年》是「無產階級的思想機關」，具有鮮明確定的階級性、黨性、革命性，同時，又提出「當嚴格的以科學方法研究一切，自哲學以至於文學，作根本上的考察，綜觀社會現象之公律而求結論」，即科學性的方法論，他要求以科學革命性的方法論來研究問題、指導實踐。在二十年代，瞿秋白依據唯物史觀評論過科玄論戰，在此文中，又提出了自由與必然的哲學問題。也正是瞿秋白，這時候把「辯證唯物論」介紹到中國來。如上節所述，馬克思主義在中國首先獲得接受、傳播和打響的，是唯物史觀即歷史唯物論，李大釗、陳獨秀以及其他一些人是以這種歷史觀作爲社會觀、人生觀來身體力行的。「故歷史觀者，實爲人生的準據，欲得一正確的人生觀，必先得一正確的史觀。……亦可方爲一種社會觀」[21]。但到了瞿秋白，則顯然有所不同，他主要是以「互辯律的唯物論」（即辯證唯物論）來作爲宇宙觀和方法論來解説歷史、社會、人生、革命。應該注意，這是一個非常重要的變化。

「宇宙的根本是物質的動，動的根本性質是矛盾，是肯定之否定，是數量質量的互變，社會現象的根本是經濟的（生產關係）動——亦即是『社會的物質』之互變」[22]「宇宙間的一切現象，既然是永久動的，互相聯繫著的，社會現象亦是如此。所以社會科學中，根本方法是互辯的唯物主義」[23]。「所謂『動』就是鬥爭，就是矛盾」，「所以鬥爭與矛盾（趨向不同的各種力量互相對抗）——是以規定變動的歷程」。[24]

與李、陳諸人主要從日文、英文譯著中了解馬克主義不同，瞿秋白主要是從俄文論著中了解。因此，比起馬恩著作來，普列漢諾夫，列寧、托洛茨基等人的著作

更成爲其介紹、論證的主要依據。從歷史唯物論（唯物史觀）到辯證唯物論的重要轉移，在一定意義上，也正是馬克思主義從馬克思、恩格斯、考茨基到普列漢諾夫、列寧、斯大林的某種變異和發展。即不再是從人類本體的歷史進程角度而是從宇宙本體的存在角度來認識、解説、論證自然、社會、歷史和萬事萬物。應該説，這是一個相當大的變化。儘管恩格斯在《反杜林論》、《自然辯證法》等著作中已經有大量關於自然學界各種辯證現象的描述、解釋和論證，但它們多半是爲駁斥杜林而表述的觀點和作爲材料的思考筆記，並不像唯物史觀那樣，真正自覺構建爲系統的理論觀點和嚴整體系。因之，不僅是對社會存在和社會意識，而且是對整個存在和意識即心物作哲學的唯物論論證，固然是一次極大的擴展，但同時也帶來某種外在框架公式的主觀主義。這一點到斯大林《聯共黨史》中的《辯證唯物論與歷史唯物論》，從自然本體論推導出歷史發展論，將馬克思主義形式邏輯化、框架化、教義化，便變得極明顯了。

這一切都影響了中國的馬克思主義。從瞿秋白介紹用辯證唯物論來觀察事物、研究世界，到艾思奇的《大衆哲學》的通俗宣傳，的確在普及這種新的哲學世界觀上起了非常巨大的作用，使得年輕一代不必再像上代人那樣，經由達爾文的進化論而走向唯物史觀，而是直接由此而接受、信仰這既普遍適用又非常「科學」的對宇宙、自然、社會各種現象的解釋，以作爲世界觀和方法論，作爲引導人生、參加革命的行動指南，並與其他各派現代哲學唯心論劃分界限。這就是瞿秋白不同於李大釗陳獨秀的貢獻和特色所在[25]。這一特色恰恰與毛澤東從青年時代起的哲學思想相吻合[26]。

瞿秋白在文藝方面也提出「辯證唯物論的創作方法」，則顯然是受蘇聯拉普派的影響，儘管蘇聯後來清算了拉普派，但在中國並沒作這種消除，瞿秋白當年的這一提法對於後來仍保持著重要影響，如強調文藝工作者要學習馬克思主義、強調世界觀指導創作方法，等等。這一點也與毛的思想是相吻合的。

由於緊密地與革命實踐同步行進，馬克思主義思想在中國主要便成爲一種關於革命戰略的理論學説，如關於中國社會的性質、中國革命的性質、道路和前景、中國各階級，各政治勢力、各種政治主張的分析和各種文化思想的批判等等。這些均非本文所能詳論，下面只能作點概略敍述。

首先，應該指出，在強調中國資產階級民主革命中無產階級的領導權，支持彭湃、毛澤東倡導的農民運動，和提出要重視武裝鬥爭、軍事力量這三個有關中國革命戰略的關鍵問題上，瞿秋白也是承上啓下，即上承陳獨秀、李大釗建黨和「到民間去」的思想，下啓毛澤東等人工農武裝割據的新局面和新主張。

「在黨中央的領導者中，瞿秋白是彭湃、毛澤東等從事農民運動的最堅定的支持者，他熱烈讚揚廣東、湖南的農民運動是『全國農民運動的先鋒』。……陳獨秀、彭述之等都不贊成毛澤東的觀點，這篇重要著作（指毛的《湖南農民運動考察報告》在黨中央機關報《嚮導》上未能刊登完。瞿秋白則高度稱讚毛澤東的意見，……立即爲之作序……交黨中央宣傳部主辦的長江書局印單行本以便廣爲流傳，指導農民運動的開展。他在序言裡説……中國『農民要的是政權，是土地』，『……中國農民都要動手了，湖南不過是開始罷了』。他號召『中國的革命者個個都應當讀一讀毛澤東

這本書和讀彭湃的《海豐農民運動》一樣』,『中國革命家都要代表三萬萬九千萬農民**說話做事,到戰線上去奮鬥**』」。[27]

支持農民運動,是與瞿秋白把反封建主義作爲中國革命主要任務之一(另一爲反帝)有關,這與張國燾等人誇大中國的資本主義力量從而低估反封建任務是不同的。如張國燾所回憶,「他(指瞿)……強調中國是宗法社會,革命的目的是反封建」。因而,瞿由注意武裝鬥爭進而重視武裝農民,即把武裝革命與民衆運動(當時這二者都已存在)結合起來。「瞿秋白認爲,既需要『**武裝革命**』,又需要『**羣衆運動**』,應當把它們結合起來,推動中國革命的發展」[28]「在北伐戰爭開始以後,瞿秋白愈加重視武裝問題。他……強調説明,『農民自己的武裝現在更成緊急的問題了』,農民的問題只有『**實力鬥爭才能解決**』」[29]。

在 1927 年「八七會議」之後,「瞿秋白指出,新時期的首要任務『是民衆的武裝暴動』,『只有民衆的武裝暴動』創立真正的民衆軍隊,建立工農貧民兵士代表會議的政府,才能解放工農,才能打倒軍閥和帝國主義。」[30]

在 1927 年 12 月瞿寫了《武裝暴動問題》一文,指出「中國革命現時的階段,顯然到了工農武裝暴動的時期……中國革命在鬥爭方式與發展形式方面,有極可注意的特點」。這些特點如「革命不能有奪取『首都』一擊而中的發展形勢」。而是「各省農民此起彼落的武裝暴動」,從而「將創造出一種特殊的鬥爭策略,便是游擊戰爭」,「游擊戰爭必需進於革命地域之建立」和逐步「擴大」[31]。這顯然是對 1927 年以毛澤東爲代表的紅軍武裝在農村進行游擊戰爭和建立革命地區的肯定和總結。所以,「工農武器割據」的軍事鬥爭戰略,是瞿秋白在理論上首先概括出來的。

但是,也如同研究者所指出,「當然,瞿秋白當時還沒有也不可能解決『**農村包圍城市**』這一中國革命的根本道路問題。他實際上仍然沒有擺脱城市中心的影響,重複了共產國際所認爲的『城市領導作用的重要性』。中國革命必須走『**農村包圍城市,最後奪取城市**』的道路,**是毛澤東**等在長期的革命實踐中逐步解決的。」[32]

這也正是瞿秋白在中國馬克思主義思想史上承上啓下地位所在。

瞿秋白是比較典型的近現代知識份子。[33]他的文化教養、思想情感、觀念習慣是中國士大夫傳統與西方文化教養的某種混合物,而與毛澤東那種深深置根於中國農村的鄉土特色很不一樣。他之肯定農村、工農武裝、軍事鬥爭、游擊割據,是純理論認識的結論。他在行動和情感上,在何種程度和範圍內能成功地實踐和領導這種農民武裝的軍事鬥爭,便仍是問題[34]。但從理性上認識和肯定這條革命道路,倒正好反映出,只要從當時的實際情況出發,而不是機械地搬用十月革命經驗或馬、列的某幾條原理作爲依據,便能作出上述符合革命實際的論斷和主張。這又無疑是中國傳統的實用理性起了作用,不必要抽象玄思,不必要搬用經典,從實際狀況中概括出經驗論的理性結論,並賦予它以清晰論證的理論形態,便足以指導行動了。瞿秋白在理論上這樣做了,毛澤東卻首先是在實踐中這樣做的。

除瞿秋白外,蔡和森是具有突出的理論興趣和理論才能的馬克思主義者,在二十年代他撰寫了《中國共產黨史的發展(提綱)》(1926 年)《黨的機會主義史》

（1927年9月）等概括、總結當時鬥爭進程的長篇報告和文章。蔡的這些論著對了解中國馬克思主義思想史有重要意義。例如，蔡1926年總結在對待資產階級、聯合戰線等問題所謂「一派右傾，一派左傾」（前者指馬林〔共產國際代表〕、陳獨秀、瞿秋白、張太雷、後者指張國燾、蔡和森自己、劉仁靜）等等的論述，1928年六大時，一貫「左傾」的蔡卻從實際情況的分析出發，對瞿秋白「不斷高漲」論進行尖銳批判，等等，便是饒有興趣的問題。且不論是非曲直尚待進一步研討，但從下面摘引的蔡當時在黨內民主問題的意見，足見蔡善於注意總結經驗，是有敏銳的理論眼光的：

> 「……另一方面，民眾的黨內生活全未形成，既無黨的討論，又無選舉制度……務使下級黨部完全依賴上級黨部的指導，黨裡完全是聽從號召的士兵。……真是鐵的組織鐵的紀律一般，可是伏在裡面的危機是很大的。……養成的習慣是：只有上級機關的意見和是非，而沒有下級黨部及羣眾的意見和是非。……鐵的紀律成了威壓黨員的工具，而上級指導人卻有超越此鐵的組織和鐵的紀律的一切自由。」[35]

可見，由來已久，積習已深。這種由來和積習也正是小生產封建傳統習慣勢力的滲透。自列寧黨的模式建立以來，「鐵的組織和鐵的紀律」使共產黨不斷在一些東方國家取得革命的勝利；特別是在軍事鬥爭中，它發揮了極其重要的保證作用。但如何把集中與民主統一起來，如何發揚黨內民主，卻始終沒有在理論上從而在制度上予以完滿的論證和解決。蔡和森在黨的少年時代和那樣緊張激烈的革命環境中，便發現和提出這一問題，是很有價值的。蔡不幸過早犧牲，沒能充分發揮他青年時代與「實踐家」毛澤東齊名的「理論家」的才能。

除了瞿、蔡，當然還有其他一些重要領導人物的一些重要思想、觀念和主張，本文不能逐一論述。更重要的是，在上述基礎上，如何能走出最關鍵的一步，即如何具體地實踐農民武裝革命的戰爭道路。這便正是毛澤東的主題。

在1928年10月到1930年1月，毛澤東先後草寫了《中國紅色政權爲什麼能夠存在》《井岡山的鬥爭》《星星之火可以燎原》等重要文件，描述論證了農民武裝割據的小塊紅色根據地爲何在四周的白色政權包圍中能夠生存和發展的條件、狀況和原因，並提出了「農村包圍城市」的戰略思想、概括出「敵進我退，敵駐我擾，敵疲我打，敵退我追」的游擊戰爭的作戰方針，並以土地革命作爲發動羣眾的根本基礎。從而，游擊戰的武裝鬥爭，農村根據地和土地革命，成爲毛澤東領導中國革命走向勝利的道路。

關於毛澤東，許許多多的人已經寫了許許多多，估計還將是一個長久討論的題目。本文暫不擬對此饒舌過多。這裡只想著重指出，毛澤東首先是作爲一個傑出的軍事戰略家和策略家，不斷在戰爭中戰勝敵人而獲有威信和地位的。由於對中國國情——分散的小生產的農村封建經濟、下層社會的結構、習性和各個階層人物的十分熟悉，[36]以及對中國農民起義傳統的留意，對《三國演義》《老子》的諳熟，和他素來主張身體力行，重視親身實際經驗同傳統中國哲學的修養，[37]使他比其他人都更

能在一場以農民㊳爲戰鬥主體、以農村爲周圍環境的農民革命戰爭中如魚得水，勝任愉快，最充分發揮一個具有淵博學識（主要是中國舊學）的知識份子的領導作用。毛以這種優勝條件和幾次勝利戰爭在革命軍隊的廣大幹部中建立了自己的思想領導的威望。

　　毛最光輝的理論論著無疑是有關軍事鬥爭的論著，其代表是《中國革命戰爭的戰略問題》（1936 年 12 月）和《論持久戰》（1938 年 5 月）。毛在這些論著中，總是儘量地把這些戰爭問題提到馬克思主義辯證唯物論的認識論的理論形態上來論證和敍說。同時他又非常重視爲列寧稱之爲「馬克思主義靈魂」的「具體問題的具體分析」。毛的許多論著的論述形式似乎是從一般到特殊，而思維的實際過程卻是從特殊到一般，即從感性到理性，從個別到一般的經驗總結。毛澤東由於從實際出發，很重視事物的經驗特殊性，反對套用一般的公式、教條去認識問題和解決問題，但又總是把這特殊性提高到一般性的規律上來，這成爲他思想的一個特點。

> 「從時間的條件說……各個歷史階段有各個歷史階段的特點，因而戰爭規律也各有其特點，……從戰爭的性質看，革命戰爭和反革命戰爭，各有其不同的特點，因而戰爭規律也各有其特點，……從地域的條件看，各個國家各個民族特別是大國家大民族均有其特點。因而戰爭規律也各有其特點……我們研究在各個不同歷史階段、各個不同性質、不同地域和民族的戰爭指導規律，應該著眼其特點和著眼其發展……」㊴

　　這顯然因爲中國現代游擊戰爭是一種具有特殊經驗的戰爭，不是搬用書本或套用一般的戰爭公式所能規範。

　　與此相關連，也是從戰爭經驗出發，毛特別重視事物變化進程中能起決定作用影響全局的關鍵環節：

> 「戰爭歷史中有在連戰皆捷之後吃了一個敗仗以致全功盡棄的，有在吃了許多敗仗之後打了一個勝仗因而開展了新局面的。這裡說的『連戰皆捷』和『許多敗仗』，都是局部性的，對於全局不起決定作用的東西。這裡所說的『一個敗仗』和『一個勝仗』，就都是決定的東西了。所有這些，都在說明關照全局的重要性」。㊵

　　與此相關連，戰爭中的指揮者、領導者的主觀能動性的突出和重要，自然爲毛所特別注意：

> 「軍事家不能超過物質條件許可的範圍外企圖戰爭的勝利，然而軍事家可以而且必須在物質條件許可的範圍內爭取戰爭的勝利。軍事家活動的舞台建築在客觀物質條件的上面，然而軍事家憑著這個舞台，卻可以導演出許多有聲有色威武雄壯的活劇來。」㊶

　　因此，在強調主觀能動性的同時，便要注意冷靜地、清醒地認識客觀實際：

「軍事的規律，和其他事物的規律一樣，是客觀實際對於我們頭腦的反映
……包括敵我兩方面……都應該看成研究的對象。……孫武子書上『知彼知己，
百戰不殆』這句話……包括從認識客觀實際中的發展規律，並按照這些規律去決
定自己行動克服當前敵人而說的。我們不要看輕這句話。」[42]

　　毛的這些思想用他後來常用的馬克思主義哲學術語來概括，也就是重視矛盾的
特殊性、重視主要矛盾、重視主觀能動性和把唯物主義反映論作為方法論以認識從
而指導實踐行動。正是從這種方法論出發，毛在十年內戰時期根據「敵強我弱」
「敵大我小」種種客觀情況，概括和制定了的「以十當一」（不是硬拼）、運動戰
（不是陣地戰）、速決戰（不是持久戰）、殲滅戰（不是消耗戰）等一系列行之有
效非常成功的具體的戰略戰術。在抗戰初期，又根據世界局勢和敵（日）我雙方的
各種情況、條件、因素（包括經濟、政治、軍事、人口、國土、自然條件等等）的
全面，詳盡、細緻的分析描述，提出了抗日戰爭必將是經歷戰略退卻、相持和反攻
三階段的持久戰，反對悲觀失望的亡國論和盲目樂觀的速勝論。在解放戰爭時期，
毛更加具體地發展了上述戰略戰術，總結為十大「軍事原則」：「①先打分散和孤
立之敵，後打集中和強大之敵，②先取小城市、中等城市和廣大農村；③以殲滅敵
人有生力量為主要目標，不以保守或奪取城市和地方為主要目標……④每戰集中絕
對優勢兵力（兩倍、三倍、四倍有時甚至是五倍或六倍於敵之兵力），四面包圍敵
人，力求全殲……⑤不打無準備之仗，不打無把握之仗……⑥發揚勇敢戰鬥，不怕
犧牲、不怕疲勞和連續作戰（即在短期內不休息地接連打幾仗）的作風。⑦力求在
運動中殲滅敵人……」等等。

　　這確乎是現代中國革命戰爭勝利的戰略總結，它是具有從這個軍事史上的特殊
上升為一般的哲學意義的。

　　中國是一個有軍事傳統和軍事思想遺產的古國。在《中國古代思想史論·孫老
韓合說》中，我曾指出「兵家辯證法的特色」：「第一，是一切從現實利害為依
據，反對用任何情感上的喜怒愛憎和任何觀念上的鬼神『天意』來替代或影響理智的
判斷和謀劃，……只有在戰爭中，只有在謀劃戰爭、制定戰略、判斷戰局、選擇戰
機、採用戰術中，才能把人的這種高度清醒、冷靜的理智態度發揮到充分的程
度」；「第二，必須非常具體地觀察、了解和分析各種現實現象，重視經驗」；
「第三，在這種對現實經驗和具體情況的觀察、了解、分析中，要迅速地從紛繁複
雜的錯綜現象中發現和抓住與戰爭有關的本質或關鍵，……儘快捨棄許多次要的東
西，避開繁瑣的細部規定，突出而集中、迅速而明確地發現和抓住事物的要害所在
……要求以一種概括性的二分法即抓住矛盾的思維方式」；「第四，……客體在這
裡作為認識對象不是靜觀的而是與主體休戚相共的，是從主體的功利實用目的去把
握的」。毛的軍事思想的哲學明顯地近似或符合這個中國古老的兵家辯證法，而與
西方的辯證法根本不同。這個辯證法是與主體實踐行動密不可分的辯證法，從而它
也是認識論、實踐論。

　　那麼，它們與馬克思主義究竟有什麼關係呢？顯然，所有這些與剩餘價值理
論、與歷史唯物論（唯物史觀）並無關係。但它與辯證唯物論卻有關係，被毛澤東

運用得很熟練的可說是實踐中的中國傳統的兵家辯證法，後來便以馬克思主義辯證法的矛盾學說和馬克思主義唯物論的能動反映論改造和表述出來了，或者也可以反過來說，馬克思主義的唯物論和辯證法結合中國實際（農民革命戰爭）和傳統（兵家辯證法）而中國化了。

　　毛澤東在他集中讀馬列書最多的延安時期，大部分也是注意辯證唯物論；而有關歷史和歷史唯物論，注意重點也在革命和階級鬥爭。毛自始至終特別重視哲學辯證唯物論的研究與學習。[43]毛澤東沒有停留在革命戰爭和軍事鬥爭的概括總結上，而是努力把它們很快提到哲學的高度。這就是從內戰時期《反對本本主義》到延安時期《實踐論》、《矛盾論》以及晚年《人的正確思想是從哪裡來的？》等系列哲學論著。所謂反對本本主義，就是反對把馬、列原理原則當作既定的教條公式並由此出發判斷現實、決定問題、制訂政策，毛澤東要求從實踐經驗出發。毛在《實踐論》則以心理與邏輯相統一的觀點，提出由感覺知覺到概念、判斷推理再服務於實踐，以實踐爲真理標準的「辯證唯物論的認識論」。在這個哲學認識中，突出地強調「直接經驗」（親知），強調「知行統一」。「你要有知識，你就得參加變革現實的實踐。你要知道梨子的滋味，你就得變革梨子，親口吃一吃。」這其實也就是《中國革命戰爭的戰略問題》中的「讀書是學習，使用也是學習，而且是更重要的學習。從戰爭學習戰爭，——這就是我們的主要方法……幹就是學習」的直接提升和更高概括。毛澤東在《矛盾論》中講主要矛盾和矛盾的主要方面，也是前述《戰略》中重視抓決定意義的關鍵環節思想的發展。所以，應該注意的是，毛澤東這些哲學思想主要是依據他自己長期的革命戰爭的經驗上升而來。儘管《實踐論》一開頭就提到認識與人類生產活動以及與近代大工業的生產力相關，但完全沒有歷史地具體地從認識對生產實踐（從而與科學技術）的「依賴關係」中來論證，也沒有歷史具體地從認識對階級鬥爭的「依賴關係」中來論證。而是先從個體心理的過程描述再跳躍式地推論到社會、歷史等現象，以建立「感性認識」與「理性認識」的兩階段和回到實踐中去檢驗的「兩個飛躍」的認識論全程。這是從辯證唯物論來講認識論，而不是從唯物史觀來講。

　　毛把整個哲學看作是認識論，這種哲學認識論又主要是作爲方法論來指導現實鬥爭的實踐活動，因此，「自覺能動性」和「理論聯繫實際」的強調，便成爲這一認識論的主要特色。《論持久戰》說：

　　　「思想等等是主觀的東西，做或行動是主觀見之於客觀的東西，都是人類特
　　殊的能動性，這種能動性，我們名之曰『自覺的能動性』，是人之所以區別於物的
　　特點」[44]。

　　強調這種「自覺能動性」，並把它看作「人之所以區別於物」的族類本性，強調運動、活動、勞動、實踐、直接經驗，從而強調產生和支配行動的實踐意志，強調「精神變物質」「思維與存在的同一性」等等，似乎是毛從早年到晚歲一以貫之的基本哲學觀念。

　　如前所述，毛在強調「自覺能動性」的同時，也強調對經驗規律的客觀性的認識，強調「調查研究」，強調從「實際情況出發，從其中引出其固有的而不是臆造的規律性，即找出周圍事變的內部聯繫，作爲我們行動的嚮導。」[45]即「實事求

是」。這種經驗論的唯物論，亦即「經驗理性」保證了「自覺的能動性」不流於亂闖盲幹，使在革命戰爭和革命的政治鬥爭中能不斷取得勝利。

「自覺能動性」與「經驗理性」本是被毛要求緊密結合在一起，好像是同一個東西；但是，如果仔細觀察一下，則前者（辯證法、自覺能動性方面）是作爲本質、目的、世界觀，後者（經驗論、客觀性的認識方面）是作爲手段、方法、認識論，兩者仍有主從的不同。

毛澤東這些哲學思想正是馬克思主義理論結合中國實際（革命戰爭的實際和傳統實用理性的實際）的成果和產物，也即是馬克思主義中的國化。毛澤東的唯物論哲學並不就是以工具更新和社會生產力發展爲基礎的唯物史觀，而是直接服務於現實鬥爭的「實踐論」，毛澤東的辯證法哲學也完全不同於自黑格爾來的以「否定之否定」爲核心的過程系統，而是與中國的《老子》、《孫子》有著更多承繼關係的「矛盾論」。總之，毛的辯證法和認識論不是思辯的理性，不是概念的體系，而是直接立足於也運用於生活、實踐的自覺鬥爭和經驗理性。從而，毛的哲學便不是靜觀描述的哲學，而是教人去鬥爭的方法論和意識形態。也正是在這意義上，它發展了馬克思所要求的「問題在於改變世界」的哲學。

毛澤東不僅是軍事家，而且也是大政治家，他的軍事論證總是在整體上聯繫政治，並作爲政治的一個部分來展開的。而他從早年《民眾的大聯合》中所表述的最廣泛地發動民眾和團結人們的思想，經過接受馬克思主義階級鬥爭學說之後，一方面發展爲各階級各階層各方面人士的廣泛的統一戰線的政治戰略（包括戰場上的集中優勢兵力、生產中的大兵團作戰、批判運動中的「文海戰術」），另一方面又發展爲統一戰線中的獨立自主、又鬥爭又聯合，黨內和「人民內部」的「團結——批評——團結」等一系列具體形式和方法。這是他的辯證法和唯物論的具體運用，同時也是總結概括了許許多多現實鬥爭的直接經驗而得出來的。它的確在廣大的政治鬥爭領域內豐富了馬克思主義。

從思想史的層面看，最值得注意的是，毛澤東在理論和實踐兩方面都著重「自覺能動性」的哲學高揚中，道德主義的精神、觀念和思想佔有突出的位置，這就是把「改造思想」作爲黨的建設的關鍵環節。從整頓「三風」（黨風、學風、文風）的《改造我們的學習》等到文化大革命中家喻戶曉人人皆知的所謂「老三篇」，都正是這一時期的創作。而所謂「改造思想」，當時主要是針對作爲幹部的革命知識份子而言：

> 「要爭取廣大的知識份子，……沒有革命知識份子，革命就不會勝利。但是我們曉得，有許多知識份子，他們自以爲很有知識，大擺其知識份子架子……他們應該知道一個真理，就是許多所謂知識份子，其實是比較地最無知識的，工農份子的知識有時倒比他們多一點……」⑯
>
> 「拿未曾改造的知識份子和工人農民比較，就覺得知識份子不乾淨了。最乾淨的還是工人農民，儘管他們手是黑的，腳上有牛屎，還是比資產階級小資產階級知識份子都乾淨。……我們知識份子……得把自己的思想感情來一個變化，來一番改造。沒有這個變化，沒有這個改造，什麼事情都是做不好的，都是格格不

入的」。㊼

　　「爲要領導革命運動更好地發展，更快地完成，就必須從思想上組織上認真
地整頓一番。而爲要從組織上整頓，首先需要從思想上整頓，需要展開一個無產
階級對非無產階級的思想鬥爭」㊽

　　「白求恩同志毫不利己專門利人的精神，表現在他對工作的極端的負責任，
對同志對人民的極端的熱忱。每個共產黨員都要學習他，……要學習他毫無自私
自利之心的精神。從這點出發，就可以變爲大有利於人民的人。一個人能力有大
小，但只要有這點精神，就是一個高尚的人，一個純粹的人，一個有道德的人，
一個脫離了低級趣味的人，一個有益於人民的人。」㊾

　　「要奮鬥就會有犧牲，死人的事是經常發生的。但是我們想到人民的利益，
想到大多數人民的痛苦，我們爲人民而死，就是死得其所。……我們的幹部要關
心每一個戰士，一切革命隊伍的人都要互相關心，互相愛護，互相幫助。」㊿
　　……

　　這些幾十年來異常著名的、人們經過背誦的「語錄」，它確乎是中國的產物，
是中國化了的馬克思主義。它極大地高揚了倫理道德主義。這個道德主義表現爲，
在殘酷的生死鬥爭中對艱苦奮鬥捨己爲人的犧牲精神的歌頌膜拜，表現爲對比工農
勞動者，知識份子的複雜的精神世界裡的種種污濁、骯髒、瑣屑、渺小的批判揭
發，自私自利、爭名奪利、明哲保身、自由主義……被逐一地、詳盡地在思想改造
運動中、在「批評與自我批評」中檢討、揭發、展示出來，於是，不但使知識份子
在出生入死的農民羣衆、軍隊指戰員前自慚形穢、自愧不如，而且也使他們在精神
上、靈魂上受到了空前痛苦的磨練、洗滌和淨化。這就是毛澤東講的要知識份子使
自己的思想感情「來一個變化」「來一番改造」。這「變化」和「改造」不只是生
活上的，而更是精神上的。但精神上的磨練又被強調必須通過生活現實的磨練來達
到或實現。

　　劉少奇這一時期的重要著作《論共產黨員的修養》以及《論黨內鬥爭》、《人爲什
麼犯錯誤》等，正是把這個方面充分展開和發揮了，使這一方面成爲中國化了的馬
克思主義的重要內容和特色。劉正式提出個人「修養」問題：

　　　「要有無產階級思想意識和道德品質的修養；要有堅持黨內團結、進行批評
　　與自我批評、遵守紀律的修養；要有艱苦奮鬥的工作作風的修養……」㊿[51]

　　其中，核心仍然是「無產階級的思想意識和道德品質」的修養，這是《論共產
黨員的修養》一書的主要內容：

　　　「在中國古時，曾子說過『吾日三省吾身』，這是說自我反省的問題。《詩經》
　　上有這樣著名的詩句：『如切如磋，如琢如磨』，這是說朋友之間要互相幫助，互
　　相批評。這一切都說明，一個人要求得進步，就必須下苦功夫，鄭重其事地去進
　　行自我修養。但是，古代許多人的所謂修養，大都是唯心的、形式的、抽象的、

脫離社會實踐的東西。……我們是革命的唯物主義者，我們的修養不能脫離人民
群眾的革命實踐。」⑫

　　「爲了黨的、無產階級的、民族解放和人類解放的事業，能夠毫不猶豫地犧
牲個人利益，甚至犧牲自己的生命，這就是我們常說的『黨性』或『黨的觀念』、
『組織觀念』的一種表現。這就是共產主義道德的最高表現」⑬

　　劉少奇明確提出有名的「馴服工具」論，即爲了革命，共產黨員應該「把一切
獻給黨」，嚴格要求自己去作黨的得心應手的馴服工具。這當然是不容易做到的，
這就必須與各種個人主義的思想情感作頑强的、自覺的、堅持不懈的鬥爭。從而，
共產黨員的修養過程就是「用無產階級的思想意識去同自己的各種非無產階級思想
意識進行鬥爭；用共產主義的世界觀去同自己的各種非無產階級的世界觀進行鬥
爭；用無產階級的、人民的、黨的利益高於一切的原則去同自己的個人主義思想進
行鬥爭。」⑭

　　只有長期進行這種自覺的思想修養，才可能做到一不怕苦，二不怕死；吃苦在
前，享受在後；忍辱負重，任勞任怨；嚴以責己，寬以待人；誠懇坦白，團結羣
衆；「先天下之憂而憂，後天下之樂而樂」；「威武不能屈，貧賤不能移，富貴不
能淫」；成爲一個「高尚的人」「純粹的人」，一個「具有共產主義道德的人」。

　　劉的理論和他的這一著作在中國共產黨內享有盛譽。據說許多人在思想苦悶或
遇到問題想不通時便讀此書，反省自己，增進修養，從而得到解答。

　　當時是在緊張激烈的戰爭環境和農村條件下，知識份子必須在農村和以農民爲
主體的革命軍隊打成一片，以進行艱苦漫長的對敵鬥爭，成爲時代的要求和現實的
需要。所以，毛、劉宣講、發展道德主義在當時並不是空洞的說教或虛僞的裝飾，
而是有其非常切實的實際效用和實踐成果的。毛、劉以「思想改造」和「自我修
養」作爲武器在思想上情感上的確批判、消除了形形色色的不利於當時現實鬥爭和
政治要求的思想、觀念、習氣、風尚以及具體人物，而不像其他共產黨那樣只以組
織上清除出黨爲鞏固隊伍純潔組織的途徑。總起來看，强調思想改造、個人修養，
確乎是延安時期黨的建設和發展中的一個突出特點。這種高揚共產主義道德的思想
改造運動，確乎極大地提高了人們的自覺的革命意識，極大地鼓舞了人們的信念和
鬥志，極大地推動了當時革命實踐活動。重視思想意識和個人修養便從此成了中國
化的馬克思主義的一大特色。

　　在《中國近代思想史論》裡，我曾著重提到具有民粹主義特徵的章太炎認爲道德
是社會進步的動力。「章太炎對歷史和歷史人物的評定，也多從道德著眼……，他
對當時滿清政府的官吏和改良派的鬥爭，也總是尖銳揭露對方個人道德的墮落、人
格的低劣、……『湛心利祿』、『庸恥喪盡』、官迷心竅、趨附勢利、佞媚詔僞、怯懦
畏葸……等等。這種人身揭露的道德武器，在極端愛面子的中國上流社會和知識份
子中，經常是使人狼狽不堪，能夠取得很大戰果的。」⑮

　　在延安整風以及以後的歷次思想改造運動中，自我的道德反省和別人的尖銳批
評，不也常常使人汗流浹背、無地自容麼？

　　「最有趣的是，章太炎從所謂道德標準出發，把當時社會分爲十六個等級，
……『一曰農人，二曰工人……』『農人於道德爲最高，其人勞身苦形終歲勤動
……』……『而通人（高級知識份子）以上則多不道德者……』『要之知識愈進，權
位愈伸，則離於道德也愈遠』……。

　　章太炎強調革命者必須講求道德。……道德成爲革命和一切進步作爲旳動力
和目標。章太炎和陶成章等人不但在思想言論，而且在一定程度的身體力行上，
都著重突出了甘於艱苦不畏犧牲的道德作風，在當時具有很大的吸引力。」[56]

　　「現代新儒家」則以另種哲學的理論形態突出了道德主義，他們強調孔孟程朱
陸王的哲學傳統，就是以「內聖」（「正心誠意格物致知」）來作爲「外王」
（「治國平天下」）的根本基礎的。[57]

　　可見，無論是下層或上層，在中國小生產傳統社會裡，道德主義或倫理主義在
意識上、理論上、哲學上是有其強固的力量和影響的。因此，它對馬克思主義的關
係、影響、功過是非以及前景如何、如何估價等等，便是一個極待研究的複雜而重
要的課題，特別在今天，尤其如此。西方馬克思主義派別中也有倫理社會主義，但
它與中國這種講求個人修養、非常注意「內聖」即個人的思想改造的道德主義，仍
大不相同。

　　「毛澤東思想」[58]這一術語主要是由劉少奇所大力倡導、闡發和定義的。

　　　「毛澤東思想，就是馬克思列寧主義的理論與中國革命的實踐之統一的思
　　想，就是中國的共產主義，中國的馬克思主義。」[59]「……這個理論，就是毛澤
　　東思想，就是毛澤東同志關於中國歷史，社會與中國革命的理論與政策」[60]

　　綜前所述，這裡所指的馬克思主義的理論主要是指辯證唯物論、黨的組織理
論、無產階級在民主革命中的領導權等基本思想理論，這裡所指的中國革命的實
踐，主要是以農民爲主體以農村爲革命根據地的武裝鬥爭即農民革命戰爭的實踐。
毛澤東思想的確是把二者結合起來了。

三　1949 年—1976 年

　　1949 年的勝利，使毛澤東思想——「馬克思列寧主義理論與中國革命實踐之
統一」成爲萬眾信服舉世欽佩的社會統治意識和國家指導思想。宣傳、闡釋、學習
毛澤東思想成了近三十年來的中國大陸思想的主題。以致有人嘲諷說，只有毛澤東
思想，幾億人都不必思想了。而林彪後來就正是這樣要求的：「讀毛主席的書，聽
毛主席的話，照毛主席的指示辦事，做毛主席的好戰士」。

　　1949 年的勝利，的確帶來了一個新中國。一個不再受百年來的各個帝國主義
欺壓的獨立的中國，1949 年炮擊長江中的英國軍艦，五十年代出擊美國於朝鮮，
六十年代初又徹底與蘇聯決裂，確實證明中國已不再可輕侮。1949 年的勝利也帶
來了一個空前統一的中國，自北京到邊境，從黑龍江到西藏，中央的指示令行禁

止，級級奉行，暢通無阻；不再是五十年來的軍閥混戰四分五裂的割據局面了。1949 年的勝利還帶來了一個社會平等的中國，地主、官僚被徹底打倒，工農勞動階級揚眉吐氣，經濟收入、財產分配、社會地位、政治待遇甚至在稱呼、禮節等等各方面，廣大人民空前地相對平等。這些都標誌著五十年代初「解放」一詞帶來的社會含義：經濟恢復，政治清明，秩序穩定，人民團結，社會風尚和道德水平顯著提高。這是充滿了理想和希望的開國時期，這是馬克思主義經由一場滌盪舊社會、打倒剝削者的革命之後帶來的新鮮氣象的勝利時期。

可是，這一切並沒有繼續長久。曾幾何時，大體在累積了數年之後，而以 1957 年為轉折點，整個社會就逐漸陷於緊張、痛苦、匱乏、沉默、貧窮以至到最後的「史無前例」的動亂之中……。

這一切又是如何可能的？這與理論有何關係呢？

本來，在抗戰中，以毛澤東《新民主主義論》為理論基礎的中共綱領是明確提出為建立一個「新民主主義」的新中國而奮鬥的。這個「新民主主義」並非社會主義或共產主義，它在經濟上允許資本主義存在和適當發展，在農村實行「耕者有其田」；政治上「實行無男女、信仰、財產、教育等差別的真正普遍平等的選舉制」；文化上是「民族的、科學的、大眾的」。總之，不是社會主義或無產階級專政的而是新民主主義的經濟、政治和文化。

1949 年以後黨內繼續有過「確立新民主主義社會秩序」，「確保私有財產」等主張，但被毛澤東堅決否定了。當時強調向蘇聯——這個「社會主義老大哥」學習，中國革命於是很快就邁上第二步即社會主義改造階段，即「要在十年到十五年或者更多一些時間內，基本上完成國家工業化和對農業、手工業、資本主義工商業的社會主義改造」。毛澤東不斷地批判「有人在民主革命成功以後，仍然停留在原來的地方。他們沒有懂得革命性質的轉變，還在繼續搞他們的『新民主主義』，不去搞社會主義改造。這就要犯右傾的錯誤。」[61]

毛澤東本是批判「左」傾錯誤率領全黨取得勝利的；至此，他卻不斷批判「右傾」，率領全黨陷入了嚴重錯誤。

反「左」是從實際出發的，是分析了左傾思想的社會階級根源及其在革命中的政治、組織、思想上的具體表現而得出的基本符合事實的客觀論斷；反右則是從主觀的革命要求、意志、觀念、理想出發，並沒有真正具體的材料事實足夠證明「右」的存在。

毛澤東說：

　　「『確立新民主主義社會秩序』。這種提法是有害的。過渡時期每天都在變動，每天都在發生社會主義因素。所謂『新民主主義社會秩序』，怎樣『確立』？要『確立』是很難的哩！比如私營工商業，正在改造，今年下半年要『立』一種秩序，明年就要不『確』了。農業互相合作也年年在變。過渡時期充滿著矛盾和鬥爭。我們現在的革命鬥爭，甚至比過去的武裝革命鬥爭還要深刻。這是要把資本主義制度和一切剝削制度徹底埋葬的一場革命。」[62]

　　可見，論證主要是建築在所謂「不斷變動」這種抽象的哲學觀念之上的，是一種哲學觀念的推演。至少自 1953 年起，毛澤東就特別重視這種所謂不斷的變動、革命和鬥爭。本來，按毛自己的規劃設想，社會主義的農業手工業改造（即農業合作運動）和私營工商業改造（即從公私合營到收歸國有）應該與「國家工業化」並行，至早在十年之內完成。但是，不到三年，這種「改造」卻提前超額地完成了，「國家工業化」則不過剛剛起步。

　　爲什麼會這麼快？這種歷史性的變動（社會生產關係、所有制的改變等等）是符合客觀規律的麼？當時，哲學界曾發生過「生產關係是否跑到生產力前面」的疑問和討論，即在如此落後的生產力（農業小生產）基地上如何可能有如此高度公有化的生產關係的農業高級生產合作社（以及不久以後的「一大二公」的人民公社）呢？這符合馬克思主義基本原理的唯物史觀嗎？

　　這在當年沒有允許真正展開討論。答案已經事先擬定：

　　　　「我們現在不但正在進行關於社會制度方面的由私有制到公有制的革命，而且正在進行技術方面的由手工業生產到大規模現代化機器生產的革命，而這兩種革命是結合在一起的。在農業方面，在我國的條件下……則必須先有合作化，然後才能使用大機器。」[63]

　　於是在億萬農民和全國農村中掀起了「農業合作化的高潮」，原定十五年的社會主義改造，就是這樣「突擊」式的完成的。而所謂要同時「結合在一起」的「現代化機器生產的革命」，卻不但兩三年而且十五年後也並未在廣大農村出現。那麼，這個農業合作化的著名高潮以及以後的「堅持」「鞏固」又是如何可能的呢？毛澤東說：

　　　　「政治工作是一切經濟工作的生命線。……農業合作化運動，從一開始，就是一種嚴重的思想的和政治的鬥爭。每一個合作社，不經過這樣的一場鬥爭，就不能創立。……只要一鬆勁，又可能垮台。山西省解虞縣三婁寺合作社，就是在鞏固以後，因爲鬆勁，幾乎垮了臺的。僅在那裡的黨組織批判了自己的錯誤，重新向社員羣衆進行了反對資本主義加強社會主義的教育，恢復了政治工作，方才克服了那裡的危機，走上了繼續發展的道路。反對自私自利的資本主義的自發傾向，提倡以集體利益和個人利益相結合的原則爲一切言論行動的標準的社會主義精神，是使分散的小農經濟逐步地過渡到大規模合作化經濟的思想的和政治的保證。」[64]

　　毛澤東建國後的確用了很大力量去抓他非常熟悉的農村，他抓的主要是生產關係上的不斷革命：即由私有制不斷過渡到由低級到高級的公有制。而作爲這種「過渡」的動力則是「一種嚴重的思想的和政治的鬥爭」。於是，這種「鬥爭」本身便成了改變社會生產關係的「保證」。所以，從中央到地方，毛不斷批判「右傾」和「右傾機會主義」，並掀起羣衆運動，以此來發動、鞏固、發展社會主義所有制和

實現整個生產關係的改變。而所謂批判右傾，按毛澤東的規範也就是無產階級與資產階級、社會主義與資本主義兩個階級、兩條道路的鬥爭。

這基本上構成了1949年後毛澤東所提出所堅持所不斷發展的思想理論的主線。它首先表現在農業合作化運動中，以後又擴及整個經濟領域，同時更表現在從批判《武訓傳》、《紅樓夢研究》到反右派運動到所謂「紅」、「專」辯論等等意識形態領域中。毛澤東最感興趣和最關注的是農業和意識形態兩大領域⑥⑤，正是在這兩大領域內，從建國以來，折騰的最多，最熱鬧，也最痛苦。毛澤東在這兩個領域中所堅持貫徹的便是這種所謂「兩個階級兩條道路的鬥爭」。以後毛便把這一「鬥爭」模式擴及全面工作和幾乎所有領域：

> 「我國社會主義和資本主義之間在意識形態方面的誰勝誰負的鬥爭，還需要一個相當長的時間才能解決。這是因爲資產階級和從舊社會來的知識份子的影響還要在我國長期存在，作爲階級的意識形態還要在我國長期存在」。⑥⑥
>
> 「廬山出現的這一場鬥爭，是一場階級鬥爭，是過去十年社會主義革命過程中資產階級與無產階級兩大對抗階級的生死鬥爭的繼續。在中國，在我黨，這一類鬥爭，看來還得鬥下去，至少還要鬥二十年，可能要鬥半個世紀……」⑥⑦
>
> 「整個過渡時期存在著階級矛盾、存在著無產階級和資產階級的階級鬥爭、存在著社會主義和資本主義的兩條道路鬥爭。忘記了十幾年來我黨的這一條基本理論和基本實踐，就會要走到斜路上去」⑥⑧
>
> 「階級鬥爭，一抓就靈。」⑥⑨

《毛澤東選集》第五卷收的是1949年到1957年底的文章，其中很少有專門講經濟建設特別的是講工業經濟的文章，毛對這方面不很熟悉，也較少發言。他後來提出「鞍鋼憲法」「以鋼爲綱」「工業學大慶」等決定性的方針路線，則與他未曾發表的學習政治經濟學的筆記一樣，都主要是一種哲學觀念的推演，這種推演又正是從他所熟練運用的軍事──政治思維來進行的。毛主要從政治角度來討論、研究、規範經濟，而這亦即是毛在五十年代就提出來的「政治掛帥」。毛經常強調的是：

> 「思想和政治又是統帥，是靈魂，只要我們的思想工作和政治工作稍爲一放鬆，經濟工作和技術工作就一定會走到邪路上去。」⑦⓪

所以，不是經濟、更不是科技決定思想和政治，而必須是思想、政治「掛帥」去決定、主宰、領導經濟、科技以及其他一切。

毛的這種思想的來源，正是1949年前的戰爭經驗。例如：

> 「經過政治教育，紅軍士兵都有了階級覺悟，……都知道是爲了自己和工農階級而作戰。因此，他們能在艱苦的鬥爭中不出怨言。」⑦①
>
> 「人民解放軍建立了自己的強有力的革命的政治工作，這是我們戰勝敵人的重大因素。」⑦②

......

　　由於强調政治掛帥、階級覺悟，强調「要用階級和階級鬥爭的觀點，用階級分析的方法去看待一切、分析一切」，而「階級和階級鬥爭、階級分析」又主要是「無產階級」與「資產階級」的「你死我活」的兩軍對戰，於是瀰漫在政治、經濟而特別是意識形態領域，無論從文藝到哲學，還是從日常生活到思想、情感、靈魂，都日益爲這種「兩軍對戰」的模式所規範和統治。例如，哲學上是唯物論與唯心論的「兩軍對戰」；歷史上是地主階級與農民階級的「兩軍對戰」；文藝上是現實主義和反現實主義的「兩軍對戰」；「百家爭鳴」實際也是兩家[73]……。至今爲止，與軍事毫無關係的日常生活和書面語言中，便仍然充滿了「戰役」「戰略」「制高點」「突擊」「突破口」……等等軍事術語。

　　但是，爲什麼1949年建國以後就應該立刻向社會主義過渡呢？爲什麼自此以後就主要是無產階級與資產階級的鬥爭呢？爲什麼即使在合作化全面勝利、「社會主義改造」完成之後，仍然是無產階級與資產階級的全面鬥爭呢？爲什麼千百年來根深蒂固無孔不入的封建主義，反而不必去鬥爭了呢？……

　　並沒有多少從馬克思主義理論上的客觀論述，有的只是這種哲學推演：整個宇宙、世界、社會既然是靠矛盾、鬥爭來推動和發展，那麼地主階級消滅了，「理所當然」地便是無產階級與資產階級這個「兩軍對戰」來作爲社會前進的動力，這好像是從毛澤東所理解的馬克思主義的宇宙觀——辯證唯物論所必然推論出來的結論。而且既有蘇聯斯大林模式的社會主義（也是反布哈林右傾機會主義後强制進行的農業集體化運動）作爲範本，又有在長期軍事鬥爭中所積累的「兩軍對戰」的觀念、習慣以至感情，就似乎更證明著上述理論的正確，這正是使「兩個階級兩條道路」的理論爲人們所接受甚至信服的一些基本原因。

　　但是，這與馬克思主義的基本理論——唯物史觀（歷史唯物論）究竟有什麼關係呢？不少人也寫了不少闡述文章，很大部分都說這是「發展」了馬克思主義：你看，先改變生產關係（合作化），後發展生產力（機械化）；突出政治以統帥經濟；强調思想改造以建造共產主義新人……；這些都是馬克思恩格斯列寧以至斯大林所並沒有或很少講過的。

　　斯大林在蘇聯工業化時期强調是技術決定一切，幹部決定一切。毛澤東批判了它，把它倒了過來，强調政治決定一切，羣衆決定一切。斯大林寫了辯證唯物論之後畢竟還寫了歷史唯物論，儘管把後者只當作前者的演繹和應用，毛澤東只寫了前者（如《實踐論》《矛盾論》《人的正確思想是從哪裡來的？》）膾炙人口的《關於正確處理人民內部矛盾問題》也並不就是歷史唯物論的基本原理，而恰恰又是「辯證唯物論」的直接的政策運用。從而，毛澤東所注意並强調要改變的生產關係和意識形態，便主要不是那些不適應現代生產力（大工業、科學技術）的部分，如小生產的經營管理方式、觀念習慣等等。不是向現代生產力和生產方式所要求的科學、法制、經營管理的合理化、事業化和培養大量知識份子人才的方向前進，而是向相反的方向走去。毛澤東以他所熟悉的農業小生產和軍事鬥爭的經驗、觀念、習慣和理想，强調思想、政治、羣衆運動，犧牲精神來改變世界。毛澤東所强調的是應該不

斷地組織作戰，不停頓不間斷地進行革命，以保持羣衆不斷高昂的革命熱情，才能推動社會前進，才能戰勝資產階級和資本主義。

那麼，什麼是資產階級、資本主義？什麼是無產階級、社會主義呢？由於沒有進行以唯物史觀爲理論基礎的科學研究，這種種概念和觀念便始終處在非常模糊朦朧的狀態中。它無所不包卻似是而非。當不斷地人爲地製造運動，把這種「兩軍對戰」理論模式普及到廣大羣衆和社會生活中去時，便很容易地把一切壞的事物、現象都歸入爲以「剝削」爲基礎的所謂資產階級、資本主義範疇，把一切好的事物、現象都歸入以「勞動」爲基礎的無產階級、社會主義範疇。於是，在這裡，無產階級、社會主義與資產階級、資本主義便變成了「勞動」與「剝削」、「公」與「私」、「善」與「惡」的對立和鬥爭。本來具有特定歷史內容的唯物史觀的範疇便逐漸變成了超時代的道德倫理範疇。道德的觀念、標準、義憤日益成了現時代的政治內容。政治變成了道德，道德變成了政治。[74]

政治掛帥、突出政治於是便成了突出道德、道德掛帥，變成了突出大公無私的犧牲精神奮鬥精神，認爲是它推動著社會的前進、生產的發展、人類的進步。無論是講革命，講建設，強調的總是「羣衆中孕藏著一股極大的社會主義積極性」[75]，「要具有無產階級的徹底革命精神，不爲名、不爲利、不怕苦、不怕死、一心爲革命」「一不怕苦、二不怕死」，「向雷鋒同志學習」……。

如我們所知道，這種道德主義在中國社會和中國人的文化心理積澱中是有其深厚的基礎的。不僅封建社會本就以倫理主義作爲意識形態的基本核心，宋明理學的「克己復禮」「正心誠意」曾經是長久的社會統治意識和官方正統哲學，它已成爲人們所熟悉所習慣的文化心理；而且更由於新舊中國的交替確乎使人們對經歷了殘酷戰爭取得勝利的革命和革命者（「老幹部」）在倫理道德上的尊敬。對舊的黑暗社會和生活形態的憎惡和對未來理想社會的嚮往，喚起了也培育著人們對革命、對革命道德、對集體主義、對自我犧牲精神的忠誠的熱情和極度的信任。於是，個人利益以至個人本身當然包括個人的獨立、自主、自由、平等……，不僅都是渺不足道的；並且都作爲異己的有害的資產階級的東西被清算。真正重要的是集體的、國家的、革命的事業和利益，「個人的事再大也是小事，集體的事再小也是大事」，這也就是「先公後私」「一心爲公」和「捨己從公」。

也由於高度中央集權的計劃經濟和各方面日益加強的一元化領導體制，使行政權力通過共產黨組織支配一切和干預一切，從社會生產、分配、消費到私人生活和私人事務（如工作、遷徙、婚姻、戀愛等等）。於是，一切依附於政治，從屬於政治，政治的地位、權力、等級成爲社會最重要最強有力的標準和尺度。於是，在實際生活中，人們感到作爲社會動力的似乎也不是經濟，而是政治了。這樣，共產主義也不再首先是經濟發展的產物，而主要成了某種政治——道德的理想，共產主義新人不再是全面發展個性潛能的人，而成了道德高尚、意識「純潔」亦即「政治覺悟高」的聖賢。連歷史人物也純以道德作爲評價標準（文革前夕關係於李秀成的討論）……等等。

這與馬克思的唯物史觀相距已相當遙遠了。「政治掛帥」和道德至上使置根於小生產保護小生產的封建政治和封建道德披著新裝上市。正是在這種思想基礎和現

實基礎上，發生了「文化大革命」。

　　「文化大革命」本來是從文化批判開始的，這「文化批判」又正是繼承著自批《武訓傳》開頭的建國 17 年來一系列名爲「文化批判」實際是政治批判而來。「文化大革命」批判得最凶的文藝「黑八論」（「寫眞實論」、「現實主義的深化論」、「現實主義的廣闊道路論」、「反題材決定論」、「中間人物論」，「反火藥味論」、「時代精神匯合論」，「離經叛道論」等⑯）便都是文革以前提出批判的。在經濟、哲學、史學領域，也如此。對所謂「資產階級反動學術權威」的批判，也是從俞平伯、馮友蘭到周谷城，即從建國初期到文革前夕一以貫之的。不同在於文化大革命公開聲稱「實質上是場政治大革命」，並且主要矛頭指向了所謂「黨內走資本主義道路的當權派」——即當年同艱苦共患難打下了江山的老幹部。但是，這也是與從 1959 年反右傾機會主義到四清運動整基層幹部的路線進程一脈相承的。因爲，反右派運動以後，知識分子都噤若寒蟬，毛的鬥爭哲學便主要指向黨內。

　　這也有其現實原因。數十年艱苦奮鬥的戰爭環境畢竟過去，和平時期使日常生活中的物質利益日漸突出出來，供給制在五十年代初期爲薪金制取代，人皆同志日益被各種等級官銜所規範，戰爭時期爲集中意志反對「極端民主化」而强調命令、集中的習慣，這時演化爲封建性的官僚主義和觀念，制度上的等級主義、服從主義。「一言堂」「唯上是聽」「當官作老爺」日益在時間和空間中蔓延開來，封建主義的影響從經驗基礎到上層建築和意識形態（包括舊中國的封建官場惡習）在解放初期被衝擊後再次迅速地以新的形態不僅死灰復燃，而且變本加厲。

　　於是，人民羣衆充滿著不快、不滿和憤怒，特別是在敏感的學生羣中。「文革」之前就不斷有過「學生鬧事」，抗議官僚主義，反對各種落後體制。1957 年的「鳴放」也表現得非常明顯。毛澤東是看到了這一點的。在「文革」中，他便指出羣衆有氣要發洩。毛澤東提出「資產階級就在黨內」、「打倒走資本主義道路的當權派」，把矛頭直接指向各級黨政領導，這個運動之所以能如此迅風疾雨地發動羣衆自發地搞了起來，人人參加，來勢猛烈，毀壞力極强，其重要原因正在這裡。

　　所以，把文化大革命簡單歸結爲少數野心家的陰謀或上層最高領導的爭權，是膚淺而不符合實際的。當然有這一方面的內容和成分，但當時廣大羣衆特別是青年學生如醉如狂地忠誠地投入這場「革命」這一基本史實，是無法用上述説法來解釋的。

　　就這場「革命」的發動者、領導者毛澤東來説，情況也極爲複雜。既有追求新人新世界的理想主義一面，又有重新分配權力的政治鬥爭的一面；既有憎惡和希望粉碎官僚機器，改煤炭「部」爲煤炭「科」的一面，又有懷疑「大權旁落」有人「篡權」的一面；既有追求永保革命熱情、奮鬥精神（即所謂「反修防修」的一面，又有渴望做「君師合一」⑰的世界革命的導師和領袖的一面。既有「天理」又有「人欲」；二者是混在一起的。而毛青年時代所具有的意志主義、理想主義的個性，也在自以爲馬克思主義已經嫺熟可以從心所欲的晚年中，充份展露了出來。毛的「造反有理」的觀念情感、浪漫的反叛欲求，從少年到晚年都一直存在，也表現在他生活的各方面，只是有時被理智自覺壓抑下去（如中年領導民主革命和晚年處

理國際關係時必需顧及各種客觀現實條件），但有時卻由於有理論武裝（如上述兩個階級兩條道路鬥爭的理論等等）而更加突出了。對「破壞一個舊世界」的興趣，使毛從孔夫子到新文化、從黨⑱到政府⑲的各種權威，一律加以批判和否定。「不破不立」，「一分爲二」，「鬥爭哲學」……在一定意義上正是毛早年的「與天奮鬥」「與地奮鬥」「與人奮鬥」「其樂無窮」的繼續。⑳但從早年起並在中年獲得重大成功的重視現實的「經驗理性」卻越來越被推置一旁，這當然與毛越來越脫離羣衆和社會生活有關。毛原來制衡得很好的自己的思想構架自 1949 年以後便開始片面發展，到「文革」達到了頂峯。

例如，民粹主義的理想和革命戰爭時代軍事共產主義的成功，使毛總懷念著供給制，讚賞「大鍋飯」，要求「破除資產階級法權」希望首先從分配、消費上來實現共產主義。1958 年「大躍進」中，所謂「吃飯不要錢」、「公共食堂」，曾被毛所肯定而普及全國。毛不再真正深入地注意研究現代經濟生活的實際。

此外，當然就是上述的道德主義。從大躍進時的「春風楊柳萬千條，六億神州盡舜堯」到文化大革命的「鬥私批修」……。

「以階級鬥爭爲綱」的鬥爭哲學，「鬥私批修」的道德主義，「向貧下中農學習」的民粹主義㉛，構成了毛的晚年思想的一些基本特徵。這些特徵並非突然產生出來的，它們是既有其個人思想的由來已久的根源，又有中國社會的現實基礎。

林彪和「四人幫」便在這種「毛澤東思想」的旗幟下作了「得力的助手」，他們在思想上談不上甚麼自己的東西，但他們（特別是林彪）卻的確把毛的上述某些思想發揮到了極端，例如爲毛澤東所肯定的林彪「四個第一」的思想：

，「人的因素第一，政治工作第一，思想工作第一，活的思想第一」。

此外，如林彪説：

「……精神的東西可以轉化爲物質的力量。……像原子彈爆炸一樣，爆發出很大的力量」。

「共產主義就是講的一個『公』字，反對一個『私』字。要破私立公，……就要從靈魂深處爆發革命」。

這位「林副統帥」（當時全國在形式上編爲軍隊，所有機關單位都以軍隊建制）所「發展」的，不正是毛澤東許多思想的完全唯心主義化和封建主義化麼？

林彪並直接倡導封建形態，把個人崇拜儀式化，如編制「語錄」搞「天天讀」，把毛澤東的言論説成「最高指示」和「一句頂一萬句」，「理解的要執行，不理解的也要執行」（這其實也來自軍隊習慣），以及搞「天才論」，説「毛澤東思想是最高最活的馬克思主義」，是「當代馬克思列寧主義的頂峯」等等。林彪不但在思想上而且也在組織上（如黨章居然寫上「接班人」名字）企圖以無產階級專政和社會主義的名義來建立起子承父業的公開的封建王朝。

但是，重要的是，在林彪摔死事件發生以前，廣大幹部、羣衆和青年學生爲甚

麼對這一切並未感到格格不入而奮起抵抗？爲什麼廣大羣衆、幹部和學生都默默地接受了林彪搞的這一大套？當然，高壓下的沉默並不等於真正的認同，但也確有不少的忠誠的信奉者，甚至在廣泛的知識者之中。這就是因爲，一則這一套有其傳統的社會意識的根基、習慣，如「最高指示」與「聖旨下」連詞句上也無多大區別，這與至今包括知識界也仍然接受甚至欣賞「伯樂」，包公、好皇帝屬於同一傳統意識和心理積澱。二則，這一套也並非突然從天而降，它們是過去十七年不斷的「社會主義思想教育」的延續。把「革命」當作目的本身來歌頌、崇拜和追求，把毛澤東作爲偶像來崇拜，特別是把「老三篇」、「鬥私批修」、「破私立公」的道德意義作爲標準尺度來衡量一切，這是由來已久了。公私義利之辨，天理人欲之分，本是中國傳統的文化心理，如今這一套以無產階級革命意識和共產主義崇高理想而出現，便似乎成了最新最革命也最中國化的東西。中國知識份子很容易地接受了它，它從而使任何人（人總是有缺點、弱點和錯誤的，人總是有各種物質生活的要求、意向、願望和享受的）都感到自己的罪孽深重，必須深刻檢討，努力懺悔……。在張思德、董存瑞、雷鋒、王傑這些「毫不利己、專門利人」以至犧牲自己生命的英雄、烈士面前，你能不自漸形穢、徹底悔過和無條件投降麼？你能不爲偉大的共產主義理想、爲社會主義祖國貢獻自己嗎？能不爲此而接受審查批判忍受痛若、揭發別人和改造自己嗎？

　　這也就是爲什麼林彪總要反複強調「老三篇」，「破私立公」之類的秘密。

　　這裡，與傳統不同在於，這一套道德主義和公私義利之分是以階級鬥爭爲線索來貫串的，從而不再是比較複雜的、以穩定、和諧爲目的和特徵的傳統的倫常觀念，而是以更簡化的「革命」的階級觀念來作爲標準、尺度、這種公私義利、天理人欲的分辨更具有某種強制性的、公開的、「你死我活」的十分激烈的鬥爭性質。不僅在現實中，而且在心靈中。在革命旗幟下，在道德主義的要求下，人們都不但理智上要認爲，而且要求情感上也感到自己確有錯誤，確需改造，確需勇敢衛護革命，貢獻自己。於是不斷檢討自己，批判別人，揭發「罪感」，劃清界限，指責、悔恨自己對「資本主義」「修正主義」的喜愛或「放鬆警惕」……。於是，有千千萬萬熱情獻身的紅衛兵，有千千萬萬真心懺悔的老幹部，有千千萬萬虔誠請罪的知識份子……。

　　這樣一種空前規模的羣衆性的鬥爭、檢討的運動就這樣發生了。奇怪嗎？也並不奇怪。如前所説，它不但是幾十年思想改造和所謂「社會主義思想教育」的自然結果，而且也與數千年來的中國傳統精神不無關連。

　　林彪「自我爆炸」的事實，「五七一工程紀要」的公布才從根本上喚醒了人們，這倒的確像一顆「威力無比」的「精神原子彈」，炸醒了人們的痴迷和惡夢，原來一切都是假的，高舉「語錄」天天喊「三忠於」、「四無限」的人原來是一羣最大的騙子、壞蛋、野心家。什麼「破私立公」，什麼「靈魂深處爆發革命」，什麼「四個第一」，什麼「毛澤東思想是最高最活的馬克思列寧主義」……，多麼虛偽多麼卑鄙多麼可笑！政治終於揭開了它自身的醜惡，一切原來化爲道德的偽裝愈發顯示出了這道德本身的虛假。人們確乎被驚醒了，重新用自己的常識和健全的理智來觀察、判斷、估計現實、生活和歷史。以前的一切懷疑、問題、看法、意見

一下子便明亮地被證實被想通了。當然，有從一開始甚至從五十年代初便有過正確的疑惑和深刻看法的人，但畢竟是極少數，廣大幹部和羣衆是通過「文革」後期特別是林彪事件而覺醒的。

「文革」是一個重要而漫長的故事，非本文所能詳論。這裡只想提出值得注意的兩點：

一是這場看來似乎是失去理性的瘋狂的「革命運動」，卻並非完全是非理性的產物。儘管其中有某些類似宗教狂熱的成份，如對毛澤東的個人崇拜、如在激烈派仗中的自我獻身，如無端的獸性發洩、瘋狂破壞和虐待狂式的酷刑取樂，等等，但其主體卻仍然是以普通理智爲基礎的，即它是以一整套「持之有故，言之成理」的道德理論即關於公私義利、集體個體、關於共產主義理想和「兩個階級兩條道路的鬥爭等等爲根本依據的。它仍然具有普通理智上的可接受性，它仍然是一種理性的信仰、一種道德的宗教。這是中國的文化大革命與譬如德國的納粹運動、高揚道德主義的「鬥私批修」理論與日耳曼種族優越論的不同或貌同實異之處。把二者等同視之，是既忽視了社會土壤的不同，也輕略了傳統的本質差異。德國傳統精神中的那種盲目衝動的非理性主義和中國傳統的實用理性，是並不相同的，混淆它們無助於清醒地去認識自己。

另一是，正因爲中國的文化大革命基本上（至少在指導思想上）仍在理智的主宰、支配下，所以對情感和人性的扭曲也是通過理智來進行的。正是這樣，造成了精神上的極大苦痛和心理上的無比折磨。它要求人們從理智上去接受、運用階級和階級鬥爭的觀點來「觀察一切」「分析一切」「判斷一切」，去「分清敵我」、「劃清界限」，要求人們從理智上運用「鬥私批修」「一不怕苦，二不怕死」的道德標準來檢查自己、反省自己，這樣才能做到「六親不認」「大義滅親」……。於是社會上和傳統中原來相當濃厚的父子夫婦兄弟朋友的人事關係和情感聯繫，便統統要求用這種階級鬥爭的「革命的」道德主義或者說革命的集體主義去破壞和取代[83]。不是非理性的情感迷狂，而是要求一切情感必須經由「理性」批准，必須經過痛苦的「思想鬥爭」，而「思想鬥爭」能容許的唯一的情感是「革命的」「階級感情」，一切人間的情誼、人際的關懷都必須放在這個新的道德標準下衡量估計、肯定否定。在這種「理性」的主宰摧殘下，人們付出了極爲高昂的情感代價。爲了「革命」，爲了「共產主義的偉大事業」……，互相凶狠地毫無情面地揭發、批判，虔誠地忠實地窮根究底地交代、檢討……。這裡面有多少的痛苦、眼淚、血汗和生命！這裡面造成了多少的人格分裂、精神創傷和人間慘劇！

當然，還不說那些藉「文革」幹壞事或思想污濁行爲卑劣的人們，因爲那是任何社會、時代和動亂時期都有的。儘管這些人中的一部分在這場「革命」中以及之前之後獲得了暴利，但就整個社會和整個運動來說，畢竟居於次要的位置。

居主要位置的廣大幹部、羣衆在這場革命中，不但個性而且人性也遭到摧殘扭曲，這種摧殘扭曲都是以馬克思主義的名義，在理性控制主宰下由自己積極參與而造成的。這才是真正的巨大悲劇。

難道馬克思主義應該是這樣的麼？爲什麼馬克思主義在中國竟會結出如此難堪的果實？

爲什麼？爲什麼？……人們，特別是青年一代開始懷疑著、憎惡著、思索著。

四　1976 年——

一聲驚雷，毛氏逝世。一個時代終於結束了。

「四人幫」很快就垮台，「凡是」派也沒能支持幾天。「實踐是檢驗真理的唯一標準」這個以學術出現的政治命題在開始掃除人們走向新時期的思想阻礙：不能一切以毛澤東的是非爲是非，必須從實際——人們的現實實踐出發。這場討論並沒有真正的理論成果，它在完成了它的政治使命之後，也就沒能再繼續。

真正在馬克思主義理論領域中展示出新時期特點的是關於「人道主義」的論爭。

如前所述，「文化大革命」把從上到下整個社會中的傳統的與革命的信念、原則、標準統統破壞了，人們在思想、心理、身體、生活各個方面受到了空前的痛苦和損傷。人們或被迫或自願地出賣自己、踐踏自己、喪失掉自己。人不再是人，是匍伏在神的威靈下的奴僕、罪人，或者則成了戴著神的面具的野獸。

於是，神的崩潰便從各個方面發出人的吶喊。人的價值、人的尊嚴、人性復歸、人道主義，成爲新時期開始的時代最強音。它在文學上突出地表現了出來，也在哲學上表現出來。它表現爲哲學上重提啓蒙，反對獨斷（教條），反對愚昧，反對「異化」，表現爲對馬克思《1844 年經濟學——哲學手稿》的研究盛極一時。當然最集中地表現爲呼喊人道主義，把馬克思主義解釋（或歸納或規範）爲「人道主義」。強調馬克思主義是「以人爲中心」，「人是馬克思主義的出發點」，等等。這當然是對文化大革命以及以前數十年把馬克思主義強調是階級鬥爭學說的徹底反動，是對「以階級鬥爭爲綱」的根本否定。

強調馬克思主義具有人道主義性質是不錯的，但把馬克思主義解說爲人道主義，或以人道主義解釋馬克思主義，卻並不符合馬克思當年的原意。因爲馬克思主義主要是一種歷史觀，即唯物史觀。它既有科學的內容，也具意識形態的作用。馬克思主義的世界觀也就是這種歷史觀，或者說是建立在這種歷史觀的基礎之上的。人道主義不可能是歷史觀，用人道主義來解釋歷史，來說明人的存在或本質，必然帶有空泛、抽象或回到文藝復興、啓蒙主義的理論上去。人道主義強調「人」，主要是個體、個人。馬克思主義歷史觀講的人，主要是從人類總體出發，然後講到個體。製造工具的「從猿到人」的「人」，並非個體而是羣體。只有到共產主義，每個人的自由發展才是一切人自由發展的條件。個體的這種自由是以人類總體的歷史性的行程爲前提的。從而在這個行程中，「個體與羣體、小我與大我到目前爲止具有某種有時甚至是嚴重的矛盾和衝突，還需要作具體分析……。東、西方目前有關的一些討論有其具體歷史的合理內容，在東方是反對封建官僚，在西方是對資本社會中各種異化的抗議。它們都要求人在「物」的奴役壓迫和束縛下解放出來，要求人掌握自己的命運，成爲自己實踐活動的真正主宰，因此都提出了人的存在價值和意義問題。……應該看到個體存在的巨大意義和價值將隨著時代的發展而愈益突出和重要，個體作爲血肉之軀的存在，隨著社會物質文明的進展，在精神上將愈來愈

突出地感到自己存在的獨特性和無可重複性。

　　重視個體實踐，從宏觀歷史角度來說，也就是重視歷史發展中的偶然。從黑格爾到現代某些馬克思主義理論，有一種對歷史必然性的不恰當的、近乎宿命的強調，忽視了個體，自我的自由選擇並隨之而來的各種偶然性的巨大歷史現實和後果。我們一方面反對非決定論觀點，因為無論如何，從原始社會到今天，從農業小生產到工業大生產，歷史在進化，物質文明在成長，其中確有不以人們意志為轉移的客觀規律和歷史法則，否認這點是不符合事實的。但是，另一方面也要看到，人類中任何個體自我的實踐都是在主動地創造歷史，其中充滿大量偶然因素。注意研究這些偶然因素，才能更深刻地理解強調作為個體的人的倫理學主體性意義所在」[84]，才不致於重蹈過去道德主義把道德吶喊建築在被異化的「集體主義」、「歷史必然性」的宿命基礎之上的謬誤。因此，一方面應該反對在「革命的」「集體的」旗號下種種抹殺、輕視個體性的所謂馬克思主義的理論；另方面也要看到「大我」（人類總體）與「小我」（個體）之間的關係有一個極為複雜的具體的歷史行程，用義憤、感傷、情緒以及價值判斷、倫理原則是不能真正解釋這個行程的。人道主義理論就有這方面的毛病。所以，我也仍然認為，「作為歷史觀的人道主義，其理論極為膚淺和貧乏，它不能歷史具體地去深入分析現象，不能真正科學地說明任何歷史事實，不可能揭示出歷史發展的真相，從而經常流為一堆美麗的詞藻、迷人的空談、情緒的發洩。」[85]「我不贊成以人道主義代替馬克思主義，那是膚淺和錯誤的。因為歷史有時候並不是那麼人道的。特別是在古代，需要通過戰爭，需要通過殘酷的掠奪，才能發展。歷史本身就是這樣」[86]。用感傷、憤慨、好心來對待歷史，用人性、人道主義來解釋歷史，是幼稚和不科學的；「人是馬克思主義的出發點」的命題也是相當模糊的，「出發點」是什麼意思？「人」又是什麼意思？指個體還是指總體（人類）？便不清楚，首先便需要作番語義分析才能了解。可見，提倡人道主義雖有其現實合理性和正當性，但作為哲學理論，還需要仔細研究、充實和提高。如果停留在目前的水平上，而不加以嚴格的科學論證，那它就還不可能成為真正的理論創新。

　　但是，意識形態並不等於科學，也並沒有所謂完全正確的理論，何況在理論上並不正確的東西在歷史上卻可以起重要的進步作用。[87]在粉碎了「四人幫」、中國社會進入「甦醒的八十年代」[88]的時候，多麼必然也多麼需要這種恢復人性尊嚴、重提人的價值的人的哲學啊！「自由」、「平等」、「博愛」、「人權」、「民主」……這些口號、觀念充滿著多麼強烈的正義情感而符合人們的願望、欲求和意向啊！它們在揭露林彪「四人幫」的封建主義、「集體主義」的罪惡，表達對各種壓迫、迫害的抗議上，多麼切中時病啊！儘管它在理論上相當抽象、空泛、貧弱，不能深刻說明問題，而且情感大於科學，但是，它們表達了人們壓抑了很久的思想、觀念、情感、意識、激起了人們與以文化大革命為代表的舊傳統相徹底決裂的鬥志和決心，喚起人們去努力爭取被否定了和埋葬了的個人的人格、個性、生活權利、正當欲求……。所以，說「一個怪影在中國知識界徘徊──人道主義的怪影」[89]便是有其真實的現實依據的。這就說明，為什麼人道主義的理論、觀點、思潮，儘管被大規模地批判，卻受到廣大知識份子以至社會的熱烈歡迎，並且它能與經濟

改革同步，配合和支持著改革，把社會推向前進。因爲它們是在繼續清算文化大革命，是在繼續與封建主義作鬥爭。這也很清楚，爲什麼批判者們儘管引經據典，大造聲勢，力加駁斥，證明馬克思主義的確並不是人道主義，卻始終應者寥寥。這些批判文章強調集體主義，反對個人主義，提倡倫理價值，呼喚獻身革命等等，一切似乎都很正確，但卻是幾十年來人們早已熟知的論調。由於被「文革」以來的事實所徹底敗壞，人們對這些老調不但不再信任，而且相當反感，於是對這種批判掉頭不顧，置之不理，毫無興趣，也就是很自然的了。從理論上說，這種批判的根本弱點，正在於它没能具體地科學地考察中國這股人道主義思潮的深厚的現實根基、歷史淵源和理論意義，也就是説，這批判没有注意到這股人道主義思潮有其歷史的正義性和現實的合理性。批判離開了這個活生生的現實，仍然是就理論談理論，從而這批判也抽象、空泛、貧弱，離開了正在前進中的中國社會實踐，它當然不能取勝。

馬克思主義在中國的確到了一個關鍵時刻，正像中國社會到了一個如何前進的關鍵時刻一樣。馬克思主義之需要創造性的發展和這種發展的重要意義，没有任何時候像今天在中國這樣突出。從五六十年代東歐、蘇聯到七八十年代中國的人道主義潮流，共同展示了馬克思主義理論傳統本身由於強調社會忽視個體所帶來的巨大缺陷，但並未真正開闢如何走向未來的理論通道。如何概括總結百年來的世界經驗，如何概括總結數十年中國經驗，將是一個巨大的題目和遠爲艱難的工作，它也將經歷異常困難、複雜的漫長過程。

千里之行，始於足下。這裡只想最簡略地説兩點。

第一，應該回到歷史唯物論（唯物史觀）。應明確唯物史觀才是馬克思主義的基本理論（辯證唯物論等等是後來推演出來的）。歷史唯物論又可以分作哲學層和科學層兩個層面。後一層面將具體地研究生產力、生產關係、基礎、上層建築、國家、法律、文化、科技、家庭……等等問題。它將或分化或滲入或成爲許多專門的社會科學學科。美國一些馬克思學者用現代分析哲學、數學博弈論等等來解釋歷史唯物論和馬克思主義，使之更加科學化，是很值得注意的。

就哲學層次説，歷史唯物論即主體性的實踐哲學，或稱人類學本體論。它應包含工藝社會結構（人類學主體性的客觀方面）和文化心理結構（人類學主體性的主觀方面）這樣兩個方面。提出文化心理結構作爲主體性實踐哲學的一個方面，是有其重要意義的，它要求總結過去，認識自我（民族、社會、時代）。例如，如何在所謂「迷信中忍耐，保守中沉默」的國民性中，在上述道德主義的傳統經驗中，認識到它的致命的缺陷和仍然值得保存、發揚的優勝處，便是一件非常艱巨的工程。

第二，對馬克思、列寧的經典理論的研究，需要改善和加強。這又有兩個方面。

第一個方面是發掘經典作家本人由於當時現實鬥爭的各種原因没有或未來得及展開的思想、觀念、學說、主張。「許多偉大的思想家早期在建立自己的整體世界觀的進程中，具有多方面的異常豐富的思想，但在他以後的一生中，多半是自覺或不自覺地依據時代的需要，充分發展了他的世界觀或思想中的某些方面而並非全部。……由於當時階級鬥爭政治鬥爭和馬克思本人專注於無產階級革命事業的理論

和實際，馬克思本人和他的追隨者繼承者如恩格斯、伯恩斯坦、考茨基、李卜克内西、梅林以及普列漢諾夫、列寧、盧森堡、第二第三國際等等，都主要發揮發展了有關這一方面的理論學説……，而把《手稿》以及《政治經濟學批判（1857—1858）手稿》中尚未詳細論證的其他一些重要的、珍貴的思想忽略過去或暫時擱置起來了。」⑨這就把任務留給了我們。「人化的自然」思想便是一例。「人化的自然」不只是美學問題，它是一個根本哲學問題，是涉及文化心理結構、積澱、人性塑造問題，亦即涉及人的本質和存在問題。

　　第二個方面是重新審查、鑑定經典作家的論著、思想、發現問題，解決問題，不應再採取對待宗教教義的注經方式和迷信態度。例如在馬克思本人那裡，是否有基本理論（唯物史觀）和戰略策略（期望和號召無產階級革命）之間的矛盾，便需要研究。當年，整個世界範圍內主要是資產階級民主革命，而馬克思卻期待德國的民主革命將導致無產階級與資產階級的決戰，即實現社會主義性質的國際無產階級革命，就是一例。即使在基本理論範圍內，是否也有問題和矛盾呢？例如，對工具的使用、製造、更新，本是馬克思所特別重視的問題，也是馬克思主義的一個最根本的要點。因爲正是它推動生產力的發展。但在《資本論》中，是否有脫離開工具，只著重分析論證「勞動力」的支出、買賣和創造剩餘價值，而相對忽略了在勞動中科學技術、工具變化所帶來的種種有關創造價值及剩餘價值的問題呢？當科學直接成爲生產力的今天，如何估計工具的巨大作用，如何計算與此有關的科技工作者的「勞動力」以及白領工人的地位等等問題，不是日益突出了麼？從而，馬克思主義應否看作只是（藍領）工人階級的世界觀，而不更應是表達了人類總體的歷史前景和知識份子的熱情信念？

　　又例如，列寧關於管理國家的思想理論，也值得重新研究。《國家與革命》是列寧最重要的著作之一。其中認爲：

> 「資本主義文化創立了大生產、工廠、鐵路、郵政、電話等等，在這個基礎上，舊的『國家政權』的絕大多數職能已經變得極其簡單，已經可以簡化爲登記、填表、檢查這樣一些極其簡單的手續，以致每一個識字的人都完全能夠行使這些職能……
>
> ……國家官吏的特殊『長官職能』可以並且應該在一天之内就開始用『監工和會計』的簡單職能來代替，這些職能現在只要有一般市民水平的人就能勝任，只要發給『工人的工資』就完全能夠執行了。
>
> ……無產階級革命實現以後，就可以而且應該從這裡開始做起。在大生產的基礎上，這個開始自然會使一切官吏機構逐漸『消亡』，……日益簡化的監督和統計報表的職能將由所有的人輪流行使，然後再成爲一種習慣，最後就不成其爲特殊階層的特殊職能了」。⑨

　　毛澤東晚年的某些烏托邦思想，如人民公社，羣衆專政等等，也有與此類似之處。

　　……

　　但幾十年來高度發展了的現代生活卻恰恰證明資本主義經濟管理不是變得十分簡單而是更爲繁忙複雜，更需要種類繁多各式各樣的專門家來主持操管。威伯（Max Weber）關於工業大生產必然湧現出一個管理者的官僚階層的理論，反而更加符合事實。在政治制度上，列寧曾對資本主義社會的議會制度予以猛烈抨擊，所以十月革命後便加以廢除而代之以工兵蘇維埃。蘇維埃在革命初期的列寧時代的確比議會制度更民主，任何士兵代表、工人代表都可以在蘇維埃上發言、爭辯、討論，但曾幾何時，蘇維埃制度在斯大林手上卻變成了一塊橡皮圖章。所謂「代表」只剩下舉手的榮譽了。由於蘇維埃兼有立法與行政職能，似乎最大限度發揚了民主，讓所有勞動者都參預國家管理；但同時卻爲少數幾個人以至一個人的高度集權，甚至獨裁專制製造了條件，因爲再沒有資本主義社會衆多法律以及輿論之類的束縛限制了。於是，無產階級專政變成了黨專政，以至最後變成了斯大林一個人的獨裁。

　　這些歷史教訓難道不需要從理論上重新加以檢討、研究嗎？

　　總起來看，「自第二次大戰以後，世界進入了後帝國主義時期，殖民地紛紛成立，構成了龐大的第三世界，現代科技和生產力的猛增，跨國公司的強壯，中小工業的繁榮，白領工人的擴大……，使世界的經濟、外交、文化日益在進入一個新的多元化的階段。……就中國說，時代最大特徵之一是開始結束了幾十年和幾千年的封閉狀態，中國文明將第一次跨入世界之林，與其他文明作真正的對話和交流。物質文明在走上現代化的道路，那麼，中國的馬克思主義哲學該怎麼辦呢？

　　……到目前爲止，許多人（包括西方的一些馬克思主義者）還認爲馬克思主義只是革命的理論、批判的理論。誠然，馬克思主義是革命的理論、批判的理論，但它不只是這種理論。在現時代，不論在東方還是西方，光堅持或只談革命的理論，就不夠了。它只是馬克思主義理論的一個方面，儘管曾經是主要的基本的方面。但無論如何，階級、階級鬥爭、革命都只和一定的歷史階段聯繫。在漫長的人類歷史上，它畢竟是比較短暫的現象。不能天天革命，歲歲戰爭。階級鬥爭不能『年年講月月講天天講』，並且階級遲早還要歸於消滅。如果認爲堅持和發展馬克思主義，就是堅持和發展批判、革命，老是不斷革命，這就要走向反面。所謂『無產階級文化大革命』不是最沉痛的教訓嗎？所以，我認爲，應該明確馬克思主義不僅是革命的哲學，而且更是建設的哲學。不但因爲我們現在土要建設，而且因爲建設文明（包括物質文明與精神文明），對整個人類來說，是更爲長期的、基本的、主要的事情，它是人類賴以生存和發展的基礎。光批判，是並不能建設出新文明的。我們要從人類總體的宏觀歷史角度來鮮明地提出這個觀點。」[②]

①　參閱拙作《批判哲學的批判（修訂本）》第九章，人民出版社，1984，北京。
②　參閱拙作《中國近代思想史論》第 302-304 頁，人民出版社，1979，北京。
③　《我的馬克思主義觀》，《李大釗選集》第 176-177 頁，人民出版社，1976，北京。
④　《社會主義批評》《新青年》第 9 卷第 3 號。
⑤　參閱《記中國現代三次學術論戰》。
⑥　參閱拙作《中國近代思想史論》。

⑦ 拙著《中國古代思想史論》第 315 頁。

⑧ 拙著《中國古代思想史論》第 315 頁。

⑨ 參閱《原儒》《乾坤衍》《人心與人生》等著作。

⑩ 《毛澤東選集》第 1376 頁。

⑪ 直到三十年代的中國社會性質問題論戰才有了初步的科學研究。

⑫ 《怎麼分析農村階級》略有不同。但那是政策性的文件，也沒有從理論上分析封建生產方式和封建土地制關係中的各階級。

⑬ 余英時：《中國近代思想史上的胡適》第 61 頁，聯經出版事業公司，1984，台北。

⑭ 參閱 Maurice Meisner.《Li Ta-chao and the Origins of Chinese Marxism》1970, NY Atheneum，此書強調提出了這一論點。

⑮ 例如，大概只有魯迅超越了這種差異，但也仍然在情感思想的深層存留著矛盾和衝突。

⑯ 《李大釗選集》第 222-224 頁。

⑰ 《李大釗選集》第 194 頁。

⑱ 毛澤東從青年時代起也特別強調體力勞動、體力活動的快樂，參閱《青年毛澤東》。

⑲ 《李大釗選集》第 175-176 頁。

⑳ 此文據丁守和《瞿秋白思想研究》，爲瞿作，見該書第 50 頁。四川人民出版社，1986，成都。

㉑ 李大釗《史觀》，《李大釗選集》第 287 頁。

㉒ 瞿秋白《社會哲學概論》，《上海大學講義》1923 年，轉引自丁守和《瞿秋白思想研究》第 131 頁。

㉓㉔ 瞿秋白《現代社會學》，《上海大學講義》1924 年 2 月，同上書，第 131, 132 頁。

㉕ 在一定程度和意義上，這也是艾思奇《大衆哲學》與李達《社會學大綱》的差異所在。

㉖ 參閱《青年毛澤東》。

㉗㉘ 丁守和《瞿秋白思想研究》，第 242-245, 251 頁。

㉙ 丁守和《瞿秋白思想研究》，第 270 頁。

㉚ 同上，第 301 頁。

㉛ 《瞿秋白選集》第 381-387 頁，人民出版社 1985，北京。

㉜ 同上，第 344 頁。

㉝ 參閱本書《二十世紀中國文藝一瞥》。

㉞ 參閱本書《二十世紀中國文藝一瞥》。

㉟ 《黨的機會主義史》（1927 年 9 月）。

㊱ 從上層的文人、墨客、士紳、官吏到下層的流氓、無賴、兵痞、乞丐、毛都打過交道而應付自如。詆毀毛的張國燾回憶錄中也承認在他們領導層中，只有毛能對付三教九流等各式人物。

㊲ 參閱《青年毛澤東》。

㊳ 毛詩《秋收起義》（1927 軍）：「軍叫工農革命，旗號鐮刀斧頭……地主重重壓迫，農民個個同仇，秋收時節暮雲愁，霹靂一聲暴動。」注解說，「黨旗上的錘頭當時常被誤認爲斧頭」，這是很有象徵意義的。

㊴ 《毛澤東選集》第 157 頁。

㊵ 同上，第 160 頁。

㊶ 《毛澤東選集》第 166 頁。

㊷ 同上，第 165-166 頁。

㊸ 可參閱龔育之等《毛澤東的讀書生活》中的一些記載，如「五本書的批注，只有頭兩本即《辯證法唯物論教程》（第三版）和《辯證唯物論與歷史唯物論》（上冊），在文字上和內容上與《實踐論》和《矛盾論》有直接的連繫。」（第 72 頁）「我的工具不夠，今年還只能作工具的研究，即研究哲學、經濟學，列寧主義，而以哲學爲主。」（第 48 頁）。1946 年讀列寧《國家與革命》時「在『階級社會國家』這一章，幾乎每句話的旁邊都劃著杠杠，講暴力革命的地方劃的杠杠特別引人注目。例如，革命才能

消滅資產階級國家這一句，關於暴力革命的觀點是『馬克思恩格斯全部學説的基礎』這一段，杠杠劃得最粗，圈圈劃的最多，『革命』『消滅』『全部學説基礎』這些詞和詞組的旁邊劃了兩條粗杠」，（《毛澤東的讀書生活》第 27 頁）「在 1958 年 12 月武昌會議期間讀了《三國志》的《張魯傳》，先後寫了兩大段文字，重申並發展了上述重要觀點，『二千年中，大規模農民革命運動，幾乎沒有停止過。同全世界一樣，中國歷史就是一部階級鬥爭史』」。（第 203 頁），等等，等等。

㊹ 《毛澤東選集》第 445 頁。

㊺ 同上，第 759 頁。

㊻ 同上，第 773 頁。

㊼ 同上，第 808 頁。

㊽㊾㊿　同上，第 832, 620–621, 906 頁。

51 《劉少奇選集》上卷第 109 頁。

52 53　同上，第 109, 131 頁。

54 同上，第 121 頁。

55 《中國近代思想史論》第 405 頁。

56 同上，第 406 頁。

57 參閱《略論現代新儒家》。

58 胡耀邦《深切地紀念王稼祥同志》指出，1943 年 7 月 8 日王在《解放日報》發表的論文中，「初步論述了毛澤東思想」，「他是我們黨正式提出『毛澤東思想』這一科學概念的第一人。」（《人民日報》1986 年 8 月 15 日）

59 《劉少奇選集》上卷，第 333 頁。

60 《劉少奇選集》上卷，第 333 頁。

61 《批判離開總路線的右傾觀點》（1953 年 6 月 15 日）《毛澤東選集》第五卷第 81 頁。

62 同上，第 81–82 頁。

63 《關於農業合作化問題》（1955 年 7 月 31 日）《毛澤東選集》第五卷，第 182 頁。

64 同上，第 243–244 頁。

65 「毛似乎是在當代最關心教育的政治領袖」「毛關於教育的許多觀念甚至在他成爲馬克思主義者以前就有了」（E.C. Pischel，見 Pick Wilson 編《Mao Tse-Tung in the Scales of History》第 172 頁，151 頁，參閱《青年毛澤東》。

66 同上，第 390 頁。

67 《機關槍和迫擊炮的來歷及其他》（1959 年 8 月 16 日）。

68 《在中共中央政治局召集的全國工作會議上的講話》（1965 年 1 月）。

69 《人民日報》1966 年 10 月 1 日。

70 《工作方法（草案）》（1958 年 1 月）

71 72　《毛澤東選集》第 63, 1144 頁。

73 《毛澤東選集》第 5 卷，第 409 頁。

74 「政治掛帥」「先紅後專」等等與中國傳統的所謂「內聖」爲主、「內學」爲本（張之洞：「中學爲內學，西學爲外學；中學治身心，西學啓世事」《勸學篇》）的「中體西用」論在實質上有相似處。參閱《漫説「西體中用」》。

75 這種「社會主義積極性」也包含著集體利益與個人利益的結合和統一的內容在內，這與青年毛澤東以發展身心爲道德有思想上的相承處，值得進一步研究，此處暫略。

76 見《林彪同志委託江青同志召開的部隊文藝工作座談會紀要》。

77 章士釗《柳文指要》。

78 外國研究者特別注意毛在「文革」中「摧毀黨」的特異作法，並認爲毛一直有無政府主義思想。本文不同意這看法。毛在青年時期確接受過無政府思潮的影響，但似乎主要在於這一思想的反束縛和烏托

邦理想社會方面而不在其非組織，反權威方面。接受馬列主義後，毛一直是強調紀律、集中，反對「極端民主化」要求「消滅……工作中的某些嚴重的無紀律狀態或無政府狀態」的（《毛澤東的讀書生活》第 27 頁）。所以「文革」後期當《人民日報》批評「文革」造成無政府主義，毛大不以爲然。

⑦ 如「一月風暴」後成立上海公社後改爲「革命委員會」，而不再叫「政府」。

⑧ 參閱《青年毛澤東》。

⑧ 到「文革」後期，某些地方連工人階級也要下放勞動去「向貧下中農學習」。

⑧ 「三忠於」是忠於毛主席，忠於毛澤東思想，忠於毛主席的革命路線」；「四無限」是；「無限忠誠」、「無限熱愛」、「無限信仰」、「無限崇拜」毛主席。

⑧ 在原始儒家本有所謂「子爲父隱」《論語》，舜棄天下竊負殺人的父親而逃《孟子》，都顯示出血緣氏族的倫理本色。自秦漢以後，在所謂忠孝不能兩全中，則多半「忠」高於「孝」，以國家名義的皇帝命令高於親屬要求，此即所謂忠君愛國的傳統道德，這一切都以「革命的」服裝在「文革」中上演。這裡面尚有些有趣的複雜問題，暫略。

⑧ 《批判哲學的批判》（修訂本）第 432–434 頁。

⑧ 拙文《夜讀偶錄》，《瞭望》1984 年 11 期。

⑧ 《美學與藝術講演錄》第 198 頁，上海人民出版社 1983。

⑧ 恩格斯：「在經濟學的形式上是錯誤的東西，在世界歷史上卻可以是正確的」（《馬克思恩格斯全集》第 21 卷第 209 頁）。列寧重複了恩格斯這一論斷並指出要「記住恩格斯的名言」（《列寧選集》第 2 卷第 322 頁、431 頁）。

⑧ 《中國近代思想史論》第 471 頁。

⑧ 王若水：《爲人道主義辯護》，第 217 頁，三聯書店，1986，北京。

⑨ 拙文《藝術雜談》，《文藝理論研究》1986 年第 3 期。

⑨ 《列寧選集》第 2 卷第 207 頁，第 212–213 頁。

⑨ 《藝術雜談》。

中國文化研究七十年

丁守和

　　在中國文化發展的歷史上，五四運動是一個偉大的轉折點。五四以來的七十年中，中國社會政治風雲變幻，圍繞著中國的出路、前途、命運展開了激烈鬥爭，乃至兵戎相見，驚心動魄，曲折複雜。在思想文化領域裡，亦為豐富多彩，議論繽紛，對中國的出路前途和命運從文化觀念的深層，進行了多方面的探索、討論和追求。各種意見、觀點和主張，互為岐異、對立、排斥而又滲透吸取。文化變動的歷程是複雜的，經驗教訓是很多的。考察七十年來中國文化研究的發展變化，很有必要。由於問題本身的複雜性和篇幅所限，本文只能就其中的若干主要方面和主要問題作一概述。

一

　　五四運動是反帝愛國的政治運動，又是啓蒙開新的文化運動；而且正是新文化啓蒙運動促進了人們的思想解放，推動了愛國民主運動的發展，在中國近代史和文化史上具有劃時代的偉大意義。

　　五四時期對文化的研究，已經不是文化的器物層面，也不是團體政體問題的制度層面，而是深入到人們的精神世界，涉及倫理道德、思想觀念、價值取向、人生意義及生活習俗等。正是在這些文化心態的深層，引起尖銳衝突和激烈爭論，呈現前所未有的生動活潑的景象，使在老的中國文化產生新的轉機。

　　在當時的文化研究中，影響最大的是新青年派，即新文化運動的倡導者，如陳獨秀、李大釗、魯迅、胡適、吳虞、錢玄同、易白沙等。他們以《新青年》為陣地，從中國社會現實出發研究中國文化，對比中西文化，從文化思想觀念上探討中國近代落後的原因和出路。

　　陳獨秀、李大釗相繼發表《東西民族思想根本之差異》、《東西文明互差異》等文，對東西文化作比較研究。指示西方已是近代文化，中國仍是封建時代的文化。西方文化以個人為本位，強調獨立自主、競爭實利、創造進步、科學物質、民主法治，「惡侮辱，寧鬥死」；而中國文化乃是以家族為本位，注重倫理道德、安息消極、因襲依賴、感情虛文、特權人治，專制主義盛行，「惡鬥死，寧忍辱」。他們認為，律以西方近代文明社會，中國封建宗法社會則是：損壞個人獨立自尊之人格，窒息個人意志之自由，剝奪個人法律上平等之權利，養成依賴性，戕害個人之

生產力，阻礙社會發展和文化進步。

　　《新青年》積極引進西方文化，提倡民主科學、平等自由。指示國人而欲脫啓蒙時代，「則急起直追，當以科學與人權並重」，把民主和科學看作是近代文明的精神支柱。他們提倡的民主，就是在倫理上人格獨立，法律上人權平等，思想上個性解放，思想自由，政治上是多數國民「自覺其居於主人的主動地位」，反對封建專制、封建思想道德和人身依附。而科學，則是提倡科學精神、求實態度和理性主義，反對愚昧和迷信。他們主張「歐化」或「西化」，與梁啓超在「新民叢報」上主張的「新」化一樣，實際上都是要使中國「現代化」。陳獨秀說：「吾人理想中之中華民國，乃欲躋諸歐美文明國家，且欲駕而上之，以去其惡點而取其未及施行之新理想。」他們向新青年提出的希望則是：「自主的而非奴隸的，進步的而非保守的，進取的而非退隱的，世界的而非鎖國的，實利的而非虛文的，科學的而非想像的」。這也是他們所理想的「現代人」所應具備的條件和特點。

　　新文化的倡導者們，以民主和科學精神批判中國舊有的文化，涉及儒道釋等，指示「老尚雌退，儒崇禮讓，佛說空無」，都是損害獨立人格和進取精神的。而重點是批判儒學孔道。他們主張「打倒孔家店」，並不是否定孔子的歷史地位及其學說的價值，而是因爲：一孔子之道不適合現代生活，無論其道德、禮教、生活態度和政治主張等都不適應；二著重批判了爲儒學大本的三綱倫理道德和階級等級制度，稱其道德爲「奴隸道德」，「吃人禮教」；三反對定儒學於一尊的文化專制主義。陳獨秀說：「吾人生於二十世紀之世界，取二十世紀之學說思想文化，對於數千年前之孔教，施以比較的批評，以求真理之發見，學術之擴張，不可謂非今世當務之急。」

　　新文化運動由思想領域開始，很快發展到文學領域。胡適首倡文學改良，提倡白話文。陳獨秀力主文學革命，提倡反對貴族文學、主張平民文學的「三大主義」。錢玄同、劉半農、周作人等繼起響應，而魯迅則以其文學創作表現出從「文學革命」到「革命文學」的戰鬥實績。他們還主張破壞偶像，改革舊戲劇，反對舊習俗，提倡婦女解放，婚姻自主，社交自由等，新的社會風尚迅速興起。

　　在他們的研究和宣傳中，儘管也存在某些不足或偏頗，但他們提示的問題都是有關中國現實和命運的，表現了深刻的時代性和思想性。他們充滿著對國家民族的憂患意識和危機意識，深深認識到要使中國適應世界潮流，免於沈淪之苦難，就必須鼓勵人們敢於打破舊傳統舊觀念的束縛，而勇敢前進。

　　與《新青年》相呼應，《每周評論》、《新潮》、《晨報副刊》、《學燈》等，也相繼宣傳新思想新文化，反對舊思想舊道德舊文化。從而形成一股奔騰的潮流，衝擊著整個封建主義意識形態及舊的社會習俗，有力地促進了人們的思想解放，在廣大知識分子，特別是青年學生中掀起追求自由、追求真理和新知識的熱情，展開「新舊思潮之大激戰」。

　　在維護舊思想舊文化方面，袁世凱公開宣布「整飭綱紀」，恢復學校「祀孔讀經」，「表彰節烈」；康有爲等成立孔教會，宣揚「孔子大一統論」，「孔教乃中國文明之基礎說」，要求「定孔教爲國教」，以孔子之道爲國民「修身之大本」。他們的喧叫有明顯的政治目的，即爲復辟帝制作張本。在思想學術方面，比較明顯

的是「東方雜誌」和「國故」月刊等。

「東方雜誌」主編杜亞泉（傖父）曾積極介紹西方科學知識，但在更深層的文化觀念上卻是維護舊有文化。他在「靜的文明與動的文明」中認爲，中國是「靜的文明」，西洋是「動的文明」，以靜制動，「吾國固有之文明，正足以救西洋文明之弊，濟西洋文明之窮」；或將西洋文明「納入吾國文明之中」。他在「迷亂之現代人心」等文中，把舊文化舊觀念受到衝擊視爲「人心之迷亂」、「國是之喪失」、「精神之破產」；認爲宣傳新思想新文化是「離經叛道」、「洪水猛獸」，是輸入「猩紅熱」和「梅毒」，是「望魔鬼之接引以入天堂」，希望「強有力者」用快刀斬亂麻的辦法施行「統整」。《東方雜誌》還連載德國臺理烏斯和日本《東亞之光》雜誌讚揚辜鴻銘鼓吹「春秋大義」、「君道臣節，名教綱常」的文章。因而受到《新青年》的多項質問和抨擊。

當時「文選派」的劉師培等創辦《國故》月刊，以「倡明中國固有之學術」爲宗旨，推崇魏晉以上的古文，與《新青年》相對抗。指責新文化運動是「功利昌而廉恥喪，科學興而禮義亡」，主張振頹綱以紹前載，鼓芳風以扇游塵」，繼承和發揚「文武之道」，「六藝之傳」。桐城派的林紓更爲敵視，他甚至發表小説《荊生》，攻擊陳獨秀（田必美）、胡適（狄莫）、錢玄同（金心異），並假託一個「偉丈夫」實行鎮壓。他還致書北京大學校長蔡元培，爲封建道德和老八股辯護，指責新文化運動是「覆孔孟，鏟倫常」，是「叛親滅倫」，「人頭獸鳴」，是「引車賣漿之徒」；並表示「拼我殘生，極力衛道，必使反舌無聲，瘈犬不吠然後已」。《新青年》則直斥「桐城謬種」、「選學妖孽」，批判了他們宣揚的「文以載道」和「代聖賢立言」。《新潮》著重批判了「國故」。《每周評論》載文批駁林紓，蔡元培也覆信林紓，予以反駁，重申「循思想自由原則，採兼容並包主義」。

還有折衷調和論。如章上釗認爲，「調和者，社會進化之精義」，世上一切「無不在調和之中」。主張「新舊糅雜」，「一面開新，必當一面復舊」，「新機不可滯，舊道德亦不可忘」，「即新即舊，不可端倪」，「國粹不滅，西化亦成」。陳獨秀在《調和論和舊道德》中指示，所謂「新舊雜糅」，「物質上應有開新，道德上應當復舊」，其實是「抱薪救火，揚湯止沸」。李大釗從經濟上解釋近代思想變動的原因，認爲物質上道德上只有開新，斷無復舊，即使「重生」、「再造」，也沒有「復舊的道理」。魯迅也批評了《學衡》上胡先驌、梅光迪等人的復古思想。

經過五四運動的震盪，一代新人湧現，如毛澤東、周恩來、蔡和森、瞿秋白、惲代英、鄧中夏，等等。他們出版刊物，組織社團，反對舊社會舊思想舊文化，熱烈追求新知識和新思想。思想界教育界空前活躍起來，從歐洲文藝復興到俄國十月革命，幾百年間的思想學説文化都有介紹和反映，主義之多不勝枚舉。新思想舊思想，新思想中也是多種多樣，互相對應、衝突又互相影響。《新青年》的主流日益傾向馬克思列寧主義和十月革命；而其他各種思想也在知識份子中迴盪，形成中國文化思想史上錯綜複雜的畫面。

二

中共成立前後，開始系統宣傳馬克思主義特別是列寧主義理論。在哲學上，李大釗、陳獨秀首先宣傳唯物史觀，瞿秋白則著重宣傳辯證唯物論。還宣傳了社會主義思想、經濟學說和階級鬥爭理論。共產黨人用馬列主義研究中國社會和近代歷史，制定明確的反帝反封建的革命綱領，發動工人運動、農民運動、武裝鬥爭，展開了波瀾壯闊的新民主主義革命；同時關心和研究文化問題，重視思想文化戰線上的鬥爭。

共產黨人仍然堅持反對封建時代的舊思想文化；並由於十月革命勝利和資本主義國家的危機，也開始反對資產階級文化。認爲資本主義文化已經「没落」，西方民主也成爲過時的東西，沒有看到民主科學和馬克思主義一樣，也是社會化大生產的產物。而只是强調階級鬥爭、暴力革命和實際行動。就是崇拜「德莫克拉西」的陳獨秀，也再三强調西方民主是資產階級的「護身符」和「專有物」，即資產階級專政。直到他的晚年，因斯大林肅反擴大化而重新考慮了民主問題，提出：「蘇聯實行無產階級專政，專政到反動派，我舉雙手贊成。但專政到人民，甚至專政到黨内，難道是馬克思列寧始料所及嗎？然無他，賤視主故也。」

陳獨秀開始用唯物史觀研究文化問題。他在致胡適的信中就指示，唯物史觀論者絕不是「不重視思想、文化、宗教、道德、教育等心的現象之存在」，只是認爲它們都是「經濟基礎之上層建築」，「而非基礎本身」。他在評論東方文化時還指示，人類文化是「整個的」，只有時間上進化遲速，沒有空間上地域異同。東方「農業的文化，家庭手工業的文化，宗法封建的文化，拜物教多神教的文化，以及這些文化所產生之一切思想、道德、教育、禮俗、文字不解放的文化，西方以前也曾經歷過，並不是東方所獨有的什麼好東西，把這些不進化的老古董當作特別優異的東西保存起來，實在是自閉於幽谷。」如此提倡「東方文化」，真所謂「禍國殃民，亡國滅種之談了」，仍然充滿著激情。

瞿秋白非常重視研究文化問題。他說：「人類文化的成績，一代一代的積累起來，每一個歷史階級，每一次偉大的反對『思想上僵屍化』的戰鬥，都含孕著新的文化和文藝的胚胎。問題在於怎樣在難產的過程裡爭得新的生命的權利。」爲了爭得無產階級新文化生命的權利，他曾向當代「偉人」進行勇敢的挑戰，批評過梁啓超、張君勱的唯心論、章士釗的農村建國論、梁漱溟等東方文化派、胡適的實驗主義、戴季陶主義、曾左李的國家主義等。他還寫過《東方文化與世界革命》、《文明的問題與社會主義》等文，指示東方文化有三個基本元素：一宗法社會的自然經濟；二畸形的封建制度之政治形式；三殖民地式的國際地位。因此中國要進步，就必須反對封建宗法制度及其思想，反對帝國主義殖民主義奴化思想。他認爲，資本主義文明雖已「苟延殘喘」，但絕不能因此而「向後轉」，去提倡什麼「東方文化」，而是向前進，建設「社會主義文明」。

蘇聯和共產國際對中共的影響很大，其中有積極的，而消極的更多。特別是王明統治時期，把馬列主義教條化、神聖化，不顧中國實際情況，照搬照抄蘇聯黨和

國際的決論，表現了文化心態上的奴隸性。斯大林提示資本主義總危機時期理論，號召全世界無產階級進攻，中國黨則提示武裝保衛蘇聯，向資本主義戰鬥；蘇聯實行農業集體化，消滅富農，中國黨也提消滅富農，反對富農路線；斯大林否定中間營壘，說中間派是最危險的敵人，中國黨則把改組派、第三黨、人權派當作最危險敵人。可謂照抄照謄，亦步亦趨。左傾路線使革命遭到重大失敗，在文化界也產生惡劣影響。

左翼文化運動的興起，表明無產階級思想在文化戰線上影響的深入和擴大。在文學藝術方面，魯迅、瞿秋白、茅盾等熱情宣傳馬克思主義文藝理論，提倡革命現實主義和文藝大眾化，反對國民黨的文化「圍剿」，批評新月派，「民族主義文學」、「自由人」和「第三種人」的文藝觀點。在創作上，湧現出大批新作家和重要作品，戲劇、音樂、電影、繪畫、版畫等都有新發展，對革命、救亡事業起了積極作用。無可否認，左傾關門主義、宗派主義及「辯證唯物主義創作方法」等，是不利於文藝界團結和文藝本身的發展的。無論其成就或教訓，對中國現代文化史的研究都有重要意義。

在社會科學方面，李達、艾思奇、吳亮平等積極宣傳辯證唯物論和歷史唯物論，郭沫若著「中國古代社會研究」開拓了馬克思主義在史學界的陣地，呂振羽、侯外廬、翦伯贊、范文瀾等用唯物史觀研究和解釋中國古代史、思想史的論著陸續出版。三十年代的社會性質論戰，「新思潮」的王學文、潘東周及何千之等肯定中國是半殖民地半封建社會，中國革命是反帝反封建，農民在革命中佔重要地位，是符合中國實際的；而關於亞西亞生產方式、社會發展五階段論等，則仍可討論。還有關於辯證唯物論、農村社會性質論戰等。

毛澤東堅持反對教條主義，強調馬克思主義與中國革命實踐相結合。他很早就掭出「反對資本主義」，即反對把馬列的原理原則當作教條公式，強調以現實和實踐經驗出發，解決問題制定政策。他的《新民主主義論》提出完整的新民主主義革命理論，闡明新民主主義的政治經濟文化政策。他用很大篇幅研究文化問題，分析中國文化革命的歷史特點和發展時期、文化性質問題上的偏向，提示建設「民族的科學的大眾的文化」。民族的，就是反對帝國主義奴化思想，主張民族尊嚴和獨立；科學的，是反對一切封建思想和迷信思想，對古代文化剔除其封建性糟粕，吸取其民主性精華；大眾的即是民主的，為佔人口最大多數工農服務的。雖然其中某些說法尚可討論，但新民主主義文化理論，對中國文化研究無疑有重大意義。

對於孔子，毛澤東除在《新民主主義論》、《反對黨八股》進行過批判外，在給張聞天的信中還指示，「孔子的體系是觀念論」，但也有「片面真理」，「觀念論哲學有一個長處，就是強調主觀能動性」。毛經常強調主觀能動性，與這種認識不無關係。他還說：「關於孔子的道德觀，應給以唯物論的觀察，加以更多的批判，以便與國民黨的道德觀有原則的區別」；「『仁』這個東西在孔子以後幾千年來，為觀念論的昏亂思想家所利用，鬧得一塌糊塗，真是害人不淺」；孔子的認識論和社會論基本是「形而上學」，但也有辯論法的「許多因素」。對墨子也有評論。1940年延安出版《中國文化》，《新民主主義論》即首先發表於此。還有張聞天、周揚、艾思奇等的論著，並對文藝的民族形式問題進行過討論。

　　毛澤東在延安文藝座談會上的講話，提示的一個基本問題，是「爲什麼人」的問題，即文藝的工農兵方向。他認爲，人民的生活是文學藝術的「唯一源泉」，作家必須深入人民大衆，爲工農兵服務。文藝批評一是政治標準，二是藝術標準，並批評了「人性論」及暴露人民缺點等觀點，提出改造資產階級和小資產階級知識份子的問題。這個講話長期被作爲文藝的指導方針，超過重要作用。但其中主要強調政治標準，忽視藝術標準，只強調爲工農兵服務，只能歌頌不能暴露，忽視文藝自身的規律，是不利於文藝發展的。

　　在革命戰爭年代，共產黨人主要活動於農村，建立農村根據地，農村包圍城市，農民對革命勝利作出偉大貢獻。雖然提出建立新民主主義文化，但在汪洋大海般小生產的包圍中，受到封建思想和農民意識的影響也很難免。解放區農民在政治上經濟上的翻身而由衷地感謝「大救星」，文化上仍處於落後狀態。那時也強調思想教育，但已不是原來意義的啓蒙，而是反對個人主義、自由主義，強調集體主義，鐵的紀律。在戰馬倥傯的歲月裡，沒有也不可能對封建主義進行徹底的批判和清算，就是對革命隊伍中存在的封建思想，特別是小農經濟反映的宗法思想、守舊意識、絕對平均主義及「農民打天下坐天下」思想，也未來得及徹底清算和自我改造，而是隨著革命的勝利一起湧入新社會。

三

　　還在五四時期，國民黨人由於受到新思潮的影響，已很重視理論問題。孫中山爲總結其革命經驗而寫的《孫文學說》，提出「知難行易」，闡明「行之非艱，而知之惟艱」的哲理。他受到五四運動的影響，並給予很高評價：「自北京大學學生發生五四運動以來，一般愛國青年，無不以革新思想爲將來革新事業之預備。於是蓬蓬勃勃，發抒言論。國內各界輿論，一致同倡。各種新出版物，爲熱心青年所舉辦者，紛紛應時而出。揚葩吐艷，各盡其致，社會遂蒙絕大之影響。」

　　當時孫中山特別重視創辦刊物，顯然和這種認識有關。在他的支持下，戴季陶、沈玄廬創辦《星期評論》，著重討論社會改造問題；他領導的《建設》雜誌，著重研究民主政治和建設問題；《民國日報》副刊《覺悟》宣傳新思想新文化，很活躍。在這些刊物上，廖仲愷研究「全民政治」，朱執信傾向社會主義。胡漢民研究唯物史觀，並用來討論古代思想史；但又認爲孟子說的不能叫人「餓著肚子做好人」，頗似馬克思所說「不是人類良心司配他的生活，乃是人類社會生活司配他的良心」。戴季陶研究社會主義和勞工運動，而又認爲社會主義中國「古已有之」。他提倡「工人教育」乃是爲「指導」工人，免得「盲人騎瞎馬」，鬧起「無意識的暴動」。

　　在蘇俄和中共的幫助下，孫中山改組國民黨，吸收共產黨員加入國民黨，採取聯俄容共扶助農工的三大政策，並重新解釋三民主義。這是他的偉大轉變。孫中山贊揚俄國革命，稱頌馬克思是「社會主義的聖人」，卻沒有接受馬克思主義，認爲三民主義更適合中國。他不同意馬列的階級鬥爭學說，堅持民生史觀。認爲「民生是社會進化的重心，社會進化又是爲歷史的重心，歸結到歷史的重心是民生，不是

物質。」歷史進化的原因不是階級「衝突」，而是階級「調和」。所以，孫中山雖然承認共產主義是三民主義的好朋友，但在意識形態上，與共產主義當是有原則分歧的。

孫中山受西方文化的影響很深，他熱情宣傳自由平等博愛，民有民治民享。但在晚年卻認為，中國人不是自由少，而是「自由太多」，成為「一盤散沙」。歐洲當時是「爭個人自由」，今天萬不可再用到個人身上，要用到國家身上去」，到了國家能自由，「中國便是強盛國家」。民國以後不能建設，就是「用錯了自由的壞處」。這當然是誤解，同時也表明救亡壓倒了一切。他還認為：「不要以為有了新文化，便可以不要舊道德」，把「舊道德恢復起來」，才可以恢復「固有的民族地位」。並由此而讚揚堯舜禹湯文武周孔及忠孝仁愛信義和平。

在孫中山去世以後，他的思想和三民主義學說，在很長時間中，被國民黨政府規定為統治思想。但就在國民黨內，同一個三民主義題目，不同派系做出來的文章也大不一樣。孫中山剛去世，戴季陶就發表《孝》，要求「很誠意的對孫中山盡孝」。他的《三民主義之哲學的基礎》及其他演講，將三民主義說成「是繼承堯舜以至孔孟而中絕的仁義道德的思想」，將「民生哲學」說成是三民主義的「思想基礎」，「仁愛」是「民生哲學的基礎」，從而完全取消孫中山革命三民主義和三大政策的時代內容。瞿秋白、蕭楚女等都曾著文批判戴季陶對孫中山三民主義的曲解。

在這以後，研究孫中山三民主義的著作出版很多。如甘乃光的《孫文主義的理論和實際》、《孫文主義大綱》、胡漢民的《三民主義連環性》、《三民主義的心物觀》、周佛海的《三民主義之理論》、蔣介石的《國父遺教概要》、《三民主義體系及其實行程序》，還有葉青的《三民主義比較研究大綱》等等。這些著作雖也旁徵博引，但很難說是認真的學術著作，而是根據蔣介石當權派、汪精衛、陳公博改組派、胡漢民等再造派及其他政派的需要所作的引申和闡述。是故三民主義忽而孔學化，忽而法西斯化，忽而民主主義化，忽而專制主義化，使三民主義在中國的命運成了一部國民黨政爭史的縮影，一部現代中國政治鬥爭史的鏡子。這也反映了國民黨人在文化觀上的混亂。

蔣介石一貫以孫中山的繼承人和三民主義的正統自居，但他一上台就拋棄孫中山的三大政策，鎮壓共產黨人，「圍剿」工農紅軍。他把孫中山的學說同《大學》聯繫起來，反覆說明：「現在的孫文學說，就是以前的大學之道」；「總理的政治哲學，就完全是體認大學」，「總理的主義學說，除形式上富有時代色彩外，其本質、方法、作用，完全與大學之道相符合的」。「三民主義」就是「明德」、「親民」的道理；實行「三民主義」；是從「格物致知誠意正心」做起，其次是「修身齊家」，而以「治國平天下」為旨歸，「止於至善」。又把三民主義同「四維」（禮義廉恥）、「八德」（忠孝仁愛信義和平）、「三達德」（智仁勇）相聯繫，並強調一個「誠」字，而提出所謂「力行哲學」，說什麼「最近我又根據總理遺教，特別向大家講明行的道理」。就是按照他解釋的「三民主義」去「治國平天下」。

蔣介石是很崇奉孔子的，並把尊孔和「力行」相聯繫。1928 年，他就去曲阜

「朝聖」，並以「國民革命軍總司令」的名義張貼布告，稱頌孔子是「千秋仁義之師」，「萬世人倫之表」，説什麼「欲爲共產主義之鏟除」，非「提倡固有道德智能，不足以闢邪説而正人心」。以後他又鼓吹以「禮」作爲「作人立國的根本大道」，「剿匪」則是行「仁」。1934年發起「新生活運動」，規定以中國「固有之德性——禮義廉恥」爲「生活準則」，提出以孔道爲「立國之本」，「舉凡國家政治經濟之設施，人民思想生活之軌範，無不以孔子之道爲準」。魯迅當時即指出：「今年的尊孔，是民國以來的第二次盛典，凡是可以施展出來的，幾乎全都施展出來了。」宋慶齡也批評説：孔學「束縛了學者們的智能，限制了學問的範圍，並且使大家愚昧。」「儒教已完全失去了實際價值，只有那些頭腦反動的人，才想恢復它。」提出「我們要盡最大力量，把這些思想意識從我們的生活與思想的每一個角落裡消除出去。」

就是在這時，國民黨系學者陶希聖、王新命等十教授發表《中國本位文化建設宣言》，引起廣泛討論。他們的所謂「本位文化」，就是從中國固有文化即傳統倫理道德出發，建設中國文化。胡適反對，指出那仍不過是「中體西用」，而主張「充分世界化」，陳序經主張「全盤西化」。實際上無論「本位文化」或「全盤西化」，都不能解決中國文化建設問題。十教授也提到「不守舊」，但強調「特別注意於此時此地的需要」，聯繫陳立夫的「序言」和「唯生論」，「新生活運動」，其政治意向是很明顯的。因而受到鄒韜奮、李公樸、艾思奇等許多人的反對。

蔣介石主要是繼承中國傳統文化的封建專制思想，但也重視外來思想。他很讚賞日本的「武士道」精神，認爲它能「輕生死，盡忠孝」。在西方思想中，他認爲，共產主義「不適於中國產業落後的情形，及中國固有的道德」；自由民治主義不過「各據議席」，「羣疑滿腹」，「衆難塞胸」，中國也不能實行；唯有「法西斯的政治理論」爲「有效的統治權之行施」，且「合於大同原則」。因此，他主張效法法西斯的「以黨治國」，「以黨建國」，「以黨來管理一切」，提倡「一個黨，一個主義，一個領袖」。1943年，蔣發表《中國之命運》，闡明他對中國歷史的觀點，及其對三民主義的解釋，鼓吹「四維八德」、「盡全忠盡全孝」的政策，反對「共產主義」和「自由主義」，表示要盡全力完成其「內政的統一」。共產黨人和自由主義者對他的論點進行了光鏡的批判。

四

在現代的文化研究中，工作做得較多，並較有成就者，是學者、教授、教育家、文藝家和科學家等。他們多是政治傾向不太明顯的知識分子，處於中間狀態的知識分子，或稱資產階級和小資產階級知識分子，自由主義知識分子。他們大多受過新式高等教育，受到西方自由民主思想的影響，有現代科學知識和思維方式。儘管他們的世界觀和政治傾向不盡相同，但大都在文化學術中作了有益的貢獻。

著名教育家蔡元培，就是自由主義知識分子。他從清末翰林到北大校長，堪稱學界泰斗。他主張改變我國「數千年學術專制之積習」，實行「學術自由」。大學應爲「研究學問之機關」，「大學生當以研究學術爲天職，不當以大學爲升官發財

之階梯」。強調學術應獨立於政治，學者「當有研究學問之興趣，尤當養成學問家之人格」。在學術上，他主張「兼容並包」，「思想自由」。指出：「各國大學，哲學之唯心論與唯物論，文學美學之理想派與寫實派，計學之干涉論與放任論，倫理學之動機論與功利論，宇宙論之樂天觀與厭世觀，常樊然並峙於其中，此思想自由之通則，而大學之所以爲大也。」在文化觀上，主張中西學融會貫通，求爲創新，認爲研究文化，「非徒輸入歐化，而必於歐化之中爲更進之發明；非保存國粹，而必以科學方法，揭國粹之真相」。他對教育、哲學、美學、倫理學都有研究。

胡適的情況比較複雜。他反對舊思想道德，也反對馬克思主義；反對共產黨的主張，又向國民黨政府要「人權」；當了「過河卒子」，卻並未得蔣介石的信任，因而基本上是個自由主義者。他提倡白話文，影響很大。他的《中國哲學史大綱》，用新方法研究古代哲學，使人耳目一新。他提倡「研究問題，輸入學理，整理國故，再造文明」，並予實踐。他所作的整理舊小說、考證《紅樓夢》、研究禪宗史和注疏《水經注》等，有多少「再造」也難説，但確有不少成績。他曾主張「全盤西化」，後又改爲「充分世界化」，按其論證，實際上是現代化，資本主義化。在半封建半殖民地的中國，這只能是幻想，卻很難説是反動。他宣傳實驗主義，提倡在研究中「大膽假設，小心求證」，雖有片面性，但也無可否認其新思維方法的意義。胡適在文化和文化史研究中，是有重要地位的。

在二、三十年代，中國的文化思想領域是相當活躍的，各種報刊和著作出版很多。其中除共產黨人和國民黨人的出版物外，多數是傾向自由主義的資產階級和小資產階級知識分子的作品，而且內容相當廣泛，互相爭論也很複雜。在這些爭論中，有馬克思主義與資產階級知識分子的爭論，如李大釗與胡適的「問題與主義」之爭，少年中國學會的「主義與學理」之爭，共產黨人對胡適派《努力》週刊、《現代評論》、《新月》的批評，對「自由人」、「第三種人」的批評等。也有資產階級知識分子之間的爭論，如丁文江、胡適、吳稚暉與張君勱、梁啓超的「科學與人生觀」論戰，共產黨人陳獨秀、瞿秋白反對玄學派，也批評「科學派」。胡適派在《新月》上鼓吹「人權」，受到國民黨政府的警告壓制，他們則以出版《人權論集》相抗爭。在中國由於資本主義很不發展，而又面臨救亡——革命的迫切性，自由主義思想的發展是很艱難的。共產黨爲發展革命運動而批評自由主義、民主個人主義。當權的統治階級爲維護其統治，則壓制自由主義。蔣介石就是反對共產主義，也再三宣稱反對自由主義，正説明自由主義還有積極意義。

一般贊成學術自由的知識分子，特別是一些專家、學者、教授等，他們在學校熱心教授學生，或在學術上辛勤耕耘，作出不少成就。如王國維對中國戲曲史和詞的研究，對古文字學、音韻學和古器物、金石學的研究及對甲骨文、金文和漢晉簡牘的考釋；梁啓超對文化和文化史、清代學術史的研究；陳恆對大祆、摩尼、佛、道、天主等宗教史，及元史、年代學、史緯等的研究；陳寅恪對魏晉南北朝史、隋唐史、蒙古史，及梵文、突厥文、西夏文等古文字學和佛教經典的研究；湯用彤對漢魏兩晉南北朝佛教史、魏晉玄學和印度哲學的研究；向達對中西交通史和敦煌學的研究，蠻書校注；揚鐘健、裴文中、梁思永、徐秉旭等對古人類或考古的發掘和

研究等，都作出創造性成就。還有金岳霖、范壽康等在哲學，顧頡剛、周予同等在史學，馬寅初、樊弘等在經濟學，羅常培、黎錦熙等在語言學，宗白華、朱光潛等在美學，闔一多、傅東華、朱自清等在文學，陳達、潘東旦等在社會學，等等方面，都是有成就的學者。在科學研究上也出現一批世界著名的科學家。另外，還翻譯出版了外國的許多學術名著。

在綜合性的文化和文化史的研究方面，也出版一批學術著作。根據不完全統計，從五四到 1949 年，僅綜合性文化史著作就有五十餘種，專題或斷代文化史著作更多。其中有顧康伯《中國文化史》，柳詒徵《中國文化史》，楊東蓴《中國文化史大綱》和《中國文化的問題》，陳序經《中國文化的出路》、《文化學概觀》，陳安仁《中國文化演進史觀》，林同濟《文化形態史觀》，錢穆《中國文化史導論》，吳世昌《中國文化與現代化問題》，張東蓀《知識與文化》，張菘年《文化與文明的問題》，等等。商務印書館出版一套《中國文化史叢書》，已出 37 種，包括經學、理學、倫理學、政治思想、經濟思想、考古學、金石學、民族學、俗文學、文字學、音韻學、繪畫、陶瓷、婚姻、醫學、算學、曆法、田賦、商業等等，幾乎無所不包。該館出版的《大學叢書》，其中有相當一部分也是有關文化的。

在這些著作中，有關文化史的居多。但也有些論著，就文化的涵義、文化與文明、文化學與文化史的對象等問題，進行了討論。如有的學者認爲文化是指人格、道德，有的學者「以文字、文學、思想、學術、教育、出版等爲文化」。有些人認爲文化廣泛得多。如梁漱溟說「文化是生活的樣法」，梁啓超說「文化者，人類心能所開釋出來之有價值之共業也」。胡適認爲：「文明（Civilization）是一個民族應付他的環境的總成績。文化（Culture）是一種文明所形成的生活的方式。」陳友仁認爲：「文化有物質的精神的二方面之表現。」陳序經也說：「一個比較完備而透徹的文化的意義，是要對於物質文化與精神文化的兩方面，能夠加以兼顧。」按照這些意見，文化包括了一切社會生活。梁啓超的《中國文化史目錄》，即有 28 篇。

在討論中，有些學者認爲，文化研究是超越唯物論和唯心論的，什麼物質、精神，統統都是「文化」。陳序經說：「文化是分爲物質與精神兩方面，這與西方所說的唯物論與唯心論有了不同之處，而偏於心物二元說。唯物論者以爲一切心的現象，是由物而來。而唯心論者，又以爲一切物的現象由心而來。文化學者所說的物質與精神，只是文化的兩方面。從文化的立場看，物質與精神都是必須的東西。」所以，主張「提倡文化主義，去代替唯物主義和唯心主義」。楊東蓴試圖以唯物史觀解釋文化，認爲：「由社會的生產關係所產生出來的生活方式，如衣食住行，便叫做物質文化。由社會的生產關係所產生出來的精神的生活方式，即由社會的生產關係所反映出來的意識形態，如法律、政治、藝術、哲學，便叫做精神文化。」他認爲這樣解釋，才能了解文化的真實含義。可見對文化的認識，是很複雜的。但由此也可看到，對文化研究可以根據不同觀點，用不同方法，從不同方面不同層次去進行，很難強求一致。

五四運動以後，絕大部分知識分子走的是這樣兩條道路：或者是在共產黨領導下，專與工農相結合的道路，參加革命鬥爭；或者在反動政權下，從事教育、學

術、科學、文藝、醫務等工作，傳播教授現代人文社會科學和自然科學，並出現過「教育救國」、「工業救國」、「科學救國」、「學術救國」等思潮。這類知識分子的大量出現，是在五四以後，一般都在當時受過民主和科學的影響，具有自由主義傾向。他們的「教育救國」、「科學救國」等，也是一種進步現象，是對封建傳統思想的一種否定。過去把這些思潮當作改良主義批判，看來是不夠妥當的。

<h1 style="text-align:center">五</h1>

　　五四運動以後，中國舊有的文化，特別是儒學，仍然受到一些人的重視。他們或者看到歐戰後西方國家遭到的破壞和危機，而提倡用東方精神文明去補救西方文明；或者試圖以中國傳統文化和哲學的基本精神去接受和改造西方的文化和哲學，以求中國社會政治和文化的現實出路。

　　當時首先宣揚東方文化的是梁啓超。梁曾熱情宣傳西方文化，提倡「新民」說，在五四運動中創辦的《解放與改造》也介紹了西方的各種學說。1919 年他去歐洲考察，次年出版《歐遊心影錄》，生動地描述了歐洲在大戰後生產破壞、財政支絀、社會混亂、人民貧困的狀況，反映了西方思想界的矛盾和悲觀的「世紀末」情緒。但是，他卻把這一切歸之於科學發展，是「唯物的機械的人生觀」造成的，宣揚「科學破產」，「物質文明破產」，提出需要拿東方「精神文明」去救濟「西洋文明」，將中國固有的文化與西方「人格的唯心論、直覺的創化論」等相結合，創造「新的文明」。他還反對社會主義，引起同《新青年》的社會主義論戰。

　　西方有些學者爲擺脫社會危機和精神困惑，也想從東方文化尋找出路。如德國台里烏斯就稱讚「孔子倫理之優越，而視歐西之倫理，爲全然物質主義」。梁啓超《歐遊心影錄》也記載了一些歐美學者對孔子講的「仁愛」、「禮讓」、「中庸」、「和諧」，「不患寡而患不均」，「四海之內皆兄弟」等的贊揚和嚮往。英國哲學家羅素來華講學，回國後發表《中國文化與西方》等文，對「東方精神」和儒家思想大加褒獎，稱孔子學說教導下的中華民族，是世界上最能於「藝術中求精妙，在生活中求合理」的民族；中國人既「不誦揚殘忍之悍夫，亦不贊成無限制的熱感之濫用」；「中國文化的優美，就是人生目的正當之觀念」；「普通一個中國人，雖然極其貧困，還比一個普通英國人愉快得多。其所以然者，即因係建在一個比我們更仁慈、更文明之狀況之上」。於是，他要求中國人「貢獻他的寬恕與沈默與和平於吾人」，即貢獻中國的「精神文明」於西方世界。

　　梁啓超、羅素等人的觀點，曾受到《新青年》的批評，指出按照他們的觀點，中國就永難進步，只能安於「極其貧困」的狀態。但正如有的研究者所說，這類觀點卻使一些人對中國舊有文化的看法迅速發生逆轉，「使有些本來衷心信任資本主義文化的人也發生了懷疑動搖，同時也使那些『東方精神文化』的遺老遺少驀然感到精神百倍，以爲『西洋科學文化』的沒落正是證明，絕對永遠的價值還是屬於東方的精神文明。」因而五四後不久，便發生一場東西文化的論戰。東方文化派以西方社會危機、思想危機爲證明，極力贊揚東方精神文明；共產黨人看到西方資本主義危機，而主張「走俄國人的路」；全盤西化派主張效法西方的現代化，卻無法解釋西

方社會危機和文明的困惑。於是試圖以中國傳統文化爲基礎而融合成中和中西文化的現代新儒學應運而生。

現代新儒學的開啓者是梁漱溟。梁的《東西文化及其哲學》，是從文化研究哲學。他提出，文化就是「生活的樣法」，而「生活的樣法」乃是根源於人類的「生活態度」，「生活的根本在意欲」。在人類文化中，由於生活「意欲」的不同，便產生三種不同的活動「路向」：西洋文化是「向前要求」，爲第一路向；中國文化是「調和持中」，是第二路向；印度文化是「反身向後」，是第三路向。他認爲，三大文化無所謂上下優劣，都對人類有很大貢獻。但是，根據現實和世界未來發展趨勢，「第一路走到今日，病痛百出，今世人都想拋棄他，而走第二條路」，「世界未來文化就是中國文化之復興」，「中國文化復興之後繼之以印度文化復興」。所以，瞿秋白曾批評他是「向後轉」。

梁漱溟在《中國文化要義》中，比較中西文化，認爲西洋是「身的文化」，「個人本位」；中國是「心的文化」，「倫理本位」，走「倫理情誼之路」。所以，兩種文化是「中外之異」，不是「古今之別」，是所謂「殊途」。但又強調特殊地體現於中國文化的生命、精神、道德理性對人類的普遍意義，中國文化復興必將成爲世界文化，即所謂「同歸」，仍然歸於中國文化，歸於儒家。當然要吸取西洋文化，但基本精神仍然是中國道德理性和調和持中等。

現代新儒學的另一代表人物是熊十力。他在《新唯識論》等著作中所重視的，不是儒家的生活態度，而是自求心性的哲學觀念。他強調中西學之分在於哲學與科學的分途，認爲「中學以發明心地爲一大事」，「西洋學者所謂本體，畢竟由思維所構畫，而視爲外在的」，西學所能達到的是「量智」，中學才能達到「性智」。他繼承宗明理學而強調心性，認爲正是儒家的「心性之學」，才使中華民族久經「胡禍」而不失其固有，中國文化數遇異教而不惑於出世，始終保持自己的獨立特色。儒家心性之學所以能爲文化的根基，是因爲它包含著對宇宙人生的真實了解，能使人們確立宇宙人生的終極信念。認爲「儒家的宇宙論、人生觀，實足以啓人入真實的了解」，「其玄學，明示我與宇宙無二，即生命與自然爲一」。並強調「理論必待實踐而證實，實踐篤實處，即理於真切處，實踐不及，便是浮泛知解，無與解真理」。把心性與實踐聯繫起來，這是熊的新儒學觀念的重要特點。

新儒學的重鎮是馮友蘭，他在三十年代就寫過《中國哲學史》，抗日戰爭初期出版《新理學》，接著相繼出版《新事論》、《新世訓》、《新原人》、《新原道》、《新知言》，稱爲「貞元六書」，構成其「新理學」的哲學體系。他有豐富的西方哲學知識，用來研究和解釋儒學，因而能在程朱理學的基礎上對各家融合發揮。於應用（世務）方面，同於儒家的「道中庸」；於說理（玄學）方面，有似道家及佛教禪宗而超越先秦儒家及宋明理學。在他的「新理學」系統中，有所謂「理、氣、道體及大全」等觀念，並對這些觀念作了詳細解釋。認爲：「這些觀念可以使人知天、事天、樂天以至於同天。這些觀念可以使人的境界不同於自然，功利及道德諸境界。」如此就可以使人們在日常生活中達到與「天地萬物渾然一體」，而超越物我，超越生死，超越順逆，超越成敗，成爲超凡入聖的「至人」，實際上仍然是所謂「內聖」說的發揮。他還認爲，儒家的「民貴君輕」，「人皆可以爲堯舜」，實

含有民主、平等的「意思」。「儒家的教人中庸勿過，完全是爲了和平，絕不是爲了戰爭」，「中國的哲學，足以救世界」等。陳家康、胡繩等曾經著文，批判他的《新理學》、《新事論》、《新世訓》等的觀點。

抗戰時期，賀麟也宣傳過新儒學，認爲儒家思想觀念，是中國傳統文化的真正核心所在。儒家思想中所包括的不僅是哲學和倫理，還有政治、藝術和宗教，「儒家是合詩教禮教理學三者爲一體的學說，也即是藝術宗教哲學三者的諧和體」並說：「儒家思想的命運，與民族前途的命運盛衰消長，是同一而不可分的。」他並不反對創新及吸收西方文化，但強調不能離開民族的傳統文化。「在思想和文化範圍裡，現代絕不可與古代脫節，任何一個現代的新思想，如果和過去的，完全沒有關係，便有如無泉之水，無本之木，絕不能源遠流長，根深蒂固。」

錢穆也發表不少有關文化的論著，他是以史家談文化，因而多作史的論證。他認爲，社會「最下層之基礎」是經濟，「最上層之結頂」是政治，而文化「則爲中層之主幹」，社會之中心。在文化領域中，儒家正統思想爲中國文化之代表，中國民族之動力，因而闡發儒家學說甚爲重要等。

現代新儒家們在闡發儒家思想特別是理學方面做了許多工作，他們提出研究文化要注意民族特性及重視主觀能動作用等方面也不無道理；但是，他們以復興儒學來復興中國和中國傳統文化的道路，顯然是走不通的。

六

1949 年，中國歷史進入一個嶄新時期。隨著政治經濟的發展，相繼提出發展教育科學文化，向科學進軍，向文化進軍，乃至建設社會主義精神文明，取得重大成績。然而由於政治運動、羣衆運動、階級鬥爭連續不斷，在很長時間裡，文化研究實際上處於停滯狀態。

按照毛澤東的理論，中共領導的革命是新民主主義革命，建立新民主主義社會。但在革命取得全國勝利以後，實際上並沒有進行新民主主義的各項建設，沒有經過新民主主義發展階段。而是在土改後「趁熱打鐵」，迫不及待的進入社會主義改造和革命。隨著社會主義革命的開展，在思想文化領域裡，從批判《武訓傳》開始，中經批判胡風、胡適，反右派，批「合二而一」，批價值規律和「生產力論」，打破「王朝體系」等，一直到批《海瑞罷官》、「三家村」和「文藝黑線」，「文化大革命」，進行了一系列「興無滅資」的批判資本主義和資產階級思想的運動。自由平等博愛被否定，個性解放、人道主義、人文主義被否定，民主科學也被當作資產階級專有的東西打翻在地。知識分子幾乎都被當作資產階級知識分子而受到批判、教育、改造、脫骨換胎的改造。

在批判資本主義思想的同時，都是封建主義思想的泛濫，個人專斷、個人迷信盛行。特別是「文化大革命」，簡直是革文化的命。什麼「掃四舊」，抄家毀書，什麼反對資產階級學術權威，反對修正主義分子，一些著名學者、科學家、文藝家被迫害致死，人們彷彿又經歷了一項「焚書坑儒」。另一方面是將領袖從人變成神，出現新造神運動。把領袖的一切言論當作「最高指示」，把領袖的思想說成是

馬列主義「頂峯」，用熟讀「老三篇」、「語錄本」代替了一切學習。還有什麼「三忠於」、「四無限」，「早請示，晚彙報」、「忠字舞」等等，使人們完全處於一種新的蒙昧、奴隸狀態。所謂「批林批孔」，意在批「周公」，反對周恩來總理。從「批儒評法」的實際内容看，那就是連儒家「仁政」的面紗也不要，而實行法家的赤裸裸的專政。只要看看當時報刊上的《地主階級專政的歷史經驗》一類文章，就可知其對人民實行「全面專政」的企圖。那本是一場鬧劇，無論是對儒家或法家都是歪曲。

「文革」的結束，使人們彷彿從一場非常難熬的惡夢中驚醒過來。經過撥亂反正，人們都在沉思或反思：這是怎麼回事？實際上學術界、文藝界都在考慮這個問題。文藝的不少作品反映對十年浩劫的覺醒，或對 1949 年以來左傾思想哺育青年楷模的抨擊，也有對幾千年來傳統道德觀念的挑戰；哲學界理論界有對實踐是檢驗真理的唯一標準的討論，也有哲學啓蒙和啓蒙哲學的論述；史學界有對歷史發展動力和唯物史觀基本原理的討論；科學界提出從傳統文化探討近代中國科學落後的原因。1979 年中國社會科學院舉行五四運動六十周年學術討論會，周揚作「三次偉大的思想解放運動」報告，上百篇論文從不同方面論述五四運動的意義及其所提出的各種問題。1982 年起，上海、北京及各地相繼召開文化、文化史或文化發展戰略座談會，《中國文化》研究集刊及各種文化叢書等相繼出版，新的文化著譯不斷出現，文化研究的陣地和研究範圍不斷擴大與發展，並且深入到價值取向、思維方式、文化心態與深層的問題。這種「文化熱」，是與文革後我們的社會生活活躍，國家改革開放相並而起的。它既反映人們的歷史沉思，更表現人們的向前開拓，具有深刻的思想性和建設性。

在這次文化熱中，談論最多的是傳統文化，特別是儒家學說。儒學是否能代表傳統文化，尚有不同意見，傳統文化要廣泛得多；但儒學對傳統文化及整個社會生活都有巨大影響，誰也不否認。其次是外來文化，特別是西方的現代主義、存在主義、新理性主義、抽象派藝術、佛洛伊德現象等等，五花八門。無論傳統文化或西方文化，都有積極的優秀的成分，也有消極的腐朽的因素。不管研究者的主觀願望如何，總是不能超越時代條件，自覺或不自覺地從現實出發的。思想家研究問題固然與現實直接相關，就是學者研究問題也無法離開現實生活，尤其涉及文化心態、價值取向等問題。這次文化熱的論說，無論從思想或學術的角度，實際上都是圍繞中國的現代化問題展開的，分歧意見也由此發生。

諸如尊孔反孔、崇儒批儒問題，儒學的核心問題，如何對待傳統文化和文化傳統問題，文化的民族性和時代性問題，由國外及台灣傳起而在大陸亦有反映的新儒學思潮，儒學「現代化」或儒學「化現代」的爭論，等等。有的學者認爲，所謂當代「新儒學」實際上並沒有超越「中體西用」，不過是改變形式和說法。有的學者提出「西體中用」，認爲我們在物質上實際是在「西化」。就是工業、農業、國防和科技四個現代化，都是要趕上西方最發達國家。各種議論很多，分歧也很大，而且因爲涉及現實生活，有些爭論也相當激烈。如有些學者認爲，我們社會上存在的特權思想、宗法觀念、專制作風、以權代法、以權謀私，及至以權官倒等等，本質上都是封建毒素的反映。因此反封建主義仍是一個重要任務。但也有人認爲，社會

上的腐敗風氣主要由外來資本主義腐朽思想造成的，儒家學說在某些方面可以抵制西方歪風，因而應當反對「全盤西化」或「自由化」等等。

由於提出對傳統文化特別是儒學的重新評價問題，也引起對五四運動的再評價問題。如有的學者認爲：「五四時期的人們有一個通病，就是或者站在歐洲中心主義立場，或者站在華夏中心主義立場，其結果就是『全盤西化』或『本位文化』論。」有的把五四時「打倒孔家店」與文革中「打倒孔老二」混爲一談，認爲都是「割裂傳統」，是「極左思潮」等。其實，五四時期宣傳民主科學、個性解放、思想自由，是割裂封建主義傳統；文革割裂的則是民主和科學的傳統，而恢復封建專制主義傳統。五四時期的人們提倡民主科學等，是站在愛國救國使中國進步的立場，即使有某些偏頗，也絕不是什麼站在「歐洲中心主義立場」。

五四運動七十年了，從新文化運動提倡民主和科學，對傳統文化和儒學進行反思和批判，已七十多年了。七十年的歷史是波瀾壯闊的，七十年的文化研究也是豐富多彩而又曲折複雜的。五四時期宣傳新思想新文化，批判舊思想舊文化，既反映了強烈的時代要求，也表現了民族復興的深刻需要，並不像有的學者所說的只重視了時代性，忽視或否定了民族性。五四時期對中國舊文化的批判，總的來說，也不像有的學者所說的那樣否定過火。相反，那些應該否定的傳統觀念（如特權人治、宗法等級觀念、男尊女卑、迷信和守舊思想等）並沒有被人們拋棄，或者有些應該批判改造的亦未經批判改造而流傳下來。五四時期的啓蒙運動，由於更迫切的救亡運動而未進行下去，今天爲了現代化的需要，仍需要新的啓蒙。民主科學、思想自由等仍然極爲重要，需要廣泛宣傳普及，特別是決策的民主化科學化尤爲迫切。這些都是當前文化研究的重要課題。

我們要建設社會主義的新文化，並無疑意，但如何建設卻有不同意見。如有的學者認爲，要使「馬克思主義和中國傳統文化相結合，使馬克思主義中國化」。所謂「傳統文化」，當然是指封建時代的文化。如果「馬克思主義和中國傳統文化相結合」，那麼，從十九世紀末以來的近代文化置於何地？七十多年來的新文化，馬克思主義文化又如何解釋？實際上一百多年來，特別是七十多年來的歷史及文化研究最爲豐富。所謂對傳統文化的反思，所謂中西文化比較、中西文化之爭，所謂「中體西用」、「西體中用」，「本位文化」與「全盤西化」，特別是馬克思主義指導的新民主主義文化、社會主義文化，等等，都是發生在近代現代或當代。儘管走過曲折的道路，有許多經驗教訓，需要我們研究總結，以利前進。但如果撇開這七十年或一百年來中國文化的巨大變化和發展，而去使馬克思主義和「傳統文化」相結合，那恐怕很難說是前進，而是「向後轉」；加上些「傳統文化」，也很難說是馬克思主義「中國化」，或中國「特色」的社會主義。我們要建設社會主義新文化，當然需要研究並吸取傳統文化的精華，更需要大膽引進外來的科學文化。但我們前進的基點，應該是七十年來的現代文化，新民主主義文化，馬克思主義文化，絕不是封建時代的傳統文化。

五四運動的旗幟是民主和科學，五四精神是民主和科學。我們要實現社會主義的現代，需要民主和科學，我們的整個社會生活需要民主化和科學化。我們研究文化問題及其他各種問題，也需要民主和科學。無論是對傳統文化、近現代文化，或

外來文化西方文化，都需要有民主和科學的態度。只有堅持民主精神和科學態度，才能把我們的文化研究推向前進，爲我們的社會主義精神文明建設作出貢獻。

從「西化」到現代化

——「五四」以來現代化思潮演變的反思

羅榮渠

一　現代化意識的曲折顯現

——從「中體西用」到「西化」、「中西互補」

現代化並不是一個單向的歷史過程，而是近代西方的衝擊與東方國家內部回應兩者相結合的一個錯綜複雜過程。對於受西方資本主義侵略的東方國家來說，自強圖存的第一個回應是強烈的民族主義的，它的具體措施就是模仿西方的先進技藝。對於像中國這樣一個悠久的東亞文明傳播中心來說，西方衝擊在傳統知識份子思想中激起的最大反響是文化回應，即東西兩種不同文化體系的衝突，這就是關於東西文化觀的論戰的由來。

從自強運動（即洋務運動）到「五四」運動是中國現代化運動的初期階段。在這一階段中，居於領導地位的士大夫階層應付「三千年未有之大變局」提出的最早的現代化口號是「中學為體，西學為用」。從哲學上來看，這種兩分法可能是謬誤的，但中體西用論的基本精神是以西學來補中學之不足，承認中學不是完美無缺而有可補之處，這畢竟是鴉片戰爭以後中國思想界的一個進步。在當時的歷史條件下，中國統治階級包括它的知識精英從禦夷圖強到變法圖強，都是一種「防禦性現代化」，其中心思想都是突出一個「保」字——保種、保教、保國、保民。在「保」的前提下進行「變」，就是在中國的舊「體」的框架內引進西方的器用。這種現代化模式在世界上也是有而且獲得成功的，那就是東鄰日本在「尊王攘夷」、「和魂洋才」的口號下進行的明治維新。中國的維新運動就是學日本的維新而來。日本的成功並不是丟棄自己東方文化而全力推行「西化」，而是在發揚狂熱的「神國主義」保持自己的國本的條件下，急速建設「軍國主義的工業制度」，建立了一個可與西方匹敵的準現代國家，通過侵略戰爭贏得世界聲譽。「日本精神加西方知識」的畸形現代化打敗了「中體西用」的現代化，固然證明中國現代化的失敗，但如果把失敗完全歸之於中體西用論的失誤，那就把複雜的歷史過於簡單化了。

「西化」論的主流思潮並非「全盤西化」

維新運動失敗之後，社會進化論的輸入為革新志士提供了新的思想武裝，於是激進的革命派提出種族革命的理論（孫中山、章炳麟等），維新派思想家梁啓超則

從保國保種的思想轉向根本改造國民素質的「新民」理論。「新之義有二，一曰淬屬其所本有而新之；二曰採補其所本無而新之。」梁氏這種除舊布新的「新化」思想中，已包含中國處在過渡時代的意識、現代競爭意識等現代化思想的閃光。這顯然已開始突破了中體西用論的框框。他爲現代國家的國民設計的新德性，諸如自由、自治、進步、自尊、合羣、尚武、進取冒險、權利思想、國家思想、義務思想等等，與當代美國社會學家英格爾斯在《人的現代化》一書中開列的現代人特徵比較，有許多觀點是吻合的。新民運動就是人的「新化」運動，是從「中體西用」觀向「西化」觀過渡的橋樑。

在辛亥革命以後，中體西用的思潮日趨衰落，但是主張中西調和的觀點仍一直佔居上風。到「五四」前後，陳獨秀、胡適等人在報刊上以毫不妥協精神向封建舊文化挑戰，在思想界才激起了軒然大波。陳獨秀以毫不調和的立場來對待中西文明的衝突，旗幟鮮明地主張接受近代西洋文明來全盤否定中國的傳統文化，也就徹底否定了「中體西用」論。他寫道：「吾人倘以新輸入之歐化爲是，則不得不以舊有之孔教爲非；倘以舊有之禮教爲非，則不得不以新輸入之歐化爲是，新舊之間絕無調和兩存之餘地。」（《答佩劍青年》）陳獨秀所説「歐化」就是後來人們所説的「西化」，即梁啓超所説的「新化」，這是二十世紀初中國思想界對現代化的理解，其內涵就是科學化和民主化。對此胡適加以發揮，提出了東方落後民族應當以西化方式實現追趕型的現代化觀點（《讀梁漱溟先生的〈東西文化及其哲學〉》）。後來他在《我們對西洋近代文明的態度》一文中，又進一步提出要打破所謂東西方有「精神文明」與「物質文明」之對立這種流行成見，並充分肯定西洋文明是理想主義的。清末以來，對西方文明的估價從器物層次上升到制度層次，現在又從制度層次上升到精神領域，不能不説是一個大進步。在十餘年內中國現代啓蒙思想的猛進，由此可見一斑。總之，五四時期的西化論的主流思想是輸入西方的民主與科學精神，通過激進的文化革命來徹底改造中國舊文化，以爭取中國的文藝復興。

從「西化」論到「中西互補」論

有關中西文化問題的論戰在「五四」前後歷時達十餘年，在這場論戰中徹底反傳統的西化派到底取得多大成果，還有待於深入研究。從近百年中國啓蒙思想運動來看，「五四」新文化運動所引起的思想界空前之大變動，主要並不在於已經批倒了各種舊禮教和舊道德，而在於破除了對自由探索的各種桎梏，形成了一個各種新思潮百家爭鳴的局面。只有在這樣的思想黃金時代，馬克思主義在中國才得以迅速傳播。在「五四」前後發生的形形色色的思想論戰中，圍繞梁漱溟的《東西文化及其哲學》（1921年）一書展開的論戰，是後期關於東西文化問題討論的一個新的熱點。

近代中國湧現的所有新思潮都是世界思潮的某種反映，世界思潮的變化也必然影響中國思潮的轉變。「五四」以前，中國維新志士倡導的新學，留學生提倡的新文化，實際上都是十九世紀的西方資本主義文明，及至第一次世界大戰和十月革命暴露了西方資本主義文明的各種問題，才引起了西方信仰危機，使西方思潮發生了大變化。在第一次世界大戰的新形勢下，從俄國和西方輸入中國的馬克思主義和無

政府主義思潮，持激進的觀點批判了西方資本主義文明；從西方、印度、日本輸入
中國的羅素、泰戈爾等人的思想，則持溫和的觀點重新估價了西方資本主義文明。
這樣，中國的新文化運動，東西文化的論戰，都面臨全新的複雜形勢。曾經謳歌過
西方文明的梁啟超到歐洲旅遊歸來，對西歐文明的幻想破滅了。曾經鼓吹過西方的
民主自由的陳獨秀轉向了俄國社會主義新文明。梁啟超號召青年以「孔老墨三位大
聖」和「東方文明」去拯救西方文明的最新觀點是：「拿西洋的文明來擴充我的文
明，又拿我的文明去補助西洋的文明，叫他化合起來成一種新文明」（《歐遊心影
錄》）。這一觀點可以稱之為「中西互補」論，但其骨子裡卻是「以中補西」，也
就是以重新「孔化」來代替「歐化」。從「五四」新文化運動的角度來看，這無疑
是一種開倒車的思潮。但這一思潮中包含了對西方現代化的批判的審視，從這個角
度來看，又有其合理的內核。

　　梁漱溟的《東西文化及其哲學》接受並全面發揮了梁啟超的觀點，並把它歸結成
為一個新的命題：東方化還是西方化，也就是孔化還是歐化的問題。該書的特色是
不侷限於西方文化與中國文化之比較，而是第一次從更廣闊的視野把中國、印度與
西洋三種文明放在一起加以比較，主要是從人生哲學的角度分析研究。該書以獨創
的文化多元論來反對當時西化論的文化一元論，即認為中國、印度、西方三種文化
分別代表三種不同的發展「路向」，各自有不同的價值觀念和倫理哲學，而否認東
西文化屬於人類文化發展的不同階段。因此，中國人無論走多久也走不到西方人可
達到的地點。這就從根本上否定了西化論的理論根據。另一方面，作者又認為這三
條路向是可以穿行的，並提出了西洋文明、中國文明、印度文明三大文明循序演化
的世界文化觀，認為在最近未來將有「中國文化復興」，將來繼之以「印度文化復
興」。在當時，這本書確是從世界比較文化這個新角度來探討中西化問題的一部論
著，引起思想界的轟動並非虛妄。這是儒學現代化的一部開路之作，而且是在反儒
學的高潮中誕生的。西化派高呼打倒的儒學轉眼之間就披著振興世界文化的道袍重
新登場，這說明對根深蒂固的傳統文化單靠猛烈的文字討伐是無濟於事的。

　　在「五四」後期關於中西文化觀論戰的新爭論中，有必要提醒注意一部長期被
人遺忘的書，那就是楊明齋寫的《評中西文化觀》。楊在十月革命前就到過俄國，加
入過布爾什維克黨，後來是中國共產黨早期有數的馬克思主義宣傳家之一。《評中
西文化觀》出版於 1924 年初，全書共分四部分：第一卷評梁漱溟的《東西文化及其
哲學》，第二卷評梁啟超的《先秦政治思想史》，第三卷評章士釗的《農國辨》，第四
卷總解釋，從理論與歷史的結合來闡明一種新的文化觀。如果說《東西文化及其哲
學》是反映文化折衷論觀點的集大成之作，那麼，《評中西文化觀》就是從廣闊的視
野對各種折衷論觀點進行較系統地分析批判的獨一無二的著作。此書通篇沒有引用
馬克思的詞句，而是用「大多數社會的事實及其歷史」來研究文化問題，「從大多
數平民生活方面觀察中國文化」，然後對歷史的複雜現象進行理論概括。作者把人
類社會的演進分為漁獵、畜牧、農業、工業四個階段，指出長期生活在農業生產組
織下的社會的經濟變遷是依靠於「自然轉機的大流」，從而長期停止了進化。他用
這個觀點，對中國文化的特徵、儒家的學說和人生觀，孔老墨的思想發展背景、實
行儒家文化的後果等，提出了新解釋。指出「儒家的政治法律思想道德倫理等在中

國之所以能生存不變至二千餘年的原因，便是全憑農業生產組織」。農業生產方法進到工業生產方法，才能引起生產力的大變動，這樣，最重要的就是產生了資本、知識、教育、組織、秩序五種新生產之要求。「有了以上五種新生產之要求的設備，這便是由農漸化爲工，於是『新世界』生。」這裡所通俗表述的馬克思主義的社會進化史觀，實際上是關於從農業社會向工業社會進化的現代化理論的最基本觀點。這在當時是極其難能可貴的。中國的先進知識份子轉向一種嶄新的世界觀和歷史觀來研究中國與世界的演進歷程，《評中西文化觀》大概是這方面最早的一部系統性論著。這是早期馬克思主義啓蒙運動、中國現代化啓蒙思想運動留下的珍貴遺產。

必須指出，關於中國文化復興的思想，並不始於梁漱溟，在梁啓超、蔡元培的文章中早已提出，嚴復的後期言論也露此端倪，孫中山更是一貫有此思想。正如蔡元培所說：孫氏「是爲國粹與歐化的折中」（《中華民族與中庸之道》）。孫中山沒有參加東西文化觀的論戰，但他熱情讚揚「五四」新文化運動。由於他早就深知近代西方文明的弊端，所以一貫主張把中國固有文明與近代西方新文明相結合，認爲這樣才能使中國「駕乎歐美之上」。他一貫反對盲目抄襲西方，在他制定的第一個現代化綱領《建國方略》的「物質建設計劃」中，講完總的建設計劃之後，特別指出中國建設不能追隨「西方文明之舊路徑」。他打了一個比喻，哥倫布航行美洲時，從歐洲繞道極遠而到美洲，而現在則可採取「直捷方向」航行。我國的經濟建設也要取得「最直捷之途徑」。他一再提倡中國人民的民族自信心，用日本學習歐美文化取得成功的經驗來鼓勵國人的現代化的鬥志。在這方面，他顯然高出於同時代的那些啓蒙思想家。但孫中山以爲中國對於外國的長處只要能夠「迎頭去學，十年過後，雖然不能超過外國，一定可以和他們並駕齊驅」（《三民主義》）。很顯然，這一估計失誤是與他對中國封建文化傳統的深層結構缺乏認識，對於舊體制改造的艱巨性深刻理解是分不開的。

二　現代化概念的初步形成

——「中國本位」與「全盤西化」之爭

過去審視 30 年代中國社會思潮的起伏變化，侷限在文化「圍剿」與「反圍剿」的框架之中，這裡擴大視角，提出探索中國現代化概念的形成問題。

「現代化」一詞，在「五四」前後東西文化觀的爭論中，已偶爾出現，如有所謂「近代化的孔家思想」的提法。1929 年胡適爲英文《基督教年鑑》寫的《文化的衝突》一文，正式使用了「一心一意的現代化」的提法。但「現代化」一詞作爲一個新的詞彙在報刊上使用是在 30 年代。1933 年 7 月《申報月刊》爲創刊周年紀念發行特大號，刊出「中國現代化問題號」徵文特輯，大概是這個新概念運用的正式開端。這次徵文是在世界經濟危機導致國民經濟衰落和東四省喪失的背景下舉行的，重點討論兩個問題：一、中國現代化的困難和障礙是什麼；二、中國現代化應當採取的方式以及實現這個方式的步驟。

　　這次討論會共收到十篇短論和十六篇專論，作者包括了當時學術界知名之士如陶孟和、吳澤霖、金仲華等人。徵文提出的觀點五花八門，論述深淺不一；但對中國現代化問題的總的趨向性意見，多數人都是一致的，即認為在當時中國的現狀下，資本主義道路走不通，主張走受節制的資本主義或非資本主義發展道路。如大體作一統計：完全贊成走私人資本主義道路的，只有一篇；認為應採某種社會主義形式或以社會主義作為終極目標的，約有五篇；認為應兼採資本主義與社會主義兩者之長，或主張採取非資本主義形式、統制經濟、節制資本的，約有九篇；未正面回答採取何種方式而強調或專論工業化、產業革命、國民經濟改造為先決條件的文章，約有五篇；沒有明確回答問題或討論其他問題的，有三篇。雖然論者對現代化缺乏統一認識，但認為應「著重於經濟之改造與生產力提高」以及類似的論文，在討論中明顯佔上風。這次徵文討論可以看作是知識界一次小型的民意測驗，對民族危機和世界經濟危機的思想回應，較之 20 年代東西文化之爭時對西方文明進行抽象而空洞的辯護有很大的不同，反映了中國思想界對世界潮流的趨向認識的進步。

　　在這次討論之後不久，1935 年初，陶希聖等十位教授發表了一個《中國本位的文化建設宣言》。這是當時國民黨授意作的一篇洋洋大文，實際上盡是浮詞和同語反覆，空洞無物，「宣言」的未宣之言是要用三民主義文化統一中國。無論它的政治用意如何，「宣言」一經拋出，就立即引起全國文化界的熱烈討論。這是繼「五四」前後那場大爭論之後思想界的又一場大爭論。涉及的不只是文化問題，而是由此引出中國的出路即社會發展道路的問題。

　　所謂本位文化建設，從中西文化衝突的角度來看，是本位文化受到外來文化嚴重衝擊而引起的「重整反應」。20 年代有過一次，30 年代是第二次。在這場論戰之初，站在「宣言」即中國文化本位論的對立面、觀點最激烈的是主張全盤西化論的陳序經。他在《中國文化的出路》一書（1934 年 1 月出版）中首先提出自己的新觀點，指明是針對梁漱溟的《東西文化及其哲學》的觀點而發，因此實際上是 20 年代論戰的繼續與發展，於是對十教授宣言的評論也引起全盤西化論的觀點的評論。

胡適的「文化惰性」理論

　　在這裡，有一學術公案必須予以澄清。近年來，海內外學者都有人根據胡適在這場論戰中偶爾使用「全盤西化」一詞，而把他劃為「全盤西化派」。但事情是這樣的：在討論開展之初，陳序經或別的論戰者都沒有把胡適歸入全盤西化派，而是歸入「折衷派中之一支流」。這是有案可查的。胡適由於被人說成是折衷論者，就在陳序經逼他明確表態之後，在《獨立評論》142 號的《編輯後記》中聲明：「我很明白的指出文化折衷論的不可能。我是主張全盤西化的」。這一聲明為全盤西化論大為張目，一時羣起而攻之。胡適察覺到「全盤」一詞不妥，於是很快就承認了自己的「用字的疏忽」，聲明「全盤」的意思不過是「充分」而已，提出改用「充分世界化」一詞來代替「全盤西化」（《充分世界化與全盤西化》）。從新文化運動以來，胡適始終是近代西方文明最積極的鼓吹者和傳播者，他對西方文明的政治制度和道德價值觀的推崇簡直是五體投地，甚至否認有帝國主義的文化侵略存在，但是對祖國的文化遺產從未採取過否定一切的態度。早在「五四」時期，他就提出「研

究學問，輸入學理，整理國故，再造文明」的口號，就是用科學的精神、批判的態度去重新估定文化遺產的價值。因此，只能説胡適是一位「一心一意的西化」派或「充分的西化」派，絕不能説他是全盤西化派。

胡適之所以一心一意鼓吹「西化」，是由於他持激進的文化革命觀，其基礎是他有一套獨特的「文化惰性」理論。胡適認爲，在多種文化衝突中進行自我調整，絕不能採取折衷態度。因爲舊文化有一種「惰性」，這種惰性的根子可能在於某種固有環境與歷史條件下形成的生活習慣，構成爲某一文化的「本位」，即使物質生活驟變，思想學術改觀，政治制度翻造，那個本位都不會有毀滅危險。因此有遠見的領袖們不應焦慮中國本位的動搖，而應焦慮那固有文化的惰性太大。要改造中國，「只有努力全盤接受這個新世界的新文明，全盤接受了，舊文化的『惰性』自然會使他成爲一個折衷調和的中國本位的新文化」（《編輯後記》）。胡適的這種獨特的西化理論，當時就有人稱之爲「文化的自然折衷論」。我認爲這就是胡適堅持必須儘量接受西方文明的重要根由。這種看來非常過火的西化觀，同我們常説的「矯枉必須過正，不過正不能矯枉」，其精神是一致的。從文化人類學的觀點看，可説是一種頗有獨到之見的文化的「涵化」理論。拼命走極端，再讓文化的惰性拉向折衷調和，在一定的歷史條件下，倡導此説還是可以理解的。只要看看中華民族近百年來經歷了多次大革命的震盪仍未能徹底沖掉舊文化的惰性，就知道此説確有某些可取之處。不管怎樣，這一激進文化革命觀絕沒有意思要根本否定祖國的歷史文化。這一點，在胡適對中國本位文化觀提出尖銳批評的同時，有明確的表白。他認爲應該虛心接受西方科學工藝的世界文化的朝氣鋭氣來打掉我國「老文化的惰性和暮氣」；中國本位文化中「那一部分不可磨滅的文化將來自然會因這一番科學文化的淘洗而格外發輝光大的」（《試評所謂「中國本位的文化建設」》）。這些觀點，胡適幾年前就在《文化的衝突》一文中闡明過。如果認爲胡適爲了政治上倒向國民黨而修改自己的觀點以與十教授調和，那是完全錯誤的。

現代化概念：中國思想界自身認識深化的產物

1935 年關於中國文化出路的討論，實質上是關於如何重建中國文化問題的討論。這次討論較之「五四」前後中西文化觀的討論和 1933 年中國現代化問題的討論，廣度與深度都前進了一大步，學院習氣也要少得多。在幾個月中就留下大約一百五十多篇論文，參加討論者包括各方面的知名人士。各種觀點都自由地暢抒己見，看法非常分歧，有主張資本主義化的，有主張非資本主義化的，有主張民族資本主義性的文化即三民主義的文化，也有主張介紹社會主義文化的，但這場大爭論仍反映了當時思想界的一般動向。

一　在這場爭論中，全盤西化論剛亮出旗幟，就遭到從西化派到中國文化本位派的批評與責難，可見其立論之脆弱。有人指出，既然全盤西化最終也仍要折衷和妥協，這實際上已從根本上否定了全盤西化論的觀點（張佛泉：《西化問題之批判》）。胡適也在討論中收回了自己支持全盤西化的提法。也有人在討論中提出「西學爲體，中學爲用」，並解釋爲「全盤吸取西洋文化之根本精神」來「調整中國固有之優美文化」，這可視爲是「全盤西化」論的修正觀點（熊夢飛：《談「中

國本位文化建設」之閒天》）。但總的說來，在這次討論之後，「全盤西化」這個曇花一現的口號，在中國思想界幾乎完全無人再提起了。

　　二　「五四」以來中西文化之爭，辯論的雙方大多是持僵硬的文化觀，採用形而上學的思想方法，好就絕對的好，壞就絕對的壞。胡適對近代西方文化的執迷態度是一個突出的表現。在這次討論中，對如何認識西方文化的問題，持分析態度的意見顯然佔上風，不論對資本主義文化或社會主義文化，都提倡進行客觀的科學研究。就是大力支持西化論的人也客觀地分析了西方生活方式之缺陷，指出西方文化也有歷史的惰性，特別是指出現代資本主義文明是「奢侈文明」、「拜金主義」，以及階級鬥爭、國際鬥爭之殘酷；指出中西文明之不同是農業經濟文明與現代工業文明之不同，中西文化比較從文化層次擴大到經濟層次。

　　三　「中國本位文化」論與西化論的兩極對立，在討論中逐步接近，或者說是互相吸收。西化派放棄了「全盤」的提法，而本位派也不斷充實對「本位」的闡釋，提出建立「中國本位意識」的觀點。一是要徹底檢討我們自己民族的優點與缺點，這叫作「認識自己工作」；二是須儘量探索歐美各強的實情和歐美文化的本質，這叫作「認識他人工作」；三是多多研究各民族各文化過去的盛衰興亡史實，發現其所以興盛、所以衰亡的因果法則，以衡量我民族文化的生存能力，這叫作「比較認識工作」（劉絜敖：《中國本位意識與中國本位文化》）。這較之東西文化討論時的泛泛空論，有明顯的進步。

　　四　在討論中，不論是主張西化論者還是主張中國本位論者，都逐步產生一種新認識，即用「現代化」這個新概念來取代「西化」或「中國化」等概念。「現代化可以包括西化，西化卻不能包括現代化」。中國現代化的努力方向：第一，發展自然科學，這是現代化的根本基礎。第二，促進工業發展，一個國家若無現代工業，平時無法生活，戰時無法進攻。第三，提倡各種現代學術，沒有現代學術也不能成為一個現代化國家。第四，思想方面的科學化，以使我們的思想、態度和做事的方法都現代化、效率化、合理化（張熙若：《全盤西化與中國本位》）。

　　30 年代的文化爭論是 20 年代文化爭論的繼續和擴大。從「東方化」引出「中國本位」觀點，從「西化」引出「現代化」的觀點，表明中國思想界對中國發展道路的思想認識在逐步深化中。把現代化的基本概念確定為工業化、科學化、合理化、社會化，在這些年中也基本形成。中國知識界通過自身的思想論辯與探索得出的現代化概念，與戰後西方學者根據馬克斯·韋伯的觀點提出的現代化概念是基本一致的。到 40 年代初，現代化一詞引起哲學家討論的興趣。馮友蘭曾指出「西化」改為「現代化」是一種見解上的改變：「這表示，一般人已漸覺得以前所謂西洋文化之所以是優越的，並不是因為它是西洋底，而是因為它是近代底或現代底。我們近百年之所以到處吃虧，並不是因為我們的文化是中國底，而是因為我們的文化是中古底，這一覺悟是很大底」（《新事論》）。

　　近年來西方流行的一種現代化理論，是二次大戰後美國學術界提出來的，對中國人來說是一種舶來品。實際上中國從自己的實際中提出現代化的概念和觀點，早於西方的現代化理論約二十年。遺憾的是，由於種種原因，我國理論界對於自己的豐富歷史經驗的總結和對於現代化理論的探索都遠遠地落後了！

三　探索中國發展的道路

——以工立國和以農立國的爭論

　　中國的現代化的關鍵問題，是在中國特定的歷史條件下根據中國的國情去探索從農業國轉化爲工業國的具體道路，這就是我們常談的中國工業化的道路問題。從自強運動以來，練兵以製器爲先，洋務以開礦、建廠、修鐵路爲先，都反映了發展民族工業的思想。辛亥革命後，孫中山提出實業計劃，指出：「此後中國存亡之關鍵，則在此實業發展之一事也」。但是對於這樣一個問題，在中國的領導層和廣大知識界都沒有統一的明確認識。「農化」還是「工化」？這是早在「五四」前後就與「孔化」還是「西化」同時提出來的一個爭論的問題。

　　20 年代，以農立國論的代表人物是當時北洋政府的教育總長章士釗，其代表作是《農國辨》（1923 年 11 月刊載於上海《新聞報》）。章氏提出的「返求諸農、以安國本」的觀點，實際上不過是傳統衛道派們的觀點的引伸，即從農業國與工業國的不同政治道德法律習慣等方面立論，說到底，是宣揚農業國更能維護他們所崇尚的中國文化獨有的調和持中、尚儉節慾、清靜安民、寡慾不爭等精神美德；再不然就是大講歐戰後歐洲工業國已「崩壞難於收拾」，而「吾國僞工業病之復洪漲不可終日」。全是不堪一駁的腐論。

　　以工立國論的代表有惲代英、楊銓、楊明齋等人，其中以楊明齋的《評〈農國辨〉》寫得最有聲色。在《評中西文化觀》一書第三卷中，把章氏的農本論駁得體無完膚。在「總解釋」中，又著重闡述了「五千年的歷史循環在今大變動之所以然是由於農化爲工」。作者通過大量生動事例來闡明馬克思的一個基本觀點：政治法律大部分是維持經濟的組織及其社會道德習慣與秩序的，今其經濟情形已變，則前之政治法律自然的隨之而失其效用。這是中國早期馬克思主義者宣傳中國應走工業化道路的珍貴文獻。

　　這場論戰剛一開始，論戰雙方的陣線就是明顯的：所有反對中國大革命的封建頑固派，阻止新思潮反對新文化運動的衛道派和「甲寅派」，鼓吹復興中國文化的以梁漱溟爲代表的新舊調和派，等等，都是站在主張以農立國的一邊；而鼓吹新文化運動、西化、反帝反封建的知識界，則都是中國工業化的積極鼓吹者。這不是偶然的，這表明我國思想文化現代化與經濟現代化的一種內在的聯繫：現代新文化與中國傳統舊文化之爭，自然形成爲工業文明支持者與農業文明支持者的天然分野。

　　到 30 年代，在中國本位文化與全盤西化之爭的同時，以農立國與以工立國之爭在《獨立評論》等刊物上引起熱烈討論。這一方面是由於現代化問題的提出，大大拓寬了對中國出路問題討論的範圍；同時，也由於在世界經濟危機形勢下，我國農村凋敝的情況日形嚴重。還有一個具體的情況就是，自 20 年代末以來，在河北定縣（以晏陽初爲代表）、山東鄒平（以梁漱溟爲代表）、南京曉莊（以陶行知爲代表）、江蘇崑山徐公橋（以中華平民教育促進會爲代表）、北平清河（以燕京大學爲代表）等地，出現了一批以平民教育爲中心的鄉村建設運動實驗區，這一運動基

本上是由一批受過西方教育的知識份子搞起來的。這些人認為中國的問題不是政治問題，也不是經濟問題，而是「文化」或「教育」問題；中國並不需要任何制度性的根本改革，而應返回到「農本社會」、「倫理本位社會」，於是號召知識份子到農村去。30年代出現的鄉村建設運動的各派是這個時期宣傳以農立國的發展道路的主要力量。當時就有人把主張挽救農村經濟衰落、復興農村的觀點稱之為「向後倒退派」，把主張開發工業者稱為「向前推進派」但當時的以農立國派的隊伍是很複雜的，除了章士釗等人以外，並非都真想把中國拉回到封建農業時代，不少人或者出於痛惡現代工業社會特別是資本主義的弊端，或是深感農村之急需救濟，或是出於一種農村烏托邦理想。從根本上說，這是我國長期經濟落後、農民小生產者佔優勢的歷史傳統的反映。

在30年代的論戰中，以農立國論（或稱農本論）在理論方面的代言人還是那位主張中國文化復興的梁漱溟，他現在是理論與實踐兼而有之。其他人則大都是以實踐為主而很少提出什麼新的理論。與之對立的則是大力宣揚「西化」的以吳景超為代表的《獨立評論》派。梁漱溟的理論在實質上是沿著章士釗的保全國粹的思路和他自己原有的思想發揮的，但比原來的論點倒退了一步，倒退回封閉經濟時代的農村自足的戰略，反對中國以「近代國家」作為奮鬥目標。這大概是30年代世界經濟危機的影響和國內政治形勢的影響所致。

農業立國派的觀點表明，欠發達國家的經濟落後性給它的發展理論打上了落後的印記。在近代經濟發展落後的許多國家，都發生過民族主義憎惡和抵制現代工業化的思潮和運動。這在俄國稱之為民粹主義；在拉丁美洲稱之為民眾主義；在非洲有鄉村社會主義（新民眾主義）；在印度有甘地主義；在中國，民粹主義思潮在知識份子中有很大的影響，從梁啓超、孫中山到毛澤東，都受到不同程度的影響。列寧指出，俄國民粹派「相信俄國生活的特殊方式，相信俄國生活的村社制度」。中國的民粹主義式的理論家在鄉村建設運動中也有類似想法，做過類似的實驗。但所有的實驗都已證明民粹主義運動的失敗。其實，中國的民粹主義並不完全是兩千年以農立國的「國情」的產物，也是中國西化運動的產物。二三十年代這些鄉村運動的領導人大多是外國的留學生（梁漱溟除外），一些農村實驗區是在教會大學的幫助下發展起來的。

但是，作為中國現代化運動中湧現的一種思潮，以農立國論所倡導的農本思想及有關理論仍應作為一份思想遺產加以研究。從這次論戰中反映出的觀點來看，大致可分為四派：一派主張復興農村、振興農村以引發工業；一派主張先發展工業，振興工業才能救濟農村；一派主張先農後工；還有一派則主張農工並重。各派意見提出的許多論點，特別是有關中國經濟的自主發展、農業是基礎、工業之間的關係、工業化與政治民主的關係以及中國工業化面臨的阻力與困難等問題所進行的討論，至今仍富有教益。翁文灝在討論中提出「以農立國，以工建國」的口號，綜合雙方觀點之所長，反映了具有中國特色的工業化思想。到40年代，多數人都認識到中國的經濟發展要取得成功，必須探索一條符合中國國情的工業化道路。

在這些年代中，中國共產黨的特殊處境使它不可能公開投入這些論戰（中國社會史等論戰除外）。在十年土地革命戰爭期間，中共付出了重大的代價，通過長期

的內部鬥爭才擺脫建黨以來所走的「俄國化」的路線，提出了馬克思主義與中國革命實踐相結合、馬克思主義的中國化等新口號，並在40年代提出了適合中國國情的新民主主義理論，其中包括「使中國由農業國變爲工業國」的綱領（《論聯合政府》）。由此可知，中國人要適應現代世界新潮流，自決命運，迎頭趕上，探索一條適合中國國情的現代化道路，要經歷多麼艱苦的認識過程啊！

四　對中國現代化思想啓蒙運動的反思

以上對「五四」以來我國思想界幾次大論戰的簡短的回顧，只是從一些側面反映了中國現代化思潮的發展脈絡，儘管很不全面，也大體上可看出這一時期現代化思潮的總趨勢：最早是儒學一統天下的天朝傳統被打破，提出「中體西用論」，在保中「體」的前提下採西洋的器用，這樣就形成了頑固派（或稱正宗儒學派）與體用派（或稱儒學修正派）的鬥爭。及至五四運動前後，對外全面開放，新思潮大量湧入，西化派才異軍突起，徹底批判中國傳統的舊文化，於是與衛道派展開了「孔化」與「西化」的大辯論。西化派隨之一分爲二，形成資本主義「西化」與社會主義「俄化」兩大派的鬥爭。從孔化派中也分化出現代化的新儒學。到30年代，從「中體西用」引伸出「中國本位」，從「西化」發展而爲「全盤西化」，又引起新的論爭。在這些對立面的鬥爭中，初步形成了「現代化」的概念和新的「中國化」概念，最後達到一種朦朧的中國式的現代化的認識。這場現代化的討論被抗日戰爭所打斷，沒有繼續下去，到40年代後期更被解放戰爭的洪流所壓倒，這時中國向何處去的理論鬥爭的焦點轉向如何完成新民主主義革命這個大問題上去了。

總起來說，從清末以來的大半個世紀中，中國現代化思想的演變經歷了一個螺旋式的上升過程。這是近代中國社會激變的反映。時過境遷，現在回過頭來清理這些縱橫交錯的思想論爭，有哪些問題值得反思的呢？

1 文化問題和經濟問題

中國現代化思想運動的一大特色在於它始終是從文化層次來探討中國出路問題。從這個角度來看中國問題本來無可厚非，但把中國出路問題歸結爲根本是一個文化問題，則是中國傳統文化的思想模式在起作用。按儒家的中國觀，「華夏」與「夷狄」的區分一直是從文化上來強調的，中國人最關切的是中國文化與文明的延續和統一。由於中國經濟的落後，近代中國新興的平民知識份子大多出身地主小資產階級家庭，身受儒家思想的基礎教育，又遠離現代經濟生活，因此也很難擺脫用傳統的思想模式來觀察現代世界的變遷。「中國的失敗自然是文化的失敗」（梁漱溟），這種文化決定論在中國知識份子中一直很有影響。「五四」以來關於中國出路的論爭很少涉及經濟發展的問題，是一個根本性的弱點。這反映了這一時期中國現實的社會經濟生活的落後性和停滯性，反映了中國知識份子知識結構的老化。由於長期以來都把注意力吸引到文化運動的方向上，自然就沖淡了對中國工業化、現代化這些問題的研究和探索，特別是對於經濟發展對現代化的決定性作用認識不足。這種思想方式甚至對中國共產黨的理論思維也有一定的影響。40年代初毛澤

東的《新民主主義論》也是作為説明中國政治和中國文化的動向問題而提出來的，較少地提到中國的經濟問題。一直到 1949 年以後，也還没有完全擺脱這種思想模式的影響，思想文化領域裡的鬥爭接連不斷。「文化大革命」這個形式上最徹底反傳統的政治運動也没有跳出傳統思想方式，這還不發人深思麼？近年來，我國思想界又出現了「文化熱」，提出對中國傳統文化的再估計問題。這當然是應當做的，但新的再估計必須在認真清理舊的「文化熱」的基礎上去做，才能取得認識上的飛躍。

2 認識現代世界

　　近百年來中國現代化的過程，是被動適應世界現代化挑戰的過程。中華民族對現代化思想的啓蒙的程度，取決於對現代世界及其發展趨勢的認識程度。在清代鎖關閉國時，所謂「睜眼看世界」，其實只是從一個窄縫中遠遠望幾眼而已。辛亥革命後，大開門戶，西方思潮洶湧而入，又得了消化不良症，也談不上對現代世界有多少真正認識。中國就是在這種洶湧的西潮衝擊下走向現代化的。但對這一狂潮的趨勢和動向，並不能把握住。啓蒙大師們對新文化運動主要是寫文章造聲勢。新文化運動是很有成績的，主要是反偶像崇拜，掃蕩舊思想，但不可能深入細緻。就東西文化比較的討論來説，也浮於表面，不少是哲理式的議論，後來又匆匆收場。中國知識界還没有來得及對近代資本主義的發展及其歷史進步性取得較深入的認識和應有的評價，對資本主義的各種批判已紛至沓來。對於社會主義的認識在當時是一種理想和信仰，對現實的社會主義的了解在當時超不出瞿秋白的《赤都心史》、《俄鄉紀程》的描敍。最新的馬克思主義思潮傳入中國也是非常倉促的，中國共產黨一成立就捲入實際革命鬥爭，它的一個「極大的弱點」就是「在思想上的準備、理論上的修養是不夠的，是比較幼稚的」（劉少奇：《答宋亮同志》）。中國馬克思主義思想啓蒙運動長期處在國際教條主義的影響之下，從「俄國化」走向「中國化」，也經歷了特殊艱巨的鬥爭。所有這些，影響中國知識界對當代世界的認識，長期以來大都是東抄西襲，缺乏認真研究和獨立思考。「現代化」的新詞在 30 年代即已使用，但只是一個模糊的概念，並没有形成對於現代的新認識，更談不上形成為現代發展的新理論。有關社會主義和資本主義的爭論大多是學理性的，概念化的。由於對資本主義和社會主義兩者作為工業社會的共同特徵缺少認識，也就很難對現代社會的共同發展規律具有深刻認識。這是中國現代思想界認識上的一個重大弱點。

3 傳統與現代性的矛盾

　　這是現代化過程中不可避免的衝突。在傳統結構牢固和傳統文化體系深厚的國家，這種衝突就愈大和愈持久。激進的啓蒙思想家一心一意加速現代化，從不考慮傳統的因素，決意與之決裂，視傳統與現代性兩者水火不相容，這就加劇了分裂和對立。從幾次思想論戰來看，各種折衷派觀點，中體西用論也好，中西調和論也好，中國本位論也好，都一直受到責難和批判。但中國的現實思想生活卻正是沿著折衷的道路在走著，具體表現為不中不西，半中半西，亦中亦西，甚至是倒中不西。這説明民族傳統事實上是既離不開，也擺不脱的。傳統與現代性是現代化過程

中生生不斷的「連續體」。背棄了傳統的現代化是殖民地或半殖民地化，而背向現代化的傳統則是自取滅亡的傳統。適應現代世界發展趨勢而不斷革新，是現代化的本質；但成功的現代化運動不但在善於克服傳統因素對革新的阻力，尤其在善於利用傳統因素作爲革新的助力。成功的現代化是一個雙向運動的過程，傳統因素與現代因素相反相成。失敗或不太成功的現代化則是一個單向運動過程，現代因素簡單地摧毀傳統因素，或被傳統因素所摧毀。成功的現代化是自主性的有選擇的現代化，而不是模仿、抄襲的現代化。

中國歷史上的中外文化交流與衝突一般都是在文化層次上進行的，而現代化過程中的傳統與現代性的衝突則是一個全新的問題。隨著中國現代化經濟向高處起飛，衝突和矛盾將激增。中國的現代化愈是向前進展，可能就要愈多地回過頭來對中國的歷史傳統進行再認識。當前，中國面臨一次改革開放和外來思想大量湧入的新時期。爲了吸取「五四」以來七十年思想運動的經驗教訓，對這次新的現代化思想浪潮的衝擊，不應該再次聽任自發的回應，經過一次狂熱的新西化運動之後再慢慢來探索自己的文化重建之路。現在我們已有新的條件作出規劃，從世界發展新趨勢著眼，對外來新思潮進行比較精密的研究和科學選擇，並清理我們原有文化傳統（包括幾十年來形成的新傳統）的有價值的要素，使之與現代化需要的外來新要素整合，以爲加速我國現代化建設探索新路。這大概應當是當前我國思想界努力以赴的一個新課題吧！

4 認識中國國情

中國現代化運動是中國人在自己本土深厚文化積累層上進行的。自從中國在異質文化衝擊下失落了自己的天朝傳統以來，中國知識界對現代化的認識經歷了艱苦的歷程，最後才達到朦朧的中國式的現代化認識。在這一思想的螺旋式升進中，中心問題是探索中國化的現代發展道路。但什麼是「中國化」？什麼是「中國國情」？到底也沒有很好解決。要麼是鼓吹中國事事不如人，而唯洋是崇；要麼是宣揚狹隘民族主義，而盲目排外。前者導致思想浮游無根，出現精神失重現象。後者導致封閉性自滿，甚或盲目自大。外來新思潮在沖刷，民族的自信心卻在失落。儒學作爲中國文化主流思潮衰落了，實用儒學即政治儒學仍大有市場。研究中國近百年的現代化思潮，既要看到中國新文化運動反封建傳統的嚴重不足的一面，同時也要看到對自己民族文化傳統和民族特點認識不深不透、盲目引進舶來品的一面；既要看到健康發展的因素，也要看到病態發展的因素。只有認真總結歷史的教訓，對於我們今天探索具有中國特色的社會主義現代化道路，才有積極的意義。

（本文摘自作者主編的《從西化到現代化》一書的序言，略有改動。該書將由北京大學出版社出版）

八十年代文化討論的幾個問題

甘 陽

百年大課題

1985 年以來，所謂的「文化」問題已經明顯地一躍而成爲當代中國的「顯學」。從目前的陣陣「中國文化熱」和「中西比較風」來看，有理由推測：八十年代中後期，一場關於中國文化的大討論很可能會蓬勃興起。

這場「文化討論」絕不是脫離中國現代化這一歷史進程所發的抽象議論，而恰恰是中國現代化事業本身所提出來的一個巨大歷史課題或任務。它實際上相當深刻地說明了：對中國傳統文化的評價、對中國當代文化的分析以及對中國未來文化的籌劃，實是中國現代化事業的題中應有之義，是中國現代化進程中不可或缺的關鍵一環。事實上，只要稍稍回顧一下就會承認，僅僅幾年以前，文化或中國文化的性質這類問題還只是三兩「好學深思之士，心自知之」的事，因此儘管有些論著也曾一時傾動學林，但在並沒有也不可能出現熱烈的文化問題討論。這是因爲這個問題只是隨著中國現代化的歷史進展才逐漸明確或突出出來的——「任務本身，只有當它所能藉以得到解決的那些物質條件已經存在或至少是已在形成過程中的時候，才會發生」（馬克思）——粗略說來，自十年動亂結束，現代化的任務被重新提出以來，中國人走了三步才走到文化這個問題上來：首先是實行對外開放、引進發達國家的先進技術；隨後是加強民主與法制並進行大踏步的經濟體制改革，因爲沒有相應的先進管理制度，先進技術有等於無；最後，文化問題才提到了整個社會面前，因爲政治制度的完善、經濟體制的改革，都直接觸及到了整個社會的一般文化傳統和文化背景、文化心理與文化機制。我以爲，這就是今日「中國文化熱」和「中西比較風」的真正背景和含義。也因此，著眼於中國文化與中國現代化的現實關係問題，當是我們今日討論中國文化的基本出發點。

百餘年來，關於中國文化的討論始終或隱或顯、或明或暗地進行著：中學西學之爭、舊學新學之爭、學校科舉之爭、文言白話之爭、東方文化西方文化之爭……，這實際上從一個側面說明了中國現代化進程的曲折艱難。從一定的意義上講，今日之種種情況在上世紀的中國已經頗爲相似地走過一遭了。前面所說的今日走向文化問題的三步，實際上也恰是上世紀的中國人走了半世紀之久的路程。當年維新變法時期的頑固派曾廉的一句話，頗值得在此一引：「變夷之議，始於言技，繼之以言政，益之以言教」[①]這裡所說的「技」，就是今日所謂先進技術的

「技」。曾廉所指的「言技」，則是指當時的「船堅炮利」之議──從魏源的「師夷長技以制夷」，到洋務運動的「查治國之道，在乎自強，自強以練兵爲要，練兵又以製器爲先」（李鴻章）──這是上世紀四十年代至六十年代的事；這裡所說的「政」，就是政治的「政」，曾廉指的是可以《盛世危言》作者鄭觀應等爲代表的變法派當時已「知其治亂之源、富強之本，不盡在船堅炮利，而在議院上下同心，教養得法；……育才於學校，論政於議院，君民一體，上下用心……此其體也；輪船、大砲、洋槍、水雷、鐵路、電線，此其用也。」②──這是上世紀七八十年代的事；這裡所說的「教」，就是教化之「教」，就是文化傳統、文化心理、文化素質、文化機制，曾廉指的是康有爲、梁啓超、譚嗣同等公然冒天下之大不韙，全力摧毀、踏平幾千年來的中國儒教文化傳統的「叛逆」。初看起來，康有爲一部《新學僞經考》。不過「辨數十篇之僞書，則何關輕重」？梁啓超答得明白：「殊不知此僞書者，千餘年來，舉國學子人人習之，七八歲便都上口，心目中恆視爲神聖不可侵犯，……若對於經文之一字一句稍涉擬議，便自覺陷於非聖無法，戁然不自安於其良心，非特畏法網憚清議而已。……而（康有爲）研究之結果，乃知疇昔所共奉爲神聖者，其中一部分實糞土也，則人心之受刺激起驚愕而生變化，宜何如者。」③──這是上世紀九十年代的事。

　　從四五十年代起的「言技」，到七八十年代的「言政」，再到九十年代的「言教」──這就是上世紀的中國知識份子走過的路。值得慶幸的是，今日之情況雖然與上世紀「言技、言政、言教」的路程顯示出某種重複之處，但畢竟已是完全不同的了。這是一種更高層次上的回覆。上世紀只是少數人在強大的封建統治重重阻力下所發出的微弱的資產階級改良要求，而今日則是舉國上下同心同德向社會主義現代化進軍的強大歷史洪流。上世紀經半世紀之久才走到「言教」，而今日不過五、六年即走到了文化問題上來，就已雄辯地說明了這種時代的不同。不過儘管如此，我們還是應該看到，今日之事在某種程度上仍是在補舊日之課，中國現代化的曲折艱難也就在這裡。尤可注意的是，「言技」甚至「言政」，雖然也常常一時橫遭非議並歷經反覆，但至少就「言」而論或就理論上來說，大致還是比較容易推開、比較能爲人接受的。唯獨言一及「教」，在中國就非同小可了。正如張之洞當年所言，中國人之接受科學技術，只有在守住孔孟之道的基礎上才可被允許（「如其心聖人之心，行聖人之行，以孝弟忠信爲德，以尊主庇民爲政，雖朝運汽機，夕馳秩路，無害爲聖人之徒也。」──張之洞：《勸學篇外篇·會通第十三》），然而一旦有人要反對中國傳統的倫理教化，則真是「怵心駭耳，無過於斯」④。正因爲如此，進入二十世紀以後，陳獨秀率先發表了《吾人最後之覺悟》一文，總結上世紀以來言技、言政、言教的過程說：「自西洋文明輸入吾國，最初促吾人之覺悟者爲學術（按即指「科技」），相形見絀，舉國所知矣，其次爲政治，……繼今以往，國人所懷疑莫決者，當爲倫理問題。」在陳獨秀看來，在倫理教化這個根本問題上，中國人如果「不能覺悟，則前之所謂覺悟者，非徹底之覺悟，蓋猶在惝怳迷離之境」⑤。陳獨秀不愧爲五四知識份子的一代領袖！因爲中國傳統的「教」亦即傳統的文化心理、文化素質、文化機制、文化背景，實是具有幾千年歷史的中國傳統勢力的最後陣地，最後防線，中國走向現代世界的進程必然會在這個最後陣地和最後防線

上遭到最頑強、最持久、最全面的抵抗，換言之，中國傳統文化與中國現代化之間有著不可避免的歷史衝突！而近代中國知識份子在這種歷史衝突中必然處在首當其衝的位置上，因爲中國知識份子一方面對中國現代化的歷史要求最爲敏感、最爲嚮往，但另一方面他們恰又是中國傳統文化的嫡系傳人，歷史的衝突在他們身上也就常常表現爲自我衝突。因此，近代以來中國知識份子在東、西方文化大碰撞下的反應，可以看作是中國現代化進程的人格化表現，而百年來中國知識份子的成熟度，也就可以看作是中國現代化事業成熟度的精確指示器。我們這一代青年知識份子今日討論中國文化，不應忘掉龔自珍「不似懷人不似禪，夢回清淚一潸然」的悲憤淒苦，不應忘掉魏源等「創榛闢莽，前驅先路」的艱難困頓，不應忘掉康有爲等「不量綿薄、摧廓僞說」的慷慨激昂，更不應忘掉魯迅在五四以後依然難以擺脫的巨大徬徨：「我快步走著，彷彿要從一種沈重的東西中衝出，但是不能夠。耳朵中有什麼掙扎著，久之、久之，終於掙扎出來了，隱約像是長嗥，像一匹受傷的狼，當深夜在曠野中嗥叫，慘傷裡夾雜著憤怒和悲哀。」……

　　八十年代重開中國文化討論，無疑是百年以來文化爭論在更高層次上的繼續和深入。這種歷史的連續性就在於：百年以來中國歷史走過的路程，在某種意義上都還只是中國現代化的準備階段；只有今日，中國的現代化才算真正邁開了它的歷史步伐，也因此，百年來中國現代化與中國傳統文化的遭遇、衝突實際上都還只有前哨戰的性質，因爲那時的衝突主要是政治衝突，這種衝突最直接、對抗性最強，但相對來説也就是最簡單、最容易解決的衝突。今日中國現代化與中國傳統文化之間已不復具有直接的政治衝突的性質，但卻具有另一種更爲廣闊、更爲深刻、更爲複雜的總體性全方位衝突，我把它稱爲「文化的衝突」，亦即具有幾千年歷史的中國傳統文化與正在形成中的中國現代文化之間的衝突。説得更具體點，也就是在千百年「尊尊親親」的家庭制社會結構基礎上所形成的中國人的傳統意識、傳統心理、傳統知識形態、傳統行爲方式，與現代化社會必然要求於中國人的現代意識、現代心理、現代知識形態、現代行爲方式之間的全方位遭遇和總體性衝突。這樣的歷史衝突是不可避免的。事實上，任何一個民族要進入現代化的行列，都不可避免地會面臨這種「文化的衝突」，亦即都會面臨一個從自己民族的傳統文化系統走向現代文化系統的任務。我個人認爲，現代化，歸根結底是「文化的現代化」，中國的現代化只有最終落腳在一種新的現代中國文化形態上，才算有了真正的根基和鞏固的基礎，否則其他方面的現代化或者將難以達成，或者甚至得而復失。尤其在中國這樣一個傳統文化極其深厚的國家，如果不明確地提出「文化現代化」的任務，那就勢必會嚴重阻礙中國現代化的總體歷史行程。因此，當代中國知識份子的歷史使命，正是要富有想像力地去探索、開創中國的現代文化形態。而要完成這個任務，就不能不正視中國傳統文化形態與中國現代文化形態的區別與衝突。在這裡，我們不能不首先弄清楚一個根本問題：百年來的「文化之爭」究竟是——

中西之爭還是古今之爭

　　近代以來中國知識份子對中國文化問題的大討論，幾乎總是與對西方文化的討

論和評價密不可分地糾纏在一起，這是毫不奇怪的，因爲對中國文化的討論本身就是「自西洋文明輸入吾國」所促成的。千百年來閉關鎖國的中華大帝國，在近代以來突然受到了另一種文化的挑戰，並在這種外來文化面前幾乎潰不成軍，這就不能不使中國知識份子在痛定思痛之餘，猛回頭而敲響了警世鐘：中國傳統文化的價值究竟如何？中西文化的差異究竟何在？

　　但是，正因爲對中國文化的檢查是在外來文化的刺激、衝擊下發生的，正因爲對本民族文化的反思總是與對外來文化的態度糾纏在一起，近代以來對文化問題的討論也就變得異常的複雜、異常的棘手，甚至常常模糊了事情的本質。這裡的一個關鍵問題就在於：中國文化與西方文化之間的地域文化差異常常被無限突出，從而掩蓋了中國文化本身必須從傳統文化形態走向現代文化形態這一更爲實質、更爲根本的古今文化差異的問題。正因爲如此，在歷來的文化討論中常常出現一種本末倒置的現象：我們的根本目的照理來說本應是檢查中國傳統文化究竟有些什麼樣的問題，使得中國人在近代大大落伍，從而尋求解決的辦法，儘快把中國傳統文化形態改造成嶄新的中國現代文化形態；而中西文化的比較本應是服從於這個根本目的的，亦即看看西方文化能否在這方面有所借鑑，特別是應考察西方文化是如何從其傳統形態走向現代形態，從而促進了它們近代的強盛。結果卻是手段常常變成了目的：我們總是不知不覺地用抽象的中國文化（實際上是中國傳統文化，說穿了多半是儒家文化）與抽象的西方文化（實際上是經過了「知識論轉向」以後的近代西方文化）之間的泛泛比較與籠統區別，來迴避、模糊、轉移甚至取消中國傳統文化形態與中國現代文化形態的區別這個更爲實質的問題（與此同時也就忽視了西方文化本身也有一個其傳統形態與現代形態的區別）。八十年代以來的文化討論中，海內外的許多論者似乎都比以往更加突出地強調了「中國文化有中國文化的特殊性」、「中國文化有它自己的基本精神」、「中國文化與西方文化根本不同」……，例如，中國文化是內傾的或內在超越的，西方文化是外傾的或外在超越的；中國文化是靜的，西洋文化是動的；中國哲學是直覺性的，西洋哲學是邏輯實證的；中國重人文，西方重科技；中國人講究倫常日用，西方人追求理論構造，等等。這就給人以一種強烈的印象，似乎中國文化（或至少是其基本形態、標準模式、總體結構、核心範疇、價值取向等等）就只能是這個樣子，過去是這樣、今日也只能這樣、將來也必定還這樣；反過來也一樣，西方文化一定是那個樣子，它歷來就是如此，以後也永遠如此。而且中國之爲中國，西方之爲西方，其不同也就在這些個分別上。如若不然，不就抹殺了文化的特殊性、個性或民族性？

　　應該說，所有這些都不是沒有道理，中西文化當然有區別而且有很大的區別，研究並指出這種區別本來是大有裨益的事，但是由於過份強調了中國文化（確切說並不是中國文化，而只是中國傳統文化）的特殊性（優越性？），這樣的比較實際上也就有意無意地渲染、助長甚至論證了一種通常很少明言，但卻確確實實是根深蒂固的基本觀念或基本態度：儘管中國社會要從傳統形態（小農經濟）躍入現代形態（大工業生產），但中國的傳統文化形態卻並不需要進行根本的改造和徹底的重建。我以爲，正是由於這種相當普遍的態度或傾向，使得對中國現代文化形態的探討始終未被提到文化討論的中心位置上來。我們似乎寧願把中國人當成愛斯基摩人

那樣來看待，而又把中國文化當成博物館中的古董那樣來擺弄，檢查中國文化成了炫耀祖宗遺產、文化比較則成了證明中國文化獨特性的手段，西方文化的存在在這裡恰恰倒成了中國文化可以固步不前的根據和理由，因為「中學之外，別為西學」。由此，我們常常轉了一大圈，又回到了老地方原地不動，問題並沒有解決，但卻已經被取消了：中國傳統文化本身似乎並不存在要改造為現代文化形態的問題，那都是由於中西文化根本不同造成的錯覺而已。正因為如此，文化討論的真正問題和根本任務——中國文化的出路問題——卻反而被束之高閣，以至消解於無。例如，幾乎誰都明白，中國傳統文化之所謂內傾的、靜的、重直覺、重人文，只求倫常日用這種性質，正是中國人近代大大落伍在文化上的根本病症，也幾乎誰都清楚，西方文化之所謂外傾的、動的、重邏輯、重科技、重理論，無非也就是所謂的「科學理性精神」（並不簡單地等於「實證精神」），也就是西方人近代強盛在文化上的基礎所在，那麼顯而易見的，真正的問題就應當是：如此這般的中國傳統文化能否適應中國人的現代化要求？中國的現代化是否也需要培養起一種以「科學理性精神」為整體特徵的現代文化系統？如果需要，又應如何著手？馮友蘭先生當年倒曾追究過，中國人究竟是「為之而不能」還是「能之而不為」。但在我看來，問題可以用更為直截了當的方式來提出：第一，「有沒有」（即中國傳統文化是否具有作為總體特徵的科學精神）？第二，「要不要」（即如果以前沒有，今天怎麼辦）？第三，「怎麼要」（即如果要，具體如何著手）？弄清「為之而不能」還是「能之而不為」固然也很重要，但如果根本「不要」，則「能」與「不能」也就可以劃等號，而如果「要」，那麼「不能」也得「能」、「不為」也得「為」！令人遺憾的是，我們在討論文化問題時，似乎常常更多地只糾纏了第一個問題上，第二個問題多半是被迴避的，而第三個問題則幾乎從未提出過。之所以如此，我以為就是因為我們常常有一種先入為主的成見，即總以為那些東西是西方文化特有的，不是「中國文化的基本精神」，中國文化如果朝這種方面發展，且不說能不能成，首先不就是捨本逐末，「全盤西化」？許多人更常常振振有詞地說，對中國人來說，要對世界文化作出貢獻，莫過於發掘中國特有的土特產，這才有民族性、獨特性，從而也就有世界性（這實際上是世紀初「國粹派」的流行說法，即所謂中國人對世界文化的最大貢獻莫過於「整理國故」，要是「抄拾歐化」恰恰是「無世界眼光」等等）。所有這些實際上都無非是說：中國傳統文化的基本形態是不能動、不必動，也動不了的。因為中國人之為中國人，中國文化之為中國文化，全賴乎這點文化傳統，如若動了，中國人還能是中國人，中國文化還成其為中國文化嗎？要說中西文化之差異，這裡倒確實是一大差異：當西方人在從傳統文化進展到近、現代文化時，儘管也困難重重，但無論是文藝復興也好，宗教改革也好，啟蒙運動也好，至少他們從未擔心過在改革後是否會變成不是意大利人了，不是德意志人了，不是法蘭西人了！唯獨在中國，人們首先考慮的不是如何發展現代化文化形態，而是問：那是中國文化嗎？！

　　巨大的文化財產變成了巨大的文化包袱（保住家業）、巨大的文化優越感變成了巨大的文化負罪感（愧對祖宗），這不能不說是中國現代化進程中的一個巨大心理障礙，尤其是素有士大夫氣質的中國知識份子在自我啟蒙道路上的一塊巨大暗

礎。在筆者看來，張之洞當年提出的「中學爲體、西學爲用」這個著名的理論怪物，實際上遠遠不是中國近代史某一階段獨有的思潮，而是中國現代化整個歷程中不斷會遭遇到的一大障礙，更是中國知識份子在相當長時間內都很難完全擺脫的一個鬼影。如果我們不是把眼光僅僅停留在張之洞當年是爲封建王朝服務這種簡單的政治批判上，而是把眼光盯住他這種理論本身的話，那麼就不難看出，所謂「中學爲內學，西學爲外學；中學治身心，西學應世事」[6]這種說法，實際上具有著極爲廣闊的文化背景和極爲深厚的心理基礎。這文化背景就是「吾堯舜禹湯文武周孔之道」已有數千年歷史矣！從而這心理基礎也就是魯迅所說的中國人特有的「愛國的自大」[7]！從這種文化背景和心理基礎中，不可避免地產生出（在今日仍然很有影響的）兩種典型態度。一種是：所有外來文化歸根結底都源於中國：「泰西之學，其源流皆生於墨子」[8]；「究之泰西之學，實出於中國，百家之言藉其存，斑斑可考」[9]，只要那麼一「考」，則一切近代自然科學也就無不是「中國所固有之，西人特踵而精之」而已[10]。總而言之，中國人是「能之而不爲」，因爲「技藝微長，富強謀術，於修身齊家治國平天下之道又何所取」[11]。另一種也是更普遍的一種則是：「中國之雜藝不逮泰西，而道德、學問、制度、文章，則夐然出於萬國之上」[12]，「中國人數千年以來，受聖經之訓，承宋學之俗，以仁讓爲貴、以孝弟爲尚、以忠敬爲美，……則謂中國勝於歐美人可也」[13]，所以「吾國固有之文明，正足以救西洋文明之弊、濟西洋文明之窮者」[14]，西方人「因科學發達，生出工業革命，外部生活變遷急劇，內部生活隨而動搖」，「不惟沒有得到幸福，倒反帶來許多災難」，「正要等到中國的文化來救」，所以，「我們可愛的青年啊，立正，開步走！大海對岸那邊有好幾萬萬人，愁著物質文明破產，哀哀欲絕的喊救命，等著你來超拔他哩」[15]，歸根結底，全人類、各民族最終都要踏上「中國的路、孔家的路」，「世界未來文化就是中國文化的復興」[16]，因此要緊的不是「西方文化東漸」，而是加緊「中國文化西被」[17]。——這也就是甚爲「流行的一種說法，認爲東方的文明是『精神文明』，西方的文明是『物質文明』。……東方的人說：東方雖然被壓倒了，但是它的『精神文明』還是優於西方的，這是一種自我解嘲之辭」[18]。雖然是自我解嘲，但畢竟多少能滿足一下士大夫們心理基礎的要求，也算對文化背景給出了一種說法，所以不但調子越唱越高，而且常常還能博得「持論平正通達，於學術人心大有裨益」（光緒皇帝讚張之洞《勸學篇》語）一類的喝彩。無怪乎魯迅當年常有哭笑不得的感嘆：「中國人的不敢正視各方面，用瞞和欺，造出奇妙的逃路來，而自以爲正路。在這路上，就證明著國民性的怯弱、懶惰，而又巧滑。一天一天的滿足著，即一天一天的墮落著，但又覺得日見其光榮。」[19]。

　　正是由於這種根深蒂固的「中國精神文明冠於全球」[20]的文化阿Q主義，所以「中國太難改變了，……不是很大的鞭子打在背上，中國自己是不肯動彈的」[21]。魯迅的話沒有半點誇張。如果把近代中國與近代日本比較一下就可看出一個根本的差別：文化淺薄的日本是積極、主動、爭著、跑著、唯恐落後般地全力汲取西方文化，而文化太厚的中國則是首先百般抵制、全力拒斥，而後才被拖著、打著、無可奈何地一步一步被迫接受西方文化。這兩種根本不同的態度，極其深刻地影響了中日兩國各自的近代命運，用梁啓超的話說就是：「日本變法，則先變其本，中國變

法，則務其末，是以事雖同而效乃大異也」[22]。日本由於是積極主動的態度，所以力求首先引入、學習西方文化的本質、核心、根基。1868 年明治維新，天皇詔書全國：「破舊有之陋習」、「求知識於世界」，日本知識份子舉國而動，慨然以「近代化爲絕對命令」，甘心付出「想要輸入外國文明時必須付出的代價」，他們本來也曾幻想「東方的道德、西方的技術」、「日本的精神、西方的學識」這類模式，但隨後立即明白，要「實行近代化」就不可能用這類模式應對，「因爲所謂文明本來是一個整體，並不能單獨採用它的科學技術文明」，於是極爲明智地不是一味只著眼於西方的實用技術，而是首先大力輸入西方文化的「本」亦即西方的哲學以及政治法律等社會科學，使日本國風氣爲之一新，從而全面改變了原先的文化結構、奠定了維新變法的根基，終於只用了短短三十年左右就奇蹟般地完成了近代化過程，甲午首戰中國，轉而再戰沙俄，竟然「一反世界的預料而在兩次戰爭中都取得了勝利」[23]，從此一躍而爲列強，儼然稱霸東方。與此同時，中國卻恰恰相反，由於抱著極其不情願的抗拒心理，所以西方文化中越是根本越是關鍵的東西也就越不肯學，越遭到抵制，唯恐一學中國人就不是中國人，中國文化就不是中國文化了；而且即使稍稍學一點，也要立即補上一句：「雖然，此皆器也，而非道也，不得謂治國平天下之本也。」[24]正因爲這樣一種心理，幾乎每次都要「很大的鞭子打在背上」才能動一動：鴉片戰爭一鞭打在背上痛不可當，才不得不開始學造洋槍洋炮，但只准學這點，其他不能要，所以中國翻譯西方書籍最早「專以兵爲主」；然而一要造槍炮，方知這槍炮後面還有一整套「格致學」即自然科學原理，無可奈何之下，又開始翻譯「算學、電學、化學、水學諸門者」，但只能到此了。所以直到上世紀八十年代，基本尚無社會科學譯著，因爲目的只限於「資以製造以爲強兵之用」；然而甲午海戰又是一鞭打了下來，已有洋槍洋炮的北洋水師全軍覆沒，舉國震驚之餘，方知「西人之強者兵，所以強者不在兵」，光有自然科學並不濟事，更要緊的是社會科學，於是才急呼「今日之計，莫急於改憲法。必盡取其國律、民律、商律、刑律等書而譯之」[25]，由此法律政治社會科學方面的翻譯才開始，而一走到這一步，則終於發現，社會科學背後原來還有一「絕大關鍵」的東西，這就是西方的哲學根基，這才有嚴復的《天演論》等開始問世（1898 年後開始），這才使「吾國四千餘年大夢之喚醒」[26]，逐漸明白中學這個「體」一貫津津樂道的「『心』字、『天』字、『道』字、『仁』字、『義』字，如此等等」，「與夢囈又何以異乎？」[27]才醒悟這個「體」「一言以蔽之，曰無用」、「曰無實」，「其爲禍也，始於學術、終於國家」[28]。然而，爲時晚矣！初看起來，中國人之認識到西學的「本」與日本人只差三十年左右，然而恰恰是這短短的三十年，天下之攻守之勢大異也！甲午之後，中國人已再無喘息之機，西方列強紛紛叩門而入，國家之獨立已不復保，在這樣的情況下再開始翻譯西學經典，再開始戊戌變法，還何用之有！與此相反，日本在甲午之後則已以全新面貌翻然崛起於東亞，完全站穩了腳跟，足保本國之獨立安全，大可放手加速其近代化進程了。東亞的基本政治、經濟、文化格局以及中、日兩國的各自地位，以此而成定局。如果我們能記得，中國是 1840 年被英國軍艦打開門戶，而日本則是 1853 年被美國炮隊強行打開門戶（「在這以前，日本是一個與世隔絕、過著太平生活的國家」——吉田茂：《激盪的百年史》）的話，難

道我們能不感嘆這三、四十年是如何地瞬息萬變而又命運攸關？！

　　一念之差，常貽誤無窮。鴉片戰爭以後的中國人如果不是那樣的抱殘守缺、空談夷夏，中國史和世界史或當有所不同。中華民族「實有可爲大國之儲能」，如能「盡去腐穢，惟強以求，真五洲無此國也。」㉙然而，令人長嘆的是，百年以來偏偏有那麼多的中國知識份子總是不願或不敢正視中國傳統文化形態已經根本不適應時代發展這一嚴峻事實，總是翻來覆去地強調中國傳統的文化心理、文化結構、文化機制、文化背景是不必改變、不可改變、也改變不了的。說到底無非仍然「不承認這是古今、新舊的矛盾，而認爲是東西、中外的矛盾。東西文化不同，因爲其根本思想不同」。在這一點上，馮友蘭先生幾十年前的看法倒比今日許多論者的說法更爲清醒、更爲科學。馮先生最初也是「用地理區域來解釋文化差別，就是說，文化差別是東方、西方的差別」，但他「後來逐漸認識到這不是一個東、西的問題，而是一個古今的問題。一般人所說的東西之分，其實不過是古今之異。……現代的歐洲是封建歐洲的轉化和發展，英國是歐洲的延長和發展。歐洲的封建時代，跟過去的中國有許多地方是相同的，或者大同小異。至於一般人所說的西洋文化，實際上是近代文化。所謂西化，應該說是近代化」。㉚

　　這當然並不是說，中西文化之間就沒有地理區域上的差別。但是本文認爲，中國傳統文化與中國現代文化之間的差別乃是文化討論中主要的、第一位的問題，而中西文化的地域區別則是次要的、第二位的問題，我們只有把重點放在第一個問題上，才能更好地來進行中、西文化的比較。這裡有幾個問題需要特別指出：

　　第一，所謂的「西方文化」實際上是一個十分籠統的概念，真正說來，英、美、德、法、日、蘇……等主要西方大國各自的文化傳統和文化背景都有著極大的、不容忽視的區別，更不必說西班牙、葡萄牙、意大利、北歐、東歐等等了，而且各國走向近代化或現代化的路徑也都各有千秋，例如在歐洲至少就可分爲英國、法國、德國這三種極不相同的道路（這方面的比較研究大有實際意義），今日這些國家一般被人們認爲是現代化國家，它們的文化一般也被看成是現代文化形態，但所有那些民族的文化傳統的區別仍然鮮明地保持著（例如從大範圍上講，歐陸派與英美派幾乎互不相容），不過問題是在於，所有這些國家的文化區別都是在現代文化形態之內的區別，這就是至關重要之點。我以爲今日中國文化的根本問題就在於，它必須盡快使自己進入現代文化形態的行列，從而才可能在一種平等的基礎上來與其他現代民族文化作比較，也就是說，我們今日必須使中國文化與西方文化的區別成爲一種如同西方各國文化之間的區別一樣，是在同一個現代文化形態範圍之內的區別，只有這樣的區別，才是一種平等的區別。也只有這樣，我們才有可能展開與其他現代民族文化之間的真正的、平等的對話。如若不然，我們就勢必只能處在不平等的文化區別、不平等的文化比較、不平等的文化對話這種不平等的地位上。

　　第二，我們必須清醒地認識到：中國傳統文化並不是由於近代化以來西學東漸才受到挑戰並出現危機的。事實上，西學的刺激再怎麼強烈，始終只是一種外部的挑戰和外來的衝擊而已，如果中國傳統文化足夠強大、足夠有生命力，這種外部的挑戰和衝擊也就不致構成危機了。真正的挑戰和衝擊並非來自外部，而是來自內

部，亦即來自這個事實：近代以來中國社會本身的發展，使中國傳統的文化形態再也不能適應中國社會的現實了。因此，問題的實質就根本不在於中西文化的差異有多大，而是在於：中國文化必須掙脫其傳統形態，大踏步地走向現代形態。正因爲這樣，我們必須特別注意不要用中西文化的地域差異來模糊、轉移中國古今文化的差異這一嚴峻任務。因此，如果我們真正想要發揚光大中國文化，那麼這並不表現爲開口閉口「諸子百家儒道禪」，而是要切切實實地去探索中國文化走向現代文化形態之路；如果我們真正對中國文化充滿了關注，那麼首先要擔憂的並不是儒家道統能否延續，而是要時時反問：我們的文化形態是否處在世界現代文化形態之外？如果我們真正具有文化的自信、民族的自尊，那麼與其不著邊際地幻想「世界未來文化必是中國文化的復興」，不如腳踏實地地考慮一下：中國文化今日有無能力擺脫其傳統形態而進入現代形態？

　　所有這些，自然使得一個老問題又一次突出地提了出來：我們究竟應該怎樣看待文化傳統？

説「傳統」

　　傳統問題實際上是文化討論中的核心問題所在。百年來的中西古今文化之爭，其理論上的爭論焦點，差不多都落在這個問題上。八十年代重開文化大討論，事實上也已經逐漸把這個問題推到了前臺。從目前看來，海內外的許多論者似乎都持有一種相當普遍的所謂「反『反傳統』」的態度或傾向。這種傾向認爲，近代以來，尤其是五四一代的知識份子，由於把「現代化」與「西化」不恰當地等同了起來，以一種全盤否定的「反傳統」態度來對待中國文化，因此在客觀上「切斷」了中華民族的「文化傳統」，造成了所謂的文化傳統的「斷裂帶」。因此，今日的任務顯然是應努力去彌補這種斷裂，以「接上」中國文化的「傳統」。

　　所有這些，都是完全可以理解的。對此不應妄加指責，更不應以任何簡單的政治標準和道德熱情給予當頭棒喝。尤其是文學中的尋根意識，自有作家們的一番辛酸苦辣在內，其原因的複雜與今後實際走向的必然多重分化，實非一時所能説得清楚；從七十年代末的「傷痕文學」如此快地走到今日這種「文化文學」（我們姑且這麼稱之），在中國當代文學史甚至中國當代文化史上如何評説，恐怕目前也還爲時過早。我們這裡想要提醒的只是，在對「五四」進行再認識之時，必須對「傳統」問題本身也進行一番再認識；八十年代的文化討論，應該首先在理論上或方法論上對「傳統」本身作出新的理解和認識，換句話説，當我們大談「文化傳統的斷裂」時，當我們千方百計地企圖「補接」文化傳統時，不妨首先從理論上討論一下這樣一個基本問題：

　　究竟什麼叫「傳統」？究竟怎樣才是或才能繼承「傳統」？

　　爲了討論的方便，我們在這裡引入「時間性」（Zeitlichkeit/temporality）這個概念，其特點是帶有過去、現在、未來這三個時間維度。我們現在可以問，從時間性上講，所謂的「傳統」究竟落在那一個時間維度上？

　　以往的通常看法實際上多半是把「傳統」與「過去」等同了起來。尤其是那些

特別强調傳統的重要性的論者，他們所説的「傳統」無非就是「過去」或説過去的東西。這就是説，「傳統」只不過是「過去已經存在的東西」——過去的人，過去的事，過去的思想，過去的精神，過去的心理，過去的意識，過去的文化，以至過去的一切。因此，所謂「繼承發揚」傳統也就只不過是使「過去已經存在」的那些東西在現在以至未來發揮積極的作用，而所謂「批判的繼承」則也就成了只是在「過去已經存在」的那些個東西之中挑挑揀揀：「消極衰朽的」東西就扔掉它，「積極健康的」東西則留下來。

這種把「傳統」看成是「過去」的觀念，實質上隱含著一個通常不易覺察的假定，亦即把「傳統」或「文化傳統」當成了一種「已經定型的東西」，當成了一種絕對的、固定化了的東西。也就是説，凡是「過去」沒有的東西就不屬於「傳統」，例如，「科學理性精神」是「過去」的中國文化中沒有的，所以科學理性精神就不能成爲中國文化的「傳統」，即使「現在」可以學習一點，那也不是以成爲中國文化的正統、道統、核心、精髓，不足以表徵中國文化的基本精神，所以也就不能成爲中國文化「未來」發展的方向。本文上節所説的唯恐中國人變成不是中國人，中國文化不成其爲中國文化的種種心理，實際上都是從這種把傳統等同於過去的觀念中生發而來。「傳統」在這裡成了像天上的月亮，地上的石頭那樣的萬世不變的自然物體，而我們與傳統的關係也就成了一種與固定不變的東西之間的關係，借用西人馬丁・布伯（Martin Buber）的話説，就是一種「我與它」的關係，其特點是，不管我如何思考，如何動作，傳統總是保持著它的自身同一性而始終不變：「它，總是它，它！」[31]

在本文看來，把「傳統」等同於「過去」，那就必然會以犧牲「現在」爲代價，因爲這種傳統觀總是以「過去已經存在」的東西（尤其是所謂文化的價值核心、文化的心理結構等等）爲尺度來衡量現在的文化是不是標準地道的中國文化「傳統」，從而也就把現在納入於過去的範疇，拉進了過去的框架；而現在既然已經下水，則未來自然也就不能不跟著入籠，由此，現在也好，未來也罷，統統都被裝進了過去這寶瓶之中，統統只不過是那同一個恆定不變而又能循環往復的「過去」。實際上，我們是把現在和未來統統都葬入了過去的墳底之下，這才是真正只落得「好個一片白茫茫，大地真乾淨！」誠然，許多人倒也都好談「未來」，例如，「未來世界必定是中國文化的復興」，「百千年後中國文化將會如何如何」之類，這種説法看上去似乎十分高瞻遠矚，能不拘泥於只從「現在」出發的功利實用考慮，而能從「未來」這深遠的前景出發來籌劃中國文化，實際上，這完全是一種「幻相」，因爲這種種説法恰恰正是在從「過去」看「未來」，而不是從「未來」看「過去」，其根本原因就在於，他們所説的這個「未來」，所説的這個「百千年後」，實際上仍然只不過是那個「過去」，再過一萬年，也永遠還是那個「過去」：所謂的「未來」早就已經被根據「過去」的標準量體裁衣、切削成型，它與「過去」了無區別，只不過是「過去」的翻版而已。而在許多人那裡，他們所要的也恰恰就是這種翻版，因爲在他們眼裡，唯有那個「過去」才稱得上是「傳統」、「道統」，才是地道的中國文化。由此也就不難想見，我們的「過去」是多麼卓有成效地在拖住我們的「現在」甚至我們的「未來」！因此，我們的「現在」，我們

的「未來」，常常都並不是一種「真的」（eigentlich/authentic）現在和未來，因為它們的存在並非自身具有意義，而只是爲了讓那個「過去」苟延殘喘；也因此，我們的「過去」也常常並不是「真的」過去，因爲它常常「忘記了」它已經過去了，仍然還要年復一年地「複製」自身，從而杜絕了其他任何新的可能性。而最悲慘的是，由於我們生活在這樣一種「非真的時間性」（der uneigentlich Zeitlich-keit/inauthentic temporality）中，我們自己的存在也就成了一種「非真的存在」，因爲我們不是也不能立足於自己本身來處世在世，而只是爲了讓「過去」的那個「民族文化心理結構」能夠有一載體而不致「斷裂」；在時間的流動中，在歷史的行進中，我們只是偶爾地「在場」而已，卻並没有真正地「參與」在時間與歷史之中，因爲我們在時間與歷史之中根本佔不到一個與我們自己的生存息息相關的「瞬間」（Augenblick/moment），也没有任何一個「此地」（Da/there）是我們自己的立足之所。於是乎我們像幽靈一般，忽而故國神遊於「文武周孔」之福祉，忽而又夢魂追尋「後工業社會」之仙境，上下幾千年，來去數萬里，卻就是從未曾知道「自己」當下此刻正處在何時何地！從表面上看起來，「傳統」似乎是如此魚水不可分地與我們内在相聯，實際上卻恰恰相反，傳統與我們完全是外在的關係，因爲不管我們存在還是不存在，與「傳統」都了無關係，在我們之前，「傳統」就已是這樣，在我們以後，「傳統」也依然如故，所以我們「現在」的存在也就純粹是一種偶然的存在，唯有那「傳統」——過去的文化心理結構——才以其超時間超歷史的必然性永恆不變地存在著，如月當空，普照萬世。

以上種種，我們稱之爲「過去式的思維方式」或「過去式的生活態度」，其根本特點就是嚴重地缺乏現實感，缺乏自我意識。阿Q的兩句道白實可作爲其最高的象徵，一句是：「我們先前——比你闊得多啦！你算是什麽東西！」另一句則是臨到殺頭之際了，還要掙扎著交待一句場面話；老子「二十年後又是一個……」。而「二十年後」果然又來了一個，「他叫『小同』，大起來，和阿Q一樣」[32]。於是我們就這樣「二十年」一個輪迴般地循環著，每個人都深信不疑：我兒子今後會闊得多啦！因爲從前我祖宗那會兒比現在要闊得多啦！總之，或是誇耀過去的祖宗，或是吹噓未來的子孫，偏偏自己現在無事可幹。這確實正是法國人今日所説的地地道道的「自我欺瞞」（mauvaise foi/bad faith）。這種「過去式的思維方式」或「過去式的生活態度」大概與我們歷來的時間觀有關，我們將之稱爲「過去型的時間觀」，亦即人們總是習慣於把「過去」這一維當作「時間性」和「歷史性」的根基、本質、核心，因此一談到「傳統」、「文化」這些在時間中和歷史中存在的東西，首先就十分自然地到「過去」中去尋找，儘管「過去」實際上早已過去了，但人們總力圖在「現在」中把這個「過去」挖掘出來，複製成型，並把這個「過去」再投影到「未來」上，因此，繼承傳統成了複製過去，光大傳統也無非加大投影。久而久之，也就必然形成了一種以過去爲中軸的内循環圈，現在和未來都被劃地爲牢繞著過去作向心運動，在過去這巨大的向心引力下，現在和未來的任何一點新的可能性均被吞噬、碾碎、消化、瓦解，「現在」與「未來」實際上根本就已不復存在，因爲它們全都被「過去化了」。這種循環我們可稱之爲「過去式封閉型内向循環」，其必然結果就是，隨著與那個「過去」的時間距離日益加大，其循環旋轉也

就越來越吃重，越來越費力，越來越緩慢，直至最後終於凝滯固定而不動（不過還可以耐心等待「未來的某一天」再作旋轉）。所謂中國封建社會長期停滯這些問題，我看很可以從「過去型時間觀」、「過去式思維方式」、「過去式生活方式」、以及「過去式封閉型內向循環」這類「文化心理結構」來作些分析考察。海外許多學者近年來常常愛用「憂患意識」這個概念，意思是說，儒家文化的起源在很大程度上是與對「鬱鬱乎文哉」的周代文化竟會衰敗沒落感到無比「憂患」有關，因此，「憂患意識」——擔心過去的文化不復再保——也就構成了歷來儒家文化的一個重要特點。這個說法我們非常贊成，因爲所謂的「憂患意識」恰也就是我們所說的「過去式」思維觀和生活觀。不過海外許多學者似乎對這種「憂患意識」評價很高，並且也像古人那樣非常「憂患」中國在現代化之後，中國文化還能否成其爲中國文化；我們卻恰恰相反，不但沒有這種「憂患意識」，也不大理解這種「憂患意識」，因爲在我們的心目中，中國的過去要是沒有這種杞人憂天式的「憂患意識」，那麼我們現在大概也不必爲現代化而「憂患」了。

可以直截了當地說，在我們看來，如果「傳統」只不過就等於「過去」，那麼我們確實只能認爲：「傳統在思想體系的所有領域內都是一種巨大的保守力量」㉝，而且其表現形式也就常常是這樣：「一切死亡前輩的傳統，好像噩夢一般，籠罩著活人的頭腦。……」㉞

與上述這種傳統觀完全相反，我們認爲，「傳統」是流動於過去、現在、未來這整個時間性中的一種「過程」，而不是在過去就已經凝結成型的一種「實體」，因此，傳統的真正落腳點恰是在「未來」而不是在「過去」。這就是說，傳統乃是「尚未被規定的東西」，它永遠處在製作之中，創造之中，永遠向「未來」敞開著無窮的可能性或說「可能世界」，正因爲如此，「傳統」絕不可能只等於「過去已經存在的東西」，恰恰相反，傳統首先就意味著「未來可能出現的東西」——未來的人、未來的事、未來的思想、未來的精神、未來的心理、未來的意識、未來的文化、未來的一切。因此，「繼承發揚」傳統就絕不僅僅只是複製「過去已經存在的東西」，而恰恰是要發前人所未發、想前人所未想，創造出「過去從未存在過的東西」，從我們今日來說，就是要創造出過去的中國人不曾有過的新的現代的「民族文化心理結構」；而所謂「批判的繼承」，也就並不只是在「過去已經存在」的東西中挑挑揀揀，而是要對它們的整體進行根本的改造，徹底的重建，以今日而言，也就是要徹底打破中國人幾千年來的「文化心理結構」並予以全盤重建。這裡順便說一句，所謂的「民族文化心理結構」實際上並不是什麼玄而又玄、一成不變的「形而上實體」，而完全是一種動態過程，隨著時代的變遷、必有社會的變遷、文化的變遷、從而也就必有心理結構的變遷，而通常所說的「現代化」，從知識社會學的角度上講，無非就是指社會變遷、文化變遷的一種特殊形式，因而也就是心理結構變遷的一種特殊過程。說它是「特殊形式」，就是指現代化所造成的「變遷」比之通常的變遷來說是最徹底、最根本、最全面、最深刻的一種變遷，因爲它要求社會結構徹底變遷、文化形態根本變遷、心理結構全面變遷。所謂「搞」現代化，就是要求自覺地、有意識地去促進這種總體性的「變遷」。阻礙這種「變遷」也就是阻礙現代化的進程。就我們而言，我們根本就不「憂患」在經過現代化所造成的

全面變遷之後中國人還是不是中國人、中國文化還是不是中國文化，因爲在我們看來，不管這種變遷是多麼劇烈、多麼深刻，它都是中國人自己在變、中國文化自己在變，是中國人自己在改造自己，中國文化自己在發展自己，所以不管變遷之後的未來與變遷之前的過去會是如何地面貌全非、大不一樣，它都是中國人自己的發展，中國文化自己的創造，因而內在地構成了中國人或中國文化自己的「傳統」之一部分。要言之，所謂「中國人」並沒有什麼固定不變的樣子，似乎非如此如此才叫中國人，我們爲什麼要把中國的「傳統」限制得如此單調呆板，又何苦非要老是無病呻吟式地「憂患」來「憂患」去呢？

　　根據我們的傳統觀，傳統既然是「尚未被規定的東西」，傳統既然是永遠在製作之中、創造之中，那麼我們每一代人自己「現在」的存在就都不是一種可有可無的偶然存在，不是「過去已經存在的東西」之自然延續，不是僅僅作爲「過去」的文化心理結構之載體，導體才有資格被「傳統」所接納，而是對「傳統」負有著一種「過去」所承擔不了的必然的使命，這使命就是：創造出「過去」所沒有的東西，使「傳統」帶著我們的貢獻、按照我們所規定的新的維度走向「未來」，用當代解釋學（Hermeneutics）大師伽達默爾（H–G. Gadamer）的話來說就是：「傳統並不只是我們繼承得來的一宗現成之物，而是我們自己把它生產出來的，因爲我們理解著傳統的進展並且參與在傳統的進展之中，從而也就靠我們自己進一步地規定了傳統。」[35]換言之，傳統、文化、歷史都不是什麼超乎我們之外或之上的「非時間的」（atemporal）自然持存之物，而是與我們每一代人在每一特定時間中的所作所爲內在相聯的，並且就是由我們每一代人在每一具體時間內對它們的理解、改造、創造所構成的，用當代解釋學的術語來說，它們都是「有效應的歷史」（Wirkungsgeschichte/effective-history）[36]，也就是說，每一代人都對傳統、文化、歷史起著特定的作用、產生著特定的結果、效果、效應，從而在這一特定歷史時間中有效地影響著、制約著、改變著傳統、文化、歷史。所謂的「傳統」、「文化」等等，就是這樣在每代人所創造的新的結果、效果的影響下而不斷地改變著、發展著，因此「不能得出這樣的結論：文化傳統應當被絕對化和固定化」[37]。反過來說，我們的「心理意識結構」自然也就同樣不可能是一種由「過去」已經一勞永逸地塑造好了的先驗「主體性」或「主體結構」，不可能存在著今日許多人所相信的那種抽象的、一成不變的所謂「中國人的文化心理結構」，恰恰相反，心理、意識，同樣地是所謂的「有歷史效應的意識」或說「歷史地活動著的意識」（wirkungsgeschichtliche Bewusstsein/effective-historical consciousness 或 hisforically operative consciousness）[38]，也就是說，心理結構、意識活動，都不是什麼非時間、非歷史的始終同一之物，而總是在具體的、特定的時間和歷史中存在著、形成著、活動著，所以也就必然在每一具體的時間和歷史中都被影響著、改變著、重新塑造著。誠然，心理結構等等是在「過去」就已在形成著的，但這絕不等於說，「過去」的心理結構也就是我們「現在」的心理結構，恰恰相反，我們必須首先瓦解、清除「過去」的心理結構（亦即法國人今日所謂的「deconstruction」），以便塑造我們自己「現在」的心理結構，也就是說，我們不能只是被動地順從於「過去」的心理結構，而必須首先主動地去改造它、重建它；不應使「現在」的心理結

構「過去化」，而必須使「過去」的心理結構「現在化」。這樣，我們就把「過去」納入了「現在」的範疇，使「過去」進入了「現在」的軌道。

這裡的重要之點是在於：必須使「現在」去同化「過去」、以「新的」同化「舊的」，而不是反過來用「過去」來同化「現在」、「舊的」同化「新的」，這就是我們的傳統觀與前一種傳統觀的主要區別所在。因此，我們不是以「過去」的文化和心理結構為尺度來衡量「現在」的文化與心理結構是不是標準地道的中國「傳統」，而是以「現在」的文化與心理是否與「過去的」有所不同來衡量一種「傳統」是否具有新生力和創造力，對我們來說，繼承發揚「傳統」的最強勁手段並不在於死死地抱住「過去已經存在的東西」不放，而恰恰是要不斷地與「過去」相抗爭，盡力張大「現在」與「過去」之間的差異、區別、對立，甚至不惜與「過去」反其道而行之，只有這樣才能使「現在」不致被「過去」所吞沒，從而才能為「未來」敞開無限廣闊的「可能性」。我們前面說，「傳統」的真正落腳點是在「未來」這一維，也就是要強調「傳統」具有著無限廣闊的可能性與多樣性，而不能被拘圍於一種僵死固定的「模式」或「結構」之中。確切地說，我們所理解的「傳統」，就是在「過去」與「現在」的不斷遭遇、相撞、衝突、融合（新的同化舊的）之中所生發出來的種種「可能性」或說「可能世界」（possible worlds），而這些「可能性」也就是我們所理解的「未來」。由此我們也就可以看到，我們所說的「未來」與前一種傳統觀所說的「未來」有著根本的不同：一方面，我們並不是以「過去已經存在的東西」這種「事實性」來限制未來應是如何如何，而是以「可能性」亦即「過去不曾存在的東西」來規定未來，所以我們的未來就不是「封閉的」而是無限開放的；另一方面，這種「未來」或「可能性」又恰恰是立足於「現在」與「過去」的相抗爭之中，所以這種「未來」並不是什麼虛無縹渺的東西，而是由我們「現在」的作為所敞開的。在我們看來，唯有這種既立足於當下此刻同時又敞開著無限可能性的運動過程才是「真的」未來。與此同時，所謂的「現在」也就有可能是一種「真的」現在了：一方面，「現在」具有了獨立於「過去」的自身存在價值，它明白自己的任務就是要顯現出與「過去」有所不同，並使「過去」服從於自己，用今日解釋學的話說，就是要使「一切傳統都與任何現在時刻相同步」；但另一方面，正如「過去」不應當被絕對化和固定化一樣，「現在」也不把自己看成是什麼終極的東西，因為它知道「現在」將會變為「過去」，「新的」終會成為「舊的」，因此把「現在」絕對化固定化也就只不過是把「過去」絕對化固定化的拙劣翻版而已。「真的現在」之本質就在於：它能使過去服從自己，又使自己服從「未來」，亦即不斷把「現在」變成「過去」，以新的「現在」與舊的「現在」相對立、相抗爭，從而使「過去」和「現在」都不斷地走向「未來」，不斷地敞開、擴大可能性的國度，而所謂的「傳統」正就是這樣一種「過去與現在不斷交融會合的過程」[39]，亦即不斷走向未來的過程。正因為這樣，所謂的「過去」也就能夠成為一種「真的」過去了：「過去」不再把「現在」和「未來」死死地拖入自身之內，而是相反，它使自己本身不斷地超出自身，主動地使自己不斷地「現在化」和「未來化」；「過去」不再只是年復一年地簡單「複製」自身，而是具有了一種「生產性態度」：不斷生產出它自己以往所沒有的東西——過去在這裡已經

不再是一種僵死固定的現成之物，而是成了不可窮盡的可能性之巨大源泉，這才是
「真的過去」之本質所在，這也就是我們的「過去」與前一種傳統觀的「過去」之
根本區別所在。

由此也就可以看到，我們強調傳統的真正落腳點是在「未來」這一維，恰恰不
是要扔掉「過去」，相反，倒不如說正是要強調必須一次又一次地返回到「過去」
之中，亦即不斷地開發、開採「過去」這巨大的可能性源泉，因為真正說來，「現
在」之所以能夠為「未來」敞開無限廣闊的可能性，正是意味著「過去」本身具有
著極大的有待開發的潛力和潛能，也就是說，所有這些「可能性」可以說就蘊藏在
「過去」本身之內，然而它們在過去彷彿是被「遺忘」了，被「遮蔽」了，因此一
直處於一種「缺席」（absence）的位置上——「現在」之所以必須與過去「已經
存在的東西」全力相抗，正是為了使這些過去「被遺忘」的東西甦醒過來，使「被
遮蔽者」得以「去蔽」，正是為了使「缺席者」在時間與歷史中「現身出場」！所
以，「現在」與「過去」越是有所不同，恰恰也就越表明「過去」正在把它自己的
本來面貌日益豐富、日益完整地向我們「呈現」出來，因為「過去」在每一「現
在」不斷「再度呈現」的過程，正就是它不斷補足、恢復它自己的「缺席者」、
「被遺忘者」的過程，因此，不斷地走向「未來」，恰恰正就是不斷地返回於最本
真的「過去」！換言之，「過去」的本質正寓於「未來」之中，正存在於「過去不
曾存在的東西」之中，而不像通常所以為的那樣是存在於「過去已經存在的東西」
之中。如果用一個簡單的公式來表述，我們不妨說，真正的過去大於「過去已經存
在的東西」，而等於「過去已經存在的東西」加「過去不曾存在的東西」之總和；
同樣的，真正的現在大於「現在已經存在的東西」，而等於「現在已經存在的東
西」加「現在不曾存在的東西」之總和；換句話說，真的過去、真的現在，與真的
未來實是同一不二的東西，它們都具有一種「超出自身」（Ausser-sich/outsi-
de-of-itself）的性質，都具有一種「向著可能性去存在」（Das sein zue Möglich-
keit/Being tow-ards possibility）的動態結構——正是在「可能世界」這偉大的國
度中，過去、現在、未來的時間界限被完全打破了，它們不再各自固著於自己所處
的地平線上，而是彼此交融、你我不分，形成為時間性之「地平線的交融會合」
（Horizontverschmelzung/Fusion of horizons），亦即構成了一個巨大的共同的
時間性地平線。在這種「時間性地平線」上，時間的自然次序似乎被顛倒了：在自
然秩序中，時間總是呈現為「歷時性」結構，亦即總是從過去流向現在流向未來；
然而在我們所說的時間性地平線上，時間卻呈現為「共時性」或說同時性的結構，
亦即過去、現在、未來都「同時化」在未來這一維中，我們把時間的這樣一種「同
時化」結構稱之為時間的真正「時間化」（zeitigen/temporalize），亦即所有的
時間瞬點都被「未來化」了，因而也就可以說時間似乎是從未來走向現在走向過去
的。我們把這種時間觀稱之為「未來型時間觀」，亦即把「未來」這一維作為「時
間性」和「歷史性」的根基、本質、核心，總是從「未來」這一維來理解「現在」
與「過去」；因此，對於「傳統」、「文化」這些在時間與歷史中存在的東西，我
們總是把它們看成為首先存在於「未來」之中的永遠有待完成的無窮大有機整體或
有機系統，在這種有機整體中，「過去已經存在的東西」只不過是其中的一個部分

或一個要素而已；⑩顯而易見，這種「過去已經存在的東西」不但不能規定整個系統亦即整個「傳統」或「文化」的意義，不能規定「現在」與「未來」出現的其他部分或要素的意義，而且甚至都不能決定它自身的意義，因為它的意義只能由它在整個系統中的地位所決定，只能由它與其他部分其他要素的關係所決定，這就是說，即使「過去已經存在的東西」本身也沒有什麼僵死固定、一成不變的「意義」或性質，相反，它的意義是由「現在」和「未來」所決定、所賦予的；隨著在每一「現在」和每一「未來」中任何新的因素的出現和任何新的文化的創造，人類「文化」或民族「傳統」這種永遠有待完成的無窮大有機系統本身也就必然發生變化，從而也就使「過去已經存在的東西」在這種整體系統中的地位必然隨之發生變化，亦即使這些東西的「意義」必然被改變。因此，今日許多論者津津樂道的所謂「還孔子的本來面貌」、「還儒學的本來面貌」，在本文看來也就只是毫無意義的語詞，因為孔子也好，儒學也好，都沒有什麼自身不變的「本來面貌」，它們的面目都是在歷史與時間中不斷地塑造著又不斷地改變著的，每一代人都必然地要按照自己的要求來重新塑造、修正改變孔子與儒學的面貌：漢代有董仲舒的孔子、宋明的朱熹的孔子、晚清有康有為的孔子、五四一代有魯迅、胡適的孔子、今日又有李澤厚的孔子……，因此，真正的問題就根本不在於孔儒的「本來面貌」是什麼，而是在於，孔儒之學在 20 世紀的中國究竟還能起什麼作用？更確切地說就是，孔儒之學能夠成為中國現代文化系統的主幹和核心嗎？今日中國文化還能沿著「儒道互補」的路數走下去嗎？20 世紀以後中國文化的「傳統」還能以儒家文化為象徵和代表嗎？

我們的回答是斷然否定的。在我們看來，如果還是那樣的話，那就只能表明中國文化的系統仍然是「過去已經存在的」那個系統，在這個系統中，過去「被遺忘者」仍然未甦醒，過去「被遮蔽者」仍然未「去蔽」，過去「缺席者」仍然未「現身出場」。換言之，一個「現代」的中國文化系統仍然未能形成，因為它缺少足以標誌其「現代」特徵的新的要素來作為它的核心和主幹。毫無疑問，儒道文化在今日以及今後都仍將作為中國文化的組成部份並起著作用，但是問題在於，在今日以及今後，它們在中國文化系統中的意義或地位當與「過去」截然不同：在過去，「儒道互補」大體構成了中國文化的「系統」本身，儒家文化尤可作為這個系統的主體和核心要素（所謂「價值核心」或「價值取向」），但是在今日以及今後，儒、道、釋等「過去存在的東西」將不僅不足以構成中國文化的全部，而且它們都不能成為中國文化系統的價值主體和核心要素，只能成為次要的、從屬性的要素，因為一個「現代的」中國文化系統必有其「現代的」價值核心與總體特徵，這種新的「現代的」成分和核心要素不能也不應是儒學這種過去已有的「現成在手的」（vorhanden/present-at-hand）東西，而是某種現在「有待上手的」（zuhanden/ready-to-hand）東西，亦即是中國的過去一直「被遺忘」、「被遮蔽」的「缺席者」⑪因此，我們現在所關心所注重的，就並不是「儒家文化的前景」，而是今日中國文化必須開拓的新的出路和新的前景；而且在我們看來，中國文化的「傳統」在今後將遠遠大於儒、道、釋的總和，而有其更為廣闊的天地和更為宏偉的氣象，所以即使在「現代化以後」或「後工業社會」的中國文化，也不會是什麼

「儒家文化的復興」。（這種說法在我們看來未免太小家子氣）。這裡有必要強調的是，我們與海內外許多論者的主要分歧，根本不在於是拋棄還是保存、否定還是肯定儒家文化，也不在於是肯定得多與否定得多、注意積極的多與注意消極的多之間的區別，而是在於「如何保存」這個問題上：在我們看來，必須把儒道文化都帶入一個新的更大的文化系統中，而不能仍然把儒道文化本身就看成是中國文化的整體系統，然後試圖以此爲本位來吸取、同代新的文化因素（例如許多人今日幻想的再來一次當年儒學同化佛學的「壯舉」），也就是說，我們不能再把儒家文化繼續當成「中國文化的基本精神」，而必須重新塑造中國文化新的「基本精神」，全力創建中國文化的「現在」系統，並使儒家文化下降爲僅僅只是這個系統中的一個次要的、從屬的成份。在我們看來，唯有這樣才能真正克服儒家文化曾經起過的消極的甚至反動的作用，唯有這樣才是真正光大中國文化的「傳統」。然而在許多論者那裡卻恰恰相反，在他們看來，似乎唯有使「中國文化的基本精神」始終維持儒家文化的基本精神，才稱得上是繼承發揚了中國文化的「傳統」，否則便是「切斷」、「割斷」了中國文化的「傳統」，便是把「現代化與西化相混淆」——時下對「五四」的種種流行評論正都由這種「傳統觀」而來。從這樣一種傳統觀出發，論者們自然也就十分合乎邏輯地試圖仍然以儒家文化（或儒道並舉）作爲中國現代文化系統的基礎和核心，從而他們的工作重點自然也就十分合乎邏輯地放在力圖分清儒家文化中好的、積極的方面與不好的、消極的方面上（其基本套路說到底無非是力圖把「內聖之學」與「外王之道」區別開），這種企圖的用意不可謂不好，然而在我們看來卻未免太天真了一些，其結果也多半是徒勞的，因爲文化是一個有機聯繫的整體系統，一個脫離這整體系統的孤立因素，談不上什麼絕對的好與不好，積極與消極，一切都以它在系統中的地位和作用爲轉移；在我們看來，只要中國文化的整體系統沒有發生根本的變化，只要儒家文化仍然是中國文化系統的主體和基礎，那麼儒家文化在歷史上曾經起過的那些消極反動作用就不可避免地仍然會起作用（有什麼樣的「內聖之學」，也就有什麼樣的「外王之道」），在這方面，陳獨秀當年的話在本文看來今日仍然是金玉良言：

> 「吾人倘以爲中國之法，孔子之道足以組織吾之國家，支配吾之社會，使適於今日競爭世界之生存，則不徒共和憲法爲可廢，凡十餘年來之變法維新、流血革命，設國會，改法律，及一切新政治、新教育無一非多事，且無一非謬誤，應悉廢罷，仍守舊法，以免濫費吾人之財力。……對於與此新社會、新國家、新信仰不可相容之孔教，不可不有徹底之覺悟，猛勇之決心，否則不塞不流，不止不行！」（陳獨秀：《憲法與孔教》，《新青年》二卷三號）。

魯迅當年反覆強調「改造國民性」的問題，也正是從此著眼的：「此後最要緊的是改革國民性，否則無論是專制，是共和，是什麼什麼，照牌雖換，貨色照舊，全不行的。」[42]——魯迅的「改造國民性」，在我們看來也就是要改造中國文化的整體系統。

對「五四」，正應從這種角度來評說。二十世紀是中國歷史上翻天覆地的時

代，幾千年來的中國儘管並不是沒有變化發展，但只不過是改朝換代式的發展而已，其基本的「社會系統」或「社會結構」並未發生過根本的變化；因此，它的「文化系統」或「文化結構」也不曾發生過根本的變化，儘管孔子、儒學的面貌也確在不斷地被重新塑造修正，但確實並不需要徹底改造，而且還有同化異端的能量；同樣，中國知識份子的「心理結構」或「人格系統」也不曾也無須作徹底的調整重塑，無非是「修身齊家治國平天下」而已。然而所有這些在二十世紀全都變了，中國要走入「現代」的世界，這就不能不要求它徹底地、從根本上改變它的「社會系統」、「文化系統」、「人格系統」，在這種巨大的歷史轉折年代，繼承發揚「傳統」的最強勁手段恰恰就是「反傳統」！因爲要建立「現代」新文化系統的第一步必然是首先全力動搖、震盪、瓦解、消除舊的「系統」，捨此別無它路可走，五四這一代人正是擔當起了這一偉大的歷史使命。在我們看來，五四不但沒有「切斷」、「割斷」中國文化的「傳統」，恰恰相反，正是他們極大地宏揚、光大了中國文化的「傳統」！因爲五四這一代知識份子不但「消解」（deconstruct）了「過去」的中國文化系統，而且正是他們開闢、創造了整整一代輝煌燦爛的中國新文化！五四的文化正就是我們所說的中國「現代」文化形態的雛型！五四這一代中國知識份子，正是中國文化在現代將有一偉大騰飛的第一代「歷史見證者」！我們今日擺出一幅中國文化正統傳人的面孔來對「五四」評頭論足，難道不覺得有點滑稽可笑嗎？真正的問題根本不在於「五四」這一代人「否定得多、肯定的少」、「隔斷了民族文化傳統」，而是在於，五四知識份子只是爲中國新文化砌下了第一塊基石，還來不及也不可能徹底完成建設中國「現代」文化系統的任務，這個使命歷史地落在了八十年代中國青年知識份子的肩上，因爲中國的現代化今日已經真正邁開了它的步伐，有幸生活於這樣一個能夠親手參與創建中國現代文化系統的歷史年代，難道我們還要倒退回去乞靈於五四以前的儒家文化嗎？！

天不負我輩，我輩安負天？！

一九八五年九月初稿，十月修改於北京沙土窩。

---

① 曾廉：《上杜先生書》。
② 鄭觀應：《盛世危言‧自序》。
③ 梁啓超：《清代學術概論》。
④ 張之洞：《勸學篇‧內篇‧明綱等三》。
⑤ 見《青年雜誌》一卷六號。
⑥ 張之洞：《勸學篇‧外篇‧會通第十三》。
⑦ 魯迅：《熱風‧三十八》。
⑧ 黃遵憲：《日本國志》卷三十二，《學術志序》。
⑨ 《翼教叢編》卷五，《湘學公約》。
⑩ 江衡：《崇尚西人之學辯》。
⑪ 黃仁濟：《黃氏歷事記》。
⑫ 邵作舟：《邵氏危言‧譯書》。
⑬ 康有爲：《物質救國論》。

⑭　倫父：《靜的文明與動的文明》，《東方雜誌》13 卷 10 號。

⑮　梁啓超：《歐遊心影錄》。

⑯　梁漱溟：《東西文化及其哲學》。

⑰　柳詒徵：《中國文化西被之商榷》，《學衡》第 29 期。

⑱　馮友蘭：《三松堂自序》。

⑲　魯迅：《墳·論睜了眼看》。

⑳　魯迅：《阿 Q 正傳》。

㉑　魯迅：《墳·娜拉走後怎樣》。

㉒　梁啓超：《變法通議·論譯書》。

㉓　吉田茂：《激盪的百年史》。

㉔　王韜：《變法上》。

㉕　同㉒。

㉖　梁啓超：《戊戌政變記》卷一。

㉗　嚴復：《名學淺說》。

㉘　嚴復：《救亡決論》。

㉙　嚴復：《社會通詮·按語》。

㉚　同⑱。

㉛　參見馬丁·布伯：《我與你》，愛丁堡 1937 年英譯本。

㉜　魯迅：《且介亭雜文·寄〈戲〉周刊編者信》。

㉝　恩格斯：《費爾巴哈與德國古典哲學的終結》。

㉞　馬克思：《路易·波拿巴政變記》。

㉟　伽達默爾：《真實與方法》，紐約 1975 年英文版，第 261 頁。

㊱　參見上引書第 267 頁。

㊲　伽達默爾：《哲學解釋學》，加利福尼亞大學出版社 1976 年英文版，第 31 頁。

㊳㊴　參見《真實與方法》英文版第 305 頁，258 頁。

㊵　順便說一句，所謂的「系統方法」今日甚爲流行，而且已被廣泛地運用到社會科學和人文科學中來，但有必要指出，在「人文學」（Geisteswissenschaften）的領域，「系統方法」必須考慮「時間性」的因素，亦即應該把這類「系統」首先看成是永遠有待完成的「系統」，從而也就把「過去」的一切都僅僅看成是有待完成的大系統中的一個要素而已，而非本身就已是一個完成了的系統。所謂良性的「解釋學的循環」（der hermeneutische zirkel）就是要把各種人文系統都看成是在時間性地平線上不斷超越自身的開放循環系統。

㊶　我們以後或將有機會論述，中國現代文化系統的主幹和核心，應是「科學理性精神」。這裡所說的「科學理性精神」，並非指自然科學研究中那種單純的實證主義精神，而是從整個價值系統上講的，因此在某種意義上也就是相對於中國文化歷來的所謂「實踐理性精神」這種整體特徵而言的。關於中國儒家文化特有的「理性主義」的性質，暫可參見馬克斯·韋伯（Max Weber）的《中國宗教》（The Religion of China，1915 年英文版）一書。近年來西方較有影響的有關論著可推芬格雷特（H. Fingaretle）的《孔夫子：以凡俗爲神聖》（Confucius: the Secular as Sacred，紐約 1972 年）。國內李澤厚教授近年來在《孔子再評價》（1980 年）等文中也深刻揭示了「實踐（用）理性」是中國文化的總體特徵。但我以爲，這種「實踐理性精神」只是中國文化「過去」的基本精神，不能也不應成爲「現在」及「未來」中國文化的本質。

㊷　魯迅，《兩地書·八》。

近年來區域文化研究評述

馮天瑜　　何曉明

　　進入 80 年代，文化研究日益成爲學術理論界關注的「熱點」。隨著研究的逐步深化，人們感到僅僅從宏觀角度考察中華文化的整體特徵（當然這是非常必要的），並不足以推動研究的精確化發展，必須輔之以微觀角度的區域文化考察。近年來，不少學者在這方面做了大量工作，出版專著十數本，發表論文千篇以上。

一

　　中華民族生息、繁衍在亞洲東部、太平洋西岸的平川沃野、高原、山地之間。在數十萬年的漫長歲月裡，他們創造出燦爛的文化。研究者們注意到，由於幅員遼闊，各地自然地理環境、社會經濟結構、以及政治制度、風俗習慣等等多有差異，往往形成若干個各具特色的、統屬於中華文化共同體之內的區域文化形態，而且，這些形態之間，隨著歷史的發展，不斷發生分化、組合。這一切便構成了今天區域文化研究的對象。譚其驤的《中國文化的時代差異和地區差異》（載《中國傳統文化的再估計——首屆國際中國文化學術討論會文集》，上海人民出版社 1987 年 5 月第一版）和葛壯、李曉路的《淺談中國古代文物的南北差異》（載《江淮論壇》1986 年第 1 期）等文都強調了開展區域文化研究的重要意義。關於區域文化形態的劃分，研究者立足不同的標準，提出許多富有啟發性的見解。1986 年 9 月，在瀋陽召開的以討論北方文化爲主題的中國考古學會第六次年會上，有學者提出中國文明發祥地「四大區域」之說，即黃河流域文化區、長江流域文化區、珠江流域文化區和北方文化區（見 1986 年 9 月 23 日《人民日報》）。蘇秉琦、殷瑋璋從考古學的角度，以各地文化內涵、發展源流的差異劃分出六種文化區系類型：1.陝豫晉鄰境地區；2.山東及鄰省部分地區；3.湖北及鄰近地區；4.長江下游地區；5.以鄱陽湖——珠江三角洲爲中軸的南方地區；6.以長城地帶爲重心的北方地區（《關於考古學文化的區系類型問題》，《文物》1981 年第 5 期）。彭曦提出，從舊石器時期至戰國末，由於自然地理——人類生存環境的差異，曾形成四大文化區系：1.以蒙古高原爲中心的草原區；2.，以渭水和潼關以下黃河爲軸線的「中原」；3.以滇北長江以下爲軸線的南方區；4.青藏高原（《從文化區系關係看長城的歷史》，《慶陽師專學報》1988 年第 1 期）。童恩正將考古學文化放在一定的生態環境、社會背景之下考察，進行多學科綜合研究，從出土器物風格、建築遺跡、葬具、葬俗等文化因素的

相似，假設中國從東北到西南半月形文化傳播帶的存在，又從生態環境的相似以及不同經濟類型的部族集團之間的關係兩個方面，探討這一文化傳播帶產生的原因（《試論我國從東北至西南的邊地半月形文化傳播帶》，《文物與考古論集》，文物出版社 1986 年 12 月第 1 版）。李學勤綜合文獻和考古成果，將東周列國劃分爲七個文化圈：1. 以周爲中心的中原文化圈；2. 中原文化圈以北的北方文化圈；3. 齊魯文化圈；4. 楚文化圈；5. 吳越文化圈；6. 巴蜀滇文化圈；7. 秦文化圈（《東周與秦代文明》，文物出版社 1984 年 6 月第 1 版）。王世達、陶亞靜著眼當代，提出以屬於中國文化總體的地域亞文化系統的三種分類法：1. 漢民族文化（内地）與少數民族文化（邊疆）；2. 南北文化（這是沿襲歷史的劃分，從當代看，兩者差異日趨縮小）；3. 漢文化區的東部文化與西部文化，前者包括嶺南文化、特區文化、江浙文化、上海文化、齊魯文化、京津文化、關東文化以及臺灣文化和港澳文化，後者包括三晉文化、中原文化、關中文化、荊楚文化、淮南文化、贛文化、巴蜀文化和滇黔文化（《當代中國文化的地域觀》，《社會科學》（滬）1987 年第 8 期）。

　　在靜態地進行區域文化分類的同時，學者們不約而同地注意到各文化區域在不同歷史時期内，在中華文化總體系統中的地位、作用、影響處於一種動態的過程之中。他們將這種歷史現象稱爲「文化重心」的轉移。黃新亞將中國傳統文化分爲公元 900 年前的「長安文化」時期、公元 900 年至 1400 年的「汴梁——臨安文化」時期和公元 1400 年至 1949 年的「北京文化」時期（《長安文化與現代化》，《讀書》1986 年第 12 期），將文化重心的轉移與文化發展的階段性特徵結合起來，別開生面。陳正祥認爲，逼使文化中心向南遷移有三次波瀾，一是東漢末三國時期的分裂戰亂，江、浙、鄂、贛開發繁榮；二是唐中葉安史之亂，四川開發，成都成爲新的文化中心；三是南宋「靖康之變」，遷都臨安，成爲「中國文化中心南遷的真正分野」。他還指出在這三股外力之外，南方的氣候、土地等自然因素也是南遷的重要因素（《中國文化地理》，三聯書店 1983 年 12 月第 1 版）。陶懋炳指出，古代自秦漢以來，政治中心與經濟重心、文化重心三位一體，後者總隨前者轉。至唐中葉發生變化，經濟重心脫離政治中心南移，至唐末五代，文化重心也被經濟重心吸引過去，二者結爲親熱的兄弟，政治中心隨有變易，它們都保持不動。他分析文化重心南移原因有三，即經濟重心轉移、西北氣候變化影響關隴一帶以及唐宋之際封建社會結構的部分更新（《論我國古代文化重心南移成於五代》，《湖南師範大學學報》1987 年第 4 期）。盧雲發表系列論文，分別論述西漢、東漢、三國兩晉時期的文化區域與文化重心（載《歷史地理》第 5 輯、《中國文化》第 4 輯、《歷史地理》第 6 輯）。馮天瑜專文考察了明清之際思想家王夫之關於文化中心多元和文化中心轉移的卓見。王夫之基於中國境内文化中心從黃河流域向長江流域遷移（所謂「地氣南徙」）的事實，以及華夷間文明的此消彼長、文野互變的事實，認識到沒有凝然不動的文化中心。（《王夫之創見三題》、《王夫之的文質觀及文明演進論》，見馮著《明清文化史散論》，華工出版社 1984 年版）

二

　　近年來，區域文化的個案研究，比較研究異彩紛呈，依研究對象的歷史階段劃分，大致可歸爲史前期、古代期、近代及當代期三大類。

1　史前期區域文化研究

　　這一類的研究成果從數量上看較少，但不乏精彩之作。格勒根據考古學、民族學、歷史學、語言學和體質人類學的材料，提出至少從新石器時代起，中華大地上就大體可以分辨出三大考古文化系統，即仰韶文化系統、青蓮崗文化系統和北方細石器文化系統。這種大範圍的考古文化系統雖不能與民族劃等號，但又表現出一定的民族屬性，其表現爲有一定的共同地域，有一定的共同經濟生活，有一定的共同風俗習慣。對於這種人們共同體，格勒稱其爲民族系統。它是一個包羅許多具有歷史聯繫的民族在內的總概念。據此，他認爲中華大地從新石器起，存在著與北方草原地區的細石器文化系統對應的胡民族系統、與中原地區的仰韶文化系統對應的氐羌民族系統，當長江中下游和東南沿海地區的青蓮崗文化系統對應的濮越民族系統。這三大古老民族文化區域系統的更高發展層次便是中華民族的整體文化系統（《中華大地上的三大考古文化系統和民族系統》，《中山大學學報》1987 年第 4 期）。

　　研究者們普遍注意到史前期黃河流域文化與長江流域文化的聯繫與區別。向緒成具體比較了黃河中游地區的王灣文化、大何村文化、秦王寨文化、廟底溝文化、半坡文化、老宦台文化和長江中游地區的石家河文化、屈家嶺文化、大溪文化、皂市、城背溪遺存，得出結論：黃河中游的原始文化並非一直領先於長江中游原始文化，後者也有比前者更昌盛的時期，並給予前者以強烈影響。黃河，長江流域都是中華民族的搖籃（《試論長江中游與黃河中游原始文化的關係》，《考古與文物》1988 年第 1 期）。史念海指出，遠古時期文化最爲發達的地區在黃河流域西起隴山、東迄泰山之間的地區。其發達原因多種多樣，僅就地理因素而言，這裡河流較多、湖泊羅列、氣候溫暖、地勢濕潤，適宜於農業經營，遠較周圍地區優越，所以在農業方面能夠取得更多的成就，積累更多的財富，使文化發達有了有利的基礎（《由地理的因素試探遠古時期黃河流域文化最爲發達的原因》，《河山集》三集，人民出版社 1988 年 1 月第 1 版）。裘士京研究了長江流域文化相對落後的原因，從政治上看，江漢一帶民族融合多通過戰爭完成，戰勝者對戰敗者的壓抑，影響了土著文化的發展，甚至造成停滯、倒退。從經濟上看，這裡地廣人稀，資源豐富，漁獵、採伐業得天獨厚，這就削弱了人們發展農業、畜牧業的要求，延緩了文化的發展（《長江流域的文明之花如何遲開》，《安徽師範大學學報》，1985 年第 4 期）。

　　東夷文化是史前期區域文化研究的重要課題。研究者認爲，大汶口文化和龍山文化是一個文化系列的兩個發展階段，與中原文化有明顯差異。東夷文化在山東東部只發現商代晚期遺存，這一歷史缺環，有待發掘研究。60 年代發現的岳石文化，提出了東夷文化研究的新課題（《中國歷史學年鑑》1983 年，第 302 頁）。逢

摅鎬批駁了東夷文化「落後」的傳統觀點，認爲東夷文化土生土長，在某些方面領先於中原文化，有些方面與中原同步。東夷人創造的光輝燦爛的文化逐漸被融合到齊魯文化——漢文化之中，成爲中華古文明的源泉之一（《東夷史前文化具有獨立系統》，《歷史研究》1987 年第 3 期）。王汝濤也探討了東夷文化在文獻中泯滅的原因（《東夷與東夷文化》，《齊魯學刊》1984 年第 1 期）。高廣仁、邵望平建議用「海岱歷史文化區」取代「東夷文化區」的命名，並區分海岱史前文化爲六個階段：1.舊石器時代；2.中石器時代；3.北辛文化時期；4.大汶口文化時期；5.典型的龍山文化時期；6.岳石文化時期（《中華文明發祥地之一——海岱歷史文化區》，《史前研究》1984 年第 1 期）。

　　關於東北地區的原始區域文化，也有一些論文問世。李恭篤認爲，遼寧發現的具有不同特徵的原始文化遺存按地區大體分屬三個不同系統，即遼西紅山文化系統、遼東新樂下層文化系統和遼南小珠山文化系統。進入青銅時代，三者融合趨勢變濃。他認爲東北原始文化係當地土著文化發展而來，並非源於中原或山東半島（《遼寧原始文化區系劃分與類型研究》，《遼寧大學學報》1988 年第 2 期）。此外，王宇等發表《大連沿海地區原始文化藝術芻論》（《遼寧師範大學學報》1986 年第 5 期）、宋延英發表《遼東半島的石棚文化》（《社會科學輯刊》1987 年第 5 期），唐國文發表《試論大慶地區的原始文化》（《大慶師專學報》1988 年第 1 期），也提出了若干新見解。

2　古代期區域文化研究

　　這一類研究發表的論著最多，成果最爲豐碩，令人目不暇給。從數量上分析，論著絕大多數是討論先秦時期並存於中華大地的楚、齊魯、吳越、巴蜀、晉趙、秦等區域文化。有關其他時期的，則數量甚少。

　　關於楚文化的研究，處於明顯的領先地位。發表論著的數量最多，整體質量也較高。1987 年 8 月，上海人民出版社《中國文化史叢書》推出張正明著《楚文化史》，是近來楚文化研究的重要收獲。該著以五章、二十萬言的篇幅及大量圖片翔實生動地論述了楚文化的淵源及其發展所經歷的濫觴期、苗長期、鼎盛期、滯緩期和轉化期的全過程，内容涉及器物、文字、習俗、藝術、哲學、科學等衆多門類。楚文化的淵源，是研究者討論的重要課題。俞偉超認爲，楚文化是以湖北西部大溪文化到屈家嶺文化這一階段原始文化爲基礎，到相當於龍山文化的階段吸收來自東方和黃河中游的文化因素，形成新面貌。在商代，它又與長江以南、長江下游的青銅文化發生聯繫，並與中原文化接觸，到商周之際，又吸收周文化因素，最終形成（《尋找楚文化淵源的新線索》，《江漢考古》，1982 年第 2 期）。王勁提出，從考古學角度考察，「楚式鬲」西周前期在湖北西部地區的最終形成是楚文化形成的重要標誌。春秋中期後，楚文化與當地特徵明顯的區域文化合流而發展成熟（《對江漢地區商周時期文化的幾點認識》，《江漢考古》1983 年第 4 期）。楊權喜認爲，商、西周時期，楚文化並未形成獨立體系。楚文化是東周時江、漢、淮地區的一種地方文化，是長江、黃河兩大流域文化系統之間互相影響、融合的產物（《試談鄂西地區古代文化的發展與楚文化的形成問題》，《中國考古學會第二次年會論文

集》）。黃運甫提出楚文化是在中原文化的基礎上發展而成，戰國以後開始表現出自己的明顯特點（《略談淅川毛坪楚墓的分期及其特徵》，《中原文物》1982年第1期）。張正明認爲，周代的楚人以商代含有大量華夏先民文化成分的荊文化爲主源，在前進途中繼續向異族鄰國吸收一切積極文明成果，熔夷夏文化於一爐而冶之，創造了達到當時世界一流水平的楚文化（《試論楚文化的淵源》，《湖北大學學報》，1985年第5期）。夏淥探討了楚族源的雙重性，通過研究服飾、語言、文字、歌舞、風俗，得出結論，楚貴族家譜可上溯中原華夏族血統，其南下荊楚，變服從俗爲之長，與土著人民合爲一體，而土著人民以苗蠻爲主，也不排除東夷、諸夏集團部落交錯並存的可能（《變服從俗爲長説》，《中南民族學院學報》1987年第4期）。

楚文化的研究涉及範圍非常廣泛，以下註文，可見一斑。陳盡忠發表《試論荊楚文化的特色及其與屈原詩歌的關係》（《廈門大學學報》，1986年第1期），何鵬發表《論楚材——探索楚文化發展中的人才問題》（《湖南教育學院學報》1986年第1期），朱曉鵬發表《試論莊子哲學與楚文化的關係》（《江漢論壇》1988年第2期），何浩發表《春秋時期楚對江南的開發》（《江漢論壇》1981年第1期），張君發表《楚俗尚巫辯》（《湖北大學學報》1986年第4期），都拓展了研究視野，豐富了研究内涵。

關於齊魯文化研究，近年也有不少力作面世。研究者關心的焦點，在分析同處山東地區的齊文化與魯文化的異同。李啓謙認爲，齊魯文化之異表現在政治地位、社會狀況、治國策略、任宦原則、經濟結構、社會習俗、學術風氣、思想體系等方面，二者之同則表現在地理位置、政治聯盟、經濟交往、婚姻紐帶等方面。他提出荀子學説便是齊、魯文化的共同結晶（《齊魯文化之異同論綱》，《學術月刊》1987年第10期）。張富祥發表《齊魯文化綜論》，稱齊魯自古已成統一文化實體，是中國傳統文化的重要發源地之一。其源流區劃以大汶口文化與山東龍山文化的分布範圍作界定。他認爲齊魯文化的發展分上古（商周至秦漢）、中近古（魏晉至明清）兩個階段，並可細分爲形成和繁榮、融和發展、相對衰落、復興四期。他指出，齊、魯文化是不同風格文化型種，分屬不同發展系統。魯文化主要導源於周公旦的定禮樂制度，而齊文化受呂尚影響至大，較爲浮華活潑，不拘於傳統。秦漢的統一爲二者的融合創造了條件，二者同歸漢學（《文史哲》1988年第4期）。王明也發表與之相近的觀點，認爲魯、齊雖同封於山東，但周公旦治魯，執行「親親尚恩」的政治、思想路線，太公望呂尚治齊，執行「尊賢尚功」的政治、思想路線。二者直接或間接地影響到爾後三千年中華文化的多元發展，是中國傳統文化的兩大幹流（《周初齊魯兩條文化路線的發展和影響》，《哲學研究》1988年第7期）。

關於吳越文化，研究工作主要圍繞淵源問題和特徵問題展開。關於淵源，黃宣佩、孫維昌認爲吳人係徐人後代，湖熟文化是吳文化的前驅（《馬橋類型文化分析》，《考古與文物》1983年第3期）。李學勤認爲吳的統治者是周人，人民爲荊蠻，其文化淵源是混合的（《宜侯矢簋與吳國》，《文物》1985年第7期）。李伯謙提出吳文化主要是吳立國之後已經有了文字記載的歷史時期荊蠻族人創造的文化，寧鎮、皖南地區是吳文化的發源地。馬橋第四層類型文化並非吳文化的直接先驅，

而是越文化的來源之一（《吳文化及其淵源初探》，《考古與文物》1982 年第 3 期）。徐中舒認爲越族是商湯滅夏之後，夏遺民向南遷移的一支（《夏史初曙》，《中國史研究》1979 年第 3 期）。但這一觀點受到不少論者的質疑，其主要觀點見陳橋驛《〈越爲禹後說〉溯源》（《浙江學刊》1985 年第 3 期），蔣炳釗《越爲禹後說質疑》（《民族研究》1981 年第 3 期）。呂榮芳認爲楚、越同源，是同一氏族中血緣關係較親近的親族（《楚、越同姓析》，《江漢論壇》1980 年第 3 期）。莊爲璣則表示不同意此說（《楚越兩族並非同源》）。《江漢論壇》1981 年第 4 期）。曹錦炎等認爲越爲徐後，徐人勢力進入浙江，諸稽氏一支統治了當地土著越族（《越王姓氏新考》，《中華文史論叢》，1983 年第 3 期）。關於吳越文化的特徵，陳剩勇歸納了以下幾點：1. 鮮明地區特徵的物質文化；以水稻爲中心的耜耕農業，以印紋陶爲特徵的製陶業，以青銅戈劍的鑄作爲內容的冶鑄業，以及蠶織業、造船業；2. 獨特的語言、文字（鳥蟲書）、圖騰信仰和斷髮紋身，裸以爲飾的風俗習尚；3. 信巫鬼、重淫祀的精神意識（《吳越文化特徵初探》、《浙江學刊》1985 年第 2 期）。徐吉軍列舉了與北方民族不同的十餘條，如斷髮紋身，命名不避諱、無意義，不穿鞋戴帽，善鑄青銅，善使舟楫，以海蛤蟬蛇爲佳肴，契臂以盟，巢居以避寒暑，使用石錛，信用雞卜，等等（《五十年來吳越文化研究綜述》，《浙江學刊》1986 年第 5 期。

　　關於巴蜀文化，近年有數本專著出版。童恩正的《古代的巴蜀》（《四川人民出版社 1974 年 4 月第 1 版）簡述了巴人、蜀人的早期歷史，對巴蜀的音樂、舞蹈、學術、科學、語言、文字也作了專門研究。蒙文通的《巴蜀古史論述》，闢專節論述巴蜀的文化及其特徵，指出詞賦、黃老、律曆、災祥是巴蜀固有的文化，司馬相如、洛下閎、嚴君平都是值得研究的人物（四川人民出版社 1981 年 8 月第 1 版，第 111 頁）。徐中舒的《論巴蜀文化》（四川人民出版社 1982 年 4 月第 1 版）研究巴族與船棺葬、與錞于銅鼓的關係，巴文與麼些象形文字的關係，巴賨與白虎的傳說，蠻僚的族屬問題。他還指出，古代巴蜀雖屬同一經濟文化區，但二者也有區別。蜀重農業，沃野千里，巴則水居射獵，少有農桑。巴與楚接壤，故受中原影響較多，蜀與秦相鄰，所受中原影響較少。在有關巴蜀文化的論文中，譚繼和的《成都城市文化的性質及其特徵》（《四川大學學報》1988 年第 3 期），論述了成都古典城市文化的階段性文化特徵，指出其萌發於傳說時代，形成於秦漢魏晉。它是蜀地域文化體系的主體，又兼容南北文化的綜合性的流通型文化，是古典小農文化和古典工商文化的綜合。此外，王毅的《蜀文化發展淵源的探索》（《成都大學學報》1988 年第 1 期），羅開玉的《論都江堰與蜀文化的關係》（《四川文物》1988 年第 3 期），也提出了一些新看法。

　　關於晉趙文化，李元慶、高銀秀認爲，三晉文化屬中原華夏文化類型，與楚文化不是同一系統，但它與同一系統內的齊、魯文化，也有明顯差異。對待傳統宗法制度及其觀念形態，三晉文化既不像魯文化那樣全面維護，也不像齊文化那樣半保留半否定，而是同楚文化那樣持全面批判態度。這種批判不同於楚文化的道家思想含有的沒落消沈情緒，而表現出朝氣勃勃的積極進取精神（《先秦三晉文化思想探析》，《晉陽學刊》1987 年第 6 期）。唐嘉弘認爲，趙文化由晉文化所孕育，由晉文化增殖裂變而成，其中主流屬華夏中原文化，支流有不少草原部落的落後因素。他

強調趙武靈王的改革促進了騎馬文化與農耕文化的結合，是對中國歷史的重大貢獻
（《論趙文化及其歷史地位》，《河北學刊》1988 年第 1 期）。孫繼民、郝良真分析
趙文化的二重性構成，指出趙文化是平原文化與高原文化、內地文化與邊地文化、
農耕文化與畜牧文化、華夏文化與胡族文化等多種含義的二重性構成（《試論戰國
趙文化構成的二重性》，《河北學刊》1988 年第 2 期）。關於趙文化的源頭，有人提
出在少昊，即山東大汶口文化。這種觀點得到考古資料的支持，研究者以百家村戰
國墓中屈肢葬、壁龕和頭西向等特徵推測，秦、趙文化分別是大汶口文化的分支。
關於趙文化的內涵，研究者認爲應包括趙建國前的土著文化及建國後的趙文化兩個
階段（《全國趙文化學術討論會綜述》，《社會科學論壇》1988 年第 1 期）。

　　關於秦文化，林劍鳴認爲它的特點與時賢所說的「人文主義」、「儒家思想」
有很大不同，特別是其價值層次與所謂「內傾」說毫無共同之處。他強調秦人在思
想理論方面雖無法與東方各國相比，但物質文明並不落後。他集中探討秦人文化最
深層的價值層次，認爲它未達到齊魯晉楚將對天、命的崇拜與人的內心道德修養合
而爲一的水平。秦文化的「外傾」特徵明顯。秦人的價值評判未給道德倫理留下位
置，完全以世俗功利爲標準，追求「大」、「多」成爲時尚（《從秦人價值觀看秦
文化的特點》，《歷史研究》1987 年第 3 期）。李曉東、黃曉芬運用《日書》的材料，
研究秦人的鬼神觀、價值觀，指出秦人多神崇拜傾向十分明顯，其宗教體系保留原
始宗教的許多特徵。以秦文化爲中心的功利主義是一種起過重要進步作用的文化精
神，但它的登峯造極也給秦帶來滅頂之災（《秦人質樸的鬼神觀與功利主義的價值
觀》，《歷史研究》1987 年第 4 期）。關於秦文化的淵源，顧頡剛認爲其本東夷族，
於周公東征後西遷（《從古籍中探索我國的西部民族──羌族》，《社會科學戰線》
1980 年第 1 期）。林劍鳴也持秦人源於東方說（《秦史稿》，上海人民出版社 1981
年版）。熊鐵基則相反，持西來說（《秦人早期歷史的兩個問題》，《社會科學戰線》
1980 年第 2 期）。最近，又有人對此提出新解。俞偉超提出秦人是西戎的一支
（《先秦兩漢考古學論集》，文物出版社 1985 年版）。葉小燕就秦人流行西向墓認
爲這可能暗示秦人淵於西方（《秦墓初探》，《考古》1982 年第 1 期）。趙化成則認
爲，這一問題的解決，尚待長期的、艱苦的工作（《尋找秦文化淵源的新線索》，
《文博》1987 年第 1 期）。

　　研究者們在探討以上各區域文化淵源、特徵的同時，也十分注意其相互間的影
響、交流和融合，近年來這方面也有不少論文發表。如張雄的《東南越文化同源試
證──兼論越文化同中原文化相互交融》（《中南民院學報》1987 年第 1 期），劉雨
濤的《秦與華夏文化》（《孔子研究》1988 年第 2 期），林奇的《巴楚關係初探》
（《江漢論壇》1980 年第 4 期），楊國宜的《略論江淮地區的古文化及其與吳楚文化
的融合》（《安徽史學》1985 年第 3 期），舒之梅的《試論越文化對楚文化的影響》
（《民族研究》1986 年第 4 期），龔維英的《上古南中國外來和土著各族關係淺探
──兼論楚文化對南華諸族的影響》（《中南民院學報》1988 年第 4 期）。

　　古代期的區域文化研究，在大量集中於先秦時代的同時，也兼及到若干其他領
域。見諸近年報刊的有張增祺的《關於「昆明」與「昆明文化」的若干問題》（《考
古與文物》1987 年第 2 期），陳建華的《元末東南沿海城市文化特徵初探》（《復旦

學報》1988 年第一期），陳忠平的《東南文化的歷史發展及其特色》（《東南文化》1988 年第 2 期），宋德胤的《渤海民俗論》（《社會科學戰線》1985 年第 1 期），李鐵匠的《古代伊朗對江西文化的影響》（《江西社會科學》1987 年第 6 期），等等。這些零星篇什雖未形成研究的「熱點」，但也對古代期的區域文化研究起到拾遺補闕的積極作用。希望今後這一類研究成果逐漸多起來。

3　近代及當代期區域文化研究

這一類研究的成果，數量上略顯單薄，但由於它們更切近今天的現實生活，其積極意義不可低估。從發展趨勢看，這一類研究將會有一個較大的進展。

在近代區域文化研究方面，林增平的《近代湖湘文化試探》引人注目。他分析湖南從古代「碌碌無所輕重於天下」到近代一躍而爲「功業之盛，舉世無出其右」的原因，將其歸結爲：近代湘人經元末明初及明末清初兩次大移民，在祖源、血緣方面與清以前湖南居民基本上沒有聯繫，人口素質更新，帶來移民所具的開拓、進取精神，又通過與少數民族聯姻，吸其強韌、獷悍習性，形成有別於他省的樸實勤奮、勁直勇悍、好勝尚氣，甚至流於偏狹任性的鄉俗民氣，恰當其時，湮沒百餘年的船山學說開始廣泛傳播，其哲理和反清，並在一定程度上反封建的思想和經世致用主張爲湖南士人輾轉傳習，二者相結合，其延伸外鑠，附麗於近代一系列事變中，即構成爲近代湖湘文化。（《歷史研究》1988 年第 4 期）。遺憾的是，像這樣專門研究近代區域文化的文章數量極少，見諸報刊的尚有夏光輔的《近代雲南文化述略》（《研究集刊》1986 年第 1 期）和藍華增的《「五四」以後的雲南文化》（《研究集刊》1987 年第 1 期），對雲南近代文化作了初步分析。龔佩華的《從民族學角度探索我國南方文化的特點是行之有效的方法》（《民族研究》1985 年第 5 期），對民主改革以前的南方少數民族地區文化從歷史民族學、地理民族學、社會組織及制度、民族文化交流等角度，進行了歸類分析，提出了地理多層次文化觀點。

近年來，涉及當代區域文化的問題日益受到研究者的熱情關注，陸續有文章刊出。如師海貌、趙偉東的《關於城市文化的幾個問題》（《城市改革理論研究》1988 年第 1 期），界定城市文化是指生活在城市區域的人們在改造自然、社會和自我的活動中，所創造的行爲方式、組織結構、道德規範、典章制度、觀念形態、知識體系、風俗習慣、心理狀態以及技術、藝術成果。城市文化具有先進性、導向性和羣衆性。指出發展當代城市文化應正確制訂戰略，加强教育科學文化的發展，把城市文化事業同改革、開放結合起來，圍繞提高人的素質這個核心問題。赫英春的《注意區域文化特點》（《中國文化報》1988 年 9 月 4 日）提出邊境地區文化與內地不同的特徵，即：1. 人文地理因素，人口密度低，文化結構呈分散、相對獨立狀，自然村落型的家庭文化是主要文化形態；2. 來自中心區域的文化衝擊波影響削弱，反饋小，羣衆文化成文化活動的主要形式；3. 未形成排他性區域文化傳統，易於接受外來文化。因此，邊境地區文化的發展大致將經歷由分散到集中、由單一到多樣，由移民文化到本地特點文化的三個過渡。

具體討論某一地區文化現狀及發展遠景的論著也紛紛發表，其中有周鑾書的《淺談江西文化資源與開發》（《爭鳴》1985 年第 2 期），提出「統籌、協調、合

作、互惠」的方針；方才金的《湖北文化特色試析》（《湖北社會科學》1988年第8期），對湖北文化進行了自然環境、歷史淵源、社會土壤的分析，並提出發展對策；王三北的《論甘肅文化模式的歷史特徵及發展對策》（《蘭州學刊》1987年第2期），描述甘肅文化現狀是多元多層次的葫蘆形結構，封建文化是葫蘆肚，資本主義文化是葫蘆頸，社會主義文化是葫蘆頭，提出「連點成線，由線及面，重點投資，分期發展」；伍任的《廣東文化發展的幾個問題》（《廣東社會科學》1987年第4期），提出應發揮物質載體和空間載體這兩個方面的優勢。

關於上海文化發展的研究，顯得比較突出。李天綱撰文《上海文化中心地位的衰退與重建》（《復旦學報》1988年第3期），指明上海都市國際化程度大爲降低、中國文化中心地位轉移、文化創新能力萎縮、市民現代心態失落等衰落標誌。李培棟的《中國和上海地區的傳統文化散論》（社會科學）1986年第9期）論述了上海傳統文化的基礎問題，認爲這種基礎仍將爲上海文化的振興發揮積極作用。王元化的《關於上海文化發展的若干問題》（《解放日報》1988年4月13日），認爲發展上海文化應將其視爲一系統工程，從文化設施、文化組織及機構、文化觀念及心理三方面同時進行。研究者們還開展了「海派」文化特徵的討論，認爲其是一種具有上海地方特色的近現代文化，它具有雜交、多元的性質。其特徵可歸納爲創新、開放、多樣、崇實、善變。關於對它的評價，一般認爲海派文化思想解放、追求進步、注重現實是突出優點，缺點則在於謹嚴不足。不少人認爲只要繼承發揚海派文化的優良傳統，克服弊端，發揮上海政治、經濟、人文、地理的優勢，必將創造出具有海派特色的社會主義新文化（《「海派」文化特徵學術討論會綜述》，《社會科學》1986年第1期）。

三

在區域文化研究的理論方面，研究者們也進行了初步探討。

關於區域文化之所以在中華文化總體系統內部存在的原因，王世達、陶亞靜提出「隔離因子說」，包括自然隔離（由地理傳播、語言或方言、不同民族等差異造成）、社會隔離（由生產方式、經濟結構和人口分布等差異造成）、歷史——心理隔離（由民俗、家庭社會體制、藝術、心態等差異造成）（前引王、陶文）。

關於文化區域的特徵，盧雲認爲，第一，文化區域是客觀存在的地理實體，它不僅是文化的空間單位，而且還包括了階級階層、城市鄉村等複雜的文化負荷體。第二，由於文化傳播中的時間差，文化前後時代的差異，常常體現爲不同區域間的空間差異，以及同一區域內的階級、階層差異和城鄉差異。第三，文化區域的邊界是不固定的，經常處於漸變與模糊的狀態之中，正是這種變遷導致了歷史時期裡文化區域的分化與整化運動（《論文化的傳播與文化區域的變遷》，《復旦學報》（社會科學版）1986年第3期）。王煦楗認爲文化區是文化地理中的一個重要概念。文化既包括最簡單的、明顯的、客觀的行爲型式，還存在於語言、法制、科學、哲學、宗教、藝術之中，有更複雜的形式。一個文化體系包含著許多文化特質和文化複合體。共有一個特定的文化體系的居民區就構成一個文化區。文化區的特徵從一

個範圍較小、性質較一致的核心向著過渡帶漸趨減弱，但其間並無截然分界。文化區的分界線不可避免地帶有某種程度的主觀性（《試論文化地理學的性質和內容》，《南京師範大學學報》，自然科學版，1985 年第 1 期）。

關於區域文化之間的相互關係，盛豐提出「地區文化的二重構造原理」，將地區文化按其大小分成文化圈、文化羣體、文化個體三種類型，無論圈、羣、體的每一類型都呈現「內核——邊緣」的二重構造模式。形成這一構造的原因一是文化的輻射性，二是一地區內幾個文化羣（體）之間的文化力度差異。處在中心地區的強力度文化就是文化核，環繞在其周圍的就是文化邊緣。內核文化與邊緣文化的區別，是古老文化與年輕文化、單一文化與複合文化、輻射文化與受容文化、傳統文化密集點與淡化區的區別（《論「海派」文化的「邊緣文化」特徵及其歷史作用》，《社會科學》1986 年第 1 期）。

關於區域間文化的傳播，王曉倫從哲學的高度進行思考。他假設人類的不同部分各自沿時間軸孤立發展，也就是說不斷地向前分化，並蓄積文化信息。這一進程是單向、不可逆的。各個文化所發覺的客觀可能性被限制在一條狹窄通道上，不能回頭再包容其他文化的內容。所以，人雖然具有發展客觀信息的無限可能性，但文化環境都給他帶上先驗的圖式。生物的人與文化的人形成了人性的完整，卻限制了發展。在此情況下，空間的橫向傳播便極有效地開闊人們的視野，使文化的發展從更高的層次開始。對任何一個文化單元來說，其發展程度在很大程度上取決於它在橫向上與異質文化接觸的可能性、取決於它所可能獲得的新信息的量（《文化地理傳播的哲學思考》，《百科知識》1987 年第 7 期）。盧雲則具體研究了區域間文化傳播的方式，將其概括爲五種：1. 由中心區至邊緣區、由上而下的傳播；2. 由邊緣區至中心區，由下而上的傳播；3. 雙向傳播；4. 跳躍的傳播；5. 循環的傳播（前引盧文，《復旦學報》1986 年第 3 期）。

關於區域文化研究的具體方法，考古學工作者在豐富實踐的基礎上，進行了理論歸納。蘇秉琦、殷瑋璋認爲劃分文化區系、類型是考古學的一項基本任務。他們批評把某種考古文化與文獻上的某族人爲地聯繫起來，說成是某某族文化的簡單化做法，認爲正確地進行區域文化的區系、類型分析應該立足某地考古實踐，把該地區的文化面貌及相互間關係搞清楚，選擇若干處典型遺址進行科學發掘，以獲取可資分析的典型材料，然後在準確劃分文化類型的基礎上，在較大的區域內以其文化內涵的異同歸納爲若干文化系。區是塊塊，系是條條，類型則是分支（《關於考古學文化的區系類型問題》，《文物》1981 年第 5 期）。俞偉超提出「文化因素分析法」，其要義是分析一個考古學遺存內部所包含的不同文化因素的組成情況，以認識其文化屬性，即確定它在考古學文化譜系中的位置。他認爲文化不是孤立發展的，某一文化只要與其他文化相接觸，就會相互影響，內部就會出現來自其它文化的因素。所以要把一個考古學文化的特徵講得很準確，應是包括了一組以上的那些文化因素的一個總體概括（《楚文化的研究與文化因素的分析》，《楚文化研究論集》第 1 集，荊楚書社 1987 年 1 月第 1 版）。應該說，這些認識不僅僅對考古學文化，而且對於一般意義上的區域文化研究，也具有方法論的指導意義。真理認爲，應該運用「文化基因兩要素」的分析方法來把握區域文化的實質，進而分析文化與

經濟的互動過程。他解釋道，在區域文化傳統的深處，隱藏著特殊的理性文化基因和感性文化基因。前者的作用對於政治更重要，而後者與經濟的聯繫更密切。對感性文化基因的研究存在著文字材料不系統和前人歸納整理不足的困難，工作要從頭做起（《區域文化和區域經濟》，《學術季刊》1988 年第 2 期）。

在區域文化研究的材料方面，陳中凡認爲應特別重視運用地方志中的有關記載，以作爲遺址、遺物、口碑材料和一般意義上的文獻材料的補充。他認爲地方志以某個地區爲界限，範圍相對狹小、集中，所以記載這一地區的自然、社會諸方面情況極全面、詳細、真實，這正爲我們綜合研究區域文化的整體概貌、變遷、個性色彩及其成因，提供了極便利的獨特資料（《地方志與區域文化》，《史志文萃》1988 年第 1 期）。

區域文化研究應該爲現實服務。研究區域文化在一定意義上講，正是爲了發展區域文化。黃堅認爲，制訂區域文化發展戰略，須考慮本地的歷史地理條件和原有文化系統，充分估計未來社會文化型式與現實的矛盾和衝突，一方面大力提倡新風尚，另一方面運用各種社會力量對原有文化進行批判性改造，把它們納入自然控制過程，強調統一的、進步的一般社會文化標準，對零散文化現象、文化行爲進行有機的整合，塑造出一種區域的社會文化型式，使區域文化具有有機性質，並在總體文化中體現自己的特殊代表性（《區域文化發展戰略指導思想的理論探討》，《福建論壇》經濟社會版 1987 年第 6 期）。

應該指出，相對於區域文化的具體研究，區域文化的理論探討無論從投入力量、發表成果、認識深度方面看，都顯然落後一截。我們有理由相信，隨著區域文化研究的不斷深入，這種現象必將逐步改觀，並推動、指導區域文化研究步入新境界，攀上新高峯。

中國文化與解釋意識的雙重危機

殷　鼎

一　是否有誤解危機的可能？

一種文化當需要替自身的價值與前途辯護時，其實已落入衰局。若是再避開或誤解引發文化危機的真正問題所在，又會加劇危機。實際上，一種文化發生持續的危機現象，本身暗示著陷入危機的文化可能仍在以某些加劇危機的回應方式對付衰局。

中國文化自近代以來出現的持續危機，已是無可爭議的事了。對這種持續的文化危機的辯識和理解，除去廣爲接受的「民族危機」外，富有啓發性的見解有「意義危機」[①]、「現代化危機」、「價值危機」，以及毀譽參半的「文化認同危機」[②]。但我們感到，在這些危機的深處，似乎潛伏著足以引起中國文化全面危機的某種更根本的契因。本文試探性地提出，它是一種能涵蓋並説明意義、價值、心理認同及現代化諸危機的「人的觀念」的危機。而且需要强調，中國文化的危機，並不主要是中國傳統文化的危機，而是由當代中國文化理想中人的觀念的難產與困局而來。

人的理想，即人應當是什麼，凝聚著一個文化的終極關懷，且居於文化價值中的最高層次，一旦文化理想中人的理想（觀念）遭到懷疑和重新認識，發生人的信念的解體或失落，整個文化沒有不出現全面危機的。這種全面危機表現爲該文化過去確立的人生意義、道德信念、歷史文化價值，精神追求，以及心理平衡，相繼會發生危機，因爲文化的這些局面，都是直接或間接地從該文化的人的理想中汲取價值和意義的。

我們以往對「五四」新文化運動全面重估中國傳統文化，以「禮教吃人」來否定傳統中國文化中儒家文化人的理想，多有褒貶不一的研究，而卻少有注意到，在「五四」新文化運動半個世紀之後又發生的另一次對中國文化（包括中國傳統文化和當代的文化現狀）的全面重估，出現了更爲深刻的人的理想的危機。而只是在這第二次全面重估中國文化中，尤其是反省關於人的理想，才使中國大陸在最近幾年中，出現了真正的中國文化的危機意識。

中國文化的危機，固然是由「五四」來全面重估傳統文化而引發，但其後而產生的與傳統中國文化對峙的幾種人的理想，也相繼發生危機，使中國文化的危機狀

態一直持續下來。而不少人卻誤以爲這僅是傳統文化與現代不適應的危機。不承認或不正視這一點，一方面出現了將中國文化的危機全部委過於中國傳統文化，誤認爲是中國傳統文化自身的危機，另一方面，卻又有非歷史地强求中國歷史文化爲當代提供人生理想，或將我們時代人的理想的困境，歸咎於中國傳統文化。這二方面都加深了中國歷史文化與當代之間的裂痕。

二　危機的再現

「五四」新文化運動，至少做了二件使中國傳統文化前所未曾遭遇到的事。一是「五四」新文化運動，也像歐洲的啓蒙運動一樣，用理性分離了傳統與權威，傳統文化所負載的權威失落了。但它同時又讓理性與權威結爲一體，使理性有了不可逼視的權威地位。二是「五四」新文化運動又不同於法國和德國的啓蒙運動，它非歷史地提出民族文化可與國家分離。更具體地説，它的思想領袖們認爲，必須以犧牲中國傳統文化爲代價，來換取一個現代的富强的中國。這一點，陳獨秀和胡適等人都曾公開地表示[③]。

「五四」新文化運動用來衡量估價中國傳統文化的主要標準中，一是理性，二是西方的現化代和民主制度，所以它揭起「科學」與「民主」兩面旗幟。這二方面又是互相助長的。在韋伯的理論中，現代被解釋爲一種全面的社會理性化。並且，韋伯還含蓄地界定這種支配現代的理性，是一種注重功利理性，或稱爲功用理性[④]，而不是像康德的無條件地關注價值的道德理性。令人感興趣的是，「五四」新文化運動對這兩種理性似乎做了中和，它一方面以功用理性衡量一切傳統文化，凡不能有助於中國走向現代化的，無論其自身是否有獨立的價值，一律予以擯棄；另一方面，由於文化承繼的不可割斷，它在批判中國傳統文化的同時，卻以某些中國傳統文化的價值取向去反省審查傳統文化[⑤]，去構造自己的文化理想和人的價值觀。在它提倡的人的價值與理想中，極看重人的理想與完滿，關注理性與道德的統一[⑥]。

「科學」與「民主」不僅被視作是使國家强盛的法寶，同時也被作爲實現新文化運動所理想的人的價值之途徑。當然，新文化運動時期的人的觀念從未統一過，各種人生觀既相呼應又相抵牾，內涵且極爲複雜多樣，但「五四」新文化運動爲一種新的，不同於傳統中國文化中的人的觀念，定下了基調。在這個基調中，申張個性與理性，崇尚人的自由發展，佔據了最强音。

但爲什麼説「五四」新文化的倡導風行的人的理想觀隨後也發生了危機呢？這一點，解釋起來頗費周折。我們知道，「五四」新文化運動是以「理性」和民主以及現代化作爲尺度衡量評價中國傳統文化的。如果一旦所依據的尺度自身發生了問題或偏失，就會引起新的危機和變動。一次世界大戰的結果，使現代科學和理性在西方遭到了普遍的懷疑和重新反省。梁啓超遊歐後的幻滅感以及二〇年代中的科學與玄學的論戰，披露出「五四」新文化的人生觀受到了懷疑和挑戰。西方列强對中國的作爲以及大戰中西方制度顯露出的弊端，更助長了這種懷疑和挑戰。但在當時，新文化運動所倡導的人的理想，在遭受懷疑時，有幾條出路，其中之一就是不

少青年知識份子把新文化運動對人的關切和理想，轉移並寄託到各種社會主義學說和馬克思主義上來。馬克思主義中關於人的個性在社會主義社會中自由全面發展的學說，以及「社會朝完全解放人的方面發展」的歷史必然性，對「五四」新文化思想孕育出來的知識青年，有極大的吸引力。

然而，人的理想的危機只是暫時潛伏下來。

從 1949 年到文化大革命前期，中國大陸在意識形態及政治運動的指導下，一直踐行著「造就一代社會主義和共產主義新人」的理想。平心而論，這種「新人」的信念，確已深入人心，並廣為社會所接受。中國文化的前途問題，在大陸思想界被理解為如何建設中國社會主義新文化的問題。中國傳統文化的危機，似乎已經得到了克服，剩下的僅是怎樣清理繼承文化遺產，為建設社會主義新文化服務的問題。客觀地講，直到文革結束後的 1979 年之前，這也確是彌漫在大陸思想界的普遍心理狀態，中國文化的危機問題，在 1980 年之前，就不曾真正在中國大陸思想界的視野中出現過。

但從 1957 年以後，「人性」及「人道主義」問題，成了大陸思想文學中最為敏感的問題之一，它為文革後中國大陸人的觀念的全面危機埋下了伏筆。文化大革命的十年，以人類歷史上罕見的殘暴和非人道行為，使社會各階層中倖存下來的人們對這種「新人」的理想產生了疑問、疑惑、迷惘、失望。人生觀陷入一片混亂，人與人的關係已緊張到臨界狀態。理想的幻滅感尤其浸透了青年一代的心理，他們同時被稱為「垮掉的一代」、「懷疑的一代」、「思考探索的一代」。這些稱號暗示出什麼徵兆？分明是人的理想——文化的最高理想和價值——出現了危機。文革後不久開始的「思想解放」運動，哲學界和文學界首先出現了「異化」和人道主義的討論。千萬不要以為這僅是馬列主義內部正統派與異端派之間關於早期馬克思的爭執[7]。文革後，絕大多數社會成員，都成了歷次政治運動的倖存者。「異化」和人道主義討論的興起，真正關心的是要重新全面反省由文革粉碎的人的理想。

繼「異化」問題討論之後。近幾年，國內又掀起重新對中國傳統文化估價反省的熱潮，儘管角度不同，看法各異，並各有其現實或理論的立足點，但是，有一個問題則是必須正視的，這就是，中國文化的真正危機不是中國傳統文化的危機，而是我們自己時代文化中人的理想、價值及整個文化理想的困局和危機。只有在謀求解決我們自己時代的這一危機中，才能真正與傳統文化建立起意義和價值方面的聯繫。中國傳統文化雖不能說完全成功地但也算自如地應付了晚清以前的幾千年的各種時代挑戰和難局，只是對於我們，對於我們現在的時代，才出現了危機問題。我們不能把中國文化的危機問題歸結為中國文化自身的危機，這樣做實際上是在強解危機，真正造成中國文化在當代持續危機的，正是我們自己時代文化理想與人的觀念的難產。

三　解釋意識的轉變

人是任何文化都尚未解開的疑竇，因為人與他的歷史都是尚未完全展開的可能性。由這種歷史看待文化，每一文化的前途在歷史發展中都還沒有確定，人無法給

自己的文化一個完成的意義。

　　理性主義在近代申張的一個直接後果，是它一方面破除了歷史的神聖性和神秘性，把歷史還原成爲人的歷史；另一方面它又力圖消除歷史和文化發展的不確定性和模糊性，因它相信，理性有能力澄清歷史，並預言歷史發展的明確前途。理性把複雜萬狀的文化現象抽象爲一些觀念的邏輯運動，安排爲人可以理解並把握的系統，如結構、規律、因果關係，以求「合理」地解釋並預言文化的發展。在這種理解文化的取向中，文化在歷史中存在的三個時間狀態——過去、現在、未來，都可以在一代人的理性中彰現無遺。

　　這種思維方式也同時支撐著目前對待中國歷史文化的一個最流行的信念，即，它相信我們的理性不僅有能力發現歷史和文化發展的全過程，由規律、必然性來說明過去的人的存在、現在的人類存在，並且還完全可以預言歷史的未來。從宏觀上看，這種信念表現爲斷言歷史和文化發展的真相已被揭示，並要求人的理想遵從「歷史規律」的走向。從具體地解釋各種文化和歷史現象來看，由這種信念支持的文化解釋理論格外偏重以規律、因果、結構以及目的去解釋歷史和文化，並相信可以由解釋復原出文化的「本來面目」或「真精神」。對歷史典籍和某些產生過重大影響的文化「經典」著作，採取執著於「發現」或「再現」經典「原意」的解釋取向。這一點，我們可以從中國大陸思想界盛行不衰的經典「原意」的論爭以及「異化」討論時的情況體會出。這種解釋取向，把對文化和歷史的研究，作爲到歷史和文化中去找尋規律、結構、原因的工具或手段，忽略了當代中國人對中國歷史文化的重估和解釋，都是公開或隱蔽地要求理解和解釋我們現在的人是什麼，我們將來可能會成爲什麼這一重要的基點。我們不是要到歷史文化中再現或復興歷史文化，我們真正關切的是要到歷史文化中解釋和理解我們自己是什麼、擺脫我們對自身的迷惑，從我們自己時代人文價值的困局中解脫出來。一言以蔽之，我們在解釋和重估中國歷史文化時，從根本上是關注我們時代的人的自我理解和意義問題。如果我們忽略了這一根本的出發點，只全神貫注於去中國歷史文化中找尋特徵、原意、規律、終極原因等，傳統文化最終在我們的解釋中，只剩下一堆由這些理論範疇組成的無生命的空軀殼，被剝奪了進入我們時代的活力和方式，無法與我們建立起由理解而形成的人生意義的聯繫。歷史和傳統文化與我們時代原本由時空間隔而形成的距離感，便會進一步加劇，使我們的時代時時感受到價值與傳統，歷史與現實的分離。

　　把解釋和理解中國傳統文化的重心，由致力於發現「原意」，規律、原因，轉移到關注我們自己時代的人的自我理解，使歷史文化能在我們的自我理解中展開與我們時代的意義和價值方面的連續性，這是一條溝通歷史文化與我們現實人生聯繫的途徑，也是消除傳統文化與當代之間對立的有效方法。承認我們的真正關切是要到歷史文化中解釋我們對自身價值與理想的困惑，就不會在解釋歷史文化時，以法官的姿態，只去判決歷史文化，忘卻了我們實際上是通過這種方式，評判解釋我們自身的時代難題。認清這一點，對中國文化的前途，是極有意義的。那麼，我們就需要提倡一種新的解釋文化的意識。

　　任何傳統文化若能夠富有活力地進入當代，必須經過我們時代的重新解釋和理

解。使歷史文化重獲生命的原因，並不是它的「真相」或「原意」被我們的解釋所發現，而恰恰是它在我們的理解和解釋中產生了意義。這種「意義」也使歷史文化自身免於淪爲一種遺址古蹟，成爲考古的對象。

中國文化自古就有格外發達的「解釋」意識和注經傳統。自兩漢以下，文化是在注釋經典（hermeneutical）的方式中得到創造和發展。這種「解釋意識」根深蒂固地植於我們的文化中，直到今日在中國思想界也不曾動搖過。當然，這種信念也不是中國文化所獨有，西方在六十年代當代哲學解釋學興起之前，也少有懷疑到這種信念，而且，它還以「歷史意識」（Historical Consciousnesis）的形式在近代盛行一時。

當代哲學解釋學，尤其是在德國啓興的伽達默爾（Hans Georg Gadamer 1900——）的哲學和法國現象解釋學大師瑞克爾（Paul Ricoeur）的哲學，對這種流行的信念提出了嚴重的挑戰，已在西方的史學、文化學、文學批評和哲學以及神學中，引起相當廣泛的反省。「發現」歷史或作品「原意」的解釋意識，受到了批判，雖然尚未瓦解失勢，但已從根基上，尤其從認識和本體論上被動搖。但當代哲學解釋學主要關切的是扭轉自笛卡爾和康德以來的主體哲學的非歷史傾向，以及理性對人的歷史存在的遺忘⑧。西方當代思想文化發展的多元走向使他們不曾注意到，以發現復原「原意」爲目的的這種解釋意識，在中國文化中，曾經並仍在加強著壟斷思想和解釋文化標準的「獨尊」傾向，阻礙了中國傳統文化向多元的現代價值取向開放，加劇了傳統文化與我們時代的對立與疏離。

美國當代中國文化研究專家史華茲教授（B. Schwartz）曾敏銳地注意到，「目前，中國大陸與台灣都强制執行著一種對中國文化遺產與外來思想很有限制的『公認』的解釋」⑨。聲稱已「發見」中國歷史文化「真相」或「規律」的一派，將自己的解釋定爲權威的標準，對一切與此不符的解釋和理解，嚴加限制，甚至禁止和迫害。這種「原意說」和支撐它的解釋意識，壓制了人們創造異端解釋的正義感和責任感。中國文化傳統在這種解釋意識形成的氛圍中，一次又一次地失去了與現代多元的價值取向建立起意識和人的價值觀方面聯繫的契機。我個人以爲，這是當前加劇中國文化危機的因素之一。我們從現在起，應提倡一種新的理解歷史文化的解釋意識。這種新的解釋意識對中國文化的過去和前途負有雙重的責任：它一方面必須從認識論上澄清，爲什麼致力於發現歷史文化「原意」和「規律」的解釋取向，本身是反歷史的，從而使壟斷解釋標準、妨礙傳統文化在現代發生意義的文化理論失去根據。把解釋中國傳統文化的重心，轉移到多元地理解它的意義，這樣，不僅歷史文化中的真理、長處和精華對我們的自我理解有了意義，而且，歷史文化中的謬誤、缺憾和糟粕，也對我們的自我理解和人生價值的形成發生了意義。在解釋文化傳統時，「意義」（meaning）不同於「原意」（original meaning），它既不單獨爲傳統文化所佔有，也不是我們對歷史文化的隨意注入。意義自身不是一個獨立的存在，它是現時的人與歷史文化之間建立起的一種真正的聯繫。在意義之中，參與著歷史文化和我們現時的存在，以及我們對未來的期望。

另一方面，這種新的解釋意識應當從認識上澄明，理解和解釋歷史文化的活動本質上是創造性的，而不是「再現」或「復原」的活動。歷史文化就在這種本質上

是創造性的解釋和理解中，對每一代人永遠保持住了人生的價值方面的意義。同時，歷史文化已在每一代人的創造理解中，獲得新生，延續下來，並且在這種創造性中，保證了向未來發展的多種可能性、開放性和不確定性，而不是「原意説」或「規律説」中的歷史文化僅有必然性。

現在，我們就來從這二方面入手，扼要地説明什麼是本文所提倡的新的解釋意識。

追究以「原意」爲中心的解釋意識的歷史形成過程，不是本文的旨趣，也超出了本文容量的範圍。（有興趣了解「原意説」的歷史演變及哲學解釋學對它的批判清算，請參見伽達默爾〔Hans Georg Gadamer〕的《真理與方法》〔Truth and Method, 1960〕一書。）但這裡需要簡扼地强調一個結論性的觀點，即是，理解文化的歷史範疇不應單是規律、結構、原意。歷史文化獲得理解，並由此獲得再生契機的方式是解釋、意義、變化、可能，以及我們由理解自身的要求而來的先入的關切，或稱「先見」。

强調對待歷史文化的主要注意力應放在理解、可能性、變化、意義等，或許還可以被大多數人接受，但若説歷史文化再生的契機之一，是通過我們時代和個人的「先見」，即先入的關切，定會引起極大的抵制和懷疑。由文藝復興和啓蒙運動而來的一個最有影響力的現代觀念，是人可以由理性作爲保證，不帶個人和時代先見去公正地評判歷史文化與傳統。所以，「先見」一詞，無論在哲學中還是在一般語言中，在我們今天的時代都具有明顯的貶義。在哲學認識論上，個人的「先見」被列爲妨礙主體意識接近並把握歷史真理、規律，原意的元凶，唯恐不能盡除之。認識論在現代追求的是一個不帶任何個人偏見的起點，並由此之上，再開始認識生活現象及物質世界。自當代哲學解釋學在本世紀六〇年代興起以後，對近代由笛卡爾哲學開啓的認識傾向，提出了懷疑和質問。它首先懷疑人在自身的歷史存在中，是否可以超越自身，不帶「先見」地去把握事物的真相。進而從本體論上發現，「先見」乃是人在歷史文化中存在的方式，同時也是任何理解與解釋活動可能發生的先決條件。「先見」作爲人的歷史存在方式，是一切認識活動的起點[10]。這就使笛卡爾以來的哲學信念——理性才是認識的真正起點的保障——受到了顛覆性的衝擊。

提出「先見」作爲解釋和理解一切文化現象乃至整個人的世界的先決條件，有二層重要意義：

一、它首先肯定，「先見」作爲人的現時的文化和歷史存在狀態，必然會進入他所解釋和理解的一切中去，且永遠無法根本排除，因爲它是認識者自身的存在。爲什麼説「先見」是人的歷史存在方式呢？在解釋和理解任何文化的歷史傳統之前，我們總是已置身於某一種文化傳統之中，並運用某種語言去解釋理解文化。這樣，每一代人，每一個人，每一種解釋文化的活動，都不可避免地要處在四層關係中：

其一，他必要降生並生活在一個文化傳統中，從哲學上可稱之爲人的理解發生的「存在境況」。

其二，在這種存在境況中，他必須首先接受歷史文化給他的語言，並理解語言。

其三，語言保存著歷史文化傳統，他接受和理解語言的同時，是在接受和理解歷史、文化和他的存在境況。

最後，他在接受和理解語言之時，也已經讓歷史文化在理解中進入了他的時代、他的現時存在，並參與形成了他對自身的理解。

在進行任何解釋文化或歷史的活動時，解釋者必須要捲入他已佔有並理解的語言，他已有的對自身的理解。他的認識主體實際上就是由這四層關係構成的「先見」，只是自身不能有意識覺察這種「先見」而已，誤以為主體是一個不帶先見，或經過反思去除先見的清明理性，誤以為由此可以超越個人先見去認知「客觀」的規律和原意。

每一代人都求理解和解釋他自己是什麼，將來可能會成為什麼，為了達到這個目的，他需要了解他的過去，即，歷史文化是什麼。每一代人對自身的理解和期望，一方面由歷史文化通過這四層關係來參與和影響，另一方面又由每一代人的創造性解釋和理解來形成。這樣，任何歷史文化都有過去、現時和未來三方面的聯繫，我們的理解和解釋把這三方面聯結起來，並產生出意義。而我們的理解和解釋，又是由我們的「先見」提供了前提和可能。

二、承認「先見」是一切理解和解釋活動的前提，肯定人必須帶著他對理解自身的先入關切去解釋歷史文化，從理論上和人的歷史存在上說明了人為什麼不能超越自身、跨歷史時空地去「發現」和完整「復原」歷史的「本來面目」。這種發現「原意」或「本來面目」的解釋意識，名為尊重歷史，客觀地研究歷史，卻使歷史在「原意」的發現中失去了最基本的成份——經驗。歷史的歷史性正根植在人的存在的經驗之中。

經驗具有當下發生的直接性和不可重複性，它使歷史與我們現時的時代成為兩個不同特點的人類存在。雙方都無法再重複對方。經驗造成了歷史與我們之間存在上的距離。經驗又先於觀念和價值判斷，它是即時的又是具體的和個人的。經驗的直接性、個人性、即時性等特徵，限制了經驗被準確完整重複的可能性。經驗的這些由人的存在狀態而來的歷史性質，使任何一代人在歷史文化的解釋中，無法再完整重現歷史。歷史通過經驗的偏限，對每一代人永遠保持有程度不同的陌生疏遠感。

經驗的不可完整重複性對歷史文化有二重意義，一是歷史經驗中包含的個性差異，限制了任何普遍性的抽象觀念窮盡歷史意義和內涵的可能性，限制了理性用觀念澄清歷史的可能性，保證了歷史文化對每一代人和每個人都具有新鮮的意義。

二是經驗的這些特徵，肯定了任何理解和解釋，都是對歷史文化的創發性理解，都與歷史文化的「本來面目」有所不同。經驗限制了每一代人復原出歷史文化「本來面目」的可能，發現「原意」的可能，但同時保證了歷史文化在理解中被更新，向新的經驗和可能性開放。經驗具有的多義、含蓄、模糊、變化等特性，本身又對用觀念和體系去澄清歷史文化的傾向，提出了挑戰。

歷史文化對於我們的解釋和理論來說，沒有自身獨享的意義，也沒有自身獨受的危機。是我們給歷史文化帶去了危機。認識到這一點，我們就不會再武斷地宣佈，歷史文化是一堆腐臭的僵屍，或是一片棲息在少數遺老遺少心底的陰影。歷史

文化通過我們的「先見」已經就在我們的存在和理解之中，它對我們本是一片汪洋的生命，我們必須要在解釋和理解歷史文化中，拓展這片生命。絕不能誤以爲我們歷史文化的內在源泉已經乾涸。

這種新的解釋意識，在對待中國文化的危機和前途問題上，既不非歷史地執著於恢復歷史文化傳統的「本來精神」，要求歷史文化爲我們自己的時代提供人生理想和價值觀念；也不把我們自己時代人生理想和價值觀的困局，全都委過於傳統文化，不肯承認危機是來自我們對自身理解的困惑與迷惘。同時，這種新的解釋意識也不把中國文化的危機指責爲是對傳統文化本來精神的背離所致，而是要鼓勵多元的創發性理解和解釋。讓傳統文化在我們的具體存在境況中由理解和解釋產生出意義，並溶入我們時代中國文化理想的重建與形成，讓傳統文化的價值，有選擇地進入我們的時代，參與形成我們時代文化理想的人生觀、價值觀和意義系統。

四　幾點嘗試性探討

從最淺顯的常識講，中國文化要擺脫危機，須首先弄清什麼是它面臨的真正難題。但做到這一點，談何容易？中國文化的博大深厚和當代社會的複雜萬狀，使任何文化的危機現象都由多種因素交織叢生在一起。回顧以往的中國文化的討論，再面對中國文化的現狀，我感到至少有以下幾個問題，不是中國文化目前面臨的最緊要的問題，或者說，既使解決了這些問題，中國文化也不能完全擺脫危機。

其一，中國文化目前面臨的最緊迫的問題，恐怕不是近半個世紀以來屢屢提出的科學與人文精神不平衡的問題。若是把這個問題用來解釋已高度工業化和泛科學化的歐美所面臨的文化難局，倒也切題，因它確是能釀出文化危機的因素之一。不幸的是，自「五四」倡導科學以來，科學至今仍未能在中國真正伸張。這一點，連一生主張並預言世界文化的前途是中國文化的復興的梁漱溟，也反覆致意，中國目前需補上科學這一課[⑪]。是否中國文化的人文精神可作爲診治西方世界科學與人文不平衡的藥石，確是可以繼續探討的，但它對中國文化自身面臨的難局而言，應當說是兩個相關但不同的問題。

其二，中國文化這次經歷的持久危機，恐怕也不是中國古典文化的精神在近代不能得到保持而致。前面曾提到，中國傳統文化在晚清以前，雖屢經動亂與危機，但依靠它自身的活力和潛力，也算成功地回答了它面臨的一個又一個時代難題。在對付這些時代的挑戰過程中，中國傳統文化逐漸形成了某些穩定的基本成分，它們也可被稱作文化的原型（normative）成分。文化經過長期發展，會出現對自身這些原型成分的自覺意識，並有意去加強和絕對化這些被稱爲該文化的精神或特徵的成分，往往還會理想化爲超越歷史時空的永恆不變的東西。中國自近代被西方用武力打開門戶以來，經歷了前所未有的時代變動，它面臨的時代難題，是它過去所不曾遇到的。原來中國傳統文化用來對付舊的時代難題的基本成分。在新的現代難題面前，就顯得難以應付，因爲它們是爲適應對付另外一些舊的時代問題而逐漸固定成型的。在劇烈的歷史大變動時期，一種文化的這些成型的部分越是堅固穩定，它就會越難應付適應新的時代問題，經歷危機的時間也就越長。然而每一種文化，包

括它的已定型的基本成分，都有向變化轉變（ transformation ）的開放性，因爲文化也如人的歷史一樣，都是尚未完全展開的可能性。以這種歷史的觀點去看待中國文化和它的精神，就應該在中國文化的討論中，强調中國文化的精神是尚未完成的可能性。在可能性中，就蘊含著變化，蘊含著產生克服時代難題的能力。

其三，中國文化的難局，恐怕也不僅僅是與現代化不適應而致。目前中國進行的四個現代化事業，是侷限在科學的層次上。科學技術是人類文化的公器。而文化危機必與人的價值觀、理想和道德有直接關聯。

再有，考慮到目前大陸的政治局面和人民的思想心理狀態，我感到個人的安身立命問題，還不是中國文化面臨的最緊迫的問題，（爲免於誤解，我這裡絲毫沒有意思說，個人安身立命不是中國文化現狀中應該加以重視的問題。它確定每個人在一生中應有的終極關切。）因爲只有當一種文化能夠爲社會提供普遍接受的人生理想和人的觀念時，社會中的個人才會在它之上落實他的安身立命之處，而目前恰恰是人的理想觀念本身發生了動盪與危機。另外，正像美國當代學者懷特教授（ Arthur Wright ）觀察到的，中國的現狀和它的過去的一個顯著不同特點，古代社會中那些與當政者持有不同人生理想或政治態度的人，可以隱退，既使在儒學獨尊的局面下，也可獨善其身，或踐行禪風，或效法老莊，自樂於山水之間。但現時的中國，已經失去了這種環境，已沒有能真正脫離國家的個人。政治意識形態和行政組織已滲入到每個人的生活中[12]，個人的安身立命問題，變成意識形態問題，個人無法獨立解決這個問題。

這樣一來，我們又回到了本文第一節所提出的人的理想觀念危機的困局。爲什麼當代中國人的理想一次又一次發生危機？這不是本文有能力回答的問題，因它捲入了極複雜的政治與意識形態的背景。但有三個文化上或稱爲民族思維方式的因素，尚未曾被注意到，也不易察覺，所謂「日用而不知」，這裡略舉其大端，以期引出更深入的研究。

我們知道，中國古典文化的追求之一是道不離日用，且人人皆可在此生中成爲聖賢。它不主張現世的人對至善完美的道及人生理想境界作超越人世的肯定。這表現出一種非常特殊的思維方式——它要求普遍性（ universality，「道」）、人生理想（ ideal，「至善」）和特殊性（ particularity，「聖賢」）三者同一或合一（ identity 或 unity ）。

「道」對於宇宙和人生，均是一種貫通其中的普遍性，「道」同時對人又是一種完滿的人生理想準則（包括社會和文化理想）。在這種思維方式中，中國文化的人生和社會理想，具有著「道」的普遍性。這樣，道的普遍性和人的理想性被首先等同起來。應當說，把人的理想性，或者文化的理想與宇宙的普遍性等同（也可稱爲混同）的思維取向，在西方哲學中也曾有過。像柏拉圖的 idea，即是指宇宙的普遍本質，又指人生理想的至善完滿。但在西方古典哲學尤其是基督教文化的原罪意識影響下，有一廣爲接受的文化信念，即特殊性是不完滿的，也僅有少數個人能夠成就爲聖徒。無論從西方的文化心理上，還是從邏輯推理上，特殊性是不能與普遍性和理想性等同合一的。哲學盡可以作形而上學的玄想，把觀念中的人生理想與被認爲是獨立存在的普遍性等同，但柏拉圖的哲學傳統始終堅持，普遍性（也同時

是理想性）是可以並且應該與特殊性分離而獨立存在，因爲任何個體都是不完滿的和變化著的。

而在中國文化的信念中，由於道德人性的貫通，爲每一個特殊的個人實現其固有的完滿性作了基礎。普遍性、理想性（道與人生理想）和特殊性（個人）被認爲是最終應當合一和同一的，達到「體用一源，顯微無間」的境地，這正是中國傳統文化所企求的具體的完滿性。

一些現代西方學者注意到，中國傳統文化總是在謀求克服現實（be）和理想（ought）之間的距離。而也有學者引述韋伯的觀察，得出相反的結論，說中國文化中缺少現實與理想之間的張力和明確界線。

其實，由以上我對中國文化這種獨特的思維取向的分析可以看出，這些西方學者以現實（particulars）和理想二分的思想方式，只描述出中國文化同一精神的兩個不同側面，但沒有注意到，中國文化是在同時考慮三種關係的合一，即追求普遍性，理想性和特殊性的同一。其中在西方思想中被視爲不可能完滿的特殊性，卻在中國文化「當下即是」的入世精神中，扮演了作爲體現普遍性與理想性的基礎的角色。這種思維的取向和追求，在實際踐行的層次上，必會出現現實與理想之間的張力，因爲作爲特性的一個個人，確實不完滿，確與理想境界有著程度不同的距離。強調修身來完善個人的要求，在中國文化中便表現得十分迫切和強烈，以求克服這二者之間的距離。

但這種思維方式的心理文化基礎是道與人性的相通，道的普遍性和完滿性作爲人性善的根據，個人從理論上應當實現一種人生理想——與道爲一。中國傳統文化的很大一部份精力，是放在闡釋證明個人在現實生活中與道爲一、修身成聖的理想上。這樣，在接觸中國文化時，又會感受到現實與理想界線不明晰的氣象。

「五四」以來，我們又注意到這種思維取向在中國思想界出現了新形式，它表現爲把人的理想與普遍性和必然性結合在一起，同時又把個人的理性與普遍性和理想等同起來，理性有了至上的權威。這兩方面結合起來後，理想的東西便被視爲最具有普遍性和歷史必然性的東西。它一方面要求人的理想必須契合歷史必然性，另一方面又以歷史必然性和普遍性澄明新的人生理想的合理性，以及社會中每一個人都負有實現歷史必然性和由它而來的人生理想的責任。

這種思維取向在現實中的一個直接後果往往是，一旦人的理想發生危機，解釋這種人生理想危機就只有二種選擇：一是指責這種人生觀或人的觀念背離了歷史必然性；二是導致歷史必然性自身遭到懷疑，同時引起人的理想的迷惘和失落。

另一個值得探討的問題，涉及與人的理想觀在文化中形成有直接關係的道德。中國文化常被描述爲人文道德文化，不像西方的思辨性文化那樣對主體作先驗超越地肯定，而是關注於對道德主體作自我超越的內省肯定。這樣，道德的根據，便落實在個人的道德主體意識上，而不是如基督教文化將道德的基石安放在超越人世的力量即上帝的信仰之上。

凱克戈德（Kierkegaard）曾將文化分爲四個層次：信仰、理性、道德、和善感體驗。其中理性和道德這二個層次都注重普遍性。而信仰則強調個人與超越的絕對存在（上帝）的直接溝通冥會，善感體驗也強調特殊性。如果一種文化的道德基

礎，是落在信仰的層次上，道德自身便會出現絕對與相對的兩個方面，上帝的絕對性把人間道德降爲相對的東西。一旦個人對社會普遍接受的道德觀念發生懷疑，或謀求思想與價值觀的改革，個人或某些團體可借助絕對性來反對批判現有道德。馬丁・路德和加爾文的宗教改革，也透露出了這一點。但一種文化若讓道德與理性結合起來，道德自身便可能會成爲絕對的東西，無法批判自身。很有意味的是，基督教文化在文化理想上要求個人絕對服從上帝，而在現實人生中，卻孕育出極富批判和獨立精神的個人。個人在歷史文化的變動時期或前夕，常依據上帝的絕對性信念，來蔑視反叛現有的社會秩序和道德。

在中國傳統文化中，道家和佛家的道德，都程度不同地包含有這兩個方面。（中國文化一向也被稱爲富有美感體驗的文化，美感體驗尊重個性和獨特的心靈境界，蔑視普遍性。）無庸諱言，近代西方科學在中國的傳播，引起了中國文化原有道德意識的變動，也出現了用科學真理審視評判人生價值的傾向，這就引起了一個人的觀念與意義的問題。如果文化中人的價值和意義屬於道德真理，而不是科學真理，那麼，道德真理的基礎是什麼？又怎樣在文化中，爲道德真理形成基礎？我這裡所説的道德，不是指文化中的道德教義和規範，也不是指一個時代的道德風尚。道德真理有二層涵義，一是指它審視反省人生意義的能力與責任；二是指它懷疑、評價已有道德觀念的能力，簡言之，它是一種尊重人生並批判反省人生的力量。

一個時代人生理想的形成，人的觀念的內容，與文化中的這種道德力量息息相關。中國文化既没有援引另一世界的絕對存在「上帝」入世，作爲道德基礎的傳統，而中國文化原有的依靠個人主體內在把握的道德基礎，也遇到了「五四」以來的普遍懷疑和挑戰。但「五四」之後產生的幾種人的理想和道德觀，也幾乎都把根基落在意識形態上。意識形態的時時變動和困局，一次又一次顛覆了置於其上的人的理想觀。

嘗試提出以上這些久已盤桓在心的問題，特別是當代人的理想危機與中國文化所面臨的難局的關係，筆者確是懷著能引起大家共鳴的期望。關注研究和解決當代我們自身人的理想危機，或許會成爲再生中國文化的一束薪火。

---

① 對中國文化危機的解釋，比較流行的見解有文化心理上的「認同危機」，「與現代化不相適應」的危機等。張灝教授於 1972 年提出「意義危機」，並把它規定爲「對生命意義的形而上學的探討」。

② 在西方研究中國的學術界中，第一次提出文化心理的「認同危機」的是已故教授萊維遜（J. Levenson），認爲自中國在近代被西方打開門戶後，思想界一方面在理智上認可並追求西方的價值，而在情感上仍執著於傳統文化，出現了價值與歷史既分離又糾纏的弔詭。參見 S. Levenson 著 Confucian China and Its modern Fate,（Berclcealey: Univ. of California Press, 1968）以及更早的 Liang Chi-Chao,（Cambridge: Harvard Univ. Press, 1959）。其説曾廣爲流傳，雖屢遭不少學者的批評和質難，至今仍頗有影響。

③ 新文化運動的領袖人物之一胡適曾有「全盤西化」的主張，並把傳統文化的研究視爲整理國故，後來，胡適認爲「全盤西化」的説法容易誤解現代化與民族文化之間的關係，建議提倡「充分世界化」。參見胡適著《中國今日的文化衝突》（英文），載 1929 年《中國基督教年鑑》（Christian Year Rook）。又「我是完全贊成陳序經先生的全盤西化論」，《獨立評論》，第 142 號。此外，陳獨秀也在《新青年》上屢屢載文，爲新文化運動從整體上否定中國傳統文化辯護，認爲新文化運動反對的是舊

的中國傳統文化，而不是中國這個民族國家。主張全部推掉中國傳統文化，來換取中國的強盛，在當時是很普遍的社會思潮。

④ Max Weber 對於功用理性和價值理性（instrumental rationality and Value-rationality）的區分，比較明確地表達他的「Economy and Society」一文中，他有時也把功用理性與選擇理性（rationality of choice）合稱爲形式理性（formal rationality），與價值理性相對。參見 Max Weber: Economy and Society, G. Roth and Wittich eds (Berkeley 1978) P.85. 又見 Weber "The Social psychology of the World Religions", in H. H. Gerth and C.W. Mills eds, From Max Weber, (New York, 1958), P.293

　　對韋伯的功用理性和價值理性的見解，當代哲學巨擘哈貝馬斯（Jürgen Habermas）在他的近著 The Theory of Communicative Action; Volume one: Reason and Rationalization of Society 中，有詳盡的分析，並且認爲整個西方近代文化的取向，是由注重功利和手段來達到目的之功用理性來操縱支配，他因此提出「溝通理性」（Communicative reason）理論，謀求在社會實踐中溝通功用理性與關注人生意義之價值理性，使社會發展免於偏執任何一端，參見 Jürgen Habermas, The Theory of Communicative Action Vol, 1 Tr, Thomas Mccarthy (Boston: Beacon Press, 1984），PP.168－172, P.143。

⑤ 林毓生教授在所著《中國意識的危機》一書中，精闢地提出「五四」新文化運動中反傳統文化的 totalistic 和 holisic 思維方式，正是由中國傳統文化而來。參見 The Crisis of Chinese Consciousness。

⑥ 典型的例證是蔡元培先生在就任北京大學校長後，成立「進德會」，踐行新的道德觀，又提倡「公民道德」，主張將法蘭西之自由，平等，博愛精神，與中國文化中道德精華融爲一體。參見蔡元培：《對於教育方針之意見》，《蔡元培先生言行錄》，隴西約翰編《上海：廣益書局，1932 年》第 2-4 頁。

⑦ 「異化」（alienation/entfremdung）一詞爲黑格爾第一次使用，馬克思沿用了它。「異化」的爭端，實際上可以溯到 30 年代蘇聯共產黨理論界的一場論爭。1934 年 G. Lukas 從德國逃避納粹的迫害，到了蘇聯，第一次在蘇聯提出早期馬克思的人道主義，並認爲青年馬克思的思想，尤其是表達在《政治經濟學手稿》和《德意志意識形態》中的思想，不同於馬克思晚年的學說，他後來受到批判，被迫承認他的見解是錯誤的。

⑧ 伽達默爾（Gadamer）哲學解釋學，是由海德格爾（Heidegger）的哲學中導出，尤其是海德格爾關於存在的本體論。海德格爾的傳世之作《存在與時間》（Sein und Zeit）開篇便點明，西方哲學已把存在的問題遺忘殆盡。他的哲學是要批判和糾正這種傾向。伽達默爾在他的《真理與方法》一書中，更直接把批判的鋒芒指向笛卡爾哲學，認爲笛卡爾哲學開啓了近現代西方哲學的這種遺忘存在的非歷史傾向。

⑨ B.I. Schwartz，《一些關於中國近代和現代思想，文化與政治的感想》，載《中國文化的危機與展望——文化傳統重建》，牟宗山等著，周陽山主編，台灣時報文化出版公司，第 424 頁。

⑩ Hans-Georg Gadamer, Truth and method, (New York: The Continunm Publishing Cooperation, 1975) PP.235－243。

⑪ 梁漱溟《中國傳統文化是人類未來文化的早熟》，見《人民日報（海外版）》，1986 年 11 月 23 日，第八版。

⑫ Arthur Wrigh, "The Chinese monolith, past and present", in Problems of Communism, IV, No:4 (Washington, July-August, 1955) P.4.

論傳統與反傳統

——從海外學者對「五四」的評論説起

王元化

> 海外學者對「五四」的研究不乏真知灼見，有些否定「五四」
> 的偏激態度不能苟同——以對儒家的態度來界定開明改革派，是對
> 國內情況的隔膜——毛澤東並不否定孔子。

　　長期以來，海外對五四的研究始終沒有中斷，其中不乏真知灼見，使人讀後深受啓發。不過，我對於有些海外學者否定五四的偏激態度是不能苟同的。例如，有人把五四運動跟義和團運動相提並論，説成是偏頗的兩極（杜維明）。還有人進一步説，五四是「文化大革命」的先河（宮崎市定）。另一位美國華裔學者也説五四時代的知識份子，甚至包括最溫和的胡適在內都是「感情用事」的（唐德剛）。流風所披，這些年來，隨著新儒學和儒學第三次復興的傳播，國內也出現了和海外某些學者評價五四的類似論點。我覺得這是由五四的反儒精神所激起的，從新儒學和儒學第三次復興的崇儒立場出發，自然會引伸出五四是全盤否定傳統文化和主張全盤西化的論斷。

　　從表面看，五四打倒孔家店，「文革」批孔，兩者似乎一脈相通。我最近讀到海外學者的一篇文章，以對儒家的態度來衡量國內學者，認爲在今天誰推崇儒家或至少對於儒家的尊重多於批評，誰就是糾正「文革」批孔的錯誤，誰就是開明改革派。這種看法大概是由於對國內情況有些隔膜，所以作了這樣的判斷。他們不理解在過去一系列的政治運動中，思想批判只是達到政治目的的實用手段，只要略爲了解諸如海瑞、《水滸》等等這些歷史人物和歷史故事在劇烈政治鬥爭中的浮沈榮辱就可以明白了。「文革」前，海瑞是號召作家去寫的清官楷模，但由於政治需要一下子就成了爲「文革」序幕祭旗的犧牲品了。《評新編歷史劇海瑞罷官》是真的批海瑞這個歷史人物嗎？不是。《水滸》這部小説曾被宣佈包含了不少辯證法，新編京劇《三打祝家莊》也一再受到熱烈的獎勵，但是在「文革」中一下子變成了宣揚投降主義的反動著作。當時是真的批宋江嗎？不是。它們都作爲影射的符號，所謂項莊舞劍意在沛公。這些選來祭旗的歷史人物和歷史故事，只是爲了達到某種政治目的的替罪羊。批孔也是一樣，就在當時恐怕連不大識字的人也都明白批大儒、批魁儒究竟批的是誰。這也就是當時除了御用寫作班子的少數筆桿子外，理論工作者（哪怕是一貫對儒家採取批判態度的人）都對這場鬧劇採取了堅決抵制態度的緣故。如果不懂歷次政治運動總要通過文藝批判來揭開序幕，如果不懂自有文字獄以來就已存

在的所謂「影射」這兩個字的妙用，那麼只能說還不大了解國情。須知，「文革」期間，固然是把封資修一古腦兒作爲批判的對象，可是，經歷這場浩劫的過來人都可一眼看穿它的皮裡陽秋。儘管表面封資修是一票貨色，而實際上今天誰都知道「文革」是封建主義復辟。試問：當時被尊崇並凌駕在馬克思主義之上的法家不是封建主義是什麼？作爲封建主義思想支柱的三綱五常，對儒法二家來說是相通的，甚至是互補的。倘使知道「文革」期間連意大利電影導演安東尼奧尼都當作外國的孔夫子去批，難道還能認真地——或者直白地說，迂腐地去把這場批判當作是真在反儒嗎？

一位海外學者在文章中說，毛澤東繼承了五四的徹底反傳統主義（林毓生）。關於毛澤東的文化思想，現在已開始了較爲實事求是的研究，使許多問題都逐漸明朗起來。分析他在文化上的一些觀點，是項複雜的工作。如果僅僅根據他說的一些話，從表面上去判斷，就難以弄清真象。他是政治領袖，在政治策略上具有豐富鬥爭經驗。早在四〇年代，毛澤東就以「形式主義」的說法指出五四評價問題全好全壞方式的片面性。這恰恰與上面那位海外學者說的把傳統文化當作統一整體加以全盤否定的五四人物的思想模式是大相徑庭的。雖然毛澤東對於傳統也說過一些片面、過激的話，但是對他多作一些了解，就可以看出他並不否定孔子。他稱他爲孔夫子。從他讚美魯迅爲新中國的聖人這一稱號，似乎也從中透露一些消息。一再被人援引的經典性的說法，所謂從孔夫子到孫中山都要總結，這是他的名言。從他的思想，從他文章中的徵引，可以看出他和包括孔學在內的舊學的淵源關係。據傳他晚年讀的是大量線裝書。其實更早時候，四〇年代初，他在那篇作爲歷次思想改造運動的綱領性文件《改造我們的學習》一文中，就表示了對於傳統文化的重視。他批評當時學者「言必稱希臘，對於自己的祖宗，則對不住，忘記了」。但事實上，就是在近五十年後的今天，我們這裡究竟有多少人懂得希臘呢？這種激憤同樣表示對於傳統文化的一種偏愛。我認爲說他繼承了五四徹底反傳統和全盤西化的思想才發動了「文化大革命」，這恐怕是太不了解他了。

> 「取其精華，去其糟粕」的濫用，已變成一種機械理論——就思想體系來說，後一代對前一代的關係是一種否定關係——對舊傳統不能突破就不能誕生新文化。

五四究竟是不是全盤否定傳統與主張全盤西化？這不是三言兩語可說盡的，回答這個問題涉及到怎樣理解批判繼承傳統的問題。長期以來，批判繼承的最簡練的說法就是取其精華去其糟粕。這個說法經過不斷簡化和濫用，已變成一種機械理論。照這種理論看來，知識結構只是各種不同成分的混合與拼湊，而不是有著內在聯繫的整體，各部分之間沒有相互滲透和相互作用，沒有完整的系統或體系，因而可以進行任意分割和任意取捨。但是，就知識結構的整體、系統或思想體系來說，卻不容這樣割裂。正是由於上述機械觀點長期成爲批判繼承文化傳統的準則，於是對古代某一思想家進行評價時，往往出現了不同觀點的評論者從中各取所需，作片面的摘引，以證己說。這種摘句法可以導致截然不同的結論和截然不同的評價，形

成此亦一是非彼亦一是非的奇異混淆。我們很少去把握古代思想家的思想體系，從各部分到整體，再從整體到各部分，進行見樹又見林與見林又見樹的科學剖析。

　　就思想體系來說，我認為後一代對前一代的關係是一種否定的關係。但否定就是揚棄，而並不意味著後一代將前一代的思想成果徹底消滅，從而把全部思想史作為一系列錯誤的陳列所。前一代思想體系中積極的合理因素，被消融在後一代思想體系中，成為新的質料生成在後一代思想體系中。這是辯論法的常識，也是思想史的事實。但是，要真正吸取傳統文化中的積極的合理因素，要真正把它們消融成為新體系中的質料，就得經過否定。正如淘金，就像劉禹錫詩中說的：「千淘萬漉雖辛苦，吹盡狂沙始到金」。批判得愈深，才愈能區別精華與糟粕，才愈能使傳統中的合理的積極的因素獲得新的生命。我以為對於五四的反傳統精神也應從這種角度去理解。一聽到否定傳統文化就馬上緊張起來，以為又在鬧義和團，或重演紅衛兵故伎。這種緊張實際上是基於一種保守的心態。

　　須知，對舊傳統不能突破就不能誕生新文化。每一種新文化的誕生，都是對舊文化的否定。至今我仍覺得恩格斯的下面一段話是對的：「每一個新的前進步驟，都必然是加於某一種神聖事物的凌辱，都是對於一種陳舊衰頹但為習慣所崇奉的秩序舉行的反叛。」五四所面臨的是在思想領域佔統治地位達數千年之久的封建主義。它並沒有陳舊衰頹，相反，倒是盤根錯節，豺踞梟視，始終頑強地挺立著。因此，五四對它的反叛就得使出加倍的力氣，而不像西方啓蒙運動那樣，是在對付一個遠比長期盤踞的超穩定性力量要脆弱得多的封建主義。責備五四反傳統用力過猛的人，不加區別的以彼例此，對兩者繩之一律，恰恰忽視了這一事實。遺憾的是他們反倒往往指責五四硬套西方而不顧及本身的特定情況。這真是忘了自己眼中的樑木而去嘲笑別人眼中所不存在的刺。

> 傳統像習慣勢力一樣甚至更加頑強——構成文化傳統的應該是比哲學思想具有更大的穩定性、連續性、持久性的東西——但也不能把文化傳統看作是命定無法擺脫和突破的。

　　最近我讀到一位得到海外文化學者賞識的青年朋友寫的文章。她認為文化傳統（即儒家思想）積澱在我們思想深處是難以擺脫的。為了證明這沒有什麼不好，她舉出甚至海外唐人街所存在的那些陳規陋俗也一直在起著文化上的認同作用，形成了民族的凝聚力，使中國人雖身居異邦而歷久不被同化。這種議論令我驚訝。為了這種狹隘的民族意識竟乞靈於陳規陋俗，豈不過於貶損這個民族？中華民族的凝聚力不能依靠落後意識，而應當是進步的，和人類意識一致而不是背道而馳的，不是排斥其他民族而是虛心學習他們的長處。依靠陳規陋俗來維持民族的凝聚力，這將是怎樣一種民族意識？五四時期，魯迅直斥那些為封建主義撐腰的國粹派歌頌舊習慣舊制度並不是什麼愛國，而只是「獸愛」。這話雖然激憤，卻是真理。

　　我不能同意認為積澱在思想深處的文化傳統是無法突破的這種悲觀論點。自然，傳統是像習慣勢力一樣甚或更加頑強，沒有人否認這一點。但它畢竟不是永恆不變的、絕對的。現在很盛行一種理論，例如，在為海外學者著作寫的一篇序言中

曾有這樣的說法：「任何人都是處於他長期生活的傳統中，因而他反傳統實際上也不可離開自己的傳統。」這說法似乎有些離奇，但卻流行於某些海外學者中。比如林毓生的《中國意識的危機》斷言：五四的全盤性的反傳統主義本身就是根源於中國的「傳統思想模式（或稱爲分析範疇），換言之，也就是由一元論或唯智論所構成的有機整體觀藉思想文化爲解決問題的途徑。」如果用簡明的表述，這就是說五四的全盤性反傳統主義是被更深層的傳統意識所支配所滲透的。我覺得這裡所說的前提是有待論證的。過去，我們把「階級」當作涵蓋一切，代替一切，超批判超邏輯的主體，認爲它無處不在，每個人從生到死都無法逃脫它打下的烙印。現在，我覺得一些文章談到「傳統」時似乎也有這種趨向。我不贊成超批判超邏輯的「階級論」，也不能贊成超批判超邏輯的「傳統論」。爲什麼中國的思想模式是文化的整體觀——形成「藉思想文化爲解決一切的途徑」——從而造成了五四的「全盤反傳統主義」？這需要論證和證據。

不過，我認爲用思想模式去探討文化傳統，本身不能說是錯誤的。據我有限的見聞，我知道海外學者本杰明·史華玆和卡爾·菲烈德等都提出了思想模式問題。過去，湯因比曾以哲學思想來確定文化傳統，把人類文化傳統劃分爲二十一種類型。近來國內外學者在談中國文化傳統也多取這種方式，如談中國文化傳統是以儒家思想爲中心或儒道互補，甚至有人還援引三教同源的理論，等等。構成文化傳統的要素需具有穩定性、持久性、連續性，在較長的歷史時期內，不能隨著時代的進展與社會的變遷而消亡。哲學是思想的思想，在文化傳統中起著相當大的作用。但我認爲構成文化傳統的應該是比哲學思想具有更大的穩定性、連續性、持久性的東西。依我看這就是：這一民族在創造力上所顯示出的特點；共同的心理素質；思維方式、抒情方式和行爲方式；以及最根本的價值觀念。據此，我的初步看法是中國文化傳統具有這樣幾個特點：靠意會而不借助言傳的體知的思維方式，強調同一性忽視特殊性的尚同思想，以道德爲本位的價值觀念。以上這些特點較之儒家或儒道互補或三教同源等等哲學思想具有更大的穩定性、連續性、持久性。這方面，我曾在別的文章中作過一些論述。這些問題都值得進一步加以探討。這裡我只是想說明我並非沒有認識到文化傳統的頑強性。文化傳統如果按照我們主觀願望一下子就可以擺脫或突破，那也不成其爲文化傳統了。我只是反對把文化傳統看作是命定無法擺脫或突破的這種消極觀點。「三年無改於父之道可謂孝矣」，走祖先的路，這本身就是儒家的保守觀點。我認爲在一定情況下，如果不能突破傳統的某些規範，就不可能有發展和進步。人類最初倘使不突破類人猿用四肢行走的傳統，而變爲用兩腳行走，就不能完成從猿到人的具有決定意義的歷史性轉變（類似的意思魯迅在五四時期早就說過了）。

> 「五四」對傳統的批判基本方面是對的——「五四」精神不是可以用全盤性反傳統和全盤西化來說明的——「五四」反對具有強烈封建主義色彩的綱常倫理與吃人禮教，是它的光輝所在，然而其病亦是。

　　我認爲五四對傳統的批判基本方面是對的。至於當時提出的某些個別觀點，自然也有這樣或那樣的偏差或錯誤。譬如，關於廢除漢字論之類。我們應該就這一思潮的基本方向和基本精神作出公允的評價。爲什麼我們對那些新生的力量就那樣痛心疾首，而對於那些陳腐的力量就那樣委曲求全？我覺得有些新儒學和儒學第三次復興的學者在對五四和儒學的評價上就多多少少有這種畸輕畸重的偏向。

　　我認爲首先要解決五四精神是不是可以用全盤性反傳統和全盤西化來說明。這種觀點先出自海外，後傳入國內，似乎已定讞不容置疑了。但是就我所看到的論著來說，全都是宏觀性的概述，幾乎很少有具體的剖析和科學的論證。有的論者縱使援引一些原著文字以證己說，但又往往陷入摘句法，也有削足適履地用夾敍（事實）來議（理論）方式寫成的專著。如上面提到的林毓生教授的論文。但我感到是先立一框架，然後再去填補材料，多少帶有先驗模式論傾向。以上論者在對五四啓蒙運動進行批判的時候，由於缺乏對照比勘，放棄了對於論戰對方的考察，以致陷入片面。三〇年代魯迅編集時把論戰對手的文章附於集內，這不僅是爲了維護理論的公正，也是爲了使讀者從歷史背景上作出全面的判斷。就以責備五四啓蒙者「感情用事」來說，如果把論戰雙方對照起來就可以作出比較符合實際的論斷。就我讀到的資料來說，我認爲五四啓蒙者雖然也用了一些激烈語言，如「選學妖孽，桐城謬種」等，但比林紓斥反舊倫常爲「人頭畜鳴」之類，以至比起孟子拒楊墨，斥爲無父無君是禽獸的話來，要溫良恭儉讓得多了。

　　自然，更重要的問題還是在所謂全盤反傳統和全盤西化的問題上。五四反傳統精神是用不著討論的，但問題在於傳統的內涵是什麼以及從什麼角度反傳統？我的意見和林毓生的不同。我認爲五四沒有全盤性的反傳統問題，而主要的是反儒家的「吃人禮教」。我不否認儒學在傳統文化中的重要地位，但是我不同意文化傳統只能定儒家爲一尊。據我理解，五四精神在反儒家問題上是要求出現諸子爭鳴的學術自由空氣。如果不把儒家以外的諸子以及我國的古代神話、小說、民間故事、歌謠等等都擯斥於文化傳統之外，那麼就斷斷不能把五四精神說成是全盤的反傳統主義。即令對儒學，五四啓蒙者也並沒有採取全盤否定的態度。這裡我想引用一些爲上述論者不去涉及或深究的證據。例如，陳獨秀曾這樣說：「孔教爲吾國歷史上有力之學說，爲吾人精神上無形統一人心之具，鄙人曾絕對承認之，而不懷絲毫疑義。蓋秦火以還，百家學絕，漢武獨尊儒家，厥後支配中國人心而統一之者惟孔子而已。以此原因，二千年來迄於今日，政治上，社會上，學術思想上，遂造成如斯之果。」（1917 年《新青年》3 卷 1 號）「記者之非孔，非謂其溫良恭儉讓信義廉恥諸德及忠恕之道不足取；不過謂此等道德名詞，乃世界普通實踐道德，不認爲孔教自矜獨有者耳。」（1917 年《新青年》3 卷 5 號）「中國學術，隆於晚周，差比歐羅巴古之希臘。」（1918 年《新青年》4 卷 4 號）「我中國除儒家之君道臣節名教綱常以外，是否絕無他種文明？除強以儒教統一外，吾國固有之文明是否免於混亂矛盾？以希望思想界統一故，獨尊儒學而黜百學，是否發揮固有文明之道？」（1918 年《新青年》5 卷 3 號）「　以無論何種學派，均不能定爲一尊，以阻礙思想文化之自由發展。況儒術孔道，非無優點，而缺點則正多。尤與近世文明社會絕不相容者，其一貫倫理政治之綱常階級說也。此不攻破，吾國之政治、法律、社會

道德，俱無由出黑暗而入光明。」（1917 年《新青年》2 卷 5 號）

　　五四啓蒙者對儒家以外的諸子如墨子、老莊、商鞅以至魏晉時代人物和後來的李贄等都採取了肯定的態度。當林紓斥責北京大學覆孔孟、鏟倫常是「謠諑紛集」聲名狼藉的時候，蔡元培即舉胡適《中國哲學史大綱》作爲反證。這本書於 1919 年出版，用新觀點和新方法對先秦諸子學說作了持平的論述，確實足以駁倒五四全盤反傳統之說。由胡適發端而魯迅集大成的對中國小說史的研究，應該說是五四時代研究傳統文化的一個貢獻。魯迅於五四時期寫的第一篇歷史小說《不周山》對於女媧的贊美，我認爲甚至比今天被許多人所歌頌的龍文化更有意義。他的另一篇歷史小說稱頌大禹的《理水》，雖然寫於五四之後，但可說是五四時期的思想延續。當時在傳統文化領域內成爲顯學的墨學（尤其是《墨經》）和佛學，都曾經是魯迅鑽研的學問。至今他的遺文尚存有 1917 年所寫的《〈墨經正文〉重閱後記》，其中透露了他對墨學的重視。陳獨秀反對定儒家於一尊，要求重視晚周諸子爭鳴學術自由，可以說是當時所有主要人物的共同主張。魯迅肯定墨學，重視莊學，並承章太炎破千餘年來偏見的《五朝學》餘緒，對魏晉六朝學作了重新估價。當時他所校勘的玄學家《嵇康集》就是明證。他捐資重行刊印佛家《百喻經》，說明他認爲從中可吸取某些文學因素以豐富新文化。吳虞這位在當時被稱爲「隻手打倒孔家店的老英雄」，照理說應是一位全盤反傳統的闖將，但是讀了他的《文錄》，我感到他雖然接受了一些西方文化思潮，但他的反孔非儒並沒有多少新思想，其格局甚至不脫我國早期思想史上的傳統與反傳統與魏晉以來的儒道之爭，以及宋明以來的天理人欲之爭。他在行文中也確實屢屢援引老莊、列子、墨子、文子、商鞅、王充、阮籍、嵇康、孔融、李贄等人的話，作爲抨擊儒家綱常名教的武器，其中尤以莊子的《盜跖》、《天運》、《胠篋》、《讓王》諸篇每被徵引。吳虞儘管曾留日習政法，但他書中很少涉及西學。他曾提到孟德斯鳩，並徵引過他的話，但僅僅一筆帶過，其它如盧梭、伏爾泰、約翰・穆勒諸人只是提到名字而已。吳虞長期被人當作「極端派」，這其實是誤解，他的理論較之前人和較之對手要溫和得多。他曾引陶潛詩「但恨多謬誤，君當恕醉人」以自喻。在《非孝》這篇文章中，我覺得吳虞比「非湯武薄孔周」的魏晉時代人要溫和得多了。孔融說：「父之於子，當有何親？論其本意，實爲情欲發耳。子之於母，亦復奚爲？譬如寄物瓶中，出則離矣。」吳虞在《非孝》中卻說，他「不敢像孔融」說這樣的話，但他也不承認儒家所主張的種種孝道，因爲他「以爲父子母子，不必有尊卑的觀念，卻當有互相扶助的責任。同爲人類，同做人事，沒有什麼恩，也沒有什麼德。要承認子女自有人格，大家都向『人』的路上走。」吳虞這方面論調，往往被掩蓋，很少被人援引。我們了解五四啓蒙者被忽視的這一面，經過了與魏晉時代反儒思想的比較，就不得不對林毓生的論點感到懷疑。根據林教授的論證，五四的全盤性反傳統主義是源於作爲王權的「奇里斯瑪」（Charisma）崩潰的後果。事實上，就以非孝來說，在王權並未崩潰的魏晉時代，孔融遠比吳虞更爲激烈。我覺得，在治學上無論是我們喜歡搬弄僵化的教條，或是過去德國思想家喜歡構造強制性的大體系，或是現在某些學者喜歡用材料去填補既成的理論圖式，都是不足取的。把五四精神說成是全盤性反傳統，我覺得就是後一種傾向所構造的不符事實的論斷。造成這種牽強附會的原因，我以爲是出於過於尊崇儒家，以儒家

作爲傳統思想的唯一代表，而將諸子百家一概擯斥在外。較之這種偏向，我認爲也許用語不十分恰當的余英時的意見是較爲可取的。余教授認爲傳統中包括了非正統和反傳統的思潮在內（見《五四運動與中國傳統》）。如果我的理解不錯，這裡雖把儒家作爲正統，但也把非正統或反儒的諸子百家包括在傳統的範圍內。

五四精神自然體現在反傳統上。它反對具有強烈封建主義色彩的綱常倫理與吃人禮教，這是它的光輝所在，然而其病亦是。五四啓蒙者對於傳統文化缺乏作全面的再認識再估價，經過批判使應該保存下來的保存下來，吸收融化在新的思想體系中。五四啓蒙者對於儒家以外的諸子百家殊少批判，就是對儒家本身也未進行更全面的批判。比如孔子學說中的仁和禮的關係以及像陳獨秀所肯定的忠恕之道以及溫良恭儉讓信義廉恥諸德，都未經過考察，予以正確的評價，以致直到今天反而爲責難者留下口實。至於五四啓蒙者所肯定的老莊墨子等等就更少經過批判，作出再認識和再估價了。以魯迅對文化傳統和社會心理的深刻洞察，尚且沒有在當時甚至後來對墨子學說所反映的小生產的狹隘性及某種專制傾向與尚同思想作出應有的批判。凡此種種，都不能不說是五四啓蒙者的缺陷。

筆者在本文中涉及幾位海外學者，其中有些還是筆者的朋友，爲了追求真理，「我喜揭人短，請君恕狂直」。我在本文開頭就說過，海外學者也有不少論著給我以很大啓發。比如周策縱的《五四運動史》我認爲至今仍是一部佳作。1979 年五四運動六十周年時，他爲汪祖榮所編《五四研究論文集》寫過《五·四書懷》，其中有云：「德賽今猶待後生」。這句話說得很好，可以代表不少人的心聲。

中國傳統哲學的評價及其歷史命運

牟鍾鑒

一

　　中國近代史上有一種常見的現象，即社會每進入新的轉折時期，總要引起一場對傳統文化的大反省，並且總要把處於傳統文化核心層次的傳統哲學（儒、釋、道三家，主要是儒家哲學）拿來作一番評判。中國是文明古國，傳統思想的力量和對當代的影響實在太深厚，人們對它可以持不同態度，但都不能對它置之不顧而徑直向前邁步。大半個世紀過去了，激烈的爭論時起時伏，認識在逐漸深化，卻始終未能取得大體一致的結論。「五四」時期批判封建禮教和晚期理學，方向是對的，起到了解放思想、振奮民氣的偉大作用，但思想方法缺乏辯證性；加以國難當頭，救亡爲先，無力也無暇完成科學地總結歷史文化遺產的任務。建國以後，學術界對傳統哲學的反思常常受到政治運動的某些干擾，看起來批判的態度很堅決，但對現實生活中真正存在的封建遺毒觸及不多，反而把許多有價值的理論予以否定了。「文革」中的評法批儒運動更是顚倒是非，捨精華而取糟粕。包含在仁學中的人文主義精神和包含在中庸學說中的對立統一觀念，被當作封建性糟粕受到無情抨擊；而專制主義的文化觀，以一人之是非爲天下是非的真理觀等封建性觀念，卻在「社會主義」的名義下得到提倡和流行。比之「五四」，可以説是一次倒退。理論上總是説批判地繼承，實際上簡單否定的多，真正繼承的少。於是造成這樣一種狀況：該繼承的優秀成果未能發揚，該抛棄的陳腐思想亦未能清除，傳統哲學的功過是非的界限非常模糊，人們處在相當盲目的狀態之中。我們常常看到這樣的現象：古老的哲理、歷史的智慧在現實生活中顯示了它的活力，卻得不到自覺的倡導，人們日用而不知；而封建意識濃厚的人，往往在理論上並不反對甚至積極贊成批判封建主義。這説明由於文化虛無主義所造成的思想混亂，達到了何等嚴重的程度。

　　目前由現代化和改革而引起的關於傳統文化及其哲學的討論，是中華民族進行新的自我反省的開始。這次反省的社會條件與以往大不相同，它是中國經歷了「文革」災劫後痛定思痛的反省；是中國在實現現代化的形勢下從整個文化發展戰略的高度所作的反省；是更多的人對馬克思主義哲學的科學精神有了較爲真切的把握並勇於獨立思考探索下的反省；是西方主動關注東方文化和中國步入國際社會的情況下所作的反省。因此，它應當也能夠比以往的反省更加系統和深刻，更具有科學

性。但是，我們進行這種反省的準備工作仍然很不充分。在思想上，把馬克思主義當作封閉體系的錯誤觀念仍有很大影響，盲目崇拜西方、看不起祖國文化；或者盲目崇拜儒聖、看不慣西方文化的偏見仍然存在。思想方法上的簡單化傾向極不易糾正。在知識上，多年自我封閉的結果，一般人對中國傳統哲學缺乏系統深入的了解，對西方哲學亦是如此。科學的整理和研究工作只能說剛剛在起步，而深刻的反省是要以紮實的研究爲前提的。中國傳統哲學遺產豐富無比，我們目前的考察和消化能力尚不能完全與之適應。在這個時候很難對之作出科學總結，宏觀上的議論只能是爲了開闊眼界而作的一種初步探索。對如此巨大的精神遺產，切不可以浮躁的情緒妄下斷語，隨意貶抑。中國傳統哲學積蘊極深，以爲單憑幾篇激情滿懷的「檄文」就能把它超越，是十分天真的想法。遺憾的是，在報刊上常有一些缺乏深思熟慮的文章，把傳統哲學簡單地概括爲幾種消極特性，對其現實價值一概加以否定。作者的出發點或許是爲了給改革掃除思想障礙，文中亦不無合理論點，但作者武斷的結論，對傳統哲學鄙夷並棄之如敝屣的態度，我實在不敢苟同，因爲它持論太偏激太輕率，缺乏科學精神，也有損於中華民族的自豪感和自信心。例如，《光明日報》1985 年 12 月 9 日載《老子學術思想討論會漫述》一文，說老子的思想與中國民衆的麻木性、保守性、惰性、奴性密切相關，一無是處，並斷言：「在儒道兩家思想的長期培育、馴化下，中國知識份子缺乏自己的獨立人格，始終作爲歷代統治者的御用工具。」其言壯則壯矣，其情則甚爲虛謬，真可謂一語誣盡千古風流人物。《光明日報》1986 年 5 月 12 日載《中國文化發展的必經之路》一文，認爲古代文化和哲學使中國人養成了「封閉、保守、狹隘」的心理，思維機制是「粗糙、模糊、直觀的」，理論形態則「支離破碎」，中國必須首先發展西方文化，然後才能考慮繼承自己的文化。這等於說中國古代無哲學體系，並在實際上取消了中國哲學自身的繼往開來。《復旦學報》1986 年第 3 期《文化與傳統》一文說，中國人「在思維方式上長期停留在主客體混沌不分的集體表象階段。」這句話使我想起了法國人種學家列維‧布留爾的歐洲文化中心論，他在《原始思維》一書中，誣蔑中國人的思維處於原始思維的集體表象階段，根本沒有達到理性。我們是中國人，何以要拾其餘瀝厚誣自己的偉大民族呢？更有甚者，《光明日報》1986 年 5 月 26 日載《傳統文化的封閉性及其時代特質》一文，不僅毫無分析地將整個傳統文化的性質概括爲一種封閉性，而且借用馬克思的話（這種借用極不恰當），斷定中國文化屬於「人類史上的動物時期」，在道德的光譜上，「閃現的卻是各種動物式的自然的色彩」，「三綱」說就是如此，「自然的邏輯成了社會的邏輯，動物的邏輯成了人的邏輯」。這樣，中國的文化非但毫無理性的成分，甚至還夠不上是「人的」文化，更談不上有哲學的思考了。中國的傳統文化及哲學，就這樣被三言兩語打倒了。我感到很茫然，宗法性就是動物性麼？哪一種動物是以「三綱」的模式維繫其羣體呢？這難道就是最現代的邏輯麼？這些無知妄說難道真是我們民族缺乏理性的最新表現麼？社會上正在提倡現代觀念。現代觀念之一就是思想文化上的開放與寬容。文化的復興需要打破單一性而開拓多種文化渠道，有批判地兼採古今中外，以繁榮我們的文化，豐富我們的頭腦，提高我們的素質，而排斥中國傳統文化和哲學的做法本身就不符合現代意識的要求。現代觀念之二就是科學的分析態度。對古代哲學遺產要進

行冷靜的全面的反省，去粗取精，去偽存真。一概否定，不是科學態度，不利於學術研究的科學化。何況優秀的民族文明與哲學是中華民族存在和發展到今天的内在根據，假如這種民族的精神文明傳統被剝得一乾二淨，我們和後人都將變成淺薄而沒有民族氣質的人，何以能擔負起振興中華的重任呢？文化虛無主義造成的覆轍，我們再也不能重蹈了。

二

　　評判傳統哲學的優劣應當以歷史事實作爲客觀標準，而不應主觀任意褒貶。兩個無可爭辯的歷史事實擺在人們面前：一個是中國有數千年光彩奪目的古代文明，其政治、軍事、經濟、哲學、道德、文學、藝術、科技等都達到相當繁榮昌盛的地步。雖然中間禍亂迭興，外患未斷，但中華民族這一偉大的共同體卻有極強的自我更新能力，總能克服危機，不斷興旺，保持著民族的大致統一，保持著國家在世界上的領先地位。綿延數千年的哲學是古老文明的理論結晶，深邃而博大，其間思潮層出，學派林立，羣星燦爛，著作宏富，啓迪著民族的智慧，光大了東方的文明。人們常說中華民族是大智大慧的民族，是具有崇高精神和優良品性的民族，而傳統哲學的精華，就是我們民族羣體智慧和民族風格的最高體現。另一個事實是二百多年來中國逐漸落伍於西方文明，特別是清代中葉以後閉關自守、泥古不化、不圖進取，因之民氣日疲、國勢日弱、萬馬齊喑、毫無生氣，以致淪爲西方列強的半殖民地，中華民族失去了往日的榮光。後來屢經革命，到「五四」以後方才挽回頹勢，有了轉機。直至建國，中國人民才真正站立起來，步入世界之林。但在推進現代化過程中，總是步履艱辛，積重難返。中國近代的沈淪和復甦的緩慢，有種種原因，傳統文化（包括傳統哲學）的内在缺陷當是消極因素之一。我們只要根據歷史事實作全面考察，必然要承認傳統哲學確有它顯著的成就和優點，也有它的不足和偏限。

　　依筆者淺陋之見，傳統哲學的特點（其中包含著優點），至少有以下幾條。第一，具有強烈的社會現實性。儒家的哲學，不論是先秦的孔曾孟荀之學，還是漢代經學哲學，抑或是宋明理學，其主流都是經世致用之學，都是爲興邦治國、化民成俗服務的。六合之外存而不論，鬼神之事敬而遠之。哲學的玄思冥想，不離人倫日用。所謂「内聖外王」之道，所謂「修齊治平」，都要求將内在的思想修養外化爲治國正俗的事功。道家的哲學，看起來玄虛超脫，而其關注的重心仍在人事。老子探求天道而落實於匡正人道，無爲是要更好地有爲。莊子剷剝儒墨、絕棄仁義，表示了對社會政治的厭倦，卻仍然關心個人自我意識的自由。漢代道家則大量攝入儒家思想，無不以興邦治國爲己任。魏晉玄學崇尚自然，其主流派皆以自然扶持名教，企圖用虛無之理調正失常的社會關係。佛教哲學本來是出世的宗教哲學，經過華夏文化的薰陶，變成不離世俗、即俗而真的哲學，所謂體用如一、本末不二即是。當然偏執玄思、空談心性的傾向也時常出現，但只是一種支流，不能代表傳統哲學的基本精神。在這種精神影響下，政治哲學與人生哲學特別發達，唯物主義和無神論形成強大傳統。

　　第二，具有博大的系統觀。傳統哲學的根本目標在於最終求得人與人的和諧一致、人與自然的和諧一致。「人與天地萬物爲一體」、「四海之內皆兄弟」便是它的口號。儒家用「仁」來調正人們之間的關係，亦施及於萬物，即所謂「推己及人」、「民胞物與」。道家用「道」來調正人與環境的關係，亦施及於社會，即所謂「道法自然」、「任性自得」。它們並不否認人與自然、人與人之間存在著普遍的矛盾，但認爲理想的狀態應是矛盾對立雙方達到和諧統一。世界上紛繁雜多的事物之間彼此千差萬別又彼此息息相關，形成以相互依存爲特徵的網絡系統，人爲的割裂和對立會破壞整體的和諧性，既不利於物，又有害於己。所以，中國傳統哲學致力於論證主客觀統一的必要性與合理性，企圖重新整理世界的秩序。這在當時是做不到的；思想方法上也有片面性，但包含著深刻的哲理。特別在人際關係緊張、生態嚴重失調的今日世界，我們更應體會到上述戰略思想的可貴。在人與人的關係上如何競賽而不對抗，在人對自然的關係上如何改造而不破壞，正是人類亟待解決的重大問題。

　　第三，具有鮮明的主體性意識。傳統哲學把人視爲萬物之靈，儒家以天、地、人爲「三才」，道家以道、天、地、人爲「四大」，都將人與天地並提，極爲看重人的地位，相信人只要充分發揮自己的本性和智能，便可贊天地之化育，輔萬物之自然。儒家強調人在理性與道德上的主體性與自我反思，認爲人之異於禽獸在於有道德，而道德人格可以經由自身的努力來完成，無須求助於上帝鬼神。孔子說「爲仁由己」，提出「爲己」之學，相信「人能弘道」，「下學而上達」。孟子說「人皆可以爲堯舜」。《中庸》列出「博學」、「審問」、「愼思」、「明辯」、「篤行」五項，將「尊德性」與「道問學」相結合，來成就君子的品格，並由「成己」進而「成物」，以配天地，充分實現個人的社會價值。儒家的「成己」，既是求知的過程，也是體驗的過程，主體與客觀要發生感情上的共鳴與交流，使外在的知識，化爲內在的血肉。孔子說「知之者不如好之者，好之者不如樂之者」。荀子說：「學之經莫速乎好其人」，「君子之學也，入乎耳，著乎心，布乎四體，形乎動靜。」這是思辨與體認的統一，明理與達情的統一，求知與踐行的統一。儒、釋、道三家的人生哲學都不滿足於個體的有限生命，而追求超越肉體「小我」的更大價值。儒家以立德立功立言爲三不朽，道家以自覺復歸於自然爲得常道，道教以長生成仙爲永恆的生命，佛教以徹悟的涅槃爲常境。它們持論不必同，而想超越自我以實現人生的更大價值則有所同。三家對於人的自我完善、自我超越能力充滿信心，強調人要自愛、自重、自立、自省、自反，收拾精神自己作主，心不役於形，神不逐於物，不爲利引，不爲境移。傳統哲學對人的能動性和自主性有較深透的闡發。在這個意義上，它是典型的人學，而不是神學。

　　第四，具有高度的辯證思維性。古代哲人常以矛盾的觀點觀察事物，而於對立之中把握雙方的聯結與轉化，並形成以《易傳》爲代表的尚剛、主動、貴有的辯證法和以《老子》爲代表的尚柔、主靜、貴無的辯證法這樣兩大系統。《易傳》視宇宙爲生機蓬勃、向上發展的自然過程，「生生之謂易」，「天地之大德曰生」，「天行健，君子以自強不息」，提倡剛陽之氣。《老子》明察到事物發展中的曲折與反覆，「反者道之動」，「曲則全，枉則直，窪則盈，敝則新，少則得，多則惑」，主張

拓寬胸襟，培育人的韌性與靈活性，爲人處事，要兼顧事物正反兩面，以保證事物的發展有深厚的持續力。《易》、《老》互補，使中國人獲得了剛健進取的精神和從容深沈的性格。對立統一的觀念，表現爲一種理論原則，就是中庸之道，「過猶不及」，避免極端而行其中道；表現在天人關係上，就是天人一體，相須而成；表現於社會政治生活，就是「和而不同」，「周而不比」，提倡衆說紛紜，擇善而從；表現於社會文化觀，就是「殊途同歸」、「百慮一致」，主張以寬容、開通的態度兼採諸子百家，吸收外來文化；表現於軍事思想，就是對政治、軍事、彼我、攻守、正奇、强弱、虛實等矛盾雙方作正確的了解和靈活的處理。佛學更有一套融通體用、一多、有無的相當精微的辯證理論體系。對於學習歷史經驗，古代哲人主張透過歷史的陳跡去把握深層的「所以跡」，即帶規律性的東西，並在新的社會條件下加以靈活運用，反對因循守舊、頌古非今。傳統哲學提供的上述辯證思維成果，有的曾經被曲解濫用，有的曾經被批判橫掃，然而實際生活依然證明了，它確實反映著客觀的辯證運動，因而具有頑强的生命力。

傳統哲學中消極的和謬誤的成分也很明顯。比如作爲傳統哲學骨幹的儒家哲學，漢以後成爲經學的一部分，只能在經學的框子裡發展，不能越此雷池。儒家羣哲，膜拜聖賢，迷信六經，以爲孔孟之言經天緯地，已包涵了所有真理，只要尋章摘句，正確注解，可以解決一切現實問題。章句之學的發達，限制乃至扼殺了哲學上的開拓精神和面向實際的新風，使得許多本來頗有生氣的哲理逐漸變爲陳腐僵化的教條，造成士人中根深蒂固的唯書唯聖的依他心理，此即時人所說的封閉性。再者，封建時代的哲學，歸根到底是爲封建宗法等級制度作理論論證，離不開「三綱」說這一軸心，因而不能不貶低人的個性與個人的尊嚴，片面强調家、國的狹隘利益。這在過去的時代固不可免，但到了社會制度發生根本變革的近代，原有的哲學形態必然要成爲社會前途的阻力。又如傳統哲學中唯心論體系和神秘主義佔很大比重，天命鬼神思想亦有較大影響。它如：重人事而輕天道，使自然科學理論與自然哲學不夠發達；過分强調事物間的和諧一致，不懂得通過必要的鬥爭、競爭，才能不斷地實現新的和諧；先秦的邏輯學思潮，漢以後衰微，造成傳統哲學的理論體系缺乏概念分析與邏輯推演，此即時人所說的模糊性；哲學過多地依賴個人內心的體驗與直覺，啓示式的教育和類比式的推論，往往造成思維邏輯上的間斷和跳躍，許多幻想的聯繫、武斷的結論由此而生，此即時人所說的直觀性和武斷性。如此等等。這些弱點影響到文化、政治、經濟，阻礙著中國的進步。

對於傳統哲學思維模式的弱點也不宜全盤否定，比如思維的直觀性和概念的模糊性既可以使認識神秘化，使概念界說不清，也可以避免認識的程式化和概念的凝固，往往與思維的蘊含性、靈活性相聯繫。許多重要古典哲學著作是語錄體，或是注疏體、問答體，看起來缺乏嚴格邏輯程序，好似支離破碎，實際上言簡意賅，有其一以貫之之道，蘊義深刻，書不盡言，言不盡意，給人以思索回味和聯想發揮的廣闊餘地。

認識傳統哲學的長處，可以增强民族自信心；認識其短處，可以避免盲目崇古。長處與短處兩相比較，前者是主要的。我們還要看到，哲學與社會政治有一致性，也有不同。哲學是遠離社會經濟基礎的上層建築，哲學家多是理想主義者，喜

歡構建真善美圓融無礙的理想境界，爲社會與人生設計最佳方案，因此往往對現實弊端提出理論性的批判。中國古代哲學家比同時代的人們想得要遠些深些，常常是社會批判思潮的代表，並與封建政治集團發生衝突。因此，我們要區別政統和學統，不要把封建社會實際生活中的黑暗、腐敗現象歸罪於哲學家，那樣是不公道的。被儒家不斷闡發的孔孟之道，是儒家的一種理想，凡能在某種程度上認真去實行的社會，必定是封建的治世，凡能真誠去實踐的個人，必定是封建時代的仁人志士。孔孟之道的破壞者，首先是封建統治者自己，他們的驕奢凶險、昏聵腐朽，使儒學變成虛僞的說教，民諺所謂「滿口仁義道德，肚裡男盜女娼」，對此，不能由儒家哲學與哲學家代爲受過。誠然，在傳統哲學內部也始終存在著正確與謬誤、創新與守舊、正統與異端的鬥爭，不可一概而論之。就古代哲學的優良傳統而言，它深化了人們的認識，鍛煉了人們的思維，淨化了人們的心靈，對於中華民族偉大精神和氣質的形成，有著不可抹殺的歷史功績。就是在今天，它對我們仍然是一筆巨大的寶貴的精神財富，其價值不可低估。

三

　　傳統哲學在未來的命運，決定於它本身是否確有不可磨滅的價值和我們及後人對它闡發、鑑別、利用的能力。首先它要有價值才值得我們去發掘，其次，我們如缺少識別和消化的能力，它的價值也會被埋沒。一般地說，它的消極成分是淺露的，容易通過習慣的力量被繼承下來；它的精華部分是深藏的，必須自覺去發現，並加以提煉、闡述和宣揚，才能爲更多的人所理解、採納，在社會生活中發揮積極作用。盲目性越大，它的消極性就越強；自覺性越高，它的積極性就越顯露。隨著人們眼界的擴大、認識水平的提高，許多過去被忽略的價值得到了重視，古老的哲理可以放出新的光彩。所以，我們主觀認識能力的狀況是至關重要的。
　　爲了做好對中國傳統哲學的批判繼承，有必要解決以下三個認識問題。
　　第一，要認清哲學的時代性、民族性和人類性的關係。不同的社會形態有不同的哲學。中國傳統哲學基本上是封建時代的產物，它不能不隸屬於中國封建宗法制度，並爲其服務，這就是它的時代性。中國傳統哲學與西方近代哲學的差異，首先是社會發展不同階段的哲學之間的差異。但在相同的歷史發展階段上，例如在中世紀，中西哲學的形態亦有極大差別。當時歐洲是基督教神學籠罩一切，哲學與科學都是神學的奴僕。在中國，則是從先秦的百家爭鳴到兩漢的儒道爭勝，再到魏晉以後以儒爲中心、儒釋道三家鼎立與融合，哲學相當發達，人文精神極強，神學則依附於哲學。這就是哲學的民族性與地域性。中國沒有經歷古希臘羅馬哲學的階段而步入中世紀的哲學，歐洲也沒有經歷中國古典哲學的階段而步入近代哲學。每個民族都有自己特殊的社會歷史，因而都有自己特殊的思想文化傳統。這種思想文化傳統滲入民族性格的部分有很大的穩定性，社會形態更新了，它也輕易不會改變。當然，民族性有好壞兩個方面，需要改造提高，但移風易俗是長期漸進的事情，而民族性總是要保持下去的。哲學又有著人類性，即對全人類具有普遍意義的成分。「人」作爲一個「類」，有著共同的本質和需要，面臨著一些共同的社會人生問

題。例如，絕大多數人類（喪失人性者除外）都嚮往著真、善、美的境界，都面臨著認識和改造自然與社會的任務，都在探索人生的意義和價值。雖然他們之間的理解各不相同，但前進的大方向還是一致的，各民族各時代的哲學中，必然包含著一些彼此相通、可以互相理解和容納的東西。這正是古代的和異域的哲學家的許多至理名言，能撥動今人心弦和世界性思想文化能夠交流、匯合的原因。而異中有同，同中有異，各民族的哲學以自己特殊的方式向全人類精神寶庫中增添真理的顆粒。不同民族之間哲學上的交流因有其相通處而成爲可能，因有其相異處而具有交流的意義；這種交流不是取同棄異，恰恰是借同求異，取長補短，互相學習。所以，哲學越具有民族的特色，就越有著世界意義。基於以上的認識，對於中國傳統哲學，我們要拋棄其陳舊的時代性，改造和發揚其優秀的民族性，充分揭示、闡明其普遍的人類性，賦予它新的時代精神，爲充實我國的現代哲學服務，並使它走向世界。

第二，要正確對待馬克思主義哲學、西方近代哲學、中國傳統哲學三者之間的關係。中國傳統哲學只有經過整理、分析和深刻的反思之後，才能除去污垢，煥發出新的生命，而這一工作必須在馬克思主義哲學指導之下進行，才能圓滿完成。這是因爲馬克思主義哲學代表著人類思維發展到今天的最高水準，其科學性、辯證性、深刻性遠非其他哲學流派所能匹敵。馬克思主義哲學不是自我封閉的體系，它的生命力正在於從不宣布自己完成了真理，而是不斷地爲真理開闢道路，並能最大限度地吸收人類理論思維的一切積極成果。在中國，馬克思主義哲學不僅應該，也能夠同中國優秀傳統哲學相結合，這種結合必然會產生一種嶄新的現代中國哲學，成爲中國人民重要的精神支柱。過去由於來不及對數千年的傳統哲學作一番系統總結，也由於革命時期人們對傳統哲學持有難以避免的偏激態度，人們對兩者的結合談得少，做得也少；對兩者的對立談得多，寫得也多。現在進入了認真研究、冷靜思考的時期，理論上從以破爲主轉變爲以立爲主。我們對傳統哲學也要以發揚爲主，把其中好的樹立起來，提到新時代的高度，讓它爲建設社會主義精神文明服務。

中國向來有吸收外國哲學的傳統，如漢魏以後對佛學的吸收就是。這個傳統要發揚，繼續把哲學的大門敞向世界，使一切先進的精湛的思想能隨時傳播進來，幫助我們這個古老的國家更新陳舊的觀念意識。西方哲學在馬克思主義誕生以前，有優良的傳統；在馬克思主義誕生以後，也並非全部變成荒謬反動的理論，仍然有許多長處值得我們重視，至少需要認真研究。它的流派極多，變化極快，無疑都帶有資本主義社會的深刻印記；但它的自然哲學，它的邏輯分析理論，它的人本主義中，包含著很多科學的認識因素和現代社會的積極成分，要批判地加以吸取。這種學習可以彌補中國傳統哲學在思維方式上的缺陷。借鑑外國哲學和繼承古代哲學並非不能兼顧，可以相輔相成，相得益彰。但都應以「我」爲主，擇其善者而用之，其不善者而棄之。說到底，還是「古爲今用」、「洋爲中用」。

我的理解，中國未來的哲學領域，應當以馬克思主義哲學作爲指導性的理論，應當具有中華民族的特色，應當是世界性優秀思維成果薈萃的地方。它的具體內容和來源，必然是多元的、多層次的、五彩繽紛的，因而它必然是百家爭鳴、生機盎然的智慧園地。在《共產黨宣言》誕生的時代，已經是「各民族的精神產品成了公共

的財產」；在信息發達、交往頻繁的今日世界，不僅新的精神產品傳播很快，就是各國古老的文明也日益在實用的意義上成爲全人類的共同財富。中國研究西方，正如西方研究中國，都不是一種消遣和欣賞，而是世界性思想文化加速交流的大趨勢下的嚴肅思考，是人類心靈上的溝通。中國傳統哲學是中國的也是世界的，它的未來命運不僅要由中國人來確定，也要由全世界的進步人類來確定。

第三，要正確理解哲學的功用。從狹隘實用的觀點看待中國傳統哲學，就會覺得它在今天無多大使用價值，內中既無現代化的理論，又無改革的方案，它沒有給當今存在的問題提供任何現成的答案。然而對哲學的功用不應作如是了解。哲學在通常情況下並不能直接幫助人們解決各種具體問題，但哲學能夠幫助人們樹立正確的宇宙觀，端正思想方法和人生態度，從而以其具體的無用成其根本的大用。我以爲凡屬一種深刻的哲學，對人們的主要功用是啓迪智慧、提高境界、煥發生機、調正關係，使社會和個人獲得若干根本性的思想原則，通過社會實踐，轉化爲各種具體的物質文明和精神文明成果。我把中國傳統哲學的現實價值分爲三大類：凡屬能幫助我們深化認識、鍛鍊思維的功用，叫做智能價值；凡屬能幫助我們陶冶性情、增強民氣、改善社會風尚的功用，叫做道德價值；凡屬能幫助我們提高審美能力、豐富精神生活、激發藝術靈感的功用，叫做美學價值。古代哲學的宇宙論、認識論、歷史觀中的唯物主義觀點和辯證法思想，都具有智能價值，深刻的唯心論也有這種作用。例如《孫子兵法》的辯證思想就曾被吸收到民主革命的軍事理論中去。《老子》書中並沒有關於圍棋的理論，然而聶衛平僅攝取其「自勝者強」一條哲理，就能在中日圍棋擂台賽前夕達到理想競技狀態，從而取得決定性的勝利，這就是中國人的智慧。古代哲學的人性論、人生論、價值觀、生死觀中有許多關於做人處世的道理，具有道德價值，例如孟子說的「富貴不能淫，貧賤不能移，威武不能屈」的剛強氣概，范仲淹說的「先天下之憂而憂，後天下之樂而樂」和顧炎武說的「天下興亡，匹夫有責」的崇尚精神，早已化爲一種社會正氣，成爲批禦各種不正之風的重要精神力量。劉少奇同志在《論共產黨員的修養》中，引用儒家諸哲的話，把古人修身、反省、慎獨的功夫與憂爲天下、視死如歸的品格同共產主義事業聯繫起來，在社會上發生極好的作用。在拜金主義頗爲盛行的今天，仍不乏有正直之士，以節操自勵，視道德、理想重於金錢、物質，過著清白無染的生活，這與優良傳統的薰育很有關係。古代哲學的自然觀、人物論、樂論、文論、書畫論等，包含著豐富的美學價值。陶潛的詩表現了人與自然的和諧美，李白的詩表現了祖國河山的壯美。魏晉玄學提出的言不盡意，意在言外的思想，對於文學創作和民族書畫藝術有深刻影響，書法重神韻，次形質，國畫重神似，輕形似，含蓄而超邁，形成一種高雅的傳統。

古語有云，善學人者師其意而不師其辭，不以辭害意。學習古代哲學也要有這種態度，取其精髓而活用之，不爲其章句所限。這樣，我們就可以從前賢那裡得到許多寶貴的東西。

走出文化怪圈[①]

——近十年儒家文化討論述評

冷德熙

　　爲期近十年的文化討論至今不能不陷於理論困境而告沈寂。這固然從一個方面説明理論本身的侷限（理論的最終解決不在理論自身而在實踐），固然説明中國傳統文化的現代化及一個現代新文化的建成不在於是否出現了一場文化討論，一個文化熱潮，或出版發行了多少文化書刊，而最終取決於落後的社會經濟生產力的起飛和一個現代工商業文化的建成，取決於與經濟發展同步的政治制度的合理化和民主政治的逐步完善。但就近十年來的文化討論自身進行考察，其中最致命的弱症是文化理論的匱乏，文化討論不能超出常識和空泛的經驗列舉，致使這種討論最終無法走出可悲的文化怪圈：所謂「中西古今」之辯。歷史無異可以爲人們提供經驗的借鏡，中西古今的歷史辨析無疑也可以爲人們提供有益的啓示，但現代新文化的建設在理論上則有賴於真正從「中西古今」文化怪圈中走出的文化哲學。本文目的不在進行這種文化哲學的創建，但願意在每一個具體問題的討論中首先貢獻出自己的意見。這些意見當然是在參加學術界的文化反思的過程中，並基於學術界已有的思考成果從而得出的。因此一一列出海內外學者們的有關見解，但並不一一作具體批評。在文章第四部分總結全文，嘗試論述目前我國文化學術界擺脫理論困境、走出文化怪圈的門徑。

一　儒家文化的價值評判

　　似乎很難像文化相對主義那樣認爲人類文化不同系統之間不能進行價值評價，因而從本質上否認各種文化系統在歷史上發生過總體的進步，例如從石器工具到現代工業就不能説不是進步。但是如果像馬克斯·韋伯那樣在文化整體中作出價值理性和工具理性，進而作出價值文化和工具文化的區分，那麼所謂「文化相對主義」就似乎能夠在價值理性和價值文化系統中找到自身的根據。從理論意義上看，人類文化無不包含著價值理性和工具理性的二重分裂或二重組合；人類文化從傳統進入現代的現代化進程，正是基於文化自身的這種分裂組合，從價值理性的總體取向過渡到工具理性的總體取向。因此，任何文化作爲一種獨立的生成系統在進行價值評價和文化選擇之時，似乎並不存在一個具有真值意義的理性標準。在特定歷史條件下任何特定文化在價值理性和工具理性之間的抉擇只能來自「當事人的那種反應」（湯因比《歷史研究》），包括心理反應和行爲反應。

1 儒家評價的價值標準

公認的比較平實的提法是「取其精華棄其糟粕」。如丁守和主張對中國文化的傳統我們的原則只能是剔除其封建性糟粕，吸收其民主性精華[2]。這種傳統的看法受到來自不同方面的批評。陳奎德主張這是一種「籠統模糊」而「永遠正確」的提法，對我們具體行動不能提供有信息量的方向性導向。事實上對於何者爲糟粕何者爲精華的價值判斷本身，絕不能脫離一個文化價值系統的參照而獨立作業，況且由於系統的整體性，各個元素的相互牽連，一損俱損，一榮俱榮，也很難獲得全此留彼的理想效果[3]。這種看法是認爲一個文化系統的諸要素是不可拆的整體，要吸收一個文化的精華就必須整體地吸收其整體的文化系統，要剔除一個文化的糟粕，就須整個地破除該文化系統，有人稱之爲整體論。[4]

杜維明從另一方面批評「取其民主性精華」的觀點，針對中國大陸學者這一較爲普遍的看法，他提出如果我們用西方文化標準作爲唯一的標準，我們就很難在中國的傳統中找到類似西方民主，科學的精華，這並不表示它本身沒有精華，它有的是和西方近代文化性質不同的精華。它有哲學的人學的精華，修身養性的精華，天人合一的精華，以及其他倫理學、美學的精華。它們既非民主也非科學，但是在對人進行全面的反思，啓發知識份子的自覺方面及在政治、經濟、文化等領域建立信賴機制方面都有獨到的價值，他提出必須內在於傳統本身的邏輯性來把握它的精華。[5]

張汝倫也認爲，西方文化的每一重大轉折與發展都不是以外來文化爲標準式價值參照系，重新評價檢討自己的傳統文化，發現其基本問題加以更新改造，而是從新的歷史條件、自然條件、社會條件出發，從傳統文化與人的社會實踐日益加劇的矛盾出發，創造性地對傳統文化作出新的解釋和調整，從而推動了文化的建設和發展。歷史證明，以西方文化爲價值標準和參照系來評價與改造中國傳統文化，實際上很難取得積極的根本性的進展。[6]

討論的第二個爭論焦點是是否應以現代化的功能座標來判斷儒學及傳統文化的價值。僅以傳統文化對經濟科技現代化的作用來評判傳統文化的價值，杜維明稱此爲功能座標系統的標準。他認爲韋伯理論因爲過分強調和傳統截然不同的現代，無形中把傳統的實質意義棄置不顧而只從傳統在現代過程中所起的積極或消極作用來評斷傳統的功能主義。這種只在功能座標系統中衡量傳統的學術進路和雅士柏斯站在現代人進行反思的層次上來理解傳統的學術進路大不相同[7]。近二十年來，從功能座標系統，衡定精神傳統的學人明顯銳減，而站在某種精神傳統的基礎上對「現代化」進行批判認識的學者則大有人在，傳統與現代已不是截然分割的兩個概念，從傳統到現代也不能理解爲單線的進程。[8]

中國大陸不少學者堅持對儒家應取批判繼承的態度，而批判繼承應以是否有利於現代化爲標準。岳成認爲，傳統是複雜的，精華與糟粕並存，傳統又是發展的，在一定條件下消極的東西可以轉化爲積極的東西，積極的東西又可以轉化爲消極的東西。因此對傳統，正確的方針還是要「批判繼承」。現在國外有人認爲未來世界將以中國傳統的儒家思想的模範，但那是未來，我們最重要的是現在，要以實現四

個現代化爲標準，凡是有利於四化的發揚之，不利於四化的批判之。[9]

2　儒家傳統的文化評估

肯定的評價　牟鍾鑑認爲，儒學的基本思想適應中國傳統宗法社會的國情，並有一套緩和社會危機、調節人際關係的方法措施，給人們一種以家國爲本位的積極向上的人生價值觀。還有一些更爲深刻的東西，涉及到整個人類社會普遍存在的問題，反映了人類生存和發展的普遍要求，如安老懷少的人道主義精神，重視人生的道德價值，積累知識和好學精神等。[10]李錦金認爲，儒家著意研究和解決人際關係問題以倫理政治爲軸心，仁學是一種强調和諧、協調、平衡爲價值取向的政治倫理學說，儒學薰陶下形成的克制禮讓、平和內向等傳統文化心理，對現代精神文明的建設仍有積極的一面。[11]

杜維明認爲，儒學的基本精神方向，是以人爲主的，它所代表的是一種涵蓋性很强的人文主義，這種人文主義是入世的，要參與現實政治，但又不是現實政權勢力的一個環節，有著相當深厚的批判精神，即力圖用道德理想轉化現實政治，這是儒家的真精神。[12]陳俊民也認爲，儒家追求一種宇宙意識的覺悟，有了這種宇宙意識才會涵養出超道德的自由人格，達到真善美高度統一的理想境界。這種宇宙意識既表現在儒者實現民胞物與的大同理想的努力，把個人人格的完成置於大衆羣體人格的完成之中；又通過民族意識的形成，表現爲浩然正氣錚錚風骨。儒學既要用倫理轉化政治，又堅守尊道不趨勢的精神，儒學的這種人文主義是中國儒學主流的真精神。[13]

否定的評價　劉澤華認爲，有人提出儒家爲代表的人文思想是提供人格平等、人格尊嚴個性獨立、道德理性、民主政治的基礎，其實並非如此。儒學人文主義的基本導向恰恰是王權主義和專制主義。王權至上和道德至上的理論使人喪失獨立人格，限制了人的全面發展，不是引導人在適應社會中改造社會，而是徹底變爲道德工具，通過自我克制，安於現狀，其最後歸宿不免是吃人。[14]

陳鼓應認爲，禮制觀念是儒家思想的核心，禮制思想與現代的政治生活格格不入。在現代生活中要求民主自由、大衆參與等等，這在儒家中都是缺乏的。相反，在儒家中都是倡導居主中心，排斥異己，要求人們不在其位不謀其政，反對大衆參與。此外家族意識、家長制、教條主義、人治思想、偶像意識等等都會在我們現代政治生活中產生不良影響，因此，我們對儒家思想應該深入全面地批判。儒家所宣揚的道德觀就屬於尼采提出的那種「家禽道德」、「羊羣道德」、「奴隸道德」。在中國思想史中最單薄的最保守的是儒家，在現在改革過程中最起阻礙作用的亦是儒家。[15]而就儒家對經濟發展的影響而言：(1)相互依賴型的社會關係泯滅了人的自强自立精神；(2)平均主義壓抑了人的進取精神；(3)重義輕利妨礙了生產流通的發展；(4)輕視鄙薄科學技術和生產勞動導致社會生產力長期發展緩慢；(5)炫耀性消費導致生產投資不足。[16]。

兩面性評價　較多學者持這樣的看法，即儒家思想既有積極的一面，也有消極的一面。有應該繼承發揚的內容，也有應當批判否定的成份。張岱年認爲，儒家並非只講三綱五常，孔子維護君權，但不贊成個人獨裁，他反對暴政，宣稱苛政猛於

虎。肯定人人都有獨立意志，斷言三軍可奪帥，匹夫不可奪志；孟子更提出天爵良貴之說，認爲人人都有自己的內在價值，即道德自覺性，宣揚大丈夫「富貴不能淫，貧賤不能移，威武不能屈」，這爲廣大人民尤其是知識份子樹立了激勵人心的榜樣。儒家的偏向歸結起來是：(1)重協調輕競爭，(2)重繼承輕創新，(3)重直覺而輕知解，(4)重理想而輕效用。[17]

　　劉述先指出，不管你是否喜歡儒家，它的影響絕不是那樣容易擺脫的。我喜歡用資源和負擔來講傳統的兩面性。對於傳統我們不能取單純的否定態度，它可以是資源，也可以是負擔，有待於我們仔細經歷和抉擇[18]。杜維明也認爲包括儒家在內的傳統文化，其真精神是一筆豐富的精神財富，要通過知識份子羣體批判的自我意識才能繼承下來。這一傳統的負面則體現在人的下意識層運作的封建意識，對統治階級大衆羣體都有相當廣泛的影響，也只能通過羣體批判的自我意識對它進行揚棄[19]。

　　兩重性的評價　儒家學說的兩重性是指儒家思想每一部分，其性質既有正面的價值，也有負面的價值，不是單一的，而是雙重的。龐樸認爲，儒家人文主義精神像一切事物都有自己的兩重性一樣，也有兩重性。它給民族和國家增添了光輝，也設置了障礙，向世界傳播了智慧之光，也造成了中外溝通的種種隔膜，是一筆巨大的精神財富，也是一個不小的文化包袱。它的優點和缺點，正面和負面，不是分別放置而可以任意取捨的，它們雜糅在一起，難解難分。[20]

　　區分兩種儒學傳統　一些學者提出區分儒學真精神和政治化的儒學，知識精英的儒學和帝王的儒學。杜維明主張區別「儒家傳統」與「儒教中國」。儒教中國可以理解爲政治化的儒家倫理爲主導思想的中國傳統的封建社會的意識形態、及其在現代文化中各種曲折的表現，但儒家傳統與儒教中國不屬同一歷史類型，也不是同一層次的價值系統。儒教中國隨著專制政體和封建社會的解體喪失了既有形式，但仍然遺毒至今。儒教中國與孔孟之道體現的人文精神確有千絲萬縷的聯繫，但反思歷史，總不能得出孔子仁智雙修的爲己之學、孟子深造自得的大丈夫精神必然導致漢代王霸雜用的政治文化吧？從儒家的政治文化的權威主義，以及道德的權威主義看，它成爲阻礙中華民族進入現代化的重要障礙不能辭其咎，但是政治化的儒家和以道德理想轉化政治的儒家之間的不同的顯而易見的[21]。

　　儒家價值偏失　劉述先指出，傳統儒家的一個嚴重問題是過份強調道德倫理的單向發展，以致壓抑了其他方向發展的可能性。中國未能發展出希臘式純理的思想，沒有開出近代歐洲式的工業技術革命、民主法治的架構、文學藝術的充分自由表達，不免受到現代人的詬病。在現實生活中，對人只可有一種低度的倫理要求，即人人都有某一種道德操守；但卻不應對人人要求高度的倫理道德：人人都要成賢成聖。[22]

　　與傅偉勳稱儒家爲泛道德主義[23]、馮天瑜稱儒家爲倫理中心主義[24]相近，包遵信稱儒家價值取向爲「倫理本位主義」。他認爲這種倫理本位主義作爲傳統文化的一體化原則，表現爲重古賤今，重義輕利，重農輕商，重經典輕實踐，一切外在的事功活動及自然知識的探求都必須納入綱常倫理規範的支配之內才承認其意義。儒家倫理本位主義既是傳統文化結構的基本特徵，又是制約傳統文化價值的主要機

制。綱紀倫常和禮儀規範成了傳統文化的中心，儒家經典則是這個中心的理論形態。明經聞道是傳統知識體系的主要內容，哲學上許多命題只有從政治倫理角度才能把握其意義。一切社會問題都被歸結爲道德問題，歷史只能屬從於道德。道德主體的樹立在人的社會歷史實踐中處於不應有的位置，社會固然可以和諧穩定，卻只能停滯不前，這是犧牲社會進步換取社會政治秩序，代價太大，因此傳統儒家倫理本位主義的價值體系要打破。⑤這一觀點與韋政通主張「中國傳統的改變不應只限於政治和法律制度，作爲文化核心部分的價值系統也要革新」是一致的。⑥

二　儒家文化與現代化

儒家文化無疑是典型的傳統文化形態，因此從本質上看浸透著價值理性的精神（即道德理想主義）。如果說這種文化形態在歷史上曾經像其他價值理性形態（如基督教價值形態）一樣扮演過人類文化中的主要角色，那麼在人類歷史從傳統走向現代的變革過程中，由於在文化的價值形態和工具形態的二重分裂組合中，工具形態取得了巨大的進步並且日益起著舉足輕重的作用，因而像其他價值理性形態一樣，儒家文化形態也不能不改變自己的角色地位，正如韋伯所言，人類歷史現代化的過程是文化價值形態的一次世界性的價值「脫魅」（disenchantment）傳統道德理想主義的價值形態日漸喪失了自身作爲價值選擇標準的文化主導地位，而被新興工商業文化這一典型的工具文化形態取代，現代工商業文明的每一次勝利進軍都意味著傳統價值理性進一步全線潰退。但正如任何文化整體形態都不能不具備價值理性和工具理性的二重分裂組合，可以斷言人類文化的傳統價值形態絕不會在某一天完全放棄自身。它必將一方面通過創造性的轉化沈積凝結到現代文化價值系統之中，另一方面保持自己作爲道德理想主義在現代工商業文化中對工具理性和經濟生活的價值批判權力。因此在傳統文化的現代化過程中我們既不應該頑固保守傳統價值在現代文化中的主導地位，也不可取歷史虛無主義的態度否認傳統文化在現代文化中的存在意義；既不應該奢望從傳統價值形態中開出現代工商業文明（按，必須謹守傳統與現代的價值二分、價值理性和工具理性的理性二分）又不能不承認傳統價值創造性地向現代價值形態轉化的可能性，及傳統價值理性在現代文化形態中的批判意義。儒家文化與工業東亞的關係，似乎已經爲正確處理傳統文化與現代文化、價值理性與工具理性的關係提供了某種意義確證。

1　儒家文化的現代意義

第一種意見認爲，儒學與現代是完全衝突的。包遵信的觀點在近年的討論中較有代表性，他認爲儒家傳統不適應現代化，是指儒家倫理本位的價值系統與現代化是逆向的精神力量，不是說這個或那個觀念。離開了儒家傳統的價值系統來談它和現代化的關係，就會把一個有確定內容的問題給泛化。儒家把日常生活到社會政治的一切活動都倫理化，倫理綱常的實踐成了人生的價值意義和最終目的。社會的理想狀態就是道德的和諧，一切社會矛盾都被消融爲人的主觀倫理善惡的矛盾。在這個倫理本位主義的傳統中核心的觀念就是貴義賤利和重道輕器。說儒家傳統和現代

化不適應指的就是一價值系統的核心不能為現代科學技術和經濟發展提供正面的價值導向。[27]這種觀點的另一位重要人物是蔡尚思。他認為中國走向現代化的進程是與批判儒學聯繫在一起的。中國近代三次大運動，戊戌變法、辛亥革命和五四運動都在不同程度上對儒學進行了批判，但都未能把儒家禮教為主體的封建思想壓下去，致使中國現代化的目標遲遲未能實現。在他看來，只有徹底破壞了儒家，中國方能充分實現現代化。[28]。

與此基本上帶了同樣傾向的是另外一些大陸學者，認為評論儒學應從當前中國大陸的現實歷史條件出發，把處在改革中走向現代化的中國大陸所面臨的問題和已經進入現代社會而正走向後現代社會所面臨的問題區別開來。李澤厚認為西方文化確有危機，但他們是要走向後現代化，我們卻還未進入現代化。[29]楊念群認為，中國現代化的發展和西方文明是不同步的西方對東方文化的憧憬是文明極度發達之後的逆向歷史反思，而東方文明如果也跟著洋人做出尋根的姿態則是一種歷史意識的缺乏，是一種反歷史的文化意識。我們應該打破固有經濟模式的和諧，以開放的心靈迎接傳統價值體系的崩潰，重建中國文化本體。[30]

與以上觀點基本上持一種不同的文化趨向的是一批生活在海外的學者，他們基本上持一種「價值中立」的文化立場對儒家傳統持一種肯定的態度。其中一種觀點認為，儒學的基本價值並不因時代變化而失去意義，對現代社會仍有重要價值。勞思光認為哲學在現代愈來愈變成專家們的智力遊戲，而儒家作為傳統哲學的一種更有成為歷史研究對象的趨勢。我深信儒家義理之學本身可以繼續吸收新的思考成績發展，儒家的工夫論可以籠罩宗教問題的大部分。儒家仍是活的哲學，而且對現代社會文化問題有獨特的重要性。[31]

余英時認為，將價值系統和古代某些特殊制度與習慣雜混不分，已是一個不易避免的通病。不可諱言，在某些方面中國必須西化，但是總體地看，中國的價值系統是禁得起現代化以至「現代以後」的挑戰而不致失去它的存在根據，這不僅中國文化為然，今天的西方文化，希伯來文化，伊斯蘭文化，日本文化，印度文化等都經歷了程度不同的現代化變遷而依然保持著它們文化價值的中心價值。中國價值系統面臨現代變遷必須有所調整與適應，但它與現代生活並不是相互排斥的。余英時還指出，中國文化是比較平和的，其中許多文化價值都不會妨礙我們去吸收科技，科學是否一定會與道德觀念衝突？是否要對父母不孝才能接受科學的真理？難道一個和諧的家庭就不能過科學民主的生活嗎？[32]杜維明也提出，如果我們真相信文明禮貌和開拓型人才不相容，那麼我們是否應當提倡不排隊買票，不愛惜公物，不體諒他人的「現代」倫理來取代謙虛、樸實的落伍道德？[33]

另一種觀點是從工業化社會的弊病肯定儒學基本價值的現代意義。余英時提出，中國現代化自然不能不「動」不「進」，僅靠「安」「定」「靜」「止」不足以使中國文化適應現代的生活，在科學技術經濟各方面皆如此。但今天西方的危機卻在動不能靜，進不能止，富不能安，亂不能定。現代生活中的物質豐富和精神貧困的尖銳對立是有目共睹的。如果說現代化早期，安定靜止之類的價值觀念是不適用的，那麼在即將進入現代以後的現階段（port-modern），這些現象則十分值得我們重視。[34]

　　黃俊傑認爲，經濟結構從一元化走向多元化，從同質性走向異質性，必然與政治的民主化，自由化有關，從而使儒家擺脫傳統中國社會政治結構的一元化限制，使儒家得到了新的希望。正因爲整個工業化社會導致人的疏離，這種發展帶給儒家一個新的挑戰，儒家最寶貴的精神就是把人當作價值而不是當作工具。用韋伯的術語說即是價值理性重於工具理性，而儒家以人爲中心的學說在角度分工的工業社會正如一劑清涼劑。[35]安樂哲也認爲，一種儒家的資本主義是可能的，日本、臺灣等地的成功並非個人的成功，而是人民整體的成功。儒家資本主義和吃人的資本主義有本質差異。[36]。

　　另有一種折衷性觀點，可認爲是第三種觀點，持這種觀點的有海外學者也有大陸學者。如呂武吉在同杜維明對談儒家與現代化問題時認爲儒學在現代社會仍有重要意義，但某些取向亦需調整。[37]劉述先也指出「知識的追求與拓展」與「道德的擔負與要求」指向有異，強調倫理，希聖希賢則知識的追求容易被視爲第二義的。[38]馮達文則認爲社會主義應避免由極端個人主義造成的人際關係的失調和崩潰。人際關係的合理建構和各部分之間的協調統一，本身就是社會生產力和歷史進步的重要條件，是社會主義的要求。因此在社會主義現代社會中儒學傳統仍有積極意義，但同時反對復興儒學的口號。[39]

2　民主科學與內聖外王之道

　　儒學與民主　這之間的關係是文化討論的一個熱點，這種討論最後又集中到儒學自身內聖外王的問題上。一種觀點認爲儒家思想有民主思想的成份，但與現代民主又有區別。黃俊杰認爲，儒家極其重視民本政治，基本上孔孟以至荀子都強調道德與政治之絕對相關性。孔孟尤其認爲「道」尊於「勢」。主張以道德駕馭政治。孔子說道不行乘桴浮於海，即不因個人利祿出賣道德理想，孟子認爲「民爲貴，社稷次之，君爲輕」，這種貴民的政治思想與古希臘政事取決於人民的原則是相通的。因此不能說儒家不具有民主主義精神。同樣儒家也極重視思想自由和平等主義及胡適在五四時期提倡的健全的個人主義，在泰州學派和李卓吾等一系列儒者的思想中個人主義、自由主義極發達。只不過應該補充儒學民主或民本主義與西方的民主主義是有區別的。[40]劉述先則認爲儒家思想中有可以轉接民主政治的成份，另一方面與西方式的民主又有某種緊張。他肯定由禮運大同的思想，可以轉接上現代民主、法治的思想。[41]

　　第二種意見認爲儒家缺乏民主的基礎，與民主精神基本是衝突的。如韋政通認爲儒家泛道德主義是中國民主化過程困難重重的重要原因，使得政治倫理化，也使得儒家的政治思想成爲專制權力合理的根據。[42]包遵信認爲民主和科學的產生脫離不了一定的文化價值和系統。同樣，對它們的掌握和運用也脫離不了一定的文化價值系統。民主和科學同儒家傳統有著不同的價值尺度，近代中國人掌握和發揮科學與民主曾是那樣曲折，並不是中國人笨，而是他們受傳統的束縛，有著和西方近代文化不同的價值觀念。[43]

　　第三種意見是，儒家思想與現代民主意識雖有較大區別，但可以互補互濟。沈清松認爲原始儒家十分重視個人的價值和尊嚴，但此種重視的型態是否與民主的要

求相稱，則需辨明。孔子真正重視的是制度在人的主體性上之依據而不在其結構，制度的客觀性依乎主體性的自我調整，未能注重制度因結構而有的合理性。孔孟荀的思想重視的是人的可完善性，而不在他的個體性，這僅屬於道德上的民主。現代化歷程中的政治民主不僅要尊重個人的價值與尊嚴，而且要尊重其個體之存在而有的權利，最低限度的個體性是政治上的民主的基本肯定。不過，在現代化歷程中形成了許多弊端，對個人的價值極端強調，制度本身過度膨脹，利益衝突無法達成共識，對這些弊端，原始儒家的思想特色與現代民主原理可以互補互濟。[44]

　　儒學與科學　余英時認爲，中國文化中沒有發展出現代科學是另一個問題，它對待科學的態度是開放的。內在超越的中國文化由於沒有把價值之源加以實質化、形式化，因此沒有西方由上帝觀念衍生出來的一整套精神負擔。達爾文的生物進化論在西方引起強烈的抗拒，其餘波至今未已，但進化論在近代中國的流傳幾乎完全沒有遭到阻力，其他物理、化學、天文、醫學各方面的知識，中國人更是來者不拒。我們不能完全從當時人要求船堅炮利的急迫心理上去理解這種現象，因爲早在明清之際士大夫接受耶穌會士所傳來的西學時，他們的態度已經是如此了。[45]

　　喬根鎖認爲，儒學把全部注意力放在以仁爲核心的倫理學方面，對科學技術等社會物質生活不值一顧，它的全部理論體系，以格致誠正爲基本方法，以修齊治平爲最終目的，儒學這種學術傳統使我國古代自然科學發展的條件變得非常嚴酷，科學技術從未引起統治階級和知識份子的重視，儒學，尤其是理學是科學技術的大敵。[46]

　　包遵信則認爲，儒家價值系統鄙薄知識技藝是限制中國科學發展的主要原因。他認爲，有些歷史上的科學家成就很高，傳統道德修養也好，但他的科學成就並不能在傳統文化價值系統中發揮作用。中國近代落後的主要原因不是缺少有成就的科學家，而是沒有科學馳騁疆場的文化環境。道德在中國文化中丁單是個人行爲規範和倫理原則，它還是整個文化價值系統的根本取向，滲透到社會各個角落。傳統文化價值系統不排除個人在科學上可以取得成就，卻不能使這些成就社會化。[47]

　　儒家的內聖外王之道　不少學者在討論儒學與民主政治的問題時，很自然地討論到儒學的「聖王」政治，因此很自然地討論到儒學的內聖外王之道，多數學者認爲儒學內聖外王的模式與現代社會的政治法律結構不相合。韋政通認爲中國走向民主的過程中所以困難重重，傳統文化的那種泛道德意識很可能值得分析，由於這種意識中國傳統的政治塑造成了一個「政治倫理化」的特殊形態。結果是儒家內聖外王的一套在歷史上成了空中樓閣，專制帝王變成實際的聖王。[48]劉述先肯定儒家內聖之學的價值，認爲在今日要體證人生的內在價值，建立超越的道德原則，要在現實人生有所踐履傳統儒學的內聖之學就不會失去其意義。他還指出現代人對傳統儒家最不滿意的乃是內聖外王的關聯性，其實內聖既不是外王的必要條件，也不是它的充分條件。政治自有其規律，不可與道德倫理混爲一談。[49]這與傅偉勳認爲內聖與外王是相互異質的觀點基本一致。[50]

　　湯一介認爲，內聖外王之道，基於「聖人最宜作王」的觀念而有，是中國人論政治的理論基礎，與民主、法制的社會相違背，是道德政治化、政治道德化的表現，其結果是要求聖王卻造就出事實上的王聖，及政治被美化和道德歸屬於政治。

但他認爲，内聖之學仍有極高價值，是儒學大師所追求的一種理想境界，是一種對宇宙人生的了解。這是一種理想，是可以身體力行達到的。但對宇宙人生的了解在任何情況下都難以推出現實事功，而儒家的問題正是以爲這兩套可以統一爲一套。由内聖而外王，這也許是儒學的一大弊病，中國社會曾經受這種思想危害不少。實際上聖人最不宜作王，因爲具有理想人格的人總是很難了解現實，而面對現實就不能用完整的理想主義去行事。[51]

李澤厚認爲内聖外王及其相互聯繫是原始民族社會中存在過的歷史的真實，也是原始儒學的真正秘密。他認爲儒學的内聖外王之道在今天仍有可爲。外王在今天看來當然不僅是政治，而是整個人類社會的物質生活和現實生存，内聖也不僅是道德，包括整個文化心理結構。因此原始儒學和宋明理學由内聖決定外王的格局便應打破，另起爐灶。[52]

3　儒家文化與工業東亞

工業東亞（Industriel East Asia）在學術文獻中還是一個較新的詞，指日本、南韓、臺灣、香港、新加坡的興起。隨著日本戰後復興，南韓、臺灣、香港、新加坡四個地區在經濟上取得了驚人的成就。三十年來亞洲五龍成爲世界上發展最快的區域是有目共睹的事實，如何解釋這個史無前例的現象成爲 80 年代學術界關注的課題。在中文世界中較早討論這一問題的是金耀基。他 1983 年發表了題爲《儒家倫理與經濟發展：韋伯學說的重探》一文，提出韋伯在研究中國不發生資本主義原因時，認爲儒家倫理對世界理性的適應而不是理性的主宰是中國不發生資本主義的原因，這種看法實際上是認爲儒家倫理與現代化不相容，可東亞五龍的成就證僞了這種觀點。金耀基之後，產生了一系列討論這一問題的文章。綜合起來有如下幾種觀點。

(1)**文化背景說**　杜維明認爲，東亞工業文明和儒家理論有很密切的關係。這個提法不是說儒家倫理是促使東亞工業文明的因，而把東亞工業發展當作果。這不是一種因果關係，而是一種文化背景。每一種文化背景在某一個時期會發生積極作用，而在不同時期也可以發生消極作用，同樣在不同的地區也可以發生積極或消極作用。同樣的中國人，在中國政治環境中，十九世紀以來中國商人確沒有發揮積極的作用，沒有創造出燦爛的商業文明和工業文明，這是因爲政治文化的制裁與拖延。而同樣是中國人，接受同樣的文化素養，在離開了中國文化環境到東南亞或其他地方都創造了很多新的發展和新的企業精神。造成它的發展原因與它的文化心理結構和價值觀都有關係，而使它不能發展則和它的政治制度、文化氣候有關。[53]。金耀基也認爲，把日本、南韓等東亞國家在組織上的成功歸功於其社會成員皆接受儒家傳統的薰陶而有一些共同品質，這一提法已引起廣泛注意。至少儒家倫理有助於經濟發展的提法可以視爲一種合理的假設。比較基督教倫理而言，儒家倫理與經濟發展的關係似乎不一定更弱。[54]

(2)**家族倫理說**　陳其南認爲，學者們所謂儒家倫理，比較具體的内容，即指庸俗化的傳統家族倫理而言。事實上學者們對儒家倫理的其他方面仍然多取保留態度。可以說，學者們企圖尋找的基督教倫理之替代物，在東亞社會是家族倫理，而

非廣義的儒家倫理。較嚴謹的提法應該是：傳統家族倫理對近代東亞的經濟發展，特別是在工作和成就動機的層面，有積極的作用。[55]但也有學者提出相反的意見。黃光國認為，以個人層面而言，如果考慮到對個人工作態度的影響，傳統儒家倫理對經濟發展是有利的，如為家庭而努力工作，累積存款；而以社會組織層面來看，儒家倫理的影響則是負面的。如臺灣常見的家族企業，其特色是企業所有者集大權於一身，缺乏規章制度。[56]

⑶**邊際儒家文化說**　若涵提出，大陸以外的東亞地區的經濟發展是因為精神氣質上已脫離了儒家文化，只在形式上保留著儒家文化形式，對儒家文化已產生了離心力。是一種「邊際儒家文化」。就大陸和海外的儒學存在情況比較而言，一個名亡實存，一個名存實亡，因為大陸上存在的是「中心儒家文化」。邊際地區華人或日、韓人具有海洋民族敢於創新的特質，中心儒家文化則與內陸民族的侷限相聯繫。[57]殷惠敏也認為亞洲四小龍都有過殖民地的背景，以臺灣來說，儒家倫理可以作為促進經濟發展的一個非經濟因素的變項，但不是一個獨立的變項。[58]

⑷**俗世化儒家倫理說**　不少學者接受柏格（P. Berger）的俗世化儒家倫理的提法。李亦園認為，柏格所謂庸俗化儒家倫理的提法就是人類學所謂小傳統的一些觀念看法。那些東西未必是真正的儒家思想，實際上只是中國人的生活態度，但這些小傳統在最終的 Ideology 上實際上與大傳統並無區別。事實上，深受儒家倫理影響的中國人確有追求經濟成就的強烈動機，只要客觀條件允可，這種動機就會發揮出來[59]。對此包遵信提出異議，他認為儒家本為世俗化文化，主導精神無所謂世俗化的問題。一般民眾的習俗觀念和行為模式，既不能籠統歸於儒家倫理，又不能把它視為和儒家倫理對立的另一種價值系統。所謂世俗化儒家倫理的說法純屬子虛烏有的虛構。[60]

三　儒家文化的第三期發展

據說人類所以被（驅）逐出伊甸園是因為蛇向人類挑戰，蛇引誘女人說吃了智慧果就能和上帝一樣聰明，人類接受了誘惑因而激怒了耶和華。因而在一個陌生的世界裡，獲得了智慧的男人（亞當）和女人（夏娃）遭遇在一起創造了亞伯的畜牧業文明（文化）和該隱的農業文明（文化）。這裡，蛇是智者，代表先進文明（文化）接受挑戰的人類則處於落後的、蒙昧的狀態。落後者不能不接受挑戰，但應戰的方式可以在接受誘惑和拒絕誘惑之間選擇。歷史的記載是人類接受了誘惑，但是在此之前，以上帝的全智全能也無法預見人類將作何種選擇，不然就不可能存在今日人類的歷史。可見創造文明（文化）的人類始祖在應付蛇的挑戰時的心理反應是一種連上帝也無從決定、無從預見的絕對隨機因素。當然，這裡蛇和人類的遭遇是一個基本前提。其中，蛇和人類都是不同文化的「文化主體」（注意這裡文化和文明兩個概念使用的是進入文明史之後文明與文化的同質意義），而在蛇與人類相遭遇的過程中，蛇的聰明象徵著先進文化（文明）之作為「主動角色」，混沌中的人類始祖則象徵著後進文化（文明）之作為「受動角色」，因而文化的挑戰與應戰只能相應存在於先進文化和後進文化（就文化的工具理性而言）之間，是先進文化的

工具形態向後進文化的工具形態挑戰（按，文化的價值形態只是隨著工具形態的進步改變自己的價值形式，這裡似乎存在進化卻不存在進步）。但是在實際情況中並不排除先進文化與落後文化之間的「角色轉移」，這就是後進文化的價值形式也可能在文化遭遇中成爲「主動角色」致使先進文化改變自身的價值形式，從而在其工具形態和價值形態之間做進一步的合理調適。

因此對一個後進文化對一個先進文化挑戰的心理反應的研究本質上屬於未來學（或文化未來學）的範疇，但這並不是説這種心理反應完全是文化機體的一種生理本能反應，在生命與死亡之間任何後進文化當然選擇前者，因而後進文化合理必然的選擇應該是接受「誘惑」這是構成這種文化未來學的確定性基礎。至於它的隨機性則在於如何接受誘惑以及接受誘惑之後如何進一步取得智慧，這就進入了實踐的領域，否則就只能尋求星相學的解釋了，因爲牌局中的旁觀者或成員都無法預見對局的新招和自己對此新招將會是怎樣的心理反應。

傳統和現代屬於兩種不同的文化座標系，世界不同文化之間的遭遇使傳統和現代共處於同一個歷史空間座標系成爲可能，從而造成現代文化（這不是已經完善的理想形態）與傳統文化之間的雙向挑戰與應戰。因而無論是現代文化抑或傳統文化既構成挑戰的一方又要接受不同文化種屬的挑戰，既扮演文化的主動角色又同時扮演文化的受動角色。不同只在於傳統文化的工具形態接受現代文化挑戰而扮演受動角色，而現代文化的價值形態接受挑戰旨在於進一步自我完善。因此文化主體必須認清自身的角色因緣，任何角色錯位都可能斷送自身文化新生的機遇乃至斷送文化的生命。

1　杜維明儒學發展第三期説

衆所周知，近年來特別提出儒學第三期發展問題的是杜維明，他曾對爲什麼提出這一問題作過較詳的記述。他强調討論儒學的未來發展，並非認定它是中國文化中最好的，獨立無二的代表，或不發揚儒學中國就沒有希望，而是希望從同情的角度來理解這一傳統，而理解的過程中自然也會照察到它的陰暗面。提出儒學前學問題是在多元化背景下產生的，與什麼獨尊儒學的思想不相干。[61]

他提出，在稚斯培所謂軸心時代出現的幾個大的精神傳統，不管是印度教、佛教還是猶太教、基督教、回教以及希臘文明的傳統，在二十世紀後期乃至二十一世紀都將會有進一步的發展[62]。假若多元的軸心文明在廿世紀末還有歷歷彌堅的生命力，甚至放眼二十一世紀都將會有進一步的發展，那麼劉文轟對儒家傳統的哀悼是否過分悲觀了呢？如果軸心文明的其他大傳統仍有生命力，那麼儒學在未來文明發展中還有沒有生命力？它的發展的動力和條件是什麼？儒學第三期的提法，是把先秦儒家，宋明儒學分別看作第一、第二期提出來的。第三期發展從五四以來已經三代人的努力，特別是 1949 年以來，臺灣地區已有一批動心忍性的儒家思想家爲儒學傳統的現代轉化作出了貢獻第三期發展在工業東亞早已開始了。但是，從整體過程上講，現在仍然處於初級階段[63]。

杜維明認爲，儒學第三期發展的提出，也是基於從二十一世紀人類面對的課題，儒學人文主義的價值有可能提供積極的貢獻。他認爲以二十世紀人類全體的生

存條件。人生意義、社會及文化所面臨的危機及將來展望等課題爲起點，各宗教多大傳統正在重新反省、了解、評價。二十世紀的問題是人的問題，如何對人的問題進行全盤的反省，人道與天道如何結合，如何建立起哲學的人學，已不僅成爲哲學界且也成爲宗教神學的課題[64]。以前特別注重超越這一面的宗教傳統重點都不是從人現在存在的具體環境出發，而是從上帝存在或達到涅槃來立論，儒家對它們的挑戰是：如果現在要重新反省作爲二十世紀的人的問題，就必須從一個具體現實的人所遇到的存在考驗這個基礎出發[65]。儒家可以對這一課題提供一條線索。他認爲人類要征服自然，以浮士德精神，以侵略性極大的力量轉化自然使之爲人所用，結果已經連自己所賴以生存的生態環境都給污染了。再加上對環境的實用、鬥爭、掌握、控制的方式進行過度剝削，造成了能源枯竭的危險。因此需要有一個新的人文主義的出現，這個新人文主義起碼要建立在人與自然和平共處的基礎之上[66]。

杜維明認爲，儒學新人文主義是講人是什麼，人類應該向何處去，在什麼基礎上能夠建構一個可以促使文化之間，宗教之間相互對話的新人文主義。在這樣的背景下可以注意到儒家的一些比較突出的特性。杜維明還認爲，一種憂患意識的出現是二十世紀人類自我認識的特色。科技可能和資源無窮等人定勝天的樂觀主義在成長極限和生態平衡等新人文主義照察之下顯得膚淺而片面，以動力橫決天下的西方現代文化爲人類創造了史無前例的富強，但也把人類帶到了永劫不復的地獄邊緣。爲人類的全體生存和福祿求一條可行之道已成爲東西方知識份子進行比較文化研究的共同志願。二十世紀發展到今天，大整合和大分裂互相衝突，互相影響，互相轉化已成爲現代文明的特色，置身於這種情境來考慮儒學第三期發展前景問題既非含情脈脈地迷戀過去，也不是一廂情願地憧憬未來，而是想從一個憂患意識特別強烈的人文傳統的現代命運來認識今天中國、東亞乃至世界的文化認同[67]。

正視儒學對中國歷史發展的消極作用及同時看到儒學對人類文明進一步發展可能作出的貢獻，杜維明提出了所謂「儒學的悖論」：儒家所代表的價值取向，不僅沒有把中國帶到西方以弱肉強食爲主導思想的資本主義社會，也沒有給中國帶來科技高峯、民主制度和個性解放喚起的燦爛文化，而且事實上起了阻礙作用。但是現在西方文明又碰到了新的難題，站在這一角度看，儒家的思想肯定還有很大的説服力[68]。

儒學第三期的發展，杜維明認爲至少可以在教育學、倫理學方面有突出表現，也很可能從倫理學的角度把它的美學、形上學貫穿起來，甚至可以發展一套儒學特有的認知系統和知識論。他特別提出「體知」問題，認爲儒家的體知思想有其特殊的認織結構，自己的系統和邏輯，由此可以挖掘出一套中國特有的思想體系[69]，他認爲通過體知概念把德性之知和一般聞見之知區分開來以突出德性之知和特殊意義，又把一般聞見之知統合起來讓聞見之知在德性之知首出的前提下獲得適當的位置。作爲德性之知的體知活動是人類認識的基本形態，這種活動可以通過羣體的批判的自我意識而轉化爲探索科學理論的認識，主基於德性之知而由體知轉成的科學認知是涵蓋性極大的人文精神的體現。所以大可不必用道德知識截然兩分的模式把泛道德主義的標籤加於儒學之上[70]。

2 大陸學者對杜維明的批評

關於儒學第三期發展及前學問題，杜維明 1985 年在北京大學講授儒家哲學並在中國文化講習班討論儒學未來發展問題，在中國大陸引起比較強烈反響。比較普遍的一種意見是中國大陸目前不應復興儒學。如儲昭華認爲，無論是儒學復興還是其他種種關於中西文化結合的觀點，本質上都沒有擺脫中體西用的折衷調和主義。今天的中體西用論仍然認爲傳統思想優於西方，儒家倫理遠勝於資本主義精神。其實五四運動早已指出中國傳統文化不適宜現代的環境，並爲歷史所證明。我們今天的改革和現代化的最大阻力和障礙仍然正在於作爲傳統文化本質和組成部分的封建主義殘餘、陳腐觀念和習慣勢力。正當我們與西方先進文化相差甚遠而迫切需要向它學習，借以改造中國文化促進現代化和改革時，從狹隘的民族感情出發，極大美化和神化以至主張復興封建主義爲基礎的儒家，這正與時代需要背道而馳，超越歷史發展階段是不能不受歷史懲罰的。

李書有認爲，目前國內對儒學有批判與讚揚兩種相反觀點，批判者把封建社會長期停滯和近代以前的反覆曲折爲之於儒學的消極作用，視儒學爲精神包袱。讚揚者把國家的長久統一和民族獨立歸之於儒學影響，以儒家倫理的人際原則爲有永恆價值，視儒學爲精神財富，雙方都有片面性。事實上應該認識到，從歷史的座標看，儒學有其存在的必然性及價值，但從現實的座標看，儒學已失去其基礎和價值。[71]陳奎德認爲，海外華裔學者講新儒學復興是可以理解的，也是頗值得同情的。但在中國本土的中國人與他們所面臨的思想挑戰大不相同，我們站在一個新的起跑點上，面對現實環境、歷史條件和外部文化的挑戰，一空依傍，獨立判斷，獨立創造，重新締造一個價值體系，一個革新的文化，這是歷史對我們的文化考驗。[72]

另有一些學者對儒學未來發展的地位提出未來發展的儒學應該在多元的文化環境中存在。張岱年認爲，關於新儒學有一點十分明確，儒學的第一期發展是作爲百家中的一家存在的，第二期從漢代到辛亥革命，作爲正確思想而存在。如果儒學有第三期發展，那它也只能作爲衆多學派的一個學派，而不可能作爲統治思想而存在了。[73]楊念羣也認爲，必須把儒學放在居於次要地位，補充地位，而代之以多元式的混合型文化整體。[74]

甘陽反對使儒家在未來文化中佔主導地位的努力。他提出，孔儒之學能夠成爲中國現代文化系統的主幹和核心嗎？二十世紀以後中國文化的傳統還能以儒家文化爲象徵和代表嗎？如果是那樣的話，只表明中國文化的系統仍然是「過去已經存在」的那個系統，缺乏標誌「現代」的特徵的新的文化要素作爲其核心主幹。毫無疑問，儒家文化在今日及今後都仍將作爲中國文化的組成部分並起作用，問題是今日及今後它們在中國文化系統中的地位及意義當與「過去」截然不同。「現代的」中國文化系統必有其現代的價值核心和總體特徵。這種新的成分和要素不能也不應是儒學。中國文化的傳統在今後將遠遠大於儒釋道的總和而有其更爲廣泛的天地，即使在後工業社會的中國文化也不會是儒家文化的復興。換言之，從建構現代中國文化系統的角度，不能再把儒家文化繼續當作中國文化的基本精神，必須重新塑造

中國文化新的基本精神，而使儒家文化下降爲次要從屬的部分。唯有這樣才能真心克服儒家文化曾經起過的消極作用，才能真心光大中國文化的傳統。[75]

　　方克立認爲，現代新儒家是中國人對中西文化衝突的一種很重要的回應方式，代表了在這一次衝突中力圖保持中國傳統文化本體，以儒學爲基礎會通中西的努力。新儒家在西浪潮中敢於站出來維護傳統，與頑固的保守主義相比，又不絕對排斥西學，但實質上仍然是中體西用派。新儒家想由儒家心性之學開出科學民主的外王事業以謀求現代化，沒有擺脫「道德主體優位論」的立場。新儒家力圖維護的是儒家倫理本位和心性之學的唯心傳統，會通的也是現代西方的唯心論。但新儒家對哲學範疇的研究有參考價值，他們從孟子到陸王爲正統融攝康德、黑格爾一些思想建構的心性哲學，有啓發和促進哲學思維的作用。[76]

3　海外學者對現代新儒學的評價

　　1982 年在台北召開專門討論「當代新儒家與中國的現代化」座談會。韋政通曾提出，歷史文化、理想主義、人文精神、道德理想是現代新儒家精神的基本符號。他們賦予這些符號的意義是否能爲中國的現代化提供某種動力？多數與會者認爲，新儒家現在還不是社會實體的一部分，只是少數知識份子的一套思想（張灝語）。[77]

　　金耀基認爲，新儒家的影響基本上還停留在學院的層次上或只停留在少數知識份子之間並沒有進入「社會工程」的過程，新儒家的思想根本未成爲現代中的外王學問，在制度方面家庭制度，教育等其他制度方面新儒學並沒有提出特殊的設計，即使有也不一定可以見諸實施。他還提出，如果從現代化角度看，「新儒家可能遭遇到另一種命運，就是新儒家整個的活動在現代化進程中不是有利與不利的問題，而是可能變成不相干，這可能是從事思想工作的人最感到悲涼的事。即在世界性現代化過程中。傳統整個被沖沒了，只剩下一些很小的回聲，也許五十年、百年之後會有人來回應這些呼聲，但在目前現代化過程中，如理想觀念，不能變成社會文化運動的相干因素」。[78]

　　另一方面，金耀基指出，新儒家的努力是在現代化的劇變中保持中國文化的認同，他們對現代化的貢獻基本上是一種批判工作。他們的批評主要是對現代化背後的理性主義特別是工具理性的問題，他們特別批評五四時的科學主義及西方一些現代先進社會出現的問題。他們的論點在現代化的社會不易獲得熱切的回應，而對後現代化後工業化社會更有切入感，所以往往會產生一種超國界超文化的現象。[79]

　　另一些學者著重指出了新儒家理論上的偏失。韋政通指出，新儒家思想的基本態度是創新也依據其所本有，也就是必須返本然後才能開新。[80]殷惠敏認爲，到目前爲止，試圖肯定儒家思想的現代意義的文章都不能令人信服，原因是這方面的論述仍是附會成份居多。除了本體論的推演外，落實到現實層次和具體社會經濟條件，便缺乏立足點。研究儒家的人只能強調儒家不是什麼，而不能說出儒家是什麼，不能說出儒學在當前的意義。除了消極地說儒家同現代要求不扞格外，只能空洞地寄希望於未來的機緣。[81]

　　傅偉勳認爲，傳統以來的禮治觀念與現代化的法治觀念在國人心目中仍混淆不

清。新儒家不想亦不願面對西學之「體」，反而硬把儒學的德治思想套到西方民主法制上，豈不犯了嚴重的時代錯誤？[82]黃俊杰認爲，近幾十年來的儒家，無疑地他們基本上繼承了宋明以來陸王心學派的學說，比較强調德性主體的建立。但除了陸王外，也應該提及程朱的儒學傳統，這個傳統比較重視知識，雖然各個時代的儒家都很重視道德問題，視知識爲手段，但從今天中華民族的現代化要求來看，知識的重要性不能忽略。[83]

四　結語——儒家文化的現代命運

　　兩種理性和兩種文化及其矛盾運動是人類文化尤其是現代文化的基本結構。現代文化的多元結構系統必然邏輯地包含著傳統文化的價值形態。古典意義的儒家文化必將在現代被賦予新的意義。

　　西學化中國：儒家文化的全線潰退　傳統文化走向現代文化是人類進化的必然命運，從傳統到現代的過渡用韋伯的話説就是文化的基本價值形態從「實質合理性」向「形式合理性」從價值理性向工具理性過渡，這種過渡的實質就是從傳統的「道德理想主義」向現代的「經濟理性主義」過渡，現代社會的一切都將以經濟發展爲平衡槓桿，一切社會存在都將因爲經濟槓桿、工具理性獲得自己的存在根據。因此如果據此把文化分成價值形態和工具形態，那麼就一個先進文化對一個落後文化而言，「工具文化形態」（包括經濟政治制度和科技工商事業等）的輸入不需要經過民族化的過程，其中價值形態中隨著工具形態的進步而進步的價值觀念的輸入也不需要經過民族化的過程，只有那些不隨著社會進步而改變其形式因而基本上表明一種文化的自我認同的價值形式（如風俗習慣）才需要進行民族化或仍然保持落後文化的民族傳統。因此就中國現代新文化建設而言，根本問題在於引進西方文化，尤其是其中的工具形態和工具價值形式改造中國的傳統文化尤其是儒家的道德理想主義傳統，換言之，根本問題在於「西學化中國」，而非「西學中國化」，因此在形式上，必將出現儒家傳統文化的全線大潰退，雖然事實上，這並不意味著儒家傳統在現代的徹底衰敗。

　　打破傳統文化體系，真正實現創造的轉化　中國傳統文化在近現代的現代化歷程説明，要創造真正的新文化（現代文化）必須從根本上打破傳統。而所謂打破傳統一方面它應該是與「西學化中國」同步進行，另一方面這種「打破」又不能單純理解爲文化的批判，而應該理解爲文化批判和文化建設的同步進行，重點在於批判中的建設，即對傳統的創造性轉化。這種轉化的本質就是基於現代人類新思維新方法解釋和解釋的分化。具體而言包括如下四個步驟：

　　第一步，是打破傳統文化系統中儒家文化的一元論和儒家文化的本位論，引進多元的文化機制，曾經作爲一種學術思想，一個學術流派的儒學首先應該擺脫其作爲社會意識形態的特殊地位及其與政治制度的特殊聯繫，還原爲一種學術思想一個學術流派。這樣它才能作爲一種學術思想成立並且發展下去，這樣，中國的傳統文化就又回到歸到了春秋戰國時期百家爭鳴的基本狀況。

　　第二步，如果説中國傳統文化在一定程度上以其原始性區別於西方文化，那麼

一個重要方面就是這種文化對世界沒有進行過分門別類的研究，因此在某種意義似乎還處於亞里斯多德以前的古希臘文化水平，經典意義上的儒學傳統作爲科學的前身是真正的「科學之科學」，因爲它還根本就不是科學，雖然它的内容實際上可以説包括以後各門科學（尤其是人文科學、社會科學）的萌芽。因此，一方面爲了讓儒學傳統走向現代真正適應現代文化的需要，另一方面也是爲了將現代新文化真正建築在傳統文化的基礎之上，因而也爲西方文化，現代文化在中國社會的生存發展尋求一種民族支援意識，經典儒學完全有必要分化出如下一些具有儒家特徵的人文學科，如儒家哲學、儒家政治學、儒家倫理學、儒家宗教學、儒家社會學、儒家文藝美學、儒家心理學、儒家教育學。等等。

第三步，儒學或出於司徒之官，一味謹守舊禮，於原始文化的發展少有創獲。其中最顯明的例子就是未能將殷周以來的原始宗教觀念發展成一種文明宗教形式，沒有從世俗世界和神靈世界相通的原始文化觀念中發展出世俗世界和神靈世界相分離的文明宗教觀念。因此在傳統文化走向現代化的過程中，如果説西方基督教文化的關鍵在於使世俗世界與宗教世界相溝通。在於走宗教世俗化的道路，那麼中國的情況則恰恰相反，中國傳統文化走向現代的一個重要環節將是從傳統文化中分化出兩個世界：經典意義的宗教世界和世俗世界。其中宗教世界爲人們提供價值觀念的終極信仰，爲社會提供超越的價值批判系統；而與之保持必要緊張，世俗世界裡人們生活於現代工商業文化中，按照經濟理性主義（工具理性之價值取向）進行現實的生活創造。這兩種世界及其兩種觀念爲現實社會中的人們提供了一種心理平衡的文化環境和不斷超越的文化創造機制。因此在上述的儒學分化過程中，最重要的是儒家宗教文化（觀念）與儒家世俗文化（觀念）的分化改造儒家「天人合一」、「由凡入聖」的傳統觀念，重新建立「天人相分」、「凡聖（神）相分」的文化機制，改造儒家内在體驗，内在超越的心學傳統，重新建立向外求索，外向超越文化機制。這將是傳統文化走向現代，建成真正現代的中國新文化最關鍵、最艱難，因此最緩慢的一步。

第四步，就經典儒學的實質内容而言，我以爲可以進行不同層次的分化，這種分化可以構成儒家傳統向現代文化進行創造性轉化的實質内容。具體包括：(1)儒學心性的内在性與成聖的超越性相分，因爲前者是倫理學的根本課題，是意志自由這一倫理學前提的前提，後者則是宗教神學（或宗教學）的根本課題，是神人聯繫這一神學根據之根據；(2)可以是「内在超越性」與「外在超越性」相分，它們的差別實際上構成了儒學與基督教文化，中國與西方兩大文化系統的重大差異，前者只能開出中國特有的道德實踐，後者則開出了實驗科學和近現代西方文明；(3)可以是「天」與「人」相分（改造「天人合一」之傳統）。「天」就其主宰意義講屬於宗教學的範疇，神人相分正是任何一種宗教的基本前提；就其社會、道德意義而言屬於社會學、倫理學的範疇；就其自然意義講屬於自然科學的範疇，進一步導向主客體相分，這正是自然科學，哲學認識論產生的基礎。(4)可以是「知行相分」（改造「知行合一」之傳統），「知」作爲道德之知屬於倫理學，作爲自然之知屬於自然科學和哲學認識論（這兩種知也應分化，即倫理學與哲學、倫理學與自然科學應該相分），「行」作爲道德踐履屬於倫理學，作爲社會生活行爲屬於社會學和法學

（屬於倫理學的「行」，屬社會學的「行」，屬於法學的「行」也應該相分，道德問題、社會問題、法律問題應該有各不相同的解決方式，不可混淆）。另外總體看來，「知行相分」也是一種社會分工，是真正的科學家、思想家和哲學家產生的前提；⑸聖凡（神人）相分。任何人不可能成爲神（理想中的聖賢），因此事實上並沒有神，就人創造了神的觀念而言，也說明神不可能存在於人身之中。聖凡合一的傳統觀念曾經妨礙了中國傳統文化中人格神觀念的真正鑄成，作爲一種文化觀念的人神相分（聖凡相分）便於建立外向超越型的文明一神宗教，從而有利於人類正常生活秩序的建立；⑹與聖凡（神人）相分一致，與建立神聖世界（觀念）與世俗世界（觀念）相分離的觀念相一致，傳統儒學作爲一種倫理學應該將「高度倫理學」（「聖賢倫理學」）與「低度倫理學」（「小人倫理學」）相分離，社會生活中除應有指導道德典範，作爲道德理想的「高度倫理學」之外，還應有規範社會中每一個人的生活行爲的「低度倫理學」；⑺道德主體性和知識主體性相分，儒家以「德」爲知，這種傳統極不利於哲學和科學認識活動的獨立和發展，知識活動和知識本身（尤其表現在自然方面）相對於道德實踐和道德教條的弱質地位極大地妨礙了中國古代自然科學和哲學認識論的發展進步。道德和知識均有自身與對方不同的價值取向和意義範疇，前者屬於價值理性、價值文化的意義範疇，後者屬於工具理性，工具文化的意義範疇，價值理性和工具理性在同一文化形態中的分離及其動態平衡是這個文化的理想狀態，而其中任何一方一旦越出自身的意義範疇就會危及文化的正常發展，中國傳統文化中的道德倫理作爲價值文化形態的嚴重越位極大地危害了這種傳統文化中工具形態及其知識活動的正常發展。在這個意義上從傳統向現代轉化的關鍵在於實現傳統文化中兩種理性、兩種文化形態（如知識與道德）的分離，並且給予定位，並進一步創建兩種理性、兩種文化相互分離、又相互協調、相互制衡的文化機制。

　　儒家文化在現代文化中的價值批判功能　我們學習西方先進文化和創造性地轉化中國傳統文化，其根本目的在於建設多元結構的現代文化開放系統。西學化中國、西學中國化的過程，就文化主體而言，也是我們學習、接受、批判吸收西方先進文化的過程；打破傳統文化的價值體系，實現傳統文化的創造性轉化，更是文化主體自身從傳統走向現代的過程。二者的目的都在熔鑄一個以「經濟理性主文」爲基本標誌，包括價值理性和工具理性，價值文化和工具文化的分裂（離）及其動態平衡的現代文化體系。這一現代文化體系與傳統文化的根本區別之一就在於它不再是一個內在封閉的文化一元論、文化本位論體系，而是一種開放的，處在動態平衡中的多元結構體系。在這種現代文化體系中一切有生命力、有生存根據的價值系統都可以在其中找到自己適當的位置。因此，總體而言，不但作爲先進文化的西方文化價值系統可以在現代新文化體系中找到自己的生存位置，傳統文化的價值系統就其合理意義而言也應該可以在其中找到自身的生存空間。

　　毋庸諱言，現代世界中任何真正的現代社會都必須以突出的經濟成就爲自身爭取生存的權利和發展的空間，在此意義上，「經濟理性主義」（而不是「道德理想主義」）必將成爲一切主要的社會生活領域的基本價值標準。但是正如我們不能不看到現代工商業文化本身的一系列問題，不能不看到現代西方發達社會的一系列社

會問題，我們也不能不認識到工具理性，經濟理性主義無法避免的侷限性。正如我們已經指出的那樣，工具理性與價值理性，經濟理性主義與道德理想主義的分離和相互制衡不但是一個合理的文化實體所必須具有的，價值理性和道德理想主義文化形式的合理存在對於工具理性和經濟理性主義在現代社會文化中的正常運轉和逐步完善化無疑具有極為重要的批判意義。在這個意義上儒家傳統文化在現代文化的建設中完全可以成為重要的價值來源之一，藉助現代科學新思維對經典儒家的詮釋和鑑於儒家傳統價值對現代工商業文化的批判呈現代文化建設的重要組成部分。

---

① 本文主要資料來源是北京大學哲學系陳來博士爲 1988 年新加坡國際儒學討論會編寫的《「儒學發展的問題與前景」討論會參考資料》，此資料及其他有關資料承我的導師湯一介先生提供，謹此一並致謝。

② 杜維明《儒學第三期發展的前景問題》，《文化：中國與世界》，三聯書店，1987。

③ 陳奎德《文化討論的命運——兼與杜維明先生商榷》，《復旦學報》，1986 年三期。

④ 牟鍾鑑：《關於傳統文化研究的幾個問題》，《孔子研究》1986 年二期。

⑤ 杜維明《傳統文化與中國現實》，《九十年代》，1985，11。

⑥ 張汝倫《文化研究三題議》，《復旦學報》1986 年三期。

⑦ 杜維明《從世界思潮的幾個側面看儒學的新動向》，《九州學刊》，1986 秋。

⑧ 杜維明《儒學第三期發展的前景問題》，《文化：中國與世界》，三聯書店，1987。

⑨ 岳成《剪掉封建主義的辮子》，《書林》，1986，11。

⑩ 牟鍾鑑《關於傳統文化研究的幾個問題》，《孔子研究》1986 年第二期。

⑪ 李錦全《儒家思想的演變及其歷史評價》，《孔子研究》1986 年第四期。

⑫ 杜維明《儒學傳統的現代轉化》，《知識份子》1985 年秋季號。

⑬ 陳俊民《論宋明理學家的人格理想追求》，《中國傳統文化的再估計》上海人民出版社，1987。

⑭ 劉澤華《中江傳統的人文思想與王權主義》，《中國傳統文化的再估計》，上海人民出版社，1987。

⑮ 陳鼓應《傳統文化是多元的》，《電影藝術》，1987，3。

⑯ 鄭克中《論儒家傳統文化對我國經濟發展的影響》，《東岳論叢》1987，4。

⑰ 張岱年《對中國傳統文化的兩點看法》，《光明日報》，1987，1，29。

⑱ 劉述先《關於「儒家思想與文化危機」的再反思》，《九十年代》，1986，2。

⑲ 杜維明《傳統文化與中國現實》，《九十年代》，1985，11。

⑳ 龐樸《中國文化的人文主義精神》，《光明日報》，1986，1，6。

㉑ 杜維明《創造的轉化——批判繼承儒家傳統的難題》，《中報月刊》1986 年，五月號。

㉒ 劉述先《論儒家內聖外王的理想》，《儒家倫理研討會》，新加坡東亞哲學研究所，1987。

㉓ 傅偉勳《儒家思想的時代課題及其解決線索》，《知識份子》1986 年夏季號。

㉔ 馮天瑜《中國古文化的倫理型特徵》，《江海學刊》1986 年第三期。

㉕ 包遵信《儒家思想和現代化》，《知識份子》1987 年冬季號。

㉖ 韋政通《當代儒家的心態》，《中國論壇》1982，10。

㉗ 包遵信《儒家倫理與亞洲四龍》，《中國文化書院報》1988，1，10。

㉘ 《儒學國際學術討論會紀要》，《孔子研究》，1987 年第四期。

㉙ 《文化講習班答問》，《中國論壇》1988，1。

㉚ 楊念羣《打破和諧——杜維明先生儒學第三期發展駁議》，《青年論壇》，1986，7。

㉛ 《從普遍性和具體性探究儒家道德哲學之要旨》，《儒家倫理研討會論文集》新加坡東亞哲學研究所，1987，1。

㉜ 余英時《從價值系統看中國文化的現代意義》，時報出版公司，1984。
㉝ 《儒學第三期發展的前景問題》，《明報月刊》，1986, 2。
㉞ 余英時《從價值系統看中國文化之現代意義》，時報出版公司，1984。
㉟ 黃俊杰《儒家傳統的現代展望》，《亞洲文化》1987, 4。
㊱ 《訪安樂哲教授——談西方的中國哲學研究》，《哲學與文化》，1988, 2。
㊲ 呂武吉，杜維明談《現階段儒家發展與現代化問題》，《中國論壇》，1984, 12-1985, 1。
㊳ 劉述先《當代新儒家的探索》，《知識份子》，1985，秋季號。
㊴ 馮達文《中國儒學傳統的物質及其在現代改革中的意義》，《現代哲學》，1986, 1。
㊵ 黃俊杰《儒學傳統的現代展望》，《亞洲文化》，1987, 4。
㊶ 劉述先《從儒家内聖外王的理想》，《儒家倫理研討會》，1987。
㊷ 韋政通《當代儒家的心態》，《中國論壇》，1982, 10.
㊸ 包遵信《儒家思想和現代化》，《知識份子》，1987，冬季號。
㊹ 沈清松《原始儒家與民主思想》，《東方雜誌》，1988, 1。
㊺ 余英時《從價值系統看中國文化——現代意義》，時報出版公司，1984。
㊻ 喬根鎖《簡論中國傳統哲學中不利於自然科學發展的因素》，《西藏民族師範學院學報》，1985, 4。
㊼ 包遵信《儒家思想與現代化》，《知識份子》，1987，冬季號。
㊽ 韋政通《當代儒家的心態》，《中國論壇》，1982, 10。
㊾ 劉述先《論儒家内聖外王之道》，《儒家倫理研討會》，新加坡東亞哲學研究所，1987。
㊿ 傅偉勳《儒家倫理的現代化重建課題》，《哲學與文化》，1988, 1。
(51) 湯一介《論儒家的境界觀》，《北京社會科學》，1987, 1。
(52) 李澤厚《略論現代新儒家》，《中國現代思想史》，東方出版社,1987。
(53) 杜維明《企業取向的東亞發展模式》，《亞洲與世界文摘》，1986, 9。
(54) 金耀基《儒家倫理與經濟發展：韋伯學說的重探》
(55) 陳其南《儒家文化與傳統商人的職業倫理》，《當代》1987, 2。
(56) 文崇一《傳統與現代之爭》，《中國論壇》1987, 4。
(57) 若涵：《關於儒家文化與東亞經濟的對話》，《明報月刊》，1985, 1。
(58) 殷惠敏《儒家思想與文化危機》，《九十年代》1986, 1。
(59) 李亦園《從臺灣經濟看世俗化儒家與資本主義》，《中國論壇》，1984, 12。
(60) 包遵信《儒家倫理與亞洲九龍》，《中國文化書院報》1988, 1, 10。
(61) 杜維明《傳統文化與中國現實》，《九十年代》，1985, 11。
(62) 《杜維明談儒家發展的前景問題》，《中國哲學史研究》，1987, 1。
(63) 杜維明《創造性轉化：批判繼承儒家傳統的難題》，《中報月刊》，1986, 7。
(64) 杜維明《創造性轉化：批判繼承儒家傳統的難題》，同上。
(65) 《現階段儒家發展與現代化問題》，《中國論壇》，1984, 12。
(66) 《創造的轉化：批判繼承儒家傳統之難題》，《中報月刊》，1986, 5。
(67) 杜維明《儒學第三期發展的前景問題》，《文化：中國與世界》第二輯，1987。
(68) 杜維明《創造的轉化——批判繼承儒學傳統的難題》，《中報月刊》，1986 年第五月號。
(69) 儲昭華《論「西化」及中國傳統文化的現實出路》，《社會科學評論》，1986, 10。
(70)(71) 李書爲《新儒學思潮和我們的儒家倫理研究》，《南京大學學報》1987年第三期。
(72) 陳奎德《文化討論的命運——兼與杜維明先生商榷》，《復旦學報》1986，第三期。
(73) 《中國傳統哲學的批判繼承》，《理論月刊》，1987, 1。
(74) 《打破和諧——杜維明先生儒學第三期發展説駁議》，《青年論壇》1986, 7。
(75) 甘陽《八十年代文化討論的幾個問題》，《文化：中國與世界》，1987。
(76) 方克立《要重視對現代新儒家的研究》，《天津社會科學》1986 年第五期。

　　　　　　　　　　　　　　　　　壹　專論　　□ 169 □

⑦　《當代新儒家與中國之現代化座談會》，《中國論壇》1982, 10

⑱　同上。

⑲　同上。

⑳　韋政通《新儒家與自由精神專輯》，《中國論壇》1983, 2。

㉑　殷惠敏《儒家思想與文化危機》，《九十年代》1986, 1。

㉒　傅偉勳《中國文化重建課題的哲學探索》，《哲學與文化》1985, 10。

㉓　黃俊杰，《儒家傳統的現代展望》，《亞洲文化》1987, 4。

貳

中國文化研究現狀（1980—1988年）

（編輯：胡欣、楊深）

論著簡介

大汶口文化討論集　山東大學歷史系考古敎研室　編著
齊魯書社　1979 年 11 月出版　218 千字

本書收編有關大汶口文化的討論文章二十三篇。

大汶口文化是廣泛分布於黃河流域下游的一種原始社會文化。大汶口文化的分布面積達數十萬平方公里。大汶口文化存在的時代，爲西元前四千年到西元前二千年，延綿達二千年之久。自 1959 年被發現、發掘以來，引起了國內外學者的高度重視。

關於大汶口文化的內涵及它所代表的社會性質，我國考古學界、史學界一直衆說紛紜，莫衷一是。有人認爲大汶口文化時期父系氏族制已得到確立鞏固；有人認爲大汶口文化不是原始社會文化，而是已進入階級社會的文化；還有人認爲大汶口文化尚屬母系氏族社會向父系氏族社會的漫長的過渡時期的文化。

男女合葬墓，是引起關於大汶口文化的社會性質的爭論的關鍵問題之一。大汶口墓地共發現了八座合葬墓，經鑑定有四座是年齡相若的成年男女合葬墓。在對於合葬的兩個異性死者的關係的推斷上，存在著很大的意見分歧。有人認爲是夫妻合葬，也有人認爲是妾殉夫葬，據此說明大汶口文化標誌著父權制的確立，甚至認爲它反映了表現在兩性之間的最初的階級差別和對立。有人則明確否定這一觀點，而認爲合葬的兩性地位是平等的，大汶口合葬墓表現的是對偶婚向一夫一妻制過渡的一種特殊的婚姻形態，並不能證明此時已進入階級社會。還有人根據男女合葬墓的女性和單葬的女性有不少於男性的隨葬品，斷定大汶口文化基本上屬於從母系氏族公社向父系氏族公社過渡類型的文化。儘管這些觀點出入較大，但卻集中地說明探索男女合葬墓產生的社會條件及社會性質，對於研究我國古代的社會結構、家庭婚姻形態的演變，乃至認識社會發展的基本規律，有著重要的意義。

學者們在本書中還就大汶口文化的隨葬制度、大汶口陶器文字及大汶口文化居民的宗敎習俗等問題進行了廣泛的討論。

（胡欣）

北方民族原始社會形態研究　呂光天　著
寧夏人民出版社　1981 年 2 月　280 千字

本書收入了作者自 1953 年在不同時期寫的和發表的文章二十五篇。書中，作者運用馬克思主義社會存在決定社會意識的觀點和方法，科學地分析了我國北方鄂

溫克與少數民族原始社會形態的產生及發展過程。並運用大量的考古學、古人類學資料，詳細地介紹了我國北方民族古代原始經濟、文化、氏族內部制度、生活方式及習俗。在此基礎上，作者力圖對南北民族在經濟、制度、文化方面作一比較，並運用歷史唯物主義方法，對這種差別與同一進行了深入分析。

該書通過大量第一手資料，形象生動地敍述了我國北方少數民族以原始狩獵、捕魚爲主的經濟生活。指出他們的生產方式、工具以及經濟生活的變化引起其原始社會內部的社會形態變化。同時，進一步指出正是這種經濟生活方式、正是這種生產力發展水平，決定了他們的社會形態和文化的各個方面。書中通過對北方民族的衣食住行、古老神話與傳說、婚姻、宗教等方面的介紹，分析了原始狩獵對原始文化的決定影響，從中探討研究古人類文化的特徵。古文化一般都與宗教信仰和習俗有關。書中主要介紹了薩滿教。指出它是以原始狩獵經濟爲基礎的古人類所共同的上層建築和意識形態。薩滿教儀式是民族的一項重要活動，它滲透到氏族的生產活動、社會活動、道德、流於口頭的文學藝術等各個方面，反映了古人類文化和世界觀。書中以詳細資料介紹了薩滿教是在怎樣的經濟條件下產生的，有哪些具體儀式，在不同時期怎樣發展變化的以及又是在怎樣的經濟、文化背景下消亡的。同時，進一步分析了薩滿教的實質。具體指出由於生產力低下的原始狩獵生活造成我國北方少數民族對自然的恐懼心理，對猛獸襲擊軟弱無力，產生了對鹿以及兩棲類動物如蛇等的崇拜。這點從薩滿教儀式、巫術中可看出痕跡。人們藉助於動物、神的力量戰勝自然，正是反映了共同的心理需要的這種精神文化使不同民族具有相同的經濟條件，並使其文化溝通成爲可能。薩滿教就是在萬物有靈的基礎上，與捕魚、狩獵經濟的巫術活動相結合的我國北方少數民族的共同精神文化。在以上論述基礎上，本書著重強調了這種共同文化背後的共同的經濟基礎的決定作用。

書中還指出，隨著經濟的發展，馴鹿業興旺，交換產生了。但薩滿教的一些類似殺牲畜的儀式已與經濟發展相脫節。再加上佛教的一支喇嘛教的興旺，對它進行排擠鎮壓，使這種已不適合經濟發展需要的文化逐漸被喇嘛教融合、同化，同時就走向了衰落。

本書中許多文章，材料豐富。在擴大了的視角內，不僅介紹了北方民族的經濟生活、還進一步介紹了他們的精神文化、上層建築，並運用歷史唯物主義觀點作了分析。通過分析，增強人們對古人類文化的了解，探討了文化發展的規律性，爲古文化的研究增添了素材。

（吳紅）

中印文化關係史論文集　　季羨林　著
三聯書店　1982年5月出版　361千字

本書是作者自40年代至80年代研究中印文化關係史所寫論文的結集。全書包括一篇前言和二十一篇文章。

在前言中，作者把中印兩個偉大民族長達兩、三千年的友好關係的特點概括爲：互相學習、各有創新、交光互影、相互浸透，既增强了雙方的感情又豐富了彼此的文化。作者舉了一個有趣的例子。他通過對印地語和梵文中「糖」字的考證，說明中國古代有甘蔗，也有蔗漿，而把蔗漿熬成糖的方法則是在唐太宗時代從印度傳入的。後來中國將這方法加以提高，熬成了白糖，又傳回到印度去。

在幾篇有關中國紙、造紙法和蠶絲輸入印度問題的文章中，作者通過對語言和古文獻的多方考證得出結論：紙最遲在七世紀末葉已傳到印度，而造紙法的傳入則稍晚，二者最初是由陸路經西域傳到印度去的。至於蠶絲，根據最早的紀錄在西元前四世紀已經輸入印度，其輸入途徑分別是南海道，西域道，西藏道，緬甸道和安南道。

在《吐火羅語的發現與考釋及其在中印文化交流中的作用》和《浮屠與佛》兩篇文章中，作者經過對梵文和古代西域的吐火羅語的比較研究後指出，漢語中的幾個外來借字——「恆（河）」、「須彌（山）」、「佛」——都不是直接從梵文音譯過來的，而是經過吐火羅語的媒介。這一事實說明，在中印文化交流的初期，使用吐火羅語的部族曾在中間起過橋梁作用。

在《印度文學在中國》、《〈西遊記〉裏面的印度成分》、《佛教對於宋代理學影響之一例》及《〈列子〉與佛典》等文章中，作者從衆多側面考察了印度文化對中國文化的影響。印度寓言和神話傳入中國的痕跡早在屈原的著作中就可以找到。僞書《列子》中「機關木人」的故事很明顯是抄襲了《生經》。而六朝時代鬼神志怪書籍裏的很多故事也是從印度佛經裏抄來的。唐代傳奇小説中的龍王和龍女的故事起源於印度，而唐代新興的韻文和散文相間的「變文」體裁則是模仿印度佛經的文體。《西遊記》裏的孫悟空顯然是印度史詩《羅摩衍那》裏的猴王哈奴曼與中國的無支祁結合的產物。宋代理學家用來克制私欲的方法與《賢愚經》中佛教修行方法如出一轍。近代大詩人泰戈爾對中國詩歌的影響也是衆所周知的。此外，中國的繪畫、雕塑、音樂、聲韻學乃至醫學都從印度吸取了豐富的營養。

在《玄奘與〈大唐西域記〉》一文中，作者首先全面論述了唐初的中國和六、七世紀的印度雙方的政治、經濟、宗教以及當時兩國的交通往來的情況，進而對玄奘本人的生平思想、活動及其名著《大唐西域記》的歷史地位給予了充分恰當的評述。指出，《大唐西域記》這一部書早已成爲研究印度歷史、哲學史、宗教史和文學史的瑰寶，而玄奘本人則當之無愧地成了中印友好的化身。

本書最後幾篇文章分別介紹了印度文學史上的名著《羅摩衍那》、《五卷書》、《沙恭達羅》、《優哩婆濕》以及泰戈爾的《詩選》。

（楊深）

中國古代宗教初探　朱天順　著

上海人民出版社　1982 年 7 月出版　194 千字

　　這是一本探討中國古代民間各種宗教產生的淵源、發展過程及各種祭祀儀禮和活動的由來的書。作者從總體上把我國古代宗教劃分爲三個方面，即自然崇拜、鬼魂崇拜和占卜、巫術等迷信，並依據這三個方面的形成和發展的歷史進程，著重對西漢以前中國古代宗教情況作了初步探討，並力圖能補充史料記載上的某些不足。

　　全書共分九章。第一章爲序論。第二章探討了古代人們對太陽、月亮、星辰以及一些氣象上的自然現象的傳説、神話及崇拜。由於生產力的低下和科學技術的落後，古代人們無法正確認識天體、天象和氣象的變化，因此就將它們樹爲不可侵犯的神加以頂禮膜拜，於是便產生了太陽神、月神、風神、雨神、雷電神等天上諸神。這些神具有人化性質，有喜怒哀樂，還有善惡之分。隨著天上諸神的產生，相應地便出現了各種祭拜的儀禮。如西周以前，人們幾乎每天都要舉行祭日儀式。當日食出現時，人們以擊鼓鳴器、獻牲獻幣的方式來舉行救日祭禮。

　　第三章闡述了古代人們對地上萬物——土地、山岳、河川、植物等的崇拜和各種祭祀活動。自然宗教的產生根源於這些自然條件對人們生活的不同功用。人們賦予這些對象以神的權威，是因爲人們離開它們就無法生存，尤其是土地對人們生活影響最大，因此對土地神的崇拜最廣泛、祭祀最盛。同時，古人還常把與農業有關的植物加以神化和崇拜。

　　第四章：從《山海經》中對半人半神的神靈形態的描繪，説明我國動物崇拜和圖騰崇拜的起源、內容、對象和一般特點。我國古代動物崇拜的主要對象是豬馬牛羊犬和虎豹蛇，此外還有龍鳳麟龜四靈的迷信。

　　第五章介紹了我國古代前兆迷信產生的根源及幾種主要的前兆迷信形式，如夢兆，以鳥類、龍犬蛇牛等爲徵兆的前兆迷信。占卜是前兆迷信發展的結果。本章介紹了原始骨卜、植物占、星占的起源。其中著重探討了殷卜的起源和發展、筮占發展爲《周易》所經過的四個階段以及《周易》的取兆方法和卦圖、卦辭的認識。

　　第六章探討了古代靈魂和鬼的觀念產生的淵源、鬼魂崇拜的主要內容和主要形式——喪禮和葬禮發展演變情況，闡明了祖先崇拜的內容和作用，介紹了殷周兩代祖先祭祀制度和祖廟的興起及發展情況。

　　第七章説明了中國古神的產生過程，列出一個古神譜，詳細介紹了盤古、伏羲、女媧、黃帝、炎帝、大禹等古神的傳説、作用及人們對他們的崇拜情況。

　　第八章闡述了從殷商時期到西周以後上帝的創造、對上帝的崇拜和信仰的發展情況及體系化的天命觀的形成，並介紹了祭祀上帝的三種形式——郊祭、廟祭、封禪大典及陰陽五行觀對上帝信仰的影響。

　　第九章，作者作了一個全面的總結，概括了我國古代宗教在政治、經濟、戰爭等各方面的社會歷史作用，並簡單地介紹了我國古代幾種有代表性的宗教觀和無神論思想。

（方雲風）

西藏佛教史略　王輔仁　著
青海人民出版社　1982 年 7 月出版　200 千字

　　本書是作者在中央民族學院講授《西藏佛教史》的講稿整理而成的。作者力求從歷史的角度，勾勒西藏佛教發展的基本線索，同時對於西藏佛教的教理、教義、師承源流以及學程、儀軌也有所論及。

　　全書包括一個自序和十講。

　　第一講，緒論。分兩節。第一節用歷史唯物主義經濟基礎決定上屬建築的基本原理，分析了宗教產生的一般的自然原因和社會原因，揭示作爲現實世界的翻版的宗教的實質。第二節則具體探討了佛教興起時期印度的社會經濟背景，並通過對佛教的基本教義（靈魂轉生、「三法印」、「四聖諦」）及各宗派（小乘、大乘，顯宗、密宗，中觀論、唯識論）的分析，説明印度佛教的興起、發展和外流。

　　第二講，佛教在吐蕃的早期傳播。分三節。第一節根據藏文史料記載，論證早在佛教傳播到吐蕃之前，古代藏區就盛行一種原始宗教——本教。本節還介紹了本教的神祇、祭祀和葬儀、巫師及社會作用。第二節探討了佛教傳入吐蕃的年代、途徑。指出，在松贊干布時期佛教正式傳入吐蕃，同時創造了藏文，建立了一些寺廟，翻譯了一些佛教經典。第三節簡述了佛教入藏後半個多世紀裡本教和佛教的早期鬥爭。説明儘管這一時期王室方面扶植佛教，但本教的傳統勢力在貴族大臣和民衆中仍然影響很大。

　　第三講，印度佛教在吐蕃的得勢。記述了赤松德贊在位時期，印度佛教相繼戰勝了本教和漢地佛教，在吐蕃取得優勢地位。

　　第四講，佛教在吐蕃的發展和中衰。記述了赤松德贊之後的三位贊普倡導佛教，使佛教勢力得到持續發展的歷史。特別列舉了熱巴中時期的藏文文字規範化運動，作爲佛教高度發展的重要標誌。本講第三節記述了朗達瑪時期的第二次毀滅性的禁佛運動。

　　第五講，西藏佛教的形成。分四節。第一節討論了西藏佛教的特點和形成時期。強調指出，西藏佛教是以佛教教義爲基礎的，與本教經過鬥爭達到融合的西藏地方形式的佛教。第二節記述了被稱之爲「下路宏法」的從多康進入衛藏地區的佛教復興運動。第三節記述了從阿里進入衛藏（所謂「上路宏法」）的佛教復興勢力。第四節介紹了此間佛教復興勢力的其他活動。

　　第六講，西藏佛教各教派形成和發展簡史。分七節。第一節考察了西藏佛教教派形成的時期和歷史條件，認爲封建勢力的割據爭鬥是西藏佛教教派產生的主要原因。第二節至第六節，分別介紹了西藏佛教寧瑪派、噶當派、薩迦派、噶舉派等教派，介紹了它們的領袖、寺院、經典、教義、教法、傳承等等。第七節介紹了「後弘期」佛教著作的翻譯和整理。介紹了仁欽桑布等著名譯師，介紹了藏文《大藏經》的版本、內容等。

　　第七講，格魯派（黃教）的興起和發展。格魯派是西藏佛教多教派中最後興起的一個在藏族社會長期居統治地位的大教派。格魯派是在宗喀巴「宗教改革」（大力提倡嚴守教律）運動中建立起來的。它與其他教派相比，有下述不同特點：(1)要

求僧人嚴守戒律，過嚴格的宗教生活。(2)採取與多地區、多方面封建領主廣泛聯絡的策略。(3)建立比較嚴格的學經制度。(4)嚴密的組織制度，明確的職權界限，委員會的議事形式，等等。本講還分別介紹了達賴、班禪活佛轉世系統。

第八講，介紹了格魯派的敎義、緣起性空見地、止住修和觀察修，等等。

第九講，介紹了格魯派的寺院和僧侶組織。

第十講，結束語。簡要介紹了民主改革前後中國共產黨對於西藏佛敎採取的基本民族政策與宗敎信仰政策。

本書最後附有吐蕃贊普世系表、歷代達賴喇嘛、班禪世系表等。

（胡欣）

在歷史的表象背後　金觀濤　著

四川人民出版社　1983 年 12 月出版　101 千字

　　本書是《走向未來叢書》之一，作者站在比較高的整體性角度，在歷史唯物主義指導下，一反以往歷史學家們分別從政治、經濟、文化、地理、人口等各方面尋找中國封建社會長期延續達兩千年之久的原因的傳統方法，運用新的科學方法和工具——控制論、信息論和系統論，從探討中國封建社會的長期延續與周期性崩潰這兩個基本特徵的內在聯繫入手，通過歷史發展的表面現象，深入挖掘出中國封建社會停滯的終極原因。

　　全書共分爲六章，作者吸取了現代科學技術革命的新成果，把控制論運用到歷史研究中來，大膽地提出了一個獨到見解：中國封建社會長期停滯的原因在於它是一個超穩定系統。超穩定系統是控制論上的一個專有名詞，意指由於系統內部存在著不斷消除內在不穩定因素的崩潰機制，所以在總體上看舊結構能長期延續下來。超穩定系統的特點是：一方面具有巨大的穩定性，另一方面表現出周期性震盪。中國封建社會的長期停滯和周期性改朝換代的特徵，表明它恰恰就是一個超穩定系統。

　　作者在前五章，結合史實，透徹地分析了中國封建社會結構的特點，它的自我調節功能和動盪之後的修復機制等。作者指出，中國封建社會由於是通過儒生來組成官僚機構，使政治和文化兩種組織能力結合起來；另一方面，封建宗法性家族、家庭在層次上與國家同構，子孝、婦從、父慈的家庭關係正是民順、臣忠、君仁的縮影，故從結構上說，中國封建社會是宗法一體化結構。它具有兩種機制。第一套調節機制在王朝穩定時期起作用，它用強控制保持政治、經濟、意識形態三個子系統互相適應，但它也抑制了新結構的成長以及萌芽互相結合的過程。然而這一重調節機制無法阻止無組織力量的增長。當政治、經濟結構中的無組織力量——官僚機構的膨脹與腐朽和土地兼併增大到一定程度，地主對農民的剝削必定超過極限，國家在農民大起義中崩潰。這時第二套機制發揮了作用。一方面宗法一體化結構提供了王朝修復的模板，大動亂消滅無組織力量，使王朝修復成爲可能；另一方面大動

亂也遏制了生產力的積累，摧殘了新生的萌芽，使社會回到原有舊結構之中。這樣，兩套調節機制交替發揮作用，保持了社會結構的巨大穩定性，這就是中國封建社會長期停滯不前的原因。

在最後一章中，作者分析了魏晉南北朝時期超穩定系統在內部干擾和外來衝擊下失靈又艱難地克服干擾重建宗法一體化結構的歷史原因，更爲深入地揭示了這種超穩定系統的特點，並從新的角度提出了中國封建社會的分期問題，最後，作者對中國封建社會這種超穩定系統作了中肯的評價。

本書見解獨到新穎，並且在歷史研究方法上打開了一個新的突破口，對於新時代歷史研究，對於我們更好地從總體上把握中國社會歷史發展的規律，都有很大的幫助。

（方雲風）

比較文化論集　　金克木　著

生活、讀書、新知三聯書店　　1984 年 6 月出版　　194 千字

本書匯集了作者在一些學術刊物上發表的關於文化比較方面的文章十九篇。

書前的自序，從作者生長的文化環境談到對比較文化的興趣之由來，再到文化比較研究的重要意義，具體地說明了該書所收入的文章的立足點及來歷。

正文部分從幾個角度對文化的比較研究進行探討。其一是以印度文化爲主，從印度經典《梨俱吠陀》中的詩歌文學入手，剖析印度文化中的世界觀、信仰、宇宙觀、生死觀、婚姻倫理以及宗教等社會生活方式的表現，並適當地與中國文學、文化作一比較，結合民間習俗以及人類學研究，對隱在現象背後的古老的印度文化進行探索，從而透過語言文字、詩歌、研究不同文化接觸和發展變化的狀況及規律。同時還介紹了印度美學的基本範疇、思想模式及發展道路。指出印度美學不同於西方、中國的發展道路。書中還通過甘地的政治思想、革命活動以及被刺事件的分析，指出甘地本人集中地表現了印度的文化傳統以及東西方現代文化的矛盾統一。指出甘地的思想是印度民族主義的英國律師思想之集合。從他的政治主張、思想行動、鬥爭手段、領導鬥爭的策略可看出，甘地思想源泉是西方新的資產階級思想披上了印度本地文化之外衣。甘地的思想體系及核心是西方的、英國的，而他的思想化爲行動時卻是東方的、印度的。通過從文化角度對甘地被刺的歷史分析，作者指出了刺客與被刺者在政治上代表了兩種不同的現代印度文化的矛盾和衝突。作者將一個歷史政治事件用文化的觀點進行深入的分析，指出了印度文化傳統的複雜性。其二以發表在《讀書》上的文章爲主，介紹了涉及到的中日、英美文化比較方面的幾本書，發表了作者的讀後感。介紹了外國學者在比較文化上做的工作，發表的著作，闡述了作者從中得到的啓發和對文化比較的看法。介紹了現代人類學、文化學、文化人類學的研究狀況、進展情況以及重要意義，力圖喚起人們對比較文化的觀點和方法的關注。本書運用比較文化研究的方法，探討了佛教文化傳入中國歷史

的「文化移入」問題。作者還對人類古文化遺產，印度文化資料漢譯佛教文獻的整理、編目、分類提出了方案和建議。其三介紹了符號學、詮釋學研究的對象、進展及在人類學、文化學上的應用。談到了它們的社會功能，指出符號學、詮釋學領域的開闢對於現代文化、人類文化史、文化人類學的研究有著重要作用。其四，在本書最後，記述了作者與曾星笠先生的交往。從曾先生的性格、治學方法、經歷上，反映了不同類型的中外傳統文化的各種力量在學者文人身上的矛盾衝突，使人更能理解文化變革的歷史。

本書涉及面較廣，寄深意於素樸言語之中。具有重要的學術參考價值。

（吳紅）

人心與人生　梁漱溟　著

學林出版社　1984年9月出版　183千字

根據「書成自記」，本書成書於1975年7月間，但運思動念於「人心與人生」，則要推至五十年前。1921年既有《東西文化及其哲學》發表，1923年又於北京大學哲學系開講「儒家哲學」一課。此間作者「輒從自己對人類心理的理解闡說儒家之倫理，亦圖辯認人類生命（人類心理）與動物生命（動物心理）之異同」。「此一辯認愈來愈深入與繁密，遂有志於《人心與人生》專書之作」。雖如此，多年來卻只有關於「人心與人生」的講演記錄稿，未曾正式著筆撰文。此書撰寫實始於1960年，「文化大革命」中輟筆，1970年重理舊緒，專心致志於此，終償夙願。

全書分二十章，並附有作者簡歷及作者「書成自記」。

第一、二章爲緒論，指出本書宗旨在於「從人生（人類生活）以言人心；復將從人心以談論乎人生（人生問題）。前者應屬心理學之研究，後者則世云人生哲學，或倫理學」。作者指出「心理學之無成就與人類之於自己無認識正爲一事」，此類學論本應將百學術統於其後，但在學術發達次第上則其他學術都居其先焉。這是因爲人爲動物之一，耳目心思之用恆先在認識外物。而翻轉向內而求認識自己，非在文化大進之後，心思聰明大有餘裕不能也。從這一意義上看，西方學術發展雖有偏，但合自然，而東方學術如儒家、道家、佛家雖對人類生命各有其深切認識，但實爲人類未來文化之早熟品。緒論中還就「何謂人生」、「何謂階級性」等問題進行了深入的探討和闡發。

第三章，略說人心，實際上是第四章「主動性」、第五章「靈活性」、第六章「計劃性」之概論，指出：「今我之言人心，即將從此三點者入手而申說之。」又指出，這三點的關鍵在於主動，「整個人生亦正是要歸於爭取主動而已。蓋人生大道即在實踐乎人心之理，非有他也」。

第七章，述說梁先生自己對人類心理的認識前後轉變不同。指出這一轉變的方向是從看重意識轉爲看重本能。實際轉變過程分三個階段。第一階段是西洋功利派的人生思想，第二階段是折反到古印度人的出世思想，第三階段則是轉歸到中國儒

家思想。作者認爲，看重意識而忽於本能，是西方功利主義的人生思想之自然產物。這種觀點强調人們的行動都是有意識的趨利避害、去苦就樂，它肯定欲望而要人生順著欲望走。出世思想則是根本否定人生而要人消除欲望，達到徹底無欲之境。而儒家對於人的性情有深切體認，「孔子是順著來調理本能路的先覺」。作者認爲資本主義是個人爲本位的，人們計較利害得失而抑制本能，淡於人情。社會主義是社會本位，人與人之間以融和忘我的感情取代了分別計較之心。而未來社會階級既泯，國家消亡，刑賞無所用而必定大興禮樂教化，從人們性情根本處入手陶養一片天機活潑而和樂恬謐的心理。「世界最近未來中國文化必將復興」──這便是作者的結論。

第八章和第九章，爲了説明人心與人生的形成，分別討論了人與自然、人與社會之間的關係。第十、十一、十二章，討論了身心之間的關係，探討了身心出現分歧和矛盾的緣由，以及心與腦、心與身之間的區分，指出：身大於腦，心廣於身，而「心與生命同義」。

第十三章，就人生的自覺能動特徵探討了東西學術分途問題，説明「向內致力」和「向外致力」是東西古今學術的區別。

第十四、十五章，從人的性情、氣質、習慣、社會的習俗、制度諸方面深入説明了人心與人生。第十六章，探討了宗教與人生。第十七、十八章討論了道德問題。第十九章討論了文學藝術問題。作者認爲真、善、美「三者固皆人生所有事」。第二十章提出「未來社會人生的藝術化」的論斷。

（胡欣）

中國民俗與民俗學　　張紫晨　著

浙江人民出版社　　1985 年 1 月出版　　288 千字

什麼是民俗？怎樣認識民俗現象？我國有哪些主要民俗？它們在歷史上是如何傳承演變的？現代的民俗學是一門什麼樣的學科？它在我國的發展情況如何？本書對此一一作了探討和闡述。

作者從清理我國民俗入手，不僅簡明扼要地介紹了民俗的性質、特點、範圍、產生的基礎，在各國的發展情況，以及民俗學研究的一般方法原則、目的和任務，還著重探討了我國民俗自古至今的歷史沿革及其記錄史、研究史，多角度地闡述了中國民俗及中國民俗學發展演變的狀況。

全書分上下兩編、十一章。上編七章。

第一章《民俗概説》，介紹了民俗產生的社會基礎、民俗的內容與表現形式及其與其他文化現象的關係。第二章《中國民俗的特點》，從民族性、階級性、封建性、原始性、實用性、地區性、傳承性、融合性、變革性諸方面對民俗進行了探討。第三、四章《中國民俗的歷史分期》，研究了遠古民俗、中古民俗、近古民俗、現代民俗。對於從原始文化狀況及有關雜俗，到「五四」以後的民俗變化，以及社會主

時期的民俗傳承和改革都有介紹。第五章《中國民俗之種類》，對巫術民俗、信仰民俗、服飾、飲食、居住之民俗、建築民俗、制度民俗、生產民俗、歲時節令民俗、人生禮儀民俗、商業貿易民俗、文藝遊藝民俗都有介紹。

下篇兩章。第一章《中國古代民俗學史》，分六節：一、先秦古籍對民俗資料的記錄與保存；二、漢魏時期民俗的記錄與研究；三、唐代對我國民俗資料的記錄；四、宋元明時期我國民俗資料的記錄與研究；五、清代對民俗的記錄與研究；六、我國古代對民俗之見解。第二章《中國現代民俗學史》，分四節：一、1918 年開始的北京大學歌謠研究會及風俗調查會；二、1926 年中山大學民俗學和《民俗》周刊；三、杭州中國民俗學會及三十年代的民俗學及三十年代的民俗學研究活動；四、建國前後民俗學研究和八十年代中國民俗學的新崛起。

全書材料翔實，既充分運用了前人的成果，又不乏創見，融民俗學概論與民俗學史爲一爐，對建立具有中國特色的民俗學體系進行了有益的探索。

作者張紫晨，乃我國著名民俗學家鍾敬文先生的學生，多年來一直從事民間文學的研究，積累了豐富的民俗資料，本書是其繼《民間文學基本知識》和《歌謠小史》後的又一力作。

（徐秀娥）

中日文化交流史論　　梁容若　著
商務印書館　1985 年 7 月出版　323 千字

本書爲論文集，共收集作者關於中日關係、中日文化交流史方面的研究論文三十餘篇。全書分爲三編。

第一編，從總體上論述中日文化的交融，討論了中國文化對日本的影響。作者認爲，戰國時期就有中國的遭難船漂落到日本。後來中國的政治、學術思想、工業、藝術先後傳入日本。大化革新模仿中國的典章制度，使日本成爲一個文明統一的國家。漢字傳入日本，對日本文字產生了巨大的影響。日本明治以前的主要歷史，都是由漢字寫的，作史的體例、記錄的方法乃至修史的宗旨也都是仿效中國。片假名採自漢字偏旁，平假名採自漢字草書。佛教也是由中國傳入日本的。中國的儒學、倫理直接支配日本史書法，間接造成明治尊王倒幕的機運。中國的文字、工藝美術也影響到日本。作者得出結論說，離開中國文化，明治以前的日本將沒有文化可言；離開漢文，日本人就不能自己讀他的國史，研究他的古代文化。

作者認爲，文化交流是雙向的。明治以後的日本文化對於中國也發生了不小的影響。憲政革命思想、教育、軍事制度、工業、科學知識、翻譯通俗文體等方面，日本都起到了領先示範的作用。現代日本文藝思潮支配了中國的新文藝運動。中國新文壇的大半是留日學生建立起來的。梁啓超是中國文體改革的先覺，他創刊的《新民叢報》、《新小說》深受日本文化的影響。

本編還收錄了有關漢文與日文的比較研究、中國與日本文字改革的比較觀察、

以及歐美與日本的漢學研究等方面的文章。

　　第二編，詳細介紹了中日文化交流史上的著名學者、僧人的生平事迹、著作以及他們對中日文化交流作出的貢獻。介紹了日本的　衡、空海、圓仁、山井鼎的入華，中國的李竹隱、朱舜水、陳元贇、戴笠、隱元的東渡。

　　第三編，集中介紹有關中日文化交流史方面的著作，大部分爲書評，其中包括日本最早的漢詩集《懷風藻》的編次與内容、介紹了《日本的〈論語〉研究》、《東洋歷史大辭典》、《大漢和辭典》、《中國人日本留學史》等著作。

　　本書作者爲中日文化交流史研究的奠基人之一，從事此項研究達數十年之久，著作豐浩，其在對明末清初流寓日本的人士的研究考證方面，成績尤爲顯著。

（張希玲）

秦漢社會文明　　林劍鳴　主編
西北大學出版社　　1985 年 9 月　　310 千字

　　本書由西北大學秦漢史研究室集體編寫。全書分十二章。

　　該書以歷史唯物主義原理貫穿始終，在廣泛佔有文獻、考古和文物資料的基礎上，對秦漢時代物質文明、精神文明的各個方面加以敘述。其中，對於歷來爲學者所重視的、成果豐富的哲學、文學、政治制度等從略論述，而對以前研究較少的產業結構、衣食住行、風俗習慣等則著重論述，這使我們對於秦漢文明的了解能夠較爲豐富、具體。

　　第一章統領全局，介紹了秦漢時期的歷史及其在我國歷史上的重要地位，區分了文化與文明，對文明作了界說。同時，概括了秦漢文明發展的三大特點。秦漢以前，中國各地文明發展不平衡，存在地區性差異，有楚文化、秦文化、北方長城外文化等。秦漢時期，在各地區、各民族不同的、多樣化文明的基礎上，出現了文明統一的趨勢和特點。這是既保持各區域文化的差異，又實現了整個華夏民族在政治、經濟和文化思想上的一致性的多樣化的統一。這就構成了秦漢文明發展的特點以及中國漫長文明史的特點。同時，書中還指出了秦漢時期文明大規模吸收、遠距離傳播，在對外交流以及自身内部的生產力、生產關係、上層建築、經濟基礎、階級矛盾的對抗中前進、曲折中發展等等特點。在第一章框架的基礎上，以後的十一章分別從物質文明到精神文明，對秦漢文明逐一介紹。本書把大量現有的有關文獻資料與考古材料緊密聯繫起來，介紹了包括穀物種植業、園圃業、畜牧業、林業、漁業在内的農業各生產部門發展狀況。同時也介紹了包括冶金業、紡織業、舟車製造業、漆器製造業、製鹽業、釀酒業在内的燦爛的手工業文明。書中用大量詳盡的材料，介紹了生產的分布、結構、社會生產的專業性進展和技術性進展，高度讚揚了秦漢時代較前人在生產上的進步，指出生產的發展構成了文明大廈的基石。書中還從城市建設、人口、商業、社會生活幾個方面介紹了文明的標誌——城市的風貌。從第五章到第八章，從衣、食、住、行四個方面詳細介紹了秦漢時代的服飾、

飲食結構、居住條件、水陸交通的概況，指出秦漢時代以五穀雜糧爲主食的飲食結構和發達的水陸交通網已經確立、形成。秦漢時代在衣食住行幾個方面取得的成果是我們了解古代社會文化生活各個方面的重要窗口之一，也是秦漢時代燦爛文明的具體表現。從第九章到最後一章，對秦漢時代的「陰陽五行說」、「方士與方術」、「讖緯」等信仰，秦漢時期的天地、祖宗、山川等各類祭祀活動，秦漢時期的婚俗、葬俗及當時的兩種不同的婚喪禮俗觀念作了綜述與介紹。最後一章，從秦漢人對歌舞的喜好、積極進取精神、講氣節重信義，強烈的自尊意識及時俗的介紹中，展示出秦漢人的整個精神風貌。統覽全篇，通過以上多方面的詳細介紹，使讀者對秦漢社會的物質文明、精神文明有個全面的、深刻的了解，從而能夠加深對我國古代社會文明的認識與理解。並使這種了解不僅停留在政治制度、哲學大觀上，還具體地深入到社會生活的各個方面。

　　本書細構明瞭，內容和資料詳盡。對於古代社會文明的研究以及秦漢社會文明的專題研究具有重要的資料參考價值。

（吳紅）

中國甲骨學史　　吳浩坤　潘悠　著
上海人民出版社 1985 年出版　280 千字

　　該書爲《中國文化史叢書》之一，是引導初學者進入甲骨學研究領域的入門書。

　　正如作者指出的，甲骨文是商朝後半期殷代帝王利用龜甲獸骨進行占卦時寫下的卜辭和少量記事文字。雖然嚴格說來它並非正式的歷史記載，但因爲它數量衆多、內容豐富，年代久遠，所以一直是研究中國古文字和古代史，特別是商代歷史的最重要的直接史料。

　　全書共十一章，可分爲五個部分。

　　第一部分，作者介紹了甲骨文的名稱、出土年代、地點以及最早對甲骨文的認識。王懿榮 1899 年最早發現和研究了甲骨文。甲骨文的發現直接導致了安陽殷墟的考定與發掘；周原甲骨文的發現則是周人繼承殷商文化的重要證明。

　　第二部分，作者介紹了甲骨的類別、大小、字數、數量、產地以及卜法演變的過程、殷人占卜的程序、卜辭的體例及內容。說明甲骨分爲卜甲和卜骨兩類，文例自上而下，從右到左。

　　第三部分，作者介紹了古文字的發展演變，介紹了在漢字起源問題上的各種不同見解。郭沫若認爲彩陶和黑陶上的刻劃符號應該就是漢字的起源。作者還比較詳細地介紹了甲骨文的形體結構，列舉了一些甲骨文常用字，並介紹了一些老專家考釋甲骨文的方法。作者指出，對甲骨文文法的研究具有溝通句讀、研究解釋商代歷史的重要意義。甲骨文的句型與今天的漢語基本上相同，甲骨文句子的結構可以歸結爲簡單句和複雜句兩大類，詞類包括實詞和虛詞。

　　第四部分，作者扼要介紹了郭沫若、董作賓的甲骨文斷代研究及其他名家的不

同意見，介紹了甲骨的辨僞與綴合。

第五部分，作者簡略介紹了甲骨文研究的歷史和現狀，把甲骨文研究劃分爲三個階段。指出 1928 年開始科學發掘殷墟是甲骨學的成立期，此後到 1949 年爲甲骨學的重要發展階段，1949 年後爲第三階段。其中孫治讓的「篳路推輪」之功，羅振玉、王國維的「羅王之學」，郭沫若、胡厚宣等人的研究等等，都對甲骨學的發展作出了重要貢獻。

本書附錄還收入了甲骨大事簡表、甲骨著錄簡表、甲骨論著目錄、日文論著簡目。

（張希玲）

中西文化交流史　　沈福偉　著
上海人民出版社　　1985 年出版　　318 千字

本書爲周谷城主編的中國文化史叢書之一。全書共分十章。

第一章，中西交通的曙光時代。作者在這裡駁斥了各種中國文化西來說的觀點，指出黃河下中游地區是中國古文化的發祥地。中原文化在它誕生之後，呈現出向周圍抒散的趨勢，在西部地區，表現出由東向西的傳播方向。商代以來，絲物已成批地向外推銷，塞人部落是中國和遙遠的希臘城邦之間最古老的絲綢貿易商，這時中國和中亞、西亞以及歐洲在技術、藝術上也存在著廣泛的交流。

第二章，漢代和西域的交通。作者指出張騫三次出使匈奴，使漢代和西域交通暢通，絲綢之路成爲中國同它以西的各國的友誼之路。漢朝和葱嶺以西的各部都有著頻繁的貿易往來。中國的絲綢、漆器和鐵器外銷，外國的毛皮、馬匹、瓜果、香芍則輸入中國。隨之而來的是冶鐵和穿井技術的西傳，西域文化和漢代文化的相互交融。在漢代，佛教隨著中西貿易的往來傳入中國。

第三章，魏晉南北朝時期西域文化和中國文化的交融。這一時期，匈奴的遷徙、柔然的興起和突厥的擴張成爲中西交通的三股動力。頻繁的交往促進了中國和希臘、印度、波斯文化的交融。犍陀羅藝術傳入中國，薩珊波斯和羅馬式繪畫出現在天山南麓。

第四章，唐代中西文化和科學技術的交流。作者描繪了唐代中外經濟文化交流的壯麗圖畫。西亞的宗教祆教、景教、摩尼教、伊斯蘭教傳入中國，求法僧的西行，譯經師的東來使中印佛教相互交流頻繁，印度、阿拉伯、拜占庭的科學知識（天文、醫藥、建築等）傳入中國，而中國的煉丹術傳入阿拉伯和西歐，唐代的陶瓷大量外銷。

第五章，宋元時期中西交通和文化的傳播。作者指出，在宋代，阿拉漢國和西遼政權對於漢文化的西被起了不可估量的作用。蒙古的西征使東西交通暢開，有力地推動了中西文化的交融和吸收。宗教的傳播、交通貿易的頻繁，使阿拉伯的科學知識不斷地傳入中國，同時中國四大發明、藝術、中醫等也通過阿拉伯人傳入歐

洲。

第六章，明初的對外貿易與鄭和下西洋。作者指出，鄭和七下西洋，與亞、非兩大洲的許多國家和地區建立了友好的外交關係，發展了雙方的貿易往來，交流了彼此的文化、技術。

第七章，中國四大發明的西傳。作者詳細介紹了四大發明產生、發展的過程及其西傳的途徑。

第八章，歐洲殖民擴張與天主教在中國的傳布。作者指出，明末清初，基督教第三次傳入中國。利馬竇的來華，爲中西文化的交流開創了新局面。在中國傳教士中發生的禮儀之爭是兩種文化衝突的表現，由於無視中國禮俗和社會特點，最終導致天主教在華陷於絕境。

第九章，明清之際傳入中國的西方文化。作者指出，在華的傳教士把西方的科學技術也帶到中國，許多科學著作通過編譯得以在中國土地上流傳，使中國有了可供吸取的新知識來源，從而在明末清初改革了陳舊的曆法，又在清初展開了大地測量工作，開始了不同於古代傳統科技的中國近代科學技術的新時代。

第十章，十八世紀的西歐和中國文化。作者指出，傳教士在把西方科技傳入中國的同時，也把中國文化介紹給西方。中國古代的主要經典和儒家學說先後被譯成拉丁文和法文，中文文法和文典的編譯開始了西方的漢學研究，中國的藝術風格成爲追求秀麗、多姿、爭尚新奮的羅科科式樣的藝術泉源。

本書內容豐富，文字生動，綜合地展現出中西文化交流發展的過程，是研究中西文化交流史方面的重要著作。

（張希玲）

中國婚俗　　吳浩存　著

山東人民出版社　1986 年 3 月出版　364 千字

本書是介紹中國婚俗方面較爲全面的專著，書中介紹了全國包括漢族在內的五十六個民族的婚俗。作者根據掌握的大量的、全面的資料，介紹了各種民族婚俗的形成、原因、歷史演變，並對各少數民族分布地區給予了介紹。

作者認爲，婚姻禮俗，如同其他習俗一樣有相對的穩定性和繼承性，其中，有糟粕，也有精華，詩情畫意和陳規陋習摻雜在一起，健康純樸和不堪入目共融一爐。十里不同風，百里不同俗，如萬花筒般的婚姻禮俗，可以使人民明白舊婚俗中那些不健康的內容產生的根源，從而看清楚移風易俗，改造舊的婚姻習俗、建立以男女純真愛情爲基礎的完全嶄新的婚姻關係的方向。

其次，我國是一個統一的多民族國家，民族團結高於一切，由於歷史上多次民族遷徙，以及移民戍邊、朝代更迭等原因，我國各民族之間形成了互相交錯居住的狀況，在長期的歷史發展中，各民族人民相互影響，形成了既相互聯繫，又各有特色的奇異婚俗。作者把這些形形色色的各民族婚俗比較全面、較系統地介紹給讀

者，使讀者能從婚俗這個側面去了解熟悉一下各族同胞，這對於加強各族人民之間的相互了解，增進民族團結是有益處的。

其三，中國是個多民族的國家，談到中國婚俗，必然包括每個民族的婚俗，少數民族多分布於我國邊遠地區，由於各種歷史因素的影響，至今仍保留了我國婚俗史上很有價值的資料。各族婚姻形態、對偶婚、亞血緣婚，甚至血緣羣的殘跡都有所保存。作者把這些活生生的古老婚俗的遺存的難得的寶貴資料揭示出來使讀者能看清楚人類婚姻史的演變全貌，弄明白現在各種婚姻習俗的來龍去脈，使讀者能對中國婚俗有一個完整的印象，對每個民族的了解也具有每個民族的婚俗的特色。

其四，本書還爲有關專家學者搜集、提供了較爲系統的資料。婚俗是一種生活習俗，它與心理學、民間文學、宗教信仰乃至其他風俗習慣也有著密切的聯繫。研究婚姻習俗對於研究人類學、民俗學、社會學、家庭學、宗教學、歷史學以及民間文學都能起到有益的作用。

本書引用了大量流傳於各民族之間的民歌、山歌，在介紹各不同民族的婚俗時，也儘量引用了本民族的術語，對各民族的結婚場面也饒有趣味的描述，通俗易懂，文筆流暢。

（徐秀娥）

在歷史的地平線上　　張士楚　著

人民出版社　1986年4月出版　130千字

本書是《面向現代化，面向世界，面向未來叢書》之一。作者探索了中國傳統文化的起源及其在不同發展時期的不同特點。作者認爲，中國文化歷史悠久，在其發展過程中，雖幾經外來文化的衝擊和影響，卻仍能持續綿延數千年之久，中國傳統文化所提供的時代精神不僅塑造了中國傳統農民和知識份子的特殊性格，而且是地道的東亞文明的體現。

全書共分四章。在前三章中，作者劃分了四個比較文化史時期，提出了三個比較文化學原理。第一個時期是漢以前中國北方、南方不同的文化起源——黃河文化和長江文化。作者分別從其地理特徵、家庭結構、宗教信仰、詩歌等各方面，揭示出當時中原和江漢地區不同文化的特點。第二個時期是漢統一中國後，儒家文化融合了南北文化，成爲居統治地位的文化。從此儒家文化便成爲中國古典文化的核心，雖然在其發展過程中曾受到外來佛學的影響，但到宋代，儒家文化又重新成爲正統思想，統治中國整整一千年。

考察了這兩個時期後，作者提出了第一個比較文化學原理：文化隔離機制。作者認爲，正是這種隔離機制，其中包括自然隔離、社會隔離和心理隔離，才使得民族文化數千年綿延不絕。

在第三期和第四期中，作者主要揭示出自十九世紀下半葉開始中國傳統文化受到西方近現代文化的衝擊和影響。十九世紀下半葉，西方先進的科學技術及各種思

潮，如達爾文的進化論、實證主義科學哲學、自由主義的社會哲學等，開始傳入中國。本世紀初，俄國十月革命的勝利、馬克思主義唯物史觀的傳入，在中國掀起了五四新文化運動。與此同時，東方文化也不斷傳入西方，東西方在哲學、藝術及民俗等各方面互相影響、相互滲透，出現了西方文化東方化和東方文化西方化的兩種趨勢。

由於西學東漸和東學西漸，相應地便產生了文化選擇機制和交流方式的問題。選擇和交流方式是作者提出的第二和第三個比較文化學原理。不同歷史時期，中國知識份子對外來文化所採取的文化選擇型是不相同的，主要表現爲穩定選擇、歧化選擇和定向選擇三種形式。文化交流方式也不同。古代以人自身爲交流工具，近代則以商品經濟交流爲典型形式，現代以技術交流爲典型形式，當代則以信息交流爲典型形式。

在第四章中，作者揭示出中國及世界文化面臨的三大衝突：經濟和文化的衝突；文化全球綜合化發展趨勢和地方尋根意識的衝突；文化價值規律和商品價值規律之間的衝突。作者最後强調了在這種衝突中作爲社會主體的人的重要作用。

（方雲鳳）

楚文化覓蹤　　河南省考古學會　河南省博物館　河南省文物研究所編
中州古籍出版社　1986年7月出版　160千字

本書是1983年河南省楚文化研究會信陽會議的論文集，共收入論文二十篇。這些論文運用了大量的考古資料和文獻記載，對楚文化的形成、傳流以及在河南境內的特點和分期；對楚國的銅器、帛畫、服飾以及埋葬習俗；對楚國國家的形成、疆域的開拓和演變以及大族世系；對楚國經濟的發展、軍功賜爵制與土地佔有制的演變、楚晉齊三國縣制的比較以及楚國與胡國的關係等問題，作了深入的研究和細緻的闡述。

楚文化是我國古代歷史上楚人所創造的一種物質文化遺存。從公元前十一世紀商周之際楚國人建國到西元前223年楚被秦滅亡爲止，先後經歷了八百餘年的時間。在這期間，楚文化的發展大致可以分爲兩個階段——淵源階段和成爲新的獨特的文化體系的階段。對於楚文化的淵源問題，學術界有許多不同的看法，比較一致的意見認爲分布在江漢地區的屈家嶺文化可以被視作先楚文化。然而真正具有明顯個性特徵，達到與同時期其他文化區別開程度的楚文化體系的形成，則是在春秋中期以後。從各地春秋楚墓出土的青銅器的不同特點，可以看出在青銅器方面，楚國最早沿用的不過是中原地區商周文化系統的器物，只是到了春秋中期以後，方才形成自身的獨特風格。這表明中原地區青銅文化南下後，給江漢地區原有文化以强烈的影響。與此同時，它還受到來自江南地區印紋硬陶文化的影響，最後發展成爲一支以本地原有因素爲主而滲入大量南、北因素的由三大支文化孕育起來的新文化。因此，從總體上講，楚文化是黃河流域和長江流域兩大文化系統之間互相影響、互

相融合的產物（馬世之：《試論楚文化的形成及其相關問題》）。

楚文化作爲古代物質文化的一種，不僅源遠流長，而且燦爛多采，表現在文學、藝術、經濟、軍事、政治等各個方面。以經濟爲例：春秋時期，楚國憑藉得天獨厚的自然環境、有利的政治措施、強大的軍事力量、先進的生產技術等諸因素，使經濟得到了迅速發展。農業方面，楚國的農業在春秋時期已經越過「火耕水耨」的階段而使用青銅農具和鐵農具了，同時還採用了陂灌或井灌技術，向精耕細作發展；而手工業方面的突出成就，主要表現在冶鐵、製銅、採礦和軍工諸方面，其製造工藝、產品數量以及質量在當時均屬上乘。因此，春秋時期的楚國形成了我國歷史上開發南方的第一個高潮，它奠定了秦漢統一南方的基礎。那種認爲對南方的大規模開發始於魏晉南北朝時期北方人南移的傳統觀點是不符合史實的（黃崇岳、徐兆仁：《春秋時期楚國的經濟發展》）。

湯漳平的《河南在楚文化研究中的地位》一文，突出了河南省在楚文化研究中所佔的非常重要的地位。楚族、楚國在近千年的歷史上，始終與河南結下了不解之緣。楚族起源於河南，在楚文化的形成過程中，中原文化對其產生過重要的影響，而河南便是中原文化的中心地區。因此，楚與河南始終有著非常密切的關係。爲此，河南省考古學會於 1981 年成立了楚文化研究會。除此論文集外，1983 年 9 月曾出《楚文化研究論文集》（中州書畫社出版）。這些論文材料豐富，作者根據大量史料及對出土文物的考證，得出不少獨到見解，進一步推動和深化了楚文化的研究。

（方雲鳳）

方言與中國文化　周振鶴、游汝傑　著
上海人民出版社　1986 年 10 月出版　177 千字

本書是《中國文化史叢書》之一。在我國，語言學家一般都孤立地研究語言本身，而忽略了對語言與文化的關係的探索。本書作者力圖在這方面作一個創新，把方言和中國文化史的研究結合起來，一方面探索方言形成和發展的背景，另一方面以方言爲鑰匙，求解文化史上的某些課題，力圖爲漢語方言學開闢一個新的研究園地，同時也爲文化史研究尋找一條新的途徑。

全書共分九章，分別闡述了以下幾個問題：

一、方言與移民的關係：方言是語言分化的結果，而語言的分化往往是從移民開始的。因此，移民是方言地理格局形成的主要原因。漢語南方六大方言：吳、湘、粵、閩、贛、客的產生，都是由歷代北方居民向南方遷徙發其端的。同時，移民還造成了文化的傳播，使不同地域的文化發生交流，產生新的文化，推動了文化的發展。

二、方言地理與人文地理的關係：指出了方言在地理分布上的特點，分析了歷史時期行政地理、經濟地理和交通地理對方言地理的深刻影響。行政地理對方言區

的形成有十分重要的作用，河流與山脈則往往成爲方言分區的界線。

　　三、歷史方言地理的擬測及文化背景：主要根據各類文獻——史籍、字書、韻書、經典注疏、筆紀雜談等有關方言分類的零星材料、歷代方言學著作，如揚雄的《方言》、郭璞的《方言注》、歷代移民材料、地方志中的方言材料等等，從現代方言出發，擬測出古代各個不同歷史時期方言的區劃及其形成的歷史文化背景。

　　四、語言化石與栽培植物發展史：主要從語言學角度，揭示出中國栽培植物如稻、麥、馬鈴薯、甘藷、茶等的起源及其傳布的歷史。

　　五、從地名透視文化內涵：通過衆多實例，從地名的特徵入手，考察了地名和歷史文化景觀、地名與移民、地名和經濟史、地名和歷史交通地理、地名和民族史、地名和歷史民族地理、地名層次和文化層次等的關係。地名往往帶有强烈的地方色彩。一個地區的居民成分及其文化類型的變化也往往在地名上留下痕迹。一個地區的地名的歷史層次可以跟文化的歷史層次相印證。

　　六、方言和戲曲、小說：介紹了我國四大類戲曲——崑（曲）、高（腔）、梆（子）、（皮）簧的戲曲地理與方言地理的關係。任何一種戲曲，其起源都侷限於一定地域，採用當地的方言，改造當地的民間歌舞而成。同時具體探討了《紅樓夢》、《水滸傳》和《金瓶梅》三部巨著中的方言成分及其有關問題。

　　七、方言與民俗：從方言和民歌、方言和地方文化風貌兩方面，探討了方言與民俗之間的關係，並例舉了我國傳統南北方對親屬稱謂的差異和各地民間不同的忌諱詞及利用諧音取吉利的風俗。

　　八、語言接觸和文化交流：一方面，外來文化的輸入豐富和充實了漢語詞彙庫。中亞文化的傳入帶來伊蘭語詞，佛教文化帶來梵語詞，東西洋文化帶來日語詞和西語詞；另一方面，中國的絲綢、茶葉、瓷器等傳入世界各地，對世界文化及語言產生很大影響，如越南語、日本語和朝鮮語就曾受到漢語的極大影響。

　　總之，本書作者不僅精通歷史，而且在語言學和文化理論方面有較精深的研究，並且第一次把語言和文化發展的研究結合起來，爲在我國創立語言文化學和文化語言學奠定了基礎。

（方雲鳳）

神話與民族精神——幾個文化圈的比較　　謝選駿　著
山東文藝出版社　1986年10月第1版2插頁　295千字

　　《文化哲學叢書》之一，全書分八章、一個緒論。

　　本書將神話現象的探索劃定於「體系神話」領域。考察的神話發展演變的時間上限爲古代西元十世紀左右，下限爲西元三——四世紀。以中國（魏晉之前）和希臘的體系神話材料爲主，其餘民族神話材料爲輔。旨在以神話與民族精神爲題材，通過中國、希臘、希伯萊等各民族文化圈神話在形態、要素、特點上的比較，揭示體系神話的一般特點。從世界神話縱橫交錯的整體上，理解各民族神話的異同。從

而探討古典文化、傳統文化、現代文化在精神上的相互關係以及孕育其中的民族精神。

　　緒論部分是展開全書的鋪墊。敍述了古代神話的起源以及在文明與野蠻交替階段獨立神話向體系神話的發展過程，並著重敍述研究古代神話的重要意義。

　　正文部分。通過幾個大文化圈神話的神界故事系列規範化、系統化程度的對比，可看出希臘神界故事、體系神話發育最完全。從創世到英雄史詩，內容豐富而典型。系列故事自成一貫性，雖龐雜但終能形成體系。而中國文化圈的多元性、不固定性，使神話與中國哲學相反，抽象思辨及想像表現不明顯，缺少創世和英雄史詩，敍事線索不明確，沒有形成系統的體系。從神祇變遷、神話凝聚體——聖書、主神及神際關係形成的對比來看，希臘神祇從動物神祇到人獸同體、神人同形、神人同性，很快達到神的人化與神話的社會化，使世界神話脫離原始思維，包含邏輯因素，歷史意識啓蒙出現。而中國的神祇沒脫開人獸同體階段，沒有吸收隨新社會而來的文明意識，最終被文明意識衝破，過早地歷史化、倫理化，一部分保持人獸同體，一部分變成歷史傳說，發展爲早熟的歷史意識。中國古代神話缺少主神，缺乏希臘那種用血緣生殖、婚姻聯繫在一起的緊密的神際關係網，性關係正統，有主神而只限區域內，神話系統脆弱。中國也沒有一部經典或神話傳說的完整彙編，以形成比較系統的神界故事系列。書中還用專門篇幅對古代中國宗教聖書的空白原因分幾個方面加以說明。其中最主要的原因就是缺乏宗教神話支配人們思維方式；構成社會全民的指導思想和主體精神即宗教神話的主體性。書中還通過對「德」與「力」「命運」與「天命」以及不同神話體系的理想化人格，對宇宙起源的三種理解程式的分析，在民族精神的表現中，尋找造成差異的因素。

　　書中舉實例，分析了民族精神之背景。指出一個民族早期階段所遇命運的挑戰、左右以後傳統定勢的發展，難以根本逆轉。希臘的海權因素、希伯萊的早期宗教、中國早期社會政治，都對各自文化定勢發展有決定影響。書中還通過中國、希臘、希伯萊自身神話形態在歷史與神話的雙向運動，揭示了具有代表性的通向歷史化道路的途徑，並指出中國神話歷史化的真正契機是在殷周文化更迭時期。同時介紹了神話與圖騰、巫術、藝術、寓言等其它精神現象的關係及區別，並對神話進行了現時代的思考，提出了一些有見地的觀點。全書通過比較研究，揭示了中國神話的特徵，並力圖在民族精神中，在文化中尋找其生成原因。指出中國傳統文化、民族精神中存在著非理性的死角，神話的研究將注入中國文化生命之流。

　　本書立意新穎、分析透徹。論述及研究方法有獨到之處。

（吳紅）

中國文化與中國哲學（1986）　深圳大學國學研究所編
東方出版社　1986 年 12 月出版　460 千字

　　《中國文化與中國哲學》爲大型國際性學術論集。湯一介任主編，海內外 20 餘

名專家學者任編委。該書每年出版一輯，現已出版的有 1986 年號、1987 年號。

　　1986 年號，收編了國內外學者專論十七篇，熊十力先生一百周年紀念文章四篇以及專論、專訪、學術通訊、書評、述評十五篇。

　　張岱年《中國文化與中國哲學》一文，論述了五個方面的問題：(1)哲學是文化的思想基礎；(2)中國哲學主要流派的分合與消長；(3)中國哲學的基本觀點和基本傾向；(4)中國文化的基本精神與主要缺點；(5)文化系統的分析與綜合。該文認爲，中國哲學的基本觀點有三：第一，天人合一與天人交勝，表現了重視人與自然的諧調平衡而忽視改造自然的努力的傾向。第二，知行合一與知行相資，表現了重視道德認識而忽視對於自然的探索的傾向。第三，「義以爲上」和崇德輕力的儒家價值觀念，更顯示了中西文化的相異之處。該文認爲，中國文化的基本精神和主要缺點是：(1)剛健自強的基本精神；(2)以德育代替宗教的優良傳統；(3)德力分離的不良傾向；(4)重繼往不求創新的不良傾向。該文指出，每一民族的文化形成一個系統，不同的文化系統包含一些共同的文化要素，也各自包含一些不同的文化要素，故不同的民族文化並非各自獨立或只有「全盤西化」才是發展之出路。

　　馮天瑜《中國古代文化的類型》一文，則從地理、歷史和社會的角度，探討了中國古代文化作爲「大陸民族的文化」、「農業社會的文化」和「宗法制度的文化」的特徵。

　　金春峯《「月令」圖式與中國古代思維方式的特點及其對科學、哲學的影響》一文，提出分析中國古代民族文化和思維的特質，首先要找到它的一種最典型、最普泛，影響與支配一切的思維形態或模式，那就是以「月令」爲代表的以陰陽五行爲核心的文化和思維模式。該文從五個方面具體探討了這一思維模式的特徵。

　　任繼愈《論魏晉南北朝社會思潮的交融》一文，把魏晉南北朝四百年「亂世」稱之爲「交融時期」。指出它有五個方面的特徵：(1)漢代經學的變革；(2)多民族社會制度、生產方式的交融；(3)宗教思想彌漫；(4)多民族的文化與多宗教的文化交融；(5)國際文化與華夏文化的交融。該文指出，中國傳統文化根深葉茂，枝幹扶疏，對外來文化無所畏懼，信手拈來，無所容比，以我爲主，吸收其所當吸收以我爲用，這就是中國傳統文化對佛教文化及其一切外來文化的態度。

　　方立天的《試論中國佛教之特點》，從以下方面探討了中國傳統文化對佛教文化的改造：(1)儒家思想的正統地位；(2)道家思想的深刻影響；(3)傳統宗教迷信的制約作用；(4)傳習和融會過程中語言和思維差異引起的變化。該文認爲，中國佛教沿著對外的調和，對內的融攝和自身趨於簡易三大軌道演變，這既是中國佛教思想發展的基本面貌，又是中國佛教的基本特色。

　　香港劉述先《由中國哲學的觀點看耶教的信息》一文，探討了席捲歐洲的基督教一千年來卻未曾在中國植根、推展的文化原因。認爲並非是中國沒有宗教，而是中國的大傳統自有其終極關懷的立腳處，它對基督教產生了一種排拒力量。由中國的觀點看，基督教的上帝顯然過分超越而失去定準；傳統中國思想不能接受「原罪觀念」，它對人性有更大信心且對現世取肯定態度。今日，儒耶兩教共同面臨「傳統的現代化」任務，必須並肩作戰，相互借鑑，方可走出時代的危機。

　　美籍學者成中英《如何重建中國哲學》一文，提出了「中國哲學的現代化」和

「中國哲學的世界化」的任務。所謂「中國哲學的現代化」，即是對中國哲學做本體論、知識的、語言的詮釋，以達到中國哲學本體觀念、邏輯與知識結構、語言義理的澄清與創新。所謂「中國哲學的世界化」，即中國哲學對西方哲學提出詮釋，以求了解、認識西方哲學，從而對其進行普遍的說明和批評，甚至用中國哲學來解說西方哲學的種種問題，或提示其發展方向，或與之再深入比較。中國哲學現代化與世界化，前者顯然是重要前提，二者均有賴於中國哲學重建意識的提高。該文認爲，當代西方哲學中現象學、結構主義、哲學詮釋學、辯證法、實用主義五大思潮，啓示了五種不同的方法及程序。將其用於中國哲學的思考與研究，我們不妨先進行意識及意義的現象學分析，再進行邏輯及概念結構的分析，然後進行融洽本體、邏輯及語言的詮釋並分析，進而觀察其動態的辯証性並分析之，最後相應於社會及個人行爲分析其實用價值及其實用性根源。

（胡欣）

禪宗與中國文化　葛兆光　著
上海人民出版社　1986 年出版　153 千字

　　禪宗是在印度禪學與中國老莊思想及魏晉玄學基礎上發展起來的，它的興起與中國的經濟、政治、社會心理有著密切的聯繫，它通過士大夫在中國文化史上留下了深深的痕迹。本書作者從文化史的角度分析了禪宗對中國士大夫的心理性格、人生哲學與生活情趣、審美情趣及藝術思維等多方面的深遠影響。

　　全書分四個部分。第一部分，作者從史料出發，分析了禪宗的興起及特點，討論了禪宗與士大夫的交往及其對士大夫心理結構的影響。作者以爲，禪宗有三大特點：㈠它有一個關於「梵我合一」的精緻周密的世界觀理論。㈡它有一套自心覺悟的解脫方式。㈢它有一套「以心傳心」的直觀認識方法。作者剖析了中唐以後，宋明代中葉三次禪儒結合的原因、特點和結果，指出，中唐以後，禪宗風靡一時，到了宋代，禪宗完全士大夫化，同時士大夫中禪悅之風盛行。儒禪合流是社會心理不平衡日益加劇、幻滅感玄虛感增長和自信心削弱的反映，它影響促進了理學的崛起，也同樣引起了理學的危機。明代中葉，由於理學的禁錮，資本主義萌芽的生長，禪宗再度盛行，成了離經叛道的異端思想，成爲放任縱欲的非道德主義生活方式及浪漫主義文學運動的一股推動力。禪宗與士大夫互相攜手，一方面使禪宗身價百倍，勢力達到熾盛程度，另一方面也使禪宗中國化爲直觀地探索人的本性的倫理學與自然清淨行臥自由的生活方式和人生情趣的結合。

　　第二部分，作者精闢入微地分析了禪宗與中國士大夫的人生哲學、審美情趣相互滲透，相互影響的過程。作者指出，正是魏晉南北朝時代的玄學之風與士大夫日益高漲的理論思維興趣，使印度佛教逐漸中國化。士大夫追求適意自在的生活情趣，使佛教禁欲主義人生哲學逐漸轉向了適意自然的人生哲學。他們既想解脫又難以忍受苦行的要求使禪宗應運而生，脫穎而出。宋代社會表面的繁榮與內在虛弱及

士大夫空虛、幻滅感的上升使禪宗達到鼎盛。正是市民思潮中對於士大夫理學長期禁錮的厭反情緒與王陽明心學的攜手，促成了禪宗在明代中葉的再度重盛，並起了對傳統觀念衝擊的作用。禪宗的内省反思方式及内心清淨、生活澹泊以自我解脫的主張，促使了中國士大夫心理上的愈加封閉脆弱，性格上愈加内向克制，愈加追求一種清淨悠遠的生活情趣、審美情趣，愈加忽視邏輯思維而偏向直覺思維。

第三部分，作者從禪儒結合的角度出發，分析了中國士大夫的藝術思維方式。指出，深受禪宗影響的中國士大夫形成了以在直覺觀照中沉思冥想爲特徵的創作構思，以自我感受爲主追溯領悟藝術品中的哲理、情感的欣賞方式及自然、簡煉、含蓄的表現手法三合一的藝術思維習慣。

第四部分爲結束語。作者在這裏闡述了研究禪宗與中國文化這一問題的目的、方法和意義。

本書結構嚴謹、文字凝煉。在寫作方法上一反過去那種單純以哲學爲標準評價禪宗的舊習，採用了一些文化學、心理學、接受美學的方法。

（張希玲）

秦漢文化史　韓養民　著
陝西人民教育出版社　1986年出版

全書共十章分三個部分。

第一部分，導論。作者首先從總體上分析了秦漢文化的多源性特點及其形成的原因。指出戰國時期通過商品的交換，促進了文化的交流，逐漸形成了七個文化圈，其中影響頗大的是楚文化、齊魯文化、中原文化和秦文化。隨著秦朝統一大業的完成，它們共同鑄成了光照千秋的秦漢文化。七國爭雄長期分裂的局面造成了秦漢文化的多源性的特點。作者並且細緻入微地揭示了七個文化圈各自的特點。

作者指出，秦文化是在周文化的母體中注入了戎狄之俗孕育而成的，在其發展中始終與中原文化、齊魯文化、楚文化不斷地保持相互交往和相互融合，其中佔據統治地位的是中原文化和齊魯文化。但由於秦始皇焚書坑儒推行專制主義，故未能創造出更可觀的文化成果。漢文化在政治、經濟、法律、朝代和宗廟禮儀等方面承襲了秦制，而在指導思想以及文學藝術的主要方面則是繼承了楚文化和齊魯文化，從而形成了其多源性的特點。漢文化的發展還不斷地攝取、影響異域各民族的文化。張騫出使西域，開闢了通往中亞的絲綢之路，促進了漢朝與中亞、北非、古羅馬的文化交流。東漢時期，佛教源源傳入中國。漢帝國的經濟繁榮、民族融合，要求漢文化不斷總結文化學術，整理先秦典籍，這是漢文化的又一特點。

第二部分，作者從豐富的史料出發，分章闡述了秦漢時期的教育、哲學、宗教、風俗、雜技藝術、樂舞、美術、體育諸方面的發展狀況。指出秦統一後，實行「統一文字」、「禁私學」、「以吏爲師」的文化教育政策。漢初則以黃老思想爲指導，注重教育。漢武帝創立太學、實行政教分離，學校種類繁多。諸子百家由爭

鳴走向融合。董仲舒「罷黜百家，獨尊儒術」的正統思想與楊雄、王充反對經學、神學的觀點並行發展；宗教方面既有以上帝爲主的多神教，又有神仙術、黃老道，西漢末年佛教開始傳入中國。

　　作者指出，秦漢之世，社會風俗豐富多彩。漢代的雜技內容繁多，形式多樣，同時不斷吸收異域的各種技巧。樂舞承襲了楚地和前代的持點，又通過與西域樂舞藝術的交流，發展到了一個空前的水平。秦人在咸陽大興土木，使中國古代建築進入了成熟時期。作者詳細介紹了漢代建築的特點及秦漢繪畫在主題、內容、構圖、淺描造型、形象刻畫及色彩運用上的藝術風格。

　　第三部分，作者描繪了秦漢時期中國與朝鮮、日本、越南及東南亞、南亞其他國家、西域各民族以及羅馬等國家的文化交流的圖景。

　　該書以漢代爲重心，對秦漢文化作了比較全面、系統的探討，是研究秦漢文化斷代史方面的重要著作。

（張希玲）

中國石窟藝術總論　　閻文儒　著

天津古籍出版社　　1987年3月出版　　284千字

　　由於各個時代不同的經濟、政治、文化條件的作用，各個時代的石窟藝術表現出不同的風貌。本書是一部研究中國的石窟藝術、中國佛教的興衰的著作。作者行程數萬里，歷時四年，對遍布全國各地的石窟作了專門考察，掌握了豐富的第一手資料，並結合當時社會的政治、經濟、文化狀況闡述了我國石窟藝術的發展變化的規律，造像題材的變化，藝術風格的變異過程。

　　全書共分七章，第一章闡述了中國石窟藝術的淵源、發生和發展的過程。指出石窟藝術與佛教密切相關，其藝術風格是健馱羅藝術與中華民族的藝術相融合的結果，並具有自己民族的特色，它所創造的各種形象曲折地反映出各歷史時期、各階層人物的生活景象。

　　第二章，介紹了中國石窟分布的狀況及各地石窟的開創年代，遺存情況，指出中國石窟主要分布在西北——古代的西域、河西四郡、黃河流域以及長江流域的上游。

　　第三章，作者論述了漢代到南北朝時期的佛教藝術。指出佛教藝術的造像題材主要是佛像、佛本行像、本生故事像、八大護法像、供養人像等。

　　第四章，隋、唐初的石窟藝術。作者指出，隨著佛教的傳播，全國各地增造了許多石窟；造像題材方面又增加了十一面觀音菩薩像與八部護法的人形像及經變畫等密教造像。

　　第五章，盛唐的石窟藝術。作者指出，此期的造像題材更加豐富，如西方淨土變、觀經變、彌勒變和妙法蓮花經變等，經變畫也趨向複雜多品，在雕造技法上，大大發展了中凹邊高，直平階梯式的多圓線條的衣紋，一反過去固定的形象或服飾

的傳統而力求多變和真實。

第六章，中、晚唐的石窟藝術。指出這一時期是石窟最爲發達的時期，以密宗造像的出現爲其主要特點。如千手千眼觀音菩薩像等，又有楞伽經，思蓋梵天所問經、金剛經、華嚴經等經變畫，在雕塑法上更加精緻細膩，發展了塑繪結合的風格。

第七章，五代、宋的石窟藝術。這一時期三寶像、三清像等道教像增多起來，佛教造像多爲密宗像，造像題材更趨複雜，其地獄變、父母恩重經變表現得惟妙惟肖，而地藏菩薩以及大趣輪迴圖則又是前所未有的題材。

（張希玲）

中國神話（第一集）　　袁珂　主編
中國民間文藝出版社　1987年6月出版　275千字

本書是由中國神話學會主編的神話研究集刊第一集。全書內容豐富。一是關於神話研究的論文。其中包括中國各民族神話以及相互比較的見解，還包括在宏觀意義上神話屬性、研究狀況的介紹與分析。二是現代民間流傳的或口頭傳述的各類性質的古代神話的介紹與評析。三是作者對有關神話及風俗的質疑以及多方面的具有新意的研究成果的文章。除此之外，還包括神話研究方面的信息、含有豐富神話資料的書籍的介紹以及國外學者神話研究方面的一些文章。

本書首先介紹了神話研究的方法及神話對文化研究的重要意義。同時，對影響神話研究的學派進行了介紹。其中著重介紹了受人類學影響的我國研究神話的學者的觀點、方法以及貢獻。通過這一歷史回顧，使人們對神話研究的歷史能有大致了解。接著，本書對滿族神話、壯族青蛙神話、阿昌族神話詩、女真圖騰神話予以逐一剖析。張福三、傅光宇的文章則通過這些神話資料的發掘，對我國少數民族神話形象的幾個特徵及其意義作了綜合性概述。

潛明茲的文章對中國古代神話觀作了介紹。指出古代神話具有宗教意識濃、哲學化、文學化以及被儒學和無神論的擯棄和批駁的特點。蕭兵的文章通過二郎神故事的傳播與演化，總結出一些民間傳說的演變規律。涂元濟、涂石、高國藩的文章通過對嫦娥奔月神話的論述，反映了從母權制向父權制過渡的婦女地位的下降及其抗爭。劉城淮的文章通過對羿與后羿的神話與傳說介紹與論述，反映了上古人民在當時生產條件下，敢於同自然拚搏的大無畏精神。這兩個神話折射了當時的社會鬥爭和社會現實。劉曄原的文章通過從各種不同主題的神話與傳說入手，多側面、多層次地研究禹的神話傳說串上的各個結點，分析其在中華文化系統中的位置，得出了它與華夏文明同步的結論。在禹的傳說串中，以文學方式展現了各文化階段的倫理觀念、認識飛躍、社會變革、科學發現等等。陳曉紅的文章通過對槃瓠神話從解析情節的角度的透徹分析，指出其中所蘊含的重要歷史內涵。姚寶瑄的文章通過沿遠古民族遷徙路線對西王母神話的追尋，指出它伴隨華夏古代文化流傳域外，對世

界文明作出了貢獻。本書同時對上古太陽神話和盤古神話來源以及整理作了論述。

　　程薔的文章對《博物志》中的神話資料進行了分析，指出其在古代神話學中的地位，即它顯示了神話發展的軌迹。書中還收入了謝選駿帶有總結性的文章。謝選駿的文章就中國漢文古籍記載的神話傳說材料，對上古神話傳說的敍事基本特徵作了深刻的分析，指出中國上古神話的歷史化使它具有敍事零散、人物缺乏因果關係、神名及神際關係不明等特點，並提出其根源應在民族心理、文化的深層去挖掘。王明達的文章還就神話是否產生於「人類童年時代」作了探討。

　　全書最後刊登了國外學者對神話研究成果的論著，對神話研究作動態性報導。本書在神話學的研究與開創上具有重要的意義與價值。

（吳紅）

空寂的神殿——中國文化之源　謝選駿　著
四川人民出版社　1987 年 6 月出版　132 千字

　　本書是「走向未來」叢書中從不同角度探討中國文化方面比較有代表性的一本。

　　全書共分九章。各章之間層層遞進、比較詳細、深刻地闡述了中國神話的倫理化、政治化和世俗化的演變過程。並從神話與中國文化伴隨發展的歷史角度，與世界各民族文化、神話進行對比，揭示中國神話的突出特點。

　　書中前二章用了大量神話實例，指出神話的功用、特點以及本書中的神話落基點不是神話本身，而在於中國文化。本書還詳細地指出神話中有審美功能、道德訓誡、更有宗教的含義，它更接近於人性本質中的深刻的底層。在原始時代，神話是溝通人們思想感情的語言手段，是民族文化的共同財富。神話中凝聚著文化命運中的種種積淀。中國文化來源冗多，而神話就是其中的一個重要來源。在以上總的概括下，本書作者指出不同神話表象世界又是不同的文化主體衍生，而中國神話在中國文化這一主體下有自己顯著的特點，即家族本位，這個特點阻礙了文化共同體的共同意識產生。第三章則指出隨著早期社會階級分化、文明分層影響，神話中獸性減弱，神話中主體成了人形神質的人神混合物，神話向倫理化、政治化、人格化、社會化的歷史神話過渡，形成了古史神話與原始宗教神話。在這裏，作者指出了神話對中國文化中的二大主流儒、道有很大影響。儒家從古代神話系統吸取更多的靈感，從古史的神話模式中建立起自己入世理論的框架。道家則從不入於歷史神話的原始獨立神話中找到了自己的理念依據，標榜自己「出世」亦即超越世俗歷史的情操與志趣。道家充滿類似原始神話的獨立精神和自由氣氛，與原始神話在超世俗、非歷史的意義上是同一的。儒家與古史神話一脈相承，關注倫理、政治及羣體而對人與自然，人與自我極少問津。本書指出正像古史神話吞併不了原始神話一樣，儒道並存形成文化心理上的二元並立。書中還指出文化心理的分裂造就了個人靈魂的分裂，形成了盲從的和雙重人格的人，同時使中國古代神話不像世界各民族神話那

樣經歷了從動物向人形轉化過程，而最終沒有形成像印歐那樣具有人形人性的完整神格，而是依據倫理，把超自然的宗教神話改造成一個合乎歷史因果關係的古史神話，結果就是中國神話主題含混，角色移位頻繁。同時，倫理化的結果，一方面使人物性格臉譜化、概念化、僵化；另一方面中國式的倫理最終拋棄宗教與神話的外衣，直接訴諸於統治集團所需要的在社會羣體關係方面起平衡的政治化東西。作者還與世界各民族神話比較，指出神話之源中國文化的特點。經過倫理塑造的神話成了世俗化、經驗化、實用化的知識總匯，並據此構成了中國文化的基本模式，概括起來就是：神話之源、倫理爲本，現世爲歸、以務實爲用。書中結尾探討了研究文化和文化比較的一些方法。

本書立意新穎，運用新思維，把中國神話放在中國文化之源的角度，從哲學、宗教、文化、心理等方面，對神話加以剖析，突破了過去對神話研究的單調、狹隘框架，使神話立於文化這一基礎之上。

（吳紅）

文化：中國與世界（第一輯）　　文化：中國與世界編委會編
三聯書店　1987 年 6 月出版　208 千字

《文化：中國與世界》系列叢書，以「文化」作爲戰略研究對象，力圖對中國文化和世界文化的過去、現在、未來進行總體性研究和系統性比較，旨在創造當代中國文化的嶄新形態，呼喚中國文化的現代化。現已出版三輯。

本輯設「中國文化研究」、「比較研究」、「外國文化研究」、「文化學基本理論」四個欄目，收編海内外學者專論共十篇，並附有中英文内容提要。

甘陽《八十年代文化討論的幾個問題》一文，指出 80 年代中國文化討論的根本任務，是要實現中國「文化的現代化」。該文回顧了近百年來的「中西古今文化之爭」，強調文化討論的根本問題並不在於中、西文化的差異有多大，而是在於中國文化必須掙脫舊的形態而走向「現代文化形態」。該文指出，當前文化爭論的核心理論問題之一是「傳統問題」。傳統並不等於「過去已經存在的東西」，而是永遠向著「未來」敞開著無窮的「可能世界」；弘揚光大傳統的最強勁手段恰恰是「反傳統」。

美籍學者余英時在《從價值系統看中國文化的現代意義》一文中，將「中國文化」與「現代生活」兩個概念進行客觀的歷史的分析後，認爲二者並非是截然不同且互相對立的兩個實體。「現代生活」即是中國文化在現階段的具體轉變，西化是這一轉變中的一個重要環節；但現代化不等於西化，西化又有各種不同的層次，科技甚至制度層面的西化並不必然會觸及一個文化的價值系統的核心部分。關於什麼是中國文化，該文根據人類學和歷史哲學的方法，提出了分別涉及中國文化的主要層面的一套價值系統：超越世界與現實世界在中國文化中不是涇渭分明而是相互交涉；中國人的價值之源不是寄託在人格化的上帝觀念之上；人的尊嚴自孔子以來便

鞏固地成立了；中國文化比較具有内傾的性格；中國人的基本態度是「人與天地萬物一體」；内傾文化注重人文領域内的問題；「五倫」是以個人爲中心發展出來的人際自然關係；中國傳統没有發展出民主的政治制度；中國思想史上，個人修養一直佔著主流的地位；等等。該文認爲，中國人「依自不依他」的人生態度至少在方向上是富於現代性的，傳統的自我觀念只要稍加調整即可適用現代中國人。然而傳統的價值系統不經過自覺的反省與檢討便不可能與時俱新，獲得現代意義並發揮創造力量。

〔美〕盧西恩・米勒《爲旋風命名：曹雪芹與海德格爾》一文，希圖藉助海德格爾的思想，給《紅樓夢》一種闡釋，藉此探討文學與哲學間的可能關係。該文認爲，一方面，海德格爾的語言爲西方讀者接受曹雪芹小説中的概念提供了一種批判性的「翻譯」工具；另一方面，《紅樓夢》則爲海德格爾提供了一個特例，它將點明《紅樓夢》的一些只有通過中國美學與中國世界觀才能被領悟的特徵。

（胡欣）

中國文化史新論——關於文化傳統與中國現代化　　何新　著
黑龍江人民出版社　　1987 年 8 月出版　　103 千字

本書是作者根據講課的記錄稿整理改寫的，是一本介紹文化、文化學基本理論以及有關中西文化比較方面的論著。

全書分上、下兩篇。書後有一篇附錄，題目爲：中西學術差異：一個比較文化史研究的嘗試。上篇主要著眼文化學最基本的理論，探討了關於文化學理論的基本觀念與方法。作者首先指出了文化反省的現實意義，指出本書的宗旨在於通過文化比較，明確在現代化的今天該怎樣重估中國傳統文化。作者從整體化、系統化角度觀察整個人類的文化和活動，指出文化是一種體系、文化系統。作者揭示出文化的四大特徵和它涉及到的四個層面，力圖通過對文化的了解與研究，找出作爲一種内在傳統超越於歷史變化之上的文化模式。在上篇第五部分，作者從文化的四個特徵中，抓住價值傳統展開分析。指出價值是個選擇性的主觀概念，並分析了價值與文化、價值預設與人類行爲的關係。作者進一步指出，文化生存取決於社會掌握何種生產技術手段，但另一方面也要看生產力與社會的傳統文化價值觀是否相符。在此意義上，價值決定文化。在這裏，作者引用馬克斯・韋伯的關於近代資本主義產生興起與歐洲宗教改革、社會價值觀轉變有密切關係的論點加以説明，並指出忽視價值系統通過影響個人行爲而對社會文化的整合作用，必然陷入歷史觀上的機械決定論。作者還進一步指出在開放體系中價值觀的多元化問題。在上篇最後，作者談到了文化研究的理論和方法，介紹了進化論和結構——功能主義學派的帕森斯的觀點，並就學術界對這二種觀點的看法作了簡介。

下篇題目是中國文化新論。這裏，作者結合上篇文化學的基本理論，具體對中國文化進行分析。作者從文化反省入手，探討了中國社會的基本特徵以及它所造就

的家族文化。通過歷史追溯和對政治結構、宗法制、禮制實質的分析，指出中國文化是一種以家族倫理爲中心價值的文化，中國的政治結構是以家庭制度爲模型的姓族羣體，中國的宗法制和禮制是一種起源於血緣制度的等級親屬制，是一種既體現神權又體現君權的血緣親族制度。作者從各方面揭示中國傳統文化的特徵，並從法律、政治、倫理價值諸方面與西方文化加以比較，通過中西文化價值觀二差異，説明中國傳統文化的特點是不同於西方自我導向、自我依賴的個性主義文化，而是一種權威導向、相互依賴的家族主義文化。同時，作者還分析了東西方在繪畫、雕塑、文學、實際生活中對愛情追求上的差異，指出造成這種差異的不爲以往人們所重視的因素即是地理環境的因素。本書最後指出了中國現代化的三大阻力，提出反省文化以促進現代化進程的任務。

　　本書從觀念變革的實際出發，在文化學的角度上反省中國傳統文化，把觀念現代化與社會現代化聯繫起來，進行了有益的探討。

（吳紅）

道教與中國文化　　葛兆光　著
上海人民出版社　1987年9月出版　280千字

　　全書分上、中、下編。從道教的理論、儀式方法的產生到定型後發展的過程以及對中國文化的影響進行了全面細緻的分析。

　　上編逐一介紹了在中國文化根基上的道教的哲理、神譜、儀式方法的形成與成熟。人類之始靠直覺在神話中求本，假想出道爲萬物之源。南北文化碰撞使靠經驗歸納出來的陰陽説、五行説成爲道的經驗實證。道——陰陽——五行這種普遍的邏輯成爲道教解釋自然界、社會人類世界統一的結構以及用來支持自己宗教體系的哲理內核。道教神譜的七個層次是以古神話中的神祇爲原型，或與宇宙起源及結構圖式中的「道」「陰陽」「五行」相比附，或與倫理、政治觀念相結合，經系統化的整理加工；在無緒狀態下整合出來而逐漸形成的。道教發展了既有神秘性又有些直觀性道理的古代巫醫之術，與自己人生理想境界結合，形成了自己一套齋醮、符籙、禁咒及内外丹理論。上編最後具體分析了南方盛行的玄學中老莊思想與漢代黃老之學的積澱奠定了道家理論框架。道教在南北朝時與士大夫攜手，和玄學、巫術緊密結合，與佛教分庭抗禮，形成了特定的社會風俗、文化取向的心理趨向，這種趨向是推動道教成熟定型的整合力量。

　　中編敍述了從中唐到明清道教的發展、興盛及衰落演變過程，指出唐宋文化變遷中的道教的三種發展趨向。指出在唐型文化向宋型文化、傳統經學向新理學轉變中，道教向老莊歸復、與禪宗合流、與佛教融合，形成了既有老莊的哲理，又有後來混入的讖諱學説，又混雜著醫學智慧與早期的巫儀方術的體系。同時，三教圓融，道教受佛教影響，把向外追求轉化爲内在體驗，向儒學靠攏，取得統治者信任、提供給儒學以鬼神報應利器。道教宗旨的誘惑力使它曾昌盛一時，伴隨道教與

儒佛融合，向內追求體驗，中國文化心理結構內在封閉性便形成了。道教的世俗化、倫理化，政治化使它在文化圓融中喪失自己特性，伴隨世俗文化與士大夫文化的分裂而分裂。受佛教的排擠，道教成了粗鄙的方術巫儀，失去了追求高雅的士大夫的青睞，失去了合適的社會心理與文化土壤，在元、明、清時期走向衰落。

　　下編分別敘述了道教時士大夫文化、俗文化及中國古典文學的影響。書中指出了道教追求性命兼修、清靜虛明的心理狀態、怡然自得的生活狀態以及通過二者達到的養生不死的生理狀態是生活在上層、處於矛盾狀態下的士大夫們的人生理想及生活情趣，反映了他們內心的生死憂患。反過來，士大夫文化又促進了道教的完善。佛道在世俗文化中混雜在一起，鬼神報應倫理與儀式方法再度演進，在世俗文化中得到滲透並構成了唐宋以後的道教新的理論與實踐中心。世俗文化中的下層俗人通過外在力量無法抑制自身、完善人格，而通過鬼神倫理報應與直覺經驗的外在強制二者的結合，能夠達到理想境界。道教日益世俗化，成爲中國俗文化的重要組成部分。通過俗文化與風俗習慣的分析，可找到民族心理、思維方式、價值觀念的深層。道教對中國古典文學影響在於帶給文學藝術一種絢麗神奇的審美情趣和沈浸於幻覺中的想像力。道教的意象與文學想像相吻合。

　　本書將道教置於中國文化的土壤，將其作爲完整的宗教學説給予了深入的分析。

（吳紅）

楚文化新探　　湖北省社會科學院歷史研究所編
湖北人民出版社　　1987 年 9 月　　152 千字

　　本書收入了論文十四篇。以大量古文獻和考古發現的基礎，從歷史的角度分析了楚文化的來源、存在時間、豐富的內容、發展情況以及在古代文明發展中的重要地位。並分析了楚文化與其他文化的關係以及它對古文化產生的影響。

　　從本書的編排結構可看出，首先概要介紹了楚文化研究的意義以及考古學界對楚文化研究的概況。接著便從不同角度展開對楚文化在古代文明史上重要地位的逐一探討。從挖掘的地下簡帛古籍即紙產生前的書籍來看，有明顯的楚文化痕跡，1949 年後挖掘的簡帛古籍種數內容，產地都在楚國領域之內。它向我們展示了楚文化的天文、字體、占卜、醫書、建築以及起源於楚國的黃老之學《老子》的辯證法的豐富內涵，説明了楚文化在中國政治思想、科學技術史上的重要地位。書中從「支那」一詞的起源著手，考察了在秦文化巨大影響下所覆蓋著的荊（即楚）文化的發展狀況；介紹了其中道家、楚辭等豐富的文化寶藏。通過歷史資料與考古發現，尋找中外交通的早期起源的痕跡。指出中印之交通傳播的是荊文化，荊文化在東南一帶影響很大。書中還把考古資料與地理分析資料文獻相結合，對古老的跨江南北的大雲夢澤提出質疑，並以詳細資料介紹了楚郢都的修建和城市建制情況及其發展史，分析了楚的經濟文化以及在裝飾藝術、雕刻繪畫上的精湛技巧。本書在大

量考古發現基礎上，介紹了期思陂水利工程的修建過程以及對農業生產發展的影響，指出它是楚文化的結晶。同時對另一水利工程芍陂的修建年代進行探討，分析以往人們對二者混淆誤用的原因。從中可看出此書的價值不僅僅是在對楚文化研究的探討上，而在於以古文獻和考古發現爲依據所提出的「新」意上，故曰楚文化新探。

書中不僅有就某一方面具體論述楚文化，而且還從考古發現中，從墓葬的傳統、陶器、漆器、銅器等物器形態的類型、紋路，隨葬物的種類及傳統習俗等方面，分析了楚文化與秦以及一些少數民族文化的互相交流和互相影響。並專門就考古資料論述了秦楚在文化各個方面的交流。書中還從散見於古籍中的有關楚的司法之官、刑罰、律令内容、執法情況，窺見楚的刑法制度，從歷史、語言的基本規律，探討楚國語言的變化；與語言相聯繫，還從楚神話傳説、散文、寓言歌舞藝術以及楚歌在詩歌藝術史上的地位等，探討了楚文學的產生、發展、繁榮條件以及楚辭體對漢代的影響。指出楚文化中的方言、文字學、音韻學是古文學發展史上不可缺少的一環。楚國的語言不是天源之水，與中國詩書等古籍一脈相承，楚文學反映了我國古典文學的優秀傳統。全書從政治、經濟、文化、法律各個方面對楚文化進行了全面論述。

全書通過大量楚簡文字、出土文物、地理、語言等重要資料的研究，指出中國文化起源只限於黃河流域的中原中心的傳統觀點不符合歷史面貌。黃河流域是夏、商、周發祥地，尊定了古文化的傳統，而以長江中游的江漢地區爲中心的楚文化與中原文化一起相互共同孕育了古代的文化，也是古代文明的搖籃。

本書史料豐富。運用考古發現提出許多新觀點，具有重要的參考價值。

（吳紅）

斷裂與繼承——青年學者論傳統文化與現代化
上海人民出版社　1987年11月　280千字

本書收入論文二十一篇。其中絕大部分分別在1986年的《復旦學報》（社會科學版）《社會科學》雜誌上發表過。這些文章展示了對近年來興起的文化討論極爲關注、思想活躍的一批青年學者在文化研究上的新成果、曾引起學術界與青年讀者的強烈反響。

近年來掀起的「文化熱」經歷了各抒己見階段後，有一個如何深化和發展的方向性問題，怎樣在新的生長點上取得更大成果一直爲人們所矚目。本書收入的論文出自銳意進取的青年人之手，在如何使文化討論進一步深化上開拓了思路。

在代前言《中國文化研究的新進展》（朱維錚）中，對於文化討論的必然性、最新進展、研究取向及表徵作了論述，並提出了可探討的若干問題及文化討論的兩大焦點。

正文部分緊緊圍繞傳統文化與現代化關係這一主題，探討了傳統文化的價值與

重估、文化與傳統、民族文化與民族心理及民族自尊心、傳統文化與現代化關係、怎樣對待西方文化、文化的繼承、斷裂與批判以及文化比較方面的基本規律等等問題。作者們從不同角度和出發點、對文化研究涉及的各個方面作了多方面的闡述。

《文化討論的命運》（陳奎德）、《文化研究三題議》（張汝倫）、《文化與傳統》（商戈令）幾篇文章從寬泛的意義上，對文化的定義、對象、本質、特點、文化與傳統、文化的多樣性與人類本質同一性等基本問題作了系統的分析，從中提出許多新的觀點和方法。

《中國傳統文化新探》（張鴻雁）、《論傳統與民族文化的心理結構》（嚴捷）兩文直接從中國傳統文化入手，客觀評估與分析中國的傳統文化，分析傳統文化推動及影響現代化進程的文化心理結構。在對傳統文化結構進行深刻反思的同時，探討了傳統文化與現代化的關係。

《「象」：中國文化的一種「基因」》（顧曉鳴）一文通過對中國哲學概念「象」的理論分析，指出「象」這種思惟模式對中國傳統文化的影響，提出「象」是中國文化的一種基因，揭示了傳統文化特徵、文化的結構與變化的機理。

《從文化人類學的角度探索中國傳統文化》（何瑞福）、《論文化的傳播與文化區域的變遷》（盧雲）、《關於文化傳播學的幾個問題》（居延安）、《「借喻基點」與「文化密碼」：中美學術文化比較的啟示》（傅葆石）幾篇文章則藉助於文化人類學、文化傳播學、文化破整學等新興學科的方法，通過具體地對中國傳統文化以及中美文化、中西方文化差異的比較，探討了文化地理區域、文化傳播以及區域變遷差異引起的文化變遷、文化差異等文化學問題，揭示了文化交流的基本特徵和文化學基本規律，從中窺見中國文化的發展方向。

《東西文化激盪中的中國近代自由意識》（高瑞泉）、《論晚明思潮》（陳建華）則通過對某一歷史時期的文化現象的具體分析，探討在具體歷史和文化環境下，中國文化在發展、繼承中出現的反傳統的文化斷裂現象，並從文化學發展規律上對此現象的成因加以揭示。

《中國新文學對文化傳統的認識及其演變》（陳思和）、《文化斷層與中國現代語言學之變遷》（申小龍）兩文則從中國的文學、語言的歷史發展角度，探討了現象背後的思惟方式、文化傳統以及新文學對傳統文化的認識及在中西方文化衝擊下，現代語言的文化斷層的形成等問題。

《東西方文化大交匯的產兒》（忻劍飛、方松華）、《從儒家資本主義看中西體用之爭》（程偉禮）兩文通過文化論戰和「儒家資本主義」這一文化現象的深刻分析，探討東西方文化的相互交流、相互影響的規律及比較研究的方法。

《論海派文化的邊緣文化特徵及其歷史作用》（盛邦和）一文從中國傳統文化的區域性著手，分析傳統文化內部的內核文化與邊緣文化的特徵及其歷史作用。

俞吾金、安延明的文章則分別通過對葛蘭西、尼采的文化觀介紹與評析，從西方人對西方文化的理解與對西方傳統文化之批判中，揭示文化發展中東西方共同的文化成分，從中探索文化繼承、文化交流等問題，為傳統與現代化關係的研究，尋找新的生長點。

全書內容豐富，分析深刻。在許多問題的研究與探討上有所創見。

（吳紅）

中外文化交流史　　周一良　主編
河南人民出版社　1987 年 11 月出版　638 千字

　　本書由著名歷史學家周一良教授主編，是一部集體合作，分篇論述的中外文化交流史專著。全書按國別和地區分篇，每篇大體依時間順序、分方面敍述從古代到 1949 年中華人民共和國成立前中外文化的交流與相互促進。同時，將中外政治、經濟關係、友好往來、交通路線作爲背景，加以概括敍述。本書旨在如實反映中外文化的雙向交流和相互促進，力求避免只談單方面影響。

　　本書介紹的中外文化交流，包括了歐、亞、非、美洲的二十幾個國家和地區。各篇按國名英文字母次序排列，合數國或一洲爲篇的，列在其後。其中包括以下各篇：《視線所窺，永是東方——中德文化》，《從『絲綢之路』到馬可·波羅——中國與意大利的文化交流》，《相互影響兩千年的中日文化交流》，《以佛教爲中心的中斯文化交流》，《談中俄文字之交》，《美國與西方資產階級新文化輸入中國》，《海舶來天方，絲路通大食——中國與阿拉伯世界的歷史聯繫的回顧》，《源遠流長、前途似錦的中非文化交流》，等等。爲了給讀者的進一步研究提供一些線索，一些篇後列了參考書目，有的文中對於材料來源作了詳細的腳註，也起到了書目的作用。

　　值得注意的是，周一良教授在本書前言中首次提出文化的三個層次的觀點和深義文化的概念，並以之貫穿全書。周先生認爲，所謂文化，應當包含一個民族通過長期體力和腦力勞動所取得的物質的和精神的全部成就。它可以分成三個層次。其一是與政治、經濟相對而言的狹義的文化，即哲學、文學、美術、音樂以至宗教等主要與精神文明有關的東西。其二是廣義的文化，包括一個民族通過長期勞動和經驗所取得的精神的或物質的成就，如政治生活中的典章制度，經濟生活中的生產交換，社會生活中的衣食住行、婚喪嫁娶等風俗習慣，以及與衣食住行有關的物質條件如生產工具、服飾、房屋、飲食、車船等等生活用具。除此以外，文化還有一個層次，姑名之爲深義的文化，它是在狹義文化的幾個不同領域，或者在狹義和廣義文化的某些互不相干的領域中，經過進一步綜合、概括、集中、提煉、抽象、昇華，得出的一種較爲普遍較爲共同的東西，它是一個民族文化中的最爲本質或最具特徵的東西。周先生認爲，中外文化交流的歷史可以證明，在這三個層次的文化中，不僅狹義和廣義的文化可以相互學習、引進、在對方國家中生根、發芽、開花、結果，而且深義的文化這種成爲民族精神的、結晶的、已經近乎民族性的東西，也可以互相交流學習、加深理解、作爲參考。

　　周先生還提出，作爲歷史上中外文化交流的通常途徑有三：官方的途徑（派遣使節、學生、樂舞團體等，或贈送禮品和書籍等）；宗教的途徑；貿易的途徑。此外，文化交流還有意外的途徑，如戰爭和掠奪也會造成文化交流的機會。

　　參加本書編寫的有季羨林、羅榮渠、戈寶權等著名專家學者。

（徐秀娥）

沉重的主體──中國人傳統價值觀考察　遠志明　著
人民出版社　1987 年 12 月出版　103 千字

我們需要主體自我意識。不管我們是否已經自我意識到了，只有我們才是中國現代化的主體。然而，我們的歷史負擔又是沉重的。傳統的儒、道、佛、理各學派，哲學、文學和世俗生活各領域，都貫穿著一個達成中華文化之統一性的基質，即：非主體性的個體人格和泛和諧化的價值取向。它們深潛在中國人意識的底層，構成改革和現代化的深度障礙。因此，我們需要深刻的自我剖析，需要嚴格的自我批判。只有剖析和批判自我，才能實現自我超越，才能加速現代化的進程。這便是作者寫此書的目的所在。

全書分上、下兩篇，共六章。前三章構成上篇，探討了中國傳統的非主體性價值自我。價值自我是主體對自身理想存在狀態的確認，或他所追求的理想人格。它表現爲人基於自身需要對現實自我所發生的態度和要求。中國人傳統的價值自我表現爲三個層面：1.毋必。最早提出這一人格準則的是孔子：「子絕四：毋意、毋必、毋固、毋我」。它造成人們自我意志的抑制，使人們產生與世無爭的消極處世態度。2.無爲。無爲之說發自老子。它以喪失任何功利心爲内容，以貶低知識爲特徵。儒家與道家殊途同歸。道家是中國人傳統價值觀的基礎理論，而儒家則是中國人價值觀的應用理論。儒家的入世原則是將自己消融於封建社會之禮，它與道家的主體效應一樣：無所作爲。無爲是創造自我在人格中的抑制。3.忘我。這是古人價值自我的最高境界，也是自我否定的最深層次。忘我是自我的徹底喪失，不僅無爲，而且無情、無欲、無己、無牽無掛，自外其身。這是中國文化的獨特本質。

在下篇的後三章中，作者分析了中國傳統的泛和諧化的價值目標。和諧是一個標示關係的範疇。中國人特別注重和諧。在總體價值目標上，古人的和諧觀念作爲真、善、美的統一體現，是最高的價值目標。古人以自然之和諧（道、理）爲真，以人人之和諧（仁、義）爲善，以天人和諧（天人合一）爲美。總之，和諧遍布天人關係、人際關係和身心關係中，是中國古人處理所有這些關係的最高準則；在認識價值目標上，古人追求的是虛體目標，其内容是超現實的，虛幻的道和理，最終結果是玄學的盛行；在實踐價值目標上，中國古人是反身目標，其内容是以修身養性爲主導的德行。道德實踐是中國古人所有價值目標的核心。一切和諧皆賴於個人道德修養，而不是依靠法制體系，這便是行，便是中國人實踐生活中最實在的東西。

作者遠志明近年來圍繞人的主題作了較系統的研究，曾與薛德震合著《社會與人》一書。本書是《中國人與現代化》一書的姊妹作。全書分析深刻，思想敏銳，探討中國人價值觀的同時，還介紹了與之相對的西方人的價值觀，通篇體現出作者深刻的哲學思考與強烈的社會歷史責任感和使命感。

（方雲鳳）

中國傳統文化的再估計——首屆國際中國文化學術討論會文集
上海人民出版社　1987 年出版　428 千字

　　這本文集是在 1986 年 1 月上海召開的首屆國際中國文化學術討論會提交論文、論綱的基礎上選編而成的，共收錄論文四十四篇，並收入首屆國際中國文化學術討論會紀要。

　　近年來，對中國傳統文化的再估計及中西文化的相互關係問題越來越引起國內外學者的重視，本文集展示了中外學者在這方面的研究狀況和最新進展，包括他們對中國傳統文化的不同估價和獨到認識，他們思考的重心和探索的生長點。包括文化通論、近代文化、中西文化和專題研究四方面的內容。

　　第一個方面，文化通論。學者們對中國文化的特徵、結構、發展階段等問題作了深入、細緻的考察，提出了許多精闢的見解。龐樸的《中國文化的人文主義精神》一文指出，以倫理、政治爲軸心，不甚追求之所以缺乏神學宗教體系的中國文化與西方文化相比更富有人文精神，這種人文主義基於對人的不同理解而與西歐人文主義相區別。它把人看成羣體的分子，強調天人合一及知識論上的功利主義、價值論上的反功利主義。姜義華的《中國國民性問題析論》，論述了中國農業和家庭手工業直接結合的自給自足的自然經濟孕育了家族宗法制、尊天敬祖、論資排輩的觀念及持中、調和與自然融洽、對權威容忍禮讓、重義輕利的民族心理。

　　第二個方面，近代中國文化特質的討論。龔書鐸的《近代中國文化三題》指出，近代新文化是資產階級民主主義性質的文化，是世界資本主義文化的一部分。近代新文化的產生是中國文化史上的一次革命。它不同於西方資本主義的文化，因爲它是在半殖民地半封建社會裡建構起來的，其基本主題是反對侵略、救亡圖存，是爲了開通民智、陶鑄國魂、振興中華。

　　第三個方面則是關於中西文化交流問題。許多學者從具體的歷史背景出發對此加以闡述。湯一介《從印度佛教的傳入中國看中國文化發展的若干問題》一文，闡述了佛教與中國文化相互融合、相互促進的過程，指出，印度文化傳入中國經歷了三個階段：只有依附於中國原有文化才能得以流傳並發生影響的階段；與中國傳統文化發生矛盾和衝突的階段；爲中國文化所吸收並融合於中國文化之中的階段。學者們一致認爲一種文化能夠吸引並融合外來文化乃是它得以較快發展的重要條件。

　　第四個方面是主題研究。孫長江的《經學與中國文化》一文，分析了經學的概念，經學產生、形成和發展的過程。指出中國經學的特點是由中國封建社會的特點決定的，它是中國的家族、宗法制度、社會風習的反映。

　　這本文集比較全面，集中地反映了國內中國文化研究的成果。

（張希玲）

中國小學史　　胡奇光　著
上海人民出版社　1987 年出版　268 千字

　　小學，即文字學，指文字、音韻、訓詁之學。從文化史上看，中國小學與外國語言學的一個共同特點就是研究語言與文化的關係。而在具體研究上，中國小學又有自己的歷史傳統，顯示出與外國語言學不同的特點：第一，小學研究的核心是形音義三者的關係。第二，小學的根本方向是解決古代文字上的實際問題。從劉歆開始，小學的作用從認字教育提到解釋經典的高度。它確認了小學研究中種種不同的關係：在語言事實與語文理論的關係上，以語文事實的研究爲主；在文字與語言的關係上，以文字的研究爲主；在古代與當代的關係上，又以古代語文的研究爲主；在雅言與方言的關係上，以雅言的研究爲主。第三，小學發展的基本途徑是攝取本土語言文字上的創造與借鑑外國語言學的新知。

　　從文化史的角度研究小學史，要求把小學當作一種文化現象來考察，即不僅把小學看作文字、音韻、訓詁的綜合體，而且還要把小學視爲溝通各個文化領域的基本工具，並從文學與別的文化形態（如名學、經學、文學、考據學、考古學等相鄰學科）的關係中去展出小學發展的歷程。從中外文化的關係看，我國文化史可分三個歷史時期：先秦兩漢爲華夏文化時期，漢末至明末爲中印文化時期，明末到清末爲中西文化時期。與此相應，我國小學史可分爲五個時代：先秦爲小學的發端時期，兩漢爲小學的創立時代，魏晉至五代爲小學的發展時代，宋元明爲小學的轉折時代，明末到清末爲小學的終結時代。全書據此分爲五章。

　　在《小學的發端——先秦時代》中，作者從古人關於文字起源的討論開始，到孔子定名與墨子正名字、《墨經》語文符號論、名實之爭與荀子《正名篇》，再到先秦古書訓詁的萌芽出現，闡述了小學的發端與發展。

　　從「書同文」與字書的出現講起，介紹了小學因古文經學以立，認爲訓詁書之祖是《爾雅》，介紹了《禮記》裡的社會方言，認爲揚雄奠定了小學的基礎，許慎《說文》是文字學寶典，介紹了鄭玄研究小學的方向和探索語源的嘗試。

　　小學的發展則是從言意之辨由玄學及文學開始的，從俗字書到字樣書，孔炎反切與梵文拼音學理；四聲、平仄、詩律，《切韻》與南北讀書音的統一；守溫字母與等韻源流；從儒家義書到佛家義書，作者從這些現象的關係中闡述了小學的發展。

　　第四章，小學的轉折。作者指出，在宋元明時代，與近代的白話文學相適應的語言觀出現了，由《廣韻》進而探求古音，出現了小學史的轉折。作者還論述了《中原音韻》是普通話音系的歷史源頭；古文字、六書的研究與民族文字的創製，從「右文說」到《通雅》文章作法裡的語法觀念。

　　小學終結於清代，作者用大量篇幅記述了小學在清代的鼎盛和終結，以及現代的語文新潮的興起。

　　本書從文化史方面研究小學史，注意到了「名與實」的關係，另一方面，基點始終圍繞文字、音韻、訓詁的內在關係，是研究文化史、小學史的重要參考書。

（徐秀娥）

論中國傳統文化──中國文化書院講演錄第一集

中國文化書院講演錄編委會　編

三聯書店　1988年1月出版　366千字

1985年3月，由國內著名學者發起開辦的中國文化書院在北京舉辦了首屆文化講習班──「中國傳統文化講習班」。海內外二十三位學者就中國傳統文化諸問題發表了精采獨到的演說，論及哲學、歷史、宗教、文學、語言、藝術等多方面。本書根據講演錄音整理彙編而成。

李澤厚《談談中國的智慧》一文，旨在通過描述和剖析以儒家爲軸心的中國傳統思想的某些特質，諸如血親基礎、實用理性、樂感文化、天人合一等等，探討沉積在中華民族文化心理結構中的文化傳統，探討古代思想對於形成、塑造、影響本民族心理結構和思維模式的作用。該文指出，(1)中國古代思想傳統最值得注意的重要社會根基是氏族宗法血親傳統遺風的強固力量和長期延續，以血親爲社會紐帶，使得社會倫理和人事實際異常突出。(2)實用理性則是中國傳統思想在自身性格上的特色，它使得中國民族獲得和承續著一種清醒冷靜而又溫情脈脈的中庸心理：不狂暴，不玄想，貴領悟，輕邏輯，重經驗，好歷史，珍視人際，講求關係，反對冒險，輕視創新⋯⋯。(3)中國的智慧是審美型的，所謂體用不二、天人合一、情理交融，均是以心理的情感原則作爲倫理學、世界觀、宇宙論的基石。這正是中國的「樂感文化」（以身心與宇宙自然合一爲依歸）與西方「罪感文化」（以靈魂歸依上帝）不同之所在。(4)傳統的基於農業小生產上由「順天」、「委天數」而產生的「天人合一」，包含著「天」的雙重意義上的主宰、命定的內審和含義，缺乏西方的崇高、悲劇精神和衝破寧靜、發奮追求的內在動力。

湯一介《從中國傳統哲學的基本命題看中國傳統哲學的特點》一文，認爲「文化」的核心問題是「哲學」問題，而通過對中國傳統哲學「天人合一」這一基本命題以及由其派生的「知行合一」、「情景合一」這兩個命題的內涵的揭示，即能把握中國哲學的特質。概括地說，「天人合一」所表現的中國古代思想家的思維方式是一種「以人的主體性爲基點的宇宙總體統一的發展觀」。該文指出，所謂「天人合一」，其意義在於要求解決「人」與宇宙的關係問題，亦即探求世界的統一性問題；「知行合一」則要求解決人在一定的社會關係中如何要求自己，如何解決人與人的關係、人與社會的關係問題，即關於人類社會的道德標準和原則問題。「情景合一」要求解決在藝術創作中「人」和對象的關係問題，它涉及藝術的創作和欣賞的多個方面。中國傳統哲學要求真、善、美這三個「合一」，説明它不偏重對外在世界的追求，而偏重對人的自身內在價值的探求；教人有一個真、善、美的人生境界，表現了中國傳統思想的理想主義傾向。

龐樸《中國文化傳統的繼承和發揚問題》一文，就什麼是中國文化核心精神，例舉了海內外學者的各種見解，然後提出了一個概括性的論點：中國文化的特點是「人文主義」。指出人文主義在中國源遠流長，不像在西方那樣十七世紀方才形成思潮。

梁漱溟在講演中，回顧了自己六十餘年的學術歷程，特別向人們推荐了他的

《中國文化要義》（1949 年出版）、《人心與人生》（1984 年出版）兩本書。馮友蘭關於《中國哲學的特質》，指出中國傳統哲學對人評價很高，它既區別了基督文化的「天學」，也區別於佛教文化的「鬼學」。中國文化講的是「人學」。美籍學者杜維明《儒家哲學與現代化》一文，討論了儒家文化與東西文明的關係以及儒家的現代命運等問題。金克木討論了比較文化研究及其方法問題，陳鼓應則專述了尼采與莊子哲學的比較研究。此外，還有海內外專家學者關於中國文化的專論十五篇。

（胡欣）

中國風俗史　　鄧子琴　著
巴蜀書社　1988 年 3 月出版　364 千字

　　作者在本書中以中國文化爲主線，從社會之政治教化、士人之品度、倫際，直談到歲時、節令及士庶婚喪、祭奠等風俗習慣，涉及到邊區多種少數民族，反映了我們多民族國家各個時代千姿百態、五彩繽紛的社會風貌和從古迄今的文化生活輪廓。

　　全書分兩編，共十一章。

　　作者把中國社會劃分爲三個階段：㈠自古代到西漢的宗法中心時代。㈡東漢至唐末五代的門閥中心時代。㈢北宋到民國的士氣中心時代。本書涉及後兩個時代。

　　第一編共五章，分別論述了東漢、魏晉、南北朝、隋唐、唐末五代的品度與人倫、禁忌、宗教、婚喪及社會的教化。作者認爲，東漢崇尚高風亮節與淳樸的人際關係，但其中已隱伏了一種虛僞、矯作的種子，到晉代演變爲標榜名譽、推崇享樂主義的清談之風。玄學之風的出現直接導源於門閥貴族及他們之間血族與經濟的聯繫。

　　第二編分爲北宋、南宋、元代、明代、清朝、民國六章。作者認爲宋代以後由於經濟的發展、血族關係的淡泊、科舉制度的推廣，使聰明之士有機會表現自己，社會的風俗代表了由良君賢臣轉到士人的氣節風格。這種氣節風格是由士大夫結集講學形成的，發展到民國時期，由於受西方文化的影響，成爲大規模的學生運動。

　　作者由此得出結論，認爲士人的道德與氣節發揚之時，則社會的風俗淳良，反之則劣弊。而道德與氣節的高揚有賴於社會的教化，良君、賢相與大儒碩學的倡導及平民百姓的努力是社會教化昌隆的原因。作者還認爲地理環境對於風俗有著重大的影響，民族的遷徙、文化的交融也與地理環境有關。

　　作者還介紹了研究民俗史的方法：考究風俗應以地理爲主，結合當時的政治、經濟狀況和社會心理，注意收集遊記及各種民俗調查的直接資料。

（張希玲）

絲綢之路　楊建新、盧葦　著
甘肅人民出版社　1988年3月出版　250千字

　　本書爲陝、甘、寧、青、新五省（區）人民出版社聯合編輯出版的《絲路叢書》之一。

　　絢麗多彩的絲綢，隨著絲路古道的開闢，成爲促進東西方政治、經濟、文化交流的紐帶；絲綢之路把亞、歐各文明古國聯接在一起，促進了絲路沿線許多國家前所未有的繁榮、强盛。本書以當今國內絲路研究的新水平，向讀者綜合、系統地介紹了絲綢之路的開闢、發展和變化；介紹了古代中國與亞、非、歐地區以及中國內地和邊疆通過絲路在多方面的來往和交流。

　　全書包括一個前言和八章。

　　第一章，絲綢之路的開通。作者指出，絲綢之路是一條十分古老的通道，它的出現可以追溯到張騫通西域以前。作者根據考古資料和古籍文獻，説明張騫通西域之前，我國古代新疆地區與內地早已相通，中國的絲綢亦已傳入西方。然而，最初出現的以中亞、西域爲樞紐的絲綢之路卻由於民族糾紛和戰亂等原因未能繁榮和暢通。只是到了張騫通西域以後，由於中國漢朝政府在西域地區採取了各種有力措施並與帕米爾以西各國建立起友好關係，才使得這條橫貫亞洲的通道獲得了大規模的發展。作者還指出，漢代之所以出現張騫通西域，與漢武帝抗擊匈奴的戰爭分不開。本章還介紹了張騫兩次出使西域的路線和功績。

　　第二章，絲綢之路的發展和變化。作者指出，絲綢之路自西漢正式開通後，歷1500年，直至明代，一直承擔著內地與西域，中國與亞、歐一些國家政治、經濟、文化聯繫的重要任務。其間雖出現過時通時絕的情況，但總的説來它在持續著、發展著、完善著。直到後來海道興盛，才使它中斷、蕭寂。

　　第三章，絲綢之路上的主要商品──絲綢。作者指出，在絲路的開通、發展中，起推動作用的因素，首先是中國與亞洲各國之間、中原與西域之間經濟發展、經濟交流的需要。在古代中外商賈們的貿易往來中，最受人們喜愛，歡迎的商品，就是精美、華麗的中國絲綢。

　　第四章，介紹了絲綢之路的主要線路。指出絲路是以長安爲起點，經過隴西高原、河西走廊和西域地區，進而聯結中亞、南亞、西亞和歐洲的交通通道。實際上，它是一條由若干條道路東西相聯、南北交錯而形成的交通網。本章還附有絲綢之路主要通道及其東段、中段、西段的示意圖。

　　第五章，絲綢之路上的使者和旅遊者。主要介紹了一些親自跋涉了絲綢之路，而且有文字記載的僧人、使者和商人。有南北朝時期的法顯、宋雲和尚，有唐代高僧玄奘和大詩人岑參，有元代的道士長春真人和意大利旅行家馬可·波羅，等等。

　　第六章，絲綢之路上的經濟、文化交流。首先介紹了中國與亞、非、歐一些國家的經濟交流，包括毛皮和毛織品的東來，各種珍禽異獸的傳入，中國漆器轉向東方，中國冶鐵和水利灌溉技術的傳入中亞，中國造紙法、印刷術和火藥的西傳等等。接著，介紹了中國與亞、歐一些國家的文化交流，包括中國天文學、醫學的西傳和雜技百戲、樂曲歌舞、宗教的東來，等等。

　　第七章，介紹了絲綢之路上的石窟寺、古城關遺址和其他文物古蹟。

　　第八章，介紹了東西方經濟、文化交流上的「海上絲綢之路」。所謂海上絲路，包括東起朝鮮、日本，西至東非和地中海東岸的全部航程。本章分別介紹了海上絲路的形成、發展和極盛時期。作者指出，作爲海上絲路空前發展的標誌的，是明成祖時期的鄭和七下西洋。本章略述了鄭和七下西洋的時間、經歷和成就，並附有鄭和七下西洋航線圖。

　　本書原出版於 1981 年，此次修訂再版，內容上作了較多增補，結構上也作了一些調整。

（胡欣）

中國文化與中國哲學（1987）　深圳大學國學研究所　編
三聯書店　1988 年 3 月出版　432 千字

　　本書爲《中國文化與中國哲學》第二輯，1987 年號。共收編專論、專訪、書評、述評等三十篇。

　　書中《中國文化散論》一文，即爲《十力書簡》的選載。以熊十力與梁漱溟論學的信札爲主，兼及林宰平、徐復觀、牟宗三諸先生，共十封。在這些信件中，作者廣泛討論了中國文化的各方面問題，真實反映了 1949 年以後熊十力的幾部重要著作行思運作的過程，時有新思想流露筆端。這對研究熊十力的後期思想以及當代中國哲學大有裨益。

　　張世英《從主體性原則看中西哲學之差異》一文，首先探討了西方哲學史中主體原則的發展，認爲：(1)區別和分離主體客體是達到自我意識、自我覺醒的關鍵性一步；主體與客體渾然一體，則無主體可言。(2)發現人就是發現主體，發現自然（包括人的自然方面）就是發現客體，二者相互爲用、相互促進。(3)重純知、重理論知識是發現客體、尊重客體的結果，而這樣做，反而能豐富人的內容，發現人的主體性。關於中國哲學史中的人的主體性問題，張先生以爲：(1)與西方哲學史相較，中國哲學缺乏主體與客體分離的階段，缺乏系統論述主客對立的思想，缺乏彼岸世界的觀點。(2)中國哲學缺乏以主體性爲原則的有較大體系的哲學。(3)單純重人的思想不等於就是重主體性原則，不等於達到以自我意識、主體性爲原則的哲學水平。(4)在中哲史上，主體性原則成長的障礙不像是像西方那樣主要來自彼岸世界，而是來自此岸世界的君權，來自封建禮教和封建的宗法制度。該文認爲，如果把五四運動稱之爲中國的「文藝復興」，那麼它不同於歐洲的文藝復興者有三：第一，中國的「文藝復興」主要來自外力的推動，是鴉片戰爭以來中國人從西方尋找真理的結果。第二，中國的「文藝復興」說不上從神權束縛下解放出來，而是要從封建的禮教、等級制度和宗法制度下解放出來，當然還有反帝的任務。第三，「五四」以後的軍閥混戰和反動統治，三座大山壓在中國人民頭上，使中國人發展主體性的鬥爭任務特別艱巨；加之「五四」到 1949 年不過三十年，爲時甚少。所有這些都是中

國人主體性未達到西方水平的原因。

蕭萐父《古史袪疑》一文，提出了揚棄泥古派和疑古派，科學考釋傳世的古史文獻、闡釋古史、恢復中華民族的文明史的原貌和全貌的任務，並就中國的「紀元」問題、奴隸制上限問題以及中國奴隸制形成的歷史特點等問題進行了探討。

朱伯崑《張介賓的醫學與易學哲學》一文，指出宋元以來的象數之學，對古代醫學理論影響頗深。到元明時代，在醫學界形成了以易理解釋醫理的流派，成爲象數之學的分支之一。該文以明代大醫學家張介賓的醫學理論爲主，從易具醫之理、太極陰陽說、五行說、論理氣象數諸方面討論了易學對古代醫學的影響。

錢穆《中國文化特質》一文，指出：此一不衰者，中國人謂之性；此一過程與其終極目標，中國人謂之道。性道合一，乃爲中國人生最高理想，亦中國文化一最大特質。中國文化特質還可以「一天人，合內外」六字盡之。自然人文會通和合，融爲一體，謂之「一天人」；人生寄在身，身則必賴萬物而生存。使無身外之物，又何以有此一身，故稱「合內外」。

美籍學者杜維明《宋明儒學的本體論：一個初步的探討》一文，試圖證明宋明儒學思想是以本體觀點爲基礎建立起來的。正是由於宋明儒學的道德的社會的思想是建立在高度綜合的形而上學水平上，它們才具有特殊的意義。該文指出，「聖」是宋明儒學所關注的一切主要課題的哲學的輻輳點，它不是一個不可企及的理想，而是一個可以實現的存在的境界，人們可以在自己的生活方式中體現它的存在。作爲經驗的方式而不是作爲一個抽象原則的聖並不缺乏心理和倫理的含義，然而既然它是一個關於人類存在的最深刻意義的思想，也是一個最高的存在的思想，那麼我們必須從一個更廣泛的觀點來理解它和評論它。

（胡欣）

魏晉南北朝時期的道敎　　湯一介　著
陝西師範大學出版社　　1988 年 4 月出版　　253 千字

本書爲《中國文化書院文庫》中《魏晉南北朝思想文化史叢書》之一。這套叢書（共十一本）旨在於從思想史的角度研究魏晉南北朝時代的文化現象，從文化的深層結構方面探討特定時代的民族精神。

作者在本書《緒論》中指出，我國歷史上曾經流行過的宗教有佛教、道教、回教、天主教、基督教及祆教等等，但其中只有道教是中國本民族的宗教。因此，研究道教的產生、發展的歷史及其特點，可以加深我們對自己民族文化、民族心理以及思惟方式的特徵的了解。

全書共闢十四章，並附有（S. 四二二六）《敦煌本太平經》殘卷。

第一章，緒論，這裡，主要探討了道教於東漢末年產生的社會歷史條件和思想淵源。指出：(1)漢末時期經濟、政治、精神和道德的普遍瓦解，爲宗教的產生提供了客觀條件；起義農民普遍利用方術迷信，爲宗教產生提供了廣大的羣衆基礎。(2)

道教作爲一種宗教雖不同於作爲一種學術流派的儒家和道家，但就其思想淵源説它卻離不開儒道兩家，並且它一開始就是以儒道互補爲特徵的宗教派別。(3)佛教的傳入大大刺激了我國本民族宗教的建立，成爲建立一種民族宗教的動力。總之，道教是來源於中國固有的神仙家，並以儒道互補爲思想基礎，與外來宗教——佛教相抗衡的宗教。它是中華民族的民族文化特性的一種表現。

第二章，《太平經》——道教產書的思想準備。作者指出，思想理論往往是宗教派別建立的前導。《太平經》的成立早於道教的正式建立，而在道教建立之後即成爲其經典，便是一例。作者針對近來國內外的有關討論指出，道教本應是「出世」的，它之所以有著干預政治的願望，應該歸之於中國本民族宗教所要求者。道教之所以稱之爲「道教」，不僅因爲它與「道家」有著密切聯繫，而且也因爲它是一種「道德教化」以「致太平」的深受儒家思想影響的宗教。

第三章，道教的產生。本章具體探討了道教產生的歷史過程，介紹了作爲道教前身的戰國末燕齊地區的神仙家以及早期道教的兩個分支：漢末順帝時張陵的「五斗米道」和靈帝時張角的「太平道」。作者認爲，道教是由張道陵創立的，爾後爲張角、張修兩支利用來發動和組織農民起義，再後張魯又依靠它在漢中地區建立了割據政權，此時道教已有了初步的教規教儀和教會組織系統。

第四章，《老子想爾注》與《老子河上公注》。作者對早期道教的這兩部經典的成書年代、作者等問題作了考證，並給予了深入的內容分析。作者認爲，《河上公注》與《想爾注》兩注相較，後者顯然有較强的宗教性、神秘性，且更荒誕，而前者較富哲學意味，且更近了《老子》原意。

第五章，討論了三國西晉時期對道教的限制。第六章介紹了道教在南北朝時期的發展。作者認爲，東晉南北朝時期，道教完成了以下五方面的大業而成爲完備的有影響的宗教團體：1. 整頓和建立其教會組織；2. 建立和完善其宗教教義的理論體系；3. 編纂其經典；4. 制定和完善其教規教儀；5. 編造神仙譜系和傳授歷史。

第七章，介紹了爲道教建立理論體系的思想家葛洪，特別通過對葛洪《抱朴子》的介紹説明了道教具有的既要求「長生不死」又要求現世的「治國安民」的特點。此外還例舉了葛洪及道教對中國古代化學、醫學、藥物學的貢獻。第八章，介紹了爲道教建立了比較完備的教規教儀的思想家寇謙之。第九章，介紹了爲道教首創經典目錄的思想家陸修靜，第十章介紹了爲道教創立神仙譜系和傳授歷史的思想家陶弘景。

作者認爲，從宗教史的角度看，魏晉南北朝時期道教和佛教間的矛盾和衝突，集中反映在兩個問題上，一是「老子化胡」問題，二是生死問題。本書第十一、十二章，分別討論了這兩個問題。作者採用比較宗教學的方法研究了「老子化胡」説反映的「佛道先後」問題，得出了「一種民族宗教可以容忍其他民族宗教但絕不能讓其高居於自己之上」的結論。關於在生死問題上佛道兩教的不同，作者概括爲：佛教主張成佛靠覺悟，成佛、解脱的手段主要靠內心的修養；道教主張成仙靠積功，超生死、得解脱要靠物質力量的幫助。

第十三、十四章，從「承負」説與「輪迴」説、「出世」和「入世」兩方面繼續討論了道佛兩教的區別以及在此問題上表現的不同民族傳統文化的差異。

本書内容豐富翔實，觀點精深獨到，表現了這一領域研究的新水平。

（胡欣）

中國佛教與傳統文化　方立天　著
上海人民出版社　1988 年 4 月　311 千字

　　本書共分十五章。

　　前七章主要闡明了佛教的歷史、經典、基本教義、儀軌制度、寺院殿堂、名勝古跡幾個方面。旨在通過歷史、理論、制度等多方面說明，使人們對佛教整個體系有個具體的了解。本書首先敍述了印度佛教的創立、演變、發展和對外傳播，並著重分析了佛教傳入中國以後，從三國兩晉時代的初步流傳到東晉十六國的隆盛，再到隋唐宗派佛教的創造與繁榮，直至五代以來的衰微中延續的中國化、民族化的過程。在此基礎上，論述了佛教經典的翻譯和撰述、中印兩國學者著作的結構及形成。用大量篇幅，重點論述了龐大的宗教思想中最重要、最核心的思想理論、學說和信仰。其論述分兩個方面：一方面是對人生本質的追求即倫理宗教思想的學說，它是構成佛教教義的基礎。另一方面是對人與宇宙的探討，形成了「緣起」、「無常」、「無我」等富於哲學色彩的宗教理論，這是倫理思想的哲學基礎。在以上論述的基礎上，對佛教理論的本質作了深刻的剖析。然後，書中介紹了佛教維護其僧團活動的佛教制度和佛教儀軌以及宗教實踐活動的場所——寺院殿堂的建構、演變、配置、塑像釋名。指出佛寺殿堂集雕塑、建築、書法、藝術、美、神奇聯想於一體，是文化、文明的表徵。同時，作者還指出寺院殿堂的多種社會功能。

　　第八章到第十三章，分別從政治意識、倫理、哲學、文學、藝術和民俗六個方面論述佛教與中國文化的關係。作者運用馬克思主義的歷史與邏輯相統一的方法，闡述了佛教在不同歷史時期與中國政治、倫理、哲學的聯繫，分析了佛教作用於政治、倫理和哲學的途徑、特點以及規律。指出佛教既爲統治階級政治服務，又有與之相矛盾的一面，佛教的倫理化、儒學化豐富了傳統的倫理道德，佛教哲學在與中國哲學之間吸收、挑戰等錯綜複雜的關係中，逐漸民族化、中國化，成爲中國傳統哲學中的一部分。

　　本書在闡述佛教與文學、藝術和民俗三者關係時，通過佛教翻譯文學以及佛教對詩歌、古典小說、說唱文學、文學理論批評和文字語言的影響，說明了佛教對中國文學的影響。指出，佛教爲中國文學帶來了新的文體、新的意境、新的命意遣詞方法即帶來了形式上、内容上兩個方面的重大變化。通過佛教建築、雕塑、繪畫、音樂四個方面，著重論述了佛教在中國藝術史上的重大的積極作用。通過佛教節日、輪迴和成佛觀念、佛事制度等方面，說明了佛教生活習慣對中國民俗的影響之廣、之深。

　　本書最後兩章敍述了中國佛教的基本特點以及對外影響。從宏觀上，揭示了源於印度佛教的中國佛教與印度佛教的異同，把握了中國佛教的特殊之處。指出了佛

教在中國的產生、滋長、興盛、衰落的演變過程，並結合歷史，揭示中國佛教在形態方法和理論系統上與印度佛教不同的特點，從中總結出外來佛教民族化的文化學上一些基本規律。

全書結構緊湊，首尾一貫，採用了縱橫交錯的敍述方法。資料引用具體、典型，在佛教與傳統文化的研究上作了有益的嘗試。

（吳紅）

北大校長與中國文化　中國文化書院　編
生活、讀書、新知三聯書店　1988 年 4 月出版　153 千字

本書是介紹爲中國文化作出貢獻的北大歷屆校長的論著，並獻給北大誕辰九十周年。

書中介紹北大校長以及學者共十一人。書前有二個序，介紹了本書宗旨及對文化研究的意義。書後有個附錄，介紹了陳獨秀、梁漱溟、朱光潛在文化上走過的道路以及他們對中國文化的貢獻。本書旨在以在北大這個文化搖籃中工作的作爲我國學術界、文化界代表人物的歷屆校長爲觀察點，把他們的思想與文化活動聯繫起來，既具體又典型地探討了在新舊、東西方文化衝擊下，中國文化現代思潮發展的脈絡。

書中介紹了首創京師大學堂的清末重臣、大學士孫家鼐。他督辦官商局，在辦學之本、教材選定、學科設置上融西方教育體制與中國傳統學館爲一體。但其地位決定了他屈服於政治，反映了在文化衝擊下士大夫的心理。近代著名啓蒙思想家嚴復，以啓蒙爲己任，發表了大量論文和譯著以介紹西學，救亡圖存。晚年由倡西學轉爲倡經學，復歸傳統儒學，尋找中國文化生存的生命力。反映了文化衝突中的一代知識份子所走的必經之路。蔡元培校長，作爲貫穿中西的學者，就任北大校長期間，整頓校風，改革教育體制。以倡導學術自由、兼容並包的民主風氣奠定了北大在新文化運動中的地位。求傳統文化創新，吸西方之長，提倡美育，在近代教育史上寫下了光輝一頁。書中還介紹了反省中國傳統文化的學者梁漱溟、陳獨秀以及開創新文化的主要人物胡適。陳獨秀站在西方文化立場上，對中國傳統文化反省最爲深刻。一代儒學宗師梁漱溟由佛入儒，提出了人類文化進化的三段式理論和西方、印度、中國三方文化融合的思想，以及中國文化經過批評改造能夠繼續存在和復興的結論。胡適提倡白話文和文學改良，帶著對中國文化的危機感反省傳統文化，有一定民族虛無主義傾向。他認爲中西文化差異是時間差異，中國文化只有全面改造方能生存。書中還介紹了畢生致力於印度佛教與中國文化關係的研究的湯用彤先生。他通過南北朝佛教史的研究，注意到了本根文化與外來文化碰撞中二者都不可能維持原狀，都要尋求新的生長點，既反對全盤西化，又反對固守本國文化，主張在衝突中融合並取長補短，發展自己特色的本根文化。季羨林教授對印度語言、文化和中印文化關係有很深的造詣，同時關注中國文化。他著有《傳統文化與

現代化》一文，指出傳統文化的民族性與現代化文化的時代性不可缺一。倡導東方文化比較，在文化交流和比較研究中作出了貢獻。由於所處的歷史時期不同，馬寅初、翦伯贊、朱光潛教授更多地不是反思，而是在反思基礎上進行文化選擇。他們一生從事文化活動，分別在人口學、歷史、美學方面對中國文化作出了貢獻。他們勇於爲真理獻身和學術上的執著追求，反映了他們各自的文化選擇以及中西文化對他們思想、性格、活動以及文化選擇取向的影響。

本書序、正文和附錄三部分有機聯繫起來，通過北大歷屆校長學術、政治、思想文化活動反映了自鴉片戰爭打開中國大門以來的中國知識份子的文化選擇觀的變化發展。選材典型，具有新意。

（吳紅）

文化的民族性與時代性　　龐樸　著
和平出版社　　1988 年 8 月出版　　150 千字

本書爲論文集，結集了作者 1980 年以來關於文化問題的談話、講演和專論二十二篇。至於其特色，作者在「自序」中自認是「爲引起文化的研究而呼號吶喊」。

作爲聯合國教科文組織《人類科學文化發展史》國際編委會中國代表，龐先生在《答〈人民日報〉讀者問》等文章中呼籲注重對文化史的研究。指出 1949 年以後的三十多年中，我國的文化史研究領域幾乎是滿目荒蕪，這與我們這個擁有優秀文化傳統而又在建設社會主義文明的大國的狀況是很不相稱的。造成這種狀況的指導思想上的偏差，在於對於唯物史觀的錯誤和片面的理解，侷限於經濟、政治兩個領域，而對於鼎足而立的文化現象缺少應有的重視，大有一談文化便落入唯心陷阱的隱憂。

在《中國傳統文化與現代化斷想》、《創造有中國特色的現代化文化》、《中國文化的人文精神》（論綱）等談話、文章中，龐先生提出了以「人文主義」四個字概括中國文化的主張，認爲中國文化傳統的核心和實質是人文主義。指出孔子的「仁學」，正是一種古代的人文主義，中國自春秋以來，重視人的思想一直未曾中斷。它影響、浸透到中華文化的各個方面：中國的宗教追求肉體成仙或神化祖先；中國的科學技術注重「厚生利用」，技術性成就大於純科學的成就；中國的哲學，形而上學的課題總要落實到政治倫理命題上去，這些都是中國文化中的人文主義本質特點所決定的。

龐先生認爲，中國的人文主義與西方的人文主義的區別在於，中國的人文主義是從人出發，以人與人之間的差別，不平等爲前提的，在此基礎上產生了調整人際關係的「五倫」，產生了三綱五常，構造了整個封建社會的等級秩序。西方的人文主義是從神學引伸出來的，從「上帝面前人人平等」、「人人都是上帝的選民」產生了西方的人權、民主思想。西方文化觀念上的人是抽象的人，東方的人則是具體

的人。造成這一區別的根本原因在於中西文化對於人的理解上的差異：認爲人是具有理智、情感和意志的獨立個體，每個人是他自己内在因素的創造物，他對自己的命運負責，這是歐洲人文主義者乃至雅典學派的人論。相反，把人看成羣體的分子，認爲人是具有羣體生存需要，有倫理道德自覺的互動個體，這是中國人文主義的人論。龐先生認爲，從西方的觀點看中國，可以説中國没有形成一種獨立人格，而用中國的觀點看西方，可以説西方没有形成社會人格。實際上，二者都是一個片面，合理的觀點，也許是二者的統一。

在《文化的民族性和時代性》、《傳統與現代化》、《舉世矚目中國傳統文化》等講演和文章中，龐先生提出了關於傳統的估價標準以及在現代化進程中如何對待文化傳統的問題。指出不宜用現代化的西方觀念作爲標準評判中國傳統文化。因爲任何人、任何民族都没有辦法把自己的血液換一遍，傳統是不可擺脱的，它不僅裸露在外，而且深深地浸入血液。它自有其内在價值和外在根據。既帶有蝕痕斑斑的時代烙印，也飽含根深葉茂的民族精神；且在時代性的品格中，潛存著永久性的因素，在其民族性的品格中，又包容著人類性的成分。傳統對於我們民族，既是包袱又是財富，優點摻和著缺點，負面牽連著正面，渾然一體、自成系統。故現代化不可能是「白紙作畫」，而是如何使傳統現代化的問題。龐先生以欣喜的心情歡呼中國文化研究和中外文化交流的熱潮，希冀著「曾對人類文明作出過輝煌貢獻的中國傳統文化，在它的本土上經歷過一次現代化的洗禮後，會對人類文明作出更深遠更輝煌的貢獻」。

龐先生的文章意味雋永、精深，講演更是廣徵博引、信手拈來。本書具有很高的學術價值和可讀性。

（胡欣）

變革中的文化心態——當代社會心理分析及傳統文化的滲透作用 李勇鋒　著
國際文化出版社公司　1988 年 8 月出版　106 千字

我們生活在變革的時代，在由自然經濟向商品經濟，指令性政治向民主政治、封閉社會向開放社會的轉化的歷史過程中，各階層人們的心理都失去了平靜和單純、取而代之的是動盪和複雜。猶豫、徘徊、寂寞、痛苦由此而生。改革渴望舊有文化規範的改變，呼喚新文化心態的產生。本書考察了變革中的文化心態重在揭示變革中的痛苦歷程。作者没有作純理論的演繹，也不是尋章摘句的考證，而是用充滿激情的筆調，運用實證的，描述性手法，通過披露十數個社會心理調查的結果，展現了當代文化心態變革的現狀，反省傳統文化的積澱和滲透作用及其撕裂它的巨大痛苦。

全書共分七章。第一章考察了自然經濟和商品經濟兩種不同經濟形態下的兩種不同的文化心態。自然經濟中天人關係、人際關係中的固定秩序使人們產生一種虛幻的穩定感，這是一種窒息活力的穩定，商品經濟的發展，打破了這種停滯性的穩

定，雖然開拓和冒險會使人產生一些空虛感、疲憊感和人際關係複雜感，但這是兩種文化心態交替中的「陣痛」。對於創造中帶來的這些歷史主義和論理主義的衝突，根本的解決辦法不是回到自然經濟小國寡民的境界中，而是要大力發展商品經濟，在歷史的推進中建立新的思想境界。

第二章闡述了改革在政治上引起的變化，即民主政治正在逐步取代指令性政治。政治體制改革比經濟體制改革更爲艱難和漫長。但，全面改革的成功與否是要以政治體制改革的勝利與否爲轉移的，與民主政治相適應的文化心態也只有在政治體制改革的進程中逐步建立起來並反過來推動改革的全面發展。

第三章指出封閉社會必然導致枯乾的生活，片面地追求假大空的「理性夢」，不重視人的感情生活，把馬克思主義理論教條化地套進生活。開放的社會打碎了舊的理性夢，使人的感性生活得以沸騰。我們需要開放社會中不排斥感性的新的理性。

在第四、五、六章中，作者揭示出改革中不同年齡、不同性別、不同階層的人們各自不同的矛盾文化心態。如老中青三代人的心理發展軌跡，傳統的「孝道」和代溝問題，男女自主和依賴問題，獨身者、女強人的煩惱問題，新時期個體戶和軍人、工人和農民、幹部和知識份子的不同的義利觀及其對比問題，等等。

在最後一章中，作者提出應該建設理性和感性相統一，本能和理智相融合的新文化。我們不能不要社會規範，但又不能要窒息活力的社會規範。制止人慾橫流，制止犯罪，只有靠在發展商品經濟、開發人活力的過程中建立新的規範來解決，而不能倒退到自然經濟模式中去。在全書最後的小結中，作者提出應該在社會學意義上建立一門悲劇快感的理論學科，以指導人們去正視這種痛苦，並戰勝這種痛苦。

（方雲鳳）

龍鳳文化源流　　王大有　著

北京工藝美術出版社　　1988年出版　　325千字

本書是我國第一部系統探討龍鳳文化源流的專著。龍、鳳作爲中華民族的象徵，是中華民族古代的兩大主要圖騰。本書作者惑於龍鳳文化在中國文化史和美術史上的誘人魅力，爲叩開龍鳳文化神秘之門，十餘年考察、研究不輟，足跡遍及我國二十省五十餘縣、市，終成此作。

全書包括十一章，並載有王朝聞寫給作者的兩封書信和房仲甫作的序。

第一至七章，作者從圖騰文化入手，對幾十種龍鳳圖形的起源變遷及其所表現的特定的民族心理和審美意識進行了綜合的研究。作者指出，今天展現在人們眼前的龍鳳形象，乃是數千年來逐步演化的結晶，是由各大自然經濟區、文化中心區的遠古民族的圖騰複合演化的結果。故對龍鳳造形的研究遠遠超出了藝術的範圍而與整個中華文明相關聯。一部龍鳳藝術史，就是中華民族文化發展史的一個側面，它是中華民族由多元逐漸走向統一的歷史見證。

從第八章開始，作者討論了「中國龍鳳藝術的亞洲播遷」、「中國美洲龍鳳藝術比較」、「中華文明與太平洋文化圈」等問題。作者從文化交流互滲的角度，在廣闊的背景中考察了龍鳳藝術對世界文化的深刻影響及其在世界文化中的地位。作者得出結論說：⑴中華文明不少於七千年，中國的仰韶文化、大汶口文化、紅山文化、良渚文化，已屬於文明時代。⑵世界文化只有兩大系，西系是以古埃及和古希臘爲主體文化的西方文明，東系則是以中國、印度文化爲主體的東方文明，其中又以中國文明爲領導。中華先人早在遠古時期就在環太平洋區域留下了豐富的文化遺跡，把中華文化與文明傳播於整個環太平洋區域。至遲在五、六千年以前即已創造了以中華文明爲特色的太平洋文化。

本書還附有主要參考書目和有關圖版。全書共收錄自遠古文化以來我國各民族以及日本、朝鮮、美洲印第安人等的龍鳳圖案一三〇〇餘幅，其中某些爲首次發表。

該書內容翔實，觀點新穎，資料豐富，具有一定的史料價值、欣賞價值和研究價值。

（胡欣）

儒家文化的困境——中國近代士大夫與西方挑戰　　蕭功秦　著

四川人民出版社　1986年6月出版　126千字

藉助認識心理學、社會心理學的某些概念、工具和方法，研究文化史與社會思潮史，運用一些邊緣學科方法來理解複雜的歷史文化現象，本書是一個成功的嘗試。

作爲傳統儒家文化的主要體現者，中國近代的正統士大夫是怎樣認識、理解和對待西方資本主義文明的？爲什麼他們不能成功地應付來自西方的挑戰？中國近代正統士大夫的應戰措施，在鴉片戰爭以後的大半個世紀裡，爲什麼總是一連串的失敗的歷史記錄？因爲，近代儒家文化缺乏一種在西方挑戰面前進行自我更新的內部機制，難以實現從傳統觀念向近代觀念的歷史轉變，從而只能繼續以傳統的自我中心的文化心理和陳舊的認識思維框架，來被動地處理種種事態和危局。在十九世紀後半期這樣一個國際時代，人們仍然習慣於用傳統的排斥旁門左道的方式來實現民族自衛的目標。由於觀念與現實的嚴重悖離，從而使近代儒家文化陷入自身難以擺脫的困境。

作者從近代中國正統士大夫的文化心理、認識心理與社會心理三個層次上展開分析，考察了中國正統士大夫對異質文化的排斥態度是在什麼歷史地理環境中形成並強化起來的，近代正統士大夫在理性層次上通過什麼樣的認識思維機制把對西方文化的深拒固斥邏輯地認爲合理的，在西方侵略和民族危機深化的刺激下，正統士大夫的文化心理與認識心理的交互作用又如何激發起一股虛矯的國粹主義的排外思潮。這種強有力的排外思潮，不但使中國的近代化和民族自衛過程遭到嚴重的挫

折，同時，也構成近代維新運動失敗的社會背景。

　　全書共分六章。第一章《近代中西文化衝突的歷史背景》，作者分析了古代中國人是怎樣看待中國文化圈以外的世界的，分析了他們文化心理形成的地理環境。作者分別以華夏文化圈與外部世界；中央集權與華夷國際秩序；拒絕向天子跪拜的蠻夷──一個深深沈睡的古老民族爲題論述了這一問題。

　　第二章《正統士大夫是怎樣認識西方事物的》，作者從認識心理學的角度分析了爲什麼鴉片戰爭後正統士大夫總是把來自西方的新異事物，如科技及輪船、火車、電報機等物質文化當作異端來排斥，近代中國士大夫階級中的大多數人對待西方文化的國粹態度和思想立場是如何形成的，作者探討了他們的心理原因即士大夫的羣體認識心態。

　　第三章《一位清朝公使眼中的西洋文明》，作者對一個名叫劉錫鴻的士大夫的思想進行了剖析，考察在一個國粹派人士身上，傳統的認識心理機制與尊己卑人的文化優越意識之間是如何發生相互影響的，以便認識中國近代正統士大夫的國粹傾向極度頑強的原因。

　　第四章《洋務派的危機意識》。

　　第五章《對洋務派的反動：憤怒的清議派的崛起》。

　　第六章《國粹主義的最後一戰：幻覺中的勝利與現實的悲劇》。

　　本書文字新穎，史論結合，論證精闢、透徹，是研究儒家文化及中國傳統文化的一本不可多得的書。

（徐秀娥）

論文摘編

從比較文學到比較文化　黃萬盛、孫月才
《文匯報》　1985 年 1 月 21 日

　　比較文學在近代歐美是一個相當熱門的學科，以至在理論上有法國學派和美國學派之爭。法國學派把比較文學的對象限於一國文學與他國文學的比較，偏重資料發掘，提倡影響研究。美國學派以爲比較文學不僅是超國界的文學與文學之間的比較研究，而且也研究文學與其它學科之間的關係，它強調通過比較加強對文學的理解和評價，把有意義的結論貢獻給別的學科，貢獻給全民族和全世界。

　　但是，美國學派的定義易造成概念混亂的弊病，要擺脫這一困境，看來需要形成一個更概括的新概念，我們稱它爲比較文化。它不僅能包羅各學科自身之間的比較，而且也包羅科際比較，同時又開拓了一門新的學科，即比較文化學。比較文化應是兩種不同類型文化之間的比較，它當然含有國與國之間的文化比較，但它不能脫離基本的文化類型。比較文化的核心是在大的文化背景和文化結構中，運用比較的方法，探討各具體文化形態的生成發展規律。由此出發，構成較爲完整的比較文化的對象和範圍。

　　從比較文化的功用看，有如下三個方面：其一，以宏觀研究發展世界文化。這就是對一國、一民族、一種類型的文化與別國、別民族、別一種類型的文化進行整體的比較研究。從兩種文化的類同和差異、歷史上的聯繫和影響的探討中尋找文化發展的規律性的東西，爲文化的發展提供歷史的經驗教訓和啓發性意見。以利於各國、各民族、各種類型文化之間進一步的發展交流、取長補短，用各自的特點、精華來發展、豐富人類的共同文化。隨著人類的進步，人類的文化必然要克服民族的地域的狹隘性，越來越具有世界性。統一的世界文化還是遙遠的事，但它又是一個逐漸接近的過程。人類總是一代一代地在不斷地向這個方向前進。其二，以微觀研究發展具體學科。微觀研究是指比較文學、比較哲學等以及各種科際比較。這種分支研究，由於研究的角度不同，它的功用是具體多樣的。宏觀研究和微觀研究是互相聯繫的，從微觀研究所得來的科學結論，供宏觀研究進一步的綜合，得出更具有普遍意義的結論，從而又反過來推動微觀研究。其三，以文化的比較研究，科學地把握東西方文化的強弱所在，爲我國現代化建設服務。今天建設有中國特色的社會主義現代化，客觀上是處在東西文化會合交流的背景下。我們實行開放政策，引進西方先進的科學文化成果，這就需要對西方的科學文化有正確的認識。我們強調改革，其中包括對傳統的習慣、思維方式作相應的變革，這就意味著對中國文化傳統有一清醒的再認識。這兩方面在哲學社會科學研究上正是比較文化的題中之議。我們應該通過比較研究去科學地把握東西方文化的強弱所在，才有可能建設合乎中國國情的社會主義現代化。

從華裔美籍物理學家的成功之路，看不同文化價值觀念對科學發展的影響　姚蜀平

《光明日報》　1985 年 7 月 17 日

中國人作爲移民來到美國已有一個多世紀的歷史。早期中國移民對開發美國西部有過汗馬功勞，但他們多居住在唐人街，相對獨立於美國社會和美國文化，他們及其後裔中大多是工人和商人，沒有出現過大科學家。但二十世紀五十年代後這種情況發生了變化，這種變化是由一羣中國留學生引起的。他們完全以新移民的身分，對這個社會的文化做出了相當大的貢獻，其中最突出的是湧現了一批物理學家。這種成功不僅僅歸因於中國人的勤奮和聰明，還應看到，他們與早期移民不同，他們已經相當全面地接受了移民國家的文化價值，不管他們自己願意或喜歡與否，他們是美國化了。

下面我們從華裔美籍物理學家的成功之路，來看看不同文化價值觀念對科學發展的影響。

一、競爭是社會發展的重要動力　美國社會充滿了競爭，美國科學界亦如此。這種競爭促使人們不斷奮鬥，並在一定程度上使得這個社會富有生命力。而中國傳統文化陶冶的卻是抑制本能、節制欲望、克己內省的人，不習慣也不喜歡競爭。而當五十年代的華裔學者跨入美國社會時，就被捲入了競爭大軍。他們意識到，必須拋掉那些束縛創造性的傳統枷鎖，必須像個美國人那樣去奮鬥，把一切潛能煥發出來，做到自己所能做到的最好的。於是，他們成功了。

二、自尊與自信是成功的起點　中國傳統文化陶冶的是性格內向、行動拘泥的人。早期中國移民與美國社會的隔離與他們的自卑不無關係。五十年代後的學者移民則不同，一旦加入競爭的洪流中，他們所面臨的危險往往不是把自己估計過高，而是估計過低。他們必須使自己保持尊嚴與自信，把握著機會，力爭比美國人做得更好。於是，傳統文化的溫、良、恭、儉、讓，在美國這個社會就毫無作用了。

三、承認「隱私權」的社會功能　中國傳統社會不尊重「隱私權」是問題的癥結之一。美國文化價值中重要的一點是尊重「隱私權」，人們習慣於不多干預他人，崇尚個人獨立的精神。這大大減少了人們在無聊的爭鬥中被傷害的可能性，儘管社會也爲此付出了巨大的代價。而在中國傳統社會中，「隱私權」是不存在的，個人的行爲與意志要受周圍的許許多多的制約，人之間容易產生矛盾和猜疑。從事科學研究的人，最渴望集中精力而減少那些無聊和無謂的消耗。因此，在尊重「隱私權」的美國社會，中國血統的學者可以把所有的智力和精力用於事業。

四、關於「官」的不同價值觀念　中國的封建制延續時間長，它使得「官」在人們的眼中變得神聖而尊貴。成功者、被信任者，必委以官職，有功而無官職的人會感到丟面子。美國社會奉行的是重實利、輕虛名，學者們重視的只是課題選擇權、人事自主權和資金支配權，即使任職也往往是作爲一種應盡的義務，絕非多數人所嚮往的。總之，他們的成功告訴我們，沒有觀念的現代化，社會主義的現代化將永遠可望而不可及。

中國傳統思維模式向何處去？　　陳曉明

《福建論壇》（文史哲版）　1985 年第 3 期

　　中國近代科學技術爲什麼落後？這有相當複雜的原因，但與大一統的封建社會結構等價的傳統思維模式的影響有重要關係。中國傳統思維模式具有六個特點：

　　一是封閉性。中國社會的分散的小農個體經濟卻是以大一統的封建體制構造起來的一體化社會。這種大一統的社會結構直接在人們心理上建構了一個巨大的思維框架。中國哲學的致思傾向的內傾性充分顯示了傳統思維模式的封閉性特點，從而使其具有頑强的抗變性和保守性。二是求同性。這與大一統社會結構以及儒家正統思想密切相關，中國古代思想家大都是重於繼承傳統。三是單向性。求同的結果必然形成單向性，即整個時代的認識主體只選擇一個視度、一個向度去認知對象。四是直觀性。儒道互補的傳統哲學意識，並非把外在自然作爲一個客觀的認知對象來研究，而是把自然作爲一個倫理情感的整體對象來體驗，從而顯示出其直觀性。五是超穩定性。這與中國大一統社會結構的超穩定性是等價的。中國傳統思維模式一開始就是超穩定態發展，歷史的變遷並未使它脫胎換骨。六是亞節奏性。小生產者永遠有明天，時間觀念淡漠。重體驗，內省的「靜」自然否定了思維的動態結構，使思維過程具有亞節奏性。以上六個方面相互制約又相互適應。

　　今天面對著新技術的挑戰，中國傳統思維模式應向何處去呢？傳統思維模式的變革是社會主義生產方式的必然要求和必然結果。但也要看到這一變革的艱巨性。我們試圖提出傳統思維模式變革的下列型式：一是從封閉性到開放性。面對信息爆炸和知識急劇更新，只有開放性的思維能夠吞吐大量的信息量，從而激發科學的創造力。二是從求同性到求異性。求同性導向倫理修養，求異性則開啓科學發現的靈感，因爲求異性保持了思想的獨立性和批判性，而這是科學思維的重要品格。三是從單向性到多向性。只有多向性思維，才能啓發創造的閘門，創立新的理論，發明新的方法。四是從直觀性到邏輯性。嚴密的分析和嚴格的邏輯求證，是近代科學發展的思想方法手段，而現代科學的整體化趨勢又提出了更高的要求。五是從超穩定性到動態多變性。開放性的思維模式與外界高頻度的信息交流，必然導致超穩定系統的破壞，而形成動態多變的結構。六是從亞節奏到快節奏。思維的快節奏是我們能否適應信息爆炸，保證信息生發和流動的最基本要求。總之，我們要由「收斂式思維」轉換爲「發散式思維」。

　　那麼，我們如何才能達到思維模式的轉換呢？一是更新知識結構知識結構向立體交叉性方向發展。二是培養批判性精神。三是加强信息交流和提高接受信息的速率。四是創立學派。五是面向改革的現實活動。

　　我們指出中國傳統思維模式的弱點，提出變革傳統思維模式的問題，並不是持民族虛無主義的態度。我們面臨一個科學技術革命的時代，首先要適應歷史的發展，時代的需要。

中國文化史的發展脈絡　　馮天瑜

《中州學刊》　1985 年第 2 期

　　作爲世界文明古國之一的中國，其文化從孕育到雄强壯大，有一個漫長的、曲折多致的歷程。作爲觀念形態的文化的歷史，當然與整個社會的進程密不可分，但二者又不能簡單地歸結爲從屬關係。根據文化史自身演進的歷史，文化史有它獨特的脈絡和軌跡。中國文化史應當如何分期，目前尚未展開深入的討論。我們認爲，在分期時首先要注意中國文化特有的延續性。世界一些文明古國的文化曾昌盛一時，但由於内部或外部原因，後來都中斷過。而中國文化自殷商以來，代代相承，雖多有曲折，卻從未中斷過。正因爲如此，我們在考查中國任何一個斷代的文化時，都應探幽溯遠。其次，還要注意到各民族的文化不是孤懸於世界文化總體之外的，它是不斷攝取和消化周邊民族文化，並將自己的影響施加於周邊諸民族。因此，今天的中華民族文化，是一個包含了多種外來文化的複合體，而絕非一個封閉式的系統。

　　基於文化發展在時間和空間兩方面的特點，我們可以把 1949 年以前的中國文化史劃分爲七個段落。

　　1.史前——華夏文明的孕育期。

　　2.殷商到西周——神權居統治地位的官學文化階段，華夏文明的發育期。

　　3.春秋戰國——以民本思潮爲旗幟的百家爭鳴的私學文化興起，華夏文明的鼎盛期。

　　4.西漢到明中葉——以儒學爲正宗的封建帝國文化階段（其中又分儒學獨尊的兩漢、道家復興的魏晉、佛學極盛的隋唐、儒佛相混的宋明等四個階段）。

　　5.明末到清中葉——早期啓蒙文化（吸收了歐洲古典科技知識）與迴光返照的封建帝國文化相交織的文化階段。

　　6.鴉片戰爭到「五四」運動——愛國主義與西方殖民主義、資產階級新學與封建舊學相抗爭的舊民主主義文化階段。

　　7.五四運動以後——以馬克思主義爲指導，以反帝、反封建爲目標的新民主主義文化階段。

　　前三個階段可並稱爲「中國本土文化起源與發展期」，第四段可稱「中國與印度文化接觸、融變期」，第五、六、七段可並稱爲「中國文化與西洋文化接觸、融匯期」。

　　今天我們所著意建設的社會主義精神文明，既是社會主義經濟政治的產物，又是中華民族悠久文化傳統發展的必然結果——近而言之，它是五四以來新民主主義文化的延續和發展；遠而言之，它是對中國幾千年文化批判地繼承的結果。因此，我們在開創精神文明的今天，不可不回顧中華民族文化的昨天和前天。理出了往昔的頭緒，具體而深刻地總結中國文化史複雜歷史進程提供的經驗教訓，有助於我們清晰地透見未來的發展趨勢。

古代中西思維水平之比較　　高樹幟
《北京日報》　1985 年 8 月16日

　　有人認爲當代青年思維弱點的根源是我們古老的哲學、文化不重視人與物的關係，思維水平比較低，思維能力不發達。這種觀點，值得商榷。

　　我國思想史在春秋戰國出現了第一次理論活躍高峯，其合理內容與古希臘哲學、邏輯學相比並無遜色，且有高出之處。不同的是，他們是純自然的研究哲學，純理論的研究邏輯學；我們是以自然與人文相結合研究哲學，以理論聯繫實際研究邏輯學；雙方表述的語言和形式也有很大不同。而由於西方哲學、邏輯學是近代傳入我國的，當時我國科學思維水平大大落後於西方。由此，一些西方思想家就以優越感提出了「歐洲中心論」，竟認爲中國無哲學。其實這是對中國思想史的無知。

　　茲以我國先秦與古希臘的哲學、邏輯學簡要對比，即可知我國古老的思想水平之高與發達了。

　　一、以孔子與蘇格拉底相比　蘇氏的博學和啓發式教育可以與孔子媲美的，但他的自然哲學思想認爲人類應認識自己，不應認識自然，是唯心論和神秘論的本體論。而孔子是結合人文研究自然的，是唯物論的本體論。

　　二、以孔子與柏拉圖相比　柏氏人生哲學強調道德，消滅罪惡，可與孔子媲美。但他認爲理念世界更根本，感覺不可能是真實知識的泉源，在其理想的社會結構中還保存奴隸制。而孔子主張感性與理性認識並重，其理想社會是天下爲公的大同社會。這都是高於柏拉圖的。

　　三、以孔子與亞里士多德相比　亞氏是古希臘最博學的人物，他創立的「中庸」——哲學方法論是可貴的。但應用於政治和教育，又只爲中產階級服務。孔子的中庸應用於政治要由「仁」人掌權，提倡「有教無類」，這都是亞氏所不及的。

　　四、以墨子與亞里士多德相比　亞氏創立的形式邏輯的三條規律，應用於實踐確具價值。但後來萊布尼茨補充了充足理由律才算完備。我國到墨子就創立了形式邏輯的基本體系，已經有了三條規律，墨子的「故」，相當於充足理由律，已較亞氏的理論爲全面。再就墨子的「三表法」來說，又高於亞氏了。

　　綜上所述，我國古老的哲學、文化和思維水平已經不能說比較低和不發達了。如果說現在青年中有些人存在思維欠缺的問題，根源並不在我國古老哲學、文化思維水平方面，而應該說那是封建專制傳統和解放後「左」的思想影響，特別是「十年動亂」造成的。

差異、原因、趨勢——中西自然觀比較淺論　　李志林
《學術月刊》　1985 年第 6 期

〔一〕

英國著名科學史家李約瑟博士及中國近期學者證明：

在明以前，中國人在科學技術上領先於世界，從而推翻了「中國傳統文化缺乏科學」之類的論點。但也有人認爲中國古代自然觀仍很「薄弱」，這是以西方自然觀爲模式來裁定中國所致。

西方自然觀長期是以原子論形態出現的。相比之下，中國古代原子論很不發達，但這不等於中國古代自然觀不發達。事實上，中國人較早較充分地發展了辯證法的氣一元論的自然觀。

〔二〕

中西兩種類型的自然觀的差別有三：

1.作爲世界本原的元素的含義不同　原子論強調個體性、間斷性和結構性，氣一元論強調整體性、連續性和抽象性。

2.形成事物的方法與途徑不同　西方原子論強調事物是由原子「組合」成的。中國的氣一元論則強調事物是由氣「生化」而成。原子論具有較多的機械論色彩，氣一元論具有較多的辯證法因素。

3.對事物運動原因的認識不同　西方原子論否認原子運動的內部根源，從外部尋找運動的原因。氣一元論則認爲氣本身具有運動屬性。

〔三〕

中西自然觀差異的原因探討。

首先，與不同的自然科學發展狀況有關。原子論產生於古希臘，是以當時科學發展的成果爲前提的。正是在科學家用獨立的物質元素的結合來解釋天地、生物的形成乃至人體構造的基礎上，原子論自然觀便應運而生。氣一元論的產生則適應了中國古代科學的發展水平。

其次，與不同的思維方式有關。自然觀總是或隱或現地依存於某種思維形式。原子論自然觀是抽象思維方式的產物，有賴於形式邏輯的發達。氣一元論與辯證思維密不可分。

〔四〕

中西自然觀原是以兩種模式平行發展的，但是到了近現代，呈現爲合流之趨勢。二十世紀以來，原子論的概念遇到了許多不可克服的困難，如間斷性的觀念。中國氣一元論自然觀到近代也顯露出弊端。一是它缺乏形式邏輯的指導；二是缺乏實驗科學的根據，尤其缺乏實驗科學的主要方法——數學方法；三是它帶有天人感應之類的神秘色彩。中西自然觀各自面臨的危機使之自我反省，於是西方人紛紛到東方來尋找理論智慧，而中國人自近代起向西方學習，呈現中西自然觀合流的趨勢。這種趨勢在醫學領域、現代系統論的基本理論和現代宇宙學中都可以看出。這種合流不是勢均力敵的融合，而是有傾向的交匯，因爲從現代科學自然觀中，我們仍依稀可見中國古代氣一元論的反光。

康帕内拉和何心隱　　包遵信

《讀書》　1985 年12期

　　中世紀的思想專制，一定會產生「異端」。凡是被統治者宣布爲「異端」的思想家，都會有著相同或相近的悲劇命運。不過，同是「異端」，時代與國別的不同，差別也很懸殊。中國晚明時期的一批「異端」人物就不同於意大利文藝復興時代被宗教裁判所定的「異教徒」的思想家。何心隱就不同於康帕内拉。

　　何心隱和康帕内拉，一個爲理學正宗所不容，一個爲宗教神學所迫害。他們犯的都是思想罪。除此外，他們之間就很難比附了。單從思想理論上講，康帕内拉對宗教神學的批判，爲人們提供了一個嶄新的世界——太陽城，雖帶有空想的性質，但它超出了舊世界秩序的範圍。何心隱也曾在家鄉試行過一套烏托邦，在「萃和堂」內一切通其有無，如果説在其內部多少有點平等的意味，那也不過是封建宗法關係給田園化了，並未扯斷封建的臍帶。

　　「異端」思想家對現實都是不滿的。封建制度到了晚明已是它的垂暮之期了。晚明思想界那麼轟轟烈烈，曾震動整個社會，卻未展現出新時代的曙光。晚明思想並非啓蒙運動，它雖然動搖了舊的思想規範、價值觀念和是非標準，但不能產生代替它們的新思想。他們對傳統觀念都展開了批判，可人格理想的價值標準和追求目標上卻又未能跳出封建的門檻，聖賢依然是他們心目中崇奉的偶像。晚明一些人匡正理學的流弊，強調「經世致用」，從文化史的角度來看只是儒家思想形態的自我調節。

　　而文藝復興時代，是人的主體意識的覺醒，當人走出神學的牢籠，獨立在自然和社會面前的是自由的主體。人格的獨立，思想的自由，是他們的共同要求，也是多少實現了的。康帕内拉繫獄三十多年，但他的思想卻翺翔在自由的太陽國裡。

　　思想不能跨越時代。板結的社會土壤，貧瘠的知識系統，閉塞的文化信息，僵化的思想模式，這就是晚明的時代。它怎能開出春天的花朵？

以開放的心靈接受「傳統」的挑戰　　杜維明

《青年論壇》　1985 年第 6 期

　　我們應當以不亢不卑的心態走向世界，同時以兼容並包的心胸讓世界走向我們。如何對待傳統？如何批判地繼承傳統？。青年們容易接受的看法是：中國傳統是由小農經濟、宗法制度和官僚政治所匯成的「封建意識形態」，爲了現代化，應該和傳統再度決裂。排拒傳統中國，擁抱現代西方便成爲一時風尚。

　　我建議大家以開放的心靈接受「傳統」的挑戰。一方面是深深地憂慮「和傳統再度決裂」的激情主義難免導致全盤西化和義和團兩種極端在同一層次、同一座標系中互爲因果的激盪所造成的變態心理。另一方面是感到「傳統」的多樣性和複雜性。

現代化的過程要想和傳統決裂有可能嗎？就以「封建意識形態」爲例，這種滲透在我們骨髓之中，在我們的行爲、態度和信仰各層次發生影響，在中華民族文化和心理結構底層長期的、繼續的起化學作用的勢能，我們能把它像包袱、像糟粕般拋棄了事嗎？

傳統也是塑造「文化認同」的不可或缺的層面，這個傳統，如儒家知識份子羣體的批判的自我意識，和中國農民堅靭勤勞的性格，就應該大大發揚。今天的中國青年知識份子自覺和不自覺地已承繼了五個傳統：

一、源遠流長的、繼續不斷的中華民族的文化歷史傳統。這個傳統在一般青年心裡只不過是「遙遠的回響」。

二、鴉片戰爭以來，西洋的堅船利炮破門而入，清代的士大夫被動而委曲地接受了歐風美雨的洗禮，形成了悲懷感傷的傳統。

三、五四以來「反傳統」的傳統。在魯迅、陳獨秀和胡適筆下早已凝成中國現代知識份子意識形態中的主導思想，它遠較中華民族的文化歷史傳統更有生命力。

四、長征、延安和 1949 年以來的革命傳統，它應是目前涵蓋面最廣的意識形態。

五、「文化大革命」、「造反有理」的傳統，它對我們的挑戰仍極爲嚴峻。

東西方思維方式多樣性的統一　　李小魯
《上海社會科學院學術季刊》　1985 年

由於社會和自然界多元因素合力作用，東西方人在歷史的發展過程中沿著各自獨特的文化模型，形成了兩種不同的思維方式。概括而言，西方人的思維方式具有較強的邏輯性、抽象性和理論性，而東方人則更具直覺性、經驗性和實用性。本文企圖在承認它們間差異的多樣性的前提下尋找兩者共同處，亦即「統一」。以下試從三個方面分論。由於旨在討論思維方式，故引用中國材料時，只能較多注意道教思想。

一、宇宙的和諧　萬物的一統。宇宙的和諧，這可謂東方人世界觀的基本特點之一，同時也是這一世界觀的本質。認識到所有事物和物體的相互關係和統一，萬物是宇宙統一整體相互依賴不可分離的部分，是同一終極實體的不同表現。這一同一終極實體在佛教中是「真如」，它是不可分和不可言狀的；而印度教則以「梵」來體現，主張「梵我合一」；道教卻名之以「道」，道是種生命，是己與天地萬物混爲一體的人的最高成就，即人與物的同一。

西方人對宇宙的和諧及世界的統一亦有相當認識，然卻遲遲未成爲其思維方式的本質特徵。畢達哥拉斯最早主張「美是和諧和比例」，堅持整個宇宙統一於數中。中世紀的教文學和經院哲學試圖把宇宙天體及人類社會統統包羅進上帝的體系。德國古典哲學的傑出代表黑格爾更著力闡發世界的統一性，甚至還建立了宇宙體系。然而，直到以相對論和量子理論爲主體的現代物理學問世，才爲這一世界觀

提供了强有力的證據。按量子理論中被最廣泛接受的哥本哈根解釋模型的觀點，宇宙不是物體的集合，而是統一體中各個部分相互關係的複雜網絡。

二、萬物的流動　承認物體的流動性質是道教哲學觀的菁華，老子揭示了萬物在特定時空中向自己的否定方向流動的永恆性。早期佛教的涅槃說及宇宙無常說的哲學基礎即萬物包括生命的永動。在印度教中「梵」即表示生命、生長、運動和前進。

西方人最早注意到萬物皆動的是赫拉克利特，說人不可能兩次踏進同一條河流。康德提出的太陽系起源和演變的星雲假說，比赫氏更前進了一步。黑格爾進而把整個宇宙看成是按邏輯規律自行運動和發展著的絕對精神體系，認為人的精神也處於永不止息的活動之中，活動的源泉是矛盾。在量子理論中物質的動態表現為亞原子粒子的波動性，這種性質在相對論中更顯重要，因為時空的統一性即意味著物質存在同其活性不可分，時空具有相互浸透性。

三、思維中的直覺　東方人幾乎普遍重視直覺在思維方式中的作用。中國的道教具有嚴重的經驗主義傾向，它對直覺的智慧比對理性的認識更感興趣，「道」超越了我們的言辭之外。對直覺的依賴在佛教、印度教中也很强烈，佛教禪宗對直覺的推崇登峰造極。

在西方人的思維方式中，對直覺意義的感知直到本世紀初才領會，這要歸功於弗洛伊德，其精神分析法的核心正是重新發現並揭露東方人早在三、四千年前已悟到的直覺的本質。現代西方的哲學和文學藝術等都受直覺的影響。

近代中國文化結構的變化　　龔書鐸
《歷史研究》　1985 年第 1 期

〔一〕

「文化」、「文明」，都是中國古老的詞彙。

「文明」一詞在《尚書‧舜典》中就已出現。「文化」一詞最早見於西漢劉向的《說苑》，指以文德來教化。後來，文化的含義包括文治、教化和禮樂典章制度。「文化」一詞具有近代新義是在十九世紀末二十世紀初，就當時發表的撰述中對於使用「文化」一詞的含義，歸納起來有以下幾種：①與文明同義，「文化」是與「野蠻」相對待而言；②廣義的，包括精神和物質；③狹義的，單指意識形態而言。

〔二〕

近代文化結構的變化是複雜的，多方面的。

首先是文化構成的變化。鴉片戰爭前，中國文化是單一的封建文化。鴉片戰爭後，除去封建文化外，還有帝國主義文化，有新文化（資產階級的民主主義文化和無產階級文化）。

　　其次是文化內在結構的變化。以儒學的倫理綱常爲核心的封建文化，在漫長的封建社會裡也有發展變化，但不是根本性質的變化，只是綱常倫理的體系化和嚴密化。中國近代歷史發展的進程中，一批有膽識的先進人物承認中國文化有不如西方文化之處，而致力於從西方資產階級文化中去尋求民主和科學。特別是民權、平等思想的提倡與傳播，蔑視了封建綱常倫理的權威，削弱了它支配意識形態一切領域的地位，使中國文化結構的核心發生了變化。

　　再次是文化的部門結構的變化。封建文化的部門分類較粗而簡。近代文化部門分類除了原有學科內容和體系的變革外，還出現了許多新的學科，使近代文化變得豐富而複雜。

〔三〕

　　從縱的方面來看它的發展變化的過程。

　　中國近代文化興起和發展的歷程與歐洲不同。中國是在半殖民地半封建社會的情況下，把近代文化從西方移植過來的。

　　鴉片戰爭引起了中國文化的轉折，現實使有些人承認中國有不如西方之處。首先是從西方文化中學習「堅船利炮」，後來進而吸取西洋的器數之學。然而，他們學習西方的自然科學是爲了衛護中國的綱常倫理。十九世紀六、七十年代到九十年代，文化領域的基本特徵是：器唯求新、道唯求舊。「中道西器」論（或「中體西用」論）佔主導地位，傳統文化沒有根本性質的變化。

　　甲午戰爭是中國近代史上的一大轉折，也是中國近代文化史上的一個轉折點。甲午戰後才有了較完備的資產階級文化，進化論和民權、平等思想成爲文化領域的指導思想。中國資產階級文化迅速地形成了一個較完備的體系，對文化問題的研究和認識有了進一步的發展和加深，不同的文化觀和派別也先後出現。從甲午戰爭到五四運動的二十多年間是近代文化活躍、繁榮、豐富的時期。

從印度佛教傳入中國看兩種文化的衝突和融合　　湯一介

《深圳大學學報》（社科）　　1985年2卷3期

　　印度佛教傳入中國後經歷了「比附」、「衝突」、「融合」三個階段。

　　一、印度佛教傳入中國，開始時依附於中國原有文化，而得以流傳並發生影響。

　　佛教在漢朝傳入時，首先是依附於中國原有的「道術」，漢朝多把「浮屠」與「黃老」同樣看待。魏晉時期，以老莊思想爲骨架的玄學本體論大爲流行，佛教徒多以玄學解釋佛教的理論，佛教的流行也得力於般若學與玄學的接近。這一時期說明外來文化往往要先適應原有文化的某些要求，依附於原有思想文化，其中與其相同或相近的部分比較容易傳播。

　　二、印度佛教在東晉以後的廣泛傳播，而引起了中國傳統文化與外來印度文化

的矛盾和衝突，並在矛盾衝突中推進了中國文化的發展。

東晉中期後，佛經翻譯日多，中國僧人也能較正確地了解佛經原意，這樣就產生了兩種文化的衝突。這一衝突表現在政治思想、哲學思想、倫理道德和宗教信仰諸方面。我們可以從《弘明集》中看出當時兩種文化矛盾衝突的若干問題。從這一時期看，雖然兩種文化有矛盾和衝突，但中華民族並未拒絕外來文化，而是盡力吸收著外來文化，表現了一個民族的自信心和其自身文化的價值。

三、印度佛教在隋唐以後為中國文化所吸收，首先出現了中國化佛教宗派，至宋佛教則為中國傳統文化所融化，形成了宋明理學，即新儒家學說。

隋唐時期在中國出現了若干佛教宗派，其中天台宗、華嚴宗和禪宗是中國化的佛教。這三派所討論的問題，在中哲史上最重要，影響最大的是心性問題和理事問題。到宋朝，理學反佛教講「空理」，主張「實理」，但又吸收了佛教（特別是禪宗）的許多思想，為中國哲學建立了一套本體論、價值論、人生哲學等較為完整的體系，把中國哲學向前推進了。這一時期說明，如果原有文化是有生命力的，是開放型的，它就可以吸收並融合外來文化，從而把自身文化大大向前推進。

當前，我國正處在實現四個現代化的歷史階段，然而只有現代化的科學技術，而沒有現代化的思想文化，實現四個現代化只能是一句空話。而現代化必然涉及到與「傳統」的關係問題。這是一個需要我們不斷探索的課題。「前事不忘，後世之師」，從印度佛教傳入中國的歷史過程中，我們也許能吸收一些對中國現代化進程有教益的東西。

中國文化的特點　　任繼愈
《承德師專學報》　1985 年第 1 期

自秦漢以後，中國就形成了多民族的統一的封建王朝。這個格局一直延續到清末、辛亥革命以前。中間有過分裂割據的一些朝代，但時間都比較短。在人們的觀念中，大一統才是正常的。而大一統的局面是各兄弟民族共同努力的結果。靠了眾多兄弟民族努力，才創造了中華民族的文化。中華民族的文化在世界上有它的特點，那就是它的連續性和融合性。

先說它的連續性。中華民族歷史悠久，有文字記載的歷史也有四千年以上。與世界各國比較，這個特點很突出。世界上有許多文明古國在古代有過光輝燦爛的文化，後來中斷了；有的國家在中世紀有過光輝的業績，後來又消沉下去了；也有的國家，近代有巨大貢獻，古代就說不上。中華民族歷史上也經歷過不少挫折，甚至是災難，但它終於克服了困難，能保持持續不斷地發展。

再說它的融合性。中國是多民族混居雜處的國家，各民族之間，誰也離不開誰，是個長期互相依存的共同體。文化的交流，互相通婚，逐漸形成華夏民族的文化共同體。學術思想的發展上就鮮明地表現了這種融合性。如荀子是先秦各種學派的總結；《呂氏春秋》融合了儒、墨、道、名、法各派；漢初的道家也是陰陽、儒、

墨、名、法的綜合體；董仲舒號稱儒家，實際上他已吸收了燕齊方士及陰陽家的思想；王充的思想也是儒家和黃老思想融合的產物；宋代理學開始融通三教，建立了儒教。

中國歷史上重要的哲學流派都善於吸收前人和同時代人的思想，經過消化，形成新的理論體系。不斷匯合、積累，逐漸形成中華民族獨立的文化傳統。我國歷史上凡是興旺發達時期，也就是善於吸收、融合外來文化、思想開放的時期。中國民族文化的持續性，使得多民族、多體系的文化在一統的政權下數千年不斷前進；中華民族的文化的融合性，使得民族文化不斷豐富其內容，持續發展。

簡論中國傳統哲學中不利於自然科學發展的因素　　喬根鎖
《西藏民族學院學報》　1985 年第 4 期

中國古代自然科學所取得的舉世矚目的輝煌成就，與古代哲學思維有著分不開的關係，同樣，封建社會末期我國科學技術的落後，也有相應的哲學原因。可以認爲，中國古代哲學本身就包含著一些不利於自然科學發展的因素。

一、古代哲學的倫理化傾向對科學技術有一定的排斥性　　中國哲學發端於對奴隸社會巫史學術的繼承和對現實社會政治問題清醒的理性分析，它的主旨是「究天人之際，通古今之變」，以求得適合於社會發展狀況的治世之道和倫理原則。自產生之日起，中國哲學就呈現出倫理哲學的傾向，而與之相對應的自然哲學卻不很發達。特別是以儒學爲主體的理論結構沒有給自然科學留下一席之地。儒家奉爲經典的《六書》設有自然科學知識，儒家強調腦力與體力的對立鄙視體力勞動，到宋明理學那裡的「存理滅欲」的理論成了科學技術的大敵。

二、「天人合一」的宇宙觀和整體性思維方法不利於自然科學的獨立發展　「天人合一」的宇宙觀是中國古代正統哲學的主要特徵之一，體現在認識論上，它要求人們用整體性觀念去描述世界、忽視了對世界的細節和原因的探討，這個以直接觀察和體驗爲基礎的整體性思維方式，未擺脫其樸素性和直觀性，從而妨礙了近代科學的產生。在「天人合一」的認識論中，沒有把自然界作爲一個客觀的獨立實體來對待，用對個人的內心直覺代替了對自然界的認識，用修養論代替了科學研究，排除了建立科學方法論的可能。

三、古代哲學沒有孕育出完整的邏輯體系，使古代科學缺乏總結　　中國古代哲學沒有能夠給科學技術提供經驗總結和理論概括的工具和武器，從而使其長期停留在經驗技術科學的水平上。中國科技發展到明清時期還是擺脫不了經驗的束縛和生產需要的侷限，科學家大都致力於技術革新和發明創造，而忽視基礎理論的研究。此外，由於古代哲學缺乏抽象思維的規則、方法和能力，就形成了中國古代沒有系統的科學理論的局面。

四、哲學範疇代替科學範疇，妨礙了自然科學對事物特殊本質的認識　　由於自然科學沒有形成自己的基本範疇和理論體系，元氣、陰陽、五行等哲學範疇也是自

然科學的基本範疇，把它用於科學理論，則顯得高度抽象，難以把握，如果把它作爲科學類比的邏輯前提對待，就不能不對以後的科學理論產生消極影響。其一，帶有猜測性質和神秘主義成份的範疇，容易把自然科學引向神秘主義；其二，造成了科學理論的概括往往爲哲學概括所代替，從而使古代自然科學理論長期和哲學理論融爲一體而不能獨立，致使古代科學未在具體學科領域中概括出定律和公理；其三、用這些概念來類比和規範自然現象時，很容易把人們的思維引向形而上學。

中西民族特徵溯源　　蔣曉麗
《史學月刊》　1985 年第 4 期

　　中華民族和西方民族，由於不同的生產方式、政治形態、文化傳統等，中西兩大民族的性格、氣質各具特色。其中最爲突出的是：中華民族的愛國精神和西方民族的冒險精神。本文就中西古代的經濟、政治、文化各自對這兩大民族特性的形成所起的不同作用作一粗略的分析和對比。

　　一、商業型和農業型　中西民族不同的性格特徵，最早產生於古代奴隸制國家興起之時。當時的西方（以希臘爲例）是一個以商業性經濟爲主的社會，而當時的中國（以中原爲例）已經是一個具有完全意義的農業社會。古希臘社會富有特色的生產方式——商業，造就了希臘人性格中所獨具的冒險性。而在古代中國，人們從事的主要生產活動是農業耕作，這種早熟的農業經濟造就了中華民族由「重土性」而昇華爲愛國精神的性格特點。

　　二、民主制與宗法制　古希臘奴隸社會是以民主制著稱的，這種民主制之所以能夠在古希臘應運而生，正是由於古希臘的商業型經濟基礎決定的。而古希臘的奴隸制民主政治強化了古希臘人的冒險性格。中國古代的政治、組織制度以血緣爲其紐帶，以宗法爲其準則。這種宗法制歸根到底也是由農業型經濟派生出來的。而宗法制的形成，保證了勞動力集中於農業，對農業經濟起了鞏固作用，加強了人們對土地、家園的義不容辭的責任感，形成了國與家的概念一體化的宗法意識。可見，宗法制對中華民族愛國特性的形成起到了鞏固作用。

　　三、宗敎與禮敎　在古代西方，濃厚的宗教神學氣氛籠罩著思想文化領域，就是那些極有理性的哲學家們，其思想的鋒芒也沒能突破宗教的藩籬。古希臘的文學作品，也無不充滿宗教神學的氣氛。古希臘社會文化思想的宗教性又強化了西方民族的冒險性，也給這個民族帶來了盲目衝動、極端狂熱的致命弱點。以孔子創立的儒教爲主的禮教，較爲全面地形成了中國古代的思想文化傳統。其中最突出、最重要的核心，便是要「仁者愛人」。它的這種以「愛人」爲核心的傳統觀念給中華民族意識性格造成多極、多層的影響。既爲愛國精神提供了源源不斷的精神養料，也給思想文化帶來了保守性和呆滯性。

　　中西社會這兩大民族特徵都具有錯綜複雜的多面性。相對來說，儘管中華民族的愛國精神有時也表現出民族主義的狹隘性和因循守舊、固步自封的惰性，但在更

多的時候，卻表現出民族反侵略性和正義性，成爲中華民族自立的根本保證。而西方民族的冒險精神儘管使其民族富於進取、創新，但它的另一面卻是赤裸裸的侵略掠奪性。比較民族特徵，在於發揚愛國主義的民族精神、吸取他民族的長處，爲振興中華做出更多的努力。

「中國封建傳統道德優於西方近代道德論」駁議　　學迅文
《青年論壇》　1985 年第 5 期

　　所謂「中國封建傳統道德優於西方近代道德」的論調之所以錯誤，首先在於它背離了歷史唯物主義的基本原則。從道德伴隨社會進步而進步這一歷史發展的總趨勢來看，說建立在落後的生產力水平之上的道德論比建立在先進的生產力水平之上的道德論更優越的觀點，顯然是不能成立的。大工業的發展使農民小生產者轉變爲工業無產階級，導致道德的進步，乃是鐵一般的事實。

　　其次，在於它否認西方近代道德論所具有的反封建的進步意義。中國的啓蒙者從西方學來了「自由、平等、博愛」來反抗封建傳統道德、不管「自由、平等、博愛」的理想在西方怎樣由於經濟不平等的存在而終於成爲一幅令人失望的諷刺畫，在近代中國卻還具有反封建的進步意義。不宣傳它，就不可能沖淡三綱五常的封建網羅，就沒有中國近代的革命運動。

　　再次，「中國封建傳統道德優於西方近代道德論」的錯誤還在於，它形式主義地認爲一切好的東西都是中國固有的，一切壞的東西都是外來的。西方資本主義社會中確實有許多腐朽醜惡的東西，我們當然要反對，然而卻不可把一切壞事都看作是外來影響的結果，殊不知西方社會中的一切歪門邪道，哪一樣不是中國封建社會中所固有的？例如極端的利己主義和淫亂現象，不會比西方遜色。

　　最後，「中國封建傳統道德優於西方近代道德論」之所以錯誤，還在於對中國封建傳統道德的全部虛僞性缺乏實事求是的剖析。中國封建時代的聖人大多有兩手，即一邊講些冠冕堂皇的話，一邊又極力爲一切醜惡的行爲開綠燈。

　　至於封建道德對中華民族的危害，更是顯而易見的。道德的本質在於戰勝邪惡，如果一種道德論不能戰勝邪惡，並被帝國主義用來進一步征服中華民族的心，有何「優」所在？民族的思想精華不在那些被帝王們捧得很高的思想中，而在深爲帝王所不喜歡的學術思想中，民族道德論的精華也包含在裡面。廣大勞動羣衆是民族最優秀的道德品質的創造者和保持者。至於封建聖人們的道德論體系，必須先給予粉碎性的打擊，然後才能從中擷取某些合理的顆粒。這裡關鍵在於要有歷史唯物主義的科學的批判精神。

中國文化的人文精神（論綱）　　龐　樸

《光明日報》　1986 年 1 月 6 日

　　如果單從文化的性質上著眼，我們應該承認，以倫理、政治爲軸心，不甚追求自然之所以缺乏神學宗教體系的中國文化是富有人文精神的。但是，中國的人文主義與西歐的人文主義相比，有一個根本不同點，那就是二者對於人的理解頗有差別。西歐人用認知自然的方法認知人，認爲人是具有理智、情感的獨立個體，每個人都是他自己內在因素的創造物，他對自己的命運負責。而中國人從關係中去體認人，認爲人是具有羣體生存需要、有倫理道德自覺的互動的個體，每個人都是他所屬關係的派生物，他的命運同羣體息息相關。

　　中西人論的差異，決定了中國人文主義有著種種不同於西方的特點。

　　特點之一是，中國文化不僅不把人從人際關係中孤立出來，而且也不把人同自然對立起來，天人合一思想構成中國文化的顯著特色。

　　天人合一還表現爲人之於天，不是把它當作僅供認知的對象物，不去追求純自然的知識體系。開發自然，改善民生與道德連在一起。中國歷史上的科學理論不如科學技術興旺，同這種知識論上的功利主義或知行合一不無關係，而這一特點，正表現了中國文化的人文精神。

　　同知識論上的功利主義相反，在價值論上，中國文化則基本上是反功利主義的。因此，人們對道德完善的要求，往往超出對生活改善的興趣。在中國傳統文化裡，唯一的平等觀念，就是人人在道德面前平等，其根源和保證是相信價值之源就在每人心中，而人人都有同等的價值自覺能力。因此，向內自省，以修身平天下爲起點，以無愧爲待人接物的守則，養心、知性以知天，幾乎成了中國文化的宗教式教義。

　　真正中國土產的宗教是道教。它與世界其他宗教之分裂靈魂與肉體，劃分此岸與彼岸的體系大不一樣，道教的最高目標是活著自己成仙。「仙」的設立，充分表明了道教的人文精神；佛教來自西域，只是在接受了人文精神的洗禮後，才得以在中國真正扎下根來；儒學不是宗教，但它卻以立德、立功、立言爲人格的不朽，因此我們不妨說，人文主義就是儒學的宗教。

　　至於人文主義見之於中國的文學藝術，藏之於中國人的審美興趣，那更是明如觀火了。

　　哲學在西方的意思是愛智，而在中國，哲學則是明智之學。愛智追求理性的享受，明智則致意於做人。與此相應，中國哲學家都是實踐家、傳道者，他和他的哲學是合一的。這種情況也促成了中國哲學之疏於推理、論證和構築體系的特點。

　　中國文化的以上現象，有它發生的種種地理、歷史、經濟、民族、時代、心理和認識的原因。中國文化的人文精神具有正、負兩面性，它們雜糅在一起，難解難分。在中國正急起邁向現代化的此時，我們希望，中國文化能揚長避短，以有易無，闊步行進在人類文化前列。

中國國民性問題析論　　姜義華
《復旦學報》（社會科學版）　1986 年第 1 期

　　國民性是指反映某一特定社會總特徵的社會成員的特殊性格，它與階級性不同。國民性和階級性分屬人的社會性中的兩個不同層次。各階級具有的相同特徵，是國民性藉以構成的一個重要成分，研究國民性可以推進對階級性的認識。國民性隨著客觀環境的改變而改變，對國民性的改造必須與對客觀環境的改造結合起來，對國民性中包含的保守性與變動性不能簡單地劃分爲積極或消極、優良和惡劣。

　　國民性問題，是在我國近代民族與近代國家形成過程中突現出來的，康有爲等啓蒙運動的代表人物最先注意到它，但他們這一代人的研究只停留在現象的描述，提出的改造國民性之方法也不著邊際。在辛亥革命失敗後興起的新的思想解放運動中，陳獨秀、李大釗、魯迅與梁漱溟、林亞泉等，從相異的立場出發，對國民性問題作了遠較前一時期深入的研究，最值得重視的是他們從特定的文化模式結構或特定的文化形式出發對國民性作了整體性的綜合考察。在此之後，國民性問題還在繼續，但未取得全面性突破。今天對國民性和中國文化傳統的研究可看成是「五四」時代研究的繼續與發展。

　　研究國民性離不開對中國文化系統的綜合了解。中國國民性的主要特徵是在中國農業文明數千年延續和更新的歷程中逐漸積累起來的。中國農業自然經濟結構的特點是：以一家一戶爲組織單位，每一戶都將生活資料以及最必要的生產資料的生產與人類自身的生產結合在一起。這種程式化的生產活動和近乎凝固的經濟結構，爲社會的安定與繁榮提供了必要條件，同時，也規定了它們所能達到的最大限度，使中國很難衝破固有的格局，發展起資本主義工商業。由於農業手工業生產技術與經驗的傳承突出了長者的重要性，也由於男性勞動力在農業生產中的實際作用，中國的家族宗法制逐漸形成，從而產生了中國家族本位的國民性特徵和尊天敬祖、論資排輩、傳統崇拜等特殊的知識論；簡單再生產的不斷延續，生活方式的定型化，也使人們習慣於樂天知命、安分守己，因而在思想感情和整個文化系統中都產生大一統的格局，這一格局的結果必然是排斥創造開拓，尊奉因循保守。此外，凝固的經濟結構決定了從中很難形成新的生產力。生產力低下，消費慾望只能被壓到最低水平，爲了在更大範圍內解決生產水平與消費需要的矛盾，人們便寧可走向普遍化的貧窮或貧窮的普遍化。

　　以儒家和道家思想爲代表的中國傳統思想，集中體現了這些文化和國民性特質，它們也足使國民性逐漸凝固化的一個巨大決定力量。

　　中國國民性曾對社會與文明的進步起過決定作用，但在社會生產力及全部社會結構，社會生活向前飛躍以後，許多方面轉化爲消極因素。如何改造國民性？一百多年來，人們都未找到滿意的答案。筆者認爲，企圖搬用西方現存模式將會遇到傳統頑強的反抗，而探尋建設中國式的民主主義與中國式的社會主義道路都大有作爲。

論「海派」文化的「邊緣文化」特徵及其歷史作用　　盛　平
《社會科學》（上海）　1986 年第 1 期

　　「海派」是一個地區文化概念。本文嘗試設計一個文化內核與邊緣二重構造的整體模型，找出「海派」文化在這個模型中所處的地位，論證其特徵。

　　宇宙中的萬千事物大體都具備本質相似的「內核——邊緣」二重構造，文化也是如此。這就是地區文化的二重構造原理。形成二重構造的原因有二：1.文化具有輻射性（當然相應有受容性）2.文化羣體之間存在文化力度的差異。「文化核」就是處在中心地區的強力度文化，而圍繞在「核」周圍的文化，即「文化邊緣」。中國正統文化的中心在北方中原、華北地區，「海派」在中國文化模式上處於邊緣位置。同時，上海處於大洋洋畔，是中、西文化的「吻合點」，因此，它具有海洋邊緣文化和重合邊緣文化的特徵。

　　內核文化與邊緣文化具有以下區別：1.古老文化與年輕文化的區別。文化古老與年輕是鑑別文化類型與性質的重要標誌，對文化更新與發展影響重大。2.單一文化與複合文化的區別。上海文化是典型的複合文化，它是南方「蠻夷」文化與北方正統華夏文化，大陸農業文化與沿海工商文化，東方封建文化與西方資本主義文化的複合。3.輻射文化與受容文化的區別。海派文化在接受新文化過程中，比內核文化具有更大的接受力、容納力和消化力。4.傳統文化「密集點」與「淡化區」的區別。後者受轄於前者但又不等同於前者，在接受其他文化時，具有較大「自由度」。

　　「生長——興盛——衰落」是世界上任何文化不可避免的「演進節拍」。文化衰落以後，或潰滅或更新，既隱伏著惡運，也孕育著生機。東方文化由於自身工業文化發育不良，文化更新是嫁接型和「外啓式」的，即選擇西方現成文化的接穗，嫁接到本國傳統文化的砧木上。內核文化與邊緣文化在這更新過程中走著不同的道路。海派邊緣文化由於缺乏內核文化強大的文化遺傳傳遞力，在文化更新中具有更大的便捷性。文化更新呈現如下規律：1.更新始於邊緣，2.在文化更新過程中，內核與邊緣的位置會出現交換。以積極的姿態嫁接一切新文化，從而在近代新文化運動中擔任領導與核心的角色，這是「海派」邊緣文化的最大特徵。

傳統、時間性與未來　　甘　陽
《讀書》　1986 年第 2 期

　　傳統問題實際上是文化討論中的核心問題。八十年代重開文化討論，國內外許多論者似乎都持一種「反『反傳統』」的態度，企圖「補接」五四時斷裂的文化傳統。筆者認為，不妨首先對「傳統」問題本身進行一番再認識。

　　為了討論的方便，我們引入「時間性」這個概念，其特點是帶有過去、現在、未來這三個時間維度。以往的通常方法是把「傳統」與過去等同起來，亦即把「傳

統」當成一種「已經定型的東西。」凡是「過去」沒有的東西就不是屬於傳統，我們與傳統的關係是「我與它」的關係，無論我們如何思考行動，傳統都保持自身同一性不變。這種看法以「過去已經存在的東西爲尺度來衡量現在，從而影響未來，就必然把現在與未來都納入過去範疇。這是一種過去式的思維方式」，特點是嚴重缺乏現實感、缺乏自我意識。它跟歷來的「過去型時間觀」有關，亦即人們總是習慣於把「過去」這一維當作「時間性」和「歷史性」的根基、本質、核心。這種時間觀必然產生一種以過去爲中軸的內循環圈，現在和未來在過去這巨大的向心引力下，任何一點新的可能性均被吞噬。海外新儒家持的就是這一種傳統觀。

與此相反，我們認爲，「傳統」是流動於過去、現在、未來這整個時間性中的一種過程，它真正落腳點是「未來」。也就是說，傳統是「尚未被規定的東西」，它永遠處在製作、創造之中，永遠向「未來」敞開著無窮的可能性。繼承傳統就是創造出「過去從未存在過的東西」，批判地繼承就是要對過去的東西整體進行根本改造、重建。根據這樣的傳統觀，我們每一代人「現在」的存在就不僅僅作爲「過去」文化心理結構的載體、導體被「傳統」接納，而是對「傳統」具有一種「過去」所承擔不了的必然使命：讓傳統按照我們所規定的維度走向未來。

我們説傳統落腳在未來這一維，是要強調「傳統」具有廣闊的可能性與多樣性。傳統就是「過去與現在不斷交融會合的過程，亦即不斷走向未來的過程。」在這裡，真正的過去、現在、未來都具有了「超出自身」的性質，它們在「可能世界」這一偉大國度裡，打破了自然時間順序，成了同一不二的東西。歷時性的時間「同時化」了，亦即所有的瞬時都「未來化」了。這是一種未來型的時間觀，在這種時間觀下，「傳統」、「文化」這些已經存在的東西首先是存在於「未來」這個永遠有待完成的無窮大有機系統中，是其中一個元素、性質由整個系統決定。

拿這樣宏大的眼光來看待孔儒之學，我們與國外許多論者的分歧就不在於拋棄還是保存儒家文化，而是要把儒道文化帶入一個新的更大的文化系統，將之降爲系統中一個次要成分。中國文化的「傳統」在今後將遠遠大於儒、道、釋的總和，而有其更宏偉的氣象。

繼承傳統的最強勁手段就是「反傳統」。五四這一代人不但未割斷「傳統」，而且宏揚了傳統。他們來不及也不可能徹底完成的建設中國「現代」文化系統的任務，就落在八十年代中國知識份子的肩上。

莊子與薩特的自由觀　　劉笑敢
《中國社會科學》　1986 年第 2 期

對莊子與薩特進行比較既是可能的，也是必要的。本文作爲這種研究的嘗試，僅對他們的自由觀作一些剖析。

莊子與薩特的自由觀具有重要的區別：㈠莊子的自由是從命定論出發的自由，薩特的自由排斥命定論；㈡莊子的自由是絕對無爲的，薩特反對絕對無爲，鼓吹行

動的自由，表現爲選擇的自由。㈢莊子否認偶然，他的自由在於因任必然；薩特的自由則在於強調偶然。㈣莊子的自由須「得道」獲得，是有條件的；而薩特的自由與存在合而爲一，是絕對、無條件的。㈤莊子的自由是客觀唯心主義者的自由，而薩特的自由是主觀唯心主義者的自由。

但是，莊子與薩特同樣缺乏歷史唯物主義的指導，因此，他們的自由觀在本質上又有許多相同之處。他們的自由都是純個人的，都是脫離具體事物，沒有現實目標，抽象化的自由。就他們所獲得的自由境界而言，都是無限、永恒、絕對的自由。他們的自由也同樣是樂觀與悲觀交織，虛假與真實參半的自由。

要認識莊子與薩特自由觀的歷史地位與理論得失，必須回顧自由觀的發展簡史。自由觀的歷史演進主要有三條線索。第一條是從脫離必然的自由到承認必然的自由。用這個作爲背景考察莊子與薩特的自由觀，我們就可以看到兩種對立的思想傾向：一種是強調客觀必然性，抹煞主觀能動性；另一種是抹殺客觀必然性，強調主觀能動性。兩者皆未達到更爲全面和高級的理論形態；第二條線索是從非歷史性的自由到歷史性的自由。莊子與薩特的自由觀都是沒有歷史性的，兩種自由觀都在理論上取消了人們不斷追求自由的必要性，取消了人類的自由從低階段逐步走向更高階段的可能性；第三條線索是從思想的自由到實踐的自由。莊子與薩特的自由基本上都是思想領域中的自由，他們的自由距離馬克思主義所講的實踐的自由相去甚遠。總之，無論從哪一方面看，莊子與薩特的自由觀都沒有達到馬克思主義自由觀的科學水平。但可以肯定的一點是，他們的思想中必定有能夠撥人心弦的因素，其中不無合理因素。莊子與薩特在各自不同的時代從不同的角度追求個人的自由，他們分別抓住了人類認識曲線上的一些片斷，把它們誇大爲絕對的，於是最後陷於荒謬。

通過剖析莊子與薩特的自由觀，我們可以得到以下幾方面有益的啓示：㈠不承認必然性的自由，就不可能了解自由；㈡脫離羣衆，脫離社會，是不可能得到自由的；㈢關於普遍的絕對的自由的神話只能把人引入空想或盲動。總而言之，真正的自由是對必然的認識，在於歷史的發展，人類的實踐。真正的自由只能是現實的自由，具體的自由、集體中的自由。

當代文化研究的宏觀思考　　劉　偉
《學習與探索》　1986 年第 2 期

在由近代步入現代的歷史轉折時期，中國學術界曾興起一股洶湧的文化浪潮——五四新文化運動。時隔半個世紀，一股新的文化浪潮在中國學術界又席捲開來。1984 年 11 月鄭州中國近代文化史學術討論會和同年 12 月在上海召開的全國首屆「東西方文化比較研究討論會」揭開了當代中國文化研究的序幕。1985 年是文化研究起步之年，許多以「文化」爲題的文章、文化專著、譯著先後發表、出版，文化討論相繼展開。在文化學研究熱潮中，中國文化書院主辦的「中國文化講

習班」影響最廣。

　　文化新潮的興起原因十分複雜，就其要而言，大致有如下原因：

　　一、中國社會變革的需要　十一屆三中全會以來，中國進入了一個大變革時期，改革的全面展開促使人們從整體上提高、完整對改革的認識。「文化」包羅了人類精神生活與物質生活的眾多方面，因此，文化研究成爲必需。

　　二、在堅持馬克思主義　堅持社會主義方向的前提下，學術探討自由氣氛的形成，這爲一切學術探討的繁榮提供了可靠保證，使有志於文化研究的人施其所長。

　　三、學術整合趨勢的要求　本世紀中期以來，由於傳統單一學科前鋒受阻，出現了大規模智力橫向轉移或「回採」舊學科領域的現象，激發起一個又一個交叉學科。文化學是一個較高層次的交叉學科，它的興起順應了學術整合的要求。

　　四、世界性文化研究浪潮的衝擊　文化研究在兩年之內取得初步成果，但也不可避免地暴露出某些薄弱環節。首先是文化學基本理論的研究十分薄弱，絕大多數研究者只簡單套用國外文化界的概念，對這些概念的內涵和外延缺乏獨到見解。文化理論的薄弱導致了另一個薄弱環節的產生——中國文化史、比較文化史的研究不細緻、不深入，表現出多方面盲目性：1) 許多冠以「文化史」字眼的論著，僅僅是其它專門史的變種；2) 陳述歷史情況者多，沈思少且深沈；3) 文化史論題不夠寬泛。第三個薄弱環節是：在目前眾多的文化學課題的研究方面，課題與人員分布存在嚴重不平衡。此外，對國外文化學研究現狀缺乏了解。

　　在目前我國社會條件下，在當今世界文化背景下，我們一定能夠克服文化研究的薄弱環節，使文化學研究取得豐碩成果。

中國傳統文化在日本的命運　　嚴紹璗
《文史知識》　1986 年第 3 期

　　日本文化自古以來就呈現一種多元的形態。在世界各民族文化中，它大概是最善於吸收和融解外來成分的文化形態之一。在亞洲文化發達史上，曾經出現過以漢字爲中心的東亞和東北亞文化圈，日本是這一圈內除中國以外最活躍的國家之一，長期吸取漢文化作爲自己民族文化的滋養。日本傳統文化這一特點，正表明了中國古代文化所具有的世界歷史意義。

　　但是日本文化並不因此而全盤「漢化」或泯滅，相反，它卻以自己民族的生活作爲土壤，消融外來文化，形成充分表示自己民族精神的文化形態。日本由於它特殊的地理環境以及人文方面諸多原因，很早就形成了對外來文化的模擬能力。當時作爲它模擬的主要文化類型便是以漢文化爲核心的東亞大陸文化。在文化發展史上，「模擬」並不等於「抄襲」，它使一個民族得以分享另一個民族已經獲得的文明成果，從總體上推進世界文化發展的進程。文化的類型也像生物的種屬一樣，可以分解和合成，日本古代文化與中國文化的交流，是以它分解漢文化，填進民族內容，然後重新合成自己文化的形式發展著的。

　　日本古代文化對中國文化的模擬和消融，是一種真正意義上的文化交流。日本古代文化發展的這一態勢，使漢文化一直處於非常隆盛而且備受尊重的地位。文化的傳播，主要依靠人與書籍的交流，日本收藏的漢籍，數量之多在世界上是僅見的。漢文化在日本的傳播，是逐步由高層向基層推進的。最早，漢文化只是在朝廷與公卿大吏中傳播和使用；從十二、三世紀始，僧侶成爲漢文化的捍衛者與傳播者；十七世紀以後，漢文化滲透到基層。我們分別稱這三個時期的文化爲「貴族型文化」，「僧侶型文化」和「庶民型文化」。

　　「明治維新」標誌著日本進入近代。維新的精神支柱是中國古代「尊王攘夷」的政治理論，但維新的結果卻導致了日本人對中國的觀念發生變化。他們主張在政治思想文化上與「中國訣別」，參加西方列強行列。自十九世紀末葉以來，中國傳統文化從整體上講，已不再成爲日本文化發展的模式了，但日本已經獲得的中國文化與文明成果是不可能輕易消除的。近代日本人由於軍國主義思潮的發展對現代中國抱輕侮態度，同時他們對中國傳統始終懷有敬畏感情。日本近代文化的特點就是：一方面它與中國文化分離，吸收了歐美文化，另一方面，漢文化的一些因子，又隱藏在日本近代文化的不同層次中。

　　明治維新以前，中國文化在日本是作爲意識形態加以吸收的。近一個世紀以來，中國傳統文化在日本主要是作爲世界區域性文化的一部分，成爲學術界研究的對象。儘管如此，中國傳統文化在日本人心態上的影響，將是深刻而長久的。

略論文化研究中的若干哲學問題　　　吳曉明
《復旦學報》　1986 年第 3 期

　　本文就文化研究中的若干問題提出一些批評性的意見：

　　一、文化總體的中心問題是哲學問題　有人如此概括今天的文化研究現狀：「基本上沒有超出，在某些方面甚至還未達到前輩已經達到的水平。」筆者認爲，這只能從某種確定的歷史意義上加以理解：我們目前所針對的總問題是多年來一直未曾最終解決的老問題，而處於剛剛復甦階段的文化討論還沒有足夠的時間和充分的研究對這些「現象」比較進行「哲學消化」，即進行哲學的概括、批判與綜合。「文化」乃是一個囊括了許多具體領域的總匯，因此，只要論及「文化」，我們無論如何都需要一種綜合的文化觀，一種總括的哲學。作爲對中國文化研究的反省，提出哲學的批判作用絕不多餘。

　　文化研究儘管可以區劃出無數專門領域，可以在各種現象之間進行比較，但各種領域和現象之間存在著種種「牽涉」，在研究中爲了方便而要排除一部分牽涉絕非易事；文化，是社會和歷史的總體，當一種文化以實際的力量作用於另一種文化因素時，無論是内部和外部的都成爲此全部關係的一份子，落入文化總體的綜合理解之中；此外，作爲兩種相對獨立的文化之所以能夠相互滲透、比較，實則依靠兩個基本點：即不同文化之不可通約性和可理解性。所有這些問題的理解都有賴於對

總體文化的理解。「文化總體」的概念，不僅是純粹理論的需要，而且也是現實歷史的需要，無論是某一民族的文化之爲整體，還是某一歷史階段的文化之爲整體，都必須加以理解。

二、文化研究中的非批判傾向　即文化研究中的任意性。它表現在理論對經驗現象、方法對對象、方法論對本體論的隨意套用。這種缺乏批判性的研究是不可能具有廣度和深度的，而批判性的獲得則在於哲學。哲學的使命就是批判：它不安於任何現成的東西——無論是理論還是原則，是方法還是結論——對一切重新加以審視，並在具體的研究過程中證實自身。

三、唯物史觀與輔助學科　唯物史觀是文化研究的理論基礎和指導方針，但不可能也不應該取代具體的專門研究。多年來我們在文化研究的領域中進展甚緩，重要原因便是缺乏必要的研究手段和輔助學科，這是對唯物史觀的一種最粗暴的歪曲。因爲唯物史觀之所以正確，不僅因爲它是科學的抽象，還因爲它導向具體的內在原則。達到具體的途徑是中介，文化和意識形態的進展就表現爲紛繁複雜的中介過程。唯物史觀並不現存地提供解決具體問題的方法，卻合乎邏輯地、理所當然地要求解決這些問題的具體方案，這類方案只能由輔助學科來提供，而輔助學科恰恰指向各不相同的中介過程。文化研究，人文科學方面輔助學科和研究手段的薄弱，只能導致專門研究和哲學概括的雙重貧乏。文化研究倘要深入，必須改變輔助學科和研究手段的落後狀況。建立輔助學科必須對西方文化和傳統文化採取批判的「拿來主義」。

隨著文化研究的深入，哲學問題對文化研究會產生愈益重要的影響，並且會被愈益尖銳地揭示出來。本文只是一個開端。

從「儒家資本主義」看中西體用之爭　　程偉禮

《復旦學報》　1986 年第 3 期

「儒家資本主義」這一概念，是對與歐美資主義相比具有種種不同特徵的東亞地區的工業文明體系的社會經濟政治制度及思想文化體系的總稱和概括。從文化特徵看，東亞地區工業體系的「儒家資本主義」皆屬於亞洲漢字文化圈，而且有一個明顯「同構」，都屬於變異體文化類型，即原有民族固有文化與各種外來文化相互交融、交會、消融、匯合產生的一種新文化形態。日本就是這樣一個變異體文化的典型，日本經濟成功的真正奧秘就在於將東西文化中的精華部分融匯一體。相對於歐美資本主義的思想文化而言，日本「儒家資本主義」思想文化具有三個根本特徵（也爲東亞工業文明體系共有）：以人爲中心的：「人力資本」的思想、「和諧高於一切」的人際關係準則和「高產乃是爲善」的勞動道德。這三個特徵相互結合，顯示了變異體文化的長處，標誌著世界上蘇聯、歐美以外的第三個工業文明體系的形成。

在日本「儒家資本主義」形成同時，中國文化卻沈溺於中西「體用之爭」達一

世紀之久。這是因爲：一、在文化起源上，歷來有「一源輻射」說與「多源趨同」說；人類認識的發展必然從前者躍進到後者。但中國特有的歷史條件使「一源輻射」說長期停留，「多源發生」的文化理論沒有武裝人們的頭腦，於是文化老在「本位文化」與「全盤西化」之間來回折騰。二、「天不變，道亦不變」的形而上學陰影阻礙著文化發展。三、中西文化衝突深入到文化結構內核，引起了激烈反應。

以歷史主義的觀點考察文化史可見，文化進步的根本動力來源於交流與變異，文化交流與演變的方式在不同歷史階段以不同形式出現。文化形態無所謂體用之別、中西之分，「體用」對立乃是儒家理論政治化、宗教化以後，爲維護封建「大一統」體制需要而演變出來的。在「體用之爭的腦後」還長有一個二元對立的毒瘤。

日本「儒家資本主義」崛起，可以看作是從**文化隔離趨向於文化認同的潮流。文化隔離的機制能夠強化民族文化傳統，豐實民族文化個性，從而在與外來文化交流中產生文化的新形態和文化變體。文化認同機制能夠深刻反思，批判繼承傳統與外來文化，使自身個性變得更加完美成熟。隔離與認同，是不同類型的文化之間交流與發展的內在矛盾，它們可以建構出多種文化選擇的類型。我們必須看到，中西文化「體用」之爭的僵化思想模式必須打破，東西方文化交流匯合是客觀必然趨勢。**

唐代的中外文化匯聚和晚清的中西文化衝突　　張廣達
《中國社會科學》　1986 年第 3 期

中國古代文明在唐代達到了高度發展的階段。這是因爲：**唐代的社會和文化既能條貫、折衷前此數百年的遺產，**又能兼容並包地攝取外來的各種文化營養。然而，稍加分析就會發現，唐朝的典章制度僅僅體現了前者，而後者只是充分體現在宗教、藝術和實用器物方面。可以說，唐朝真正是「中學爲體，西學爲用。」——如果這一說法在邏輯上能成立。

在唐代中外文化匯聚的過程中，唐王朝根據自身社會的層序結構，組成唐王朝的各民族，也根據各自所處的不同社會環境和不同文化水平，分別對外來文化作出遴選和抉擇。對中國文化起補闕作用，與中國文化有親和力的東西被吸收，且在吸收中得到改造、宏揚。敦煌文書和唐代佛教的演變都體現了這一文化匯聚的特點。

中國文化在唐代表現出突出的消化能力，同時也表現出將外來文化認同於自身文化，使其就範的傾向。這一傾向被後世封建社會所強化。從宋代到明清，中國文化越來越被統治階級引入維持封建統治的軌道。影響至思維方式，重視實用和直覺的思維方式極大發展，科學思維受到遏制，創新精神消蝕殆盡。至十九世紀初，國內有了變革的徵兆。正在這樣的歷史關頭，中國遇到了空前嚴重的來自西方的挑戰。晚清中西文化衝突就是在這樣的背景下展開。

　　這次文化衝突提供了一種由武力征服造成的文化遭遇的類型例證。首先，在西方的侵略和隨之而來的中西文化衝突中，悠久的傳統文化成爲中國人民反抗外來侵略的强大精神支柱。其次，中國的先進人物重新在中國的歷史中找回變革、改制的傳統。清末要求改革是中國悠久的改革傳統在新形勢挑戰下的重新顯現。第三，先進份子在衝突中認識到了解、學習近代西方的必要。這是一個方面。另一方面，傳統文化的核心儒家思想在解決文化遭遇的現實任務方面是不中用的。衝突必然使中國脫離傳統文化的價值取向，引進西方模式。

　　擁有悠久文化傳統的中國，無論在盛唐還是没落的晚清，都能夠根據形勢，有分辨地吸收外來文化的長處。

　　僅從當代詮釋學的角度來看，郢書燕説是文化交流中的「正常」現象。同時，由於民族心理「深層結構」的影響，中國近代史上還存在這樣的現象：嶄新的形式未必不掩飾著傳統文化藉以重現的某些舊内容。這些都是我們應在研究中充分注意的問題。

　　現代化並不就是西方化。總結唐代中外文化匯聚和晚清中西文化衝突的歷史經驗，有助於我們發揚我國文化攝取外來思想營養的傳統，有利於今天社會主義現代化國家的建設。

論晚明思潮──一個反儒文化斷層　　　陳建華
《復旦學報》　1986 年第 3 期

　　文化發展具有斷續性，各時期文化累積爲各個斷層。晚明思潮是一個「反儒文化層」（自明代嘉靖至萬曆百年間），其基本傾向是宋代理學的反動。

　　代表晚明思潮這一歷史文化潮流的不僅是衆多的思想家，還包括衆多的文學家，思潮的主攻對象是宋代理學。晚明思潮在很大程度上背離了儒文化的根本精神，是中國思想史上一次真正的人本位的哲學思潮。

　　晚明思潮圍繞著「心之本性」對性、欲、情等範疇作了多方探討。他們從心之本性即爲善的認識出發，認爲人的固有本性的發露是善的，要率性而行，不要受任何教條的束縛；他們充分肯定了人的種種欲望，提出「育欲」；他們崇尚人性的自然活潑，完全肯定人情的不可抑制性與正當性，形成了尊情抑理或主情反理的理論。由於晚明思潮在批判與揚棄宋代理學的過程中，以人爲本位，對人的内心世界作了深入的思考與發掘，結果導致了自我意識的覺醒。在此基礎上，進一步以人的自尊自信出發，提出新的價值觀念，表達了某種重建社會和諧秩序的理想。

　　晚明思潮與儒文化有聯繫，但精神實質背道而馳，它更多地吸收了佛老的思想因素，卻又有質的區別。晚明思潮這一斷層的轉換與更新，是融合儒、佛、道三教而生成一種文化形態，體現了中國文化真正的内在活力。晚明思潮對於傳統文化採取一種更爲開放、兼收並蓄的態度。他們不主一家，擇善而用，不盲從古人，相信一己的體驗與心得，從不同側面對傳統文化進行反思。晚明思潮的人文精神，是中

國源遠流長的人本精神的接續。晚明思潮給我們的有益啓示是：在中國文化漫長的發展歷程中，文化胸襟的開放與閉塞、民族精神的激昂與消沉，雖然有時候受外來壓迫爲其觸因，但傳統文化的遺傳基因從未停止作用。

晚明文化雖是歷史的拓進，卻充滿著社會演進的複雜性，它背離了儒文化的宗旨，卻未與儒文化脫離關係；它與經濟發展既同步又異趣，自身過早萎縮。晚明思潮以悲劇結局，其原因值得深入探究。

朱熹的書院敎育與禮敎思想　　蔡尚思
《復旦學報》（社會科學版）　1986 年第 4 期

朱熹與中國的書院制度分不開。他以禮敎爲書院敎育的宗旨，敎育只是他用以實現禮敎的手段。朱熹認爲，學校可分大、小兩期，「小學者學其事，大學者，學其小學所學之事之所以。」但「大學與小學不是截然爲二」，「只是一個事」，即倫常禮敎，小學是大學之本。朱熹在學校所用敎材課本包括經、史。要先讀經，《六經》中又以《論語》最爲重要，《孟子》、《中庸》次之。然後讀史，要先讀《史記》，次看《左傳》、《通鑑》，有餘力再看全史。所以如此，是因爲學子胸中如果先有「一個權衡」，就「不會多爲所惑」。朱熹以五教（父子有親、君臣有義、夫婦有別、長幼有序、朋友有信）爲聖人敎人的「定本」，將它作爲書院的「學規」、「敎條」，以此爲主，下附「爲學之序」、「修身之要」、「處事之要」，「接物之要」等。朱熹所訂的書院敎規，一直爲後代辦書院者奉爲標準。

中國的禮敎不僅等同於宗敎，而且超過了宗敎。就其發展來看，可分爲三個大階段：㈠周公周禮形成孔、孟、荀等的禮敎，韓非稱之爲三順；㈡漢代董仲舒提出三綱且將之神學化；㈢南宋朱熹將三綱理學化。到了朱熹，禮敎已經發展到無以復加的最高地位。朱熹認爲，道德、道理、天理同是倫常禮敎，違反了倫常禮敎就會違反上天而使天地易位，倫常禮敎是先天的，未有人類以前就有的，它們是天經地義、萬古不變的真理，即使動物，也無一不具備倫理綱常。朱熹還認爲，倫常禮敎「皆備於吾身」，因此，違背之即違背了自身，違背了天性。

就禮敎方面而言，理學家與儒、道、佛的關係有主次之分，以儒家爲主，以佛、道的玄學爲次。以儒家爲主即以禮敎爲主。宋代理學的本體論或形而上學，來自佛學，但這未構成理學的主要部分，理學的主要部分是形而下學的三綱五倫，影響理學最久最大的是儒學。

禮敎的三巨擘——孔子、董仲舒、朱熹均有超過前人之處：形成禮敎，以禮敎代宗敎，是孔子超過周公等之處；把理敎加以神學化，是董仲舒超過孔子之處；把禮敎理學化，又是朱熹超過孔子、董仲舒之處。朱熹爲維護走下坡路的封建王朝而把禮敎發展到最高地位，這個問題，是很值得學術界多多注意和討論的。

從「人格三因素論」看中國傳統文化與人格　　許金聲
《學習與探索》　1986 年第 4 期

　　文化可分爲「狹義的文化」與「廣義的文化」。與此相應，文化與人格的關係也可以分兩個層次來考察。所謂「狹義的文化」，一般是指人生哲學、倫理學等構成的價值系統。對應這種文化我們可以主要考察它的「理想人格設計」。廣義的「文化」泛指所有的物質文明和精神文明，對應的我們主要考察這種文化的「普遍人格」，即多數人實際的人格。

　　廣義的中國傳統文化對中國人格的影響是清楚的：中國社會長期發展緩慢，從人格角度看，就在於中國人普遍人格長期是「自我萎縮型人格」，即其「需要的優勢」沒有向較高層次（如自尊需要，自我實現需要等）發展，而是停留在較低層次（歸屬、安全甚至生理需要）的人格。造成萎縮的原因在於理想人格設計本身存在缺陷。所謂理想人格設計，可分爲「終極描述」和「過程描述」兩個層次。前者偏重於精神體驗，後者偏重於實際待人處世。中國傳統文化理想人格設計的主要缺陷不在前者，而在後者。

　　筆者提出的「人格三因素論」認爲，智慧、道德、意志是達到和保持健康人格必備的三種人格力量。它們互相影響、制約，其中任何兩種的强大或弱小都會影響另一種。中國傳統文化所設計的理想人格是一種「片面道德力量型人格」即從過程描述來看，對於道德力量的强調遠勝過對智慧和意志力量的强調，而且，意志力量和智慧力量的内部結構殘缺，從「意志力」來講，儒家講求堅持性、自制性，但缺少獨立性、果斷性。中國傳統道家設計的人格是一種「片面智慧力量型人格」，在意志力方面講求獨立性、果斷性，但它不能補足儒家人格使其完整。因爲傳統所謂的「儒道互補」指的只是在兩種人格之間的搖擺。

　　中國傳統文化設計的「片面道德力量型人格」是與中國傳統哲學的三個主要特點（「合知行」、「一天人」、「同真善」）相對應。「合知行」强調實踐理性，限制和貶低了認識自身以及智慧力量的地位；「一天人」實際上是通過「天」的道德化，推論人發揚道德之必要；「同真善」强調「知識」與「道德」的同一性及相互轉換，但前者是手段，後者是目的。「片面道德力量型人格」有著深刻的文化淵源。

　　中國傳統文化所設計的片面道德力量型人格，對中國的文化結構、政治結構及社會結構起著一種穩定作用，它與中國傳統文化中的政治、經濟、家庭等因素相互作用，造成大量自我萎縮型人格。這可以從兩個層次來理解：從個人的層次來看，個人可以通過接觸經典，直接理解理想人格設計，但嚴峻的現實使其理想撞得粉碎；從社會層次看，中國封建統治階級往往利用理想人格本身的侷限性，對其作出有利於自己政治的解釋。因此，中國傳統文化與中國人的人格之間形成一種惡性循環。

　　改革要求徹底打破這種惡性循環。爲此，在社會結構層次上，應當增强對個體的重視，在個體的人格結構上，應倡導意志力量和智慧力量的發揚。只有這樣，才能真正批判地繼承傳統文化。

文化結構與近代中國　　龐　樸

《中國社會科學》　1986 年第 5 期

文化結構包括三個層面：物的部分（「第二自然」或對象化了的勞動），心物結合的部分（隱藏在外層物質裡的人的思想，感情和意志；不曾或不需體現爲外層物質的人的精神產品；人類精神產品之非物質形式的對象化）和心的部分（文化心理狀態）。文化的物質層，是最活躍的因素，變動不居，交流方便；而理論、制度層，是最權威的因素，規定著文化整體的性質；心理的層面則最爲保守，是文化成爲類型的靈魂。這三個層面彼此相關，構成一個文化有機體。當兩種異質文化在平等的或不平等的條件下接觸時，文化衝突表現爲三個層面的邏輯展開。中國近代史從根本上說是一場「最廣義的文化衝突」，其演變合乎文化接觸時的一般規律。

鴉片戰爭時，龔自珍憧憬以改造人心人性的方法治世，洪秀全希望變換政教制度來救國，他們顛倒了歷史進步的程序，先後遭到失敗。窮於應變的洋務運動卻不期而然地符合了異質文化接觸始於物質的規律。當然，這並不等於說，洋務人士都在主張使中國文化一步步走向現代化，其實他們只將之視爲權宜的治末之計。本末之辯是中國文化類型的主導觀念之一，它在中國文化整合發展程度高於自己的外來文化的某些因素，表現出明顯而激烈的變化時應運而生。但嚴格地說，本末之辯只是存在於這一文化之本與另一文化之末之間。每一種文化皆有自己的本末，而西洋之末高出自己一節，因此，「循用西洋」，由末而探本，應該是必經的道路。

甲午中日戰爭的慘敗宣告了洋務運動的破產，中國近代史進入了變法時期。變法即變更國事、政體之法，變更百代所行的封建制度之法，這將在文化結構中最具權威性的理論、制度層面進行，它與表面物質層的變化在社會上引起的波動，就人羣來說，往往不同、物質變化的利益，往往首先落入物質享受者之手，而帶來的損失，則加在物質生產者頭上。制度變更是否定既得利益與社會現存秩序，結果與前者恰成反比。因此，變革制度的任務，首先應交由最需變革這些制度的階級與階層去承擔。可惜的是，由於種種歷史原因的湊合，晚清時期是舊制度的護衛者進行自我維新，於是，這場變革表現出種種不徹底的神情：中體西用、西學中源、託古改制。變法失敗是必然的。

變法儘管失敗了，但作爲文化發展的一個環節，卻無從繞開。辛亥革命最後完成了政體與制度的變革，將文化現代化的任務推到人們面前。五四時代人們的興趣在於改變中國文化結構的心理層面。與前兩個層次不同，這一層面變革的主導意識是反民族主義，用西方近代精神對比古舊的中國文化，得出告別過去，再造青春中華的結論。這在當時具有劃時代意義，但文化之爲物，不僅具有時代性質，而且具有民族性質。看不到文化的民族性，在如何對待中國文化傳統，如何接受外來文化方面，都難以提出正確的意見和方案。五四運動忽視了文化的民族性，留下了許多有待繼續完成的課題。

十八世紀歐洲的「中國熱」——文化史比較研究淺談　　包遵信
《讀書》　1986 年第 5 期

　　本文探尋中西文化交流歷程中的一個史實，以求得有益於今天文化研究的啓示。

　　近代中西文化的交流，是一個雙向逆反運動，十七、十八世紀西學東漸和中學西渡，憑藉的同是來華的教士。但耐人尋味的是，西方文化傳入中國以後，並沒有推動中國傳統文化的變異，而中國文化卻在歐洲引起強烈反響，十八世紀歐洲幾乎捲起一場「中國熱」。產生這樣迥異的結果，只能用各自不同的需要和文化背景的潛在作用來解釋。十七世紀的中國，封建制度依然在既往軌道上蹣跚著，儒學也沒有與時代不合轍，西學不能引起社會足夠重視。十八世紀歐洲則不然，資產階級已經作爲歷史主角登上舞台，一切都必須在理性的法庭面前爲自己的存在作辯護或者放棄存在的權利。時代文化的特點是要哲學推倒宗教，用理性權威取代上帝權威。與基督教文化不同的中國文化當然成了他們取法的榜樣。

　　中西文化交往由於碰到的歷史條件不一樣，彼此的際遇也不大相同。中國從「夷夏之防」的民族情緒和「衛道崇儒」的傳統立場看待西方文化，大多數反對西學，即使少數贊成者，也是從儒家思想出發理解西方文化。這與其說是對西方文化的誤解還不如說是隔膜，西學既沒有給傳統文化以啓示，也無法給它的變異帶來新的活力。而歐洲對中國文化卻是從歷史和哲學高度來分析，用理性的態度來審視，決定其取捨。中國文化傳入歐洲，很快加入時代巨潮。

　　十八世紀西傳的中國學術思想，主要是宋明理學。它在當時中國已氣息奄奄，到了異域卻成了新思潮的活力劑。如此奇譎迷人卻不可怪。一種理論在另一文化系統中的作用同它在母體文化中的作用是不一樣的，甚至原意都會變形。十八世紀在啓蒙思潮中起過作用的中國哲學思想，已經從中國文化整體中游離出去。歐洲人總是根據他們的文化思維方式將儒家思想的社會功用理想化，即把中國文化的某些內容歐化和西化了。這不能簡單地視爲曲解，而是他們站在自己價值系統中對中國文化的蒸餾。這是兩種文化交融匯合必不可少的。

　　中國文化在本土的作用不及在西方大，也是傳統文化「重道輕藝」的價值觀念作怪的結果。

　　歐洲的「中國熱」到了十八世紀就逐漸冷卻，出現了貶抑中國文化的趨勢。這是基於西方科學文化發展的理性思考，表現了對中國文化的主動選擇，和近代中國對西方文化帶有一定盲目性的抑揚取捨不一樣。近代中國迫於形勢，迷戀西學，有著強烈的實用主義特色。同時，又不能超越傳統，對民族文化進行反省和清醒評價，致使西學在中國節節敗退。

　　中國歷史的特殊性使建設新文化的任務經一個多世紀而尚未最終完成，探索中西文化匯合的健康之路，是時代賦予我們後人的使命。

文化研究的對象、歷史和方法　　李　河

《哲學研究》　1986 年第 5 期

　　「文化」這個概念歧義甚多，如果我們對之進行一種「以對象爲本位」的討論，即認爲文化對象是獨立於研究主體的客觀存在，對這個對象必然只有一種正確的解釋的話，那麼立刻就會陷入困境。因此，我們必須轉向以研究者的狀態爲本位的討論。文化從廣義上講，它是人類在社會活動中創造並保留的內容之總和。換言之，它是一切人文科學的綜合體，其任務是獲得對文化總體的一般性看法，文化學即文化哲學。狹義的文化對象其實就是某個研究者對一般文化對象的特有把握方式，研究者處在特定的學科背景之下，他們研究對象的方法與陳述方法判然有別。

　　在文化研究中存在著兩重對立的傳統：以學科特徵而論，它們可稱爲實證的社會學傳統和思辯的歷史哲學傳統；以地域特徵論，又可稱爲英美傳統和德國傳統；若從整個近代思潮的角度觀之，這兩種傳統體現的就是科學主義與人文主義的對立。

　　這兩種傳統，都發軔於對歷史學傳統的否定。實證社會學將文化研究置於對事實或要素的觀察分析之上，它注重揭示的不是流變中的文化創造狀態，而是文化的已成狀態。而思辯的歷史哲學則是從文化的生命性特徵去研究文化，在他們看來，文化的已成狀態意味著文化的死亡。如果說前一種傳統注重從文化的外的方面規定文化對象的話，則後一種傳統更強調文化的內的方面的反省。它們表現著理性、科學精神與非理性主義的由來已久的對立。

　　文化研究中存在著三種基本方法：經驗方法、結構方法和歷史方法。經驗方法早期僅偏限於對事實或事件的記載，後來重心移至對事實真實性的考察。這種方法有助於克服人們對文化問題的空談、玄想、武斷，但缺乏對文化的反省；結構方法是對重實事、重考據的史料學派的揚棄，在一定程度上將研究者的理解帶入到對文化整體的研究，取得了有效的成果，但也存在著一些弱點：1. 採用「共時性」研究方法，容易導致對一些事實與材料的任意性使用。2. 容易墮於一種「過去時間觀」，導致保守傾向；歷史方法則是要打破過去式的時間觀，認爲文化和傳統是一種具有生命力的活東西，它永遠不可能處於一種完成狀態中，它是向未來敞開著的運動過程。在文化研究中，這三種方法應成爲互爲關聯、相輔相成的整體。

　　文化研究的深入有賴於各門具體人文科學和社會科學的充分發展。在文化研究中，各門學科和各種方法之間存在著的或大或小的距離應當提示著一種對話的可能。

中國文化心態的四大優點──與魏承思先生商榷　　朱宗震

《文匯報》　1986 年 6 月 24 日

　　本文對魏承思先生用「封閉性、單向性和趨同性」概括中國傳統的思維方式表

示不同的看法。三性其實是偏重政治領域的觀念形態。就幾千年的民族思維傳統而言，這樣採取一點論的「單向性」思維方式，是很不科學的，三性在中國傳統文化中，既不是唯一的傳統，也不是歷來十分嚴重，而其他也是從蒙昧社會走過來的現代文明社會，三性的壞傳統也是不能倖免的。

世界上各個民族，在相對隔閡的形勢下發展起來，他們對自然和社會的觀察，各有各的特色和優點。把各民族的精華熔於一爐，創造出嶄新的世界文化，並非一朝一功。我們在向西方文化的先進東西學習的同時，更要發揮自己的特長。這關鍵在於要有優選能力和綜合能力，在此基礎上形成創造力。對本國文化傳統的傷感心理，是缺乏優選能力和綜合能力的表現。

從更抽象的角度來看，中國文化心態有四大優點：一、抽象力的發展比較成熟。中國文化心態的頓悟能力較強，在材料較少的條件下，最大限度地認識真理。二、概括能力比較強。三、內省力的高度發展。氣功健身、無爲而治，以柔克剛等等策略思想，都著眼於充分調動自己的潛力；含蓄、容忍、謙遜、禮讓的傳統美德可以積蓄起強大爆發力；中國社會的繁榮，完全是內在努力的結晶，它不像歐洲文明，還依靠掠奪其他民族已經創造出來的財富。四、尚文精神長期存在。它使得中國經濟和文化長期處於領先地位。在近代，儘管科技被人遠遠超過，但人文和經濟力的總體水平並未落後很多。中國政治上的變革，也總是從憂國憂民的知識份子運動始。

當然，當代中國的文化科技的總體水平還遠遠落後於歐美，中國文化傳統中的優點，發展水平還比較低，有待於吸收西方優秀文化，以便在更高的水平上發揮和創造。但是它卻不是西方文化所能代替的。此外，四大優點的反面，就有四大不足，即實證能力不足，具體開展能力不足，外向進取性不足，尚武精神不足。

文化研究中的幾個「悖論」　　顧曉鳴
《社會科學》（上海）　　1986 年第 7 期

不管你給「文化」以什麼樣的定義，「文化」的外延總是無限地擴大，最終成爲一個包羅萬象、大而無當的概念；反過來，不管我們從如何恢宏的廣義文化概念出發來考察文化成果，結果總是用一個極其狹小的文化方面來「偷換」那比較全面的文化概念。這種矛盾隱蔽地構成了文化研究進一步深入的障礙。解決這矛盾，關鍵是需要逐步建立和完善一種分析文化的更辯證的方法論。本文從這個想法出發，分析文化研究中的幾個悖論。

悖論一：「紋花」對文化　　這一悖論包含在文化的用詞上。一方面，文化表示區別於自然的一切，另一方面，又指字的文化。如果我們把廣義的文化看作是人的整個生活樣式，而狹義的文化則是象徵符號系統——「紋花」，那麼，一方面，「紋花」記錄了廣義的「文化」，小文化理所當然地成爲大文化的體現。而另一方面，「紋花」的記錄與反映又總是不全面的，小文化只是大文化的一種遺跡。順此

下去，我們研究傳統文化和某一時期、地區的文化，所依據的各種經典和傳說這樣的小文化，往往只是以互補的形式曲折反映大文化，即其中有的正是現實生活中缺少的，但正是小文化構成薰陶一代又一代中國人的文化熔爐。文化積澱是大文化累積起來，卻又是「紋花」的積澱。這些都構成一個悖論。要解決之，必須深入研究大小文化的關係。

悖論之二：時間流中的「文化」　大文化在時間流中展開，人們研究大文化必須藉助於「紋花」，必須對之釋義。但對傳統文化的任何詮釋，本身就是今日文化的一部分；而用以詮釋傳統文化的今日文化，又是傳統文化累積的結果。在研究當中，所謂過去，異族的文化都不如說是今日、本族文化的投射。這就構成一個悖論：文化的時間度「消失」了。這個問題的解決有賴於對人的心智、行爲、文化形式及其在時間流中的關係作深入研究。

悖論之三：傳統文化的雙重性　積澱下來的文化傳統一方面是一個羣體處於一定歷史條件之下與客觀環境的最佳配合，另一方面又構成該社會發展的一種惰性和阻力。這種理論上的悖論造成現實生活中的悖論：社會越現代化，人們越是熱衷於傳統和原始文化。

悖論之四：評價「文化」的基本標準何在　作爲社會發展形態的歷史階段，作爲人類化結晶的科技都是一往無前的，但文明會衰落嗎？各民族單個的文化將趨同於世界化，爲什麼整個世界在現代化過程中更加民族化了？文化受所處的時代和社會限制，爲什麼出現世界性的文化現象？這些理論上的悖論在實踐上至少提出兩個問題：一、如何建立對一種文化形態的價值判斷，二、在評價一個民族一個社會文化發展的程度時，應該以歷史發展的階段序列還是以其他文化外觀作標準？

類似以上的悖論還不少。文化研究要把握悖論間的矛盾，力求用辯證唯物主義和歷史唯物主義加以科學的剖析和説明。

中國傳統哲學的評價及其歷史命運　　牟鍾鑑

《哲學研究》　1986 年第 9 期

〔一〕

目前由現代化和改革而引起的關於傳統文化及其哲學的討論，是中華民族進行新的自我反省的開始。這次反省的社會條件與以往大不相同，因而它應當也能夠比以往的反省更加系統和深刻，更具有科學性。但是，我們進行這種反省的準備工作仍然很不充分。中國傳統哲學遺產豐富無比，我們目前的考察和消化能力尚不能完全與之適應。中國傳統哲學積蘊極深，以爲單憑幾篇「檄文」就能把它超越，是十分天真的想法。報刊上常有一些文章對傳統哲學鄙夷並棄之如敝屣的態度，我實在不敢苟同。社會上正在提倡現代觀念，現代觀念包括思想文化上的開放與寬容及科學的分析態度。文化虛無主義造成的覆轍，我們再也不能重蹈。

〔二〕

　　評判傳統哲學的優劣應當以歷史事實作爲客觀標準，而不應主觀褒貶。兩個無可爭辯的歷史事實擺在人們面前：一個是中國有數千年光彩奪目的古代文明，一個是二百多年來中國逐漸落後於西方文明。我們只要根據歷史事實作全面考察，必然要承認傳統哲學確有它顯著的成就和優點，也有它的不足和偏限。

　　依筆者淺陋之見，傳統哲學的特點（其中包含著優點），至少有以下幾條。第一、具有強烈的社會現實性，政治哲學與人生哲學特別發達，唯物主義和無神論形成強大傳統。第二、具有博大的系統觀，傳統哲學的根本目標在於最終求得人與人的和諧一致、人與自然的和諧一致。第三、具有鮮明的主體性意識，對人的能動性和自主性有較深透的闡發，它是典型的人學。第四、具有高度的辯證思維性。

　　傳統哲學中消極的和謬誤的成分也很明顯。比如，哲學成了經學的一部分，從而限制甚至扼殺了哲學上的開拓精神；哲學爲了論證封建等級制度，片面強調家、國的狹隘利益；傳統哲學中唯心論體系和神秘主義佔很大比重，等等。認識傳統哲學的長處，可以增強民族自信心；認識其短處，可以避免盲目從古。兩相比較，其長處是主要的。

〔三〕

　　傳統哲學在未來的命運，決定於它本身是否確有不可磨滅的價值和我們及後人對它闡發、鑑別、利用的能力。爲了做好對中國傳統哲學的批判繼承，有必要解決以下三個認識問題。

　　第一，要認清哲學的時代性、民族性和人類性的關係。對於中國傳統哲學，我們要拋棄其陳舊的時代性，改造和發揚其優秀的民族性，充分揭示、闡明其普遍的人類性，賦予它新的時代精神。

　　第二，要正確對待馬克思主義哲學、西方近代哲學、中國傳統哲學三者之間的關係。未來的中國哲學，應當以馬克思主義爲指導性的理論，具有中華民族特色，又是世界性優秀思維成果的薈萃處。

　　第三，要正確理解哲學的功用，其特點是以其具體的無用成其根本的大用。

民族文化交流的必然、選擇與變異　　　劉心勇
《社會科學》(上海)　1986 年第 11 期

　　所謂民族文化，其實就是區域文化。不同區域背景下的特定自然環境和歷史條件，蘊孕了不同的民族和各具特色的民族文化。在人類社會早期，各個區域之間的文化交流困難重重，隨著人類活動範圍的擴大和各區域聯繫的加強，民族文化交流具有了越來越多的可能。不僅如此，民族文化也是一個社會系統，它爲了維持自身的延續性，具有傳遞複製機能和積極適應外部環境變化的自我調節機能。一個民族

富有生命力，主要表現在傳遞複製自己文化傳統的同時接納其他民族的文化。因此，民族文化的交流是人類社會歷史的一個必然現象。

一個民族的文化要不斷地吸收和接納他民族文化中優於自己的成分，必須受選擇規律的制約，這是因爲各民族賴以生存的社會物質環境、各民族文化的深層結構、文化形態的發展階段都存在差異。一般來說，任何一個民族，總是比較容易吸收外來文化中能與自己所身處的社會物質環境相適應的那一部分，願意接受與自己民族文化較有「同構」的文化。對外來文化的學習，總是與自己社會形態的發展階段基本同步。

任何一種外來文化，在與本地文化交融過程中總要產生不同情況的變異。一般情況下，屬於物質文明的文化，變異程度較小，而屬於精神文明的文化，變異程度較大。發生變異的主要原因有二：1. 作爲一種結果，變異現象源自不同文化的矛盾衝突。衝突的程度與文化之間的差異大小成正比，而變異的情況又與衝突的程度密切相關。2. 產生於人們認識的侷限性。此外，在文化交流中，某一民族接受了他民族文化某些因素的啓示，借用其他民族文化中表象性的東西，以發展自身的文化內容，或者外來文化爲了順應當地民族的文化心理，主動做一點改變，這都是一種變異。變異是外來文化匯入本地文化的具體方式，變異中實現的是學習與創新的統一。

在文化交流中，所謂民族文化的「自我」，無非是指民族文化的基本特徵，它是地域環境和一定歷史條件的產物，從歷史發展的根本趨勢看，它最終要「消失」，融入世界文化中去，但它在長時期內必將繼續存在。文化的民族化是歷史的必然，世界化則是現今地球中各種民族文化的未來。

從中日西學輸入看文化問題　　魏常海
《晋陽學刊》　1987 年第 1 期

中國和日本與西方文化的接觸，是在十六世紀中葉差不多同時開始的。那時日本不論經濟、科學技術還是思想理論，都比中國落後得多。可見，與西方文化接觸的起點，中國遠比日本爲高。

中國直到十八世紀二三十年代清廷鎖國爲止，在長達一百多年的西學大輸入中，促進了中國科學技術的新發展，湧現出一批中西兼通的科學家。而且，明清之際出現的啓蒙思潮，更是日本所沒有的。可以説，直到十八世紀前半期，中國並不明顯落後於西方，而是先於日本。

然而，從十八世紀二三十年代起，日本幕府下令「弛禁」，開始積極輸入西學書籍，知識階層很快出現「蘭學熱」（西學主要通過荷蘭人傳入），直到十九世紀中葉，日本蘭學者十分活躍，大量翻譯西學著作，衝破了華夷觀念，並由吸收西方的科學技術進而轉向社會科學和社會制度。而此時，中國走上了絕對鎖國的道路，連個坐井觀天的井口也沒留。

　　緊接著的半個世紀，中日沿著各自的悲劇和喜劇路線走下去，兩國在世界上的地位終於發生了兩千年來的歷史大顛倒。特別是明治維新成功而戊戌變法失敗，日本迅速强盛而中國日趨衰落。究其因，西學在兩國的不同境遇應是重要的一個方面。日本對待西學的態度是積極吸收、從科學技術到社會科學、哲學的各個方面都引進吸收，具有新思想的新知識分子羣體爲變革舊制度，以愛國主義精神輸入西學。而中國則與之相反。這其中統治者的開明與否是至爲關鍵的。

　　世界進入二十世紀後，日本走上了可悲的軍國主義道路，中國則在「五四」時期的東西文化大論戰中，一批積極主張吸收西方文化的知識份子終於找到了西方的馬克思主義。但時至今日，「五四」的救亡與啓蒙的兩大主題仍未全部解決，現在該是注意啓蒙這一主題的時候了。

　　日本現在十分注意吸收外來文化，據 1976 年的一個統計，日本出版物的輸入費用是輸出所得的四倍以上，顯示著驚人的「赤字貿易」。一些學者認爲，當代的日本，就建立在輸入型文化和輸出型工業的平衡基礎上。如果説日本以前經歷過「南蠻文化」、「蘭學」、「洋學」階段，現在大概可以叫「世界學」階段。

　　今日世界，知識信息急劇增漲，東西文化交匯衝突，我們再不能固守祖宗之法了。我們不贊成全盤西化，但更要反對泥古不化、守舊不變，因爲這是近代思想文化方面窒息中國的主要障礙。先跳出來，了解當代西方，再談對傳統文化的批判繼承。

論民族文化心理的深層結構　　　許蘇民

《江海學刊》　1987 年第 5 期

　　民族文化心理的深層結構是由人與客觀世界的五重現實的對象性關係所制約的，對於人類心靈的五對永恆矛盾的解決方式的總和。這五重現實的對象性關係是：人與自然、人與作爲個體而存在的他人、人與社會羣體、人與現存的傳統文化氛圍、人與動態發展著的歷史進程。這五重現實的對象性關係規定了人類心靈深處有入世的與出世的、情感的與理性的、個體的與羣體的、理智的與直覺的、歷史的與價值的等五對永恆的矛盾。對這些矛盾的不同解決方式分別構成了民族的基本人生態度、情感方式、思維模式、致思途徑和價值觀念。古代社會形成的特殊歷史途徑，作爲人類自然史向社會史過渡的橋樑，賦予了不同民族的生存條件以民族特點，從而決定了不同民族對於人類心靈中五對矛盾的解決方式的不同，由此構成了各民族文化心理的深層結構──作爲民族文化心理之原初形態的「原始──古代積澱層」。下面以古希臘、古印度和古代中國爲例來分述古代社會形成的特殊歷史的途徑對於民族心理深層結構的形成所起決定作用的五個方面：

　　第一，它賦予了人與自然的對象性關係以民族特點，制約著不同民族的人們實踐潛能和認識潛能發揮的範圍和程度，從而影響到不同民族對於入世與出世的這對矛盾的解決方式。以工商立國的古希臘人抱有積極入世的人生態度。按種姓規定職

業和依賴熱帶雨林的豐厚賜予的印度人既是現實主義的縱欲享受，又是追求出世的禁欲主義。以農業立國的中國人的人生態度是即世間而求出世間的入世態度。

第二，它賦予了人與他人的對象性關係以民族特點，影響到不同民族對於情感與理智的矛盾的解決方式。注重個體的古希臘，偏重於理智的月神與非理性的酒神的矛盾衝突的結果，是通過更多地將情感訴諸精神境界、通過體驗美的宗教的純情感來求得情與理的合諧。在種姓制的印度，實際生活中情理是分離的，而在宗教中又二者統一起來了。在中國是試圖通過偏重於純粹倫理的道義達到情理的統一。

第三，它賦予了人與社會羣體的對象性關係以民族特點，制約著不同民族對於一與多的矛盾的解決方式。古希臘人是在意識到一與多的對立基礎上來追求統一與和諧的。總的來看，偏重於個體或多的一面者居多。印度人雖然意識到生活中的多樣性，但卻缺乏明白的對立意識。在中國，個體與家族密不可分，主張「一多互攝，即一即多 」

第四，它賦予了人與現存的傳統文化氛圍的對象性關係以民族特點，規定了對待原始文化的態度，決定了不同民族對於理智與直覺的矛盾的解決方式。古希臘人對傳統採取理智的態度，印度人採用的是先經過思辨而後入於直覺的致思途徑，中國主要藉助於直覺法。

第五，它賦予人與動態發展著的歷史進程的對象性以民族特點，決定了不同民族對歷史與倫理的矛盾的不同解決方式。古希臘更多重視歷史的進步方面，印度人以出世的幻想來擺脫矛盾，中國人試圖將二者統一起來。

關於中西文化論爭以及傳統文化與現代化的歷史接合點　　　蕭萐夫

《武漢大學學報》　1987 年第 5 期

〔一〕

中國走向近代的文化歷程，曾被有的外國史家稱之爲「 從根本上説是一場最廣義的文化衝突 」。事實上，十七世紀以來的西學東漸，確乎在中國近現代的文化代謝中起過槓桿作用；但是中國的現代化及其文化復興，乃是中國歷史發展的必然結果。中國的現代化只能是對於多元的傳統文化和外來文化，作一番符合時代要求的文化選擇、文化組合和文化重構。因而就必須正確認識到自己傳統文化的發展中必要而且可能現代化的歷史根據或內在胚芽，也就是找到傳統與現代化之間的文化接合點。

〔二〕

近三、四百年來，關於中西文化的論爭，實已大規模地進行過五次。

遠自十六世紀末葉到十七世紀的明末清初，西方文化初步傳入就激起了中西文化的第一次論爭，這時只限於一些表層文化中的科技應用問題。第二次大論爭，發生在鴉片戰爭以後的社會震盪和民族危機之中。論者多從文化的表層結構去認同西

學，長期陷於「中體西用」的思維框架之中。再進到「五四」時期，人們在辛亥革命失敗的迷惘中覺醒，掀起了第三次中西文化的論爭，這一階段研究的重點是找差異，並且從不同角度去比高低。第四階段，抗日戰爭後期又掀起了一場中西文化論爭，這一階段標誌著中國的近代化哲學諸形態開始成熟，也形成了新民主主義文化革命的主體思想。現在，我們迎來了關於中西文化的第五次論爭。

〔三〕

在我國走出中世紀的文化進程中，風雨飄搖，國步維艱，曾產生和流行過種種對立思潮、矛盾心態。貫穿其中，還自然形成了一些帶規範性的觀點，似乎被普遍認可，迄今未絕。一是「西學中源」說，一是「中體西用」說。

〔四〕

關於「西學中源」，早發軔於明末清初，這只不過是中西文化可能融合爲一的一種嘗試說明。此後，中西差距拉大，文化氛圍劇變，再湧現的「西學中源」說，則情態各異。或爲了抗拒新潮，貶斥西學；或爲了頌迎新潮，偷揚西學。它透露了近代中國人文化意識中某種民族情感與時代理性的畸形矛盾，也導致了民族文化發展的某些畸形成果。

〔五〕

「中體西用」論推始於張之洞，其實不盡然。「體用」關係的論爭在明清之際已成爲一個突出的問題。「中體西用」在形成和推行過程中，「西用」的內涵有一逐步明晰和深化的過程，而「中體」始終是一個未經分解的概念。甲午戰敗使「中體西用」遭到實踐的駁斥，伴隨維新思想已出現了與之立異的思想。

〔六〕

上述兩種思潮隱示著一個重大歷史課題：近代西學能否和怎樣與中國傳統文化相融合，並在傳統文化中找到其生根處，從而通過對西學精華的吸收消化而實現中國文化的自我更新。

馬克思主義在中國傳播與民族文化的關係　　陶　芾
《汕頭大學學報》　1987 年第 1 期

〔一〕

1949 年後，馬克思主義理論空前大普及，有關馬列主義學習的書籍的出版量在世界各國是首屈一指的。但透過這些表面現象，我們會看到在馬克思主義傳播方面尚存在著的問題。首先是形式主義、自欺欺人的作風。其次，馬克思主義學習教條化。撥亂反正以來，人們才發現頭腦中的真正馬列主義理論並不多。於是，出現

了「信仰危機」。這説明馬克思主義的根本理論還未能在中國大多數人中間普及、扎根。

〔二〕

爲什麼馬克思主義在中國還未牢固地扎下根基呢？首先是由於中國固有的思想體系實在太強大了。其次，從馬克思主義在中國傳播的自身實踐來反省，就是它缺乏一個「民族化」的過程，忽視了與中華民族優秀的傳統文化相結合，從中吸收必要的營養。

馬克思主義要在中國扎根並發展，必須吸收幾千年來中國傳統文化中一切有價值的東西，並且和這些優秀傳統結成一體，以中國人喜聞樂見的形式進行傳播。馬克思主義不僅是歐洲傳統文化的優秀積澱，也應當是東方各民族優秀傳統文化理所當然的歸宿。如果它只認定歐洲傳統文化的基礎，而排斥東方文化的匯合，那麼它就很難擔負起「解放全人類」的重任。列寧曾對馬克思主義繼承傳統文化問題有過精闢的論述。

〔三〕

從宏觀上來看，從人類智慧的發展層次上來看，馬克思主義與中國以儒家爲核心的傳統文化思想不僅不是水火不容的，而是有相通之處的。例如：第一，對客觀世界都採取積極的「入世」態度；第二，重視現實社會問題；第三，解決現實社會的矛盾，依賴人間實有的力量；第四，強調羣體利益，提倡利他精神；第五，都以理想世界爲鼓舞力量。這些相通之處就是馬克思主義能夠吸收中國封建時代文化精萃的基礎。事實上活的馬克思主義正是在不斷吸收各民族的文化精華中發展的，如愛國主義思想

對我們來説，現在困難的是如何分辨傳統文化中的精華和糟粕。今後相當長的一段時期內，我們的首要任務仍然是與封建主義的小農經濟思想和宗法觀念作鬥爭。在鬥爭的同時，注意分辨良莠；發揚民族傳統文化中的精華，使之與馬克思主義相結合，建設具有中國特色的馬克思主義理論體系。

古代日本文化與中國文化會合的形態　　嚴紹璗

《文史知識》　1987 年第 2 期

日本古代文化——日本學術界習慣上稱爲「傳統文化」，它是作爲古代亞洲三大文化圈內以漢字爲中心的東亞及東南亞文化圈中一種獨特的文化類型而存在的。日本古代文化在中國文化發展兩千餘年之後才開始起步，但是，當經歷了明治維新的變革之後，它卻於中國文化之前，跨入了現代文化的行列。這個問題，大概涉及日本古代文化的性質。

日本古代文化的本質特點，是存在於這一文化深處的一種內在動力。如果從發

生學的立場考察，那麼，可以說，日本古代文化是一種「複合形態的變異體文化」。

文化的「變異」，指的是一種文化所具備的吸收外來文化，並使之溶解而形成新文化形態的能力。這種新的文化形態，正是原有的民族文化的某些特徵的延續和繼承，並在高一層次上獲得發展。日本古代文化在其一千餘年的發展中，對於外來文化的吸取沒有停止過，通過融合而產生的新的文化形態，是表現日本民族心態精神的民族文化。正是日本古代文化的這一根本的變異特性，便造成了古代中日兩國文化的會合。

日本古代文化的發展，大致可以分成五個階段：一、原始文化階段（西元四、五世紀）；二、飛鳥奈良文化階段（五至八世紀）；三、平安文化階段（八至十二世紀）；四、五山文化階段（十三至十六世紀）；五、江戶文化階段（十七至十九世紀）。日本文化的每一次大的文化躍進，以及在每一階段文化的橫向發展中，都與中國文化的會合密切相關。從江戶時代的哲學與文學中就可以看出。由於它的變異特點，日本傳統文化可以根據自身的需要，在不同的層次上與中國文化相會合，藉助中國文化的成就和經驗，使它以較快的速度，終於趕上了亞洲古老的文明大國。

當然，我們絲毫也不否認日本古代文化的民族特性，日本傳統文化「變異性」的養成，恰恰是在民族文化的「排異」中實現的。但日本傳統文化為保持其民族性所表現的排異能力，並不在於簡單地拒絕外來文化，而是在於追求與外來文化相抗衡的力量，這便是在排異中實現自身的變異。中國傳統文化的因素，主要是在這一過程中，被逐步吸收和溶解於日本民族文化之中的。這便是中日文化交會的軌跡。

評「中體西用」和「西體中用」　　方克立
《哲學研究》　1987 年 9 月

當今中國有所謂「中體西用」和「西體中用」之爭，「中體西用」流行於上世紀末，本世紀初，張之洞被認為是代表人物。「西體中用」的積極主張者是李澤厚，他提出此論的目的是為了同「中體西用」論和「全盤西化」論刺激性地相對立。

這一爭論涉及到兩對最基本的範疇，一是「中」與「西」，一是「體」與「用」。「中」與「西」的涵義本來是明確的，即指「中國文化」與「西方文化」。但李澤厚引進了所謂「人類學本體論」的概念後，其涵義變得模糊不清了。「體」與「用」是中國哲學中的一對重要範疇，其基本涵義有二：一是指本體及其作用、功能、屬性的關係；一是指本體和現象的關係。由胡瑗、李顒所闡明的傳統文化體用觀有兩個顯著特點：一是以體用區分「明道存心」的內學和「經世宰物」的外學，這與以本質和現象言體用的觀點一致；一是十分強調體用、內外之學的統一。

到了近代，傳統文化體用觀衍變爲「中體西用」論，從一種文化內部區分體用發展到在中西文化之間講體用。中體西用論者繼承了以體用區分「經義」和「治事」的傳統觀點，但又有了最大的偏離，即割裂了體用的統一。李澤厚的「西體中用」論在思維結構上和「中體西用」論並無二致。不過他在體用涵義上提出了新見解，認爲體是社會存在的本體，即生產方式、生活方式。

中體西用的思想並不是張之洞最先提出來的，這種思想早在鴉片戰爭時期就已有萌芽了。1896 年沈壽康在《萬國公報》上首先提出「中學爲體，西學爲用」。這一思想作爲整個十九世紀後半期的時代思潮，不只是洋務派，當時的各派知識份子，凡是講西學的人大多都贊成此論或受其影響。

「中體西用」是中國近代向西方學習的第一種可能的形式，爲西學爭得了一定的合法地位，在當時起到了「開風氣」的進步作用。但隨著歷史的發展，其保守性質和自身矛盾日益暴露出來。當資產階級改良派和革命派先後出現後，中體西用完全成了鎮壓資產階級政治改革思想的輿論工具。進入二十世紀後，中體西用作爲在中西文化矛盾衝突中的一種回應方式，不斷有人提倡和翻新。如：梁漱溟爲代表的東方文化派；1935 年王新命、陶希聖等發表的《中國本位的文化建設宣言》；抗日戰爭時期，馮友蘭、賀麟、熊十力等人的新儒家理論；五○年代後港台現代新儒家學者的理論。中體西用雖然也有選擇地借鑑西方文化的一面，但其主導方面是保守的，不能積極地促進中國的現代化進程。

李澤厚的「西體中用」論，籠統地主張以西方的生產方式、生活方式、上層建築、意識形態、科學技術爲體，而不區分社會性質；有時講「體」包括馬克思主義，有時又加以否認。這種理論至少是混亂的，缺乏概念的明確性和邏輯的一慣性。但與「全盤西化」論還有區別。

今天，我們必須拋棄中西對立、體用二元的頑固思維模式，排除盲目的華夏優越感和崇洋媚外等狹隘感情因素，以開放的胸襟，從中國社會主義現代化建設的實際需要出發，批判地借鑑和吸取古今中外一切有價值的文化成果，經過辯證的綜合和揚棄，努力創造出一種高度發達的社會主義新文化。

試論孫中山對西方文化的認識　　陳　崧

《文史哲》　1987 年第 1 期

孫中山對西方文化的認識，有一個發展、深化的過程，其中雖有變化，但總的來說他的主張是一貫的，即肯定資本主義文化在當時具有先進性，並堅決主張運用它來改造和拯救中國，使之繁榮富強，迎頭趕上時代潮流。

孫中山在對待中國物質文明的建設上，一貫主張取法資本主義的先進科學技術。在「對外開放」這一總的指導思想下，孫中山在學習方法和學習態度上也曾發表過許多有價值的見解。他主張學習西方物質文明的最新成果，以求中國迎頭趕上世界潮流，並且認爲經過建設後，中國一定可以「駕乎歐美之上」。

　　孫中山對西方文化的認識在社會政治方面也有豐富的內容。在他的以政治學説爲主體的整個思想體系中，西方的資產階級民主主義的社會政治學説，無疑是孫中山學説的主要來源和基石。他的三民主義的理論根據，正是西方民主主義的「自由、平等、博愛」觀念。孫中山還主張避免兩種錯誤傾向：一是不肯正視乃至文飾資本主義制度存在嚴重社會問題而「唯洋是舉」的態度。一是看到資本主義的弊端後而主張倒退復古的態度。

　　孫中山民主主義政治主張的發展過程，同時也是其文化觀念的演變過程，表現在兩個方面：一是越來越強調平均主義的觀念，一是越來越強調發揚中國文化的觀念。這兩個方面都是針對西方文明的弊端以求改造西方文化的嘗試。平均觀念是針對西方諸國的嚴重貧富不均而提出的預防措施。發揚中國文化既是有見於西方社會的弊病，也是爲了結合中國的社會情況。孫中山對中國傳統文化的議論可分爲三類：一是援引典籍證明建立民主共和國的這個總綱領符合中國傳統；二是提倡恢復中國固有道德中的精華，並賦以新義以抵禦西方文化中的「惡果」；三是用中國傳統的經驗和制度來修改和補充從歐美學來的政治綱領和政治制度。

　　總的來看，孫中山對待西方文化的態度有三個方面。第一，他毫無狹隘的排外觀念，主張把西方文化的資產階級民主共和政治和近代科學引進到中國。第二，對待西方文化不贊成照搬照抄，也不贊成抹煞中國的傳統文化。他把中國傳統文化拿來補充到資產階級民主主義思想體系中去。第三，孫中山建立了民主主義的信念之後，沒有發生過動搖、倒退，同時也沒有走上另一極端——對資產階級文明的盲目崇拜。

中國社會發展中的政治文化障礙剖析　　榮　劍
《廣州研究》　1987 年第 9 期

　　從政治文化上看，中國政治發展主要有三大障礙。

　　第一個障礙：政治的倫理化　　現代政治的一個重要標誌是政治權力的可制約性，用權力和法律來制約權力。但是，在中國不受任何限制的封建皇權在政治文化中卻受到了是另一種限制，即以儒家文化爲主體的倫理道德規範對封建政治的約束，道德泛化和道德至上的傾向使中國傳統政治帶上了濃厚的倫理色彩。體現在三個方面：一是強調執政者的個人道德自覺；二是強調政治的人倫秩序；三是強調政治的人治。這樣必然會導致以下幾個傾向：片面強調「紅」與「專」的統一而走向對立；國家公職的榮譽化；政治上的「感恩圖報」心理；政治的「人治」；任人唯親。這樣，政治淪爲道德的附庸，政治的科學化原則在道德強制下被嚴重扭曲。因此，當前政治體制改革的一項中心任務是建立政治的科學化標準，使政治和倫理相對分開。

　　第二個障礙：國家崇拜　　在中國傳統政治和現代政治的發展中，國家崇拜觀念一直根深蒂固。它的表現特徵有四：一是國家全能崇拜；二是國家權力拜物教；三

是國家的人格化崇拜；四是國家的神秘性崇拜。國家崇拜的產生是與小農自然經濟相適應的。長期以來無法克服的「條塊」分割、國家機構膨脹、官僚主義、封建特權等都集中地反映了國家崇拜的危害性。現在的政治體制改革必須破除國家崇拜觀念。一方面，國家必須「放權」，把本屬於社會的權力重新還給社會；另一方面，社會必須廣泛地直接地參與國家政治生活，直接有效地制約國家權力，以保證國家爲社會的普遍利益服務。

　　第三個障礙：社會自我意識的弱化　強大的國家集權的存在和社會意識的弱化是互爲前提的。在中國傳統政治的漫長演變過程中，社會公民意識、民主意識、參與意識之所以難以形成，原因就在於社會處於國家的超常控制之下。社會的隸屬和依附觀念同政治的倫理化相結合，產生了一種摧毀個性的最強大的精神力量，強調反躬自省的道德修養成了社會個人的最高價值標準。這樣，社會個人的自主意識便徹底瓦解了。在社會主義條件下，社會自我意識的弱化的原因，一是社會（企業）喪失了獨立的經濟人格，進而不能形成獨立的政治人格，造成政治參與的困難；二是知識份子缺乏一種獨立的參與意識，不能對自己的歷史使命達到清醒的理性自覺。因此，喚醒社會自我意識的關鍵在於形成社會獨立的經濟人格和確立知識份子在社會中的重要地位。

儒家經濟倫理與社會經濟發展　　張鴻翼

《上海社會科學院學術季刊》　1987年第2期

　　對於儒家經濟倫理問題的最初提出和探討，我們可以追溯到德國社會學家馬克斯·韋伯。韋伯把儒教和新教作了一番比較，認爲二者的經濟倫理有重大差別。其一，新教以「人是上帝的工具」的觀念直接演進爲「人是資本增值工具」，從而造就了一代資本主義「經濟人」。而儒教以人的自我完善爲目的，輕視世俗工商技術。其二，儒家的理性主義是對世界的理性的適應，基督教的理性主義是對世界的理性的主宰。因此，儒教便不可能像新教倫理那樣喚發出「資本主義精神」。

　　近二十多年日本、台灣、南朝鮮、香港和新加坡經濟的迅猛發展，又一次引起了對儒家文化的再評價，一些學者對韋伯關於儒家倫理阻礙資本主義的論點提出挑戰，提出了儒家倫理有助於經濟發展的假設。

　　應該承認，韋伯所提出的問題有著極其重要的理論和現實意義，他的研究方法爲人們開闢了一條嶄新的研究道路。

　　我們研究先秦儒家的思想可以看到，在孔、孟、荀那裡建立了一整套用來建立新型的國家的政治倫理和經濟倫理觀念，確立了一系列經濟倫理原則，如：重羣體而抑個體、重利他而抑利己、重名分而抑僭越、重均平而抑分化、重謙讓而抑競爭、重本業而抑末利、重人倫而輕財富等。

　　到了近代，我國出現兩次重大的經濟制度變革：一次是以康有爲和孫中山爲代表所進行的資產階級改良和革命，力圖建立和發展自由企業制度。再一次是中國共

產黨人所進行的社會主義革命，其結果是建立了國營企業制度。兩次變革的結局不同，原因之一是：康、孫所倡導的自由企業制度與儒家經濟倫理是衝突的，而國營企業制度似乎符合中國傳統文化的發展慣性，觀念衝突不十分激烈。

就儒家倫理本身而言，我們看到，從中是很難引伸出發展商品經濟和大工業生產及其自由企業制度的經濟合理主義。然而，又如何解釋日本經濟騰飛與儒家文化的關係呢？這裡不能忽視「文化時差」問題，兩個不同層次的問題不能混淆。一個是：儒家倫理能否在自然經濟向商品經濟、農業社會向工業社會的轉化中，從自身引伸出商品經濟和工業化的經濟合理主義；一個是：在所謂的「後工業社會」中，儒家倫理能否被用來促進社會經濟的進一步發展。如果說韋伯提出並回答了前一個問題，那麼，近些年在西方和東南亞正在崛起的「新儒學」實際上則是提出並試圖解決後一個問題。到了「後工業社會」，發達國家的經濟倫理觀念出現了新的轉折，這爲儒家經濟倫理的「復興」提供了新的文化條件。

然而，「新儒學」在東亞一些發達國家和地區的崛起，並不等於在中國同樣可以「復興」儒學，不能忽視和抹煞中國與發達資本主義國家和地區在歷史和文化上的差異。

談民族傳統審美追求——盡善盡美　　陳伯海
《文史知識》　1987 年第 1 期

「盡善盡美」這成語人人都會用，卻未必知道它的緣起包含著一段有關「美」、「善」關係的論述，更未必意識到這段論述直接關涉民族藝術文化的一個重要傳統。

「盡善盡美」語出於孔子對音樂的評論。《論語・八佾》上記載：「子謂《韶》：『盡美矣，又盡善也。謂《武》，盡美矣，未盡善也。』」在孔子看來，美善是有區別的，盡美不一定能達到盡善；但另一方面，他又不贊成兩者的分割，而竭力要求美和善的統一。以盡善盡美作爲藝術評價的最高準則，這正體現了我們民族對文藝本質的概括。

西方人對美的認識主要有兩個源頭：一是畢達哥拉斯學派的美是和諧的理論，一是蘇格拉底和亞里斯多德倡導的「藝術模仿自然」學說。由前者引發了後來美學史上的形式主義學派，由後者孕育了寫實主義思潮。美從屬於真可以說是西方美學思想中的支配性觀念。

當然，傳統文學觀提倡美善結合，也並不意味著我們的文藝不重視寫真。但寫真還是爲了褒善貶惡，歸根結底從屬於對善的追求。

盡善盡美，美善相兼既然是民族藝術文化傳統中的主導觀念，它必然要深刻影響於文藝創造和理論批評的各個方面。我們的先輩一貫注重文藝作者的社會功能，特別是它的政治和教化的功能，正是這一文化觀念的具體表現。這跟西方文壇上公開標榜爲藝術而藝術的宗旨，是大相逕庭的。

　　與此相適應，傳統文學在内容上也形成了自己的特色。文學作品所展示的天地，恒常是一個現實的政教倫理的世界，表現善惡力量的道德衝突以揚善抑惡。而西方文學不拘守人倫日用的境界，向宗教、哲學、心理、歷史等領域作多方面的開拓。

　　作爲民族審美理想的「盡善盡美」説，有其深厚的根基。宗法制爲基礎的農業社會，造就了以人倫爲本位的崇善、敬德的文化精神。而在此文化氛圍中，追求美善結合，美從屬於善的審美境界，也是順理成章的了。

對現代化與傳統文化的再思考——評海外新儒學　　何　新
《社會科學輯刊》　1987 年第 2 期

　　當代台灣和海外漢學界中一個引人注目的現象，就是「新儒學」思想的興起。這一學術在當代台灣及海外華裔學者中，已成爲影響頗大的一派顯學。余英時和杜維明，正是新儒學中的兩位中堅人物。海外新儒學的興起，具有中國歷史文化的深刻原因，它實質上是海峽彼岸一批掌握了現代思想和方法的學者，在對中國近百年來「現代化」不成功的歷史經驗的反省，以及對日本、新加坡等東方國家「現代化」的成功經驗所作的研究中，形成的一種當代文化思潮。

　　「新儒學」的代表人物首先關注和討論的是什麼叫「現代化」？自本世紀初葉以來，多數主張中國現代化論者，都是自覺或不自覺的西化論者。新儒學的歷史觀建立在文化多元論，特別是非西方文化中心論的基礎上，強烈批判現代化的「西方模式論」，反對全盤西化。

　　但是另一方面，新儒學又絕對不主張復古，他們絕非如五四時代的「文化本位論」者那樣主張根本排拒西方文化，相反地，他們是文化的融合論者。他們主張，爲了推動中國傳統文化的進步與革新，應當吸收西方文化中的一切先進因素。他們認爲，世界上只有具體性的文化系統，而沒有抽象普遍的文化範型。作爲每一種具體文化，其構成單元都是可分析的，從而是可以選擇和作出具體評價的。

　　近年來，在中國社會主義改革的實踐方面，我們已拋棄了社會主義單一模式的理論，鄧小平關於「中國式的社會主義」道路的提法，是對科學社會主義理論的一個重大突破和發展。的確，當代中國人在思考「現代化」這一目標時，必須重新回顧和中國固有的傳統的歷史文化這一不可擺脫的背景因素。

　　事實上，20 世紀西方文化精神的一個基本特點，是西方思想家對西方文化的内在危機，產生了日益深刻的自省。因而許多西方學者，對第三世界各國的「現代化」能不能和應不應以西方文化爲模式，也提出了懷疑。

　　必須指出，新儒學與 20 年代的舊儒學和古代的儒學禮教並没有直接相承的關係。我們之所以稱之爲「新儒學」，僅僅是因爲他們極爲重視中國傳統的文化精神和價值系統，特別著重於發掘中國固有文化中那些具有現代意義的因素。新儒學主張，無論對中國傳統文化還是西方文化，都應當作「一分爲二」的分析，發展其中

的普遍性因素，而揚棄其特殊的受歷史局限的內容。由於他們多是精研於西方文化和思想，學貫中西的學者，所以他們長於對東西方文化的比較研究。對中國文化、西方文化中的積極、消極因素，往往能作出比較公允的評斷。

實際上，新儒學的出現，也許正是一個未來歷史進程的前兆。而即使在西方思想界，近來也已有人預察到了這一新的世界歷史進程，這就是東西文化正在走向復興。

評張岱年近年來對中國文化的研究　　范學德、沈曉陽
《中國哲學史研究》　1987 年第 3 期

近年來，將近 80 高齡的著名哲學家張岱年先生撰寫了十多篇有關中國文化問題的論文。他系統而簡要地闡述了自己對中國文化的獨特見解，從宏觀上比較了中西文化的不同，剖析了中國文化的精華和糟粕，提出了「中華精神」這個具有重要學術價值和現實意義的觀念，論述了建設具有中國特色的社會主義新文化這個重要原則問題。

闡發中華民族的主體意識，弘揚「中華精神」，這是張岱年先生致力於中國文化研究的基本出發點，也是他關於中國文化問題的理論觀點所圍繞的核心。張先生從全面剖析「國民性」問題著手研究中華民族的民族精神，主張用「國民積習」來代替「國民性」的概念，認為其中既有「劣根性」也有「良根性」。在此基礎上，他提出了「中華精神」這個重要概念，闡明了構成「中華精神」所必須的兩個基本條件——具有廣泛的影響和能激勵人民前進，具體分析了中華精神的主要內容——「自強不息」和「厚物載德」。為了進一步闡明「中華精神」，張先生又提出了「民族的主體性」和「民族的主體意識」這兩個新概念。「中華精神」和「民族主體意識」的提出，是張先生對研究中國文化問題的一個重要貢獻。當然，全面揭示中華精神的具體內容，分析它的特點及其在各個方面的表現，還需要作大量的理論工作。

用辯證唯物主義的觀點，以全方位的視野，科學地分析中國傳統文化的精華和糟粕，把文化問題的討論具體化，這是張先生近年來在中國文化問題的研究上所作的一項重要工作。他認為，分析中國傳統文化，首先要認識文化的時代性和民族性問題，即文化的「古今中外」的問題。張先生還十分重視「兩種文化」，「共同文化」和文化的「古今中外」問題的統一。基於以上觀點，張先生認為中國傳統文化有四個特點：一是天人合一，二是家庭本位，三是愛好和平，四是對不同宗教都較寬容。同時，他也十分注意分析傳統文化本身的錯誤偏向，譬如「重理想而輕效用」、「重協同而輕競爭」、「重繼承而輕創新」、「重直覺而輕知解」。當然，這種頗有見地的分析，也有待於加深之處，如傳統文化的特點與「中華精神」的內在聯繫如何，傳統文化的特點與其偏向之間的關係怎樣。

分析傳統文化與現代化建設的關係，揭示中國文化發展的基本規律，回答中國

文化的前途所在，這是張先生研究中國文化的落腳點。張先生分析了傳統文化與現代化的衝突，認爲它存在於經濟、政治和思想文化各個領域，對這種衝突的嚴峻性、深刻性和長遠性應有清醒的認識。同時，他也肯定傳統文化中確有與現代化相契合，能夠促進實現現代化的積極因素。張先生還嚴肅指出，我們首先應重視中國文化的發展方向問題。他否定了自我封閉和全盤西化兩種傾向，認爲主動選擇，學習吸收，自我更新，建設具有中國特色的社會主義文化，才是唯一正確的方向。

儒學是民主化的內在契機嗎？　　毛　丹

《社會科學》　1987 年第 9 期

傳統文化不可能把中國引向現代化，但又不能任意切斷傳統文化與現代化社會的聯繫。這大概就是今天既反對「全盤西化」，又要花氣力分辨傳統文化精華與糟粕的緣由。

近年來，國內外都有人一再預言未來社會將出現儒家文化的復興。有人認爲，儒學價值模式中的「民爲貴」的平民價值系統及其「德治」、「仁政」思想，是對封建專制集權制度的頡頏，從而爲封建主義專制集權集制轉向民主化，提供了內在契機；而我們在健全和發展社會主義民主的過程中，亦應當擷取儒學的這些具有人民性的思想觀念。

對此，筆者大感疑惑。就學理言，節制利欲與節制權力，爲民作主與人民自主，個人民主作風與民主政治制度，有著質的差別。從歷史看，儒學在兩千年的變遷中，它在某一階段的哪些內容在怎樣的意義上或程度上被封建統治者利用，又在多大程度上轉化爲社會心態，這種心態是有利於還是不利於封建專制統治，這些問題都該作細緻分析，一句籠統的「頡頏」很難令人信服。

倘若僅僅就學術文化的潛在功能或可利用值而言，那麼，至少先秦的孔、孟、荀三大儒學，不但不具有所謂的「頡頏」性，反倒是穩定的專制主義中央集權制的最佳文化同構體。

儒學確實強調仁政、德治，企求國家安定、社會和諧、百姓安居樂業。但達到目標的途徑不是人民自主，掌握主權來保護自己的利益；而是人人各安其等，各守其分，節制利欲，依靠擁有絕對權力的君主自上而下爲民作主。可見，仁政是對君主專制的認同。

所謂「民爲貴」，也不是平民價值觀。在價值本位意義上，孟學依然是君本位而非民本位。孟子一再強調親親、尊尊、等級禮制。排除儒學因人施教，視對象不同而言各有異的教育學因素，「民爲貴」說到底是對庶民實際能量的承認，而不是對平民本位的價值肯定；是仁政思想，而不是平民價值觀。事實上，「民爲貴」只是「保民而王」思想的組成部分，是圍繞著統治者更有效地役民而提出，而展開的。

總之，先秦的孔、孟、荀三大儒學雖各有所異，但其價值模式中並不存在什麼

「平民價值系統」，德治、仁政所能達到的極限僅僅是一個開明君主。這樣的儒學怎麼能爲封建專制集權轉向人民主權的民主制提供文化的內在契機呢？

中國文化的現代化　　劉綱紀
《學習與實踐》　1987年第10期

我們所說的現代化是社會主義的現代化，並且是具有中國特色的現代化。我們要創造中國現代的文化需要注意這樣幾個問題：

一、科學問題　現代文化是同科學的廣泛運用和高度普及分不開的。沒有現代化的科學精神，就不會有現代文化。現代科學越是發展，就越是趨於高度的形式化、符號化，遠離日常的狹隘經驗。而在我國，不少人的思維方式仍然深受狹隘經驗論的影響，缺乏現代科學思維的能力和習慣，這是我們的文化的現代化必須解決的一個重要問題。

二、民主問題　一個沒有民主觀念的社會，或民主觀念尚未滲入到人們的行爲、交往、意識中去的社會，是談不上什麼現代化的。而在現實生活中，封建的等級觀念和專制思想的影響嚴重存在，因而把社會主義的民主意識灌輸到全民的大腦中去，這是十分必要的。

三、實踐的技能和效率問題　現代社會是一個高度重視實際的社會，不是一個空談、幻想的社會。它要求人們必須掌握各種實際的技能，並且要緊張地、高效率地進行工作。但是，幾千年來封建階級鄙視物質生產和實踐技能的掌握的觀念，小生產的緩慢的生活方式和漠視工作效率的觀點都須破除。

四、個體觀念問題　個體意識的增強，個體的地位和價值的空前提高，是現代文化的一個重要特徵。因此，文化的現代化要求我們必須充分重視個體的問題，破除蔑視、壓制、扼殺個體的封建思想。

五、羣體觀念問題　在資本主義社會也存在著普遍公認的社會準則，和封建社會相比，它也是一個羣體觀念大爲發展了的社會。這正是現代文化的又一重要特徵。多年來我們不斷強調羣體，但由於我們極大地忽視了個體，由於現代化生產很不發達，也由於民主法制不完善。因此，我們的羣體觀念在某些情況下還不如西方先進的資本主義國家。我們的羣體觀念往往是帶封建色彩的行幫觀念或小生產的狹隘的地域、行業觀念，而不是現代的羣體觀念。

六、破除民族狹隘性的問題　現代的羣體觀念是同全球意識相聯繫的，它已打破了民族之間的相互隔絕，使民族的狹隘性無法繼續存在下去。今天，在開放的條件下，我們既要反對崇洋媚外，不斷提高民族的自尊心和自信心，同時又要破除民族的狹隘性。只有在和世界各民族的交往中，我們才能作出自己的貢獻，閉關自守是沒有出路的。

中國比較文化研究史的分期問題　　許蘇民
《天津社會科學》　1987 年第 5 期

　　近年來文化研究中普遍流行一種觀點，認爲近代中國社會發展和文化運動的總體行程是：器物引進→政治變革→思想革命，與此相適應，中西文化比較研究亦經歷了三個階段：㈠對文化的科技事實以及與此相關的某些經濟、行政事實的反省；㈡對文化的政治、法權事實的反省；㈢對民族文化心理、價值觀念的反省。這一劃分對歷史行程的把握，基本上還停留在現象形態上，從方法論角度說，不免帶有用社會發展的一般進程與思想史作機械比附的色彩。

　　我以爲，從十七世紀初到二十世紀 40 年代，中國比較文化研究史大致可分爲五個階段。每一階段的比較文化研究都具有相對獨立的特定內容，具有爲時代所規定的特色，同時，每一階段又總是承前餘緒，啓後萌蘗。

　　第一階段：從明末到鴉片戰爭前夕，中西文化比較研究史的中心環節是變革傳統的科學方法論的嘗試，主要內容是中西自然科學方法的異同問題。徐光啓、李之藻、黃宗羲、梅文鼎、王錫闡、焦循等在不同程度上比較了中西自然科學方法的異同，試探著邁出了變革中國傳統自然科學方法的步伐。

　　第二階段：從鴉片戰爭到戊戌維新，比較文化研究史的中心環節是以「變古」、「變法」爲主要目標的中西政體比較研究。其代表人物主要有魏源、馮桂芬、郭嵩燾、王韜、鄭觀應、譚嗣同、康有爲等人。

　　第三階段：從戊戌維新失敗到五四新文化運動初期（接受馬克思主義以前），比較文化研究的中心內容是中西國民性的異同問題。這一時期的主要代表人物有嚴復、梁啓超、鄒容，以及早期的魯迅、陳獨秀、李大釗等。

　　第四階段：從五四新文化運動後期到二十年代中期，比較研究開始圍繞中西社會不同的經濟基礎而展開，從中西社會經濟基礎的差異看中西文化的時代性是這一階段比較研究的主要內容。這一時期有三派力量進行著激烈的論爭：一是唯物史觀派，以陳獨秀、李大釗、瞿秋白爲代表；二是科學方法派，以胡適、丁文江、楊銓爲代表；三是東方文化派，以梁漱溟、張君勱、章士釗爲代表。

　　第五階段：從 20 年代末到 40 年代，比較文化研究的主要內容是中西文化的歷史、現實及其前途問題。參與這一討論的代表人物有郭沫若、魯迅、杜國庠、胡繩、陳家康、錢穆、馮友蘭、賀麟等。

　　80 年代以來，在中國開始了比較文化研究史的第六個階段，人們注重對中西現代化道路作比較研究，更多注意到民族文化心理結構的現代化與物質文明的關係，孜孜不倦地探尋著傳統文化與現代化的結合部。

當代中國文化的地域觀　　王世達、陶亞靜
《社會科學》　1987 年第 8 期

一、當代中國文化的總體觀及其地域性

當代中國文化，從歷時性看，是傳統文化的歷史發展、繼承與揚棄；從共時性看，是中國與世界各民族文化涵化的結果；從空間結構看，是各地域、各層面文化積累起來的總體；從內部機制看，是整合與隔離機制對立統一的複雜機制體；從具體構成看，是中國各民族人民在社會實踐中創造的物質與精神財富的總和。故而從系統性看，它同任何一個民族的文化體系一樣，不能不是一個極其複雜的系統，是由可以多達數十個子系統組成的大系統。當代中國文化的地域性即相對於總體文化系統的地域性和亞文化系統是存在的。研究文化的地域性，對當代中國文化的研究將有很多幫助。

二、造成地域文化存在的隔離因子

造成地域文化存在的隔離因子主要有三方面的內容：自然隔離、社會隔離和歷史心理隔離。自然隔離主要是指由於地理環境、語言或方言、不同民族等差異造成的地域文化隔離。社會隔離主要指在生產方式、經濟結構和人口分布等方面的差異造成的地域差異。歷史心理隔離主要指民俗、家庭、社會體制、藝術、心態等差異造成的地域文化隔離。

三、地域文化類型的劃分

1.漢民族文化和少數民族文化。漢民族文化儘管是與兄弟民族不斷融合的結果，但又走在少數民族文化的前面。漢族文化是當代中國文化發展的主導力量。少數民族文化主要是指在較大的地域範圍內聚居的以某一少數民族為主體的地域文化，如青藏文化、新疆文化、內蒙古文化、寧夏回文化、廣西壯文化等。

2.南北文化。從歷史看，南北文化的差異是很明顯的，但從當代看，差異正在縮小。

3.漢文化區的東部文化和西部文化。這種劃分的特點在於捕捉到中國歷史的經濟文化重心一直在東移的趨勢，特別是當代中國經濟文化重心明顯東移的事實。

西部文化即內地文化，包括三晉文化、中原文化、關中文化、荊楚文化、淮南文化、贛文化、巴蜀文化、滇黔文化等。

東部文化包括嶺南文化、特區文化、江浙文化、上海文化、齊魯文化、京津文化、關東文化及台港文化。東部文化領先於西部文化。

四、地域文化的相互滲透與影響

基於對中華民族共同性的認同，地域間的文化也存在著互滲或融和。這種互滲表現為地域間文化的相互仿效、相互影響、相互補充。地域文化間的互滲作為當代中國文化中的一個趨勢，並不是文化變遷的壓倒趨勢。

五、地域文化發展預測與文化發展戰略

隨著歷史的發展，各地域文化將不同層次的融合，從而使其差別性不同程度消

彌。又由於發展不平衡的存在，差異將始終存在。在一定條件下還可形成新的地域文化區。因此，文化發展戰略要能預見到地域文化差異的消除和新生，要考慮到人、自然、社會、文化的各種變量關係對文化產生、發展的交互影響。中國文化發展戰略要通過地域文化發展戰略來實現。

「尋根」文學和民族文化　　李以建
《福建論壇》　1987 年第 1 期

　　文學是文化的有機構成之一，從事文化研究的工作者無不以嚴肅認真的態度，將目光投注於文學，十分重視把深入細緻的文學研究納入自己的研究領域。然而，多年來，從事文學研究的工作者卻忽視將文學和文學的研究置放在文化這更深更廣的層面上加以考察和探究，這不僅難以開拓研究的視野，而且導致對某些文學作品和文學現象僅作表面的判斷和評價，無法進一步挖掘其內在的價值和意義。對尋根文學的否定評價就是一例。

　　其實，尋根文學並非鄉土文學，力圖用舊概念來囊括新生事物，這是惰性形成的一種惡習。我們應看到，尋根文學是孕含著某種新質變化的中國文學現象。它是既縈根於本民族文化傳統的深厚土壤裡，又吮吸著現代文化雨露而破土萌芽的新苗。文化是一個綿互不絕的整體，它是由傳統文化和現代文化二者構成。尋根文學正是二者的必然產物，它和文化這個整體血脈相連，難以截然分開，既不是再現傳統文化，也不是憑空臆造現代文化。

　　我以為，所謂「尋根」，關鍵在「尋」。尋是一種積極的揚棄，尋是一個過程。僅以作品中常常出現的古風民俗，鄉土人情而言，與其說作家對此刻意渲染鋪陳，不如說是對這些文化現象的如何發生以及為什麼發生作出形象的描寫。尋根是一個從解構到重構的過程，在這無比豐富的過程中，它藝術地重新闡釋了文化和人類自身。尋根文學提出了一個發人深省的問題：文學的價值不僅僅在於摹仿和再現世界，也不僅僅在於認識和表現世界，更在於理解和闡釋世界，從而賦予這個世界新的意義。

　　有人提出尋根文學是以一種狹隘的民族主義本土意識來抵抗外來文化的撞擊和滲透，這是無知帶來的誤解。綜觀當今世界文化發展的潮流與趨勢，後現代主義是其主潮。從某種意義上說後現代主義所倡導的理論及其實踐，都同中國的尋根文學有許多相似之處。尋根文學是能逐漸發展成為跟世界文學進行交流與對話的。

文化發展中的兩個悖論　　許志杰
《東岳論叢》　1987 年第 5 期

　　悖論一：繼承與選擇，繼承的失誤　我不贊成中國傳統文化的主幹是儒家文化，也不敢苟同道家主幹說，即使是儒道合流，也難以道出傳統文化的真諦。我認爲中國文化是經過千百年的融合，大浪淘沙，形成的一種揉進諸子百家思想的龐雜體系。「文化」的外延總是無限地擴大，最終形成一個包羅萬象，大而無當的概念。把文化的複雜度擺設得愈高，文化自身的發展脈胳便愈難把握。同時，爲對傳統文化的繼承與選擇提出了一個較爲艱澀的難題，即繼承與選擇的思維界定是什麼？中國傳統文化在長時期的發展中，過分強調了對傳統的主體性繼承，卻忽略了對傳統文化的主體性選擇，繼承是天經地義的，選擇卻背大逆不道之嫌。真正地中國古代哲學思想的發展，就是以董仲舒爲界，以後的發展，也只是對傳統的繼承，本義的闡釋，真正的發展不復存在。而繼承與選擇的思維混亂，扼殺了哲學思想的進步，思想成爲統治者的思想，文化爲思想奴婢，董仲舒以後，傳統文化的政治化傾向，成爲文化發展的最大障礙。

　　悖論二：傳統文化的政治化傾向　傳統文化的政治化傾向主要表現大體有三：一是王權主義，二是德治思想，三是愚忠思想。這三點成爲統治者統治國家的文化基礎，同時也是中國封建社會爲什麼長期延續的原因。

　　極重繼承，是我們這個民族的傳統。孔子自稱「述而不作」，只對傳統作述釋，自己不需創新。沒有創造性的思維是萎縮了的、枯萎了的靜止性思維。這種思維限制了文化思想的發展。因而，傳統與繼承的關係，不是主動的選擇，僅是使用者的「爲我所用」，這種選擇帶有很大的片面性，文化的政治化傾向也源於此。

　　傳統的價值觀斷送了一個民族的前程。文化的繼承應該是有選擇地繼承。文化的繼承一定是優勝劣汰。以上兩個悖論的引證便是：選擇的主動性與繼承的選擇性合一；政治是文化的組合體。

環型思維結構與直線型思維結構——孔子《論語》與柏拉圖《對話錄》文體之比較　　王士躍
《社會科學研究》　1987 年第 1 期

　　本文試圖就孔子《論語》與柏拉圖《對話錄》的語言文字特點、修辭學特點、邏輯學特點三個方面，比較東西兩種思維模式。

〔一〕

　　以象形性爲特點的漢字構造異於以讀音爲特色的希臘字母文字。漢字本身的象形會意性構成了一種含蓄、直悟及暗示的多層次內涵。人必須投入其中耳濡目染，在複合體提供的多重空間中迂迴行進、左右盤旋，才能在適當的情境中取得抽象的概念。這種體現在認識與被認識間的迂迴盤旋的運思模式即是環型的運思模型。以字母構造的希臘文字從根本上就排除了這種複義性與隨意性，以分析代替直悟，以直陳取代暗示，顯示出思維的周密與邏輯的嚴謹。這一理智飆線沿縱向發展，是典

型的西方人直線型運思模式。

〔二〕

在修辭學方面，漢語偏重於積極修辭。文字的「臨近感」與體驗性，無間隔無標點的直悟性與暗示性，大量的空際地帶，落差懸殊的情緒階石等特點都是例證。積極修辭對辭格的運用有著特別的偏愛，漢語中博喻的用法就是一例。《論語》中這樣的句子俯拾皆是。一萬二千字的《論語》出現了比喻七十二個。柏拉圖所運用的希臘文便偏重於消極修辭，排除了複義性的字母文字構造，龐大的介系詞網絡及標點符號的知性的邏輯類分，情感寬度的縮小及邏輯密度的增強等特點都是例證。它也愛用比喻，卻避免博喻而多用延續式比喻。《理想國》是二十三萬多字，而比喻也僅出現一百五十個。

漢字的積極修辭旨在強化感知與被感知之間的無礙與和諧，走鈎針繡花的迂迴環行的線路，力圖對讀者的直覺作多層次多含義的發射，是以情動人。希臘文的消極修辭意在感知對被感知的控制與掌握，循崖頭瀑布垂落直線，對讀者的直感集中一點釋放理性強輻射，是以理服人。

〔三〕

漢語思維的特點是長於綜合而短於推理，長於直悟而短於分析，就邏輯來看，中國人偏重於繹的思維方法。先有定義，然後推理，以具體論據支持定義。如《論語‧子罕篇》有「逝者如斯夫，不舍晝夜」，其句型可用波峯——波谷——波峯的三段式來簡示，讀者靠直觀把握的方式，豁然徹悟，從而取得抽象的意念。

古希臘人的思維是偏重於歸納式的，從細枝末節出發，由淺入深，逐漸演進，最終得出結論。柏拉圖《對話錄》就大都用的這種方法，如《會飲篇》中關於愛情的討論。

《論語》的運思模式彷彿是 M.C. 埃舍爾畫筆下首尾環接的瀑布，是一個不可思議的「奇圈」，《對話錄》則像巴赫《音樂的奉獻》中的卡農技巧，是有跡可尋的旋律。《論語》中演繹邏輯的點悟特點難免夾雜意思上的重複與道理上的贅述，而體現在《對話錄》中的過度知性的割捨，則把我們的思維緊緊縛住。

我國二十一世紀的文化　　張學禮

《未來與發展》　1987 年第 4 期

一、政治體制改革是文化發展的動因　「文化」這個概念也包括政治。當然，政治和文化也可以從狹義上加以區分，但不管怎樣區分也不能割斷它們之間的內在聯繫。一個社會的文化除了受制於該社會的經濟條件，還受制於社會政治制度包括政治體制。同時，在文化內部也存在複雜的制約關係。如果一個國家經濟發展快，政治制度和政治體系又好，那一定會使文化的發展獲得復合的力量。我國當前開展

的政治體制改革，是要建立高度民主的開放性的政治制度，它可以打破禁區，更好地吸收和借鑑世界上一切優秀文化，從而促進我國文化的發展。

二、在政治體制改革中必須反對兩種錯誤傾向 通過政治體制改革推動文化的發展，絕不是一帆風順的，必然要經歷一個曲折過程。因爲在政治思想和文化領域長期以來既存在著資產階級自由化傾向、又有封建主義的深刻影響。我們必須反對這兩種傾向，以同經濟體制改革相配合，造成我國文化大發展的必然趨勢。

三、從政治體制改革到文化復興的時間差 我國現在進行的政治體制改革對文化的推動有一個時間差。因爲，政治體制的完善和發展，以及它的功能的發揮，都有一個過程；同時新的改治環境中的文化發展，新文化內部因素的相互促進，也有一個過程。此外，作爲文化發展的物質基礎的經濟，在政治體制改革之後的繁榮也有一個準備期。「文藝復興」，先秦的「百家爭鳴」和我國唐代的事實都可以説明時間差的存在。只是我們現今所處的時代不一樣，同這種改革相聯繫的文化大發展的滯後期，比之歷史上的情況，要短的多。可以預測！我國文化大發展時期可能在二十一世紀 20 年代出現。

四、我國二十一世紀文化發展的格局 隨著社會向現代化的邁進，必然會帶來我國民族文化心理素質的現代化。與此相聯繫，我國的文化將進一步邁向世界，湧現一批包括藝術、科學等既根植於民族土壤又屬於世界的所謂「大家風範」的代表人物和作品。以先進科技爲手段，走向信息化文化的新階段。同時，我國將從大衆消費社會向大衆文化社會過渡。

當然，在這個文化大發展的新時期，文化內部各種因素、各個部分的發展也將是不平衡的。我國二十一世紀前期出現的文化繁榮的類型，學術型文化和藝術型文化的出現可能性不大，可能出現的是以科學爲侶伴，文學、繪畫、音樂、雕刻等同時發展到較高水平的藝術主體性文化。

論魯迅對西方文化的態度　　黃洪基

《求索》 1987 年第 3 期

學術界曾有一種觀點，認爲魯迅宣傳全盤西化，所以主張根本不讀中國書，要讀外國書。這種觀點是否符合魯迅本人的實際情況，很有澄清的必要。

魯迅關於「不讀中國書」的主張出自他所寫的《青年必讀書》一文。我們有三個問題要澄清，一是魯迅當時爲什麼提出「不讀中國書」的主張，二是魯迅對中國文化是否全盤否定，三是魯迅對西方文化是否主張全盤拿來。

魯迅的這篇文章發表於 1925 年，當時，北洋軍閥頭子段祺瑞，正掀起一股尊孔復古的逆流。魯迅文章的批判鋒芒是針對尊孔讀經逆流的。魯迅從中華民族的災難中深感封建文化對青年一代的毒害，爲了不讓這「古老的鬼魂」再去遺毒青年，魯迅才提出了反對讀經的主張。所以，它絕不是主張「全盤西化」的宣言書。

魯迅如何對待中國文化呢？既「有所承傳」，又「有所擇取」；既作保存者，

又作開拓者，這就是魯迅對待民族文化遺產的「批判繼承」觀。在實踐上他也是這樣做的，如他對中國的古籍就進行過浩繁的整理、加工。他在編寫《中國小說史略》、《漢文學史綱要》的過程中所取得的卓越成就，更雄辯地證明了他對整理古籍的重視和開拓精神。其實，魯迅也並非無條件地反對一切人讀中國書，對於專業工作者讀一些古籍是必要的，如魯迅的《漢文學史綱要》，每篇後面都附有關古籍的參考書目。

　　至於說魯迅主張對西方文化全盤拿來，甚至主張「全盤西化」，那更是無稽之談。魯迅在《拿來主義》中的見解可以歸爲三點：第一、魯迅主張對外來文化，根據自己的需要有所擇取，不能也從未提倡過全盤西化。第二、魯迅強調經過消化，「融合新機」，「以滋養及發達新的生體」爲目的，最終要別開生面地走出一條新路來，而不是食洋不化。第三、魯迅特別重視後果，總是考慮怕貽誤青年，體現了高度的歷史責任感。

文化建設與民族主體性　　張岱年

《北京社會科學》　1987 年第 2 期

　　我們的歷史任務是建設社會主義的新中國文化。社會主義文化應該既高於中國固有的傳統文化，也高於近代西方的資產階級文化。對於中國封建主義的文化和近代西方資本主義的文化，都應進行一分爲二的分析，區分其精華與糟粕。凡是符合客觀實際的觀念，能夠促進社會發展的思想，都應謂之精華。凡是不符合客觀實際的觀念，阻礙社會進步的思想，都應謂之糟粕，這是衡量古今中外的文化思想的主要標準。在建設社會主義新中國文化的過程中，必須正確分析傳統文化的長短得失，必須正確分析近代西方文化的優劣利弊。

　　改革和克服封建時代遺留下來的陳舊習俗及落後意識，是文化發展的客觀需要。同時也必須正確認識中國文化延續發展的思想源泉、中華民族幾千年來延續發展的內在思想基礎。近代中國落後的原因是複雜的，就文化而論，落後的原因之一是近古以來中國封建統治階級的文化專制主義愈演愈烈。但中國傳統文化也並非一潭死水，中國人民雖有一定程度的「惰性」，但歷來不能忍受殘酷的壓迫和外來侵略。與此相關，中國古代哲學思想中也存在著激勵人們奮發前進的精粹思想。這裡可以舉出孔子、孟子關於人格價值的觀念和《周易大傳》的剛健思想。

　　文化傳統中的精粹思想，往往是不容易理解、不容易領會的；文化傳統中的陳舊思想，卻往往是不容易克服、不容易擺脫的。學習西方文化，也有類似的情況，往往不易掌握西方學術思想的精髓，而僅僅學會一些皮毛。近幾年來，在中國社會上，陳腐的封建遺風往往與資產階級利己主義的作風相互結合起來。

　　中國封建時代的社會心理，可以概括爲「家族本位」，處處考慮親屬關係。資本主義的社會心理可以概括爲「個人本位」，最重視個人的權利。時至今日，家族本位固然是落後的，個人本位也不符合崇高的理想。爲公忘私、大公無私、助人爲

樂，是社會主義道德的最高原則。

任何民族的文化，都在一定程度上表現爲民族的主體性。文化是爲民族的存在與發展服務的。肯定個人的主體性是必要的，但更重要的是正確理解民族的主體性。

民族的主體性即是民族的主體意識，亦即民族的自覺能動性，其中包括民族的獨立意識和民族的自信心，也含蘊著民族文化的獨立性。民族文化的獨立性就是在形式和内容等方面都具有民族的特色。西方現代國家都表現了強烈的民族主體性。全盤西化論的主要錯誤是不懂得民族的主體性。

文化的進步需要開放的態度，自我封閉是沒有前途的，必須吸取世界文化的先進成就，但也需要奮發向上的動力。這種積極進步的要求，只能孕育於本民族的文化傳統之中。文化的進步不可能是傳統的全面否定，而只能是傳統中一部分有生命力的内容否定另一部分沒有生命力的内容。

基督敎與中西文化交流　　程偉禮
《復旦學報》　1987 年第 1 期

基督教較大規模地傳入中國，歷史上曾有四次，第一次在唐代，第二次在元代，第三次在明末，第四次在清代後葉。基督教作爲一種文化觀念形態，對中國的歷史有著十分重大的影響，尤其是明清以來的後兩次傳入更是如此。實際上，一部基督教在中國的傳播史就是大半部中西文化交流史。本文僅就三個問題，發表一些粗淺看法。

1.基督敎自我更新的内源因素　在世界三大宗教中，基督教區別於佛教和伊斯蘭教的特點就在於它的自我更新。西方文化的較大發展，現代化觀念之所以產生於西方，都與基督教及其在歷史上的發展演變有著密切的關係。基督教以自己的變化和改革促成了基督教文化的自我更新。追溯基督教文化的自我更新的内源因素，不能不承認基督教與科學始終有著一種奇特的關係，表現在兩個極端的現象上，一是宗教裁判所將追求科學真理者視爲異端，二是古希臘系統的科學知識的珍珠被鑲入了基督教文化珍珠之中，傳教士可從事科學實驗，而且正是阿奎那的經院哲學錘煉了歐洲人的理性精神和邏輯思維的能力。馬丁·路德的宗教改革，成爲基督教自我更新的重要契機，他把批判精神、懷疑精神引入了基督教的新教，從而在平等人權、思想自由的基礎上，使基督教與資本主義結下了不解之緣。

2.被「西學東漸」光環所遮掩的　「西學東漸」的真正源頭是從基督教第三次大規模傳入中國而揭開序幕的。以利瑪竇爲代表的傳教士成了溝通歐洲和遠東文化的橋樑，他們是向東方傳播西方科學文化的主要媒介，有著不可磨滅的功績。但是，「西學東漸」像一個耀眼的光環，人們的目光全被吸引到它的閃光發亮的那一面；無暇注意被這個光環遮掩的陰影部分。席文和李約瑟已分別注意到了被「西學東漸」光環所遮掩的第一個問題，即：以傳佈舊教爲宗旨的傳教士所傳入的是什麼

性質的科學文化？當時傳教士所代表的遠不是已經蔚爲主流的近代科學和近代思想。爲「西學東漸」光環所遮掩的第二個問題是「中學西漸」。由於明末清初來華的耶穌會教士把中國的經籍和文學作品譯成外文，在歐洲掀起了一個「中國文化熱」，他們在這方面的功績不亞於向中國介紹西方文化的成績

3.間接傳教與「文化侵略」　基督教第四次傳入中國的歷史，是與英國奉行殖民主義政策分不開的。這些傳教士在華活動面很廣，甚至涉及到軍事方面，因而學術界曾流行過「文化侵略」的說法。其實，「文化侵略」的提法既不妥貼又不準確。它無視中西文化交匯的世界潮流，缺乏全球性意識。有不少正直的新教傳教士，堅持了新教所特有的科學精神和人權、人道思想，爲中國人民做了許多好事。

總之，對於基督教文化尤其是新教在近代中國的傳播，我們應該堅持解放思想，實事求是的科學精神，採取歷史主義的態度，深入地加以研究。

從小說學到宏觀文化心態學　　揚　義
《人民日報》　1987 年12 月29 日

當前，各種文化建構方案提出來了：「儒學復興」說，「西體中用」說，「哲學啓蒙」說，「徹底重建」說，這些反映了傳統文化格局突破前的苦悶和焦灼。爲了超越這種局面，有必要開展宏觀文化心態的研究，這種反思將有助於我們民族文化性格的改造。一個民族文化的生機，既依憑於文化哲學的博大精深的創建，也依憑於文化心態的健康開闊的接納。對於我們來說，後者尤爲緊要。

五四新文化運動，以民主和科學的精神，打破了中華民族文化結構的封閉狀態，富有創造性地開拓了面向世界的開放型文化心態，從而使這個古老的東方文化出現了返老還童的新機。

小說處在中外文化撞擊期，成爲文化心態的晴雨表。考察現代小說的醞釀、突破和發展，必須進入更爲恢宏開闊的文化心態學的領域。自總體而言，中國現代小說是參與歷史的文學。在重重的民族痛苦面前，它們大都不願超然物外。但是它們參與歷史有强弱深淺的差異，可分爲政治實用、民族心靈、普通人性三個層面。小說參與歷史的更本質的含義，就是參與對民族性格和國民靈魂的改造。中國現代小說的開拓者，多是叛逆型的破落戶子弟和泅游於中外文化反差之間的留學生，既窺破社會崩毀中的炎涼，又飽嘗民族衰老中的憂患，可以說，他們所寫的改造國民靈魂的小說，是以現代意識返觀傳統文化沈積的審美結晶。

新文化的創建；需要立足於中國的現實大地，但又需要跳出古老的封閉的文化圈子和解開惡性的歷史循環論的死結。它需要借鑑和汲取外國進步文化思潮，但又不能不顧中國的具體國情和中國人心理接受的特點。一切有待於開通一種文化對流的良性心態渠道，造成一種向前的文化歷史合力。

中國新文化的開拓者歷史地成爲民族文化創造力的體現者，他們以民族生命爲本位，爲價值尺度，盡情地呼吸著八面來風的世界文化的新鮮空氣，逐漸形成著和

預示著中華民族文化返老還童和健全發展的心態機制。舉其大端，大體有三：一是開放性心態，二是創造性心態，三是交融超越性心態。

宏觀文化心態學是文化接受學和文化心理學的交叉點。它的任務在於研究文化哲學在漫長的歷史沈積之中，周流不息地疏通淤塞，自我更新的羣體心理機制。惟有以開放性心態對外，以創造性心態對古，以融合超越性心態，對待文化開拓者主體，才能建立起依憑於現代中國大地的宏偉輝煌，絢麗多姿而又生機盎然的文化整體結構。

西學和中國近代史學　　　　吳懷祺
《光明日報》　1987年6月17日

十九世紀末，民族危機加深，中國人民爲尋求救國的真理，渴求進一步了解西方的文化，用梁啓超的話來説，這是一個「學問飢荒」的年代。在這樣的背景下，晚清出現一股西學熱。中國近代史學受到很大影響，變化尤其明顯。因此，對晚清開始的西學情況需作詳細的考察。

首先，注重介紹、宣傳西方資産階級的學術思想，從十九世紀末到二十世紀最初的十年，即晚清時期，學者主要介紹西方資本主義上升時期的學術思想。嚴復翻譯了赫胥黎的《天演論》等著作，梁啓超辦的《新民叢報》介紹了斯賓諾莎、達爾文等人的學術思想。對西學的宣傳，在當時具有反封建的意義。「五四」前後，中國資産階級學者大量宣傳的是西方各種哲學流派的歷史觀點。可見，西學內容的變化是時代變動的反映。其次，西學的宣傳和介紹是博雜而膚淺的。最後，在宣傳西學的同時，對傳統的文化遺産缺少具體的科學的分析。一方面表現爲簡單地否定、蔑視傳統文化的遺産，另一方面表現爲對舊學營壘的依歸。

總之，中國人沒有從西學中找到救國的真理，資産階級靠西學創造新學派的意圖也無法實現。然而，西學對中國資産階級史學產生的影響是多方面的，這裡僅談兩點。

第一、西學的變化直接影響到資產階級史學家對歷史理論的探討　二十世紀初年，中國資産階級學者接受了西方資産階級的學術觀點，構成新史學理論體系。梁啓超1901年寫的《中國史敍論》及1902年寫的《新史學》是這方面的代表性著作。

第二、史學研究方向變化了　資産階段史學家由於否認史學有探索歷史客觀發展規律的必要，很自然地，他們把史學研究任務歸結到搜集、考辨、整理歷史資料上面去。西學史學家的歷史研究方法、書籍被介紹過來，有些中國學者也寫了有關著作。「五四」以後，資産階級史學家的主要成就是在文史考據學上。考據的範圍擴大了，考經、考史、考諸子、考宗教、考小説。考史的方法也多樣化，如歸納法，二重證據法、歷史演變法、語言比較法、歷史統計法。有的學者把考史與論史結合起來。資産階級史學研究向文史考據方向變化，反映西方資産階級學術思想的影響。「五四」以後，是中國馬克思主義史學家，用馬克思主義歷史理論爲指導，

研究中國的具體歷史實際，揭示中國歷史發展的過程和規律，歷史學才成爲一門科學。

中國傳統文化對政治體制改革的影響　　李小靑
《遼寧大學學報》　1987 年第 1 期

　　任何一場改革都必須有一定的文化背景，研究社會主義政治體制改革，也需要從解析中國的傳統文化（這裡主要指政治文化）入手，摒棄歷史留下的包袱，繼承先人積累的精神財富，使人們的思想觀念、精神狀態、文化素質、社會心理有一個相應的變化，以適應和保證政治體制改革的順利進行。

一　傳統文化對中國現行政治體制的消極影響

　　1.專制王權主義　中國傳統政治文化的中心是王權主義，把君主抬到能參天地的超人地位。毛澤東很欣賞秦始皇的鐵腕措施，說「焚坑事業要商量」。封建專制思想仍未根除，領導體制中存在的權力過分集中、官僚主義、家長制、一言堂、幹部終身制、特權等現象，都與專制王權主義的文化影響有關。近年來民主氣氛多了，但仍未建立起一套嚴格的決策制度、程序，完善的決策支持系統、咨詢系統、評價系統、監督、反饋系統，決策的失誤難以受到及時的監督。

　　2.清官思想　「聖君、賢相、青天」是封建時代百姓的最高期望，而統治者搞改革往往著眼於整頓吏治，吏治的根本還在於官吏本人的私德。這是將權威建立在大性善上，而不是建立在制度上，這就是人治，以權力支配法律。就是現在在整黨中，對不正之風仍強調個人的思想覺悟而不是著眼於外在制度的完善，這正是把政治道德化造成的。政治與道德應該分別開來。

　　3.愚忠思想　它與清官思想是孿生兄弟。鉗制言論也是專制統治得以維持幾千年的重要因素之一。中國文化的天人合一的整體自然觀中的個人不是獨立的人，民主平等的價值觀很難發生。致使百姓政治心理冷漠，對自由畏懼、對權利陌生，缺乏社會歷史責任感。現行的政治體制也有這種影響，如人民的政治參與意識差、參與機制不完善、把領導與被領導的關係變成封建的人身依附關係等。

二　傳統文化中的民主精華對政治體制改革的積極意義

　　在進行政治體制改革中，挖掘傳統文化中的積極因素，用馬列主義觀點加以重新認識是十分必要的，因爲它適應於我們的民族心理，更便於廣大羣衆接受。試折一、二：

　　1.中國傳統文化具有鮮明的人文精神。重視人、肯定人的價值的思想，是中國古代思想的一大特點。在孔、孟、荀的思想中，人道思想已具有相當成熟的形態。以儒家爲代表的人文思想，是提倡天下爲公、人格平等、個性獨立、民主政治的基礎。

2. 中國傳統文化也有「民主」、「法制」思想。在中國古代，監察制度自戰國時代就有了，在唐代達到了完備和定型。唐還建立了諫官制度，皇帝也要受到諫官的某種監督。至於提倡以法治國的法治思想自戰國出現，兩千年來綿延不斷。一些有遠見的政治家和思想家還提出過不少帶有民主政治傾向的思想。

試論我國儒家中庸與希臘中庸之異同　　羅祖基

《吉林大學社會科學學報》　1987 年第 2 期

一　中西中庸的相同點

1. 中庸思想在我國古代與希臘古代，都是以傳統道德的形式而成爲政治與倫理範疇的。

2. 在中國和希臘哲學中，中庸都是以反映當時統治階級意志的行爲規範出現的。

3. 中西哲學的中庸思想除了堅持排斥兩端（反對過與不及）的原則立場而外，都具有相對靈活的特點。這種靈活特點在我國就是時中精神，在亞里士多德那裡就是「相對中道」概念。

4. 以孔子爲代表的我國中庸思想和以亞里士多德爲代表的希臘中庸，它們同人們常說的折衷主義都有著原則的區別。它具有與作爲錯誤之二端的過與不及相對立的特點。

二　中西中庸思想的相異點

1. 由於兩國國情的不同，因而兩種中庸的階級內容也就有很大差異。我國中庸是對宗法關係的哲學概括，具有階級社會中「永恆」道德的性質；古希臘中庸反映的是「中間階級」（工商奴隸主）利益，隨著古典奴隸制的衰亡而消逝，並未成爲永恆的社會原則。

2. 我國中庸在認識路線上在開始時尚具有素樸唯物論與素樸辯證法的特點，但嗣後隨著中庸成爲不變的常道與封建綱常結合而逐漸走向反面。希臘的中庸最初具有原始宗教的影響，但在哲學思維發展的推動下，其理論日臻完善，後來卻具有一定的辯證法精神與唯物論傾向。

3. 在社會基礎上，我國中庸是君子之德，帶有宗法性和貴族性的特點，即使到了後來封建社會，仍然是封建士大夫的修身之道。而希臘中庸則以適宜大多數人的生活方式爲標榜，具有平民性。

三　對我國中庸的幾點思考

1. 從我國對中的認識來源來看，它反映了一種準確的要求，這種以射中的爲喻的中正不偏認識，具有辯證法的性質。可是，人們把這種辯證認識作爲一種不變的恆常之道來加以固定，即成了所謂的「不易之庸」。這樣，就使人們常常按老黃曆

看新問題。

2. 中是從不中實踐中得來的，如果事事求中，絕對排斥了不中，從而束縛了人們大膽創新、冒險前進的主動創造精神，從而表現爲保守性。

3. 我國中庸之道是君子之德，長期以來服務於剝削階級的政治。它是一條羈縛知識份子使之服從專政主義國家的思想繩索，從而阻礙了思想解放。

儒家倫理與新加坡社會　　艾　菲
《南京大學學報》(哲社版)　1987 年第 1 期

儒學，尤其是作爲其核心內容的倫理思想，在中國確立其獨尊地位後，相繼傳入越南、朝鮮和日本，構成這些國家傳統文化的一部分而起著重大的作用，從而成爲亞洲傳統文化的主流之一。而在近現代，儒家倫理與新加坡社會的關係更爲密切。

回顧新加坡的歷史，華族文化經過一個多世紀曲折和反覆終於在 60 年代開始在新加坡生根，對新加坡的經濟、政治和文化生活產生巨大的影響和作用。自 1965 年獨立以來，新加坡的經濟迅速發展，針對工業化和西方文明影響下造成的一些後果，也針對多元民族、多元文化社會的特點，經過反覆的研討，他們認爲儒家思想對於建立一個和諧的社會，使東西文化中的精華獲得均衡發展會有一定的作用。因爲儒家具有包容性和變通性。根據李光耀總理提議，新加坡在中學德育課中增設「儒家倫理」一課。1985 年 11 月正式出版了《儒家倫理》教科書。

《儒家倫理》指出：新加坡政府推行儒家倫理，主要是想在道德和精神上教育新加坡青年，以免他們走上頹廢和物質主義的道路。其次認爲，儒家倫理對現代新加坡社會的經濟、文化、政治各方面的發展，會有良好的影響。從經濟方面言，他們認爲搞好經濟需要良好的人事管理和工作態度。在管理方面，儒家強調上下合作精神，促進人際關係的協調，是符合現代企業管理原則的。在工作態度方面，儒家注重學習、敬業樂羣、遵守紀律、刻苦耐勞的精神有助於良好工作態度的培養。從政治方面言，他們把儒家的「選賢與能」理解成「人民的參政權利是既平等的又有競爭性的」。儒家主張「以德爲政」和「天下爲公」是符合人民利益，有利於社會的安定的。從文化方面言，新加坡希望在本世紀末建立一個有文化、有修養的高度文明的社會，他們認爲儒家重視精神生活、重藝術修養、重歷史傳統、關心政治，其一整套的以「仁」爲核心，以「禮」爲準則的倫理學說，對新加坡文化的發展肯定有促進作用。

儒家倫理在新加披的傳播、發展乃至得到政府的倡導，給了我們三點啓示。

首先，一種傳統文化能否得到傳播和發展，能否在現代社會中發生影響，除了其內容本身具有永久的生命力外，人的努力也是極爲重要的。以家族本位主義爲核心的宗法制在新加坡傳統的私有經濟形式下，成爲華人社會強有力的經濟組織形式，這種現象值得我們深思。

　　其次，傳統文化要得到發展，必須賦予它以嶄新的、符合時代潮流的現代内容。新加坡人對儒家倫理的態度是明智的、分析性的，取捨也是較爲合理的。它主要是吸收適合於現代社會的儒家倫理價值觀念，往往繼承了一些抽象的規範，而把内容現實化。

　　最後，東西文化在一定的條件下是可以融合的。新加坡政府提倡東西文化均衡論，這主要是指以華族文化爲主的重人際關係、重個人内心修養爲特徵的東方文化和重民主、重科學、崇尚自然和理性爲特徵的西方科學技術的融合上。交融使新加坡經濟騰飛，社會秩序安定。

文化概念研究　　于　靖
《哲學動態》　1987 年第 7 期

　　本文將近年來國内學術界關於文化概念的研究情況作一簡述。

一　「文化」概念界定問題

　　第一個看法認爲，不可能求得完滿無缺的統一的「文化」概念，各個研究領域應先行在自己的範圍内把它界定。

　　第二個看法則認爲，應給「文化」概念作出大體一致的界定。雖然文化本身是一種紛繁複雜的現象，但是，文化學作爲一門科學，對自己的研究對象總應有個界定。不確定「文化」概念，其他一系列概念就無法建立，研究也無法進行。應當從兩個方面定義「文化」概念，一是從多義的區別和聯繫中求總體概念，一是以特殊的方法規範來定義本學科的特定文化概念。

二　從不同角度來界定文化概念

　　1.從人學的角度來界定　文化是人類勞動的外化和對象化，文化的本質是創造，定義表述有五：其一、文化是由人類意向和活動影響或改造了的存在，是人類心靈及其深層本質外化和内化的歷史運動的結果。其二、文化是人類本質的展現和成因，是人們通過勞動而自我實現，然後滿足人的各種需要創造出來的人化世界。其三、文化是人類實踐的產物，是實踐能力、方式及成果之總稱。其四、文化是對自由和怎麼才能獲得自由的解答。其五、文化是人類求得更好地生存和發展所創造出來的生活樣式、思維方式和物質與精神成果的總和。

　　2.從社會功能的角度來界定　其一、文化是一種生產力。其二、文化是信息和知識。其三、文化作爲特定的文化心態和氣氛，包括思維方式、意識形態、風俗習慣、感情方式等。其四、文化作爲社會交往的象徵符號系統，是把個人凝聚爲社會羣體的紐帶。其五、文化作爲世代之間的「遺傳」機制，是人類社會機體「遺傳」的一種基因。

　　3.從傳播學的角度來界定　文化是人類的物質生產和精神活動中抽象出來的原

則體系和這一體系的現實化。既包含了文化的深層結構，即原則體系，也包含了文化的表層結構，即體系的現實化。

三　文化概念外延的確定

多數學者不用外延，而用結構來劃分。

1. 主張文化是精神成果的，有兩種看法：一是把文化分爲知識系統和社會心理與民族精神系統，每一系統又呈現由淺入深的序列；一是把文化分爲哲學和宗教、文化藝術和自然科學技術、社會心理結構三個層次。

2. 主張文化是物質成果和精神成果總和者的，對文化外延的規定較多，有三層次和八方面兩種劃分方法。

3. 視特定民族羣體文化爲一複雜系統者，把文化分爲信仰系統、人格系統、習慣系統。

4. 從符號學的角度把文化分爲聲、明、文、物四類。

5. 從比較文化學的角度，把文化分爲評比性的和非評比性的。

對現代西方文化某些方面的一些思考　　趙復三
《中國社會科學》　1987 年第 3 期

一個時代的文化離不開它的思想，它藉以表現的社會生活方式和維護這一切的政治體制。這些都是當前國內知識界比較感興趣的問題。本文從這三個方面考察非馬克思主義者的西方學者對當代資本主義的思想理論和意識形態是怎樣分析評論的，從中我們可以獲得一些啓發。

從政治體制看，西方學者認爲，民主沒有一套可供出口的理論。正當西方思想界日益懷疑他們自己的民主制度的真實性，可行性時，中國卻有人以爲引進西方的國家制度應當成爲政治體制改革的理想。而對於這一點，西方有頭腦的學者好像預先就提出了不同的意見。即使我們不去爭論西方民主制度的好壞，但也應看到，美國的政治體制是美國歷史條件的產物，甚至在二百年之後，它也只有「原理」，沒有一套理論，更不可能「輸出」。幻想在中國推行資本主義政治制度的人，以爲能在西方得到理論支持，結果只能是失望。

資產階級生活方式以個人爲中心，但激烈的資本主義競爭又使個人成功的前景黯淡。在工作中感到緊張壓力的人往往遁入私人生活的避風港中尋求刺激，造成人際關係的隔膜與疏遠，產生心理上的苦悶與孤獨感。個人不僅令別人感到索然無味，自己對自己也索然無味，只能以五光十色的物質來裝扮、掩飾自己。這種狀況就是現在西方學者通稱的「物質富裕中的貧困或「物質進步中的貧困」。

「自我表現」、「自我完成」的個人主義是當代西方資產階級的價值準則。在「大衆文化」層次中，個人價值的實現要求超越社會的傳統與道德，導致主觀意志的任意擴張與非理性主義的發展。在「高級文化」層次中，自由與公義的理想又與

資本主義經濟制度的現實存在著尖銳矛盾，這種矛盾必然給社會帶來無數的衝突。

西方文化有它自己的發展過程，中國人對西方文化的認識也有一個深化的過程。美國和其他西方資本主義國家，在初期都有一種發奮圖強的精神。從本世紀後半葉開始，西方的精神文化危機如風起青萍之末，成爲其沒落的先聲。對此，西方思想界感到憂心忡忡。「現代化不等於西方化」，已成爲今日第三世界大多數國家的共同認識。在改革開放的過程中，西方思潮的湧入是不可免的，其中有的對我們可以起積極的作用，有的可以從反面作我們的鑑戒。重要的是，我們自己要有比較、鑑別、取捨和揚棄。在歷史的前進運動中，中國人選擇走社會主義道路，這便是一條最重要的結論。在社會主義初級階段，怎樣根據社會主義原則，繼承民族文化傳統中的優秀部分，借鑑外國的經驗，確定社會與個人之間的社會主義關係，促進兩者協調全面的發展，這是我們面臨的一個重大研究課題。

讓中國文化走向世界也讓世界文化走向中國　　湯一介
《人民日報》(海外版)　1987年6月15日

對中外文化進行比較研究，不僅適應於廣大知識份子對中國傳統文化進行羣體反思的需要，適應於我們引進和吸收當代世界科學文化知識的需要，而且從整體文化上的比較研究，對於改變現有知識結構和教育結構的偏狹，促進學科之間的滲透與整合，開闢更廣闊的視角和新的知識研究領域，都是有益的。

我國廣大知識份子從五四運動以來就抱著一個目的，希望我們的祖國富強起來，不僅在科學技術方面走在世界各國的前列，而且在思想文化（這就是哲學、文學、藝術等等）方面，也走在世界各國的前列。我們中國文化書院的同仁將爲此而努力。

1989年將是五四運動的第七十個年頭。七十年不算一個很短的時間，而這七十年是人類文化飛速發展的七十年，也是人類社會遇到問題最複雜的七十年。回顧我們走過的七十年，似乎還有許多問題值得我們認真考慮：對這次偉大的新文化運動究竟如何評價；這次偉大運動追求的目標到底實現得如何；今天，中國文化應該如何發展。這些問題就是一個「古今中外」的問題，具體一點就是「傳統」與「現代」的關係問題和「中國文化」與「西方文化」的關係問題。

如何對待中國傳統文化和外來的西方文化，當然是一個十分複雜的問題。我認爲，對二者都不可能是原封不動地繼承和接受，都必須經過創造性的改造的功夫，才能成爲適合我國現代化要求的新文化。這就是說，我們將在「全球意識」下來創造具有中國特色的現代化的新文化，我們中國文化書院希望能在這一偉大事業中爲我們的祖國、爲我們的民族、爲世界人民盡點力。國外的學者看到中國文化書院所做的工作，他們說「中國文化在中國」，「中國文化將走在世界文化的前列」。我想，國外的這些學者並不是把中國文化作爲一種古董來對待，而是看到了中國有一批學者，有年老的學者，也有中年的學者和青年的學者在發展著中國文化，在創造

著現代化的中國文化。而這種現代化的中國文化必將會對人類文化的發展做出貢獻。我們現在在許多方面確實落後於西方先進國家，因此我們要做學生，要引進西方某些優秀文化，但同時我們又要創造，使中國文化得到發展，到二十一世紀我們中國文化總要走在世界的前列。我們的願望是：讓中國文化走向世界，也讓世界文化走向中國。

反思中國傳統哲學的方法論斷想　　　石　戟
《哲學研究》　1987 年第 2 期

一　歷史思考、現實思考和未來思考

哲學是時代精神的精華，它是一定歷史發展階段的產物。中國傳統哲學是一個包含多層次、多方面內容的統一的體系，儒、釋、道、墨、法、兵、農、名、陰陽各家都蘊含其中。各家哲學在該歷史時代，既有其侷限性和消極作用，又有豐富的認知、道德、審美內容，並積澱爲一種基因，匯入中國哲學的源源長河中。歷史的思考，既可使我們正確評估優良哲學傳統的積極作用，也可使我們看到它的保守性。現實的思考，一是對傳統哲學妨礙改革和四化的「劣根性」進行根本性的批判，一是對傳統哲學有益於建設精神文明的方面發揚光大。未來思考，既可使我們充分正視傳統哲學中根深蒂固的負面價值的頑固性，而注意其未來意義上的阻礙作用；又可使我們審視傳統哲學以及它滲透到文化和心理中的「潛價值」，作到不因爲它在今日現實中的價值之微末而輕易拋卻。只有歷史思考、現實思考和未來思考的有機結合，才能使我們成爲傳統哲學的積極的選擇者、配置者和發揚者。

二　宏觀思考、微觀思考和統觀思考

宏觀的思考，即把握傳統哲學發展的大勢，並把它置於經濟、政治、文化發展大勢的背景之中。哲學曲折發展的中軸線與經濟、政治、文化曲折發展的中軸線相平行。這個哲學大勢表現爲豐富的辯證法與唯物論傳統和唯心論的概念論和主體性意識的傳統，以及非宗教化、無神論傳統。宏觀的分析可以開拓視野，確定方向，但必須在這個基礎上進行微觀思考，才能使評判傳統哲學置於具體分析的科學基礎之上。上述傳統哲學的大勢通過各個時代的哲學思潮、派別和哲學家、哲學著作體現出來。宏觀思考和微觀思考相結合的統觀思考，可以使我們對傳統哲學居高臨下，統覽全局，既把握其發展大勢，又抓住它的各個鏈條。從整體上和局部上明確它的特點以及與此相聯結的優常和短缺，爲批判地繼承和發揚傳統哲學提供正確的方法論。

三　批判思考、繼承思考和建設思考

「棄其糟粕，取其精華」是對待傳統哲學的總原則，但絕不可把這個原則簡單化，因爲精華與糟粕的區別和鑑別，不是一件輕而易舉的事情，兩者經常交織在一

起。一般説來，那些妨礙科學和民主的、不利於推動改革和實現四化的思維方式和觀念，可視之爲糟粕，要進行徹底的批判。在批判中應注意，傳統哲學的弱點以各種方式滲入了國民心理，成爲妨礙我們哲學思想發展的惰力。然而，我們不能因此全面否定傳統哲學，中國傳統哲學的精華、價值和生命力不容抹煞，對其「合理内核」應予以拯救、改造和繼承發揚。當代馬克思主義哲學本質上是建設的學説，對傳統文化和哲學，在批判繼承的基礎上，我們要進行建設思考，即在馬克思主義哲學和傳統哲學之間，找到一些有利於建設的結合點，把傳統哲學的精華溶入馬克思主義哲學之中。

中源西流思潮論　　　馬克鋒
《江漢論壇》　1987 年第12期

所謂中源西流，就是説「西學出於中學」西方文化，中國「古已有之」。這種説法在近代演化成一種社會思潮和普遍的社會心理。

一　中源西流思潮在近代的表現

中源西流之説，最早見於黃宗羲之「中原失傳而被篡於西人」，嗣經康熙「西學實源於中法」，王夫之「西學出於中國古代」之鼓盪，遂不可一世，終清代而不息，近代達到極致。這一思潮表現最爲突出的則是洋務運動與戊戌變法兩個時期。

洋務運動爲中源西流思潮的發軔期，其主要内容有這樣兩個方面，一是認爲西方物質文化源於中國，一是認爲部分精神文化源於中國。應該注意，洋務運動早期維新派與頑固守舊派都談中源西流，其旨意卻截然相反。洋務派爲了學習西方物質文化，便將西方的器物附會在中國古籍之中，使其還原爲中國固有之寶，這樣可堵頑固派反對之口實，以達其傳播西學之目的。頑固派的中源西流，便是爲了反對西學，爲其狂妄自大、封閉保守尋求依據。

戊戌時期爲中源西流的盛行期。維新派鼓吹最爲有力。其「中源西流」説具有以下特徵：一是重新塑造孔子形象，孔子成了近代自由、平等、博愛的化身。二是主張西方之學術文化出自中國，他們堅信中國之文明悠久，是任何國家都無法比擬的。三是認爲西方政治制度出自中國。應該指出的是，維新派並不反對學習西方。

二　中源西流思潮產生的歷史動因

1.中國特定社會環境的影響　鴉片戰爭後，中國社會發生了深刻變化，但根底深厚的文化傳統没有動搖；它對西方文化表現出強大的排斥力和牽制力，這樣，要接受西方文化必須從傳統文化中找根據。

2.傳統文化心理模式的制約　崇祖法古是中國傳統文化心理模式的主要特徵。維新志士若想實行變革，引進西方新的理論元素，必須克服那些在傳統氛圍中養成的龐大頑固勢力，只有將一切新制度、新觀念，披上一層中國傳統的神聖面紗。

3.倡導者自身的侷限性　一是倡導者長期承受傳統文化的薰陶，從而奠定了他們的思想根基是傳統型的。一是倡導者大部分不通外語，對西學缺乏研究，一知半解，徒襲皮毛。

三　中源西流思潮產生的影響

中源西流在近代具有一定的合理性。它試圖以傳統反傳統，以孔子反孔子，在其內部尋找突破口，給西學披上正宗文化的合法外衣，在當時有其積極作用。但它的盛行也產生了極大的消極影響。在思想理論上起了禁錮作用，以古爲宗，以孔子爲真理，從而使得人們在理論上不敢大膽懷疑，只能守舊。它混淆了中西文化質的差異。它放縱了國人虛驕自大的習性，成爲妨礙近代社會進步的一大思想阻力。這種思想在現在仍有其殘迹，成爲現代化的阻力。

對文化斷裂說的思考　　羅福惠
《湖北社會科學》　1987 年第 9 期

近代以來，中國文化在「數千年未有之變局」中發生著巨大的離析與整合。它並非始終受制於原初性而沒有變化，也並非如時下某些論者所稱已發生斷裂。

文化在實質上是處於變化相對緩慢的特定自然環境和變化相對急劇的特定社會組織之中的人們，對自己與自然、自己與社會、自己與不同地域不同信仰不同民族的他人的關係的適應性或創造性的精神——心理反應成果。在文化的衆多系統中，我們都能發現各個民族、各種社會的文化，但又不能把它們的某一部分等同於文化，這是文化的共時態的綜合特徵。文化也有歷時態的積澱的特徵，它具有變革性和延續性，很少有一成不變的文化，也很少發生民族文化的整體斷裂。近代中國文化有一發展趨勢，前期，維護傳統文化近乎成了一種集體意識，改革意向處於巨大的壓抑中。到了五四前後，守舊者喪失了支配地位，文化變革成了不可抗拒的潮流。

那麼，中國近代文化變革是否已經構成了斷裂呢？從世界文化史可知，文化斷裂是因文化的衰落和僵化引起的。文化的衰落和僵化可以致使文化湮滅；也可使文化在新舊衝突中，新的取代舊的，造成斷裂；但也可使它在整合外來文化之後獲得發展，呈現出新舊雜陳的過渡，近代的中國文化就屬此類，並非發生了斷裂。

中國文化有古有今，源遠流長，它具有接納和順應羣外文化的機能。它具有極其顯明的、強烈的民族特色。這是我們討論斷裂所應考慮到的。其次，斷裂說往往是建立在以文化的部分；即以儒家文化，或是見之於制度、器物的某些因素取代文化整體的觀念上。文化的基本精神是通過社會的全部歷史而展現出來的，若僅從先哲們的高文典冊中尋求精微的思想層面，也容易產生文化斷裂的認識。再次，斷裂論者只看到了傳統文化與新文化的對立與衝突，而沒有重視二者的統一和聯繫。其實，傳統文化的某些觀念部分，已通過積澱的形式融合於近現代的文化之中，它不

僅與過去的歷史發生關聯，而且會與現實和未來產生某種關聯。

　　文化斷裂既不應是建構近現代新文化的合理結果，也不能作爲批判傳統文化的前提條件。傳統文化是歷史積澱的產物，不全是糟粕，它與新文化也不全然對立，新文化只能建立在傳統文化的合理層面上，不可能建構在文化荒漠之上。同時，人不僅創造了文化，人也同時被文化所創造。

　　馬克思主義成爲我國的指導思想，也並未造成傳統文化的斷裂。其一，馬克思主義作爲人類思想發展的最高階段，並非割斷歷史與文化；其二，新的文化觀念要付之實踐並爲大多數成員所接受，必須通過一定的民族形式來實現，馬克思主義在中國的傳播也不例外；其三，文化滲透於社會的各個系統之中，常以積澱的形式成爲文化心理結構，深層結構中的民族特徵將仍會保存下去。

陰陽五行與中國文化的兩大系統　　傅道彬
《學習與探索》　1988 年第 1 期

　　陰陽五行學説是中國文化的骨架。而分別制約著陰陽五行文化的是深嵌在民族心理深層的兩個文化系統——生殖文化與數理文化。

　　陰陽觀念是由性器官的模型引發的。對生殖器官的重視又直接同人類古老的生殖崇拜風俗相聯繫，作爲人類普遍發生的生殖崇拜活動，對中國文化產生了深刻的影響，中國的生殖崇拜可以溯源到很早的時期。源遠流長的生殖崇拜歷史給人類在思維上以極大的啓示，使由之引發的生殖文化帶有兩個特徵。首先是對祖先神靈的敬畏，其次，由生殖行爲的男女相交導致了思維上的二元思維，從而把生殖文化推向更爲深刻的陰陽文化。在陰陽文化階段，陰與陽摒棄了本身所代表的具體物象，而進入抽象的哲學思辯的深度。

　　系統地體現陰陽文化特色的是《易經》。中國文化一直躁動著生殖文化的精神。生殖文化的影響積澱於我們民族意識和民族心理，深深嵌入民族集體無意識的深層。在生殖文化系統裡，活躍著崇尚生命的積極人文主義精神。陰陽文化的二元思維，則一直保持著中國文化的和諧中庸的特性。

　　在剖析陰陽五行文化時，我們注意到，數在中國文化中，並不是純數學的計數單位，而是作爲一種自然與社會的普遍法則，適用於天地觀念、人之倫理、社會道德諸方面。從中我們可以看到一個建立在數理邏輯基礎上的文化現象——數理文化。「物生而后有象，象而后有滋，滋而后有數」。陰陽文化源於象，五行文化源於數，因此五行文化當晚於陰陽觀念的產生。陰陽文化把紛紜變化的世界歸結爲陰陽的作用，而五行則把大千世界劃分爲五個基本種類，這樣，混沌的世界便呈現出清晰的面貌，人們對世界的認識也從無序走向有序，而在這個過程中起主要作用的是數。在所有的數裡，「五」的意義又是非常的，因爲數源於手，手有五指，五是計數的一個基本單位。也因此，在古代人的觀念裡，「五」便多少被賦予了一些神秘的含義。當他們表現已認知的事物時，喜歡把自然和社會的複雜現象納入「五」

的範疇。這樣，以「五」爲中心鏈條的文化現象便構成一個文化系統，五行是這個文化系統的最高最終表現形式。與陰陽相似，五行在這裡也已經思想家的抽繹，昇華到哲學高度。

以五行爲代表的數理文化之所以形成一個系統，這同數的本質是相關的。數的實質是一種秩序，它是人們對客觀事物理性而有序的認識。數字的神秘崇拜是中國文化的特點之一，數作用於古代文化是超數學的。

作爲原始意象的探索生命本源的生殖文化和理性認識世界的數理文化，深刻地反應著人類認識世界和改造世界的真正目的。如果説，前者充滿著奔放豪邁的酒神精神的話，那麼後者則閃耀著日神阿波羅的理性之光。陰陽五行源自不同的文化系統，但它們的本質是相通的，它們的交流自戰國陰陽家始，至秦漢完成，從而形成「中國人的思想律」。

文化結構、文化心態、文化勢能與文化衝突的圖景（關於文化研究的方法論思考之一） 李曉民

《湖北社會科學》（武漢） 1988 年第 1 期

所謂「文化衝突」就是文化矛盾的激化和由之必然帶來的重大文化交流。

文化衝突可作空間和時間兩個向度的考察。這兩個向度不能分離且往往交錯。但是，同一種衝突對不同民族、不同個人或者對同一民族、個人不同時期的看法來説，時空的側重點十分不同。人們可以從中找到反思文化歷程的一種方法和入口。

一個民族對文化衝突的時空理解是在民族文化之內形成的。這涉及到民族三種相關的基本文化素質：民族文化結構、民族文化心態和民族文化勢能。對它們的關係可以近代中國和日本爲例略作説明：

從民族文化結構模式看，日本文化與中國傳統文化是一個「同素異性體」。中國傳統文化自成一統形成一種同心圓輻射型的模式，以之觀察和理解文化衝突，自然突出各種文化之間的空間對立關係。日本文化是多元多層次的結構，無不可逾越的傳統文化結構，不斷地主動吸收異族先進文明和全方位的兼容並蓄能力是其根本特徵；從民族文化心態來看，自我中心化已經轉化爲中國民族文化根深蒂固的「集體無意識」。這種心態在近代中西文化的撞擊面前嚴重分裂，使中國沉湎於自尊和現實的痛苦蠕動之中，從而強化了文化的空間對立意識。而日本的民族自我中心化和盲目優越感解除得較爲徹底。自我中心化的解除是正確對待文化衝突的關鍵；從文化勢能看，文化衝突通常表現爲高低勢能的文化圈之間的衝擊和反衝擊，滲透和反滲透活動。高勢能文化圈具有優越的地位和較強的向心凝聚作用，在文化交流中多持居高臨下的寬容態度，而低勢能的文化圈則有被動搖、解體和發生離心傾向的危險，處於被動地位。近代中國與日本同屬低勢能文化圈，然而中國人因之強化了因襲固本意識，而日本人卻以之爲學習西方更新圖強的強化劑。日本傳統文化精神在今天的宏揚，是日本文化結構的時代重組。

　　「本末」、「體用」的研究視角，突出了空間特徵，而把時代特徵放在從屬地位。在農業文明時代，這是合理的。但隨著近代工業文明縮小甚至抹殺了各文化實體間的空間距離，大衆傳播學的發展消除了民族之間文化心理不可逾越的界限，人類文明演進促進了一種全球性綜合文化的即將產生，以時間向度爲軸心來考察文化衝突背景，實現文化研究方法論重心和範式的轉換勢在必行。

　　異族文化一經傳入，它與本土文化的空間對立背景就會日趨淡化、消失，它的影響最終要體現爲民族文化系統內部各要素，結構和子系統之間演進時間差的衝突，這主要體現在兩對最基本的矛盾運動：第一，是文化表層建構與深層結構之間的矛盾運動。明末清初直到今天，整個文化衝突的圖景的主題不應是中西文化的對立衝突，而是本位文化表層結構與深層結構之間演進時間差所產生的一系列有關民族文化運動機制的問題。第二，是民族文化體系中文明發展與其文明意識之間的矛盾運動。它們之間的游離，是造成近代以來中國人文化心理中困惑感、失落感和被肢解感的重要原因，也是我們解開中國近代文化歷程之謎的重要線索。

禪宗與中國文化　　　任繼愈
《世界宗教研究》　1988 年第 1 期

　　中國古代文化發展有兩個高潮：春秋戰國時期和隋唐時期。禪宗的形成和發展，體現了中國文化發展的第二次高潮。

　　佛教從兩漢之際傳入中國，爲了適應中國環境，隨著中國社會歷史的發展變化改變著它的說教形式和學說內容。在思想理論上，它力圖與中國當時社會思潮相適應，按照中國哲學發展的道路前進。佛教在三國魏晉時期取得較大發展，這一時期佛教理論所討論的是當時哲學理論界的本末，有無等論題，屬本體論範圍；隨著哲學思辯的發展，佛教理論在魏晉南北朝時，重心由本體論轉入心性論，開展佛性問題探討；南北朝到隋唐，佛性論由中國哲學史中一個支流上升爲主流，發展成完整的心性論，把中國哲學發展推進了一大步。

　　本文所說的禪宗，特指隋唐時期佛教的一個宗派，它在中國佛教史上獨樹一幟，具有明顯的中國特色。

　　禪宗的興盛，是佛教其它宗派衰落後的產物。它爲了爭取生存的主動權，將中國古代「自給自足」的小農經濟生產方式和生活方式緊密地結合到僧衆的生產方式和生活方式中去。與此相應，還幾乎把世俗社會家庭的宗法家長制搬到佛教內部。這些變革與中國封建社會的結構進一步協調，從而使自己獲得生命力。

　　思想是現實生活的反映，自給自足的生活與經濟地位，產生自給自足的哲學思想體系。禪宗的信念是「自我解脫」，解脫的關鍵全靠自修自悟。親切、深刻的自我感受是禪宗追求的精神境界。禪宗宣傳的這種自覺、自足、自悟的精神境界完全是他們自給自足的自然經濟的反映。小農經濟的思想意識也表現在佛教的淨土宗中。禪宗與淨土宗這兩大系統幾乎統治了中國佛教界，兩者在唐宋以後還有合流趨

勢，但禪宗影響主要在思想方面爲多，淨土宗則在信仰方面爲多，從民族文化特點
看，禪宗更能體現中國佛教的獨特面貌與精神。

　　中國哲學得以從本體論推進到心性論，禪宗貢獻最大。禪宗是中國哲學發展史
上一個關鍵環帶，宋明理學，儒教都是在它之後繼續開拓的新領域。禪宗不是外來
宗教，它提出的心性論是中國哲學史的嫡系正宗，是中國文化的重要組成成分，在
中國文化史上佔有重要地位。

試論道教在中國傳統文化中的地位　　卿希泰
《哲學研究》　1988 年第 1 期

　　道教是中國本民族的傳統宗教，是我國古代整個思想文化的有機組成部分。它
和中國傳統文化的關係可從兩個方面進行考察：一是思想淵源，二是作用。

　　道教最重要的思想來源是道家，道家哲學是它的理論基礎。道教吸收了道家以
「道」爲萬古常存，得「道」以後便可以長生久視，成爲神仙的思想，把「道」作
爲自己的基本信仰。同時，又把它與神秘化了的元氣學説結合起來，認爲宇宙、陰
陽、萬物都是由它化生。道教還把老子看作「道」的化身，並將老子與「道」都神
靈化。道教的核心是修身成仙，圍繞這個核心便展開了其它教理教義和各種修煉方
術。先秦道學後來演變爲黃老之學，它以道家的清靜養生，無爲治世爲主，又吸取
了陰陽、儒、墨、名、法的部分內容，成爲新道教，其養生之術演變爲道教的修煉
方術。新道教經葛洪發展，理論體系上吸收各家之長，修道方法上主張「外儒內
道」和儒道雙修，帶上了上層化的官方道教特點。

　　道教也吸收了儒家的倫理綱常思想，把人世間的品第等級搬到神仙世界。到西
漢，董仲舒的宗天神學又被道教直接吸收，盛行的讖緯之學的許多內容也爲它所利
用。此外，《易》學和陰陽五行思想，墨家的尊天明鬼，提倡自食其力和互助互利等
思想，都對道教發生了深刻影響。

　　除了古代的文化思想外，道教還吸收了傳統的鬼神觀念和古代的宗教思想與巫
術，繼承了道教以前的神仙思想和神仙方術。道教思想可謂「雜而多端」，它是對
中國傳統文化的兼收並蓄。

　　道教在發展過程中，對我國古代思想文化和社會生活的各個領域產生過巨大而
複雜的輻射和影響。從政治和社會歷史方面來看，一方面它爲封建統治服務，另一
方面又成了多次農民起義的組織工具和思想武器；從學術思想史方面來看，道教在
長期發展的過程中，與儒、釋之間既互相排斥鬥爭又互相吸收滲透，從而促進了中
國學術思想的發展；從文學藝術的歷史來看；道教的神仙思想是古代文學的重要題
材之一，道教活動促進了「步虛詞」「青詞」等文學體裁的產生，也促使雕塑、繪
畫、石刻、建築、音樂等多種藝術形式的繁榮；道教對中國古代科技發展的影響功
不可沒，客觀上爲中國古代科技的有關領域積累了許多有價值的材料。

　　總之，道教在中國傳統文化中有著極爲重要的地位，不研究道教，就很難全面

了解中國的傳統文化。

論我國傳統思想文化中的儒法互補問題　　李錦全
《江海學刊》　1988 年第 1 期

在中國傳統文化的構成中，有個儒法互補的問題。

在先秦諸子中，儒法兩家是以冰炭不相容的面目出現的，但實際上卻殊途同歸：它們的目的都是維護統治秩序，只不過儒家標榜仁政和德治，法家講究的是法治。儒家講究禮治，但不排除外在的規範；法家重刑也提倡德。禮法相通、刑德並用，是儒法兩家思想能夠互補的接合點。

秦王朝片面推行法家嚴刑峻法的統治政策，很快被人民推翻。漢王朝接受前車之鑑，把儒法並用作爲基本國策。董仲舒雖然實行「罷黜百家獨尊儒術」，但尊儒是公開標榜的，刑名法術之學卻實際上被容納，所謂董學有陽儒陰法之稱。在我國歷史上，一些有作爲的政治家、思想家，在不同程度上都具有儒法互補的思想，從三國到唐代，曹操、葛洪、韓愈都屬此類。

宋明時代，儒家思想發展爲程朱理學。它是儒、釋、道三教合流的產物，但仍有儒法互補的問題。作爲宋明理學思想核心的封建綱常，「尊主卑臣」這一法家特點十分清楚。起碼，宋明理學奉行不渝的三王道綱思想，是董仲舒經過儒法互補才構成的。宋明理學在推行過程中，大體上還是沿用漢家制度的兩手策略。二程一反儒家教化爲主，刑罰爲輔的傳統，先刑罰而後教化。他們認爲「下民」生性昏蒙，不先使之畏懼就談不上教導，而這種思想很接近法家腔調。不過，先秦法家雖然主張絕對君權，但與儒家不同的是强調不阿貴和執法無私，置法治於人治之上。在漫長的封建社會裡，出現了一批包拯，海瑞式的人物，他們主張人法兼治，在治國問題上當屬儒法互補思想。明末黃宗羲主張立公法而廢私法，更是在儒法互補問題上向前跨進了一大步。

中國的封建社會是以封閉的農業自然經濟爲基礎，以血緣宗法關係爲紐帶的中央集權國家。這個社會存在的特點決定了儒家在傳統思想文化中的顯赫地位，但是，由於儒家思想自身包含著人格道德上的平等要求和社會政治上的等級維護的矛盾衝突，它無法獨立維護社會秩序，必需搬出重刑罰的法家。而嚴刑鎮壓的結果，造成了我們民族性格的雙重性：既不怕犧牲，前仆後繼又逆來順受、忍辱負重。儒法互補還影響了傳統知識份子的人格，他們在「立身」上重儒家的内心修養，在「行事」上又躬行法家的執法無私。儒法互補，在中國傳統文化的構成中，自有一席之地。

文化組合論　冷德熙

《南京大學學報》(哲學、人文、社會科學)　1988 年第 1 期

　　本文通過考察西方哲學史來考察文化史，探索文化的「二重組合」及其規律。

　　所謂文化的「二重組合」指的是大到文化實體，小至具體文化形態無不包含著理性與非理性的分裂和對立，理性主義傾向性和非理性主義傾向性的分裂和對立。在西方文化史上，二重組合具有源遠流長的歷史。理性與非理性旨在指出一種文化的傾向，在具體的文化形態中並不能完全隔絕，它們的分裂和對立是任一時代，任一思想家甚至整個文化史思想史的基本矛盾運動。西方哲學自康德始長期發展至近代，產生了文化分裂意識。但這並不意味著文化分裂的消失。文化的二重組合依然存在且有其本身的必然。

　　人類文化分別以人類自身和自然作爲文化對象，這種二重文化對象決定人類文化的二重組合趨勢。以自然和人類自身作爲對象分別形成了工具文化和約定文化，它們有各自的目的、特徵和價值形式，它們的內容各不相同，因此，它們擁有自己特殊的理性。工具文化的理性強調的是真理價值和知識價值，約定文化強調的是人類善的約定，在文明社會裡這種約定又附著了階級的意志。在一定的歷史階段，它們從不同的立場出發，皆視對方爲非理性，這就是兩種文化的具體形態常常表現出分裂和矛盾對立的根本原因。

　　工具文化和約定文化的典型形態分別是科學和宗教。在人類文化的歷史進化中，科學與宗教差不多同時發生。在歷史的早期，科學的理性思維比例很小，起重要作用的是人類心理潛意識中的情感運動及其在意識層次的表現：直覺和靈感。進入文明社會以後，心理意識的理性力量逐漸起越來越重要的作用，但非理性的力量從來沒有消匿。一方面，它和理性的邏輯思維形式共同構成人類認識活動的心理基礎，另一方面，靈感和直覺更多地被保存在信仰文化的生活體驗之中。人類心理意識狀態的理性與非理性因素並存，是人類文化的二重組合的深層思維機制。

　　爲了對文化的進步作總體的評價，我們有必要提出「文化理性」的範疇，它以人類的真善美爲自己的理性原則。但是文化的二重組合無論在過去、現在還是將來都是一種合乎必然的規律的存在，它同樣適用於工具文化和約定文化內部。在工具文化中，理性從來存在，它從遙遠的過去走向現代以及無限的未來，由弱逐漸增強，不斷接近又永遠無法達到理想終極。工具文化的進步意味著約定文化的退化，然約定文化的實踐理性軌迹同樣體現人類文化理性的進步。文化的工具理性和實踐理性（及它們的非理性）的組合運動的軌迹奇妙地組成一條完整的文化雙曲線，也即文化理性的運動軌迹。它表明，人類文化對真善美的追求無始無終，假、醜、惡由巨而細不斷消亡而不絕滅，文化系統呈現無限的發展進步趨勢。

　　西方文化長期分裂和二重組合，而中國文化缺少分裂和組合。因此，建設當代新文化，必須走中西文化二重組合的「兩行」的發展道路。

五四新文化運動的時代屬性及其主要口號的釋義分析——五四時期思想研究隅見之一　　劉桂生

《教學與研究》（人民大學）　1988 年第 1 期

　　不少學者將二十世紀發生於中國的五四新文化運動比擬爲歐洲十四至十六世紀發生的「文藝復興」或十八世紀發生的「啓蒙運動」，這是很不恰當的。因爲，與「文藝復興」相比，新文化運動不具有創建新社會的意義，不具有世界歷史意義，它是補課性質的「繼發性」事件，其代表人物意氣昂揚中帶著惶惑不安，運動影響也顯得短暫。

　　事實上，由於時代的差異，五四新文化運動一心想師法與借用已經發展了幾百年的資本主義思想文化同入侵的帝國主義抗衡，同本國的封建主義搏鬥。當時西方主要資本主義國家都已進入了帝國主義階段，因而我們得到的不可能不是爲帝國主義壟斷擴張服務的文化，它與「文藝復興」、「啓蒙運動」時期的思想文化的巨大差別是人所共知的。新文化運動的主要内容是「德先生」、「賽先生」等等，從外表看，似乎都是「文藝復興」或「啓蒙運動」時代的人物，實際上都是西方十九世紀的時代產兒。名噪一時的「德先生」，他的軀體當然是「實施歐美民主憲政」的政治主張，而他的靈魂則是以個人自由爲核心的自由觀，可以讓人聞到一股十九世紀中後期的實證主義或功利主義自由觀的氣息。人們只把它作爲打擊封建權威的武器來使用，而很少談個人權利不可侵犯這一類自由的基本觀念。因此，以後中國的民主思想總是不易與權威主義劃清界限。「賽先生」的狀況十分相似。在新文化運動的倡導者看來，宗教、迷信之終將被科學所淘汰，那是歐洲文化史所已經證明了的事。他們的這種信念來自孔德的實證主義學説。但孔德的目的並不是反宗教，而是要用理性和宗教來整頓那個「啓蒙運動」後被形形色色的激烈思想攪得動盪不安的歐洲社會，這同「啓蒙運動」的思想並不一致甚至對立。因此，「德先生」在中國也是「表裡不一」。至於「新文學」，其倡導人物的思想都來自二十世紀的美國，與「文藝復興」相去甚遠。胡適之先生與他的同道們堅持以「文藝復興——啓蒙運動——五四運動」一體的觀點看問題，一方面是因爲他們的思想來源於二十世紀第二個十年的「美國文藝復興」中，另一方面也因爲這樣可以提高自己在學術界和歷史上的地位。五四新文化運動，只是「文藝復興」在一個落後國家裡的微弱回聲，它的目標是要在中國建立一個在西歐、北美已經在時代意義上死亡了的或至少已走向衰敗的社會。歷史不可能允許我們亦步亦趨地沿著「文藝復興」開闢的道路蹣跚前進，十月革命的曙光才是中國新生的希望。

　　在思想文化史研究中，類似以上的誤差並不偶然，因此，必須在史學思想、方法上把遲幾點：一、歷時又世界性地考察研究對象；二、對研究對象必須進行多層面、立體的考察，尤其要注意表裡推究；三、歷史研究必須深深地走進歷史，又應當走出歷史界。

近代以來中國人的文化認識歷程——兼論文化的時代性與民族性

龐　樸

《教學與研究》（人民大學）　1988 年第 1 期

中國的現代化具有特殊性，它不僅和自己的傳統文化存在著摒棄、發揚、轉變等等的對立同一關係，而且與世界文化有著衝突、吸收、融合等等的對立統一關係。在這兩種關係交叉演化成的歷史中，本文追蹤一下近代中國對文化的認識過程，鑑往而知今，以圖開來。

中國人的文化認識過程大致可二分爲將文化作爲文化現象來認識的時期和將文化作爲社會現象來認識的時期。

西方文化的傳入揭開了中國人認識文化的序幕。中西文化的接觸，首先經歷了一個由生疏而互相容忍，接觸而衝突，衝突而知己之短識人之長進而努力融合的過程。而融合的過程，自鴉片戰爭開始，至今不息。其間經洋務運動、變法維新和辛亥革命、五四運動，人們由對文化的物質外層認識，進而至於制度中層的認識，最後達到心理深層的認識。

文化在一定空間存在即同一定社會的人羣相關，於是就產生民族性。同時，它又在一定時間存在，同一定的社會變遷相關，又產生了時代性。民族性和時代性共同構成了文化的本質屬性，即社會性。

對文化的社會屬性的認識也是從五四先驅始。他們認爲中西文化只是時間的遲速，沒有質的區別，這種觀點在今天看來不太客觀。本文精闢而縝密地證述了文化的時代性及民族性及由此派生的文化的現代化與文化傳統問題，得出：任一文化都是時代性與民族性的統一，任一文化的現代化，都是自己傳統的現代化，任一現代化的文化都飽含自己傳統在內。沒有一個民族的文化可以稱爲世界文化，只是其中時代性內容中寓有的不變永恆性東西和民族性內容中寓有的通行的人類性內容可以供其他民族發掘採用。作者認爲，在對待中西文化問題上，五四先驅的缺點在於將文化的時代性與民族性視爲互相排斥，並用現代化去否定傳統，用時代性排斥民族性，否定未來的中國文化應具有民族特色。

現實要求我們放棄文化一元說，承認文化多元說，認清民族性與時代性的關係，在主張文化時代性同時主張民族性。將一切做得具有自己特點，這是中國文化認識歷程的歸宿。

中國文化特徵形成的文化學機制　　顧曉鳴

《天津社會科學》　1988 年第 1 期

文化的實質，是人類的勞動和有目的的活動的外化。同時，文化又具有象徵符號性。人類的生產活動與體現著政治、法律等等的象徵符號系統的發生和發展過程，有著內在的聯繫。從馬克思關於商品價值和貨幣的理論中可以推論出：一個民

族商品生產的發達程度，決定了該民族的廣義文化的基本特徵。本文就是在這樣一個視點上，對作爲民族總體文化自身由於其獨特的形態而呈現出來的看似對立的中國文化的矛盾性側面進行分析，從而考察中國文化特徵形成的內在機制。

作者認爲，中國文化與上古世界的其他大文化處於隔絕狀態，與周圍小文化又具有強烈的中心感，這樣的自然和人文生態環境特點造成了中國生產形態的雙重特點，這構成了中國文化特徵的基點。一方面，中國是農業型的定居社會，其活動格局不同於商業民族；另一方面，中國古代居民的思維能力和生活方式都已達到相當高的理性化程度。這種由物質生產格局所體現出來的雙重特點，同時必然反映在與之同構的象徵符號系統中，早熟的理性概括形式和粗鄙的感性經驗形式，強烈地存在於中國文化的各個層面上。

作爲體現人的主體性和與自然關係的中國文化心態，心智概括能力及其文化事象，在肇始之初，歸於自然之道和「觀乎人文，以化成天下」這兩種趨勢相輔相成，自然性與社會性強烈互補。

中國人敏感的時空觀，客觀化的同時又強烈的人文化，因而影響至歷史觀，在較少神話成分的同時又突出地人文化和象徵符號化。

中國文化高度符碼化，這符碼便是「禮」，它作爲固定一切社會關係的文化準則，貫穿中國社會生活的各個方面。這種整齊劃一的文化要求正是物質生產雙重特質的文化表現。

教育爲中國文化傳統精神之所在。它是文化規則的「內化」。中國的文化控制是以「心」爲關鍵的內化控制。然而，反內化的傾向始終以相似的形式反映在老莊道思想中，在中國文化外觀上呈現極其矛盾的現象，即「禮」的文化要求和現實生活進程對「禮」的反抗。這種矛盾通過個人心性來表現，於是兩者結合起來，就構成了中國特有的個人主義。文化觸目地呈現出整體主義和個人主義相輔相成的奇特特徵。

甚至對自己的生命和生活活動，在強大的整體文化控制下的個人，也出現了一種雙重的文化態度和文化樣式。

當中國文化面對著變化了的歷史條件和外界文化，其結構必定也會出現一種相反相成的現象。一方面，其精緻而完備的文化系統使文化具有強大的內旋力，適應、吸收、同化外界文化，促使自身固著。另一方面，內旋的保守傾向又導致其最後必須以武化的斷裂和突變形式打破內旋。然「武化」只不過是重新一輪內旋。

由此，有別於西方的，在生產和管理中，中國產生了特殊的，與事物合理化趨勢相背的中國式理性；文化的深層內核也打上並表現出明顯的中國特點，它還產生了中國特有的文化通觀和文化意象。

宏大的中國文化之流同樣具有雙重性：既是燦爛輝煌文化寶藏，又混雜愚昧落後之糟粕，需要用「流行」和「對待」的宏大眼光來對待。中國文化再次騰飛，只能是在外界因素催化下自身文化精神的更新和發揚。

「西體中用」平議——求教於李澤厚先生　　吳忠民

《哲學動態》(京)　1988 年第 1 期

在關於如何處理中西文化之間的關係問題上，李澤厚繼「中體中用」、「中體西用」和「西體西用」三種文化原則後，又提出了「西體中用」的文化原則。按照李澤厚的解釋，「西體中用」即以現代化爲體，民族化爲用。所謂「體」，首先應是社會存在的本能，以及對這個本體的意識即「學」。本文認爲，較之前三者，「西體中用」的觀點更爲合理一些。第一，它在一定程度上試圖將中西文化併入一個體系中，從而在總體上杜絕了全盤西化的可能性，它排除了「西體西用」的民族文化虛無主義傾向。第二，它注意到了一般性文化即與生產方式密切關聯的那一部分文化的重要性，克服了「中體中用」的國粹主義偏限。第三，「西體中用」較之於「中體西用」將中國傳統文化的基本部分視爲決定因素的做法，更加重視一般性文化，更具有合理性。

然而儘管如此，「西體中用」仍有不精確之處。首先，它對中國文化與西方文化的界定不科學。文化模式實際上由一般性文化與特殊性文化兩個有機部分構成。中西文化都是獨立的模式。不能將西方文化籠統當作一般性文化並以此作爲中國民族新文化的「體」，而將中國文化籠統地視作特殊性文化而當作「用」。這種做法相對輕視中國文化成果，易導致對西方文化盲目崇拜。其次，它帶有一種明顯的代替論色彩，而缺乏一種主動再創造精神。由於傳統的極大穩固性以及多種歷史與現實條件的差異，也由於人們的民族主體意識增強，一個民族的文化不可能完全代替另一民族文化。即使暫時落後的民族文化，它也只能以別的民族文化中的先進部分爲借鑒和槓桿，來誘發、促進本民族文化自身的更新和再生，從而創造一個新的文化實體，而不是照搬別人的東西。「西體中用」在實際論述中常常會違背理論設想的初衷，不免亦步亦趨。再次，基於以上兩點，「西體中用」對於文化融合理解得不夠全面。中西這兩種異質文化的接觸是融合而非同化，它呈現兩個階段：形式上的混合與文化化合。在前一階段，被動一方採取功利主義態度，局部汲取對方的優秀因素。而在後一階段，兩種文化都從對方汲取優秀成分，造成一種異於雙方原有形態的新的文化有機體。中西文化在新的文化體中的組合方式，所占比重，所具有的功能都與各自原有的大不相同。中西文化渾然一體不可分割，根本超越了體用說。「西體中用」顯然只是對第一階段的總結。

因此，在處理中西文化以及現代化與傳統文化的關係時，任何體用觀都不能夠成爲真正科學意識上的總體原則。

文化無意識——一種新的精神領域的研究報告　　李述一

《哲學研究》(京)　1988 年第 2 期

本文對蘊藏在弗洛伊德本能無意識之後的文化無意識冰層進行初步開掘。

所謂文化無意識就是指這樣一種無意識，它不是先天的、自然本能的產物，而是後天的，人的文化活動的結果。換言之，這種無意識正是有意識活動的結果。它是間接地履行著對於行爲的支配功能的意識，歸根到底也是物質的反映。文化無意識客觀存在，但未得到人們的承認，也未曾受到過理論的重視，人們往往簡單地將之歸爲自然本能需要的伴隨物。

文化無意識形成的基本途徑是心理積澱，即環境中的文化對他心理的潛移默化。文化心理積澱是一種自覺與不自覺的過程。由於人所生活其中的文化環境往往是多元的，所以文化無意識正如本能無意識一樣，只能是一簇心理叢，也即作爲某種「情結」而存在。環境文化中陳腐文化和先進文化並存的二重性決定了文化無意識具有「反社會」與「推進社會」的二重性質。

同本能無意識一樣，文化無意識也有一種無意識衝動，也是人的行爲的一種內在趨動力。它對行爲的影響帶有兩個基本特徵：無意識的特徵和兼有積極與消極的兩重性特徵。文化無意識對行爲的影響，在決策和評論這兩類行爲中尤爲突出。在決策中，隱藏在有目的、有意識特徵之後的文化無意識往往起著不容忽視的作用。而在評價當中，人們往往不自覺地運用一種無意識的尺度對事物作出不假思索的評價結論。

文化無意識現象的揭示具有重要的理論和實踐意義。它填補了無意識理論中的空白，有助於完整地理解和把握人的無意識現象，以致完整地理解和把握人的精神現象；有利於全面地分析和把握行爲的影響因素；揭示了理論掌握羣衆的重要途徑之一。將理論轉化爲廣大羣衆的無意識，看似一種由高到低的回復，然而，這實際上是一種向更高層次的回復，是我們所要追求的理想之境。最後，文化無意識現象的揭示，也說明了人羣心理培養的必要性和可能性。

聞一多在東西文化交流中的複雜心態　　方仁念

《齊魯學刊》(曲阜師院學報)(魯)　1988年第2期

聞一多出生世家望族，家學根底頗深，同時他又在清華和美國受過十三年的西式教育，有機會在東西文化的參照中，思考、選擇、擷取，開擴眼界，充實頭腦，因此，聞一多前期的創作心態出現兩重性：在接觸西方文化後，他被一種「落後感」刺痛，承認建立在生產高度發展基礎上的西方文化具有值得我們學習的特色和優點。他推崇西方人那種積極創造，努力去爭取成功的精神狀態，讚揚西方宗教思想的那種永不屈服，永遠向上追求的精神，認爲這集中表現了西方人的民族心理素質和性格。但是由於近代精神——西方文化與中國文化相悖，所以聞一多竭力推崇東方文化，對飽含滿足、苟安這些不良因素的中國文化深深依戀；聞一多重視詩歌表現自我，重視詩歌的抒情性，但由於愛國思想與古老文化傳統的積澱，他又壓抑自己的情感，逃避個性，流露出與抒情化對立的理意化傾向。表現在創作中，他既受西方浪漫主義的影響，又接受了現代主義的表現手法。在東西文化交流中，聞一

多既能吸收與自己的文藝觀點、情緒、表現手法相似的影響，也能吸收與此相悖的因素，體現了過人的眼力和膽識。

闻一多的心態在中西文化交流的過程中出現過兩次逆反。五四運動打破對傳統文化的迷信，各式各樣西方文化新思潮相繼湧入，這些對闻一多多年形成的民族傳統心理產生了強大衝擊，使他追隨西方詩人與理論家之後，第一次對自己的藝術情趣發生逆反。但幾乎同時，當時流行的盲目崇拜西方文明和美國白種人排外的傾向使具有強烈民族自強意識的闻一多又對「西方文明」進行逆反，對東方文化偏狹地袒護。這一次逆反，包含著可貴的民族自豪感和民族憂患意識，但不無憤激之處。

闻一多的心態發展軌迹是曲折的，但畢竟總在前進著，並在前進中有所創造。他所提倡的詩歌格律理論堪稱東西文化交流促發的新創造。他在進一步掌握了歷史唯物主義之後，對中西文化認識產生了飛躍。他透徹地剖析和抨擊了農業社會由於文化的惰性而產生的四種排外復古心理，指出克服惰性困難而必行；他論證了中國文化本身「並不是一個單純的、一成不變的文化」。中國文化正如世界上所有其他文化一樣，每一次放光都受了外來的刺激，不願學習旁人的民族，沒有不歸於滅亡的。最後，他瞻望文化發展的前景，指出：所有民族文化的交融、匯合，最後必然是世界文化的發展。

關於文化交流的歷史哲學反思　　許蘇民
《天津社會科學》　1988 年第 2 期

湯因比認爲：「經濟——政治——文化」是某一文明影響外族文化的不變次序。但這是玄學的虛構。文化交流中究竟什麼因素在前，取決於交流雙方特定的社會關係和社會要求，以及作爲文化主體——人的主觀認知結構及其所達到的文化自覺程度。物質文化、制度文化、精神文化三要素在歷史上文化交流中的先後次序存在著三種不同情形。

文化交流方式大致有兩類：和平的方式和血與火的方式。後一種方式在古代和近代又表現出不同的情形。無論通過何種方式，文化交流通常都要經過在衝突中理解，在理解中溝通，在溝通中選擇、在選擇中調適、在調適中融合的一般過程。

對於文化交流內在機制的考察，需要著重注意翻譯介紹者，接受者和擴散者（闡釋弘揚者）三要素，制約每一要素的主客觀條件相互關聯即組成媒介機制、接受機制和擴散機制。從媒介機制來看，翻譯不僅是兩種表意符號的對應轉換，而且還要理解獨特術語的內涵和深層意蘊。至於對某種異質文化的介紹，不可避免地受到特定的社會要求和介紹者主觀心態的制約；從接受機制看，首先必須具有接受外來文化的土壤和需求，其次要考察接受者的認知結構，它決定外來文化在何種程度、以何種方式被接受。不同的文化背景必然產生相異的認知結構，於是在接受外來文化的時候，就出現兩種截然不同的同化機制：一種是使外來文化客體從其原有的認認結構中游離出來，適應主體原有的認知結構；另一種是揚棄主體原有的認知

結構，既保留合理因素，又把本民族文化提高到外來先進文化所達到的時代水平；從擴散機制看，同樣受著反映特定社會要求的主觀心態的制約，外來文化常常被重新解釋甚至杜撰。

文化交流具有二重性，這是由特定民族在特定歷史時期的文化二重性，接受外來文化的民族在社會關係和社會要求方面的複雜性所決定的。落後民族對先進民族征服的積極意義有三：給文化行將衰落的先進民族注入新的生機；作爲征服者的落後民族被先進民族的文化所同化；被征服民族中，由於原先佔統治地位文化的腐敗性的暴露，而形成一種有利於民間文化發展的社會心理氛圍。同時，其消極意義也相當突出。近代先進工業民族對落後農業民族的征服的二重性集中表現在它是以「惡」的形式充當歷史進步的槓桿和動力。

文化交流是隨社會進步而發展來的，同時文化交流雙方的互相浸染、互相借鑑、互相補充、互相促進又從而推動社會的進步。

文化的未來是世界文化的統一性，但它與民族文化的多樣性相輔相成，勇於學習外來先進文化，把自己的文化心理素質提高到當代先進民族的水平，從而復興民族精神，保持民族特性，這是落後民族的歷史性選擇。文化的現代化，將使文化交流更加發達。

中西近代方法論變革的軌迹——中西文化衝突和融合的一個側面　　李志林
《哲學研究》　1988 年第 2 期

在西方文化的猛烈衝擊下，中國傳統文化在近代發生了前所未有的轉折，科學方法論就是其中一例。

明清之際，中國方法論日臻成熟，各方面接近近代實驗科學方法的殿堂，伹卻始終處於難產之中。阻礙著科學方法論誕生的因素是多方面的，但一個主要因素就是傳統文化頑固的惰性：儒家唯心主義禁錮了新科學、新知識的推廣；中國傳統科學文化內在機制——陰陽五行的思維方式的缺陷壓制著實驗科學方法的萌芽；經學方法與科學格格不入。中國近代方法論的變革需要經歷艱苦的歷程，最根本的要求即：用近代的科學方法去衝破並取代經學方法。

鴉片戰爭前後的龔自珍，從哲學高度强調自我，首先對經學方法叛逆，爲中國近代科學方法產生「創榛闢莽，前驅前路」；康有爲提出「勉强爲學，務在逆乎常緯」的新命題，矛頭直指經學方法，他對數學方法的推崇模仿，預示了方法論變革的新生機；梁啓超一針見血，指出了經學方法弊端在於奴性，並主張用「破壞主義」摧毀專制統治和經學傳統，倡立精神自由。這一切必然導致五四時期陳獨秀鮮明地亮出民主和科學兩面旗幟。

經學破除以後，西方科學方法才能得以滋生。首要的一步便是全面引進西方邏輯學。嚴復是比較自覺系統介紹西方邏輯學的第一人，尤其推崇歸納法；章太炎則側重演繹法，對亞里士多德的三段論、印度的因明、中國的《墨經》的共性和差別性

作了有意義的探討；近代著名的哲學家金岳霖窮畢生之智慧和精力，系統地闡述了形式邏輯基本規律性質，明確強調邏輯的功用，賦予邏輯以一般的方法論的意義，並將歸納與演繹統一於科學方法論之中，將中國人的邏輯理論大大推進了一步。

中國的有識之士在積極引進西方邏輯的同時，又致力於溝通樸學方法與西方實驗科學方法方面的工作，這同樣也經歷了一個過程：嚴復和章太炎導以先路，但各執於一端；梁啓超「新史學」的研究方法，強調對古今中外之事比較考察、整體把握，強調綜合研究，可以說是融樸學的考證方法與西方近代實證科學的方法於一爐；王國維從更加開闊的視野著眼，明確主張「破中外之見」，在學術領域、邏輯方法，治學原則等多方面溝通中西，成績斐然；胡適在總結前人的基礎上創新，提出了「拿證據來」、「科學經驗室的態度」、「歷史的態度」等中西結合的基本方法，實有獨創性。「五四」以後馬克思主義的辯證法傳入中國且中國化，則是中西文化交融最燦爛的一頁。

中西近代方法論的變革歷程，反映了中西文化衝突和融合的一個側面，從中我們可以得到多方有益啓示：㈠在評價中國傳統文化的價值時，應當將知識與智慧區分開來。知識與智慧的兩重性是傳統文化必須現代化而且可能現代化的內在根據。㈡任何傳統都需要揚棄和發展。這一過程需注意三環節：全面深刻地學習西方先進理論武器，認真消化，使之民族化、社會化；對中西科學方法進行辯證的分析和比較，不囿於以一方爲參照系的評估模式；用心尋找中西科學方法的結合點、生長點。㈢中國傳統方法論的變革是一個長期，至今仍在繼續的過程，對於中國近代方法論變革的不徹底性和弱點，對於馬克思主義方法論在中國化過程中彷彿已經完成但實際上沒有完成的事，我們需要鍥而不捨地再做一遍。「師而法之，比而齊之，駕而上之」是我們必需的雄心壯志和宏大氣魄。

梁漱溟的文化比較模式析論　　郭齊勇
《武漢大學學報》（社會科學版）　1988年第2期

本文旨在發掘、評估梁漱溟先生文化比較研究之方法論，摸清其文化比較模式，剖判它的得失。

每一具體社會的文化都是一定歷史條件下的人的物質和精神的活動及其結果。它大體包括人與物（自然）的關係和人與人（社會）的關係，這兩重關係是共時態的，不可分割的。梁先生卻從認爲它們是歷時態的、有先後次序的這一基本觀點出發，以「身的文化」與「心的文化」爲軸心，設計了一套中西文化比較的參照系：

西方文化：身的文化——人對物（自然）的關係——人心之妙用（用）——理智——有對——向外——人類第一期文化；

中國文化：心的文化——人對人（社會）的關係——人心之美德（體）——理性——無對——向內——人類第二期文化。

這一模式顯然是不科學的，文化史的分期也沒有客觀的依據，但是，它的意義

在於：在民族虛無主義的文化背景下，提出了區別於文化西方中心論的價值評價標準，肯定了世界文化的多樣性和中國文化的特殊價值，批判了科學主義對人類本質的片面理解和對於生動平實多層面的文化生命的肢解解剖。

爲什麼中國沒有西方近代文化意義上的民主、自由和科學？梁先生認爲，其根據在於中西方「倫理本位」與「個人本位」的分化分途，其模式爲：

西方文化： 宗教氛圍——集體生活偏勝——個人本位——民主與科學

中國文化： 無宗教生活——家族生活偏勝——倫理本位——無民主與科學

中國沒有民主與科學，是因爲中國文化走的是自己的道路，它的發展，不一定要循著西方的模式。在研究世界文化的共同道路、普遍規律與中國文化的特殊道路、特殊規律的關係上，梁先生不自覺地提出了一些有價值的問題。

衡量任何一個文化系統，都需要一個時間軸與空間軸，時代性與民族性多維立體交叉的座標系統。梁先生的貢獻，就在於他把文化發展的特殊性、民族性問題格外凸現出來，當然，他有時也不免走到極端。這是理解他的比較模式的關鍵。梁氏文化比較是一種差異法的比較，強調各文化系統的殊異，但忽視異中之同，但它又不是完全沒有看到文化發展的普遍性，因而在文化比較上常常發生矛盾；梁先生深刻認識到了中國文化的民族個性，也認識到了文化的時代性，但他不理解作爲文化的兩個基本屬性的時代性與民族性是互相涵攝、互相包容的；他認爲特殊地體現於中國文化的生命、精神、道德理想對整個人類是普遍的，因而對復興中國文化使之成爲世界文化充滿信心，在殊相與共相的矛盾面前，梁氏缺乏辯證的理解。梁先生文化比較中的漏洞與矛盾，實際上是中西文化衝突，融合與中國文化新舊嬗替之際中國知識份子理智與矛盾心態的反應。它給人以多方面的啓示。

論「中體西用」模式　　簡文杰
《中州學刊》　1988 年 2 月

一　「中體西用」的文化模式意義

1.**「中體西用」是當時具有普遍性的思想模式。**　「中體西用」不僅是洋務派官僚的理論指導原則，同時也是早期維新知識份子主要的理論主張。它是人們在西方文化入侵的刺激下所普遍接受並運用的思想模式。這反映在當時人們的觀念裡，已把西學與中學並重，大有非仿行西學不能致中國於富強之勢。

2.**「中體西用」的文化模式的意義。**　我認爲「中體西用」是近代史上中西文化衝突中中國傳統文化對西方文化的反應模式。它應具有特定的文化內涵，其中包蘊著對傳統文化與西方文化兩者關係的雙重價值判斷。「中體西用」不僅在當時指導著人們從事政治、經濟、軍事、教育活動，而且還有更深層的意義和作用，即指導和影響著人們進行一種自覺不自覺的文化選擇活動。這種模式的形成是近代史上中華民族政治、經濟意識覺醒的一個十分重要的前提和準備過程。也就是說，從「中體西用」模式的產生和形成起就開始了一種有意識的文化選擇過程，這種選擇

不是單一地對新的西方輸入的文化進行選擇，還包括對舊的中國傳統文化的認識選擇過程，總之，開始了民族文化意識的真正自覺。

二　「中體西用」模式與中國社會近代化

「中體西用」與中國社會近代化的歷史進程和狀態具有不可分割的緊密關係，對鴉片戰爭後十九世紀中國社會的近代化運動具有顯而易見的指導作用，其歷史作用基本上表現於三個方面：

其一，「中體西用」模式的出現是對「華夏中心主義」意識的初步否定，同時也結束了中國人對西方文化意識的朦昧狀態。其二，「中體西用」模式是民族文化意識的積澱形式，標誌著民族文化意識的覺醒程度，即人們對西方文化輸入體的一種不自覺的選擇過程和對中國文化傳統的有限制的反省過程，從而成爲對自身文化傳統、文化觀念進行自我調整的指導原則。其三，一副鐐銬。「中體西用」模式是一個矛盾的結合體，是對異類異質文化的一種被動接受和不情願容忍的畸形產物。這一模式在理論上潛伏著深刻的矛盾，因爲它遠不是從文明比較的意義上承認中國落後，它的理論目標悖逆歷史，它割裂了物質文明與精神文明之間的統一。因此，我們對「中體西用」模式的評價不能過分誇大其促進中國社會近代化的有益方面。它恰似一副鐐銬，戴著可以行走，但邁步卻很艱難與遲緩。

中國的傳統文化與「阿Q模式」　　劉再復、林　崗
《中國社會科學》　1988年第3期

「五四」時期思想文化界對國民性反省的一個重要主題就是關於阿Q性的問題。批評的發掘阿Q性的豐實內涵這項工作至今尚未完結，它爲我們對自己民族傳統的「理性自覺」程度所決定。只有充分的「理性自覺」，阿Q性的深刻意義才能被人們所把握。

阿Q性概稱精神勝利法，它能使客觀上的失敗都迅速地轉爲心理上的勝利。精神勝利法不僅是個體處理自己同外部世界關係時的一種精神現象，而且也是一種宇宙觀和人生觀，這種宇宙觀和人生觀認定，人對周圍世界的看法和所有判斷只取決於內心裡自己同自己達成的契約，客觀性的刺激只有幻象和虛擬的意義，因此，可以用神話式的幻想，一廂情願地去「改造」世界。阿Q的精神勝利法對人類的認識模式作了兩樣修改：取消經驗——實踐檢驗活動——的客觀性；無限地誇大人類的主觀能動性。而誇大能動性的結果是最終取消個性主體，撲滅自我而歸於「自然」。「阿Q陰影」籠罩著中國人生，它體現爲兩個方面：無法實現某一目標時否認目標的價值，欲望受到打擊時極力從自身找理由。兩者表現雖然不同，但實質一樣：即致力於自欺欺人。

阿Q模式背後隱藏著的人生哲學根據，實際上就是在中國影響深遠的老莊式的人生觀和後來傳入的佛教哲學。老莊基於對人生的有限性與暫時性的痛苦認識，共

同構築了一個無限永恆的「道」的境界，想以此化解人生衝突，因而在人生觀上主張順乎自然，無視人生的許多挑戰。佛教則從心的方面入手，做了同樣的工作。它們作爲大道理被人們廣泛接受以後，就通過制約一系列小道理對社會發生持久的影響。佛老宇宙觀的泯差別、等異同的基本特徵決定了人生論退縮，返回自身的基本方向和特徵，給中國人生投下可怕的陰影。

超越塵世是令人羨慕的，但生存的挑戰總要找上門來，因此只能自我欺騙，以自身的損害和毀滅爲代價換取虛幻的平衡。從道佛兩家的「大道理」出發，通往理想之境的途逕有二：去知識，滅心智，自忘形骸；無欲求，無衝動，精神自足。這兩者互相作用，便釀成阿Q的精神勝利法。

老莊和佛教禪宗的本意是讓人成就徹底反叛現存秩序的獨立而飄逸的人格，但它們的教理在歷史發展中卻塑造了民族心理劣根性。這首先是老莊哲學的末流變本忘源的結果。老莊哲學中阿Q相的端倪經郭象的發展，庸俗化、實用化和普及化了。其次，也是民族劣根性與傳統宇宙觀、人生觀的遺迹以顯本的結果。

佛老人生觀的根本目的在於解脫人生的一切痛苦，痛苦是它們人生論注目的中心。這在生理學上有一定根據。但是東方的賢哲們似乎忘了，痛苦也是人生向上進取的起跑點，從進化的角度看，是大益於生物的個體與羣體的。人需要刺激，需要實現心中意志的目標，然佛老解脫痛苦的方法是違反人這一自然本性的。解脫痛苦的傳統宇宙論與人生論也是如此，它企求人們用主觀的努力和智慧化解內心情緒反應的不平衡，創造更高級的生命，然而實際上，智慧即痛苦，具有永不止竭的創造欲求和創造力，才是生命的真諦。

論中國近代化現代化過程中傳統文化的雙向運動　　姜義華
《復旦學報》（社會科學版）　1988 年 3 期

在中國歷史演進的同時，古老的東西並沒有按比例地逐步縮小它的地盤及影響，而是一面被破壞，一面又在重建，與新因素並存且在很多時候因新因素的出現而產生更爲强固的粘合力。這一特徵鮮明地表現在近代中國傳統文化的雙向運動上。

中國經濟的近代化——現代化過程，從一開始就表現出異於西方的特徵。西方現代化是一個自然過程，自然經濟體系的瓦解沒有給農民帶來很大的壓力，並使他們中間很大一部分成爲得利者。中國的商品——市場經濟體系不是自然經濟體系發展的必然，而是外國列强驟然强加給中國的，農民從一開始就承受著殖民主義者的巧取豪奪。官僚資本的超經濟的盤剝以及資本原始積累的全部負荷的三重重壓。因此，傳統的自然經濟體系與市場——商品體系始終處於尖銳衝突之中，廣大農民對資本主義的發生發展，由此進而對於商品經濟、現代城市及世界性的聯繫的發展都抱有極端懷疑和不信任態度，傳統社會、經濟、政治與文化結構也因他們的依戀而產生了凝聚力。這一矛盾由於中國特殊的歷史條件一再變本加厲。近代許多思想

家、政治家試圖在兩種對抗狀態的觀念體系中尋找兩者的結合點，但他們總因脫離不了歐洲現成模式的羈束而顧此失彼。實踐表明，中國必須建立的是新型的商品經濟體系，它必須是工業幫助農業，城市幫助農村，中國自主性發展同外部世界的普遍聯繫，從而使農民小生產者與其他新興社會力量一樣，成爲真正的得益者。

中國文化研究者以爲「整合意識」是傳統文化的一個主要特徵，它使傳統文化形成內聚力極強的穩定和超穩定結構。其實，所謂的「整合意識」本質上乃是極端分散的個別主義與高度集中的權威主義的結合，結合的紐帶即官僚政治制度、家族宗法制度和文化專制制度。它根植於小農經濟爲代表的自然經濟結構的單一性和苟安性。在現代化過程中，整合意識受到了民主、平等、自由這三條新紐帶的衝擊和挑戰，面臨著一場真正的危機，但危機並不是致命的。深重的民族苦難激起的民族意識和國家意識的高漲，近代中國農民運動和戰爭的空前擴張，中國近代新意識倉促生硬的移植造成自身先天不足，後天失調的嚴重弱點，都給傳統整合意識帶來了新的生機。中國的近現代化進程與傳統的整合意識相反相成，彼此爲用，它是一把雙刃劍，被用於反對封建主義及殖民統治時，它爲中國近現代化開闢道路；被用於抵制商品市場經濟，世界性聯繫的發展及人自身的解放時，又阻礙著近現代化的進程。

一百多年的中國近現代化與傳統文化關係之爭都缺乏現實的活生生的民族主體精神。反觀這一段歷史可以發現一個發人深省的事實：一方面，傳統的「定於一尊」傾向相當明顯，另一方面，現代化進程本身卻正利用著文化的多系發展以及它們相互之間的矛盾和衝突，在曲折反覆中開闢著符合中國及世界實際的路。事實表明，發揚中華民族在新文化與新文明創造中的主體精神，促進文化的多系發展是中國文化近現代化的必然。

大衆文化——當代文化的主角　　高冠鋼

《復旦學報》（社會科學版）　1988 年第 3 期

大衆文化的勃興是全球性的文化現象，不理解大衆文化就無法從總體上把握當今世界和中國文化的發展。

大衆文化是現代化的伴隨物。現代化使大多數社會成員從繁重的勞動中逐步解脫出來，閒暇時間不斷增多。這就使他們有可能尋找娛樂，作爲對快節奏工作造成的身心壓抑的逆反和對單調工作所造成的心理疲倦和煩躁不安的補償。以娛樂爲最終目的正是大衆文化的主要特徵。同時，由於大衆文化消費不需要很高的文化準備，所以它幾乎囊括了所有社會成員。

現代科技的發展爲大衆文化的勃興創造了必不可少的物質技術條件。同時，適應大衆文化發展而誕生的大衆文化生產行業（包括「硬件」即文化器具和「軟件」即文化內容的生產）的發展，大衆傳播媒介的娛樂功能的不斷增強，都促進了大衆文化的發展。

　　大衆文化的生產過程就是大衆口味的生產過程。投資者利用大衆口味可以獲取巨額利潤和在競爭中獲勝，研究者透過大衆口味則可以正確認識大衆文化及其演變，看到整個社會文化發展的制約條件。大衆口味每時每刻都可被感知但表現多樣，人們可以通過現實消費者的反映來掌握它。實際上，所謂「大衆口味」是社會的「一種平均口味」，「爲了在一些方面滿足所有（至少是大多數）個人的口味，在另一方面又是與每個個人的口味相違背。」它是最低檔口味和最高檔口味之間的折衷。捕捉這種平均文化口味，是大衆文化生產者的本能行爲。

　　社會的平均文化口味處在不斷變化的過程當中，並隨著文化發展從前廣播電視階段、廣播電視階段和後廣播電視階段的演進，變化速度愈來愈快。伴隨後兩個階段到來，大衆口味也日益國際化。這給第三世界國家帶來許多新問題：發達國家與不發達國家之間大衆文化的不平等傳播，衝擊了後者的文化產業和市場；造成第三世界國家大衆文化的超前消費和由之產生的對大衆文化口味提高的抑制。

　　大衆文化迅速崛起，成爲當代文化的主角，除了標誌著生活質量的提高和文化的發展和普及外，還給社會帶來了多重負功能：㈠造成了人和文化產品的非個性化。大衆文化的製造者和經營者迫於不同的壓力迎合大衆口味，犧牲自己的個性追求，而消費者由於口味漸趨一致也喪失個體性。㈡加劇了的娛樂化傾向，這與人的素質的提高和全面發展相違背，而且還有損於教育和學術研究的發展。㈢對高雅文化的蠶食。

　　大衆文化及其對整個社會的影響，是當今文化研究中的一個重要課題。我們要研究大衆文化與高雅文化的相互關係以及如何促進兩者協調發展的問題；研究大衆文化對社會各階層人的心理和行爲的影響；研究大衆文化產業的運行機制；研究世界各國的大衆文化的發展狀況及遇到的種種情況，爲我們的大衆文化事業提供經驗和教訓。

論當代中國文化的內在衝突　　俞吾金
《復旦學報》（社會科學版）　1988 年第 3 期

　　近年來，文化討論成爲熱點，並出現了四大興奮點：東西文化比較研究、人類學、傳統文化與現代化的關係問題和主體性問題。但是由於討論者對某些概念、方面和重要環節的忽視，使得外觀上豐實多彩的文化討論的內容流於貧乏和膚淺。如何把文化討論進一步引向深入？一個重要的研究方向是探究正處於深刻革命性變動中的當代中國文化的內在衝突，從而把注意力引向一些更深層、更基本的理論問題。衝突表現在八個方面。

　　㈠政治本位和經濟本位的衝突　　建國以後前三十年和後十年代表了這兩種不同性質的文化模式，它們的衝突構成了當代中國文化演變的最深層內驅力。在工業和科技發達的今天，中國要生存，只能積極推進並完善經濟本位的模式，並在其中使政治獲得民主政治的內涵。

㈡**統一性與多樣性的衝突**　在以政治爲本位的舊有文化模式中，對統一性的追求必然成爲至高無上的目的。這樣，統一性與多樣性必然尖銳對立起來。近幾年，人們表現的對多樣化的追求只不過是對絕對統一的一種反撥。其實，多樣化無法抹煞，真正博大的統一性永遠體現爲對多樣性的容納。

㈢**眞理與價值的衝突**　真理與價值、理論與實踐的分離對立是傳統文化的基本特徵。這在當代文化中留下陰影。如果說一定的價值觀決定著人們對諸多真理的解釋、運用和選擇的話，那麼真理的客觀性也制約著價值取向的大致範圍和角度。經濟建設的紐帶正以新的方式和解兩者之間的對立。

㈣**歷史評價與道德評價的衝突**　傳統的重道德（善惡）輕歷史（進退步）的評價方式的對立與衝突在當代就形成了一股與改革的價值取向相悖的觀念暗流。但倫理觀念看來是惡的東西，在歷史上卻常常是進步的。因此，必須堅持歷史評價第一，堅持與歷史進步一致的先進道德觀。

㈤**總體與個體衝突**　總體與個體對立，總體壓抑個體構成了中國人文精神的特徵，改革使個體崛起，對總體與個體關係進行新的反思。

㈥**理與欲的衝突**　理，即倫理方面的基本原則，欲即物質生活的追求。中國傳統文化的基本傾向是重天理輕人欲。這在當代文化中頑強地表現出來。隨著改革的深入，這一問題有待深入研究。

㈦**發展科學技術與遏制科學主義的衝突**　前者是當代中國急需的，而後者則可能隨前者而來而損害人道主義。要解決這一難題需兩個文明一起抓。

此外，意識上的反傳統與潛意識中的維護傳統的衝突，在當代中國文化中也尖銳地表現出來。在傳統中反傳統，是我們不可避免的悖論。

如何解決這些衝突？首先必須堅持改革和開放，徹底改變小農心理在現代科技和工業面前的感傷和崇古傾向。同時，要清醒地意識到，中國文化面臨的是新範式的轉換，而不是某些觀念的變化，重要的是對新舊文化模式的比較研究而不是傳統機械地劃分精華和糟粕。此外，要堅持適度性的原則，改革並不是消除衝突，而是在衝突雙方建立必要張力，使之諧調，從而使整個文化獲得空前的生命力和寬容性。

我國歷史上的三次文化危機　李　元
《北方論叢》　1988 年第 3 期

文化危機是指某一特定的文化系統由於受到内在和外部的強大壓力，喪失了固有的平衡狀態所導致的結構性危機。在文化危機來臨之際，舊文化傳統或通過漫長艱苦的文化整合過程獲得發展，或走向毀滅。華夏文化是世界古文明中歷盡艱難險阻不斷發展至今的一個例外。因此，在再一次迎接新世界挑戰的時刻，檢討過去戰勝各次文化危機的情況，該是個重要任務。

我國歷史上曾先後遇到過三次文化危機。

第一次發生在春秋時代（西元前 770 年──前 453 年）　華夏文化在西周登上了它的第一個高峯階段後，陡然跌入到一個混亂無序的文化危機深谷中。這是一個傳統與現實衝突的危機，歸根結底是血緣與政治的衝突。華夏文化區別於世界文化的顯著點就在於對血緣關係的過分依賴，進入文明階段以後，形成了特殊的「親貴合一」的國家組織原則，其特點是政治統治。社會生活離開血緣關係就無法進行。因此，文化結構的穩定功能只有取決於血緣關係和政治關係之間的持久平衡。但是，從人類發展的總趨勢看，這二者本質上是互相對立的，文明的發展必定打破狹窄的血緣關係而建立政治文明。血緣與政治的衝突在春秋時代造成數百年的大動盪，但危機的洗禮煥發了我們民族活力，使華夏文化進入到一個更高的層次。

第二次危機發生在前期封建社會向後期封建社會轉化的魏晉南北朝時代（西元 184──581 年）　儒家思想規範作用的喪失，社會矛盾的尖銳，導致了人們對以儒家思想爲內核的傳統文化的懷疑和批判。農民起義、統治階級反理性主義的思想運動沒能擺脫危機，而北方少數民族的入侵把固有的文化危機推向文明分裂的境地。這是一個文明和野蠻衝突釀成的危機。由於蠻族摧毀了傳統文化的僵化結構，自覺吸收先進華夏文化的同時給老化的華夏文化注入粗獷豪放的新鮮血液，也由於漢族人民對自己固存的優秀文化的堅持，第二次危機歷幾百年之久宣告結束。

第三次危機發生於西元 1840──1949 年　這是全球性文化危機的一部分，它是西方工業文明崛起以後向全球各種文化類型的挑戰。華夏文化首次處於劣勢，古老的農業文明不得不痛苦地向工業文明過渡。文化的整合類型表現爲圖存救亡，華夏民族不得不謙遜地向外來文化學習。百餘年之間，不同階級階層相繼走過了漫長的道路，最後共產黨人在「五四」運動基礎上，向西方學來馬列主義，構築了一種嶄新的反帝反封建人民大衆文化，終於找到了擺脫危機的科學方法。

三次文化危機皆出現在社會大轉折時刻，而每次對危機的克服都需要上百年漫長時間，需要自我更新的勇氣和信心，需要民族的整體文化意識。第三次文化危機雖然伴隨著新中國的誕生已經結束，但文化類型的轉換遠未結束，民族文化的改造有待進一步完成。

文字・思維・文化──一個中西比較的嘗試　　郭　沂

《東岳論叢》（濟南）　1988 年第 3 期

本文試圖從文字對思維、思維對文化的影響的角度對中西文化系統上的差異作一嘗試性探索。

西方的字母文字是純粹的記錄語言的符號，它頻繁而廣泛地刺激人們的大腦，就逐漸形成西方人長於語言思維的特點，使之抽象思維特別發達。漢語是音、形、意互相聯繫的文字，爲形象思維提供了方便的工具，使中國人長於形象思維。

思維方式影響文化的發展特點。西方人的思想，基本上能夠用語言表達出來，而中國人的語言思維相形見絀，以無法用語言表達作爲理論體系的最高境界。因

此，中西方對語言學的興趣也大不相同。西方人很早就重視對語言的研究，而中國直至近代，才開始產生和發展了語言學。

中西思維的不同特點。深刻地影響了中西文化的不同氣質。中國哲學史上的三大流派儒道佛都强調內心的反省、體驗與覺悟，與之相應，學術史上形成一系列玄而又玄的概念。西方哲學總是以語言的嚴密性和思辨性見長，學術概念也相當明確。

形象思維具有模糊性，抽象思維具有精確性，這形成了中西思維的特點。它們在各自的語言體系中都留下自己的痕迹。西方語言比較精確，漢語則比較模糊。同一個意思，中西哲人表達風格各異。形象思維和漢語的模糊性，給中國學術史帶來了許多不必要的分歧。

但是，並不能說中國人的思維缺乏抽象，也不能據此認爲中國人缺乏邏輯。在中國語言的具象性、比喻性的背後，表達了與西方人所揭示的同樣抽象的道理。形象思維只要反映了客觀規律，也同是一種邏輯思維。當然，抽象思維的抽象性、邏輯性存在於語言之中，是外在的；而形象思維的邏輯性，抽象性存在於形象之中，是潛在的。

中西思維方式的不同，造成了中西學者在理論體系上的獨特風貌。中國學者的理論體系是潛在的、模糊的、難於把握的；西方學者的理論體系則是外在的、清晰的、易於把握的。

形象思維具有整體性，抽象思維具有分析性。這給中西文化打下各自的烙印。中國學者的著作大多是非常綜合的，而西方的學術著作一般是分門別類的。中國建築具有鮮明的完整性，而西方的建築錯落有致、不拘一格。這個特點尤其影響中西哲學；使中國發展起辯證法思想而西方發展了形而上學思想和近代大流行的分析哲學。

抽象思維的分析性與準確性相輔相成，表現在藝術創造上，是求真和再現。形象思維的整體性與模糊性表現在中國人的美學觀上是術似和超脫。中國藝術的特色在於追求一種「超真」的效果。

中西不同的思維方式在不同的歷史時期顯示不同的優勢。古代的科技形態以技術創造爲特徵，近代以科學理論爲主要特徵，所以中國人在古代大顯身手，而西方人在近代獨占鰲頭。

總之，中西文化各有優劣，可以看成爲兩個文化單位。文化發展的規律就是較低層次文化納入較高層次文化單位，而較高層次文化單位吸收較低的。可見，中西文化一起融合成世界文化是不可避免的。

文化研究——錯誤在什麼地方？　　黎　明

《經濟學週報》(京)　1988 年 4 月 3 日

一個民族的文化，說到底是該民族的整個意識倉庫，其中的大部分是該民族的

個人和羣體的潛在意識，更多的是非理性的。誰要想批判一個民族的文化，就要冒向這個民族的一切個人和羣體的潛在意識挑戰的危險。只要積澱了數千年的文化的深層雷打不動，那麼文化表層的變化最終又會向它的最初狀態回歸。

研究文化的困難，不僅難在文化內容的不可分割上，而且還難（或許更難）在研究者自身方面。簡而言之，中國近、現代研究文化的人們絕大多數屬於文人或文人型學者，而不是現代知識份子型學者。他們身上缺少的是科學與民主的理性精神。中國文人的傳統在今天只是改頭露面，並未中斷。

在當代中國，真正對文化界具有重大思想影響的文化精神來源主要有兩個：一個是中國的傳統儒學，一個是從三十年代蘇聯舶來的經過加工的德國古典哲學，特別是黑格爾哲學。中國數代文人便是在這種氛圍下成長起來的。他們自認爲所受的哲學教育是「馬克思」的，這是天大的誤會。

黑格爾哲學與儒家哲學之間最大的共性是它們的獨斷論性。直覺的獨斷論哲學絕對是反科學、反民主的。中國的哲學教育長期偏食，使當代青年學者諳熟的依然是神秘直覺的思辯和非理性的獨斷，而不是對人生實際問題的求解和科學與民主理性的探索。我們雖然不必對西方非理性主義哲學流派妄加排斥，但畢竟目前中國最需要的仍舊是科學與民主的理性精神。再說，中國傳統文化中的非理性的獨斷隨時可能隨著西方非理性主義思潮的湧入借屍還魂。三十多年來的哲學教育，實際上成了科學化與民主化的阻力。

文化研究的目的在於從宏觀整體上比較中華民族社會與其他民族社會的文化差異，找出中華民族與處於人類現代化前列的民族之間的文化距離，以及儘快縮小這種距離的行之有效的途徑。要達此目的，首先必須使中國大量的文人向現代知識份子轉化。然後，對中華民族與世界民族的文化進行全面分析的實證比較、整體綜合的系統研究。

中國傳統人論的歷史地位問題（論綱）　　楊　適
《中國社會科學》　1988 年第 4 期

人論，是現實的人對自己認識和理解的理論形式。古今中外的哲學家都在研究這一課題。但是各時代民族的人論必然不同。我們要尋求的是今天的中國人論。傳統的中國人論和西方人論是我們學習與繼承的兩份財富，評價中國傳統人論要涉及一連串問題，必需有恰當的方法和思路。

誠然，中國傳統人論是最重人的，但是它所講的人是由「人倫」形成的整體，與近現代所講的「人文主義」不是一回事。「人倫」又叫「天倫」，「天人合一」是它的宇宙整體觀。知人就是知天，天道不必外求，天道實際上是人倫之道的另一形式。「天道」又分陰陽，陰陽之道是中國傳統世界觀的最高概括，也是中國特有的對立統一的辯證法，它不強調雙方的區別對立，不承認雙方的獨立性格和平等地位，只認爲「合」才有理。陰陽之道是中國傳統特有的人道即人倫的外化。

西方人的辯證法和宇宙觀與我們不同。他們對人的認識過程特點，首先表現在他們強調區別。他們強調人與自然的區別，開啓了西方文化的科學傳統；他們強調人與自身自然的區別，劃分靈魂與肉體，進而發展起宗教神學。科學理性認識自然是爲了認識人，宗教的「神文」與「人文」有相當深刻的内在聯繫，我們只有在宗教無法改造現實的高度上才能談論宗教的荒謬性。近現代的西方人論沒有中斷區別原則，而是進一步分化對立，並在分化對立中尋求較高的統一。作爲人，有目的和手段之分，人是目的，而非手段，但爲了實現目的，人首先必須實行分化，一部分異化爲手段，再通過對異化的揚棄恢復人的整體目的，總之，西方人的特點是首先強調區分和再區分，然後才力求達到新的和諧和統一。這過程充滿痛苦，不像中國傳統思想那麼平易。

在以「人倫」爲核心的中國傳統歷史和文化中，人作爲目的和手段既有分化又相當模糊，沒有人是純粹的手段，又沒有任何人有自己獨立的目的和自由意志。這是一個窒息所有人自主發展的社會形態，無法使生產力和社會關係獲得真正進步。而資本主義社會關係雖然使一部分人異化爲手段，但同時也使每個人都不同程度地實現了一部分目的，較大地促進了人類生產力和社會進步。否定資本主義，建設新社會是歷史必然，但關鍵必須是生產力的更高發展和人的自由和目的。

中國傳統人論的歷史根源在於——中國商品經濟未曾獲得普遍化和明確公認的發展，沒有一種力量能夠徹底瓦解和摧毀氏族貴族制度。氏族貴族有限度的改革與本質上的保守的雙重性格，他們身上公私的二重性，是中國人論種種特性的内在根據。

中國傳統人論有過偉大的歷史功績，但它又有嚴重的黑暗面。人類的命運是要否定資本主義及其以前的一切形態，使人作爲目的和手段在新的基礎上重新統一起來。我們必須站在這樣的高度上審視批判以往的人論，建立新人論。

學派與中國文化　　谷　方

《中國社會科學》　1988 年第 4 期

學派與文化的關係是一種因果關係。任何學派都以既定的文化爲前提，學派形成以後，又以各種不同的方式制約文化的發展。中國古代哲學以至整個中國古代的文化，是以學派作爲基本單元發展的。這是因爲：1. 學派屬於文化生產者的範疇，它以獨特性的成果加進社會文化的整體。2. 學派能夠爲文化創造提供某種適宜的「小氣候」。3. 文化與學派相伴隨，並在學派的發展和更替中不斷演進。4. 學派具有文化上的多重功能。文化的發展離不開學派，學派促進文化的發展，這是世界文化所經歷的一條共同道路。

中國古代以帝王爲核心，以官爲本位的專制政體是最不利於學派的生存和發展的，但是，中國古代恰恰出現了眾多學派不斷發展的事實，這主要是因爲：1. 中國古代的政治體制使知識份子處於下馬（退出官場）容易上馬（入官場）難的境地，

造成了在知識和人才貧乏的背景上知識、人才相對過剩。這是古代各種學派形成的社會基礎。2.古代的教育體制也便於學派的形成和發展，個人收徒講學或個人在書院授課爲主的教育體制容易形成師徒結合型的學派。

學派的形成和發展是文化發展的內在要求和基本規律。學派更有利於某種理論的保持，完善和發揮作用，文化的豐富性與學派的發展也分不開。學派的發展與文化的發展之所以有這樣密切的關係，離不開學派自身的性質和發展的基本要求，即創新的要求、深化的要求和存統的要求。由於中國古代文化各個發展階段都有學派存在，各個學派都有這三種要求，所以中國古代文化就像大江大河一樣不斷有新的活水匯聚進來，形成新的文化波瀾，它不但具有連續性和穩定性的特點，而且具有多系統、多層次、多結構的特點。儒家文化絕不是中國文化的全部。

衆多學派創造了豐實多彩的古代文化，但中國古代學派本身卻未得到充分發展。這跟一定的文化觀有關。在中國歷史上長期存在、佔主導地位的文化觀，是把學派看作政治的附屬物，正統觀、一統觀、欽定觀是這種文化觀的重要內容。這種文化觀說到底就是文化專制主義，它是中國古代學派不能充分發展的根本原因。要建立、發展新學派，必須拋棄舊的文化觀，建立新的文化觀，即持之有故，言之成理，多元互補、自由探討。

「文化認同」和儒學的現代命運 —— 評杜維明《儒學第三期發展的前景問題》

黃克劍

《讀書》 1988 年第 3 期

杜維明是新儒家後起之秀中引人矚目的人物。他清醒地看到儒家的地位在近代中國的微妙變化：從「文法」降格爲「辭彙」，認爲這是兩個時代的不同。杜先生將儒學之於中國比之基督教之於西方，並以基督教在西方的一脈相承印證儒學在當代中國的必然復興。但他忽略了這樣一個事實：從中古到近代，基督教的存在已經由「公法」的領域轉到「私法」的領域。

杜先生將「五四」看作儒學二期發展與三期發展之間的冰凍點，理所當然地對「五四」展開批判，筆力集注在一點上，即「現代中國主流知識份子把古今中外絕然二分的極端思想」，也就是將現代化等同於西化，一定中國爲古，西方爲今。其實，五四人物主張西化是要爲中國引來西方文化所體現的時代精神，「中西古今」是對處在同一時間座標下的中國和西方不同的歷史內容在時代水準上的比較。他們從時代精神的高度把握一種新文化的整體性，以拒絕任何形式的折衷主義。

杜先生拒絕用「科學」、「民主」等西方文化的範疇去評價中國傳統文化，但他自己又屢屢撞進自己布下的思想禁區，處在崇儒與時代理性的兩難境地之中。

杜先生認爲「文革」與「五四」的反傳統主義有承繼關係，這是不對的。無論從同化於西方或引進時代精神方面去理解，「文革」都沒有「西化」成分。「五四」批孔是爲了科學、民主和自由，文革卻是爲了道統。五四是悲劇，文革則只是

滑稽劇。

　　杜先生將「儒學第三期發展」説的支點確定爲「文化認同」，並賦予了「認同」以排斥共性的個性原則。言下之意即是中國應當有自己特殊的文化認同，即在傳統儒學中找到自己的路徑。但是，文化認同無論如何「多元」、「特殊」，都有一個共同原則，即現代化。一個民族的文化認同不是對文化特殊性的固守，而是用時代提示的價值標準對民族的舊有傳統進行積極的批判，亦即「反傳統」，這一點是一致的，只有批判的方式可以是特殊、多元的。中國文化的認同一定不會是向傳統儒學鞠躬致敬，而可能的倒是對一切舊有傳統的穿透和超越。

　　杜先生述説儒學兩期發展的歷程，企圖用歷史來推斷未來儒學復興，但未來未始就是歷史先前程式的重演。而且，儒學也不像杜先生所説的是直到十九世紀受西方文化侵淩後才消沈的。

　　杜先生要把作爲「有創造轉化功能的意識形態」的宋明理學同十七世紀時的「啓蒙運動」一起融進自己儒學第三期發展説的系統，但疏忽了這兩者之間的扞格不入。爲了使儒學在「文化認同」中取得聖潔的形象，杜先生頗費苦心地對它作了「儒家傳統」與「儒教中國」的劈分，試圖分別儒家的被假借利用和儒學之本根，但他不曾反省兩者的意向相通。

　　「儒學第三期發展」的假説沒有爲人們提供更多的探索性意見，只又一次宣布了一個文化實事──新儒家思潮──在現今世界的存在。只要中國還在顧戀早已淡逝的古典東方文明之光，或是沈迷於徑入「後現代化」的虛幻想像，它都將依舊問津每個中國人徘徊著的心神。

文化類型、特質與社會發展──中日文化比較初探　　盛邦和
《社會科學》（滬）　1988 年第 4 期

　　世界由若干個文化區組成，每個文化區又由「内核」與「外緣」組成。文化處於不斷的散播過程中，「原產地」文化一旦來到異國他鄉，必然型變。這就有了「原型文化」和「型變文化」之分。在一個文化區中，内核文化總是「原型文化」，而外緣文化總是「型變文化」。用上述道理分析中日文化就會發現，中國内核文化是「原型文化」，而日本外緣文化是「型變文化」。這兩種文化性質不同，具體表現有三：

一　禮──恥

　　恥這種文化元素在日本社會中發揮最大的控制功能，這種「知恥」文化與日本固有的「神道」聯繫起來，强調「對於天皇與神的無愧悔之心」，同時，它也表現爲對公衆輿論的畏懼和重視。與「知恥」文化相聯的是日本自殺風尚的盛行。中國文化偏重於「禮」，它維持著中國社會的長期穩定，其社會控制的重要效應在於防亂。「禮」文化與「恥」文化殊有區別。「禮」本身就明確表達出封建禮制的詳細

內容。「禮」的文化具有不可違逆的外在強制性，是一種「外制約型」文化，顯示出充分且典型的封建專制性。「恥」只是一個「表情詞」，在其背後的實質內容隱含未露，這樣，日本文化的外在強制性就不甚突出，它往往通過中介力量（通過深刻的內省，產生自我約束力，最後達到道德的完成）才能達到社會控制的目的，是一種「內制約型」文化，顯示出半專制主義文化特徵。中國的禮制文化是適應宗法制度發展起來的，專制主義是它形成的重要政治經濟原因。

二　孝──忠

中國是孝的文化，而日本突出「忠」。日本人「忠」的思想是多維方向發散的，最突出的是社會成員對集團的忠誠。集團忠誠心理發展的頂端使日本人特別推崇蜂蟻護巢式的特殊犧牲精神。「集團忠誠」精神的被強調，自然使個性自由在日本受到壓抑，但它也促使了日本經濟的騰飛。中國也強調忠，然而忠孝不可兩全，「集團忠誠」精神未被著重闡揚。

三　義──義利合

顯而易見，某一種生產形式必有一種思想模式與之相應。中國是典型的農耕社會，重農抑商是歷代封建王朝恪守不變的基本國策，它向理論昇華，就形成了封建主義的義利觀，大致內容如下：主張節用，反對流通；安貧樂道，鄙視「謀利」；追求「中庸」，厭惡競爭。相反，西方社會由於商品經濟的發展，產生了「商業精神」，即利的文化。日本處於東方農業文化圈內，但已離開中心內核地區，因此，「義」的文化在日本發生「型變」與被沖淡。日本商家主動輸入儒家文化並改造了它，使之變成義利合一的文化。

總之，中日文化同出一源但各有特點。我們從中也許可找到兩國近代化遲速的原因。

「文化斷層」之我見　　李　慶

《復旦學報》（社會科學版）　1988 年第 5 期

近年來的文化討論中有人提出，中國文化史上存在著明末「反儒文化斷層」和「五四」新文化運動以來的文化斷層。其實不然。就整個社會思潮看，明末佔主導地位的陽明心學雖然在一定程度上表現為對朱子學說的反撥，但畢竟未脫出朱熹確立的理學體系。晚明思想所呈現的文化模式依然是儒家文化傳統。而且，從明代中葉一直到清代，中國社會無論從經濟狀況還是政治體制來說，都沒有出現新的，獨立於傳統的本質變化。至於「五四」，當時「救亡圖存」主旋律是自鴉片戰爭失敗以後一直延續下來的；新文化運動也絕然離不開前輩學者的鋪墊作用；「五四」運動，固然使中國朝現代化方向邁出了關鍵一步，但它並沒有從根本上改變中華民族幾千年積澱而成的文化和國民性，「五四」的風雲人物們在作了一番激烈的表演後

紛紛向傳統復歸，即使徹底如魯迅者也承認自己與舊文化有著割不斷的聯繫。這一切，都説明「五四」運動並沒有造成中國文化的斷裂。

不僅如此，就是在整個中國甚至世界文化發展史上，也不存在「斷層」。文化是一種歷史現象，任何一種類型文化的產生或衰滅，都有其必然性，受到當時社會現實的生產和生活方式制約。東方式的農業生產方式產生了中國封建社會超穩定的政治體制，那麼受其制約的文化如何會產生斷層呢？在中國漫長的歷史上，出現過多次異類文化的滲透和衝擊，但只是造成了某種變動，卻從沒有從根本上斷絕中國的文化傳統，而且，中國傳統文化並不是一種凝固的、板塊狀的整體，而是在不斷地變化和滲透，各個層次和各個部位、各個地域之間都呈現出極大的不平衡性，一種先進的文化要滲透文化底層，傳到落後地域，不是單靠理論本身力量能做到的。文化傳統是複雜多元的，任何個人和時代都打有文化一貫性的烙印。文化可以是千變萬化的，但沒有斷層。

正確認識傳統是爲了建設新時代的民族文化。在這個問題上我們應注意幾點：㈠傳統是難以拋棄的，但我們對其認識和闡述的角度可以是變化的。正確使用，有助於我們從容審視現在，增強對未來的信心。㈡要有勇於吸收一切外來文化長處的胸襟和氣度。合理性必定會在歷史展開過程中表現爲現實性。㈢文化建設應當致力於文化深層結構的改造，注重制約文化的社會的改造。

文化學內核芻議　　郭齊勇、鄧曉芒
《哲學研究》　1988年第5期

在改革和開放的歷史時期，文化研究已經逐步被人們認識到是一個與經濟起飛乃至與整個社會發展密切關聯的全局性大事，建立「文化學」的任務因此提到日程上來。

文化學是研究文化現象或文化系統的綜合性科學。自十八世紀「文化學」理論提出以後，中外文化學發展迅速，異彩紛呈。對文化學本質的探討離不開對文化本質的探討，歷史上的人們從不同的角度出發，莫衷一是，但他們的定義皆是描述性的，疊加起來也無法窮盡文化質的規定性。從概念的內涵來説，「文化」的本質是「人化」。指的是對象（自然）的人化（客體主體化）及其邏輯的對應面——人的本質力量的對象化（主體客體化）。人類通過勞動社會實踐協調人與自然的關係和人與人的關係，實現人的本質，滿足人的需要而創造出來的生活方式和物質與精神成果，即是文化。文化學是一門研究「人化」的綜合性科學，它通過對於文化殊相的研究認識共相，由部分達到整體把握，再抽象概括上升到理性與哲學高度，然後以規律性的認識指導諸種具體文化工作。近代哲學的轉向使文化學突出對人的反思。確定人類、民族、個體自身在價值系統中的地位，爲文化的選擇和重構提供一個立足點，爲造就具有文化自我批判意識和高度現代文化素質的人提供意識形態的根據，促進文化本身的進化和完善，是文化研究的最高任務。

文化學研究是多層面的，從內容而言，其體系如下：

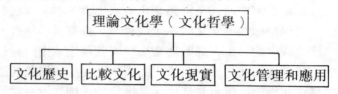

本文著重論述的是對於文化現象和系統的高一級的概括和抽象的文化哲學的問題。在本文意義上，文化哲學即文化學。文化學與社會學、人類學在研究對象、時空範圍、視角和目的各方面都存在著差異。文化學的核心部分是對於「人化」歷程的理性思考，對於整全的人的生命活動及其價值的直覺體悟和深層探索。從這個意義上說，哲學與人類學、人文思潮與科學思潮綜合化的產物——哲學人類學更值得注意。可以說，文化學的理論層面應當是哲學人類學。

我們所說的哲學人類學當然是馬克思主義的哲學人類學。它是當代馬克思主義者對近現代人類學和文化哲學研究成果的改造和吸取、省視和揚棄的成果。因此，擺在我們面前的一個十分重要的論題是發掘和發展馬克思主義的文化學理論，其中關於人的本質的觀點，關於完整的人的觀點，對人類社會和人類文化的普遍道路與東方社會與文化的特殊道路的探討，在當今我國的文化研究中，具有特別重要的指導意義。

生殖崇拜文化談——訪趙國華　　韓金英
《中國文化報》　1988 年 10 月 12 日

趙國華先生最近完成了近三十萬字的《生殖崇拜文化論》，系統闡述了生殖崇拜文化。

趙國華先生認爲：「生殖崇拜與性崇拜是截然不同的兩個概念。生殖崇拜是以生育繁衍爲目的的，生殖崇拜發生變異之後，派生出以性享樂爲目的的性崇拜」。生殖崇拜文化有兩層含義：一是把生殖崇拜當作文化來研究，而且作爲原始社會人類的主要精神文化來研究，以往研究者只是把生殖崇拜作爲原始宗教圖騰與禁忌的一小部分；二是由生殖崇拜演化出的生殖崇拜文化，涉及考古、民俗、古文字、數學、天文學、哲學、神話學等多種學科。研究生殖崇拜文化與其他學科的關係，其結果將會對人類文化史的研究發生重大影響。

生殖崇拜文化對古代人類文明發生過深刻的影響，仰韶文化的古人爲了在有限的祭器畫面上畫出更多條魚（女性生殖器官的象徵），就想出了寫意與抽象畫法。這會對中國繪畫史的研究發生影響，繪畫技法出現的時間會推前；生殖崇拜對廟宇園林布局也有影響，俗語中天圓地方的說法源出於女圓男方。古代祭壇的形狀（早期多橢圓、圓形，晚期變爲長方形，實際是生殖崇拜的體現，形狀的改變反映了母

系社會向父系社會的過渡。而女圓男方說可以在漢代畫像石上的伏羲女媧圖上找到有力證明。此外，傳統的中秋節也涉及到女性生殖崇拜，生殖崇拜還有力地推動了古代數學的發達。

　　最後，趙國華先生還用生殖崇拜文化重新解釋了《聖經》中說的原罪。在原始社會以花草象徵女陰，原始思維認爲，吃象徵物，便可以把動植物身上具有的繁衍能力生長到自身上來。後來，有的生殖器象徵物被神化爲「種源」、「圖騰」，具有了禁忌，只有在生殖崇拜祭儀上才能吃，伊甸園中的禁果即屬此類，而亞當、夏娃在不該吃的時候偷吃了禁果，犯了禁忌，被逐出伊甸園，這就是所謂的原罪。

叁

學術動態
（1981—1988年）

（編輯：陳繼東）

1981年

全國宋明理學討論會

1981 年 10 月 15日 至 21 日，全國宋明理學討論會在杭州舉行。這次討論會是由中國哲學史學會和浙江省社會科學研究所主辦的。與會的專家、學者和有關方面負責人 269 人，其中有馮友蘭、賀麟、任繼愈、張岱年、石峻、張舜徽、馮契、孫叔平、邱漢生、王明、辛冠潔等。應邀參加討論會的客人有：美國卡泰學院教授陳榮捷、美國哥倫比亞大學教授狄‧百瑞、日本東京大學教授山井涌、西德圖賓根大學研究員余蓓荷、加拿大多倫多大學教授秦家懿和香港中文大學教授劉述先。討論會收到論文 140 餘篇，專著 3 部，資料 7 份。討論會著重討論 3、4 個問題：宋明理學的性質、特點和派別；宋明理學在中國哲學史上的歷史地位；宋明理學各派哲學觀點的評價和再評價；宋明理學研究的方法論問題。

其中，在談到理學與民族精神的關係時，有人認爲，儒家思想是影響中國民族精神文化的主流，其特點可概括爲「人文主義」，講天地人即人和宇宙的有機統一，宇宙（天）對人的愛和人對宇宙（包括民族、社會、國家應盡的責任；認爲文化人是文化、倫理道德的產物，因而強調倫理道德、文化的價值，強調理性的作用。而宋明理學是儒學的繼續和「復興」，在其開始代表民族精神的自覺。也有人對此提出了駁議。在談到理學的作用時，馮友蘭認爲，道學（即理學）所追求的「天地境界」，可以促使一些人在歷史變革時期成爲變革的比較積極的推動者。在今天振興中華民族的時代，中華民族是不是需要對道學作一番改造和揚棄的工作，使之成爲我們的精神文明的一個來源呢？而馮契認爲我們不需要這個「道統」。盧育三則認爲，兩種文化傳統的關係是什麼，1949 年至今都未很好解決。過去強調打倒舊傳統，現在反對這種傾向，但又不能走到另一極端，即主張兩種文化融合。文化的「流」想斬也是斬不斷的。兩種文化既相互鬥爭，又相互滲透。對歷史上進步文化，有個「融化」的問題，對程朱陸王也有個「吃透」問題，經過揚棄，得到的東西就不再是原來的東西了。

全國中外哲學史比較討論會

1981 年 10 月 27 日——11 月 2 日，「全國中外哲學史比較」討論會在桂林召開。與會者來自全國 83 個科研單位和高等院校，共 140 名，討論會分 3 個專題組：哲學比較研究方法問題；中外哲學異同問題；少數民族哲學特點問題。

有人認爲比較哲學應著重探索不同文化系統和不同民族哲學之間的異同。就中國而言，中國與印度哲學比較可溯至佛教東漸之始，與歐洲哲學比較大致出現在

18 世紀，其主要標誌是耶教會教士來華所造成的「西學東漸」和「東學西傳」。因此，在 1949 年以前，我國一些哲學史工作者如馮友蘭、梁漱溟、張東蓀、張岱年、賀麟等人就已經在開拓中外哲學史比較這一領域了，並積累了一些資料。

1982 年

「中國近代科學技術落後原因」學術討論會

　　1982 年 10 月 16 日至 22 日，中國科學院自然辯證法通訊雜誌社在成都召開了「中國近代科學技術落後原因學術討論會」。這次會議旨在深入探討近代以來中國科學技術為什麼落後於西方國家，探索實現科學技術現代化的正確途徑。出席會議的包括自然科學史、自然辯證法、科學以及哲學、歷史學等方面的研究和教學工作者 70 人，提供論文約 50 篇。中共四川省委書記楊超出席了會議並作了講話。

　　中國近代科學技術落後的問題，是半個多世紀以來許多中外學者十分關注的重大課題。國外如李約瑟、愛因斯坦、貝爾納、藪内清、湯淺光朝、席文、梅森、費正清，國内如梁啓超、蔡元培、任鴻雋、竺可楨、秉志、陳立、馮友蘭等，在自己的論著中都從不同的角度論述到這一問題。然而，由於各種原因，這一問題並沒有得到深入的研究，遠沒有達到比較一致的認識。這次會議，是第一次在我國召開的有關這一問題的學術性討論會，具有重要的理論意義和現實意義。

　　與會代表從三個方面探討了中國近代科學技術落後的原因：１、從中外科學技術發展的歷史及其與社會政治、經濟形態和文化背景的特點的相互關係進行對比研究，綜合考察了我國科學技術落後的原因，２、從晚清時期中西文化交流、衝突並聯繫中西思想、文化、學術源流的同異，來研究當時中國科學技術為何停滯不前，３、從各個具體學科如數學、生物、冶金、農業、航海、醫學等來具體分析落後的狀況和原因。

　　代表們認為，在我國古代曾經有過光輝燦爛的文化，科學技術也曾長期居於世界領先地位。所謂「落後」，只是相對於從歐洲文藝復興以後勃興而起的歐洲近代科學技術體系而言。換言之，中國歷史上高度發展的自給自足的自然經濟，強大的封建主義中央集權，以儒學為主體的綿延兩千年的官方學術傳統等等，導致了中國封建社會的長期停滯性，這就使得中國資本主義萌芽難以生長發榮，伴隨西方資本主義生產方式出現的近代科學技術體系，由於缺少這種強大的生產和經濟的動力，而不可能照樣在中國產生。這是中國近代科學技術落後的最根本的原因。如果更具體地分析，與歐洲從黑暗的中世紀向近代文明過渡的時期相對應的中國的晚清之際，由於封建主義中央集權的加強，進一步推行重農抑商、重文輕技、八股取士、閉關鎖國和文化專制主義等政策，中國科學技術始終只是在固有的模式中緩慢發展，而不能向近代化邁出一步，就是不足為奇的了。

會上，代表們在前人研究的基礎上提出了一些新見解，還就一些問題上的不同意見進行了交流，取得了一些初步的結果。例如，有與會者的論文中，採用系統和結構的方法，通過對中國和西方兩千多年中科學技術成果的統計分析和定量研究，認爲西方近代科學技術之所以能夠飛速發展，主要是由於十六世紀逐步確定了以構造性自然觀、受控實驗和開放性技術體系三足鼎立的合理結構。這種結構具循環加速機制。這正是近代科學技術發展的內因，而社會條件是通過影響該結構中的相應環節而制約科學技術發展的。相反，中國古代科學理論都與儒家哲學緊密聯繫，帶有直觀、思辨的特點和技術化傾向；理論與實驗脫節，學者同工匠之間始終存在一條不可逾越的鴻溝，技術則是一個封閉性體系，難於社會化。選擇一種科學技術結構的特點，再加上外部社會條件的制約，就使得中國古代科學技術始終處於一個緩慢發展的過程中，不能突破封建時代的藩籬。有的代表則認爲，對於科學技術發展來論，社會因素是更爲根本的原因，如果中國社會條件好，也許可以發展出或許是與歐洲不同的近代科學。

許多代表的論文從比較文化史的角度，論證了中西文化源流和知識結構的巨大差異，指出了正是這種差異與中西科學技術發展的不同結果有著最爲密切的關係。例如：西方文化傳統重視人同自然的關係，始終把對自然奧秘的探索作爲獨立的重大課題，具有自然主義和客觀主義傾向，中國文化傳統重視人同人的關係，甚至把自然現象人格化、倫理化，幾乎一切學術都有著濃重的主觀主義、民本主義和爲政治服務的色彩；又如，西方哲學有嚴密的邏輯體系，追求概念的清晰性和建立公理化系統，所以能夠不斷修正錯誤，接近客觀真理，中國傳統哲學則從來沒有建立起一個類似亞里士多德形式邏輯體系或歐幾里得幾何學體系，其理論是模糊的，難於檢驗和否認的，它不追求具體的知識，而是主張通過神秘的「玄覽」，「內省」，「致良知良能」等等去達到真理；等等。

中國古代的「四大」發明爲世界科學技術的發展和社會進步曾作出了卓越貢獻，那麼，在中國古代科學文化傳統中，是否也包含著近代科學的「種子」呢？如果說這種「種子」是存在的話，爲什麼實際上又沒有孕育出像歐洲文藝復興以後所產生的那樣一種類型的科學技術體系呢？對於前一個問題，一些代表以春秋戰國時期諸子百家的學術爲例，說明當時正在形成某種原始的科學結構，如名辯思潮萌發著形式邏輯的初步思想，《考工記》中也出現了較完整的角度概念，特別是墨法，幾乎是一本尚未完成的中國式幾何原本。另一些代表則認爲，早在兩千多年前，中國與西方就產生了兩種極不相同的學術文化類型，不同意將先秦諸子的學術同古希臘學術類比。他們說，先秦學術無不具有濃厚的政治倫理色彩，宗教和哲學始終沒有發生徹底的分離，在自然科學方面，包括墨家學說，都缺乏理論的深度和系統性，《墨法》實質上是社會學著作，其中說到的自然現象不過是對人和社會的比附。所以，所謂「落後」，嚴格地說並不始於近代，實際上早在作爲中國傳統學術起源的先秦時代，就已經落後於全盛時代的古典希臘學術了。

對於後一個問題，主張「種子」存在的代表又持有兩種不同意見，有的主要從科學技術及其結構本身找原因，有的主要從社會條件找原因。在有關具體學科的討論中，也涉及了上述問題。例如：中國傳統數學能否向近代數學演化？有的代表持

肯定看法，也有的代表認爲中國傳統數學缺乏内在的邏輯和公理系統，因而不能演化成近代數學。

通過討論，代表們還注意到，雖然從總體上說，中國科學技術的落後開始於十五、十六世紀，但不同學科的落後時間又可能不同。如數學是十四世紀左右，冶金技術是在十八世紀歐洲工業革命後，而農業科學則開始於十九世紀中葉，真正出現大的差距是在本世紀 30 年代到 50 年代。還有些代表認爲，中國和西方在教育體制、信息流通、價值觀念、地理環境乃至民族性格等方面的差異，都對科學技術的發展有著不可忽視的影響，應該深入研究。

最後，大會進行了總結。代表們認爲中國近代科學技術落後的原因，這是一個非常值得進一步探索的課題。同時也指出本次會對有的專題討論不夠深入，涉及的學科還較窄，對於鴉片戰爭以後直至 1949 年以來的三十多年科學技術落後的原因也總結得不夠。會後，將由中國科學院自然辯證法通訊雜誌社選編會議論文集，由陝西科技出版社出版。

中國文化史研究學者座談會

1982 年 12 月 16 日至 19 日，中國文化史研究學者座談會在復旦大學舉行。座談會是由聯合國教科文組織《人類科學文化史》中國編委會和《中國文化》研究集刊編委會聯合召開的，來自北京和上海的 50 位有關學者參加了座談討論。周谷城教授主持了座談會的開幕，龐樸先生小結了座談會的討論。

專門討論中國文化史的學術討論會建國以來還是第一次。到會者以極大的興趣和熱情暢談了文化史研究的重大意義。許多與會者指出，只講政治、經濟，不談文化的歷史研究，不可能全面反映歷史的真實面貌。今天，無論是社會主義精神文明建設的需要，還是歷史科學深入發展的需要，都要求我們大力加強文化史的研究。

究竟什麼叫文化，什麼是文化史特定的研究對象，國内外學者對此都有不同的看法，以至關於「文化」的科學定義，也一直沒有統一的認識。座談會著重討論了這個問題。到會的學者，根據不同學科所接觸到的材料，廣泛分析了文化所具有的各種屬性（歷史性、地域性、民族性、社會性、人類性、融合性、排他性、穩定性等等），同時討論了國内外已有的文化各種定義。許多人認爲，文化是一個整體，它的内涵包羅萬象，幾乎可以總括人類認識世界、改造世界的一切活動和成果。但是文化史的對象卻應該有個限制。爲了使文化史的研究對象確定一些，有的人認爲文化史應該側重精神文化，有的人認爲應該將物質文化史和精神文化史的研究結合起來，有的人認爲應該比較集中地研究時代精神，有的人認爲應該以文化形態作爲對象，通過各個時代，各個民族文化形態内在結構的分析，就有可能探索文化發展的規律。不少人從科技史、藝術史的角度分別探討了中國文化特有的一些重要特徵，以及中國文化在世界上的地位和作用，中國文化史上各民族文化的交流和相互影響。

對於如何開展中國文化史的研究，與會者更是踴躍，提出了各種建議和主張。

大家都贊成用綜合研究法從事文化史的研究，使文化史既能充分吸收各種專史的研究成果，又不是簡單地各種專史的「拼盤」。爲此，就要努力把對中國文化史的宏觀研究和微觀研究結合起來，使文化專史和文化通史的研究相互促進。許多人還指出，要用歷史唯物論指導中國文化史的研究，但這種指導主要應該表現在對各個時代和地區的文化現象、文化活動進行實事求是的歷史主義的分析；對文化與經濟、政治的關係進行科學的探討，努力把握文化反映經濟、政治的中間環節，把握物質文化與精神文化相互過渡、轉化的中介。那種簡單地給一些文化現象貼個標籤、劃個類型的辦法絕不是馬克思主義的科學態度。

座談會結束時，由中國社會科學院近代史研究所文化史研究室和復旦大學歷史系中國思想文化史研究室共同主辦的《中國文化》研究集刊編委向到會學者介紹了《中國文化》的宗旨和內容設想，表示通過辦好這個集刊，推動中國文化史的研究。

1983 年

湯用彤先生誕辰 90 周年紀念會

爲紀念我國著名哲學史、佛教史專家，前北京大學副校長湯用彤先生誕辰 90 周年，進一步推動學術研究，北京大學於 1983 年 11 月 1 日至 2 日，舉行了湯用彤先生誕辰 90 周年紀念。北大校長張龍翔、副校長季羨林、哲學系主任黃枬森分別代表校系師生在會上發了言。在會上發言的還有哲學界、史學界的知名學者馮友蘭、張岱年、任繼愈、石峻、田光烈等。參加紀念會的還有湯用彤先生的生前好友、學生及美國哈佛大學教授杜維明先生等共 60 餘人。

紀念會後又舉行了座談討論。與會者，專家回顧了湯先生一生所走過的道路，高度評價了他的道德品格、學術思想、學術研究成果及其在中國現代學術史上的影響和地位。大家認爲，湯用彤先生在中國佛教史和魏晉玄學的研究中，作出了卓越的貢獻，提出了許多具有開創性的見解，這些見解對於推動中國佛教史和中國哲學史的研究至今仍起著積極的或指導性的作用。

在座談中，集中討論了兩個問題：一個是魏晉玄學在中國哲學史中的地位；另一個是印度佛教與中國文化的聯繫。

一、關於第一個問題，湯用彤先生爲我們開闢了正確的道路。第一、他揭示出魏晉玄學的思維方式，乃是「本體論」的方法，此方法在中國哲學史上有重大突破；第二、揭示出魏晉時期的「言意之辯」對魏晉哲學，甚至整個中國哲學、中國文化的影響。這兩點是魏晉玄學對中國哲學史提供的新東西。還有一些問題尚待進一步探討，與會學者在討論中指出了以下問題：魏晉玄學的「本體論」問題；魏晉玄學講的「無」與佛教講的「空」，二者究竟是什麼關係；玄學與佛教的關係。對於最後一個問題，與會者充分肯定了湯先生運用事實說明，玄學乃中國固有文化的

一部分，外來文化只有與中國傳統文化相結合，才能在中國土地上生長，凡是排斥或拒絕中國固有文化而生搬硬套外來文化者，均得不到發展這一看法，認爲這是湯先生對中國文化史研究的貢獻。

二、關於印度佛教與中國文化的關係問題，佛教傳入中國後，對中國文化的影響相當巨大，對有些問題的具體研究尚未充分展開，大家提出了如下幾個問題。佛教文化要不要批判繼承；中國佛教對印度文化的影響；中國佛教對歐洲、日本的影響。

1984 年

中外科技文化交流史學術討論會

1984 年 2 月 14 日至 19 日，中國科技史學會、福建省社會科學院和中國海外交通史研究會，在泉州聯合召開了中外科技文化交流史學術討論會暨中國海外交通史研究會第二次會員代表會。參加會議的有專家學者及科研人員 140 人。大會收到論文 75 篇，就如下問題進行了討論。

關於中外科技文化交流的相互影響問題，與會者認爲有好的影響，也有不良的影響。前者表現在促進經濟發展，甚至引起生產力和生產關係的變革，促進科技發展，後者表現在中國醫藥史上曾有過一股所謂割股、割肝的逆流，這股邪風是隨佛教傳入我國的。關於中外科技文化交流中的人物問題，會議指出，中外交流是要通過人進行的，因此研究中外科技文化交流史，必須同時研究在交流史上具有地位和作用的歷史人物。

此外，會議還討論了海外交通史和造船、船海史等問題。

孔子思想座談

1984 年 9 月 28 日，是孔子 2535 周年誕辰。中國哲學史會在北京舉行了孔子思想座談會。在京的各界學者 65 人參加了會議。

中國哲學史會會長張岱年主持會議並致開幕詞，他指出，孔子對中國文化的繁榮作出了卓越的貢獻。孔子當然有歷史的、階級的侷限性，但孔子對於中國文化的積極貢獻是主要的。過去封建時代，封建統治者把孔子當作偶像來崇拜，以孔子的是非爲是非，起了阻礙思想發展的消極作用。十年動亂時期，「四人幫」轉評法批儒，對孔子全盤否定，表現了他們的狂妄和無知。我們應以馬克思主義爲指導，深入研究孔子，正確評價孔子。

（摘自《中國歷史學年鑑》1985 年）

中西美學藝術比較討論會

　　1984 年 10 月 24 月至 27 日，中華全國美學學會、湖北省美學學會、湖北省文聯、武漢大學、華中師範學院、武漢建材學院等聯合舉辦的中西美學與藝術討論會在武漢召開，有美學工作者一百多人參加。

　　對中西美學和藝術進行比較討論，這在我國是第一次，大會分析了中西美學和藝術的具體實際，回顧了比較藝術學和比較美學的發生和發展，也介紹了五四以來中國學者對中西藝術和美學的比較以及蘇聯等國外漢學家對中西美學和藝術的比較研究。

　　與會者在討論中西藝術審美、美學形態之比較時指出，中西美學和藝術之不同，有其文化傳統，尤其是哲學傳統作爲分殊依據的。會議還就美學和藝術「背後的民族精神」進行了研討。有人認爲中華民族精神可以概括爲理性精神、自由精神、求實精神和應變精神四個方面，其中同美學和藝術密切聯繫的是理性精神和自由精神。前者以孔子的儒家學説爲代表，後者以莊子的道家學説代表，兩者對中國美學和藝術產生了深遠的影響。此外，關於傳統民族精神的評價，與會者也提出了不同的看法。一種意見是肯定的，認爲西方工業化所帶來精神貧困、渴求著精神文明的建設，中國古代的民族精神和哲學藝術將會超越國界，具有世界意義。另一種意見是否定的，認爲對傳統民族精神不能估價太高，實質上它有許多抑制人性，阻礙人類自身發展的東西。還有一種意見認爲應對傳統持批判繼承的態度，對西方民族精神也應如此。

中國近代文化史學術討論會

　　1984 年 11 月 3 日至 9 日，河南省社會科學院歷史研究所、河南省社聯、河南省史學會，和《中國近代文化史叢書》編委會在鄭州召開了首次全國性的中國近代文化史學術討論會。與會的學者對中國近代文化史研究的對象，範圍、方法，中國近代文化的特點及其歷史地位和作用等問題，進行了討論。

　　關於文化的定義，比較普遍和通行的，是把文化分爲物質文化和精神文化兩大類。有的人指出，這種分類法有它的意義，但也存在著太泛和含義不夠確定的缺陷，應該重新考慮更具體一些的文化分類，大致可分成三大類：一、觀念形態，包括哲學、政治思想、宗教、道德觀念、文學藝術、科學等等；二、傳播和反映這些觀念形態的方式和手段。如文字、教育、新聞、出版、圖書館等等；三、羣衆日常活動中具有民族特色的社會生活要素，如風俗習慣、飲食、居住、禮儀等等。有的人則從總體構架上把文化分爲五類：思想史（包括宗教、道德）、文學史、藝術史、科學史、社會史（包括機構、制度、風尚）。這五類既是獨立的專史，又是文化史不可分離的組成部分。也有的人認爲，文化實際上是一種模糊概念，它的許多現象不能用精確的標準歸屬，文化史則是綜合性的邊緣學科。文化史的研究應該是綜合和概括這些專史，從橫向展開，研究他們之間互相作用、影響、滲透、演變的

歷史，從而探索它們共同的特質、形態等規律性的表現，是從橫向角度綜合研究縱向發展的歷史。從外部關係說，要探究文化和政治、經濟的關係，闡明文化怎樣反映政治和經濟，又給予了政治和經濟以何種影響和作用。

　　近代中國的文化領域鬥爭激烈，變化複雜，頗具特色。有的人用「古、今、中、外」四個字來概括它的特徵。它們之間相互滲透、融合、鬥爭，形成了多樣性、變化性和複雜性的歷史特徵。有的人認爲，民族形式和中西揉合是近代文化的特點。近代文化是資產階級新文化的萌芽、發生和發展的過程，近代資產階級爲了振興中華，一方面繼承了中國傳統文化，同時又吸收了西方文化，形成了具有民族特色的中西文化揉合的新文化。

　　關於中國近代文化的歷史地位和作用的問題，與會者也進行了討論。有的人指出，近代文化不僅繼承和發展了古代文化，而且還吸收了世界先進國家和民族的優秀文化成果，它比古代文化發展了、豐富複雜了。如近代的思想、科學、教育、文學、藝術等等，都比古代有新的發展和提高，許多新領域、新學科以及報刊、出版、圖書館、博物館等文化機構都興起發展了。在近百年的革命鬥爭中，新的思想文化幾乎無例外地充當了每次社會變革的思想理論先導，對革命運動起到推波助瀾的作用。近代文化的地位與作用不能低估。與會者指出：近代文化也存在種種弱點和缺陷。這些問題限於歷史條件在當時無法得到正確解決，中華民族文化的真正復興，只有在推翻帝國主義和封建主義的統治，建立社會主義制度之後，才有可能。

　　在研究方法問題上，一些人認爲在堅持馬克思主義理論指導的前提下，也可以借鑑國外和自然科學領域的一些新的研究方法，諸如系統論、計量法等等。要儘快改變文化史研究的落後狀況，一定要解放思想，大膽創新，埋頭苦幹，開展多樣性的研究。既要注意宏觀的整體性的綜合概括，又要進行微觀的專題性的剖析深討，還要注意人才的培養，豐富研究人員的知識結構。有的人還提出具體的研究選題，強調開闢新的研究領域。

（摘自《中國歷史學年鑑》1985 年）

「魏晉玄學」學術討論會

　　1984 年 11 月 22 日至 25 日，1949 年以來首次「魏晉玄學」討論會在北京舉行。這次會議由中國社會科學院宗教研究所等單位發起，有來自各地的 60 餘位專家、學者參加，就以下幾個問題展開了討論。

　　玄學的定義、特徵　何謂玄學？一種意見認爲它是「玄遠之學」，《世說新語》中就把「玄遠」作爲魏晉哲學思潮的專門稱謂，從而勾勒出玄學的主要特徵。另一種意見認爲，玄學因探討「三玄」（《老子》、《莊子》、《周易》）之義而得名。關於玄學的主要特徵，與會者普遍認爲，玄學是儒道結合的產物。

　　玄學產生的歷史背景　與會者認爲，玄學產生的社會政治背景是東漢末年的「黃巾」大起義，門閥世族的出現，以及魏晉之際統治階級內部的紛爭和傾軋。玄學產生的思想淵源有四：⑴老莊道家；⑵馬融、鄭玄衝破經學「師法」、「家

法」，綜合各家；(3)東漢末年的「清談」；(4)晉魏時期的「名法」思潮。

玄學的評價　關於玄學的階級屬性及其社會作用，有的人認爲，玄學雖是門閥世族的思想意識，但門閥世族在魏晉時期還處在上升階段，不能把魏晉時期的分裂、動亂歸罪於門閥世族和玄學思潮。有的人還提出，玄學與其說是官方哲學，毋寧說它是異端思想。

關於玄學在中國思想文化史上的作用，有的人認爲，魏晉玄學屬本體論，主要探討事物存在的根據、本質，這在理論思維上，要比探討宇宙萬物生成問題的兩漢哲學深入得多。有的人認爲魏晉玄學一改兩漢經學的僵死局面，使先秦諸子之學得以復興，這是一股思想解放的思潮。有的人還提出，魏晉玄學不僅對當時的文學、藝術產生了巨大影響，而且在中國文化上具有承上啓下的作用，爲盛唐文化的繁榮奠定了基礎。

1985 年

北京中日文化交流史研究會舉行學術年會

會議於 1985 年 1 月 22 日在北京大學召開。周一良、常任俠、宿白以及北京各大學、研究所、出版、圖博單位百餘人出席了年會。正在北京的日本訪問學者兵頭次郎、秋吉久紀夫及在北京大學的部分日本專家、日本留學生也出席了會議。與會者分別從歷史、經濟、文學、藝術、建築、書法和文物等不同領域對中日文化的歷史發展進行了探討，指出文化交流史的研究，一要廣泛地發掘材料，二要對兩國文化的某一方面有比較深入的了解，才能使這方面的研究取得更廣泛、更深入的發展，並對進一步加強這方面的研究發表了許多有價值的看法。

中國文化書院在京舉辦中國傳統文化講習班

1985 年 3 月 4 日至 24 日，中國文化書院在京舉辦中國傳統文化講習班。參加這次講習班的授課導師有梁漱溟、馮友蘭、張岱年、任繼愈、侯仁之、金克木、虞愚、樂含章、石峻、吳曉鈴、袁曉圓、戴逸、何茲全、丁守和、陰法魯、朱伯崑、湯一介、龐樸、李澤厚、孫長江、白化文以及台灣知名學者陳鼓應，美國哈佛大學教授杜維明等。

這次講習班分別從哲學、文學、宗教、藝術、文字、音樂、書法、地理等不同學科探討了中國傳統文化的發生，發展與演變，其中涉及到中國傳統的思惟方式，中國文化的特質和要義，中國哲學與中國文化的關係，中國的傳統經學和宗教、漢字的發展，中國儒學的歷史與未來，易經哲學在中國文化中的地位，中國的古典文

學、音樂和書法藝術，中國的傳統地理學，中國少數民族文化與中國傳統文化的關係，中國近代史潮和外來文化的輸入，中國佛教道教的寺、觀和中國文化，中西哲學的比較，中國傳統文化的發展前景以及海外研究中國文化的概觀等。

各位學者在講習班上的演講引起學員的極大興趣。梁漱溟認爲，中國近代的自然科學爲什麼落後？這不是因爲中國人不夠聰明，也不是因爲中國人走得太慢，而是因爲中國人走了岔道，中國人心思沒有用在自然科學的物質文明上，而是用在人生的第二個問題，即人與人之間的關係問題上，也即是所謂人倫、倫理問題上。近代西洋人的倫理觀念是個人本位、自我中心，而中國人則是禮讓爲國，各自認清自己的義務。他認爲人類的前途就是互以對方爲重。在物支配人的資本主義社會之後，必會出現一個人支配物的時代，因此世界的前途將是中國文化的復興。

馮友蘭從分析宋明道學入手，指出中國文化的特點乃在於宋明道學家所走的倫理學的路子。這就同西方產生了很大的差異，西方的柏拉圖是本體論路子的代表，康德是認識論路子的代表，這三條不同的路子所要解決的問題卻都是主觀與客觀的矛盾。

張岱年認爲，中國近代沒有產生出自己的哥白尼、培根和伽利略，這也值得我們反省，他指出，每一個民族的文化和每一時代的文化都形成一個文化系統，每個文化系統都包含若干文化要素，這些文化要素有些不能脫離原來的系統，有些則是可以相離的，不同的文化系統包含的文化要素有些可以並行不悖，甚至可以相得益彰。我們必須慎重考察古今中外不同文化系統的文化要素之間相容與不相容，可離與不可離的關係，以是否符合客觀實際，是否符合社會發展的客觀需要爲準則，從某一文化系統中選取一定的文化要素。因此，社會主義新文化既是一個新的創造，同時又是多項有價值的文化成果的新的綜合。

中國傳統文化講習班結束後，於 3 月 25 日至 27 日，中國文化書院與九州知識信息中心開發中心又聯合舉辦了「重新探討中國傳統文化的價值和作用」的學術討論會，就中國傳統文化的價值、作用、文化的比較等問題進行了廣泛深入的討論。在討論中，大家交換了各方面的信息，得出了共同的意向。當前，在世界走向現代化的歷史進程中，由於西方世界精神危機的加劇，西方華裔學者尋根思源意識的普遍加強，科技迅猛發展給人們思想帶來的衝擊等諸多因素的出現，中國文化愈來愈受到國際上的重視，在這種形勢下，重新反省和估價中國傳統文化的價值和作用，以馬克思主義爲指導，深入挖掘中國傳統文化中的民主性精華，使中國傳統文化現代化等工作已勢在必行，其對中國當前精神文明的建設也有著不可低估的戰略意義和影響。這種世界文化發展的新趨勢應引起學術界的認真注意。

（摘自《中國哲學年鑑》1986 年）

第一屆東西方文化比較研究協調工作會議

由深圳大學國學研究所和上海社會科學院東西方文化比較研究中心聯合發起的全國東西方文化比較研究第一次協調工作會議，於 1985 年 4 月 1－5 日在深圳大

學舉行。會議由深圳大學國學研究所所長湯一介和上海社會科學院東西方文化比較研究中心主席王元化共同主持。應邀參加會議的有來自全國幾個文化中心城市的中國文化研究機構的主要負責人和著名學者二十餘人，他們是：北京的龐樸、包遵信、李澤厚、劉桂生、錢遜、朱黛雲等；上海的莊錫昌、田汝康、朱維錚、黃萬盛等；武漢的蕭萐夫、馮天瑜等；西安的陳俊民、黃新亞等；廣州的張磊、方榮欣以及深圳大學第一副校長羅征啟等。美國加州大學歷史系教授魏斐德、哈佛大學東方系教授杜維明也應邀列席了會議。

　　會議回顧了「五四」以來中國文化研究的歷史，認爲，中國在 1919——1949 這三十年裡，文化理論及文化史著作不下二百種、論文六七百篇，涉及到諸如「什麼是文化」，「東西方文化的特質」等重大問題。但 1949 年以後這些討論不但沒能繼續深入下去，甚至完全停滯了。80 年代起，中國重新掀起了空前的文化研究熱潮，文化研究機構紛紛成立，文化研究叢書如雨後春筍般大量出現，文化研究論文更一年多於一年。但80 年代的這一次文化研究熱潮不應是 1949 年以前「文化研究熱」的簡單復興，它必須進一步推進中國文化研究的進程，擔負起建設新文化，在實現四個現代化的同時實現與之相當的文化現代化的歷史使命。這樣，就需要在80 年代文化研究熱興起之際，探討文化建設與研究的戰略性問題，有組織地協調全國各方面的力量，揚長避短，分工合作，加强交流。可以説這正是此次東西方文化比較研究協調工作會議的主旨。

　　會議協商的分工大體如下：北京方面注重傳統文化與現代化新文化建設研究，上海方面注重東西方文化的比較研究，西安方面注重漢唐文化的研究，武漢方面注重明清思想文化的研究，廣州方面注重近代文化思想史及嶺南文化的研究。

　　香港《大公報》和《明報》對這次會議進行了專題報導。《大公報》1985 年 4 月 2 日報導了會議消息，並刊登了代表合影；4 月 5 日刊登了記者楊柳的「四學者談傳統文化研究——論王元化、龐樸、陳俊民、湯一介」一文。《明報》4 月 7 日刊登了吳靄儀的評述文章《「多談文化，別偏重政治！」——在深大召開東西方文化比較研究協調會議的意義》。

（席大民）

中華孔子研究所成立大會暨第一屆學術討論會

　　會議於 1985 年 6 月 10 日至 14 日在北京國子監孔廟舉行。來自全國各省、市、自治區的專家、學者 200 多人參加了大會，收到論文 140 多篇。大會對研究孔子的現實意義和方法問題進行了熱烈的討論，認爲孔子在中華民族的文明史上起了別人不能比擬的巨大作用。有的人認爲，研究孔子及其思想，是向人民進行民族氣節，尤其是進行愛國主義教育的需要；是新時期發展最廣泛的愛國統一戰線的需要；是建設社會主義精神文明的需要，有人認爲，研究孔子，可以從中學如何做人的道理，這一點對當前青年一代尤其重要。有人認爲，研究孔子有利於肅清不正之風。也有人認爲，在研究孔子爲現實服務的同時，要防止把古人現代化的傾向，主

張不能把現代化的術語强加在孔子身上。

此外，大會還對孔子和儒學研究領域的一些有爭論的問題，如研究孔子是否主要依據《論語》、《左傳》等文獻；孔子思想是由保守逐漸轉化爲進步，還是越來越趨向保守和反動；孔子的《中庸之道》是反辯證法的形而上學，還是包括了辯證法的一個重要命題；孔子及儒家思想是否束縛了中國科學技術發展等問題，進行了各抒己見、暢所欲言的討論。

孔子研究所是中國老年歷史研究會創辦的一個民間學術團體，周谷城任顧問，孔德懋、馮友蘭、侯外盧、董一博任名譽所長，張岱年任所長。

退溪學國際學術會議

1985 年 8 月 27 日──29 日，第 8 屆退溪學國際學術會議在日本筑波大學舉行。十多個國家和地區的二百多名學者出席了會議，其中中國大陸學者 19 名，臺灣學者 13 名，在會議發表的 48 篇論文中，中國大陸學者有 16 篇之多。

退溪學是以朝鮮李朝著名朱子學大師李退溪（名湟，西元 1501──1570 年）的名字命名的。本屆會議以李退溪思想及其在東方和世界文化思想中的歷史地位爲中心議題展開了討論。與會者認爲，退溪學是對朱子學的繼承和發展，不僅對於朝鮮的文化思想產生過重大影響，而且促進了中國新儒學（理學）在日本的傳播和發展。

會議上各國學者談論的一個主題，是如何發揚東方文化的優良傳統。他們普遍認爲，東方文化在當前世界及今後發展中具有重要地位和作用。日本、南朝鮮、臺灣和旅美華裔學者大體一致認爲，精神文明必將左右物質文明。而東方精神文明從根本上是優於西方的。西方物質文明是暫時的。今後的世界必將受東方文明的支配。東方學者應攜起手來，爲發揚東方文明而努力。臺灣和旅美華裔學者都特別强調中國是朱子學的故鄉，理當成爲研究東方文化的中心，希望大陸學者作東道舉辦有關的國際學術會議把東方學的旗幟舉起來。

（徐衛國）

嶽麓書院開講宋明理學

我國著名的四大書院之一的嶽麓書院，於 1985 年 10 月 15 日正式恢復講學。中國社會科學院歷史研究所研究員邱漢生、副研究員黃宣民等應湖南大學嶽麓書院文化研究所和湖南省中哲史研究會的邀請，在該書院開講宋明理學史。　自上海、河南、武漢、廣州、廣西白鹿洞書院以及湖南省有關大專院校的教學、研究人員和研究生近 40 人在修葺一新的古老書齋裡聽講。這次講學歷時半個月，至 10 月底結束。內容分 11 個專題、主要有：總論、《太極圖易說》與《易通》、《西銘》與《伊川易傳》、理學集大成者朱熹、陸九淵心學、陳淳、明初的朱學統治、北山朱學、王陽

明的「致良知」及王學的傳播、泰川學派、明末清初理學的總結等。

老子學術思想討論會

1985 年 11 月 10 日至 15 日，由湖南省社會科學院哲學所、省中國哲學史研究會和湖南師範大學政治系等 8 個單位共同發起的全國老子學術思想討論會，在湖南湘潭市召開。來自全國 21 個省、市的 140 餘名專家、學者、中青年思想史研究工作者參加了會議。會議重點討論了老子學術思想在中國思想史上的地位，及其對中華民族傳統文化的影響。

在說到老子思想對中華民族的傳統意識和道德的影響時，大多數人認爲老子思想對中華民族心理結構的影響有二重性。這主要表現在如柔弱勝剛強的思想，對培養中國知識份子在逆境中求生存的忍耐精神和舊式農民的阿Q精神都有一定的作用。如無爲的思想，其固然可以導致人們放棄主觀能動性，但也否定了主觀冒進的盲目性，特別是對統治者無爲而治的要求，更導致了「無君論」的出現。再如謙下、謹慎、不敢爲天下先的思想固然導致了優柔寡斷、甘居中游的保身思想。但也造就了中華民族沈著冷靜、思考周密及謙虛爲懷的崇高品格等等。

四川青年史學工作者學術討論會

1985 年 11 月 30 日至 12 月 3 日，由四川當代史學理論研究會召集的青年史學工作者學術討論會在四川大學舉行。

會議除討論了史學方面的問題外，還討論了文化史的比較研究問題。爭論的焦點集中在我國能否在傳統文化基礎上建立起現代化國家。一部分人對此持否定態度，他們認爲，中國傳統文化的主流是儒家文化，其核心是不求進取、安天知命、中庸、滅人欲，這與現代化要求格格不入，必須徹底打碎。並且，中國歷史上每一次大的革命都以衝擊傳統文化爲旗幟。另一部分人則認爲，中國傳統文化也有其燦爛的一面，應發揚光大。

（徐衛國）

金岳霖學術思想討論會

1985 年 12 月 10 日至 13 日，爲紀念中國現代著名的哲學家和邏輯學家金岳霖教授誕生 90 周年、逝世 1 周年，中國社會科學院哲學所、北京大學哲學系、清華大學社會科學系及思想文化研究所、中國民主同盟中央委員會和中國邏輯與語言函授大學 5 個單位在北京召開了金岳霖學術思想討論會。來自全國各地的 300 多位學者出席了開幕式，50 多位學者參加了討論會。會議共收到論文 31 篇、內容涉及金

岳霖的哲學體系、邏輯學說和治學爲人諸方面。

金岳霖一生主要寫了三本著作，《邏輯》、《論道》、《知識論》。一些學者在會上指出：金岳霖教授以嚴密的邏輯分析方法考察古今中外的哲學思想，兼收並蓄，博採衆長，建立了自己的本體論和認識論體系，使中國哲學發展到了一個新的水平。金教授是最早把中國哲學思想介紹給世界，同時又把世界先進的哲學思想消化吸收後引入我國的思想先驅之一。

現代科學與文化講習班

1985 年 12 月 15 至 22 日，由首都中青年博士學術促進會、高等學校師資培訓交流北京中心爲主，北京晚報、理論信息報、首都信息報共同參加，主辦了「現代科學與文化」講習班。

這期講習班邀請六位獲得文學、醫學、藝術、數學、教育學博士學位的中青年知識份子和張岱年、李金愷教授，分別講授了中國現代思想意識與文化，模糊數學與信息革命等 8 個專題。

這期講習班的一個特點是免費向社會開放。

（徐衛國據《理論信息報》）

中國傳統文化與現代化講座

1985 年 12 月 19 至 30 日，武漢大學哲學系邀請了幾十位研究中國文化的海內外著名學者，在湖北黃岡舉辦了「中國傳統文化與現代化」系列講座。講座中討論的主要問題有：

一、傳統文化與中國現實

幾位海外學者認爲，中國傳統並不能與封建意識形態畫等號。中國的現代化過程既要批判封建毒素，又要承繼好的傳統，引進西方比較深厚的文化價值，排拒西方文化的浮面現象。他們主張要對傳統進行主動的承繼，即一代羣體經過自覺的反思來繼承優良傳統，並且在進行哲學思考的過程中，必須面對世界各種思想挑戰，把它真正的內涵在一個多元的文化背景下展示出來，然後再回到中國自身的環境中，這樣它才能健康地發展。

二、對外開放的歷史反思

有的學者認爲，中華民族和中國文化所以能長期獨立發展，正在於它樂於接受並善於消化外來文化成果。但由於自然經濟格局的歷史惰力，使我們在思想上逐步趨於狹隘化，脫離人類文化發展的大道，從而失去吞吐百家的能力，乃至陷於故步自封、作繭自縛的封閉狀態，並導致十年浩劫的悲劇結局。我們應該讓人類創造的

文化信息在中國「聚寶」，經過再創造並反饋出來，那將對人類文化的新發展作出重要貢獻。

三、中國傳統文化的特質

有的學者指出，中國古文化系統從半封閉的大陸性地理環境中獲得了比較完備的「隔絕機制」，這正是一個獨立的古文化系統得以延續的先決條件。這種以農業經濟爲生存基本手段的宗法社會以及特定的地理、歷史和社會因素，使中國古代文化形成以下一些特徵：頑強的生命力，持久的延續性，「大一統」與多元文化兩種傾向並存；以倫理道德學說作爲維繫社會秩序的精神支柱，重政務，轉自然，斥技藝，樸素的整體觀，注重直覺體悟的思惟方式等。

四、當代社會心理體系的變化

一些學者認爲，在古代封閉性社會中，人們的心理模式是壓抑型的。中國漫長的封建制度，使人們的心理狀態多趨於此型。而開放性的社會中，人們的心理模式是開拓型的；人們的性格也是多樣化、多層次的。當代中國社會心理體系的變化，是在國際新文明浪潮和國內生產力迅猛發展的衝擊下發生的。由於中國歷史久遠，傳統心理力量巨大，當新的心理環境出現時，大多數人們的心理環境變化是緩慢的，不自覺的。但整個心理體系的變化畢竟開始了。

在研討中還出現一些新動向。其一，摒棄傳統的中西文化「體用」之爭模式，把注意力轉移到民族文化現代化的歷史轉換機制上來。多數中青年學者認爲，從現代文明的世界一體性來看，糾纏於「體用」問題毫無意義。理論界應把視野集中在文化進步和社會改革的「負荷力」上來，正確分析現代化過程中社會結構、民族心理和情感的最大負荷力問題，使現代化的歷史代價保持在一個合理的範圍內，第二、主張從民族文化的深層結構和表層結構兩個不同層次來考察中國現實社會運動，客觀地分析當前社會改革所面臨的處境和困難，探尋現代化的歷史道路。第三、突出了對文化傳統合理性評價的標準和機制問題的探討。不少人強調在對各民族文化要素及其基本結構比較中，注意對中國和西方現代化過程中物質文明發展和精神文明發展之間耦合功能的解釋，反對用「唐吉訶德」式的古典相似性思維來比較中西文化的優劣，堅持把歷史淘汰性抉擇作爲各民族文化合理性的客觀標準。

（據《理論信息報》）

人民大學討論文化

1985 年 12 月 24 日，北京市社科聯與中國人民大學聯合舉行辭舊迎新學術討論會，圍繞中國傳統文化與現代化的關係問題展開了爭鳴。

有人指出，當前阻礙改革的觀念之一，是對中國傳統文化估計過高。應首先更新觀念，拋棄小農思惟方式，樹立科學的思惟方式，拋棄平均主義，確立競爭觀念，丟掉家長作風，確立民主意識。

　　有人則認爲，中國傳統文化與現代化不是對立的兩極。對傳統文化既不能「決裂」也不能「全容」，而應以促進改革爲標準促其「轉化」。這牽涉到民族自尊心和自豪感問題。

　　有人指出，封建傳統對改革有阻礙作用，但還要加上蘇聯影響和我們自身結構不合理兩條。從 50 年代起，就形成了一種不同於傳統觀念的僵化觀念，即「蘇聯教條主義和中國傳統文化中經學的混合物」。

　　與會者還討論了馬克思主義與中國傳統文化的關係、中國傳統文化與外國文化的關係，胡適、梁漱溟、馮友蘭等人在中國傳統文化中的地位、作用問題。

（據《中國文化報》）

紀念熊十力誕生一百周年學術討論會

　　1985 年 12 月 26 日至 29 日，北京大學、武漢大學等單位，在熊十力故鄉湖北黃州聯合舉行了紀念熊十力誕生 100 周年學術討論會。與會者有來自全國各地及美國、加拿大、蘇聯、日本的專家學者，熊氏生前好友、學生及親屬共 100 多人。會議收到有關回憶文章和學術論文論文六十餘篇，專著一部。會議涉及了熊十力其人其學總評價、熊十力哲學與中國傳統文化的關係、熊十力思想的重心和特點、熊十力哲學的性質、熊十力的「體用不二」思想、熊十力的辯論法思想、熊十力哲學的階級基礎、熊十力哲學與馬克思主義哲學的關係等問題。

　　其中熊十力與中國傳統文化的關係，與會者認爲，熊十力在他的漫長哲學生涯中，曾出入佛儒，幾經轉變，其哲學體系深入植根於中國傳統文化的土壤之中。一些學者認爲，熊氏是「現代新儒家」的最重要人物。他一生治學所走過的道路，就是宋明道學家們所走過的道路，雖然比宋明諸儒更能吸取佛教哲學精華，但在根源上卻認同儒家，積極開創了一個以儒家思想爲宗的哲學網路。他對西方哲學和佛學的研討，都是爲了探索復興儒學的出路。有的學者指出，熊氏捨佛歸《易》，宗仰孔子，表示孔學在新的時代也還有一定的生命力。

　　一些學者則不同意把熊十力簡單地歸結爲「現代新儒家」。有人指出，當他進入哲學界時，正值西化狂潮與復古逆流相反相因、交相激盪，但他並沒有隨波逐流，而是以異乎尋常的苦學精思，自循中國哲學啓蒙的特殊道路，上下求索，勤勉一生。而且熊氏曾明確自稱「吾唯以真理爲歸本不拘家派，……亦儒亦佛，非佛非儒，吾亦只是吾而已矣。」還有人指出，熊氏尖銳地批判了傳統儒學，否定了盲目尊孔崇孔。

1986 年

首屆國際中國文化學術討論會

1986 年 1 月 6 日至 10 日，由復旦大學舉辦的首屆國際中國文化學術討論會在上海舉行，出席這次討論會的中外學者共七十多位，提交給會議的論文論綱 45 篇。會議主題，一、是中國文化傳統的再估計，二、是中國文化與西方文化的關係。圍繞主題，與會者提出了下列見解：

一、中國文化的特徵

與會者都認爲中國文化源遠流長，但對它的特徵，則一種意見認爲是知識論的功利主義和價值論的反功利主義所表徵的天人合一思想，實質在於人文精神，但又與西歐人文主義異趣。一種意見認爲它的基本特徵在於強調統一性，忽視差異性，強調羣體，忽視個體。其「和合」特徵表現出頑强的排他性。有的意見認爲幾千年的「農業——宗法社會」所孕育的是倫理型文化；有的認爲中國文化一貫重實用輕理想，重經驗輕學說，重現狀輕未來，將目光專注於君上心意，祖宗成法，百姓規矩。有的認爲中國文化特質是偏重「義」與「德」，看輕「利」與「力」，突出個人修養。還有的認爲禮最具有中華文化的原初性和普遍意義，禮的模式可以看作中國文化的基本特徵，兼有生活方式、倫理規範、社會制度的一體化內容。

二、中國文化的結構

與會者都認爲中國文化是個複合體，應稱之爲中華文化，至於其內在結構，有的認爲是「一」與「多」的統一，以漢族文化爲主體，同時吸收各族文化和外來文化，歷代統治階級在「獨尊儒術」時，兼取儒、道、法、墨各家治術和容忍儒、道、佛並存。它們既構成中國文化整體，又各自獨立存在；既包含成體系的理論形態，也包含以生活方式、風俗習慣、審美情趣、民族感情、民族心理，以及由歷史積澱而成的行爲模式、思惟方式和心理特徵。這種結構使中國文化既具有大傳統，又具有小傳統，互相激盪，形成壯闊的中國文化主流，有些學者著重分析中國文化的深層結構。他們有的從中外文化比較出發，認爲中國文化調和人與自然的對立，調和個人與社會的對立，要求個性融化於社會性之中，不允許脫離羣體意識的時空模式而獨立存在。強調「天人合一」、「知行合一」，「情景合一」，是一個囊括世界而以倫理意識爲中心的系統。正是這種深層結構，決定了中國文化的若干表象，如科學道德化，哲學政治化，審美藝術情感化，政權、君權、神權一體化。這種文化結構的價值取向，或稱爲「實用理性」，或稱爲「倫理型文化」，或稱爲「人文主義」。他們有的從文化狀態的變動不居出發，認爲中國文化主動而非主靜。有的還分析了「禮」的結構，認爲傳統文化以禮抑欲，協調人際關係，內化爲

修己之道，外化爲治人之政，但並能抹掉「人欲」，禮崩樂壞帶有周期性。還有學者認爲「究天人之際」、「通古今之變」反映了中國人慣於縱向思考自然世界，橫向思考歷史人生，而「成一家之言」則使縱橫兩線交織，形成整體「外觀」，相對「外觀」有「內觀」；這種內外觀構成了中國傳統思想潛在的整體性和科學性。

三、中國文化的階段

一種意見從文學體系出發，認爲中國文化可分爲詩經、楚辭、漢賦、魏晉詩文、唐詩、宋詞、明清小説諸時期。一種意見從學術傳統角度，把中國文化分成先秦諸子學、兩漢經學、魏晉玄學、隋唐佛學、宋明理學和清代樸學六大段。

一種意見從中西文化交融著眼，認爲有三個較大的階段，一是東漢後印度佛教文化傳入中國，和以儒家思想爲中心的文化發生衝突、交融；二是明清之際，歐洲基督徒來華，近代西方文化和古典中華文化發生衝突、交流，打開了先進的中國人的眼界；三是清中葉鴉片戰爭後，中外文化交流與外來侵略，民族壓迫同時出現，既得有識之士的區別對待，也受到逆反心理的盲目排斥。

還有意見認爲，1至8世紀是以佛教爲中心的印度文化輸入時期；十七世紀至五四前夕，是西方文化輸入時期；五四時期，馬克思主義傳入中國，是第三時期。

又有人從社會變革角度，認爲中國文化的第一階段是以今變古，由春秋戰國變革奴隸社會的傳統文化，出現百家爭鳴的新文化，發展成秦漢以後延續兩千多年的封建文化。第二階段是以西變中，由恪守封建文化變到吸收近代文化，表面以傳播西方文化爲主，實則引進了馬克思主義文化，這對中國現代文化具有深刻的意義。

四、中國文化中的儒學

對儒學的討論，形成會議的最高潮。主要分歧集中在下列問題上：

一是有没有一以貫之的儒學傳統？一種看法是有。自孔子開創的儒學成爲顯學，尤其是西漢獨尊儒術後，它就支配著中國文化傳統。後來學説的變化和學派的分野，都只出於對傳統精神的理解不一致，都是爲維護傳統而非否定傳統。一種意見認爲名有實無。孔子死後儒家即分裂；經學最重視的是統治術，只有「通經致用」學隨術變的傳統，不存在一貫的儒學傳統。還有一種意見認爲没有。儒學主要是古代中原文化的一種表現，不足以代表多民族文化組合的中國文化、也不足以代表不同地域文化組合的漢族文化，少數民族王朝都賤儒，漢族王朝實際尊奉的也是佛道而非儒學，從文化的時代差異和空間差異來看，只存在一種用表面尊儒來容受多種文化共存的傳統。

二是儒學傳統的内涵。有的認爲是人文精神，有的認爲是王權主義，有的認爲是倫理中心主義，等等。大家都認爲儒學是個複雜系統，其内涵有正面有負面。

三是儒學傳統的正面與負面。對這個「兩面」，與會者理解不盡一致。如認爲人文精神是優秀的，王權主義應否定。重人生重道德應肯定，輕自然，賤科技則屬謬誤。有的認爲大丈夫精神、農民式的堅韌性格屬於儒家塑造的較健康傳統，而封建意識形態則應抛棄。既統一尊儒又寬容多種文化的傳統可以批判繼承，用大一統思想窒息多元文化的發展則要否定。學者們對這個「兩面」的評價也不一致，有的

認爲從孔子開始的儒家傳統，最強調的是綱常名教，因而始終都是糟粕遠勝於精華，從現在看沒有值得發揚的因素，有的認爲儒家精神的基本方面，從孔子起便代表著一種涵蓋性很強的人文主義，力圖通過道德理想來轉化現實政治，這種「聖王」思想是儒學的真精神，而它的負面是可以消解的封建餘毒，違背儒家的本來意願，有的則認爲腐朽和神奇沒有絕對界限，古之精華在近代可變成糟粕，反之亦然需要從變化角度進行具體評估，有的認爲應重視儒學傳統和其他文化傳統的比較，尤其需要作中外文化的多維度比較，以確定它在不同時期中國文化史和世界文化史上的地位和價值。但也有人指出，這種比較在 30 年代已有過，結果論戰一通，誰也說服不了誰，因此關鍵在於指導思想的統一。有人提出不同意見，認爲在學術研究上不能預設框框，只能相信實踐是檢驗真理的標準。

四是如何評價近代的反儒學傳統？

與會者圍繞五四時期「打倒孔家店」的意義與成效進行了論爭。

有的認爲，儒家傳統，在「五四」前後，經歷了一段暴露弱點的歷史過程，主要是統治勢力使儒學政治化，同時又受西化思想的衝擊，因此人們普遍注意的，是長期存在的傳統負面即封建意識形態，而忽視儒家真精神的繼承發揚。當時中國第一流的知識份子形成聯合戰線，對儒學進行猛烈的批判，是有其很健康的意義的，繼承五四精神，就不但要否定封建遺毒，更要對塑造中國文化的泉源活水即儒家真精神有全面的深入的把握，否則不能實現創新。

有的意見認爲，當時「打倒孔家店」，發聲震聵，意義偉大，但當時的啓蒙思想家是有缺點的，例如他們強調兩漢以後統治階級尊奉的都是假孔子，就忽視了孔子思想在歷史上已滲透到各個領域的事實，近代現代思想史已證明，孔子思想長期成爲妨礙中國近代化過程的阻力，繼承五四精神，就必須繼續否定儒家傳統，擊中其要害。

有的意見認爲，在近代批評或反對儒家傳統，早在晚清乃至更早即已開始，到五四時乃又一次集中爆發。然而五四以後的爭論仍在繼續，如東西文化的爭論就是晚清「中體西用」爭論的變相繼續，「本位文化」與「全盤西化」的論戰更是晚清體用之辯的直接延續。這說明「存在決定意識」，當近代化和現代化沒有實現之前，對儒學傳統的論爭不可能停止。同時，社會結構與文化結構的現代化，不可能同步，觀念落後或超前，都有可能。只有撇開感情因素，對近代社會與文化變遷的相互聯繫進行客觀的歷史的研究，才能給予近代反儒學傳統的爭論以合乎實際的評價。

與會學者都不贊成近年把五四時期「打倒孔家店」貶得一無是處的意見，認爲這是違反歷史的情緒化表現。

五是儒學的前景有五種意見。

1. 以杜維明爲代表，認爲儒家傳統有再生和創造性轉化的可能。他近年一直認爲儒學將有第三期發展前景。他認爲，要區分兩種情況，即政治化的儒學和儒學力圖用道德理想轉化實際政治。儘管近代各個的儒學層面都在墮落，但對儒學的基本精神作全面深入的考察，可以看到它仍有第三期發展的前景。這取決於儒學的人文主義精神的動向。這種人文主義涵蓋三個哲學課題：一是主體精神，即個體在人際

關係網絡中如何獨立自主，二是主體精神與客觀精神的聯繫；三是對超越精神的嚮往，對真善美的無盡追求。如果承認儒學傳統在過去和現在的作用都很大，那麼通過知識份子羣體批判的自我意識，繼承作爲中華民族文化認同的代表的優良傳統，揚棄其中爲害甚深的封建遺毒，引進西方文化而又清除其中的浮面現象，將使中國文化得到創新。

2.以李澤厚爲代表，認爲儒學傳統是中國文化心理的現實存在，並非絕學，要求守住它或拋棄它都沒意義，因有的青年學者把李澤厚的《中國古代思想史論》看作是他轉向新儒家的表現。對此，他在《關於儒家與新儒家》的報告及分組討論中進行了答辯，提出西體中用一説。他認爲，他既不同於傳統儒學，又不同於現代新儒學，而是主張要回到歷史，回去研究中國的傳統，甚至不顧被誤認爲新儒家。他認爲，「中體西用」，「西體西用」，都會阻礙現代化。要把體用關係處理好，就要了解中國傳統，然後才能打破之，作出選擇，真正進入現代文明。他認爲，儒學已侵入中國人無意識的深層；對它主要應作清醒的自我意識和歷史的具體分析，以首先了解它，而後促進它的轉化或革新，僅以情感的價值判斷，來替代客觀的科學描述，倒正是儒家傳統的弱點在否定傳統中無意識的出現，今天應繼承的是五四時期批判傳統的變革精神，但這仍與儒家的實用理性有關，恰好説明中華民族有善於捨棄固有觀念以接受外來事物，「盡棄所學而學焉」的傳統。

3.以孫長江、包遵信等爲代表，認爲只能用現代化的實踐，才能檢驗儒家傳統是否具有真理性。他們認爲，儒學作爲已經腐朽的封建傳統學説，已無再生或轉化的餘地。從十七世紀西方進入近代化，而中國的優秀學者仍在尊儒崇道的歷史來看，儒學早在三百年前就成爲中國近代化的阻力。那以後的經學家，都致力於以書本而不是以實踐來檢驗學説理論的是非，因此他們的努力，只有利於維護過時的腐朽的傳統，使只適用於封建統治的許多觀念，仍然保留在中國人的倫理道德和行爲方式之中，乃致使中國出現「被現代化」的趨向。否定儒家傳統，正是五四新文化運動的意義所在。而這些事實。也正是儒學沒有任何前途的實踐依據。

4.以李侃、龔書鐸等爲代表，認爲近代民族覺醒不能從傳統文化吸取精神力量。作爲意識形態的傳統文化，實際是兩千多年來形成和延續的，以孔子及其儒家思想爲代表的封建文化。它的積極因素已隨封建制度衰朽而喪失活力，沈積爲保守的歷史惰性和習慣勢力。用這一套來修身治國的「天朝」無法抵抗外國侵略的歷史事實俱在，與民族危機相伴生的文化危機更説明傳統文化不能引導民族覺醒。傳統文化作爲歷史遺存和民族心理，好壞兩面都有，只能通過現代新文化的建設實踐，才能對於以儒家爲代表的傳統文化，予以清理和分析，吸收和揚棄。

5.以朱維錚爲代表，認爲歷史上不存在一以貫之的儒學傳統，現在我們所討論的儒學傳統，實際是清代提倡的那套程朱理學傳統，因而目前討論儒學有否發展前景，很難得出合乎歷史實際的結論。儒學是一個寬泛的概念，包容著從孔學到經學到理學的不同形態，每種形態都有不同的內在結構。在整個傳統的結構及其變異沒有研究明白以前，任何關於儒家傳統的解釋，都不能説是信而有徵。可以承認儒家是中國文化傳統的一個組成部分，但對其內涵與外延，意義與價值，卻不必匆忙作出結論。

6.是儒學研究中的困難與問題。有的認爲困難在於材料，掌握不足或不可能完全掌握；有的認爲難在觀念不一；有的認爲是語言不同；有的認爲是價值取向不一。因此，必須克服情緒化傾向，排除非學術干擾，掌握起碼的史料，選擇最佳方法，確定好參照構架。

五、中國文化傳統的總體估價

一種意見認爲，傳統文化是一種從「農業——宗法」社會的土壤中生長出來的倫理型文化，表現爲「人」受推崇。但這種「重人」意識，實際上是一種宗法集體主義的「人學」，與近代人文主義屬不同的範疇。一種意見比較希臘、印度、中國三大古文明，認爲中國文化以倫理政治爲軸心，不甚追求自然之所以，缺乏神學宗教體系，更富人文精神。但是，不追求純自然的知識體系，其尊卑有別的隸屬觀念，謙恭禮讓的處世態度，重義輕利的價值判斷，求同的思惟方式和知足的文化心理，既是精神財富，也是文化包袱。還有的認爲，中國文化注重人倫政治，達到排他性，取代了對物理的研究，限制了對自然哲學和科學技術的發展。與素樸的整體觀念和求統一的思惟方式相關聯，有一種忽視建立理論體系的傾向。有的學者認爲，源於自然經濟格局的歷史惰力，曾使我們在思想上逐步趨於狹隘化；破字當頭的批判運動，真理觀上的形而上學得以惡性滋長，被動關門和盲目自大，也使我們的主體思想逐漸脫離人類文化發展的大道，從而失去吞吐百象的能力，乃至陷入故步自封，作繭自縛的封閉狀態。有的學者認爲中國歷史上傳統的教化政治的基本素質是與現代化相背離的，其對人的設計蘊含了某些意圖錯誤，這就部分地決定中國現代化不採取民族復興的形式，而採取「被現代化」的形式。有的學者認爲中國未實現現代化不應太多地歸罪於傳統文化，而實質是繼續著十七世紀以來的歷史歷程，正在自覺地、更深廣地，同時也是有選擇地吸收、消化西方文化及其發展的新成就。

六、中外文化交流問題

有的認爲，交流只能是相互滲透，但絕不會由一方取代另一方，同歸於零。交流的結果是雙方都有提高。有的認爲，人們獲得異質文化的啓示，往往既不靠精確的譯文，也不受社會發展階段不盡相同的影響。人們的「感通」（empathize）可以克服障礙。

許多學者從具體的歷史背景出發來闡述文化交流的問題。他們認爲，某一階段可能會出現外來文化超過原有文化的現象，對外來文化持「開放」態度是一個民族文化有生命力的表現，一種文化能吸引並融合外來文化是其能較快發展的重要條件。有的學者認爲唐代封建社會的程序結構和文化發展水平不要求人們用外來觀念審查中國社會制度，政治組織及倫理準則；其社會程序結構的高度平衡狀態使文化交流產生不平衡，產生試圖將外來文化因素認同於自身文化體系的傾向；這種使外來文化俯就我範的趨勢導致差異求一統而不是一統中鼓勵發展差異，削弱了異質文化的啓示作用及其爲文化發展帶來的活力。有的提出，東西文化交流是通過阿拉伯文化這個橋樑，是一種三相交流。

　　關於明清之際傳教士東來的作用，有人認爲，當時中國先進學者對西方文化傳入的歡迎態度顯示了一種歷史的自覺。可以説傳教士東來是大規模東西文化交流的前兆，可作中國近代史的開端。有的則認爲，這既没有使中國像唐代那樣吸收外來文化，更談不上推動中國文化變異；倒是傳教士把中國文化傳往歐洲，爲啓蒙思想家用來宣揚理性主義和開明專制。有的認爲近代中西文化的交流帶有强制性。當時中國人對西方文化的認識，對傳統文化的反省，經歷了從物質技術到政治體制，再到文化背景，最終接受馬克思主義這幾個發展階段。有的認爲近代人忙於引進西學，來不及推陳出新，對西學不免食而不化。

七、關於中國文化世界化和世界文化中國化

　　與會者認爲，中國文化的許多成分具有世界性的意義。如日本受中國文化的影響最爲明顯。此外，唐代小説與歐洲中世紀末小説的類似，元雜劇對歐洲的影響，萊布尼茨與黑格爾對中國文化的注意，歐洲建築對中國的模仿等問題，也爲人們所注意和討論。

　　世界文化中國化問題，討論集中在印度教中國化，近代中國對西方文化的吸收以及世界文化的現狀、展望等方面。關於佛教中國化的過程，有的認爲它始而依附於中國文化，繼而與中國文化矛盾衝突，最終融合於中國文化之内。有的强調佛教哲學系統地中國化，中國哲學因而得到大發展，進而豐富了人類文化。還有的認爲，因儒、道、釋相互滲透並成爲中國文化體系的組成部分，中國原來的天人關係思想糅雜了從印度佛學中吸取的啓示，不少學者指出，外來文化往往會自發地在原初文化中找尋結合點，中國社會根據自身程序結構、社會環境來抉擇加工外來文化，從而形成多層次的文化。

　　有的學者認爲，西亞、中亞、南亞文化在歷史上都給中國社會以深遠的影響，唐代文化可説做到了「中學爲體、西學爲用」。有的認爲近代「中體西用」和「全盤西化」的爭論，不同程度上都反映了先驅者們企圖把西方文化納入中國的文化體系的努力，清末中西文化的遭遇觸動了中國文化形而上學的基礎，因此中國人開始借用西方文化的某些思想體系或思惟方式，局部或全部審查中國原有的基本觀念。

　　關於中國文化世界化與世界文化中國化的關係，有些學者認爲中西文化在歷史上的交流結果是互相提高。有的學者提出「西體中用」説，認爲社會存在的本體（生產方式、上層建築和日常現實生活）和本體意識（科技思想、意識形態）的現代化（它源自西方）與中國的實際（包括儒學作爲中國文化心理的客觀存在）相結合，是近代中國文化的合理道路。

　　討論會還對中國文化的研究提出了一系列建議與設想。會議決定，有關論文和摘要，將編爲《中國傳統文化的再估計》文集。

（據《中國傳統文化的再估計》）

交流與進展：一九八六年兩院學術聯誼會

1986 年 1 月 7 日，中國科學院和中國社會科學院在北京友誼賓館科學會堂召開了「交流與進展：86 年兩院學術聯誼會」。兩院青年和本市部分高校代表 300 多人參加了會議。會議旨在加强社會科學和自然科學的交流。會議圍繞「兩大學科交叉前景」、「中西方文化比較」、「科學方法論」、「科學對社會的影響」、「文化人類學與社會生物學」、「科學工作者的責任」、「學術團體與學術活動」等專題分組進行了討論。

中外文化比較研究講習班——學者論中外文化比較

1986 年 1 月初，中外文化比較研究講習班在北京舉行。

參加講座的學者們認爲，現代化還包括文化深層的現代化。同時，東方文明對西方世界產生了越來越大的吸引力，這一文化現象已成爲當今世界意識形態變化的潛在趨勢。

梁漱溟先生講了中西印文化的比較問題。他認爲，西方文化偏重向外追求，表現爲重科學；中國文化偏重於自身追求，表現爲道德修養；印度文化偏重於出世思想，表現爲宗教。周谷城認爲，從縱向看，世界文化的發展趨勢是會逐漸融和的。馮友蘭認爲過去對中國文化傳統中的優秀部分重視不夠，張岱年認爲對外國好的文化傳統也應加緊研究借鑑，湯一介認爲中國傳統的思維方式是沒有分梳的整體觀，典型表現爲微言大義，不符合現代化的要求，應從根本上加以改變。

哈佛大學杜維明認爲，中國文化發展是以儒家學說爲基礎的，應發揚儒家積極向上的精神。夏威夷大學成中英認爲，過去中國缺少認識論，應很好地吸收西方現代哲學，特別是分析哲學的長處；世界文化也應吸收中國文化的長處，如調整人與人之間的關係。芝加哥大學的鄒讜認爲，中國是二十世紀以來變動最大、波折最多的國家，會對自己的文化和哲學有深刻的反省，所以會出現大的思想家、哲學家和文學家。

（據《光明時報》1986 年 1 月 30 日 ）

福建討論中國傳統文化

1986 年 2 月，福建省社會科學院學術沙龍對中國傳統文化問題進行了討論。與會者主要就中國傳統文化中的「人文精神」以及文化機制等問題展開了討論。

黃克劍說，强調中國傳統文化的「人文精神」的人，實際上賦予「人文精神」另一種含義，把「人文」變成同「天文」相應的一個概念，從而把人們所面對的對象同面對這些對象所具有的態度、精神混爲一談了；並且忽視了「傳統文化」的時代規定性。周秦至明清時期的中國文化確是一種「缺乏神學宗教體系」，「以倫理、政治爲軸心」的文化，但它還是處在血緣宗法關係的基礎上和血緣宗法觀念的控攝下。所以這一時期的中國文化與其說是人文主義的，不如說是宗法主義的。人

文精神與宗法精神的區別在於：前者是理性的，後者是非理性的，前者講求個性解放，後者束縛和壓抑個性，前者強調人權，後者強調族權；前者是一種開放性的、社會化的精神，後者是封閉性的爲狹隘的血緣關係所囚繫的精神。

吳能遠認爲，文藝復興時期崛起於西歐的人文主義思潮的基本特點，一是對作爲個人的人本身的尊重，二是對科學的追求，而這恰恰是中國古代文化所欠缺的。中國古化文代最顯著的特點有二：第一，以倫理道德爲核心，第二，以建立穩定的社會秩序爲標的。因此，肯定共性，否定個性，強調一元，反對多元，存天理，滅人欲，人治必然代替了法制，中國社會缺乏民主傳統與科學精神便成爲必然。

潘叔明認爲，物質文化與精神文化在歷史宏觀上是共軛的，在文化内部，先是一定的物質文化的歷史發展孕育出時代精神，接著時代精神和傳統文化發生全面衝突。這種衝突需要通過社會變革來解決，並按時代精神——社會意識形態——本土文化心態的軌跡發展演化，形成各個不同的文化層。當社會發生急劇變革時期，人們總是極力衝擊傳統文化的禁錮，保守、消極、陳腐的一面，突破它所造成的沈重、凝滯的生活，以求得時代精神的抒放。而一旦新思潮適應了它的基礎而成爲社會意識形態之後，它和傳統文化的衝突，往往出現反省的意識和或審美的觀點，從時代性轉向民族性和人類性，在傳統文化中尋找精神遺產。中國民族文化的更新與發展正處在這個歷史交叉點上，而因顯得特別複雜、曲折與艱難。

老子筆談

1986 年第一期《求索》雜誌特闢「筆談老子研究」欄，發表了 10 位學者的短論，其中，關於中國民族文化傳統的主流問題，南開大學方克立教授認爲，不可低估道家思想的地位和作用。中國民族文化傳統是在歷史上形成和發展的多種構成要素的複雜配合，只以儒家思想爲中國文化的實質内容是偏狹的，可以說，儒道兩家思想構成了中國民族文化傳統的主幹。老子基於生活智慧的辯證法，莊子對人生真理的探索，申韓「慘礉少恩」的法治主義，都是對於儒家的補充，以後都被吸收、融化在董仲舒等儒家的思想體系中。儒道結合在魏晉玄學的名教與自然之辯中就看到更清楚了。佛教傳入中國後，儒道兩家的思想影響也是占主導地位的。封建時代的知識份子，往往在朝是儒家，在野時是道家；從表現形態看，不是外儒内道，就是外道内儒。就是一般民衆，在他們的傳統觀念中，也滲透了不少老莊的哲理。

陝西師大副教授趙吉惠認爲，從「表層結構」看，中國傳統文化似乎以孔孟爲代表的儒家思想所構成，但從「表層結構」看，中國文化在戰國時期已走向批判綜合發展的道路，如果說儒家思想對於中國的治國修身或曰政治倫理思想產生過重大影響的話，那麼道家思想在提供邏輯思維的經驗和發展自然科學，醫學等方面產生過不可低估的作用。直到現在，道家思想在人們的文化素質和心理特徵等方面還留下明顯的印跡。

《哲學研究》編輯部張智彦認爲，老子和道家學派的哲學思想比起儒家來說，其理論思維的水平要高出一籌，如果忽視了道家學派的思想，將不可能對中國古代的

思想和文化作出全面科學的分析，也不可能更加切合實際地總結出理論思維的發展及其規律。

（據《理論信息報》）

文化建設與發展問題座談會

1986 年 3 月 6 日，《中國文化報》邀請部分在京的理論工作者和文化界人士，就中國文化建設與發展問題舉行座談會。童大林、許覺民、李侃、程代熙、朱天俊、藍翎、鄭洞天、余倩、田大畏等參加了座談會。

有的先生認爲，經濟體制改革已引起反饋，電視劇《新星》便是文化對改革反饋的例子。研究中國文化的發展，必須從我國人民擺脫貧窮和愚昧的戰略任務出發。有的認爲文化有兩重性，不僅是意識形態，而且是一種產業，第四產業，它必須與科學技術結合起來才能更好地發展。有的認爲傳統文化既是精神財富，又是我們的沈重包袱。

大家普遍提出，要發展我國文化，一定要發掘傳統文化中優秀的東西，大量吸收外來文化。有人認爲，現在文化界既有尋根意識，又有當代意識，對這兩種文化意識中有益的東西均應吸收。

大家還討論了文化史的研究、文化戰略部署、文化建設與精神文明建設、文化界知識份子政策以及總結文化發展的經驗教訓等問題。

（據《中國文化報》1986 年 3 月 16 日 ）

老舍學術討論會

1986 年 3 月 15 日至 19 日，由中國老舍研究會和北京語言學院共 19 個單位聯合發起的全國第三次老舍學術討論會在北京舉行。國內和日本、蘇聯、法國的專家學者約 200 人參加了會議。

與會者圍繞「老舍與中國新文學」這一主題，還致力於在寬廣而深遠的文化背景上去把握老舍的文學個性。他們或者將老舍的整個藝術心理置於滿漢文化、中西文化與新舊文化的交壤面上，從而深入發掘其文學魅力的心理基礎；或者在傳統性與現代性之衝突的大框架中重新衡量老舍創作的美學價值，並進而提煉其對於新文學之未來的啓迪意義。

「國民性」問題，是這次討論會的另一個關注點。許多與會者都注意到了老舍對魯迅精神的發揚，並指出他的作品在批判國民性上所達到的思想深度，不少先生還發現老舍作品對民性美──民族的、人民的美好性格素質──的表現是包含在他對國民性之批判中的深層美學內容。

（據《理論信息報》）

傳統文化與現代化討論會

1986 年 3 月 27 日，中共上海市委宣傳部、《文匯報》、《解放日報》理論部聯合舉辦了傳統文化與現代化專題學術討論會。主要觀點有：

一、關於傳統文化諸問題

1.傳統文化範圍的界定

一種觀點認爲，傳統文化是指過去的東西，即三千多年歷史中形成和發展起來的文化，一種觀點認爲是指從過去一直發展到現在的東西，就是現在的文化。還有觀點認爲傳統文化是指根植於自己民族土壤中的穩態的東西，但穩中有動，是過去與現在交融的過程。

2.傳統文化的多樣性

有些人指出，歷史典籍上的官方意識形態與人民大衆實際生活中體現出來的文化大相逕庭；歷史上不同民族、不同地域的文化也有很大不同。有人認爲，中國存在著對立的兩種文化特徵，並分別在對立的階級集團和個人中表現出來。決定保守與否，並不完全是那張文化之網，而是生產力和生產關係所制約的階級利益和民族利益。

3.傳統文化的不同層面

一種觀點認爲，傳統文化大致可以分爲工具技術文化，習俗情感文化和觀念文化，核心是觀念文化，文化更新是依次進行的。另一觀點認爲，傳統文化可分爲適應性層面、審美性層面和歸屬性層面，這是以文化的人羣性背景劃分的，又一種觀點説，傳統文化可分爲物質文化、制度文化和社會潛文化以及稱之爲經典文化的不同層面。前兩層文化易變，後兩層則惰性頑強。

二、如何看待傳統文化

1.傳統文化有其合理性、優越性，應批判繼承。民族文化是民族自信力的根基。

2.不能以傳統爲基礎來發展新文化。西方近現代文化適應著全世界廣泛的商品經濟社會生活大大改變了中國文化的面貌，傳統文化的精神實質和整個體系被打碎了。

三、關於傳統文化和現代化

一些人認爲，現代化是多層次、多目標的。文化的現代化是基於原有水平的目標。傳統文化的作用不能抛棄，無實行經濟文化同步發展，逐步形成以文化背景更新爲主體的宏觀環境。

有的則認爲，傳統文化形成了有礙現代化發展的重重阻力。傳統文化與傳統政治結構是同一產物，建築在傳統文化之上的心理、意識自發地實行現代化是困難的。

也有的認爲傳統文化有其雙重作用。現代化就是在傳統文化這枝老樹上開出的

新葩。

有的提出，現代化進程中將越來越多地面臨多元的外來文化，這要求破除「中化、西化」那種非此即彼的思維方式，把中西文化都看成由多種份子組成的有機複合體，有可能通過不同的組合、構成，而創造出一種新的文化。

還有的認為，商品經濟的發達與否產生了不同的文化次序，隨著現代化統一質的發展規定，傳統文化必然走上「世界大同」的道路。

此外，與會者還就文化研究的方向問題進行了討論。有的指出獲評價中國傳統文化時存在一種西方化的傾向；有的主張擴大研究領域，作多學科的探索，等等。

（據《理論信息報》）

《孔子研究》曲阜春季學術討論會

1986 年 4 月 26 日至 30 日，中國孔子基金會學術委員會暨《孔子研究》雜誌，在孔子故里曲阜召開首屆春季學術討論會。與會者有會長匡亞明，主編辛冠潔及來自全國的專家、學者、編輯和新聞工作者 70 餘人。會議討論了《孔子研究》雜誌的辦刊宗旨，有關孔子、儒家和中國傳統文化思想等問題。

會議著重討論了中國傳統文化思想問題。

關於中國傳統文化思想構成，有四種意見。一種認為我是孔孟之道的儒家學說。另一種以為不僅僅是儒家學說，但研究它有利於把握中國傳統文化思想的特徵。第三種認為是儒家和道家思想的結合。第四種認為中國傳統文化思想是多重性的，是多派別思想的融合交錯的體系結構。

關於中國傳統文化思想的特點，有人從特定的歷史條件出發，闡述傳統文化思想的三個基本特點。第一個基本特點是多樣性和統一性。民族文化的構成和古代思想文化的源頭呈現出多樣性和多源性。同時又有著「大一統」的思想學說。第二個特點是反映宗法制度和宗法觀念的倫理思想構成了傳統文化思想的核心內容。第三個特點是存在著和統治階級正統思想相對峙的思想——「異端」思想，它富有進步性和創造性。

如何評價傳統文化思想？大致有兩種不同的觀點。一種觀點認為，有精華也有糟粕，應予實事求是的評價。對其精華部分應繼承和發揚。所以對孔子、儒家和中國傳統文化思想的研究，是一個重要的文化戰略任務。

另一種觀點認為，傳統文化留給後人的包袱太重，對人的思想束縛太緊，儒家倫理思想等對當今的改革和商品經濟的發展是一種無形的阻力，加之，中國傳統文化是農業社會自然經濟的產物，難以適應今日時代的挑戰。因而對傳統持否定態度，有人還指出，「中庸之道」絕不是中國文化的優良傳統，也不同意古代中國有人文主義的思想傳統。

與會者還提出了一些值得深入探討的理論問題。如：80 年代學術研究應如何迎接時代的挑戰；馬克思主義哲學與中國傳統文化思想的優秀遺產相結合，會產生怎樣的結果；如何借鑑西方文化的優秀成果；中國傳統思想文化與商品經濟的矛

盾；怎樣看待中國傳統文化的同化作用；等等。

上海文化發展戰略研討會

1986 年 5 月 10 日至 14 日，由上海市委宣傳部等主持召開了文化發展戰略研討會，作爲前段時間城市文化發展戰略研討活動的總結。中央和上海黨政部門的領導幹部與北京、上海思想文化界的專家學者共 300 多人相聚一堂，共同探討上海文化發展戰略問題，對思想文化領域的改革和發展從總體上進行了綜合研究。會議高度評價了這次研討活動對制定上海文化發展戰略的重大意義和對全國文化事業的發展帶來的積極影響，對《關於制定上海文化發展戰略的建議》進行了科學的論證，對上海文化發展戰略的方法和政策提出了很多有益的建議。這次盛會的影響超出了地區性文化發展戰略研討的意義，是繼「實踐是檢驗真理的標準」問題討論後的又一次思想解放。

研討會主要探討了以下幾個問題

一、「文化熱」到來的原因

與會者普遍認爲，文化熱的到來，決非偶然。從前幾年文化理論界的一些專家學者自發性地進行探索到今天有組織地開展大型研討，這是我國社會生活發展到一定階段的必然結果。

大家認爲，近年來的經濟體制改革，使人們在文化觀念、思維方式和行爲規範等方面發生了很大變化，這是文化熱產生的社會現實基礎。同時，隨著改革的深入發展，新思想、新觀念又必然和原有的一些文化觀念發生尖銳的衝突。時代提出了與經濟發展相適應的文化問題。有的與會者強調指出，改革要充分發展有計劃的商品經濟，但幾千年積累下來的並不是商品社會的觀念，而是農業社會的觀念，主要是封建宗法觀念和小生產思想。從倡導科學與民主的五四新文化運動並沒有徹底完成破除封建宗法觀念和小生產思想的歷史使命。建國以來相當長的時期內，我們又忽視了這一任務。因此，我們搞現代化面臨思想文化理論準備不足的不利條件。在某種意義上，文化熱是五四運動後的又一次大的思想解放運動。

還有人認爲，爲使經濟改革具備相應的社會心理承受力，必須把「兩個文明」的建設緊密結合起來，通過對中國傳統文化的反思，對中外文化的比較，對社會心理的深層分析，去探尋如何建立一種與有計劃商品經濟相適應的文化觀念和精神狀態，通過文化和政治體制的改革來保證經濟體制改革的深入。

二、文化發展和社會主義精神文明建設

一些與會者認爲，文化發展戰略研討是對如何搞好社會主義精神文明的重要探索。上海文化發展戰略，是建設有中國特色的社會主義現代化城市在精神文明方面的第一個藍圖。把文化發展看成一個精神文明程度不斷提高的過程，這在理論上正確解決了文化發展和精神文明的關係，在實踐上使精神文明建設具體化、系統化，

增强了可操作性。

　　還有的與會者説，應當把造就一代社會主義新人作爲我國文化發展的出發點和歸宿，作爲精神文明建設的根本目標。當前文化研究超出五四時期的一個重要方面，即是把人的現代化提上重要議事日程，人的現代化關鍵又在於文化素質的提高。馬克思主義把人的全面的自由發展作爲共產主義文化物質來看待，過去我們僅從德、智、體、才、學、識或者多樣面等方面來解釋全門發展是不準確的，因爲這種能力構成合理化問題在任何社會都可提出，真正科學的理解應是指人的潛能的全面而充分的發揮。我國社會主義時期新文化建設的主要目標，應當是爲造就社會主義現代化的人及現代化的社會，提供一種新的價值取向、文化模式以及相應的文化環境、設施及文化政策。

　　與會者認爲，一個城市的文明程度，首先是通過市民的精神面貌、道德水準、文化修養反映出來的；每一個市民卻能明確自己應該具備的精神狀態和行爲規範，且身體力行，精神文明建設也就落到實處了。

三、馬克思主義與文化

　　與會者提出，馬克思主義是在吸取人類文化精髓的基礎上創立和發展起來的，但它並不能代替人類文化的全部；它給人啓迪，給人智慧，但不提供全部具體知識和評判標準。馬克思主義理論作爲一種系統的抽象的文化形態，它必須滲透到各種層次的社會文化中去，通過潛移默化的作用，影響人們的思想觀念和行爲方式，這樣才能起到思想指導作用。

　　有人認爲，馬克思主義也將隨著文化發展而發展。近代自然科學曾經是馬克思主義產生的基礎，現代自然科學的新發展必將成爲馬克思主義發展的基礎。只有在堅持中發展，在發展中堅持，馬克思主義才有活力。

　　還有人提出，要堅持馬克思主義，必須很爲總結五四以來馬克思主義傳入中國的經驗教訓。在馬克思主義中國化的過程中，人們往往會自覺不自覺地用傳統的封建文化觀念來理解它，使之「化」的面目改觀，失卻了原有實質。要警惕用「馬克思主義的封建化」代替馬克思主義的中國化。與會者相信，文化熱是馬克思主義發展新高潮到來的前兆。

四、傳統文化與現代化

　　這是研討會的又一個熱題。有人認爲，應從現存傳統文化所構成的社會心理對商品經濟發展的承受力這一視角去考慮問題。傳統文化中的宗法觀念和小農思想，會使人們對商品經濟產生恐懼和抵抗心理，成爲改革的阻力。因此，對傳統文化應著眼於改造，使之適應社會發展，傳統文化將面臨「被現代化」的命運。

　　但也有人認爲，試圖在現代化中否定中國幾千年形成的傳統的思想文化觀念，只會導致混亂。他們強調應尊重傳統文化的地位。

　　與會者還提出了一些促成文化現代化的措施。

五、如何對待外來文化？

有人認爲，不必擔心吸收外來文化會導致「全盤西化」。縱觀中國歷史，在同外來文化的每一次衝突與交融中，從未出現「全盤西化」的情況。相反，大量吸收外來文化的精華，能使我們的民族文化更加繁榮。歷史上的漢唐文化，五四前後的新文化均是如此。

在舊中國，我們接受外來文化影響，有時候是被動的，是列强强加的。今天則是我們自覺地吸收人類一切優秀文化成果，拿來我用。人類文明無國界。不能對外國文化精華一概排斥。

與會者還指出，對外來文化的開放應破除四種觀念：①重科技，輕人文。②重古賤今。③把社會上的不良風氣不加分析地同西方文化扯在一起，動輒清除「污染」。④絕對割裂精華和糟粕。要區分精華和糟粕，首先要對外來文化有全面的了解。

六、寬鬆的氣氛是文化發展的必備條件

這是與會者的一致看法。他們提出，文化發展的中堅力量是廣大知識份子。發展文化要靠物質條件，但相比之下，解除知識份子身上的精神束縛，尊重他們的勞動，調動他們的積極性，發揮他們的才能，使他們心情愉快地從事腦力勞動，這在目前尤爲重要。需要創造一種「團結、和諧、互相理律、互相信任」的寬鬆氣氛。實踐、認識是一個函數，對某種現象有不同的理律是經常發生的。不應對之漠然置之，或視爲異端。

與會者認爲，要形成寬鬆氣氛，必須長期堅持「雙百方針」，有兼容並包的氣度。因而，要允許犯錯誤，真正取消學術上的「裁判員」制度，要允許反批判，要保護探索者，對他們提供理論上的保護，對確有失誤者應進行熱情的批評幫助。

七、上海文化的地位和影響

此外，與會者還探討了上海文化的地位和影響，他們指出，近幾十年來，上海的文化優勢不但沒有發揮出來，反而有所削弱。因而，上海文化發展戰略是上海整個社會發展戰略中不可缺少的重要組成成分。與會者紛紛獻計獻策，提出了許多有益的設想和建議。

（上海《社會科學》1986 年 6 月）

東西文化和中國現代化講習班

1986 年 5 月 20 日至 30 日，中國東西方文化研究中心在杭州舉行了名爲「東西文化和中國現代化」的講習班。先後到講習班講演的海內外專家學者有：黃萬盛、朱維錚、陳鼓應、王元化、龐樸、李澤厚、蕭萐父、包遵信、梁從誠和成中英等。講演內容涉及文化的結構、文化的人類性和民族性、文化學研究的緣起、對傳

統文化的評價、中西文化的差異及中國傳統文化與現代化的關係等多種理論問題。

關於文化研究的緣起。講演者認爲近年來還沒有任何一種學術思潮能像文化研究這樣自覺地、迅速地、深入地發展而成爲全國普遍關注的問題。這表明對文化的反省、對中西文化的比較研究與中華民族現代化建設以至未來的發展前途，有著內在必然的關係，文化研究與中國現代化結爲一體這一現象，已經成爲目前中華民族尋找未來道路的基本特徵。關於文化研究的熱潮成因，主要有三種觀點。

1. 中國近現代歷史發展的必然要求與文化結構的邏輯展開，共同構成了以文化研究爲主題的學術熱潮。中日近代史有一場現代化運動，經歷了洋務運動（向西方學習物質文明）、戊戌變法和辛亥革命（改革社會體制）、五四運動（建立民主和科學的觀念），表現出由文化結構的表面到中間層面再到深層結構的遞進過程。從粉碎「四人幫」到現在，我國在尋求中華民族走向現代化的自強之路，與上述過程有著階段性的相似之處：由起初引進西方的工業技術，到幹部制度的改革，再到探討觀念現代化。這是文化研究興起的近因。產生這種歷史循環現象的重要原因是，中國在進行現代化建設過程中始終存在著一個先入爲主的參照系——西方有形的物質圖像。但是爲什麼探討的問題有許多與五四時期有著驚人的相似之處，甚至表現出一定的繼承性和重複性？有學者認爲，五四運動包含著思想啓蒙和救亡圖存兩個運動，思想啓蒙的任務沒有完成，甚至中斷。因此，今天在中國走向現代化的時候，與啓蒙相聯繫的一系列懸而未決的問題，就邏輯地重新展現出來，成爲當前文化研究的重大課題。這是文化研究興起的遠因。

2. 思想理論界尋求自強的精神構架的自然延續與知識份子社會責任感和歷史使命感的覺醒。

3. 世界性文化研究的興起。

關於對中國傳統文化的評價，主要有五種觀點。

1. 中國傳統文化的核心是儒家倫理本位主義。所謂倫理本位主義或倫理中心論，就是把一切問題倫理化，把一切是非判斷都歸之以封建倫理綱常爲標準的價值判斷。這種思維定勢導致了中國哲學命題、範疇只能放在倫理學上才能看出它的真正涵義。中國傳統哲學中沒有超倫理的認識論和自然觀，以及科學技術的落後，就是因爲重義輕利、重道輕器的價值觀影響所致。

2. 重術輕學。即重視實際應用，輕視理論研究和對真理的追求。

3. 中國封建社會長期以來以血緣、氏族、家庭的倫常關係爲紐帶來調整、構建社會關係，以倫理代替法律、以人治代替法制是中國封建社會的普通現象。

4. 中國傳統文化本質的規定性是超越自然表象、超越人的一般存在意義的道本體，形成了「天人合一、知行合一、情景合一」的思維方式、抒情方式和價值系統。

5. 中國古代傳統的思維方式是自我中心論，人類中心主義。

關於中西文化差異，有的講演者從中西地理環境、生產方式的差別，探討了中西文化在人與人、人與自然、人與社會等方面的不同。還有的講演者通過對西方大百科全書的比較研究，提出了中西不同的文化觀念。

關於文化和知識份子，有的講演者從歷史的角度提出，中國古代知識份子大多

表現出較強的參與意識，干預國家管理，關心王朝興衰。而西方知識份子一般卻有較強的獨立性，很少依賴於某種政治勢力或社會集團。中西知識分子這種特質不同，究其原因，乃知識的屬性所造成。

　　關於文化研究與現代化，有的講演者認爲，我們通常是從現代化的角度去看人類性的問題的，從自己民族要走向現代化這個視界上去看那些爲我所用的東西，有一種不自覺的中體西用在內。而現在應當從人類的意義上來看現代化，把出發點從現代性看人類性調整爲從人類性來看現代性，並調整和改造我們的文化結構。有的講演者指出，發展中國家毫無疑義地把工業主義作爲自己的選擇目標。但應注意發展和吸收與工業主義相適應的文化。只想把經濟的部分拿過來，這不過是一廂情願。

中國文化發展與建設討論會

　　1986 年 6 月 2 日，成立不久的北京大學文化學學會舉行了「中國文化發展與建設討論會」。張岱年、陰法魯、包遵信、葉朗、向仍旦等校內外學者出席了會議。與會者對國內文化研究的現狀及前景發表了意見。

　　向仍旦認爲，當前學術界缺乏對文化的全面宏觀分析，對當代社會上萌生的問題不能做出解釋。張岱年說，對中西文化的概括要避免片面性。葉朗指出應從材料出發下結論。

　　如何對待中國傳統文化？與會者認爲應慎重對待國外學者的意見，應該有自己的角度。張岱年認爲不能完全否定過去的文化，否則就失去了根基。同時要建立新文化，儒學在中國居統治地位的時代已一去不復返了。葉朗認爲，儒學不會成爲解決西方危機的出路。

（據《理論信息報》）

中國傳統文化思想座談會

　　1986 年 6 月 6 日，中國孔子基金會學術委員會和《孔子研究》雜誌召開了第一次中國傳統文化思想座談會。

　　與會者對中國傳統文化思想研究的現狀和發展趨勢作了分析、估計，一致認爲，目前的文化熱，適應了改革和現代化建設的需要，也向社會科學工作者提出了一系列新課題。應對文化熱產生的原因、作用及發展趨勢從理論上作爲有說服力的論證，特別是搞中國哲學史、思想史的人，要探討中國傳統文化思想發展的規律和特點，總結理論思維的經驗教訓，促進思維方式的變革。

　　與會者討論得最爲熱烈的一個議題，是如何使傳統文化思想研究爲改革和現代化建設的現實服務。有的學者認爲，中國傳統文化思想具有多樣性的特點，它受歷史與環境的選擇而決定棄取。而歷史與環境對於傳統文化思想的選擇又往往是以對

立的方式進行的。因此，學術界應該對中國傳統文化思想作多層次、多角度的研究，向社會提供各種可能的選擇。有的學者還強調，近現代的中國受過西方文化的洗禮，中國傳統文化與西方文化的結合形成了我們今天的文化形態。其中既有中國優秀文化與西方進步文化的結合，也有中國陳舊文化與西方腐朽文化的結合，這兩種結合對於我們今天的社會生活都在起作用或發生影響。這就有必要加強對二十世紀以來中國文化形態的研究，它將有助於社會主義物質文明和精神文明。

會議決定，這樣的座談會今後將定期舉辦。

保護民間文化座談會

1986 年 6 月 8 日，全國政協文化組，中國民間文藝研究會和中國社會科學院少數民族文學研究所，在人民大會堂聯合召開保護民間文化座談會。鄧力羣、阿沛·阿旺晉美、周谷城、錢昌照、周巍峙、林默涵以及部分專家學者參加了會議。

鄧力羣說，民族的振興和四化建設，特別需要一種民族的精神、民族的力量，而民族的感情、心理結構的形成，首先要從民間文化裡吸取營養。

周谷城說，有一種不太正常的現象，我們自己應該研究的東西，無人問津，在國外卻搞得很熱鬧。

與會者一致認爲，應加緊搜集、整理和研究民間文化，成立保護民間文化委員會，建立民間文化博物館，使豐富多彩的民間文化遺產不致於在我們的手中失傳。

座談會通過了《關於搶救、保存、保護民間文化的倡議書》。

（據《中國文化報》1986 年 6 月 8 日）

中國社會主義文化建設中繼承與交流問題座談會

1986 年 6 月 10 日，北京師範大學東西方文化研究中心和太平洋史學會聯合舉辦「中國社會主義文化建設中繼承與交流問題」座談會。會議由周谷城教授主持，首都一些知名學者如梁漱溟、黃頌康、鍾敬文、張岱年、季羨林、金克木、周一良、張芝聯、鄧廣銘、張廣達、李春輝、何茲全、常任俠、王鍾翰、黃頌康、賈蘭坡等參加了座談會。

梁漱溟先生認爲，傳統的中國文化之不同於現代西洋文化，就在於西方強調「個人本位，自我中心」，而傳統的中國所講的「孝、悌、慈、和」根本上是以對方爲重，他分析了二者各自短長之後指出，無論繼承還是交流，要緊的是擇其善者而從之。張岱年教授說，對於現在中國的文化形態問題，有人認爲是「百事不如人」，要向外國學習。我認爲對於我們民族的深層的文化意識，應該保留，但同時又要把別人的東西學會，二者是相輔相成的。周一良教授提出，文化可區分爲廣義的，狹義的、和深義的，探討文化交流必須分清文化的概念。黃頌康先生認爲，中國並非沒有民主的思想，而是沒有健全的民主制度，要振興中華，就必須向西方學

習民主和法制。鍾敬文教授表示，目前我國的首要任務是經濟改革，但是如果不重視文化建設，社會發展就不可能協調起來。周谷城教授指出，能召開這樣的座談會是我黨認眞貫徹「雙百」方針的結果，大家應該爲中國文化的繼承和交流搖旗吶喊。

（據《理論信息報》1986 年）

中國文化發展建設問題討論會

1986 年 6 月 11 日，中國社會科學院文學研究所和《中國文化報》在北京聯合召開了「中國文化發展建設問題」討論會，周谷城、朱厚澤、王蒙、高占祥、周巍峙、廖沫沙、馮牧、金克木、張岱年、劉再復、龐樸等 50 多人出席了會議。

與會者指出：任何國家、任何民族的文化都不是鐵板一塊，都是可以吸收他文化和被他文化所吸收的。在改革、開放的進程中，傳統文化明顯地不夠用了，要在吸收、借鑑國外優秀文化的過程中創造適應社會主義商品經濟發展的新文化。

與會者指出：中外近代史的發展表明，單純追求物質文明的現代化，只是一種片面的現代化。我們的現代化應當是全社會、全民族整體的和全面的現代化。當我國走上發展社會主義商品經濟的道路後，傳統的價值觀念和思維方式同民主的、法治的、平等競爭的等等現代意識很不適應，必須來一場深刻的革命，今日中國的文化應當是有中國特色的、社會主義的、現代的文化，是充滿科學、民主、開放和開拓精神的文化。

討論會還探討了中國傳統文化的特徵，中西文化的差異，國外文化的借鑑與吸收以及羣衆文化等問題。

（據《中國文化報》1986 年 6 月 22 日）

中國傳統文化思想學術討論會

1986 年 6 月 10 日至 11 日，爲紀念《文史哲》創刊 35 周年，《文史哲》編輯部和山東大學青年社會科學工作者協會在濟南聯合舉辦了中國傳統文化思想學術討論會。

會議討論了傳統文化的內涵、特徵、評價、與現代化的關係以及研究的方法和態度等問題。

與會者認爲，文化介於哲學與一般的意識形態之間，是從後者提煉出來但尚未上升到哲學高度的民族的心理結構和價值體系。文化的根本屬性是民族性。傳統文化是時空交織的多層次的複合體。在縱向上有各歷史階段的不同特點，在橫向上又有地域文化的各自風格，在深度上更有表層的文化制度和深層的心理結構的區別。

有的學者認爲傳統文化在哲學上的特徵有：1.承認對立和差別，但不強調鬥爭；2.強調相輔相成，但不強調轉化；3.承認發展，但是平面的圓圈，而非立體的螺

旋；4. 強調靜，動亦是靜中之動。有的認爲它在認識論上有整體性、主體性、模糊性的特點。還有人以阿拉伯文化爲參照系，提出中國文化的三個特徵：早熟性、獨立性和內向封閉性。

對傳統文化思想的評價，在幾種觀點。一是認爲對傳統文化要揚棄其落後面，一個民族只有超越自我才能發展。二是認爲傳統文化中財富要大於糟粕，不能把現實中的一切醜惡現象都歸罪於它。過分地批判傳統會導致民族虛無主義。三是主張對中西文化都採取兼容並包的態度。作爲文明積澱的文化非常複雜，很多東西無法簡單地加以價值判斷。寬容正是一個民族有自信心的表現。

關於傳統文化與現代化的關係，一些人認爲二者是相衝突的，即便是傳統文化的精華，如與現代化不適應也要拋棄。另一些人則認爲，二者並不矛盾，繼承傳統文化優秀部分是增強民族自信心的重要手段。現時代中西文化的差異主要是時代的而非種族的。

關於引進西方文化，有的人認爲，西學再次東漸是不可避免的，對西方文化要實行「全方位開放」。一個開放的系統才是充滿活力的。另一些人則認爲，要警惕不顧本民族特點，盲目引進外來文化，否則會陷入狼狽的境地。

山東大學討論儒學第三期發展問題

1986 年夏，山東大學青年社會科學工作者協會與歷史系共同召開了「史學月談」會第三次學術討論會。會上以杜維明提出的「儒學第三期發展」爲題討論了中國傳統文化問題。

有些人認爲，儒學的第三期發展是不可能的。從儒學本身來看，它的學說的核心已經衰亡，缺乏新的發展的內在依據。儒家思想比西方文化低一個層次，以低層次的儒家文化爲載體來吸收，融會西方文化，事實上是不可能的。儒家學說賴以生存的是農業宗法社會，而這種社會歷史條件現已不復存在。

有人指出，杜維明的觀點在西方也只是一家之言。首先要看儒學的傳統是什麼，然後再看社會實際是否需要儒學。只有搞清這些問題，才能談儒學是否可以復興。西方學者熱衷於儒家文化，是由於西方資本主義工業化高度發展後，出現了文化危機，要吸收儒家文化作爲資本主義文化的補充。而我們要從中國國情出發，尋求文化發展的方向。

有人則認爲，杜維明提出的觀點是值得重視的。從宏觀上看，儒學的復興是一種趨勢。西方需要以儒家的倫理體系來協調一系列社會問題。在我國，隨著經濟的高速度發展，也會出現類似情況。所以儒學在中國復興，不無可能。

會議認爲，關於儒家學說的前途問題，是涉及到中國傳統文化與現代化很多方面的重要學術課題，例如，儒家學說在中國傳統文化中的地位；對傳統文化怎樣批判繼承，「工業東亞」經濟起飛，儒家在其中所占比重；西方目前的「東方文化回歸熱」的社會背景，如何處理中西文化的體用關係等。

復旦討論「新儒學」

　　1986 年《復旦學報》第三期文化研究專號中，發表了青年學者的文化研究成果，其中幾篇文章對「新儒學」的學術思潮提出了不同看法。

　　陳奎德在《文化討論的命運——兼與杜維明先生商榷》中說，海外個別敏感的論者認爲「東亞工業文明奇蹟」是儒家倫理有助於經濟高速增長的證明。這種說法的似是而非之處，主要在於它只看到了某些外表的歷史傳統、文化虛象、而未洞察其根本上的文化變遷。東亞地區的文化形式，其核心部分，無論就其所有特徵、經營方式還是政治制度、上層建築（特別是法律制度和教育內容），大體上都是從歐美移植過去的，並非直接發源於本土。因此，把東亞工業文明奇蹟訴諸傳統儒家倫理，不能不是一廂情願的新儒家相思病。海外華裔學者論述新儒學復興，其心理背景是完全可以理解的，也頗值同情。某些西方人對東方文明的過度誇張，除了使我們的「集體無意識」的自尊得到某種滿足外，並不值得認真對待，他們大多數只是把中國古代傳統文化視爲點綴他們豪華客廳中的一只古色古香的瓷瓶。時下中國的尋根意識的出現令人不解。儒家文化是歷史意識和尋根意識最爲強烈的文化，我們的「根」不尋自在，揮而不去，時時在糾纏著我們，還值得挖空心思地去尋嗎？

　　商戈令在《文化與傳統》中說，堅持傳統文化不能否定的人，實際上是以民族性來理解人類文化。若將民族文化看作人類文化形式的多樣性，那麼人類或世界文化的最終建立是可能的。而民族文化及其傳統的評價標準，則應該在人類文化最新成果和最高水平基點上。在這個基點上說某一民族是先進或落後才有意義。但若以民族文化是獨立發展的觀點來看中國文化傳統，就必定會否定一切外來參照系。杜維明先生認爲中國今天的流弊在於傳統文化未能保留得住，中國的現代化只要寄託於「儒家第三期發展」便能奏效。中國未來的希望不在前，不在外，而在古代。但我認爲，從人類發展的歷史總體來看，中國屬於人類的早熟類型，這種早熟優勢由於各種複雜的原因未能在後期得到進一步保持，卻在觀念中造成了盲目的自我確信，在思維方式上長期停留在主客體混沌不分的集體表象階段。正是傳統束縛和阻礙了原本占優勢的中國文化進一步創造更新自己的步伐。

　　程偉禮在《從「儒家資本主義」看中西體用之爭》中提出，「儒家資本主義」是一種在東西文明交流中產生的變異體文化形態，它是海外學者對東亞地區工業文明體系的社會經濟制度及思想文化體系的總稱和概括，它與歐美資本主義確有差別，標誌著世界上蘇聯、歐美以外的第三個工業文明體系的形成。剖析日本，可知它有三個特徵，一是以人爲中心的「人力資本」思想，二是「和諧高於一切」的人際關係準則，三是「高產乃是爲善」的勞動道德。

（據《理論信息報》）

北京文化史學術討論會

　　1986 年 7 月 8 日，北京市歷史學會、《北京社會科學》雜誌社、北京史研究會

聯合召開了北京文化史學術討論會。

大家認爲，文化研究中，基本理論的研究是首要的。北京文化史的研究成果將爲北京文化發展戰略作出貢獻。目前地區文化史研究出現了熱潮，但應先研究地區文化的分類標準。有的地方色彩很濃，如藏學；但因中國長期是一個統一的封建集權國家，文化交流較發達，各地區文化間的共性超過了個性，在語言文字方面尤其如此。

有人認爲，可將北京文化稱之爲「京派文化」，從歷史背景、環境影響等方面都可看出「京」、「海」文化之間的差異，但多數人不同意這一提法，認爲這樣不利於文化界的團結。另外，北京自明代以來就成爲全國政治、經濟、文化的中心，北京文化不同於一般的地區文化，大家指出北京文化的特點有三。一是悠久性，二是綜合性，三是文化領域裡的鬥爭特別激烈。

（據《理論信息報》）

對「文革」的歷史反思討論會

1986 年 7 月 9 日，四川省青年改革理論與實踐研究會學術理論部組織召開了對「文革」的歷史反思討論會。

與會者一致認爲，「文革」影響巨大，可以説是中國社會、政治、經濟和文化特點的「展覽館」和「資料庫」。中國歷史上所積澱的種種弊端、惡習也得到了最充分的暴露。對「文革」的起因，與會者有幾種意見。

一是矛盾激化説，各類矛盾一直未得適當解決，積壓起來並逐漸烈化，釀就了「文革」的總爆發。「文革」成了「排滯口」。

二是文化衝突説。「文革」是中國傳統的文化體系同現代文化體系激烈對抗的一次集中性表現「文革」的發生完全不是什麼黨内路線鬥爭，而是專制主義、皇權主義、忠君思想爲主幹的傳統文化體系同現代化發展的要求民主政治、尊重科學、思想自由、人格平等、法律至上的文化價值體系的尖鋭衝突。「文革」的結果表現爲傳統文化的復歸。

三是馬克思主義封建化説。「文革」是被封建化了的馬克思主義作爲大一統國家的指導思想的必然產物。那種與中國實踐「相結合」。帶有強烈實用色彩馬克思主義同傳統文化相結合，很容易被用來爲集權政治服務。

因此，在中國這塊封建專制主義具有深厚社會基礎的國度裡，現代化的實現必須有政治、經濟、社會、文化的不斷改革。

中國傳統政治文化討論會

1986 年 7 月中旬，首屆中國傳統政治文化學術討論會在長春召開。與會者討論了傳統政治文化的内容、特徵及怎樣對待傳統政治文化等問題。

　　吉林大學副校長朱日耀指出，傳統政治文化是一個多層次的概念，概而言之由傳統的政治思想、政治制度和社會政治心理構成，三者相互制約、相互補充，而社會政治思想占據著至高點。

　　關於傳統政治文化的基礎和特徵，天津師範大學徐大同教授將前者概括爲：在國家所有權支配下的小農經濟，以專制王權爲核心的龐大官僚系統，以血緣關係爲紐帶的宗法關係；將後者總結爲務實的、重民的、倫常的政治文化。

　　與會者認爲，傳統政治文化在現實政治生活中仍然有著巨大影響。怎樣對待它，是現代化進程中無法迴避的現實課題。

傳統文化與現代化座談會

　　1986 年 8 月，《羣言》雜誌召開座談會，討論傳統文化與現代化問題。

　　梁漱溟認爲，中國文化的要點要從社會的組織結構來認識。這種組織結構經過近百年來世界大交通、西方文化的衝擊而崩潰改變，現在已破碎了，但沒有完全失去。我們要補足人對大自然的認識與利用，即物質文明的建設。世界的未來將是中國文化的復興。

　　季羨林認爲，我們最重的包袱仍是封建思想。我們缺少資本主義階段，該補的課。其一就是重視商品經濟，學習西方的企業管理經驗。

　　張岱年認爲阻礙現代化的陳舊傳統，一是專制主義，封建主義遺風，特權思想和家長制；一是由小農經濟帶來的懶散作風。應補民主和科學的課。「儒學發展的第三階段」是沒有前途的。

　　何兹全認爲，我們的文化優勢在古代。雖然這可以增強民族自信心，但「天朝大國」的思想幽靈會使我們更落後。

　　任繼愈認爲應提高全民族的民主意識。新民主主義革命沾了封閉的自然經濟的光。農村包圍城市可以取勝，是有小農經濟的支持。廬山會議，十年文革，都與整個民族的民主意識很不夠有關。

　　費孝通說，沒有生產力的發展，農民思想不會變，還會是要個好皇帝加個包公。應寄希望於農民離開土地，這是產業革命。農民頭腦發生根本變化的力量不可小視：

　　馮友蘭認爲中國古典哲學也將成爲具有中國特色的社會主義精神文明的一個來源。

（據《中國文化報》1986 年 12 月 24 日）

文化與文學討論會

　　1986 年 9 月 10 日，《中國文化報》邀請在京的文藝理論家和作家，舉行「文化與文學」討論會。劉再復、許覺民、劉錫誠、繆俊杰、曉雪、李佗等參加了會議。

閻綱、李中岳提出要建立文學研究中的「文化視角」，把文學研究與文化研究結合起來。與會就這個大視角問題進行了討論。

劉再復提出，文化反映社會羣眾的心理和意識，文學描寫個體的心理和情感，兩者如何有機地結合？李佗説，中國文化發展中有代表性的問題是，爲什麼中國文化的多元性一直不得承認？「俗文化」爲何慘遭剿滅？從俗文化中可以發現許多不同於所謂傳統文化的價值觀念。俗文化是文學走向世界所必須吸取的營養，有人認爲，我們的國民性中有一種羣體意識，有依靠「救世主」的觀念，缺少強烈的個性意識。當代意識就離不開個性意識，魯樞元認爲，最能表現個性的。有一定時代色彩的是人的性意識。王丹認爲一些青年作家的某些作品有「反文化」傾向，表現爲對傳統文化和現有文化的反抗。許覺民則認爲那些作品寫出了青年人對現實的不滿和勇於探索、要求改革的當代意識，因而體現了當代文化心理特徵。

（據《中國文化報》34 期，1986 年 9 月 24 日）

明史國際學術討論會

1986 年 9 月 15 至 20 日，由中國社會科學院歷史研究所和黑龍江大學等單位聯合主辦的第二屆明史國際學術討論會在哈爾濱召開。出席會議的有中國、美國、日本、澳大利亞等國的專家學者 140 餘人。

與會者除討論了制度問題，還研究了文化問題。他們對明代的服飾、飲食生活史、生活方式、宗室的婚姻，明代的民居、江南的園林、科學技術以及宗教問題，各自介紹了自己的研究。

有人認爲，晚明所出現的社會困惑是孕育一個學者羣體的重要因素。也有人對晚明社會與傳統文化的危機作了較深入的探討，認爲晚明的統治危機與文化危機如影相隨。晚明文化交織著正統與異端，守成與更新、循禮與非禮的矛盾，成爲春秋戰國後中國文化上又一個思想最活躍的時期。晚明文化的變遷，預示晚明社會有可能成爲孕育新社會的母胎，但真正催生新社會的動因先天不足，致使某些新因素被窒息於腹中。

（據《理論信息報》）

政治、經濟、文化協調改革理論研討會

1986 年 10 月 11 至 10 日，北京大學研究生會主辦了政治、經濟、文化協調改革理論研討會。

與會者提出，在當前計劃體制向市場體制轉化時所帶來的新體制與舊觀念、舊體制與新觀念之間的尖銳衝突面前，我們應跳出在經濟、政治問題上就事論事的圈子，到思想文化領域中去尋求推動改革前進的動力，建立與社會主義商品經濟相適應的文化觀念和精神狀態，並以政治和文化的變革把目前正在進行的一切改革推向

新的高度。

　　他們認爲，强化國家法律監督職能是政治體制改革應該邁出的第一步。而意識形態的改革將產生三方面的功能：①造成巨大的思想解放，清除我們民族幾千年來累積下來的舊觀念、舊思想的沉渣。②對全面的改革提供强大的精神力量。③形成富有生命力、創造性的社會意識和精神環境。大家指出，革命時代的意識形態强調集中、統一、紀律等革命精神，建設時代應該是經濟、文化的全面繁榮。因此要發掘馬列主義中更爲深層的東西。今天，要使馬列主義成爲現時代的創新精神，需要强化馬列主義哲學中的自由原則，民主原則和人道主義原則。

秦漢思想文化討論會

　　由中國秦漢史研究會和安徽師範大學聯合主辦的第三屆秦漢史年會暨學術討論會，於 1986 年 10 月 15 日至 18 日在安徽蕪湖召開。來自全國的 100 餘名代表到會。日本秦漢史學者訪華團一行 7 人也出席了會議。會議討論的中心議題是秦漢思想文化。

　　有的代表指出，秦漢時期是中國思想文化從百家爭鳴到獨尊儒術的轉折時期。政治大一統最終排斥了思想上的多樣性。專制主義使統一思想的理論演變成一種文化專制政策。

　　多數人認爲：漢武帝時期的儒家已不同於先秦時期的孔孟之儒，是新儒家。它糅進了道、墨、名、法、陰陽等各家思想。也有人説，新儒家主要糅進了法、道兩家。有幾位先生提出，新儒家形成之初，雖號爲獨尊，卻具有開放和兼容並包的特點。它的形成也沒有直接導致漢武帝用暴力手段壓制非儒家文化的發展。新儒家的出現有積極意義。它的大一統思想維護了中央集權制度。「天人感應」説强調人的能動性，督促統治者「更化」，「三綱」有利於社會秩序的安定。另外，新儒家思想對民族心理結構的形成與穩定也有巨大的作用。有些先生則認爲，所謂新儒家已失去先秦儒家的活力，它宣揚讖諱迷信，搞繁瑣考證。它本身具有專制的傾向，是文化專制政策的理論依據。它的形成是對諸子百家爭鳴的反動。

　　有的先生認爲，「罷黜百家，獨尊儒術」局面的形成與當時的社會心理、社會風氣有關。戰國秦漢時期，法家思想風行，專制集權制度確立，接受排它性的專制統治已成爲一種社會心理。該時期商品經濟的畸形繁榮，迅速破壞了純樸的社會風氣，人們覺得需要一種注重倫理道德的學説來拯救時弊。有的先生認爲，過去説漢武帝在整個思想領域中「罷黜百家，獨尊儒術」主要是一種用於選立博士的文化政策。還有先生説，它只是董仲舒的一種主張，漢武帝並沒有真正付諸實踐。至元帝「純任道德」，儒家思想才最終確立了獨尊的地位。

魯迅與中外文化學術討論會

　　1986 年 10 月 19 日至 23 日，由中國社會科學院主持召開的「魯迅與中外文化學術討論會」在北京舉行。來自全國以及日本、蘇聯、法國、美國、英國和香港等國家和地區的百餘名專家，學者參加了會議。

　　在 19 日上午舉行的開幕式上，中國社會科學院副院長錢鍾書指出，「魯迅與中外文化」是一個大題目，涉及問題寬廣，希望國內外學者「暢所欲言，不必曲意求同」。中國社會科學院名譽院長胡喬木強調，魯迅對中外文化始終採取分析的態度。對待外來文化，實行「拿來主義」，去「占有、挑選」，「或使用，或存放，或毀滅」；對待傳統文化，也沒有進行全盤否定。社科院文學所所長劉再復認爲，魯迅超越於前代及同時代的許多思想家而成爲文化巨人的重要一點，是他深刻地認識到「立國先立人」的必要，他把打破愚昧、麻木、守舊、封閉、落後的精神狀態，改造民族素質，塑造新型民族性格視爲民族解放的根本。他主張用「拿來主義」反對閉關主義，主張吸收外來文化以衝擊封建傳統文化結構。對於我國全面改革的今天，魯迅的這一文化思想具有特別重要的現實意義。

　　會議主要討論了下面幾個問題。

一、中西文化撞擊中魯迅的態度

　　「五四」前後，西方多種社會文化思潮紛紛湧進中國，近代開始的中西文化的撞擊至此達到了高潮。對此，魯迅的態度如何呢？

　　王富仁認爲，魯迅的態度可以用「對古老文化傳統的現代化調整」來概括。魯迅通過對中國古代文化傳統的具體剖析，在批判和闡揚的過程中努力將中國傳統文化對現代中國人的影響轉化爲具有功能性質的新的文化系統，並使之與西方文化成果相結合，成爲中國現代文化系統。

　　王得後認爲，魯迅的一生可以概括爲致力於改革民族文化的一生。魯迅在改革民族文化時，既主張改革國民的精神和國民性，強調「立人」，又總是從民族的歷史，從各種社會關係中來考察人。魯迅不是「文化決定論者」，他最終選擇了馬克思主義，把自己的思想放在馬克思主義的理論基礎之上。

　　殷國明認爲，20 世紀初的中外文化撞擊，帶來了中國現代文化意識形態中多種文化因素交融的折疊現象。因此，中國現代文化意識的意義是在不同方向上確定的。其中魯迅的思想具有獨特的價值，表現在啓示和喚醒中國人民擺脫愚昧、貧困和封建專制統治鬥爭的鬥爭精神的歷史作用，但不能涵蓋一切。

二、魯迅的思想和傳統文化的關係

　　林毓生（美國）認爲，儘管魯迅在其一生中，通過全盤反傳統，產生了徹底絕望的感覺，但他並沒有按照邏輯走向虛無主義的極端。這是因爲他仍是一個中國思想家，在中國文化的經驗範圍內活動，受到儒家思想文化背景的影響。具體説來，是受到儒家的「天人合一」觀念的影響，這種觀念強調人能在現世的時空中發現自身的意義。魯迅把自己的一生奉獻給重建中國的工作，把它當做現世現時的人生中追尋意義的活動的一部分，顯示了一個純正的現代中國知識份子的良心。

　　錢理羣則從解剖魯迅「多疑、尖刻」的思維方式入手，提出它和紹興師爺傳統

有著一定的內在聯繫。通過「師爺筆法」這一中間環節，魯迅思維方式與「韓非的峻急」、「道家的世故」有了聯繫。

三、魯迅的思想和西方文化的關係

這一討論涉及到魯迅和進化論、尼采思想、西方文學、日本文學、西方現代藝術以及馬克思主義文藝理論的關係。

關於進化論，不少代表認爲它只在魯迅早期思想中有一定影響，後來魯迅接受了其他思想，揚棄了進化論。浦嘉珉（美國）指出達爾文的進化論其實是「演化論」，並沒有「世界是在進步」的觀念。魯迅用「進化論」來反對奴隸制和帝國主義（獸性愛國主義），儘管是對進化論的一種「曲解」，但這表明了魯迅想讓中國人多得一種獨立生存的理想和他的人道主義立場。

關於魯迅與尼采思想，陳幼石（美國）提出，尼采所做的工作是對西方到十九世紀爲止的文化、哲學、道德觀念的解結構考察，魯迅則反對中國幾千年的傳統觀念，思想方法上有許多共同之處。他不同意有人認爲魯迅從尼采那裡尋找到「個人完善」的武器的結論，提出尼采是反對個人完善的。伊藤虎丸（日本）考察了「日本的尼采」與「魯迅的尼采」之間的關係，認爲，魯迅通過尼采接受了所謂「極端個人主義」，是比當時的日本文學更徹底、更正確地把握了西方文化的「根底」的。

（據《理論信息報》）

跨世紀的中國學術討論會

1986 年 10 月 30 日至 11 月 3 日，由《青年論壇》和《學習與探索》雜誌社聯合舉辦的「跨世紀的中國——來自社會科學各學科對中國現狀和未來的思考」學術討論會在武昌召開。

會上，來自哲學、經濟學、史學、倫理學、政治學、法學、文化學、人才學、文學、美學、藝術等學科的一些中青年學者，從各個角度對中國經濟、政治、文化等各個方面的現狀進行了深入的分析。會議認爲，我們在全力謀求中國現代化的進程中，傳統的包袱十分沈重，中國跨向二十一世紀，不可避免地受制於政治、文化等因素，前景不容樂觀。

對中國現狀的思考

會議從傳統文化和政治結構這兩個方面對中國現狀作了分析。

大家認爲，傳統文化已經成了我們跨向二十一世紀的沈重包袱。特別是民族心理素質中的消極成分，使整個民族缺乏一種現代社會的亢奮的、進取的精神面貌。民族心理中非主體的個體人格，把自我消融於天（天人合一），消融於社會（人際和諧），對外部世界有一種理性恐懼，因此很難以主體人格去改造自然和社會。這種心態，在對外開放中，又表現爲「中國是世界精神文明中心」的深層文化本位意

識，妨礙了中國正確地分辨和確定自身在現代文明世界中的時空地位和角色。

　　大家認為，傳統文化及其觀念形態，與商品經濟發展有著尖銳衝突。我國目前是處在這樣的一個矛盾狀況中：要迅速發展商品經濟，實現現代化，必須有全民族的現代意識，必須丟掉落後的國民心理，卸下傳統的包袱；可是全民族的現代意識，又得靠現代社會的生產方式、生活方式來建立。

　　大家指出，如果說傳統文化妨礙了中國人現代意識的萌生，那麼，政治體制的封建餘毒，則直接地、全面地阻礙了我國的現代化。

中國跨向二十一世紀的起點

　　一種意見認為，應從文化批判入手，兼及政治、經濟，進行中華民族的全方位改造，向傳統全面開戰。十九世紀末，中國知識界曾有過三種文化方案的設計：一是以張之洞為代表的「中體西用」，二是梁啓超為代表的「羣為體，變為用」，三是嚴復為代表的「自由為體，民主為用」。這三個階級實際上走了從科技自覺到政治自覺再到文化自覺的道路。直到今天，我們仍應繼續完成全民族文化自覺的任務，以重建現代化的文化價值體系。

　　另一種意見認為，應從體制改革為首。但需要兩個前提：有一個非常開明、有氣魄、衆望所歸的領袖集團或權力中心；有全體人民的心理承受力或心理準備。

展望二十一世紀的中國

　　大家認為，下個世紀，中國在文化選擇、價值體系、經濟模式、生活方式等諸方面，將呈現全方位開放、多元並存發展的狀況。今天國際社會存在的多元文化，是世界文化發展的最新階段。

　　大家還提出了下世紀中國的其他一些特徵。

中美雙邊學術交流會

　　1986 年 11 月 2 至 5 日，根據中國社學科學院和美中學術交流委員會的協議，中美雙方在美國威斯康星州雷辛的約翰遜基金會溫斯普里會議中心，舉行了「現代化和技術革新：社會和經濟後果」的雙邊學術討論會。中方代表團團長邢賁思，共 11 人。

　　中方代表吳元梁在《當代科技革命和中國人民思維方式的變化》中指出，中國古代文化中不能適應當代科學技術革命的消極方面有：以君命聖言為標準的是非觀念，遵官貴長的等級觀念。向內心求索的認識觀、重義輕利的價值觀、遵祖守宗的傳統觀念。這些消極方面表現為對待馬列主義、毛澤東思想的教條主義，輕視現代科學技術，輕視知識份子的狹隘經驗主義。面向過去，不求上進的保守主義，片面分析，片面比較的形而上學方法。

　　會議還就以下問題進行了討論：技術革新社會後果的積極方面和消極方面，技術與社會之間的因果關係，技術選擇的決策機制，社會控制。其中，在談到技術轉

移中技術因素和非技術因素中的作用時，與會者指出，非技術因素主要是社會組織因素，其中也包括文化因素。新技術的引進或技術革新的成功與否受到社會組織因素的制約。但是，對於類似中國這樣的國家，關鍵的因素是什麼？存在著不同意見。有人認爲關鍵的是社會組織、經濟、文化因素。中國傳統文化，尤其是儒家思想對科學技術的發展起阻礙作用。對此，也有人提出，傳統文化與現代科學技術是不是相容的？如果說中國的傳統文化，如儒家思想與現代科學技術是不相容的，如何解釋日本、新加坡、香港、南朝鮮、台灣的發展。

中日文化交流史學術討論會

中日文化交流史學術討論會於 1986 年 11 月至 22 日在京舉行。這是由北京中日文化交流史研究會和日本史學會中日關係史分會聯合召開的。著名學者、專家周一良、常任俠、蕭向前、吳杰、劉振瀛等北京和外地大學和研究機構的教學、研究人員及出版、圖片、學術文獻部門的有關人員約 90 人出席了會議。有 10 位學者在大會上就「唐代的中日文化交流」、「中日關係史的若干理論問題」、「古代的中日文化交流」、「有關中日關係史的一些問題」、「魯迅的前期思想與夏目漱石的思想」、「唐代佛教與奈良佛教」、「老莊思想與日本」、「日本對中國佛教的研究」、「日歐文化的最初接觸與中國」、「郁達夫與日本」等問題作了專題發言。日本京都女子大學教授村井康彥應邀在大會上作了「日本中世文化」的學術講演，受到與會者的熱烈歡迎。

會議收到了三十多篇論文，涉及到中日文化交流的各個領域，如哲學、思想、宗教、政治、經濟、貿易、語言、文學、藝術和文物等方面。出席會議和提交論文的大多是中青年學者。這次會議的召開，反映了國內學術界對中日文化交流史研究的重視，也顯示了我國對中日文化交流史的教學和研究的深入發展。

全國文化事業發展戰略研討會

1986 年 11 月 20 至 26 日，文化部政策研究室和中國文化報共同主辦的全國第一次文化事業發展戰略問題研討會在廈門召開。

與會代表從不同角度論述了發展文化市場的必要性。他們認爲，社會主義商品經濟的發展，必然要求文化事業轉向與商品經濟相適應的軌道。文化市場指的是以商品形式向人們提供精神產品和文化娛樂服務的場所。長期以來，由於片面誇大文化事業的政治功能，諱言精神產品的商品屬性、經營特點，無視文化與市場的聯繫，忽略了羣衆的需求，從而造成精神生產與消費的脫節，形成了以行政機制爲統一調節手段的，高度集中的管理體制，嚴重妨礙了文化藝術事業的發展。必須從根本實行改革，納入市場機制，在競爭中求生存求發展。

與會代表認爲，與文化市場觀念相適應，還必須確立文化的開放觀念、經營觀

念、競爭觀念。讓各種實體、各種形式的文化經營活動互相補充，形成自身發展的能力和實力，運用自身的優勢和潛力在市場機制循環中自我調節，使文化事業充滿活力。

　　文化部副部長高上祥指出，一切著眼於建設是文化事業發展戰略的指導方針。

（據《光明日報》1986 年 11 月 27 日）

現代化與農村文化研討會

　　1986 年 12 月，《當代中國》叢書上海卷編輯部、《解放日報》市郊版編輯部、上海生活美學學會和知識出版社等單位聯合發起召開了「現代化與農村文化研討會」，並前往南江縣周浦鄉進行考察調查，結合當前農村文化實際，就如何積極進行中國農村文化的研究，展開了熱烈討論。

　　與會者指出，必須重視農村文化的研究工作。開展農村文化研究，事關新時期農村精神文明的建設和八億農民文化素質的提高，而占人口大多數的八億農民，其生活模式、思想模式、行為模式和價值取向如何，在很大程度上決定著現代化的進程。有人進一步指出，在我國傳統的小農意識頑強地滲透到社會各階層，開展農村文化研究，促進社會主體對農民意識的自我反省，將有助於全民族的觀念更新。其次，開展農村文化研究，將有力地推動學術理論界把文化問題的討論深入持久地進行下去。近年來，我國學術理論界掀起了傳統文化反思熱潮。但是，要解決這一問題，除了需要加強文化學基礎理論的研究外，很重要的一條，就是應當糾正對傳統文化只局限於研究書本、典籍等文獻材料的做法。研究農村文化，通過把握農村文化的特徵，將使我們有可能真正了解傳統文化的性質和特點。從而對它作出準確的評價，找出它在現時代的發展途徑。

　　與會者還就農村文化的特點和發展趨勢，以及農村文化研究的方法進行了討論。關於農村文化的特點，有人通過城鄉比較，認為農村文化有自給自足的封閉性、保守型；土生土長的單純性、鄉土氣和對城市文化的接受型、被動性等特點。另一種意見認為，農村文化作為農業文明，是工業文明的對立物，因此農村文化表現出小生產的狹隘片面性。也有人對此提出了不同的看法。關於農村文化的趨勢，一種意見是農村向城市學習，主張把城市中的一切文化設施、文化形式搬到農村。另一種意見主張在保持農村習俗、農民特色的前提下實現農民生活方式、思想觀念的現代化。在談到農村文化的研究方法時，與會者認為實際調查和收集歷史材料，是一個重要的方法。同時要把對農村文化的理論反思同搶救農村的傳統文化遺產結合來。

1987 年

新時期文化思潮學術討論會

據《中國文化報》1987 年 1 月 11 日報導，由中國社會科學院研究生院和工人出版社等單位聯合舉辦的「新時期文化思潮學術討論會」在京召開。

參加會議的有 20 名中青年理論家，以及 600 餘名碩士、博士研究生。他們就新時期文化思潮的特點及其在東西文化座標系中的位置、改革中的我國政治、經濟、文化如何協調發展、中青年理論工作者所肩負的使命等問題進行了討論。

與會者認爲，隨著經濟政治改革的深入進行，必然要在文化領域實現一場變革。因此，處在歷史激變時期的中國文化人，面對著西方文化衝擊和傳統觀念的糾纏，無不感受到了一種認同與超越的矛盾和痛苦。人們會從各自的立場作出不同的選擇，這些都需要理解。學術民主需要理解，也要有真實內容。萬籟無聲或千口一律是可怕的，而熱熱鬧鬧的過場一番，則不會有結果。與會者還對「全盤西化」及繼承傳統問題進行了辯論。認爲「全盤西化」和無批判地繼承傳統的觀點是不得要領的，因爲它們都不懂得文化的本質和替代的規律。

中國文化書院「中外比較文化研究班」（函授）

1987 年 5 月，中國文化書院「中外比較研究班」（函授）開學。這是我國第一所致力於大學後教育的社會科學函授。

執教導師有：梁漱溟先生，北大教授馮友蘭、湯一介、張岱年、季羨林、金克木、陰法魯、侯仁之、周一良、牛伯昆、陳鼓應、深圳大學教授樂黛雲，中國社科院研究員任繼愈、丁守和、李澤厚、吳曉玲、虞愚、吳大英、樂含章、龐樸、人大教授戴逸、石峻、北師大教授何茲全、北師院教授孫長江、政治大學教授張普藩，《走向未來》叢書主編包遵信，教授魏斐德（美）、杜維明（美）、傅偉勳（美）、成中英（美）、袁曉圓、李沼昆（美）、姜允明（澳）、冉雲華（加）、趙今揚（香港）、高寶揚（法）、

課程共 15 門。文化學概論、馬克思主義文化學、比較方法論、中國文化概論、日本文化概論、印度文化概論、西方文化概論、比較哲學、比較史學、比較文字、比較美學、比較法學、比較教育學、比較宗教學，比較倫理學。

這次函授班採取函授與面授相結合的辦法，在學員集中的大城市組織導師進行函授。學制是 2 年。

探討太平洋區域文化對西方文明的影響座談會

一個旨在探討太平洋區域文化對西方文明影響的學術座談會於 1987 年 5 月 30 日在北京師範大學舉行。周谷城教授主持這次會議。這次會議是由中日太平洋史學會、中日科學技術史學會、北京師範大學東西方文化研究中心聯合發起召開的。

與會者圍繞著太平洋地區的未來發展及其在世界經濟文化中的地位，中日古代科技文化對世界文明的貢獻，以及中日在太平洋地區所處的地位等問題，展開了熱烈的討論。與會者認爲，從發展趨勢來看二十一世紀太平洋地區將成爲世界科學文化經濟政治中心。中華文明、中日古代科學文化對西方文明的發展曾經發生過重要的影響。中國在太平洋地區處於極重要的地位，中國堅持改革、開放，實現社會主義現代化，必將對世界文明的發展作出更大的貢獻。

關於現代化問題，與會者認爲應包括武器、自然科學和人文科學的現代化。鴉片戰爭使我們認識到武器的重要，五四運動認識到科學與民主的重要。探討近代化過程中如何在太平洋地區進行的問題是具有重要意義的。不同民族和國家的文化是互相吸收的，真理是跨越國界的。西方學中日是解決第三次浪潮問題，中日學西方是解決第二次浪潮問題，二者是個時代差問題。現代化基礎是教育，關鍵是要搞好教育改革，實現教育現代化。

國際王國維學術研討會

1987 年 6 月 8 日至 12 日，在上海華東師範大學舉行了「國際王國維學術研討會」。這是國內舉辦的第一次有關王國維學術的國際性研討會。大會先後收到中外學者論文近 80 篇。會上，中外學者回顧總結了以往有關王國維學術研究的概況，充分肯定了王氏在中國近代新哲學、新文學、新史學發展中的地位及其所作出的重要貢獻，對其學術觀點，方法和某些具體研究結論的不足或局限之處，也進行了一些辯證和補充，無論在高度和深度上，都有不少突過前人之處。

與會者感到，這次會議大大促進了對王國維學術的研究，並表示，王國維一生致力於溝通東西文化，才在學術上取得了這樣大的成就。我們應以爲借鑑，在充分吸取傳統文化精華和外國文化之長的基礎上，發展和繁榮我國的科學文化事業。

城市文化研討會

1987 年 6 月 9 日，《城市問題》編輯部與《中國文化報》在京共同舉辦了首次「城市文化研討會」。與會者主要就以下幾個問題進行了探討：

1.什麼是城市文化　有看法認爲，城市文化就是區域文化，但又不是一般意義上的區域文化。這一「區域」是指作爲經濟、社會發展中心的地區。因而城市文化是社會發展過程中形成的諸文化形態的最先進的文化。有看法認爲，城市文化在近

現代社會發展中確實起到了「火車頭」的作用，但是，這並不意味著城市文化自城市產生起便具有這種作用，只是當城市文化在社會發展中具有了舉足輕重的地位後，城市文化的「火車頭」作用才開始具備。

2.城市文化的特點　有人認為，城市文化的根本特點可概括為四方面：即時代感、複合化、主體性、超前性。

3.城市文化的作用　對於城市文化的作用，與會者認為可將其歸結為帶動作用、教育作用和導向作用。帶動作用的最明顯的例證即是大城市周圍地區的發展都比較迅速，這與大城市文化的輻射有著密切關係。教育作用是指城市就像一本教科書，城市中的建築、綠化、歷史文物等都可以視之為文化，甚至可以說，城市事事皆文化。我們應當充分運用這本「教科書」來教育城市居民。城市文化的導向作用則是由前兩種作用引出的必然結果。由於城市文化的先進性，使其代表了當時社會發展的最高水平，這一點決定了城市居民的行為方式和思維方式相對來說比較先進。這種先進性的取得正是城市居民長期受到城市文化薰陶的結果，不僅如此，城市文化的導向作用，通過輻射還會滲透到農村，影響農村地區生活方式的改變。

4.城市文化的開發途徑　與會者指出，城市文化是極積向上的一種文化，對人的全面發展具有積極意義。我們對城市文化的認識剛剛開始，許多問題還有待進一步探討和研究的過程中，我們應抓緊城市文化的開發工作。與會者認為，應通過三個途徑來進行這一工作：a，結合城市經濟社會發展進行開發；b，結合城市經濟、政治、文化體制改革進行開發；c，結合城市管理進行開發。

（摘自《光明日報》1987 年 7 月 23 日）

近代中國與中國近代化

由　京大學、蘇州大學、江蘇省歷史學會等單位聯合舉辦的「近代中國與中國近代化　年史學討論會，於 1987 年 6 月中旬在蘇州大學召開，來自全國各地近 70 名青年　學工作者參加了這個討論會。會議以「近代中國與中國近代化」為主題，特別對「五四」運動時期的實用主義展開了熱烈討論。

許多代表認為，實用主義在中國的初期介紹與傳播，以及它在中國「五四」思想界所扮演的角色，已成為近代中國思想文化運動不可缺少的一個有組成部分。對此，過去史學界一般持簡單的否定態度，缺少中肯的分析，現在，有重新評價的必要。

大家認為，實用主義能在中國流行一時並傳播開來決不是偶然的。它有兩個方面的原因：其一，在某種程度上滿足了社會的實際需要。「五四」前後，西方各種思想紛至沓來，令人應接不暇，而實用主義卻排斥各種主義，以解決實際的社會問題為取捨，儼然超脫於各種主義、學派，這對於殷切希望走上富強道路的中國人來說是不乏吸引力；其二，它和古老的中國文化的歷史背景有共同之處。實用主義強調有效性問題，主張以主體的實用性作為判斷標準，這和中國傳統哲學中注重人生的特色是有異曲同工之妙的。

　　以往史學界對實用主義的影響，一般認爲它是和馬克思主義相對抗，簡單地統統拋棄。這次討論會上，有的代表提出了不同的看法，認爲實用主義的傳播流行客觀上也曾起過一定的積極作用。實用主義的「歷史真理論」，曾向以孔子爲核心的崇古價值取向發出嚴峻的挑戰，在實用主義旗幟下，傳統的規範和獨斷的教條都失靈了，偶像和權威搖搖欲墜。它促使人們從舊思想、舊社會及大家庭裡解放出來，並進而爲民主、科學等新思潮開拓了道路。

　　實用主義在中國曾風行一時，但作爲一種思潮，很快就銷聲匿跡了。原因何在？有的代表認爲，實用主義能在反對封建主義方面保持其積極的一面，而在批判資本主義的鬥爭中，卻遠遠落後於歷史的進程。胡適等人一方面大力鼓吹實用主義，另一方面又提出「全盤西化」的主張。但當時人們所接受的西方現實是資本主義標榜的民主、自由，帶來的是千萬無產者的愚昧和貧困；資本主義吹噓平等、博愛，展現的是殘酷血腥的競爭和戰爭，更重要的是，馬克思主義在中國的傳播，使得許多中日知識份子認爲它更符合中國的實際；因而選擇了馬克思主義，這就決定了實用主義在中國不免遭到失敗的厄運。

（《文匯報》1987 年 7 月 28 日）

當代哲學、文化學講座

　　1987 年 8 月 11 至 8 月 23 日，北京市社會科學院哲學研究所在北戴河舉辦了當代哲學、文化學講座。講座主要是對當代世界（包括東、西方）哲學思潮和文化趨向進行全面的介紹；用馬克思主義理論對其進行客觀的，有說服力的分析與評價。

　　這次講座，金克木教授作了「中外文化縱橫談」的講演；龐樸主講了「論文化傳統」；周輔城講了「現代西方人的倫理觀」；葉秀山講了「思、史、詩（現象學與解釋學）」；陳啓偉、洪漢鼎主講了「分析哲學流派」；雷永生講了「皮亞杰研究」；杜章智講了「西方馬克思主義的歷史和現狀」；賈澤林講了「蘇聯當代哲學問題」；鄭也夫講了「馬克斯·韋伯的政治歷史觀」。

關於改革中的文化觀念變革問題的討論

　　《中國文化報》編輯部邀請部分理論工作者和實際工作者就改革與文化觀念變革的相互關係進行了筆談和座談，並於 1987 年 8 月 29 日、9 月 2 日用三個專版刊登了筆談和座談的主要內容。

　　關於經濟體制改革與文化觀念變革的相互關係問題。參加討論的先生認爲，經濟體制改革呼喚著文化觀念的變革，從一定意義上說，文化觀念變革是經濟體制改革的先導，只有建立與社會商品經濟發展相適應的文化觀念，才能保證經濟體制改革的順利進行。

關於經濟體制改革的文化背景，有關先生認爲，封建主義文化傳統及自然經濟思想、教條主義地明搬外國模式所造成的思想僵化，「左」的思想和影響等，是我國經濟體制改革的主要思想障礙。經濟體制改革不僅是對傳統經濟體制的改革，也是對陳舊文化觀念的變革。

關於改革中的文化傳統變革問題，有關先生認爲，阻礙我國經濟體制改革的舊文化傳統、舊習俗主要有：國家集中統一管理一切經濟活動的經濟觀及其習俗，「不患寡而患不均」的平均主義分配觀其習俗，重本抑末的農本經濟結構觀及其習俗；强調不求人的自然經濟觀及其習俗；安貧樂道，重義輕利的經濟價值觀及其習俗等等。當前特別值得注意的問題是，一些本來有益於改革的良策在執行過程中由於受到舊的文化傳統及其習俗的干擾而扭曲變形。

關於政治體制改革中的文化觀念變革問題，參加討論的先生主要圍繞政治體制改革中的三個主要內容，即黨政分開、精簡機構、幹部人員制度改革，探討了相應的文化觀念變革問題。大家認爲建立適應社會主義商品經濟需要的新型政治體制，必須在文化觀念上實行四個轉變即破除黨包攬一切的觀念，樹立黨的領導是政治領導的觀念，破除權力高度集中，一切服從階級鬥爭和政治運動需要的觀念；樹立活力、效率、積極性和把工作重點轉移到現代化建設上來的觀念；破除對經濟實行直接管理的觀念，樹立間接管理爲主的觀念；破除人治的觀念，樹立法治的觀念。

在黨政分開的問題上，有關先生認爲必須破除把堅持黨的領導等同於黨直接管理一切的觀念。黨的領導應是政治上的領導，主要表現在三個方面：經過法定程序將黨的路線、方針政策具體化爲國家的法律、法令、條例、規率制度和計劃，由國家政權組織貫徹落實，向國家組織推薦重要幹部，通過國家政權組織內部和其他社會組織的黨組織以及黨員的先鋒模範作用，保證黨的路線方針政策的貫徹執行。

儒學國際討論會

1987 年 8 月 31 日至 9 月 4 日，首屆儒學國際討論會在山東曲阜召開。這次討論會是由中國孔子基金會和新加坡東亞哲學研究所聯合舉辦的。來自四大洲十二個國家和地區等 130 餘位學者參加了這次會議。其中有許多是國內外的知名學者，如中國的匡亞明、張岱年、金景芬、嚴兆渶、汝信、楊向奎、湯一介；新加坡的吳德耀；日本的岡田武彥、金谷治、高橋進；美國的陳榮捷、狄百瑞、杜維明；英國的汪德邁；澳大利亞的柳存仁。此外，還有政府官員如谷牧、周谷城、新加坡第一副理吳慶瑞、第二副總理王鼎昌，以及聯邦德國阿登納基金會主席布魯諾·赫克、澳大利亞澳中協會執行主席李瑞智也出席了這次討論會。

8 月 31 日，孔子基金會會長匡亞明致開幕詞。他說，隨著東方工業國家的興起，儒家學說的社會政治與倫理道德思想日益被重視起來。對儒學這個既有因循保守、又有教益活力的龐大學說進行科學的重新評價，不論對中國正在從事的開放改革事業，對東方工業發達國家確立其文化思想的模式，還是對西方發達國家反省其文化價值，都是具有現實意義的。中國國務委員谷牧在開幕式上說，這次儒學國際

學術討論會，是各國儒學研究者的空前盛會。文化思想是没有國界的，它是人類的共同財富。儒學在其延續兩千多年的歷史中，對東亞各國的文化思想發生過深遠的影響。明末以來，隨著東西方文化交流，儒學也遠播西方。因此可以説儒學是世界文化思想寶庫中的一部分。

9月4日，新加坡東西哲學所所長吳德耀致閉幕詞。他説，這次討論會是一次繼往開來的歷史性會議，會議期間中外學者發表關於孔子學説的科研討文 100 多篇，確實是學術上的豐收。

這次「儒學國際學術討論會」的議題是：儒學及其演變和影響。圍繞這一主題，與會者所討論的問題大致有以下四個方面：

㈠儒學的内容及評價；㈡儒學的演變及各歷史階段儒家學派和代表人物的研究；㈢儒學對東亞各國的影響及在西方的傳播；㈣儒學與現代化。與會者對第四個問題尤感興趣。爲此會議專門安排了以「儒家思想與東方工業團的關係」、「儒家學説與現代化」和「儒家學説的兩重性」爲題的三次小型座談會。

㈠儒學的内容及評價：

1.關於仁學是不是儒學的核心及對儒家仁學的評價

中國學者嚴兆溟認爲「仁」就是愛人，是儒家哲學體系的核心。另一位學者更推而廣之，認爲「仁」不僅是儒學的核心，而且也是「中國民族文化的基本精神。」蔡尚思、李曦、陳鼓應等學者都持相反的看法，認爲「禮教」、「克己復禮」是孔子思想和儒學的核心。在對「仁學」的評價上，存在很大分歧。有人認爲儒家、特別是孔子仁學充滿人道主義、民主和平等精神。相反的看法認爲孔子和儒家的仁學講親親、尊尊，是爲了維護宗法制度。還有人認爲，孔子仁學精神包含人道精神，但孔子的「愛人」並不導向個體的人格獨立之被尊重。

2.關於儒家的禮學

關於禮的產生和本質是這次討論會比較深入的一個問題，與會者有以下的討論。a）禮是宗法制度的產物。b）儒家禮的概念重視人的價值。持這種看法的學者認爲在早期儒家那裡，除三綱之外，其他有關禮的東西作爲中國文化傳統，有著借鑑意義。c）禮與法權的區別。法國學者溫德默斯通過對禮與西方法權的比較，得出結論説：儀禮制度強調對於社會的義務，法權制度強調個人享有的權力。古代中國雖有法權萌芽但未得到充分發展，給經濟發展帶來障礙，但西方異常發達的法權制度也會帶來過分的個人主義和扼殺社會責任的危險，因此，儀禮制度和法權制度二者對於未來健全的社會是不可或缺的。

3.關於内聖外王

梁啓超説：「内聖外王之道一語，包舉中國學術之全體」。與會者對這一問題，討論較多。a）「内聖外王」思想的產生。新加坡學者吳德耀認爲，「内聖外王」的思想是孔子一方面接受中國歷史上的帝王專制傳統，一方面避免人民陷入暴君統治而提出來的。b）「内聖外王」思想的演變和分化。c）「内聖外王」思想的缺陷和弊病。中國學者湯一介和新加坡學者李輝然都認爲，「内聖外王」思想有一個根本性的弊病成缺陷，就是把個人的道德修養與解決實際社會問題即事功，聯繫

在一起。事實上個人的道德修養並不足以解決實際社會問題。「內聖外王」正是中國封建社會尊重人治而輕法治的理論依據。

4.儒家的倫理思想

　　這是與會者探討較爲深入的一個問題。提出了以下的觀點，a)倫理思想是儒學的核心和區別於其他學派的本質特徵。b)儒家倫理學的特點。美國學者成中英對西方兩種最有代表性的倫理學説，即亞里士多德的目的倫理學和康德的責任論倫理學作了分析，認爲中國儒家倫理學説具亞氏和康氏兩家倫理學之長。c)儒家的道德觀和幸福觀。新加坡學者龔道運認爲儒家的道德實踐僅彰顯人性的尊嚴而無幸福可言。從而幸福被道德吞沒，失去完整獨立的意義，這種思想在文化上有造成偏枯之弊，對後世有不良影響。

5.關於儒家思想特徵

　　如何從總體上把握儒家思想特點，討論會有三種觀點：a)儒家是合理主義。日本學者金谷治指出儒家的「合理主義」是讓人們止於知的世界，不同於那種未知世界也想同理性去加以裁斷的科學合理主義。b)儒家理想主義。日本學者岡田武彥認爲儒家既不同於法家，又不同於佛老，它是以人倫爲根本的人道的「理想主義」。「萬物一體」是儒家「理想主義」的體現。c)天人合一。

㈡關於儒學的演變及其各階段的代表

　　儒學在其二千多年間的存在發展過程中是如何演變的是這次會議的另一重點。與會者對於在先秦、魏晉南北朝、宋明，以及近現代各個不同時期流派及演變、思想及影響進行了十分廣泛的討論。如關於儒學的統一與分殊，變與不變，真假孔子、儒學的分期、思孟學派、還有現代新儒家等等問題。其中，關於儒學的分期有兩種看法，中國學者張光之提出了五個分期，1) 早期儒學（先秦儒學），2) 神學化分的儒學（漢代），3) 魏晉儒學，4) 唐代儒學，5) 宋明新儒學，並對每一分期的儒學特點進行了説明。另一位中國學者趙宗正卻主張應將歷史與思想史和經學結合起來考慮儒學分期，他將儒學分爲三個階段，儒家儒學（亦稱先秦儒學），經學儒學，理學儒學。並對三期儒學的特點作了説明。

　　對於儒學在近代的影響，不少學者認爲，儒學雖然經過改良派的改造，革命派的批判，特別是五四前後新文化運動的衝蕩而告終結，但其影響依然存在。如周繼旨認爲甚至連五四運動中那些對傳統文化的激烈批判者，也體現了儒家的濟世和入世的精神，蘊含著對國家民族前途擔心的憂患意識。朱維錚也指出王學在近代是革命派進行改革、進行革命的精神力量。美國學者姜浩錫也認爲，儒學在東亞作爲社會制度意識已經没落了，但作爲「文化基因」，仍支配人民日常生活，成爲東亞人民的潛意識。

　　尤儒學思想的遺存未來發展問題，與會者也有不同的回答，大體有 a)批判繼承　　國學者大都採取這一觀點。b)認爲儒學仍有作爲，但要徹底改換基地。其一要　揚儒家「外王」之學，打破過去由「內聖」決定「外王」的格局；其二要一改過去站在儒家傳統立場上的吸收外來文化的辦法，以外來的現代化東西爲動力和軀體來創造性地轉接傳統。c)重建儒家的道德哲學。新加坡學者主張對儒家倫理加

以改進，在此基礎上重建儒家的道德哲學。

㈢儒學對東西方的影響

漢城學者尹絲淳指出，兩千多年以前儒學傳入了朝鮮，朝鮮接受儒學重點放在學習並實踐忠孝上。儒學對朝鮮雖是外來的，但在歷史上起到了指導民族的生活、維護民族生存的作用。因此朝鮮的儒學具有了濃厚的民族思想的性格。日本學者丸山敏秋認爲日本深受儒家道德教育的影響，直到戰前，儒家一直是日本道德教育的主流。美國學者姜浩錫研討了儒學傳入歐洲的情況。

㈣儒學與現代化

儒學與現代化關係，頗爲與會者關注。他們的觀點大體如下。

1.儒學有利於現代化　澳大利亞學者李瑞智認爲，儒家傳統中並無任何內在問題足以妨礙中國經濟發展。相反，儒家重歷史與未來聯繫，重社會秩序、重直覺和人的因素，強調相輔相成，具有豐富的社會管理智慧，能敏銳地防止精神之污染等思想因素，能有力地促進現代化建設。

2.儒學中一些與現代觀念不相違背的思想因素和某些思想經改造後有利於現代化　新加坡學者徐文祥認爲對儒家中某些思想，像五倫，如配以現代觀念，可能會對現代化社會有很大幫助。

3.儒學有助於克服現代化過程中出現的社會弊病　日本學者高橋進認爲現代化過程中所出現的許多社會弊病，儒學可以幫助克服。

4.儒學阻礙現代化　中國學者蔡尚思、劉蔚華等認爲中國現代化之所以遲遲未能實現，主要原因受儒家的束縛。

儒學與傳統文化講習班

1987年9月6日至13日，南京大學哲學系中國哲學史教研室在寧舉辦了爲期一週的「儒學與傳統文化」講習班，學員200多人，有國內外著名學者主講。講習內容主要包括：⑴文化的民族性與時代性；⑵中國文化現代化前瞻；⑶儒家文化的基本精神；⑷儒學與經學；⑸儒學研究在國外。

其中，文化的民族性與時代性問題，湯一介教授認爲，今日世界已經成了一個關係非常密切的整體，因此對文化的發展沒有一個全球眼光是不行的。就全國範圍看，文化的未來發展有著一種「綜合」的趨勢。這就一方面出現了「全球意識」，把世界作爲一個整體來看文化的發展；另一方面則是「尋根意識」或「民族意識」，各民族爲發展自己，要求尋找自己的文化傳統。「全球意識」和「尋根意識」是一個問題的兩個方面。如果沒有「全球意識」，文化的發展就不可能反映這個時代的要求，而游離於人類文化發展的軌道之外；如果沒有「尋根意識」，就不可能創造出有特色的文化來。所以今日文化的發展，特別是像中國這樣一個有長久文化傳統的大國的文化發展，一定要把這兩種意識很好地結合起來，創造現代化的

社會主義中國新文化。而這裡所謂的「全球意識」和「尋根意識」，實質上就是現代文化建設中的時代性（時代意識）和民族性（民族意識）。

龐樸從民族文化的發生和遺傳的角度闡述文化的民族性及其時代性的關係。他指出文化發生學上存在著「一源說」和「多源說」。多源說認爲，不同的民族產生了不同的文化和文明，這就產生了文化的民族特殊性；另一方面，承認發展就得承認文化的時代性，對歷史事件和歷史人物的評價必須考慮到這種評價本身就是歷史的，也有時代的偏限性，這樣才能符合文化時代性的要求。但應該強調的是，每個時代的文化都包含著永恆成份，即每個民族的人類性。人類性寓於民族性之中，永恆性寓於時代性之中，或者說普遍性寓於特殊性之中。所謂文化的民族性問題，就是一個文化傳統問題，時代性也有一個傳統問題。「五四」時期只注意了文化的時代性，忽視了甚至否認了文化的民族性，特別是未能認識民族性在文化的心理層面的充分體現。而當時一些保守分子隱約地接觸了文化的民族性問題，但又爲他們的政治主張所窒息。

包遵信認爲，龐樸的態度看來是把五四時期分別強調民族性和時代性的兩種人各打五十大板，實際上他廻避了這兒一個問題：五四時代首要解決的矛盾，究竟是文化變異的時代性，還是民族傳統的純潔性或獨特性？講民族性如果不突出人的主體創造作用，把文化和文化的載體捆在一起，勢必把人的存亡和創造都以文化民族性納入既定的軌道，這樣就不是人的生存和發展，而是文化的純潔性即文化民族性的規定；不是人的創造精神的發揮，而是文化的穩定性即文化民族性的功能機制成了頭等大事。這樣就是脫離民族的生存和發展談文化的民族性；不是人怎樣選擇文化傳統，改造傳統而是傳統怎麼選擇人、制服人；不是邏輯服從歷史，而是歷史服從邏輯。包遵信還批評了現代新儒家在這個問題上的看法。現代新儒家認爲五四時期引進民主和科學沒有能夠同中國傳統文化相結合，因此他們弘揚儒家傳統就是要把儒家傳統作爲科學與民主的價值生長點。但是傳統文化與西方近代文化是兩種不同類型的文化，科學與民主不只是一種學說，而且還代表了一種與傳統文化不同的價值體系，所以，這個生長點只能從中國現代化過程的歷史實踐中去探尋。但是，對待傳統文化的民族性，既要正視它，又要超越它。

關於儒家文化現代化的前瞻，成中英認爲不應籠統地談「儒學的第三期發展」，而是提「中國傳統文化的現代化和世界化。」中國傳統文化的現代化需要分三步走：第一步是要作好文化發生學的研究工作，弄清儒家文化、中國文化的根源在哪裡，這需要從文化地理學、考古人類學等方面去追溯；第二步，是對傳統文化進行理論剖析，這種剖析必須建立在充分研究西方文化和西方哲學的基楚上。這是文化的「相對定位」，即以西方文化的範式對中國傳統文化進行批評和重建的工作；第三步將現代化的文化理論付諸實踐，在實踐中不斷校正現代化的文化模式，從而文化意識形態不斷完善，不斷發展和豐富，充當現代化工程的設計師。中國傳統文化的內容和實質性決定它的世界化成爲可能，同時也適應西方文化的需要。這主要表現在：⑴西方傳統文化、傳統哲學存在一種歷史悠久的文化二元論，即心與物、神與人、人與自然的對立和分裂；相反中國傳統文化在一定程度上能夠補西方文化的內部對立；⑵道德教化問題是西方發達國一個十分嚴重的問題，東方儒文化不失

爲一劑良藥。(3)現代科學技術的前沿，特別是現代物理學、天文學等的許多發現與中國古代經典的記載有聯繫，中國古代社會的有機觀似乎爲現代科技提供了一些新的啓示，這也促使西方人有一探中國古代文化奧妙的企圖；(4)現代社會生活的管理、決策、醫藥、心理治療等方面，中國傳統文化如儒家精神、中醫學等，較之西方自有其特殊的價值，尤其是因爲東亞「四小龍」的經濟成就，促使西方文化不得不重視它的文化背景。

包遵信指出，海外學者總是從傳統的儒家文化中去尋找中國未來的文化希望，這是方向性的失誤。中國傳統文化現代化的道路，過去、現代和將來都將與西方文化的現代化不同。蕭萐父則認爲，現代文化建立應該重視傳統在現代化中的作用。他借用馬克斯・韋伯和席爾斯等人的「奇里斯瑪」概念，說明傳統因素在現代文化及未來文化中不可能採擇，因此應該正確認識傳統本身。湯一介系統地闡述了他的文化發展觀。他認爲西方一些學者對東方文化、中國哲學的興趣有著發展的趨勢，但絕不能認爲東方思想真正在西方有很大影響，更不能認爲今後會起更大作用。中國文化的發展，當前面臨著三個相互聯繫的問題有待解決：(1)面對西方文化的挑戰，如何作積極回應；(2)馬克思主義怎樣和中國傳統文化相結合，而實現馬克思主義中國化；(3)怎樣總體上對待傳統文化。中國文化發展的前景如何？湯一介認爲，它必定是一種現代化的中國社會主義新文化，這種現代化的中國文化可能有兩種提法；一是發展出一個適合現代化要求的中國化的馬克思主義，另一是發展出一個適合現代化要求，吸收了馬克思主義的中國文化。這兩種前景在他看來則是一回事。方克立批評了歷史上的「中體西用」和李澤厚的「西體中用」觀，認爲今天應該拋棄中西對立，體用二元的僵固思維模式，從中國社會主義建設的實際需要出發，批判地借鑑和吸取中外古今一切有價值的文化成果，經過辯證揚棄和綜合，努力創造出一種以馬克思主義爲指導的、批判繼承歷史傳統而又充分體現時代精神的、充足本國而面向世界的高度發達的社會主義文化。

「中國走向近代的文化歷程」學術討論會

1987 年 9 月 15 日至 18 日，中國走向近代的文化歷程學術討論會，在武漢召開。來自全國各地的文、史、哲專家學者及新加坡學者共 67 人。會議收到論文 40 篇，文化研究專著 10 種。

會議圍繞「中國走向近代的文化歷程」這一中心議題展開討論。在文化與比較文化的宏觀把握和微觀剖析上，較之過去有所深化和發展。

關於中國走向近代的文化歷程　中國走向近代的文化史程中歷史的起點在那裡？有人認爲是在改革開放的年代。人們要在改革中認清阻力和開發動力，都會追究到民族的傳統文化，因爲只有從自己傳統文化的歷史發展中去發現動力，提高民族的自信心和自尊心，才能具有消化外來文化的主體機制。因此傳統文化與現代化有著自然而然的聯繫。持這種觀點者認爲，在中國文化發展的歷史長河中，17 世紀以來的西學東漸，在中國近現代的文化代謝中起過槓桿作用，但是中國的現代化

及其文化復興，從根本上説乃是中國歷史長期發展的必然結果。中國的現代化只能是對多元的傳統文化和外來文化作一番符合時代要求的文化選擇、文化組合和文化重構，而不是全方位的全盤西化。因此我們考察中國文化走向近代的起點，就要正確認識自己民族傳統文化的發展中必要而且可能現代化的歷史根據或内在胚芽，確立傳統文化與現代之間的接合點。

有人根據從明萬曆年間以來直到「五四」時期中西文化問題之數百年論爭，將中國文化近代化歷程起點劃在明末清初。他們説，西學初來，人們一面主張包容的態度，一面在中國典籍中尋找「西學中源」。這種追溯來源，推衍古法的思想範式和價值取向曾阻礙或延緩過中國文化走向近代的歷史行程。「中體西用」亦然。「西學中源」和「中體西用」的長期流行，反映了歷史現象背後的某種真情，即人們實際上以這種方式思考著近代西學能否與中國傳統文化相融合，探索與西學同質的思想文化在民族傳統中的根芽和源頭，力圖在傳統文化中找到西學的生根之處。所以，明清之際的啓蒙思潮可作爲中國文化走向近代的源頭。

有人通過對明代自然科學的考察，肯定明代後期的自然科學思想中已經具有某些近代文化的因素。這些近代因素主要表現在數學、科學觀察和實驗手段上。這些都表現出了與傳統科學的不同特徵，兆示著科學界的新變化。可以説明代後期的自然科學依據自己民族科學文化的獨特傳統，爲迎接近代科學的到來準備了思想條件。

有與會者還從明代的資本主義萌芽、東學西漸的角度，認爲這些對歐洲產生過影響，以支持中國文化走向近代的歷史的起點爲明末清初的看法。也有人認爲，中國近代文化的主要標誌是科學與民主，科學與民主是孫中山首先在中國提出來的，這才是真正的起點。還有人認爲在傳統文化中，儒家民本主義思想已孕育了近代文化思想的基因，因此沒有必要過分拘泥於中國近代文化究竟起源於何時。

關於中西文化比較　有與會者認爲，明清以來中西文化比較研究中最大的缺陷是沒有上升到「人性本位」來看待中西文化異同，使中西文化比較中大部分論點和爭議都沒有擺脱歷史知識的辨析和語義的糾纏。要正確認識中西文化，必須從一般人學的哲學角度，在對自己國民性的自我意識中擺脱單純現象羅列的階段，深入到對兩種不同人性形態的比較。持此觀點者具體比較了中西文化的源頭結構，認爲西方進入階級社會時，是通過人與物的關係來實現人與人的關係，而中國則是通過人與人的關係來實現人與物的關係。前者重個體意識，後者重羣體意識。中國文化的羣體意識來自原始時代的血緣關係，在此基礎上形成了宗法政治。這種血緣關係滲透了我們民族的各個方面。中華民族的羣體意識在倫理思想中具體表現爲德與禮。這在儒家學説中得到了深化與系統化。它不是簡單地排斥個體意識，而是使羣體意識在人們心中以個體意識的形式得到發揚光大。因此中國的個體意識從來都不是真正作爲個體意識出現，而是一開始就消融於羣體意識之中。西方的情況恰恰相反。古希臘不是以人與人的血緣關係以及由此而來的倫理感情維繫社會結構的穩定，而是在承認人對物的私人所有權的基礎上，利用契約關係來處理人與人之間的物的關係，這使得希臘很早就萌生了理性精神和科學精神。而西方的上帝觀念實際上是最高個體成善的意志的象徵。總之，西方文化的個體意識作爲根基。只有從中西文化

源頭的結構、根基上探討和比較中西文化，才有可能科學地理解和把握中西文化的不同特質。

也有人提出比較文化應當把傳統文化與文化傳統區別開來。傳統文化是一些死的「物」，而文化傳統則是內在於主體，支配著民族認識行為的習慣勢力。實際上只有文化傳統存在現代化的問題。西方的現代化是西方文化傳統自身的現代化。實際上，一切現代化都不過是文化傳統在現實條件下的存在，是創新和發展了的傳統。而文化傳統則只有的現代化為目標，向現代化轉化，才能作為活的傳統而存在，一切傳統都是潛在的現代化。因此，比較中西文化，所應當追求和探尋的是適合自己文化傳統的現代文化形式，而不是其他。也有人強調比較中西文化要善於發現先驅者的足跡，找到傳統文化與現代化的歷史結合點。

關於文化學理論和方法　有與會者認為為適應文化的研究，在我國建立文化學勢在必行。他們將文化的本質定義為「人化」，將文化學定義為研究「人化」的科學。也有人把文化學定義為，在各專門學科基礎上，綜合研究文化內部各個系統之間的相互關係。還有人主張應把以實踐概念為基石的人的主體思想作為其研究的核心。也有人認為，一種無所不包的文化學並不能真正闡釋人類的文化現象。文化問題只有通過對文化的歷史研究，才能揭示文化內在的特質。

文化問題研究的新進展——「中國走向近代的文化歷程」學術討論會側記

經過近年來的「文化熱」之後，怎樣把文化問題研究引向深入，已成為當前思想界十分關注的問題。1987年9月15日至18日，武漢大學、華中師範大學、湖北大學和湖北省社聯在武漢共同主辦了「中國走向近代的文化歷程」學術討論會，與會學者從探討中國走向近代的文化歷程入手，對深化和拓展文化問題研究進行富有創見性和啟發性的新探索。

一、在這次文化討論會上，中國傳統文化和現代化問題仍是討論的焦點。但是，與會學者並沒有把這一討論停留在羅列中國傳統文化的特質、比較中西文化的異同優劣的現象性研究上，而是力求站在新的理論高度，對明清之際以來中國走向近代的文化歷程進行比較深入的理論思考，提出了一些具有方法論意義的新論點。

首先，提出了中國傳統文化與現代化的結合點問題。有的學者指出，中國的現代化絕不是、也絕不可能是什麼全方位的西方化，而只能是對於多元的傳統文化和外來文化，作一番符合時代要求的文化選擇、文化組合和文化重構。這就需要正確認識中國傳統文化發展中必要而且可能現代化的歷史根據或內在胚芽，找到傳統與現代化之間的文化結合點。自明清之際以來，在中國走出中世紀、邁向近代的文化歷程中，由於中西文化匯聚、衝突而產生了「西學中源」說與「中體西用」論兩大思潮。這兩種思潮的激盪，提出了近代西學與中國傳統文化的結合點問題。從萬曆到「五四」，歷史走過了坎坷曲折的道路，人們始終圍繞著這一歷史課題進行思考、爭論和探索，但長期未能得到圓滿解決。其歷史教訓在於：中國近代的深重民族苦難所喚起的一代代思想家，面對中西新舊文化之爭，雖曾以一種朦朧的歷史自

覺，把明清之際崛起的早期啓蒙學者看作自己的先驅，希圖繼其未竟之業；但是，迫於救亡圖存的政治形勢，忙於日新月異的西學引進，他們並未注意清理早期啓蒙思想的遺產，並未認真找尋中國思想啓蒙的特殊道路。因此，他們總是陷於中西對立、體用兩橛的思維模式之中，沒有找到近代西學與中國傳統文化的歷史結合點。在當前文化研究的熱潮中，我們應當以清醒的歷史自覺，重新解決這一歷史課題。

其次，提出了傳統文化與文化傳統的區分問題。有的學者認爲，傳統可以區分爲傳統文化和文化傳統這樣兩個既有聯繫、又有差別的不同方面。傳統文化是外在於主體的、歷史地凝固了的種種文化成果，是一些死的「物」；而文化傳統則是內在於主體之中、支配著民族認知和行爲的習慣勢力。文化傳統由傳統文化的傳遞與累積而成，是歷史地選擇了的變了形、易了位的傳統文化。對於傳統文化，人們可以闡釋它、批評它、表彰它、否定它；而對於文化傳統，人們往往無力超越，而只得通過它去認識世界與改造世界，並在認識與改造中推動文化傳統的變化。一切現代化都是某種文化傳統在現代條件下的存在，是創新了、發展了的傳統。同樣，一切文化傳統只有以現代化爲目標，並著實向現代化轉化，才能確保自己作爲活的傳統而存在。但長期以來，人們並未看到傳統文化與文化傳統的區分。「五四」前後中西古今問題的大討論，不論是全盤西化派、保存國粹派，還是調和折衷派，都將傳統看成是外在於人的、可以任意去取的傳統文化，與現代化處於互不相容的對立之中。這樣就不可能找到實現中國文化傳統現代化的道路。

再次，提出了中國文化傳統向現代化轉化的複雜性問題。有的學者指出，20世紀世界日益走向現代化，中西文化交流存在著明顯的「雙向對逆」運動，即雙方都有一部分人在背棄自己的傳統，雙方又都有一部分人向被各自背棄的傳統靠攏，從而形成批判與回歸並存的複雜局面，既同時打破了各自傳統文化體系的自足與封閉，又同時產生出對自己傳統文化和價值觀念的危機感和優越感，但其主流則是以更新的現代文化觀念檢討、評估、解釋本民族文化傳統，吸取外來文化的某些成份，重構具有世界現代觀念和本民族文化傳統雙重品格的現代新文化。中國近代以來文化傳統主義發展經歷了三種形式——原初形式（頑固派）、近代形式（國粹派）、現代形式（新儒家），就反映了這種文化運動的複雜性。還有學者指出，中國近代對傳統文化和現代化問題的思考，產生了中西、古今之爭，同時也存在著階級之爭。中西、古今、階級之爭交融混雜，不能把整個爭論歸結爲中西、古今之爭，亦不能用階級之爭取代中西、古今之爭。時代精神、民族精神、階級精神的統一，是中國近代歷史發展向哲學提出的客觀要求。這是推動中國哲學發展的重大問題。

與會學者認爲，這些新論點的提出，對於深入探討中國傳統文化與現代化問題，深入研究中國近代文化史作了理論上的開拓，值得重視和研究。

二、這次文化討論會的一個特點，是一些學者開始把文化問題研究的重心由文化史研究轉向對文化理論的探討。他們認爲，近年來的文化問題討論儘管提出了許多具有重大理論意義和實踐意義的課題，但由於缺乏深刻系統的理論研究而難以深入，因此，理論工作者應對文化問題作出更深刻的、多層面的馬克思主義回答。他們明確地提出了建立文化學、馬克思主義文化哲學等大理論課題，並作了一些初步

的探討。

　　主張建立文化學的學者認爲：文化的本質就是「人化」，即主體客體化與客體主體化、外化與內化的動態統一。文化學是研究「人化」的過程，即人類爲實現自身價值、滿足自身需要而進行的創造性活動過程，以及它的價值和規律的一門科學。文化學是一門綜合性的科學，是與哲學、歷史學、社會學、人類學、考古學、民族學、宗教學等相互交叉、滲透而又相對獨立的邊緣學科。文化學不僅研究一定民族或社會集團在一定時空條件下的具體行爲，而且研究這些民族或社會集團在彼時彼地必須遵循的行爲準則等抽象體系。它通過對於文化殊相的研究刻意認識其背後的共相，通過對文化部分的把握達到對文化總體的把握，由「器」而「道」，進行概括和抽象，上升到理性和哲學的高度，認識文化的要素、特徵、性質、動力、結構、功能、價值、生命，研究文化系統的類型、機制、歷程和文化系統之間的傳播、接觸、碰撞、選擇、交融、整合的規律。文化學研究的內容大體上包括三個層次：㈠理論文化學；㈡文化史學、比較文化學；㈢文化管理學、應用文化學。理論文化學的核心是哲學人類學或文化哲學。

　　主張建立馬克思主義文化哲學的學者認爲，文化可以分爲文化現象與文化結構兩個基本層次。文化現象指不同民族、不同時代的人所創造的各種文化形式，這是各門具體科學和科學史研究的對象。文化結構則比文化現象更凝重、更深刻、更本質，又可分爲具體文化結構與抽象文化結構。具體文化結構是人類歷史的某一時代、某一民族的語言、習俗、社會制度、心理和生理狀況的總和，這是人類學、民族學、社會學的研究對象。抽象文化結構則是對具體文化結構進行抽象所得出的最一般的智力結構、物質文化結構和行爲模式，這才是文化哲學的研究對象。因此，文化哲學實際上是以文化爲本體，探究人的本質及其發展規律，是一種比理性主義、非理性主義更深刻的哲學人類學。在文化哲學看來，人類正是通過自己的活動、勞作創造了文化的宇宙，把自己同自然界聯繫、溝通起來。從神話到科學，整個文化的宇宙，都體現了人與自然的聯繫和人對自然的改造。馬克思主義文化哲學對以往文化哲學的繼承與改造，首先在於用馬克思的「實踐」概念改造以往文化哲學的「活動」概念，把人的主體性建立在實踐的基礎上。這一改造包括兩個方面：一是把活動同實踐相聯繫，強調人的活動的本質不是先驗的，而是實踐的；二是把實踐同文化相聯繫，強調只有通過人類文化才能真正認識和理解人類實踐。

　　這些新觀點引起了與會學者的很大興趣，並圍繞有沒有必要建立文化學、文化哲學，有沒有可能建立馬克思主義文化學、馬克思主義文化哲學，文化學與文化哲學的關係是怎樣的等問題展開了熱烈的討論。

　　三、這次文化討論會的又一個特點，是一些學者把對文化的研究由宏觀層次轉向微觀層次。這一文化研究新動向集中表現在兩個方面：

　　第一，重視對明清之際以來科學思想、小說理論、民情風俗、社區心態的具體研究。例如，一些學者分別探析了方以智、朱載堉的自然科學思想，論證了明代後期自然科學的發展已產生了近代科學的萌芽；探討了方以智、嚴復、張謇、馮友蘭的中西文化觀，揭示了不同時代的知識份子代表人物對中國走向近代問題的思考與探索；考察了晚清的西俗觀、上海人心態發展等問題，注意到中國近代化過程中的

社會心理的變化。這些研究從不同層面拓展了、深化了對中國走向近代的文化歷程的認識，揭示了這一歷程的特殊性和曲折性。

第二，重視吸取人類學、民族學、社會學的研究成果。一些學者著重介紹了當代中國學者對彝族文化、瑤族文化的研究成果，引起了與會學者的廣泛興趣。大家認爲，研究中國傳統文化，應當注意研究少數民族傳統文化，吸取當代人類學、民族學、社會學資料。這條由片面到全面、由書齋到田野、由抽象到具體的研究文化問題之路，將從一方面把文化問題研究引向深入，是一條充滿生機和希望的路。

（李維武）

十九世紀中國教案——義和團學術討論會

1987 年 9 月 20 日至 24 日，在安徽省績溪縣召開了「19 世紀中國教案——義和團學術討論會」。討論會是由中國義和團運動史研究會、四川教案史研究會和安徽省歷史學會聯合倡辦。與會代表 130 多人，提交論文 72 篇。會議圍繞近代教案的性質、教案與各種社會政治力量的關係、教案與義和團運動的關係，以及對傳教士在華活動的評價等問題進行了討論。每一問題都有不同的看法。其中，關於教案性質，有的與會者針對近代教案性質是帝國主義侵略中日與中華民族反侵略這一看法，提出了不同的看法。認爲中西文化衝突在教案中占主要地位，也有人不贊成上述兩種看法，認爲近代教案實質是一場民族性的、處於初級形態的、反對教會政治侵略和文化征服的運動。關於傳教士在華活動的評價，有些代表認爲，傳教士在中國歷史上起過中西文化交流作用，在近代歷史上也起過文化侵略作用。

趙文化學術討論會

全國首屆趙文化學術討論會於 1987 年 9 月 27 日至 30 日在河北省邯鄲市舉行。這次討論會是由邯鄲市歷史學會、邯鄲市博物館和河北省歷史學會聯合發起召開的。與會者主要討論了以下幾個問題：

1. 關於趙文化的淵源和內涵

秦趙同源，史書已有記載。在這次討論會上，有的學者運用古文字、古文獻資料，首先提出趙文化的源頭在少皞，即山東大汶口文化的論點。也有的學者依據考古學資料，推測出秦趙與山東大汶口文化的淵源關係，但在同爲商族後裔的問題上，不同意前者意見。

趙文化內涵是討論會的熱點之一，與會者指趙文化不等於趙國文化，它應包括建國前趙地土著居民文化和建國後的趙國文化兩個階段。它分布在山西、河北地區，處在中原華夏文化與北方草原文化的交匯點上，具有農業民族和游牧民族的雙重特徵。具有正統宗法觀念和粗獷野蠻性格的雙重意識。它與北方游牧民族的融合

進程，恰恰是中華民族形成進程中的一個側面。

2.關於趙國的思想和文化

這次會上重新評價，公孫龍子，有人認爲公孫龍子的「堅白異同」的觀點，跳出了原有認識論的圈子，催促人們從更多的角度去認識問題。同時還提出公孫龍子的名學是中國邏輯學的開山之祖，公孫龍子是該門學科的創始人。在對荀子思想的討論中，一些人通過用荀子天命觀、歷史觀、倫理觀和忠君觀等思想與孔孟儒學思想進行比較，論證出荀子的儒學「標誌著儒家學說從宗法性向封建性的轉變。」另一些人則從荀子的人學思想角度提出，「荀子自覺地把人與自然區分開來，把人與神對立起來，把人的社會性與人的自然性區分開來，從奠定了儒家人道觀的基本格調」的觀點。

此外還對趙國的政治和歷史人物進行了新的研究和評價。

中日第二次佛教學術會議

中日第二次佛教學術會議於 1987 年 10 月 6 日至 11 日在北京召開。這是 1985 年 11 月在日本舉行的中日佛教學術會議的繼續。中日方面的代表任繼愈、杜繼文、方立天、樓宇烈、楊曾文，特邀代表鄭文林，日本方面的代表福永光司、中村元、鎌田茂雄、溝口雄三、荒牧典俊，特邀代表本間昭之助出席了會議。中國還有一些著名學者以來賓身份參加了會議。

與會者分別演講了中日佛教的特點以及佛教與兩國文化的關係等問題。其中任繼愈先生在《禪宗與中國文化》論文中指出，中國古代文化發展有兩個高潮時期─第一個高潮在春秋戰國時期；第二個高潮在隋唐時期，此時以中華文化爲主體，吸收外來文化，使中國文化提高到一個新的水平，而禪宗的形成與發展，體現了中國文化發展的第二次高潮。禪宗的心性論，對宋明理學也有直接而深刻的影響。

西歐與第三世界關係學術討論會

據《理論信息報》1987 年 10 月 26 日報導，在由中國社會科學院和聯邦德國諾曼基金會共同舉行的「西歐與第三世界關係學術討論會」上，三位聯邦德國學者，分別從不同的角度談了他們對中國實現現代化的看法。

法蘭克福大學教授 W·恩格斯在書面發言中指出，法制國家是實現工業化的一個必不可缺的先決條件，中國應注意建全法制。他還根據西方工業發展的歷史談到了老人問題。他認爲應更多地關心老人，讓他們感到老人不必由子女贍養，這比嚴格控制生育的效果更好。這樣年輕夫婦就不會爲養兒防老而生育許多孩子。

漢堡大學教授 P·賴希爾則通過對中西文化的比較提出了自己的見解。他認爲討論政治和經濟的發展，文化是不可忽視的因素。因爲，它滲透其中。基督教（指

新教）對西方社會的發展影響巨大，起促進作用；孔夫子的思想幾千年來雖然在中國占主導地位，但阻礙了中國的發展。因爲基督教的重點是現存的上帝，孔夫子的世界則在未來；基督教對現世持否定態度，孔夫子則持肯定態度；基督教使人合理地支配世界，孔夫子的思想則讓人合理地適應現世。這種文化的差異導致了政治的不同，兩者之間的衝突也可能妨礙社會發展。

幕尼黑大學教授KG・金德曼從另一個角度提出了自己的思考。他認爲歐洲哲學思想誕生之初與自然科學和數學有密切聯繫，孔夫子的思想則與人際關係緊緊聯繫，法制是古羅馬的遺産，而中國，乃至東亞都没有這樣的法制；歷史上西歐的城市相對獨立，向外擴散，而中國的城市則受制於中央；孔子對西歐則不然。如果説中國的發展受到孔夫子思想的阻礙。

西北大學周秦漢唐考古和文化國際學術會議

1987 年 10 月，周秦漢唐考古和文化國際學術會議，在西北大學召開。這次會議是西北大學創建 75 週年、重建 50 週年校慶活動的重要内容之一。會議主要討論了先周文化的起源、西周歷史與考古、先秦思想、科學、政治制度、秦漢社會與中國現代化的關係以及漢唐中西文化交流等問題。

會議收到 22 篇論文。學者們首先就先周文化的起源展開了討論，一種意見認爲：先周文化有東西二源，即直接西源於姜炎文化、間接來源於辛店文化和寺窪文化，東源則自山西而來；另一種意見認爲：先周文化是陝西土生土長的，還有人從文獻考試出發認爲先周文化發祥於陝西武功一帶。西周文化的研究也是一個重點討論課題，與會學者都力圖通過對兩周甲骨或原青銅器的綜合研究來探討西周的禮儀制度、文化面貌和社會結構。

外國漢學家著重從歷史與現實問題的結合上，提出了許多新穎的課題，如《國家强於社會——論現代中國政治制度的秦漢根源》、《試論秦漢時代思想中的因果觀點》等，還有從中外文化對比中，側重從外國歷史或「東學西漸」進行探討，如《羅馬帝國與東漢文化交流》等文，顯示了國外漢學家的最新研究成果。

中國文化書院高級研究班

爲推進中國文化研究和大學後教育事業的開展，中國文化書院於 1987 年 11 月 3 日至 12 月 23 日在香山教學基地陸續開設了一批不同學科、不同方向的高級研究班。内容有：

1. 1987 年 11 月 3 日至 28 日，開設宗教與文化研究班。美國威斯康辛大學（麥迪遜）歷史系教授林毓生講《馬克思・韋伯與新教倫理》，加拿大麥克馬斯特大學教授冉雲華教授講《當代西方宗教學的理論與方法》，北京大學哲學系教授，中國文化書院院長湯一介講《道教的產生和發展》，中國人民大學哲學系教授方立天講

《佛教哲學》。

2. 1987 年 12 月 3 日至 23 日，開設中西語言文字比較研究班、語言文字學家袁曉園講《明確簡短是語音文字發展的共同規律》、翻譯家楊憲益講《翻譯是文化交流的一種手段》、內蒙古師大中文系教授馬圍凡講《漢語的熟語》、北京鋼院英語系副教授胡德潤講《英語語音學》、中央教科所副研究員段生農講《漢字文化圈》《文字與文化》叢書副主編徐德江講《語音結構新論》。

每班招收 60 人，共 120 人。結業時頒發中國文化書院短期研究班結業證書。

中華孔子研究所學術討論會

1987 年 11 月，中華孔子研究所在山東濟南召開了第二屆年會及學術討論會。參加會議的專家學者本著「批判繼承綜合創新」的宗旨，就儒家思想的評價、傳統文化與現代化的關係等問題，進行了熱列的討論。

儒家思想在中國傳統文化中占有重要地位。對儒家思想的評價，是學術界頗爲關心的課題之一。有些學者認爲，中國文化的優秀成份大部分集中在儒家思想中。儒家對現實社會有合理正確的主張與見解，對未來前景有崇高優美的理想與設計。秦漢以後部分儒者與封建統治者結合，出現了封建社會一系列黑暗現象，但這些現象並非由於儒家學說的主張所產生，恰恰是傳統的優秀儒者一直加以批評、揭露並力圖克制的。另外一些學者認爲，儒家思想是我國封建社會創造出來的光彩奪目的古代文化的主體，對於封建社會的哲學思想、政治生活、風俗習慣、民族心理和文化教育的發展，都曾起過一定的積極作用。然而儒家思想在中國歷史上也發生過不少消極影響，如鼓吹封建的「三綱五常」，主張特權政治和家長制；強調尊孔讀經，輕視對物質世界的研究探索；重視道德價值，忽視經濟價值等，這些都是中國封建社會長期停滯不前、閉關自守、不圖進取的重要原因。

在改革開放的今天，應該如何對待以儒家思想爲代表的傳統文化？一種觀點認爲，儒家思想是中國傳統文化的精華，包含有我們民族自古以來形成的優秀氣質和美德。建設社會主義精神文明，要尊重古代文化傳統，吸收孔子及儒家思想的精華。相反的觀點則認爲，孔子思想和儒家文化的經濟基礎是自然經濟，它在封建社會產生過巨大作用，應該肯定，但是在大力發展社會主義商品經濟的今天，這些思想和傳統顯然已經過時，成爲一個沉重的歷史包袱。大多數學者認爲，對待民族文化遺產。簡單地繼承會產生復古主義，而全盤否定又勢必導致歷史虛無主義。研究孔子和傳統文化，必須以馬克思主義爲指導，結合現代社會的特點，剔除糟粕，吸收精華。同時也要認真研究和吸收西方優秀的文化思想，綜合創新，建立我們社會主義的新文化。

會議期間，還對孔子的政治思想、倫理思想、教育思想、管理思想等問題，進行了比較深入的研究。

國際《周易》學術討論會

　　1987 年 12 月 5 日至 9 日，由山東大學主辦的國內首次規模空前的國際《周易》學術討論會在濟南舉行。參加本次會議的，有來自 5 個國家的 15 位外國學者，來自國內 127 個單位的近 200 名專家學者以及兩名臺灣學者。會議共收到論文 120 餘篇，專著 8 部。著名人士梁漱溟、馮友蘭、張岱年、任繼愈、匡亞明、周谷城、馮契、范曾、林真、趙自強等寄去了賀信和賀電。與會者就《周易》的哲學思想，「《周易》與傳統文化」、「易學發展史」、「《周易》與科學」，等問題進行了綜合的討論。

　　其中，《周易》與傳統文化問題，與會者認爲，《周易》對百世諸子百家都發生過影響，它是中國文化的「源頭活水」。國際易經學會會長成中英教授大會發言時指出：《易經》是中國文化的源頭，《易經》的哲學是中國文化綜合而成的結晶，透過占筮迷信表層，會發現在其背後有一套合理的邏輯、理論。它實際上是一種預測學，而這門早期的單向預測學發展到《易經》則成爲一種宇宙哲學、智慧。《易經》成爲一種創造性與靈活性相統一的學説，它不僅具有歷史性，而且也具有未來性，關係到中國文化的再起飛、再發展。陳鼓應教授著重探討了《老子》與《周易》的關係。他指出，《老子》受《易》的影響大於孔子，《易經》受道家影響大於儒家。美國加利福利亞大學陳啓雲教授和國內學者陳恩林不同意這種觀點。陳啓雲認爲儒道兩家在歷史的發展過程中，相互吸收，相互影響，很難分辨哪一家對《易傳》影響大。陳恩林則認爲《周易》的思想與儒家思想一致，《易傳》是儒家的典籍。

　　與會者還討論了《周易》與中國文學藝術的關係。他們認爲中國的文論直接受到了《周易》的影響。從《易》與中國藝術關係看，從審美觀念到技巧法度，中國藝術任何一個層面無不籠罩在《易》的精神之下，中國藝術的美學原理、創作論都導源於《易》。中國畫歷兩千年而不衰，關鍵在於它以《周易》提供的原則爲其理論基礎。《周易》的道器觀影響了中國畫的意境和創作方法。還有的學者研究了《周易》與古代舞蹈的關係，認爲「八卦舞譜」就是古人把《易》與舞蹈相結合的產物。

　　與會者對《周易》與自然科學的關係，進行了深入的探討。他們認爲《周易》與中國古代天文學、數學、醫學相互滲透，相互影響，推動了中國古代科技的發展。同時易學原理又與現代科學理論相吻合。

魏源暨中國近代文化史討論會

　　1987 年 12 月下旬，魏源暨中國近代文化史學術討論會在長沙舉行。會議的主要議題有：

　　一、魏源在中國近代文化史上的地位　與會者認爲魏源在中國近代文化史上有著「創榛莽，前驅先路」的重要地位。不少人指出，將龔（自珍）魏（源）並稱是不太妥當的，龔早逝，沒有也不可能像魏那樣提出向西方學習的時代新課題。

　　二、中西文化的比較研究　首先是中西文化能否比較。有人認爲不同的文化無

法比較，因爲很難以異源的文化中找出一個可比的標準。還有人認爲就文化性質的差異而言可以比較，但就文化特色的區別來說又是不可比的。但不少人不同意上述看法，認爲只有在比較中才能區分不同的民族文化特色。至於異源異質的中西文化比較，不僅可得出中國傳統文化與西方資本主義文化「基因」的差別，而且能從比較中求得差別形成的原因。其次是比較的方法問題。一些人認爲，文化比較應有立體感，多維性。要注意文化的不同層次。在文化的演化上，要比較不同時期的中西文化，更要從動態中去比較中西文化形成、演變和發展的全過程。文化比較的對象，應把歐美、東歐、日本、印度以及其他民族文化都納入比較的範圍，同時還應加强本民族文化的區域比較。還應注意區別不同的文化範疇。第三，文化比較的標準。大家分別提出了功利標準、價值判斷以及實踐標準。多數人認爲比較的標準是多樣的，在近代主要看是否有利於民族資本主義發展和中華民族的獨立。

　　三、傳統文化與中國近代史的關係　一些人認爲，這主要是研究作爲傳統文化核心的儒學在近代的演變、作用及其地位。但多數人認爲，中國文化是一個複雜的統一體，不能把儒學視爲整個民族的文化傳統代表，尤其在近代，儒學衰落，更不能代表傳統文化。所以研究近代傳統文化，不應限於儒學，而應研究各家各教，包括少數民族文化。如何估價近代的傳統文化？有些人認爲傳統文化與中國近代資本主義近代化的至旋律在根本精神、思維方式和價值體系方面都相背離，應基本否定。有人則認爲「變易」等思想還有積極性。如何看待「五四」新文化運動的「反傳統」問題？有人認爲以前評價過高，「打倒孔家店」口號是文化虛無主義，造成中國文化發展過程中的斷裂。絕大多數人認爲，「五四」批判傳統文化時的某些片面性在當時不可能完全避免；事實上傳統文化也未割斷，籠統地把新文化運動說成是反傳統是沒有根據的，更不能由此而否定它的歷史功績。「打倒孔家店」的意義在於孔子之道不符合現代生活；反對「吃人的禮教」，反對文化專制主義。不能說這是民族虛無主義。

（徐衞國據 光明日報 1988 年 3 月 23 日）

現代哲學史討論會

　　1987 年 12 月 25 日至 29 日由中央黨校、中國社會科學院等單位聯合發起的中國現代哲學史首屆全國學術討論會在北京召開。會議就馬克思主義哲學在中國的傳播和發展、西方哲學對中國現代哲學的影響以及現代新儒家等新問題進行了討論。

關於馬克思主義哲學中國化問題

　　與會者認爲，馬克思主義哲學中國化問題包含著兩個方面的内容，一是馬克思主義哲學和中國革命具體實踐相結合；二是馬克思主義哲學和中國傳統文化相結合。對後一問題，有三種意見。一種認爲，以毛澤東爲代表的中國馬克思主義者較好地解決了馬克思主義哲學與中國傳統文化的關係問題，《實踐論》、《矛盾論》是運

用馬克思主義哲學基本觀點，發掘和吸收中國傳統文化，尤其是傳統哲學中優秀成果的光輝典範。二種觀點認爲，中國傳統哲學中的某些命題和範疇，在中國的馬克思主義哲學理論體系裡，只是一種外在的附會和點綴，缺少真正的理解與吸收。還有意見認爲，馬克思主義哲學與中國傳統文化、傳統哲學的結合有個層次，即自覺的結合與非自覺的結合。前者是指中國馬克思主義者謀求在理論上實現馬克思主義哲學和中國哲學的結合；後者是指由於中國的馬克思主義者本身受到傳統文化、傳統哲學的影響，在他們接受馬克思主義哲學、宣傳馬克思主義哲學時，必然被以自身爲中介的中國文化、傳統哲學所制約。因此，中國馬克思主義者在自覺結合的層面上，理論創造和論述並不多；在非自覺結合的層面上，把馬克思主義哲學與中國傳統文化、傳統哲學相結合是個必然的命題。

關於現代新儒家

這個問題的討論集中在新儒家是否存在的問題上。一種意見認爲，不存在現代新儒家。首先是現代新儒家這個概念作爲一個名稱，會遇到語義學上的困難，「現代」與「新」含義重疊；加之，這個名稱和它所指謂的事實不相符，馮友蘭的思想來源就很複雜。其次，由於歷史的原因，「儒家」的稱謂本身包含了貶抑的意思，它與政治上的保守、落後聯繫在一起。用它來肯定所要肯定的對象，反而破壞了原初的認同。二種意見則肯定現代新儒家的存在，認爲它是產生於本世紀 20 年代，至今仍有生命力的，以接續儒家道統、復興儒學爲己任，以服膺宋明儒學，特別是儒家心性之學爲主要特徵，力圖以儒家學說爲本體、爲本位，吸收、融合、會通西方哲學，謀求哲學現代化的學術思想流派或稱文化哲學思潮。持此種意見的學者還從哲學的性質、內容和方法三個方面，對現代新儒家的思想特質進行了嚴格的界定與說明，進一步論證了現代新儒家和傳統新儒家在思想上以及思維方式上的內在聯繫。他們還指出，學術上的保守主義與現代化並非對立的兩極。保守主義代表了傳統在現代化的震撼面前發出的思考與抉擇，本身也含有積極的意義。

（徐衛國據《人民日報》1988 年 2 月 15 日）

1988 年

女性文化

1988 年元月中旬，中國婦女管理幹部學院和北京中國文化發展中心聯合舉辦「女性、婚姻、心理、文化」研討組。

這次研討班，邀請了王慶淑、巫昌禎、歐本漢（美）、王極盛、陳子艾、鄭仲華、王行娟、孫鼎國、趙青福、李中華、何光滬、馮媛、何鎮邦等專家、學者，講授了女性問題面面觀；中國家庭大趨勢；美國婦女與美國家庭現狀及其發展趨勢；蘇聯婦女與蘇聯家庭現狀及其發展趨勢，愛的藝術與婚姻心理學；第三者現象研究

與探討；婦女心理學；女性犯罪——一個世界性的問題；改革和女性就業；儒家文化與東方女性；基督教文化與西方婦女，女性與民俗；女性與文學等專題，力圖從歷史與現實的結合上，科學地估價中國女性在現代生活中的地位、作用以及婦女解放的意義；從文化和心理的結合上，深刻把握當代女性的特點，從理論和實踐的結合上，正確認識女性犯罪、第三者現象以及切實保障婦女在就業、教育、婚姻和家庭等方面的正當權益。

上海哲學討論會

1988 年 2 月，上海哲學學會舉辦了哲學與社會主義再認識大型學術討論會。16 個省市的哲學工作者參加了會議。

許多與會者認爲，社會主義初級階段理論的建立，哲學應該是重要的組成部分。許多同實踐有關的重大課題需要研究，如社會主義初級階段生產力與生產關係的相互作用；各種社會新矛盾的辯證關係；建立新的價值體系，發揮人的主體性；初級階段民主政治的發展規律；對傳統文化模式的再認識，等等。

與會者們認爲，哲學界在撥亂反正中有成績，但總的來說，僵化局面沒有打破，游離在經濟改革浪潮之外；世界科技革命的潮流衝擊著傳統哲學，要打破老的體系，恢復生氣勃勃的馬克思精神，與會者還強調，東西方哲學家都在對當代科學發展作出哲學概括，把新思潮都看作反動的東西不予研究是不可取的。他們還提出，目前學術民主空氣仍嫌不足，要把競爭機制引入學術界。

（據《人民時報》1988 年 2 月 6 日）

初級階段社會與文化

1988 年 3 月 4 日，北京社會與科技發展研究所召開了「我國社會主義初級階段的社會與文化」理論研討會。與會者從廣義上探討了初級階段的社會文化特徵，及其與改革和發展的關係。

與會者認爲，傳統的封建社會文化對我國現階段的社會文化還有著巨大的影響，如封建的「三綱」思想還在一些公民的思想意識中殘留著。這是與改革的迅速發展不相適應的。作爲社會發展機制，政治、經濟、文化三者之間是相互聯繫、互相因果的；沒有文化的現代化和現代的民主政治也就沒有經濟的現代化。要把政治、經濟體制改革推向深入，就必須變革我國的傳統文化。

（《光明日報》1988 年 3 月 21 日）

國際哲學學術討論會

1988 年 4 月 1 至 5 日，湖北大學哲學研究所召開了國際哲學學術討論會。9名來自聯邦德國、法國、瑞士、美國、日本、民主德國的學者與 10 名國内學者在大會上作了學術報告。

現任德國哲學會主席、漢堡大學哲學教授赫伯特・施勒德爾巴赫在會上提出了哲學的身份危機問題。他指出，康德想通過實用人類學來最後回答「人是什麼」問題，結果却適得其反，使「人的問題」就此退出了哲學的中心位置。他認爲，人越成爲科學的主題，也就越加速著自身的消失。

什麼是現實的人的本質？法國哲學教授雅各・董特認爲，無論是抽出人的任何一方面的本質特徵給人下一個具有普遍意義的定義，還是把人放在具體的社會情況和種種條件中加以考察，這樣的人都是抽象的人。具體的人就是完整的人。對這樣的人，我們只能以可能性的名義提出一種設想。

中國的齊良驥、陳修齋、楊祖陶教授也分別分析了人的主體性問題。

會議還討論了人的必死性、享樂原則的形而上學意義以及主體中心論的有限性。

與會者的發言都涉及到人的現實處境問題。面對技術對人的統治，人的「家園」到底在哪裡？人何以消解「中心」與「整體化趨向」？張志揚認爲這涉及到一個很現實的問題，即人類中心說所造成的人的失真狀態，其中也包括各種各樣的語言中心主義及人本主義偏見所造成的影響。

（據《光明日報》）

「高技術與社會」討論會

《光明日報》1988 年 4 月 21 日報導，由中科院科技政策與管理科學研究會《科學學研究》編輯部共同主辦的「高技術與社會」學術討論會在海南舉行。

大多數與會者認爲，高技術不是一種單純的技術概念，而是與政治、經濟、文化有著極強的相互作用的技術——社會體系。高技術可以用來作爲社會形態和社會變革的標誌。

對高技術發展的社會評價問題，一些人認爲對高技術發展的人爲規劃，可能會形成一種「技術限制」，使高技術的發展偏離於人類社會的利益。另一些人認爲，當今的高技術已是一種客觀的社會現實。高技術不僅爲現今社會問題的解決提供了途徑，而且推動了社會前進。

洛學與傳統文化學術討論會

1988 年 4 月 23 日至 27 日，由河南省社會科學院、河南省社聯、河南省哲學學會和中國哲學史學會聯合發起的洛學與傳統文化學術討論會，在古都洛陽舉行。到會的中外學者 70 餘人，提交論文 40 餘篇，學術專者 3 部。

與會者討論了二程洛學的基本特徵、二程洛學基本思想、二程洛學與其他學派的關係，以及二程洛學在傳統文化中的作用和地位等問題。在談到最後一個問題時，大多數與會者認爲，在傳統文化裡，儒家學說佔主導地位；在儒家學說裡，自宋以後是理學佔主導地位；而在理學，程朱學派主要是洛學佔主導地位。不過，也有人認爲，就二程思想形成的社會歷史背景看，由於二程洛學的社會作用正是適應了封建統治階級內部的保守方面，所以作爲哲學思潮來說，二程的思想不代表中國哲學的優秀傳統。

紀念蔡元培學術討論會

1988年5月4日至6日，北京大學蔡元培研究會在校慶90周年和蔡元培誕120週年之際舉行了學術討論會，出席會議的中外學者、史學工作者的約60餘人，提交論文40篇，來自香港和海外美國、民主德國、法國、日本的9位學者中，有香港大學校長王賡武教授，有曾以研究蔡元培獲得博士學位的美國學者2人，獲得碩士學位的法國學者2人，日本學者1人。與會的還有來自海內外的蔡元培先生的子女、後裔。在開幕式上，丁石孫校長作了蔡元培作爲教育家幾個特點的講演，胡繩和周谷城也作了講演。在全體會議上宣讀論文要點的有張寄謙的《蔡元培的中西文化觀》、高斯和程斯輝的《蔡元培完全人格教育思想初探》、梁柱的《論蔡元培「兼容並包」的辦學思想》、張寶昆的《蔡元培的教育思想探討》，費路（民主德國）的《蔡元培與德國萊比錫大學》。討論會分組圍繞蔡元培的教育思想與中西文化觀兩個問題進行熱烈的討論。有的提出，在今天學術界要做到「兼容並包」也並非易事。有的提出，直到今天「兼容並包」仍然引起學術界的興趣，正說明蔡元培理想中的教育改革尚未實現。美國新罕布爾州立大學林敦副教授所作的關於蔡元培與中國國民黨關係問題的發表，引起了極大的興趣與爭論。

「孔子、儒學、傳統文化」討論會

1988年5月11日至15日由曲阜師範大學主辦的青年學者「孔子、儒學、傳統文化」討論會在該校孔子研究所內舉行。近40名青年學者圍繞會議擬定的討論內容發表了看法，交流了研究成果。現將有關論點概述如下：

（一）對以往研究的評估與我們今天所應採取的態度、方法　與會青年學者認爲，文化研究的根本任務，是要從中經常地提升出適應社會發展要求的時代精神，以指導或推動近代至當代中國現代化的實現。硬性地區分東西文化之優劣的思維定勢，把人們引入狹隘、片面、孤陋的境地；一味地耽迷於還原歷史本來面貌的夢想，使研究者落入單純的考據訓詁之中；短期的功利行爲，則掩蓋了任何洞察長遠目標的眼光。凡此種種，很難把握過去及外來的文化。他們認爲，新的一代應當摒除一些過時的範式與自蔽的成見，把孔子、儒學、傳統文化置於寬容的心態上，作獨立自

主的研究。一種意見認爲，目前研究工作的重點是保存、整理和釋義。另一種意見指出，所謂釋義，傳統方法有兩種，一是實事求是，運用各種技巧和方法把握「文章」的原意，另一是經世致用，即從現實和本來的立場出發，發現「文章」的新意。但這兩種方法基本上只停留在傳統精神文化上，而忽視了傳統世俗文化。因此，應當提倡另一種方法：用解釋學的方法，直接從當前中國人的行爲規範、價值取向、社會心理乃至民俗中，去觀察和了解傳統文化，作出新的闡釋和評價。這或許是把傳統文化研究推向深入發展的真正關鍵所在。還有一種意見認爲，我們應當把研究工作的重點落實在對孔子、儒學、傳統文化的批判上，孔子、儒學、傳統文化就其今天的表現形態及作用而言，已變成一種巨大的惰性力量，不徹底否定、批判它，中國的現代就難以實現。

　　㈡孔子、儒學、傳統文化的學術價值及其現代意義　若抛開政治的、社會的角度，而從純學術的角度來看這一問題，是否有一定啓發意義呢？有人認爲孔子的一生經歷了由禮到仁的轉變，而這一轉變對我們有如下啓發：1.在「斯文掃地」之時，尤其不能喪失信心，放棄努力；2.改造舊文化，實現傳統的轉換，重點不在於「破」而在於「立」；3.「立」的方法要堅持從具體到抽象的道路。

　　再如儒學也有學者指，在它的深層結構中，很早就開始將人之主體作爲哲學反思的對象，這對於今天研究主體問題仍有啓發意義。

　　最後關於傳統文化，有的學者指出，在它自身相對獨立的發展過程中，始終貫穿著一種「道變」精神，中國文化有極爲明顯的一以貫之的特色，中國傳統文化還能夠在變化中不喪失自我，堅持以我爲中心來吸收和容納各種外來文化與異己文化的特長。可以預見，中國傳統文化在走向現代化的歷程中，雖要經歷痛苦的變化，但它通過吐故納新的創造性的轉換和綜合，既超越自己又能保持民族特色，以嶄新的面貌再領世界文化之風騷。

　　㈢中國古代知識分子的憂患意識與當代青年學者的歷史使命　有的學者指出，憂患意識與責任感、使命感相聯繫，是中國古代知識分子的優良傳統。當代青年學者想要在開放、改革的洪流中發揮最大的作用，實現自己的抱負，就需要明確承繼自孔子以來的「任重道遠」，「憂以天下，樂以天下」、「天下興亡，匹夫有責」的優良傳統，亦即進一步強化自己的責任感、使命感與憂患意識。

　　另有學者認爲，傳統的憂患意識有兩個方面，一是憂國憂民，二是憂道憂學。這是在今天尤其要繼承。

　　有的學者還針對當前傳統文化研究中存在著的空疏、清談的現象、提出「轉向」的問題，認爲這「向」應轉到「開啓民智」上來。因爲目前我們民族的文化素質太低，並且由此產生許多不良的民衆文化心態。因此，不妨拿出三十年代胡適的口號「少談點主義，多談點問題」，以把傳統文化的研究落實到實處去。

（《齊魯學刊》1988 年 第 4 期）

「科學與文化」論壇首次會議在京舉行

　　1988 年 5 月 25 日，中國科協促進自然科學與社會科學聯盟工作委員會在北京舉辦「科學文化」論壇第一次會議。旨在全面探討科學與文化的關係，呼籲全社會發揚科學精神，提倡科學道德，講求科學方法，以推進改革和建設。科學界、文學藝術界學者近 30 人出席了會議。中國科協副主席、聯盟委員會主任錢三强主持了會議並致詞。

　　錢三强在致詞中説，現代科學技術是當代人類文化的重要組成部分，是代表一個民族文明水平的重要標誌，作爲一種觀念形態和知識體系，對人們的精神生活，包括價值觀念、行爲準則、倫理道德、文化形式和理論思維，都有深刻的影響。因此，現代科學技術也是精神文明建設的重要基石，這一點需要引起全社會的高度重視。他又説，爲了發揮科學技術在精神文明建設中的作用，促進社會主義文化事業的發展，我們計劃從 1988 年 5 月起設立「科學與文化」論壇，每個季度舉行一次，分別與文學藝術界、哲學界、社會科學界、教育界、新聞出版界有影響的學者聯合探討科學與文化，科技與教育，企業文化與農村文化，現代科學技術與馬克思主義，新技革命與 21 世紀的中國和世界等問題。設立「科學與文化」論壇的目的是要充分認識文化事業在整個社會主義現代化建設中的地位和作用，制定社會主義文化發展戰略；充分認識科學技術在文化建設中的作用，確立包括科技與教育、社會科學和文化藝術在內的新文化觀念，提高全社會的科學文化素質；充分認識科技在文化建設中的特殊作用，把科技知識的傳播同思想道德教育結合起來，把數以百萬的科協成員變成精神文明建設的一支生力軍。最後，他説，在「科學與文化」論壇的基礎上，擬在 1989 年 5 月召開「科學與文化」學術討論會，以紀念「五四」運動 70 周年，並且出版《科學文化》論叢。

　　在討論會上，錢學森、于光遠、龔育之，高占祥等先生先後發了言。

紀念陳寅恪

　　1988 年 5 月 26 至 28 日，由中山大學主辦的「紀念陳寅恪教授國際學術討論會」在廣州舉行。來自全國和香港地區，以及美國和日本的學者、專家和陳寅恪先生的親屬共 70 餘人出席了會議。提交大會的論文共 40 餘篇。劉大年、周一良、季羨林等學者在會上做了重要發言。

　　與會代表一致認爲，陳寅恪先生是我國近代傑出的、有代表性的、愛國的歷史學家，是史學界的一代宗師。他繼承了中國文化的優良傳統，吸取歐洲近代學術的精華，融會貫通，不斷開拓學術研究的新領域，取得了重要學術成果，其著述對國內國際均有重大影響。

　　與會代表還從具體研究領域，充分肯定陳寅恪先生在學術上的成就；並深入討論了他的治學態度和研究方法。

（據《光明日報》）

傳統政治文化與中國政治發展

1988 年 6 月 22 日至 26 日，由中國社會科學院政治學所、《學習與探索》雜誌社、蛇口培訓中心聯合舉辦的「傳統政治文化與中國政治發展」學術討論會在蛇口舉行。

與會者在政治文化發展目標問題上形成兩種對峙的觀點。一種觀點認爲，政治發展的目標有兩個：政治民主、政治穩定。提政治民主要慎重，追求過高的民主政治參與率，往往導致政治動亂。文革便是一例。提自由也應僅在經濟領域中。

另一種觀點認爲：評價傳統政治文化的優劣首先要有一個座標，這個座標只能到政治發展目標中去尋找。政治發展目標有民主、自由公平、效率等。那個目標優先，應考慮三個方面①對社會影響面的大小。②機會的再生性，即選擇此目標能有效地促進彼目標的實現。③可行性。對於現時代來說，自由應優先。理由是：①自由是民主的前提。②自由問題的解決使公平問題的相當部分由政府行爲轉變爲民間關係。③中國社會效率問題的解決根子在於進一步提高經濟自由度，自由是激發社會活力的本源。④政治腐敗現象的根源之一在於政府權力過大，集權化程度過高，自由度的提高是遏止腐敗的釜底抽薪的手段之一。⑤大社會小政府的自由模式可以把社會對行政效能的信賴減輕到最低的程度。

與會者就我國政治發展趨向進行了預測，多數與會者認爲：中國政治發展是一個以利益主體爲基本點從傳統步入現代的過程，其志向大致是：1.從一元的政治結構走向多元的政治結構。2.從以前解決階級矛盾走向調整利益衝突。3.從人治走向法治。4.從傳統的集權政治文化走向現代的民主政治文化。

對傳統政治文化在當代的效用，與會者大多持否定評價。有的認爲：中國當代政治文化並沒有擺脫傳統政治文化模式。傳統政治文化是建立在羣體本位價值觀之上的集權政治。改變這種模式必須以發展商品經濟所有制改變和傳統政治文化的瓦解爲前提，並借鑑現代西方政治文化模式。當前商品經濟與官僚政治發生尖銳矛盾，結果是商品經濟急劇瓦解官僚政體，造成了文化的崩潰，這就是某些人痛心疾首的腐敗墮落現象。但是，這不僅是不可避免的，而且是必要的。因此，我們不應該在傳統文化中尋找抑制腐敗的思想武器，也不應修補傳統政治文化，更不應該鼓吹開明專制，而應保持批判的距離，進行民主政治的啓蒙，加速傳統政治文化的瓦解，爲將來民主政治的建立作理論思想上的準備。

另一些與會者對新儒家的初衷表示理解和同情，認爲過度否定傳統文化，將會導致民族信心的喪失，不利於民族的崛起和改革事業。中國傳統文化中尚有許多精華。如①公平競爭意識。②中國嚴格來說沒有什麼階級，貧下中農可以當宰相。③中國古代對人的排列是士農工商，知識分子排在前面。這是適應現代化的。

有些先生不同意上述觀點，認爲：如果說非政治領域的人文化在現代還可能有某種正效應的話，那麼傳統政治文化對當代政治的發展就只能有負效應。現實中國大大小小的當權者和一般國民還被傳統政治文化心理嚴重地糾纏著，如權力至上心理、聖人執權心理、全角色化心理、清官依附與歸屬心理、被動參與心理等等。中國傳統文化不具備公平競爭和功利主義的因素，其主要特徵乃是倫理政治觀。

有的先生從人格和權力的角度探究傳統政治文化與國民人格的互動過程，認爲傳統社會中，國民的權威人格與專制政體呈相互強化的惡性循環。王朝統治者培植權威人格的慣用手段是刻意拓寬權力距離。權力距離導致的後果有：①導致平民對政府和官員的疏離和冷漠。②導致制衡力量的匱弱，腐敗盛行。③導致清官期待心理。④導致價值窄化和全角色意識。這種權力距離和權威人格的膠著狀態，嚴重阻礙著中國民主政治和工業化的發展，故而縮短權力距離、瓦解權威人格、重鑄現代人格，乃屬當務之急。

有的先生從歷史經驗中得出，中國傳統文化的悲劇在於：在社會穩定時，傳統文化展現出負性作用，在危機時期，傳統文化才表現出正面作用，外顯爲英雄行爲，我們要謹防在當今改革毀滅時才來作無謂的努力。

第一屆中西科學思想研討會

1988年6月28日至7月2日，全國第一屆中西科學思想研討會，在廈門大學舉行。這次會議是由中國自然辯證法研究會、中國自然科學史學會、廈門大學和華南師範大學聯合發起的。與會者從探討中國和西方科學思想入手，對深化和拓展中西科學與文化的比較研究進行了新的探索。

會議的議題有：關於科學思想的含義、内涵及基本内容；關於中西科學思想的比較；關於中國科學技術在近代爲什麼落後的問題；中西科學思想比較研究的現實意義。其中，關於中西科學思想的比較，與會者提出了中西科學思想的建構模式，中西科學的不同思惟方式和中西科學的不同文化背景的問題。有人認爲中西科學思想的差異集中表現在元氣說和原子說這兩種不同的認識模式上。也有人認爲中西科學的差異是由於兩者思惟方式的不同性質和特點所決定的。中國的思惟方式是以實用爲走向的，西方的則以純粹知識爲走向。因而，中國的科學是一種功能性科學，西方科學則是一種結構性科學。許多人指出只有把中西科學思想放在不同文化的總體背景之中，才能揭示出它們深刻的内涵。

關於中國科學技術在近代爲什麼落後的問題，與會者更加重視從中國傳統科學自身的内在因素來尋找中國科學近代落後的原因。有人認爲，中國傳統科學的致命弱點是缺乏實驗精神和實驗研究方法，科學思惟是一種缺乏分析的原始綜合性的思惟方式，而中國哲學又缺乏對科學技術提供理論概括和方法論的指導，這「三大缺陷」都是與近代科學精神不相容的，必然導致中國科學技術的落後。也有人認爲這個問題本身就不能成立，因爲中國歷史上只有比較發達的傳統技術，而沒有嚴格意義上的「科學」。也有人不同意以上的看法，認爲中西科學是人類不同類型的科學型態，不存在誰先進誰落後。

中國哲學史學會第四屆年會

　　1988 年 8 月 21 日至 24 日，中國哲學史學會第四屆年會於呼和浩特市召開。「中國傳統文化及其哲學與現代化」是這次年會的主題，圍繞主題進行了大會發言和小組討論。現將會議情況述要如下：

　　1. 中外文化與開創有中國特色的社會主義新文化的關係。與會者比較一致地認爲，傳統是多元的，中國的現代化不可能是簡單的復古或西化，而只能是對多種文化傳統的選擇，應該探索傳統與現代化的歷史結合點。

　　2. 中國古代、近代、現代中外文化衝突、融合的經驗教訓。有人認爲中國走向現代化的歷程太坎坷，近代西學能否在中國找到結合點，一直困惑著各個時期的思想家，但他們留下了兩個教訓，其一沒有清理中國啓蒙的特殊道路，其二沒有找到已孕育的近代化的中體。一些與會者還從佛學、耶教和近代西方文化的三次文化輸入，探討了文化的開放和封閉這一複雜的社會現象。

　　3. 傳統文化與代科學。一些與會者指出，不能籠統地説中國傳統文化阻礙近代科學，不能因爲在中國文化生態系統中，人文文化的成份比重大，科學文化比重小，就認爲人文文化阻礙了科學文化。也有人認爲中國古代科學與西方近代科學也有相通之處。也有人指出中國古代以儒家爲代表的價值取向確實抑制了純科學的發展，但是，重視人的問題，一切爲了人的原則，應該批判繼承。

中日學者文化與現代化座談會

　　1988 年 8 月 25 日，中日學者在京就文化與現代化舉行了座談會。

　　這是由北京大學哲學系、「中國哲學史研究的編輯部」和來京參加「中日辯討法討論會」的日本學者共同舉辦的。

　　日本七位學者圍繞「日本現代文化的形成」做了相當充分的描述和分析。其主要內容大致包括：日本走向現代化時與當時中國所不同的自然、社會、世界形勢、文化遺產等方面的歷史前提；明治維新前後的國內政治與社會思潮；現代化過程中的教育、人才問題；日本傳統與民族精神問題；以及二次大戰以後的各種社會發展和意識形態問題，等等。

文化市場理論研討會

　　由文化部社文局、《瞭望》周刊和《光明日報》文藝部聯合召開的全國文化市場理論研討會於 1988 年 8 月 29 日在哈爾濱閉幕。出席會議的 70 餘名代表，對我國初具規模的文化市場進行了理論探討，提出了建立「文化市場學」的設想及理論框架。

　　與會代表認爲，隨著商品經濟的發展，我國的文化市場正逐步形成，它突破了「文不經商、士不理財」的傳統觀念，擺脫了舊體制所造成的封閉型單向循環的桎梏，以廣泛的羣衆性、濃郁的娛樂性和明顯的商業性成爲全社會所關注的對象。文

化市場是適應供給型的體制向經營型新體制過渡的橋樑，是深化文藝體制改革的中心課題之一。對它應一要開放，二要發展，三要管理。

圍繞文化市場的發展與管理問題，代表們就其多元結構及其評價、社會效益和經濟效益、雙向選擇機制和控制、管理及方法等問題進行了探討。

關於文化市場學，代表們認爲它是研究文藝產品和文化娛樂服務從生產者到消費者的全部經營活動和再生產中的供求關係，探求科學管理和創造性地滿足社會需要以及市場變化發展規律的科學。代表還提出了基本理論框架。

漢學討論會

1988 年 9 月初，歐洲漢學協會在民主德國魏瑪舉行了，第 31 屆漢學討論會 170 多名漢學家參加了會議。會議討論的題目縱越古今，上下數千年；內容涉及中國社會政治、經濟、文化和歷史等各個方面。

歐洲漢學協會主席，瑞典漢學家馬悅然教授提出，同 40 年前相比，當今的歐洲漢學研究有三個明顯的變化：其一，中青年學者佔有相當的比重；其二，普遍能講漢語；其三，更加注重研究中國的近、當代問題。

這次討論會的報告題目範圍很廣，有「中國古典哲學的人文主義思想」、「中國現代戲劇藝術的新趨向」、「蘇聯遠東地區同中國東北的經濟關係的發展」等。

中國文化與改革研討會

《人民日報》1988 年 9 月 6 日報導，由山東師範大學、北京市社會科學院、國際文化出版公司、「驀然回首」叢書編委會聯合主辦的中國文化與中國的改革研討會在山東師大舉行。

與會者一致認爲，經濟體制和政治體制改革成功與否，很大程度上與社會的文化背景、人的文化素質高低有關。改變我們周圍的文化氛圍，提高每一個人的個體素質，爲當前的改革和開放創造良好的內部條件，是目前的改革不可超越的必要過程。

與會者對中國傳統文化的封閉性、專斷性，對以農耕文化爲基礎的中國大眾文化的狹隘性急功近利性，對以尋求超脫而終未超脫的中國士大夫文化的虛幻性、逃避性等問題作了有益的探討，並從多側面對中國人的思維模式和行爲模式作了較爲細緻的分析。

與會者還提出，知識分子在現實社會中要變被動選擇爲主動選擇，以強者的姿態投身於變革的時代；要進一步擺脫傳統觀念的束縛，務實一些，自覺地實現知識價值在社會政治、經濟系統中的等價交換。

科學與文化論壇㈡

1988 年 9 月 10 日，科學與文化論壇在人民大會堂召開第二次會議。這次會議由中國科協和中國作協聯合主辦。錢三強、唐達成、馮至、于光遠、夏衍、任繼愈、陳荒煤、戴晴、劉心武、劉夢溪、王梓坤、黎先耀、戈揚、高鎮寧在會上發了言。

會議的中心議題是探討科學與文化的發展加強科技界與文藝界的了解和聯繫。

錢三強指出：改革和建設的實踐尖銳地提出確立文化意識，重視運用文化手段，發展文化教育事業的問題。

夏衍說，五四提出科學與民主的口號已近 70 年了。世界和中國都已起了很大變化，但科學與民主離中國依然很遠，封建勢力還嚴重存在。中國文化中的許多東西知其然而不知其所以然，這就需要把科學與文化結合起來。中國的許多高科技成果不能普及，因爲人民素質差。所以如果政治制度不民主，人民的教育不普及，只能個別人冒尖。尊師重教，千篇文章不如一件實事。

陳荒煤認爲，對雙百方針，也要在新形勢下重新認識，重新估價，以發展的觀點作出新的說明。

戴晴主張，要以科學精神、科學態度、科學方法救國。我們對傳統文化的反思，總是把帳算在孔子身上，但忽視了有個新傳統，就是戰爭時期的軍事共產主義（當時是有效的），用到了和平建設時期，使我們國家形成了一種全能政治主義。正是這種 40 年的軍事共產主義使得我們正直、仗義直言等優秀品質忘光了。要打破這個建立在自然經濟基礎上的新傳統。現在，中國人對世界的認識還處於幼年階段，要成熟的國民，必須有成熟的知識分子。過去對知識分子思想改造，把優秀品質打得光光的了，而不好的品質卻保存下來。知識分子成熟的第一標準是看他是否具備獨立的心靈、獨立的人格、獨立的心靈、獨立的思想，然後再爭取獨立的言論，爭取新聞和出版的自由。而使知識分子成熟起來的基礎，就是發展商品經濟。

劉心武說，中國的知識分子一定要從政治原罪感中解脫出來。沒有比他們更熱愛自己的國家和民族，更熱愛自己的土地和人民的了。這個羣體是天然無罪的。他們之所以有原罪感，是與「軍事共產主義」的新傳統分不開的。如反「精神貴族」，在精神上搞平均主義，不允許出現精神上富有的人。還有「高貴者最愚蠢」，對學問越大的人，非要貶低他的價值，文盲卻被捧上天。給知識分子「落實政策」，說明一直把他們當成異己力量，不打擊他們就應該很感謝。所以，知識分子的寶貴程度並沒被整個社會充分認識到。

劉夢溪說，不應該把商品經濟看作是對文化的貶低、損害、侵擾。但不能使所有的文化、科學產品都帶上商品色彩。這要求有基本政策和經濟上的保證。科學、文化如同商品經濟發生矛盾，我們不妨忍痛作點犧牲。

戈揚說，基礎科學無疑重要，但科學轉化爲生產力同樣重要。「杜亞泉」現象越少越好。

（據《導報》1988 年 10 月 3 日）

印度宗教與中國佛教

1988 年 9 月 18 日至 20 日，由中國社科院南亞與東南亞研究所、世界宗教研究所、哲學研究所、北京大學哲學系，復旦大學哲學系，常熟市佛教協會共同舉辦的「全國印度宗教與中國佛教」學術討論會在常熟召開。會議就印度佛教的傳入及其中國化；中國佛教與傳統文化，中印密教和其他大乘派別三個專題分組進行了討論。

關於印度佛教中國化的問題，一部分人認為印度佛教在中國的發展經歷了如下幾個階段：漢魏時代佛教是獨立性文化，它依附於中國傳統文化；兩晉南北朝時代佛教由獨立性上升到交替性，儒、釋、道三教鼎立，其中佛學和儒、道發生強烈衝突；隋唐時期是中國佛教內部建立宗派，判教，外部得到中國傳統文化認同之時，宋以後是三教融合、佛教民間化時期，佛教中國化的外延則包括了漢地佛教、藏地佛教和傣族雲南佛教三大類。這種消化、吸收、改造外來宗教的現象直到現在仍在進行。另一部分人則認為，古代中國並非閉關自守，中印兩國的交往範圍比我們現在想像的要寬廣得多，它滲透在各方面。實際上印度佛教一開始傳進中國，就有了中國化的特徵，佛教在中國不存在階段化的過程。它在中國的演變特點是「合而不同」，既與印度佛教不完全相同，又與中國傳統文化有區別；同時又與印度佛教和中國傳統文化相通。它既保持了佛教的基本特點，又吸收了一些中國傳統文化。因此，中國佛教不僅在中國文化寶庫裡佔有重要地位，還在世界宗教文化中佔有重要地位。

關於中印密教問題，有些人認為密教的產生可能和中國道教傳到印度有直接的聯繫，甚至可以說密教是受到道教影響後建立的。大多數人認為這正好說明印度宗教和中國傳統宗教曾有過平行發展的因素。密教在中國的傳播，表明佛教的中國化已經全部完成。

（據《理論信息報》1988 年 11 月 7 日）

新思潮研討會

1988 年 10 月 5 至 11 日，哲學、美學、文學新思潮研討會在湖南水電學院舉行。

靳少彤認為，我國學術界長期以來把哲學、美學、文學當作獨立的學科來研究，而今天我們有必要在三個學科之間建立一個結合點。前一段文學主體性的哲學系統等問題提出來了，但哲學界很少有人研究文學。他還指出，中國文化，一方面是惰性的，腐朽的，另一方面又是有生命力的。幾千年來中國沒有滅亡，關鍵就是它的文化有生命力。腐朽的東西和有生命力的東西往常鬥爭，從歷史上看，國粹派和西化派鬥爭往往形成一個中間地帶，其中有很多人在思考如何把東西方文化的精髓結合起來，形成一個中國的新文化。誰能建立這樣一個新文化，誰就是中國的脊樑。

樊錦鑫認爲，應當把馬克思主義當作人類思維的一個成果來看待。

（據《理論信息報》）

《太平洋論壇》舉辦「關鍵時刻」座談會

1988 年 10 月 10 日，《太平洋論壇》編輯部召集在京各界人士舉辦了題爲「關鍵時刻」的政治學術座談會，會議由《太平洋論壇》主編包遵信主持。會議圍繞現代化進程等問題展開了討論。

與會者一致認爲，1987 年以來已經取得主導地位的改革理論陣營，在將要到來的年代中，將出現新的分歧。目前存在於知識界與精英階層的共識危機已日益暴露，無論在政治、經濟、還是在文化思想領域，價值選擇與科學選擇的衝突將展開新的圖景。

與會者認爲，隨著改革運動的不斷深入，改革道路上出現的一系列全新問題成爲改革理論工作者新的研究對象，如破產、失業、商品匱乏、價格震盪、文化滑坡等。解決這些問題的重要性與艱難性在於，它是整個世界社會主義體系尋求新的發展途徑的一部分，而在這方面，世界還沒有爲中國提供現成的成功經驗。中國的思想理論界在這個時候出現分歧和困惑是必然的，但猶豫和徘徊將使歷史付出新的代價。

北京社會經濟科學研究所陳子明指出，近代中國曾出現過的幾次走向現代化的新機之所以一一喪失了，除去政治、經濟的原因之外，值得特別注意的是過去未受到重視的思想文化原因。這就是：每當「關鍵時刻」來臨，承擔著社會理性思考的知識分子卻沒有形成對社會未來走向與道路的基本共識，不能很好地發揮其認識功能和價值功能，缺乏對國情實際的、具有獨創性的認識和預測性研究。這一責任不能推給政治家的軟弱，也不能歸結爲經濟上的失誤。他認爲，只有在精英層次上形成基本共識（不必高度認同），然後將這種共識轉化爲社會政治文化，中國改革才能走上成功之路。

與會者認爲上述共識危機體現在各個方面。從政治上講，存在民主憲政與「開明專制」兩種意見，由於看到了國民素質與現代化的不適應狀態，目前傾向後者的人很多；從經濟上講，價格改革與所有制度改革的意見尖銳相峙，在目前的價格危機面前，後者的贊同者也日益增多。在文化上，則有蘇聯化的馬克思主義文化模式，傳統儒教文明與西方基督教文明爲基礎的現代文明三種取向的鼎立，批判繼承派的重建文化觀點的支持者有增無減（王軍濤）。如何解決分歧，有看法認爲關鍵在於能否使價值判斷與科學判斷相統一（李建科）。對此，不少人提出了「批判和改革相結合的社會漸進主義」的方針。

北京大學社會學系孫立平、中國社會科學院張星揚等也相繼對改革的現狀與理論界的現狀闡述了自己的看法。出席座談會的還有董輔福、曹思源、楊百揆、沈大德、謝選駿、唐欣等。

燕京學術講座

　　1988 年 10 月 15 日，由燕京文化書院和華夏讀書社共同主辦的「燕京學術講座」在北京圖書館開講。其中，人類學總題目爲「人類學的歷程」。幾位主講人在談及人類學的文化觀時，介紹了文化的概念、國外人類學諸流派的要點及其沿革、文化研究的整體觀與多維視角、田野研究及諸方法論原則等。主持人中央民族學院民族學系莊孔韶博士提出他本人有關中國雙層文化的理論構想。

　　他認爲，中國文化的構成有兩個層面：高層文化和基層文化。前者指史籍、經典、哲學、倫理，發展戰略與策略構想以及理想中由高深文字與思想意識所代表的文化，它實質是一種文化人的文化，後者是指中國人口的大多數所「負荷」的文化，是諸地方社區（城鎮鄉村）人們日常生活的觀念和行爲，它顯露或隱藏在階層、職業、團體之中，也反映在民衆習俗、鄉土意識甚至格言、諺語等活生生的形態之中，所以也可稱之爲俗文化和言語的文化，基層文化有相對和獨立性，歷久而不衰，但又有地方性、分散性，最不易爲人注目。雙層文化之間尚有複雜的關聯可循，應在文化研究中建立書齋工作與田野工作、理性工作與實證研究相溝通的分析構架。只有通過考察雙層文化之間的隔離與聯繫，才有可能在整體性的高度把握中國文化之真實的整體。在對中國雙層文化的研究中，人類學分析構架具有重要的認識功能，但不排斥其他學科及方法的運用。

　　這次講座免費、免票向各界開放。

（據《理論信息報》1988 年 11 月 21 日 ）

第二次孟子學術討論會

　　1988 年 10 月 21 日至 25 日，第二次孟子學術討論會在孟子故里山東鄒縣舉行。會議圍繞孟子對儒家學說的發展及其在中國傳統文化中的貢獻和地位這一主題，進行了多方面的研討。

　　與會者討論了孟子與齊文化的關係。這個問題以往探討不多。認爲孟子遊齊是齊、魯文化交融的一個重要環節，孟子與齊文化的關係體現了齊魯文化的交流與滲透。同時，齊、魯文化又不同，前者尚功利，後者重禮義，所以孟子遊齊不可能得到文化上的認同。與會者還對孟子的性善論與道德學說提出了與以往不同的看法。認爲孟子性善論是人的自我反思和禮贊，是理論上的進步。對其道德學說，則著重分析了它對中華民族心理素質和思維方式的影響。

教育與社會進步中外學者研討會

　　1988 年 10 月 23 日至 27 日，教育與社會進步中外學者研討會在南京召開。到會的有來自上海、合肥、武漢、廈門、北京和南京的中國學者，有來自日本、美

國、加拿大的外國學者，匡亞明主持了開幕式。

會議圍繞三個議題進行討論。教育與經濟發展的關係，教育與文化傳統觀念的變革，教育與現代人才培養。

關於教育與經濟發展的關係。與會者認爲教育，是一種最積極、最有效的投資，而不是單純的消費活動，教育的增長與社會經濟的增長有關，同時教育又受到經濟發展水平的制約。有的學者不僅論述了教育是經濟發展的強大動力，而且還對教育作爲推動經濟發展因素的主要特徵進行了探討。

關於教育與文化傳統觀念的變革。會議著重討論了中國的傳統文化對教育發展的積極影響與消極作用是什麼？文化傳統從哪幾個方面、哪幾個層次影響教育的發展？教育又是通過何種方式、何種渠道影響、推動社會觀念和變革與文明的演進的？有學者認爲，首先文化是制約高等教育的重要因素，經濟、政治等因素對高等教育的制約作用，往往也要通過文化傳統的折光反射。其次文化傳統對於高等教育的影響具有積極與消極的兩重性。高等教育在其改革過程中，要正確對待文化傳統，吸收積極因素，揚棄消極因素。第三，既要充分肯定文化傳統對高等教育具有全面的、深刻的影響，但也不應誇大文化傳統的作用。

還有的學者通過採用歷史（1902-1927）的透視法，研究中國的現代教育體系，從而發現中國傳統文化對教育進步的貢獻。他認爲，文化傳統支持教育進步，但又是一種障礙。「書院」批判性的教學、學習傳統和「科舉」的呆板的考試、學習傳統體現了這一關係。

關於教育與現代人才培養。與會者指出，教育，有著雙重功能，一是滿足社會發展的需要，二是滿足人們完善、充實、提高自身的需要。這二者相互區別又相互聯繫，其共軛點是「人」。因爲社會的發展，不管經濟的增長、科技的發達還是文明程度的提高，都離不開人。有的學者指出，對促進社會進步的教育來說，它的一個重要主題是提高對迅速變化的世界所帶來的挑戰作出創造性反應的能力。促進社會進步的教育，其中心就是創造力的培養。這種能力是人類自由的標誌，從事創造的行爲是每個人生來具有的權力，而自由的創造性行爲的普遍、基本的表達方式之一是從事道德選擇。道德教育是橫在父母和教師面前的重要問題。

傳統文化與現代化

1988 年 10 月 25 日，孔子研究所舉行了「中國傳統文化與現代化」學術討論會。張岱年、陳元暉、謝韜、劉鄂培等三十多名中外學者參加了會議。

張岱年指出，對中國傳統文化，需要解釋、超越。年輕人主張全盤否定傳統文化，用意是好的，他們認爲中國經濟落後是傳統文化起著阻礙作用。但我們的落後是歷史造成的還是現實造成的，還需要研究。日本、新加坡等國家受儒家文化思想影響很深，但爲什麼經濟能以發達？

一些與會者認爲，對待傳統文化應採取借古開今的態度，既不厚古薄今，也不厚今薄古，在批判地繼承傳統文化的前提下發展。對學術問題的研究都離不開古今

關係、中外關係這兩個永恆的主題，而中國文化正處在既有交流又有交鋒的位置上。現在是文化綜合的時代，中國未來的文化應當既是中國傳統文化的繼續，又高於傳統文化，既是世界文化的一部分，又具有中國的特點。

（據《理論信息報》1988 年 11 月 21 日）

初級階段文化建設

1988 年 10 月，北京市社科聯和北京市社科院聯合舉辦了「社會主義初級階段文化建設理論討論會」。討論會就初級階段文化的性質、基本特徵，當前北京市文化建設的基本形勢和發展方向等問題進行廣泛的探討。

與會者認爲，發展社會主義商品經濟絕不能排斥文化建設。當前有一種錯覺，以爲十年動亂時期是以「左」的面貌摧殘文化，現在則是以商品經濟的潮流來衝擊文化，實質上這正是初級階段文化形態多樣化與複雜化的某種反映。發展社會主義商品經濟與文化建設並不矛盾。在一個文化落後，文盲、科盲充斥的國家裡商品經濟是不可能高度發展的。反過來商品經濟的發展又會促進科學、文化的發展。

關於發展社會主義商品經濟與道德的關係，大家認爲，道德是經濟基礎的反映。社會主義的文化首先反映在人們的道德水準的提高和道德品質的完美上。不能認爲發展商品經濟只會使人們的道德淪喪。

如何對待傳統文化？有人認爲，中國傳統文化是建立在小農自然經濟基礎之上的，缺乏真正的民主意識和民主精神。初級階段的文化特色不是爲了單純地弘揚傳統或回歸傳統，而是要在對外開放、實現中外文化的撞擊中，使中國傳統文化結構作一次新的調整，建設起更符合我國國情的文化。

與會者這一致呼籲，北京是世界文化名城之一，在對外開放的形勢下，北京應盡可能多地表現出現代城市的風采，有一個文化建設的總體佈局，並應表現出文化名城的四個特色：聚合作用、再造作用、輔射作用和示範作用。

（據《理論信息報》）

現代文學研究創新座談會

1988 年 11 月，中國社科院文學研究所、中國現代文學研究會和中國現代文學館在北京召開中國現代文學研究創新座談會，就中國現代文學研究的創新和發展前景從不同課題、不同角度加以探討。

與會代表認爲，10 年來文學研究的發展歷程及其特點，是由政治評判到方法效應再到文化闡釋。或可分爲政治學——文化學——心理學 3 個階段。太易受各種社會思潮影響了，一再陷入困境與困惑。

如何走出困境？劉再復主張文學研究應有自己的個性和語言，要打破統一的批評標準，強調學術主體性。關於現代文學研究的當代性問題，他認爲現代文學研究

屬於當代文學範疇，歷史總是不斷被當代文化文化化。只有把當代精神伸延到傳統，才能得到重新評價。

（據《理論信息報》1988 年 11 月 21 日）

電影電視與社會研討會

　　北京電影學院研究生會與《光明日報》文藝部邀集全國中青年理論工作者研討「電影電視與社會」，《光明日報》於 1988 年 11 月 3 日刊登了部分發言。這些發言涉及了以下幾個問題：

　　1. 中國電影所面臨的形勢　有人提出今天的世界是一個網絡化的世界，文化的相互滲透在加劇，中國的電影經濟或電影文化的研究如果不放到一個大的國際電影生態圈中去，則這種研究的結果也就不具備科學性，不能作為政策的依據。因此就國際電影生態圈看，中國處於經濟上的第三世界與文化上的第三世界。這種同發達國家巨大的經濟差距同時也導致了文化產品生產的差距。發達國家不斷把電影文化的軟件和硬件傾銷給中國，加劇了中國電影市場的動盪，將中國觀眾欣賞的心理指數想得很高。這樣，中國電影很難從正面擊退外國電影的進攻。在這樣的前提下，中國的文藝片為求得世界電影文化的認同而不得不艱難地調整自己，以至暫時失去本國觀眾。還有人指出當前的電影生產跟不上社會心理和美學趨向的變化。如思想界從 1985 年以來就熱烈討論著反思中國文化傳統，尋找華夏文明新世路的課題，而電影界從整體上看是相當隔膜的。

　　2. 發展中國電影的對策　除去經濟、行政等方面的對策外，有人提出應著意於電影文化的頭腦建設，這是中國電影的內部改造。中國電影的毛病不僅僅在電影工業結構，更在於非電影的文化結構。這就要求電影創作者軟化僵硬頭腦，開發情智與能力，樹立文化建設的抱負，以獨立的人格面對世界，勇敢地捲入重大衝突，提出或回答歷史的、時代的問題，爭取有所作為。這是一條使電影擺脫行業侷限，以達到甚至引導社會期望的捷徑。還有人提出了兩個對策即電影價值的重心應隨社會心理和美學趨來不斷調整和提倡電影生產的集約競爭和類型化。在信息爆炸和文化產品的海洋中，那些兼有「眾調」而喪失「主調」的作品很快被遺忘了，只有類型鮮明、高揚特色之作才受到人們的青睞，所謂電影類型化正是要緊密結合觀眾的愛好和創作的出新，形成和發展各個品種的系統經驗，強化各自的電影美感，以對觀眾產生定向吸引力，並在各種類型的競爭發展中提高整體的特色水平。同時，我們需要的正是隨著當代文化和觀眾趣味的發展不斷創新的類型化追求。如以哲理片為例，在這方面迫切需要吸收當代哲學的成果，強化電影哲理意味的當代品格，注重戲劇性衝突中展開哲學的對話，創造一種參與性與間距性的氛圍，讓主人公與觀眾以平等的身份，共同來探討些對於人來說帶有根本性的問題。其他如創造當代的喜劇片、科幻片、政論片等都應該吸收當代文化建設的新成果而努力提純復壯。

　　此外還有人認為電影是廣大人民生存的一種方式，以此來說明電影與社會的密切聯繫。

王船山討論會

1988 年 11 月 6 至 9 日，湖南省王船山學會在衡陽師專舉行 1988 年年會，中心議題爲「王船山與中國近現代」。

一些與會者認爲，船山思想對中國近現代影響頗深，曾國藩、郭嵩燾、譚嗣同、章太炎、毛澤東都受過較大的影響。船山思想對毛澤東的影響，主要通過兩條線索實現的，一條是王船山——譚嗣同——楊昌濟——毛澤東；另一條是王船山——曾國藩——楊昌濟——毛澤東。前一條線側重於解決民族矛盾，後一條線側重於解決階級矛盾。解決階級矛盾運用的是王思想的道統與治統方面，解決民族矛盾運用的是排滿、愛國的一面。毛澤東通過批判王船山、曾國藩等人致力挽救封建秩序，維護封建道統的思想，全面闡釋了新民主主義革命的理論。有人則認爲船山思想對毛澤東影響不大。

還有人主張以時代精神與文化背景的角度去研究爲什麼近代史上正反兩方面的人物都推崇王船山的深層原因。

（據《理論信息報》）

文化建設懇談會

1988 年秋，北京社會文化開發研究所與《中國文化報》理論部邀請北京部分文化理論工作者舉辦了「文化建設懇談會」。會上，一批專家、學者作了精彩發言。

北京大學孫立平談了目前的文化衝突與危機問題。他指出，分析這一問題，先得引入基本的分析框架，即世界文化發展的總體圖景。概括地講，目前世界文化是由傳統文化（前現代文化）、現代文化、後現代文化三大部分構成。這三種文化又引起兩大衝突，即本地傳統文化與外來現代文化的衝突，後現代文化對現代文化的挑戰。中國的文化變革，基本趨向是傳統地方性文化向現代世界性文化的蛻變。近幾年來基於五四精神之上的對中國傳統文化的清算，在深度和廣度上都超過了從前；對西方現代文化的恐懼與戒備心理有了相當程度的轉變，一些與現代化相適應的新的文化特質正在開始形成。

但在文化的變革中，也存在有不合諧現象，如人生價值的目標喪失，社會整合程度下降，日常社會生活的失落狀態等。原因在於：文化變革中批判與建設的錯位、制度建設跟不上文化建設、後現代文化的超前滲入、封建社會文化的沈渣泛起。因此，需要建設文化，推進其世俗和理性進程；進行制度與結構的改革，爲新文化成果提供「硬件」條件。

中國科學院許良英指出，文化現代化的目標是民主與科學。這主要是解決「真」與「善」的問題。有人強調現代化的所謂「中國特色」，但民主觀念是馬克思主義和社會主義產生的前提和基礎。沒有它，就沒有真正的馬克思主義和社會主義。今天講文化現代化，先要補啓蒙運動這一課。目前對民主的誤解很多。如《河殤》說民主的特性是透明性、民意性和科學性。還有人說民主只是一個朦朧的理

想，更有人主張搞精英政治。他強調，目前中國的主要問題和根本問題是政治文化現代化的問題。

中國社會科學院近代史研究所丁守和指出，我們新文化運動的指標仍然是五四運動的民主與科學精神的繼承。因此，獨立自主的人格、平等自由的人權和科學精神應成爲我們文化現代化的指標。中國傳統文化中「民本」的「民」是被動的，是恩賜的對象。當今許多人還停留在民本思想的水平上。傳統文化中的經世致用容易流於實用主義，急功近利，造成「熱」文代現象。他強調，文化現代化的核心是人的現代化。

民進中央副主席楚莊説，文化現代化的指標之一，是我們的社會、法律、體制、知識界對世界各民族文化、各種思想流派的容納量和承受力。文化開放應同經濟開放同步。但現代文化同傳統文化並不絕對對立。不存在什麼世界文化，她只是各民族文化的相互交流、滲透和吸收。

（據《中國文化報》1988 年 11 月 9 日）

現代化研討會

1988 年 11 月 10 至 14 日，首屆全國現代化理論研討會在北京舉行。300 餘名中青年學者參加了會議。著名學者于光遠、黎樹、于浩成、蘇紹智、李鋭、嚴家其、馮蘭瑞等出席開幕式並講了話。

總結歷史財富，研究世界各國的現代化道路，進而探討現代化的基本理論和中國所面臨的現代化實際進程，並使知識界在充分交換觀點的基礎上達成共識是擺脱盲目摸索狀態，減少内耗與失誤，防止建設性破壞，迅速邁上正確軌道的基本條件。基於這個共同認識，這次研討會擬定了「科學、民主、團結、開拓」的主旨。

與會者就現代化的政治、經濟、文化、社會指標，必備條件與各種可能性選擇等問題交換了看法，並集中討論了「現代化」的科學内涵、理論範疇及有關的基本理論；世界各國現代化的模式、類型，以及各種現代化進程等問題。代表們對這種跨學科、多層次、多角度的的廣泛交流形式給予了充分肯定。

（據《中國文化報》）

企業文化與管理創新

1988 年深秋，「1988 年企業文化與管理創新研討會」在無錫舉行。

關於企業文化熱產生背景原因，與會代表認爲，隨著改革開放的深入，外國企業文化的信息不斷湧入我國，並得到廣泛的傳播；國内文化熱的興起觸發各界對企業文化的關注，我國目前正處在產品經濟向高品經濟的轉變時期，這在客觀上要求國内企業界重視建設並發展企業文化，我國企業文化的建設順應了國際上企業管理從著重硬管理轉向注重以人爲主的軟管理的潮流。

關於我國在現階段建設企業文化的意義，表現在有助於改進和加強企業思想政治工作，適應和促進企業自主經營活動的客觀需要，是樹立現代化企業經營觀，並使之具體化的手段，是優化企業職工的職業道德，樹立「振興中華」的民族精神素質的強化劑。企業文化建設使企業具備了先進的管理哲學，它的出發點和歸宿應是企業的經營管理。

關於企業文化的概念，一種觀點認爲它是企業經營管理的哲學，是一種管理的新觀念；一種觀點認爲它是一種羣體意識，是企業職工智慧經驗的沈淀和提煉，是經濟組識內部形成的共同信仰，約束全體員工的道德規範、行爲準則，包含精神、目標、傳統的價值觀念。

關於企業家與企業文化的關係，大家認爲企業家是企業文化的培育者和倡導者，他們決定著企業文化的發展方向；他們的領導風格、藝術對企業文化的建設有不可低估的作用，具體表現爲。企業家通過自己的感召力和整合力，把企業的經營哲學傳導給員工，促進員工對企業文化的認同；企業家通過自己的強者形象在員工中產生模仿效應，促進企業文化的發展和創新，企業家通過自己的權力，可以有效地推動企業文化活動的開展。

大家也指出了企業文化建設中還存在一些問題，特別是大氣候、大文化還不夠成熟。

（據《藝經導報》1988 年 11 月 14 日）

傳統與現代化報告會

1988 年 11 月 15 日，北京大學研究會舉辦大型報告會。羅榮渠、陳鼓應、于浩成、包遵信、溫元凱、陳來等應邀就「傳統與現代化」問題作了演講。

羅榮渠認爲，現代化從本質上講是反傳統的，要突破五四以來的爭論，應該提高到思想模式的角度來認識。首先，過去討論傳統與現代化問題，都把中國的現代化看作順應世界現代化高度發展的挑戰的過程，從而形成一個挑戰與回應的模式，中西方文化衝突也是在這一模式中提出的，傳統在此被徹底否認。這種看法後來發展爲全盤西化，表面上看是激進的，實際上卻是一種無選擇的現代化。再後來馬克思主義傳入，又認爲只有蘇維埃模式好，直到毛澤東提出「馬克思主義中國化」、「新民主主義論」，中國革命才走到了一個新階段。幾十年來中國思想實際的進程卻總在一個折衷的道路上前進，一中一西，不中不西，甚至是道中不西。其次，有一種模式把傳統和現代化的關係理解爲歸零現象。把傳統和現代化看兩個不變的實體，勢不兩立。實質上，現代的工業社會並不是一個很簡單地完全與傳統隔絕的社會，而是兩者兼而有之、共存的。不能把傳統與現代化看成超純對立。第三，從改革的角度看，改革、批判傳統是必要的；但不能把二者對立起來。現代化是一個雙向過程。

陳來認爲，必須較深挖掘反傳統思想的根源及脈絡，把傳統與現代化完全割裂與對立，這種觀點是美國學者最先提出的。中國學者也走了這一思路。近來西方學

者認爲，中國歷史的發展是正常的，西方的發展是特例。海外有人認爲創生與模擬是不同的兩個過程。儒家思想雖然阻礙了資產階級的創生，並不能阻礙模擬西方文明。中國不應取消儒家思想在中國的權利，衡量一種文化的功用，不能用一種功利的標準，如果把現代化作爲一種標尺，那麼，與現代化無關的東西也有存在的必要。

包遵信分析了堅持以傳統爲本位的知識分子的心態問題。他們的自我中心論的心態，實反映在中西文化的論戰中。針對文化的開放問題，許多人答非所問。當他們面臨一個無法辯駁的事實時，常常偷換概念，以另外一個問題來搪塞，把一個明確的問題變成一個模糊的問題，讓人難以判定，儘管對問題未作任何回答，但他們卻心滿意足。近代史上，從向西方學習洋槍洋炮，到學西學，又到反思制度的改革，最後這一切全都落空，又認爲西方是物質文明，中國才是精神文明，由此形成「西學爲用、中學爲體」的自我安慰心態。可悲的是，這種心態至今仍然存在，應該承認儒家思想與傳統不是絕對對立的。但在現實社會中，二者就是絕對對立的，並不是人爲的對立。有人以後工業社會的弊病來反對現代化，但這不能改變傳統與現代化對立的情況。中國知識分子一向不敢面對現實，太缺少一種理性批判精神和懷疑精神。

陳鼓應說，「挑戰與回應」的模式60、70年代也籠罩著台灣。我認爲傳統與現代化也有互相適應的地方。日本明治維新後，由於國力強盛，某些不好的傳統反而成爲一種文化的點綴。每個國家內的傳統與現代化都有是否適應的問題，只是適應得有好有壞。傳統文化有書本的和習俗的文化兩類。反傳統並不是要全盤西化。《河殤》反儒家文化，並不反傳統。儒家文化只是傳統文化中最保守封閉的一支。但儒家在思想層面也會有較好的作用，如倫理方面的尊尊，但儒家思想同時被引進政治層面，往往形成專制等弊病。因此，我們要抽象繼承傳統文化。如儒家提倡重視知識分子，道家的民主性和提倡自由的風氣，法家的維護法制，抨擊特權，佛教的人文宗教作用等。

溫元凱認爲，最近3年的熱點問題有三個。一是1983年的第三次浪潮，即世界新技術革命熱。討論傳統與現代化問題離不開這個大背景。二是1985年以來反思文化，形成傳統文化與比較文化熱。「四化」提法很片面，應該是全方位的現代化，一種文明的現代化。「蔚藍色文明」即全方位的開放和走向世界。「黃色文明」即濃厚的封建主義、愚昧、封閉、保守、落後。三是1987年底開始提出沿海發展戰略，形成一種外向型經濟熱。我們開始看到一個日益縮小的世界，要按國際慣例辦事，人們總在討論什麼是資本主義，什麼是社會主義，實際上許多東西是人類發展中的「Evolution」而非「Revolution」，我們把許多「Revolution」到處亂套，結果自食其果。如通貨膨脹問題。

我們的反思應該包括三個方面，一是硬件的落後；二是軟件更加嚴重的落後；三是人的心理素質的落後。現在，中國成了輸不起的民族。面對改革的難關，草木皆兵。我們已形成一種落後的心理三角狀態，從妄自尊大到妄自菲薄，又到嫉賢妒能。

（據《北京大學校刊》1988年11月24日）

開放改革理論熱點講習班

　　《開放時代》編輯部於 1988 年 11 月中旬在廣州舉辦「開放改革理論熱點」講習班。講習班邀請全國部分在改革開放中有所建樹的老、中、青年理論工作者講課。這次邀請有于光遠、朱厚澤、蘇紹智、厲以寧、高放、張卓元、蕭灼基、王若水等。

　　這次講習班主要講了下列的問題：對外開放與對社會主義再認識；對外開放與對資本主義再以認識；改革的深層理論——人的主體性的弘揚；最後的烏托邦——對傳統經濟思想的批判；改革的中國南北差異；改革與中國文化——毛澤東現象的理性思考；中國經濟發展戰略的選擇；所有制度改革與商品經濟新秩序；工資與物價改革的難點與選擇；改革的配套與突破口的選擇；政治體制改革的近期目標；蘇聯東歐的改革經驗；香港經驗與構造市場經濟新秩序，廣東珠江三角洲經濟發展的理論思考。

　　講習班還組織學員赴深圳考察。

軍事文化

　　1988 年 11 月 17 至 18 日，由《中國文化報》、新華社軍事分社、《解放軍報》理論社、《解放軍畫報》社、國防大學雜誌社和解放軍藝術學院文化工作系、首鋼研究與開發公司中國文化觀念變革研究所聯合發起並組織的「軍事文化論壇」首次研討會在北京舉行，王濟夫、錢抵干、黃玉章、邵華澤、徐懷中、周冠五、朱通，魏傳統等先生和 50 多名軍內外學者、作家、企業家、軍事指揮員參加了會議。

　　與會者普遍認爲，軍民聯合舉辦軍事文化論壇，使傳統的擁軍愛民活動進一發展到了思想交流、學術合作的層次上，必將對改革開放時期的軍隊建設和軍民團結產生重要影響。這次論壇重點研討了我國軍事文化的現狀和未來發展、軍事文化對我國現代化建設的影響，改革開放時期的軍心穩定和民心擁軍、商品經濟條件下的軍人文化心態和形象，反思傳統軍事文化和建立現代國防意識，以及軍事文化學學科的建設與發展等問題。

（據《中國文化報》）

《河殤》座談會

　　1988 年 11 月，南京大學中國思想家研究中心邀請在南京的文、史、哲方面的有關專家、教授等，座談《河殤》，與會者展開了討論，發表了不同的看法。

　　關於總體評價　在討論中，大家對如何從總體上評價《河殤》暢所欲言。匡亞明認爲：目下有一種民族虛無主義的思潮甚爲盛行。《河殤》便是一例。此片題意可概括三點：(1)悲觀情調多於樂觀情調；(2)消極因素多於積極因素；(3)落後成分多於選

進成分。潘羣也認爲，《河殤》把傳統文化一概否定是不對的。歷史留給人們的總是精華和糟粕兩個東西。當然，我們的民族傳統很重，有許多糟粕的東西。

徐慧征則不同意匡亞明等人從總體上否定《河殤》的態度，她熱情肯定《河殤》。她指出，《河殤》能把千百萬人都鼓動起來，直而社會、批評時弊，其反響在電視界是空前的，是思想界與電視界的一次成功合作。《河殤》的憂患意識是深沉的愛國主義，它不是否定傳統文化，恰恰是在愛國主義這一點上與人民找到共振點。這是魯迅所讚揚過的，給予時代的是帶著雷電，呼嘯而過的醒世之作。青年工人郭海平，對匡亞明的「批判繼承」的觀點提出不同意見。他認爲繼承傳統可以通過讚揚與批判兩條道路，而《河殤》則屬後者。陳遼指出，《河殤》提出了千百萬人民羣衆關心和需要回答的問題，是精英文化和大衆文化的結合，它創造了政論片的傳播形式，是難能可貴的。余敦康特別提出，《河殤》的成功之處在於它運用現代化的宣傳手段，以極大的熱忱和憂患意識，引起全社會共鳴，把人們引入到一個時代的全民思考中。他認爲《河殤》不是一篇論文，沒有必要去就《河殤》的枝節和個別觀點作過多的苛求。重要的是考慮《河殤》給我們留下了什麼？《河殤》以後怎麼辦？

關於黃土文化和蔚藍色　一些先生認爲用黃土文化和蔚藍色文化概括中國傳統文化和西方文化是不確切的。閻韜指出，西方文化也不全是蔚藍色，在古希臘時代，的確有過蔚藍色的海洋文化，可到了後來的中世紀，歐洲文化比當時的中國文化更封閉，一千多年沒有蔚藍色，只是到了文藝復興後才又開始有海洋文化和蔚藍色。潘羣認爲，中國先秦的海上文化是很繁榮的，宋元之前的中國航海是很發達的，鄭和下西洋實際上是宋元以來對外開放的結果，那個時代是中國航海稱雄世界的時候。後來由於清實行封閉政策造成落後，不能因此否定中國歷史上的「蔚藍色」。

關於《河殤》歷史觀，潘羣認爲中國的歷史不像《河殤》講的，是一個周而復始的歷史循環。儘管它遲緩，但仍然是逐漸進步的。其次中國歷史是世界歷史的一部分，它的發展是受到各方面制約的，不能苛求歷史。再其次，研究歷史要爲現實服務，不能趕浪頭，滿足於發牢騷。洪家義認爲，中國歷史有許多優良傳統，應繼承發揚，不能以感情代替理智。

關於落後的原因《河殤》提出了一個值得人們思考的問題，爲什麼一百多年來，中國的現代化老是搞不上去，總是落後西方。《河殤》把這個問題推給了中國傳統文化，對此，有些先生提出不同的看法。陳遼認爲，《河殤》對此回答是片面的，實際上不是文化落後，而是經濟模式落後。余敦康指出，中國的出路仍然在於振奮民族精神、呼喚民族主體意識，而這兩方面恰恰都離不開傳統文化。他還強調呼喚民族主體意識，就是要以獨立的人格參與到社會中去。陸錫韋説，《河殤》總的傾向是否定傳統文化。對中國未來的出路，作者寄希望於「蔚藍色」，我以爲是靠不住的

首屆全國現代化理論研討會

《光明日報》1988年12月1日載，北京社會與科技發展研究所和光明日報理論

部等 20 餘家學術研究單位及專家學者聯合發起，於最近在京召開了「首屆全國現代化理論研討會」，就現代化的理論內涵、發展模式、歷史過程、中國的現代化道路等問題進行了廣泛的討論，交接了各自的看法及研究成果，反映出我國知識界對現代化問題的理論水平。

有關學者認為，現代化是實現「現代性」的過程，這一過程是社會變遷的一個特例。而發達國家的現狀往往會成為發展中國家的未來景象，這種是有建設性的認識導致確認現代化從時間和空間上都從兩方開始，所以其他地區的現代化只能以西方社會為樣本。對於「現代性」，與會者從經濟、社會、政治、心理、文化等方面提供了現代社會的基本特徵和社會、政治以及文化發展的現代化「指標」。以此確定觀察社會從傳統走向現代化的標準。

與會者普遍認為國外現代化理論對中國現代化是有可貴的借鑑價值，但不能全盤套用。中國現代化發展既有國內的消極、積極因素，也面臨著國際環境提供的有利和不利因素，關鍵在於我們如何恰當地選擇我們的發展模式。

不少學者認識到，在發展中國家現代化中起到重大作用的因素與發達國家相比有所不同，政府、政策、意識形態、組織運行機制等往往對這些國家的現代化起步及成效起著決定性作用。因此，他們更重視這類現代化的承擔者、動力機制、發展順序以及手段問題，從而引起了關於我國政治現代化與政治民主化的激烈討論，反映了與會者和知識界對政治體制改革的關注。與會者集中討論了這幾個方面的問題：關於民主概念的再思考，關於政治體制改革的迫切性與必要性，關於政治發展中的政治衰敗；關於「多元表達，精英制衡」的政治民主化模式；實現民主政治操作性步驟的探索。

總之，回顧中國自近代以來現代化嘗試的種種艱辛曲折，與會者普遍認識到，在「根本解決問題的條件尚未成熟時，也許不得不要為創造這種條件而做相當長時期的努力。這不僅需要時間、韌性、靈活的變通手段，更需要科學的態度與腳踏實地的奮鬥精神。有的學者提出，我們還難以用一種全新的思考去評判別人以及建立自由的理論體系，我們的現代化研究還沒有走出模仿與加工的階段。因此，在獲得這種能力之前，我們的首要任務是學習並吸取對自己有用的東西，然後才可能有高質量的「品頭論足」和「求全責備」。

首都中青年學者十年文化發展座談會

1988 年 12 月 28 日，北京社會與科技發展研究所在京召開「首都中青年學者十年文化發展座談會」。這次會議是為紀念中共 11 屆三中全會召開 10 周年，進一步推進理論界對中國文化的研究工作而舉行的。100 多名在京的文化理論界學者歡聚一堂，相互問候、交流經驗，探討 10 年來改革的發展和文化變遷，于光遠、李銳、朱厚澤、王濟夫、項南、吳明瑜、伍杰、曾彥修、張晉藩、蘇紹智著名學者、知名人士出席了座談會。

與會者暢談了 10 年來，中國在政治、經濟、文化等各個領域發生的迅猛變

化，但也認爲，改革作爲一項嶄新事業難免出現失誤或不足，中國的改革將向何處去，已經成爲全國人民尤其是知識分子最爲關注的課題。理性地認識自身文化和透視世界文化，已成爲中國改革進程中不可缺少的部分。

與會者認爲，由社會科技發展研究所組織編輯，由華夏出版社、光明日報出版社，國際廣播出版社聯合編輯出版的《二十世紀文庫叢書》、《現代化叢書》和《現代社會與文化叢書》、《政治體制研究叢書》、《二十世紀學者文庫》，開闊了理論工作者的視野，有利於社科工作者掌握國內外的最新學術成果。

紫竹學社成立並舉辦傳統文化與當代文化筆談

《孔子研究》1988 年第 4 期載，最近紫竹學社成立。這是由一批中青年學者環聚於北京西郊，談論於紫竹公園附近，因以起社，名曰紫竹學社。其活動宗旨是交流信息，切磋學問，增進友誼、繁榮學術。它的關注重點是：探討中國傳統文化與現代化的關係。前不久，學社舉辦了一次中國傳統文化與當化文化關係問題的筆談，參加者有牟鍾鑑、馮增銓、錢遜、傅雲龍、葛榮晉、馬振鐸、徐遠和、王國軒、許抗生、默明哲、張餞。他們的題目分別是：「對傳統文化要進行分類分析」、「重在創造、善於吸取」、「批判繼承是文化發展的規律」，「一點認識和想法」、「虛無主義制服不了中國傳統文化」、「中國傳統文化中的改革思想和改革中的傳統文化」、「東西方文化的雙向交流」、「傳統文化思想的命運與未來」、「談談我國傳統文化中的精華與糟粕問題」、「研究傳統文化，促進現代化建設」。這些文章全部刊在本期《孔子研究》上。

肆

中國文化研究之教育機構、叢書、雜誌、報紙

（編輯：程漫紅、席大明）

㈠研究教育交流團體與機構

中國文化書院
（ International Academy of Chinese Culture ）

中國文化書院由中國著名學者梁漱溟、北京大學教授馮友蘭、北京大學教授張岱年、中國社會科學院宗教所所長任繼愈、北京大學教授周一良、北京大學教授湯一介、中國社會科學院研究員吳曉鈴、中國社會科學院研究員虞愚、北京大學教授陰法魯、中國人民大學清史研究所所長戴逸、北京大學教授朱伯崑、北京大學講師魯軍、李中華、王守常、魏常海、北京大學出版社編輯田志遠等，於 1984 年 10 月在北京共同發起組織。

中國文化書院的宗旨是：通過對中國文化的教學與研究，繼承並闡揚中國文化的優良傳統；通過對外國文化的介紹和中外文化的比較研究，促進中國文化的現代化。

該院爲民間性質機構，以學者個人立場進行學術和教育活動，以學者團體組織與外界發生聯繫。該院爲學術性機構，一切活動限於學術教育範圍内。該院爲開放性機構，與國内外各界進行廣泛的合作。

中國文化書院名譽院長：馮友蘭、張岱年。院長：湯一介。

中國文化書院設院務委員會，負責重要院務的決策及人事任免事宜。院務委員會主席：季羨林；副主席：王守常、謝龍；委員：梁漱溟、馮友蘭、張岱年、季羨林、虞愚、袁曉園、周一良、侯仁之、何兹全、金克木、陰法魯、吳曉鈴、樂含章、任繼愈、丁守和、石峻、朱伯崑、龐樸、戴逸、牟小東、湯一介、李澤厚、謝龍、孫長江、樂黛雲、陳鼓應、梁從誡、秦麟徵、王守常、魏常海、李中華、林婭、陳戰國、田志遠。

中國文化書院設學術委員會，負責書院的教學和學術研究工作計劃及實施的領導。學術委員會主席：第一任張岱年，現由龐樸繼任；副主席：李中華、魏常海。委員共二十九人。

中國文化書院設發展基金會，負責籌集資金，決定基金的使用和分配、設置、頒發學術項目獎金及獎學金等事宜。發展基金會主席：梁漱溟、湯一介；副主席：王守常。

　　中國文化書院導師名單：⬚梁漱溟⬚（著名學者、思想家）、馮友蘭（哲學家、哲學史家，北京大學教授）、張岱年（哲學家、哲學史家，北京大學教授）、季羨林（東方語言文學家、北京大學教授）、⬚虞愚⬚（佛教史專家、書法家、中國社會科學院研究員）、楊憲益（著名翻譯家）、袁曉園（中國文字改革者，著名學者）、周一良（魏晉南北朝史專家、北京大學教授）、侯仁之（歷史地理學專家、北京大學教授）、何茲全（歷史學家，北京師範大學教授）、金克木（中外文化史專家，北京大學教授）、吳曉鈴（文學史家，中國社會科學院研究員）、樂含章（民族學專家，中國社會科學院研究員）、陰法魯（北京大學教授）、任繼愈（中國佛教史專家、哲學史家、北京圖書館館長、中國社會科學院研究員）、丁守和（中國社會科學院研究員）、石峻（哲學史家，中國人民大學教授）、朱伯崑（易學、哲學史專家，北京大學教授）、湯一介（中國哲學史家，北京大學教授）、龐樸（歷史學家，中國社會科學院研究員）、戴逸（歷史學家，中國人民大學教授）、李澤厚（哲學史家、美學家、中國社會科學院研究員）、李學勤（中國社會科學院研究員）、吳良鏞（清華大學教授）、張晉藩（中國人民大學教授）、謝龍（北京大學教授）、張立文（中國人民大學教授）、方立天（中國人民大學教授）、樂黛雲（北京大學教授）、寧可（北京師範學院教授）、孫長江（北京師範學院教授、《科技日報》副主編）、成中英（美國夏威夷大學教授）、陳鼓應（北京大學教授）、金開誠（北京大學教授）、金春峯（人民出版社編審）、葉朗（美學家、北京大學教授）、嚴紹璗（北京大學副教授）、梁從誡（知名學者）、包遵信（中國社會科學院副研究員）、冉雲華（加拿大麥克馬斯特大學教授）、陳啓雲（美國加州大學教授）、林毓生（美國威斯康辛大學教授）、杜維明（美國哈佛大學教授）、趙令揚（香港大學文學院院長、教授）、霍韜晦（香港法住學院院長）、陸人龍（香港大學文學院副院長）、姜允明（澳大利亞馬克理大學教授）、高宣揚（法國巴黎第十大學兼職教授）、秦麟徵（中國社會科學院副研究員）、陳戰國（北京社會科學院助理研究員）、李中華、魏常海、林婭、王守常、魯軍（均為北京大學講師）。

　　中國文化書院的學術工作，包括：1.組織中國文化各專題研究，並彙集此方面著作。2.組織中國文化各類專題的資料編輯和出版。3.組織中國文化各類專題學術討論會、筆談會等。4.出版中外文化研究刊物——《中華文化集刊》。5.組織有關中國文化和中外文化比較方面的專題指導和咨詢。出版《中國學導報》雙月刊。

　　中國文化書院的各類學術研究成果，正以叢書形式繼續公諸於社會，總稱之為《中國文化書院文庫》，其中包括《資料集》、《演講集》、《論著集》三大系統。其書目和出版計劃如下：

資料集：

㈠《現代東西方文化研究資料》十五集

　　主要收集馮友蘭、梁漱溟、胡適、熊十力、馬一浮、陳序經、張君勱、張東蓀、朱謙之、陳獨秀、瞿秋白、李大釗及學衡派，戰國策派等關於東西方文比較方面的資料，按人成編。三聯書店出版。近期梁啓超卷、梁漱溟卷、胡適卷、陳序經

卷較先出版。

(二)《中國古代史資料叢編》三十集

《中華文明的起源與中華民族的形成》、《少數民族的形成和對中國文化的貢獻》、《中國古代的家族和宗法制度》、《漢字的起源和演變》、《中國古代書籍制度》、《中國古代婚姻制度》、《中國古代喪葬制度》、《中國古代禮儀制度》、《中國古代教育思想和學校制度》、《中國古代選舉和科舉制度》、《中國歷代官職制度》、《中國古代的禮器和日用器物》、《中國古代度量衡制度》、《中國古代的兵器》、《中國古代的地理學和地圖學》、《中國古代的交通工具》、《中國古代行政區劃》、《中國古代貨幣制度和貨幣形態》、《中國古代天文曆法和計時方法》、《中國古代的建築藝術》、《中國古代的雕塑藝術》、《中國古代的音樂和舞蹈》、《中國古代的繪畫藝術》、《中國古代的書法藝術》、《中國古代兵制》、《中國古代神道觀念和主要宗教》、《中國古代的社會娛樂》、《中國古代的重要節日和風俗》等。

(三)《港台海外中國文化論叢》十集

《中國文化的特質》、《中西文化異同論》、《傳統文化與現代化》、《挑戰、回應和展望》、《當代新儒家》、《知識份子與中國文化》、《孫中山與現代中國》、《宗教與中國文化》、《新文化運動與中國》、《現代化進程中的中國人》。

演 講 集 ：（結集出版中國文化書院舉辦的歷屆文化講習班的講演稿）　(一)《中國傳統文化論集》；(二)《東西文化比較論集》；(三)《文化與科學論集》；(四)《文化與未來論集》。三聯書店出版。

論 著 集 ：（結集出版中國文化書院導師及學術界同仁的力作和學術研究成果）

(一)《魏晉南北朝文化史叢書》

湯一介主編，北京大學出版社出版：《魏晉南北朝的道教》、《魏晉南北朝的佛教》、《魏晉南北朝的儒學》、《魏晉南北朝的玄學》、《魏晉南北朝的文學》、《魏晉南北朝的美學》、《魏晉南北朝文人生活》、《魏晉南北朝的書籍》、《魏晉南北朝的科學與技術》、《魏晉南北朝的風俗》、《魏晉名士傳》等。

(二)《中國文化與文化中國叢書》十五種

主要收集中國文化書院導師具有代表性的著作，反映歷史到現在的學術歷程。和平出版社出版。主編龐樸。（詳見該叢書條目）

中國文化書院的教學工作，以培養中國文化（包括歷史、哲學、宗教、文學等專業）的專門學者為目標。培養對象包括大學以上的中國學生（含華僑）、外國學者（含華裔）。書院還為中外各大學代培研究生、進修生，並接受有關專業的訪問學者。此外書院開展有關中國文化及中外文化比較方面的函授教學；及舉辦各類短期講習班、讀書班和研究班，面向國內外招生。

書院開辦的中外比較文化研究班，包括面授和函授兩種形式，屬大學後教育，主要面向國內各大專院校的高年級本科生、研究生、教師進行比較文化方面的教學。到 1987 年 5 月，共有 12,754 人實際註冊參加學習。許多著名學者（包括海外著名學者）應邀前來授課和應聘中國文化書院導師。此外，書院還開辦中國思想文化研修班（其中包括漢語語言教學班，漢學源流研習班、道教源流研習班、佛教源

流研習班）、中國美術研修班、中國武術氣功研修班、以及與國家環保局、勞動人事部人才中心合辦的全國環境保護專業培訓班。授課方式除面授函授以外，還與中央電視台合作，爭取了電視授課與電視講座的方式。爲配合教學工作，書院出版了《中國文化書院學報・函授版》（1987 年 4 月 10 日創刊，每月一期）、《中國文化書院學報・科技版》（1987 年 8 月 10 日創刊，每月一期）和《中國學導報》（雙月刊，每期約十五萬字，1987 年底創刊）。此外還出版教材，中外比較文化研究班共十六本教材，全國環境保護專業培訓班共十五本教材，正陸續出版。

中國文化書院廣泛開展學術交流活動。建院來同國內外學術機構和學者進行了廣泛的接觸，並與來訪學者舉行了數十次學術座談會。先後接待來院訪問的海外學者有：潘毓剛（全美華人協會總會主席、波士頓理工學院化學系教授）、黃錦西（新加坡報業中心負責人）、傅偉勳（美國費城天普大學教授）、余國藩（美國芝加哥大學教授）、成中英（美國夏威夷大學教授）、今道友信（日本東京大學名譽教授、國際哲學美學比較研究所所長）、杜維明（美國哈佛大學教授）、吳德耀（新加坡東亞哲學研究所所長）、吉武呂（新加坡國立大學哲學系高級講師）、楊存仁（澳大利亞國立大學教授）、郭振羽（新加坡國立大學社會學系主任、教授）、梁元生、李卓然（均爲新加坡國立大學中文系高級講師）、徐淳（美中文化促進會）、巴姆（美國新墨西哥大學教授）、林毓生（美國威斯康辛大學教授）、林琪（美國俄亥俄州大學歷史系教授）、李弘祺（香港中文大學歷史系教授）、冉雲華（加拿大麥克馬斯特大學教授）、姜允明（澳大利亞馬克里大學教授）、陳方正（香港中文大學中國文化研究所所長）、周策縱（美國威斯康辛大學教授）、趙令揚（香港大學文學院院長）、霍韜晦（香港佛教法住學院院長）、山口一郎（日本孫中山紀念館館長）、和崎博夫（日本亞細亞問題研究會代表理事）、板元弘子（日本國立東京大學文學院博士）、科怡（意大利那不拉斯東方學院教授）、李玲瑤（前台灣大學學生會主席、美國加州台大校友會主席、美國太平洋模式公司前總裁）、陳啓雲（美國加州聖巴巴拉學院教授）

中國文化書院爲紀念梁漱溟先生九十四歲誕辰和從教七十周年，於 1987 年 10 月 31 至 11 月 2 日發起並舉辦了「梁漱溟思想國際學術討論會」，取得圓滿成功。（詳見該會條目）

（席大民根據《中國文化書院簡介》和《中國文化書院院務工作報告〈1986 年—1987 年〉》整理）

江南文化書院

江南文化書院是由藝術大師劉海粟，著名教育家匡亞明，原江蘇省人大常委會副主任、書法家汪冰石，南京大學教授程千帆、李書有等人，聯合江南各歷史文化名城從事文化、藝術、學術、教育的專家學者共同發起，於 1988 年 7 月 3 日在南京建立的。

該書院爲承繼我國書院傳統的民間性質機構，其宗旨在於通過江南文化、中國

文化以及中外文化比較研究，發揚江南文化的優良傳統，促進江南文化與經濟的發展，爲現代化建設服務。

該書院名譽院長劉海粟。蘇步青、馮友蘭、張岱年、任繼愈、石峻、馮契、湯一介、蘇淵雷、鮑漢青、陳大羽等知名學者爲顧問，指導書院工作。設院務委員會，負責書院的院務決策及人事任免事宜，汪冰石爲主席。設學術委員會，負責書院的學術研究規劃及實施的領導，匡亞明爲名譽主席，程千帆爲主席。設基金委員會，負責籌集資金及決定基金的使用。

行政領導機構，負責書院各項工作的具體領導和貫徹實施，李書有爲院長，下設：

教學部——負責組織教學工作，舉辦各種類型的講習班、培訓班、研究班，培養從事江南文化、中國文化、中外文化比較研究的專門人才。

研究部——負責組織科研工作，開展江南文化、中國文化的歷史、現狀及未來發展戰略研究；舉辦各種類型的學術研討會，進行文化交流。

編輯出版發行部——負責組織編輯出版江南文化叢刊和江南文化叢書。

藝術交流中心——負責組織江南繪畫、書法、篆刻、戲曲交流，舉辦繪畫、書法、篆刻展和戲曲會演及大獎賽，促進江南藝術的交流和發展。

文化旅遊中心——江南風光秀麗，文化資源豐富，具有開展文化旅遊的優越條件，該中心將代表書院與有關部門合作，開發江南文化旅遊事業。

秘書處——負責處理書院日常工作。

該院在籌建時期，於 1987 年 9 月 7 日至 13 日在南京舉行過一期「儒學與傳統文化」講習班，知名學者湯一介、蕭萐父、沈善洪、方克立、李錦全、陳俊民、金春峯、朱維錚及美國學者蘇海函、美籍學者成中英教授等作了專題講座，來自全國各地的一百多名文化工作者參加了講習班。1988 年 7 月 1 日至 14 日值書院成立期間，書院在南京舉行了「文化與現代化」講習班，知名學者蘇淵雷、蕭焜燾、余敦康、美籍學者成中英、林毓生、美國學者費樂仁博士等作了專題講座，來自江南各地一百多名文化工作者參加了講習班。

該院已在黃山建立了分院，還將在江南各歷史文化名城建立分院或分部。

（江南文化書院供稿）

中國孔子基金會

中國孔子基金會是全國性民間學術團體，其宗旨是團結海內外學術界的朋友，共同研究並繼承發揚孔子、儒家與中國傳統文化的優秀成果，爲我國的現代化建設和人類文明及社會進步作貢獻。

中國孔子基金會於 1984 年 9 月 22 日（孔子 2535 周年誕辰）在孔子的故鄉曲阜成立，組成理事會，公推谷牧（現任全國政協副主席）爲名譽會長，南京大學名譽校長匡亞明爲會長，聘請全國人大常委會副委員長周谷城爲首席名譽顧問，聘請王光英、馮友蘭、劉靖基、榮毅仁、侯外廬（已故）、梁步庭、梁漱溟（已故）、

楚圖南爲名譽顧問，聘請古文、史、哲、經、教、文物等方面有造詣的專家、學者、教授及部分孔子後裔爲副會長，並制定了章程，發佈了公告。

中國孔子基金會在理事會領導下，設立了學術委員會、基金委員會、孔子故里文物研究委員會和行政辦事機構，分別按照各自的簡章和分工承辦本會的各項業務工作。

中國孔子基金會成立以來，團結與組織海內外學者，對孔子、儒家和中國傳統文化思想進行了廣泛深入的研究、探討與學術交流。

——中國孔子基金會於 1985 年 10 月和 1986 年 4 月在曲阜舉行了兩次由國內學者參加的學術討論會。與會學者就孔子、儒家、中國傳統文化思想在中國歷史中的地位、作用、影響的估價，就儒家思想和現代化的關係問題，就「古爲今用」的問題，廣泛交流了看法，發表了不同的意見，取得了有價值的研究成果。

——爲了促進各國儒學研究的交流，中國孔子基金會與新加坡東西哲學研究所於 1987 年 8 月 31 日至 9 月 4 日，在曲阜聯合舉行了「儒學國際學術討論會」，與會學者來自十二個國家和地區，共 130 餘人。這次討論會，與會學者就儒學的內容及評價、儒學的演變及各歷史階段儒學學派和代表人物的研究、儒學對東西各國的影響及在西方傳播、儒學與現代化等方面，充分發表了見解。

——中國孔子基金會與聯邦德國阿登納基金會協議，於 1988 年 10 月 31 日至 11 月 2 日在波恩舉行了孔子儒學國際學術討論會，中國孔子基金會派出以會長匡亞明爲團長的十人代表團參加了這次國際學術討論會。

——爲了促進學術研究，中國孔子基金會於 1986 年創辦出版了學術期刊《孔子研究》（季刊），現已出版十一期。（詳見該期刊條目）

（中國孔子基金會辦公室稿）

北京大學文化學學會

北京大學文化學學會在著名學者張岱年、陰法魯、金克木、向仍旦等先生鼓勵指導下，在北京大學領導和中國文化書院的支持下，由方江山、楊艷潔等發起倡議，於 1986 年 6 月成立。

發起學會的倡議書寫道：「我們倡議建立文化學學會，以研究文化學基本理論爲核心，在此基礎上，研究傳統文化的發展歷史及發展前景，並進行適當的中西文化比較研究，探索建設具有中國特色的社會主義精神文明的傳統基礎。」1986 年 4 月 29 日倡議書發出後，得到了校內外青年文化研究者的響應，經過一個多月的籌備，於 6 月 2 日舉行成立大會暨「中國文化發展與建設研討會」，首都高校文化研究者百餘人就文化問題進行了深入的探討；張岱年、陰法魯、葉朗、向仍旦、包遵信、王守常等參加了研討會；中顧委李昌、北京大學領導張學書到會祝賀。《理論信息報》作了綜合報導。

學會聘請文化研究專家組成專家指導委員會，張岱年爲專家指導委員會主任，學會導師有馮友蘭、季羨林、陰法魯、周一良、金克木、龐樸、湯一介、鄒衡、金

開誠、丁守和、陳鼓應、劉家和、龔書鐸、宋兆麟、黃永年、葉朗、方孔木、王檜林、向仍旦、包遵信、嚴紹璗、李中華、魏常海、王守常、焦樹安等。專家指導委員會負責指導學會的學術活動。

學會名譽會長爲向仍旦、陳鼓應。

學會第一屆、第二屆會長均爲方江山，先後擔任過副會長的有：閻步克、張首映、吳曉東、楊艷潔、陳玉志。學會實行集體領導，會長負責制，由會長會議協調下設各委員會工作。下設：學術委員會——負責學會的學術發展規劃，推選具有一定學術研究經驗和學術成果的青年教師、博士研究生組成，張炳九、陳植鍔、閻步克、張鴻翼、彭小瑜、解志熙、張首映、劉曉峯等曾任這個委員會的成員；執行委員會——負責學會的日常事務工作和組織工作；編輯委員會——負責學會學術成果的編輯出版等工作；秘書長協助會長工作。後因一批會員畢業離校，爲增進離校會員的交流，特取消學術委員會，改設咨詢委員會，推閻步克爲主席、方江山爲常務副主席兼秘書長。

學會第三屆會長由張立東擔任，吳曉東、劉後濱、方騰高爲副會長，方江山爲特邀顧問。

學會的研究方向是：以文化學基礎理論研究爲核心，立足現實，注重考察文化發展的背景及社會基礎，注重鄉土文化調查研究，同時注意研究傳統文化的發展歷史及發展前景，並進行適當的中外文化比較研究，以期有成效地探索文化發展的本質、文化形式背後的必然性。學會特別强調鄉土文化的研究，針對目前鄉土文化研究尚屬淺顯層次的狀況，倡議對鄉土文化進行實地考查，以進一步對傳統文化的現狀、現實文化的結構、作用及地位進行探討。學會 1986 年暑期即組織會員赴浙江、江西、山東、湖北、遼寧等地進行鄉土文化考察。

學會確立並一直貫徹了利用北大優勢，把老中青三方面學術力量結合起來進行文化研究的原則：學會聯絡老中青學術力量爲北大校刊創辦了文化專版，深受好評；組織老中青文化研究者經常就文化問題進行座談、討論，舉辦了諸如「中國文化發展與建設」、「中國文化發展戰略」、「從文化發展看歷史動力問題」、「實用主義傾向與文化思潮」、「學派與文化背景」等十多次研討會；創辦的會刊《文化》上發表的文章既有老學者的精闢分析，也有中年學者的成熟思想，更有青年學者的犀利談鋒；受專家指導委員會委託，由方江山主編的《文化意識的覺醒》一書更是北京大學文化學學會老中青文化研究者的集體力量的結晶。

學會提出了文化進步和發展中的「新建設論」，主張「透視傳統、立足現實、把握未來、迎接挑戰、建設新文化、爲中國文化走向世界作出努力」（「學會簡章」語）。學會提出要把作爲指導思想的「雙百方針」，具體化爲：「方法自由、選題自由、學理運用自由、學術主張自由」學會認爲當務之急是從文化學理論的構架、文化史料的整理、文化研究隊伍的建設等方面，爲建立有中國特色的文化學創造條件、打好基礎。

目前學會正在籌備《文化省察與新文化建設叢書》的出版工作。

（根據文訊提供的資料整理）

中國國際文化交流中心

　　中國國際文化交流中心於 1984 年 7 月 5 日在北京成立。它是我國開展國際文化交流活動的民間團體，其宗旨是：通過與世界各國開展民間的文化、藝術、科學、技術、學術、經濟等交流活動，加強同世界各國人民的相互了解和友好合作，爲我國四個現代化建設和促進世界和平作出貢獻。

　　國際文化交流中心理事會由國內各界知名人士組成。全國人民代表大會常務委員會副委員長彭冲擔任理事長，全國政協副主席程思遠擔任副理事長兼秘書長。馬大猷、王昆、王鐵崖、卞之琳、白壽彝、葉君健、馮亦代、劉尊棋、吳作人、李德倫、張君秋、啓功、袁雪芬、夏菊花、袁世海、錢三强、錢偉長、談家楨、曹禺、謝晉、愛新貞羅、溥傑等一〇八人爲理事。

　　國際文化交流中心通過相互參觀、學習、訪問、演出、舉辦展覽、報告會、座談會等多種形式開展國際文化交流活動。幾年來，通過接待來華訪問的外國團體和個人及出國訪問，國際文化交流中心已與世界各國、各地區文化、藝術、科學、技術、學術、經濟等領域的團結、學者、知名人士建立了交流合作關係。

（中國國際文化交流中心供稿）

敦煌研究院

　　敦煌研究院前身爲敦煌文物研究所，再前爲國立敦煌藝術研究所。

　　1949 年前的國立敦煌藝術研究所，全所十餘名工作人員，多爲美術工作者，在當時視爲艱苦的條件下，在保護、臨摹和研究等方面取得了一定的成績。

　　1949 年後改名爲敦煌文物研究所，到「文革」前，人員增加到四、五十人，分設了保護、考古、美術和資料等專業機構，主要工作成績是妥善保護了洞窟、臨摹了大量的壁畫和彩塑，向國內外介紹了敦煌石窟藝術。「文革」十年，敦煌文物工作陷於停頓狀態。「文革」後逐漸恢復工作，過去敦煌研究所偏重於敦煌壁畫、彩塑的臨摹介紹，理論研究没有得到足夠重視，恢復工作以後的幾年糾正了這個偏向，把敦煌研究所的工作轉移到以研究爲中心的軌道上來，取得了一定的成績，出版了一批書刊圖册，發表了一批學術論文，得到了國內外學術界的重視。無論如何，在過去的三、四十年裡，敦煌文物研究所是我國唯一的敦煌學專門研究機構。

　　爲了進一步發展敦煌研究事業，中共甘肅省委、省政府於 1984 年 8 月，在敦煌文物研究所的基礎上擴大編制，建立敦煌研究院。這樣，一個世界上最大的敦煌學研究實體在甘肅省建立起來。除工作基地仍設在敦煌外，後又在蘭州市建立了院本部和生活基地。

　　敦煌研究院院長段文杰，首席顧問吳堅。院下設立五個專業研究所室：石窟保護研究所、石窟考古研究所、石窟美術研究所，敦煌遺書研究所和音樂舞蹈研究室，此外還設立了敦煌資料中心。此外還設有敦煌資料中心。

幾年來，研究人員不斷開拓研究領域，革新研究方法，使研究工作打開了局面，在石窟保護、石窟考古、石窟藝術、敦煌史地、敦煌遺書等方面的研究，取得了突出的成果。如：

——石窟保護方面，對壁畫的酥鹼、起甲、變色、發霉、煙薰及大面積脫落等病害的原因、治理和修復，進行了有計劃的研究，並取得了進展。

——石窟考古方面，區分出了北涼窟、北周窟、西夏窟，使莫高窟洞窟的歷史時期更清晰了。

——在石窟藝術研究中，匡正了一些對壁畫的誤斷，發現了新的内容，對某些經變在不同時代出現的背景、作用和意義進行了探討，更加充分地斷定敦煌藝術是根植於我國本土文化的基礎上廣泛吸收外國文化而形成的。

——在敦煌史研究中，對藏經洞封閉的原因、時間，土蕃佔領敦煌的時間，以及歸義軍張氏、曹氏的歷史進行了新的考證，有了新的理解。

——敦煌遺書研究方面，對敦煌廿詠、王梵志詩、曲子詞等進行了探討，對敦煌市卷、曆日、酒曆、書儀、判集、事實的研究，提出了新的觀點，並對《三國志·步騭傳》等四部古藉進行了校勘。

幾年來，敦煌研究院編輯出版近百種（冊）學術專著、圖片資料和通俗讀物。定期刊物《敦煌研究》爲敦煌研究院院刊，是全國敦煌學研究最具權威性的學術刊物。

幾年來，敦煌文物研究院（所）在莫高窟作了大量的接待工作，另外在國内外進行了多次展覽，博得了極高的聲譽。段文杰、史葦湘等多次應邀參加國際性學術活動，提高了我國敦煌研究在國際學術界的地位。

1987 年 9 月下旬，敦煌研究院主持召開了「敦煌石窟研究國際學術討論會」，這是國内第一次舉行國際性的敦煌石窟專題學術討論會，國内外敦煌學及石窟專家學者七十餘人參加了這次學術討論會，其中日本、法國、英國、美國、印度、聯邦德國、加拿大、新加坡的學者二十餘名，國内（包括香港）的學者四十餘名。

（席大民根據散見本《敦煌研究》雜誌上的有關資料整理）

南京大學——瓊斯·霍普金斯大學中美文化研究中心
(The Hopkins-Nanjing Centre for Chinese and American Studies)

該中心由中國南京大學與美國瓊斯·霍普金斯大學共同創辦。1979 年，南京大學匡亞明校長率領教育部派出的中國大學校長代表團訪美期間與霍普金斯大學校長史蒂文·穆勒（Steven Muller）會晤，雙方表示希望建立持久的文化交流關係；1981 年 9 月 28 日霍普金斯大學穆勒校長率代表團訪問南大，雙方簽訂創辦「南大——霍大中美文化研究中心」的協議書；1984 年 9 月 1 日破土動工，1986 年 9 月 10 日第一期開學爲該中心正式創辦日。地點在江蘇南京市的上海路 162 號。

　　中美雙方在中心均設常駐主任，中方主任爲王志剛教授，美方主任爲里查德‧高爾敦（Richard Gaulton）教授。費孝通、柴澤民、章文晉、劉國光、滕爲藻爲中心顧問。

　　中美文化研究中心是歷史上第一個由中美兩國第一流大學共同創辦的教學與研究機構。它的宗旨在於培養從事中美兩國事務的專門人才和有關領域的教學和科研人員。

　　中心每年由中美雙方在各自國家招考學生幾十名，學制一年；每年結業後有10％的優秀中國學生赴美深造，也有10％的優秀美國學生留華繼續學習。

　　中心的師資隊伍、課程設置及教學方法體現了跨文化的特色。南京大學聘請四名本校教授爲兼職教授：李壯、莊謀洪、李慎之、萬光，同時聘請少數外校教授任教。這些教授爲美國學生開設課程，例如《中國社會主義經濟體制改革》、《中國現代政治思想史》、《「文化大革命」史》等。每年美方從全美著名大學聘請六位教授到中心任教，開始課程有涉及美國政治、經濟、社會和全球性比較型各類，如《當代國際關係理論》、《現代社會之路》、《國際體系的演變》、《比較政治》等。美國學生聽中國教授用漢語普通話講課，中國學生則聽美國教授用英語講課。中心還開設一門共同的必修課——《中國與美國》，由兩國教授輪流執教，中美學生混合編組討論。

　　「中心」主樓爲現代化、全封閉、全空調建築，內有設備完善的語言實驗室、教室、辦公室和多功能學術報告廳。圖書館藏書中西文書籍各半，每年中美雙方各增加二千册最新出版的圖書。

　　該中心已有兩屆學生共126人結業，其中中國學生80人，美國學生46人。第三屆有中國學生37人，美國學生28人。這些學生有的已開始爲中美文化交流與研究貢獻力量。

　　1986年，美國副總統（現爲當選總統）布什曾寄語中美文化研究中心：「我確信這個中心有潛力成爲培養未來中美交流專家的最重要的機構。」

　　　　　　（席大民根據該中心提供的資料和《光明日報》1988年11月5日報導整理）

南京大學中國思想家研究中心

　　南京大學中國思想家研究中心是根據「從孔夫子到孫中山，我們應當給以總結，承繼這一份珍貴的遺產」的精神，根據《中共中央關於社會主義精神文明建設指導方針的決議》中關於復興中國文明的號召，在南大名譽校長匡亞明先生的倡議下發起。1986年9月30日向國家教委提出《關於建設南京大學中國思想家研究中心的請示報告》，於同年11月4日得到批准，至此該中心正式成立。

　　該研究中心名譽主任匡亞明，顧問程白揚，主任吳新雷（文學史教授），研究人員還包括：潘羣（歷史學副教授）、閭輯（哲學史副教授）、盧央（自然科學史副教授）、余敦康（哲學史教授）、洪家義（歷史學教授）、王維中（文學副教授）、姚治勳（歷史學副教授）等。辦公室主任石連同。

　　中國思想家研究中心的宗旨是：堅持馬克思主義的基本原理，通過對中國歷代思想家的認真研究，探尋中國傳統思想文化的底蘊，揭示其發展變化的規律，做出實事求是的科學總結，爲建設有中國特色的社會主義精神文明做出貢獻。

　　該中心擬廣泛聯繫海內外老中青學者專家，相互切磋，分工合作，力爭十至十五年內完成一套二百部中國思想家評傳，組成大型的系列叢書：中國思想家評傳叢書。

（南京大學中國思想家研究中心提供資料）

武漢大學人文哲學研究中心

　　武漢大學人文哲學研究中心系研究人文哲學和文化問題的研究機構。建立該中心旨在調動武漢大學校內外各方有關研究力量，形成一個以自由組合爲原則的多學科交叉、協作的學術共同體，積極推進現代人文哲學研究，深入探討中國傳統文化和現代化的關係問題，爲馬克思主義哲學的大發展作出努力。

　　該人文哲學研究中心由武漢大學哲學系發起、主持，經過多年籌備，於 1988 年正式建立。蕭萐父教授擔任中心主任。中心成員有陳修齋、楊祖陶、李德永、唐明邦等教授。

　　人文哲學研究中心在籌建中及建立後開展了一系列學術活動，取得了初步成果：

　　——承擔了一系列有關人文哲學研究的國家或國家教委的重點科研項目，如《馬克思主義哲學和中國傳統文化》、《馬克思主義文化哲學研究》、《文化學、文化哲學、比較文化理論和方法的研究》、《現代新儒家思潮研究》等。

　　——作爲主要發起人和主辦人，與兄弟院校一起召開了一些有關人文哲學與文化問題研究的全國性學術會議，如 1985 年 12 月在湖北黃州舉行的「紀念熊十力先生誕辰一百周年學術討論會」，1987 年 9 月在武昌舉行的「中國走向近代的文化歷程學術討論會」。這些會議受到國內和海外學術界的重視，有關學術綜述文章在《哲學研究》、《新華文摘》、《光明日報》、《人民日報》（海外版）、香港《明報月刊》刊載。

　　——與武漢地區部分人文科學工作者一起，發起組織了跨校系、跨學科的學術協會組織——明清文化史沙龍，不定期地舉行專題座談，交流信息，切磋學問。

　　——把科研與教學結合起來，及時地將科研成果轉化到教學中去，爲本科大學生開出了《文化學與文化哲學研究》等新課程，編寫了十萬字的《文化學與文化哲學研究講義》第一部分，受到廣大同學的好評。

　　在已有成果的基礎上，人文哲學研究中心擬以四類課題作爲今後研究重點：

　　一　現代人文哲學思想研究。旨在對中外現代人文哲學的產生背景、發展線索、學派分合、與科學哲學思潮的關係等問題進行系統研究，爲發展馬克思主義哲學拓展視野、提出問題。

　　二　馬克思主義文化理論研究。旨在總結馬克思主義哲學發展的歷史經驗，吸

取當代人文哲學發展的積極成果，根據現時代的需要，建立馬克思主義文化哲學與體系，爲變革哲學觀念、發展馬克思主義哲學提供新的思路。

三　中國傳統文化與現代化的結合點研究。旨在緊密結合中國的歷史和現實的實際，反思中國傳統文化和中國近代化、現代化的文化歷程，對明清之際以來的中西古今文化之爭、馬克思主義中國化、現代新儒家思潮等重大理論問題進行系統、深入的研究，從哲學上爲中國改革和現代化提供理論。

四　宗教哲學研究。這類課題旨在從理論與實際的結合上對人類文化的一個重要方面——宗教及其哲學思想進行馬克思主義的研究，著重對佛教哲學、道教哲學和基督教哲學進行研究。

此外，人文哲學研究中心正著手組編一套《文化理論探索叢書》，由蕭萐父、陳修齋教授任主編；同時，正積極創造條件，準備招收有關文化理論和文化史研究的研究生。

（李維武）

華南師範大學嶺南近現代思想文化研究中心

華南師範大學嶺南近現代思想文化研究中心，1986 年 5 月成立，爲跨學科的橫向協作學術機構，參加成員包括哲學、政治、歷史、教育、中文等學科的教學研究人員。中心主任：曾近文教授；副主任：周德昌（該校教育研究所教授）、周棠（歷史系教授）、鍾賢培（中文系副教授）。

中心成立三年來，以致力開拓研究嶺南近現代思想文化，爲建設社會主義精神文明和物質文明服務爲宗旨，積極地有計劃地開展工作。

——「七五」期間，中心將「康有爲研究」列爲重點研究課題，後被廣東省列入「七五規劃」重點科研項目，並取得廣東省南海縣政府在經濟上的贊助。

——1986 年，中心曾出版《華南師大學報》（康有爲研究專刊）。

——1988 年編輯出版「康有爲論著與研究叢書」，到 1988 年底止，已出版下列著作：

《康有爲思想研究》（鍾賢培主編，廣東高教出版社出版）

《康南海詩文選》（鍾賢培等編，出版者同上）

《康南海教育文選》（周德昌編，出版者同上）

《康南海政史文選》（沈茂俊等編，中山大學出版社出版）

《康有爲早期遺著述評》（吳熙釗、黃明同主編，出版者同上）

該叢書還將出版：《康南海經濟、科技文選》、《康有爲著作與研究資料索引》、《康有爲哲學思想研究》、《康南海哲學文選》等。

（陳團初）

北京師範大學東西方文化研究中心

　　北京師大東西方文化研究中心成立於 1985 年 5 月 16 日。該中心的創辦宗旨為：研究中國文化、發揚中國文化的優良傳統；促進東西方文化的比較研究，推進中外文化交流。該中心主任何茲全，副主任童慶炳、王富仁、林壁君、盧維庸。顧問有：鍾敬文、白壽彝、季羨林、周一良、張芝聯、鄧廣銘、杜維明等。

　　中心創辦以來，多次召開有關東西方文化研究的座談會，開辦有關東西方文化比較研究的講座、報告，派人參加美國和加拿大等國的有關學術會議，邀請國外學者來校報告。1986 年 6 月 10 日，中心與太平洋史學會在北師大聯合召開題為「社會主義文化建設中繼承與交流問題」座談會，著名學者梁漱溟、季羨林、周一良到會並發言。此外，中心還主辦了「東西方文化研究」（輯刊）（詳見該輯刊條目）。

（北師大東西方文化研究中心供稿）

北京外國語學院中美比較文化研究中心

　　為促進中西方語言文化比較研究的交流與合作，北京外國語學院與美國芝加哥社會——心理研究中心聯合成立了「中美比較文化研究中心」，旨在從文藝理論、語言學、人類學、社會學等學科的角度探索跨語言、跨文化的比較研究。研究範圍包括：1. 社會學、文藝理論；2. 語言學、符號學；3. 文化研究。

　　研究中心已於 1988 月 9 月 18 日正式成立，地點設在北京外國語學院。研究中心中方代表：胡文仲教授；美方代表：李湛旻（Benjamin Lee）博士。顧問：許國璋教授、王佐良教授、周珏良教授等。

　　——研究中心將參與由芝加哥社會——心理研究中心發起的長期國際學術交流活動。在今後數年內，研究中心將邀請美國社會文化研究知名學者前來舉辦講習班，同中國研究人員探討合作研究的途徑，在此基礎上逐步開展合作研究。研究中心將向國外出版機構推薦研究成果。研究中心招收各院校及科研單位的有關教學、研究同行和研究生參加各期講習班，參加者當具有較高的英語水平，並有志於從事跨語言、跨文化的研究。

　　——研究中心擬每年春、秋兩季各開辦一期為期十二周的講習班。內容包括：1. 學術講座：由美方學者介紹西方有關理論和研究方法；2. 研究討論會：雙方共同討論比較研究的理論和方法，提出具體的合作研究項目；3. 組織編譯學術講座的講稿，並出版編譯系列。

　　——研究中心出版兩種學術刊物：以文學為主的《外國文學》（雙月刊）和以語言學為主的《外語教學與研究》（雙月刊）。

　　——自創辦以來，研究中心除舉辦講習班的各項活動外，還組織了《河殤》討論會。討論會於 1988 年 10 月 8 日舉行，參加者有美國美中學術交流會的數名中國文

化研究學者、《紐約時報》、《洛杉磯新聞》、《南華早報》等外國記者，《河殤》總撰稿人之一王魯湘，總編導夏駿、以及國内知名學者徐守源、巫寧坤教授。

（劉新民）

北京大學中國中古史研究中心

北京大學中國中古史研究中心，由鄧廣銘、周一良、宿白、王永興、田餘慶等歷史學教授發起，1981 年經國務院教育部批准正式創立，爲相當於系所一級的研究機構。

該研究中心的宗旨是：運用辯證唯物主義歷史唯物主義，深入研究中國古代歷史，批判地繼承中國古代燦爛的歷史文化遺產，爲建設社會主義現代化强國作出貢獻。

該中心現任主任鄧廣銘教授，副主任張廣達教授。現有專職研究人員十五人，其中教授一人，副教授四人，講師十人；行政、資料人員四人，其中館員三人；另有兼職教授七人，兼職副教授一人。其中著名學者有鄧廣銘、周一良、宿白、王永興、田餘慶、張廣達、吳小如、祝總斌等。

該研究中心主要從事魏晉南北朝、隋唐五代、宋遼金史和敦煌吐魯番文獻的研究，並承擔古籍整理研究和國家計劃科研項目等。中心没有魏晉南北朝史研究室、隋唐五代史研究室、宋遼金史研究室、敦煌吐魯番文獻與考古研究室以及圖書資料編譯室。

該研究中心自創辦以來，多次發起或參加國際宋史研討會、國際敦煌學研討會等，邀請美國、日本等國學者來訪，或到美國、法國、日本等國講學、訪問等。近八年來，取得了較爲豐碩的研究成果，其出版或即將出版的著作二十五部；發表學術論文一百六十餘篇。如鄧廣銘著《岳飛傳》（增訂本）；周一良編《中外文化交流史》、田餘慶著《東晉門閥政治》；祝總斌著《兩漢魏晉南朝宰相制度研究》；吳小如著《古典詩文述略》、《京劇老生流派綜説》；劉俊文著《敦煌吐魯番出土唐代法制文書考釋》、《唐律疏議箋解》、《唐代法制研究》；楊若薇著《遼朝軍政制度探索》等。

已經校點整理的古籍有：宿白、張廣達與季羨林教授共同校點的《大唐西域記》；鄧廣銘校點的《陳亮集》（增補本）；王永興編著的《隋唐五代經濟史資料彙編》；劉俊文校點的《唐律疏議》、《折獄龜鑑譯註》、王永興、劉俊文等共同校點的《通典》；鄧廣銘、張希清校點的《涑水記聞》；鄭必俊校注的《懷古錄校注》等。正在校點整理的古籍有：鄧廣銘等共同校點的《宋朝諸臣奏議》；鄭必俊校點《宋史全文》等。正在編撰的工具書有：鄧廣銘主編的《宋人文集篇目分類索引》；張希清、臧健等編的《歷代名臣奏議篇目及作者索引》等。

在開展學術研究基礎上，還爲北大歷史系開設了一些頗具特色的課程，如中國文學史、隋唐政治制度史、唐代軍事史、宋代政治制度史、敦煌等導論、中國歷史地理、中西文化交流史、考古學概論等。中心還編輯出了《敦煌吐魯番文獻研究論集》，已出版四輯。

（中古史研究中心稿）

中國佛教文化研究所

　　中國佛教文化研究所應中國佛教協會會長趙樸初倡議，於 1987 年初在北京正式成立，該所隸屬中國佛教協會。所址暫設在中國佛教協會所在地廣濟寺內（北京市阜內大街二十五號）。該所名譽所長：趙樸初；所長：周紹良。

　　該所任務是，在新的歷史時期，繼承和總結戰國佛教文化的精華，豐富社會主義文化的內容，恢復我國佛學研究的國際地位；對佛教教理、教史及與佛教有關的文化遺產進行如實的研究，同時注意延攬研究佛教文化的高級知識份子，培養年輕的佛教研究人員，並與有關研究單位和個人保持聯繫，以促進佛教界和文化界對佛教文化的研究；也將同港台海外佛教界、佛教學術文化團體進行廣泛學術交流。

　　該所設學術委員會，決定研究規劃、評審研究成果，評定學術職稱。該所下設研究、編輯二部，具體開展學術活動和編輯出版工作。編輯部出版《法音》月刊和《法音》學術版，主編澤慧。（詳見該期刊條目）。

　　該所顧問：觀空等。林子青、郭元興、張克強、李安、田光烈、賈題韜任佛教高級研究員，又聘請常書鴻、啟功、常任俠、徐梵澄、蘇晉仁、巫白慧、吳曉鈴、王森、王堯、　虞愚　等二十位知名學者擔任特約研究員。

　　該所成立一年多來，主要有以下活動：

　　——主辦中日佛教學術交流會議（北京 1988 年 10 月）邀請中、日知名佛教學者共十人宣讀論文。會議出版了中、日文版論文集。

　　——整理出版佛教有關書籍多種:觀空的藏譯漢著作：《四百論釋》、《六十正理論釋》、《中觀寶鬘論釋》；徐梵澄的梵譯漢著作：《安慧〈三十唯識〉疏釋》、《薄伽梵歌》；該所編著的：《中國佛教人名大辭典》、《俗語佛源》等；繼續出版《中國佛教》第三冊、第四冊；與香港合作出版大型畫册《山西的佛像藝術》；籌備出版《中國佛教文化研究叢書》。

（葉巍楊）

深圳大學國學研究所

　　深圳大學國學研究所創辦於 1984 年 9 月，是直屬學校的文科重點科研機構。現有研究人員六名，其中教授一名、副教授二名、講師三名，湯一介任所長。

　　該所研究方向和主要任務是：重點研究中國傳統思想文化、中國古典文獻學、東西方文化比較；致力於弘揚中華民族的優秀文化傳統，用先進的現代化手段整理和研究古籍，加強東西方文化的交流和國內外學術界對於中國文化研究的相互了解與合作。

　　建所以來開展的主要工作及科研成果有：

　　——1985 年 4 月與上海社科院東西方文化比較研究中心共同在深大主辦了全國第一次東西方文化比較研究協調工作會議，與北京、上海、武漢、西安、廣州等地的中國文化研究機構建立了聯繫，並參加全國東西方文化比較研究發展戰略規劃的討論和制定工作。（詳見該會議條目）。

　　——1987 年 12 月，在國家教委全國高校古籍整理研究工作委員會秘書處的指導下，與北京大學古文獻研究所聯合舉辦了全國第一屆「國際中國學研討班」，參加學習和討論的學員來自全國各高校的古籍整理研究機構，共一百餘人。

　　——從 1985 年開始，籌辦大型國際性學術刊物《國學集刊》，幾經周折後，終於 1986 年 12 月由東方出版社以論文集的形式出版了第一輯，更名為《中國文化與中國哲學》，第二輯（1987 年號）起，該論集轉由三聯書店出版，仍名《中國文化與中國哲學》，擬每年一輯，每輯四十多萬字。所收論文涉及中國文化各個方面，力求以新的方法和新的視角，以整體上推進中國文化的研究。（詳見該論集條目）

　　——探索用新的方法和現代科技手段整理古籍，先後組織了《紅樓夢》電腦檢索系統和二十五史電腦編排檢索的研製工作，並在漢字信息處理的基礎工程方面做了許多開拓性工作。此外與廣東省高等院校的古籍整理研究機構建立了協作關係，並參加了廣東高校「嶺南叢書」編委會的工作。

　　——在個人研究項目方面，先後完成和發表了有關魏晉玄學、道家思想研究、中印文化之融合與衝突、熊十力哲學思想、當代新儒學思潮、青銅器研究、考古新發現與文明史，元代藝文志彙校、晁公武傳略等論文或專著二十餘種。此外，還參加了《中國歷代藝文經籍志》、《中國古代職官大辭典》、《熊十力論著集》（多卷本）、《港台海外中國文化論叢》（叢書）等的撰寫或編選工作。

（國學研究所供稿）

清華大學思想文化研究所

　　清華大學思想文化研究所，前身為清華大學文史教研組。1983 年 9 月，為適應清華大學建設文科及開展文化問題研究的需要，開始籌組思想文化研究所。1985 年 3 月正式成立。研究所的主要任務：一、承擔為全校本科生開設文科課程的教學任務。主要課程有中國思想史、西方思想史、西方哲學史等。二、進行研究工作。主要研究方向為中國文化的中外古今問題，即傳統文化與現代化和中西文化比較及關係問題。研究所招收研究生，有中國思想史專業的碩士學位授予權。

　　研究所所長由中國哲學史學會會長張岱年教授兼任。副所長單淒生、錢遜、劉桂生（兼）、林泰（兼）。何兆武研究員在所裡主持西方近現代思想文化和中西文化比較的研究工作。全所現有專職教學、研究人員十八名，其中研究員二名，副研究員、副教授四名。

　　研究所的實體部分設中國思想文化研究室和西方近現代思想文化研究室。

　　幾年來主要研究課題有：

　　西方史學理論。正進行中。

中國傳統文化的批判繼承問題。已發表論文若干篇。

台灣文化討論情況的研究。選編資料約一百萬字，分別編成《港台學者論中西文化》及《台灣學者論中國人》，將在 1989 年出版。

中國近現代思想文化史研究，即出論文集一冊。

世界名人論中國文化，資料編譯，計劃 1988 年內完成交付出版。

（清華大學思想文化研究所供稿）

吉林大學中國文化研究所

吉林大學中國文化研究所由吉大中文系名譽主任、著名詩人張松如（公木）教授、中文系主任喻朝剛教授、原中文系主任（現吉大副校長劉中樹教授 1987 年初發起，於 1988 年 3 月 26 日正式被批准成立。

該所發起緣由，主要是爲適應新時期思想文化建設的需要，有組織、有計劃地開展對中國傳統文化的研究，加強國際學術交流，進而對中國語言文字與神話、宗教、哲學、美學、藝術、語言以及社會風俗、民族思維方式和文化心理結構諸種關係，加以廣泛深入探討，企望在社會主義精神文明和科學文化建設上做出應有的貢獻。

中國文化研究所所長由吉大中文系主任喻朝剛教授兼任，副所長金訓敏副教授。中國文化研究所下設中國文化與詩學、比較文學、中國文化與語言學、文藝學、《金瓶梅》等五個研究室。成員基本以原中文系教師爲主，同時聘請部分兼職人員，共計有教授七人，副教授七人和一些中青年骨幹講師。其中知名學者有：

張松如：教授、著名詩人、筆名公木，《中國人民解放軍軍歌》詞作者，著有《老子校讀》、《老莊論集》（與陳鼓應合著）、《中國詩歌史論》等。

劉柏青：教授，比較文學研究室主任，著有《中國現代文學史》、《魯迅與日本文學》等。

許紹嚴：教授，中國文化與語言學研究室主任，著有《漢語史稿》、《現代漢語》等。

喻朝剛：教授，中文系主任兼該所所長，著有《宋詞精華新解》、《稼軒詞論稿》等。

劉中樹：教授、吉大副校長，著有《魯迅的文學觀》、《中國現代百部中長篇小說論析》等。

欒昌大：教授，文藝學研究室主任，著有《文學概論》、《典型理論的新發展》等。

張連第：教授，代表著作有《中國古代文學理論詞典》、《中國古代文論家手冊》等。

金訓敏：副教授，該所副所長，合著有《中國現代文學史》、《中國現代文學簡明教程》等。

王汝梅：副教授，《金瓶梅》研究室主任，著有《中國古代小說理論史》、《金瓶

梅詞典》、《張竹坡批評第一奇書金瓶梅》（整理校點）等。

自建所以來，廣泛地開展了國際和國內間的學術交流活動。曾先後與美國加利福尼亞大學美籍華人陳鼓應教授、日本京都大學池田知久教授、加拿大多倫多大學米利娜教授、加拿大西蒙弗雷譯大學卡爾森教授、日本西南學院的大學樋口進教授，就中國傳統文化、儒家與道家、中國古代小說理論及《金瓶梅》研究等進行了廣泛學術交流。張松如與陳鼓應等合著的《老莊論集》即在此期間出版。此外，曾先後參加主辦「中日近現代文學關係學術研討會」、「東北淪陷區文學研討會」（日本神戶大學六名教授參加）、「重新建構馬克思主義文藝學系研討會」、「全國第三次《金瓶梅》學術討論會」等，現正籌備首屆國際《金瓶梅》學術討論會（1989 年 6 月）僅一年多時間，全所共發展五部專著和三十篇論文，其中有三部專書和四篇論文獲吉林省首屆（1988 年）社會科學優秀成果獎。

目前該所承擔著國家社會科學基金重點項目一項（《中國詩歌史論》，張松如主持），國家教委「七五」科研規劃項目六項（《中日近現代文學交流史》，劉柏青主持；《中國現代小說與中外文化》，劉中樹主持；《中國詩歌理論史》，張連第主持；《宋明理學和明代世情小說》，王汝梅主持，等等）。此外，還有與兄弟院校合作的國家重點項目二項，與日本神戶大學六位教授合作項目一項（已列入日本國文部省重點科研項目）。

該所的奮鬥目標是：試圖以語言文字爲基點，立足現實，而向世界，對中國文化進行多角度，多側面的宏觀和微觀研究，並在科研過程中逐漸形成貫通古今中外，以邊緣學科爲主攻點的文理滲透、多學科交叉的綜合研究集體。

（吉林大學中國文化研究所稿）

湖南大學嶽麓書院文化研究所

湖南大學嶽麓書院文化研究所成立於 1984 年 3 月，設在位於長沙市湘江兩岸的中國古代四大書院之一的嶽麓書院址内。

該所所長楊慎初、副所長陳谷嘉、陳海波。現有專職研究人員十餘名、外聘兼職研究人員十餘名。該所主要研究方向是中國傳統思想文化、中國書院文化。所下設有宋明理學研究室、中國書院研究室、古代文物建築研究室等研究機構。

1984 年 6 月，該所召集、主持了首次全國性的書院研究學術討論會。到會專家學者三十多人，就古代書院在中國文化史、中國教育史上的地位、作用等專題展開了討論。1986 年 5 月該所舉辦宋明理學學術講座，由該所兼職研究員、中國社會科學院歷史所邱漢生、黃宣明主講。同年 10 月，爲紀念嶽麓書院建院 1010 年該所召集、主持了「中國傳統文化與現代化的關係以及書院文化史」爲主題的學術討論會，參加會議的有來自全國二十個省及美國、日本的專家學者共一百多人。

建所以來，該所撰寫並已經出版《嶽麓書院史略》、《嶽麓書院名人傳》、《朱熹與嶽麓書院》、《嶽麓書院山長考》等專著，編輯出版論文集三部。近年來該所承擔並已完成國家教委重點項目《教育大辭典》的部分任務。另外還完成《中國倫理思想

大辭典》部分任務、《中國政治文化叢書》部分選題。該所曾編有內部刊物《嶽麓書院通訊》。

（朱漢民）

北京大學外國哲學研究所

　　北京大學外國哲學研究所，係根據 1964 年毛澤東關於要研究外國情況的指示，由周恩來親自批准，於 1965 年正式成立。

　　該所創辦的宗旨是：以馬克思主義爲指導，對現代外國，尤其是西方的哲學、社會文化思潮進行深入、全面的科學研究，並以馬克思主義爲武器，對之進行嚴肅的分析批判。

　　創辦時，由國內外著名學者，維也納小組成員，分析哲學家洪謙任所長。「文革」期間該所被撤銷。「文革」後，1978 年恢復該所建制，仍由洪謙教授任所長、著名學者，中國海德格爾哲學專家熊偉教授任副所長。

　　1986 年洪謙、熊偉二位教授退休後，由著名中年學者、國際皮爾士學會會員陳啓偉教授任所長。

　　該所著名學者，英美分析哲學專家任華教授也已離休。現在任知名學者有黑格爾專家張世英教授等。

　　該所成立以來，主要以翻譯介紹現代西方哲學爲任。曾出有《外國哲學資料》六輯。由洪謙先生主持翻譯編輯的《現代西方資產階級哲學資料選輯》定爲國家教委指定教材，近期將有修訂本問世。洪謙先生主編的《邏輯經驗主義》（上下卷），深受學界重視。該所還主持翻譯了《從邏輯的觀點看》、《論唯一者》、《存在與時間》等現代西方重要哲學著作。

（王煒）

北京大學南亞東南亞研究所

　　北京大學南亞東南亞研究所建立於 1978 年 10 月，最初建立時稱爲南亞研究所，由北京大學與中國社會科學院合辦。1985 年 3 月單獨歸屬北京大學。其後改名爲北京大學南亞東南亞研究所至今。

　　南亞東南亞研究所是一所綜合性的地區研究所，現有工作人員二十三名，其中研究人員十六名。全所分爲南亞歷史文化、南亞政治經濟、東南亞三個研究室。有關中國及外國文化的研究工作主要在歷史文化及東南亞兩個研究室裡進行。

　　歷史文化研究室現有九名研究人員，其中有季羨林教授和金克木教授。研究的主要範圍包括：印度及中亞古代語言（梵語、巴利語、其他印度古代俗語、吐火羅語、古和闐語、粟特語）和與上述語言有關的古代文獻及古代漢譯、佛教學、印度歷史與文化，印度哲學、中印文化關係、印度種姓制度與印度古代社會。目前正在

進行的研究題目主要有：國內所藏梵文貝葉經的整理和研究、新疆出土吐火羅文《彌勒會見記》譯釋、陳寅恪先生讀《高僧傳》札記校錄、中國載籍中有關南亞史料彙編、古和闐語文獻中諸神名研究，《數論頌》翻譯與研究、印度種姓制度的歷史與現狀。

東南亞研究室現有三名研究人員，主要從事東南亞地區的歷史文化，也包括政治經濟現狀的研究。由於東南亞地區華僑衆多，華僑史和中國與東南亞各國關係史也是該室研究工作的一個重點，並有較好成績。

政治經濟研究室以南亞地區各國的政治經濟現狀作爲研究對象。

南亞東南亞研究所現出兩種公開發行的刊物：《南亞東南亞評論》和《南亞東南亞論叢》。

（北大南亞東南亞研究所稿）

北京大學世界現代化進程研究中心

1985 年，北大歷史系羅榮渠教授提出以主要資本主義國家的現代化進程和西非拉現代化面臨的問題作爲「七五」期間重要科研項目，後該課題作爲北大歷史系項目列入國家「七五」哲學社會科學研究規劃重點項目。1987 年 11 月，以該項目研究小組爲基礎，成立了北京大學世界現代化進程研究中心。羅榮渠教授任中心主任。

中心是一個鬆散聯繫的、跨學科的學術研究機構。它的宗旨是以現代工業社會的全球發展總趨勢爲一般對象，以第三世界發展中國家向現代工業社會轉變與發展爲特殊對象，對中國與世界各國現代化進程進行綜合性的比較研究。

該中心把世界現代化進程研究作爲一項長期性的研究工程，分階段開展研究工作。它的近期工作是以基礎性理論和歷史經驗性總結爲研究重點。它的基本任務是：

一、了解當前國際學術界關於現代化問題的各種理論與流派，收集中外文基本圖書資料，編製現代化問題西文參考書目，精選國外學術界關於現代化理論與實例研究的重要代表性論著，翻譯出版。

二、運用馬克思主義觀點，在批判吸收國外學術界現代化與發展理論的成果基礎上，開展關於現代化作爲近期世界歷史發展的特殊過程、不同模式、基本特徵與發展趨勢等的研究。

三、重點國家的現代化進程的實證性研究與比較歷史研究。

四、招收現代化專題的博士和碩士研究生，接受國外訪問學者，培養高級研究和教學人才。

五、邀請國外學者進行專題講學，開展國內外學者互訪，建立現代化研究的國際學術交流與合作。

六、編輯出版《現代化研究叢書》。

中心活動吸收校內外中青年學者、研究生參加、以小型專題研究爲主，採取各

種靈活多樣的學術活動形式。1988 年，中心開設了「現代化理論與世界現代化進程」的研究生課程，舉辦了現代化問題講習班。發表的較有影響的獲獎論文有羅榮渠的《建立馬克思主義的現代化理論的初步探索》、《論一元多線歷史發展觀》，還選編了《「從西化到現代化」論戰文選》，對國內現代化的研究起了推動作用。

（羅榮渠）

中國人民大學清史研究所

該所是我國目前規模最大、力量較強、研究領域較廣的一所清史研究機構。

早在 1949 年初期，董必武等就提出了編寫《清史》的任務。1965 年，周恩來又指示要組織力量編寫《清史》。同年，中共中央宣傳部部務會議決定成立領導小組，並指定郭影秋、關山復、戴逸等爲領導小組成員，在中國人民大學中國歷史教研室的基礎上成立清史研究所。不久，「文化大革命」開始，這個決定沒有實現。1972年，爲了落實董必武、周恩來等的指示，經北京市領導批准，在中國人民大學中國歷史教研室的基礎上成立清史研究小組，郭影秋任組長，尚鉞、羅髩漁、袁定中等任副組長。中國人民大學停辦期間，清史研究小組歸北京師範大學領導。1978年，中國人民大學恢復，清史研究小組仍回原校，經原教育部批准，擴大爲清史研究所。羅髩漁任所長，戴逸、袁定中任副所長。1983 年，羅髩漁離休後，由戴逸任所長，李文海、羅明、尹福庭等先後任副所長。現在，清史研究所名譽所長是戴逸，所長是羅明，副所長是王道成、王俊義。

清史研究所的任務是研究清代歷史，從入關前至辛亥革命的近三百年的政治、經濟、文化、軍事、民族、外交、歷史人物等都在它的研究範圍之內。

清史研究所現有工作人員四十六人，其中研究人員四十一人，包括：教授六人，副教授十六人，講師十六人，助教三人。知名學者有戴逸、王思治、胡繩武等。

該所設清代前期歷史第一、第二研究室，清代後期歷史研究室以及辦公室、資料室。清代前期歷史第一研究室著重研究清入關前至鴉片戰爭時期的歷史，重點是這一時期的經濟、文化、民族、邊疆、秘密結社等課題。秦寶琦任室主任。清史前期歷史第二研究室著重研究清前期的政治、軍事，承擔《清代人物傳稿》（國家項目）上編和《清史編年》的編寫任務。李鴻彬任室主任。清代後期歷史研究室著重研究從鴉片戰爭至辛亥革命時期的歷史，主要課題有：太平天國、洋務運動、戊戌變法、義和團運動、辛亥革命等歷史事件和慈禧、光緒、榮祿、康有爲等歷史人物。孔祥吉任室主任。

該所自 1978 年 8 月建所至 1988 年底，已公開出版專著、譯著、資料、論文集、工具書等六十七種，一百二十冊，約二千六百萬字，發表文章一千餘篇，約六百萬字。專著有戴逸主編的《簡明清史》第一、二冊，胡繩武、金沖及著《辛亥革命史稿》第一、二卷，等等。資料有《明清以來工商會館碑刻選編》（李華編）、《清入關前史料選集》第一輯（潘喆、李鴻彬、孫方明編），等等。論文集有《清史論文

集》第一集、《中國近代史論文集》、《履霜集》（戴逸）、《清史論稿》（王思治）、《戊戌維新運動史論集》（胡繩武主編）等。工具書有《清代中西曆表》、《清史論文索引》等。

目前該所承擔組織編寫的國家規劃項目有：《中國大百科全書·清史卷》、《中國歷史大詞典·清史分卷》、《清代通史》（十卷）、《清代人物傳稿》（二十卷，已出九卷）、《清代邊疆開發史》、《明清之際中西文化交流》、《高度發展的封建專制主義與清代社會》、《近代中國民間秘密結社》。

該所培養中國古代史、中國近現代史博士與碩士研究生，戴逸、王思治爲博士導師。已畢業兩名博士，在讀五名博士研究生中包括日本和聯邦德國來的兩名。

此外該所辦有《清史研究集》、《清史研究通訊》等學術刊物，主編了《清史研究叢書》和《清史知識叢書》。

該所經常單獨或聯合舉行地區性或全國性有關清史問題的學術討論會。在中外學術交流方面除一些研究人員應邀到國外講學、從事科研、參加國際學術會議之外，還接待外國交流學者和高級進修生。1982 年 9 月以來，到所訪問、座談、從事科研的美國、蘇聯、法國、日本、土耳其、匈牙利、南斯拉夫、澳大利亞等國的專家學者達四十餘人。

（王道成）

上海中西哲學與文化交流研究中心

該中心是由上海哲學學會、復旦大學、華東師範大學、上海社會科學院、上海師範大學、交通大學、上海行政管理學院、同濟大學、文匯報、解放日報、知識出版社、華東師範大學出版社十二個單位或部門爲加強上海與海內外哲學——文化界的廣泛聯繫、交流和合作，有計劃地推進中西哲學與文化的比較研究而聯合發起，於 1988 年 1 月正式被批准成立的民辦社會科學研究實體。

該中心顧問：周谷城、于光遠、李銳。名譽主席：王元化。主席：馮契。副主席：王亞夫（常務）、蔣孔陽、胡道靜、夏禹龍、鄧偉志。秘書長：丁禎彥。副秘書長：李志林、程偉禮、張士楚、鄭克強。常務理事由各發起單位共二十三人組成。學術委員會由上海和外地的知名學者七十四人組成。特約海外研究員有：艾姆斯（美國）、巴赫姆（美國）、成中英（美國）、道伊奇（美國）、李約瑟（英國）、林毓生（美國）、劉述先（香港）、杜維明（美國）、唐力權（美國）。

該中心的任務是：1.協調和開展本市各高校、科研單位關於中西哲學與文化研究的課題和合作項目。2.廣泛聯繫本市、全國及海外學者交流學術成果，討論學術課題。3.舉辦有關中西哲學與文化的國際和國內學術會議。4.舉辦短期講習研討班，培訓哲學與文化方面的理論人才。5.編輯出版學術叢稿《時代與思潮》。6.評選和獎勵有關中西哲學與文化研究的優秀著作和論文。7.編寫介紹當代新型企業家的叢書和報告文字集，加強文化界與企業界的橫向聯繫，當能改革。

（李志林提供資料）

中國各比較文學研究團體與機構簡介

〔中國比較文學學會〕

　　全國性學術團體，其宗旨是促進中國比較文學教學和研究的開展，交流國內外比較文學教學和研究的成果和經驗，爲繁榮中國文學事業而努力。該會於 1985 年 10 月 29 日至 11 月 2 日在深圳大學舉行成立大會暨首屆學術討論會，選舉產生了由三十一人組成的第一屆理事會。學會名譽會長：季羨林；會長：楊周翰；副會長：葉水夫、賈植芳、岳黛雲（秘書長）。秘書處設在北京大學比較文學研究所。學會下設學術委員會和出版委員會。學會的會刊爲《中國比較文學》，秘書處的機關刊物爲《中國比較文學通訊》，中國比較文學會現有會員二百人。

〔北京大學比較文學研究會〕

　　該會爲第一個成立的比較文學研究會，成立於 1981 年 1 月 23 日。該會爲北京大學羣衆性學術組織，旨在介紹和研究世界比較文學發展現狀，並在馬克思主義指導下，建立和發展中國比較文學。季羨林任會長，李賦寧任副會長、岳黛雲任秘書長。該會邀請美國、香港等地著名學者來校開辦學術講座二十餘起，編輯出版《北京大學比較文學研究會通訊》十餘期，編輯出版《北京大學比較文學研究叢書》九種，會員多次參加國際比較協會大會，並與國內外各比較文學研究機構、團體建立了廣泛的聯繫。

〔遼寧省比較文學研究會〕

　　1981 年 6 月 19 日至 24 日，遼寧省比較文學研究會在丹東市成立並舉行了第一屆學術討論會。該會旨在介紹和研究世界比較文學發展現狀，團結和組織國內外比較文學研究和教學工作者進行學術交流，舉辦比較文學有關學術討論會和報告會，出版會刊和編印有關學術資料等。顧問高峯，理事長彭定安，副理事長謝挺飛、張朝柯、秘書劉介民。學會設在遼寧省社會科學院文學研究所。

〔山東大學比較文學研究會〕

　　1984 年底正式成立，張健任會長，孫昌熙、黃嘉德任副會長，劉波負責日常工作。

〔上海市比較文學研究會〕

　　該會由復旦大學、上海外國語學院、華東師範大學、上海師範大學、上海戲劇學院、上海教育學院、上海譯文出版社和中國作協上海分會八個單位聯合發起，於 1985 年 3 月 21 日成立，擁有會員一百五十餘人。該會宗旨是：在中共領導下，以馬克思列寧主義、毛澤東思想爲指導，團結本市各界從事、關心、支持比較文學的人士，積極開展比較文學研究，組織國內外學術交流，爲提高我國的文藝理論研究

水平、促進社會主義的學術繁榮而努力。顧問：巴金、王元化、方重、伍蠡甫、施蟄存；會長賈植芳；副會長包文棣、朱雯、倪蕊琴、廖鴻鈞；秘書長謝天振。該會多次舉辦學術報告會與座談會，並出版《上海市比較文學研究會通訊》。

〔吉林省比較文學研究會〕

1985 年 8 月吉林省外國文學學會在白城師專召開了 1985 年學術討論會。會上，從事比較文學研究工作的學者，發起成立吉林省比較文學研究會。劉柏青任會長，張達明、趙文元任副會長，潘少鈞任副會長兼秘書長。

〔江蘇省比較文學研究會〕

1985 年 12 月 28 日，由南京師範大學、南京大學、江蘇省社會科學院、蘇州大學、揚州師範學院、徐州師範學院、淮陰師專、南通師專、江南大學等單位發起，在南京師大隆重舉行了江蘇省比較文學研究會成立大會。范存忠被選爲名譽會長、趙瑞蕻爲會長，陸爲新爲副會長，王寧爲秘書長。秘書處設在南京師大。該會編有《江蘇比較文學通訊》。

〔北京大學比較文學研究所〕

1981 年 1 月 23 日，北京大學第四十次校長辦公會議討論了季羨林副校長的提議，決定成立「北京大學比較文學中心」。1985 年 3 月 29 日，教育部正式批准成立「北京大學比較文學研究所」，爲系所一級實體性機構。研究所所長樂黛雲，兼職研究人員有顏保、嚴少璗、胡經之、孫風城等。該所開設課程有：中日古代文學比較研究、比較文學原理、西方文藝思潮與中國現代小說分析、比較詩學、布萊希特研究、法國象徵派詩歌和中國新詩、比較神話等。1984 年 10 月，該所通過的近期工作計劃有：一、開展比較文學研究，重點在以下三方面：(a)中國文學在東方的傳播和影響；(b)比較詩學即中西文論的比較研究；(c)五四時期中國現代文學的發展和外國文學的關係。二、招收比較文學碩士生和博士生，有計劃地培養從事比較文學的教學和研究人員。三、編纂《中國比較文學年鑑》，積累資料，溝通信息，總結和評估中國比較文學發展的現狀。四、開設比較文學新課程。五、和北京大學比較文學研究會一起，編輯「北京大學比較文學研究叢書」。六、協助中國比較文學學會做好和國內外的通訊交流工作。七、在適當時候舉辦「中國文學和世界文學」的國際比較文學學術討論會。八、承擔國家有關科研項目，該所承擔了國家社會科學博士點的二個項目：中西文論比較研究；五四以來外國文學和中國現代文學的關係。七五計劃中，該所承擔國家重點科研項目：比較詩學研究。以上計劃有的已完成，有的即將完成。此外，1985 年 10 月，該所和深圳大學比較文學研究所合作，舉辦了全國比較文學講習班，並和香港中文大學、深圳大學合作舉辦了比較文學書展，並協助中國比較文學學會籌備組舉辦了學會成立大會暨首屆年會。

〔深圳大學比較文學研究所〕

該所成立於 1984 年 9 月。所長樂黛雲，副所長胡經之。這個所的特點是以年

輕學者為骨幹，重視理論研究。重點研究項目為「比較美學」、「比較詩學」、「歐美文學及蘇俄文學對中國現代文學的影響」，以及中國和印度，中國和日本文學的比較研究。1984 年 11 月，深大比較文學研究所與湖南人民出版社達成協議，將編纂一套比較文學叢書，由湖南人民出版社出版。這套叢書包括三輯，共十五本。第一輯以比較文學基本理論為主要內容，如《比較文學原理》、《比較美學》、《比較詩學》、《中西戲劇比較與中國悲劇觀念》等。第二輯討論東方各國文學的傳播和相互影響，包括《中印比較文學論文集》、《古代中日文學關係史稿》、《中國民歌與馬來民歌比較研究》等。第三輯為國外學者以比較文學觀點研究中國現代文學的譯文彙編，如美國加州大學教授西里爾・白之的《白之中西比較文學論文集》、英國倫敦大學教授大衛・波拿的專著《周作人與中國文化傳統》、蘇聯著名學者謝曼諾夫的《魯迅及其前驅》、捷克斯洛伐克中國現代文學專家普實克的《普實克中國現代文學論文集》以及加拿大多倫多大學教授朱琳娜・多列熱諾夫娜的《世紀轉折時期的中國小說》。此外該所還為深大中文系開設一系列普及比較文學知識的課程，並從該系優秀畢業生中選拔部分研究生到研究所深造。

〔廣西大學比較文學教研中心〕

該中心成立於 1982 年，原名比較文學教研翻譯組，是由中文系、外文系的教師與外籍專家共同自願組合的一個學術教研小組。該中心現有人數十餘人，除中文外，掌握語種包括英、日、法、意，教學包括比較文學導論、文學概論、外國文學史、英美文學。英文、法文、日文等多種課程。它的主要刊物為英文版的《文貝——中國比較文學研究》，即 COWRIE，已出版數期，發行國內外。此外，該中心成立以來，集體編譯出版了《比較文學研究譯文集》，舉行了 1984 年 5 月的南寧比較文學講習班暨教學討論會。該中心研究人員發表的較有影響的著作近期有：盧康華、孫景光《比較文學導論》（黑龍江人民出版社）、孫景堯《杜十娘與茶花女的相似命運說明了什麼》（《外國文學研究》雜誌）、馬克本德爾的譯著《七女與蛇郎》（新知識出版社英文書）、馬克任顧問的《美國印第安民間故事集》（中國民間文學出版社）、馬克與孫景堯合譯《蘇州彈詞選》（香港中文大學出版社）等。該中心先後與西歐、北歐、南美、北美、日本、港台等地的有關團體機構和個人建立了學術聯繫，並形成了有一定規模的資料信息系統。

〔北京師範大學比較文學教研室〕

該室成立於 1982 年 11 月（原名比較文學研究組）。黃藥眠曾任指導教師，主任陳惇，成員有盧惟庸、劉象愚、李清安、郭建。該會曾在中文系開設《比較文學概論》、《中西小說比較》，並編選《比較文學研究參考資料》（北京師大出版社）和編寫教材《比較文學概論》（待出版）。

上海師範大學比較文學課題組、北京外語學院比較文學研究室、南開大學比較文學研究室、南京師範大學比較文學研究中心、四川大學外國文學比較文學教研室、中南民族學院比較文學研究室、西安外國語學院比較文學研究室，均見《中國比較文學年鑑（1986）》

山東大學美國文學研究所

　　山東大學美國文學研究所是我國最早從事美國文學研究與教學的學術機構。1963 年，經教育部批准，成立「現代美國文學研究室」，吳富恆副校長兼任主任，主要成員有黃嘉德、張健和陸凡等。1978 年，經教育部批准，更名爲「美國文學研究所」，陸凡任所長，主要成員有王文彬、歐陽基、王譽公、孫超英等。1987 年，王譽公被任命爲副所長，主持日常工作。現有人員十名，其中六名正在美國攻讀博士學位。

　　該所成立二十五年來，在翻譯評介美國文學思潮流派和美國代表作家及其作品方面作了大量工作；在教學方面培養了八屆研究生；在加強中美人民友好和中美文化交流方面作出了一些成績，與美國哈佛大學、印第安納大學、匹茨堡大學、紐約市立學院和華盛頓大學等建立了友好關係，互派訪問學者和研究生，互送圖書資料；美國住北京大使館年年派富爾布萊特教授來所講學，經常贈送圖書。

　　該所在吳富恆、陸凡主持下，曾是 1979 年成立的「全國美國文學研究會」，1985 年成立的「山東省翻譯工作者協會」，1986 年成立的「山東省外國文學研究會」的發起者。這些團體現掛靠在該所。

　　該所曾與中國翻譯工作者協會、全國高等院校外國文學研究會聯合舉辦了「全國第一屆中青年文學翻譯工作者經驗交流會」、「外國文藝理論研討會」和「翻譯理論討論會」等學術會議。

　　該所現編輯出版《美國文學》（季刊）。

（王譽公供稿）

（下列機構資料暫闕）
- 上海東西方文化比較研究中心（已解散）
- 二十一世紀研究院
- 燕京文化書院
- 中外文化書院
- 幽州書院
- 中國文化發展中心
- 中國社科院近代史研究所思想文化研究室
- 復旦大學歷史系中國思想文化史研究室
- 陝西師範大學漢唐文化研究室

㈡叢書

《文化：中國與世界系列叢書》

　　《文化：中國與世界系列叢書》由「文化：中國與世界」編委會編。該編委會由北京大學外國哲學研究所和中國社會科學院哲學研究所的部分青年學者發起，聯合北京大學、中國社會科學院、中國人民大學等其他單位的一些青年學者，於 1985 年 5 月成立的。編委有：于曉、王慶節、王煒、王焱、方鳴、甘陽、紀宏、劉小楓、劉東、孫依依、杜小真、蘇國勳、李銀河、何先瀘、余量、陳平原、陳來、陳維綱、陳嘉映、林崗、周國平、趙越勝、胡平、秦曉鷹、徐友漁、錢理羣、黃于平、郭宏安、曹天宇、閻步克、梁治平。主編甘陽，副主編蘇國勳、劉小楓。

　　該系列叢書的創辦宗旨是：通過譯介現代西方學術文獻，促進中國學人對世界學術文化進展的日益深入的可能，並在進一步深入研究的基礎上，結合中國文化傳統，創造現代型態的中國新的學術文化思想。

　　該叢書包括三套叢書：《現代西方學術文庫》，所選以今已公認的現代名著及影響較廣的當世重要著作爲主；《新知文庫》：所選以介紹性的二手著作，研究、譯介、傳記著作爲主，亦包括部分篇幅較小的名著；《人文研究叢書》，所選爲國內中青年學者的有較高研究水平的專著。此外，該系列叢書編委會還編輯了《文化：中國與世界》集刊①，刊登國內及海外學者較有學術水平的研究論文。

《現代西方學術文庫》由三聯書店出版。已出版書目如下：

《邏輯研究》	〔德〕胡塞爾著	倪梁庫譯
《存在與時間》	〔德〕海德格爾著	陳嘉映譯
《形而上學導論》	〔德〕海德格爾著	熊　偉譯
《存在與虛無》	〔法〕薩特著	陳宣良等譯
《知覺現象學》	〔法〕梅洛‧龐蒂著	陳維綱譯
《語言哲學名著選》	〔英〕達米特等著	涂紀亮主編
《科學知識生長論》	〔英〕波普爾著	紀樹立譯
《愛欲與文明》	〔美〕馬爾庫塞著	趙越勝譯
《認識論的元批判》	〔德〕阿多爾諾著	楊君游譯

《真理與方法》	〔德〕伽達默爾著	劉小楓譯
《闡釋理論》	〔法〕利科著	甘　陽譯
《詞與物》	〔法〕福科著	張毅聲譯
《聲音與現象》	〔法〕德里達著	杜小真譯
《哲學與自然之境》	〔美〕羅蒂著	李幼蒸譯
《悲劇的誕生——尼采美學文選》	〔德〕尼采著	周國平譯
《語言與神話》	〔德〕卡西爾著	于　曉譯
《心理學與文學》	〔瑞士〕榮格著	馮川等譯
《俄國形式主義文論選》	〔俄〕什克洛夫斯基等 著	方珊等譯
《結構主義・符號學電影理論文選》	〔意〕艾柯等著	李幼蒸譯
《接受美學文選》	〔德〕耀斯等著	劉小楓編
《批評的批評》	〔法〕托多洛夫著	王東亮譯
《新教倫理與資本主義精神》（全譯本）	〔德〕馬克斯・韋伯著	于曉、陳維綱譯
《文化模式》	〔美〕本尼迪克特著	王煒等譯

《新知文庫》由三聯書店出版，已出版書目如下：

《關於愛》	今道友信著
《我與你》	馬丁・布伯著
《弗洛伊德的使命》	弗洛姆著
《勞倫斯》	克默德著
《喬伊斯》	格羅斯著
《福澤諭吉》	鹿野政直著
《存在哲學》	讓・華爾著
《經濟體制》	艾登姆著
《西西弗的神話》	加繆著
《藝術與科學》	蘇霍金著
《榮格心理學入門》	霍爾等著
《成長心理學》	舒爾茨著
《生活的科學》	阿德勒著
《穆罕默德》	派克著
《自我實現的人》	馬斯洛著
《道德箴言錄》	拉羅什福科著
《歐洲小說的演化》	吉列斯比著
《瓦格納》	麥耶爾著
《馬克斯・韋伯》	菲根著
《雅斯貝爾斯》	薩尼爾著
《宗教哲學》	希克著
《歷史哲學》	德雷著

《法律哲學》　　　　　　　　　　　　　戈爾丁著
《教育哲學》　　　　　　　　　　　　　麥克倫著
《語言哲學》　　　　　　　　　　　　阿爾斯頓著
《邏輯哲學》　　　　　　　　　　　　　　蒯因著
《數學哲學》　　　　　　　　　　　　　巴克爾著
《倫理學》　　　　　　　　　　　　　弗蘭克納著
《社會科學的哲學》　　　　　　　　　魯德納爾著
《自然科學的哲學》　　　　　　　　　　亨普爾著
《心的哲學》　　　　　　　　　　　　　沙弗爾著
《知識論》　　　　　　　　　　　　　齊碩姆著
《方法論》　　　　　　　　　　　　　　　邁納著
《思維的訓練》　　　　　　　　　　　　德波諾著
《科學與謬誤》　　　　　　　　　　　　拉德納著
《智慧的探索》　　　　　　　　　　謝爾蓋耶夫著
《人和控制論》　　　　　　　　　　莫伊謝耶夫著
《自然科學的形而上學基礎》　　　　　　康德著
《跨文化傳通》　　　　　　　　　　　薩姆瓦著
《他們研究人——十大文化人類學家》　卡爾迪勒等著
《藝術判斷》　　　　　　　　　　　　博格斯特著
《里爾克》　　　　　　　　　　　　霍爾特胡森著
《古代中國人的美意識》　　　　　　　竺原仲二著
《浪漫主義與現實主義》　　　　　　　考德威爾著
《信號、符號、語言》　　　　　　　　潘諾夫著
《認識薩特》　　　　　　　　　　　洛朗・加涅賓著
《禪學入門》　　　　　　　　　　　　鈴木大拙著
《羅蘭・巴爾特》　　　　　　　　　　卡勒爾著
《經濟增長》　　　　　　　　　西蒙・庫茲涅茨著
《弗・施勒格爾》　　　　　　　　恩斯特・貝勒

《人文研究叢書》由上海人民出版社出版：
《拯救與逍遙》　　　　　　　　　　　劉小楓著
《理性化及其限制——韋伯思想引論》　蘇國勳著
《一個絕望者的希望——薩特引論》　　杜小真著
《中國小說敘事模式的轉變》　　　　　陳平原著
《符號：語言與藝術》　　　　　　俞建章、葉舒寬著

（席大民）

《中國文化史叢書》

　　上海人民出版社出版。主編周谷城，編委會常務聯繫人有：朱維錚、龐樸，編委還有：王堯、葉亞廉、包遵信、劉再復、劉志琴、劉澤華、紀樹立、李學勤、李致忠、張磊、張廣達、金沖及、金維諾、姜義華、陶陽。

　　叢書宗旨：一，從各個層面、各個角度來探索中國文化的奧秘，諸如區域文化、民族文化、考古學文化、科學工藝、生活起居、思想學說、語言文學、藝術文學、體育武術、宗教神話、文化制度、文化事業、文化運動、文化交流與比較等等。其二，還需要綜合地展現中國文化的發展過程。「我們期待具有世界影響的中國文化通史著作問世。在這以前，以體現不同時代的中國文化特色爲宗旨的一系列著作，也將列入我們的叢書。」

　　叢書爭取在五年內先刊行五十種，以期初見系統性。「但願我們的初衷，十年內刊行一百種，能夠實現，那時讀者也許會覺得這套叢書有助於認識和理解中國文化了。」（編者獻辭）

　　已出版書目如下：

《士與中國文化》	余英時著
《中國彩陶藝術》	鄭爲著
《中西文化交流史》	沈福偉著
《中國甲骨學史》	吳浩坤、潘悠著
《禪宗與中國文化》	葛兆光著
《中國染織史》	吳淑生、田自秉著
《方言與中國文化》	周振鶴、游汝杰等
《楚文化史》	張正明著
《中國小學史》	胡奇光著
《道教與中國文化》	葛兆光著
《佛教與中國文學》	孫昌武著

《世界文化叢書》

　　浙江人民出版社出版。主編：周谷城、田汝康，編委：莊錫昌（常務）、金重遠、龐卓桓、遲柯、祝明、朱威烈、顧曉鳴、顧雲深、馬小鶴、孫志民。

　　周谷城爲叢書作序，他指出，「今天我們立足於祖國的現代化，放眼世界、放眼未來，不難看出：現在世界各國彼此之間的關係，在歷史發展過程中，正日益趨於緊密，各國家或各地區之間的往來日益方便；經濟的、政治的、文化的以及其他各方面的關係日趨緊密，幾乎成了不可逆轉的必然趨勢。但要使這些關係發展得很好，甚至合乎我們的理想，則研究、考察尋找正確方向或理想前途的工夫，爲不可

少。著眼於文化方向的關係，組織學者，專家研究世界文化，出版世界文化叢書，已成了我們當前的迫切要求。」

　　從周谷城主編的其他兩套叢書與該叢書的關係，似更能看出編者的意圖。一爲「中國文化史叢書」從各個層面各個角度以及全方位的綜合角度探索中國文化的奧秘，展現中國文化的發展過程。一爲「世界文化叢書」，以探討文化學，文化人類學基本理論以及外國文化的發展史爲選題宗旨。一爲「比較文化叢書」，比較研究東西方文化，中外文化的異同及比較研究的基本理論則在選題之列。

　　已出版書目：

《菊花與刀——日本文化的諸模式》　　　　　　〔美〕露絲・本尼迪克特著
《中世紀「上帝」的文化——中世紀基督教會史》　　　　　　張綏著
《多維視野中的文化理論》　　　　　　莊錫昌、顧曉鳴、顧雲深等編
《文化人類學的理論構架》　　　　　　莊錫昌、孫志民編著
《動盪中的繁榮——魏瑪時期德國文化》　　　　　　朱尚志編譯
《麝香之路上的西藏宗教文化》　　　　　　常霞青著
《文藝復興時期的人與自然》　　　　　　〔美〕埃倫・G・杜布斯著
《希臘方式——通向西方文明的源流》
《中國的文化與科學》
《希伯來文化》
《拜占庭文化》
《文化與時間》

　　　　　　　　　　　　　　　　　　　　　　　　　　（席大民）

《比較文化叢書》

　　浙江人民出版社出版。主編：東西方文化比較研究中心名譽主席周谷城、主席王元化；主任編務黃萬盛；編務：商戈令、張士楚、蔣弋爲、趙鑫珊、紀樹立、周耘、張燕、申屠奇、潘淏。

　　編者獻辭曰：改革和開放，邏輯地發生了對中國傳統文化的反省和對西方文化的借鑑。文化比較的課題由此產生，它是歷史的必然。「我們不菲薄歷史。中華民族有著偉大的文化、偉大的傳統，怎樣弘揚這份遺產，使其走向新生？我們也不盲從西方，如何借鑑、消化西方的成就，取彼長、補己短？這正是文化比較研究的題中之旨。」「我們期望，通過這套叢書，能把已有和將有的文化比較研究方面的學術成果介紹給大家。」

　　已出版書目如下：

《文化模式》　　　　　　〔美〕露絲・本尼迪克特著
《比較思想論》　　　　　　〔日〕中村元著

《生存及生存者》　　　　　　　　　〔德〕伊曼紐爾・利維納斯著
《文化與進化》　　　　　　　　　　〔美〕托馬斯・哈定等著
《薩摩亞人的成年》　　　　　　　　　　〔美〕米德著
《三個原始部落的性別與氣質》　　　　　〔美〕米德著
《文明經受著考驗》　　　　　　　　　　〔英〕湯因比著
《文化與自我》　　　　　　　　　　〔美〕馬塞勒等著
《文化科學》　　　　　　　　　　　　〔美〕懷特著
《文化・人・自然》　　　　　　〔美〕馬文・哈里斯著
《日中文化比較論》　　　　　　　〔日〕尾藤正英等著
《文化屏障》　　　　　　　　　〔英〕諾曼・丹尼爾著

（席大民）

《中國文化與文化中國叢書》

　　屬中國文化書院文庫論著類，中國和平社出版。編委會成員有：顧問——馮友蘭、張岱年、季羨林、梁漱溟；主編——龐樸；編委——田志遠、湯一介、張文定、張立文、李澤厚、龐樸、林毓生（美）、胡曉林、傅偉勳（美）、王守常、林婭、徐蘭婷、魏常海。

　　龐樸在爲該叢書寫的「總序」中指出：中國文化從十九世紀以來發生了危機。危機的原因在於它缺少近代的民主精神與科學精神。於是，中國文化還能否在世界上生存下去——如果能，應該怎樣來更新自己；如果不能，應該用什麼來代替——便成了清朝晚期以來有關中國文化種種爭論的重大焦點。圍繞著中國文化危機的爭論，人們研究了有關文化的一般理論和方法；探索了中外文化的特點和歷史，提供了發展中國文化的方案和途徑，從而創造出一大批關於文化學和文化史的精神財富。儘管這批財富的價值有大有小，方向或正或偏，但有一點可以説是共同的，即它們都是想要再造中華文明。在這個崇高的目標向前，看起來，一切差別都消解了，一切努力都朝著「文化中國」。

　　文化中國，這是春秋時代我國政治家、思想家的一個偉大理想。當時他們所謂的「中國」既不是一個地理概念，又不是一個政治概念，也不是一個種族概念，而是一個文化的概念，即與野蠻相反的「文明」；有所謂中國而失禮義則夷狄，夷狄而能禮義則中國之的説法。從那以後，我們的民族觀念和文化觀念，一直都是密切結合著的。這種將中國等同於文明的觀點，不免帶有某些自我中心的傲慢；而將文明等同於中國，卻又要求著文化上的全方位開放。按照這種觀點，中國應該是文明的；而一切文明也都應該使之成爲中國的，不存任何政治的、地域的和種族的歧見。

　　因此，這套叢書在編者看來，既是近代以來有關中國文化論爭在新形勢下的繼續，也是春秋以來有關文化中國理想在新時代中的展現。

第一輯（1988 年）書目：

《中國傳統文化中的儒道釋》　　　　　　　　　　　　湯一介著

《文化的民族性與時代性》　　　　　　　　　　　　　　龐樸著

《人性與自我修養》　　　　　　　　　　　　　〔美〕杜維明著

《中國文化的現代化與世界化》　　　　　　　　〔美〕成中英著

　　　　　　　　　　　　　　　　　　　　　　　　（席大民）

《走向未來叢書》

　　八十年代以來國內最早發起的一套大型綜合性系列叢書。四川人民出版社（成都）1984 年起出版。主編先後由包遵信、金觀濤擔任，先前由金觀濤、唐若昕任副主編，後由陳越光、唐若昕任副主編。先後有嚴濟慈、杜潤生、張黎羣、陳翰伯、侯外廬、鍾沛璋、錢三強、包遵信、陳一咨擔任叢書顧問。叢書編委先後有丁學良、王焱、王小强、王岐山、王曉魯、尹藍天、包遵信、樂秀成、劉青峯、朱嘉明、朱熹豪、阮芳賦、嚴家其、何維凌、張鋼、陳子伶、陳越光、易小冶、金觀濤、唐若昕、秦曉鷹、賈新民、翁永曦、陶德榮、黃江南、董秀玉、樊洪業、戴士和、王軍衡。

　　叢書力圖「展現當代自然科學和社會科學日新月異的面貌；反映人類認識和追求真理的曲折道路；記錄這一代人對祖國命運和人類未來的思考。」（編者獻辭語）

　　叢書期望能「從世界觀高度把握當代科學的最新成就和特點，通過精選、咀嚼、消化了的各門學科的知識，使讀者特別是青年讀者能從整個人類文明曲折的發展和更迭中，理解中華民族的偉大貢獻和歷史地位，科學地認識世界發展的趨勢，激發對祖國、對民族的熱愛和責任感。」叢書編委們深切意識到「中華民族開始了自己悠久歷史又一次真正的復興，」而「照亮我們民族的思想閃電，就是馬克思主義，科學精神和我們民族優秀傳統的結合，以及由此開始的創新！」

已出版書目如下：

■1984 年出版

《人的發現》　　　　　　　　　　　　　　　　　　　李平曄著

《增長的極限》：

　　（羅馬俱樂部關於人類困境的研究報告）　　　　李寶恆譯

《激動人心的年代》　　　　　　　　　　　　　　　　李醒民著

《GEB——一條永恆的金帶》　　道‧霍夫斯塔特原著　樂秀成編譯

《現實與選擇》　　　　　　　　　　　　　　　朱嘉明、呂政著

《現代物理學與東方神秘主義》

　　（根據 F‧卡普拉的《物理學之道》編譯）　　　灌耕編譯

《經濟控制論》　　　　　　　　　　　　　何維凌、鄧英淘編著

《探險與世界》 于有彬編著
《看不見的手》 楊君昌編著
《語言學與現代科學》 陳明遠編著
《在歷史的表象背後》 金觀濤著
《讓科學的光芒照亮自己》 劉青峯著
■1985 年出版
《人的現代化》 〔美〕阿歷克斯·英格爾斯等著 殷陸君編譯
《大變動時代的建設者》 汪家溶編著
《沒有極限的增長》 朱利安·林肯·西蒙原著 黃江南、朱嘉明編譯
《西方社會結構的演變》 金觀濤、唐若昕著
《在國際舞臺上》 陳漢文編著
《昨天　今天　明天》 鄧正來編著
《搖籃與墓地》 陳越光、陳小雅著
《擇優分配原理》 茅于軾著
《第三次數字危機》 胡作立著
《凱恩斯革命》 楊君昌編著
《藝術魅力的探尋》 林興宅編著
《西方文官系統》 楊百揆、陳子明、陳兆鋼、李盛平、繆曉非著
《動態經濟系統的調節與變化》 鄧英淘、何維凌編著
《新的綜合》 〔美〕愛德華·奧爾本·威爾遜著 李昆峯編譯
■1986 年出版
《富饒的貧困》 王小强、白南風著
《定量社會學》 郭治安、姜璐、沈小峯編譯
《儒家文化的困境》 蕭功秦著
《系統思想》 〔美〕小拉爾夫·弗·邁爾斯主編 楊志信、葛明浩譯
《日本爲什麼「成功」》 〔日〕森島通夫著 胡國成譯
《悲壯的衰落》 金觀濤、王等銜著
《弗洛伊德著作選》 約翰·里克曼編 賀明明譯
《西方的醜學》 劉東著
《十七世紀英國的科學、技術與社會》〔美〕R.K.默頓著 范岱年、吳忠、蔣效東譯
《畫布上的創造》 戴士和著
《梁啓超與中國近代思想》〔美〕約瑟夫·阿·勒文森著 劉偉、劉麗、姜鐵軍譯
《新教倫理與資本主義精神》 〔德〕馬克斯·韋伯著 黃曉京、彭强譯
《信息革命的技術源流》 宋德生著
《增長、短缺與效率》 〔匈〕亞諾什·科爾內原著 崔之元、錢銘今譯
■1987 年出版
《走向現代國家之路》 錢乘旦、陳意新著
《競爭中的合作》 陳澤文編著
《計量歷史學》 〔蘇〕科瓦爾琴科主編 聞一、蕭吟譯

《哲學的還原》　　　　　　　　　　麥克斯韋・約翰・查爾斯沃斯著　田曉春譯
《凱恩斯理論與中國經濟》　　　　　　　　　　　　　　　　　　林一知著
《人的創世紀》　　　　　　　　　　　　　張猛、顧昕、張繼宗編著
《社會研究方法》　　　　　　　　　　〔美〕艾爾・巴比著　李銀河譯
《發展社會學》　　　　　　　　胡格韋爾特著　白樺、丁一凡編譯
《上帝怎樣擲骰子》　　　　　　　　　　　　　　　　　陳克艱著
《空寂的神殿》　　　　　　　　　　　　　　　　　　謝選駿著
《震撼心靈的古旋律》　　　　　　　　　　　　　　　鄭凡著
《以權力制約權力》　　　　　　　　　　　　　　　　朱光磊著
《整體的哲學》　　　　　　　　　　　　　　　　　　金觀濤著
《人體文化》　　　　　　　　　　　　　　　　謝長、葛岩著
《人心中的歷史》　　　　　　　　　　　　　　　　　劉昶著
《探尋新的模式》　　　　　　　　　　　　　羅首初、萬解秋著
《發展的主題》　　　　　　　　　　　周其仁、杜鷹、邱繼成著
《社會選擇與個人價值》　　　　　〔美〕肯尼恩・阿羅著　陳志武、崔之元譯
《對科學的傲慢與偏見》　　　　　　〔英〕查・帕・斯諾著　陳恆六、劉兵譯
《馬克斯・韋伯》　　　　　　　　〔英〕弗蘭克・帕金著　劉東、謝維和譯
■1988 年出版
《波蘭危機》　　　　　　　　　　　　　　　　王逸舟、蘇紹智著
《人的哲學》　　　　　　　　　　　　　　　　　　　金觀濤著
《四朝政治風雲》　　　　　　　　　　　　　　　　　懷效鋒著
《現代化的動力》　　　　　　　　　〔美〕C・E・布萊克著，段小光譯
《信念的史話・紋身世界》　　　　　　　　　　　　徐青、張嶼仙著
《科學家在社會中的社會角色》　　　　約瑟夫・本一戴・維著　趙佳苓譯
《平等與效率》　　　　　　　　　　〔美〕阿瑟・奧肯著　王忠民、黃清譯
《倫理思想的突破》　　　　　　　　　　　　　　　　韋政通著
《維特根斯坦哲學導論》　　　　　　〔荷〕C・A・范坡伊森著　劉東、謝維和譯
《人口：中國的懸劍》　　　　　　　　　　　　　　　何清漣著
《理性主義》　　　　　　　　　　　　　　　　　　　陳宣良著
《賣桔者言》　　　　　　　　　　　　　　　　　　　張五常著
《第一個工業化社會》　　　　　　　　　　　　　　　錢乘旦著
《探索非理性的世界》　　　　　　　　　　　　　　　葉舒寬著
　　　　　　　　　　　　　　　　　　　　　　　　（席大民）

《走向世界叢書》
（ From East to West: Chinese Travellers Before 1911 ）

　　嶽麓書社出版。鍾叔河主編。

　　鍾叔河在叢書「總序」中説：今日之世界，乃是一個「迅速縮小的世界」。可是，僅僅在幾代人以前，異國還顯得那樣的離奇和遙遠。歷史的發展從來是不平衡的。當黃河、長江已經哺育出精美輝煌的古代文化時，泰晤士、萊茵和密西西比河上的居民，還在黑暗的原始森林裡徘徊。而自從地理大發現和產業革命以來，中國卻相對地落後了。在西方實現資本主義現代化以後，中國還是一個基本上與外界隔絕的封建國家。是鴉片戰爭打開了中國的大門，也打開了中國人的眼睛。范文瀾稱林則徐爲清代「開眼看世界的第一人」，他是西方堅船利炮的首當其衝者，他親身感到這個世界在縮小，距離和壁壘再也不能把異國隔離開了。在林則徐、魏源之後，中國才開始有讀書人走出國門，到歐美日本去學習、訪問和工作。容閎、衛韜、郭嵩燾、黃遵憲等人，要算是最早的。接著出國的人漸漸多了，儘管其中不是奉派而去的政府官員，但既然去了，就不會不接觸近代——現代的科學文化、政治思想，也就不可能不在中國發生影響。

　　叢書編者認爲，一個民族從中世紀到現代的歷史，往往也就是它的人民打開眼界和走向世界的歷史。《走向世界叢書》專收「民國」（1911年）以前國人親歷歐美、日本的記述，都是中國人在近代走向世界的實錄，自有其文化的意義和歷史的價值。後人的思想和事業肯定要超越前人，但前人的足跡總可以留作後人借鑑，先行者總是值得紀念的。今天的世界已不是十九世紀的世界，今天的中國更不是清朝末年的中國。新中國更需要繼續打開眼界，走向世界。在這方面，前人的經驗和教訓，仍然值得我們注意。

　　該叢書曾有湖南人民出版社出版過二十八種，共計二十分冊；後移交嶽麓書社，將已刊各種重加校訂，新編人名索引及譯名簡釋，並按時間先後和記敍內容，與未刊諸種以類相從，新版印行。

　　叢書暫定收書一百種，分爲若干冊。每冊字數約在四十萬至七十萬之間。有的一種爲一冊，有的若干種合爲一冊。

　　第一輯十冊，共收書三十六種，如下：

【第一冊】：

《西海紀游草》　　　　　　　　　　　　　　　　　　　　林鍼著

《乘槎筆記、詩二種》　　　　　　　　　　　　　　　　　斌椿著

《初使泰西記》　　　　　　　　　　　　　　　　　　　　志剛著

《航海述奇、歐美環遊記》　　　　　　　　　　　　　張德彝著

【第二冊】：

《西學東漸記》　　　　　　　　　　　　　　　　　　　　容閎著

《遊美洲日記》　　　　　　　　　　　　　　　　　　　祁兆熙著

《隨使法國記》　　　　　　　　　　　　　　　　　　　張德彝著

《蘇格蘭遊學指南》　　　　　　　　　　　　　　　　林汝耀等著

【第三冊】：

《日本日記》　　　　　　　　　　　　　　　　　　　　　羅森著

《甲午以前日本遊記五種》　　　　　　　　　　　　　何如璋等著

《扶桑遊記》　　　　　　　　　　　　　　　　王韜著

《日本雜事詩〔廣注〕》　　　　　　　　　　　黃遵憲著

【第四册】：

《倫敦與巴黎日記》　　　　　　　　　　　　　郭嵩燾著

【第五册】：

《出使英法俄國日記》　　　　　　　　　　　　曾紀澤著

【第六册】：

《漫遊隨錄》　　　　　　　　　　　　　　　　王韜著

《環遊地球新錄》　　　　　　　　　　　　　　李圭著

《西洋雜志》　　　　　　　　　　　　　　　　黎庶昌著

《歐遊雜錄》　　　　　　　　　　　　　　　　徐建寅著

【第七册】：

《英軺私記》　　　　　　　　　　　　　　　　劉錫鴻著

《隨使英俄記》　　　　　　　　　　　　　　　張德彝著

【第八册】：

《出使英法義比四國日記》　　　　　　　　　　薛福成著

【第九册】：

《李鴻章歷聘歐美記》　　　　　　　　　　　　薛福成著

《出使九國日記》　　　　　　　　　　　　　　戴鴻慈著

《考察政治日記》　　　　　　　　　　　　　　載澤著

【第十册】：

《歐洲十一國遊記二種》　　　　　　　　　　　康有爲著

《新大陸遊記及其他》　　　　　　　　　　　　梁啓超著

《癸卯旅行記、歸潛記》　　　　　　　　　　　錢單士厘著

　　每册書前有精製圖版數頁。封二勒口有原著作簡介，封三勒口有叢書該輯書目。

　　每種前大多有鍾叔河的專論文章，如「容閎與『西學東漸』」；「1872－1881年間的留美幼童」；「一部巴黎公社目擊記」；「李鴻章和中俄密約」；「關於『五大臣出洋』」；「曾紀澤在外交上的貢獻」；「王韜的海外漫遊」；「李圭的環遊地球」；「『用夏變夷』的一次失敗」；「從洋務到變法的薛福成」；「尋找真理的康有爲」；「啓蒙思想家梁啓超」；「第一部女子出國記」，等等。

　　　　　　　　　　　　　　　　　　　　　　　　　　　　（席大民）

《漢譯世界學術名著叢書》

　　商務印書館出版。該館歷來重視翻譯世界各國學術名著，從五十年代起，更致力於翻譯出版馬克思主義誕生以前的古典學術著作，同時適當介紹當代具有定評的各派代表作品，三十年來印行不下三百餘種。這些譯本過去以單行本印行，難見系

統，彙印爲叢書，才得相得益彰，蔚爲大觀，既便可研讀查考，又利於文化積累。
爲此該館自 1981 年著手分輯刊行。

哲學大類書目：

《形而上學》	〔古希臘〕亞里士多德著
《懺悔錄》	〔古羅馬〕奧古斯丁著
《對笛卡兒〈沈思〉的詰難》	〔法〕伽森狄著
《倫理學》	〔荷〕斯賓諾莎著
《人類理解論》（上下册）	〔英〕洛克著
《人類理解研究》	〔英〕休漠著
《人是機器》	〔法〕拉・梅特里著
《狄德羅選集》	
《袖珍神學》	〔法〕霍爾巴赫著
《先驗唯心論體系》	〔德〕謝林著
《精神現象學》（上下卷）	〔德〕黑格爾著
《邏輯學》（上下卷）	〔德〕黑格爾著
《哲學史講演錄》（共四卷）	〔德〕黑格爾著
《美學》（共三卷四册）	〔德〕黑格爾著
《科學中華而不實的作風》	〔俄〕赫爾岑著
《物種源起》（共三册）	〔英〕達爾文著
《實用主義》	〔美〕詹姆士著
《善的研究》	〔日〕西田幾多郎著
《西方哲學史》（上下卷）	〔英〕羅素著
《物理學》	〔古希臘〕亞里士多德著
《物性論》	〔古羅馬〕盧克萊修著
《人性論》（全兩册）	〔英〕休謨著
《人類理智新論》（全兩册）	〔德〕萊布尼茨著
《未來形而上學導論》	〔德〕康德著
《法哲學原理》	〔德〕黑格爾著
《作爲意志和表象的世界》	〔德〕叔本華著
《文明論概略》	〔日〕福澤諭吉著
《一年有半，續一年有半》	〔日〕中江兆民著
《實驗心理學史》（全兩册）	〔美〕E・G・波林著
《近代心理學歷史導引》（全兩册）	〔美〕G・墨菲・J・柯瓦奇著
《巴門尼德斯篇》	〔古希臘〕柏拉圖著
《論原因、本原與太一》	〔意〕布魯諾著
《健全的思想》	〔法〕霍爾正赫著

《判斷力批判》（上下卷）　　　　　　　　　　〔德〕康德著
《論學者的使命、人的使命》　　　　　　　　　〔德〕費希特著
《對萊布尼茨哲學的敍述、分析和批判》　　　　〔德〕費爾巴哈著
《基督教的本質》　　　　　　　　　　　　　　〔德〕費爾巴哈著
《我的哲學的發展》　　　　　　　　　　　　　〔英〕羅素著
《論靈魂》　　　　　〔阿拉伯〕伊本‧西那〈阿維森納〉著
《勸學篇》　　　　　　　　　　　　　　　　　〔日〕福澤諭吉著
《原始思維》　　　　　　　　　　　　〔法〕列維一布‧留爾著
《軀體的智慧》　　　　　　　　　　　　　　　〔美〕坎農著
《發生認識論原理》　　　　　　　　　　　　〔瑞士〕皮亞傑著
《藝術的起源》　　　　　　　　　　　　　　　〔德〕格羅塞著
《邏輯哲學論》　　　　　　　　　　　　　　　〔意〕維特根斯坦著

政治學大類學目：
《政治學》　　　　　　　　　　　　　〔古希臘〕亞里士多德著
《大洋國》　　　　　　　　　　　　　　　　　〔英〕哈林頓著
《政府論》（上下篇）　　　　　　　　　　　　〔英〕洛克
《馬布利選集》
《愛彌兒》（上下卷）　　　　　　　　　　　　〔法〕盧梭
《拿破崙法典》
《對勞動的迫害及其救治方案》　　　　　　　　〔意〕約翰‧勃雷著
《勞動組織》　　　　　　　　　　　　　　〔法〕路易‧勃朗著

《烏托邦》　　　　　　　　　　　　　　〔英〕托馬斯‧莫爾著
《太陽城》　　　　　　　　　　　　　　　〔意〕康帕內拉著
《溫斯坦萊文選》
《傅立葉何選集》（第一至三卷）（三冊）
《政治正義論》（全兩冊）　　　　　　　〔英〕威廉‧葛德文著
《伊加利亞旅行論》（第一至三卷）（全兩冊）　〔法〕埃蒂耶納‧卡貝著
《祖國在危急中》　　　　　　　　　　　　　　〔法〕布朗基著
《和諧與自由的保證》　　　　　　　　　〔德〕威廉‧魏特林著
《阿奎那政治著作選》
《爲英國人民聲辯》　　　　　　　　　　〔英〕約翰‧彌爾頓著
《神學政治論》　　　　　　　　　　　　　　〔荷蘭〕斯賓諾莎著
《論法的精神》（上下冊）　　　　　　　　〔法〕孟德斯鳩著
《社會契約論》　　　　　　　　　　　　　　　〔法〕盧梭著
《論人類不平等的起源和基礎》　　　　　　　　〔法〕盧梭著
《雪萊政治論文選》
《拿破崙文選》（上、下集）（兩冊）

《戰爭論》（第一、二、三卷）（全三冊）　　　　　〔德〕克勞塞維茨著

《論自由》　　　　　　　　　　　　　　　　　　〔英〕約翰・密爾

《潘恩選集》

《聯邦黨人文集》　　　　　　　　　　　　　　　〔美〕漢密爾頓等著

《什麼是所有權》　　　　　　　　　　　　　　　〔法〕蒲魯東著

《當代學術思潮譯叢》

上海譯文出版社出版。主編湯永寬。副主編陳昕、楊魯軍。其他編委有：王滬寧、王晴佳、張汝倫、陳琦偉、汪耀進、武偉。

譯叢選題宗旨是：立足中國，立足當代，精選當今世界哲學、社會科學領域內出現的具有代表性的有重大影響的新學科、新思潮、新觀點的名著，及時向國內學者及廣大讀者提供國外思想文化。學術的新成果，爲我國的社會主義精神文明建設服務。

第一批書目：

《從無序到有序》　　　　　　　　　　　　　　　普利高津著

《系統、結構和經驗》　　　　　　　　　　　　　歐文・拉茲洛著

《第三思潮：馬斯洛心理學》　　　　　　　　　　戈布爾著

《熵：一種新的世界觀》　　　　　　　　　　　　里夫金著

《結構主義和符號學》　　　　　　　　　　　　　霍克斯著

《比較政治學：體系、過程和政策》　　　　　　　阿爾蒙德等著

《現代政治分析》　　　　　　　　　　　　　　　達爾著

《當代史學主要趨勢》　　　　　　　　　　　　　巴勒克拉夫著

《供應學派革命》　　　　　　　　　　　　　　　羅伯茨著

《大衆傳播模式論》　　　　　　　　　　　　　　麥奎爾等著

《美學譯文叢書》

出版者遼寧人民出版社。主編李澤厚。

李澤厚在叢書序中轉引自己的話說：現在有許多愛好美學的青年人耗費了大量的精力和時間冥思苦想，創造龐大的體系，可是連基本的美學知識也沒有。因此他們的體系或文章經常是空中樓閣，缺乏學術價值。這不能怪他們，因爲他們不了解國外研究成果和水平。

於是在李澤厚的倡導下有了這樣一套「以整本著作爲主的『美學譯文叢書』」。其選題宗旨是：以近代現代外國美學爲主，只要是有學術參考價值的，便都拿來，儘量翻譯；所譯的書儘量爭取名著或名家，或當年或今日具有影響的著作。

　　該叢書的譯者大都是中、青年人，序者以爲「校閱力量有限，誤譯之處難免」。但「值此所謂『美學熱』，大家極需書籍的時期，許多人缺少閱讀外文書籍的條件，與其十年磨一劍，慢慢騰騰地搞出一兩個完美定本，倒不如放手先翻譯，幾年內多出一些書」。

已出版書目：

《美學新解——現代藝術哲學》	〔美〕H.G. 布洛克	滕宗堯譯
《真理與方法——解釋學美學》	〔聯邦德國〕H.G.伽達默爾	王才勇選譯
《接受美學與接受理論》		
〈走向接受美學〉	〔聯邦德國〕H.R.姚斯	周　寧譯
〈 接受理論 〉	〔美〕R.C.霍拉勃	金元浦譯
《存在主義美學》	〔日〕今道友信崔相錄、	王生平譯
《符號學美學》	〔法〕羅蘭・巴特 董學文、	王葵譯
《藝術風格學》	〔瑞士〕H. 沃爾夫林	潘耀軍譯
《藝術的真諦》	〔英〕H. 里德	王柯平譯
《創造的秘密》		
《視覺的含義》	〔美〕E. 潘諾夫斯基著	傅志强譯
《抽象與移情》	〔民主德國〕W. 沃林格	王才勇譯
《批評的循環—文史哲解釋學》	〔美〕D.C. 霍埃	蘭金仁譯

《驀然回首：中國傳統文化的反思》

　　國際文化出版公司（北京）1988 年出版。主編華岩 , 副主編陳晉、廖奔。編委會特邀顧問有王朝聞、陰法魯、蕭耀先、曹子西。編委有：馬曉宏、王鈞、田青、盧宏、令計劃、劉彥君、張振鈞、吳予敏、邱禾、楊宗蘭、陳可雄、孟固、易凱、胡曉林、周啓良、高名潞、董炳月、蔣松岩。

　　出版者在出版説明中指出：近年來，隨著改革和開放的逐步深入，大量的西方思潮湧進中國。傳統的文化受到了空前的衝擊和挑戰。然而，正當我們以期待的心情吸取西方文化中符合中國國情的部分時，西方學者卻從傳統的中國文化中攝取大量的成分。「衆裡尋他千百度，驀然回首，那人卻在，燈火闌珊處。」——這正是許多學者在獲取西方思潮之際所不斷觸發的甚同感受。有鑑於此，我們組織力量編輯出版了這套名爲「驀然回首——對中國傳統文化的反思」的大型系列叢書。

　　該叢書力求運用歷史唯物主義的思想、觀點和方法，對傳統的中國文化作辯證的分析，並盡可能地從比較研究的角度出發，將某種文化現象放到世界文化或東方文化的大背景中進行研究和探討。

　　叢書選題注重歷史的延續性，也注意截取特定時期的橫斷面，有的還從指定點立論，對中國的傳統文化、民族心理、宗教形態、思維模式等作精闢分析，並與中國目前的改革和開放大業緊密結合，肯定傳統文化中的精華並探討發揚光大它

的途徑，摒棄其中糟粕並指出它在現代化建設中的阻礙作用。

全部叢書均由青年學者編寫。

第一輯書目：

1-1 　華岩：淒壯的祭壇
　　　　——從中國古代改革家的悲劇看傳統文化中銳氣與惰性的對壘及其終結
1-2 　李勇鋒：變革中的文化心態
　　　　——當代社會心理分析及傳統文化的滲透作用
1-3 　吳予敏：無形的網絡
　　　　——從傳播學的角度看中國的傳統文化
1-4 　陳晉：悲患與風流
　　　　——傳統人格形象的道德美學世界
1-5 　馬曉宏：天、神、人
　　　　——中國傳統文化中的造神運動
1-6 　董炳月、劉晴：走向避難所
　　　　——精神勝利的源流考察與效應分析
1-7 　張振鈞、毛德富：禁錮與超越
　　　　——從「三言」、「二拍」看中國市民心態
1-8 　馬嘯、陳正翁：寂滅與再生
　　　　——中國傳統人格掠影
1-9 　郭英德：世俗的祭禮
　　　　——中國戲曲的宗教精神
1-10 　何錫章：歷史透鏡下的魂靈
　　　　——中國傳統文化中的人性結構論

《西方學術譯叢》

上海人民出版社出版。該出版社於五十年代末和六十年代初曾經翻譯出版了近百種國外哲學社會科學的學術著作，現在來看，其中一部分屬於西方學術名著，在今天仍未失去它的思想價值和文化價值。因此該出版社決定從中選擇一部分進行重印，再加上陸續新譯的名著，編成這套《西方學術譯叢》，爭取在不長的時間內構成一個西方學術著作的譯介系列。

這套譯叢把它的翻譯選題視點主要放在二十世紀。頗具真知灼見的著作、哲學、史學、經濟學、社會學、心理學、傳播學、法學、政治學、人類學等各科的有益學說，都可被列入選擇和譯介的對象。

出版者在「出版絮語」中說：「我們存有一個素樸的願望：既爲了擴大讀者的學術眼界，也爲了促成國內學術界的創造。應該承認，西方學術著作，甚至是那些鉅製，基本上都不屬於馬克思主義的成果。但是，正如馬克思主義來源於德國古典

哲學、英國古典經濟學和法國社會主義學說一樣，吸收如馬克思主義的研究成果有利於在新的歷史條件下馬克思主義的發展，有利於建設社會主義的新文化。」

近期書目

《歷史研究》（上、中、下）	〔英〕湯因比著
《哲學通信》	〔法〕伏爾泰著
《歷史中的英雄》	〔美〕悉尼‧胡克著
《人本主義研究》	〔德〕席勒著
《人的問題》	〔美〕約翰‧杜威著
《社會改造原理》	〔英〕柏特蘭‧羅素著
《科學世界圖景中的自然界》	〔奧〕歐特爾‧霍利切爾著
《指號、語言和行爲》	〔美〕C.W. 莫里斯著
《確定性的尋求》	〔美〕約翰‧杜威著
《徹底的經驗主義》	〔美〕威廉‧詹姆士著
《開放的自我》	〔美〕C.W. 莫里斯著
《理性、社會神話和民主》	〔美〕悉尼‧胡克著
《中世紀歐洲經濟社會史》	〔比〕亨利‧皮朗著

《中國佛教典籍選刊》

中華書局 1982 年起出版。該叢書「編輯緣起」在敍述了佛教對中國社會、政治、文化，特別是哲學曾有過的重要影響以及研究這種已經中國化的宗教理論對研究中國歷史、文化史和哲學史的重要意義之後指出：「佛教典籍有其獨特的術語概念以及細密繁瑣的思辨邏輯，研讀時要克服一些特殊的困難，不少人視爲畏途。1949 年以後，由於國家出版社基本上沒有展開佛教典籍的整理出版工作，因此，對於系統地開展佛學研究來說，急需解決基本資料缺乏的問題。目前對佛學有較深研究的專家、學者，不少人年事已高，如果不抓緊組織他們整理和注釋佛教典籍，將來再開展這項工作就會遇到更多困難，也不利於中青年研究工作者的成長。爲此，我們在廣泛徵求各方面意見的基礎上，初步擬訂了《中國佛教典籍選刊》（第一輯）的整理出版計劃。其中，有幾部重要的佛教史籍，有中國佛教幾個主要宗派（天台宗、三論宗、唯識宗、華嚴宗、禪宗）的代表性著作，也有少數與中國佛學淵源關係較深的佛教譯籍。所有項目都要選擇較好的版本作爲底本，經過校勘和標點，整理出一個便於研讀的定本。對於其中的佛教哲學著作，還要在此基礎上，充分吸收現有研究成果，寫出深入淺出，簡明扼要的注釋來。

《中國佛教典籍選刊》第一輯書目：

《弘明集（校點）》	（梁）僧祐
《廣弘明集（校點）》	（唐）道宣

《出三藏記集（校點）》　　　　　　　　　　　　　　　（梁）僧祐
《高僧傳（校點）》　　　　　　　　　　　　　　　　　（梁）慧皎
《續高僧傳（校點）》　　　　　　　　　　　　　　　　（唐）道宣
《宋高僧傳（校點）》　　　　　　　　　　　　　　　　（宋）贊寧
《法苑珠林（校點）》　　　　　　　　　　　　　　　　（唐）道世
《中論（校點、注釋）》　　　　　　　　　　　　（後秦）鳩摩羅什譯
《肇論（校點、注釋）》　　　　　　　　　　　　　　　（晉）僧肇
《大乘起信論（校點、注釋）》　　　　　　　　　　　　（梁）真諦譯
《大乘止觀法門（校點、注釋）》　　　　　　　　　　　（陳）慧思
《童蒙止觀（校點、注釋）》　　　　　　　　　　　　　（隋）智顗
《三論玄義（校點、注釋）》　　　　　　　　　　　　　（隋）吉藏
《成唯識論（校點、注釋）》　　　　　　　　　　　　　（唐）玄奘譯
《因明入正理論疏（校點）》　　　　　　　　　　　　　（唐）窺基
《華嚴一乘教義分齊章（校點、注釋）》　　　　　　　　（唐）玄藏
《華嚴金師子章（校點、注釋）》　　　　　　　　　　　（唐）玄藏
《華嚴原人論（校點、注釋）》　　　　　　　　　　　　（唐）宗密
《禪源諸詮集都序（校點、注釋）》　　　　　　　　　　（唐）宗密
《壇經（校點、注釋）》　　　　　　　　　　　　　　　（唐）慧能
《五燈會元（校點）》　　　　　　　　　　　　　　　　（宋）普濟
《古尊宿語錄（校點）》　　　　　　　　　　　　　　（宋）賾藏主

《二十世紀西方哲學譯叢》

　　上海譯文出版社出版。該譯叢選題以本世紀最有影響的哲學流派的代表性著作爲主。

　　已出書目如下：
《人論》　　　　　　　　　　　　　　　　　　　　　　卡西爾著
《弗洛伊德後期著作選》　　　　　　　　　　　　　　　弗洛伊德著
《現象學的觀念》　　　　　　　　　　　　　　　　　　胡塞爾著
《猜想與反駁》　　　　　　　　　　　　　　　　　　　波普爾著
《客觀知識》　　　　　　　　　　　　　　　　　　　　波普爾著
《證明與反駁》　　　　　　　　　　　　　　　　　　　拉卡托斯著
《科學研究綱領方法論》　　　　　　　　　　　　　　　拉卡托斯著
《從邏輯的觀點看》　　　　　　　　　　　　　　　　　賴　因著
《二十世紀哲學》　　　　　　　　　　　　　　　　　　艾耶爾著
《愛欲與文明》　　　　　　　　　　　　　　　　　　　馬爾庫塞著
《心的概念》　　　　　　　　　　　　　　　　　　　　賴　爾著

《命名與必然性》　　　　　　　　　　　　　　　　克里普克著
《存在主義是一種人道主義》　　　　　　　　　　　薩　特著
《時代的精神狀況》　　　　　　　　　　　　　　　雅斯貝斯著

《面向現代化面向世界面向未來叢書》

　　人民出版社出版。哲學社會科學的大型系列化知識叢書。這套叢書「切實貫徹鄧小平先生提出的『三個面向』的要求，立足於中國的現實，矢志於中國的改革，立足於當今的時代，著眼於未來的發展，注重反映新思潮、新學科、新信息，認真研究新情況、新問題、新發展，努力使我們的廣大青年讀者形成更加適合時代需要的知識結構。該叢書特約顧問有：于光遠、王子野、李寶恒、李澤厚、蘇紹智、宦鄉、謝韜、童大林、曾彥修。

叢書要目：
《世界的意義——價值論》　　　　　　　　　　　李連科著
《社會主義和商品經濟》　　　　　　　　　　　　周建明著
《在歷史的地平線上》　　　　　　　　　　　　　張士楚著
《哲學與當代世界）　　　　　　　　　　　　　　趙鑫珊著
《文化的衝突與抉擇——中國的圖景》　　　　李述一、李小兵著
《社會選擇論》　　　　　　　　　　　　　　　　鍾國興著
《匈牙利道路》　　　　　　　　　　　　　　　　王逸舟著
《改革、探索、選擇——當今世界社會主義運動的三大課題》　姚鵬、胡振良
　　　　　　　　　　　　　　　　　　　　　　　　　　、房寧著
《形式化：現代邏輯的發展》　　　　　　　　　　朱水林著
《科學技術之先——科技美學概論》　　　　　張相輪、凌繼堯著
《灰箱：意識的結構與功能》　　　　　　　　　　程偉禮著
《探幽入微之路——量子歷程》　　　　　　　　　殷正坤著
《科學殿堂裡的共同體》　　　　　　　　　　　　周寄中著

《面向世界叢書》

　　遼寧人民出版社 1986 年開始出版。叢書顧問：宦鄉、于光遠、汝信、龔育之、陳鼓應。編委會主編袁澍涓、沈恆炎，其他編委厲以寧、徐崇溫、李長工、傅正元、杜章智、鄧星盈、武斌。

　　「編者的話」說，把握時代的脈搏，做到思想、知識與時代同步，是我們偉大祖國實現社會主義現代化的迫切需要。《面向世界叢書》正是爲此而向我們打開的一個世界「窗口」。它將向我們展示國外經濟、哲學、政治學。社會學、倫理學等人

文科學，以及各種新興學科的最新成果；它將向我們反映國外社會發展的新動向和新思想；它將向我們介紹當代最新的科技成就和與社會發展密切相關的自然科學。

　　汝信爲叢書作序曰：對外開放，自然需要面向世界，首先是如實地了解當代世界，及時地把握發展的趨勢，認真地研究當前出現的種種新情況、新問題，然後用馬克思主義的觀點作出新的解釋和回答，從而在新的歷史條件下推進和發展馬克思主義的理論研究。

第一批書目：

《全球問題和「人類困境」——羅馬俱樂部的思想和活動》　　　　徐崇溫著

《走向二十二世紀——卡恩的大過渡理論》　　　　　　　　　　陸象淦著

《後工業社會理論和信息社會》　　　　　　　　　　　　　　　秦麟征著

《人與社會——社會化問題在美國》　　　　　　　　　　　　　黃育馥著

《當代社會與環境科學》　　　　　　　　　　　　　　　　　　余謀昌著

《大洋東岸——美國社會文化初探》　　　　　　　　　　　　　陳堯光著

《科學五十年》　　　　　　　　　　　　　　　　　王興成、徐耀宗著

《社會學與美國社會》　　　　　　　　　　　　　　　　　　　魏章玲著

《現代哲學人類學》　　　　　　　　　　　　　　　　　　歐陽光偉著

《遺傳學與社會》　　　　　　　　　　　　　　　　　　　　　趙功民著

第二批書目：

《公共關係學》　　　　　　　王樂夫、廖爲建、郭巍青、劉悅倫、李江濤著

《現代科學之花——技術美學》　　　　　　　　　　　　　　　涂　途著

《意義的探究——當代西方釋義學》　　　　　　　　　　　　　張汝倫著

《現代西方的非理性主義思潮》　　　　　　　　　　　　　　　夏　軍著

《結構主義與後結構主義》　　　　　　　　　　　　　　　　　徐崇溫著

《阿爾都塞與「結構主義馬克思主義」》　　　　　　　　　　　李青宜著

《新技術革命與經濟科學》　　　　　　　　　　　　　　　　　于東林著

《奇異的循環——邏輯悖論探析》　　　　　　　　　　　　　　楊熙齡著

《決策思維學》　　　　　　　　　　　　　劉悅倫、李江濤、廖爲建著

《日本金融的今天與明天》　　　　　　　　　　　　　　劉銳、洪立平著

第三批書目：

《開放的世界——世界各類國家的對外開放》　　　　　　　　　蕭　楓著

《當代西方國際經濟思潮》　　　　　　　　　　　　　　　　　朱剛體著

《國家風險——開放時代的不測風雲》　　　　　　　　　　　　王　巍著

《第三道路——法國經濟計劃化的理論與實踐》　　　　　　　　車　耳著

《當代西方倫理學流派》　　　　　　　　　　　　　　　　　　李　莉著

《人類理性與設計科學——人類設計技能探索》　　　　　　　楊礫、徐立著

《世紀工程——星球大戰與當代世界》　　　　　　　　　劉戟峯、周建設著

《軟科學決策》　　　　　　　　　　　　　　　　　　　　　賀仲雄主編

《戰後日本文學》　　　　　　　　　　　　　　　　　　　　　李德純著

| 《哲學、生態學、宇航學》 | 〔蘇〕 ю.A. 什科連科著 |
| 《當代美國的技術統治論思潮》 | 〔蘇〕 э.B. 傑緬丘諾克著 |

《人與文化叢書》

　　遼寧人民出版社出版。主編陳志强、滕守堯，副主編王大路、丁楓，編委會其他編委有：張本楠、劉烈恆、高凱征、李興武、李春林、梁剛建、張植信、王波、朱疆源。

　　編委會的出版前言介紹説：「顧名思義，這套叢書的内容在於研究人，研究文化，研究人與文化的關係。它堅持著譯并舉，中西合璧，以人爲核心，以文化爲主題，既追求歷史探索的深度，又追求現實眼界的廣度，更堅持學術研究的科學性。」它還刻意求新，無論是譯作還是著作，都站在這一學科研究的當代高度上，反映新成果，揭示新趨向。這套叢書在整體構想上並不囿於這一學科研究的哪一種觀點或成果，因此即使有對立，爭鳴觀點的著作，只要合於上述要求，也在選題之列。編委會和中文著譯者以中青年學者爲主，他們以此舉作爲承擔「建設我國無愧於世界的人類學與文化學體系的重任」的開端。

　　近期書目：

《文化的變異——現代人類學通論》	〔美〕C. 恩伯 - M. 恩伯著
《西方社會學思想進程》	侯鈞生著
《心靈學——現代西方超心理學》	〔英〕I.G. 吉尼斯著
《多元文化與社會進步》	〔美〕P.K. 博克著
《文化、社會、個人》	〔美〕R.M. 基辛著

《現代社會與文化叢書》

　　中國國際廣播出版社出版。主編李盛平，副主編王偉，另有鄧正來等二十七人任編委。選題範圍包括人文社會科學各個領域國外當代著作的翻譯本。沒有編者前言。

　　書目：

《新犯罪學》	里查德・昆尼等著
《發現的模式》	N.R. 漢森著
《二十世紀西方繪畫》	薩姆・亨特著
《現代文化人類學》	石川榮吉主編
《學習方略》	〔英〕哈里・麥多克斯著
《智慧之路》	〔德〕卡爾・雅斯貝爾斯著

《論英雄和英雄崇拜》　　　　　　　　　〔英〕托馬斯・卡萊爾著
《科學與反科學》　　　　　　　　　　　〔美〕莫里斯・戈蘭著

《現代文化叢書》

　　光明日報出版社出版，李盛平主編。編委會與《現代社會與文化叢書》相同。選題範圍也相同。

　　書目如下：
《日本精神》　　　　　　　　　　　〔美〕羅伯特・C・克里斯托弗著
《哲學十大錯誤》　　　　　　　　　〔美〕莫蒂默・J・阿德勒著
《街角社會》　　　　　　　　　　　　　　〔美〕懷特著
《人性的荒野》　　　　　　　　　　　　　〔日〕高格敷著
《我好，你好》　　　　　　　　　〔美〕托馬斯・A・哈里森著
《社會與文化的流動》　　　　　　　　　〔美〕P・索羅金著
《現代文化的動力》　　　　　　　〔美〕西里爾・E・布萊克著
《婦女心理學》　　　　　　〔美〕J.C.海德、B.C.羅森伯格著
《政治分析的框架》　　　　　　　　　　〔美〕D・伊斯頓著
《哲學人類學》　　　　　　　　　　　　〔奧〕E・科勒特著
《美國精神》　　　　　　　　　　　　〔美〕H.S.康馬傑著
《裸猿》　　　　　　　　　　　　　　〔美〕D・莫瑞斯著
《代溝》　　　　　　　　　　　〔美〕瑪格麗特・米德著
《騎馬民族國家》　　　　　　　　　　　〔日〕江上波夫著
《現代社會的結構與過程》　　　　　　　　〔美〕帕森斯著
《科學的價值》　　　　　　　　　　　　〔法〕彭加勒著
《科學的社會運行》　　　　　　　　〔美〕傑里・加斯頓著
《後現代藝術》　　　　　〔英〕愛德華・路西——史密斯著

《二十世紀文庫》

　　鄧樸方主編，華夏出版社出版，編委會由李盛平等三十餘人組成。除主編外，編委會組成及選題範圍均與《現代社會與文化叢書》略同。

　　第一批書目：
《人的潛能和價值》　　　　　　　　　　〔美〕馬斯洛等著
《愛的藝術》　　　　　　　　　　　　〔美〕埃・弗羅姆著
《新發展觀》　　　　　　　　　〔法〕弗朗索瓦・佩魯著

《動機與人格》　　　　　　　　　　　　　〔美〕馬斯洛著
《批判與知識的增長》　　　　　　　　　　〔英〕拉卡托斯著
《文化模式》　　　　　　　　　　　　〔美〕露絲・本尼迪克著
《發展社會學》　　　　　　　　　　〔英〕安德魯・韋伯斯特著
《城市社會學》　　　　　　　　　　　　　　　〔美〕帕克著
《政治社會學》　　　　　　　　　〔法〕莫里斯・迪韋爾熱著
《政治與行政》　　　　　　　　　　　　　〔美〕古德諾著
《歐洲家庭史》　　　　　　　　　　　　〔奧〕米特羅爾著
《民主和專制的社會起源》　　　　　　　　　〔美〕摩爾著
《歷史決定論的貧困》　　　　　　　　〔英〕卡爾・波普著
《法理學─法哲學及其方法》　　　　　　〔美〕博登海默著
《成文憲法的比較研究》　　　　　　〔荷〕享克・馬爾賽文著
《西方教育的歷史和哲學基礎》　　　　　　〔美〕佛羅斯特著
《增長與波動》　　　　　　　　　〔美〕阿瑟・劉易斯著
《家庭經濟分析》　　　　　　　　　〔美〕加里・貝克爾著
《平等與效率》　　　　　　　　　　〔美〕阿瑟・奧肯著
《社會生活中的交換與權力》　　　　〔美〕彼得・布勞著
《農業與經濟發展》　　　　　　　　〔印度〕蘇・加塔克著

《現代思想文化譯叢》

　　東方出版社出版。該譯叢精選最新的文化人文社會科學國外名著若干，但沒有公布主編者及出版說明。

　　書目如下：
《知識價值革命》　　　　　　　　　　〔日〕堺屋太一著
《領導技巧》　　　　　　　　　　　〔英〕約翰・阿代爾著
《文化人類學》　　　　　　　　　　〔美〕馬文・哈里斯著
《社會生物主義》　　　　　　　　　〔蘇〕阿・卡里姆斯著
《生態哲學：自然界、技術和社會》　　〔聯邦德國〕漢・薩克塞著

《中國學術叢書》

　　中國大百科全書出版社出版。該叢書精選已故著名學者的舊作數種，也有少數中年學者較有學術價值的新作。

　　書目如下：

《佛家名相通釋》	熊十力著
《先秦學術概論》	呂思勉著
《中國民族史》	呂思勉著
《中國文化史》	柳詒徵著
《名畫家論》	伍蠡甫著
《因明學研究》	沈劍英著

《文化哲學叢書》

山東文藝出版社出版。主編孟偉哉、包遵信；副主編方鳴、陳子伶、于克平；常務編委：孔令新、王焱、高福慶、謝選駿、吳學金；另有周國平等其他十五名編委。

該叢書宗旨是：「立足於中國現代化的現實需要，對各種文化問題從哲學高度進行探索，爲我們民族的振興貢獻我們的思考」（包遵信序語）。孟偉哉在序中說如有可能將出版一百種。

書目如下：

《藝術前的藝術》	鄧福星著
《神話與民族精神》	謝選駿著
《從動物快感到人的美感》	劉驍純著
《詩化哲學》	劉小楓著
《人的主體性和人的解放》	歐陽謙著

《中國文化史叢書》

上海書店 1984 年根據上海商務印書館三十年代版複印。該叢書涉及文化的各個方面，全面反映本世紀三十年代的中國文化研究狀況，儘管據有關人士評論該叢書有水平不齊的缺憾，但仍有重要的參考價值。上海書店原版複印，未作任何說明。

【第一輯】

《中國經學史》	馬宗霍著
《中國理學史》	賈豐臻著
《中國田賦史》	陳登原著
《中國鹽政史》	曾仰豐著
《中國法律思想史》	楊鴻烈著
《中國政黨史》	楊幼炯著

《中國交通史》　　　　　　　　　　　　　　　白壽彝著
《中國南洋交通史》　　　　　　　　　　　　　馮承鈞著
《中國殖民史》　　　　　　　　　　　　　　　李長傳著
《中國婚姻史》　　　　　　　　　　　　　　　陳顧遠著
《中國文字學史》　　　　　　　　　　　　　　胡樸安著
《中國算學史》　　　　　　　　　　　　　　　李　儼著
《中國度量衡史》　　　　　　　　　　　　　　吳承洛著
《中國醫學史》　　　　　　　　　　　　　　　陳邦賢著
《中國商業史》　　　　　　　　　　　　　　　王孝通著
《中國陶瓷史》　　　　　　　　　　　　吳仁敬、辛安潮著
《中國繪畫史》　　　　　　　　　　　　　　　俞劍華著
《中國駢文史》　　　　　　　　　　　　　　　劉麟生著
《中國考古學史》　　　　　　　　　　　　　　衛聚賢著
《中國民族史》　　　　　　　　　　　　　　　林惠祥著
【第二輯】
《中國目錄學史》　　　　　　　　　　　　　　姚名達著
《中國倫理學史》　　　　　　　　　　　　　　蔡元培著
《中國道教史》　　　　　　　　　　　　　　　傅勤家著
《中國稅制史》　　　　　　　　　　　　　　　吳兆莘著
《中國政治思想史》　　　　　　　　　　　　　楊幼炯著
《中國水利史》　　　　　　　　　　　　　　　鄭肇經著
《中國救荒史》　　　　　　　　　　　　　　　鄧雲特著
《中國教育思想史》　　　　　　　　　　　　　任時光著
《中國日本交通史》　　　　　　　　　　　　　王輯五著
《中國婦女生活史》　　　　　　　　　　　　　陳東原著
《中國訓詁學史》　　　　　　　　　　　　　　胡樸安著
《中國音韻學史》　　　　　　　　　　　　　　張世祿著
《中國漁業史》　　　　　　　　　　　　李士豪、屈若騫著
《中國建築史》　　　　　　　　　　　　　　　陳清泉譯補
《中國音樂史》　　　　　　　　　　　　　　　陳清泉譯
《中國韻文史》　　　　　　　　　　　　　　　王鶴儀編譯
《中國散文史》　　　　　　　　　　　　　　　陳　柱著
《中國俗文學史》　　　　　　　　　　　　　　鄭振鐸著
《中國地理學史》　　　　　　　　　　　　　　王　庸著
《中國小説史》　　　　　　　　　　　　　　　郭箴一著

《電視文化叢書》

文化藝術出版社出版。主編：田本相，編委：王紀言、王魯湘、田本相、夏駿、崔文華。

田本相在《電視文化叢書序》中指出：據統計，目前全國已擁有電視機上億架，觀衆六億，可以說是名符其實的電視大國了。「一個具有最廣泛羣衆影響的電視文化而没有自己的理論，那將是十分危險的。而恰恰在這方面，我們的建設是最薄弱，也是最迫切需要彌補的。中國的電視文化呼喚著自己的電視理論。」「電視文化，作爲一個新興的學科，有許多值得探討和研究的課題，有大量的基礎理論工作需要從頭做起，是需要更多的有志者投身到這個具有廣闊發展前景的學科研究中來。出版這套叢書，是期望對這一學科的建設起到一些推動作用。」叢書既有學術性的專門著述，也有面向一般電視從業人員；面向觀衆的普及性的讀物，既收納具有參考價值的國外電視理論的譯作，也出優秀的電視作品以及對它的評論和研究。

部分書目
《河殤論》
《電視文化學》
《科普電視大觀》

《北京大學比較文學研究叢書》

北京大學出版社出版。主編樂黛雲。該叢書是北京大學比較文學研究會及比較文學研究所幾年來部分成果的彙集。

書目如下：

《比較文學譯文集》	張隆溪選編
《比較文學》	〔法〕基亞著、顏保譯
《比較文學論文集》	張隆溪、溫儒敏編
《尋求跨中西文化的共同文學規律》	溫儒敏、李細曉編
《比較文學與中國現代文學》	樂黛雲著
《港臺海外中西文學比較研究集》	溫儒敏編
《中國比較文學研究資料集（1919-1949）》	
《中西文學關係的里程碑》	〔捷〕高利克著、伍曉明等譯
《中國比較文學年鑑（1986）》	楊周翰、樂黛雲等編

《人人叢書》

　　《人人叢書》編委會編，工人出版社出版。主編王念寧。

　　該叢書「以人爲對象，力圖對人的本質、人的歷史發展、人的社會生活、人的思想意識、人的倫理道德等人的問題進行探討，從新的角度展示當代中外學術界、思想界對人和人的問題的思考。」

　　叢書分爲兩個系列，第一系列爲譯作，介紹對當代有重大影響的國外人文科學力作。第二系列爲著作，著重對中國和青年問題進行研討。

第一批書目如下：

《生命之愛》	〔德〕弗洛姆著
《人和人的世界》	〔英〕列·斯蒂文森著
《人生的智慧》	〔德〕叔本華著
《人類的困境和希望》	〔印〕甘地等著
《哲學人類學》	〔德〕蘭德曼著
《人，這個世界》	〔芬〕佩克·庫西著
《人的變遷》	〔美〕芒福德著
《反羣體社會的人》	〔法〕馬賽爾著
《人的心靈》	〔德〕弗洛姆著
《不的本質》	〔美〕J. 戴維斯、D. 帕克著
《政治、文化、人》	〔英〕馬丁·羅伯遜著
《文化神學》	〔美〕保爾·蒂利希著
《中國人的性格》	〔英〕伯特蘭·羅素著
《一個哲學家的旁白》	朱德生著
《中國夢文化》	卓松盛著

《文化小叢書》

　　北方文藝出版社出版。選題涉及中國文化思想史及人學、文化學基本理論、均爲中青年作者的篇幅較小的簡明通俗的學術著作。

近期書目：
《人與文化》
《中國人性格素描》
《人類文化廿大方向》
《莊子美學趣談》

《道教與文化》
《〈易經〉與中國文化》

《文化生活譯叢》

　　三聯書店出版。該譯叢收入本世紀文化名人的傳統、書信、言論、文集及部分著作。

　　現已出版廿種：

《夏洛蒂·勃朗特書信》		楊靜遠編譯
《我怎樣學習和寫作》	高爾基著	戈寶權譯
《馬雅可夫斯基小傳》	靄爾莎·特里沃雷著	羅大岡譯
《富蘭克林自傳》		姚善友譯
《情愛論》	瓦西列夫著	趙永穆等譯
《列維·斯特勞斯》	利奇著	王慶仁譯
《海明威談創作》		董衡巽編選
《人類的羣星閃耀時》	斯·茨威格著	舒昌善譯
《伊麗莎白女王和埃塞克斯伯爵》	斯特萊切著	戴子欽譯
《文藝復興時期的佛羅倫薩》	布魯克爾著	朱龍華譯
《六人》	魯多夫·洛克爾著	巴金試譯
《笑的歷史》	讓·諾安著	果永毅、許崇山譯
《阿瑟·米勒論劇散文》		陳瑞蘭等選譯
《藝術與宗教》	馬格里諾維奇著	王先睿等譯
《人生五大問題》	莫羅阿著	傅　雷譯
《異端的權利》	斯·茨威格著	趙台安、趙振堯譯
《昨天的世界》	斯·茨威格著	舒昌善譯
《番石榴飄香》	加·加西亞·馬爾克斯等著	林一安譯
《自我論——個人與個人自我意識》	伊·謝·科恩著	佟景韓等譯
《蘭姆文鈔》		劉炳善譯

《中國傳統思想研究叢書》

　　齊魯書社出版。主編章冠潔。編委有：丁冠之、馬振鐸、王德有、馮天瑜、馮增銓、許抗生、閻韜、牟鍾鑑、步近智、余敦康、蕭萬源、周立升、周繼旨、趙宗正、趙丙南、姜廣輝、衷爾鉅、徐遠和、錢遜、蒙培元、譚天。

　　《出版前言》表示，該叢書旨在促進「中國傳統思想文化研究在深層次，高水平上的展開」，探索「中國傳統思想文化發展規律」，並「通過編寫實踐，促進中青

年學者的成長，壯大中國傳統思想文化研究隊伍」。

　　該叢書計劃出版一百種。選題範圍：「從先秦到近代（1949 年之前），凡屬中國思想文化史上的各種思潮、各種學派、各種專題的學術研究著作」。爲使該叢書整體上略成系統，下列十方面的選題優先考慮：「一、儒家思想及其在中國思想文化中的地位的研究；二、學派研究；三、思潮研究；四、範疇研究；五、斷代研究，思想史研究；六、比較研究；七、地方文化思想史研究；八、典籍研究；九、問題研究；十、方法論研究。

　　已出版書目有：

《洛學源流》　　　　　　　　　　　　　　　　徐遠和著

《道旨論》　　　　　　　　　　　　　　　　　王德有著

《〈呂氏春秋〉與〈淮南子〉思想研究》　　　　牟鍾鑑著

《正始玄學》　　　　　　　　　　　　　　　　王葆玹著

《先秦兩漢儒家教育》　　　　　　　　　　　　俞啓定著

㈢叢刊、期刊、報紙

《文化：中國與世界》（輯刊）

　　《文化：中國與世界》編委會＊編，爲不定期發表文化研究較高水平學術論文的刊物。該編委會把該刊作爲「爲富有想像力地創造出當代中國文化的嶄新形態，爲滿懷自信心地眺望中國文化與世界文化交融會合的遠景」所貢獻之「竭盡綿薄」。編者認爲，中國要走向世界，理所當然地要使中國的文化也走向世界；中國要實現現代化，理所當然地必須實現「中國文化的現代化」——這是八十年代每一有識之士的共同信念，這是當代中國偉大歷史騰飛的邏輯必然。該刊正是在這樣一種時代氛圍中誕生的。「她以『文化』作爲戰略研究對象，力圖對中國文化和世界文化的過去、現在、未來進行全面的、持久的、深入的總體性研究和系統性比較，以此爲建設當代中國文化作堅實的理論準備和艱苦的實踐探索。

該輯刊闢有「中國文化研究」、「比較研究」。

楊煦生、麥荔紅	《中國繪畫與中國文化》
〔美〕杜維明	《儒學第三期發展的前景問題》
蕭萐父	《十七世紀中國學人對西方文化傳入的態度》
張隆溪	《「道」與「邏各斯」——關於德里達對邏各斯中心論所作批判的譯注》
王一川	《中國「詩言志」論與西方「詩言回憶」論——兼論中西詩的起源與性質》
胡偉希	《語言與存在——中西方思維方式與心智深層結構》
倪梁康	《胡塞爾：通向先驗本質現象學之路——論現象學的方法》
〔瑞士〕凱恩	《論胡塞爾的「生活世界」》
〔美〕薩利士	《「突入澄明之境」》
劉小楓	《詩人何爲——論德國新浪漫派詩羣》
〔美〕懷特	《文化學》
〔美〕朱尼迪克特	《文化的整合》
唐小兵	《傳統・影響・誤讀——哈羅德・布魯姆對立實用批評理論述評》

「外國文化研究」、「文化學基本理論」等欄目。前三輯要目：

【第一輯】：

甘　陽　《八十年代文化討論的幾個問題》

余英時　《從價值系統看中國文化的現代意義——中國文化與現代生活總論》

熊　偉　《恬然於不居所成》

〔美〕L. 米勒　《爲旋風命命：曹雪芹與海德格爾》

蘇國勳　《馬克思・韋伯與「資本主義精神」》

周國平　《「上帝死了！」——論尼采「重估一切價值」的思想》

卞崇道　《日本現代化與日本哲學》

〔美〕克利福德・吉爾兹　《深描説：邁向解釋的文化理論》

【第二輯】：

張伯偉　《「以意逆志」法的源與流——中國古代文藝批評方法論之一》

陳平原　《説「詩史」——兼論中國詩歌的敍事功能》

金絲燕　《論奈瓦爾詩中的分裂與循環》

【第三輯】：

李澤厚　《略論現代新儒家》

成中英　《熊十力哲學及當代新儒家哲學的界定與評價》

夏曉虹　《梁啓超對傳統文學觀念的反叛與復歸》

任天成　《梁啓超論中西文化》

錢理羣　《魯迅：先驅者心靈的探尋》

馮友蘭　《〈中國哲學史新編〉回顧及其他》

梁治平　《説「治」》

余敦康　《儒家倫理思想與中國傳統文化》

比肖普　《東西方人道主義：儒家傳統與斯多葛傳統》

閻步克　《東漢名節論》

塔・帕森斯　《「知識份子」：一個社會角色範疇》

馬・韋伯　《「儒士階層」》

王中江　《金岳霖的意念論之分析》

陳少明　《從比較哲學角度看康德哲學在近現代中國的影響》

《中國文化與中國哲學》（論集）

　　該論集爲深圳大學國學研究所主編的大型國際性學術輯刊，先由東方出版社出版，第二輯起改由三聯書店出版。主編：湯一介；副主編：金春峯（常務）、李學勤、嚴紹璗；編委有：丁偉志、王生平、寧可、葉顯良、孫長江、孫猛、張義德、牟鍾鑑、李澤厚、龐樸、陳鼓應、陳金生、蒙培元、裴家麟、趙令揚（香港）、杜維明（美國）、成中英（美國）、李紹崑（美國）、冉雲華（加拿大）、姜允明（澳大利亞）、高宣揚（法國）、伊藤漱平（日本）、興膳宏（日本）、傅偉勳（美國）。

　　該論集是爲了適應海内外對中國傳統思想文化的研究越來越重視的發展趨勢而編輯出版的。「從國内方面看，由於要實現四個現代化必須有思想文化方面的現代化相配合，因而要求我們對中國的傳統思想文化作歷史的反思。『現代化』是一個很複雜的問題，提出要實現『現代化』，就説明我們仍然處在『非現代化』的歷史階段。因此，首先就有一個『現代化』與『傳統』的關係問題，這個問題不能不和傳統文化息息相關。回顧百多年來的歷史，我們可以看到在提出「中體西用」以來，就存在著一個所謂『中外古今』之爭。『全盤西化』與『本位文化』的爭論從「五四」前後一直延續到三、四十年代，問題沒有真正解決……半個多世紀以來，人們曾想找尋一條單純引進西方科學技術及其方法的現代化捷徑，然後中國現代化的道路是顯現出迂迴曲折。正因爲現代化進程中一次又一次的停頓，迫使人們轉而對中國社會的深層結構——傳統文化進行歷史的反思，考慮到在不同文化實體中進行對比。東西文化的比較研究、中國傳統文化的估價以及中國文化如何發展等問題，正是在歷史發展的進程中被邏輯地提了出來。」（編者説明語）

　　「從國外方面看，由於西方世界的某種精神危機，迫使他們從東方文化，特別是中國文化中找尋補救辦法；加之東亞地區工業的發展，技術和經濟發展的速度有超過西方的趨勢，從而也促進了西方對東方文化研究的熱潮。」

　　該論集原擬名《國學集刊》，後改以論文集形式出版，取名《中國文化與中國哲學》。

　　該論集 1986 年前出版第一集，現在出版二集，第三、四合集 1989 年春季出版，每集約四十五萬字。前二集要目：

【第一集】
張岱年　《中國文化與中國哲學》
馮天瑜　《中國古代文化的類型》
田昌五　《關於堯舜禹的傳統和中國文明的起源》
胡厚宣　《殷卜辭中所見四方受年與五方受年考》
龐　樸　《説「無」》
〔美〕李紹崑　《墨子評儒》
李澤厚　《莊子美學札記》
李學勤　《銀雀山簡〈田法〉講疏》
金春峯　《「月令」圖式與中國古代思維方式的特點及其對科學、哲學的影響》
劉元彦　《〈呂氏春秋〉是先秦各家思想最大的綜合者》
任繼愈　《論魏晉南北朝社會思潮的交融》
蒙培元　《論朱熹哲學的範疇體系》
孔　繁　《魏晉南北朝文論對情性問題在創作中的作用的認識》
牟鍾鑑　《魏南北朝時期上層集團對儒釋道三教的認識與政策》
〔美〕陳榮捷　《朱子言體用》
馮　契　《「自我」開始覺醒——論龔自珍的哲學思想》
朱維錚　《歷史的孔子和孔子的歷史》

方立天　《試論中國佛教之特點》
梁漱溟　《儒佛異同論》
馬一浮　《玄義諸書舉略答賀君昌羣》
馮友蘭　《論禪宗》
〔加拿大〕冉雲華　《原人的探求──〈原人論〉的歷史背景與思想》
湯一介　《論道教的產生和它的特點》
〔香港〕劉述先　《由中國哲學的特點看耶教的信息》

　　此外，《紀念熊十力先生誕辰一百周年》專欄發表了熊十力《〈佛家名相通釋〉撰述大意 》（ 1956 年 10 月修改稿 ）、〔香港〕牟宗三《圓善論〉序言、〔澳大利亞〕姜允明《熊十力與陳獻章》、景海峯《近年來國內熊十力哲學研究綜述》。《海外專題探討》欄刊登了〔美〕成中英的《如何重建中國哲學──〈中國哲學的現代化與世界化〉代序》。《專訪》欄刊有王宗昱《是儒家，還是佛家？──訪梁漱溟先生》。《學術通訊》欄發表了《何兆武與席文〔美〕教授討論科學史與思想史的一封信》。

　　【第二集】（ 1987 號 ）
熊十力　《中國文化散論》
湯用彤　《論佛教與玄學二則》
錢　穆　《中國文化特質》
張岱年　《中國哲學關於人與自然的學說》
張世英　《從主體性原則看中西哲學之差異》
蕭萐父　《古史袪疑》
〔美〕陳啓雲　《從〈莊子〉書中有關儒家的材料看儒學的發展》
劉　翔　《秦制「二十等爵」疏證》
寧　可　《五斗米道、張魯政權和「社」》
周一良　《魏晉南北朝史學發展的特點》
〔美〕傅偉勳　《老莊、郭象與禪宗──禪道哲理連貫性的詮釋學試探》
〔美〕杜維明　《宋明儒學的本體論：一個初步的探討》
朱伯崑　《張介賓的醫學與易學哲學》
廖心一、羅輝映　《略論明代宦官官僚化》
孫欽善　《論龔自珍的個性解放思想》
曹月堂　《論龔自珍的改革思想》
卿希泰、詹石窗　《許遜與淨明道之改革》
馮今原　《從回族清真寺漢文匾聯看中國伊斯蘭文化的特色》

　　此外，《海外專題探討》欄刊登了〔美〕魏斐德《現代中國文化的民族性探尋》；《專訪》欄刊有張躍的《「 立足現在，發揚過去，展望未來 」──訪馮友蘭先生》；《書評》欄有湯一介、胡軍的《「中國傳統思想的意義 」──評〈中國思想導論〉》、王生平《主體性哲學和中國的智慧──讀李澤厚〈中國古代思想史記〉札記》；《述評》欄

有方立天的《近十年來中國佛教研究概述》、朱越利《三十七年來的道教學研究》、何舒《理學研究中的幾個問題》；《研究生論壇》發表了北京大學哲學系研究生張韌的習作《道・自然・文化》。

　　該刊前二集還連載了孫猛的《晁公武傳略》。

（席大民）

《中國文化》

　　《中國文化》是中國社會科學院近代史研究所中國近代文化史研究室和復旦大學歷史系中國思想文化史研究室合辦的學術性集刊，由復旦大學出版社出版，兩家輪流執行編輯，旨在替中國文化史研究學者提供一個專門的學術園地，促進有關中國文化史的百家爭鳴和學科建設。輯刊以發表作爲觀念形態的中國文化史的論著和資料爲主，同時介紹國內外學者有關中國文化史的不同見解和成果。具體門類採取「排除法」確定，對某些已有不止一家學術園地的學科可以暫時少用點力氣，而以促進綜合性研究的論著爲主。這樣確定的門類有：社會政治思想史、學術史、科學史、藝術史、宗教史、民俗學、民族文化史、民間文化史、文化運動史、文化事業史、中外文化交流、中外文化比較等。輯刊欄目有：通論、專論、文獻與資料、譯文與書評等。

　　《中國文化》聘十位著名學者任顧問：于光遠、劉大年、李新、周谷城、胡繩、顧廷龍、梅益、黎澍、譚其驤、蔡尚思。編委有：丁守和（主編）、方行（主編）、王學莊、劉志琴、朱維錚、湯鋼、李華興、耿雲志、姜義華、黃沫。

　　《中國文化》1984年出版第一輯，每年一輯。現已出版五輯。要目如下：

【第一輯】
　　　　　　中國文化史研究學者座談會紀要
周谷城　中國文化史研究的意見和希望
姜椿芳　保存文化，發展文化
陳元暉　把中國近代文化史的研究提到研究日程上來
樓宇烈　開展對中國文化總體上的綜合研究
張岱年　論中國文化的基本精神
蔡尚思　論中國文化的幾個重大問題
馮友蘭　對中國文化前途的展望
丁守和、蔣大椿　試論文化史研究的對象和途徑
龐　樸　「火曆」續探
湯一介　關於《太平經》成書問題
金　鏞　海上雜説三則
【第二輯】
任繼愈　民族文化的形成與特點

包遵信　王學的崛起和晚明社會思潮
劉家和　略說文化
陳　崧　評「五四」前後東西文化問題的論戰
魯　軍　清末西學輸入及其歷史教訓
何兆武、何高濟　讀利瑪竇的《中國日記》
李學勤　考古發現與中國文字起源
馬　雍　中國姓氏制度的沿革
王慶成　太平天國一神論——一帝論
〔美〕勒文森　我的儒家中國觀（節譯）
【第三輯】
沈福偉　中世紀華瓷風靡三大洲
黃萬盛　晚明的科學與中國傳統文化
馮天瑜、周積明　顧炎武文化思想初探
劉振嵐　梁啓超的進化史觀和地理史觀
朱維錚　中國文化史分類試析
牛龍菲　雷公電母考
曹峙岩　中國傳統文化藝術風格特徵管窺
　　　　八十年代來有關中國文化史論著資料目錄。
【第四輯】
王世仁　明堂形制初探
劉澤華　先秦禮記初探
〔加拿大〕黃承安　談「邏各斯」和《老子》中的「道」
謝祥榮　《想爾注》怎樣解《老子》爲宗教神子
〔新西蘭〕葉宋曼瑛　從戊戌期間的張元濟看中國的開明知識份子
陳　維　在中國文化史上的墨
盧　雲　東漢時期的文化區域與文化重心
【第五輯】
王　堯　西藏佛教文化十講
黃心川　印度教與中國文化
葛兆光　從中國文化史的角度研究禪宗
許思園　續論中國文化二題
向仍旦　中國古代文化結構
吳浩坤　中國古代文明的基石——殷商文化述略
王子今　從玄鳥到鳳凰——試談東夷文化的歷史地位
謝選駿　《尚書·酒誥》的宗教政治含義
馮天瑜　明清文字獄述略
蕭揚輯　福柯：權力的探索和知識的考古

（席大民）

《東西方文化研究》

　　北京師範大學東西方文化研究中心主辦，河南人民出版社出版，1986年創刊，爲不定期論文輯刊。主編：鍾敬文、何茲全，副主編：王檜林、王富仁、劉義質、劉家和、童慶炳。其他編委有：白壽彝、呂叔湘、齊振海、啓功、張廣達、張范聯、張岱年、陸樹慶、楊寬益、周一良、金克木、季羨林、林耀華、顧明遠、楊向奎、陶大鏞、龔書鐸、廖輔叔、戴逸、鄧廣銘、王元化、寧可、任繼愈、趙光賢。

　　該叢刊宗旨是：「研究中國文化和東西方文化；對它們進行比較研究，研究它們之間的差異性和共同性，研究它們之間古往今來的交流和相互影響；對繁榮中國文化，對社會主義物質文明和精神文明建設，作些力所能及的貢獻。」

　　該刊欄目有：「文化論壇」、「專題研究」、「比較」以及「譯作」、「文摘」、「書評」等。前二期要目：

【第一期】

鍾敬文　《加强中國文化史編著工作——一個建議草案》
何茲全　《孔子與現實》
張岱年　《中國文化的回顧與前瞻》
劉家和　《關於中國古代文明特點的分析》
王富仁　《兩種平衡、三類心態構成了中國近現代文化不斷運演的動態過程》
劉曉波　《再現與表現——中西審美意識的比較研究》
周桂鈿　《渾天説考——中國古代天球説思想考證》
唐子權、姚偉　《二十世界初孟德斯鳩地理環境決定論東漸述論》

【第二期】

楊向奎　《試論中國傳統的禮樂文明》
郭預衡　《漢宋儒學與文章》
陳其泰　《黃遵憲中西文化觀述論》
周紀彬　《孔子學説的歷史命運》
楊壽堪　《中西哲學比較研究之管見》
盧惟庸　《談文化人類學理論的起源與發展》
童慶炳　《「虛靜説」與「距離説」——中西審美注意理論的比較研究》
李春青　《試論孔子與柏拉圖功利主義美學觀的幾點異同》
蔣原倫　《王國維的「以物觀物」説與康德的美學思想》

（席大民）

《中國哲學》（輯刊）

　　《中國哲學》是以中國哲學史、思想史研究爲内容的學術叢刊。《中國哲學》編委會先由孔繁、包遵信、沈芝盈、陳金生、龐樸、金春峯、張義德、樓宇烈組成，主編是包遵信。後由第八期起編委會擴大，侯外廬任名譽主編，編委增加有：盧鍾鋒、汝信、李澤厚、李學勤、林英、黃宣民、楊天石、潘吉星，增設副主編，由樓宇烈、金春峯、黃宣民擔任。執行編輯是：姜廣輝、劉春建。

　　該刊前十輯由三聯書店出版，以後由人民出版社出版。該刊不定期，每輯約三十萬字，現已出版十三輯。

　　《中國哲學》發表的文章包括：中國哲學史、思想史研究的成果，以及哲學家、思想家生平和著述的考訂；中國哲學史、思想史研究的方法論討論文章和探討中國哲學史、思想史的發展規律的文章；選載新發現的哲學家、思想家佚著、近現代重要社會思潮、思想流派、哲學團體、代表人物的專題資料；有關現代哲學史、思想史的學術回憶錄，爲研究五四以來中國哲學史、思想史提供參考資料。

（席大民）

《孔子研究》（季刊）

　　該刊爲中國孔子基金會主辦的學術刊物。1986 年創刊。主編辛冠潔，副主編馬振鐸、周繼旨、閻韜。

　　該刊宗旨：以馬克思列寧主義、毛澤東思想爲指導，致力於推動孔子、儒家和中國傳統文化思想的研究工作，總結繼承古代豐富珍貴的文化遺產，繁榮學術研究，「古爲今用」，爲建設有中國特色的社會主義精神文明服務；堅持「百花齊放、百家爭鳴」方針，提倡學術研究中不同學派和不同觀點的交流和討論，通過交流討論，明辨真理，提高研究水平，增進海内外各界學者的友誼和團結。

　　稿件内容包括：

　　1.研究孔子、儒家和其他各學術流派的哲學、政治、經濟、道德、軍事、教育、宗教、科技、文學等各方面思想的學術論文。

　　2.國内外有關的學術動態和資料介紹。

　　3.國内外有關的書譯和文摘。

　　4.有關孔子、儒家和其他各學派思想家的生平事業的文物、史蹟介紹以及研究論文。

　　5.研究孔子、儒家和其他流派的歷史資料，包括歷代學者的手稿。

　　該刊編輯部分設在北京和濟南，編輯部辦公室設在曲阜市山東曲阜師範大學内。

（席大民）

《周易研究》

山東大學易學研究中心主辦，1988 年創刊暫爲半年刊。主編劉大鈞，編委會成員有：丁冠之、王興業、田昌五、劉大鈞、周立升、祝明、徐志銳、葛懋春、董治安、潘雨廷。

發刊詞說：「人更三聖，世歷三世」的《周易》，被視爲「大道之源」，成爲我中華民族傳統文化的「源頭活水」。數千年來，它不僅對中國古代的哲學、史學、文學、倫理、藝術、宗教以及自然科學一直持續不斷的產生著重大影響，並且自十七世紀以來，更被譯成幾種文字而走向世界。於是，西方利用東方古老的《周易》啓迪出許多新學科、新技術與新理論，並進而將《周易》變成一種方法學，當成決策與管理科學加以崇拜，從而使它在整個人類文明史中佔據了其應有的重要地位。

《周易研究》是我國大陸第一份易學學刊，目的在於「鞏固研究的新成果，提高學術水平，加強日益增長的中外易學的交流，更爲了弘揚傳統文化」。在易學研究的方法上，該刊主張「《周易》與易學史的研究應堅持易理與象數兼顧的原則，並提倡多學科、多層次、多渠道、多角度的綜合交叉研究。」在易學研究的內容上，該刊主張「除注意《周易》經傳的研究、易學史的研究及易學文獻資料學的研究外，更提倡易學與自然科學相結合的交叉研究，重視易學與現代管理科學與現代預測科學等諸多方面的交叉研究。

周谷城、梁漱溟、張岱年、吳富恆、邱漢生、金景芳、成中英、張家嶺爲該刊創刊號題詞。

該刊欄目有：「經傳研究」、「《易》與自然科學」、「《易》與文化思想」、「易學史」、「大衆易學」、「書評與隨筆」、「信息與資料」。

（席大民）

《敦煌研究》（季刊）

《敦煌研究》在試刊兩期後於 1983 年 12 月正式創刊，先爲不定期，後爲季刊。敦煌研究院成立之前該刊爲敦煌文物研究所的學報，1984 年 8 月敦煌文物研究所擴編爲敦煌研究院，該刊即爲敦煌研究院院刊。主編段文杰（敦煌研究院院長），執行編輯先後有：林家平、胡同慶、李聚寶、趙聲良、楊雄、楊筱、梁尉英等。

敦煌石窟是歷史遺留下來的複雜的合成體「單一的學科是解釋不清的，有關歷史、政治、經濟、宗教、民族、文學、藝術、美學、美術史、中西文化交流史等方面的資料都必須涉獵，關係最直接的就是敦煌遺書。（段文杰）創刊弁言」語），該刊的宗旨是：以石窟爲中心，主要開展敦煌遺書中與石窟有關的各個領域的研究，以期全面而深刻地闡明敦煌石窟的各種問題。

該刊的特點可以用編輯部「新、廣、深、嚴」四字組稿方針來概括：新者，文稿內容要觀點新、資料新、角度新；廣者，提倡擴寬領域，綜合性、多層次、多方

位的宏觀探索；深者，挖掘涵蓋著的深層學術意義，引出科學的結論；嚴者、文理嚴密、學風嚴謹。

　　該刊闢有專題性的欄目，如敦煌藝術、敦煌樂舞、石窟考古、石窟藝術（國內外）、石窟保護、敦煌史地、敦煌文獻、敦煌宗教、敦煌文學、敦煌科技、譯文選刊等。此外該刊每期還附有精製圖版數頁。

（席大民）

《法音》（月刊）

　　爲中國佛教協會主辦的會刊，前身曾爲《現代佛學》，文革起停刊，1981 年復刊，名爲《法音），1988 年改爲月刊，主編是淨慧。該刊闢有「佛言祖語」、「佛教論壇」、「佛典研究」、「佛教文史」、「港台佛學論文選登」以及「禪林清韻」「人物春秋」、「勝跡巡禮」、「法界春秋」等。該刊係研究、普及佛教、佛學與佛教文化與報導國內佛界消息的綜合性雜誌。

　　中國佛教文化研究所（屬中國佛教協會，詳見該所條目）成立後，《法音》每年出版一期學術版，由中國佛教文化研究的編輯，作爲該所所刊。

　　學術版第一輯刊登了梁漱溟的《佛法大意》，方興的《慧思及其〈大乘止觀法門〉》，楊學政的《論佛教在雲南的傳播及演變特徵》，陳士強的《漢傳佛教護教類著作的歷史》，許惠利的「《弘法藏》新考一得」，弗洛姆的《解除抑制與開悟》以及第一屆中日佛教學術交流會議上的十篇論文的提要，和中國佛教文化研究所成立大會上的發言摘要。

（席大民）

《管子學刊》（季刊）

　　主辦者山東淄博市社會科學聯合會，1987 年 8 月創刊。該刊名譽顧問周谷城，顧問有千家駒、楊向奎、巫寶三、張岱年、苗楓林等十四人。設編輯委員會，主任杜祥榮，副主任孫立義、陳慶照、趙蔚芝、李新太、張學譜、李宗文，委員有牛力達、陳書儀等十餘人。主編：陳書儀，副主編：王德敏、王連捷。

　　《管子學刊》的宗旨是：堅持四項基本原則，貫徹「雙百」方針，致力於《管子》及整個齊文化的研究和探討，批判地繼承優秀文化遺產，爲社會主義現代化建設服務。（創刊號編者的話）用千家駒給創刊號的題詞說就是：研究管子，兼及齊魯，去粗存精，古爲今用。

　　《管子學刊》的內容，以研究《管子》和管仲爲軸心，向外逐層輻射，至稷下學、齊學，進而至齊文化及整個傳統文化。這些研究也不限於一個方面，而是多角度，多層次，全方位的探討。因此，《管子學刊》是一個綜合研究齊文化的學術性刊物。

　　創刊號上刊登了楊向奎寫的發刊詞，比較儒學法學、魯學齊學之異同，曰：

「『齊一變至於魯，魯一變至於道』」；含義是由法家變到儒家，再變到周孔之道。我們也可以説，『魯一變至於齊，齊一變至於道』，含義是由儒家變到法家，再變到法家之道。總之，齊學魯學各有千秋，乃後來先秦諸子之根源，百家爭鳴之先導也。」

創刊號還刊登了周谷城的「寄語《管子學刊》」、張岱年的「《管子》學説的歷史價值」，巫寶三的「《管子》研究小識」。還有胡家聰：《經言》作於戰國考辨——駁《管仲》遺著考；李學勤：《齊語》與《小匡》；劉蔚華、苗潤田：《管子》與稷下學，等等。

1987 年第二期要目有：論《管子》經濟思想的創新精神（趙守正）；《管子》的農本思想（葉世昌）；《管子》的哲學思想（楊柳橋）等。

1988 年第一期刊有：苗楓林《要重視開掘齊文化》，李曦《就管仲遺著問題與胡家聰先生商榷》、「蘇」史太因著、周一沙譯《〈管子〉研究導論》、鄭杰文《試論齊、秦族的不同心理特徵》等。

1988 年第二期刊有：胡顯中《管、商異同論》、李零《〈管子〉三十時節與二十四節氣——再談〈玄宮〉和〈玄宮圖〉》，姜旭朝《〈管子〉侈靡觀：中國傳統崇俗消費觀的「異端」》，陳啓智《傳統文化落後原因駁論》等。

《管子學刊》先後闢有「《管子》研究在國外」，「稷下學研究」、「學術爭鳴」「齊文化覓踪」、「先秦典籍」、「齊國人物」、「晏子研究」、「文物‧考古」、「動態」、「索引」、「書評、書訊」等欄目。

（席大民）

《船山學報》

《船山學報》創刊於 1984 年 3 月。主辦者是：湖南省社會科學院、湖南省哲學社會科學學會聯合會、湖南省船山學社。編委會主任王馳、副主任吳立民、李楚凡、陸魁宏。主編王興國、副主編鄧潭洲、龔建昌、陳遠寧。顧問雷敢、姜書閣、羊春秋、歐建鴻、宋祚胤、馬積高、程鶴軒。

發刊詞説，學報以船山爲名，就要研究船山的學術思想。王船山是我國思想史上一位具有傑出地位的偉大思想家。他生活在「天崩地解」的明清之際，以「六經責我開生面」的雄偉氣魄和「入其壘、襲甚輜、暴其恃而見其瑕」的科學態度，對中國傳統思想文化進行了全面審定，不僅在哲學上把古代樸素唯物主義和辯證法推向一個新的高峯，而且在政治、經濟、歷史、文學等許多領域，都開拓了新局面。他勇於探索，勤懇著述，留下了豐富的精神遺產。

1962 年和 1982 年先後在湖南召開兩次全國性王船山學術思想討論會。1982 年會議提出了建立馬克思主義船山學的倡議，把船山學術思想的研究；推向一個新的階段。《船山學報》就是在這種形勢下創刊的。

民國初年先後創辦的「船山學社」和《船山學報》，在研究和傳播船山學術思想方面，起過積極作用。新的《船山學報》與以前的《船山學報》的不同及它的宗旨是：

堅持四項基本原則、團結我國船山學研究工作者，在馬列主義、毛澤東思想指導下，全面地、科學地研究船山的生平、著述和思想，揭示其內在的邏輯體系，弄清其學術源流，探討其歷史地位，總結其經驗教訓，以做到古爲今用，爲社會主義精神文明建設服務。

該刊闢有欄目：船山哲學、船山史學、船山文學、爭鳴、青年論壇、原著注釋、船山學的歷史和現狀。每年二期，1987、1988年各有一期增刊。

創刊號上發表論文要目：蕭萐父《用科學的態度研究王船山辯證法思想》、蔡尚思《研究船山思想應當實事求是》、唐明邦《王夫之論學易和占易的認識意義》、錢耕森、趙海琦《王夫之美學思想簡論》、張岱年、蕭萐父、李錦全、李守庸、馮天瑜、包遵信關於「船山思想的啓蒙性質問題」的「爭鳴」、李中華《船山詩論中的藝術原則》、雷敢《王夫之考據學中表現的科學精神》等。

（席大民）

《中國文化報》

文化部機關報，1985年11月29日出版內部試刊第一期，1986年1月24日正式創刊。每周三、日出版。總編輯：方杰，副主編：閻綱、李中岳。

該報主要宣傳中共關於文化藝術工作的方針、政策，報導各項文化藝術工作的消息和動態，介紹我國和世界各國傳統的文化藝術、風土人情、文物文獻等，傳播國內外的文化信息，反映人們對文化藝術工作的意見和呼聲。讀者對象主要是廣大文化藝術工作者，兼顧社會各界羣衆。

該報第三版爲理論版，常有關於文化理論研究的文章發表，該版責任編輯是陳小雅、劉德偉等。除理論版經常發表一些單篇文化研究文章外，該報還經常召開座談會、討論會，然後在理論版上發表系列文章。例如：

——1986年3月6日該報編輯部邀請部分在京的理論工作者和文化界人士，就「中國文化建設與發展」問題舉行座談會。然後在3月30日、4月6日、4月13日、4月20日闢問題專欄發表座談發言，有：鄭洞天《兩種文化都具有「文化性」》、章道明《文化也是一種智慧》、李侃《文化現代化的立足點在哪裡》、藍翎《中國文化建設要從實際出發》、童大林《經濟改革與文化藝術的撞擊及反饋》、高健平《試論所謂中國文化的人文精神及其思維方式——與龐樸商榷》、劉茜《「文化」與「文化史」》

——1986年3月28日該報編輯部與文化部政研室聯合召開座談會討論建立文化管理學問題，此後發表的有關文章有：葉試淺《注意文化發展的戰略問題》、方楚《文化管理之我見》、汪建德《「十七年」文化管理失誤在哪裡》、許柏林《文化管理學研究取向淺議》

——1986年6月22日該報編輯部與中國社會科學院文學研究所聯合召開「中國文化發展建設問題討論會」，此後發表的討論文章有：劉再復《要有現代化的整體觀》、董乃斌《文化學芻議》、杜崗《試談傳統型文化向現代型的過渡》、王友琴《研

究深層的文化價值觀》、周谷城《文化不是鐵板一塊》、張岱年《文化的現代化與民族主體性》、李澤厚《「西體中用」簡釋》、金克木《文化問題斷想》、鍾敬文《傳統文化應當受到重視》、欒勳《中國文化與神祕意識》、張韌《文化意識的覺醒與尋根小說的得失》、何新《文化理論研究與中國現代化》、閻步克《中國士大夫的二重角色傳統》、汪菊平《關於文化事業領導體制改革芻議》、嚴家其《要引進和吸收屬於全人類共同的文化因素》。

1987 年第一季度，文化討論的文章發表較少，以後又陸續恢復了關於文化的討論，發表了諸如閻步克《在多元文化體系中繼承傳統文化》、白雲濤《中國詩與中國文化》等文章。以後關於文化的文章發表較多，該報先後或同時開辦了十幾個專欄：《民族文化》、《羣衆文化》、《軍事文化》、《文化心理探微》、《國際文化長廊》、《文化管理》、《中國文化百題》、《城市文化》、《經濟學者談文化觀念變革》、《法制建設和文化建設》、《政治體制改革中的文化觀念變革問題》、《如何對待傳統文化》、《文化學》等等。

1988 年初該報與文化部政研室聯合舉行了「社會主義初級階段文化理論座談會」。

（席大民）

《理論信息報》（周報）

1985 年 7 月創刊，先由北京市社會科學學會聯合會，北京日報社主辦，後於 1987 年 10 月 5 日起改由北京市社會科學聯合會和北京市社會科學院聯合主辦。社長王爲，主編先後由王爲、孫永仁擔任，副主編兼編輯部主任周叔進。該報先後聘理論界知名人士五十五人爲顧問。該報屬文摘性質報紙，其一般的任務是宣傳中共中央關於理論工作的指導精神，報導哲學社會科學各學科理論研究的新成果、新課題、新突破，介紹我國哲學社會科學研究、教學、宣傳機構的建制及改革動向等。

該報除十分重視刊登文化研究方面的文摘外，還組織文化研究的專稿和文化問題的專題討論，引起了文化研究者們的注意。

1986 年 10 月 6 日該報發表了牟鍾鑑專文《中國傳統哲學的評價及其歷史命運》，10 月 27 日又刊登了楊帆、苑林亞的專文《中西文化比較與中華民族現代化——兼與牟鍾鑑先生商榷》，並附「編者的話」：「本報計劃組織就牟鍾鑑和楊帆、苑林亞兩篇文章的討論，主題是『中國文化的現代化』（重點放在方法論上），並準備在合適的時候請老中青學者在一起座談一次」。以後發表的討論文章有：張義木的《文化建設要尊重自身發展規律——與楊帆、苑林亞先生商榷》（1986 年 12 月 1 日），郭慶的《淺談中國文化現代化的道路》（1986 年 12 月 22 日），許志杰的《要發揮人在文化建設中的主體作用——兼與張義木先生商榷》（1987 年 1 月 12 日）。

該報發表的文化討論與研究專文還有：
龐樸《文化研究的熱潮在回盪》（1986 年 3 月 24 日）

楊帆、郭保平《在現代化建設中有哪些舊傳統觀念需要破除》（1986 年 8 月 18 日）

包遵信（首次文摘）《儒家思想和現代化》

高增杰《日本近代文化的雙重結構及作用》（1987 年 2 月 16 日）

榮偉《論文化的發展與人的發展──兼評當前的文化討論》（1987 年 3 月 30 日）

卞崇道《當代日本文化哲學新態》（1987 年 8 月 3-10 日）

安京《中國傳統思想文化論綱》（1988 年 11 月 21 日）

樊錦鑫《中國傳統的現代困境與永久活力》（1988 年 11 月 14 日）

該報發表了大量的文化研究文摘和專訪，涉及的知名學者有：成中英（1986 年 2 月 10 日；1987 年 7 月 6 日）、甘陽（1986 年 2 月 17 日）、余英時（1986 年 2 月 17 日；3 月 10 日、3 月 17 日、3 月 24 日、4 月 7 日）、龐樸（1986 年 2 月 24 日）、杜維明（1986 年 2 月 24 日；9 月 8 日）、趙樸初（1986 年 4 月 14 日）、張岱年（1986 年 6 月 2 日；7 月 28 日；12 月 29 日；1987 年 5 月 4 日）、傅偉勳（1986 年 7 月 7 日；1987 年 8 月 10 日）、嚴家其（1986 年 10 月 6 日）、湯一介（1987 年 11 月 30 日）等。

（席大民）

伍

臺灣、香港的中國文化研究

（編輯：胡欣）

臺灣的中國文化研究

韋政通

民間的中國文化研究選介

近二十年來，臺灣民間出版事業蓬勃發展，由出版社與書店出版之與中國文化研究相關之書，其數量不勝枚舉，下面列舉的是較具特色的幾種：

《六十年來之國學》

程發軔主編，1972 年正中書局出版，共分五冊，第一冊爲經學，包括六十年來（1912—1971）之易學、尚書學、詩學、禮學、公羊學、穀梁學、左氏學、論語學、孝經學、孟子學、大學中學、爾雅學之研究，共十二篇論文。第二冊爲語言文字，包括六十年來之文字學、甲骨學、金石學、聲韻學、訓詁學、文法學、國語運動、敦煌寫本之研究，共八篇論文。第三冊爲史學，包括六十年來史記、漢書、晉書、宋史、元史、明史、清史、臺灣通史、竹書紀年、水經注之研究，共十篇論文。第四冊爲子學，包括六十年來老子、莊子、荀子、墨」、韓非子、呂氏春秋、淮南子、理學之研究，共八篇論文。第五冊爲文學，包括六十年來對古文、白話文、駢文、近體詩、新詩、詞學、曲學、文心雕龍之研究，共八篇論文。

此書每冊前面，都有主編者一篇提要，每篇論文，皆由相關之專家執筆。

《國學導讀叢編》

周何、田博元主編，1979 年康橋出版事業公司出版，上下兩冊，此書宗旨在求社會大眾以及在學青年，能對中國文化的精華，得有概略而正確的了解。內容是以大學中文系或國文系內現開的重要科目爲基本單元，所以包括治學方法、國學概論、易經、書經、詩經、禮記、左傳、學庸、論語、孟子、史記、中國哲學史、老子、莊子、墨子、荀子、韓非子、呂氏春秋、理學概論、文學概論、中國文學史、文心雕龍、散文、駢文、楚辭、樂府詩、詩學、詞學、曲學、現代文學、文字學、聲韻學、訓詁學、修辭學等三十四種科目的導讀。每篇之末且附有重要參考書目。撰稿人皆各大學講授此一科目之教師。

《中國文化新論》

　　劉岱爲總主編，1981 年聯經出版事業公司出版，共十二冊，另有序論篇：《不廢江河萬古流》一冊，乃近百位學者共同研究討論的成果。每一冊都有共同的主題，每篇論文都從不同角度對這些共同主題加以探討。内容是從文化的根源與拓展、歷代的學術、典章制度、社會結構、經濟發展、思想、文學、科技、藝術以及宗教禮俗等各個層面，呈現中國文化的内涵、特質和精神。每一冊前面，有分冊主編的導言。

　　第一冊爲根源篇：《永恆的巨流》，由邢義田主編，有論文十篇，重點在中國文化的起源，以及中國文化與東亞、西方的關係。第二冊爲學術篇：《浩瀚的學海》，林慶彰主篇，論文十一篇，重點在歷代學術與學風。第三冊爲思想篇㈠：《理想與現實》，葉俊傑主編，論文十篇，重點在政治、經濟思想。第四冊爲思想篇㈡：《天道與人道》，黃俊傑主編，論文十篇，討論與天道、人道相關的觀念與問題。第五冊爲制度篇：《立國的宏規》，鄭欽仁主編，論文十篇重點在探討皇帝、宰相、監察、選舉、考試、史官、地方行政等制度。第六冊爲社會篇：《吾土與吾民》，杜正勝主編，論文十篇，討論家族、世家、士風、地主、奴隸、婦女、村社、祕密社會等。第七冊爲經濟篇：《民主的開拓》，劉石吉主編，論文十一篇，討論與民生息息相關之農、商、貨幣、土地分配、生產技術、水利、交通、貿易、稅務。第八冊爲文學篇㈠：《抒情的境界》，蔡英傑主編，論文九篇，從各種層面討論抒情文學。第九冊爲文學篇㈡：《意象的流變》，蔡英傑主編，論文十一篇，討論中國各種文體的文學。第十冊爲藝術篇：《美感與造形》，郭繼生主編，論文十二篇，討論中國各種藝術、美學思想及藝術批評。第十一冊爲科技篇：《格物與成器》，洪萬生主編，論文十篇，討論中國科技史上的種種。第十二冊爲宗教禮俗篇：《敬天與親人》，藍吉富、劉增貴主編，論文十三篇，重點在佛、道二教以及傳統的禮俗、節氣。

《現代中國思想家》

　　李日章主編，1978 年巨人出版社出版，共八輯（冊），是選擇中國近、現代史上思想方面具有代表性的人物，介紹他們的生平與思想。人物有二十位：龔自珍、魏源、馮桂芬、洪秀全、容閎、王韜、張之洞、鄭觀應、譚嗣同、章太炎、康有爲、梁啓超、孫中山、吳稚暉、蔡元培、丁文江、張君勱、胡適、梁漱溟、傅斯年。由於政治上的禁忌，所選人物並不完備，如缺陳獨秀、李大釗、魯迅等人。也有的人物，因約稿發生意外，未能收入，如嚴復。寫作每一位思想家都具備三部分：(1)年表或小傳。(2)思想綱要。(3)著作年表及參考文獻。另加思想家言論精選。第一輯前面，有《中國近代思想大事簡表》。

《世界哲學家叢書》

　　傅偉勳、韋政通主編，這是一套大規模有計劃的學術性叢書，到 1988 年，包括臺灣、香港、新加坡、澳洲、美國、西德、加拿大的中國學者，以及日本、南韓的學者，簽約者已超過一百人。自 1986 年起，已由東大圖書公司陸續出版，中國部分業已出版的有《董仲舒》（韋政通）、《莊子》（吳光明）、《王陽明》（秦家懿）、《程顥、程頤》（李日章）、《張載》（黃秀璣）、《王弼》（林麗雪）、《方以智》（劉君燦）、《竺道生》（陳沛然）、《宗密》（冉雲華）、《慧遠》（區結成）。另有二冊日本學者所寫的日本朱子學者《貝原益軒》（岡田武彥）、《山崎闇齋》（岡田武彥）。該叢書整套完成時，預計爲二百冊，其中中國哲學家，從古至今，約佔八十冊。每冊字數由十二萬到三十萬字。

　　爲求統一規格，各書內容包括：(1)生平；(2)時代背景與社會環境；(3)思想傳承與改造；(4)思想特徵及其獨創性；(5)歷史地位；(6)對後世的影響；(7)思想的現代意義。書後附參考書目、年表、索引。

　　台灣自 1987 年終開放探親，已增加了海峽兩岸學者接觸的機會，本叢書已向大陸學者開放，到目前爲止（1988），大陸學者應允爲叢書撰稿者，已有湯一介、龐樸、包遵信、甘陽、姜義華、黃麗鏞等二十餘人，有助於本叢書計劃早日完成。

《中國人叢書》

　　1988 年由桂冠圖書公司陸續出版，該公司爲提高叢書水平，特邀請著名學者組成編審委員會，編審委員爲楊國樞（召集人）、文崇一、李亦園、胡佛、韋政通、張玉法、郭博文。叢書內容側重現代的或傳統的中國人、中國社會與中國文化。目前已出版的有：(1)李亦園、楊國樞主編：《中國人的性格》。(2)楊國樞主編：《中國人的心理》。(3)楊國樞：《中國人的蛻變》。(4)楊國樞、曾仕強主編：《中國人的管理觀》。(5)殷海光：《中國文化的展望》。(6)周策縱：《五四運動史》。

重要論文摘要五篇

《爲中國文化敬告世界人士宣言》

　　此文由唐君毅執筆，以牟宗三、徐復觀、張君勱、唐君毅四人名義，於 1958 年《民主評論》、《再生》兩雜誌元旦號同時發表。

　　㈠發表此《宣言》的理由：「我們之所以要把我們對自己國家文化之過去現在與將來前途的看法，向世界宣告，是因爲我們真切相信：中國文化問題，有其世界的

重要性。我們姑不論中國爲數千年文化歷史，迄未斷絕之世界上之極少的國家之一，及十八世紀以前的歐洲人對中國文化的稱美，與中國文化對於人類文化已有的貢獻。但無論如何，中國現有近於全球四分之一的人口擺在眼前，這全人類四分之一的人口之生命與精神，何處寄託，爲何安頓，實際上早已爲全人類的共同良心所關切，中國問題早已化爲世界的問題」。

（二）《宣言》內容提要：「在此宣言中，我們所要說的，是我們對中國文化之過去與現在之基本認識及對其前途之展望，與今日中國及世界人士研究中國學術文化及中國問題應取的方向，並附及我們對世界文化的期望」。討論的細目爲：(1)世界人士研究中國學術文化之三種動機與道路及其缺點。(2)中國歷史文化之精神生命之肯定。(3)中國哲學思想在中國文化中之地位及其與西方文化之不同。(4)中國文化之倫理道德與宗教精神。(5)中國心性之學的意義。(6)中國歷史文化所以長久之理由。(7)中國文化之發展與科學。(8)中國文化之發展與民主建國。(9)我們對中國現代政治史之認識。(10)我們對於西方文化之期望，及西方所應學習於東方之智慧者。(11)我們對於世界學術思想之期望。

《論中國文化的十大特徵》

韋政通著，此文原爲 1967 年 12 月 11 日國立師範大學的演講稿，記錄稿最初刊於該校《崑崙》雜誌元旦特刊，1968 年 2 月份的《幼獅》月刊，曾予以轉載。重寫的全文，後刊於同一月份的《現代學苑》月刊，後收入中國文化概論》，成爲該書之第二章。

經由特徵的描述和分析，可使我們對中國文化的特殊精神和獨特風貌，有一概括性的認識。提出這些特徵的時候，多少是對應著其他的文化傳統來說的，尤其是西方文化。這十大特徵及其討論的細目是：(1)獨創性。(2)悠久性（地理環境的特殊、農業生活的影響、世故深、重統緒、求久的思想）。(3)涵攝性。(4)統一性（統一的文字、思想的提倡、沒有強大的鄰國）。(5)保守性（保守的現象、保守的原因、保守的功能）。(6)崇尚和平（思想方面的提倡、農業生活的影響、佛教的影響）。(7)重鄉土情誼。(8)有情的宇宙觀（以哲學文學爲例、形成的原因、價值及其限制）。(9)家族本位（重家族輕個人、個人未被發現、缺乏公德觀念）。(10)重德精神（發現先驗的道德原理、道德判斷訴諸直覺、道德理性與本能相對反、道德爲文化的基礎）。

《從價值系統看中國文化的現代意義》

余英時著，此文由 1983 年 9 月 1 日《中國時報》主辦《中國文化與現代生活》演講系列之記錄稿改寫而成，全文曾刊於 1984 年《中國時報》的元旦特刊，旋又有單行本問世，後收入《中國思想傳統的現代詮釋》。

本文討論下面一系列的問題：(1)中國文化與現代生活是對立的嗎？(2)只有個別具體的文化，沒有普遍抽象的文化。(3)檢視文化傳統必須注意其個性。(4)文化的價

值系統究竟是什麼？⑷超越世界與現實世界，在中國人的文化中是互相交涉的。⑸一部西方近代史，主要是由聖入凡的俗化的過程。⑹中國人的價值之源，不是寄託在人格化的上帝觀念之上。⑺人的尊嚴自孔子以來便鞏固地成立了。⑻中國文化比較具有內傾的性格。⑼中國人的基本態度是「人與天地萬物一體」。⑽內傾文化注重人文領域內的問題。⑾「五倫」是以個人爲中心發展出來的人際自然關係。⑿中國的價值系統以個人的自然關係爲起點。⒀「禮」雖有重秩序的一面，但其基礎卻在個人。⒁中國傳統没有發展出民主的政治制度。⒂中國思想史上，個人修養一直佔著主流的地位。⒃中國人對自我的態度能與現代生活相適應嗎？⒄中國人的生死觀仍是「人與天地萬物爲一體」的延伸。⒅中國的價值系統是經得起長期挑戰的。

《三十年來臺灣地區中國文化發展的檢討》

　　葉啓政著，此文爲 1981 年東大圖書公司出版之《我國社會的變遷與發展》論文集中之一篇，後又收入作者自著之《社會、文化和知識分子》。

　　內容共分九節，除前三節在說明文化的概念、學理及方法論之外，主要討論了近代亞非社會的變遷的基本特性、三十多年來臺灣社會變遷的主導性格、文化的社會體系、三十餘年來在臺灣之中國文化的基本問題、文化之平凡化與商品化——政治危機意識和經濟快迅成長的後遺症、人文藝術精緻文化的開展。

　　根據作者檢討，三十多年來在臺灣的文化發展呈現了下列五個特性：⑴策略性的實用科技知識的發展駕凌共識性的人文藝術知識的發展。⑵外來文化的移植色彩甚爲濃厚，本土傳統文化備受威脅，而且日漸式微。⑶文化之創造與使用，因階層之不同，呈現區間隔離化。⑷平凡商品化文化充斥，大眾生趣文化猖獗，人文藝術性之精緻文化萎縮。⑸社會中正統意識甚爲了明顯，成爲主導文化創造之最終指導，因而窒息了人文藝術精緻文化的創造。

　　就上述五特性看來，均屬不良性的結果，但也不應抹煞三十多年來文化創造上的成就。經過三十多年社會中不同階層與社羣的努力，尤其強調人權與自由精神的教育、不同利益社羣的產生、民主法治制度之推展、和經濟條件的改善等等，在在使我們的社會具有比以往更好的文化創新條件。

《中國文化往何處去——宏觀的哲學反思與建議》

　　傅偉勳著，此文原刊載於 1987 年 5 月的《文星》雜誌，旋又收入《「文化中國」與中國文化——「哲學與宗教」三集》。

　　此文有兩個重點：第一，提出構成我們生命存在的諸般意義高低程序的「生命十大層面及其價值取向」的思想模型，作爲評較中、印、日三國文化傳統的評準，十大層面爲：⑴身體活動層面；⑵心理活動層面；⑶政治社會層面；⑷歷史文化層面；⑸知性探索層面；⑹美感經驗層面；⑺人倫道德層面；⑻實存主體層面；⑼終極關懷層面；⑽終極真實層面。

　　第二，提出「中國文化往何處去」的建議，中國大陸方面目前最需要的改革是

思想改革和教育改革，即所謂「第六個現代化」，這是「第五個現代化」的先決條件，而「第五個現代化」又是順利完成「四個現代化」的必須條件。臺灣方面則在爲何開拓一條足以適予包容儒道佛三家在內而又富於新時代多元開放精神的中國本位的思想出來，作者提出「中西互爲體用」的理論，以超克「中體西用」與「全盤西化」（或所謂「西體中用」）兩大偏見。「中西互爲體用」的旨趣是在，建立合乎中國國情以及實際需要且有獨特風格的現代式本土文化。

重要著作簡介五本

《中國文化之精神價值》

唐君毅著，1953 年臺灣正中書局初版。序言：「吾之此書，成於顛沛流離之際，……身居鬧市，長聞車馬之聲，亦不得從容構思。唯瞻望故邦，吾祖先之不肖子孫，正視吾數千年之文化留至今者，爲封建之殘餘，不惜加以鋼棄。懷昔賢之遺澤，將毀於一旦。時或蒼茫望天，臨風隕涕，乃勉自發憤，時作時輟，八月乃成」。所謂「顛沛流離之際」，是指 1949 年後流亡香港的時候。「瞻望故邦……爲封建之殘餘」云云，乃發憤作此書的客觀處境與時代刺激。

全書共十七章，前四章爲中西文化精神之外緣、中國文化與宗教之起源、中國哲學之原始精神，孔子以後之中國學術文化精神，乃縱論中國文化之歷史發展。五至八章分論中國先哲的自然宇宙觀、心性觀，及人生的道德理想。九至十四章則橫論中國文化之各面，包括日常生活與教育及講學精神、藝術精神、文學精神、人格類型、宗教精神與形上信仰。最後三章專論中西文化的融攝問題，企圖解開百年來中西文化衝突形成的糾結，並揭示未來中國文化之遠景。

此書的中心觀念，在人具有內在而復超越的心的本體或道德自我，作者即本此中心觀念分析中國哲學的智慧，復本中國哲學智慧，綜論中國文化的精神價值。方法上的一大特色是：以西方文化思想中之異於中國者爲背景，以凸出中國文化的面目。

每一個討論中國文化問題者，不可避免地要面對十九世紀中葉以來的中西文化之爭，本書對中學爲體西學爲用與全盤西化的兩極主張，作者自「謂己與以一在哲學理念上真實的會通」。

唐君毅去世後，勞思光於《成敗之外與成敗之間》一文中説：「我總覺得唐先生的言論以及他所培養的風氣，常只偏於宣揚中國文化的優勝性一面」。此書乃表達這種偏向一個最典型的例子。

唐先生從哲學的觀點論斷中國文化傳統，認爲最重要的是所持的中心觀念。余英時承認「哲學觀點的長處在於能通過少數中心觀念以把握文化傳統的特性」，「但是這裡立刻發生了一個無可避免的困難，即每一位哲學家或思想家所持以衡論

文化傳統的一組中心觀念都是個別的、特殊的,我們究竟何所取捨呢?取捨的標準又是什麼呢?……這裡我們不難看到哲學觀點本身所蘊藏的內在限制」(《史學與傳統》序言,頁2、3)。

《中國文化的展望》

殷海光著,1966年元旦由臺北文星書店初版,旋被查禁,二十二年後(1988),由臺北桂冠圖書公司,重新排版發行。

本書討論的主題,是近百餘年來中國社會文化對西方文化衝擊的反應,並在這個討論的基礎上,試行導出中國社會文化今後可走的途徑。全書共十五章,第一章天朝型模的世界觀,這種世界觀是自我中心的,是不能以平等眼光看待外國的。二、三兩章說明什麼是文化。四章說明中國社會文化的基本結構和功能。五、六兩章說明變動中的中國社會文化。七至十一章,將近數十年來關於文化的思想分成幾個主要的趨向加以分析的敍述,其中包括保守主義、自由主義、西化主義、中體西用、現代化問題等。十二章鋪陳了作者對自由與民主的一套看法。十三章是檢討第二次世界大戰後,由幾種反自由民主的意識形態所造成的世界風暴。十四章從傳統道德的批判,認為道德的重建應歸結於新人本主義的建立。最後一章討論知識分子的責任,認為知識分子是時代的眼睛,我們要使這雙眼睛光亮起來,照著大家走路。

本書建構的程序,據作者自己的表白,是從基本的哲學態度出發,運用相干的行為科學(包含社會學、文化學、心理學等),來處理中國社會、文化及歷史的題材。不論是方法和體例,都是中國文化研究的新嘗試;無論是內容和形式,都已擺脫了前人討論中國文化的窠臼。作者寫此書的一大願望,是希望引起大家對其中所涉問題之思索與研究的興趣,讓荒蕪而又枯乾的思想和學術的原野長出新綠的草。

書出版後,許倬雲有《讀殷海光「中國文化的展望」》一長文加以評論,指出本書「缺點中最嚴重者,為忽視文化的時間深度,只劃分為過去(傳統)與現在兩個平面」(《思與言》第4卷第1期)。這本是社會科學處理文化問題,常有的弱點。此外,郭正昭的評論,也有參考價值,他說:「這本書遺落了他的衝力與熱情,多少屬於『五四』型的浪漫構思。缺乏謹嚴的學術風格與歷史的實證精神,……這是一個理想家的歷史觀,勿寧視為言志之作」(《現代化的動力》譯者自序)。

《中國文化與現代生活》

韋政通著,1974年臺北水牛出版社初版,這是一本嘗試以社會科學的知識和方法,探討中國文化與現化生活之間若干問題的書,目的在希望有助於現代中國人生活方式的重建,以促進中國的現代化。

此書的一大特色,是以現代生活為一動態座標,再觀察傳統文化在此一動態過程中所受的影響,所起的反應,以及出現的種種問題。全書共分七章,第一章探討由於中西文化衝突,導致生活失調,個人解組的現象和原因,以及個人重組如何可

能。第二章探討了中國家庭主義的特質，家庭主義與個人的關係，以及傳統家庭解組的原因，進而指出「個人」的意義今昔已有重大的改變，因而現代家庭與個人關係的重組，必須立於新的合理基礎上。第三章在說明要重建中國人的生活方式，必須重視兒童養育，除了討論傳統的養育方式及其影響之外，更著重描述在現代中國業已轉變的現象，最後指出我們在這方面應努力的目標。第四章討論與中國人生活方式重建攸關的另一重要問題：權威性格。權威性格的特徵、中國人的權威性格爲何形成、要爲何改造，是本章的重點所在。第五章說明婦女生活在近代中國的變遷、當代的婦女問題，以及婦女在生活方式重建中扮演的角色。第六章討論現代中國人的道德問題，從近代道德觀念的激變，道德規秩的崩潰、新舊道德觀的衝突，說到當前我們面臨的困境。第七章是現代生活的理想，也是要求中國人生活重建的總目標，這些理想包括：(1)適應性和獨立性。(2)價值均衡。(3)約制我族中心主義。(4)尊重個性。(5)寬容異見。(6)道德之勇。(7)利他思想。(8)重鑄自己。

　　本書討論這個題目後，已引起學界廣泛興趣，臺灣、南韓都曾以同樣的題目，舉辦學術研討會，臺北也舉行過系列演講，主要是因這一研究取向，確已觸到中國現代化問題的核心。當然，文化與生活不但內涵複雜，而且是多面相的，本書僅是就幾個關鍵性的問題，做一例示而已。

《信仰與文化》

　　李亦園著，1978年巨流圖書公司出版。本書是根據人類學的專業知識，研究社會文化與宗教信仰的相互關係，使社會大衆較深入地了解宗教信仰的意義和本質。爲了要達到這個目的，不但要對一個社會的整個體系做深入的觀察和分析，且需從不同文化的比較入手。它的研究取向和運用的方法，已爲探究中國文化中的民間宗教現象，開出新的途徑。

　　㈠什麼是合理的宗教信仰？什麼是不合理的迷信？這在我們每個人的生活中，都是很困擾的問題，《宗教與迷信》一文，爲我們提供了明確的答案。㈡占卜是多數人都有的經驗，但都停在「百姓日用而不知」的階段，《說占卜——一個社會人類學的考察》，由全世界各民族占卜的不同型式的表現。檢討到中國的占卜文化，說明了：(1)占卜的種類；(2)占卜的社會功能；(3)中國占卜的特色。㈢神靈附體的童乩，在臺灣民間很普遍，甚至發生過因「坐禁」而死亡的事，引起興論界的關注，《是真是假話童乩》針對以下一系列的問題，爲社會大衆解疑辨惑：(1)童乩是什麼？是不是真有神附體？(3)童乩真能治病解難嗎？(4)什麼人去做童乩？(5)童乩問題應爲何處理？㈣不論農村或都市，臺灣「拜拜」的風氣一向很盛，且有愈禁愈盛的趨勢。提倡節約和改善民俗的人，總認爲近神拜拜是迷信，卻很少了解民間生活上和精神上的需要。《平心論拜拜》的看法是：「作爲一個社會研究者，我覺得在國家建設的過程中，我們固然要努力把我們的社會推向現代的路上去，但我們也不可忽視鄉民們的傳統精神生活方式，有時且可利用他們的傳統信仰作爲過渡時期的橋樑，使現代化的制度更樂於被接受，更易於主動地推行」。

　　以上這一類的文化問題，學術界一向比較忽略。中國文化的「大傳統」，與一

般人民的生活已日漸遠離；「小傳統」的中國文化似乎比大傳統更具韌性，要改造中國文化，這方面的研究有加強的必要。

《中國人：觀念與行爲》

文崇一、蕭新煌主編，1988 年巨流圖書公司印行。在臺灣，由各種不同學科的學者，對中國文化有計劃地合作寫書，不是第一次，但這卻是最新的一本。

編者的構想，是希望透過對中國文化的認識，去理解一些觀念和行爲的傳統性與現代性，並希望借助各人對該一主題的長期觀察和研究，能夠對某些現象提出個人的獨特見解，找出困境，了解適應方式，並尋求將來的出路。最後寫成的論文，大抵能符合當初的構想。

全書除編者緒言之外，共有十三篇論文：(1)楊國樞的《中國人與自然、他人、自我的關係》指出，中國人對自然的適應態度，導致對西方文化不易接納；因他人的社會取向而壓抑了自己；因個人內修功夫太強烈而不表現自我。(2)文崇一的《中國人的富貴與命運》，認爲中國人努力的目標，就是富與貴，過去如此，現在也如此。但是富貴的獲得，要靠拉關係，還要有機緣，這就迫使中國人不得不向命運低頭。(3)黃光國的《中國人的人情關係》，分析了人情、關係和面子這些概念之間究竟存有什麼關係？它對我們的社會行爲又有什麼影響？文章的結論是：中國是個人情泛濫的社會，也是一個缺乏是非的社會。(4)韋政通的《中國人的道德思考》指出臺灣在經濟成長之後，道德方面產生了新的問題，而道德教育與這些問題又完全脫節。道德問題的產生，主要是由於我們所要求重建的社會形態有了改變，因此問題的解決，除了教育要重視個體的自覺與自動之外，則寄望於一個民主開放充滿生機的社會的建立，這樣的社會才能爲價值系統的轉化提供良好的環境。(5)胡佛的《中國人的政治生活》，就政治生活的概念，以國家的政治體系爲範疇，說明傳統的政治生活是專權的統治、極權的籠罩、特權的差別，而近代的政治生活正朝著反對特權、極權與專權的大方向發展。中國人必須達到平權的與分權的現代政治生活的建立，才能增加我們的權力，才會帶給我們自尊自重的感受。(6)李亦園的《中國人的家庭與家的文化》，第一部分討論中國家庭的特色，第二部份討論中國家庭的現代適應，第三部分是中國家庭與中國文化。中國家庭這種以父子關係爲主軸的文化，具有四種特性：延續性、包容性、權威性、非性的，第三部分即在論證這些特性不但足以描述中國人的家庭生活，甚至也可以形容於整個中國文化，無論是傳統的或是現代的。(7)陳其南的《中國人的家族與企業經營》指出中國人的家族制度是以系譜理念爲中心的，因此與日本和西方的家族制度都不同。這種制度使中國人的企業經營難以延續和不斷分裂，在適應資本主義制度上產生許多問題。(8)章英華的《中國人的城鄉經驗》從近代的觀點，認爲中國大小都市都空有「城」的架子，既缺乏內部規劃又缺乏行政管理。本文從居住環境，交通行爲，人際交往和人羣組織等方面來觀察這種「亂」的景象及其根源。(9)蕭新煌的《中國人對環境的關切》，根據實證的研究，認爲現在的中國人對環境的觀念有相當「功利」的色彩，雖明顯有公害意識，但仍很缺乏生態意識。因此如何讓順乎自然、珍惜自然和敬畏自然的傳統觀

念，重新獲得當代中國人的認定，是今天我們應該認真思考的一項文化建設課題。⑽瞿海源的《中國人的宗教信仰》，是就臺灣地區的狀況，討論究竟宗教與現代生活有何關聯？宗教對社會變遷有何種影響？相對的，社會的變遷又如何影響到宗教的發展。文章指出，臺灣民間信仰所以特別興盛，可能由於社會的不確定性與原有的功利觀念。⑾李豐的《中國人的病與補》，主要在增加現代人對「病」與「補」的認識，糾正過去進補觀念的偏差。人要活得健康快樂，保持運動的習慣，才是正確的方法。⑿伊慶春的《中國女性的婚姻與職業》，以柔和剛的概念闡明女性與男性的相互關係，以及新舊時代擇偶過程，婚姻關係的不同。現代女性由於家庭和事業的兼顧，使其教育程度、社會地位、權力都獲得提高。⒀張茂桂的《中國人的種族意識》，根據實證研究和實例，說明中國人的我族中心主義與種族歧視等缺點。一種正確的種族態度，應是尊重多元文化，並使不同種族的人，在政治經濟方面機會均等。

文化研究機構㈠～㈣

機構㈠　中央研究院

中央研究院爲臺灣地區最高學術研究機構，雖未設中國文化研究所，但至少有三個研究所與中國文化研究相關，且研究取向，各有不同的重點。其一爲歷史語言研究所，以研究傳統中國的文化爲主，尤其是上古文化。其二爲近代研究所，以研究中國十九世紀爲主，向前追溯到十七、八世紀，向後則延伸到二十世紀的民國史。其三爲民族學研究所，以研究臺灣本土文化和土著民族爲主，臺灣地區社會文化變遷以及現代化的過程，亦爲其研究重點。

一、歷史語言研究所

該所成立之初，所長傅斯年於 1928 年所撰《歷史語言研究所工作之旨趣》一文中，說明該所研究宗旨爲：⑴保持亭林（顧炎武）、百詩（閻若璩）的遺訓；⑵擴張研究的材料；⑶擴張研究的工具。研究態度和方法是：⑴那些傳統的或自造的「仁義禮智」和其他主觀，同歷史學和語言學混在一氣的人，絕對不是我們的同志！⑵要把歷史學、語言學建設得和生物學、地質學等同樣，乃是我們的同志！⑶我們要科學的東方學之正統在中國！研究範圍是：⑴歷史方面包括文籍考訂、史料徵集、考古、人類及民物、比較藝術。⑵語言方面包括漢語、西南語、中央亞細亞語、語言學。六十年前定下的工作旨趣，形成該所的傳統，遷臺四十年間，並未有多大改變。

該所研究成果，已出版的有：⑴專刊八十二種，其中三十一種爲大陸時期研究

成果，包括《安陽發掘報告》和《中國考古學報》。1949 年遷臺以後有五十一種，大都爲歷史、語言專門之作，乃供一般研究中國文化參考的並不多。(2)單刊，又分甲乙二種，甲種二十七冊，有六冊爲 1949 年後成果，乙種六冊，有一冊爲 1949 年後成果。單刊的性質與專刊似乎並沒有多少區分。(3)集刊有五十六本，二十二本以下爲 1949 年後成果，平均每年一本，發表研究人員的研究論文，其性質絕大部分與專刊、單刊相同。(4)集刊外編，爲《慶祝蔡元培六十五歲論文集》、和《慶祝董作賓六十五歲論文集》。

此外，必須一提的是：該所於 1972 年出版了一部《中國上古史》的史前部分，此書是憑藉校訂比較完善的古籍與發掘出土的實物，把中國上古史作一番整理，重心則放置在民族的發展與文化的演進上。這是一部今後所有研究這一時期中國文化的人必讀之書。上古史研究計劃，預擬了八十左右的題目，每題一章，到 1972 年時，已完成三十九章，史前部分佔十三章，其餘部分並未出版，少數有關先秦諸子者，已發表於集刊之中。

二、近代史研究所

在大陸時期的中央研究院，未設近代史所，1955 年在臺灣成立時，第一任所長郭廷以擬訂的研究主旨爲：(1)以明清之際爲背景，重心在十九世紀以來之中國歷史，包括外交、政治、軍事、經濟、社會、學術思想等方面。(2)自中西接觸以來，中國與西方各國及東南亞各國之關係，其中俄、日、美、英、法等尤爲重要；並由此而特爲注意中國政治、軍事、經濟、社會與學術思想各方面因受西方影響所起之反應。(3)現代化運動，亦即自強與維新運動，爲百年來中國朝野人士之重大目標，其努力經過與得失成敗，應詳加探討，以爲今後參考。(4)孫中山先生以畢生精力從事民族復興大業，其手創之中國國民黨與二十世紀之中國關係至鉅，而近三十年來之措施，更影響及於遠東全局。本所對這方面的歷史研究，尤當特別致力。以上第四點，因政治忌諱，直到近年來始稍能著力。除此之外，其他三方面都有相當不錯的表現和研究成果。這些成果對研究中國近代文化，尤其是中國近代新文化的演變和發展，都具有重要的參考價值。

代表該所研究主要成果的爲專刊，已出版五十六種，其中包括《中國現代化的區域研究》，研討廣東、閩浙臺、上海、江蘇、山東、直隸、東三省、湖北、湖南、四川等十個區域（已出版有湖北、山東、閩浙臺、湖南、江蘇），1860—1916 年的發展與變遷，討論的主要問題是：經由中國近代史，了解什麼因素有助於現代化的發展？什麼因素構成了現代化的阻力？以及中國地區性發展遲速不同的原因。這一集體性工作，運用科際整合的方法，爲中國文化研究開闢了新的途徑。

此外，有發表近代史論文的集刊，已出版十六期。該所自 1978 年以來，曾舉辦多次研討會，已出版的研討會論文集有：《近代中國維新思想研討會》、《中國近代維新運動——變法與立憲研討會》、《辛亥革命研討會》、《中華民國初期歷史研討會》、《近世中國經世思想研討會》、《抗戰前十年國家建設史研討會》、《近代中國區域史研討會》、《清季自強運動研討會》。

三、民族學研究所

中央研究院創立後，於 1928 年成立民族學組，由院長蔡元培自兼組主任，至 1965 年始正式成立研究所，首任所長爲凌純聲，凌氏不久去世，繼任者爲李亦園。

成立之初，研究範圍著重於：(1)中國民族文化史研究；(2)臺灣土著民族社會文化研究；(3)臺灣漢人社會及民俗研究；(4)東南亞華人社會研究；(5)臺灣社會變遷及其適應的研究。自李氏接任後，因鑑於民族學在理論研究及實際應用的探討上，都有了重要的發展，因而在研究工作上做了若干重大的改變，從對較原始的臺灣土著民族的研究擴展到對複雜的漢人社會文化的研究；從單一的民族學研究，進一步發展成行爲科學的綜合研究。此外，並積極參與國內現代化社會問題的探討。具體的研究工作爲：(1)臺灣北部地區社會文化變遷與適應的研究；(2)農村現代化與人際關係調查研究；(3)臺灣濁水、大肚兩溪流域自然與文化史科際綜合研究；(4)臺灣地區家庭子女人數及子女價值之科際綜合研究；(5)臺灣土著民族的研究；(6)親族結構的數理研究；(7)漢人民間信仰研究；(8)華僑社會的研究。

研究成果已出版的有：(1)集刊，每年出二期，已出至 64 期，主要刊載人類學論文和研究報告。(2)專刊甲種，爲田野調查報告及研究專集，已出版二十八種，其中包括：《楚文化研究》、《中國民間信仰論集》、《社會變遷中的青少年問題研討會論文集》。(3)專刊乙種，爲專題研究及單行本專書，已出版二十種，包括《光復後臺灣農業政策的演變》、《變遷中的臺灣社會》、其中《中國人的性格》、《社會及行爲科學研究的中國化》、在科際綜合性研究與方法論上，都具有開創性。

機構㈡ 中華文化復興運動推行委員會

1966年11月12日，爲孫中山先生一百晉一誕辰，這一天，於臺北市陽明山之中山樓中華文化堂舉行落成紀念會，總統蔣中正先生發表紀念文，指出孫先生繼承道統，創立《三民主義》，使五千年中華文化歷久彌新。參加紀念會的全體人士，遂聯名建議政府定每年11月12日爲中華文化復興節，文復會亦同時成立，負責推行中華文化復興運動。

文復會除於臺灣省、臺北市、高雄市等地設有分會之外，設於臺北市的總會內設有各種委員會和小組，爲教育改革促進委員會、國民生活輔導委員會、文藝研究促進委員會、《中國之科學與文明》編譯委員會、《四庫全書》索引編纂小組，其中直接推動中國文化研究者，爲中華文化叢書編輯委員會。

該會成立 22 年（至 1988）以來，有關中國文化研究的主要工作及成果，有下列幾項：

㈠出版叢書

（叢書類別及詳目見另附資料）

　　㈡主辦學術研究會，探討中國傳統文化在現代的意義：⑴ 1928 年 7 月 26 至 27 日，主辦《傳統文化與現代生活》研討會，分倫理與制度、藝術與民俗二組進行，論文二十四篇，研討會論文集於同年 12 月出版。⑵ 1983 年 10 月 16 日主辦《孝道與孝行》研討會，論文四篇，研討會論文集於同年 12 月出版。⑶ 1984 年 11 月 17 日至 18 日，主辦《生命禮俗》研討會，論文六篇，研討會論文集於同年 12 月出版。⑷ 1985 年 10 月 5 日至 6 日，與行政院文化建設委員會合辦《現代生活態度》研討會，論文七篇，研討會論文集於同年 12 月出版。

　　㈢刊行《中華文化復興月刊》：自 1968 年 3 月創刊，至 1988 年 9 月，已發行 246 期。內容包括通論性及學術性的中外文化、思想論著。

● 中 華 文 化 復 興 運 動 推 行 委 員 會 出 版 叢 書 ●

〈中華文化叢書〉

　　文復會主編 1981 年　　　臺北市　　　文物社印行　　　共 12 類　103 種　106 冊

一、哲學組
1. 中外政治哲學之比較研究上、下（鄔昆如著）
2. 中西宗教哲學比較研究（羅光著）
3. 人之哲學（項退結著）
4. 中外形上學比較研究上、下（李震著）
5. 國父底道德學說（任卓宣著）
6. 三民主義教育哲學研究（崔載陽著）
7. 中外哲學概論之比較研究（趙雅博著）
8. 中外歷史哲學之比較研究（羅光著）
9. 中西知識學比較研究（張振東著）
10. 中外倫理哲學比較研究（高思謙著）
11. 道家思想與西方哲學（楊汝舟著）
12. 中西法律哲學之比較研究（羅光著）
13. 中國先秦與希臘哲學之比較（高懷民著）

二、倫理組
1. 倫理民主科學的契合與建構（龔寶善者）
2. 中國家庭與倫理（楊懋春著）
3. 民族主義與中國倫理（吳鼎著）
4. 先總統　蔣公倫理道德思想與實踐（張載宇著）
5. 中外文化與親屬關係（楊懋春著）
6. 中外文化在國際關係哲學上的異同（林子勛著）
7. 中西文化在子女教育上的異同（侯王渝著）
8. 中西文化在人際關係上的異同（楊孝濚著）
9. 倫理與政治之整合與運作（黃奏勝著）

三、科技類

1. 中國數學發展史（傅溥著）
2. 中國的交通運輸發展（陳光華著）
3. 中國的地理（劉鴻喜著）
4. 中國的水利發展（石朝雄著）
5. 中國的海洋（陳民本、陳汝勤合著）
6. 中國生物學發展史（李亮恭著）
7. 中國機械科技之發展（萬迪棣著）
8. 中華文化之科學解析（陳立夫著）
9. 中國農業發展（吳聰賢著）

四、教育組
1. 中外教育計劃概述（林文達著）
2. 中外私立教育制度之比較研究（蔡保田著）
3. 顏習齋和杜威哲學及教育思想的比較研究（鄭世興著）
4. 清末民初民族主義教育思潮（瞿立鶴著）
5. 中外教育行政制度（黃昆輝著）

五、禮俗組
1. 中外婚姻禮俗之比較研究（阮昌銳著）

六、社會組
1. 中外社會運動比較研究（陳國鈞著）
2. 中外社會問題比較研究（王維林等著）
3. 中外社會政策比較研究（劉脩如著）
4. 中外社會福利服務比較研究（李增祿等著）
5. 中外社會思想之比較研究（謝康著）
6. 中外社會福利行政比較研究（蔡漢賢、林萬億著）

七、經濟組
1. 中國經濟思想史（侯家駒著）
2. 當代中國經濟基本建設（吳榮義著）
3. 中國海關史（趙淑敏著）
4. 中國人口問題研究（劉克智、劉翠溶合著）
5. 當代中國對外貿易（于宗先著）
6. 中國之土地改革（殷章甫著）
7. 中國之公營生產事業（葉萬安、邱顯明編著）
8. 中國租稅制度及比較研究（殷文俊著）
9. 中國貿易史（魯傳鼎著）

八、政治組
1. 三民主義與共產主義（胡一貫著）
2. 中外人權思想比較研究（張彝鼎著）
3. 中外條約關係之變遷（杜蘅之著）
4. 孫中山與華盛頓（馬起華著）

5. 成吉思汗與拿破崙（馬起華著）
6. 中德宰相之比較（馬起華著）
7. 中外監察制度之比較（陶百川、陳少廷合著）
8. 中國革命導師（黃光學著）
9. 中國政治思想精義（葉祖灝著）
10. 儒家政治思想與中國政治現代化（吳瓊恩著）
11. 中外考試制度之比較（徐有守著）
12. 西藏現況研究（魏萼著）
13. 蒙古文化概說（札奇斯欽著）

九、法制組

1. 五權憲法與三權憲法之比較研究（高旭輝著）
2. 中國固有法律與西洋現代法律之比較（林咏榮著）
3. 中外觀護制度之比較研究（丁道源編著）
4. 中外法院制度的比較研究（林榮耀著）
5. 監獄制度之比較研究（李甲孚著）
6. 美國少年法制之研究（張迺良著）
7. 論商務仲裁之國際立法（劉鐵錚著）
8. 商務仲裁之理論與實際（楊崇森著）
9. 老莊法律思想（林文雄著）
10. 管子的法律思想（戴東雄著）
11. 中外律師制度（尤英夫著）
12. 中外檢查制度之比較（黃東雄著）

十、國防組

1. 國防體制概論（蔣緯國著）
2. 中國歷代名將及其用兵思想（魏汝霖著）
3. 中外軍制和指揮參謀體系的演進（施治著）
4. 民防體制概論（孫紹蔚著）
5. 政治戰略（方子希著）
6. 中國軍事思想（劉仲平著）
7. 中國後勤體制（李啓明著）
8. 空防與國防（劉俊著）
9. 中國軍事教育史（李震著）
10. 海洋與國防（劉赤忠著）
11. 中國國防思想史（徐培根著）
12. 中外兵役制度（秦修好著）
13. 軍事戰略（丁肇強著）

十一、文學組

1. 中國文學的發展概述（王夢鷗等著）
2. 國外學者看中國文學（侯健編輯）

3.　西洋散文的面貌（董崇選著）
4.　西洋散文發展概述（何欣等著）
5.　中國新文學史論（尹雪曼著）
6.　中國詩歌研究（羅宗濤著）
7.　中國散文之面貌（張高評等著）
8.　西洋詩歌研究（齊邦媛著）

十二　藝術組

1.　中外雕塑比較研究（吳樹人著）
2.　中外藝術創作心理學（趙雅博著）
3.　中西美學與藝術評論（劉文潭著）
4.　中西舞蹈比較研究（高棪、李維合著）

〈古籍今註今譯〉

王雲五　文復會　國編館叢書會主編　1967 年　臺北市　臺灣商務印行　33
種　44 冊

1.　尚書今註今譯（屈萬里註譯）
2.　詩經今註今譯（馬持盈註譯）
3.　周易今註今譯（南懷瑾註譯）
4.　周禮今註今譯（林尹註譯）
5.　禮記今註今譯上、下冊（王夢鷗註譯）
6.　春秋左傳今註今譯上、中、下冊（李宗侗註譯）
7.　大學今註今譯（宋天正註譯）
8.　中庸今註今譯（宋天正註譯）
9.　論語今註今譯（毛子水註譯）
10.　孟子今註今譯（史次耘註譯）
11.　老子今註今譯（陳鼓應註譯）
12.　莊子今註今譯上、下冊（陳鼓應註譯）
13.　大戴禮記今註今譯（高明註譯）
14.　春秋公羊傳今註今譯上、下冊（李宗侗註譯）
15.　韓詩外傳今註今譯（賴炎元註譯）
16.　孝經今註今譯（黃得時註譯）
17.　新序今註今譯（盧元駿註譯）
18.　說苑今註今譯（盧元駿註譯）
19.　墨子今註今譯（李漁叔註譯）
20.　荀子今註今譯（熊公哲註譯）
21.　孫子今註今譯（魏汝霖註譯）
22.　史記今註今譯一至六冊（馬持盈註譯）
23.　太公六韜今註今譯（徐培根註譯）
24.　黃石公三略今註今譯（魏汝霖註譯）

25. 司馬法今註今譯（劉仲平註譯）
26. 尉繚子今註今譯（劉仲平註譯）
27. 吳子今註今譯（傅紹傑註譯）
28. 唐太宗李衛公問對今註今譯（曾振註譯）
29. 韓非子今註今譯上、下冊（邵增樺註譯）
30. 春秋繁露今註今譯（賴炎元註譯）
31. 四書今註今譯（楊亮功等註譯）
32. 呂氏春秋今註今譯上、下冊（林品石註譯）
33. 公孫龍子今註今譯（陳癸淼註譯）
34. 商君書今註今譯（賀凌虛註譯）

〈中國歷代思想家〉

王壽南總編輯　文復會主編　1978 年　臺北市　臺灣商務印行精 10（平 56）
冊　精 10 冊基 60.00 圓；平 56 冊（可分售）基 47.00 圓
按平裝本冊次排列如下：
1. 周公、管子、老子（洪安全、婁良樂、余培林撰）
2. 孔子（張蓓蓓撰）
3. 孫子、墨子、商鞅（甲凱、徐文助、王冬珍撰）
4. 莊子（黃錦鋐撰）
5. 孟子（劉正浩撰）
6. 荀子（林麗真撰）
7. 公孫龍、韓非（周駿富、楊樹藩撰）
8. 陸賈、賈誼（王更生撰）
9. 董仲舒（林麗雪撰）
10. 劉安（于大成撰）
11. 劉向、揚雄（廖吉郎、李鎏撰）
12. 王充、王符（陳麗桂、王關仕撰）
13. 鄭玄，荀悅（陳品卿、張美煜撰）
14. 仲長統、何晏、阮籍（楊昌年、何啓民撰）
15. 傅玄、嵇康、王弼（韓復智、何啓民、林麗真撰）
16. 葛洪、郭象（尤信雄、黃錦鋐撰）
17. 道安、慧遠、竺道生、陶弘景（藍吉富、田博元、沈謙撰）
18. 智顗（慧嶽撰）
19. 吉藏（李世傑撰）
20. 杜順、王通（李世傑、沈秋雄撰）
21. 玄奘（彭楚珩撰）
22. 慧能、法藏（羅宗濤、藍吉富撰）
23. 韓愈、羅隱（張特生、楊樹藩撰）
24. 范仲淹、孫復、胡瑗（王德毅、蔡仁厚、封思毅撰）

25. 邵雍、周敦頤（陳郁夫、董俊彥撰）
26. 司馬光、張載（王德毅、陳弘治撰）
27. 王安石（廖吉郎撰）
28. 程顥、程頤、楊時（王開府、傅武光撰）
29. 朱熹、呂祖謙（陸寶千、姚榮松撰）
30. 陸九淵、陳亮（陳郁夫、林耀曾撰）
31. 邱處機、葉適、真德秀（王民信、陳麗桂、甲凱撰）
32. 耶律楚材、許衡（趙振績、王民信撰）
33. 方孝儒（邱德修撰）
34. 王守仁（王熙元撰）
35. 高攀龍（傅武光撰）
36. 黃道周、朱之瑜、黃宗羲（黃春貴、賴橋本、許錟輝撰）
37. 方以智（張永堂撰）
38. 顧炎武、王夫之（簡明勇、黃懿梅撰）
39. 李顒（王孺松撰）
40. 顏元、劉獻廷、李塨（李國英、盧建榮、周何撰）
41. 莊存與、戴震、龔自珍（陸寶千、劉昭仁撰）
42. 魏源、馮桂芬（王家檢、呂實強撰）
43. 曾國藩（何烈撰）
44. 郭嵩燾、王韜（陸寶千、呂實強撰）
45. 薛福成、鄭觀應（王爾敏、孫會文撰）
46. 嚴復（郭正昭撰）
47. 康有為（王樹槐撰）
48. 譚嗣同（林載爵撰）
49. 吳敬恆（呂芳上撰）
50. 孫中山（蔣永敬撰）
51. 蔡元培、章炳麟（陶英惠、張玉法撰）
52. 梁啟超、熊十力（胡平生、李霜青撰）
53. 張君勱（江勇振撰）
54. 蔣中正（吳寄萍撰）
55. 太虛、戴季陶（慧嚴、李雲漢撰）
56. 胡適（楊承彬撰）

〈中華科學技藝史叢書〉

陳立夫主編　文復會科學編譯會編　1974 年　臺北市　臺灣商務印行　15 種 17 冊

1. 中華天文學發展史（劉昭民編著）
2. 中華氣象學史（劉昭民編著）
3. 中華地質學史（劉昭民編著）

4. 中華醫藥學史（鄭曼青、林品石編著）
5. 中華農業史——論集（沈宗瀚、趙雅書等編撰）
6. 中華園藝史（程兆熊編著）
7. 中華水利史（沈百先、章光彩等撰）
8. 中華鹽業史（田秋野、周維亮撰）
9. 中華地政史（蕭錚著）
10. 中華鐵路史（凌鴻勛著）
11. 中華公路史上、下冊（周一士等編著）
12. 中華水運史（王洸著）
13. 中華合作事業發展史上、下冊（陳岩松編著）
14. 中國書法史（張光賓編著）
15. 中華國劇史（史煥章編著）
16. 中華物理學史（劉昭民編著）
17. 中華雕刻史上冊（鄭家驊、劉淑蘋編著）

機構(三) 漢學研究中心

　　這個機構屬於教育部，設立於 1981 年，原名「漢學研究資料及服務中心」，1987 年 11 月更爲今名。設立宗旨爲促進國際漢學的研究與交流。主要工作爲：調查搜集漢學資料、報導漢學研究動態、編印各科書目索引、出版漢學研究論著、建立學人專長資料、提供代購影印服務。

　　該中心設於臺北市中央圖書館內，由教育部聘請國內學者組成「指導委員會」策劃推動各項工作。自成立以來，已陸續搜集海外佚籍、敦煌微卷、學位論文與大陸地區出版漢學研究資料，供研究者參考。並不定期舉辦國際性學術研討會及書展。自 1988 年 7 月起，將實施「協助漢學研究人士來華研究計劃」。

　　該中心經常定期出版：

　　㈠《漢學研究》爲半年刊，每年 6 月與 12 月出版，內容分兩部分：(1)論文（中、英、日文不拘）；(2)書評。每期約七百頁左右。

　　㈡《漢學研究通訊》爲季刊，每年 3 月、6 月、9 月、12 月出版，內容包括：(1)專論（學術論文）；(2)研究與成果（有系統的介紹資料編纂及研究成果）；(3)學人專訪；(4)國內外學術會議報導；(5)學界消息（包含研究機構及高等學府動態、學術活動，每年度漢學部分博士題名錄、碩士論文彙目）；(6)資料介紹（包含新近出版論文集彙目、期刊論文選目、漢學研究專著選目等）。每期約六十頁至一百頁之間。

　　㈢《外文期刊漢學論評彙目》爲季刊，介紹最近英、日文漢學研究論文、書評，每期約二十頁。

機構㈣ 中國文化大學

　　由張其昀在菲律賓僑領莊萬里資助下創辦，1962 年先成立中國文化研究所，翌年即改爲中國文化學院，1980 年改爲中國文化大學，地址在臺北市陽明山。

　　該校原始創校宗旨之一爲：弘揚中國文化，致力文藝復興、發揚中華學術的優良傳統，不但要把幾千年來的儒學發揚光大，更要輸入西方文化，融貫古今，整合新舊，溝通東西，創造中國的新文化。

　　在創校理念主導下，二十多年來曾出版《中文大辭典》，《中華民國百科全書》、《中華五千史》、《中國歷史地圖》、《中華學術與現代文化叢書》。另有《華岡學報》、《文藝復興月刊》、《華學月刊》。

　　根據 1985 年資料，該校共有 44 系，24 研究所，另加夜間部 16 系，學生人數近一萬九千名，與一般私立大學無異。

學術活動（1985—1988）

1985 年

　　3.11.　《中國倫理教育哲學基礎國際學術研討會》於輔仁大學舉行三天，此會乃《中國傳統與現代生活》長期研究計劃下一連串會議之一，目的在了解倫理教育在現代扮演的角色，與會學者國內外共六十位，發表論文（英文）九篇。

　　4.1.　漢學研究資料中心和國立中央圖書館在臺北召開《方志學國際研討會》，會期四天，海內外學者百人參加，論文三十篇，討論主題：⑴方志理論；⑵方志利用；⑶方志編藏；⑷臺灣方志。

　　4.13.　第九屆全國《比較文學會議》於政治大學舉行，會期二天，論文九篇，主題爲「文學運動」。

　　4.14.　中國民族學會及《思與言》雜誌於師範大學綜合大樓合辦《臺灣史研究的回顧與展望》研討會，論文七篇。

　　5.19.　中韓研究學會主辦的《中韓文化關係學術研討會》在臺北召開，會期五天，論文六十九篇。

　　6.6.　中央研究院三民所主辦《臺灣地區之現代化及其問題》研討會，在臺北南港該所舉行，會期三天，論文十八篇。

　　6.30.　《中華民國哲學會年會》於臺北師範大學綜合大樓召開，論文八篇。

　　9.14.　由聯合報國學文獻館主辦的《臺灣地區開闢史料學術座談會》在臺北文苑舉行，爲期二天，十七篇論文。

　　11.2.　中國國民黨史會、中國歷史學會、國史館與中研院近史所合辦之《孫中

山先生與近代中國學術研討會》在高雄中山大學召開，會期四天，中外學者一百四十人參加，論文五十九篇。

11.4.　臺灣大學哲學系爲慶祝創校四十周年，邀請二百餘位校友及在校師生，舉行《國際中國哲學研討會》，會期三天，論文四十四篇。

12.11.　政治大學歷史系和臺灣史蹟研究中心合辦《臺灣史研究及史料發掘研討會》於臺北政大公企中心舉行，論文五篇，四篇史料發掘報告。

1986 年

2.3.　中國民主社會黨在臺北召開《張君勱百齡冥誕學術研討會》，分中華民國憲法組、中西文化交流組、社會主義思想評述組、新儒家思想組四組進行，論文八篇。

3.14.　國立清華大學主辦的《中國思想史上的經世傳統》研討會，在新竹該校舉行，會期二天，論文十八篇。

4.15.　由行政院文化建設委員主辦的《第二屆民族音樂學會議》在臺北師範大學舉行，國內外學者二十四人與會，論文十五篇，專題報告三篇。

5.3.　中國古典文學研究會與高雄師範學院共同舉辦《第七屆中國古典文學會議》在高雄師院舉行，會期二天，論文十七篇。

5.10.　由臺中東海大學舉辦第十屆全國《比較文學會議》在東海大學舉行，會期二天，論文十四篇。

6.8.　臺北《思與言雜誌社》召開小型《中國科技史研討會》，宣讀論文七篇。

6.29.　《中韓文化關係研討會》於政治大學舉行，論文十二篇。

8.1.　中央研究院史語所、民族所、三民所、近史所所際合作的《臺灣史研究計劃》開始進行，由十四位院內外學者參加，計劃爲期二年。

8.1.　由漢學研究資料中心主辦、國立中央圖書館、中國文化大學敦煌學會協辦之《敦煌學國際研討會》於中央圖書館舉行，會期三天，論文三十一篇。

8.10.　中華民國比較文學學會於臺北淡江大學舉辦第五屆《國際比較文學會議》，會期五天，會議以「現代主義及其對中西比較文學之衝擊」爲主題，分五組進行討論。

8.4–8, 8.11–14　由中研院史語所、經濟所、臺大歷史所共同主辦第四屆《中國社會經濟史》研討會，會期十天，分二階段於臺大文學院舉行，論文二十四篇。

8.17.　由自由基金會主辦的《儒家與現代化》研討會，在臺北召開，會期三天，國內外學者八十餘人參加，論文二十二篇。

8.22.　中研院近史所召開《近代中國區域史》研討會，會期三天，學界一百一十四人參加，論文二十七篇。

9.2.　政治大學國際關係研究中心主辦《第三屆中歐學術會議》在臺北召開，中外學者五十餘人參加，以《二十世紀中國之改革與革命》爲主題，論文十九篇。

9.13.　聯合報基金會與《中國論壇》合辦的《知識份子與臺灣發展》研討會，在新竹南園召開，爲期三天，學者二十八人參加，論文十二篇。

11.14.　中華民國史蹟研究中心與中研院三民所合辦的《臺灣史研究暨史料發掘研討會》在三民所召開，會期二天，學界八十餘人參加，提出論文、史料介紹和史蹟研究共十八篇。

12.18.　淡江大學歷史系主辦《第一屆中國近代政治與宗教關係國際學術研討會》，在臺北淡水召開，會期三天，中外學者近二百人參加，會議分理論、近世、近代、現代四組進行，論文二十篇。

12.19.　國際科學史與科學哲學聯合會主辦的《第一屆科技史研討會》在臺北召開，會期二天，論文十五篇。

12.20 起至 1987. 1. 14 期間　國立清華大學歷史研究所主辦《中國歷代社會政治結構與思想發展》系列講座，由余英時、楊聯陞、全漢昇主講。

12.29.　中央研究院召開《第二屆國際漢學會議》，會期三天，中外學者二百餘人參加。

1987 年

1.10.　中研院與北大同學會合辦《蔡元培先生一一九歲誕辰紀念演講會》，由張玉法主講《五四時期的思潮》。

1.16.　中國社會學社舉辦《儒家思想與中國社會》研討會，宣讀論文七篇。

2.21.　《中國論壇》與民生報合辦《女性知識份子與臺灣發展》學術研討會，會期二天，論文九篇。

2.24–26 三天　中國時報人間副刊主辦《胡適先生逝世廿五周年紀念演講會》，由周策縱（講題《胡適風格——特論態度與方法》、韋政通（《胡適心目中的孔子》）、唐德剛（《胡適時代捲土重來》）主講。

4.11.　淡江大學和中國古典文學研究會合辦第八屆《中國古典文學會議》，會期二天，論文十六篇。

5.1.　國立中興大學歷史系主辦第二屆《中西史學史國際研討會》，會期二天，論文十二篇。

5.1.　中國現代化文化基金會主辦《中國經濟現代化》討論會，在臺北舉行，由趙耀東、于宗先、黃世惠、侯邦爲、邊裕淵等主講。

5.23.　中華民國韓國研究學會主辦第三屆《中韓文化關係學術研討會》在臺北舉行，會期二天，論文二十七篇。

6.6.　清華大學中國語文學系主辦第一屆《中國文學批評》研討會，會期二天，論文十篇。

7.4.　《文訊月刊》主辦《抗戰文學》研討會，會期二天，論文十三篇。

7.12.　《中國歷史學會第二十三屆會員大會》，會中分上古、中古、近古、近代現代四組進行，論文二十一篇。

7.27.　民俗音樂研究會於師大主辦《民族音樂》研討會，會期二天，論文六篇。

7.30.　清華大學語言學研究所主辦《當代語法理論與漢語句法》研討會，論文

八篇。

　　8.1.　史蹟研究中心、中國民族學會、中研院臺灣史田野研究計劃執行小組合辦《臺灣史研究暨史料發掘研討會》在南港召開，會期二天，論文十六篇。

　　8.7.　漢學研究資料中心、清華大學中國語文學系、政治大學中國文學系所合辦《明代戲曲小說國際研討會》，在中央圖書館國際會議廳舉行，會期三天。

　　8.10.　淡江大學主辦第五屆《國際比較文學會議》，會中以「現代主義與中西比較文學」為主題，會期五天，論文（中英文）六十七篇。

　　8.21.　中央研究院近史所主辦《清季自強運動》研討會，會期三天，論文（中英文）三十四篇。

　　8.28.　中研院及臺大合辦《臺灣地區社會變遷基本調查》研討會，會期三天，論文二十一篇。

　　9.3.　聯合報文化基金會國學文獻館主辦第四屆《亞洲族譜學術研討會》，會期二天，論文二十四篇。

　　9.27.　《鵝湖月刊》主辦第六屆《鵝湖論文研討會》，會期二天，論文九篇。

　　11.9.　教育部與太平洋文化基金會合辦《中美文教關係研討會》，會期二天，論文（英文）十篇。

　　11.12.　孔孟學會、文復會、哲學會聯合主辦《國際孔學會議》，會議分孔學、經學、孔子思想與現代世界三組，會期六天，論文（中英文）九十一篇。

　　12.12.　中國古典文學研究會與師範大學合辦《中國文學批評研討會》，以研究《文心雕龍》為主，會期二天，論文十七篇。

1988 年

　　1.14.　東海大學歷史所主辦第二屆《臺灣開發史研討會》，會期二天，論文（中英文）十五篇。

　　1.29.　臺灣大學中國文學研究所、唐代研究學者聯誼會合辦第一屆《國際唐代學術會議》，會期二天，論文二十四篇。

　　1.30.　臺灣史研究會辦第一屆《臺灣史學術研討會》，會期三天，論文十三篇。

　　2.8.　民俗音樂研究會主辦第四屆《民俗音樂研討會》，會期二天，論文六篇。

　　2.10.　清華大學社會人類學研究所主辦《臺灣新興社會運動研討會》，會期二天，論文十三篇。

　　5.9.　行政院文建會主辦、師大音樂研究所承辦第三屆《中國民族音樂會議》，以「民間音樂與宮廷音樂」為主題，會期六天，論文十七篇。

　　5.14.　清華大學與比較文學學會合辦第十二屆《全國比較文學會議》，以「文學與藝術」為主題，會期二天，論文十一篇。

　　5.15.　《思與言》雜誌社及省文獻委員會合辦《臺灣史研討會》，論文七篇。

　　5.27.　中研院民族所主辦《臺灣土著宗教祭儀研討會》，會期二天，論文十一篇。

　　5.27.　臺大哲學系舉辦《中國哲學之人性論》研討會，會期三天，論文十四篇。

　　5.29.　成功大學中文系主辦《宋詩研討會》，於臺南該校舉行，論文十篇。

　　6.12.　太平洋文化基金會與海外中山學社合辦《孫中山思想與當代世界》研討會，會期三天，論文十五篇。

　　6.25.　清華大學與新地文學基金會合辦《當代中國文學國際學術會議》，以「當代臺灣文學的研究」和「當代大陸文學的研究」為主題，會期二天，論文十三篇。

　　7.31.　由施合鄭民俗基金會和淡江大學中文系合辦《臺灣歌仔學術論文研討會》，論文七篇。

　　8.19.　中研院三民所主辦《臺灣社會現象學術研討會》，會期二天，論文十七篇。

香港的中國文化研究

劉述先

香港中國文化研究泛論

香港是一個很特別的地方。英國殖民政府對於當地文化採取一種妥協的態度，並沒有要將它勉強徹底改變過來，這樣便產生了一些奇異的效果。在香港，東方與西方，傳統與現代，奇妙地交織在一起。香港人過年要買桃花、金橘，電視藝員開新戲要先到黃大仙廟去拜神；同時香港的交通有最新的地下鐵路系統，香港的銀行已完全電腦化，它不折不扣地是個現代的金融中心。香港小孩子學書法、彈鋼琴，華洋雜處，古今並行，外人看來非驢非馬，而香港人並不感覺到自己有什麼矛盾衝突。海峽兩岸如今都通行國語，獨有香港一地講廣東話。正因為香港人是化外之民，生活在一個自由、法治的社會，什麼帽子都不戴，頭頂上只得一片天，所以徹底的沒遮攔。香港民間社會的俗文化，高級知識份子關懷的國家民族文化，分別走它們不同的道路，極難一概而論。

我們現在要談香港的中國文化研究，首先就得問，中國文化研究的範圍是什麼？如果它所指的是中國人所創造與發展的文化，那就也得包括香港文化的研究；當然我們也可以把範圍收窄，專指對於傳統中國文化以及有關海峽兩岸的政治、經濟、社會以及思想、學術、文化的研究。無論範圍廣狹，任何人寫這個題目總不免掛一漏萬，我只就我自己的角度作出一些觀察，以就正於方家。

既然是要談香港的中國文化研究，重點是放在學術上，也就免不了要談香港的學府。香港有兩間頒授學位的學府，就是香港大學與香港中文大學，這兩間都是公立的大學，但很快第三間科技大學就要招生。另外還有兩間理工學院，其他專上學院則有浸會、嶺南、樹仁、珠海、能仁等等，像理工、浸會等有少數科系也可以修習學位課程，但在大多數的情形之下，只能夠頒發畢業證書。就是港大與中大，也一向以本科教育為主，但兩間大學都沒有研究院，包括碩士以及博士的課程。近年來政府似乎有重視研究的傾向，撥下專門做研究的款項，似乎是個轉變的契機。

港大無疑是居於老大哥的地位，在這間學府慶祝六十周年的紀念晚宴上，王賡武校長坦承港大過去是一所殖民地學校。如果說殖民地上的大學就叫做殖民地學校的話，那就沒有什麼意義了，所以我猜想王校長是指一所脫不了殖民地意識的學校。港大模仿英國人的榜樣實行三年制，以英語教學，在中七收生。殖民地政府的公務員除了由英國本土派來、盤踞在上層的官員以外，主要是由港大培養的。現在港大正提議添加一個基礎年，增強語文與文化的訓練，雖然這樣的計劃是否能夠付

之實現還在未定之天，但至少說明港大是在努力要走上一個新方向。到目前爲止，港大的歷史系還完全以英語教學，哲學系只有一位西方人教東方的哲學，而所謂中文系其實不是我們心目中所了解的中文系，它實在是個漢學系，舉凡有關中國文學、史學、哲學都塞在這個系裡。這種因襲下來的架構是難以反映香港的現實情況的。這當然不是說港大就不能延聘或者培養學術方面的人才。舉例說，許地山就在港大教學，校友則包括美學家朱光潛以及以翻譯中國古典馳名的劉殿爵（D.C. Lau）等等。中文系在林仰山擔任系主任的時代，師資有劉百閔、羅香林、饒宗頤等，牟宗三 60 年代由臺來港，也在港大教過一段時期；錢穆、唐君毅則在港大兼課。與李約瑟合作研究中國科技史的何丙郁也曾擔任過系主任的職務，現在的系主任是趙令揚。錢先生早經港大頒授榮譽學位，最近牟先生也獲頒授榮譽學位，可見港大對於中國文化研究的尊重。自從王賡武校長上任以來，似乎有意拓展中國文化方面的研究，最近也學中文大學的榜樣，捐了一筆錢，成立中國文化研究所。這幾年間，港大在何丙郁、趙令揚等的推動之下，開了不少國際學術會議，譬如：第二屆國際中國科技史研討論（1983 年 12 月）、中國移民史國際研討會（1984 年 12 月）、國際明清史研討會（1985 年 12）、中西文化交流研討會（1986 年 3 月）、人的革命研討會：中國現代化中的思想與文化問題（1986 年 12 月）、康有爲、梁啓超與戊戌維新運動學術研討會（1988 年 10 月）等等。將來想必會對中國文化的研究以及海峽兩岸的學術交流方面作出更大的貢獻。

中文大學的情形就與港大完全不同了。中大今年慶祝成立二十五周年紀念，自建校以來即實行四年制，強調雙語教學、通識教育，在中六收生。近來教育統籌委員會第三號報告書發表，建議統一學制，以英式爲楷模，顯然有意要逼中大改制，中大師生已有強烈的示威反抗活動，不容許體制被破壞。到現階段爲止，雖然輿論已經扭轉過來，但還在艱苦的奮鬥過程之中。好在港大如今也要求增設基礎年，爲此兩大站在同一陣線，希望學制能與世界潮流看齊。將來究竟如何？塵埃落定，只怕還要一段時間才能揭曉。香港中文大學的名稱，據錢穆先生回憶，的確是與提倡中國文化的理想有所關聯。中文大學成立之初，是由三個基礎成員合併而成。一是新亞書院，由流亡香港的一些知識份子如錢穆、唐君毅、張丕介等組成；一是崇基學院，是十三個教會由大陸退以後建立基金所創辦的學校，與臺灣的東海大學是姐妹學校；聯合書院則代表廣州以及本地的一些力量的匯合。三院合併，首先採取聯邦制，由李卓敏博士任首任校長，以後校舍漸漸落成，遷入沙田，學制才趨於統一。但仍保留書院架構，在師生之間似乎可以維持比較緊密的聯繫，最近因爲學生人數增加，又增設逸夫書院，成爲中大的第四間書院。

在香港的中國文化研究的歷史上，新亞書院無疑寫下了光輝的一頁。新亞書院明年就要慶祝成立四十周年院慶，約四十年前，幾個流亡到香港的中國知識份子，在極艱苦的物質條件之下，創辦了新亞，成就了一番教育文化事業，可說是個奇蹟。在五十年代，由徐復觀主編的《民主評論》在香港出刊，經常發表錢穆、唐君毅、牟宗三的文章，宣揚中國文化的理想。它和在臺灣出刊由雷震主編的《自由中國》分庭抗禮，後者得到胡適、張佛泉、殷海光的支持，宣揚民主自由的理想。兩個雜誌現在都已不再存在，但卻完成了一個階段的時代使命。1958 年元旦，張君

勘、唐君毅、牟宗三、徐復觀四位先生在《民主評論》上發表「爲中國文化敬告世界人士宣言」一文，對於當前的漢學有所批評。宣言反對西方由傳教、考據、現實功利來看中國文化。事實上中國歷史文化自有其精神生命與特色，與西方不同，必對之尊重，其意義才可能顯發出來。中國哲學之智慧結晶於其心性之學上。中國文化往未來之開展必吸納西方之科學與民主，然傳統有不可棄者在，不可因其在現實上之不震而對之產生一錯誤的視域。宣言所論雖不免過於理想化，但確代表一個型態的思路，現在已成爲研究當代新儒學的一篇重要的文獻。《民主評論》在香港出了二十多年才停止。此外，由於得到英國方面的援助，友聯也出版了不少刊物，譬如《祖國》，專門刊登民主人士的言論。友聯還出版了方東美：《中國的人生觀》（英文）一類的論著。香港由於它地理環境的特殊，吸引了一批人才，在一個階段之內，發揮了他們的作用。

　　但香港長期的安定繁榮必造成一種變局。新亞自得到雅禮的資助之後，渡過了難關，以後便歸併入中大，漸漸發展成爲一個現代學府。當然原始的新亞精神必定慢慢減弱，但卻也有許多新的發展。70年代中葉由新亞研究所出身的余英時擔任中大副校長，推動中大改制。新亞董事會改組之後聘任的第一位院長金耀基即有不少建樹，譬如說建立錢穆講座，國際知名的學者如李約瑟、狄培瑞、小川‧環樹、陳榮捷等，應邀來作講座，並出專集，變成了一個國際知名的講座，爲中國文化研究的推展盡到了一分力量。錢穆先生應邀回新亞訪問在雲起軒講話的時候，就肯定了這樣的發展的方向。崇基、聯合也不甘後人，有傑出學人講座，三院之間作友誼性的競爭，頗造成了一種真正百花齊放的局面。中大建校以來，延攬的人才頗極一時之盛，如中文系的周法高、饒宗頤、劉殿爵、余光中、孫述宇；歷史系的牟潤孫、嚴耕望、全漢昇、王德昭、孫國棟；哲學系的唐君毅、牟宗三、勞榮瑋（思光）、劉述先、何秀煌等等。到了70年代後期，老一輩的學者逐個退休，造成了無可彌補的損失。但新一代的學者漸漸掘起，尤其是美國學界不景氣，年輕學者在美國獲得學位以後紛紛回流，造成了一個新的局面。現在各系雖然缺乏像以往那樣大師級的人物，但教員多學有專長，平均的水準著實不弱。現在九七陰影的籠罩之下，已經開始出現一些問題，但留在崗位上的同仁，爲學術文化教育的工作乃至海峽兩岸的學術交流，仍盡到了自己最大的努力。

　　在過去的十年之間，中大開了不少國際學術會議，就其與中國文化有關的，分門別類，略舉其要如下：

　　第一屆香港東西比較文學會議（1979年8月），第二屆香港東西比較文學會議（1982年3月），比較文學討論會——中西敍述文體之探討（1985年9月），中國現代文學研討會（1981年12月），中日文化交流國際研討會（1979年12月）。

　　中國古文學國際研討會（1983年9月），中國語文的心理研究國際研討會（1984年7月），漢語社區的語文教學研討會（1984年8月），國語教學與測試國際研討會（1985年5月）。比較傳播學研討會（1983年9月）。

　　國際宋史研討會（1984年12月），十六至十八世紀之中國與歐洲國際研討會（1987年3月），變遷中之香港歷史與社會研討會（1981年12月）。

第九屆國際現象學會議（1980年11月），和諧與鬥爭國際哲學研討會（1985年3月），第九屆退溪學國際學術會議（1987年1月），國際儒家與基督教神學研討會（1988年6月），分析哲學和科學哲學研討會（1988年10）。

現代化與中國文化國際研討會（1983年3月），第二屆中國現代化與中國文化國際研討會（1985年11月），官僚行為與亞洲的發展地區性會議（1978年8月）。

第一屆中國法制與國家建設研討會（1981年9月），第二屆中國法制與國家建設研討會（1982年6月），第三屆中國法制與國家建設研討會（1983年9月），中華人民共和國經濟法研討會（1984年10月、1985年11月），中歐法律概念比較研討會（1986年11月）。

中國企業管理研討會（1982年6月），中國式企業管理研討會（1984年6月），深圳經濟特區之發展研討會（1982年7月），珠江三角洲資源及發展研討會（1983年2月），香港及中國環境管理研討會（1982年9月）。

瑤族研究國際研討會（1986年5月），道教儀軌及音樂國際研討會（1985年11月），國際中藥研究會議（1984年6月），當代中國繪畫研討會（1986年5月）。

當代亞洲地區華人社會之教育展望國際研討會（1986年3月），文化傳統與當代教育國際研討會（1988年10月）。

由這些會議的名目就可以看到中文大學對於中國文化的研究之廣備。但光由中大本身開的會議還不能完全看出中大的同仁對於中國文化研究的貢獻。每年中大的學者都要到外地去參加各種各樣的學術會議，發表論文，並且向各方面提供專家的意見，散布他們的影響。隨便舉例說，劉述先就曾經為新加坡組織了一個儒家倫理國際研討會（1985年8月），1987年7月國際中國哲學會的雙年會在美國聖地牙哥開會，他恰好是國際中國哲學會的會長，當然也對這一個會議的籌備盡了一分力量。這樣的情形在中大的同仁是相當普遍的，也可以說，香港對於中國文化的研究是一個輸出的地區。

中大的出版物方面，最初有新亞學報，崇基學報，聯合學報等等，後來為了避免力量的分散，現在每年定期只出中國文化研究所學報一種。但新亞仍不定期出學術集刊，有比較文學、人類學、藝術等專輯，哲學方面曾出儒學專輯，和諧與鬥爭國際哲學會的論文集：《東西和諧／鬥爭觀》（英文）也是另外一個專輯，由中文大學出版社出版。新亞的錢穆講座系列也由中文大學出版社出版，這個出版社已在國際上建立了一定的聲譽。中大出版的（譯叢）（Rendition）把中文的作品譯為英文，在這方面作出了相當重要的貢獻。

香港對於中國文化研究的推展自不限於兩間大學，浸會、珠海就曾舉辦學術會議，以及一系列的講座。此外，在社會上，像法住學院所提供的課程與講座，影響已經深入民間。香港中華文化促進中心不斷舉辦節目促進對於中國文化的了解。三聯書店最近慶祝四十周年建館，請了海內外的知名學者如余英時、金觀濤、甘陽等作了一系列的演講，每次都吸引了大批年輕人來聽講。

由於香港是一個國際城市，香港的中國文化研究也得到國際方面的支援。最顯

著的是德國文化協會（Goethe Istitut），兩大有許多學術會議即得到德國文化協會的資助而得以順利進行的。

亞洲研究服務（Asian Reasearch Service）屬下的國際亞洲研究中心（International Center for Asian Studies），每年都要在香港開一次大型的亞洲研究國際研討會。第十屆國際研討會（10th Ieternational Symposium on Asian Studies）已於 1988 年 7 月在富麗華酒店舉行。亞洲研究共分五個區域：㈠中國，㈡日本與韓國，㈢東南亞，㈣南亞與西亞，㈤亞洲其他地區。每次都由世界各地吸引了許多知名學者來香港宣讀中國研究方面的論文。

除了學術方面，香港對於文化方面的推展也是不遺餘力。每年香港藝術節均花費不貲。現在新界的基灣、沙田等地都有大會堂，各社區都安排一些節目與民同樂。近年來大陸的一些地方，戲劇舞蹈都不斷介紹到香港來，今年尤其是具有特別意義的一年。中大頒贈榮譽學位給京崑名家俞振飛先生，這是在梅蘭芳得到榮譽學位過了數十年之後第一位得到此項殊榮的表演藝術家。十月先有臺灣雅音小集的郭小莊率團來香港表演改良京劇，緊接著十月底到十一月為了紀念梅蘭芳，大陸也有京劇團到香港來表演梅派戲目，演員包括梅蘭芳的子女梅葆玖與梅葆玥。海峽兩岸的表演藝術家曾經舉行座談會討論京劇發展的前途問題。

在通俗文化的層次，香港製作的電影在近年來臺灣舉辦的影展差不多可以囊括所有的大獎。而香港製作的電視節目傾銷東南亞各地，幾乎可以壟斷海外華人集居的地區的市場。但是請勿誤會，我並無意誇耀香港在這些方面的成就，事實上香港的產品也造成了一些不良的後果。譬如說，1986 年我在新加坡休假作研究，就在電視上看到香港製作的《諸葛亮》連續劇這樣的節目，諸葛亮竟然被武俠化了，一躍兩三丈就可以上樹，而且愛上小喬，和周瑜變成了情敵，實在是不倫不類。我並不反對完全虛構的武俠劇，有些金庸小說改編的連續劇，可以達到相當不錯的水準。但是現在的華人歷史知識薄弱，處理歷史人物就要十分謹慎，不可離譜太遠，傳播錯誤的印象與信息。《三國演義》即使不是歷史，也有一個傳統，不能把諸葛亮、劉關張等人物的形象加以恣意的破壞，這對於中國中文化的了解有害無益。電視臺商業化的目標本無可厚非，但毋須破壞自己的歷史文化，一樣可以收到效果。故有一些失準的節目就必須加以譴責，甚至加以杯葛，到時候收視率降低，節目賣不出去，製作的態度就會嚴謹得多。當然我在這裏並不是主張政府在上面運用權力去干預電視節目的製作。而是要利用輿論的力量教育羣眾，提高欣賞的品味，自然而然會產生比較好的效果。

香港的出版業也呈現一種奇特的現象。除了大學出版社以外，出版學術方面的書籍並不很多。書局的架子上，除了教科書之外，充斥了武俠、命相、醫術、拳術一類的書籍，再就是言情、科幻的小說，這反映了香港一般人的口味。上層的人士讀西書，市場差不多被辰沖（Swindon）所獨佔。但這幾年不斷辦書展，觀者如堵，似乎有好轉的跡象。

真正能夠表現香港出版物特色的是香港的雜誌和報紙。先由雜誌說起，除了老版的《明報月刊》為大家所熟悉以外，《九十年代》雜誌重點在海峽兩岸的政治、經濟、社會的現實，但也間及思想，是知識份子所喜好的雜誌；《百姓》半月刊比較偏

重本港；《爭鳴》是報導大陸的內幕的雜誌；財經方面有《信報月刊》，傾向於大陸方面的有：《鏡報》、《廣角鏡》等，近年來對於大陸也有一些建議與批評。除了像香港這樣的地區，大概很難辦出這一類的雜誌，另外當然還有許多其他的雜誌，不及備載。

香港的報紙更是蔚爲奇觀，一個報攤經常賣幾十份報紙。世界上除了香港之外，一個城市大概只能支持幾份報紙，而香港卻形形色色，無奇不有。右派如《香港時報》、《華僑》、《星島》等，可以銷售到臺灣；中間如《明報》、《信報》、對於海峽兩岸有彈有讚；左派如《大公》、《文匯》等，乃大陸的喉舌；適合小市民口味銷售量最大的有《東方》、《成報》等；英文報則有《南華早報》與《星島》系的《虎報》。其他還有種種形色的雜誌與黃色的報刊。香港的副刊有其他報紙所看不到的特色，一個整版割裂成爲許多小小的方塊，同樣的作者每天在上面寫專欄。有的作者可以爲好幾家不同的報紙寫專欄，而變成了專業的專欄作家。這樣的辦法顯然有利有弊，老編不需要每天去拉稿子、畫版面，但新的作者不容易擠進來。副刊也不能夠容納不合這樣規格的稿子。現在並且已經慢慢有了關於香港文學的規格的研究。

以上我把香港上層對於中國文化的研究，以及基層中國人的社團文化的表現，大體描繪了一個梗概。不久以前海外有人還稱香港爲文化沙漠，結果引起輿論大嘩，香港正在形成它自己特殊的文化。回到原來的問題，究竟什麼是中國文化研究的範圍？如果香港文化也是中國文化的一支的話，近年來已越來越多有關香港政治、經濟、社會、文化的研究在進行之中。如果中國文化研究指的是研究中國文化的大傳統，以及海峽兩岸文化的動向，那麼範圍當然就要加以收窄。無論如何，我把香港的情況、氣氛作一番介紹，多少有助於了解香港的中國文化研究的背景。

或者由於年鑑第一次包括香港在裏面，所以要寫一篇泛論來介紹，但內容寫得不免太泛，卻又太偏，恐怕有許多不當之處。好在以後可以把範圍定出來，而充實之以各種具體的研究的信息與資料，大概可以把草創時期的缺點改正或彌補過來，以後必定可以發展成爲一個夠水準的研究指南，爲大家所樂用。

香港中文大學文化研究所

中國文化研究所

〔概　況〕

整理和發揚中國文化、促進中西文化的交流和融會是中文大學創校宗旨之一。在 1967 年 11 月，大學成立僅僅三年之際，首任校長李卓敏博士不計艱苦，宣布成立中國文化研究所，正就是爲大力提倡這方面的學術研究，推動有關文化活動，領導大學向這宏遠的目標邁進。二十年來，中國文化研究所的工作和活動也始終是以

這個大方向，大目標爲依歸。

過去二十年間，由於大學和社會熱心人士的有力支持，該所的規模得以不斷發展和擴大，這可以從下面的事紀看出一個輪廓來：

1967　該研究所成立

1968　第一種期刊《中國文化研究所學報》創刊

1971　所館落成啓用，「文物館」和「翻譯與比較文學中心」（1983 改名「翻譯研究中心」）同告成立

1973　第二種期刊《譯叢》創刊

1977　文物館增設「文物修復工作處」

1978　「中國考古藝術研究中心」成立

1980　「吳多泰中國語文研究中心」成立，第三種期刊《中國語文研究》創刊

1986　由文物館與本校物理系共同管理的「楊瑞生古陶瓷熱釋光實驗室」成立

1988　所館新翼落成啓用

目前該所所內共設文物館、翻譯研究中心、考古藝術研究中心和語文研究中心等四個學術研究單位，所務室、參考圖書室（藏書 32,000 餘冊，期刊近 200 種）和電算服務組等三個服務單位，全所研究和專業人員 37 人（包括由大學同事兼任者五人，職務屬榮譽性質者十三人），文書、技術和服務人員 24 人，總共 61 人。該所經費大部分由大學自經常費撥出，但也有相當一部分是由該所基金入息或私人贊助所支付的。

〔研究和學術工作〕

中國文化範圍至廣，該所工作自無法概括其全。大體來說，早期工作以歷史和古文字研究爲主，其後相繼向藝術、文物、翻譯、考古、語文等各方面發展，範圍分佈漸趨均衡。從形式上，該所的學術工作大致上是通過下列三個方式進行的：

㈠以個別學者爲中心的研究

該所自成立以還先後曾有多位知名學者，如嚴耕望、全漢昇、陳荊和、周法高、徐復觀、鄭德坤、饒宗頤、王爾敏等來所主持各種不同性質的研究計劃，出版了多種音韻、歷史和考古方面的專著，如《漢冶萍公司史略》、《新加坡華文碑銘集錄》、《兩漢思想史》、《清代科舉制度研究》、《中華民族文化史論》、《雲夢秦簡日書研究》等。這類工作的方向和進度，大體上都取決於個別學者的興趣和努力。在近期，這方面的工作包括由鄭德坤教授主持的中國考古藝術集刊、專刊和叢刊出版計劃，由王爾敏教授和陳善偉博士主持的「盛宣懷手稿研究計劃」，以及由饒宗頤教授主持的敦煌學研究，而各都已經有一系列重要著作在陸續出版中。

㈡長期學術推廣和出版工作

由該所整體策劃的長期學術工作包括文物館經常舉辦的文物展覽，以及爲外界提供的文物修復和斷代服務；翻譯研究中心爲推廣高水準英譯中國文學作品而出版的期刊《譯叢》以及《譯叢文庫》；此外還有該所和語文研究中心所分別出版的《中國文化研究所學報》和《中國語文研究》兩種學術期刊。這類工作由該所負擔經費，聘請專人負責。

(三)學術資料彙編工作

自八十年代微型電腦普遍化以來，該所各研究中心開始用以建立學術資料庫，一方面便利本身工作，另一方面亦爲學術提供服務。下列三個電腦資料庫發展程度各不相同，但都已投入運作：

(甲)中國考古資料庫　考古藝術研究中心自成立以來即已致力編製中國考古資料卡片目錄，至1983年開始逐步改編爲電腦資料庫。

(乙)中英翻譯作品索引　1986年建立，由翻譯研究中心與天津南開大學合作進行。

(丙)漢及以前全部傳世文獻資料庫　由中國語文研究中心負責，自1985年開始，部分有關工作已陸續進行，但因經費問題迄未全面展開。

上述各項工作的近期規模大致上可以從下列統計數字看出一個梗概：

　　1980年迄今本所出版的專書數目--56
　　　　　出版的期刊數目--41
　　　　　舉辦的文物展覽數目-----------------------------------48

至於詳細情形，在下文有關各中心／文物館的部分各有介紹。

〔學術促進工作〕

除了本身的學術研究工作以外，該所還經常推行各種計劃和活動，以促進校內外對中國文化的研究和關注。這可以分開三方面來介紹：

(一)資助校內同事同學研究

自1980年以來該所每年均撥出一筆研究費，以資助校內同事在中國文史方面的小型研究計劃，迄今所曾支持或補助的語言、文學、歷史、考古、音樂、藝術、書目等計劃已接近六十項。目前在進行中的資助計劃計有21項，資助額總數接近六十萬元。除此之外，該所每年並且撥出十餘個全費獎學金名額予校內研究專題與中國文化有關的研究生。

(二)訪問學者

該所邀聘國內、外學者來訪大致上可分爲三種：

(甲)短期訪問

根據該校同事的建議就近邀請大陸或臺灣學者來訪，主持學術講座並且和校內同學座談、交流，訪期大致在一星期至十日間。這類訪問每年大約二十次。

(乙)長期訪問

由該所邀聘知名學者來所進行特別研究或學術工作，或同時講授專門課程，爲期由數月至一年不等。例如明尼蘇達大學劉君若教授、加州大學聖他巴巴拉校園陳啓雲教授、臺灣中央研究院丁邦新教授、倫敦大學卜立德（David Pollard）教授等都曾在這計劃下來訪。

(丙)不定期訪問

各地學者有意來港搜集文獻資料或作實地考察工作的，該所也可以視乎個別情況接受他們自費來訪，並提供一般的學術和生活安排服務。例如東京大學東洋研究所的田仲一成教授就經常循此途徑來港搜集有關地方戲曲的資料。

㈢學術和文化活動

該所爲促進學術和文化交流所舉辦的活動大致有下列幾類：

（甲）　學術講座或座談會，一般配合過港或短期訪問學者的行程，由該所單獨舉辦或者和有關學系合辦，每年大概在二十次左右。

（乙）　正式的學術會議或研討會，會期一般在三天左右，近期較重要的包括「國際敦煌吐魯番學術會議」、「國際中國武俠小説研討會」等。

（丙）　此外該所每年也舉辦一些具有推廣性的中國文化活動，如「圍棋交流會」、臺灣南管樂團「漢唐樂府」的演奏等。

〔展　望〕

從上面的簡單介紹可見該所一方面由專業人員直接進行學術上的基礎和推廣工作，另一方面也透過研究資助、訪問計劃、會議、出版等各種方式促進校內外的學術研究。今後該所大致上仍將朝這兩個方向平衡發展。例如 1988 年落成啓用的所館新翼將使文物館展場擴大，設備改善，同時語文中心正在籌備出版一種新的語文刊物《中國語文通訊》，這些都是所內基礎工作的發展。另一方面，考古藝術研究中心開始和本地及外地的考古學者合作，在本港進行系統的田野考古發掘；翻譯中心計劃開設「翻譯工作坊」；該所和天津南開大學翻譯研究中心、北京中國科學院科技政策與管理科學研究所訂定學術合作協定等活動，則行將使該所和校外學術機構增加合作與聯繫，共同爲中國文化的研究與發揚努力。

一九八八年八月一日修訂

中國考古藝術研究中心

〔簡　史〕

中國考古藝術研究中心在 1978 年成立，當時由中文大學藝術系主任鄭德坤教授主持。翌年鄭教授自教職榮休，遂得全力發展中心，並先後邀得饒宗頤、張光直等知名教授加入工作或通訊合作，其工作重心在於中國考古資料及書刊的編目、整理、出版，同時亦乘便與文物館合作，舉辦有關藝術史的展覽、研討會。至 1988 年，鄭教授年屆耄耋，且因健康問題需經常居家調養，乃不復負責中心工作。

〔研究與出版〕

該中心成立以來，通過邀聘特約與通訊研究員的辦法，建立校內外合作聯絡網，一時如張光直、林壽晉、何惠鑑、三上次男等諸位教授，皆應邀與中心及所內人員相互研討，由是得以積極推動中國考古與文化史、藝術史等方面的研究工作，先後出版分隸以下四個系列之書刊十四種及論文多篇：

(1)叢刊　以通論性專作爲主，已出版者有鄭德坤教授之《中華民族文化史論》（1981）。

(2)專刊　以專題研究爲主，已出版者包括林壽晉先生之《戰國細木工榫接合工

藝研究》（1981），饒宗頤教授、曾憲通教授編著之《雲夢秦簡日書研究》
（1982），謝燕萍小姐、游學華先生之《中國舊石器時代文化遺址》（1984），楊建
芳先生之《中國出土古玉》（第一册）（1986）等。

　　(3)**集刊**　以論文集爲主，包括鄭德坤教授之《中國考古論文集》（1982）、《中
國陶瓷論文集》（1984），張光直教授之《中國青銅時代》（1982）等。

　　(4)**工具書**　以目錄、索引爲主，楊建芳先生之《中國古玉書目》（1982），饒宗
頤教授之《甲骨文刻辭通檢》（編次中）皆屬此類。

〔中國考古藝術資料庫〕

　　除研究工作外，該中心自成立以來即有系統地進行兩項中國田野考古及藝術史
資料整編工作：

　　(1)　搜集報章、雜誌、期刊所載之消息、論文等資料，經剪貼或複製後按類
別、地區與年代編成卷宗，以便收藏及查考。

　　(2)　將此方面已出版之資料（包括上項資料）概要編成卡片目錄，以供研究者
檢索追查。自1983年起此一卡片目錄又逐步改用微型電腦以電子資料庫（databa-
se）的形式編儲，因而其目錄的分類更臻完備，檢索方法亦愈加精巧，可完全按照
使用者的需求加以規定。此一資料庫所需的中英文軟件系統（定名爲中國考古資料
索引系統 Chinese Archaeological Sources Index System，簡稱 CASIS）已於
1986年完成設計及試用，同年投入運作，目前中心工作人員正逐步將印寫資料
（print data）輸入資料庫内。

　　以上兩項工作俱由中心聘請專人長期負責。

〔田野考古〕

　　由於種種原因，中國政府迄未批准海外工作者在中國大陸參加田野考古，而在
一般印象中，本港區域範圍内有價值的歷史或史前遺址不多，這方面的工作因此遲
遲未曾展開。迄1987年底該中心的鄧聰先生與香港考古學會的區家發先生合作在
大嶼山東灣一處新石器時代遺址進行有系統的專業考古發掘，發現了大量小型石
器、彩陶片乃至殘存的陶窰、柱洞遺蹟，並經用土層考察、熱釋光及碳十四鑑測等
方法證實其年代爲大約七千年以前，第一次顯示香港鄰近地區遠在與半坡相同之史
前時期已有高級人類文化活動存在。目前該中心已獲得大學及中國文化研究所支
持，建立一田野考古小組，積極展開全面及長期之發掘及科學分析工作，以爲揭露
華南史前文化的面貌作出更大貢獻。

一九八八年六月二十七日

吳多泰中國語文研究中心

〔簡　　史〕

　　中國語言學研究中心於1966年成立，當時由中文大學中文系主任周法高教授

主持，研究的重心在於古文字學和古音學，研究人員則以本校研究院中文學部的研究生爲主。經過多年努力，所得主要研究成果包括：

(1)　在殷周金文研究方面，出版大規模的金文集釋著作《金文詁林》。

(2)　在音韻學研究方面，出版工具書《漢字古今音彙》。

(3)　在粵方言和潮州方言研究方面，出版《粵方言語法》及《潮州方言詞彙研究》等專著。

1977 年秋，周教授榮休，中心停辦。至 1979 年，隨著香港社會對母語教育的日漸重視，並得到吳多泰先生的贊助，該中心易名「吳多泰中國語文研究中心」，在劉殿爵教授主持下繼續開展各項中國語文研究工作，同時研究範圍較前擴大，包括漢字以及漢語的語音、語法及詞彙等各方面；研究目的亦兼及於實用，希望部分研究成果可供社會人士及語文教師參考，以期對本港之語文教學水準之改進有所貢獻。

〔研究、出版與學術擴廣工作〕

中心重組後的主要工作及出版物如下：

甲　《中國語文研究》年刊，迄今已出版九期，作者包括本港、內地、臺灣及其他地區學者。爲使內容更爲豐富，本刊除有關語言文字的專著外，近期並刊登適量文學方面的論文。

乙　該中心甚爲重視與其他單位之學術交流。1983 年 9 月間與中文系合辦「國際中國古文字學研討會」，與會學者七十餘人，宣讀論文三十八篇，其中二十二篇已編成《古文字學論集（初編）》出版；此外，並曾與美國威斯康辛大學東亞語文學系合作出版漢學論集《文林》。

丙　由該中心所編輯出版之知名學者語文專著，包括金石專家羅福頤教授之《商周秦漢青銅器辨偽錄》及美國華盛頓大學余靄芹教授之《遂溪方言》等。

丁　1980–1982 年間，中心與本校校外課程部合作，爲在職教師提供兩期中國語文文憑課程，以增進中小語文教師之語文知識。

戊　由中心組織編寫之《中國文選》迄今已完成預科及大學國文部分，其中廿六單元於 87／88 年度輯成專書，在該校「大一國文」科試用。至高中部分則尚在撰寫中。

己　中心曾與本校校外課程部合作出版《粵音讀例》錄音帶，並爲讀者文摘出版之《中文百科大辭典》編撰粵音表，希望有助於匡正社會上日益嚴重的粵音誤讀。

〔展　望〕

近年來，由於微型電腦價格廉宜，而效能則不斷提高，在中文研究方面的應用日益重要，因此中心計劃用以大規模研究戰國兩漢文獻，目前已完成用電腦對《新語》以及《淮南子》編逐字索引的工作。至於在進行中的工作則包括《說苑》和高誘注的索引編輯。此外對《莊子》、《孟子》、《荀子》、《韓非子》及《呂氏春秋》各書的用字也作了初步比較研究。現希望能夠循以上成績繼續擴大研究，在 90 年代編寫出一部有規模的《戰國西漢初期常用字字典》。

一九八八年六月十七日

翻譯研究中心

〔簡　史〕

　　翻譯研究中心前身爲翻譯中心，於 1971 年由亞洲協會資助成立。1978 年，中心工作範圍擴大，加入比較文學方面之研究，於是易名爲比較文學與翻譯中心。後來由於兩組活動各自蓬勃發展，中心於 1983 年再度改組，易名翻譯研究中心，主要進行中英翻譯之研究及出版。

〔出版刊物〕

(一)《譯叢》

　　自 1973 年出版的英文半年刊《譯叢》以翻譯中國古典及現代文學爲主，同時亦刊登翻譯理論、中國哲學、中國歷史、文學批評等各方面的文章。經過多年努力，且由於得到許多國際知名作家、翻譯家、學者長期支持，或爲之撰稿、或出任顧問、編輯委員《譯叢》現在已奠定其國際地位，成爲有數的文學翻譯雜誌。它不僅是學術刊物，也是一本對中國事物有興趣的西方讀者所能欣賞的雜誌，於促進西方對中國文化的了解，有一定貢獻。如近期的《當代中國文學》專號（19／20 期），《當代中國女作家》專號《27／28 期），爲讀者介紹港、臺、大陸作家的新作品，都深受歡迎。《譯叢》由永隆銀行中國文化促進基金會資助出版。

(二)《譯叢叢書》

　　隨著《譯叢》讀者日增，中心於 1976 年推出精裝《譯叢叢書》系列，與華盛頓大學出版社合作在歐美發行，以適應一般學術機構及圖書館的需求，迄今出版書籍已達十二種。本叢書以中國古今文學作品爲主，其中《老舍、陳若曦與文化大革命》、《幹校六記》及《無樂之歌》等，均獲盛譽，《豐年五季》一書更獲美國大學出版社協會 1982 年書籍展覽委員會嘉獎。

(三)《譯叢文庫》

　　翻譯研究中心之一貫目標，在於爲英語讀者提供欣賞中國文學的機會。中心於 1986 年底推出中譯英平裝讀物《譯叢文庫》，目的在以優良的翻譯來推介中國文學，對象爲一般讀者及選修中文的外國學生。「文庫」範圍包括中國現代及古典文學傑出作品，目前已出版讀物六種，包括香港作家西西的短篇小說選。假以時日，「文庫」可望發展成爲一平裝的「中國文學圖書庫」。

　　翻譯研究中心在中國文學英譯的編輯及出版方面，態度極爲嚴謹。中心人員本其專業知識及技術，在選稿、編輯以至製作過程中，對稿文每一部分皆逐字逐句小心審理，所以《譯叢》系列的每一種刊物都代表了學術研究和翻譯藝術的結合。

(四)英譯中書刊

　　翻譯研究中心出版的英譯中書刊，以社會及人文科學爲主，1972 年至今，已出版的書刊包括《發展的挑戰》、《工業化與家庭革命》、《小龍村──蛻變中的臺灣

農村》等數種。

　　中心於 1985 年獲紐約嶺南大學基金會贊助，與天津南開大學翻譯研究中心訂定翻譯合作計劃，準備在中國大陸出版英譯中叢書十種。中心同時協助南大翻譯中心編輯一英語學報。

〔研究工作〕

　　歷來已出版的中英及英中翻譯作品，均未有詳細目錄，因而經常發生重譯；另一方面，許多優秀的譯著因爲已經絕版，反而鮮爲人知。翻譯研究中心有見及此，於 1986 年開始進行一項長期計劃，即用電腦編製「中英翻譯作品資料索引」，其內容包括人文及社會科學作品的中英翻譯資料，檢索時依據作者／書名／譯者／科目等方式追溯均可。相信此索引對從事翻譯及學術研究者，均有裨益。

一九八八年六月二十九日

文物館

〔簡　　史〕

　　文物館成立於 1971 年夏，是收藏和展覽中國文物的博物館，也是配合本校藝術及文史課程和研究中國藝術、考古的學術部門。

　　由於得到本港熱心人士的捐贈和贊助，自成立以來本館的藏品日漸增多。藏品可分兩大類：一類是教學用的歷代文物標本，另一類是供專題研究用的藏品。本館除舉辦一般性展覽，陳列館藏文物之外，又經常與香港收藏家以及中國各大博物館合作舉辦中國文物、藝術專題展覽，爲香港藝術愛好者提供難得的觀賞機會。本館工作以入藏文物、研究藏品，籌辦展覽爲主，並出版展覽圖錄及專刊，迄今已有卅一種。在中國文化研究所贊助下，亦曾數度舉辦國際研討會。由此多方面的工作可見該館不斷在向前邁進發展。以下是本館歷年來較重要的研究項目。

〔廣東書畫〕

　　該館於 1973 年購入簡又文原藏之廣東書畫，包括由明代至近代二百五十三位廣東文人書畫家作品一千三百多件，堪稱廣州以外最有代表性的大型收藏。在饒宗頤教授、李棪教授及汪宗衍先生指導下，整個收藏的著錄在 70 年代後期完成，並在 1981 年以《香港中文大學文物館藏廣東書畫錄》爲名出版。對個別畫家和畫派的研究隨即展開，包括對生卒年份不明的畫家的考證。此外，該館於 1981 年和 1982 年兩度與廣州的博物館合辦廣東書法和廣東繪畫展覽，貫徹該館研究和發揚廣東文化藝術的宗旨。最近該館與廣州美術館合作研究蘇六朋和蘇仁山的書畫藝術，由高美慶博士及謝文勇先生共同主持。而本館的研究助理、藝術系的本科生及研究生，亦曾就張穆、黎簡、謝蘭生和李魁等畫家進行專題研究。

〔廣東省的物質文明〕

除書畫外，廣東省的出土文物及其他藝術品種亦爲本館收藏、研究、展覽和出版工作的重點。自 1983 年起該館即與廣東省及廣州市文博機構策劃長期合作計劃，有系統地舉辦廣東省及穗港出土文物展覽，已展出者有先秦、漢、晉至唐三項。此外，該館曾展出由北京故宮博物院所提供的清代廣東貢品，亦頗爲成功。

〔中國璽印〕

該館藏品中尚有一批璽印，可供專題研究。這批璽印始由北山堂基金會慷慨捐贈，其後陸續購藏，目前數量已逾千，時代包括先秦至現代。其中銅印部分已在 1980 年輯成《香港中文大學文物館藏印集》出版，除附圖版外，並包括印文考釋，璽印要義研究以及中子活化分析測試青銅元素成分的結果。其後王人聰先生進而研究近三十年來國內出土的各式印章，出版專刊兩本（1982 年及 1987 年）。目前王先生正與北京故宮博物院葉其峯先生合作研究秦代至南朝官印，研究項目包括印章的分期以及文字、地理、制度等問題。

〔中國陶瓷〕

文物館所收的陶瓷藏品數量不多，側重中國南方的早期外銷瓷。這些瓷器自北宋開始，至十六世紀下半葉歐洲商人遠至亞洲爲止，大量輸往東南亞各地。林業強先生曾爲此專程前往考察。該館於 1978 年舉辦《東亞及東南亞貿易瓷》大型展覽和國際研討會，近年來則著重廣東窯器的研究，以期爲海外藏品的一些器物界定其窯口產地，並研究大埔碗窯，以與東南亞國家現存的大量清代日用器皿相互比較。此外，林先生亦與北京中國歷史博物館李知宴先生合作研究本館所藏明清景德鎮私家款瓷器。

〔文物修復〕

該館承利希慎基金會慷慨捐助，於 1977 年成立修復工作處。在麥耀翔先生主持下，從事書畫裝裱以及各類文物的修復。除此以外，亦進行文物修復和科學分析的研究，例如藝術品及書籍的生物腐蝕、紙張酸素的清除和陶瓷的修復等，有關研究成果均已整理成文發表。

〔古陶瓷熱釋光斷代〕

自 1983 年始，該館與物理系合作研究古陶瓷的熱釋光斷代法，其後蒙楊永德昆仲慷慨捐助，於 1986 年成立楊瑞生古陶瓷熱釋光實驗室，宗旨爲研究及改進古陶瓷熱釋光斷代法，並提供鑑定年代及辨別真僞的公開服務。該實驗室由物理系及本館聯合管理，主任爲莊聯陞博士。自 1987 年底該實驗室對外公開服務以來，已完成二十三項古陶瓷鑑證服務。

〔其　他〕

　　此外，爲配合各項展覽，文物館曾進行多項其他專題研究，如中國茶具歷史、承訓堂藏中國扇面繪畫、晚明繪畫及畫論、近代中國書畫、玉雕、中國輸歐外銷瓷等。

一九八八年六月十七日

陸

國外中國文化研究

（編輯：胡欣）

二十年來西德對中國文化的研究

〔聯邦德國〕傅敏怡

　　遙遠的國度，陌生的文化常使人遐想，令人憧憬。本世紀二、三十年代，西方文明面臨危機。西歐的知識界曾掀起過一陣「中國熱」，試圖在理想化了的中國爲自身尋求一條出路。到了 1968 年，學生運動席捲大西洋兩岸。激進的歐美青年爲求建立一新的價值觀再度寄望文革時代的中國。10 年後，當年的狂熱煙消雲散。到了 80 年代，中國對外關係和中德文化交流日益密切。開放旅遊後，近年來有不少西德人遊覽了神州大地，目睹了中國的現狀。中國於是又引起大家的注目了：譬如目前有些人喜愛閱讀中國哲學書籍或文學作品，有人對中國的書畫，烹飪，氣功和太極拳發生了濃厚的興趣。學中文的人多了，就連有些中學和民衆夜校也辦了中文班。但總地講，獵奇心理或拿中國的事物做日常消遣，或者對中國的美化都談不上學術研究。在西方，以科學態度研究中國文化的只能算「漢學」這門學問。

　　「漢學」一詞實爲德語「中國學」的同義詞。其研究範圍綜括了整個中國文化，可稱爲一門「地方學」。本文先略論一下德國漢學的發展及西德漢學的現況，再入正題，介紹一下 20 年來西德對中國文化的研究。

一　　德國漢學的發展

　　德國漢學的歷史遠較歐洲其他國家短。早在 1814 年法國已設立了第一個漢學講座，而德國的第一個講座一直到 1909 年才在漢堡設立。上世紀，德國國內雖已有人開始研究中國文化，但這些學者卻一律都是從其他學科改行學漢學的。1871 年德國統一後，由於國內尚無講座，缺乏研究環境，以致弗里德里希·希爾特（ 1845—1927 ）和貝爾霍爾德·勞費爾（ 1874—1934 ）兩位漢學家不得不遠赴美國。此外，當時還有兩位頗負盛名的專家：一位是在博物院任職的顧維廉（ 1855—1908 ），著有《中國文學史》（ 1902 ）一書，另有格奧爾格·馮·德·加貝倫茨（ 1840—1893 ），寫過《中國文言語法》（ 1881 ），後者至今仍不失其參考價值。

　　漢學在德國成立之後，發展迅速。到了 1930 年，已趕上了歐洲其他國家：除漢堡一地外，柏林（ 1912 ），萊比錫（ 1922 ），法蘭克福（ 1925 ），接著是哥廷根和波恩也都在 20 年代相繼成立了漢學研究所。德國的漢學當時在西方已屬一流，其研究成果可參閱海尼士的《德國的漢學》（ 見《五十年來的德國學術》第二冊，北平商務印書館 1930 年版，中德文化叢書 167 ），福蘭閣的《現下德國之中國學》（ 見

《研究與進步》，第 1 卷，第一、二期，北平 1939 年中德學會出版)，傅吾康的《德國青年漢學家》(見《中德學誌》第 3 卷，第一期，北平 1941 年中德學會出版)。

1933 年，納粹當政，許多有國際聲望的漢學家如瓦爾特，西蒙，威廉・科恩，斯特凡・巴拉茲，古斯塔夫・哈隆，布魯諾・辛德勒以及沃爾夫拉姆・埃貝哈德紛紛流亡海外。德國漢學與國際的交流始告中斷。全國除了漢堡大學漢學系外，其他各研究所均遭戰亂破壞，以致戰後的重建倍加困難。60 年代末，漢學研究復具規模。據赫伯特・弗蘭克的《德國大學的漢學》一書所述，當時的研究已達戰前水平，教職員陣容則遠遠超過戰前情況。德國漢學發展至 1970 年的情況可參閱張壽平的《西德的漢學》(見張氏《西德的漢學及其他》，台北廣文書局 1970 年出版)。

二　西德漢學的現況

1968 至 1988 這 20 年間，西德的漢學又有了擴展。目前全國已有十六所大學設有漢學研究所，主修學生竟達 2000 人左右。各研究所名稱略有不同，研究對象則爲中國文化。又因此類研究所多包括日本學，故常稱之爲東亞或東方研究所。多數研究所設有講座教授一名，助教講師 1 至 2 名。規模最大的得算西柏林，漢堡，波鴻和慕尼黑大學漢學研究所。各所設有講座教授兩名，副教授 1 至 2 名，助教講師四名。鑑於學生人數年年增多，有些研究所正準備增添教職員，擴大教學設備。又有幾所大學正籌劃設立漢學研究所，以應當前需要。當然，中國文化的研究不僅限於大學的漢學系，有些大學的某些科系也附帶做這方面的工作：如波鴻大學的東方藝術史研究所，海德堡大學的藝術史研究所東亞藝術部都做中國藝術史的研究。薩爾布呂肯大學法經學院屬下的中國政治研究所和漢堡獨設的亞洲研究所都是著重研究當代中國政濟問題的機構。此外，科隆還設有東亞博物院。西柏林和慕尼黑各有一家國立圖書館，兩館東方部的中文藏書雖無法媲美中國、日本和美國各大圖書館，但數量甚爲可觀，並藏有不少罕見的善本。近來已出版了藏書目錄，給專業人員提供了良好的研究環境。

講到大學的漢學訓練，不得不談一下西德的大學教育。西德爲聯邦制，各邦有自主權，教育制度因而迥異。大學學業既無英美、東亞國家大學的四年制，亦無學分制。西德大學承繼了德國大學教學與研究的傳統，旨在培養學生獨立學習，獨立研究。教學方式方面除了有大型的講座課程外，兼設有小型的專題課堂討論或練習。漢學系的課程又有其特殊性：以漢學爲主科的學生第一，二學年須主修古代及現代漢語，中國文化各方面的通史。通過了「學業期中考」後便結束了所謂的「基礎課程」。此後，獲得獎學金或有自費能力的學生可到大陸或台灣進修一段時間，但也可繼續學業，完成第三，四學年的「主要課程」。其後，可攻讀碩士，碩士考通過後，可攻讀博士學位。攻讀博士的時間最少得兩年以上。漢學爲一門國際性的學科，學生除了得精通英語外，高年級的學生得有閱讀日語及法語參考書的能力。

三　二十年來西德對中國文化的研究

　　介紹 20 年來西德對中國文化研究的趨向和發展，筆者認爲評介此一時期的重要著作是最切實際的辦法。首先得說明的是：第一：現代或當代中國此一課題大多已成爲政治學、法學、社會學、民族學或當代史學等學科的研究對象，故不在本文討論範圍之內。本文介紹的著作，其研究的時代止於五四運動。研究 1919 年以後的中國的著作一律從略。第二：只介紹以原文撰寫的專著，譯自其他西方文字的專著一律從略。此外，介紹的重點放在專書，只有在個別情況下提及某些專文。第三：20 年來，有關著作繁多。不能一一論及，只能摘述。在選擇上不免有個人觀點。至於在介紹時間上，本文承接赫伯特・弗蘭克的《德國大學的漢學》（1968）一書。現在先談談普通工具書和漢語研究：

甲　普通工具書和漢語研究

　　工具書多著重當代中國，介紹傳統中國文化的不多見。傅吾康的《中國手冊》（1974）和布龍希爾德・施泰格主編的另一部《中國手冊》（1980），雖以當代中國爲重心，但其中也對傳統中國有一般性的解說。賴納・霍夫曼的《中國歷史，文化與社會書目》（1973）集註了「西方漢學的經典作」，重點在戰後出版的著作，很有實用價值。

　　漢語研究不甚受重視。幸有烏利希・翁格積數十年對古代漢語之研究，除了發表論文，近年完成一部《古典漢語入門》（1986），共二册，另有一册語法尚待出版。翁氏以語言學方法剖析古典漢語，著重音韻與文字學的探討，使二者不相混淆。筆者以爲，這部書是目前以西方文字寫成的最好的一本教科書。

乙　經籍與思想史

　　由於一般讀者對中國思想方面的書籍較感興趣，這方面的著作於是較多。本世紀前半葉，衛禮賢大量翻譯了中國古典經籍，如《論語》、《孟子》、《老子》、《莊子》、《列子》、《禮記》和《易經》等，曾經多次再版。同時，阿爾弗雷德・弗爾克著有《中國上古，中古與近代哲學史》（1927—1938），共三册。正如其他領域一樣，因至今無人能通曉數千年的中國歷史和文化，所以戰後的漢學較注重微觀的研究。儘管如此，包吾剛仍寫了部《中國與幸福的理想》（1971）的巨著。作者闡述了各學派及各時代如何追求至高無上的境界，目前已譯成英文。包氏的《占術中之圖》（1973）是一部中國圖的通史稿。

　　專題研究是宏觀研究的前提，就這一方面有一些值得注意的論著：關於古代經籍有賴内・霍爾茨的《晏子與晏子春秋》（1983），巴爾巴拉・坎德的《文子——有關道家經籍的問題與理解》（1974），克勞斯・卡爾・諾伊格鮑爾的《鶡冠子——對話篇的研究和翻譯》（1986），耶爾格・魏甘德的《古代中國兵書尉繚子中的國家與軍事》（1969）以及福爾克爾・施特雷茨的《六韜——一部近古的兵文大獻》（1979）。以上幾篇博士論文辭義並重，合語文學與思想史爲一，每篇有經籍的完

整譯文或節譯。黑爾維希・施米特——格林澤的《墨翟——反戰》（1975）和《墨翟——團結和兼愛》（1975）二書中有《墨子》幾個篇章的譯文和注釋。70年代對儒家的興趣雖減弱了，但仍有奧拉夫・格拉夫的《道與仁——中國宋代的一元主義》（1970），在《近思錄》的基礎上綜論了新儒家程朱學派的思想。80年代有里夏德・埃姆里希的《李翱——一個中國學者的生平》（1987），耶爾格・貝克爾的《自然之理與忘我——謝良佐語錄中新儒家的理論與實踐》（1982），瑪麗斯・埃平——馮・弗朗茨的《方孝儒——一個儒者之矛盾》（1983）和莫尼卡・于貝赫的《王艮和他的學說——晚期儒家的批判立場》（1936）。這幾篇論文大致都從思想史的角度講述一個人的生平和思想，其中埃姆里希的著作則很重史料。

　　思想史方面的研究，重點顯然在古代及宋明理學。此外，值得注意的是魯德夫・格・瓦格納對王弼玄學思想的研究，發表在《亞洲研究》（瑞士，1968）和《通報》（荷蘭，1986）上。柯寶山在《王國維與叔本華》（1986）一書中就古今東西的因素闡述了叔本華對王國維的影響。

丙　宗教與民俗

　　前輩學者艾維耐幾十年來專門行研究中國宗教史，除了撰寫過一些重要論文外，最具影響力的要算他的《中國諸宗教（1973）和《中國古代宗教與國家祭禮》（1976），《東方手冊——中國部分》Ⅳ.1）。後者就所謂「國家宗教」綜述了朝廷的主要祭禮。中國古代神話方面，沃爾夫岡・明克寫過一本《中國古典神話》（1976），反駁了高本漢的學說，提出了古代神話反映不同民族和不同時期之說的新證。宗教方面的研究可分下列幾點來說：

1.道教

　　首先得提到的是維爾茨堡大學研究所的「道藏計劃」。在該所漢學界前輩漢斯・施泰尼格指導下，並在歐洲漢學協會範圍內與法國、意大利有關機構合作，編成了《道藏書目提要》，希望不久即可問世。「道藏計劃」促進了西德道教的研究，個別著作有利維亞・克瑙爾的《陳摶的生平和神話》（1981），羅曼・馬雷克的《齋戒錄——有關道教禮拜儀式的資料》（1985），弗洛里安・賴特爾的《道教的元素和趨勢——金元明初時代組合與個體的對立》（1988），格特魯德・京奇的《神仙傳與仙人氣象》（1988）。安娜・賽德爾早於1978年論及後漢崇尚老子的問題，發表於《世紀》（1978），烏特・恩格哈爾特的《氣功的古典傳統——唐司馬承楨的服氣精義論》（1987）。

2.佛教

　　佛教的研究尚處初步階段。在此只舉出黑爾維希・施米特——格林澤的《弘明論與佛教在中國的接受》（1976）和《中國佛教諸派的認同與佛學通史的編寫》（1982）。希望將來印度學界先進的佛學研究能激發漢學界。青年印度學家康拉德・邁西格在他的《沙門果經研究》（1987）中大量引用中文佛籍，同時促進了中古漢語研究。中文佛籍的翻譯已有了，但能達到前輩威廉・貢德特（1880—1971）《德譯碧巖錄》（共三冊，1960—1973，未完）手筆的還不多見。

3.基督教

　　這方面著作自然較多，但大部分與中國文化沒直接關係。應提起的是：克勞迪亞・科蘭尼的《推類家在中國的傳教》（1981），論及所謂「推類家」如何溝通中國上古史與聖經舊約的方法。此外，魯德夫・格・瓦格納還以與基督教有關連的太平教寫出了《重演天堂的理想——太平革命中宗教所扮演之角色》（英語，1982）。

4.民間宗教

　　這方面有賽韋特・赫利伯的《台灣民間宗教與本省傳統》（1985），龐偉研究了《中國靈籤》（兩册，1976—1985），分析了大量資料，統計人心急事、社會習俗。學界至今忽略了中國傳統心理學，故有良密樹的《夢林玄解》（1985），初步探討「夢」的現象。

丁　史學研究

　　西德漢學界以研究中國歷史的著作最多，並從史料學、問題史、社會史、軍事史等不同角度進行專題考察。名漢學家福蘭閣（1863—1946）著有五巨册《中華帝國史》（1930—1952），可惜寫至明代便去世了。福氏的這部巨著雖在細節上有不妥之處，但大致上至今仍有其參考價值。通史方面，戰後有赫伯特・弗蘭克與羅爾夫・特勞策特合著的中華帝國（1968），博多・維特霍夫的中國古史概論（1971）。前者重社會史，經濟史與民族學的方法，後者則以歷史地理，政治史和人口發展史概括中國歷史。西德 20 年來中國史研究已相當專業化，很明顯地有下列幾個重點：

1.宋金遼元

　　赫伯特・弗蘭克結束大學漢學學業後，則不斷致力於宋元的研究。弗氏曾發表過數十篇有關文章外，在此應首先提及的是他主編的宋代名人傳（共四册，英，法，德語）。此書爲國際「宋代計劃」的成果之一，收集八十七名國際學者寫的四百四十編傳略。對西方漢學界來講，這部工具書的價值很高，有助於宋的研究。直接或間接受弗氏宋元研究影響的有科林娜・漢納的《開禧德安守城錄》（1970），達格瑪・蒂勒的《條約的達成——宋金之間的外交》（1971），克勞斯—彼得・蒂策的《七至十一世紀的四川省》（1980），古度拉・林克的《十三世紀中國家庭的社會史》（1986），絲維亞・弗・埃貝納・馮・埃申巴赫的《南宋中國東南部水利之發展——《魏峴的四明它山水禾備覽》（1986）及迪特爾・庫恩的《宋代——從其文化觀其新社會》（1987）。庫氏在確認宋代爲「新時代」的前提下，介紹了當代物質文明，無論飲茶或葬禮，都在該書中談到了。弗蘭克本人除發表了《中國北部在蒙古人勝利之前夕》（1978）《從酋長到皇帝——元朝的法統》（1978）及《異族統治中國及其對國家制度之影響》（1985）諸文外，最近又發表了他另一項專題研究的成果《南宋軍事史的研究和文獻》（1987）。

2.明代

　　西德對明史之研究雖不及宋元研究發達，但成績可觀。傅吾康的《明代史籍彙考》（英語，吉隆坡，1968）是一部極有價值的工具書，收集了八百多種明代史籍，對每種史籍均有提要式的介紹。這部書促進了西方明史的研究，在西德就有貝爾恩德・埃貝恩坦的《明代的礦業和礦工》（1974），彼得・格賴韋的《明初至明天

順的錦衣衞》（1975）和《中國明代帝座的即位與繼承》（1977）。

3.晚清

清初或清代中葉的研究尚無發展，但晚清方面有值得注意的著作：札比內・納加塔的《中國十九世紀晚期保守主義之檢討——反康有爲的檔案》（1978），漢斯・烏爾里希・福格爾的《太平天國的地方政治與土地政策》（1981），奧特馬・貝克爾的《庚子日記——有關義和團在北京的華學蘭日記》（1987）等等。

對其他時代的研究只有零散的專題論文。在此只提下面幾種：漢斯・施同費爾特著有《中國古代的國家制度及領土》（1970），研究春秋諸國如何從小城國擴展至大國的問題。艾維納將《吳越春秋》譯成德語（1969），以爲該書內容爲英雄傳略。烏爾里克・尤格爾著有《後漢宦官的政治功能與社會地位》（1976），劉茂才著有《公元前二世紀至公元六世紀龜茲國與中國之關係》（共二冊，1965）。米夏埃爾・克維林則有《劉知幾與春秋》（1987），沃爾夫拉姆・埃貝哈德寫了《中國與其西鄰》（1978），埃林・馮・蒙德則發表了《十二世紀前的中國和朝鮮半島》（1982），包吾剛主編了《中國與外國人——戰爭與和平的三千年爭論》（1980）。

此外，西德漢學界還研究中國法律史。早在1946年漢學前輩賓格爾發表過《唐代法律史料》，繼承了福蘭閣有關法律史的研究。這一傳統雖尚無充分發展，但目前已有些新成果：奧斯卡・韋格的《中國法律史》（東方學手冊，中國部分，Ⅵ，1980），彼得・賽德爾的《宋代法律史研究——宋史刑法志第一篇注釋》（1983），而早在1986年弗蘭克・蒙策爾就寫了《以明史刑法志看中國古代刑法》。

關於中德關係問題，漢學界也甚感興趣。這方面的著作實在不少，現只舉兩個例子：弗里茨・范・布里森寫過《中德關係概論》（1977），慕尼黑大學漢學研究所在包吾剛的指導下設立了《中德文化交流計劃》，包氏主編的《德國文化對近代中國思想史之影響》（中文文獻圖書目錄，1981）便是該計劃的初步成果之一。

戊　中醫學及科技史

中醫研究在西德相當發達。在這方面應歸功兩位學者：先是曼弗雷德・波爾克。他20年來致力中醫學研究，重要著作有《中醫理論基礎》（1973），《中醫診斷術教科書》（1976），（中醫古典藥理學》（1978）和《中醫古典配方》（1984）。其次，保羅・翁舒著有《本草——中國二千年的傳統藥理典籍》（1973）以及《中國的醫學——一個概念史》（1980）和《難經英譯》（1986）。

有關中國科技史的著作不多。在此應該一提的是迪特爾・庫恩關於絲綢科技的兩篇文章（載於《通報》（1981、1983）和柯寶山的《圍繞十算經算學文獻的書目資料》（公元前一世紀至公元七世紀，1987），給傳統算學研究打下了基礎。

己　文　學

1930年，衞禮賢編寫了《文藝科學手冊——中國文學部》。半世紀後，戴博恩主編《文藝科學新手冊——東方諸文學》（1984）。有關中國文學部分刊載了主編人戴氏的《中國詩詞的形式與精神》，《中國文學理論與文學批評》兩篇文章，漢斯・施同費爾特的《中國哲學文獻主要史料》，羅爾夫・特勞策特的《中國史學史》，赫伯

特・弗蘭克的《中國類書與中國情欲文學》，馬丁・根姆的《中國戲劇》，盧茨・比格的《古中國偉大小說之產生和文革後之小說》以及包吾剛的《中國文學在德國及歐洲的接受》。該手冊的內容相當確實地反映了西德漢學界研究中國文學的趨勢。以下就三大文學類型介紹一下有關專著：

1.詩詞：

研究個別詩家的專著有沃爾夫岡・庫賓的《杜牧論》（1976），彼得・萊姆比格勒的《梅堯臣——文學、政治意義試論》（1970），賴納爾德・西蒙的《蘇東坡早期詩詞譯註》（1985）和盧茨・比格的《黃庭堅的生平與創作》（1975）。戴博恩早於1962年建立了詩話研究，將《滄浪詩話》全部譯成了德文。其後有福爾克爾・克洛普虛的《詩人玉屑》（1983），研討了魏慶之的詩詞理論。稍後沃爾夫岡・庫賓發表了《空山——中國文學中自然觀之發展》（1985）。此外，各色各樣的《中國詩選》把中國詩詞介紹給了廣大讀者。

2.戲劇

有關此一文學類型的著作比有關其他類型的豐富的多。顧維廉和阿爾弗雷德・弗爾克已很重視元曲及元之後的戲劇。馬丁・根姆除了寫過這方面的文章外，還曾編了弗爾克的遺著《中國元代十齣戲劇》（1968）。霍爾格・赫克在此基礎上研討了元孟漢卿的《魔合羅雜劇》（1980）。

3.小說

中國古典小說的介紹首推譯家弗蘭茲・庫恩（1884—1961），庫氏雖沒做過學術研究，但大量翻譯了古典名著如《三國演義》、《水滸傳》、《金瓶梅》、《紅樓夢》、《今古奇觀》等，而將中國小說文學介紹給了廣大德國及西方讀者。但他的譯法常有簡縮刪節之弊。阿圖爾和奧托・吉伯兄弟合譯的《金瓶梅》（全六冊，1967-69，1987重版）或能補此缺憾。古典小說的譯本至今不斷增加，但質量參差不齊，在此不再加介紹。研究方面應當一提是莫尼卡・呂策甫的《劉敬叔與異苑——五世紀的一部志怪小說》（1986）和羅勒里希・普塔克的《明代小說和戲劇中鄭和探海之事》（1986），研究了《下西洋》和《西洋記》，後者有翻譯。

最後，在文學交流與比較文學研究方面，戴博恩和夏瑞春今年成立了「華歐文學研究會」，並定期召開學術討論會。

庚　考古與藝術

考古方面著作較少。系統的著作有克特・芬斯特布施的《漢畫目錄和題材索引》（1966, 1971）和《北齊隋代的考古——附出土文物目錄》（1976），埃迪特・迪特里希的《古代中國墳墓研究》（1981），而維利巴爾德・法伊特的專題則是《周漢印章與篆書》（1985）。藝術方面的研究著重書畫：洛塔爾・雷德羅澤研究《清代篆書》（1970），其後有《米芾和中國書法古典傳統》（英語，1979）一書出版。雷氏同時發表了重要論文，如載於通報的《王羲之書法與道教關係》（1984）。羅吉爾・格佩爾除著有《東亞藝術與手工藝》（1986）手冊外，還著有《書譜——孫過庭書法理論》（1974）及不少專文。

有關書畫之間關係的有兩部著作：戴博恩的《書法及其與文學和繪畫之關係》

（1978）和海克・科茨貝格的《中國繪畫中書畫之關係》（1981）。戴氏還有《寫真主義的讚美——鄒一桂的小山畫譜》（1969）一文。漢學前輩福克司介紹了《乾隆皇帝南行畫册》（1976）。烏爾蘇拉・托姆卡——馮研究了繪畫題材在文化史上的一般意義，作《赤壁——中國繪畫中的歷史與文學》（1982）。同樣地，約阿希姆・希爾德布蘭特探究了《從中國漢唐藝術中的外國人畫像看文化關係》（1987）。

此外，博物院中國藝展均印發目錄，其中大多有學術論文，不可忽視。

辛　期刊、叢書及學術機構

目前爲止，西德尚無獨立的漢學期刊，有關期刊均以「東方」或「遠東」爲範圍。《德國東方協會志》（西柏林）爲最早的刊物，已有130多年的歷史。在漢堡還有《遠東及東亞協會通訊》。《華裔學志》原先在北京，1949年轉東京，1972年起則在西德聖・奧古斯丁發行。《東亞文學》（波鴻）也刊載有關中國文學的文章，但翻譯和資料爲主要內容。漢堡的「德國亞洲協會」發行的《亞洲》則注重亞洲各國當代史問題。

如今，幾乎每家漢學研究所都有自己的叢書，大都發表該所的博士及教授論文。規模最大的算波鴻和慕尼黑大學漢學研究所叢書。漢堡的亞洲研究所發行的《通訊》及《通告》中也載有有關中國傳統文化的著作。波鴻的中國專題叢書大多刊出現代及當代中國的研究。

德國東方協會每三年於不同地點召開會議一次，並設有中國部分的討論會。西德的漢學家們也常參加歐洲漢學協會每兩年在不同國家舉行的會議。

西德漢學界與其他學科一樣，經常受「德國科研協會」的支助。該協會爲西德學術界的自治自助機構，頒發獎學金，資助各種研究計劃，並支付旅費及出版刊物印刷費。另一機構爲「德國學術交流中心」，旨在資助德國學生出國或外國學生來德進修。此外，該中心也協助外國學者來德訪問。

四　回顧與展望

弗蘭克於20年前考察德國大學的漢學（1968）時，已斷定西德漢學重具了納粹時代前的規模和水平。在這一基礎上，西德的漢學在七、八十年代發展了重點研究，開擴了新領域和導出了新方向。漢學此一學科愈加專業化想是必然的趨勢。有鑑於此，漢學界更應注視其他學科的發展和成果，例如語言學的結構主義，哲學的詮釋學，史學的社會史，日常文化史等等。漢學既然是人文科學，更應發揮人文科學的方法。隨著研究資料的日益增加，各學科間更有協作的必要，研究計劃就是有效的方式之一。

學術本身是超越國界的，漢學自然不例外。近幾年，中德雙方研究中國文化的學者常有來往，是件可喜的發展。尤其值得稱讚的是，中國學者熱情招待了來華訪客，盡力滿足了他們研究上的需要。筆者希望，將來中國方面圖書館和其他機構能簡化服務手續，便利國外專業人士，適應國際學術需要。在這一未來的基礎上，西德對中國文化的研究必能再向前邁一大步。

附：
外文姓名目錄（按音序排列）：

A

Ai

埃貝哈德，沃爾夫拉姆　　　　　Eberhard, Wolfram

埃貝思坦，貝爾恩德　　　　　　Eberstein, Bernd

埃姆里希，里夏德　　　　　　　Emmerich, Reinhard

埃申巴赫，絲維亞·弗·埃貝納·馮　Eschenbach, Silvia Freiin Ebner v.

艾維納　　　　　　　　　　　　Eichhorn, Werner

埃平一馮·弗朗茨，瑪麗斯　　　Epping-von Franz, Marlies

B

Ba

巴拉茲，斯特凡　　　　　　　　Balázs, Stefan

Bao

包吾剛　　　　　　　　　　　　Bauer, Wolfgang

Bei

貝爾克，耶爾格　　　　　　　　Bäcker, Jörg

貝爾克，奧特馬　　　　　　　　Becker, Otmar

Bi

貝克爾，奧特馬　　　　　　　　Bieg, Lutz

Bing

賓格爾　　　　　　　　　　　　Bünger, Karl

Bu

布里森，弗里茨·范　　　　　　Briessen, Fritz v.

D

Dai

戴博恩　　　　　　　　　　　　Debon, Günther

Di

迪特里希，埃迪特　　　　　　　Dittrich, Edith

E

En

恩哈爾特，烏特　　　　　　　　Engelhardt, Ute

F

Fa

法伊特，維利巴爾德　　　　　　　　Veit, Willibald

Fen

芬斯特布施，克特　　　　　　　　　Finsterbusch, Käte

Fu

弗爾克，阿爾弗雷德　　　　　　　　Forke, Alfred

福格爾，漢斯・烏爾里希　　　　　　Vogel, Hans Ulrich

福克司　　　　　　　　　　　　　　Fuchs, Walter

福蘭閣　　　　　　　　　　　　　　Franke, Otto

弗蘭克，赫伯特　　　　　　　　　　Franke, Herbert

傅敏怡　　　　　　　　　　　　　　Friedrich, Michael

傅吾康　　　　　　　　　　　　　　Franke, Wolfgang

G

Gao

高本漢　　　　　　　　　　　　　　Karlgren, Bernhard

Ge

格拉夫，奧拉夫　　　　　　　　　　Graf, Olaf

格佩爾，羅吉爾　　　　　　　　　　Goepper, Roger

Gen

根姆，馬丁　　　　　　　　　　　　Gimm, Martin

Gi

吉伯，阿圖爾／奧托　　　　　　　　Kibat, Arthur u. Otto

Gong

貢德特，威廉　　　　　　　　　　　Gundert, Wilhelm

Gu

顧維廉　　　　　　　　　　　　　　Grube, Wilhelm

H

Ha

哈隆，古斯塔夫　　　　　　　　　　Haloun, Gustav

Hai

海尼士　　　　　　　　　　　　　　Haenisch, Erich

Han

漢納，科林娜　　　　　　　　　　　Hana, Corinna

He

赫克，霍爾格　　　　　　　　　　　Höke, Holger

Huo

霍爾茨，賴內　　　　　　　　　　　Holzer, Rainer

霍夫曼，賴納　　　　　　　　　　　Hoffmann, Rainer

J

Jia
加貝倫茨，格奧爾格·馮·德　　　　　　　Gabelentz, Georg v. d.
Jing
京奇，格特魯德　　　　　　　　　　　　Güntsch, Gertrud

K

Kan
坎德，巴爾巴拉　　　　　　　　　　　　Kandel, Barbara
Ke
柯寶山　　　　　　　　　　　　　　　　Kogelschatz, Hermann
科茨貝格，海克　　　　　　　　　　　　Kotzenberg, Heike
科恩，維廉　　　　　　　　　　　　　　Cohn, William
科賴韋，彼得　　　　　　　　　　　　　Greiner, Peter
科蘭尼，克勞迪亞　　　　　　　　　　　Collani, Claudia v.
克洛普虛，福爾克爾　　　　　　　　　　Klöpsch, Volker
克腦爾，利維亞　　　　　　　　　　　　Knaul, Livia
克維林，米夏埃爾　　　　　　　　　　　Quirin, Michael
Ku
庫賓，沃爾夫岡　　　　　　　　　　　　Kubin, Wolfgang
庫恩，迪特爾　　　　　　　　　　　　　Kuhn, Dieter
庫恩，弗蘭茲　　　　　　　　　　　　　Kuhn, Franz

L

Lai
萊姆比格勒，彼得　　　　　　　　　　　Leimbigler, Peter
賴特爾，弗洛里安　　　　　　　　　　　Reiter, Florian
Lang
郎宓榭　　　　　　　　　　　　　　　　Lackner, Michael
Lau
勞費爾，貝爾霍爾德　　　　　　　　　　Laufer, Berthold
Lin
林克，古度拉　　　　　　　　　　　　　Linck, Gudula
Lei
雷德羅澤，洛塔爾　　　　　　　　　　　Ledderose, Lothar
Lü
呂策甫，莫尼卡　　　　　　　　　　　　Lützow, Monika

M

Mai

邁西格，康拉德　　　　　　　　　Meisig, Konrad

Ma

馬雷克，羅曼　　　　　　　　　　Malek, Roman

Ming

蒙策爾，弗蘭克　　　　　　　　　Münzel, Frank

蒙德，埃林·馮　　　　　　　　　Mende, Erling v.

Ming

明克，沃爾夫岡　　　　　　　　　Münke, Wolfgang

N

Na

納加塔，札比內　　　　　　　　　Nagata, Sabine

Nuo

諾伊格鮑爾，克勞斯·卡爾　　　　Neugebauer, Klaus Karl

P

Pang

龐偉　　　　　　　　　　　　　　Banck, Werner

Po

波爾克，曼弗雷德　　　　　　　　Porkert, Manfred

Pu

普塔克，羅勒里希　　　　　　　　Ptak, Roderich

S

Sai

賽德爾，安娜　　　　　　　　　　Seidel, Anna

賽德爾，彼得　　　　　　　　　　Seidel, Peter

賽韋特，赫利伯　　　　　　　　　Seiwert, Heribert

Shi

施米特－格林澤，黑爾維希　　　　Schmidt-Glintzer, Helwig

施泰格，布龍希爾德　　　　　　　Staiger, Brunhild

施泰尼格，漢斯　　　　　　　　　Steininger, Hans

施特雷茨，福爾克爾　　　　　　　Strätz, Volker

施同費爾特，漢斯　　　　　　　　Stumpfeldt, Hans

T

Te

特勞策特，羅爾夫　　　　　　　　Trauzettel, Rolf

Ti

蒂策，克勞斯－彼得　　　　　　　Tietze, Klaus-Peter

蒂勒，達格瑪　　　　　　　　　　Thiele, Dagmar

Tuo

托姆卡－馮，烏爾蘇拉　　　　　　Toyka-Fuong, Ursula

W

Wa

瓦格納，魯德夫·格　　　　　　　Wagner, Rudolf G.

Wei

魏甘德，耶爾格　　　　　　　　　Weigand, Jörg

韋格，奧斯卡　　　　　　　　　　Weggel, Oskar

衛禮賢　　　　　　　　　　　　　Wilhelm, Richard

維特霍夫，博多　　　　　　　　　Wiethoff, Bodo

Wong

翁格，烏利希　　　　　　　　　　Unger, Ulrich

翁舒，保羅　　　　　　　　　　　Unschuld, Paul

X

Xi

希爾德布蘭特，約阿希姆　　　　　Hildebrand, Joachim

希爾特，弗里德里希　　　　　　　Hirth, Friedrich

西蒙，賴納爾德　　　　　　　　　Simon, Rainald

西蒙，瓦爾特　　　　　　　　　　Simon, Walter

Xin

辛德勒，布魯諾　　　　　　　　　Schindler, Bruno

Y

You

尤格爾，烏爾里克　　　　　　　　Jugel, Ulrike

于貝赫，莫尼卡　　　　　　　　　Übelhör, Monika

日本戰後「中國學」
發展的階段及其特徵

嚴紹璗

㈠戰前舊「中國學」的回顧

　　日本的「中國學」與「漢學」是兩個內涵各不相同的範疇。所謂「漢學」，指的是以中國儒學的觀點和方法，採用日本式的形態來闡發中國傳統的政治制度與思想文化，並把它們吸收爲日本的上層建築與意識形態。這一學科的名稱，來源於十九世紀前期日本人伊地智潛隱（1782—1867年）的《漢學紀源》一書。「中國學」則與此不同，它屬於近代日本所展開的世界性區域研究的一部分，包括以近代社會科學與人文科學的觀點和方法，對中國諸領域進行的研究，以及爲此而進行的資料積累。這一學科起始於十九世紀後期（明治中期），中日甲午戰爭推動了它的發展。「中國學」的名稱，是直接從歐洲的「sinology」翻譯過來的，當時譯爲「支那學」。不稱「中國」而稱「支那」，表明了這一學科在建立之初，是以蔑視中國爲中心的日本近代亞洲觀念爲其政治基礎的。

　　由於古代中日政治文化之間的密切關係，直至江戶時代（1603—1868），「漢學」仍然具有絕對的價值。明治天皇在對幕府諸侯削藩奪權，推行其維新政治的過程中，曾經運用「漢學」的「尊王攘夷」思想爲其精神支柱之一。但是，明治維新的結果，卻導致日本人的中國觀念發生了根本變化。當時，在日本國內，兩大對立的政治派系——無論是「民權論」者，還是「國權論」者，隨著日本資本積累的加速和海外活動的積極，他們在政治上都倡導所謂「亞洲進出自由論」（此即爲其後日本「大陸政策」之濫觴），在思想文化上都主張「必須與中國訣別」。1884年，福澤諭吉（1834—1901年）發表「脫亞論」，實際上是公開宣言在政治上與文化上與中國分離，參加西方列強的行列。1895年甲午戰爭的結局，成爲日本人從傳統的中國觀念（尊敬中國的一元論）轉變爲近代的中國觀念（保持對中國文化的尊敬，又蔑視現實中國的二元論）的一個決定性契機，最終造成了「漢學」的終結。本世紀初期，以西田幾多郎（1870—1945年）爲中心創立的「西田哲學」，是第一個日本形態的哲學體系，它表明了日本的意識形態擺脫了「漢學」的束縛。

　　日本「中國學」的最終內容，是以朱子哲學爲主要對象的「支那哲學」。由於歐洲文化思想——特別是法國「東方學」與德國馮·蘭克（Von Leopold）學派的傳入，以及中國甲骨文字與敦煌文獻的相繼發現，刺激了「中國學」的發展，十九世紀的最後十年，便在這一學科中建立起了「東洋史研究」。所謂「東洋史」，就

是以中國歷史爲主要內容的亞洲史，實際上包括通史、經濟、宗教、藝術、法律、考古等廣泛的內容。十年之後，日本知識界出現了研究外國文學的浪潮，一部分日本人受西方文藝觀念的影響，注意於中國文學，特別是通俗文學；另有一些日本人，則試圖通過對中國文學作品的分析，熟悉和掌握中國民族的心理狀態和感情特點，這就形成了「中國學」的第三個內容。這樣，便在本世紀初，以東京帝國大學和以京都帝國大學爲中心，日本對中國的研究，建立起了區別於舊「漢學」的新體系，出現了像白鳥庫吉（1865—1942 年）、內藤虎次郎（1866—1934 年）、服部宇之吉（1867—1939 年）、狩野直喜（1868—1947 年）、桑原隲藏（1870—1931年）等一批蜚聲學界的「中國學」的創始者。

　　「中國學」在創建之初，不少學者曾經進行過嚴肅的、認真的學術研究。隨著日本「大陸政策」的實施，「中國學」就其總體而言，其目的則明顯地與日本帝國主義日益擴大的對華侵略活動相關聯。從而使日本對中國的研究建立不久，便在政治上和學術上受到了嚴重的挫折。

　　20 年代初期，日本政府爲了加強其對中國文化研究的控制，1923 年，在外務省內設立「對支文化事業部」。1929 年，該部利用「庚子賠款」建立「東方文化事業總委員會」。委員會在日本國內設立東京、京都兩個研究所，並在中國北京建立「北平人文科學研究所」，在上海建立「上海自然科學研究所」，幾乎囊括了當時日本主要的中國問題研究家，從而成全日本「中國學」研究的總樞要。與此同時，日本通過官方與私人途徑，向中國派遣了大批的研究人員。自這一學科形成至40 年代，總數約在 5000 人左右。其中某些研究者，曾經利用當時日本在中國的強權地位，從中國取走了數量驚人的文物、圖書、檔案文獻、民族民俗資料等。

　　上述內容，都是日本對中國古典的研究。當時，日本對當代中國的研究，主要是由陸軍參謀本部進行的。此外，1900 年，近衛篤麻呂主辦「東亞同文會」，在中國南京（後移上海）設立「東亞同文書院」，專門培養日本對當代中國進行研究的專業人員。再有，在日俄戰爭後出現的「南滿洲鐵道株式會社調查部」，至1939 年全國組成，擁有千餘名研究人員，主要從事中國政治、經濟、民族、地理、兵志、社會等方面的調查與分析，在第二次世界大戰中，它一直起著日本政府遠東經濟參謀部的作用。

　　日本在第二次世界大戰中的失敗，宣告了明治中期以來近代中國觀念的破產。日本舊「中國學」家，雖然曾經以空前的規模，展開了對中國的研究。但是，這種研究對於中國歷史發展的必然道路，對於中國社會的基本結構，對於中國人民的文化傳統和民族感情，對中國當代革命政黨和革命運動，都未曾作出正確的結論，因而，戰爭的失敗，事實上也就宣告了舊「中國學」的終結。

㈡反省時代

——重建戰後「中國學」的努力

當舊的「中國學」崩潰的時候，具有民主主義思想的日本中國學家們，開始了

戰後重建日本「中國學」研究的努力。作爲這一工作的一個切實的步驟，便是大量地翻譯和介紹進步的中國著作，以便使日本國民與學術界聽到中國人自己的聲音，真正地理解中國，從而反省過去的時代也反省過去對中國的研究。

此種譯介，主要集中在兩個方面。一是翻譯中國的社會科學著作，並且介紹中國民主革命的基本狀況。例如，岩村三千夫（1908—1977年）撰寫了《中國民主革命》（1948年）、《中國革命的基礎知識》（1949年）、《中國學生運動史》（1949年）。尾崎莊太郎（1906年生）於1952年分別譯出了《實踐論》《矛盾論》和《中國共產黨的三十年》。鹿地亘（1903—1982年）翻譯了《在延安文藝座談會上的講話》（1952年）。島田政雄（1912年生）撰寫了《中國革命三十年史》（1948年），並翻譯了《毛澤東的青年時代》（1950年）。野原四郎（1904年生）等於1953年著《中國革命的思想——從鴉片戰爭到新中國》。二是翻譯中國當代進步的文學作品。例如，1948年，香坂順一（1915年生）編輯《魯迅語錄》，菊地三郎（1904年生）編譯《中國現代小説集》（1951年），同年，鹿地亘譯出周立波《暴風驟雨》。其後，島田政雄譯趙樹理《李家莊的變遷》、黃谷柳《蝦球傳》，竹內實（1923年出生）譯吳運鋒《把一切獻給黨》，陳登科《活人塘》，安藤彥太郎（1917年生），譯許廣平《黑暗的紀錄》及鄭振鐸《燒書記——日軍占領下的上海知識份子》。大約在50年代中期前後，《郭沫若作品集》、《丁玲作品集》、《茅盾作品集》、《趙樹理作品集》等，都已編譯出版。所有這些中國進步著作的翻譯介紹，對於打開日本國民和日本中國學家的視野，反省50年來日本的中國觀念，具有積極的意義，爲重建戰後日本的「中國學」，作了思想方面的準備。

1948年，日本建立了「刷新學術體制委員會」。同年，衆參兩院相繼通過了「學術會議法案」（政府第121號法令）和「國立學校設置法」（政府第150號法令）根據這些法令，開始重建戰後日本中國學的研究機構，並且逐步組成了三層次結構的研究網絡。

首先，作爲國家科學研究指導機關的「日本學術會議」（俗稱「學術國會」）撤消了「支那研究特別委員會」。關於對中國研究的規劃，分別由設置於學術會議第一部分的文學、哲學、史學、教育學、心理學、社會學，第二部分的一般法學、公法學、民事法學、刑事法學、政治學，第三部分經濟學、商學、經營學的委員們分別承擔。爲了實現國家對「中國學」研究方向的控制和體現對研究的支持，改變了戰前由政府直接操縱研究機構的方法，改組爲學會形式的鬆散聯合。1947年6月，原「日華協會」改組爲「東方學會」，得到外務省的全面支持。1949年10月，創立了「日本中國學會」。以此爲標誌，「中國學」的名稱逐步代替了「支那學」。這一名稱的改換，反映了愈來愈多的研究家，正抱著重新認識中國的願望，探索對中國研究的道路。「日本中國學會」得到文部省的全面支持。前者側重於廣泛範圍內的史學研究，後者側重於哲學宗教和語言文學的研究。由此便形成了日本政府的「中國學」研究網絡。

與此相交錯，則同時整頓了國立大學的中國研究機構。東京大學曾於1941年11月根據天皇1021號敕令，設立「東洋文化研究所」，以專門研究中國兵要地志、社會民俗爲其任務。1948年4月，外務省原對支那文化事業部東方文化學院

奉命撤銷，人員併入東大東洋文化研究所。改組之後的研究所，建立了以學科分研究部門的體制，建立哲學宗教部、文學語言部、歷史部、文化人類學部、人文地理學部、美術史考古學部、法律政治部、經濟商業部與南亞文化部，以此爲陣地，展開了對以中國文化爲中心的泛亞文化的綜合性研究。此外，京都大學是日本對中國研究的另一個中心。1938 年 8 月，該校設立「人文科學研究所」，從事中國產業經濟、文化交涉史方面的研究。1949 年 1 月，盟軍司令部指令解散西洋文化研究所和東方文化學院京都研究所，旋即將其併入京都大學人文科學研究所內，建立以區域爲研究部門的體制，設立日本部、東方部、西洋部。其中的東方部，主要是研究中國文化。每一部中以學科分設研究室，合併之初爲 11 個研究室，1969 年增至 14 個研究室。

以東京大學東洋文化研究所和京都大學人文科學研究所的重建爲標誌，戰後日本建立起了在大學中的「中國學」研究網絡。這一網絡中的機構和人員，是日本「中國學」研究的中堅力量。

戰後日本中國學研究網絡的第三層，便是民間的系統。當時，日本有兩種社會力量試圖擺脫政府的控制而從事對中國的研究。一種力量是追求民主的進步勢力，他們不滿意當時政府的對華政策，希冀在政府控制的研究網絡之外，建立獨立的研究陣地，以便把在戰爭期間分散於國內外的研究中國問題的進步人士集合起來，總結歷史教訓，研究中國的發展，尋找日本的道路，這部分力量可以日本「中國研究所」爲其代表。該所籌建於 1945 年 10 月，經岩村三千夫、伊藤武雄（1895 年生）、安藤彥太郎等人的努力，於 1946 年 1 月正式建立。在戰前的舊「中國學」時代，激進的小資產階級知識份子，如竹內好（1908—1977 年）等，組織了「中國文學研究會」，曾經抵制過軍國主義的研究，但始終未能發展成爲具有完備形態的研究所。所以，這種由進步人士組成的民間中國研究所的出現，是戰後日本「中國學」結構中的一個特點。當然，由於沒有政府的財政支持，經費由民間籌集，研究的條件相對地比較困難。此外，另一種社會力量則是在戰爭中參與軍國主義活動的殘餘勢力，他們迫於國內外的形勢，戰後不得不從公立機構中退出，然而，他們又結合在一起，以學術研究的面貌，堅持其帝國主義立場。由於存在著這樣的社會勢力，就使民間網絡的中國研究呈現出複雜的層面。當然，後者在整個研究的結構上，並不占有突出的地位，這種形勢是與戰前迥然不同的。

這樣，大約在 50 年代的中期，由於進步的中國社會科學著作被逐步地介紹到日本。對中國的研究也基本上形成了多層次的網絡結構。日本「中國學」經歷了對戰前活動的反省和整頓，完成了它的重建工作，由此便進入了恢復時代。

(三)恢復時代

——學派的形成與綜合研究勢態

日本「中國學」的恢復時代，大約自 50 年代中期至 60 年代中期。所謂「恢復」，是指經過前 10 年左右的整頓與組合，隨著經濟的復蘇，日本「中國學」的

研究重新聚結了力量，從「反省」中逐步走向正常的研究。

這一時期的「中國學」具有以下三個方面的特徵。

第一，繼承與發展了舊「中國學」的學派，並在新的歷史條件下，形成了新的學派。戰前，除了完全帝國主義的研究之外，大致可以分爲三大學派──一是以東京帝國大學爲中心的「支那哲學學派」。他們繼承了德川時代以來儒者的道德主義，保留著較多的宋明理學「義理」的特色。這一學派以宇野哲人（1875—1974年），爲其代表。二是以京都帝國大學爲中心的「支那學考證學派」，這一學派接受了歐洲實證主義及中國清代考據學的影響，十分注意文獻史實的稽核與真實，其中以狩野直喜爲其代表。三是對中國的傳統思想和中國歷史上的許多人物抱懷疑與否定態度的「支那學疑古學派」。他們大膽地懷疑中國早期的歷史傳統乃至哲學思想，這可以以津田左右吉（1873—1961年）爲其代表。

戰後的社會情況有了很大的變化，經過十幾年的發展，在對中國的研究中，「支那哲學學派」的影響顯著地消退了，純粹的「疑古學派」也不盛行了，代之而起的，則是「社會發展史學派」和「社會科學學派」。

「社會發展史學派」主張對中國的研究，應該超越儒學的範圍，把哲學、歷史、文學與其他廣泛的文化現象、經濟現象聯繫起來考察，從而探索一個時代的哲學、一個時代的歷史和一個時代的文學等。這一學派在哲學領域內，可以稱爲「社會思想史學派」；在史學領域內，可以稱爲「社會經濟史學派」。50年代至60年代中期，日本中國史研究家西島定生、增淵龍夫和濱口重國等就中國古代社會的結構問題所進行的激烈論爭；古島和雄與北村敬直提出的關於明清大土地所有制的討論等，都與這一學派的興起有著一定的關係。在哲學方面，島田虔次是這一學派最早的發起人，他運用這一方法獲得的第一個成果，便是提出了《近代思維在中國的挫折》，他系統地考察了中國前資本主義時代思想發展的路徑，對中國是否會自然地發展到資本主義社會表示懷疑。

「社會科學學派」是以既定的社會科學思想體系作爲出發點來研究中國和中國文化的學派。在日本，也有人稱此爲馬克思主義學派。但是實際上並不盡然。例如，哲學思想研究方面的代表學者守本順一郎在《東洋政治思想史研究》中，儘管徵引了馬克思的許多論述，但同時可以看出，守本順一郎還深受 M・魏巴（Max. Weber）的影響。

這些新形成的「中國學」學派，與原有的學派之間，互相辯駁，互相滲透，犬牙相錯，斑爛紛呈，構成了這一時期對中國研究的重要特徵。

第二，日本的中國問題研究，同其資本主義形態的生產狀況相類似，基本上也是處於一種無政府的局面。但是，自50年代中期之後，對中國的某些領域，形成了綜合性研究的勢態，構成了這一時期日本「中國學」的另一個重要特徵。

這一勢態首先出現於對中國的社會經濟研究方面。1958年，日本政府通過東京大學的東畑精一教授等人，籌辦一個以中國爲特殊對象的，擴及整個亞洲社會經濟方面的綜合性研究機構。1959年1月便建立了「亞洲經濟研究所」，雖然是以「經濟」命名，但是，它的研究涉及社會政治和文化的廣泛的範圍。該所對中國的研究，主要是由以下近二十個方面綜合組成的：

一、中國社會主義戰略的形成；二、中國社會主義領導的形成；三、中國外交的形成過程與發展；四、中國對亞洲的政治經濟政策；五、中國對外經濟的政策原則及其發展；六、中國共產黨的經濟政策及中國經濟的長期展望與估價；七、中國的通貨金融制度；八、中國的資本積累研究；九、中國的農業結構；十、中國農業技術體系的發展；十一、中國的城市建設；十二、中國的經濟發展與華僑問題；十三、臺灣的產業結構、農業前景、財政金融研究；十四、日中貿易發展前景估計；十五、美國對華政策與中美關係；十六、中蘇對立的估計；十七、中國共產黨的報紙與雜誌研究；十八、中國政治運動的估計。

此種對中國社會的綜合研究，在這一時期也擴及到歷史研究領域。60 年代初期，東京大學東洋文化研究所制定了一項貫穿古今的名爲「亞洲地區社會經濟結構」的十年綜合研究計劃，所內各研究部門據此總規劃確定各自的重點，其中確定在六個領域內展開對中國的研究：

一、中國的政治結構及其土地所有制的歷史研究（包括從出土文字史料研究殷代國家結構起，至清末民初中國社會關係的變動研究止，並附有西藏社會組織與土地制度的研究）

二、近代中國的國際關係研究（包括早期歐洲殖民主義者的中國觀，直至中國共產黨的國際關係）

三、五四時代中國的研究（自清末至五四的思想發展的歷史考察）

四、近代中國的文學研究（包括嚴復、林紓、魯迅、以及近代文學雜誌研究）

五、現代中國研究（包括中國共產黨內機會主義路線的形成、國內革命戰爭時期工農運動的考察，新中國三年經濟恢復時期的經濟統制政策，人民公社化，以及中國法的研究）

六、中國的宗教研究（包括中國佛教懺悔的形成與發展，中國佛教空觀系統的研究，以及唯識、華嚴、澄觀、密宗的思想及關係）

當然，這一時期出現的這種綜合研究的勢態，並不只局限於上述兩個研究所，諸如「東洋文庫研究部」對近代中國的研究，也呈現這種趨勢。此種研究，縱橫剖析，互相聯繫，是日本戰後「中國學」研究的一個進步。

第三，這一時期日本「中國學」的研究，雖然逐步進入了恢復時代，但是，由於當時日本政府的對華政策，中日兩國未能實現國家關係正常化，研究中國問題的學者在到中國進行實地考察、收集資料、以及與中國學者交換意見等方面都還比較困難。因此，這一時期中出現了不少以戰前在中國獲得的歷史、考古、民族、民俗、藝術等方面的資料爲基礎而進行研究的著作。整理與研究這些資料，在學術上是完全必要的，但是，由於未能更多地聽到中國學者的見解和使用中國學術界的成果，因此，某些著作顯得史料錯舛，觀點陳舊，使一些研究家陷入困惑。這是日本中國學研究中的新的挫折。這種狀況使得愈來愈多的日本中國學家，要求政府改變對華政策，實現日中邦交正常化和發展兩國文化交流。

㈣發展時代

——研究隊伍的組成與近二十年的業績

60 年代中後期，隨著日本經濟的起飛和對外活動的積極化，日本廣泛展開了對世界的研究，「中國學」經過 20 年的整頓與積累，已經形成了深入發展的足夠力量，從而進入了第三個時期——發展時代。

作爲發展時代的一個顯著的特徵，便是已經組織起了一支陣容較爲整齊，基礎較爲雄厚的中國學家隊伍，這一支隊伍由 3000 至 3500 名高級講師與副教授以上學者，分四層階梯形式構成。

第一層次是處於學術權威地位的研究家。他們大都是舊「中國學」的第二代和第三代。他們在青年時代曾受過嚴格的基本訓練，並且在歐洲和中國留過學，都能用漢語會話和作文。他們中不少人曾經是舊「中國學」創始者們的私淑弟子，著作宏富。這一時期中，他們擔任著各大學的名譽教授，在學派中居於權威地位，常常主編一些研究著作，或擔任學術顧問，發揮著指導性的影響。

第二層次是處於學術領導地位的研究家。他們大都是 40 年代日本戰敗前後從各大學畢業的中國學者，其中不少人是戰後推動舊「中國學」反省的活躍力量。經過二十餘年的發展，他們一般都是各大學的主要教授，各自組織學會團體，主辦若干刊物，出席國際會議，在國內外有廣泛的聯繫。他們在這一時期「中國學」研究中，發揮著領導的作用。

第三層次是處於學術中堅力量的研究家。這部分學者大都自 50 年代至 60 年代中期畢業，其中有相當一部分人，受當時新中國成立的影響，致力於中國研究，也有一部分人，曾親身參加過戰後日本爭取民主和民族獨立的鬥爭。當這些研究家開始從事中國研究的時候，主要是幫助前輩整理 30 年代和 40 年代從中國所獲得的資料，他們要求改革現狀，發展對華友好的願望十分強烈。這部分研究家思想敏銳，精力旺盛，也有足夠的學術修養。

第四層次是學術界的新生力量。他們接受了前輩的教育，又避免了若干曲折。當他們開始從事「中國學」的時候，中日之間已經實現了邦交正常化，因此，無論在學術資料的搜集以及實地考察方面，都較其前輩優越，從而產生了一些很有前途的研究家。

1972 年，中日兩國實現了邦交正常化，其後又簽訂了友好條約，政治形勢的發展，使正在發展中的「中國學」受到了新的刺激，得到了鼓舞與推動。

這一時期的日本「中國學」獲得了若干顯著的成果，這裡僅就文學、史學、哲學三個領域的情況，略敍於後。

文學

在中國文學研究方面最引人注目的發展，便是最終形成了「吉川幸次郎體系」。

　　吉川幸次郎（1904—1980年）從日本「中國學」的譜系來講，是屬於第三代研究家。他一生寫了兩千萬字的著作，編爲《全集》二十四卷。所謂「吉川幸次郎體系」，指的是以吉川幸次郎的學術見解爲中心，吸收了他的前輩和他的學生的業績所構成的一個研究中國文學的系統，其主要內容可以歸納如下：

　　第一，吉川幸次郎認爲，中國文學的基本特點是表現了倫理學的人本主義。他在與荷馬史詩、希臘悲喜劇的比較中，指出「中國文學的表現，以人爲世界的中心，人處在世界的軸心中。」他認爲，人本主義與中國文學觀念之間的統一，幾乎決定了中國所有文學的基調，並且由此而使文學成爲鞏固和推進中國官僚政治制度的槓桿。

　　第二，吉川幸次郎提出了中國文學發展中的「文藝復興」的觀念。他認爲，「從思想的角度講，中國的先秦是樂觀主義哲學占統治地位，漢魏六朝是悲觀主義哲學占統治地位，宋之後，則又回復了古代的樂觀哲學。」他稱此種哲學的「復歸」，在文學上便是「文藝復興」。吉川根據這一「文藝復興」觀念，引導出了中國文學史研究的「三分法」。他說：「以這種中國式的文藝復興爲軸心，在此之後稱爲『近世』，在此之前的古代——三國、六朝和唐爲『中世』，三國之前爲『古代』」。把中國文學分爲「上古文學」、「中世文學」和「近世文學」。日本中國學界據此而建立了相應的文學研究會。

　　第三，吉川幸次郎倡導以實證爲基礎的理論研究。從前，東京學派多重義理，京都學派力主實證，東西兩雄，長期對峙。吉川幸次郎吸收兩派之長，融貫一體。他以《元雜劇研究》爲實例，先考定作者、觀衆，材料翔實，稽核精當。這一方法具有實證的學風特點，但是，他的研究又未止於此。吉川說「文學史的研究不能停留在考定上，考定是達到終點的一個必須的過程。」「文學是一種社會存在，因此，必須考慮到各個時代文學的特點，以及與產生這些文學的社會之間的關係」。因此，他又致力於元雜劇的文學研究，從七個方面闡述了元雜劇在中國文學發展中的地位。吉川的這一研究，發展了實證主義和義理主義的研究，在方法論上，具有創新的意義。

　　除「吉川幸次郎體系」外，這一時期在六朝文學和唐代文學的研究方面，也具有自己的特色。

　　六朝文學曾對日本古代文學產生過不小的影響，一直爲日本學者所重視。這一時期的研究，在肯定六朝文學對中國詩歌、小說發展的貢獻的基礎上，著重闡述了六朝時代作家形象思維中關於自然美的觀念的萌發、形成與表現，從而展現了六朝文學表現自然美感的全新的面貌。岡祐次、小尾郊一、林田慎之助、興膳宏和小南一郎等人的研究，在一定程度上擺脫了以前日本研究家常常採用的孤立的、欣賞式的評介，對六朝文學及其理論研究作出了貢獻。

　　唐代文學與宗教的關係，是一個十分重要卻又長期被忽視的領域。引人注目的是日本學者對這一領域開始了探討性的考察。入矢義高與平野顯照是這一研究的重要著者，他們闡述了宗教思想作爲唐代大多數作家的思維基礎，與創作密切相關，著重研究了佛教對李白、白居易、李商隱等的影響，從而，在唐代文學研究中提出了許多新課題。

　　在中國現代文學研究方面，是以竹内好作爲戰前與戰後兩個歷史時期的橋樑的。竹内好的功績在於，他作爲一位日本的思想家，以對亞洲和中國的執著的感情，從事中國現代文學研究。「竹内魯迅觀」超乎了當時日本其他非馬克思主義研究家的見解。但是，由於他執著於純文學的偏見，因而使他的觀點在 60 年代之後，顯得落伍。

　　代之而起的，則是東京大學的丸山昇和京都大學的竹内實。他們以辯證的思維和實證的方法，在一系列的著作中，對中國現代與當代文學，提出了比較客觀、科學和公正的看法，對某些問題（例如關於 30 年代左翼文藝内部的論爭）更具遠見卓識。

史學

　　在中國史研究方面，這一時期引人注目的成果，便是把 50 年代開始討論的關於中國古代社會性質問題，推向了深入。近 20 年來，圍繞著這一問題，分別就「秦漢帝國的社會性質」，「唐宋之交中國社會的特點」，「明清大土地所有制」等專題展開了論辯，形成了若干新學説。

　　一、自 50 年代西島定生與增淵龍夫論爭之後，經過十年的沈寂，70 年代以來，重新提出了關於秦漢帝國社會性質問題，其實質是探索中國古代奴隸社會與封建社會的分期問題，又一次涉及「亞細亞生產方式」的所謂「共同體」問題。在這場論辯中。好並隆司提出了「秦漢帝國的二重結構理論」，認爲秦漢社會是奴隸制向封建制過渡的時代。與此不同的則是多田狷介提出了「總體的奴隸制概念」，認爲秦漢帝國在總體上還是奴隸制，並且認爲，此種「總體的奴隸制」一直延續到唐代方始被克服。介於這兩者之間的是藤家禮之助提出的「藤家國家論」。「藤家國家論」認爲秦漢社會是奴隸制的「鄉里共同體」與類似封建制的馬克蘭制（馬克思和列寧都曾闡述過的一種多種生產方式並存的社會體制——筆者）並存的時期，這一社會結構存在於從戰國至唐代。

　　二、早在 20 年代，「内藤湖南史學」曾把唐宋之間劃爲中國史上「中世」與「近世」的交替時期，實際上就是認爲這一時期是由「領主制」向「地主制」的發展時期。日本中國史研究家們曾就這個問題發表過不少見解。70 年代以來，關於唐宋之間的變革，又進一步展開了討論。

　　宮崎市定是繼承内藤宋代「近世説」的著名學者，周藤吉之是戰後第一位不同意内藤對中國史的分期，而主張宋代「中世説」的學者。他們的分歧在於對唐宋時代「奴婢」、「部曲」、「佃農」這三種身分人在經濟上和法律上的關係的理解。因此，關於這一專題的研究，幾乎都集中於這三者，並逐步形成了一些比較深刻的見解，提出了「法身分」的等級差別和「階級關係」問題，並且發展到了對宋代土地所有權的研究。

　　三、對明清大土地所有制的研究，根本上是探討作爲近百年來中國人民反封建的主要對象——即在中國新民主主義革命中實行土地改革時的那種地主土地所有形態，究竟是在什麼時候形成的。一般研究家都認爲，其雛型形成於明清之間，那麼，此種地主制究竟是表示了中國封建社會的「延伸」呢，還是意味著中國封建社

會的「形成」！

　　圍繞這一問題，日本中國史研究家們展開了關於「鄉紳」問題的討論，目的在於提倡從全面的結構中把握明清時期生產關係的變動，探求中國封建社會的特點。這一研究的具體結果，便是形成了小山正明的「鄉紳土地所有論」和重田德的「鄉紳統治論」。

哲 學

　　在中國哲學史研究方面，對中國前近代思想史的研究是最具成績的領域，並且形成了各具特色的形態。

　　與史學界的研究情況相類似，對中國前近代思想的關注，這是和中國本身從半殖民地半封建社會轉向社會主義社會這一歷史進程分不開的。中國社會的這一偉大變革，促使日本的不少學者探索中國前近代思想的特質，以及演進爲近代思想的可能性。當然，日本學者對中國前近代思想，特別是宋明理學感興趣還在於自 14 世紀以來，它是對日本社會意識形態和國家觀念影響最深刻的中國儒家的一個學派。

　　島田虔次是日本戰後中國哲學史研究中「社會思想史學派」的主要創始人，他先後撰寫了《近代思惟在中國的挫折》和《朱子學與陽明學》等著作，系統論述了由朱子學向陽明學，由陽明學向泰州學派發展的內在必然性，對中國一些研究家認爲李贄與王陽明屬於不同思想系統的觀點提出了異義。

　　在哲學史研究中，突破單純的儒學思想範疇，把宋明哲學與佛學聯繫起來，是這一時期研究中的進步。荒木見悟在《佛教與儒學——形成中國思想史的材料》、《明代思想研究》、《佛學與陽明學》等一系列著作中，強調了不僅僅要看到儒佛各自視爲「異端」的一面，而且應充分注意互相調和的一面。他認爲，儒學與佛學，這是構成中國哲學思想的基本材料。

　　值得注意的是，有一些自然科學家參加了這一時期中國宋明哲學史的研究，可以山田慶兒爲代表。山田出身京都大學宇宙物理學科，於 1978 年和 1980年先後出版《朱子的自然學》與《授時曆之道——中國中世的科學與國家》等著作，詳盡探討了朱子哲學中的自然科學，並十分強調科學與國家的密切關係。

　　對中國哲學思想的研究，除宋明理學外，還有更廣闊的內容，70 年代末，30餘位有成就的中國哲學史家集中研究了貫穿於中國古代哲學中的「氣」的理論，提出了系統的、有創見性的見解。這一研究，其基本觀點爲中國國內研究家所首肯，可以說代表了這一時期日本中國學中對古典哲學研究的新水平。

柒

中國文化研究
著名學者介紹

（編輯：喬清舉）

辜鴻銘

　　辜鴻銘（1856－1928）名湯生，字鴻銘，別號「漢濱讀易者」，祖籍福建廈門。其父是馬來亞華僑。辜鴻銘於 1856 年生於馬來亞檳榔嶼，十歲隨義父英國人布朗赴歐洲留學。1877 年獲英國愛丁堡大學文學碩士學位，爲此他通過了拉丁文、希臘文、數學、形而上學、道德哲學、自然哲學、修辭學等科目，均屬優異。後又獲德國萊比錫大學工科文憑，並遊歷法、意、奧各國，深解西方政治制度及文化藝術。此時可以說辜鴻銘對祖國文化是完全隔閡的，不留髮辮，自稱假洋人。然而就在他滿載所學來到新加坡海峽殖民地任職期間，辜鴻銘偶遇馬建忠，倆人三日傾談，至使辜鴻銘思想大轉變。

　　馬建忠（字眉叔）當時路經新加坡，住在海濱旅館（Strand Hotel）。他生長於江南文風興盛之地。自幼受傳統文化薰陶，後留學法國，並獲巴黎大學博士學位。他不僅對中國傳統文化有深厚的體察，而且對西方政治學術也十分通曉。可以被稱做一位中西兼曉的人物。就在他與辜鴻銘談話後，辜即向新加坡輔政司（Colonial Secretary）提出辭職，乘舟返檳榔嶼，回家留髮辮，拋西服，穿中國傳統的衣服，閉門讀中國經典。

　　從中國近代思想文化領域中的古今中西之爭來看，辜鴻銘的立足點在於中國的儒學，他把儒學做爲至高無上的東西，做爲一切之根本，另一方面，他的所做所爲都在於把自己塑造成一名儒者。辜鴻銘不很熱衷於著書立說。但更多的是他對現實的犀利言辭。這些言辭中透露了他的文化觀。他是思想文化領域中一個奇特而複雜的人物。

　　辜鴻銘的文化活動大致有三種：第一，當翻譯、搞外交、發表政見（用英文或中文），提高民族士氣，頌揚民族精神。許多動人事情都是有口皆碑的；第二，把中國傳統文化介紹到海外，翻譯儒家經典，第三，著書（用英文）及講學傳揚儒家思想。

　　辜鴻銘於中法戰爭期間（1885 年）歸國，應兩廣總督張之洞之邀任洋文案，主辦秘書、翻譯及禮賓諸務。1896 年張之洞要辜鴻銘譯述西方報紙論說。辜鴻銘卻不同意，上書張之洞：「西人報館之議論多屬彼國黨人之言，與中國無甚關係，偶有議論及中國政事民情皆誇詐腜膜支離可笑，實不足爲輕重。在中國辦理交涉中，當局偶爾採譯之，以觀西人動靜或亦未嘗無補益。然若使常譯之刊於民間，誠恐徒以亂人心志。」待比較了中、西史事後他指出：「西洋各國近日政治之所以外強而實彌亂」，「而近日中國士人不知西洋亂政所由來，好論時事、開報館，倡五議院，湯生竊謂此非盛事，至於時務報載有君權太重之論，尤駭人所聞。」

　　反之，辜鴻銘積極用英文爲中國人辯護。他寫了一系列英文專著，刊於橫濱「日本郵報」（「Japan Mail」後刊成一册名爲：Papers from a Vicerory's Yamen。）同時，他還用中文在上海西林報發表文章，如「尊王篇釋疑解惑論」等。

　　辜在武漢「教案興起」時，用英文撰一專論，不帶情感分析傳教士各種公開目標而予以指責。送刊「西林報」，後倫敦太晤士報對此進行了摘要並加以評論登載，回響極大；無論是在義和團時的中外騷動中，還是在日俄戰爭的緊急風聲下，

辜都積極爲中國辯護，以長民族士氣。

　　但是，在五四運動及新文化運動中，他卻站在反對立場，1919 年 7 月 12 日上海「密勒氏遠東評論」（Millard's Review of the Far East）刊載辜鴻銘的《反對中國文學革命》（Against the Chinese Literary Revolution），對文學革命斥責中國文字爲死文字極不以爲然。他認爲所謂「死文字」定義應指笨拙、不活潑、無生氣的語文不能產生生動文學之意。而中國經典則絕不符合這一定義。正如莎士比亞的作品是高貴的語文，比較現代流行英語華麗一樣，中國經典也是比較市井白話典雅華麗。辜更力主中國經典絕非「死文字」在於「因其能傳『道』」（辜譯「道」爲 The Law of life），而文學革命論者倡導的文字只有使人的道德萎縮，才是真正的死文字。他又進一步駁斥有關「經典文學已不能口耳相傳」之說，他說道：最通俗的語言並一定要是最好的。在這世界上麵包和果醬反比烤火雞消耗得多，然而我們能夠只因爲後者比較稀少而說它沒有前者那樣美味可口、實有營養價值，就認爲我們都該只吃麵包和果醬嗎？！

　　1918 年 8 月 16 日，上海密勒氏遠東評論又刊辜鴻銘另一篇文章：《留學生與文學革命——讀寫能力與教育》（Returned Student and Literary Revolution, Literary and Education）。辜鴻銘表示了強烈的憂慮：初回國的歐美留學生竟將世界古老文化在一夜之間摧毀破壞。另外，對於五四的「文盲羣」觀念亦做譏諷：「密勒氏評論的通訊員抱怨說：『中國人中有百分之九十以上爲文盲，因爲中國文字很難學習』，然而就我看來：我們每一個人，包括外國人、軍閥、政客，特別是我們中國留學生能夠仍然在國內愉快生活那就不該抱怨，而且應該爲我們中國四億人口中百分之九十仍爲文盲之事實，在每天生活中感謝神！試想：如果中國四億人口中之百分之九十都變成知識份子，如像在北京的苦力、馬夫、司機、理髮匠、店員、小販、遊民、流氓等全都變成知識份子，並且和北京各大學學生一樣參與政治，那將是多好啊！然而最近據說已有五千件電報拍往在巴黎討論山東問題的中國代表們，如果四億人口中百分之九十全變成知識份子，並且也都和留學生一樣表現愛國狂，那就計算一下拍發電報件數和所耗費的金錢吧！」

　　除在報上發表政論文章，辜鴻銘還發表自己的演講，他按周撰文送刊《華北導報》（North China Standard），民國十三年，他應東方文化協會邀請赴日做一系列演講，又應邀到台灣講述孔子學說，對西方文化常予以指責，而對於周公孔子之道則闡揚不遺餘力。德國人將他的有關作品刊爲《怒吼之聲》（Vox Clamantis），並組織辜鴻銘俱樂部與研究會以示尊敬。辜鴻銘在《廣學解》中指出：西人之道不足法而其學又不可不知，「我不知西人之學，亦無以知吾周孔之道之大且極矣。故曰學，見聞也，非道也。然非學無以見道，其學愈廣，其見道愈大。」「願吾子善廣其學而不失其爲正則可矣。」可見他的治學處事之道的基本原則，這又展示了他對東西文化關係的看法，在「義利辨」（1917 年辜所做的政論性文章，用在反對我們受英國擺布與德國造成敵對，提出孔子的治國之道。此文章進而談論中西文化之異趣）中說：「今夫新學也，自由也，進步也，西人之所欲輸入吾國者，皆戰爭之原也。我國之文明與歐洲之文明異：歐洲文明及其學說在使人先利而後義，中國文明及學說在使人先義而後利。孟子曰：『苟爲後義而先利，不奪不厭。』『强强以競利

之故互相吞噬，窮極其殘暴不仁之武力』其言正碻」。

　　辜鴻銘除發表政論而貫穿其孔孟學說及文化觀，他所主持的對儒家經典的翻譯工作也是舉世矚目的，這也是他一生中最大成就所在：1898 年，他將《論語》譯成英文（The Discourses and sayings of confucius: A special Translation Illustrated with Quotations from Goethe and Other Writers），1904 年《中庸》（The Conduct of life）連續刊載於「日本郵報」（Japan Mail），1906 年集印成單行本。辜鴻銘翻譯儒家經典的獨特處在於他引錄外國人有關說法注解，如用歐洲人熟知的歌德及另外一些作家所說的來注解《論語》。這樣他所做的翻譯不是字義上的，而是意義上的，這使外國人由此認識了解中國的文化傳統、欣賞玩味人類這一文化瑰寶。為此，辜鴻銘在 1910 年 1 月 17 日（宣統年 12 月初 7 日）獲得了清廷以「遊學專門列入一等」的名譽授予的文科進士。其中有嚴復、伍光建等一批對中外文化溝通做出顯著貢獻者。嚴復、伍光建以譯西文而著名，而辜鴻銘則在於向西方介紹中國傳統文化，貢獻是一樣的，而方向卻不同。

　　張之洞去世後，辜鴻銘感懷知己，作《中國的牛津運動》（The story of a Chinese Qxford Movement）以紅衣主教紐曼（Cardinal New man）在英格蘭教會攻擊自由主義故事與張之洞對若干中國人熱心於歐洲近代物質文明之攻擊相提並論，惋惜他們的努力都告失敗，更懼怕邪惡勢力在中國、歐洲之勝利。成書後的第二年（1911 年），德國著名漢學家衛禮賢（Richard Wilhelm）譯成德文，名爲「Chinas Verteidigung genen Europäische Ideen：Kristische Aufsätze」（《中國反對歐洲觀念之理由》），規定爲哥根廷大學（University of Cöttingen）哲學系師生必讀書。辜鴻銘另一本緬懷張之洞的書——《張文襄幕府紀聞》則嘻笑怒罵晚清政府，稱張之洞爲儒臣，在《紀聞》中他一方面贊揚洋務運動，另一方面又對洋務頗多不滿，批評他們學習西方只限於「鐵艦輪船」，「至彼邦學術制度文物皆不過問」，這種做法終於導致「甲午一役，大局決裂，乃至於不可收拾哉」；對那些「言必稱洋人」的崇洋媚外者給予辛辣的嘲諷，與此同時對封建頑固派的一支——清流黨的迂腐不通世務也不留情，但對他們的「以維持名教爲己任」則抱以同情心。總之，他以傳統儒教做爲出發點來評判洋務運動，後他將《張文襄幕府紀聞》譯成英文，用一怪特假名送刊「皇家亞細亞學會華北分會季刊」（Journal of the North China of the Royal Asiatic Society）。

　　1915 年，辜鴻銘用英文寫成一文集，書名爲「The spirit of the Chinese People」（《中國人的精神》或《原華》）。第一篇，中國人的精神；第二篇，中國的女人；第三篇：中國語文；第四篇：約翰斯蔑斯在中國；第五篇，一位偉大的漢學家；第六篇，所謂中國研究，最後附屬一篇。

　　辜鴻銘在書中指出：中國人之本爲善，自幼受「孝」、「忠」之教育，此「孝」、「忠」乃神授責任。孔子於此多所闡釋，孔子思想價值可代宗教觀念而上之，故中國人尊重孔子，其論中國婦女之犧牲精神可爲舉世模範，婚姻之禮隆重，而妾侍與丈夫對妻子之愛情無關。辜以一茶壺配四茶杯說法爲男人納妾之辯詞，爲世人所喜傳播；辜在書中對英國著名漢學家翟理斯（Herbert A Ciles）頗多批評，說他「只知翻譯片斷文字，積字成句，積篇成書，而不能自中國典籍中發掘其

蘊藏的深厚內容及其精粹，認識與了解其整體。」在第六篇及第七篇中作者則竭盡嘻笑怒罵，既使讀者理解而接受，又不使他們產生憤怒。

辜鴻銘另一文集爲《易草堂文集》，成書於 1922 年，彙集了辜氏清末民初所寫奏章、書簡、文章共十二篇，分內外篇。羅振玉作序。其中「廣學解」、「義利辨」等都輯入在內。內篇七，闡述其政治觀點；外篇五，介紹歐洲社會風俗及政治制度，見聞真切，有利於當時人們了解西方政藝風俗。如今，《讀易草堂文集》與《張文襄幕府紀聞》集成一冊：《辜鴻銘文集》由馮天瑜標點，1985 年 10 月由長沙岳麓書社出版。

由於辜鴻銘通曉英文，蔡元培校長聘請他到北大執教，他便在英文門研究所主講英詩，成爲北京大學教授，京師大學堂副總教習。在北大執教期間，他力主尊孔讀經，宣揚尊王，尊孔「大義」，與新文化運動抗衡，晚年受日本聘請，前往講授東方文化，數年後回國，擔任張作霖之顧問，旋被擬定爲山東大學校長。1928 年 4 月 30 日病逝，終年七十二歲。

參考書目：

台灣《民國人物小傳》	劉紹唐主編。
台灣《民國百人傳》	吳相湘著。
《辜鴻銘文集》	馮天瑜標點，長沙嶽麓書社，1985.10

康有爲

康有爲（1858-1927）字廣廈，號長素，廣東南海縣人，其祖先是廣東望族，以理學傳家。其曾祖父講學鄉里，稱爲醇儒，祖父贊修爲連州教喻，以程朱之學教導後進，父親達初，爲江西補用知縣。康有爲深受祖父影響，五歲時即能讀書識字，六歲能讀《大學》、《中庸》、《論語》、《孝經》，八歲學寫文章，十一歲能閱讀《綱鑑》、《大清會典》、《東華錄》、《明史》、《三國志》之類的書，並開始閱讀邸報，能知朝廷大事。十二歲能賦詩，有神童之稱。

光緒 2 年（1876 年），十九歲的康有爲參加鄉試，榜上無名，回來後從大儒朱以琦（九江先生）求學，九江先生啓發了康有爲對中國傳統學術的看法，康將一切歸之於孔子的學術思想，即源於九江先生。這時，康有爲放棄了八股時文，盡讀經學、理學、小學之書，要以此立身，救天下。此時，康著《五代史史裁論》。

光緒 4 年（1878 年）冬天，康有爲因欲求一安身立命的哲理，與九江先生有異，返回故鄉。他從張延秋那裡始知當代政治，又加上西學的刺激，激起了他的改革意志。此後數年間，他一方面在傳統知識中求進展，研究經史及當代政治文獻，並及佛典，一方面則購閱西書，這期間他的兩本書《人類公理》、《莊子內外篇》，體現了他的政治思想與哲學原理的成熟，前者爲《大同書》的雛形，後者爲他的政治哲學綱領。

光緒 14 年（1888 年），康有爲藉赴京鄉試之便，第一次上書清廷，要求變

法，但未達於光緒皇帝面前。這期間因結識了王闓運的弟子廖平，他的思想更進了一步，形成了孔子改制的思想。光緒 17 年（1891 年）講學長興里，得陳平秋、梁啓超弟子之助，於 7 月間完成了《新學僞經考》。光緒 22 年（1896 年）完成了《孔子改制考》、《董氏春秋學》。康有爲終於爲其政治革新找到了學理上的根據，他的學術思想至此已大致建立就緒。

光緒 21 年（1895 年）3 月，康有爲到北京，得知中日和約割地賠款事，乃鼓動公車上書，簽名者千二百餘人。以後，由於上書皇帝常常受阻，康有爲始辦報，附於京報，分送朝廷士大夫，又辦強學會，使李提摩太參加，這些，都在士大夫間造成了影響，使風氣爲之一變。

1898 年正月，由於翁同龢的介紹，總署大臣約見康有爲，談變法，光緒帝命康條陳所見，並呈《日本變法考》等書，康有爲奏請定國是，變法維新，開始了戊戌年的百日維新。變法失敗後，康有爲經香港逃往日本，在海外繼續其政治活動，發動勤王運動，屢次要迎救光緒帝，均未成功。

勤王失敗後，康有爲移居檳榔嶼，次年 10 月，又移居印度。在此期間，他完成了《中庸》、《論語》、《大學》、《孟子》、《禮運》等篇註解，著《春秋筆削大義微言考》、《孟子微》，並完成了他的代表著作《大同書》。到此爲止，他的思想在政治治理與社會進化方面，已臻完善。

自 1903 年後，康有爲大半生活在遊歷中。至 1909 年止，他足跡遍歐、美、亞、非四大洲，歷三十一國，行六十萬里，居美洲兩年，遊德國九次，英國八次，法國七次，瑞士五次，橫渡大西洋達六次之多，著遊記二十餘種。他被歐美進步物質文明所吸引，認爲中國所需要向西方學習者，唯有物質之學而已。他主張加強工業化，學習歐美各國金融制度，著有《金之幣救國論》、《理財救國論》，思想比以往周密詳盡。在遊歷期間，他將保皇會改爲「中華帝國憲政會」，並在國內由梁啓超聯合其它立憲派組織「政聞社」。

1911 年辛亥革命成功後，康有爲由日本返回香港。民國初年始終動亂不安的政局使他十分失望，因此，他更堅信了「君主共和」的想法。1913 年他大反袁世凱復辟，但袁下台後，他又導演了一幕張勳復辟的鬧劇，復辟雖然失敗，他反對共和的思想仍然未改。此後，他以遊歷國內名勝爲主，著《癸亥月內各省遊記》及詩集等書六種，參與反對聯省自治，反對將故宮改爲國會等。六十九歲時，他在上海創辦天遊學院，教授天文學。1927 年 2 月 28 日病逝於青島。

1895 年甲午戰爭後，中國面臨著被瓜分的危機，康有爲於此時號召變法維新，探索救國真理，欲致國家於富強，著《新學僞經考》、《孔子改制考》，這是資產階級的政治綱領，與洋務派的「中體西用」判然有別，起到了震聾發聵的作用。康有爲提出：六經爲孔子所作，三代盛世是孔子「託之言其盛」。事物是發展的，應該向前看，遠的舊的必將敗亡，新的近的終將興起。舊者必壞，就不能泥於舊法，新者必興，就得變法維新。這樣，它打擊了恪守祖訓的封建頑固派，爲維新變法作了輿論準備。社會歷史不是不變的，而是有因革損益的，其具體前進過程，他在《大同書》中提出了「公羊三世說」。孔子對歷史的看法是所見世、所聞世、所傳聞世。公羊釋爲「據亂世」、「昇平世」、「太平世」。康有爲利用它和《禮記》中的

「大同」、「小康」結合起來，提出了人類發展的三個階段，認爲據亂世是文明未開的野蠻時代，昇平世是漸有文教的文明開化時代，太平世是文教全備的文明全盛時代，也就是理想中的大同社會。他認爲人類歷史是按照這三個階段循序進化的，據亂世是政治混亂社會，昇平世是君主統治社會，太平世是民主政治社會。這爲維新變法，實行君主立憲，提供了理論依據。康有爲的思想，推動了變法運動，大同思想、三世說，爲梁啓超、譚嗣同等維新份子接受，成爲攻擊守舊派阻撓變法的思想武器，同時，對辛亥革命也有影響，因此康有爲在中國近代思想史上的地位不可否認。

康有爲處於一個新舊交替的時代，在他的思想和改革方案中，新舊交替的痕迹格外明顯。他的哲學思想缺乏精密的系統，是一個多方面的混合體，古今中外皆有，可視爲唯心，亦可視爲唯物，可釋爲一元論，又可以釋爲二元論。他主張「向西方學習」，又不能擺脫封建的束縛，要改變封建的中國爲資本主義，又和封建勢力有千絲萬縷的聯繫。他對封建衛道者的借孔子維護封建秩序極爲不滿，又想依援孔子儒經實行他的維新大業，從而塑造出「託古改制」的孔子以對抗「述而不作」的孔子，把封建時代的聖人演變爲維新改革者，要的是資本主義的新制，用的是封建主義的「舊方」。他的改革綱領分官制、經濟、立憲設議院和科舉教育四方面，他堅持改革先後有序，先改革官制。官制的改革，並非將舊的除去，而是在舊有的架構中增加新的機構，這是在不根本動搖封建制度基礎上進行的改良辦法，也是一種向現實妥協的辦法。這種在上爲烏托邦理想，在下爲現實改革論，進化循環說的雙層式，不僅構成了他的思想，而且貫穿了他的整個政治生涯，這也是作爲封建社會最末代知識份子受封建傳統教育薰染所打上的烙印。

吳稚暉

吳稚暉，（1865-1953）原名眺，幼名紀靈，亦稱寄盦，稚暉是字，後改名敬恆。1865 年 3 月 10 日生於江蘇武進。少時在南菁書院念書，研究史學、經學及顏元、戴東原之學。戊戌政變後，脫離書院到上海徐家匯南洋公學做學長，後來，因鬧學潮而脫離南洋公學，與當時許多熱血青年一道宣傳維新、改革。光緒辛丑三月（1901 年 3 月），東渡日本留學；1902 年 5 月，被日本政府以擾亂治安之名逐驅出國。1903 年，留學西洋，在英法學外文，共達十數年。居法期間，與張靜江、蔡孑民、李石曾等人一起組織了留法儉學會，並發行世界畫報，翻譯反抗帝國主義的著名劇本，宣傳無政府主義、科學主義的，這些作品流傳到國內，對當時中國的進步青年產生了一定的影響。

由於長期生活在西歐，吳稚暉深受西方文化的影響，十分崇拜西洋物質文明、科學（科學後來成爲吳稚暉先生思想的精髓）。他甚至還崇拜西洋的道德倫理。這種思想實屬罕見。因爲當時的中國人中，即使最先進的知識份子如康有爲、梁啓超等，在哲學、倫理道德觀念方面也仍是很守舊的。他們仍然固執地認爲：中國雖然

在科學技術等方面落後於西方，然而，在文學、哲學倫理方面，卻是優秀的。科學技術等，只不過是形而下的器，是「末」，不足道；一個社會最重要的是得道，並循道而行，才是形而上的、天下太平百姓安樂的根本。道在他們那裡是倫理道德、哲學等，屬於精神文明，是治國之根本。這種觀點直到二十世紀 20 年代，經過幾十年的東西方文化的磨擦、交流，以及人們對兩種文化進行反思與研究之後，才有所改變，自此，有一部分人才比較全面地接受了西方的思想及其物質文明，而代表這一部分比較面全面地接受西方文化的人中就有吳先生。他最早承認西方文明，特別是物質文明，他曾說自己是「迷信物質文明的」。並很早就介紹了西方的思想，比如無政府主義、科學主義等，比陳獨秀、胡適等「五‧四」運動的先鋒要早十年。但「五‧四」運動前，人們並不十分了解西方文明，所以吳先生宣傳介紹的新思想在很久以後──即「五‧四」之後，才被人們承認並接受。

1921 年，梁漱溟發表《東西文化及其哲學》一書，在中國學術掀起東西文化關係問題的大討論；1923 年，注重哲學的張君勱和注重科學的丁文江因為觀點分歧又挑起科學與玄學對人生觀關係的討論。兩場討論幾乎把當時所有的中國知識份子都捲了進去。人人發表文章，闡述自己的見解，批評別人。一時間觀點紛呈，熱鬧非凡，作為一位關心東西方文化的學者，吳先生也參加了這兩場討論。

吳先生深信西方的科學與物質文明，所以在東西文化關係問題上，他堅決反對梁漱溟之觀點。他認為印度文明最不行，因為它是一種「向後看」的傳統文化；中國傳統文化稍強一些，然而大講「中庸」，雖然不至於向後看，但對於進步的思想觀念並不強烈，是種比較消極的文化，「向後看」或「中庸」，這樣的文化無法使一個民族長盛久治，而且，世界文化從來就不是二元的，不能劃分為東方文化、西方文化二大類，更不能把東西文化對立起來。所以，二位梁先生（梁任公、梁漱溟）把世界文化簡單地劃分為東西二類文化並把它們對立起來的觀點，吳先生很不以為然，他批評二梁講東方文化、西方文化是「隨俗瞎說」。吳先生崇信科學、崇信自然規律，他認為世界是不斷進化的，人類文化也是由低到高由古至今地向前發展的，古人不及今人，古代文明不及現代文明，是必然的現象和規律。他認為，中國文明與印度文明就是古代文明，而如今的西方文明正代表著現代文明，根據自然發展的必然規律，中國與印度文明即東方文明是不如西方文明的，所以他對國故──即東方文明是持反對態度的；古代文明必定要向現代文明發展，這是文明發展的必然趨勢，所以，中國文明要生存、要發展，「非承認西方文明不可」，而不是採取「中體西用」的方式對待西方文明，相反，應該全盤接受西方文明。很顯然，在東西文化關係問題上，吳先生屬於激進的西化派。

在東西文化關係問題上，吳先生站在西方文明一邊；在科學與玄學和人生觀關係的問題上，吳先生保持了一致的思想，他站在維護科學的一邊。當時，討論這個問題的文章不少，但都只佇留在抽象地論證科學能否運用於人生的層面上，只有吳先生明確而具體地提出並解答了科學的人生觀是什麼的問題。他寫了一本書《一個新信仰的宇宙觀和人生觀》，在此書中，吳先生提出了他有名的「漆黑一團」的宇宙觀和「人欲橫流」的人生觀，對科學玄學與人生觀的關係問題作了詳細的分析。

吳先生認為，張君勱等主張科學不能決定人生，就把它歸在玄學區域，這不僅

對不起科學，也對不起玄學。吳先生認爲：科學是能解決人生觀問題的，與文藝與哲學比，只是層次不同而已。他說：「文藝信仰之學，發揮感情，有不拘論理，向前邁進之概，此正如張先生（張君勱）所云不拘論理之學；至於玄學之士，贊同其審美之情，又察其有否假設之理，但是斟酌之情理真正做個向前進一步之要求，所用之假設，即出於論理，此正玄學之特色，僅能以玄學解決人生，不外論理。」他認爲，文藝是用感情；把什麼都造起空中樓閣，哲學則用理論，把空中樓閣升天入地，去求證假設，然後把假設了的一部分獨立出來取名叫科學。文學→哲學→科學的演變隨宇宙變化而無了局。玄學是尚未證實的科學，科學是已論證的玄學，人生觀則是有機地設有結晶的物，有些借情感創造，有些借玄學假設，還有一些則由科學確定，人類就是這樣不斷創造、假設、肯定不已，從而向前發展。

所以，吳先生認爲，科學與玄學在人生觀的問題上是相輔相成的，哲學家把沒解決的人生觀問題用理論加以假設，爲科學作預備；科學最終還是能夠解決人生觀問題的，因爲宇宙無限，所以科學不僅與人生觀有關，而且是能解決人生觀問題的最後道路。即使暫時科學不能解決某些人生觀問題，將來還是會解決的，所以他堅決反對張君勱關於人生觀屬於玄學範圍而與科學無關的論點。

吳稚暉先生除在東西方文化很有研究外，對中國的文字也很有造詣，曾著有《國語國音國字》及論文等，是中國文化現代化之先鋒，除在文化上的成就外，吳先生還是位著名的政治家，曾任國民黨中央監察委員和總統府資政。一九四九年後，吳先生移居台灣，1953 年在台北逝世，海葬臺灣海峽，終年八十八歲，留下的著作有：《一個新信仰的宇宙觀與文化觀》、《國音國語國字》、《吳稚暉言行錄》等。

（陳小蘭）

章炳麟

章炳麟（1869-1936）。初名學乘，字權叔，浙江餘杭縣倉前鎮人，愛慕顧亭林（炎武）的爲人，改名曰絳，後更名爲炳麟，號太炎，又號菿漢。

章氏在倉前爲大族，祖父章鑑，有珍版古籍五千餘卷，父親章濬，幼習查慎行詩法，寫詩華妙精研，章炳麟九歲時，由外族父朱有虔授課，有虔常講述明清之際的史事及王夫之、顧亭林等人的反滿故事，謂「夷夏之辨，嚴於君臣」，章炳麟的民族思想初受啓迪。十三歲以後，章炳麟由其父督教，因竊讀《東華錄》，知有呂留良、戴名世、曾靜、李嗣延等文字獄事件，民族思想油然而生。二十四歲時，因得《明季稗史》十七種讀之，排滿思想始盛。章氏爲書香世家，不服滿人統治，亦爲炳麟所承襲。他除奉父命應童子試外，未曾參加科考。

章炳麟二十八歲（光緒二十一年）以前，是厚植國學根柢的時期。對他早年學術思想影響較大的除時代背景外，有從師、交遊和讀書。光緒十六年，二十歲的章炳麟入杭州詁經精舍讀書，名師有俞樾、高宰平、譚仲儀，在交遊中，與同學楊譽龍最相得。章炳麟在詁經精舍讀書七年之久，從俞樾治小學極有心得，不久，他又爲方

興未艾的維新運動吸引，雖治古文，然同情康有爲救國運動。

光緒二十四年，《時務報》改爲《昌言報》，章炳麟任主編。他因長於古文，一度入兩湖總督張之洞幕府。這年秋天，戊戌變法發生，章炳麟有新黨之嫌，避往臺灣。光緒二十五年，至日本，居梁啓超處，並曾在梁處與孫中山相見。時留東人士方欲聯合行事，章炳麟乃著《訄書》，力主排滿。是年七月返滬，與唐才常相識，唐勤王失敗後，章炳麟以新黨嫌，避居鄉里。光緒二十七年一月復返上海，旋任教於蘇州東吳大學（美國教會辦，原名「中西書院」，光緒二十七年改名），因言論恣肆，特別是刊刻《訄書》，引起地方官懷疑，光緒二十八年冬至上海轉日本。嗣後，與孫中山晤談，與張繼相識，發起「中夏亡國二百四十二年紀念會」，未成，返回故里，再度刊行《訄書》。

光緒二十九年，蔡元培於上海設愛國學社，請章炳麟任教。愛國學社爲革命黨人聚集之地，章常講述明清興廢史實，以激發學生的民族思想，與張繼、鄒容、章士釗尤相得。鄒容的《革命軍》，章爲之作序，刊於《蘇報》，並撰《駁康有爲政見書》攻擊清廷，公然稱皇帝載湉爲「小丑」。是年五月，章與鄒容受到兩江總督指控，爲租界當局逮捕，監禁三年，鄒容死於獄中。章炳麟在獄期間。研誦《瑜伽師地論》，修養心性。光緒三十二年五月八日，章期滿出獄東渡，加入同盟會，並主編《民報》。他在《民報》上發表的論文有：《革命道德説》、《箴新黨論》、《中華民國解》、《排滿平議》、《討滿洲檄》、《定復仇之是非》、《代議然否論》、《國家論》、《五無論》等，或攻擊君主立憲之説，或闡發民族革命思想，或表明政治和學術看法，言論傾動一時。以後幾年，由於與孫中山交惡，一度與陶成章聯合發展光復會的勢力。

章炳麟編輯《民報》之暇，設國學講習所，在寓次和大成中學講授經子及音韻訓詁之學，聽講者百數十人。光緒三十四年，《民報》停刊，乃專心講學，開始大量從事學術著述，《小學答問》、《文始》等，始著於此時。

宣統三年十月，返國抵滬，成立中華民國聯合會，繼改爲統一黨，並創刊《大共和日報》，與同盟會及後來的國民黨處於對峙地位。但另一方面，仍出任孫中山的樞密顧問。不久，統一黨與民社合併，改爲共和黨，章炳麟對黨事漸漸淡漠，民國二年（一九一二年）初爲東三省籌邊使，留意於河運礦山諸事，宋教仁被刺案發生後，南下至京諫袁世凱稱帝，面折袁民，參與二次革命密謀，遭袁幽禁。袁世凱死後，黎元洪繼爲總統，章炳麟始恢復自由，買舟南下。張勳復辟事平後赴滇，説唐繼堯。但因南北兩政府無統一可言，乃自武漢東歸。民國十年十月十一日抵上海。

民國十二年九月，章炳麟在上海創《華國月刊》，述學論政以文章報國之志。十二月，往謁過滬的孫中山，力阻其改組國民黨聯俄容共之行，民國十五年，《華國月刊》停刊，章炳麟仍留上海著書講學。一九三一年「九一八事變」，深感痛心。秋，至蘇州，卜居十金於曲石精廬，發起組國學會，辦《國學商兌》季刊，創《制言》半月刊。一九三六年六月十日，病逝於蘇州。

章炳麟少時治經謹守樸學，所疏通證明者，在文字器數之間。後民族思想興，欲致力於經世治民，歷覽前史，博觀諸子，最崇尚荀卿及韓非學説，對墨翟、莊周

學術也有研究，繼而對佛教發生興趣，研讀華嚴、法華、涅槃諸經，在上海服刑期間，更修慈氏世親之書，認爲釋迦玄言，出過晚周諸子不可計數，程朱以下尤不足論。出獄赴日後，廣覽希臘及德國哲學家著作，從印度學習梵文，研求印土諸宗學說，至是新知舊學，融合無間，然後作《原道》、《原名》、《明見辯性》、《道本》、《道微》、《原墨》等篇，精闢創獲，灼然見文化根本，道清儒所未道。樸學仍爲章炳麟一切學術的本源。

樸學爲清代學術主流，自顧炎武、戴震以後，至王念孫、引之父子，在小學訓詁上，成就超過漢魏唐宋，章炳麟的老師俞樾即樸學上能發揚光大者，他主講兩湖經精舍三十一年。章炳麟自二十三歲入舍肄業，從俞樾七年之久，故能得其竅奧。章炳麟師承俞樾，治學方法極爲嚴謹。學問淵博，兼具精審、識斷尤長，深得力於戴震、王念孫等的嚴格治學方法，審名實、重佐證、戒妄奪、守凡例、斷情感、汰華辭。他的獨特的治學方法：創新意念、精研覃思，鉤發沈伏，字字證實，不蹈空言，語語心得，不因成說。持此，章炳麟向權威挑戰，始能自成一說。

章炳麟平生述學論政之文十分豐富，這些著述部分刊於他同時或與他有關的報刊中，如《時務報》、《蘇報》、《民報》、《國粹學》、《學林叢刊》、《制言半月刊》、《獨立周報》、《庸言》、《雅言》、《甲寅雜誌》、《華國月刊》、《國學叢編》等。主要著錄則收入下列叢書、專著或文集裡：《訄書》、《章太炎文鈔》、《章氏叢書編》、《章氏叢書續編》、《章氏叢書三編》、《章校長先生醫學遺著特輯》、《章太炎先生尺牘》、《章太炎先生家書》、《國學略說》。

章炳麟的學術研究成就，以國學爲主，對西學和印度佛教亦有涉獵，常持此與國學相印證。其治學次第，分治本和治標，其治本，以文字聲韻爲基，由樸學而文學而史學而玄學；其治標，由史入手，而後及於性之所近與世之所急，而以治世濟民爲歸。他強調治學有二途：求是、治用。要求青年考求歷史的演進，洞察目前的社會經濟，以實踐精神，救國家危亡。在文字學上，他主張發明而不拘守舊說；在經學上，主張存古反對定於一尊；在史學上，講求因果流變，反對微言大義；在治學方法上，探求名理，反對主觀妄說。對國學的深入研究以及其對百家學術的廣泛論證，使章炳麟對中國學術史做出了不可忽略的貢獻。

章炳麟處於一個新舊交替的時代，從學術上講，是傳統中國學術衰落和西方學術傳入；從政治來講，是專制制度沒落和民主政治萌芽；從統治階層來講，是滿人政權消失和漢人政權重建。章炳麟既不是新時代的保守者，也不是舊時代的激進者。他把舊時代的思想化爲新時代的思想，同時也使新時代的思想適合於蛻變無端的舊社會。章炳麟的政治生涯是失敗的，他能得到學術及思想界的廣泛推重，不是因爲他在舊時代中傳播新思想，也不在於他在新時代擁有舊思想，而在於他有學問無中心，思想無新舊的胸懷。

吳 虞

吳虞（1871－1949）中國近代學者、詩人、思想家。原名永寬，字又陵，號愛智。祖籍四川省新繁（今新都縣），生於成都市一個建封家庭。自幼習經史，慕俠士。早年從四川學者吳之英（伯朅）學習，又問學於廖季平、張星平。這一時期蟄居鄉間，澹泊名利，不思科舉。戊戌變法後，兼求新學，思想爲之一變。1905年留學日本，入日本政治大學速成班。歸國後任成都府中學堂教習。後與父發生衝突而被逐出成都教育界，被迫遁跡他鄉。辛亥革命後先後擔任《西域報》總編輯，《公論日報》主筆。曾一度主編《蜀報》。1913年因主張家庭革命和反對定孔教爲國教，被迫害而「隱居講學」。1915年參加華陽縣競選議員活動。同年寫作《明李卓吾別傳》。1916～1917年，其一系列《非儒》之作刊載於《新青年》，轟動整個社會。1917年參加南社，用詩文宣傳資產階級民主革命思想，繼續反孔、非孝、非儒。1918年作成《吃人與禮教》。1920年受蔡元培之聘任北京大學國文系教授，並先後在北京師範大學、中國大學等校兼課。1925年離開北京大學，先後在成都大學、師範大學、四川大學等校任教。1933年退出教育界，自此閉門著述。1936年參成《經疑》。1949年逝世。

吳虞反孔非儒的著名論文有：《辨孟子辟楊墨之非》、《家族制度爲專制主義之根據論》、《儒家主張階級制度之害》、《消極革命之老莊》、《康有爲「君臣之倫不可廢」駁議》、《吃人與禮教》、《說孝》等。主的著作有《吳虞文錄》、《吳虞文續錄》等。

早在戊戌變法後，吳虞就接受了資產階級新思想的影響。留日期間，對西學作了系統之了解，尤其精於西方資產階級的社會政治學說。他學習過軍法、民法、刑法、國法學、政治學、經濟學、財政學、國際法、國際私法、行政法等等，後來又較爲系統地研讀過孟德斯鳩、盧梭、斯賓塞爾、彌勒·約翰、甄克思、伯倫知理等人的著作。他對西方資產階級的民主、平等、博愛、自由諸說十分推崇，相形之下，更激憤於封建社會吃人的禮教。

吳虞批判封建專制制度和孔子儒家的主要方法是「比較對勘」，而最常用的是以西方的思想學說和社會制度來與中國的思想學說和社會制度進行比較，痛斥滅絕人性的封建專制。他從資產階級法學觀點出發，依據民主、自由、平等的法權觀念和人道主義原則，指出封建立法根本不能算是法律，而是以「統治之權奉之君主」，不過是君主的命令罷了，這種所謂的法律使得「專制之禍於是益烈」。他指出，天尊地卑之乖談，三綱五常之謬說，「其於人道主義皆大不敬，當一掃而空之」。這種上下尊卑的階級界限，容易使「平等之誼」與「博愛之言」形同虛設，使民主共和外衣之下掩蓋封建專制之體。所以，「共和真諦，人羣大法」，要建立真正的民主共和政治，必須以真正的法律代替封建禮法，廢除三綱五常。這就是要提倡民主、自由之觀念，因爲法律所以立之意正在於「以民爲主」。他還以平等、人權爲武器猛烈轟擊了吃人的封建禮教。《吃人與禮教》指出，正是這種禮教以嚴格規定上下尊卑的階級界限而維護了吃人的封建社會。他揭露在專制制度下，那些道學先生一面吃人一面又講禮教的醜惡嘴臉，指出，「一部歷史裡面，講道德說仁義

的人，時機一到，他就直接間接的都會吃起人肉來了」、「吃人的就是講禮教的」，「講禮教的就是吃人的」。呼籲人們勇敢地站起來「我們不是爲君主而生的！不是爲聖賢而生的！」

吳虞在現實社會中看到了封建復辟勢力與尊孔讀經之聯繫，明白了帝制與儒教是交相爲用的，於是從學術平等和思想自由的觀點出發，以進化論爲武器，批判封建倫理道德，忠孝觀念，家庭制度及其整個儒學，已完全違背了民主共和的世界潮流，將必然被淘汰。他對上自孔子下至清儒的整個儒家學說進行了無情的抨擊。他指出，孔子被奉爲教主絕非偶然，必有其可爲歷代帝王所利用的東西。他斥責孔子是親媚君主之佞徒，是「盜丘」，是「魯之巧僞人」。孔子殺少正卯爲後世當權者殺辜開創了先例。吳虞歷數「荀卿之罪」，認爲荀卿「隆禮」「尊王」與民主共和格格不入。「孔教之遺禍於後世，亦荀卿之罪爲大」。他更從反封建專制主義出發，對漢代以後儒學進行了全面抨擊。他指斥董仲舒使儒學獨尊，扼殺了思想自由；其「天不變道亦不變」乃是「進化之障礙」；他使得「三綱之禍流毒天下後世」；「文起八代之衰，道濟天下之溺」的道學先驅韓愈，也不過是撿拾孔孟道德的殘渣而已；至於宋明理學，則只會唱高調，實質上空疏無用；清代漢學則更「不適於生存競爭之世」。總之，「儒教專制統一，中國學術堉地」、「儒教不革命，儒學不轉輪，吾國遂無新思想、新學說，何以造新國民？」吳虞還以充分的信心嘲諷整個封建制度及其文化必將被世界進化之潮流淹沒。

吳虞是五四時期文化界徹底反判封建文化的代表。他自幼接受封建教育，舊學功底深厚，尤其長於子史諸書。但讀子史諸書的目的是爲了從中擷取「非儒」的思想資料。他也讚揚荀子的天道觀，性惡論；但只是肯定荀子不合孔孟之處；他曾作《明李卓吾別傳》，也僅是爲了讚頌李贄的「非儒精神」。他激烈的非儒之說雖有失之偏頗之嫌，卻符言五四時期新文化運動之方向。

（王法周）

歐陽竟無

歐陽竟無（ 1872-1944 ），名漸，字竟無，江西宜黃人，1872 年生，早年治學刻苦，二十歲時考中秀才，極好程朱陸王之學，由而上溯經史百家，兼及天文算術之藝。甲午戰爭爆發後，歐陽竟無深感國事日非，雜學於事無濟，因而專治陸王之學，欲以補救時弊。三十四歲時，歐陽竟無赴南京拜謁楊文會，從其學習佛法。後曾遊日本數日，尋訪佛教遺籍，回國後任兩廣優級師範教師。1910 年歐陽竟無又至南京從楊文會學佛學，1911 年楊文會去世，歐陽竟無稟其遺志，主持金陵刻經處事務，1914 年於刻經處附設佛學研究部，聚衆講學，廣泛校刊法相唯識學經論，先後編校佛教典籍一千餘卷。1917 年歐陽竟無刻成了《瑜伽師地論》後五十卷，爲之寫序，首次提出區別法相唯識爲二宗的思想。1922 年歐陽竟無在南京創辦支那內學院，出版院刊《內學》，1925 年內設法相大學特科，專講法相唯識之

學。抗日戰爭爆發後，支那內學院遷址重慶，於江津設立內學院蜀院，歐陽竟無於此繼續研究講學。晚年，歐陽竟無返觀儒書，宣揚儒佛融合。歐陽竟無在國際上享有清譽，1936 年，泰戈爾訪華時曾與歐陽竟無作專門會晤。1944 年歐陽竟無逝世於江津內學院，享年七十三歲，英美德法日等國學者曾致電悼念。

其主要著述有：《大般若經敍》、《大涅槃經敍》、《俱舍論敍》、《唯識抉擇談》、《攝論大意》、《瑜伽師地論敍》等共三十多卷。晚年，歐陽竟無曾將手中所存著述編爲《歐陽竟無先生內外學》。

歐陽竟無是中國現代卓有成就的佛學家，是唐窺基以後唯識學的繼承人和闡述者。他目光如炬，洞察當時佛法的弊端，在他看來，當時佛法「一者，自禪宗入中國後，盲修之徒以爲佛法本屬直指本心，不立文字，見性即可成佛……於是前聖典籍，先德至言，廢而不用，而佛法真義寢以微矣。二者，中國人之思想非常籠統，對於各種學問，皆欠精密之觀察，談及佛法，更多疏漏。在教理上既未曾用過苦功，即憑一己之私見妄事創作……著述愈多，錯誤愈大……。三者，自天台賢首等宗興盛而後，佛法之光愈晦，諸創教者本未入聖位……而奉行者以爲世尊再世，畛域自封，得少爲足……。四者，學人之於經典著述不知抉擇……。五者，學人全無研究方法，徘徊歧途，望門投止……執一行一門以爲究竟……。」（《唯識抉擇談》）他認爲要想袪除上述之弊，必要研究法相唯識學。「學者於此研求，既能洞明義理，又可藥思想籠統之弊，不爲不盡之說所惑。」（《唯識抉擇談》）。歐陽竟無對當時佛法之弊的分析未免過於偏激，他對中國佛學流布的看法也未免有失公允，但他確實看到了佛教存在的時弊，他所給出的救治方案，儘管過於偏執自家，卻仍不失爲一劑救治的良藥。歐陽竟無對於佛學的主要貢獻就是其對法相唯識學說的恢復與宣講。

由於歐陽竟無專以弘揚法相唯識爲己任，故於天台、華嚴等宗思想尤其是《大乘起信論》所宣揚的思想頗多微詞，在他看來，自從《起信論》見傳以來，獨幟法壇一千餘年，支離笨統，大害佛法本義。而天台華嚴等宗，據《起信論》以爲依據，欲以成立無上正法，卻使體相智用紛然混淆，破壞了佛法正義。他認爲只有龍樹無著所闡發，羅什玄奘所傳譯的法相唯識學才是佛法的正統。

歐陽竟無致力於法相唯識學的恢復，故其著作多述而不作，勾勒經典大義，不做餘外的發揮。儘管如此，歐陽竟無對於法相唯識學仍有其獨到的看法，他認爲法相與唯識，所論對象既別，所得結果又異，故應一分爲二，別立兩宗。在他看來，法相宗「立非有非空中道義教，」唯識宗「遣心外有境……遣破有執之空而存破空執之有，具此二義立唯識宗」。（《瑜伽師地論敍》）他進一步分析認爲，唯識對治心外有境，法相破除「惡取空」執；唯識敍述唯識緣起，法相分析所緣法相；唯識以觀心門立，法相以教相門立；唯識是能變，法相是所變；唯識之義是「了別」，法相之義是「如如」；唯識是理，法相是事，等等。法相唯識相互對立，各有所主，因此應該分爲二宗加以研究。這一觀點是歐陽竟無一貫的佛學主張，在後來的《攝論大意》等著作中，這一主張得到了堅持和發揚。關於法相唯識能否分別成宗的問題，是中國佛教現代史上爭論的熱題之一，以歐陽竟無爲首的一派主張二宗說，而以太虛爲首的一派則堅持一宗說法。歐陽竟無提出二宗說後，太虛著出《法相唯

識學》與之相抗，堅持法相必宗唯識，引起爭論，深入了現代的佛學研究。

　　歐陽竟無對佛學的另一大貢獻是藏要的編印。佛教典籍浩如煙海，所說經義深奧難測，所用文句自成一體，學佛之人往往莫知所從，無從下手。歐陽竟無深感這些困難影響阻礙著佛學的研究和發展，於是精心選擇重要的佛教典籍加以校刊批注，編成一系，認爲佛法的要義盡在於此，故名爲藏要。藏要是到目前爲止最好的佛典讀本。

　　晚年，歐陽竟無返觀儒家經典，於儒家精神多有所得，於是乃發揮儒佛合一的思想，以佛解儒，以儒契佛，淋漓發揮，毫無禁忌。他認爲「中庸無聲無臭（嗅）之至，即佛法寂滅涅槃之體，所云寂滅者，非頑空無物也，乃人欲淨盡，滅無一毫，而後天理純全，盡情披露。」（《中庸傳》），佛教所追求的寂滅，就是儒家所談的存天理，滅人欲。同時歐陽竟無認爲，佛不礙儒，儒家也具有超世的精神，因而儒者能夠積極入世而不害天理人性，吸收佛法能使儒家理論更精深。儒不礙佛，佛家也要治世救人，化導羣生，吸收儒家思想能使佛教更加澤被羣生。歐陽竟無融合儒佛的方法與古人不同，古人多以爲儒釋道三教具有相同的袪惡揚善的社會功用，因而三教合一，不相違害。歐陽竟無以學者的眼光進行分析，認爲儒佛二教所追求的理想境界相同，而他們對待社會的態度也有暗合之處，因此，儒佛二教不相違害，可以融通。由此可知，歐陽竟無是要對兩家學說在最深層次上融合，他的工作超越了前人的成就。

　　作爲居士，歐陽竟無致力於佛學的研究和宣揚，從他開始，居士研究佛法轟轟烈烈地開展起來，形成了中國現代佛教史的一個潮流。與僧界領袖太虛相對，歐陽竟無是現代佛教居士的領袖人物。他在佛學研究、經典校刊等方面做出的貢獻對於佛教研究的日後發展極其有益。

（蘇　軍）

梁啓超

　　梁啓超（1873-1929）中國近代改良主義者，學者。字卓如，號任公，又號飲冰室主人。廣東新會人。1889年（光緒十五年）中舉人。1890年拜於南海康有爲門下，從此和康氏一起倡導維新變法，人稱「康梁」。1895年赴北京參加會試，與康有爲一起發動「公車上書」。同年，協助康有爲組織強學會，創辦維新刊物《中外紀聞》。1896年在上海主辦《時務報》，發表《變法通議》等文章，鼓吹維新，要求「變官制」、「伸民權」，實行君主立憲。同年編輯《西政叢書》。1897年主講長沙時務學堂。倡導民權、平等、大同之説。1898年被光緒帝召見，以六品銜辦京師大學堂，譯書局。變法失敗後流亡日本，主編《清議報》，曾數度與孫中山革命派磋商合作事宜，隨後回到保皇立場上，宣傳君主立憲。1902年創辦《新民叢報》，以此爲陣地和革命派《民報》進行長期論戰；發表《新民説》、《論中國學術思想變遷之大勢》、《新史學》等論著，闡揚民權、平等、自由、進取等思想，介紹西方

資產階級社會、政治、經濟學說，對知識界產生了廣泛影響。1912 年回國後，以立憲黨爲基礎組成進步黨，同年出任袁世凱政府司法總長，後轉任袁的政治顧問。1916 年策動蔡鍔組織護國軍反對袁世凱帝制活動，後擁黎元洪就任大總統。1917 年通電反對張勳復辟，繼爾與段祺瑞合作，出任段政府財政總長。隨後遊歷歐洲，曾旁聽巴黎和會，指責這次會議乃是分贓會議，回國後著《歐遊心影錄》，宣稱歐洲文明已經破產，主張發揚中國的「固有文化」。五四運動前後，反對「打倒孔家店」口號。1920 年，支持張東蓀與馬克思主義者論戰，反對在中國傳播馬克思主義。曾倡導文體改良的「詩界革命」和「小說界革命」。他早年創立的「新文體」成爲中國白話文的先導，對於把文體從古文中解放出來起了重要作用。晚年在清華講學，與王國維等合稱「國學四大師」。

梁啓超著述宏富，涉獵範圍極廣，有文化、政治、經濟、哲學、歷史、法學、宗教、道德、美學等。尤其在清代學術、先秦思想史、中國歷史、文學、哲學、佛學等研究中，提出不少精湛見解。其重要論著計有：《變法通議》、《新民說》、《非唯》、《自由書》、《開明專制論》、《清代學術概論》、《論中國學術思想變遷之大勢》、《先秦政治思想史》（又名《中國聖哲之人生觀及其政治哲學》）、《中國近代三百年學術史》、《歐遊心影錄》、《中國文化史》、《佛學研究十八篇》。後人輯其著作爲《飲冰室合輯》。

在《什麼是文化》（《飲冰室合集·文集之三十九》）一文中，梁啓超粗線條地構劃了其文化學框架。他先把整個宇宙劃分爲兩大系：「一是自然系，二是文化系。自然系是因果則所支配的領土，文化系是自由意志所支配的領土。」進而對文化定義爲：「文化者，人類心能所開積出來之有價值的共業也」，即文化是人類意志活動所創造出的物質和精神財實的總和，從而把受因果自然律支配的天空大地及人之飢則食、渴則飲等屬自然系的東西與文化區別開來。他明確指出：「文化是包含人類物質精神兩方面的業種業果而言」，「人類欲望最低限度，至少也想到『利用厚生』，爲滿足這類需要，所以要求物質的文化，如衣食住及其他工具等之進步。但欲望絕不是如此簡單便了，人類還要求秩序、求愉樂、求安慰、求拓大，爲滿足這類欲望，所以要求精神的文化，如言語、倫理、政治、學術、美感、宗教等。這兩部分攏合起來，便是文化的總量」。這樣就從「需要論」出發來解釋文化現象，把人的需要劃分爲物質需要和精神需要兩大類。通過人的創造活動，這兩大需要進而成爲兩大文化——物質文化和精神文化。從而，人類創造的一切文化、文明，都是出於人類的需要，出於人類的心願要求和創造能力。梁氏還把進化論貫徹於文化學說，肯定人類的文化創造活動是無止境的，「人類文化是活的，永遠沒有完成的那一天，所以永遠容得我們創造」，「創造是永遠不會圓滿的。」他還認爲人類的一切意志活動都帶有盲目性和不能預測性，「他的自由意志怎樣的發動和發動方向如何，不惟旁人猜不著，乃至連他自己也猜不著明天怎麼樣，這一秒鐘也猜不著後一秒鐘怎麼樣。」（以上均見《什麼是文化》，《飲冰室合集·文集之三十九》）。

以遊歷歐洲爲界可把梁氏的中西文化觀分爲前後兩個時期。歐遊之前，梁氏看到的是西方文化的長處，但對中國傳統文化並不持否定態度，主張引進西方文化、結合中國傳統文化改造中國社會。《變法通議》根據中國傳統的變易概念和近代西方

的進化論思想，强調自然界及人類社會的一切事物都在不斷變化之中，「變者天下之公理也」。因此治國要變法，變則「可以保國，可以保種，可以保教」。梁氏於1899年所作的《自由書》，取西儒約翰·彌勒所言「人羣之進化，莫要於思想自由，言論自由、出版自由」之大義而命名，書中極贊西人之自由思想，同時溶入儒家思想。在《論中國學術思想變遷之大勢》中，主張對中國傳統文化學術「發揮之光大之，繼長之增高之」。頗能代表梁氏中西文化觀的《新民說》，極言「道德革命」，主張以西方的國家思想、進取精神及自由、自治、進步等「公德」教化中國國民，以使吾國民衆面貌一新。倡言以「破壞主義」對待當時的中國社會，但不久轉而提倡儒家的「正本」、「慎獨」、「謹小」等傳統道德，以匡正「破壞主義」過激之說。《新民說》兼溶中西文化，其中以西方新文化新道德爲主改造中國國民。「新民」一詞來自儒家經典著作《大學》一書。是《大學》三綱之一。《新民說》典型地體現了中西文化相交相撞之特點。1919年前後遊歷歐洲，使梁氏思想發生了極大的變化。回國後作《歐遊心影錄》一書，根本否定了其以往的觀點。認爲當時歐洲資產階級文明已經破產，西方文化既不足於救西方社會之弊，也不足於補中國社會之失。主張用「東方文明」即中國和印度的傳統文化來救中國。梁氏晚年埋頭於中國傳統學術文化之中，即歐遊思想變化之影響。

梁氏認爲文化系是自由意志所支配的領土，並十分重視西方的自由思想，其理論依據乃是其主觀唯心主義哲學。他說，「境者心造也，一切境物皆虛幻，惟心所造之物爲真實」，世界上「但有心境」，沒有「物境。」一句話，一切爲人心所創造，只有「心」才是最真實的存在，世界萬物只不過是「心」的自我擴張。「心」既如此廣大完滿，真知也就來自内心的觀照，所謂「慧觀出真理」是也。因此，《國民十大元氣論》宣稱：「真文明者，只有精神而已」。於是乎，歷史乃是英雄的「心力」對世界的征服。歷史是少數英雄之獨步舞臺，英雄不僅用時勢，而且造時勢。「曾國藩……袁世凱……此若干人者，心理之動進稍易其軌，而全部歷史可以改觀」。

縱觀梁氏一生，其思想幾經變化，卻始終認爲：歷史是越變越好的，現在一定勝於過去，將來一定勝於現在。愛國主義乃是其畢生堅定之信念。梁氏「文開白話先河」，奠定中國史學體系，乃是其巨大的歷史功績。他力行維新變法，倡導「新民說」、「開明專制論」及「自由意志」說，亦應放到其特定的歷史環境和複雜的文化背景中去看待。

（王法周）

丁文江

丁文江（1887—1936），地質學家、思想家。1887年4月出生於江蘇省泰興。其家尚殷實，所以幼即入學讀書，喜讀古今小說如《三國演義》之類及《日知錄》、《明夷待訪錄》等，也讀過《綱鑑易知錄》等。丁文江十五歲即赴日留學，在日

期間積極參加政治活動，反對清王朝，提倡共和。一年之後即 1905 年，丁和朋友一道赴英求學。成績優異，考入劍橋大學，在劍橋一個學期後轉入格拉斯哥大學學習，修了地質學和動物學兩個學位。留英學習期間，他不僅熟練地掌握了科學的思惟方式，相信科學的巨大力量，而且也深受了當時流行於英倫的達爾文進化論的影響；在哲學上則接受了馬赫、皮爾森以及赫胥黎思想的影響，服膺實證主義。

丁文江於 1911 年 5 月歸國。歸國後的切身體驗使他深深感到中國科學的落後以及科學研究事業的不發達，他決心利用自己所受的教育，推進科學研究事業的發展。1912 年丁文江出任國家地質科科長。當時的地質學研究實質上形同於無，一切都要從頭開始。丁文江以瀕於停辦的北京大學地質系爲基礎，親自任教並延攬國外著名教授，培養了一大批地質學人才。之後又創辦了地質研究所，培養人材，兼做研究工作。在丁文江的領導下，短短的幾年內，地質學在中國得到了廣泛的發展，並且達到了可以毫不遜色地與國際地質學研究相比的先進水平。

1923 年和胡適等人創辦了《努力》雜誌，提出「好人政府」的政治主張。該雜誌後爲軍閥曹錕壓制。1925 年受軍閥孫傳芳之邀，出任「淞滬商埠督辦公署」總辦，實踐其「好人政府」的主張。在任期間也辦了一些有益之事。後見國民革命軍節節勝利，孫傳芳大勢已去，遂辭去總辦職務。

1932 年和胡適等人創辦《獨立評論》雜誌，研究中國社會問題。1934 年，丁文江出任中央研究院總幹事，對研究院進行了一系列的改革，組建了科學「評議會」，對促進科學研究的發展起了很大的作用。

1936 年，丁文江在湖南進行野外考察時煤氣中毒去世，時年五十歲。

丁文江作爲一位開山式的科學家，把大量的精力都投入到推進中國科學事業的發展，提高中國地質學研究的水平上去了。他的一系列研究和建立中國科研體系的工作，爲中國科學的發展做出了傑出的貢獻。而且，尤爲難能可貴的是，他並不僅僅把自己侷限於科學領域之內，而是力圖從文化的、哲學的意義上把握西方科學，力圖把正確的科學觀念貫輸到中國傳統的文化框架中去。如果說「五四」初期「賽先生」尚未在中國社會文化中紮下根的話，那麼，使之紮根的任務便是由丁文江等人完成的。丁文江在科學和玄學論戰中闡揚科學，貶斥玄學，對促進科學觀念在中國文化中深深植根並成爲其中一個有機的組成部分，做出了巨大的貢獻。

在一般文化觀上，丁文江深受達爾文進化論的影響，主張一元論的文化觀。他認爲，人類歷史是不斷進化的、發展的，中國文化曾經對世界民族文化做出了傑出的貢獻，也曾擷取過其它民族的長處。當今工業文明已經在西方得到了充分的發展，而我們猶處於農業階段中，所以，我們必須充滿自信心地適應工業文明的新形勢。他的主要文化論著有《玄學與科學》、《玄學與科學的討論的餘興》等。

1919 年丁文江曾陪同梁啓超、張君勱到英法等國家遊歷。當時正是第一次世界大戰後不久。歐洲大陸滿目瘡痍、民不聊生。張、梁對此深感震驚。梁啓超覺得，當自己竭盡全力宣揚西方文化之時，西方文化卻已經破產了，科學也破產了，不免感到悲觀。或許是出於拯救人類的使命感，他在遊歷之後不久寫了《歐遊心影錄》一書，提出要用東方的精神文明超拔西方的物質文明。張君勱也直接發表了《人生觀》一文，提出了科學能否支配人生觀的問題。他認爲，世界分爲物質的和精神

的兩大類，各有自己的規律。人生是「主觀的、綜合的、直覺的、自由意志的、單一性的」，而科學卻是「客觀的，爲論理的方法所支配的，而且受因果律的支配的……」，所以，科學是不能支配人生觀的。而且，科學造成了機械論的宇宙觀，產生了破壞性極強的工業文明，歐戰便是由於科學的發展而爆發的。如果説梁啓超是出於探索中西文化的出路的話，那麼，張君勱卻是借題發揮，希望通過論證科學對於人生無益來論證宋明理學，尤其是陸王心學在當時世界文化中的合理性，要求保守在他看來重視直覺知識的理學傳統，藉以反對新文化運動。

丁文江對這種思想給予了全面的反駁。首先，他認爲，張君勱把世界分爲物質的和精神的。主張科學無法研究精神是錯誤的。人類的知識都是對於自然界的認識，科學正是獲得這種知識的唯一途徑。直覺只是一種假相而已。科學能夠逐漸揭開包括人在內的整個自然界的奧秘；隨著人類知識的發展，人類一定會逐步擴大和加深對自身的認識。科學是萬能的，應該把它推廣到心理學、社會學等一切領域。

丁文江和張君勱不僅在對待科學的態度上截然不同，而且，他們的科學觀也根本不同。張君勱所説的科學，實質上是科學的學術結果和工業結果，這其實是把科學貶爲「奇技淫巧」或者「堅船利炮」的進一步延伸。認爲科學導致了機械的宇宙論和宿命論，尤其嚴重的是它導致了歐洲戰爭，是在價值觀上歪曲了科學。與張君勱相反，丁文江認爲，科學的實質是它的一整套方法，即收集材料，歸納整理以及推理演繹的方法。科學之所以是萬能的，就是由於它的方法的普遍性和有效性。

中國歷史一向有重視實用的傳統，科學觀念比較偏狹。五四時期「科學」和「民主」的提出，實質上是改造中國舊有傳統的一劑良藥，但由於長期的傳統觀念的束縛所造成的積重難返，人們對於科學的理解仍然是不全面的，所以，丁文江在科學和玄學論戰中的觀點，不僅推進了科學在中國傳統文化中的植根進程，而且也糾正了整個中國傳統文化對科學的誤解，明確了科學的概念。應該説，這不僅是對新文化運動，而且也是對整個中國現代化建設的一個大貢獻。

但是，丁文江的觀點也有很不徹底，很不圓滿的地方。他否認物質的存在，認爲物質是心理的感覺，至於感覺之後的基礎，則可存疑，並稱自己的這種觀點爲「存疑的唯心論」，這便爲玄學留下了一塊用武之地。科學不能涉足的地方可能正是玄學身手大顯的領地。

他強調科學就是科學的方法是很正確的，但他對科學的方法的理解並不全面，而是僅僅侷限於地質學中的方法。科學的方法其實是很複雜的，絕非簡單的概括或歸納、演繹所能包括的。

（喬清舉）

王國維

王國維（1877-1927），字靜安、伯隅；號觀堂、禮堂、永觀，浙江海寧人。他是我國傑出的史學家，甲骨文、金文專家，獨具一格的詞人對於紅學研究更有開

拓之功。王國維的斐然文章是一大奇，他的死則更是一大謎，有人認爲他的自沈和屈原蹈難於汨羅江有同等價值。王國維的一生就如同他的爲人一樣，一絲不苟、界限分明。在他的青少年時期（1877-1900），他居家誦讀，時常也做些雜詩和當時一般文人都免不了的酬對。1898年王國維入上海《時務報》爲書記。趙萬里在《王靜安先生年譜》中有這樣記載：「時上虞羅叔言先生（即羅振玉）方創農學社，迻譯東西各國農學書報。以乏譯才，乃以私資設東文學社於新馬路之梅福里，聘日本藤田劍峯（豐八）博士爲教授，五月朔，學社開學，先生請於館主，日以午後三小時爲學」。可以説入東文學社一事於王國維一生有著決定性的影響。在東文學社，他結識了羅振玉，這個影子伴隨著他走過匆忙的一生。由東文學社的兩位教師藤田豐八、田岡佐代治，他接觸了康德、叔本華，我們也可以説這是伴隨他走過一生的另外兩個影子。

1901-1907年，王國維沈入康德、叔本華的理論中，這一沈就是七、八年，這七、八年爲他一生的發展播下了種子。王國維生性憂鬱莊嚴，叔本華的悲觀主義人生觀是他所找的歸宿。由這裡他睜開了「天眼」，憑著這雙眼睛，他照見了萬物的本相和苦難的衆生相，「天未同雲黯四垂，失行孤雁逆風飛，江湖寥落爾安歸？陌上金丸看落羽，閨中素手試調醯，今宵歡宴勝平時。」（王國維《浣溪沙》）。這時期王國維的思想就已經達到高峯，所以他的安身立命之地也置在這裡，而他以後的作品從思想上來看只能算是一種注脚，但做爲藝術、學問而言則無疑是一種創造。他在《靜安文集・自序》中説：「自癸卯之夏以至甲辰（1904）之冬，皆與叔本華之書爲伴侶之時代也。其所尤惓心者則在叔本華之知識論，汗德（康德）之説得以上窺。然於其人生哲學，觀其觀察之精鋭與議論之犀利，亦未嘗不心恬神釋也。」此時王國維嘗試做了一些哲學文章如《論性》、《釋理》、《原命》、《叔本華之哲學及其教育學説》、《論近年之學術界》、《叔本華與尼采》、《國朝漢學家戴阮二家之哲學説》。這些文章都收集在兩個集子裡：《靜安文集》、《靜安文集續編》。在這些文章中，王國維用叔本華的理論對傳統哲學進行批判，許多見解都發前人所未發。整個説來他的哲學研究處於一種承先啓後的地位。即：由古典哲學向現代哲學的一種過渡。

王國維在哲學演進中的過渡地位可以由三點來辯護：第一，由文體來看，他的文章雖然還是用文言做就，但已突破了古代哲學家那種鬆散的有内在結構而欠形式完整的外觀形象，開始用一題一議的方法，並自覺應用名學（邏輯）論證。因此他的文章往往秩序井然，論證自覺而嚴密。第二，由研究態度來看，王國維追求哲學研究的純粹性，他認爲哲學本身就是追求目的，這個目的有充分的存在價值，這種觀點無論和古代或和其同時代哲人的那種濃厚的道德、政治態度都足以成鮮明對照。不僅如此，王國維更引叔本華的「人爲形而上學的動物，而有形而上學的需要」爲哲學辯護。第三，就幾個具體哲學範疇的分析和批判來看，他也顯出相當的卓見，足以當得繼往開來這個名號。例如對於「仁」、「義」這兩個範疇，王國維認爲孔子只是從人事經驗上爲這兩個範疇提供論證，而拒絕給予一種終極的哲學説明。「子罕言性與天道」，這就比同時代的老子、墨子落後。老、墨雖也講道德、政治，但最後都歸旨於道、天道，都找到一種哲學的依據。以後子思做《中庸》才補

充一種形而上學的依據。另外，在《釋理》中，對「天理」這個範疇的看法，王國維認爲：「理之意義以『理由』而言，爲吾人知識之普遍形式，以『理性』而言則爲吾人構造概念及定概念間之關係之作用，而知力之一種也」。所以理只有主觀的意義屬心理學範圍，而無客觀的意義及道德的意味。因此，宋儒「以形而上學之所謂真與倫理學之所謂善盡歸諸於『理』之屬性，不知理性者不過吾人知才之作用，以造概念，以定概念之關係，除行爲之手段外，毫無關於倫理之價值」。

總的說來，王國維的哲學研究於他一生的學術發展具有舉足輕重的作用。他從哲學思索中獲取了一種境界。他後來在《人間詞話》中提出了著名的「境界」理論，就是因爲他對生命的意義有了一種自覺的領悟。就這點講，他當時的確顯得獨特。「來日滔滔來，去日滔滔去。適然百年內，與此七尺遇。爾從何處來，行將徂何處？」他問出了「然所以有世界人生者果有合理的根據歟？抑出於盲目的動作而別無意義存乎其間歟？」這是中國人不慣於問的問題。

1907–1911 年，王國維疲於哲學，經過痛苦的抉擇後他選擇了文學。他在《三十自序》中表白說：「余渡於哲學有日矣，哲學上之說大都可愛者不可信，可信者不可愛。余知真理，而余又愛其謬誤，偉大之形而上學，高嚴之倫理學與純粹之美學，此吾人所酷嗜也。然求其可信者則寧在知識論上之實證論，倫理學上之快樂與美學上之經驗論，知其可信而不能愛，覺其可愛而不能信，此近二、三年中最大之煩悶……要之，余之性質，欲爲哲學家則感情苦多而知力苦寡，欲爲詩人則又苦感情寡而理性多。詩歌乎？哲學乎？他日以何者終吾身所不敢知。」其實王國維對文學（主要是詩詞）的興趣是終生的，少年時代就熟知古詩詞，但這時因爲有了一種人生境界，所以表現爲一種有意識的創作。1904–1907 年他在《教育世界》雜誌上刊出了《人間詞甲稿》、《人間詞乙稿》，1904 年《紅樓夢評論》、《屈子文學之精神》問世。1908 至 1910 年則做了對前代詞家和詞集的考訂整理工作。輯《唐五代二十一家詞輯》、《校補南唐二主詞跋》、《跋赤城詞》、《跋蛻若詞》、《花間集跋》、《尊前集跋》、《草堂詩餘跋》、《片玉詞跋》、《桂翁詞跋》、《清真先生遺事》、《人間詞話》等。同時他還寫成了《曲錄》六卷，《宋大曲考》、《優語錄》、《戲曲考原》、《錄典餘談》、《古劇角色考》，以後更有《宋明戲曲史》。從這些目錄中我們可看出他的學術道路逐漸由創作轉爲考據，由文學轉爲歷史，他的生命之火逐漸在平靜。「坐覺無何消白日，更緣隨例異丹鉛。」就是寫照。

王國維的文學批評以《紅樓夢評論》、《人間詞語》最爲世人注目。這兩種書的創作和他的哲學境界是分不開的，甚至可以說是其人生境界的一種創造性的闡釋。在他的文學創造中，始終恪守叔本華的這句格言：「經驗的科學，如其純粹爲了自身的原因去探求，而不帶著哲學的傾向，那就好像一副沒有眼睛的面孔」，因此，他的一萬三千言的《紅樓夢評論》就是在這副哲學的永恆之眼的觀照下做就的。《紅樓夢評論》誠如佛雛在其《王國維詩學研究》一書中所指：依據叔本華哲學的兩大理論而作：一爲原罪、解脫，二爲第三種悲劇說。叔本華認爲意志是生命和世界的本體，它是一種盲目的從不停息的衝動，生命和世界萬象都是這個意志的客觀化。意志在人表現爲「欲」，人的一生就是被欲望驅使。「欲之爲性無厭，而其原生於不足。不足之狀態，苦痛是也。既償一欲，則此欲以終。然欲之被償者一，而不償者

什百。一欲既終,他欲隨之,故究竟之慰藉終不可得也。既使吾人之欲悉償,而更無所欲之對象,倦厭之情即起而乘之。」(《紅樓夢評論》)。解脫只有堅決拒絕意志,達到所謂悟。這有兩種途徑:一是觀他人的痛苦,二是覺自身的痛苦。前者爲天才,後者爲常人,天才由非常之知力,而洞觀宇宙人生之本質,始知生活與苦痛之不能相離,由是求絕其生活之欲,而達解脫;常人感於自己的苦痛,「彼之生活之欲,因不得滿足而愈演愈烈,又因愈烈而愈不得其滿足,如此循環而陷於失望之境遇,遂悟宇宙人生之真相,轉而求息肩之所」。(《紅樓夢評論》)王國維認爲《紅樓夢》就是這樣一部記敘解脫之道的宇宙大書,足以和《浮士德》比美。寶玉的悲劇類似於浮士德的磨難、脫悟。

《人間詞話》(1908-1909)則依據王國維自己的「人生境界」,提出著名的「境界」理論,許多研究者提出這境界是「中西化合」的創造性產物,而且它比古典文論如嚴滄浪之「興趣説」、王士禎的「神韻」説更完善、更圓成。其重大意義在現今看來遠過於此。這在於它不僅爲文論、爲美學,而且爲一般人文科學立了法,著名哲學家馮友蘭就提倡:科學以增加知識爲目的,而哲學、人文科學的目的則在於提高人之境界,使人能對宇宙人生達到一種悟解。這也是王國維的偉大之處。

1911 年,王國維隨羅振玉赴日本,從此他轉入古史甲骨之學的研究,這個時期的重要著作被收集在《觀堂集林》、《觀堂別集》、《靜安文集續編》、《王國維全集·書信》。王國維的甲骨學研究一向以嚴謹著稱。他的成就足可以使他位居甲骨學「四堂」之首。(另三堂爲:羅振玉、董作賓、郭沫若)1927 年王國維自沈於頤和園昆明湖。死時留下:「五十之年,只欠一死,經此世變,義無再辱」等語。他的死對學術界是一巨大損失,同時也爲後人留下了一個發人深省的問號?。

(張少強)

陳　垣

陳垣(1880-1971)。歷史學家,教育家。字援菴。廣東新會石頭鄉人。六歲時,隨父到廣州,先進私塾讀書,以後換了幾個書館,主要是讀四書五經。1897年,到北京參加順天鄉試失敗。這個時期正是中國社會大變革時期,封建制度岌岌可危,資產階級民主革命思想正在傳播,推翻清廷的資產階級民主革命也在迅速蔓延。他的思想也隨之發生急劇的變化。他痛恨「列強」侵略,反對清廷的腐敗昏庸,他再也不研讀八股文章了,很快地轉而致力於尋找救國救民的道理,積極投身到推翻清朝統治,建立共和的鬥爭行列之中。1905年任廣州《時事畫報》編輯,發表文章抨擊清政府。1907年他考入美國教會辦的博濟醫學院學習,後另辦光華醫學院,兼任助教職務,是創辦人之一。1913年,他被選爲衆議院議員,到了北京,從此在北京定居下來。1920年創辦了平民中學,自任校長,兼教文史課程。1921年10 月到 1922 年曾任北京政府教育部次長。以後的幾十年,從事歷史研究和教育工

作。先在燕京大學教書，後任北平師範大學、輔仁大學，北京大學等校教授，曾兼任北平師範大學歷史系主任。1926 年開始，任輔仁大學校長，先後擔任過京師圖書館館長，北平圖書館委員，故宮博物館理事兼故宮圖書館館長，哈佛燕京學社北平分會主任，中央研究院歷史語言研究所研究員、評議員、院士，北平研究院歷史研究所特約研究員等職務。

一九四九年後，政府任命他爲輔仁大學校長。1952 年院系調整後，任北京師範大學校長。1954 年任中國科學院歷史研究所二所所長，第一、二屆全國人大代表。1955 年，任中國科學院哲學社會科學學部委員等。1971 年 6 月 21 日病逝於北京。從青年時代開始教蒙館，以後教小學、中學、大學，到他逝世，從教工作達七十年。主要著述有《二十史朔閏表》、《中西回史日曆》、《史諱舉例》、《元典章校補》、《元西域人華化考》、《中國佛教史概論》、《明清滇黔佛教考》等。出版有《陳垣史學論著選》、《陳垣學術論文集》。

除了教課，擔任領導職務外，陳垣先生在史學研究上是有較突出的成就的。他以幾十年的辛勤工作成績，爲我國史學留下了豐富的遺產，對中國思想文化的學術研究作出了不可磨滅的貢獻。他的歷史研究工作，範圍廣博，內容深邃，論述嚴謹。生平所寫的史著和論文，近二百篇，尤其在中國宗教史的研究方面，成績斐然，開拓了新的領域，爲中國歷史文獻的研究建立起堅實的基礎。

陳垣先生的史學研究成就主要有下述兩方面：

首先，開拓了中國宗教史研究的領域，取得了較大成績。陳垣先生的中國宗教史研究，涉及的方面廣，歷史上的古教，今天仍存在的宗教，外來宗教，中國自己創造的宗教，他都曾用力研究過。對歷史上外來古教，如火祆教、摩尼教、一賜樂業教等，都有專門論述。對佛教、基督教、伊斯蘭教，都做過較深入的探討。對道教也寫有專著。他研究宗教史不涉及宗教教義及其哲理，而是著重研究各種宗教的發展、變化、衰亡的歷史，以及記載宗教的金石碑刻和史籍目錄。1917 年，他發表了專用中國史料考證元朝基督教情況的《元也里可溫教考》的史學論文，對元朝基督教作了較全面的論述，解決了基督教史上過去所未解決的問題，開拓了中國宗教史研究中的新領域，在中國史學史作出了新貢獻。此後他又繼續發表了《開封一賜樂業教考》，《火祆教入中國考》、《摩尼教入中國考》三篇論文，考出了猶太、火祆、摩尼教先後自國外傳入中國的情況及傳入後傳布和其盛衰的變化。這四篇論文合稱「古教四考」，在國內外具有很大影響。他在《摩尼教入中國考》問世以後，又出版了《元西域人華化考》這一巨著。這是陳垣先生的傑作之一，全書共八卷。主要講國內西部少數民族和外來僑民學習漢族文化的問題。題名「華化」，據他的解釋：「華化之意義，以後天所獲，華人所獨創者爲斷。故忠義、孝友、政治、事功之屬，或出於先天所賦，或本爲人類所同，均不得謂之華化。」意思是說，「華化」指的是中國歷史發展所形成的文化。而最能代表中國文化的，他認爲是儒學。他說：「儒學爲中國唯一的產物，言華化者應首言儒學。」其次則是宗教、文學、藝術、科學、風俗習慣等，也有中國的特點。至於西域人，指的是色目人。他認爲西域人的文化發展，本來具有漢文化的成分，東來以後，更樂於接受漢化。他認爲，有宗教信仰的自由，又有接受不同文化的自由，那麼，解決民族問題，文化的

傳播就可以作爲一種手段。他認爲統治者既然可以用儒術收服漢人之心，自然也可以收服西域人之心，因爲西域人樂於華化。他提出這樣的理論和文化觀點，是否正確，值得大家研究。他還認爲元代的西域文明是中國歷史上空前的，元代文化超過了漢唐以及清代乾隆二十年以前的所有中國文化發展期。他說元代並不輕視儒學，而是實行文化多元政策。

陳垣先生用了多年的時間，積累了大量的資料，掌握了豐富的元史知識，引用了二百種以上圖籍，具體而明確地闡明了元朝百餘年間西域諸族人來華後吸收並傳播了漢文化，留下了大量漢文寫成的著述。陳垣先生這本書體大思精、廣徵博引、論據充分，在國內外史學界，獲得了高度的評價，享有很大的盛譽，是一部有內容，有鮮明思想觀點的中國文化史名著。爲我國民族文化史和中外文化交流史添上了光輝的一頁。

世界三大宗教中，他最早著手研究的基督教，雖然未能寫成基督教史專著，但他發表了三十餘篇論文，其中主要有《基督教入華史略》、《從教外典籍見明末清初的天主教》等。關於佛教史研究，他寫了《中國佛教史籍概論》一書，對佛教史書作了詳盡的介紹。還編纂了《釋氏疑年錄》，爲研究佛教史創造了極爲有利的條件。他還開創了利用《嘉興藏》裡的僧人語錄內容作爲考史資料，爲史學工作者打開了經藏資料寶庫。關於伊斯蘭教的研究，他寫了《回回教入中國史略》一文，並提出準備編纂《中國回教志》的設想，這對中國伊斯蘭教史的研究工作，具有重要的指導意義。對道教史的研究，也有他個人的創見，他曾寫成《南宋初河北新道教考》等文。陳垣先生所寫的大量宗教史論文，都是引用資料豐富完備，論證精闢詳實，能發前人所未發。有些論著填補了中國宗教史研究的空白，開闢了新的途徑，作出了出色的貢獻。

第二、對中國歷史文獻學的貢獻。研究歷史，離不開時日的記載。時間、年代是歷史記載中的基本要素。年代學研究是歷史文獻學研究的主要任務之一。中國歷史綿延幾千年，年代記載基本上是清楚的，但中國歷史上的紀年方法也很複雜，不易弄清楚。所以，年代學研究也是從事中國思想文化研究的人必須具備的基本功之一。陳垣先生在研究外來古教、伊斯蘭教和中外關係問題時，遇到了中、西、回三曆不易換算的困難。經過深入研究，他終於掌握了三種曆法的規律。爲了方便別人的研究，他用了四年時間，著成了《中西回史日曆》、《二十史朔閏表》兩部工具書，爲中外史料的運用在紀年方面提供了便利條件。他對於校勘學也極爲重視。在清人研究的基礎上，進一步探討、總結、從實踐入手，以沈家本刻《元典章》爲底本，用五種本子對勘，校出沈本的僞誤、衍脫、顛倒、妄改之處共一萬二千多條，寫成《元典章校補》一書。對避諱學的研究，在國內更是首屈一指。他寫的《史諱舉例》一書，對歷代避諱都有詳論，對考證、校勘、版本及文物、考古工作，都是極爲有力的工具。他在中國歷史文獻學各方面所做的工作，對於中國思想文化史的巨大研究工作來說，都是基礎性工作，然而卻是不可缺少的環節。陳垣先生有功於中國思想文化史研究工作，這是他留下的寶貴遺產。

魯　迅

　　魯迅（1881-1936）中國近代思想家、文學家、革命家。中國新文學的奠基人。原名周樹人，字豫才，幼名豫山，學名周樟壽，筆名魯迅。浙江紹興人。清光緒七年八月初三（1881.9.25）出身於一個地主家庭。七歲上私塾接受封建教育。光緒二十四年到南京洋務學堂求學，適逢戊戌變法，受維新思想影響，接觸到西方自然科學和社會科學，尤其受進化論思想影響較深。清光緒二十八年赴日本留學，先學醫，後棄醫改學文學，以圖改變國民精神。曾參加反清革命團體光復會，以實現振興中華的愛國理想。1905～1907年，孫中山爲首的革命派和以康有爲爲首的改良派展開大論戰時，魯迅發表了《文化偏至論》等重要論文，支持革命派的立場。1909年回國後，先後執教於杭州、紹興，並在故鄉參加了辛亥革命運動。辛亥革命後，任南京臨時政府和北京政府教育部部員、僉事等職。1918年5月，第一次用「魯迅」的筆名，發表了中國現代文學史上第一篇白話小說《狂人日記》，對吃人的禮教進行了深刻的揭露和猛烈的抨擊，奠定了新文學運動的基石。自1920年起，先後在北京大學、北京師範大學等校兼職授課。五四運動前後，參加《新青年》雜誌工作，站在反帝反封建運動的前列，堅決反對知識份子中出現的妥協、投降傾向，成爲新文化運動的偉大旗手。1921年12月發表的《阿Q正傳》，乃是中國現代文學史乃至中國文化史上的傑作。這一時期的其它作品表現了愛國主義和革命民主主義的思想特色。這一時期開始接受馬克思主義。1926年8月因支持學生愛國運動而不容於反動當局，乃南下到廈門大學任教。後轉到革命中心廣州，執教於中山大學。「四‧一二」政變後辭職，旋去上海。現實教育了他，使之逐漸放棄了進化論思想，轉爲信仰階級論，並認真研究和介紹了馬克思主義理論。1930年起，先後參加中國自由運動大同盟、中國左翼作家聯盟、中國民權保障同盟等進步組織，積極從事革命文藝活動，逐步成就了其中國文化巨人之偉業。1936年初「左聯」解散後，積極參加文學界和文化界的抗日民族統一戰線。1927年到1936年所作的雜文，深刻分析了各種社會問題。魯迅生前的最後十多年，領導和支持了「未名社」和「朝花社」等進步的文學團體，主編了《國民新報副刊》（乙種）、《莽原》、《奔流》、《萌芽》、《譯文》等文藝期刊，熱忱地關注和幫助了青年的成長和進步。1936年10月19日病逝於上海。

　　魯迅著作極多，曾搜集、整理和研究了大量古典文學，編著《中國小說史略》、《漢文學史綱要》，整理《嵇康集》，輯錄《古小說鉤沈》、《唐宋傳奇集》等，大力翻譯外國進步的文學作品，如《域外小說集》，介紹了國內外著名的繪畫、雕塑和木刻。此外還有著名小說《狂人日記》、《阿Q正傳》等，及著名雜文論文《文化偏至論》、《拿來主義》、《中國人失掉自信力了嗎》等。一九四九年以後，魯迅的著譯被分別編爲《魯迅全集》（十卷）、《魯迅譯文集》（十卷）、《魯迅日記》（兩卷）、《魯迅書信集》等。

　　魯迅畢生不懈地探求改造中國社會之途徑。作爲帶頭向西方尋求真理的優秀中國人，魯迅主張以西方先進文化作爲改造中國社會之武器。他在《拿來主義》一文中提出：對於西方優秀文化，「我們要運用腦髓、放出眼光自己來拿」。「沒有拿來

的，人不能自成爲新人，沒有拿來的，文藝不能自成爲新文藝。」但拿來不是順手拈來，是「放出眼光自己來拿」，是有鑑別有選擇地拿，拿那些對吾國有益的東西。魯迅在《兩地書》中說他早期思想是「人道主義與個性主義」，這兩種思想的拿來就是因其對改造中國有益才拿來的。魯迅汲取了俄羅斯文學中的豐實營養，如清醒的現實主義、社會暴露的主題和博大的人道主義感情，這使得他所揭露的社會問題不僅暴發出振憾人心的力量，也使其作品獲得了不朽的藝術生命力。這一點從《狂人日記》和《阿Ｑ正傳》即可見一斑。魯迅在他的一系列小說中揭露了國民的麻木、愚昧、保守、膽怯等「劣根性」，看到了中國國民最缺乏的乃是個性主義和蔑視傳統的精神。這時，尼采深深地吸引了魯迅：他的「重新估價一切有價值的東西」，敢於大膽否定傳統的精神，他的強烈的意志力、奔放的創造性，他的崇奉主觀、尊重自我的個性主義，正是一支中國國民的振奮劑；他的「手持天秤，秤量這世界」的磅礴氣概，也正是對頹廢、虛僞、妥協、因襲的中國半殖民地社會改革的強大推動力。所以魯迅大力提倡個性主義。《文化偏至論》宣稱：「遵個性而張精神」，「掊物質而張靈明，任個人而排衆數」，呼籲「精神界之戰士」起來喚醒民衆。魯迅視朝氣蓬勃的個人精神爲中國新生之希望，希望通過個性解放達到合乎人的本性的國家的建立，「國人之自覺至，個性張，沙聚之邦，由是轉爲人國」。作爲西方思想，進化論對魯迅產生了重大影響。魯迅早年即接受進化論，他相信從自然界到人類社會都遵守自然進化之軌跡。他要用「生存鬥爭」、「自然選擇」，優勝劣敗來驚醒沈睡的中國國民，用歷史必然進化發展「中國當然也不例外」，來激勵中國民衆之救亡圖存。

　　魯迅強調「文明無不根舊跡而演來」，他強調既要對西方文化因素加以改造和利用，又要保存本國文明的一些因素，使中國「弗失固有之血脈」。所以魯迅雖然十分關注西方先進文化改造中國社會之作用，反對「國粹主義」，他卻並不是徹底否定中國傳統文化和全盤西化者。《文化偏至論》中，魯迅痛斥唯西方是從、盲目追隨西方潮流的各種風尚。《在現代中國的孔夫子》一文中，魯迅闡釋社會反孔潮流之原因是，當「把孔子裝飾得十分尊嚴時，就一定有找他缺點的論文和作品的出現」。《文化偏至論》進一步解釋：文明在向前演化的過程中必有走向過激之傾向，即「矯往事而生偏至」，也就是人們常言的矯枉過正。魯迅批判傳統禮教對人們的束縛，更對反動文人及反動政府利用孔子爲封建制度張目表極大憤慨。故魯迅反對和否定的是封建政治文化而非全部傳統文化，魯迅講要少看、甚至不看中國的書就是矯枉過正和文化「偏至」之論。

　　從改造國民性出發，魯迅汲取了一切可以借鑑和利用文化，他對一切敢於反抗壓迫、蔑視傳統、追求個性的思想家都加以表揚和肯定。魯迅繼承了中華民族的優秀文化遺產，從章太炎那裡繼承了「魏晉文章」的筆調和風格，他的治學方法與清代樸學有密切的關係，他經常引用「物反於極」「物極必反」等中國古代辯証法精煉的成語，至於他由「立人」到「立國」的改造國民性的方法，也正是儒家從「修身」到「平天下」之傳統方法的合理延用。更重要的是他從中國古代思想家那裡發掘出中華民族的優秀思想品質，從而這些思想品質就構成了與其「個性主義」之不可分割的聯繫。魯迅讚美中國自古以來的那些埋頭苦幹、拼命硬幹的人「是中國的

脊樑」，稱頌屈原「放言無憚，爲前人所不敢言」的堅強獨立之個性，頌揚墨子反戰非攻而自甘疲命奔波的剛強品質。他花費大量心血校訂《嵇康集》，對嵇康阮籍等魏晉名士的錚錚鐵骨表示了十分的敬意，他甚至嚮往孔子「知其不可爲而爲之」的不懈奮鬥精神。這些先賢們「九死未悔」的追求真理的精神和人格，無疑已浸透在其「個性主義」思想之中。

魯迅晚年接受了馬克思主義。他把馬克思主義作爲西方文化的最優秀成果，用馬克思主義的羣衆觀點、經濟學説和階級觀點剖析了各種社會問題，從而馬克思主義成爲魯迅改造中國社會的最有力的武器。

（王法周）

呂思勉

呂思勉（1884-1957）字誠之，江蘇武進（今漳州市）人，著名史學家。他知識淵博，成績卓著。在國內外史學界享有盛名。

呂思勉從小入塾，十二歲時，因家貧無力延師，其父譽千親自講課，授以《四庫全書總目提要》、其母講授《綱鑑易知錄》、《正史約編》，這使他很早就對史部書籍發生興趣。其父又授以《日知錄》、《二十二史札記》和《經世文編》，使他漸知治史途徑。他説：「至十六歲，始能認真讀書，每讀一書，皆自首訖尾。其時自讀正、續《通鑑》及《明紀》，先父授以湯蟄仙之《三通考輯要》，余以之與原本對讀，覺所輯不完具乃捨之而讀原本，此爲余自讀書之始」。

甲午戰後，呂思勉關心時事，開始讀報。1896 年創刊的《時務報》，是他當時最喜讀的刊物，從而「於政務各門，皆知概略」，認爲政治利弊，應「從發展上推求其所以然」，於是「漸入史學一路」。

呂思勉長期從事教育和研究工作。1905 年起開始任教，1907 年，在蘇州東吳大學教國文、歷史、在常州府中學堂教歷史、地理。1910 年，經屠寄（敬山）介紹，到張謇創辦的南通國文當科學院任教。1912 年，在上海私立甲種商業學校教商業經濟，商業地理。不久，任中華書局、商務印書館編輯。1920 年，任瀋陽高等師範學校（後改爲東北大學）教授。1923 年，在江蘇省立第一師範專科任教。1926 年起，任上海光華大學國文系教授，後來增設歷史系，任教授兼系主任。太平洋戰爭爆發，上海光華停辦後，他回常州老宅閉戶著作，其間還在青雲中學以及性質相同的輔華中學教過一年書，「一·二八」後到安徽大學，三個月後，重返光華。1949 年後，院系調整，任華東師範大學歷史系教授，上海歷史學會理事、江蘇省政協委員。

呂思勉自認爲思想凡經三變：成童時，最信康（有爲）、梁（啓超）之説，「世界愈變必愈善，既愈變而愈善，則終必至於大同而後已」，至於大同世界「究繫爲何情狀，當由何途以赴之」，尚不知考慮，這是第一時期。十七歲以後，主張通過改革政治而走向大同，這是第二期，四十七歲，開始接觸馬列主義書籍。1949

年後，他認真學習馬列主義，用以檢查過去的史學思想，這是第三期。

呂思勉從二十三歲起，就決心獻身於歷史研究和歷史教學工作。1922 年在商務印書館出版的《白話本國史》，是第一部用語體文寫的中國通史，歷經重版，在當時有較大影響，此外，有《中國文學變遷考》（1926 年商務印書館出版），《字例略說》（1927 年商務印書館出版），《章句論》（1926 年商務印書館出版），《說文解字文考》（校本，未刊），《經子解題》（1926 年商務印書館出版），《先秦學術概論》（1933 年世界書局出版），《理學綱要》（1931 年商務印書館出版），《史通評》，《宋代文學》（1931 年商務印書館出版），《中國民族史》（1934 年世界書局出版），《歷史研究法》（1945 年永祥印書館出版），《中國通史》（上冊1940 年，下冊，1945 年，開明書店出版），《燕石札記》（1975 年上海人民出版社出版）等。其中，《中國通史》1949 年前被一些大學採作教材，影響較大。

呂思勉到晚年，想用個人的精力來寫成各個時代的斷代史。由於他的辛勤勞動和對二十四史的稔熟，先後完成了《先秦史》、《秦漢史》、《兩晉南北朝史》、《隋唐五代史》等四部分量較重的斷代史，只《隋唐五代史》即用力十年之久。

呂思勉研究歷史踏實而勤奮。他平生除任教外即埋頭於讀書，研究與著述，孜孜不倦地三遍通讀二十四史，他對史學的貢獻是多方面的：

首先，他開創了通史著作新局面。他的《白話本國史》四冊，長期被用作大學教本，並爲青年「自修適用」的讀物，顧頡剛評之曰：「編著中國通史的，最易犯的毛病，是條列史事，缺乏見解，其書無異爲變相的《綱鑑輯覽》或《綱鑑易知錄》之類，及呂思勉先生出，方爲通史寫作開了一個新紀元」，此書特點，作者自稱有四：①採用新方法整理國故；②實事求是；③爲青年學習歷史指示門徑；④講究條理，注意歷史變遷進化方面的論述：呂思勉力求用新方法、新觀點，敏銳觀察分析中國歷史的發展與變化，提出「上古」（先秦）「中古」（唐中葉以前）「近古」（南宋前）「近世」（清中葉以前）「最近世」（西力東漸到清滅亡）的分期法，並且注意多民族的活動歷史，上古史中設有「漢族以外的諸族」專章，以後各期均有專章論述邊疆各族的歷史演變。他根據史實加以總結，爲後世提供經驗。給人以啓示。這個特點，在四十年代出版的《中國通史》上下冊中更爲明顯。

其次，他建立了斷代史的新體裁。呂思勉晚年專攻斷代史，根據通史與斷代史流弊，改變史論與史鈔的缺點，寫出四部斷代史專著，自創新體，每部書分前後兩部分，前部是政治史，包括王朝的興亡衰盛、各種重大歷史事件的前因後果，各個時期政治設施的成敗得失以及王朝與周邊民族之間關係等，採用新的紀事本末體；後部是社會經濟文化，分列章節，以敍述社會經濟、政治制度、民族疆域，文化學術等方面的具體發展情況，採用新式敍述典章制度體例。儘管不易看清歷史發展的全貌及其規律性，但他浩如瀚海的史料中鈎稽排比，鑑別考訂，給研究者帶來許多方便。

呂思勉治學的經驗和方法是：①讀書基礎應廣，讀書要多，多讀書就能發現問題。②留心政治社會情況，將當世之事與史實互勘，使不爲表面記載所囿。③注重社會科學。歷史的根基是社會，讀歷史單知道攻戰相殺是不夠的，只有通過社會科學的門徑，才可進而讀史。④讀本國史，必須研究外國史，這一點在歷史地理研究

中尤爲重要。他治學的成就，在於「博通」，呂思勉是史學專家，但他對經學、文字學、文學都有深刻研究，有獨到的見解，只是因爲「治史，而使經學、文字學成爲古史之工具」。有人論述他的學術成就時說：「先生識大而不遺細，泛觀而會其通，務求是而不囿於成就，尚核實不涉於瑣碎，此其爲學之方也。」「其所著書，閎雄似顧亭林，淵博如錢曉徵，論證似戴東原，辨述似章實齋，而其所言者，又皆出於一己之獨得」。他的治史方法和治史成果，在今天的史學界仍然有著很大影響。

周作人

　　周作人（1885－1967）浙江紹興人，現代散文家，原名櫆壽，字星杓，後改名奎綬，自號啓明（又作豈明）、起孟、知堂等。重要筆名有獨應、仲蜜、藥堂、周遐壽等。1901 年秋入南京水師學堂，始用周作人名。1906 年赴日本留學，後入東京法政大學，立教大學文科學習。1911 年復回國。先後任浙江省教育司視學和紹興教育會會長，浙江省第五中學英文教員。1917 年春任北大文科教授兼國史編纂處纂輯員。1938 年 4 月，出席日本軍方召開的「更生中國文化建設座談會」，不久，出任南京國民政府委員、華北政務委員會常務委員兼教育督督辦、東亞文化協會會長、華北綜合調查研究所副理事長等職務。1945 年 12 月，以叛國罪被捕入獄。1949 年 1 月保釋。中華人民共和國成立後，除了寫作有關魯迅的回憶資料外，主要從事日本、希臘文的翻譯工作。

　　周作人的一生是矛盾複雜的一生，五四新文化運動中，高舉「人的解放」、「人的文學」的旗幟，向封建禮教進行了猛烈的開戰，成爲五四新文化運動的一員主將，在日本侵華之初，曾强烈地譴責過日本的侵略行徑；然而也就是這個周作人，在抗日戰爭爆發不久，卻出席了日本軍方召開的座談會，出任僞職，並且公開聲明是自願的！而他的悲劇性就在於，前後兩個周作人實際上是一致的，是有內在邏輯聯繫的。他的悲劇，「是和中國文化傳統，中國知識份子歷史性格有著甚深的聯繫。不了解周作人，就不可能了解什麼是真正的中國文化，什麼是中國知識份子的命運和道路」。（舒蕪《周作人概觀》）。

　　「五四」時期，周作人是新文化運動的重要代表人物之一。他參加發起文學研究會，任《新潮》雜誌社主編，主持北京大學歌謠研究會，是《新青年》的主要撰稿人之一。並發表了一系列重要文章：《人的文學》、《平民文學》、《思想革命》、《人的覺醒》等，完整系統地總結概括了當時知識份子關於人的解放，個性解放等人道主義思想，成爲深孚衆望的革命思想家和文藝理論家。他在《人的文學》中提出了「人的文學」的重要概念。指出，生活本來有「人的生活」與「非人的生活」兩種，一切獸性的或强作神性的生活都是非人的生活，只有「靈肉一致」的生活才是人的生活，因而，文學亦有「人的文學」與「非人的文學」之分，二者的區別不在於是否寫了非人的生活，而在於怎樣寫，以什麼態度去寫。「是以人的生活爲是呢？非人

的生活爲是呢？」（《人的文學》），他還提出「平民文學」、「個性文學」、「以平民的精神爲基調、再加以貴族的洗禮」等主張。他第一個提出「思想革命」的口號，明確指出，「文學革命上，文字改革是第一步，思想改革是第二步，卻比第一步更重要」（《思想革命》）。所論思想革命，就是指以大道主義思想代替吃人的封建禮教思想。周作人運用他在文化人類學、性心理學和道德史等方面的廣博的學識揭露出，禮教實際上就是道教，更確切地說是薩滿教，是原始的性崇拜（即性恐懼）的惡劣化的遺留。他以極其痛恨的筆觸揭露出，封建的性愛觀的核心就是「不以對手當做對等的人，自己之半的態度」（《自己的園地·情詩》），封建文人「以爲欺騙女人，是男子的天職；至於女子的天職，只在受這欺騙與挨罵。」（《再論黑幕》）因此，要獲及人的解放，首先就是婦女的解放。關於婦女解放，他有兩個相聯繫的命題：「女人是人」，「女人是女人」，既要把女人當做和男人一樣，具有平等人格的人看待；同時又要充分看到並發展她們的溫柔細膩等天性。此外，兒童的解放和農民的解放也是十分重要的。周作人認爲，婦女、兒童和農民是最能體現自然淳樸的人性的，人的解放也就是這三者的解放。

除了在思想戰線高舉人道主義旗幟向封建禮教開戰外，周作人廣泛涉獵了各學科各門類，並都取得輝煌成就。他第一個科學地評價了魯迅的《阿Ｑ正傳》，首先站出來公正地評價郁達夫的《沉淪》；他與魯迅一起合譯了《域外小說集》，以極大的熱情向中國讀者介紹被壓迫民族作家的作品；他第一次使翻譯成爲一種創作而不是機械翻版；他的白話詩《小河》成爲新詩的代表，實踐了他關於新詩要有內在韻律的主張；在民俗學、神話學、童話學、歌謠研究、兒童研究等一系列領域都有開創性的發現。在這些成就中，特別值得一提的是他的小品文的成就。事實上到後期，周作人是以小品文作家而出名的，甚至淹沒了他作爲一個革命思想家的形象。他最早從西方引入「美文」的概念，提倡文藝性的敍事抒情散文。在創作實踐上，他從明末公安派小品、英國隨筆、日本俳句中汲取養料，形成了自己獨特的成熟的藝術風格。他追求知識、哲理、趣味的統一：在娓娓敍述中，針砭時弊，縱談古今，描摹風物，探尋人情物理，顯示了愛智者的「博識」與「理智」，卻無賣智與玄學之嫌疑，自有著親切，通達，閑適的風韻，同時又有著淡淡的惆悵、憂鬱。文字表現上則大巧若拙，舉重若輕，在平和沖淡的境界中又有一種澀味。「在他沖淡的筆調下，談到蒼蠅的傳說，也談到水鄉的烏蓬船；談到江南的野菜，也談到北京的茶食；談到愛羅先珂，也談到希臘的哲人；談到被屠殺的屍體，也談到平安的接吻。」（康嗣羣《周作人先生》，引自陶明志編《周作人論》）有人概括周作人的小品文，在清峻冷寂的總特點下，又有苦澀、腴潤、質樸、可遠清雅，「蘊藉而詼詭的趣味」等特點。（舒蕪《周作人概觀》）20年代，在周作人的影響下，形成了包括俞平伯、廢名等作家在內的、以「沖淡」、「清澀」爲主要特色的散文創作流派，一個被文學史家認爲是「很有權威的流派」。

然而周作人的思想本身就是一個很龐雜的體系：「托爾斯泰的無我愛與尼采的超人，共產主義與善種學，耶佛孔老的教訓與科學的例證，我都一樣的尊重，卻又不能調和統一起來，造成一條可以行的大路」（《雨天的書·山中來信》）。事實正是如此。五四時期，與整個時代大潮相適應，他舉起了人性解放，人道主義的

旗幟向封建禮教勇猛進攻，然而，隨著形勢的變化，他越來越遠離現實的鬥爭，害怕羣衆運動，思想中原有的隱逸，遊戲人生的傾向更加發展了起來。他否定了自己過去關於文學革命，人的革命等進步主張，攻擊左翼作家的文學是「載道文學」，是文人發洩情緒的工具；提倡以一種哲人的胸懷和詩人的眼光來看待人生：人生就是一個坐在敞車上押赴刑場的過程：「我們誰不坐在敞車上走著呢？有的以爲是往天國去，正在歌笑；有的以爲是下地獄去，正在悲哭；有的醉了，睡了，我們——只想緩緩的走著；看沿路景色，聽人家的談論，儘量的享受這些應得的苦和樂。至於路線如何，……那又有什麼關係？」（《自己的園地·尋路的人——贈徐玉諾君》）。在《語叢》上，周作人發表文章稱頌日本的茶道，要大家都來過這種清淡高雅脫俗的生活：「喝茶當於瓦屋紙窗之下，清泉綠茶，用素雅的陶瓷茶具，同二三人共飲，得半日之閑，可抵十年的塵夢。喝茶之後，再去繼續修各人的勝業，無論爲名爲利，都無不可，但偶然的片刻優游乃正亦斷不可少。」（《雨天的書·吃茶》）。把人生詩意化，審美化原無不可，且是必要的，但這只能在社會秩序安寧的和平時期才有可能，而周作人所處的時代卻是一個歷史大變革、社會大動盪，內憂外患交集的時代，在這樣的時代提倡詩意的人生，不但麻痺人的鬥志，且必然爲現實擊碎美夢。周作人後來正是不惜出賣民族的利益：玷污自己作爲五四新文化思想家的光輝形象，也要享受「美與和諧」的人生，這正是魯迅所斥責的「從血泊中尋出閑適來」。

在文學觀念上，周作人否定了自己文學革命的理論，提出了著名的「草木蟲魚」的説法，把文學純粹變成一種有閑階級把玩的玩具，一種精緻的小擺設。「我想文學的要素是誠與達，然而誠有障害，達不容易，那麼留下來的，試問還有些什麼？……話雖如此，文章還是可以寫。想寫，關鍵只在這一點，即知道了世無一可言，自己更無做出真文學之可能，卻也未始不可，到那時候或者簡直說世間無一不可言，卻很可以罷，只怕此事亦大難，還須得試試來看，不是一步就走得到的。我在此刻還覺得有許多事不想説，或是不好説，只可挑選一下再說，現在便姑且擇定了草木蟲魚……」（《看雲集·草木蟲魚小引》）。既然世間無一可言者，又何必説？説説那些可有可無不關緊要的東西，不過是聊以自慰罷了。而這裡又何嘗沒有作者的社會思想或個人情懷？但即使有，亦總是淡淡漠漠、似有還無。其實這裡仍是由那種時時要享受一點美與和諧的人生觀決定的。有論者指出，周作人之一生，無論是五四運動中光輝的亮相，還是後來與左聯作家的論戰，還是後來留在淪陷的北平不肯南去以致於終於叛國投敵，都是出於太愛惜自己的羽毛，出於在任何時候也要保持自己數十年努力造成的「京北布衣」的形象，「苦雨庵中吃茶的老僧」的形象。這委實是中國知識份子的悲劇，也是整個中國傳統文化的悲劇！

（安　港）

李大釗

　　李大釗（1889-1927）出生於河北省樂亭縣。在他出生前後不久，父母先後去世。所以，他從小便無依無靠，受一位「垂老之祖父」李如珍的撫養。

　　李如珍是個秀才，希望孫子能夠讀書做官光耀門庭，所以，李大釗從三歲時起便開始識字，幼年時讀過《千字文》、《百家姓》以及《三字經》之類的發蒙讀物。

　　1905 年李大釗考入永平府中學。當時李大釗已產生了自我意識的萌芽，開始了對中華民族命運的思考，常常和同學一起討論國家大事，並搜集宣傳新思想的書籍來讀。

　　1907 年夏，李大釗因感於「國勢之危迫，爲了求得『挽救國家、振奮民族』之良策」，考入了北洋法政專門學校。當時國內新學、舊學之爭已漸次展開，革命形勢也在醞釀之中。李大釗的老師白亞雨就是一個革命者，辛亥革命暴發之後奔走於京津一帶，爲革命者籌集經費，運送火藥等，並發動了灤州起義。失敗後被捕英勇就義。就義時猶保持了革命者的氣節，高呼「要爲共和，奮鬥到底」。白亞雨的英雄事迹激勵了李大釗，更加堅定了他獻身革命的意志。從此，他開始用文字系統地表達對中華民族命運的思考。在《隱憂篇》中，他指出，辛亥革命並沒有改變中國的現狀，中國仍然如敝舟深泛冥洋，固猶在惶恐灘之中。辛亥革命的果實反被軍閥竊取，人民生活仍然處於凋敝中，對此，他無法按捺自己沈痛的心情，在自己負責主編的《言治》月刊上發表了《大哀篇》等文章，揭露軍閥專制的實質。他一針見血地指出，當時的民政並非民主專政，卻是少數人的專政；他們所謀的只不過是一己之私利，而不是廣大羣衆的福祉。所謂共和，於民毫無所利。1913 年討袁的二次革命失敗，李大釗感到十分痛心，爲了探索中國的前途，於 1913 年渡海東瀛求學。

　　他進了日本早稻田大學政治學本科求學。在這裡，他開始接觸有關的各種社會主義思潮的著作，特別是日本著名的工人運動領袖幸德秋水的著作，給他留下了深刻的印象，他逐漸地從一個革命民主主義者轉向馬克思主義者。在讀書的同時，他還密切注視著國內國際形勢的變化。1914 年袁世凱稱帝，接受了喪權辱國的《二十一條》，大釗先生先後寫了《國恥紀念錄》和《國民之薪膽》，呼籲人民臥薪嘗膽，救亡圖存。1916 年他又寫成《青春》一文，發表於《新青年》上，系統地表達了他對宇宙問題、社會民族的命運以及人生的思考，提出了建立「青春的民族」的思想，並號召青年建立青春的人生觀。他認爲，妨礙人們創造青春的國家的，是過去的歷史的桎梏和陳腐的學說、舊思想，必須沖決這些腐朽的東西再造青春之我，「爲世界增文明，爲人類造幸福。」這篇文章既反映了李大釗先生的人生觀，也反映了他的文化觀。《青春》一文近似於梁啓超的《新民說》，梁啓超要把老大腐朽的民族變成一個新鮮活潑的民族，李大釗則提出要創造「青春的中華」，這反映了時代的主題；然而，李大釗的「青春的中華」的具體前景卻又與梁啓超的新鮮活潑的民族迥異，這恐怕正反映了時代的進步，兩代人治學的不同基點。

　　1916 年李大釗回國後積極地參加了新文化運動，8 月創辦《晨鐘報》，再次提出了「創造青春之中華」的口號，他把創造中華的重擔寄託在青年身上，號召青年「與時代」、「與境遇」、「與經驗」等奮鬥，「鼓舞青春中華之運動，培植青春

中華之根基」（見於《晨鐘報》發刊辭）。在批判舊文化、創造新文化的同時，李大釗還在思想領域積極傳播馬克思主義，和胡適進行了「問題與主義」論戰，先後創辨了「馬克思主義研究會」、「共產主義小組」等，成爲中國共產黨和締造者之一。在共產黨的一、二次代表大會上，都被推選爲中央委員。之後又代表中國共產黨和孫中山先生談判，促成了國共合作，爲革命做了許多有益的工作，1927年4月被奉系軍閥張作霖逮捕，同年4月28日壯烈犧牲。

李大釗關於文化的論著，除了提到的《青春》一文外，還有《新的和舊的》、《東西文明根本之異點》、《物質變動與道德變動》、《新舊思想之激戰》、《由經濟上解釋中國近代思想變動的原因》、《今與古》等。還有一些詩文政論、也是研究李大釗文化思想的寶貴材料。

本世紀初文化討論熱潮勃興，各種觀點紛至沓來，概括起來有抱守殘闕，反對學習西方的保守觀點；主張調和中西，提倡或變相地提倡中體西用的觀點以及全盤西化的觀點三種。由於鴉片戰爭以來中國在對外交往中的屢次失敗，學習西方勢在必然，所以，新文化運動一開始便在思想界引起了極大的震動，保守的觀點已屬孤鴻之鳴，影響不大，整個思想界的主流便是學習西方文化，尤其是其科學和民主精神、系統地批判、反省傳統文化。李大釗在文化觀上是和當時思想界的主流一致的，然而，他不同於其他文化論者的獨特之處就在於，他對傳統文化，尤其是舊道德的批判是建立在唯物史觀的基礎之上的；並且，他主張學習西方文化卻並不主張走資本主義道路或者搞中西調和，而是期待著「第三種文明」的掘起。

李大釗認爲，東洋文明和西洋文明是根本不同的，東洋文明是「靜的文明」，西洋文明卻是「動的文明」。靜的文明安於自然，消極苟安、因襲、保守，是精神的；而動的文明卻不安於自然、是人爲的、積極的突進、創造和進步、是物質的。東、西洋文明之所以不同，是由於自然條件造成的。東洋文明處於日照時間長的地帶，受自然的恩惠多，以農業爲主；而西洋文明卻是以工商業爲主的。以農業爲主便趨於穩定，趨於靜；以工商業爲主則講究鬥爭，趨於動。由於東方文明性質的差異，它們在生活的其它方面也表現了根本的不同，東方人個性泯滅，政治不民主、厭世、崇尚權威等，尤其是中國文明，其疾病「已達到炎熱之最高程度，中國民族之命運已臻於奄奄垂死之期。」（《東西文明根本之異點》）因此，必須學習西方動的文明。然而，也不能照搬西洋文明，因爲西洋文明也已「疲命於物質之下」，所以，拯救世界的危機必須有待於「第三種文明」的掘起。第三種文明絕非中體西用，因爲中體西用所力圖保存的，仍然是孔孟的仁義之道，這恰恰是李大釗先生所要批判的，這種文明按李大釗先生的設想，其實是理想化的、人類一體的社會主義文明，是超越了資本主義和封建主義的。

李大釗運用唯物史觀考究、批判了中國傳統文化中的道德問題。

他認爲，道德不是「神秘主宰之惠予物」，也不是「古昔聖哲之遺留品」，其實質是人類適應社會生活的社會本能和適應社會生存的風俗習慣，所以，必然隨著社會的發展變化而變化。從根本上說，道德屬於「表層構造」，是由作爲社會發展基礎的「經濟構造」決定的。社會經濟基礎發展的必然性決定了道德發展的必然性。每一時代都有與之相適應的道德。具有兩千年傳統的封建倫理道德賴以生存的

基礎是中國的大家族制度，是封建的農業經濟組織。這種道德只要求片面的「忠孝」，强調片面的「義務」，泯滅個性，消融民主。是維護封建大家族制度的東西。社會的變遷已使傳統道德的基礎發生了根本的動搖，民主和科學的目的就是要衝破傳統道德的束縛，建立一種新的「勞工神聖」的倫理，實現道德領域的革命。

李大釗對傳統道德的批判，在當時不僅動搖了其基礎，爲建立新道德廓清了道路，而且也爲馬克思主義在中國的廣泛傳播和深入研究打開了局面。

（喬清舉）

太　虛

太虛（1889-1947），俗姓呂，本名淦森，法名唯心，浙江崇德（今併入桐鄉）人。十六歲時出家，依天童寺寄禪和尚受具足戒。1909 年隨寄禪參加江蘇省僧教育會，在南京從楊文會學《楞嚴經》。1911 年赴廣州宣講佛法，被推舉爲雙溪寺住持。翌年，於南京創辦中國佛教協進會，後併入中華佛教總會。1918 年太虛在上海與陳元白、章太炎、王一亭等創立覺社，並主編《覺社叢書》，翌年改爲《海潮音》月刊。1922 年在武昌創辦佛學院，太虛任院長，破除舊的叢林制度，實行新式僧教育，選拔培養佛教人才。1925 年，太虛率領中國佛教代表團出席在日本東京舉行的東亞佛教大會，在會上宣讀了論文《阿陀那識之研究》，會後，與日本佛教界廣泛交流，先後致詞演講三十餘次，備受日本朝野歡迎。1927 年，太虛出任廈門南普陀寺住持兼領閩南佛學院院長之職。1928 年在南京創立中國佛學會，是年秋，去英、法、德、荷、比、美等國宣講佛學，應法國學者之請，在巴黎籌建世界佛學院，並於回國後在南京設立世界佛學院總院。1931 年，太虛入川，在重慶北碚縉雲寺創辦漢藏教理院。1943 年同于斌、馮玉祥、白崇禧等組織中國宗教徒聯誼會。抗戰勝利後，先後出任中國佛教整理委員會主任，國民精神總動員會設計委員等職。1947 年元旦，國民黨政府授與太虛宗教領袖勝利勛章。1947 年太虛病逝於上海玉佛寺。享年五十九歲。

太虛著述等身，其中重要的有《整理僧伽制度論》、《釋新僧》、《新的唯識論》、《法相唯識學》、《真現實論》等。後人輯有《太虛大師全書》。

太虛的學識不僅僅侷限於佛學之內，他學貫古今，兼收內外。並不斷吸取新的社會思想。早年，他自楊文會處學習楞嚴，1914 年，閉關普陀山，習禪禮佛，閱藏作文，研究天台、華嚴、禪、淨土諸宗典籍，深究起信，楞嚴之奧義，並加以抉擇融通。對於佛外諸書，諸子之言，他亦興趣濃厚，並能探入幽微。1915 年起，太虛開始研究楞伽、深密、瑜伽、攝大乘論、成唯實論等，最終形成了其大乘各宗平等的佛學思想。不僅如此，太虛還不斷地吸取新思想的精髓。誠如其言「余在民國紀元前四年，受康有爲《大同書》、譚嗣同《仁學》、嚴復《天演論》、《羣學肆言》，孫中山、章太炎《民報》，及章之《告佛子書》、《告白衣書》，梁啓超《新民叢報》之佛教與羣治關係，又吳稚暉，張繼等在巴黎所出《新世紀》上托爾斯泰、克魯泡特金之

學說等各種影響⋯⋯。（《太虛自傳》）由於太虛學識廣博，使其對於佛學態度能不偏一宗一派，主張佛教各宗平等，對於佛學與世學能夠容通內外，堅持儒釋道三家合一。他所具有的時代意識和社會責任感，使他樹立了「爲天地立心，爲生民立命，爲往聖繼絕學，爲萬世開太平」的宏大志願。

太虛對佛教的研究可以分爲三個時期。

第一時期自 1908 年至 1914 年。此時太虛承襲中國佛教傳統觀念，將佛法分成禪、講、律、淨、教五門，禪屬宗門指禪宗，講屬教門包括天台、華嚴、慈恩諸宗，律屬戒法特指律宗，淨指淨土，教指密教。這是太虛初期的佛學思想，此時他還沒有從傳統中擺脫。

第二時期，起於 1915 年閉關普陀終於 1923 年。這時太虛認爲佛法可分大小乘之別，小乘是大乘的階梯，可附屬於大乘，故有「附小於大」之說。他進一步確認佛法的根本宗旨唯在大乘，因而把全部佛法整理歸結爲天台、華嚴、三論、唯識、禪、律、淨、密八宗。並認爲佛法八宗雖各有精微優勝之處，而各宗之別僅在於觀行方法的不同，因而八宗相互平等，無有高下。

第三時期起於 1923 年終於 1940 年。這時太虛對佛法不做大小乘之別，也不做任何宗派之分，唯以佛法本身觀察其流行與演化，把佛法的流傳分爲三個時期：(1)：小行大隱時期，這一時期延續到佛滅五百年，此時小乘彰顯，大乘隱沒，故稱小行大隱時期。從佛教流傳的布局而言，這一時期的佛教即今天的巴利文系佛教。(2)：大出小從時期，指佛滅六百年至九百年間。這時大乘佛法風行於世，小乘漸淪爲附庸，故稱爲大出小從時期。此時期相當於今天的漢傳佛教系統。(3)：密主顯從時期，指佛滅千二百年間。此時大小乘佛法皆已淪沒，咒術密教於世流行，故稱密主顯從時期。此時相當於藏傳佛教系統。太虛認爲佛法流布雖可權分爲大小顯密之不同，自本質而言都是佛陀一味佛法，不可僵於門派生劃硬分。由此可知，太虛對於佛法不執於大小之別，宗派之分，而是站在一乘佛法的立場上，涵蓋古今之說，彌縫宗派之別，打破傳統的判教體系。他對佛法奧義的體會與理解，實有逾越古人的獨到之處。

太虛是中國現代僧制革命的領導人。太虛大師有句名言：「行在瑜伽菩薩戒本，志在整理僧伽制度。」（《志行自述》），1911 年太虛與仁山一起著手金山寺改革，由於與恪守傳統的舊派僧人發生衝突，卒以失敗告終。1912 年，太虛在寄禪和尚的追悼會上提出教理革命、教制革命、教產革命的口號。1915 年太虛作出《整理僧伽制度論》，1917 年又作《人工與佛學之新僧化》、《唐代禪宗與社會思想》，提出全國以八十萬僧尼爲準數，鼓勵僧人發揚「一日不作，一日不食」的風格。北伐成功後，太虛又作《制僧今論》，減以二十萬僧衆爲準，意在改變愚迷固陋的經懺生活，使僧人走上以服務勞動，自食其力爲中心的合理的僧制生活。1930年，太虛在閩南佛學院以《救僧運動》爲題進行演講，要求僧衆「真修實證」「獻身利羣」「博學深究」（《救僧運動》），發揮大乘佛法的精神。1930 年冬，太虛提出《建設現代中國僧制大綱》，其中有言：「以三寶之信，產生僧格，以六度之學，養成僧格，建僧四萬。」大綱的宗旨在於，革除神道設教的迷信活動和家族式的廟產私傳制度，改隱遁山林爲「精進修習」，改超度亡靈事奉鬼神爲「服務人羣」，

建立「由人而菩薩的人生佛教」，以「人生佛教」養成「十善風化的國俗及人世。」（《建僧大綱》），1931 年後，太虛提議組辦菩薩學處，太虛的僧制革命思想也達到了高峯。縱觀太虛僧制革命思想的進程，可知，他的改革僧制的重心在於：去偽存真，控制僧團人數；獻身利羣，廣泛爲社會服務；博學深究，弘揚大乘佛法；完善僧衆人格，實現人生佛教。

同時，太虛還是僧尼教育運動的倡導者和有力實行者。太虛一生先後創辦了武昌佛學院、漢藏教理院等佛教學校，並曾主持閩南佛學院的工作。在太虛看來僧教育的真正目的，不僅是傳授佛學知識，並要研究佛法，發揚佛教精神、養成健全的僧伽人格。他要求僧人「承擔各種濟人利世的事業，改良人羣的風格，促進人類的道德，救度人類的災難，消弭人世的禍害，將佛法發展爲全社會全國民的佛法。」（《太虛自傳》）太虛認爲僧教育的基礎應該是「僧儀」，「僧教育所修一切自利利他之佛學皆須建築於律儀的基礎上也。」（《僧教育建在律儀上》），因此他要求僧人澹泊寧靜、明於理、敏於事，養成澹寧明敏的高尚品格。

太虛的佛學修養，寺院改革實踐，及其在佛教世界化中所做的貢獻，使之成爲中國現代當之無愧的佛學大師。

（蘇軍）

陳寅恪

陳寅恪（1890-1969）江西修水縣人。1890 年 7 月 29 日生於湖南長沙。祖父陳寶箴，是清朝末年維新變法中的改革派，父親陳三立，號散原老人，是著名詩人。

陳寅恪少年時代在長沙讀書，1902 年隨長兄衡恪去日本，在東京巢鴨弘文學院學習，1905 年回國。1910 年，赴歐洲留學，先後在德國柏林大學。瑞士蘇黎世大學、法國巴黎高等政治學校學習，第一次世界大戰爆發後回國。世界大戰結束後赴美國，在哈佛大學研究梵文三年。1921 年 9 月，再赴德國，在柏林大學梵文研究所研究四年，多年的艱苦學習，使他具備了運用藏、蒙、滿、梵、巴利、突厥、波斯、西夏、英、法、德、俄、日、拉丁、希臘等二十多種文字的能力。

1925 年，陳寅恪回到北京，任清華學校國學院研究院導師，與王國維、梁啓超、趙元任同列講席。他對研究生的指導包括：①年曆學。②古代碑誌與外族有關係者之比較研究。③摩尼教經典與回紇文譯本之研究。④佛教經典各種文字譯本之比較研究（梵文、巴利文、藏文、回紇文及中亞諸文字譯本與漢文譯本比較研究）。⑤蒙古文、滿文之書籍及碑誌與歷史有關者之研究等。

1928 年，陳寅恪任清華大學歷史系、中國語言文學系、哲學系三系合聘教授。此後幾年，他爲三系高年級學生和清華研究院的研究生講授魏晉南北朝史、隋唐史、佛教翻譯文學、唐詩校釋等課程。

1930 年後，陳寅恪兼任當時中央研究院理事、歷史語言研究所研究員兼歷史

組組長、故宮博物院理事、清代檔案編委會委員等多種職務。

抗日戰爭爆發後，陳寅恪隨清華大學南遷，先後在長沙臨時大學、昆明西南聯合大學、香港大學、廣西大學、成都燕京大學任教，1940年和1942年，先後寫成《隋唐制度淵源略論稿》和《唐代政治史述論稿》。1945年夏，陳寅恪赴倫敦治療視網膜脫落症，不幸手術不成功，雙目失明。1946年冬回到清華園，1948年夏，又寫成《元白詩箋證稿》。1948年冬，離京南行，到達廣州。直到1969年10月逝世，先後任教於嶺南大學、中山大學等，並擔任了政協委員會委員、中國科學院哲學社會科學學部委員、《歷史研究》雜誌編委會委員等職。同時，還在雙目失明的困難情況下，憑過人的才智和記憶力，撰寫了鴻篇巨著《柳如是別傳》。

陳寅恪已出版的著作，有《唐代政治史述論稿》、《隋唐制度淵源略論稿》、《元白詩箋證稿》等。1980年上海古籍出版社又出版了《寒柳堂集》、《金明館叢稿初編、二編》及《柳如是別傳》。

陳寅恪繼承和發揚了清代乾嘉學派和歐洲近代研究梵文、佛典的傳統，以其深厚的文史哲及語言文字知識，融會貫通，縱橫馳騁，不斷開拓新的研究領域，碩果纍纍。他關於魏晉南北朝史、隋唐史、蒙古史、唐代和清初文學、佛教典籍的著述尤為精湛，具有很高的學術價值，早為國內外學術界所推重。

陳寅恪一生撰寫學術論文百餘篇，提出並解決了許多前人從未提出或尚未解決的問題。《隋唐制度淵源略論稿》、《唐代政治史述論稿》是陳寅恪史學的代表作，被譽為劃時代的巨著，在學術界影響很大，在這兩本書中，他超越前人的地方在於：①注重「通識」，他指出：隋唐制度有三源，一曰北魏、北齊，二曰梁、陳，三曰西魏、北周；以北魏、北齊一源為主。北魏、北齊一源實際是漢魏以降的傳統華夏文化經由殘存於中原的漢魏制度，自東晉至南齊承襲並發展漢、魏、西晉的禮、樂、政、刑典章文物，保存於河西的漢魏以下的中原文化三途到北魏孝文宣武兩朝匯合融冶為一。理解匯合融冶的關鍵是南北朝的家學。魏晉南北朝直至隋唐的歷史錯綜複雜，整個演變迂迴曲折。由於陳寅恪對中國古代學術文化具有通識，通曉古代典章制度，因此能在迷離混亂的歷史現象中，系統地論述漢魏直至隋唐典章制度的淵源流變。陳寅恪自稱「為不古不今之學，思想囿於咸豐同治之世，議論近於曾湘鄉張南皮之間」，但由於他的新史觀、新概念、他的通識，使他比乾嘉諸老更上一層。②辯證地分析歷史現象，能看到外表上似乎無關係的歷史現象的內在聯繫。陳寅恪提出的關中本位政策、府兵制、牛李黨爭、各族之間連環性等問題，均為治唐史的高峯。③提出了「種族文化」史觀。他認為，種族文化問題，是「治吾國中古史最要關鍵」。關於種族與文化的關係，他認為，「全部北朝史中凡關於胡漢之問題，實一胡化漢化之問題，而非胡種漢種之問題。當時之所謂胡人漢人，大抵以胡化漢化而不是以胡種漢種為分別，即文化之關係較重而種族之關係較輕，所謂有教無類者也」。因此，陳寅恪論述中古一段，不以胡漢為界線，而是以胡漢為一，不但談胡人漢化，亦談漢人胡化，將史學提高到了一個新境界。

陳寅恪還是我國敦煌文書研究、以敦煌資料證史這一學術領域的開拓者之一。他的《敦煌本摩訶文殊師利問疾品演義跋》、《敦煌石室寫經題記彙編序》、《敦煌本心王投陀經及結勾經題尾》三篇文章，是前輩史學家治學的典範，他認為，「一時

代之學術必有其新材料與新問題，取此材料以研求問題，則爲此時代學術之新潮流」，因此，他熟練準確地使用佛教經典文書和世俗文書從事各方面研究工作，這種取新材料來進行研究的方法，不但爲後世樹立了楷模，而且開後來敦煌學研究的先河。

在《元白詩箋證稿》中，陳寅恪開闢了以史證詩和以詩證史的重要途徑。在論白居易新樂府中七德舞、二王后、海漫漫等篇的內容，據《貞觀政要》以闡明詩義。在論連昌宮詞時，他據「努力廟謨休用兵」句，論證元和、長慶兩朝「用兵」與「消兵」的不同國策，並論證了牛、李兩黨政策之爭。陳寅恪以他深厚的文學修養，把歷史和文學打成一片，縱橫馳騁，在史學和文學研究上都開了新局面。

陳寅恪通解多種文字，對梵文所用的功力更深。他把佛教經典的梵文、巴利文、藏文、回紇文以及中亞各種文字譯本與漢文譯本做比較研究，指出漢文譯本的錯誤和由於時代先後所造成的漢文譯本與其它文字譯本的差異，通過對照比較，解決了宗教史、哲學史、文學史上的許多問題，如鳩摩羅什的思想和所處的時代、支愍度及其格義主張，佛教經典對中國文學體裁以及梵唄對中國聲韻學的影響等。

陳寅恪對中國古代思想史和中國文化與外國文化的關係也有著深刻的認識，他指出「自晉至今，言中國之思想，可以儒釋道三教代表之」。其中，「儒者在古代本爲典章學術所寄託之專家」，「二千年來華夏民族受儒家學說之影響，最深最巨者，實在制度法律公私生活之方面」；佛教傳入中國，有一個「經國人吸收改造之過程」；道教「包羅至廣」，「在思想上尤易融貫吸收」。他認爲中國古代文化對輸入思想，能儘量吸收，又不忘其本來民族之地位，既融成一家之說以後，則堅持夷夏之論，以排斥外來教義，這種「雖似相反，而實足以相成」的態度，貫穿著六朝以來的思想史，是道教的真精神和新儒家的舊途徑。對於中國文化將來與外國文化的關係，他指出：「中國自今日以後，即使能忠實輸入北美或東歐的思想，其結局亦當等於玄奘唯識之學，在吾國思想史上，既不能居最高之地位，且亦終歸於歇絕者。其真能於思想史上自成系統、有所創獲者，必一方面吸收外來之學說，一方面不忘本來民族之地位」。這種真知灼見對我們今天處理中國傳統文化與外來文化之間的關係，仍有指導意義。

章士釗

章士釗（1881-1973），字行嚴，筆名黃中黃、青桐、爛柯山人、秋桐、無卯等，湖南善化（今長沙）人，生於 1881 年 3 月 20 日（清光緒七年二月二十一日）卒於 1973 年 7 月 1 日，是我國近現代一位著名的政治活動家，又是一位傑出的學者。

章士釗幼時家道中落，處境貧寒。由於其兄爲私塾教師，章得以隨兄受教，打下了國學根底。1901 年，章離家至武昌，寄讀於兩湖書院，在此結識黃興，開始參加革命活動。次年 3 月至南京，考入江南陸師學堂，在校期間，章思想激進，曾

提出「廢學以救國」的主張，被舉爲「學魁」。後退學去上海，參加蔡元培等人組織的愛國學社，並被推爲軍事教習。1903 年 5 月，章受聘擔任《蘇報》主筆，對該報大膽革新，刊登反清文章，鼓吹革命。《蘇報》被查封後，章又與陳獨秀等人創辦了《國民日報》，且同時創建了東大陸圖書譯印局，繼續鼓吹革命。1904 年，章士釗與楊守仁等在上海創立「愛國協會」，自任副會長。同年 11 月，因參與反清起義遭逮捕，後在蔡鍔等人的營救下獲釋。

　　1905 年，章士釗東渡日本，入東京正則學校攻讀英文，爲留學西方作準備。1907 年夏畢業後，章遂前往英國，入阿伯丁大學，主修政治法律，兼攻邏輯。留英期間，章常爲國內《帝國日報》撰稿，介紹西方政治學説，兼評國內政治；還曾在《國風報》上發表《論翻譯名義》一文，第一次提出將英文「Logic」一詞直接音譯爲「邏輯」。辛亥革命後，章受孫中山先生之約，輟學回國，擔任同盟會機關報《民立報》主筆。不久，因與黨人政見不合，離開《民立報》，自創《獨立週報》。1913 年，宋教仁被刺案發生，章時在北京，聞訊匆忙南下，參與討袁。二月革命失敗後，章流亡到日本，在東京與陳獨秀等創辦《甲寅》月刊，針對國內政治發表多篇論文，頗爲時人所重。1915 年冬，袁世凱公開稱帝，南方護國軍起，章隨護國軍務院領導人岑春煊再次參與討袁。袁死後，章代表岑北上，與黎元洪洽商媾和。1917 年 7 月，章將《甲寅》復刊，約請李大釗、高一涵爲編輯，影響一時，後因張勳復辟停刊。11 月，章受北京大學之聘，任文科研究院教授，兼圖書館主任。1918 年於北大講授邏輯學，大受歡迎。1919 年春，章復受岑春煊之邀，任廣州護法軍政府「和議」代表，出席上海「南北議和」會議。1921 年 2 月，得黎元洪資助出國考察。1922 年 11 月，任北京農業大學校長。1923 年，因直系軍閥賄選總統，章以北方議員身分憤而南下，在上海任《新聞報》主筆，撰文抨擊時政，同時發表多篇研究墨經之論文，受到學界稱譽。

　　1924 年 10 月，皖系軍閥段祺瑞取代曹錕執掌北洋政府大權，章應段之邀北上，出任司法總長，後又兼任教育總長。1925 年 7 月，章再次恢復《甲寅》雜誌，以之爲陣地，與新文化、新文學運動相對抗。1928 年，國民黨人在南京建立國民政府後，下令通緝北洋政府高級官員，章遂於年底攜眷出國遊歷。1930 年春，應張學良之請，回國任東北大學文學院主任。「九·一八」事變後，至上海掛牌當律師。抗戰期間，章在重慶任國民參政會參政員。抗戰勝利後，仍回上海執律師業。1949 年春，章隨國民黨代表團到北京參加國共兩黨和談。和談破裂，章拒絕南返，留京爲統一大業工作。中國人民共和國成立後，章先後擔任全國人民代表大會常務委員，政協常委和中央文史研究館館長，致力於祖國文化遺產的整理和著述。1959 年，曾應中國人民大學之請，在該校講授「柳宗元文選」。1973 年去香港探親時病逝，享年九十二歲。

　　章士釗一生花費了大量時間和精力從事政治活動，走過了一條漫長而曲折的道路。與此同時，他一直沒有間斷自己的學術研究。章早年投身革命，身陷囹圄，出獄後到日本，看到明治維新後日本社會的繁榮，深受震動，「頓悟黨人無學，妄言革命，將來禍發不可收拾」，於是由原來主張「廢學以救國」一變而爲主張「苦學以救國」。1917 年秋章東遊日本時，在東京爲中國留學生作了題爲《歐洲最近思潮

與吾人之覺悟》的演講，進一步發揮其「苦學以救國」的思想，提出中國的革新事業應沿著創造新知和修明古學的方向發展，這一點成爲章終身恪守的信條。其後數十年間，章身體力行，孜孜以求，於西學引進，國學發掘、詩歌創作乃至文法技巧方面皆有相當建樹，特別是他對墨經、《論衡》、柳文的研究，深入精細，富有創見，成就斐然。章士釗身後共留下專著二十餘部，論文數百篇，詩詞近五千首，其主要論著，如《評新文化運動》、《中等國文典》、《邏輯指要》、《柳文指要》等，在中國近現代文化史上產生了廣泛而深遠的影響。

　　近世中國思想界面臨的最大課題是爲中華民族的生存和發展尋找出路，章士釗熱誠地投入了這種時代所需的探求之中，表現了深切的民族意識和歷史使命感。他所奉持的原則和觀念是獨特的，亦是耐人尋味的。「五、四」前夕，由嚴復介紹到中國的進化論思想頗爲流行，以競爭爲原則的口號廣爲傳揚，是時，章士釗於1918 年北大二十周年校慶期間，應邀發表了「進化與調和」的演講（載《甲寅》一卷十五號），批評進化論以競爭爲原則的流弊，提出宇宙進化之秘機全在調和的思想，並以調和精神的喪失爲華夏聖人之道在近世遭廢斥的重要原因，主張復興調和精神。同年九月，章又應邀在上海以《新時代之青年》爲題發表演說，繼續闡發其調和論的宗旨，主張「新機不可滯，舊德亦不可忘，挹彼注此，逐漸改善。」他概括道：「總之一國文化，能保其所固有；一國之良政治，爲國民力爭經營而來，……」章的這篇演說，後收入《當代名人新演講集》，廣爲流傳。

　　章士釗任職段祺瑞政府後，思想日趨保守。他相繼在《甲寅》雜誌上發表了《評新文化運動》、《評新文學運動》等文，公開站在新文化運動的對立面，提倡復古讀經。章從幾個方面陳說自己反對新文化運動、倡導新舊文化調和的理由。他指出，文化並非飄然無倚之物，而是與人地時這三種要素密切相關的，「凡一民族，善守其歷代相傳之特性，適應與捨之環境，曲迎時代之精神，各十其性之所近，嗜好之所安，力能之所至，孜孜爲之，大小精粗，俱得一體，而於典章文物，內學外藝，爲其代表人物所樹立布達者，悉呈一種歡樂雍容情文並茂之觀，斯爲文化」。從這樣一種強調民族性、地域性差別的文化觀出發，章士釗認爲，西方文化與中國文化在人地時三個方面皆不相同，因而不能「毀棄固有之文明務盡，以求合於口耳四寸所得自西方者，使之畢肖。」諸緣盡異，故不能求其得果之相同。章士釗特別強調新文化與舊文化的不可分割。他指出：「新者早無形孕育於舊者之中，而決非無因突出於舊者之外，蓋舊者非他，乃數千年來巨人長德方家藝士所殫精存積，流傳至今者也」。他指責「今之談文化者」不懂得這層道理，「以爲新者，乃離舊而僻馳，一是仇舊，而惟渺不可得之新是騖」，結果導致國人精神大亂，鬱鬱悵悵之象充塞天下，他描述這種後果是：「父無以教子，兄無以詔弟，以言教化，乃全陷於青黃不接轅轍背馳之一大恐慌也。」爲避免上述情形發生，就必須善守傳統，倡明國學。他並舉意大利文藝復興爲例，替自己的主張辯護。對於新文化運動的核心新文學運動，章士釗一味貶斥，大加撻伐，他稱新文學創作「流於艱窘，不成文理，味同嚼蠟」，說白話文是「文詞鄙里，國家未滅，文字先亡」，其言辭之激烈，態度之專斷，可見一斑。

　　五・四前後，章士釗宣揚調和精神，力主新舊文化不可分離，提倡復古讀經，

在客觀上有悖時代潮流，但他對進化論不適於人倫生活一面的認識，對文化民族性的關注，對新舊文化關係的近於辯證的理解，在理論上仍有一定的意義。

（王平）

胡　適

　　胡適（1891-1962），思想家，中國現代文化的開山人之一。

　　胡適，名「洪騂」、「嗣穈」，字「適之」。1891 年出生於上海。胡適祖籍安徽省，世代以經商爲生。其父鐵花先生始棄商以求舉業，曾做過臺灣省知州等。胡適自幼比較聰穎，很早就開始讀書了。先後讀過《詩經》、《書經》、《論語》等，飽受傳統文化的滋養。也讀過《水滸傳》、《三國演義》等白話小說，這對他後來提倡白話文有一定的影響。

　　胡適十四歲時，到上海讀書，先後進過「梅溪」、「澄衷」、「中國公學」和「中國新公學」等學校。在上海讀書期間，正是維新改良風潮波及全國各地之時。胡適也受到了這股風潮的影響，讀了《革命軍》、《新民說》以及嚴譯《天演論》等書。梁啓超《新民說》主張要把中國這個老大的病夫民族改造成爲一個新鮮、活潑的民族的思想深深地震動了他。此外，他也深受梁啓超《中國學術變遷之大勢》的影響，獲得了對中國學術概況的了解，他認爲梁的書是運用歷史的目光整理中國學術思想的第一本書，並決心以後也要整理中國學術思想史，他的《中國哲學史大綱》的最初淵源，大概就在於此。

　　1910 年，胡適考取了官費留美的資格。初入美國時進康乃爾大學農學院學習，後感到學農與自己的初衷相悖，且實用意義不大，遂進文學院學習。1915 年轉入哥倫比亞大學哲學系，從師杜威攻讀博士學位，1917 年畢業，但未獲博士學位。其博士學位是在他獲得一定的學術地位之後獲得的。

　　1917 年，胡適回國。受聘爲北京大學教授，此後，先後任過中文系系主任、英文系系主任，文學院院長以及校長等職。1949 年隨國民黨去臺灣，任「中央研究院院長」，1962 年因心臟病猝發，逝於臺灣，享年七十二歲。

　　胡適是爲中國現代學術樹立規範的歷史人物，其思想涉及的範圍極其廣泛，包括了文學、哲學、考據以及一般文化研究等，而且在每個領域，他都留下了深刻的影響；其著作也很豐富，並於文學方面，有《文學改良芻議》、《歷史的文學觀念論》、《建設的文學觀念論》以及《文學進化觀念與戲曲改良》等；關於哲學，有《先秦名學史》、《中國哲學史大綱・卷上》、《說儒》、《戴東原的哲學》等；關於考據，有對《紅樓夢》的考證，以及對禪宗歷史的考證等。關於一般文化研究，他的著作主要有《讀梁漱溟先生〈東西文化及其哲學〉》、《我們對於西洋文明的態度》、《介紹我自己的思想》、《全盤西化和充分世界化》等。

　　胡適對於中國文化的態度經歷了一系列的變化。早年對中國文化持褒讚的態度；歸國之後對中國文化採取了全面指責的態度；主張全盤西化；此後又主張「充

分世界化」。其文化觀總體上是以振興民族爲目標的，但後期又介入了政治因素；其文化研究的目的是比較客觀、冷靜的，但其論證卻又顯得主觀、感情用事。這恐怕也是那個時代許多學者的侷限。

胡適在出國之前就主張應該派對中國文化功底深厚的人出洋。反對對西方文化頂禮膜拜，亦步亦趨的人出去。在留學期間也仍然認爲，中國學生不了解中國文化是一件可恥的事。當時他還保持著對中國文化的嚮往和深情，時時處處爲中國文化辯護。他的留學日記中有不少關於這方面的記載，如他認爲中國人的婚姻是父母包辦的，當事雙方均知相愛義務，比西方人更能獲得真正的愛情。西方的父母在女兒達到一定年齡時，就教給她們社交技藝，令其自己擇婿，未免有上當受騙之事。中國家族制度父養子、子孝親，雖有許多弊病，卻也未始不比西方更好。他甚至準備寫一部《中國社會風俗真詮》，評論西洋人論中國風俗的得失，爲祖國辯護。

1917 年歸國後，胡適的思想發生了激烈的變化，從對中國文化的讚譽、褒揚轉爲全面的攻擊和指責。原因恐怕是由於對中、美社會現實的對比產生的危機感和緊迫感所致。當時國內文化仍然極其落後，新思潮不曾廣泛地傳播，文化界也未出版幾本值得一讀的書，環視這種現狀，胡適感到國內惰性太大，進一步退兩步，因此，不應對中國抱太大的希望。希望越大，失望也就越大。他在《介紹我自己的思想》中指出；「必須承認我們百不如人，不但物質機械不如人，不但政治制度不如人，並且道德不如人，知識不如人，文學不如人，音樂不如人，藝術不如人，身體不如人。」

但胡適並未對中國文化失去希望，相反，卻是充滿了自信心的。他認爲自信心必須建立在反思的基礎上，反省我們文化早在兩千多年前就落後了；並在反省的基礎上拚命努力，只有這樣，在未來的民族之林中，方才有我們的一席之地。我們的自信心不在過去，而在未來；在反省祖宗的深重罪孽的同時應該相信，我們的未來是握在我們的手中的。所以，不能把胡適簡單地斥爲「民族虛無主義」，他對民族文化的攻擊，其實是出於對民族未來的焦慮，痛切故責深，恨鐵不成鋼，這種心情值得諒解。

在當時的文化論戰中，有兩種流布甚廣，影響極大的觀點。其一是主張：文化多元論，認爲中、印以及西方分別代表了文化發展的三種路徑，現今是西方文明征服世界，其後必然是中國文化，也就是孔家文化的天下。世界未來文化即中國文化的復興。這種觀點出自梁漱溟先生。其二認爲，西方文明是物質文明，是征服自然界的文明；東方文明（也就是中國文明）是精神文明。第一次世界大戰業已表明，歐洲文明已經腐朽，取而代之的精神文明，西方文明期待著東方文明的超拔。這種觀點出於梁啓超。

胡適對兩種觀點都提出了反駁。關於第一種觀點，胡適指出，梁漱溟先生的觀點實質上是會導致民族滅亡的。他認爲，人類的身體結構基本上一致，所處的環境大同小異，所要解決的問題也無甚區別，所以，它們的文化基本　上也是一致的。東西方文化並沒有本質的差異，只是處在同一條文化道路上的不同階段而已。西方文化已擺脫中世紀　，最能代表西方文化的民主和科學都是近代的產物；中國尚未完全擺脫中世紀，而印度文化則仍處於中世紀之中。胡適的觀點，爲向西方學習提

供了理論基礎。針對梁啓超的觀點，胡適認爲「文明是一個民族應付環境的總成績，文化是一個文明形成的生活方式。」任何文化都包含了物質和精神兩種成分，並沒有純粹的物質文明和精神文明之分，把文明分爲物質的和精神的，是包含了不恰當的靈與肉的成見：而且，物質文明不應是征服物質的文明，而應是被物質征服的文明。就此意義而言；東方文明不去征服物質，反而受制於它，恰恰是物質文明。相反，西方文明在征服物質，滿足人類的物質及精神需要，追求人類幸福時所取得的成就，絕非東方所可比擬，只有西方文化才可以稱得上精神文明。文明越進步，其中包含的精神就越多。電影機、摩托車所包含的精神因素絕不亞於我們祖宗的瓦罐、大車和毛筆。「我們不能坐在舢板上自誇精神文明，而嘲笑五萬噸的大輪船是物質文明。」所以也可以說，東西方文明的區別是工具的區別，西方已處於電器時代，而東方猶處於手工時代。

　　從精神實質而言，胡適是主張全盤西化的，但其態度並不堅決，理論也不系統，遠不及全盤西化的另一位主張者陳序經。但他的影響卻遠在陳之上，這恐怕與他是名人不無關係。

　　1929 年胡適在英文版的《中國基督教年鑑》上發表了《今日中國之文化衝突》一文，正式提出了「全盤西化」的主張。他用了「Wholescale Westernation」和「Wholehearted Westernation」兩詞來表達這個意思。前一個詞的意思「全盤西化」，後一個的意思卻是「一心一意地西化」，兩個詞含義並不相同。包含了很大的歧義，不過，當時未引起廣泛的注意。1935 年 10 月 十教授在國民黨當局的授意下發表了《十教授宣言》主張對中國文化存其當存，取其當取，建設中國本位的文化。胡適對這種折衷觀點提出了反駁，十教授則紛紛著文澄清自己的觀點，批駁胡適的觀點。待胡明白宣言的真相後，出乎人意料地未作任何辯解，卻要和十教授成爲「同志」。他說，真正的全盤就是百分之百，否則就不叫全盤，但百分之百又不可能，因而建議用「充分世界化」代替全盤西化。「充分」在數量上是「儘量」；在精神上是「盡力」，這樣一來，便可以免去許多爭論，一切在精神上贊成西化的人便都可以成爲「同志」。五十年代在臺期間，胡適又提出了全盤西化的主張，爲此並受到了國民黨的批判。

　　胡適本意是要主張「全盤西化」的，甚至還爲此做過辯解，何以又主動地放棄自己的觀點呢？原因可能是由於他在政治上，倒向了國民黨，當自己的觀點與國民黨的政治意圖衝突時，便不得不與之調和。胡適一貫追求「民主」、「自由」，自己卻因與政治的糾纏，連思想也不能誠實，瞻前顧後，欲言又止，這實在是他的悲劇。

　　在文化的其他方面，胡適的成績是很顯著的。他於 1917 年發表了《文學改良芻議》，率先提出了運用白話代替文言的主張；並且第一個用白話文寫詩，出版了第一本白話詩集《嘗試集》；第一個編著出《中國哲學史大綱》，促使哲學史擺脫了經學、子學的範疇，成爲一門科學；率先用現代觀點考察《紅樓夢》，開創了一代新紅學；此外還進行了大量的「整理國故」的工作。他沒有完成什麼，卻幾乎開創了一切。這誠然是對他在中國現文化史上的地位的恰當概括。

（喬清舉）

顧頡剛

　　顧頡剛（1893-1980）。江蘇蘇州人。蘇州當時是清代漢學家的活動中心。顧頡剛深受他們的薰陶，他說「我愛好他們治學方法的精密，愛好他們搜尋證據的勤苦，愛好他們實事求是而不想致用的精神」，因此，他從各學派和各方面儘量繼承清代漢學家有關經學的豐富遺產，作爲自己的學術基礎。

　　顧頡剛中學階段，正逢梁啓超的文章風靡一時，受這一潮流影響頗大。1913年，進入北京大學預科，又對章炳麟十分佩服，決心做個像章那樣的古文經學家。1916年考入北京大學本科，他選擇了哲學門（系）。當時北大校長蔡元培提倡學術自由，陳獨秀辦的《新青年》雜誌也提倡新文化，顧頡剛受這些新思想的影響，有了打破舊思想的要求。在北大求學期間，他讀了康有爲的《新學僞經考》和《孔子改制考》，轉變了對章炳麟的觀感。他認爲康有爲從歷史的證據上列舉漢古文之僞，是有道理的，並感到中國古史所載故事的紛歧演變和戲劇一樣，很不可信。

　　1919年，「五四」運動爆發，「五四」蓬勃的反封建精神，使顧頡剛的思想認識發生了飛躍。在「民主」與「科學」這兩個口號的號召下，他開始意識到要以所接觸到的西方現代科學方法來更新自己的治學方法，因此，決定要用「歷史演進方法」來幫助自己研究中國古代歷史。

　　1920年，顧頡剛於北大畢業，留校任助教，開始研究有疑辨精神的鄭樵，寫了《鄭樵傳》、《鄭樵著述考》。因受鄭樵影響，又寫了考辨《詩經》原貌的幾篇論文。

　　隨著反封建思潮的繼續高漲，1920年冬，顧頡剛校訂了姚際恆的《古今僞書考》，其後，又標點補輯了崔述的《崔東壁遺書》，進而纂輯《辨僞叢刊》。這些書的問世，掀起了一個新的古書辨僞浪潮。由辨僞書，顧頡剛轉到辨僞史。他提出直接根據神話及其紛歧傳說加工寫成的歷史不可信，由此引起了一場有名的古史大論戰。1926年，他把雙方論戰的文章收集起來編成《古史辨》第一册，並在前面寫了一篇很長的《自序》，闡明自己研究古史的方法和所以有這種主張的原因。這樣，史學界便出現了一個以「疑古」爲旗幟的「《古史辨》派」，到1941年《古史辨》出到第七册止，共收這20年間國內考辨古史資料的論文三百五十篇，合計三百二十五萬字。

　　1926年夏，顧頡剛到廈門大學任教授，1927年轉到廣州中山大學，每年都有疑辨古史的新作發表，並創辦了《中山大學語言歷史所周刊》。1929年回到北京，任燕京大學教授，兼在北大授課，同時主編《燕京學報》，並寫了《五德終始說下的政治和歷史》一文。他花了許多功夫研究《尚書》，在中山大學和燕京大學都編了《尚書》講義，寫了《盤庚》、《金縢》等篇今譯，主編了《尚書通檢》，爲利用《尚書》提供了極大方便。1933年，顧頡剛在燕大開「秦漢史」一課，把《五德終始說下的政治和歷史》這篇考據名著，以通俗的文字改寫成爲敍述性的講義，1935年以《漢代學術史略》爲書名在上海出版，1955年改題爲《秦漢的方士與儒生》，在上海重新出版。1978年日本小倉芳彥等五位學者把它譯成日文，改題爲《中國古代之學術與政治》。

　　1934年，爲了進一步研究《禹貢》，他創辦《禹貢》半月刊，成立「禹貢學

會」。通過對《禹貢》的研究，倡導了我國歷史地理和邊疆地理的研究。

抗日戰爭興起後，顧頡剛深入甘肅、青海等地進行邊疆救亡宣傳教育工作，更感到邊疆問題的嚴重。1938 年到昆明雲南大學任教授，1939 年轉到成都齊魯大學，始終不忘邊疆問題。他組織邊疆學會，並在《益世報》上編了一個《邊疆周刊》，以喚起大家注意，曾發表《中華民族是一個》一文，強調民族團結。

顧頡剛在居住昆明北郊浪口村期間，把在各地所寫筆記摘出一部分寫成《浪口村隨筆》印行（後於 1961 年修訂成《史林雜識・初編》出版）。在齊魯大學任教時，創辦了《責善半月刊》及《齊大國學季刊》。1941 年到重慶任中央大學教授，又主編《文史雜誌》。這時他仍注意邊疆古史的研究。除寫了《燕國曾遷汾水流域考》外，並於兩年內寫了《古代巴蜀與中原的關係說及其批判》、《蜀王本紀》與《〈華陽國誌〉所記蜀國事》、《秦漢時代的四川》三篇論文，考釋了古代的巴蜀有自己獨立發展的文化與歷史，對巴蜀與中原的關係作了科學的闡釋。抗戰結束後，到上海任復旦大學等校教授，並投身於大中國圖書局的出版工作。

一九四九年後顧頡剛仍在上海任復旦等校教授，繼續歷史地理的研究工作，與人合作出版了《中國歷史地圖集・古代史部分》。1954 年調北京，任中國科學院歷史研究所研究員，不久擔任了《資治通鑑》校點工作的總校，仍從事《尚書》的研究，撰寫了六十萬字的《〈大誥〉譯證》。當近八十多歲高齡時，周恩來又委以《二十四史》點校出版總其成的重任。1980 年 12 月 25 日以八十七歲高齡逝世。

顧頡剛對中國學術文化的影響是巨大的。30 年代初期，顧頡剛與譚其驤、馮家昇創辦《禹貢》，開創了研究中國歷史地理和民族史的一代風氣，並扶植培養了一批史學新輩。當時以「禹貢」命名，寄託著在危難情勢下「華夏不可侮，國土不可裂」的意義，藉以表達探源導流，時時以國土民族爲念的深願。《禹貢》制定的具體目標有：編輯中國民族誌、中國地理沿革史與沿革圖以及中國地名辭典；研討中國邊疆問題，研究方志和地方史。最初幾期的《禹貢》，較注重於考據文字，其後內容漸漸擴大，涉及人文、自然、社會諸方面。在顧頡剛的倡導下，學會的宗旨是反對「爲學術而學術」，力求把研究地理沿革、民族沿進與發揚光大民族文化的愛國熱情結合起來，使這種研究貫穿經世致用的精神，這在當時沈寂的中國史壇，造成了很大影響。

顧頡剛在辯論古史的過程中，先後提出了兩種有名的論點，其一是「層累地造成的古史說」，其二是「五德終始說下的政治和歷史」。他指出，時代愈後，傳說中的古史期愈長，傳說中心人物愈放愈大。西周人心目中最早的只有禹，孔子時有堯、舜，戰國時有黃帝、神農，秦漢時有三皇，漢以後有盤古，這層累地造成中國古代史的形成，是各個時代的人按照自己所處的時代來塑造歷史，這種塑造，譬如積薪，後來居上。顧頡剛的這種說法，打碎了已成凝固體系的古史，無異於石破天驚之論。像晴天霹靂一樣震駭了人們的意念。顧頡剛著眼在「破」字上，他提出打破民族出於一元的觀念、地域向來一統的觀念、古文化的觀念、古代爲黃金世界的觀念。「《古史辨》派」對傳說中古史的「破」，對於後來建立科學的、真實的古代史是有積極作用的。他們抨擊了自古相傳的傳統，而這個傳統不僅是歷史問題，也是道德倫理問題。《古史辨》的辯論對象不僅是中國古代史，也是中國道德學及倫理

學史，這是中國封建社會整個上層建築中的核心問題，對於這些問題發生懷疑，也就是懷疑整個封建的道德學說和價值觀念。從這個角度看，他們的工作是和「五·四」時代反封建的潮流一致的。

郭沫若

　　郭沫若（1892-1978）中國現代傑出的詩人、作家、劇作家、歷史學家、考古學家、古文字學家，著名的社會活動家。四川樂山人。原名郭開貞，號尚武，筆名郭沫若，郭鼎堂等。少年時熟讀古代典籍，尤喜《莊子》。1910 年入成都分設中學，參加反清愛國運動。1914 年赴日本留學，先後入岡山第六高等學校、九州帝國大學醫科學習。此時開始系統閱讀外國文學作品，哲學上受泛神論影響。1918 年開始新詩創作。五四時期，積極推進新文化運動。1921 年，第一部詩集《女神》問世，開一代詩風。同年與郁達夫、成仿吾在東京組織「創造社」。1923 年，在日獲醫學學士學位。看到文學「改革社會」之作用，遂棄醫從文。1924 年以後，接受馬克思主義，倡導革命文學。1926 年，任廣東大學文科學長，曾應毛澤東之邀，去農民運動講習所授課。同年參加北伐戰爭，任國民革命軍總政治部副主任。1927 年，寫《請看今日之蔣介石》，揭露蔣介石的反革命面目，產生巨大影響。大革命失敗後，參加南昌起義，加入中國共產黨。1928 年旅居日本，從事中國古代史和甲骨文、金文的研究工作，並積極支持留日青年和國內文藝界的革命文化運動。旅日期間，著《中國古代社會研究》、《甲骨文字研究》等書。抗戰開始時回國，從事抗日救亡運動。這一時期寫作《屈原》、《虎符》等歷史劇及大量詩文，揭露了國民黨反動派的賣國投降政策。1944 年發表《甲申三百年祭》，總結明末李自成起義的失敗教訓，被定為延安整風學習文件。這一時期寫作《青銅時代》、《十批判書》等。抗戰勝利後站在民主運動前列。1949 年 8 月被選為全國文聯主席。建國後繼續從事著述，有《奴隸制時代》等書。歷任中央人民政府委員、政務院副總理兼文化教育委員會主任、中國科學院院長兼哲學社會科學部主任、中國人民保衛世界和平委員會主任、中日友好協會名譽會長等職。在中共第九、十、十一次代表大會上，當選為中央委員；在第一屆至第五屆全國人民代表大會上，均被選為常務委員會副委員長，並任政協第一屆全國委員會委員、四屆常務委員，二、三、五屆副主席。1978 年 6 月 12 日病逝於北京。

　　郭沫若學識淵博，著述宏富，在中國古代社會研究及考古學、古文字學研究中，寫出了一系列學術史上劃時代之作。他的詩歌、劇本、小說、散文在中國文學史上樹起了一座豐碑。重要學術著作計有：《文藝論叢》、《中國古代社會研究》、《甲骨文字研究》、《殷周青銅器銘文研究》、《文藝論叢續集》、《兩周金文辭大系》、《金文叢考》、《卜辭通纂》、《古代銘刻匯考》、《古代銘刻匯考續編》、《兩周金文辭大系圖錄》、《兩周金文辭大系考釋》、《殷契萃編》、《石鼓文研究》、《十批判書》、《青銅時代》、《歷史人物》、《奴隸制時代》、《管子集校》、《雄雞集》、《文史論集》、

《讀〈隨園詩話〉札記》、《李白與杜甫》、《出土文物二三事》等。

在中外文化相撞相交的過程中，郭沫若兼取中西文化之長形成了自己的文化觀。他反對全盤西化論、反對徹底否定傳統文化。他意識到傳統文化不能適應時代發展之需要，而全盤西化又不符合中國的民族心理，於是廣泛汲取了中外文化的一切有效營養，在中國新文化建樹中作出了傑出貢獻。他首先繼承了傳統文化的一切積極因素。他少年時即熟讀經史，飽受傳統文化之薰陶。他推崇莊子張揚自我、擴充自我的自由精神和汪洋恣肆的文體、筆調；他以詩人的氣質獨特地發現了孔子儒家的人道精神和激發個性創造力的修身學說；他嚮往屈原、李白詩作之神奇、瑰麗、充滿激情的浪漫，也欣賞陶淵明、王維詩作的清新、淡樸、自然雅靜之風格。他強烈抨擊宗法觀念、依附意識的同時，讚賞其中有鮮明階級色彩的民本主義。他對西方文化的了解主要是通過閱讀外國文學作品獲得的，西方文壇姣姣者如惠特曼、雪萊、司各特、歌德、莎士比亞、海涅以及具有深邃哲學思想的斯賓諾沙都對他發生了不小的影響。至於他閱讀外國文學作品的廣度卻足以令今日之學者咋舌。他曾明確說過，「讀外國作品對於自己所發生的影響，比起本國的古典作品來要大得多。」

外國文化對郭沫若產生的最重大影響是使他具有了西方近代的民主科學精神。他採取了為我所用的觀點，用西方近代精神去改造中國文化，在汲取西方文化精神基礎之上對中國傳統文化進行了創造性的轉化。他在考察中西文化時，往往主觀地消融了兩者的差別，從而他改制的中國傳統文化便具有了蓬勃向上之生機。一般的看法認為，東西方文化的根本差別在於，前者主靜，後者主動。郭沫若則認為，中國文化所固有的是動的形態和進取精神。他眼中的孔子是一個具有民主精神的「兼有康德和歌德」之長的偉大天才；他把儒家「修身齊家治國平天下」看作是以自我意志為中心向外擴張、謀求人生社會圓滿之過程；他把王陽明的「致良知」視之為康德心中的道德律令；至於老子的「無為」思想在他心目中也成了純任人類之創造能力而積極進取的精神。他這樣做的目的是要「喚醒我們固有的文化精神」，使得中國傳統文化充滿現代精神活力。他對自己所理解的中國傳統文化解釋為：「把一切的存在看做動的實在之表現」，「把一切的事業由自我的完成出發」。這與其說是他對傳統文化的理解，倒不如說是他融合中西文化而建立的文化觀念，是以自我為主體創造性地建立的有生機有個性的文化觀。這種文化觀使他在文學創作和學術研究中取得了傑出的成就。如《女神》否定了「不語怪力亂神」，「溫柔敦厚」、「文以載道」之類的傳統詩人之旨，充滿在字裡行間的是對自我創造力的崇拜，對現代科學文明的仰慕，以及對民主、開放之社會的憧憬。他以富於創造力的精神去寫史劇，從中國傳統文化中揭示出了一種「獨立不移」、「凜冽難犯」、「殺身成仁」等人格情操與民族精神。

郭沫若在二十年代就接受了馬克思主義，以後一直致力於馬克思主義中國化的工作。他把馬克思主義當成西方文化發展的最高成果，在對馬克思主義廣泛研究的基礎上，運用唯物史觀和辯証方法去研究中國古代社會。他說：「我主要是想運用辯証唯物論來研究中國思想的發展、中國社會的發展，自然也就是中國歷史的發展。反過來，我也正是想就中國的思想、中國的社會、中國的歷史來考驗辯証唯物

論的適應度。」他的研究，生動地表明了中國古代如何經歷原始社會，並如何向奴隸社會、封建社會推移的，否定馬克思主義不符合中國國情的觀點。他運用馬克思主義指導古文字學的研究，注重個別史料與整個社會發展之聯繫，使得他的甲骨文、金文的研究，無論是在文字考證、舊說訂證，還是在卜辭類纂、金文斷代諸面都取得了重要貢獻，用文字和實物爲他的中國古代社會研究提供了有力的證據。

（王法周）

湯用彤

　　湯用彤（1893-1964）。祖籍湖北黃梅，1893 年農曆 6 月 21 日生於甘肅省渭源縣，其父曾任渭源知縣，辭官後在蘭州和北京教館廣收弟子。湯用彤自幼即隨父親熟讀四書、五經等各類典籍，誠如他本人所説的一樣：「幼承庭訓，早覽乙部。」1911 年進入北京順天學校，次年考入清華學校，1917 年畢業，並於同年考取官費留美，因治療痧眼未能成行，治病同時以學生身份擔任國文教師。1918 年赴美深造，先入漢姆林大學，1920 年進入哈佛大學研究院，學習哲學、梵文、巴利文，以優異的成績提前兩年於 1922 年獲哲學碩士學位，並於同年回國。

　　1922 年至 26 年在南京東南大學（中興大學前身）任哲學系教授、系主任，26 年夏至 27 年夏任南開大學哲學系教授。27 年至 30 年夏任南京中央大學哲學系教授、系主任，其間還曾兼任支那內學院巴利文導師，並從歐陽竟無聽受佛學，爲以後的學術生涯奠定了更審實而廣博的學養基礎。1930 年任北京大學教授，35 年起任北大哲學系主任。抗戰爆發後先至長沙後到昆明任西南聯大哲學系教授、主任。抗戰勝利後，隨北大遷回北京，任哲學系教授、主任、文學院院長，並在 1947 年至 48 年的休假期間赴美國加里福利亞大學講學一年。1949 年至 51 年擔任第一任北京大學校務委員會主席並任文學院院長。1951 年院系調整後擔任北大副校長，直到 1964 年病逝。

　　主要著作有：《漢魏兩晉南北朝佛教史稿》，《印度哲學史略》，《魏晉玄學論稿》、《往日雜稿》，《康復札記》，後三者收入《湯用彤學術論文集》，生前未定稿的《隋唐佛教史稿》也已整理出版。

　　由於他在佛教史、魏晉玄學、印度哲學等諸多研究領域裡成績卓著，也由於他的高風亮節，他一直受到北大師生的敬重與愛戴，並因此一直在北大擔任重要職務，起著教學、學術研究的組織者和帶頭人的重要作用，因此，他的治學態度、辦學方針乃至立身處世之道都對北大產生過一定影響。他對北大學術傳統及其特色的形成作出過重要貢獻。

　　湯用彤先生的文化觀主要見於 1922 年發表的《評近人之文化研究》和 1943 年所著的《文化思想之衝突與調和》兩文中。後來湯先生將這兩篇文章收入《往日雜稿》中作爲附錄，並在這部論文集的前言中表達了他對自己文化觀的批評。在我們看來，這兩篇文章表現了一位正直的愛國學者在文化問題的敏銳和深刻及其對中國文化的

命運的熱情關注。

近代史上帝國主義對中國的侵略强行叩開了古老的封建中國的大門，此後，中國文化開始了與西方文化的全面接觸和撞擊。由此而產生的如何對待西方文化，如何處理中國傳統文化與西方文化的關係等問題，一直像夢魘一樣糾纏並苦惱著中國知識份子。新文化運動前後，思想界更將國家的安危和前途繫於對此問題的研究和解決；激進者以全盤西化（甚至廢除漢字）爲中國文化之出路，保守者則抱孤臣孽子之心，提倡固守本位文化；調和派則倡導以中學爲體，西學爲用，可謂衆說競起，莫衷一是。湯用彤先生針對當時思想界各種偏向，切中要害地指出：「時學之弊，曰淺、曰隘」。他說，那些盲目崇拜西方文化者，對傳統文化輕護薄　，以仇恨死人爲進道之因，另一方面他們對西方文化的把握和介紹卻又「卑之無甚高論，於哲理則膜拜杜威、尼采之流，於戲劇則擁戴易卜生、蕭伯納諸家。以山額與達爾文同稱，以柏拉圖與馬克思並論。」當時羅素抵護演講，觀迎者擬之孔子，杜威涖晉講學，推尊者比之爲釋迦，在湯先生看來，杜威、羅素在西方文化中與孔子、釋迦在中印文化中所佔地位高下懸殊，不言而喻。因此這種擬不僅不倫不類，而且「喪失國體」。至於那些抱孤臣孽子之心固守本位文化的守舊者，同樣也仰承外人鼻息，偶或聽到少數西方學者稱羨亞洲文化，也不問他們持論是否深刻理解和把握了東方精神，更不問其研究旨意何在，立刻借來妄自尊大的護盾，而且自欺欺人地認爲歐美文化即將衰落敗壞，亞洲文化將起而代之。西化和守舊看似極端對立，實際上卻殊途同歸：「維新者以西人爲祖師，守舊者藉外族爲護符，不知文化之研究乃真理之探討，新舊敵然意氣相逼，對於歐美則同作木偶之崇拜，較政客之媚外恐有過之無不及也。」把文化研究自覺地引入「真理之探討」，即不推諉歷史地落在自己肩上的尋找中國文化出路的重任，也不滯留於浮淺空疏的泛泛之論，當時能自覺到這一點的並不太多，湯先生的倡導可謂高瞻遠矚。

由於很少有人能視文化之研究爲真理之探討，因此文化研究中的淺隘之風也就流弊甚大，這主要表現在立論不求探源，敷陳往往多誤。湯用彤先生以當時著名的思想家梁啓超等人爲例，批評了他們在討論中西文化差異時只從現象出發而闡發的一些不甚深刻的思想。並指出當時文化研究中的另一流弊是：「求同則牽强附會之事多；明異則入主出奴之風盛」。要想在文化研究中得到真理，必須「精考事實，平情立言」，必須探源立說，統計全局。這些原則也是他本人治學生涯中的一貫之道，他的一些研究論著也因此歷久彌醇，令人回味無窮。

我們可以從湯用彤先生對當時的文化研究的批評中看出，他既反對盲目膜拜西方文化，也反對固守本位文化。但是，如何處理激劇的文化衝突中西方文化與中國傳統文化的關係呢？在《文化思想之衝突與調和》一文中，湯先生從一般理論上闡述了自己的觀點。

這篇著於43年的論文認爲，中西交通後所產生的中國文化前途到底如何的問題，經過新文化運動的熱烈討論，到40年代仍遠未解決。全盤西化派和本位文化派持論皆以價值判斷爲基礎，大而無當，其所作預言也是蹈空之玄論。湯先生認爲應該從歷史事實出發，從中國文化與外來文化思想已經發生過的接觸的歷史出發討論中外文化的關係問題，即文化移植問題，由此總結出一些規律，作爲今日處理中

西文化關係的參考和借鑑。

　　在文化交流史上曾發生過中國文化與印度文化的接觸，對這一事實向來有不同的解釋與評價。宋明儒家認爲中國文化有不可磨滅的道統，這個道統經由古聖先賢堯、舜、禹、湯、文、武、周公、孔子、孟軻、揚雄一代一代沿襲相傳，佛學的傳入，只是一次搗亂，宋明儒學仍繼承弘揚了這個道統，搗亂並沒有使中國固有文化失去特質，中國文化的發展自三代以來並沒有改換其方向。另有一種完全相反的說法，認爲中國傳統文化思想因印度佛學的傳入已徹底改變特質，宋明儒學是陽儒陰釋，如果沒有佛學的輸入，宋明儒學根本不可能發生。

　　湯用彤先生引進一些文化人類學的研究成果，指出前一類解釋可以歸入較早出現的演化說，即認爲人類思想和其他文化上的事件一樣，自有其獨立發展之演進，極而言之，則思想是民族或國家各自產生出來的，完全與外來文化思想無關。後一類解釋則可以歸入當時較流行的播化說，即認爲一個民族或國家的文化思想都是自外邊輸入引進的，極而言之，則一種文化思想追根溯源總是受外方影響，而外方思想可以完全改變本來文化的特性與方向。湯先生對以上二說均持否定態度，他更贊同功能學派或批評學派的文化社會觀，即認爲外來文化和本地文化發生接觸後，其作用與結果是雙方的，絕不是片面的。外來文化輸入本地後，必須適應新的環境，才能在與本地文化的衝突中生存流行，因而它必須改變自己的本來面貌，另一方面，正由於它改變了自己固有的特色與形式，因而適應了新的環境，它也就被本地文化吸收融化，成爲本地文化中的新成分。據此，湯先生認爲佛教輸入中土的歷史決非像上面兩種極端片面的解釋一樣，而是相反：「印度佛教到中國來，經過很大的變化，成爲中國的佛教，乃得中國人廣泛的接受。」

　　湯先生的以上思想是以承認文化的民族性爲前提的，他說：「須先承認一個文化有它的特點，有它的特別的性質，根據這個特性的發展，這個文化有它一定的方向」。這無疑是對西方中心論的拒斥，因而有一種多元主義傾向，但他並未因此而陷入不顧文化實際上有先進落後之別的相對主義，相反，他深刻地認識到文化思想或傳統「往往有一種保守或頑固性質」，其言下之意無疑是想以歷史事實告誡人們要吸收西方文化，必須考慮到文化傳統的這種保守性或惰性，全盤西化事實上是不可能的，應針對文化傳統的保守性作更切實的吸收引進工作。

　　根據對歷史事實的考察，湯用彤先生勾劃出了外來文化與本地文化接觸融合的步驟或階段。「㈠因爲看見表面的相同而調和。㈡因爲看見不同而衝突。㈢因爲看見真實的相合而調和」。這三個階段既是時間先後次序，也是一般的邏輯進程。這些結論可以說是湯用彤先生在文化研究中探源求本所得之真理，充分體現了他以求真爲目標的文化研究精神。

（孫尚揚）

常乃德

　　常乃德（1898-1947），字燕生，山西榆次人。1916年考入北京高等師範，學習歷史。「五四」時期曾任《國民》雜誌編輯；1920年，從北京高等師範畢業後留在附中任教；1924年，被燕京大學聘爲歷史教師。1925年，他組織了「青年山西學會」，並刊行《山西周報》，曾歷任山西大學、四川大學教授，《新中國日報》主編，華西大學教授等職，同時，他是中國青年黨的核心人物之一。常先生博學多才，除對中外歷史當代很有造諧外，還對社會學、中國財政史也頗有研究，常先生一生爲文，寫下大量著作，主要有：《中華民族小史》、《文藝復興史》、《法蘭西大革命史》、《社會學要旨》、《中國文化小史》、《中國財政制度史》、《歷史哲學論叢》等。

　　常乃德是位歷史學家，總是站在歷史的角度對文化問題進行思考和研究，所以，他的文化觀在衆多的文化理證中別具一格。在他看來；「文化是對於人類的功用，正如本能生活之於高等動物，特殊生理構造之於一切生物一樣，是一種幫助種族適應生活的工具，是爲著這個目的而自然演化成功的，是有機體在演化過程中的一種有目的的產物「（《歷史哲學論叢》）總之，文化是一種生物——人的事實，是人類進化的要求，所以它如一切生物一樣，有萌芽、極盛和衰落之分。文化如樹無不老，東方文明如此，西方文明亦然，這是自然規律，不可抗拒。

　　據此，他認爲中國文明在春秋以前是萌芽時期；《春秋戰國到東漢末是極盛時期；漢末中國文明就開始「走向衰落，直到今天」。（《中華民族小史》）「今天」，衰落了的中國文明遇到西方文明的挑戰。爲此，常乃德發表了《東方文明與西方文明》一文，比較詳細地闡述了他對東西方文明關係的觀點。

　　常先生反對東西方文明調合的說法，也反對「中體西用」的東方本位主義的保守觀點。他認爲：世界文明從來就不只是二元的，而是多元的，把世界文明劃分爲東方文明與西方文明二大類即不符合現實，也不符合歷史。實際上，任何一種文明本質就是由多種文明構成的，比如中國文明，他認爲在產生了中國文明的這塊土地上，五千年前有許多錯雜零亂的野蠻部落，文化與血緣各不相關，中國現有的文明，是五千年來世世代代哲人聖賢們的苦心毅力，慘淡經營，將許多各不相同又各不相關的異民族文化博結融合而成爲中國文明。西方文明亦是如此。西方文明實際上是上古兩種文明：埃及文明和加爾底亞文明混合而成的，各種文明本質都不是一元的。

　　沒有確鑿的論據證實東方文明在遠古是來源於西方文明的，二者之間也並沒有對彼此產生過什麼影響，所以歷史上從來就沒存在過東方文明與西方文明的對峙這件事。文章中還指出：有人把東方文明說成是靜的文明，把西方文明說成是動的文明，並把二者對立起來，這種觀點也不對，他不否認世界上有動的文明還有靜的文明，實際上他要反對的是把二者對立起來，他認爲東西方文明不是對立關係，而是前後關係，這就是說：東方文明是古代文明，是靜的文明；而西方文明則爲現代文明，是動的文明。

　　他採用孔德的學說，把社會進化分爲三個階段。第一是神權時代；其次是玄想

時代；最後是科學時代。神權時代的社會，萬事聽之於神，到了玄想時代，哲學上崇拜自然，趨於保守，重退讓，東方文明正處在這個階段。西方文明是第三期的文明，即現代文明，這就是說如果把東西方文化放在世界文化這個大範圍裡分析，中國文明是屬於第二期的文明，而西方文明則爲第三期的文明，歷史進化的最基本的規律是由低級到高級地發展，如果我們承認這一點，那麼對於我們遇到的關於採用哪種文明的選擇就很清楚，當然就是西方文明，文明的發展趨勢必定是從第二期走向第三期，而絕不可能從第三期退回第二期，這就是說，東方文明一定要邁進到西方文明，常先生還指出，中國文明本質還有五個弊端不利於中國文化本質這個有機體向前發展，從而也必須採納西方文明，這五個弊端是：

①關於精神的觀念很薄弱；

②中國哲學最古如「洪範」，「五行」、《周易》、「八卦」等，都是言人事的書，孔、墨、農、法等家都是關於實際的學問。中國文化脫離不了實際，就無法從事科學探討；

③求真的思想最不發達。思想往往籠而言之，造成思想概念上的含混不清，大而化之的缺點，有不耐思解的習慣，不能產生邏輯；

④中國人對審美的觀念也很薄弱；

⑤沒有爲真理獻力的決心，也沒有探索真理的毅力。

所以，「中國非走西方文明的道路不可」，這是歷史發展的必然趨勢，也是文明自身的要求，西方文明本身雖然也有種種的缺點與不足，也要不可避免地向一種更加完善的文明邁進，但比中國文明仍要先進。

雖然常乃德主張「中國文明非走西方文明的道路不可」，他仍認爲文明問題本質也很複雜，因而採用哪一種文明的問題就更爲複雜。常先生認爲：中國文明是個已經衰落的文明，但中華民族不能死亡。民族要生存，怎麼辦？照常先生的看法，一種文化是一個民族的生理機能，如果完全否定它的生理機能，採用另一種文化這個民族的存在就有問題；另外，如果仍然使用那種舊的機能，這個民族也必然走向死亡，常先生說的文化的複雜性就在這兒。所以，常先生雖也主張「非走西方的路子」不可，但他沒有吳稚暉先生那樣激進，他考慮得要更爲深刻些，複雜些，常先生提出了「混血接枝」的觀念，中國文明應該是中國本位的新文明，這種文明就是以中國這個國家有機體的生存與發展爲前提，中國傳統文化是這個國家有機體發展期間留下的一些痕跡，這些痕跡是否有用於今日的中國，須平心靜氣地探討，沒有籠統地保守，也沒有籠統地反對、打倒，在他看來，一個文化可以衰落成爲過去，而一個民族在數千年文化環境中所陶冶的經驗和獲得的才能，都不可磨滅。可見文化這個非常複雜的問題，特別是當兩種新舊文明碰撞時，更爲複雜，結果如何，仍然需要更深入更全面地探討。

（陳小蘭）

梁漱溟

梁漱溟（1893－1988），思想家，社會活動家。名煥鼎，字壽銘，又字漱溟、有吾。1893 年出生於北京一個書香門第，其父梁濟巨川先生曾領清代四品官銜，出任清內閣侍讀。巨川先生早年曾致力於康梁維新運動，傾慕西方求實富强之道，痛感中國之陷入困窘境地，實乃文人們醉心於浮誇清談的惡果，所以，梁先生自小即受到西式教育，未進私塾，亦未讀《四書》、《五經》之類的典籍。其發蒙讀物是《地球韻言》等新式讀物。梁先生早年曾進北京「中西小學堂」讀書，該校是北京市第一所西式小學。未及畢業即轉入順天中學。

因為深受家教的影響，梁先生早年就比較關心國家大事。所讀之書，皆為《新民叢報》《新民說》等。當時，梁先生服膺西方功利之學，以對人是否有利以及利益之大小為評判一切事物的標準。然而，社會之動盪不安卻也使他感到人生即苦，感到「懷疑煩悶」，傾慕出世，遂轉而研究佛法。二十四歲時曾著《究元決疑論》一書，因而被北京大學聘為講師講授印度哲學。

梁先生在北大期間，正是國內各種新思潮廣泛流行時期；種種思潮的流行，迫使他對於中國、印度以及西方文化進行了系統的研究，研究使他改變了初衷，「擱置佛家生活，而來做孔家生活」，誓願弘揚孔孟之道，「更不做旁的事」；既是為了解決中西文化問題，也是為了拯救人類固有的迷茫與痛苦。梁先生對三個文化系統研究的結果，便是他的《東西文化及其哲學》一書的問世。該書對推進五四時期中西文化的研究起了很大的作用。

1924 年，梁先生辭去北大教席，前往山東進行辦學活動。他希望能在山東開辦「曲阜大學」，對東方文化，尤其是中國文化、學術的各個方面進行研究。後來他將辦學的願望進一步發展成為《鄉治》、《鄉村建設》等活動，希望做學問和進行社會運動合二為一。此後他先後在山東舉辦了村治講習所，到河南省輝縣百家主辦「河南村治學院」，並主編了《村治月刊》等。1931 年又到山東鄒平建立鄉建研究院，直至抗日戰爭時期山東淪陷。梁先生認為，鄉村建設活動就是利用文化改造中國，使之由舊秩序進入新秩序，是革命而非改良。後梁先生因反對階級鬥爭之說又歸之於改良。鄉村建設活動使梁先生對中國問題有了更進一步的認識，他把這些東西形成文字，先後出版了《鄉村建設理論》、《中國文化要義》等書。

抗戰期間，梁先生作為民主黨派人士，調停於國共兩黨之間，為民族統一抗戰做出了貢獻。

1949 年後，梁先生作為政協委員，參加了社會主義建設活動。文革期間，他也受到了衝擊。十一屆三中全會以後，國內思想界逐漸走上正軌，梁先生又開始了自己為之奮鬥一生的學術活動。1984 年出版了《人心與人生》一書，了卻了他自己幾十年的心願。1985 年國內文化討論熱潮興起，梁先生又重登講壇，為中國文化書院的學長們講授中國文化。

梁先生於 1988 年逝世。享年 95 歲。他的逝世，是中國學術界的巨大損失。

梁先生的著作，除上文已提到的外，還有《印度哲學概論》、《東西方文化及其哲學》、《中國文化要義》、《人心與人生》，後三本書最能代表梁先生的文化思想。

　　梁先生之學，凡三變。始則西洋，繼之印度，終歸儒家孔孟之道。以弘揚儒家思想爲己任。梁先生的文化觀，正是在其返歸儒家之後逐漸形成的，其根柢是柏格森的生命哲學、孔孟之道、陸王心學等。

　　梁先生認爲，宇宙實乃人之生活，意欲不斷得到滿足的過程；文化實質上是一個民族生活的樣法，所謂生活，則是現在之「我」或者「心」與「精神」和「己成之我」的鬥爭及對立。根據各種文化對於意欲的不同態度，人類生活大致可以劃分出三條路徑來。其一是奮鬥、努力滿足意欲的要求。這是西洋人的態度；西洋文化的科學、民主端從此出。其次是調和持中的中庸態度，這是中國文化的根本精神。再次是「意欲返身向後要求，根本取消意欲」，此爲印度文化的根本精神。由此可見，各種文化的差異不惟是時間、空間上的差異，實質上乃是根本路徑的不同。由路徑的不同，亦可演繹出東西方在知識和形而上學方面的差異。「西洋生活是直覺運用理智的，中國生活是理智運用直覺的，印度生活是理智運用現量的。」（《東西方文化及其哲學》頁 158）。西洋生活是運用理智過甚，乃至於斤斤計較。中國人本無「我與自然」的尖銳對立，物我混然，社會生活感情色彩濃厚，因而是直覺的。印度生活實質上是排斥理智和直覺的。關於未來世界文化，梁先生認爲，三種文化分別代表了不同時期的文化，將次第出現。西洋文化界本來的路徑，各種文化均要走這條路。中國文化尚未走完這條路便轉向第二條路，是以早熟。所以，中國要排斥印度生活態度，在根本改造西洋文化之後，全盤地承受它。西洋文化當今占據世界文化之主導地位，然而，它的衰落也已漸露端倪。西洋文化之後，將是孔家文化的天下，所以，「質而言之，世界未來文化就是中國文化的復興」（《東西方文化及其哲學》頁 198）。

　　繼《東西方文化及其哲學》之後，梁先生又進一步發展了自己的文化觀：他認爲，孔家的文化不僅是直覺的，也是理智的「極高明而道中庸」。一般人都認爲，中國文化不及西洋，這是由於中國文化實質上高於西洋文化而造成的。中國文化是極高的文化，其精神也是極高的精神。中國文化的人生態度是理智的，訴諸哲學而不是宗教；訴諸倫理而不是法律；中國社會「融國家於社會、人倫之中，納政治於禮俗教化之中，而以道德統括文化……『倫理學與政治學終之爲同一的學問』」等（《中國文化要義》）。梁先生是以褒讚的語氣談論這些特點的，但他也指出，中國文化沒有民主自由精神，個人不被發現等是一個偏失，應當吸收西洋文化補充之。最終梁先生仍然認爲，西洋文化是身的文化，中國文化卻是心的文化，前者是爲生活打基礎的，後者才是真正有意義的生活。

　　梁先生的文化哲學思想綜合、會通了國粹派和全盤西化派，在頌揚中國文化的同時，也指出了它的缺點；在倡導學習西方的同時，又指出了西方之短處；並提出了復興儒家文化的重任，所以，他被譽爲當代新儒家的開山之人，他的著作在當時一版再版，風靡全國。

　　國內學術界一般認爲，梁先生的文化哲學是先構置一個一般框架再注進材料，是主觀的、唯心的。近來也有學者指出，文化既有世界性、亦有民族性，梁先生提出各民族文化路徑的不同，實質上率先提出了文化的民族性和多元論問題，開創了民族文化多元論的先聲。

　　幾十年來，梁先生矢志不移地探索中國文化，其堅韌的毅力，深令我們欽敬。他的著作對於推動中國文化研究的深入開展，也具有不可低估的重要意義。不僅如此，梁先生也是一個社會實踐家。他的治學都是圍繞著自己的切身體驗進行的；他的社會實踐也是本著自己的學術見解開展的，所以，他不是純粹的學者，不是爲學術而學術，在冷漠的材料庫中爬羅剔抉；而是從活問題和活材料出發，「朝夕寤寐以求一點心得。」這種治學態度，雖可能失了思辨的深度，卻也包涵了深刻的生命力和切實的體驗。梁先生是一個知行合一的新儒家，傳統意義上的學者，所以，他既擁有傳統學者的長處，也有他們的短處，對自己的見解自信以至於執著，雖見其未可行世卻仍堅信不移。其精神固然可嘉，其態度卻未必正確。這也是歷史昭示給後人的一點啓示吧！

　　1949 年後，梁先生接受了馬克思主義，把自己的觀點和馬克思主義理論結合起來，運用馬克思主義理論探索中國社會、人生以及人類的未來問題，他在《人心與人生》中提出了共產主義將是人類復歸其原初自主地對物質活動的社會的新見解。

（喬清舉）

朱光潛

　　朱光潛（1897－1986）筆名孟實，1897 年 9 月 19 日生於安徽桐城縣雙井村一個破落地主家庭。童年在父親的私塾裡讀四書、五經、學八股文、受傳統的古典教育。十五歲入桐城中學，受到桐城派遺風的薰陶。中學畢業後，他就近考進了不收費的武昌高等師範學校中文系。一年後，又考入香港大學。他在那裡除了主修教育學以外，還學了英語文學、生物學和心理學等課程。這期間爆發了「五四」運動。朱光潛在《新青年》上讀到胡適提倡白話文的文章，毅然放棄古文，學寫白話文。並用白話文寫了美學處女作《無言之美》。1922 年從香港畢業後，他經高覺敷、夏丏尊的介紹，先後任教於吳淞中國公學和浙江上虞春暉中學。不久與葉聖陶、胡愈之等人辦立達學園和開明書店。從這時起，朱光潛就與開明書店結下了緣份，他後來的大部份著作都是由開明書店出版的。

　　1925 年，朱光潛考取了安徽官費留美。這年春天，他由蘇聯抵英，入愛丁堡大學學習英國文學、哲學、心理學、歐洲古代史和藝術史課程。一邊學習，他一邊給開明書店的《中學生》（先叫《一般》）寫稿，後來輯成《給青年的十二封信》，在國內風靡一時。1929 年，朱光潛從愛丁堡大學畢業後，轉入倫敦大學，並在巴黎大學註冊聽課。不久，又轉入歌德的母校——德國斯特拉斯堡大學。在那裡，他在心理學教授愛爾‧布朗得爾指導下，完成並通過了博士論文《悲劇心理學》，並由該校出版。在留學期間，朱光潛計著有《文藝心理學》、《談美》、《變態心理學》、《變態心理學派別》，翻譯了克羅齊的《美學原理》，並完成了《詩論》的初稿和一本論述符號邏輯派別的書稿（此段抗戰期間在商務印書館毀於大火）。

　　1933 年，朱光潛回國後，受聘爲北京大學外文系教授，講授西方名著選讀和文學批評史，同時在清華大學中文系開《文藝心理學》和《詩論》。不久，與京派文人胡適、楊振聲、沈從文、周作人、俞平伯、朱自清、林徽音等籌辦《文學雜誌》，他出任主編。從此，除抗戰期間曾滯留四川大學、武漢大學以外，朱光潛一直執教於北京大學。1949 年後，朱光潛親自參加了 1957 年──1962 年和八十年代初的兩次全國美學大討論。他始終堅持「美是主觀與客觀統一」的立場，寫了大量的論文。爲了幫助國內學人了解西方美學，提高學術水平，他除了給青年教師講授美學以外，系統翻譯了柏拉圖《文藝對話集》、《拉奧孔》、《歌德談話錄》以及黑格爾《美學》等一大批美學經典，並撰寫了兩卷本《西方美學史》。直到八十高齡以後，朱光潛還應約寫了《談美書簡》，重譯了《費爾巴哈論綱》和《1844 年經濟學──哲學手段》的一些關鍵章節，並著力翻譯維柯的《新科學》。1986 年 3 月 6 日，朱光潛在北京大學病逝，享年八十九歲。

　　朱光潛屬於「五四」以後的一代學者。他不同於胡適、陳獨秀等人，不必再爲文化抉擇時的「全盤西化」或「中體西用」而搖旗吶喊，他是在客觀的、冷靜的學術研究中，尋找和評判各種文化的差異和價值。朱光潛選擇的研究對象是美學。因爲在他看來，藝術與文化之間的關係是不言自明的，一種文化精神也許在藝術中能得到最深刻，最精微的表現。他從悲劇問題入手，集中討論了各種文化的特質。他認爲，悲劇這種文學體裁除了希臘以外，「幾乎世界各大民族都沒有，無論中國人、印度人，或者希伯來人，都沒有產生過這一部嚴格意義的悲劇，羅馬人也沒有」。（《悲劇心理學》第 210 頁）原因在於希臘人的獨特的命運觀念。悲劇與宗教和哲學一樣，試圖解決善與惡的根本問題，但其精神與宗教和哲學卻格格不入。哲學試圖解決一切令人困惑的東西，宗教給人信仰以解脫現世的苦難，而悲劇則深感宇宙間的有些東西，尤其是惡的東西，既不能用理智去說明，也不能在道德上得到合理的證明。正是這些東西使悲劇讓人感到敬畏和驚奇，產生「命運感」。悲劇在人們面前展示那些痛苦的形象和惡的形象，目的不在於作出判斷，而是沈醉於審美的觀照之中。因此，悲劇既不是一種宗教信仰，也不是一種哲學教條。任何一個民族如果沒有擺脫哲學的教條和宗教信仰，都不可能產生悲劇。希伯來人和印度人「走了宗教的路；中國人，在一定程度上還有羅馬人，像伏爾泰的老實人一樣，滿足於一種實際的倫理哲學。這就可以解釋，這些民族爲什麼沒有產生悲劇」。（《悲劇心理學》第 215 頁）朱光潛認爲，中國人是一個最講實際、最從世俗考慮問題的民族。《論語》說：「子不語：怪、力、亂、神」、「務民之義，敬鬼神而遠之，可謂知矣」，「未知生，焉知死」。中國人用強烈的道德感代替了宗教狂熱，他們不願多探究命運，「樂天知命」是他們的座右銘，因此在中國文化中是很難出現悲劇的。即使是《趙氏孤兒》這樣的劇目，最終還是善惡報應，皆大歡喜。印度的婆羅門教要人們相信天意而不是命運，佛教不承認神的存在，更否認命運對人的支配。人生的悲慘方面只是使佛教徒明白塵世幸福的虛幻，喚起他們的慈悲情懷並使他們想到靈魂得救。在這種觀念支配下，印度即使有《舞論》這樣的經典，也始終沒有悲劇。同樣，在苦難的希伯來民族中，深刻而強烈的宗教感情使他們根本不會把災難和痛苦視爲悲劇，信仰使他們擺脫了悲劇的命運感。只有希臘人，「既有一套

不太明確的理論，又有深刻的懷疑態度，既對超自然力懷著迷信的畏懼，又對人的價值有堅強的意識，既有一點詭辯學者的天性，又有詩人的氣質——這種種矛盾就構成希臘悲劇的本質」。（《悲劇心理學》第 233 頁）

　　朱光潛還從中西文化角度論述了不同的審美現象。他認爲西方文藝和西方宗教一樣，想於現世之外求得解救，要造另一世界來代表現世，所以特重想像虛構，這同時也造成人與自然的對立。中國文藝和中國倫理思想一樣，要在現世以內得到解救，要把現世化成理想世界，所以強調情感真摯，實事求是，與自然也是默契相安，融爲一體。這兩種不同的審美現象，反映了兩種文化的深層差異。在《詩論》中，朱光潛還對詩的起源、表現手法、思維形式、內在結構、本質特徵，作出了精湛的分析，探討了中國詩的特色及其格律化的內在規律，並指出中國讀者的傳統心理偏向重綜合而不喜分析，長於直覺而短於邏輯思考，因此造成中國「向來只有詩話而無詩學」的歷史現象，力圖在廣闊的文化背景上，溝通中西詩學。

（章啓羣）

馮友蘭

　　馮友蘭（1895——　　　），字芸生，1895 年 12 月 4 日生於河南省唐河縣祁儀鎮。父親馮台異是清光緒戊戌科進士，曾任湖北崇陽縣知縣，在馮友蘭十二歲的時候就去世了。馮友蘭自七歲始在家中私塾學習《三字經》以及四書、五經等。1910 年入開封中州公學，兩年以後考入上海中國公學大學預科班。1915 年畢業，旋即考入北京大學文科中國哲學門，自此開始了其學習和研究中國哲學史的生涯。到 1918 年畢業爲止，馮友蘭在北大共學習了三年，對中國哲學開始有一個比較系統的了解。

　　從北大畢業以後，馮友蘭回河南開封一個中等學校教書，並與辛亥革命前輩任芝銘的女兒任載坤結婚。1919 年，馮友蘭考取河南官費留學，於年底赴美國哥倫比亞大學研究院哲學系作研究生。在這裡學習期間，馮友蘭發表了其第一篇論文：《柏格森的哲學方法》。另一篇文章《中國爲什麼沒有科學》是馮友蘭早期中西文化觀的代表作，後來的博士論文《天人損益論》就是它的進一步發展，馮友蘭在哥倫比亞大學共學習三年，於 1923 年獲哲學博士學位，同年即回國。其博士論文於 1924 年由上海商務印書館以《人生理想之比較研究》爲題，用英文出版。後以中文寫出，又加上《一個新人生論》兩章，於 1926 年出版，題名《人生哲學》，這是馮友蘭 20 年代的主要著作。

　　馮友蘭回國以後，先在河南中州大學任教，後轉到廣東大學，1926 年又到燕京大學，開始講授中國哲學史。1928 年，馮友蘭受羅家倫之邀，到清華大學任哲學教授兼清華大學秘書長（後曾任文學院院長），繼續講授中國哲學史，同時也開始其《中國哲學史》的寫作。到 30 年代初寫完，1933 年《中國哲學史》兩卷出齊，從而確立了馮友蘭在中國哲學史界中的地位。

　　1937 年，抗日戰爭開始，馮友蘭隨清華大學先移到長沙，後又遷至昆明，在西南聯合大學（清華、北大和南開聯合組成）任哲學系教授兼文學院院長。國家的災難和人民的痛苦，使得馮友蘭不滿足於僅僅做一個哲學史家。他需做一個哲學家，要對中國傳統精神生活做一個反思，這個反思的結果就是他的「新理學」哲學體系的出現。這個體系由六本書構成：即《新理學》（1939 年）、《新事論》（1940年）、《新世訓》（1940 年）、《新原人》（1943 年）、《新原道》（1944 年）和《新知言》（1946 年）。

　　抗戰勝利以後，1946 年西南聯大解散，馮友蘭返回北京。旋即受美國賓夕法尼亞大學之邀，赴美講授中國哲學史。講稿由紐約麥克米倫出版社於 1948 年出版，這本書由涂又光先生譯成中文，於 1985 年出版，名爲《中國哲學簡史》。此時國內形勢複雜，馮友蘭放棄在美國居留的機會，返回清華。

　　1952 年全國院系調整，馮友蘭到北京大學任哲學教授至今。這期間他的主要工作是運用馬克思主義的觀點、方法重新整理中國哲學史。其結果就是《中國哲學史新編》第一、二冊的出版，後來由於十年浩劫，工作被迫中斷。文革以後，馮友蘭重新開始寫作《中國哲學史新編》，到1989 年已出版到第六冊。《新編》計劃出七冊，從先秦一直寫到當代，其中包括他自己的哲學，因此，這部書可以説是他自己畢生學術活動的總結。

　　馮友蘭的許多著作都被譯成英文出版，如其《中國哲學史》於 1952 年由美國普林斯頓大學出版社出版，《新原道》在英國倫敦出版。他用英文寫的《中國哲學簡史》還被翻譯成法文和意大利文。因此，馮友蘭對推動中國文化走向世界是起了重要作用的。

　　馮友蘭生活在一個中西交通的時代，他所關心的主要問題也就是以哲學史爲中心的中西文化問題。圍繞對這個問題的認識，馮友蘭思想的發展可以分爲三個階段，約略相當於馮友蘭二十年代、三十年代和四十年代的學術活動

　　在第一階段，馮友蘭把中西文化的差異看作是種類的差異，而不是程度的差異；也就是説，中西文化只有地域之別，而無時代之差。大體説來，西方文化從物質下手，意欲認識自然、征服自然，故其學重視精確性和力量，於是科學生焉；而中國文化乃從心靈下手，力求認識自我，隨順自然，故精確性和力量皆不需要，科學遂不得生。這裡，馮友蘭的觀點乃是受當時流行觀點影響，以中國文明爲精神文明，西方文明爲物質文明。這種觀點在後來之《人生理想之比較研究》中略有改變。在這本書中，馮友蘭將人生態度區分爲三種類型，即損道、益道和中道，進而認爲，在中國文化和西方文化（以及印度文化）中，都包含有這三種人生態度，而其差異，只是三者比例有所不同而已。這種強調中西文化有相同之點，而以中西文化之異視爲同中之異的觀點，在一定程度上超越了那種「東方精神文明，西方物質文明」的簡單二分法的主張。

　　在第二階段，馮友蘭把中西文化之異看作是古今之異，即時代的差異。馮友蘭是從他的哲學史研究中得出這個結論的。他把中國哲學史和西方哲學史作了一個比較，認爲普遍所謂西洋哲學史多可分爲三個時期，即上古、中古、和近古。其中每一時期皆有其不同於另外兩個時期的殊異之處。而中國哲學史雖僅從時間上來看，

亦經歷了上古、中古和近古三個階段，然以內容看之，則只經歷過上古和中古兩個階段，此即馮友蘭所謂的子學時代和經學時代。經學時代一直延續到清末，而近古哲學尚在創造之中，未及出現。故中國哲學與西方哲學相較，實缺少近古哲學這一環。哲學乃文化之一方面，且爲文化之中心方面，故可集中反映文化之特點。若此，則中國文化與西方文化之異當爲中古與近古之差別，亦即古今之異了。

　　馮友蘭中西文化觀的第三階段是把中西文化的差異視爲類型的差異。也就是說，中國文化是生產家庭化的文化，而西方文化是生產社會化的文化。這種觀點集中表現於他的「新經學」體系中。在這一階段，馮友蘭力圖把新實在論關於「類」的概念和唯物史觀關於社會發展的理論結合起來，從生產方式出發，把中國文化和西方文化分別歸類。他認爲，中國文化的發展就是自生產家庭化的文化過渡到生產社會化的文化。這是類的轉化，它既是全盤的（自類產之），又是部分的（自整體產之），又是中國本位的（自種族、地域產之）。馮友蘭藉此對全盤西化論、部分西化論和中國本位文化論都作了批判。這種文化類型觀可以說是馮友蘭在中西文化問題上的一個比較成熟的觀點，它否定了從空間和時間出發的前兩個階段的主張，而又將它們包括了進來。

　　馮友蘭中西文化觀的一個總的過程可以這樣概括：由觀其異始，進而辨其同，而以調和終。馮友蘭認爲，中西文化，可以互相補充，各自貢獻其獨特之處，從而共同構成一種新型的世界文化。

（王博）

呂　澂

　　呂澂，（1896-1965）字秋逸，江蘇丹陽人，曾肄業於常州高等農業學校農科，後就讀於南京民國大學農業系。1914年呂澂至南京金陵刻經處，隨歐陽竟無學佛學。第二年，留學日本，專攻美術。1916年被劉海栗聘爲上海美術專科學校教務長。1918年始，協助歐陽竟無創辦支那內學院，1922年內學院成立，呂澂先後擔任教務長、院長等職，是內學院的重要人物。中華人民共和國成立後，歷任第二、三、四、五、六屆中國人民政治協商會議全國委員會委員，中國科學院哲學社會科學部委員，中國佛教協會常務理事等職。

　　其主要著作，早期有《美學概論》、《美學淺說》、《現代美學思潮》、《西洋美術史》等。主要佛學著作有，《聲明略》、《佛典泛論》、《印度佛教史略》、《中國佛學源流略講》、《印度佛學源流略講》、《因明入正理論講解》等。

　　呂澂天資超絕，自學能力甚强，最初他僅通英語，後來憑藉英語字典和國際音標，刻苦鑽研，自學法、梵、藏等多種文字，最終精通英、日、法、梵、藏等幾種語言。這使他對佛學的研究能夠獨闢蹊徑，建立自己的一套治學方法，即佛教典籍的比較研讀法。在《大乘經之比較讀法》中，他說：「比較讀法者，不以一經讀一經，而由諸類似處之比較，以得一經於佛法次序上的真意義也」。（見《內學》）他

認爲比較讀法可以分幾個步驟進行，首先應對各家著述進行對勘，辨其真僞，傳承和先後出現的譯本，由此而進行同經異刻的比較、同經異譯的比較、本經釋論的比較、同經異釋的比較、異經同義的比較和異經同事的比較。在比較研讀過程中，呂澂對觀梵藏漢等諸種佛經文本，精詳審核，溯本清源，言必有據，他對佛法研究所做之功，多有賴於此種研究方法。

呂澂是法相唯識學研究的大家，其論義精詳實有過歐陽竟無之處。舊稱傳世親唯識學者共有十大論師，玄奘所譯唯爲護法一家之言，對安慧一家思想僅存片言隻語。但安慧的學說雖不曾傳入中原，卻早於晚唐時期傳入並盛行於西藏。藏文經典中，不僅存有三十唯識本頌，並存有安慧的釋論和律天的論疏。呂澂於是綜合藏漢文獻，研讀《安慧三十唯識釋略抄》，所得甚多，對於「窺見安慧所傳本頌之特徵」，「尋繹唐譯本頌之真相」，「推想世親本頌之原文」，「探求世親頌文之古義」做出了重要貢獻。（《安慧三十唯識釋略抄》）。

《攝大乘論》是唯識學說的重要典籍。此論傳入中國以來，前後共有四譯，初譯爲元魏之佛陀扇多，次譯爲陳真諦，三譯爲隋笈多等人，四譯爲唐玄奘，諸種譯本，經義文字出入頗多。而在西藏約九世紀初，由印度班抵達勝友、戒五覺和藏僧智軍合譯爲藏文。呂澂乃依據此論藏語文本，重新譯出《西藏傳本攝大乘論》，並與各種漢文譯本比較研究，認爲唯識學在印度有古今之別，藏、魏、陳、隋諸本所傳是唯識古學，玄奘所譯唐本所傳是唯識今學而融入了唯識古學，於藏文本中可以觀見唯識古學的特異之處。

呂澂還具體地研究了唯識古學與今學的不同之處。在《論莊嚴經論與唯識古學》這篇文章中，呂澂依他遍計與圓成實三者皆爲自性。呂澂的研究，揭示了唯識古學的大致內容和粗線條的傳承經過，有助於我們更好地理解唯識學的產生、發展和演變，在唯識學的研究中邁出了重要的一步。

呂澂同時是佛教因明學的研究者，在研讀《集量論》、《因明正理門論》、《因輪論圖釋》等因明典籍時，呂澂綜合藏漢文本，審核章句，探尋義理，於因明學探入幽微，所得甚多。由於他選用了梵藏漢諸種文本比較研讀的方法，盡可能地利用藏語佛教文獻，遂使他成爲中國最早的藏傳佛教學者。

1961 年，呂澂受中國科學院哲學社會科學部委託，舉辦了一個爲期五年的佛學研究班，他的講稿後經整理出版爲《中國佛學源流略講》、《印度佛學源流略講》等書，認爲「無著世親唯識之學先後一貫，後人有直述二家學說而推闡之者，是爲古學；有曲變二家學說而推闡之者，是謂今學……於印度十大論師求之則親勝、火辨、難陀三家古學也，護法今學也。（安慧特折衷二者之間）於東土唯識譯家求之，則真諦古學也，玄奘今學也。」唯識古今之學傳承翻譯既有如此不同，它們所傳教理也有相異之處，呂澂認爲古今之學不同的關鍵在於它們對唯識的解釋上意見相反，唯識古學認爲「無論能取所取皆是識性，皆是虛妄分別，如是以成其唯識」，唯識今說則認爲「所緣可別有性，但不離識故名唯識。」（《論莊嚴經論與唯識古學》）。從三性說上講，唯識古今學也各有不同，唯識古學認爲「依他遍計之俱名虛妄分別」，「圓成實性兼攝正智」（同上），唯實今學則認爲在上述書中，呂澂根據自己長期的研究所得，對中國佛學的傳譯、典籍、師說、宗派和思想

源流等方面做了全面系統的論述，描繪了中國佛學思想發展的來龍去脈，清晰可信地勾勒了印度佛學發展的基本線索。他對佛學研究的深厚功力，使他能夠孤明先發，對佛學典籍，思想及傳承等方面的重大問題提出自己獨到的見解，對古已有之的爭議問題給出自己的解答。呂澂對佛學的研究實際上代表了中國佛學研究的最高水平。

（蘇軍）

宗白華

宗白華（1897-1988）。原名宗之櫆，字伯華，1897 年 12 月 15 日生於安徽安慶市一個知識份子家庭。原籍江蘇常熟，祖籍浙江杭州。父親宗嘉祿，中過舉人，後來留學日本，回國後當過江南高中兩等商業學堂校長、安徽省測量局局長，並在大學任過教。母親方淑蘭，是清末著名文學家方苞的後代。宗白華八歲時，入南京第一所新式小學——思益小學讀書。十二歲入南京第一模範高小。十五歲入金陵中學。在金陵中學剛半年，便因病離校來到青島，在青島大學中學部修德文。這是他「生命裡最富於詩境的一段」。1913 年度，宗白華由青島轉回上海，在同濟醫工學堂中學部語言科繼續學德國語言文學。三年後畢業，升入同濟醫工學堂大學醫預科。不久，該校改名爲同濟醫工專門學校。這時候，第一次世界大戰給宗白華帶來思想上的大動盪，他開始轉向哲學，對莊子、康德、叔本華、歌德，甚至佛經，認真鑽研起來。1917 年 6 月，他用原名宗之櫆在上海泰東書局的《丙展》雜誌上，發表了《蕭彭浩（叔本華）哲學大意》，接著，他又在北京《農報》副刊上發表了《康德唯心哲學大意》、《康德空間唯心說》兩篇文章，顯露出他深邃的哲理情思。1918 年冬，宗白華由魏時珍介紹，參加了「少年中國學會」的籌備工作。學會正式成立後，宗白華被選爲會刊《少年中國》評議員。他在這個雜誌上發表了一系列哲學論文，成爲學會著名的哲學家和理論家。1919 年 8 月，受上海《時事新報》副刊《學燈》主編郭虞裳的聘請，宗白華擔任《學燈》編輯，四月後成爲主編。他在這裡發表了他的第一首新詩《問祖國》。這時期，郭沫若開始從日本福岡試投來他的詩作，於是，在宗白華的扶持下，《學燈》便培育了一個中國新詩壇的巨星。郭沫若因此稱宗白華爲「我的種子期」。不久，宗白華、郭沫若、田漢的書信編成《三葉集》，由亞東圖書館出版，一時爲文壇傳爲佳話。

1920 年 5 月，宗白華辭去《學燈》主編，赴德國留學。他先後在法蘭克福大學和柏林大學哲學系學習心理學、美學和歷史哲學等。留學期間，他去巴黎參觀了盧浮宮和羅丹紀念館，深受西方藝術的啓迪。他的哲學觀和藝術觀，也漸漸從叔本華和康德，轉向對羅丹和歌德的敬仰。他的詩情也前所未有地爆發出來，詩集《流雲小詩》正是這些詩情的結晶。1925 年，宗白華回國，被聘爲中央大學（前東南大學）哲學系教授，不久任系主任。從此他致力於文化哲學的研究，撰寫了《論歌德之人生啓示》和《中國藝術意境之誕生》等一系列文章。1948 年，他將這些論文自編

成册，題名《藝境》，但由於種種原因，未能出版。1952 年，全國高校院系調整，宗白華調到北京大學哲學系。他翻譯出版了康德的《判斷力批判》（上卷）、《溫克爾曼美學論文選譯》、《席勒和歌德三封通信》、《席勒與民族》、《歌德論》、《黑格爾的美學和普遍人性》、《海涅的生活和創作》、《羅丹在談話和信札中》和《歐洲現代畫派畫論選》等，並給青年教師開設中國美學史課程，指導編寫《中國美學史資料選編》。1981 年，他的論文選《美學散步》出版。1986 年，他的《美學與藝境》出版。同年 12 月 20 日，宗白華因病在北京大學逝世。1987 年，他當年自編的《藝境》，加上部分「流雲」小詩，以原書各在北京大學出版社出版。

　　宗白華是美學家，文化哲學家，也是詩人。他對於文化的探究，是以文藝爲契機的。無論對於中國藝術還是西方藝術，他都有精深的研究。尤其是對於中國藝術，他以天才的敏感和睿智，發掘了最深刻的底蘊。他認爲，中國藝術在大體上有兩種風格，即錯采縷金的美和芙蓉出水的美。楚辭、漢賦、六朝駢文、顏延之詩，明清瓷器，一直到今天的刺繡、京劇服裝，屬於前者，是「錯采鏤金、雕繢滿眼」的美。漢代的銅器、陶器、王羲之的書法、顧愷之的魚、陶潛的詩、宋代的白瓷，屬於後者，是「初發芙蓉，自然可愛」的美。比較起來，芙蓉出水是比錯采鏤金更高一層的境界。從中國歷史來看，早在殷周時代的「蓮鶴方壺」中就含有一種「從『錯采鏤金、雕繢滿眼』中突出一個活潑、生動、自然的形象」。到了魏晉時，「初發芙蓉」已形成流派。唐時，李白進入「清真」的境界。近人王國維謂詩有「隔」與「不隔」之分，宗白華認爲，「隔」就是雕繢雕琢，「不隔」即清新清真。芙蓉出水的境界，爲至之美一樣：「內容有光彩，但是含蓄的光彩，這種光彩是極絢爛，又極平淡。」（《美學散步》第 31 頁）這是真善美在自然結合下的最高表現。

　　在西方藝術中，宗白華認爲也有同樣自然清新的氣質。他認爲，在羅丹的雕塑中，表現了自然萬象內在顯動的生命。這是因爲羅丹最真切地把握了對象的精神。因此，與注重理性和形式美的希臘雕刻相比，「希臘雕刻可稱爲『自然的幾何學』，羅丹的雕刻可稱爲『自然的心理學』」。（《美學散步》第 232 頁）而歌德則無論在藝術上，還是在人生中，都「熱烈崇拜生命的自然流露」。「一切真實的，新鮮的，如火如荼的生命，未受理智文明矯揉造作的原版生活，對於他是世界上最可寶貴的東西」。所以，「歌德是文藝復興以來近代的流動追求的人生最偉大的代表」，他的人格和藝術中這種無窮的豐富、奇異的諧和和不可思議的矛盾，「帶給近代人生一個新的生命情緒」。（《藝境》第 36—40 頁）這與中國文化中的在一丘一壑、一花一鳥中發現無限，悠然意遠而又怡然自足，超脫而又入世的魏晉理想人格，在相同中又顯示出深遠的異趣來。

　　作爲中國藝術展示出來的獨特的文化特徵，宗白華認爲乃是藝術中的「意境」。意境是一種纏綿悱惻，一往情深，超曠空靈、無跡可求的藝術真境。它的深層結構，是由「道」而「舞」至「空白」的過程構成。道是藝術家誕生的一個最自由最充沛的深心的自我，舞是藝術家深心、充沛、自由的自我的最直接、最具體的流露，空白則是中國人宇宙意識的代表。「中國畫的用筆，從空中直落，墨花飛舞，和畫上畫白溶成一片，畫境恍然爲『一片雲，因日成彩，光不在內，亦不在外，既無輪廓，亦無絲理，可以生無窮之情，而情了無寄』。中國畫的光是動盪著

全幅畫面的一種形而上的，非寫實的宇宙靈氣的流行，貫徹中邊，往復上下……這種種畫面的構造是植根於中國心靈裡葱蘢絪縕、蓬勃生發的宇宙意識」。（《美學散步》第71—72頁）這可以說是蘊含於藝術中的中國文化最深的內涵和最獨特的精神。

（章啓羣）

陳獨秀

　　陳獨秀（1879-1942）。原名陳仲甫，西元 1879 年農曆 8 月 23 日生於安徽懷寧（現屬安慶市）的一個書香門第之家。自幼習讀經書與《昭明文選》，十八歲考中秀才。第二年參加江南院試，目睹考場上的種種怪狀，聯想到那些當官的人都是從這樣一些權慾薰心的人中選出來的，這些人一旦得志，國家和人民必然要遭殃，由此他感覺到梁啓超等人在《時務報》的反清宣傳是有些道理的。這次院試他雖然沒有及第，但對他的思想轉變產生了重要影響，從此他放棄科舉取仕，而漸走向新學。1897 年至 1901 年間，陳獨秀進入杭州求是書院學習西學，開始接觸西方自然科學知識。這時期，正是中國社會發生巨大變化的時代。1895 年中日《馬關條約》簽訂以後，俄、日、法、意等帝國主義在中國掀起割分勢力範圍的狂潮，企圖瓜分中國，強迫清政府簽訂了一系列喪權辱國的條約；1899 年由改良派興起的戊戌變法運動遭到清政府的殘酷鎮壓；1900 年在義和團抗擊八國聯軍的運動中清政府對內鎮壓、對外妥協的賣國政策，這些政治事件強烈地震動了年輕的陳獨秀，使他逐步地認識到腐朽的封建政府已不能把握國家的命運，無力扭轉滅亡的趨勢；改良派企圖在不動搖封建專制政體的前提下作些改良、「修補」工作以使封建政府再度復興起來也是毫無用處的；要反對外來侵略、救亡圖存，就必須反對、推翻滿清政府。在 1901 年，他在求是學院開始發表演說，反對清政府，同時撰寫反清文章，其政治文獻也由改良派向革命派轉化。在 1902 年至 1915 年上半年，陳獨秀曾四次赴日本。在那裡，他廣泛學習西方資產階級文化，接受了資產階級的人權學說、社會進化論，並以此指導他的各種革命活動。這期間，他曾組織「青年勵志學社」，與房秩五等人創辦《安徽俗話報》，辛亥革命後曾在安徽就任督府秘書長職務。辛亥革命失敗，袁世凱接受日本《二十一條》，為復辟帝制作準備，民主、共和成為昨日黃花。此時的陳獨秀已深刻地認識到，袁世凱政權實際上是封建政權的繼續，絲毫無民主、自由可言；革命失敗的原因在於國民愚昧、迷信落後、缺乏民主、科學的基本常識；今後應該開啓民智、改善國民性，大力宣傳西方資產階級的文明，用人權自由、社會進化為思想武器向封建傳統文化開戰。在這種思想的激勵下，他於 1915 年 9 月開始主編《青年雜誌》（第二卷第一號改名為《新青年》），揭開了五四新文化運動的序幕，並成為這一運動的主要領導人。五四運動後期，他逐漸接受了馬克思主義的觀點，開始由一個激進的民主主義者轉變成初步的社會主義者。二十年代初，他積極為建黨作準備，在共產國際的幫助下，於 1921 年 7 月組建了中國

共產黨，並成爲黨的領導人。在 1927 年離開黨的領導崗位後，走向取消主義，開始反對「六大」後的中共中央，反對共產國際，與托派結成聯盟。1932 年 10 月，與其他一些托派領導人在上海公共租界被捕，1937 年 8 月被釋放出獄，1938 年 5 月移居四川江津，1942 年 5 月病逝於此，終年 63 歲。

　　作爲五四新文化運動的領導人、《新青年》的主編，陳獨秀從該雜誌第一卷起就撰寫文章，高舉民主與科學兩面旗幟，大力弘揚近代西方資產階級的新思想、新文化、新道德，以此來反對封建階級的舊思想、舊文化、舊道德。早在陳獨秀創辦《安徽俗話報》時期，他就提出了民主與科學的口號，大力提倡民權，反對封建專制。他說：國家「乃是全國人民的國家」、「不是皇帝一人所私有的國家」、「國非民智大開，民權牢固，國基總不能大安」（《亡國篇》），又說國家主權是「至高極尊的」，但它「來自國民」，提出設計院、准許人民議政、用民主共和政體代替封建專制政體等主張，矛頭不僅指向滿清政府，而且更進一步指向整個封建制度。五四運動一開始，他就打出民主與科學的旗幟，開始了對封建舊文化的總清算。他在《新青年》創刊號上發表的《敬告青年》一文中指出：「自人權平等之說興，奴隸之名，非血氣所忍受。世稱近世歐洲歷史爲『解放歷史』，破壞君權，求政治之解放也；……。解放云者，脫離夫奴隸之羈絆，以完其自主自由之人格之謂也。」又說：「近代歐洲之所以優越他族者，科學之興，其功不在人權說下，若舟本之有兩輪焉。」他認爲中國人要發展、要進步、要擺脫落後、愚昧，就必須「以科學與人權並重」，要實現科學與民主，就必須批判封建的舊思想、舊文化、舊道德。他正是以民主與科學作爲總綱領，以實現它們爲總目的來批駁、反對一切來自守舊派的對於新文化運動與《新青年》的非難的。他在批駁守舊派爲《新青年》所列的幾條罪案時，旗幟鮮明地指出：「這幾條罪案，本社同仁當然直認不諱。但是追本溯流，本社同仁本來無罪，只因爲擁護那德謨克拉西（Democracy）和賽因斯（Science）兩位先生，才犯了這兩條滔天的大罪。要擁護那德先生，便不得不反對孔教、禮法、貞節、舊倫理、舊政治；要擁護那賽先生，便不得不反對國粹和舊文學。」（《新青年罪案之答辯書》）爲了更好地宣傳民主與科學，反對封建舊文化，真正實現民主共和制度，他積極參加了當時的東西文化大論戰，將民主與科學的精神貫徹到論戰中，以犀利的筆鋒、有力的論證駁斥了守舊派的觀點。他在《新青年》上發表《敬告青年》、《法蘭西人與近世文明》、《東西民族根本思想之差異》等文章，闡述了他對東西方文化的看法，他認爲，東方文化與西方文化之分其實只是古代文明與近代文明之別，是新與舊的不同，其不同點突出地表現在：西洋社會崇尚個人主義，以個人爲本位，並且用法律形式對個人權利進行保護，這樣發展了西洋民族的「惡侮辱，寧鬥死」的民族性格，建成了擁護個人權利的資本主義制度；而東方文明以家族爲本位，個人無權利，沒有人權、沒有平等、沒有自由，這種家族本位文化培養了東洋民族「惡鬥死、寧忍辱」的性格，建立的是封建宗法社會的文明，陳獨秀還以社會進化的理論作爲根據，提出社會是不斷向前發展的，反映社會狀況的理論也應該不斷更新，「道與世更」，古今中外概莫能外。所以，封建社會的舊思想、舊文化、舊道德根本不能適應現代社會的需要，應該用近代資產階級的新思想、新文化、新道德來加以代替。在五四文化論戰的初期，陳獨秀做過對比東西文化的異

同，將西方文化作爲人類文明的最高標準加以弘揚，用西方文明來抨擊中國的舊文明，駁斥守舊派的尊孔理論。他將中國社會的腐敗、落後的原因統統歸結爲中國傳統文化對個人的忽略，這種看法雖未免偏頗，但在當時給人們很大的震動與啓發，他正是由此證明中國社會如果要向前發展，就必須徹底否定封建主義的舊文化、舊道德。

1914 年第一次世界大戰爆發，1919 年的巴黎和會等事件打碎了陳獨秀對近代資本主義文明的迷醉。他從對它們的簡單崇拜逐漸走向對它們的理性反思，開始客觀地重新認識資產階級的文明。對資本帝國主義所抱的幻想的破滅，使他開始探尋新的、更高的文明，進一步將文化領域的論戰與探索中國社會的出路聯繫起來。十月革命後，他逐步接受了馬克思主義的觀點，開始用初步掌握的歷史唯物主義觀點來評判兩種文明，認爲中國社會今後的道路既非封建道路的延續，也非資本主義制度的形成，而是社會主義道路。從此，他不僅以新的態度來反對封建階級的舊文化，而且對資本主義制度也作了比較客觀的評價。二十年代初，他積極宣傳馬克思主義的主張，並力圖在實踐中貫徹它，對傳播馬克思主義作出了重要貢獻。

在五四東西文化論戰中，從討論東西文化的優劣到探討中國社會的出路，陳獨秀自始至終都是站在論戰雙方進步的、積極的一面，大張旗鼓地宣傳新思想、新文化、新道德，大力提倡民主與科學，堅決反對傳統舊文化的。他的思想發展，充分反映了東西文化論戰所經歷的不同階段。他的所作所爲；影響了五四時期每個先進的中國人。他對東西方文化的評價、對文化作爲整體所下的定義及對一個民族對外來文化的輸入價值等問題的看法，至今仍有借鑑意義。

（汪業芬）

羅常培

　　羅常培（1898－1958），字莘田，1898 年 8 月 9 日（清光緒 25 年己亥 7 月 4 日）出生於北京一個沒落的滿族家庭。其族源於吉林寧古塔的薩克達氏。父親爲一七品官，全家靠父親的薪水過活，羅先生少時家境貧寒。七歲開始學，九歲被送進一家私立小學，不到一年又轉入私塾，念了《孟子》、《詩經》及半部《左傳》，1907 年，轉入京師公立第二高等小學堂，學習成績優秀，辛亥革命後，在第四小學畢業，1913 年轉入市立第三中學，開始課外閱讀當時一些課餘的書刊，如康有爲主辦的《不忍》雜誌，梁啓超的《飲冰室文集》。1915 年，應父親的要求，開始學速記，1916 年夏，其父因患血蛇瘟急症猝然去世，羅先生當時不滿十七歲，中學也沒畢業，父親去世本來不佳的經濟狀況便急轉直下，中學一畢業，羅常培就不得不立即尋找工作以求生存，擔任了衆議院秘書廳速記科的二等技術，速記的學習和訓練，爲他以後在語言學上取得豐碩成果打下了基礎，當年，他很感激父親。

　　同年，羅先生以第四名的好成績考入北京大學文科中國文學門。五四時期，羅先生和當時許多有志青年一樣，思想發生了很大的轉變，轉變的原因便是「陳獨秀

主辦的《新青年》，及蔡元培先生給林紓的信」。他非常崇拜蔡元培先生的思想，成了蔡元培先生思想自由和學術自由的宣傳者，1918 年轉入北大哲學系，1921 年夏被天津南開中學聘爲教員；直奉戰爭後，轉到京師公立第一中學，之後被西北大學聘爲教授，從此開始從事語言學的專門研究。一年後回京 1924 年，與魯迅，顧頡剛等一起被陳嘉庚聘往廈大，羅先生在這裡開設經學通論，中國音韻學等課，1927 年，擔任廣州中山大學教授，與著名語言學家趙元任先生一起研討音韻學。在中山大學的七年裡，羅先生寫了四部著作，十四篇論文，調查了徽州六縣四個單位的方言，收獲甚豐。

1934 年回京，任北大中文系教授；抗戰期間就職於西南聯大。1944 年赴美，在樸茂納大學做訪問教授。1948 年回國。在北京圍城的炮火聲中，一心做學問，寫完了《語言學與文化》，重訂了《經典釋文中的徐邈音》等工作。

1949 年後，羅先生繼續留任北大。1952 年至 1955 年擔任《中國語文》總編輯，多次開辦語言學訓練班，從事一系列的語音、方言的調查工作。1958 年因病在北京逝世，享年五十九歲。

羅先生是本世紀我國最傑出的音韻學家和語言學家。他對我國韻書和各派音韻學家的著述有廣泛的知識。他認爲我國方塊漢字不便於標音，歷代各家對於漢語音韻的本質又多缺乏明確的認識斷定，要補救此弊，非多多地向西方近世紀的從生理學、物理學爲基礎發展起來的語音學原理和標音方法學習不可。他爲此寫過《音標的派別和國際音標的來源》、《語音學的功用》、《中國音韻學的外來影響》等論文，解決的主要問題是審音。他認爲在音韻研究方面，我國音韻學常把它分成古韻學、今韻學和等韻學三部分，但有些問題仍然沒解決，必須採取「旁徵」的辦法予以補救，旁徵的方法須要參考：

1) 民間俗語；2) 異國文字；3) 西方學者研治我國音韻的專著。羅先生很重視這方面的材料，並寫下了大量的專著：《現代方言中的古音遺迹》、《韻文體語中所見之古今音變示例》、《明清學者對古方韻研究貢獻》、《西洋研究中國方言的成績及缺點》等。

等韻學是關於辨別字母的輕重清濁，劃分韻攝的開合正副、按等尋呼、據音運切的學問，但從事這種工作的人多不明音理，有的還深受宋元理學家的種種理論影響，所用術語如等呼、重輕、內轉外轉等，義多含糊，不容易理解，爲學者視爲畏途，羅先生在這方面下了許多功夫，把歷代各家的不同的說法滙集起來，加以比較，用很簡練的文字，按照語音學原理進行解釋，寫成《釋輕重》、《釋內外轉》等文；使等韻學有了突破性的成就。

「五四」後，中國學術上掀起了中西文化的大討論，羅先生雖然沒有直接撰文著述參加討論，但他對東西方文明關係的觀點還是很明確的。他在北大哲學系時，正是北大哲學「如日中天」的非凡時期，對中西文化關係問題，當時北大的形勢是：胡適與梁漱溟分庭抗禮，一西一中，大唱對臺戰，胡適積極主張西化，梁漱溟則認爲文明最後出路是中國文明，羅常培先生對梁先生的《東西方文化及其哲學》一書非常贊同，全面地接受了梁先生書中關於東西方文化之間關係的觀點，實際上，《東西方文化及其哲學》一書就是梁先生在濟南講學時請羅先生記錄，根據記錄整理

而成的。

　　當然，羅先生的主要成就還是在語言學上，他這方面的成就被認爲是劃時代的，他用語言學理論指導語言研究以他爲最早，當時這是開創性的道路，羅先生還培養了大批的人才，寫下了大量著作，是我國語言學上的珍貴遺產。

張申府

　　張申府（1893－1986），原名崧年，字申甫，1893 年 6 月 15 日生於河北獻縣。父親是清末進士，翰林院編修，民國時期的衆議員，申府少時深受家庭的薰陶，聰明好學，十八歲時以優秀成績考入北京大學數學系。畢業後留校任教，當時，胡適、陳獨秀等知識份子領導的新文化運動在全國，尤其在北大，產生極大影響，新思想、新文化、新思潮衝擊著每一位熱血青年，張申府也不例外。他積極投力於「五四」青年革命運動中，曾參加創辦《每月評論》，任《新青年》編委，爲新文化運動作出了貢獻，1920 年在北京隨李大釗籌備組織共產主義小組，是中國共產黨第一批黨員之一，1921 年在法國巴黎建立共產主義小組，是中共派法，派德支部的負責人之一。回國後，參加了中國共產黨第四次全國代表大會，因對黨的綱領發生分岐，提出退黨，之後投力民主革命，宣傳辯證唯物主義。曾先後任黃埔軍校政治部副主任，廣州大學、暨南大學、中國大學、清華大學、北京大學教授。1927年，在宋慶齡、鄧濱達《莫斯科宣告》的影響下，在上海籌建「中華革命黨」，主張民主，反對獨裁，在民族危機之際，參加了一二、九運動，爲華北各界救國聯合會負責人之一。在抗日戰爭期間，擁護共產黨的抗日主張，積極從事抗日活動，抗戰勝利後，張申府和其他民主人士一起呼籲停止內戰，反對獨裁，主張民主和平。1949 年後在北京圖書館長期從事學術研究工作，從事文獻翻譯和中外文圖書採訪等工作。粉碎「四人邦」後，任第五、第六屆政協委員，1986 年 6 月 20 日病逝於北京，享年九十三歲。

　　張申府長期從事哲學邏輯學的研究，碩果纍纍，是著名的哲學家，特別是對羅素的數理邏輯和愛因斯坦的相對論等方面，不但是最初的介紹者，而且在研究上也很有造詣。他留下的著作和譯著有：《新思》、《張申府學術論文集》、《名理論》、《現代哲學引論》、《羅素論文集》等。

　　張先生青年時代正是中國文化處於新舊激盪交替的時代。1919 年，胡適在《新青年》上發表《多研究些問題，少談些主義》一文引起中國文化運動中第一次「問題與主義」大討論。其時，深受美國杜威實用主義思想影響的胡適，對李大釗、陳獨秀等人大談馬克思主義、共產主義很不以爲然，認爲中國當務之急不是缺乏「主義」、「思想」的指導，而是要解決切切實實的問題，張先生當時擔任《新青年》編委，也參加了這次辯論，在報紙上發表他的看法。他以辯證唯物主義爲指導，闡述了「問題」與「主義」之間的辯論聯繫及相互作用的關係。認爲，解決「問題」離不開「主義」的指導，「主義」之指導作用也離不開具體「問題」，「問題」與

「主義」二者只有聯繫在一起才能起到真正的作用，他說：解決問題只有求去掉事實的不相容，使其歸於和諧……沒有現成的主義作指導，解決問題必至事倍而功半，自然現成主義也可以爲解決問題之妨礙，自然人也不可以爲事實所拘，矯枉過正。對於那些只談問題或只談主義的人，他作了批評。他說：「因爲懶惰，只道聽途說，瞎談主義絕不把實際的問題一一加以研究，這很像是只知背方術而不臨度，一個人出來說，這不行。於是許多人也漸漸只說問題，筆寫問題。問題從何而來？」這些只談問題的人卻不知道。張先生認爲問題是從事實中來，可是那些只談問題的人卻並不觀察事實，「不管事實的有無，捕風捉影，設立問題」，空談問題，張認爲空談問題與空談主義是一丘之貉，一樣於社會於國家無補，所以清談問題或只講主義的指導作用都是偏於一方，不足取。只有把二者有機地聯繫起來，結合在一起，才能真正解決問題。張先生對問題和主義的辯證關係的觀點，在當時的討論中實在是有一定的理論深度。

「問題」與「主義」的大辯論剛剛平靜，1920 年，梁先生《東西文化及其哲學》一書又引起一切更大的辯論，辯論產生許多觀點，有激進的全盤西化派，有頑固的國粹派，所謂中體西用論，還有中西調和論。張先生以他一貫的客觀的辯證唯物主義爲指導思想，既反對全盤西化，也反對中體西用，更反對和稀泥式的東西調和論。他認爲：「東西文化中各有各的糟粕，也各有各的精華，不必盡皆拋棄，也沒有必要全盤搬來」「一個民族，如果沒有它可以紀念的東西，則不但不會長久，也必不值得長久存在」，他認爲中國文化中的精華是「仁」，而西方文化中精華則是「科學法」，這是人類最可寶貴的東西，東西文化的缺點是：「中之弊，貴人而遺物；西之弊，察天而忽羣。」那麼如何對待中西文化的關係呢？

有人主張，西方文化要義在戰勝自然，東方文明則在與自然調和，認爲這種分別是時代的分別而不是地域的分別。張申府對此表示懷疑，認爲二種文明的分別不是時代的也不是地域的分別，而是程度的分別，所以全盤西化的觀點就站不住腳，張先生是堅決反對全盤西化論的，認爲「中國人絕不能以學習模仿爲能事，因爲世界上而有中國存留，則中國人必須有其特異的地方」，這特異的地方也就是中國文化的精華，所以中國人絕不能「以徒徒學習西洋科學爲能事」，否則中國人就只能成爲猴子。張先生反對全盤西化的另一論點是西洋文明並沒達到文明的極至，並沒有完全滿足人們的欲望，況且西洋文明中還存在不如中國文明中的東西；此外，「中國社會就是中國社會……誰拿西洋的成名陳範來解救中國……都是難得當的。」在對待西洋文明的態度上，他認爲「空取一種革命的相對的反對態度」，這種態度正如待中國文化一樣。

對中國文明實行復古是不可能的，這已被事實所證明，但中國文化存於世界如此久長，也有其長處。因此不能僅看到中國的長處，當然也不能只看到其短處，那麼應怎樣呢？

張明確地指出：「爲什麼不應發其精華而棄其糟粕」，「發其精華，棄其糟粕」就是科學對待東西文化關係的態度，這個原則至今還爲辯證唯物主義者提倡。

（陳小蘭）

朱謙之

朱謙之（1899-1972），字情牽，福建福州人。要想在朱謙之這名字前後冠以「什麼家」的頭銜，是相當困難的。有人把他譽爲百科全書式的學者，這一點也不爲過。朱謙之才思敏捷，著述特豐，成書三十幾種，論文百篇以上，研究主題涉及歷史、哲學、文化學、文學、音樂、藝術、考古、宗教、政治、經濟學等諸多領域。

論著有：《中國哲學對歐洲文化的影響》（1940年商務版）、《印度佛教對原始基督教之影響》（珠海大學1949年版）、《中國古代樂律對希臘之影響》（音樂出版社1957年版）、《日本的朱子學》、《日本古學及陽明學》、《日本哲學史》、《太平天國文化史》等，在國內都屬開創性研究。另外，《老子校釋》、《朱舜水集》也是兩本不可多得的力作。

朱謙之一生歷盡坎坷，童年喪母，少年喪父、喪姊。磨難的人生造就了他狂傲不馴、勇往直前的性格。中學時代就以「閩狂」、「古愚」、「左海恨人」等爲筆名作雜著、小說、社論，曾作《英雄崇拜論》說：「名爲英雄，自不能安於平凡，故如天馬行空，不受羈勒，如一片狂熱不可炙手」。1917年考入北京大學法預科，後轉入文科哲學系。此時作《政徵書》、《先秦諸子學統述》、《太極新圖說》、《虛無主義與老子》、《現代思潮批評》等書。

在北大期間他的世界觀經歷了三重變化：一是無政府主義和虛無主義；二是老莊哲學；三是佛教空觀。最終他成爲一名唯情主義者。崇信真情之流是朱謙之一生最終安身立命之所在，以後雖著作許多，但最終都未超出這框架。「要問我思想的下落，只有穩當快活四字，從前的宇宙是由廣袤的物質充塞著，現在看起來都是渾一的真情之流」（見《七十自述》）。在這種觀點指導下，他寫了《周易哲學》、《革命哲學》、《唯情哲學發端》、《系統哲學導言》，後又作《中國文學與音樂的關係》、《平貧文學與音樂文學》、《中國音樂文學史》。1929至1931年，朱謙之留學日本。在日本主要作兩項研究：第一是黑格爾哲學研究；第二是歷史哲學研究。這期間寫《黑格爾主義與孔德主義》。1932年朱到廣州講學，以後一直在中山大學執教。他對文化的研究就是從此時開始，他寫了大量的文化學著作，並發動了「南方文化運動」。成書的有：《文化哲學》、《文學社會學》、《文化教育學》、《中國文化之地理分布》，在《文化哲學》中他引證意大利哲學家 Croce 的「將來的哲學就是歷史」這句名言，認爲將來的哲學應該是文化史的哲學，即文化的哲學，哲學的發展趨勢不是觀念論和唯物論，而爲有較大涵蓋性的文化論」，繼而他又區分了「文化」與「文明」這兩個範疇，認爲「文化」是人類生活各方面的表現，這種表現應包括兩個方面：一方面表現爲人類知識生活，另一方面表現爲人類社會生活，而通常所說的「文明」即是關於教育與秩序等文化的物化形態，所以文明應納入文化之中，而不應橫加分割。朱謙之運用黑格爾（《歷史哲學》）、E. Huntington 及 S. W. Cushing（《人生地理學原理》）的理論，把文化區分爲三種形態：

一、發生於高地的宗教文化——以印度爲代表。
二、發生於平原的哲學文化——以中國爲代表。

三、發生於海洋的科學文化──以歐洲爲代表。

第一種形態的印度宗教文化鼎盛期爲 BC3000 年至 BC327 年，位於文化的第一時期，這種文化的核心思想是解脫，而第二種的中國哲學文化發端於春秋戰國，直到 1660 年明朝滅亡爲文化史第二期，這種文化的基本特徵就在於認識到生命的美及其永久的流行，所以自其根本而言是一種「哲學文化」或叫「教養文化」。中國文化中也有宗教，但這種宗教是一種哲學宗教，和一切虛無、寂滅、茫茫冥冥的空論不同，它不是引導人的超出有情的現象世界，而是要體驗生命的快樂。中國文化中也有科學，不過這種科學也只是哲學的科學，和真正的科學有根本不同。中國的科學思想都存於哲學之中，哲學的科學只能就自然現象而爲設譬之詞，而後對自然界實行實際研究，仙藥學就是這種科學思想之表現。總而言之，中國沒有真正的宗教，真正的宗教是從印度傳來的；中國也沒有真正的科學，真正的科學是從西洋傳來的。真正可稱爲中國獨立發展的文化只有人生哲學，馬克斯・舍勒把它稱作「教養的知論」或「本質的知識」。這種人生哲學的基本精神就是唯情哲學，古代哲人在大自然現象之中從容潛玩，領悟到自然中處處皆有本體，結果知道，本體不是別的，就是到處彌漫的「情」。一切生存草木都是情的化身，是由真情之流流出的，程明道「觀天地生物氣象」，陳白洲叫人「隨處體認天理」就是這個意思。「中國傳統哲學教人千言萬語，都不過叫人懂得這點情、懂得這點樂」。孔之蔬飲、顏之簞瓢、曾點之春風沂詠，暮春者，春服既成，冠者五六人，童子六、七人，浴乎沂，風乎舞雩，詠而歸。這都是春情洋溢、胸次悠然的寫照。對於陳序經等全盤西化派的論點，朱謙之認爲需要對之進行具體分析。他説：「一切真的文化，都是現代的文化，也都是適合於現代的文化。不然，所謂過去的文化只是糟粕而已，無生命的木乃伊而已。我們就現代的中國文化來看，無論從哪方面都是宣告西方文化之侵入，本國文化之破產……我們越充分理解中國文化的現階段，越發現中國文化如不想繼續創造則已，要想繼續創造，則必須有一個物質的基礎」。但中國文化的科學化並不等於西化。從一方面來看，中國哲學文化確已成爲過去，但從未來的全部文化的體系看，中國文化則有復興希望。關鍵在於我們能否把握自己的文化以融化於西洋的科學文化中。朱謙之認爲，全世界的文化，最後都要發展到「文化的理想狀態」──藝術文化。藝術文化與其之前的各種文化相比較有三個特點：Ⅰ以前各階段文化是各別的，而藝術文化則是做爲全體的；Ⅱ以前各階段文化爲對立的，戰爭本位的，而藝術文化則爲和諧的，以和平爲本位的；Ⅲ前面各階段文化爲民族主義的，而藝術文化爲大同主義的。各種文化達到藝術文化的道路雖不盡相同（印度由宗教文化、中國由哲學文化、西方由科學文化分別走向藝術文化），但目標是一致的。

此時，在中山大學執教期間，朱謙之爲配合抗日戰爭發動「南方文化運動」，這個運動別出心裁。他認爲中國文化的唯一出路唯有接受科學、實業，而科學與實業的文化都在南方。北方文化是中國文化的發源地，直到兩漢時代中國文化仍以北方爲根據地，但從南宋以至元、明、清，中國文化中心，（包括經濟中心）已轉移到長江流域。他引證了丁文江的《歷史人物與地理關係》、梁啓超的《近代學者之地理分布》、張耀翔《清代進士之地理分布》、余天休《中國近三十年人物的分析》等統

計表。從人物、戶口變遷中說明北宋以前爲黃河流域的文化，清以前爲長江流域的文化，清以後爲珠江流域的文化。此外，他還引證朱君毅的三個表（①「民國實業人物之地理分布表；②民國教育人物之地理分布表；③民國軍事人物之地理分布表）得出三個結論：第一、由表①知實業人物以廣東爲最多，其次是江蘇、浙江。第二，由表②知教育人物以江蘇爲最多，其次浙江與河北，第三，由表③知軍事人物以河北爲最多，其次爲安徽與山東。他進而適用馬克斯・舍勒爾知識社會學的理論分析中國文化，得出黃河流域所代表的是解脫的知識，長江流域代表教養的知識，珠江流域代表實用的知識。這三種知識是各有其價值，但目前卻應當特別注重實用的知識，即注重科學、實業的建設。

1949 年後，朱謙之調回北大哲學系，後又調世界宗教所，此時著作有《日本的朱子學》、《日本古學及陽明學》、《日本哲學史》、《老子校釋》、《朱舜水集》，還有《唐景教碑——中國早期基督教新探》。1968 年 12 月在生命的最後幾年，朱謙之作《七十自述》對自己的一生做了系統的總結與剖析，足以見他真誠的追求與不倦的探索精神。就這樣，他走完了他的人生。

（張少保）

瞿秋白

瞿秋白（1899-1935），無產階級革命家、思想家。瞿秋白又名瞿維它，1899 年出生於江蘇省常州的一個官宦世家中。因爲家庭條件的便利，很早就入學讀書了，先後進過冠英小學，常州中學等。瞿秋白對中國傳統文化有很深的喜愛，認爲作爲一個中國人，尤其是知識份子，起碼要懂中國的文學、史學、哲學等，對於諸子之學、經學、佛學、理學、漢賦、唐詩、宋詞等，也都應有一個初步的認識。所以，他的學問功底是比較深的，這爲他日後進行文化活動打下了基礎。

瞿家本來尚殷實，後來家道中落，陷入困頓。瞿秋白也因交不起學費而退學。家貧債多，每及年關，討債人紛紛上門逼索。瞿秋白的母親不堪忍受淒慘的生活，自殺了。母親自殺後，兄弟姊妹們無依無靠，全都寄養在親戚家中，四散飄零。悲慘的生活經歷打擊了青年時期的瞿秋白，他開始了對社會以及人生的思考。

1917 年，瞿秋白到北京考入俄文專修館求學，他希望能夠從融會貫通中西文化入手，探討改變中國現狀的出路，所以，在俄文館，他不僅學習了俄文，也廣泛地閱讀了中外思想著作；對經、史、子、集的研究也頗有造詣。他研究的目的只有一個，即中國「文學的再生」和「文化救國」；但他於舊學中也發現了許多罅縫以及矛盾之處，這使他不得不有所懷疑，有所反思。此後便展開了對舊學的批判。

五四運動之後，各種思潮紛至沓來，瞿秋白經過深入的思考，長期的探索，接受了馬克思主義。他和鄭振鐸等一起創辦了《新社會》雜誌，猛烈地批判舊思想、舊制度，揭露黑暗的舊社會的種種弊端和罪惡，提出要對整個舊社會來個「兜底翻」。五四時期是瞿秋白思想轉變時期。

　　1920 年，瞿秋白作爲《晨報》特約記者，帶著考察蘇俄社會主義革命，學習馬克思主義，探索中國的前途的目的前往蘇俄。在俄國，他對馬克思主義和社會主義建設的實際歷程的認識都有了質的飛躍，提出，無產階級革命是一切個性解放的前提；爲實現無產階級革命，就必須建立唯物主義的世界觀。他成了中國第一批馬克思主義理論家。在蘇俄，他尤其重視從文化的角度研究社會問題。他認爲，資產階級文化已經破產，只有無產階級文化才保持著人類文化發展的未來，只有它才能開創人類文化的新道路，才能光復中國四千餘年文物燦爛的文化（《赤都心史》，見《瞿秋白文集》第 160 頁 ）。

　　歸國後，瞿秋白運用在蘇俄學來的革命理論，結合中國的實際情況，積極探索中國革命的道路問題，正確地引導了初期的革命實踐。由於對革命的艱巨性的認識不足等原因，瞿秋白也有過左傾盲動的失誤，後來遭到王明等人的打擊。1953 年 2 月，瞿秋白在轉移途中被補，6 月 18 日英勇就義。

　　瞿秋白不僅是個堅定的無產階級革命家，也是個勤奮的學者，他寫了大量關於文化的文字，計有《現代文明問題與社會主義》、《自由世界與必然世界》、《社會哲學概論》、《現代社會學》、《五四和新的文化革命》等。此外還有文藝理論著作和政論性文章等。

　　五四之前，瞿秋白就開始了對文化和文學的研究，曾提出了「文化救國」和「文學的再興」等主張。接受了馬克思主義之後，瞿秋白把文化運動和革命聯繫起來進行研究，提出要從文化運動開始改造社會，啓發民智，促其覺悟，適應世界文化的新潮流。他赴俄的目的之一就是要研究共產主義的社會組織在人類文化史上的價值，研究俄羅斯文化，探索舊文化向新文化轉變的出發點。他認爲，十月革命的勝利，俄國社會主義革命的建設業已表明，資產階級文化已日漸衰亡，成爲「放之餘」，新的無產階級文化必將取而代之，無產階級文化代表了世界大衆的利益。唯物論的世界觀爲人類文化擔負著歷史使命。

　　自蘇俄回國後，瞿秋白積極參加了國內的文化討論，宣傳馬克思主義的新文化觀，對各種舊思想、舊文化觀進行了堅決的批判。1923 年思想界發生了「科學與人生觀」的論戰。「玄學鬼」張君勱和胡適、丁文江等，各爲一方展開了激烈的論爭。張君勱等人鼓吹東方文明爲「精神文明」，譏貶西方文明爲「物質文明」，宣揚「自由意志論」；丁文江等人則運用實證主義和實用主義等理論，大力宣傳西方的物質文明。瞿秋白明確地劃分了無產階級的文化觀與丁、張等人的文化觀的區別，運用唯物主義的理論著重對張君勱等人的唯心主義進行了批判。他指出，人類社會歷史領域和自然界一樣，是有規律可循的，科學的職責就在於發現這些規律。歷史現象的原因歸根結底是「經濟的發展」，惟有循照各種經濟關係的發展方能發現歷史進化的規律以及某一特殊地域的規律。所以，一切歷史現象都是必然的，偶然只是人們尚未發現其中的原因而已。「自由」只能是對必然的認識，要從必然進化到自由，就必須知道社會發展的規律。

　　瞿秋白也對東方文化派的文化觀進行了批判。五四時期國內文化派別紛立，東方文化派是一個比較保守的派別，他們以《國故》月刊，《東方雜誌》爲陣地，宣揚孔孟之道，認爲它是中國文化的結晶，並提出要復興「文武周公之道」、「六藝之

學」等，反對五四以來的科學和民主思潮，尤其反對馬克思主義、共產主義。瞿秋白深入地分析了文化的階級性，批判了東方文化派的復古逆流，但他並不像全盤西代派那樣，簡單地對待各種文化。他認為，文明是人類的勞動創造，社會不斷發展，文明也不斷進步，精神文明是物質文明的副產品。文化是人類的一切「所作」，包括生產力、生產關係、社會心理、社會思想系統等。研究文化與文明離不開唯物史觀的指導。文化本質上無東西之別，都是人類征服自然的結果，征服自然越強，文化也就越強。中國的舟船和西方的輪船都是征服天然的工具，兩者只是時間上的差異。由於東西方文化處於不同的歷史階段上，因而呈現出不同的特點，西方文化已進入資本主義乃至帝國主義，而東方文化猶處於封建宗法關係中。資本主義文化發展了科學、理智，比東方文化要進步得多。相反，封建制度已處於衰微的邊緣，東方文化派企圖弘揚封建家法文化，其實是開歷史的倒車。

「倫常」、「綱紀」、「孝悌」、「禮儀」以及「習靜養心、絕欲滅意」等，反映了封建制度的思想，是斷斷不可恢復的。

他進一步認為，科學的發展是人類文化的一個巨大成就，但資產階級文化下的科學不是用來為大多數人謀利益，卻是為少數人所利用，遂釀成階級鬥爭，所以，只有消滅了私有制，科學方能成為廣大羣衆謀福利的工具。這只能在無產階級文化中得以實現。

瞿秋白也是一個文學家和文藝評論家，對他來說，文學及文學評論既是一種藝術形式，也是無產階級文化建設的一部分。他特別強調要繼承五四新文化運動的寶貴成果，用馬克思主義的文化觀反對封建主義思想，發展無產階級文藝。他翻譯了大量的馬克思主義文論著作，為二、三十年代的左翼文化運動提供了寶貴的指導，參加並領導了左翼文藝運動，在白色恐怖時代促進了左翼文化事業的發展。

瞿秋白還是提倡中國文字改革的先驅之一。他認為中國文字太繁雜，不利於發展大衆文化，因此主張推廣普通語，使官文一致；採用拼音文字，廢除漢字等，並花費了大量的時間進行了許多具體的研究，寫了《中國拉丁化的字母》一書，於1930年在莫斯科出版。瞿秋白對文字改革的研究，誠為一項有意義的探索，值得肯定。

（喬清舉）

方東美

方東美（1899-1978）思想家，名珣，字東美，出生於安徽省桐城縣。

方東美先生幼受家學，儒學根基深厚。三歲就能背誦《詩經》等典籍。十四歲入桐城中學。讀書期間十分喜愛《莊子》，認為桐城派文章長於敍事卻短於說理。1917年考入金陵大學預科第一部，次年9月入哲學系。在金陵讀書期間才華已漸顯溢。曾糾正過講授《詩經》和講授英文《宗教哲學》的教師的錯誤。1921年杜威到南京訪問，方先生曾作為代表致歡迎辭，但並不欣賞杜威的哲學。

　　金陵大學畢業後，方先生赴美國威斯康辛大學讀碩士學位，讀書期間，提出了「哲學就是救人的大學問」的觀點。他的學位論文深得美國教授的讚賞，認爲美國的研究生寫不出那樣有水平的文章。之後曾到俄亥俄州立大學讀黑格爾哲學。1923年7月重返威斯康辛大學攻讀博士學位。1924年完成了博士課程並提出了博士論文《英美新唯識論之比較》。

　　1924年歸國。任武昌高等師範大學哲學系教授、東南大學教授等。以後分別在中央政治學校、中央大學任教授，並在中央大學擔任哲學系主任和研究所所長。

　　1947年後赴臺，任臺大哲學系主任、教授。在臺期間曾多次赴美講學，分別擔任過達科它、密蘇里、密西根等大學的教授。先後數次參加「東西方哲學家」和「東西方哲學會議」，提出過《中國形而上學中的宇宙和個人》、《哲學、宗教和哲學人類學中人的異化問題》以及《從歷史的角度看王陽明哲學的精義》等文章，深受國際學術界的好評，被譽爲「中國的桑塔亞那」。爲東西方哲學的交流，尤其是中國哲學走向世界，做出了傑出的貢獻。

　　1978年因患癌症去世於臺灣省，享年七十九歲。

　　方東美先生治學没有一般學士的偏見，對東西方哲學都能「入於其中，出於其外」，曾自謂「家學淵源是儒家哲學，受的思想方法訓練是西方哲學，衷心欣賞的生命情調是道家哲學，嚮往心意的是大乘佛教哲學精神。」所以，其學識淵博，貫通東西，於中國、印度及西方哲學均有獨到的見解。主要著作有《哲學三慧》、《科學哲學與人生》、《中國人生哲學》（英文）、《生生之德》（英文）以及《中國哲學之精神及其發展》（英文）等。《哲學三慧》是他早年寫的關於中、印、希臘文化哲學的著作，言簡意賅，功力深厚。法國漢學家曾譽爲「不朽」之作。英文的《中國哲學之精神及其發展》是方先生花費十幾年功夫寫成的一部巨著。該書詳細精審地論述了中國歷代哲學的生命精神，是一部發揚、傳播中國哲學的力作。

　　方東美先生認爲，人都是生活在文化之中的，所以，哲學落實到現實中也就是文化哲學。文化哲學的任務就是統觀各民族的文化，取長補短，爲本民族的文化的未來打開局面。

　　方先生把東西方文化、哲學思想進行了一番比較研究，指出，希臘文化精神是阿波羅、迪奧尼索斯和奧林匹克精神；歐洲則是文藝復興；印度是《奧義書》、佛和《薄伽梵歌》，中國則爲道、儒、墨。方先生最初十分讚賞古希臘精神，認爲它表現了磅礴的氣勢。而歐洲把古希臘有限的天地拓展爲無窮的宇宙，其實是包含了虛無主義的因素的。理性主義的興盛中有著內在的空虛。如果說古希臘文化是悲劇性的，其實質是人能夠隨心所欲；那麼，歐洲文化同樣也是悲劇的，但其實質卻是人不能夠爲所欲爲。

　　經過對西方進行了一系列的研究之後，方先生又復歸到了傳統文化中來了。他認爲，中國哲學的精神比古希臘哲學精神更高明、更圓滿。若能夠恢復原始道、墨、儒家的文化精神，那麼，中國人的人生境界一定會超邁於古希臘之上。

　　方先生認爲，中國哲學，無論是儒家、道家亦或墨家，其境界都是天人合一。儒家孔子的忠恕之道是「己欲立而立人；己欲達而達人」，《大學》、《中庸》都發揮了這種精神。講究存心養性，正心誠意以及「參天地而贊化育」，形成了中國傳統

的道德價值。道家主張法天地任自然，無爲而無不爲，表現了廣大悠遠、虛靈慈惠的精神。墨子尚賢、尚同、兼愛，也是一種高尚的理想。儒、道、墨本來是相通的，都是從不同的方面表現了大道的流行和「生生之德」。只是道墨未及儒家中正融通，略顯偏重而已。

原始儒家的精神主要保留在《書經》和《易經》之中。《尚書》中的「五行」以及「皇極」概念，天人合一的哲學概念，都是值得重視的；尤其值得重視的是《易經》。《易經》本是一部史書，保留了一些歷史資料。但這些記載可以用來表達哲學意義，所以，孔子就以之爲依託，形成了一套人文主義的生生哲學，這正是其偉大之處。《易經》強調大化流行，生生不已，肯定人性有內在的道德價值以及至善的根源，人格的充實之美等，完成了「天人合一」的以價值爲中心的本體論哲學體系，是原始儒家人文主義理想的極致。

倘說儒家的理想人格是「聖之時者」，那麼，道家的理想人格則爲「太空人」。道家能夠突破塵世的圍限，獨與天地精神相往來，創造了超邁、瀟脫、自由無羈的人生境界。老子的「道」不能作世俗的理解，亦不能做絕對的「無」解，它是一切存在的價值的源泉。後期的注釋家反而失去了老莊的精神，或淪爲權術，或淪爲治丹求長生不老之術，去老莊之旨遠矣！

方先生對宋明理學做了詳細的研究。他認爲，新儒家可以分爲實在論、唯心論和自然主義三個派別，前者包括北宋五子及南宋朱子；唯心論者有象山、陽明等。實在論者雖也主張天人合一，卻在知識論上將主體指向客體；唯心論者則以心爲關鍵，將知識化爲內在之事。在價值判斷上，方先生更傾向於後者。自然主義者包括王夫之的功能派自然主義者，顏元的實用派自然主義和戴震的物理派自然主義等。

方先生認爲，周敦頤是新儒家的鼻祖，但其思想較爲複雜，糅合了道家、陰陽家以及雜家的思想。其宇宙發生論是道家式的向下流行說而不是儒家傳統的向前的宇宙生化秩序。其《通書》在人性論和本體論上追求永恆和變易的統一，是其精華所在。

邵雍提倡以心觀物，肯定整個自然人文世界的價值，敬告人們不可狹隘，其實是切中了宋儒的時弊。

張載《西銘》提出「爲天地立心，爲生民立命，爲往聖繼絕學，爲萬世開太平」，儼然是聖者氣象。他的宇宙論是一種生機哲學，雖廣採異說，猶不失爲醇儒。

程顥識仁，自爲醇儒，其學說開創了陸王心學；程頤發展了一套唯理的哲學，在邏輯上不免陷入矛盾。

朱熹企圖綜合以前數家思想，結果卻是破綻百出。方先生認爲，唯心論一派如象山稱宇宙爲己份內事，己份內事爲宇宙事，進一步提出「宇宙即吾心，吾心即宇宙」，此「心」非經驗之「心」，實乃「本心」是純粹的孟子之學。只有這種學問方向方能超越流俗，把握一個光明普照的世界。陽明把象山的超越理想化爲內在的理想，提倡心理合一與知行合一，繼承了象山之學且越其限制。

自然主義者繼唯心主義者而起，一反其學術取向，希望學術由天上轉回人間，企求人性的充分發展，希望至善的理想在人間得到實現，與力圖保持價值中立的自

然主義者截然異趣，其宇宙觀和人性論系於價值，實超乎西方之上。

　　方先生也論及，中國傳統文化的種種弊端，如秦的橫暴，宋代之後的科舉以利祿誘人心，以權威壓制真理，學術缺乏民主等，並給予了一定的批評。

（喬清舉）

賀　麟

　　賀麟（1902——），字自昭，四川省金堂縣人。賀麟在四川完成中學學業後，於 1919 年考入清華學校中等科二年級。其間，賀麟拜受梁啓超、梁漱溟之教，崇尚陽明心學；更師從吳宓，勤練翻譯，並著文論嚴復翻譯之得失，立志欲做溝通東西哲學之橋樑。1926 年 8 月赴美深造，先入奧柏林大學，後轉入芝加哥大學研究生院，最後於 1929 年 9 月在哈佛獲得碩士學位。在美國，賀麟刻苦研讀斯賓諾莎、康德、黑格爾哲學，神遊冥想於思辯哲學王國，出於對德國哲學的愛戀，他放棄了可以在美國較容易得到的博士學位，於 1930 年夏轉赴德國，進入柏林大學。

　　1931 年賀麟回國，任教於北京大學哲學系，並在清華兼課、授課同時，開始自覺融合東西哲學中正統的理性傳統，建構了新心學的唯心論體系。1938 年在昆明聯大任教，後在「中央政治學校」任教一年。1946 年回京在北大任教，次年任北大訓導長。

　　1949 年後，賀麟開始了新的學術和精神生活。他繼續在北大任教，直到 1955 年調入中國科學院哲學和社會科學部（現在的中國社會科學院）任哲學所西方哲學組組長。在學術思想上，他所深愛的黑格爾辯證法，使他較容易理解並同情地研讀辯證唯物主義著作，後來更明確地宣布贊同辯證唯物主義，並以之為方法更深入地研究黑格爾哲學。他在譯述，研究黑格爾哲學方面的功績是巨大的。

　　主要著作有：《文化與人生》、《近代唯心論簡釋》、《現代西方哲學講演集》、《黑格爾哲學講演集》。譯著有：黑格爾《小邏輯》、《哲學史講演錄》、《精神現象學》。

　　作為一位潛沉於思辯哲學王國之中並曾自覺地建構過「新心學」哲學體系的哲學家，賀麟對「五四」以後文化研究狀況頗為擔憂。他認為那時的文化研究只停留在文化批評階段，研究者大都只作現象描述，僅指出東西文化之異同優劣，其結論當然是入主出奴。例如當時頗負盛名的梁漱溟先生就是典型的例子。梁以其直覺的敏悟和對東西文化諸多現象的觀察，尤其是通過他在西洋、中國、印度三種文化中所見到的「色彩」、「風氣」、「趨向」，得出這樣的結論：西洋、印度、中國三種迥然相異的文化產生於三種迥異其趣的人生態度。梁更根據他所觀察到的經濟、科學、哲學種種變遷的情勢，斷言西方人將逐漸由向前的態度而趨於中國人持中調和的態度，且將最後更進而趨向印度人向後的路向，梁據此預言中國文化將在最近的將來復興，印度文化將在更遠的未來復興。

　　賀麟認為這種比較研究只是基於對世界文化演變的觀察，直覺的印象多於學理

的調查。賀麟本人也做過類似的研究工作，但經過一番反思，他認爲這種研究在學術上價值不大，多是附會比擬之談，就其現實意義而論，對社會公衆的文化心態之影響也是不健康的：當其時，在比較文化研究中，持中化優於西化者，欲爲守舊作屏蔽，而持西化優於中化者，目的則在爲全盤西化尋求根據。要將這種文化啓蒙工作尤其是對中國文化傳統的反思引向深入，需直探本真，將文化研究導入文化哲學的堂奧。

新心學認爲不能離開文化談「心」，若然，則心無生命，無活力，新心學也就會淪爲蹈空之玄談。爲了這種理論需要，也爲了補偏救弊，新心學便具體化爲賀麟的文化哲學。文化哲學仍採用傳統文化中的範疇：體和用。體用觀有絕對的與相對的兩種：前者如柏拉圖以範型世界爲體（實爲形而上之本體或本質），以現象世界爲用（appearance），體一用多，體靜用動；相對體用觀中的體用之分則相當於亞里斯多德的形式或範型與質料的關係，這種體用觀以價值最低爲標準，按照邏輯程序把衆多不同的相關的事物排列成寶塔式的層級，最上層爲真實無妄的純體或純範型，最下層爲具有可塑性的純用或純物質，中間各層則較上層以下層爲用，較下層以上層爲體。這種體用關係不是因果關係，只是以價值高低爲標準。文化的本質是什麼？何爲文化之體？「道之顯者謂之文」，賀麟將朱子這句話中的文釋爲文化，將道理解爲宇宙人生的真理、萬事萬物的準則，即真善美的最高最永恆的價值。道是文化之體，文化是道之用。當然，自然也顯現道，但卻不屬文化之列，因爲自然只是未透過人類精神活動而自然地隱晦地昧覺地顯現者，「道之憑藉人類精神活動而顯現者」才是文化。據價值哲學來看，道是價值理念，精神則相當於價值體驗，文化相當於價值物，自然是與價值相對立的觀念。據絕對體用觀來看，則道或價值理念是最高本體，精神、文化、自然都是道的顯現和用具。據相對體用觀來看，則自然是文化之用，文化爲自然之體；文化爲精神之用，精神爲文化之體；精神爲道之用，道爲精神之體。道即是理即是心。這裡，道是有待顯現之理，是本體（實體），精神則是自覺地顯現道的主體，於是便出現了主體與實體之分，似乎背離了黑格爾的「實體——主體」哲學之初衷，而且缺乏更深刻的哲學意味。

文化是有機體系，其中哲學和科學都是真這一價值的顯現，前者追求價值的、形而上的理則方面的真理，後者追求自然的、形而下的事物的真理；宗教和道德同爲善這一價值的顯現，前者追求無限的神聖之善，其旨在達天人合一，後者則求人本之善，旨在求人際和諧之善；藝術和技術間爲美這一價值之顯現，前者顯現超功利實用的美的價值，後者則顯現實用的功利的美的價值。餘者如政治、法律、實業、軍事則科學、道德、技術的功用和產物，與真善美這些純精神價值之間中介頗多，距離較遠。

文化哲學中有三條原則：體用不離；體用不可顛倒；多部門的文化構成有機統一體，部分可以反映全體。因此，研究介紹採用任何部門的西洋文化都必須得其體用之全；文化的改革和演進必須是體用俱分進化，創造新文明即是創造新的精神文明和新的物質文明；應以精神或理性爲體，以古今中外文化爲用，即「以自由自主的精神或理性爲主體，去吸收融化，超出揚棄那外來的文化和已往的文化，儘量取精用宏，含英咀華，不僅要承受中國文化的遺產，而且要承受西洋文化的遺產，使

之內在化，變成自己活動的產業」（見《文化與人生》）賀麟試圖突破超越本位文化派與全盤西化派的偏執，但問題是有那種自由自主的精神主體嗎？事實上，即便有所謂世界精神，它也必定表現爲具有一定的文化心理結構的民族形式，這樣便會發生世界意識與民族意識的衝突。在這種衝突中，賀麟反覆強調：「我們的使命，不是全盤接受西化，也不是殘闕地固守本位文化，而是去直接貢獻於人類文化──即文化本身」。

賀麟的世界意識表現在他對現代化的理解和倡導上。他是最早紹述馬克斯‧韋伯思想的哲學家，通過準確而深入的把握和研究，他從韋伯的思想中導出這樣的結論：現代化不只是工業化、實業化加上行政機構的現代化，現代化應是從傳統的農業社會邁入工業、商業社會，同時還必須有精神、思想道德的現代化作爲基礎和動力。這裡隱含著這樣的前提：中西文化之別乃是農業社會與工業社會之間的時代差異，精神、觀念上的差異也是這種差異，而不只是地域上的差異。因此，他所理解的現代化和走向世界實際上是指中國需通過消除這種與西方文化的時代差異而列入世界現代化的民族之林。

但是，世界意識與民族意識在賀麟的思想中始終是相與爭鬥、彼此糾纏的。通過對韋伯的研究成果的極端化，他導出了這樣的結論：「就經濟實業的本質而言，經濟實業乃是道德努力的收穫」。他雖然避免了這樣的宿命論觀點：中國要現代化唯一的出路是引進新教倫理，但他的結論是：中國物質建設的現代化必須以思想道德的現代化爲原動力，而思想道德的現代化的途徑便是倡導新儒學──民族意識於是便又成爲賀麟思想海洋中突聳的冰山，世界意識便在緊迫的民族救己的現實生活中成爲那座巨大冰山的潛沉的部分。

賀麟將民族的危機歸結爲文化的危機，亦即儒家文化的危機，儒家文化的消沉、僵化、無生氣，尤其是對孔孟真精神的喪失，使之不能應付新的文化需要，這才是中華民族的最大危機，民族的復興實即儒家文化的復興。這種復興是有動力的，其一，「五四」新文化運動雖是反傳統的，但它反掉的正是儒家文化中最消沉僵化而且沒有生氣的那部分，與曾國藩、張之洞對儒學的積極倡導相比，「五四」從反面爲儒學的新開展提供了更大的動力；其二，新文化運動中對西學的無選擇的輸入也將刺激儒學的新開展，這種輸入對儒家思想是一次生死攸關的大試驗、大關頭，假如儒家思想能把握、吸收、融合、轉化西洋文化，以充實自身，便能生存復活，並有新的發展，不然，則民族無望。

賀麟因此大力倡導華化西洋文化（不是全盤西化），具體步驟是：以西洋哲學發揮儒家理學；吸收基督教之精華以充實儒家之禮教，並以此爲前提，努力使孤立狹隘、枯燥迂拘、違反人性、束縛個性的傳統道德趨於廣博深厚、發展人性、個性、活潑而有生趣；領略西洋之藝術以發揚儒家之詩教。由此創造出現代意義上的理學、禮教、詩教三位一體的新儒學，並以此爲原動力去推動中國物質建設的現代化。他說：「儒學是合詩教、禮教、理學三者爲一體的學養，也即是藝術、宗教、哲學三者的和諧體，因此，新儒家思想之開展，大約將循藝術化、宗教化、哲學化之途徑邁進」。只要循此途徑，弘揚孔孟之真精神，許多現代生活上、政治上、文化上的重要問題，都可以得到合情合理合時的解答，也只有這樣，才會出現民族文

化亦即民族復興的新機運。

我們看到，民族意識與世界意識在賀麟那裡並未導致悲劇性的入主出奴式的一偏之見，而是持中的融合論。至於他的文化救國論，雖有激勵人心之作用，但也只是傳統士大夫的那種一廂情願。歷史和現實的冷漠的强力使之淪爲遙遠的幾乎被人遺忘了的夢幻。文化批判和建設大概必須以社會批判和建設爲基礎。

（孫尚揚）

陳序經

陳序經（1903-1967），海南島文昌縣人，出生於一個南洋華僑家庭。七歲隨父親離開家鄉到馬來亞，九歲進入新加坡育英小學一年級學習並讀完七年制課程。1919年回國並於翌年考入廣州嶺南中學。一年多以後，以同等學歷考入上海滬江大學生物系學習，二年級後轉學到復旦大學，改讀社會科學，1925年畢業。同年8月負笈留學美國伊利諾斯大學，1926年暑假取得碩士學位，1928年又獲得博士學位，並於同年秋天回國。1928年至1929年曾在嶺南大學短期工作。1929年赴德國柏林大學研究政治學和社會學。1930年至1931年又到德國基爾大學的世界經濟學院學習。1931年下半年回國。從回國到1949年，他曾先後在嶺南大學、南開大學和西南聯大任教授，開設過社會學、文化學等課程，並擔任過西南聯大法商學院院長、南開大學經濟研究所所長、南開大學教務長、嶺南大學校長等職務。而後，歷任嶺南大學校長、中山大學歷史系教授、中山大學副校長、暨南大學校長、南開大學副校長，曾被推選爲第一、第二屆廣東省政協常委和第二、第三屆全國政協委員。「十年浩劫」中遭受誣陷與迫害，於1967年2月16日由於腦溢血而含寃逝世，終年六十四歲。

陳序經不僅是一位熱受祖國的優秀教育家，而且是一位在社會學、歷史學、文化學等學科貢獻卓著的學者和研究東南亞與華僑問題的專家。

在陳序經一生的學術思想中，最引人注意的是他在三十年代正式提出的「全盤西化論」。雖然早在「五四」運動前後，陳獨秀和胡適等人已提出了全盤西化的思想，但是陳序經的全盤西化論不僅最爲徹底，而且他首先採用西方人類學、社會學和文化學的某些理論系統地論證了「全盤西化」。

陳序經在1930年寫成的《東西文化觀》一文和1931年修改並充實前文而寫成的《中國文化的出路》一書中，的確提出他的旨趣是研究東西文化，爲中國文化尋求一條出路。他認爲，無論是主張復返中國固有文化的復古派，還是主張中西文化調和的折衷派，都是死路一條，只有全盤接受西方文化才是中國文化的唯一出路。

陳序經認爲，人類創造文化的目的是爲了適應時代環境以滿足其生活需要。因此，他爲文化下了一個定義：「文化可以說是人類適應時境以滿足其生活的努力的工具和結果」。[1]在地理、生物和心理的基礎上產生的某一社會的文化，陳序經稱之爲文化圈。從空間上說，任何一個文化圈都包含有文化的一切成分和方面：語

言、物質生活與生產、交換、家庭與社會制度、風俗、神話、宗教、科學、道德、禮節、政治、法律、藝術、戰爭等等。這些方面都不可分割地聯繫爲一個文化整體，任何一方面發生變化，都必然影響到其他方面而引起整個文化的變化。從時間上說，文化又是隨著時境的變化而發展演進的，文化的發展是沿著共同的進化路線由低到高、由簡單到複雜的前進過程。多個文化圈的文化沒有種類的差別而只有程度高低的不同。如果兩種文化發生接觸，其結果和趨勢要麼是發展程度相當的，雙方融合爲一種和諧的新文化，要麼就是先進文化逐漸全盤取代落後文化而成爲雙方共有的統一的文化。

從其基本理論上看，陳序經的文化觀是以西方人類學、社會學和文化學的某些理論爲基礎的文化一元論，具體應用到中西文化問題上，就成爲他的全盤與徹底西化的理論根據。既然中西文化成分相同，發展模式和方向也相同，那麼，中國採取西方文化就是可能的；既然西方文化處處都比中國固有文化優越，中國採取西方文化就是絕對必要的；既然中西文化各自都是一個不可分的整體，那麼就只能全盤拋棄中國固有文化而全盤接受先進的西方文化。

同樣，陳序經批評折衷派和復古派也是從這種文化一元論出發的。他首先激烈抨擊了以孔孟爲代表的復古主義和排斥異己的傳統思想，並且著重批評了近現代中國在文化問題上的兩個復古派代表人物：辜鴻銘和梁漱溟。他認爲，復古派的根本錯誤在於，不懂得時代環境是發展的，因此文化也是發展的。陳序經接著批評了中西文化問題上的折衷派，他列舉了近現代史上出現過的所謂「道的文化與器的文化」、「中學爲體，西學爲用」、「精神文化與物質文化」等等七個折衷派別，指出其共同主張都是企圖把一部分西洋文化和中國固有文化融合起來，而形成一種中西合璧的文化。他認爲，這些折衷派的錯誤在於把文化當作可以隨意拆開、部分留用的拼湊體，而不懂得多個文化圈都具有共同的成分，這些成分組成一個個不可分開的文化整體，我們只能全盤接受或全盤拋棄。

陳序經詳細比較了西方現代文化與中國傳統文化的各個方面，結論是中國文化處處不如人。那麼，究竟是什麼內在原因造成這種高下優劣的差別呢？換言之，什麼是西洋近代文化發展的內在原動力呢？他認爲近代西洋文化發展的動力就是個人主義。陳序經最終的結論是：「救治目前中國的危亡，我們不得不要全盤西洋化。但是徹底的全盤西洋化，是要徹底的打破中國的傳統思想的壟斷，而經個性以儘量發展其所能的機會。但是要儘量去發展個性的所能，以爲改變文化的張本，則我們不得不提倡我們所覺得西洋近代文化的主力的「個人主義」。②

陳序經在 1949 年前曾與其他學術流派進行過三次論戰。第一次是發生在 1934年至 1935 年的關於中西文化問題的大論戰。在這次論戰中，陳序經堅持他一貫的全盤西化觀點，對於來自復古派、折衷派和馬克思主義經濟史觀的詰難與批評，一一予以答辯。

張磐在《中國文化之死路》等文章中，從經濟基礎決定文化的經濟史觀出發對陳序經的全盤西化論提出責難，並認爲中國的現代化應從經濟基礎的改造上入手。陳序經在《關於中國文化之出路答張磐先生》等文章中反駁道，單以經濟原因說明文化實易導致錯誤，經濟本身不過是文化許多方面的一個方面，不僅經濟可以影響文化

的其他方面，文化的其他方面也常常影響經濟的制度和觀念，雙方是不可分割的整體，甚至可以説物質文化是精神文化的表現。在他看來，「中國的問題，根本就是整個文化的問題。想把中國的政治、經濟、教育等等改革，根本要從文化著手。」③

面對王新命、何炳松等十教授於 1935 年 1 月 10 日發表的《中國本位的文化建設宣言》一文中對全盤西化論的指責，陳序經堅持認爲，社會主義文化與資本主義文化同是西洋文化，具有共同的基礎和性質。不過，他便傾向於接受他認爲工業化已經成功了的英美文化。他還不客氣地批評十教授《宣言》表面上是折衷，骨子裡卻是復古與守舊。

在 1935 年的文化論戰中，陳序經與吳景超的論爭涉及到了全盤西化論和折衷論的一些根本性的理論問題。吳景超在《建設問題與東西文化》和《答陳序經先生的全盤西化論》兩篇文章中，提出了他對中西文化問題的折衷方案，同時批評了全盤西化論的兩個最根本的理論根據：一個是文化多方面不可分的理論，另一個是西方文化所有方面都比我們的文化先進的觀點。陳序經在《關於全盤西化答吳景超先生》、《再談全盤西化》和《從西化問題的討論裡求得一個共同信仰》三篇文章裡批評了吳景超的折衷論，並爲他的文化不可分的理論和西方文化處處優越於中國文化的觀點進行了辯護。

除了這次文化論戰之外，陳序經還參加過關於教育問題和鄉村建設運動問題的兩次論爭。在這兩個問題上，他都是從全盤西化論出發進行立論和反駁的。在《教育的中國化和現代化》等文章中，他力主全盤採納西方先進的新式教育，以圖中國全部教育的徹底現代化。在《鄉村文化與都市文化》、《鄉村建設運動》等文章和專著中，他批評了梁漱溟，晏陽初的鄉村建設理論和工作。他主張中國的鄉村應該徹底與全盤地西化，並認爲鄉村的現代化建設應該以工業爲前提，以都市爲起點。

從 1946 年到 1949 年，陳序經曾進行過社會學與東南亞和華僑問題的研究，先後出版了《蛋民的研究》和《社會學的起源》等書，分別對社會學的理論做了一些探討，並以深切的同情對廣東的一些終生漂泊水上以船爲家靠船謀生的蛋民的歷史淵源與現狀進行了社會學上的調查與研究。他在這一時期以及抗戰時期中對於東南亞和華僑問題的研究成果主要集中在《暹羅與中國》、《南洋與中國》和《越南問題》等著作中。

1949 年以後，陳序經的學術研究轉移到歷史方面，並獲得了豐富的成果。其中《匈奴史》全書十冊，共八十章，約一百萬字，現由南開大學整理，準備出版。還著有《東南亞古史研究》，共八冊，其中涉及古代的扶南（古代柬埔寨）、猛族諸國、越南、馬來南海、撣泰、藏緬、林邑等東南亞各古代國家和地區的歷史。

陳序經一生中，作爲學者，治學勤奮，著述宏富；作爲教育家，教書育人，鞠躬盡瘁。他的全盤西化論雖有偏頗，但其本意是企圖爲當時的中國找到一條救亡圖存的出路，希望中國通過接受西方先進文化，最終成爲屹立於世界民族之林的現代化強國。公正地説，愛國主義是陳序經終生的主導傾向。

（楊深）

① 陳序經：《中國文化的出路》，第 5 頁，上海商務印書館，1934 年 1 月初版。
② 陳序經：《中國文化的出路》，第 123 頁，上海商務印書館，1934 年 1 月初版。
③ 陳序經：《中國文化之出路》，載《全盤西化言論集》第 1 頁，嶺南大學青年會，1934 年 4 月出版。

侯外廬

　　侯外廬（1903－1987），中國現代歷史學家、思想史學家。原名玉樞，山西省平遙縣人。少年時代曾在晉南永濟學堂、平遙縣立高小讀書，接觸了許多新知識。「五四」時期入汾陽縣汾河中學學習，閱讀了《新青年》、《新潮》等進步刊物，接受新思潮影響。1923 年同時考取了北京政法大學法律系和北平師範大學歷史系，並參加愛國學生運動。在此期間，廣泛接觸了西方古代和現代的哲學。1927 年夏赴法勤工儉學，先在法國巴黎大學文學院聽講，1928 年開始翻譯《資本論》。同年春加入中國共產黨。1930 年回國後，先後任哈爾濱政法大學、北平大學教授，講授經濟思想史和經濟學等課程。1932 年因宣傳抗日，在北平被國民黨政府逮捕。1933 年經營救假釋出獄。1934 年至 1937 年在太原繼續翻譯《資本論》，並開始研究中國社會史與思想史。1938 年至 1946 年在重慶擔任《中蘇文化》雜誌主編，繼續從事學術研究與著述。1949 年後，歷任政務院文教委員會委員，北京師範大學歷史系主任，西北大學校長，中國科學院社會科學部學部委員，歷史研究所副所長，中國社會科學院歷史研究所所長，第一、二、三、五屆全國人民代表大會代表。侯外廬是中國較早用馬克思主義觀點與方法清理古代思想文化遺產的學者之一，在社會史、思想史領域做了大量開拓性的研究工作。他堅持觀點與材料的統一，根據社會存在決定社會意識的原理解釋各個歷史時期的政治思想與哲學思想。主要著作有《中國古代社會與老子》、《中國古典社會史論》、《中國封建社會史論》、《中國古代思想學說史》（上下冊），主編了《中國思想通史》（五卷六冊）、《中國近代哲學史》、《中國思想史綱》（上下冊）、《宋明理學史》（上下卷）。其中多卷本《中國思想通史》是中國迄今最詳備的一部思想史專著，在學術界影響較大。

　　侯外廬對中國思想文化史研究的一個顯著特點是，把社會史的研究和思想史的研究結合起來。他研究歷史的途徑是首先研究中國古代社會史，然後進一步研究中國古代思想史。關於古代社會史，他斷定古代（指奴隸社會）有不同的路徑。生產方式的理論問題是社會史研究的根本依據。侯外廬對生產方式及其在人類歷史的地位，基本看法可以歸結爲三點，即㈠生產方式是決定歷史上特定社會形態的根本因素；不同社會形態的區別，就是由它的性質決定的；㈡生產方式必須在一定社會形態中佔有統治地位；㈢它的內容可表述爲：特殊的（歷史上一定的）生產資料和特殊的（歷史上一定的）勞動者（力）二者的特殊結合方式。根據這一看法，侯外廬詳細考察了殷周兩代這兩個生產要素的具體內容和發展過

程，並在這個基礎上，進一步研究了氏族公社如何轉化爲東方民族貴族所有制的古代社會的情形，以及實現這一轉化的自然條件——灌漑制度的經營等等。他認爲中國古代從氏族或農村公社進入文明社會的路徑與西方不同。在西方，是「舊的公社的土地所有權，已經破壞，或至少以前的公社耕種制，已經讓位給各家族單位分種小塊土地的制度。」（恩格斯《反杜林論》第220頁）在中國古代卻不然，土地所有制形態轉化而爲氏族貴族所專有，獨立的農民的土地所有權反而是例外。侯斷定古代有不同的路徑。他認爲，無論是古代東方的國家和「古典的」城邦國家，它們的出現雖然有先後，但在本質上屬於同一類型，都是奴隸制社會，只是二者的路徑不同。以希臘爲代表的「古典的古代」是所謂「發育正常的小孩」，而「亞細亞的古代」卻是「早熟的小孩」。古代社會這兩個不同的路徑，如果用恩格斯家族、私產、國家三項作爲文明路徑的指標，那麼「古典的古代」就是從家族到私產再到國家，國家代替了家族；而「亞細亞的古代」則是從家族到國家，國家混合在家族裡面，就是所謂的「社稷」。所以，前者是新陳代謝，新的衝破了舊的，是革命的路徑；而後者卻是新陳糾葛，舊的拖住了新的，是維新的路徑。用中國古文獻的話說，即是前者是人惟求新，器惟求新，後者是「人惟求舊，器惟求新」。侯外廬認爲中國的奴隸社會開始於殷末周初，經過春秋、戰國，到秦漢之際終結的論斷，就是基於這一認識而提出來的。關於氏族制的殘餘問題，他認爲中國社會歷史進入奴隸制社會以後還有氏族制的殘餘，是拖著氏族制的尾巴進入奴隸社會的，這個尾巴沒有割掉又進入了封建社會。所以，中國的奴隸社會和封建社會中血緣關係影響很大。就是到現在也不能把氏族社會的殘餘因素都消滅乾淨。他對封建社會中豪族地主的分析，對明末清初資本主義萌芽，市民階層的興起等問題都有自己一整套的研究和看法。在這個基礎上，進而研究春秋戰國時的諸子百家學說，研究封建社會裡的正宗思想和異端思想，研究十七世紀的啓蒙思潮，自成一家之言。《中國思想通史》有獨特的風格，有創新的思想，具有一定的科學性。對中國豐富的思想文化遺產進行了有益的探索，是對中國文化的一種總結性研究。

　　侯外廬對中國古代思想文化的研究，具有自己的特色。首先，從分析中國的古代社會入手，確認它是古代東方型的「早熟」的文明小孩，走著「人惟求舊，器惟求新」的維新路線。其思想發展的特徵是由疇官世學而縉紳先生的詩書傳授，由縉紳先生的詩書傳授而開創私學的孔墨顯學，由孔墨顯學而百家爭鳴之學，以至古代思想的沒落。氏族制的遺留，規定了國民思想的晚出。對應於古希臘探究宇宙根源的智者氣象，在中國則爲注重倫理道德的賢人作風。從這樣的邏輯思路出發，侯外廬把儒學劃分爲三個階段，即孔子開創的古代前期儒家學派、思孟學派和董仲舒以後的正統派儒學三個時期。對於孔子的評價。(1)對孔子生活的春秋末時代性質的認識，侯認爲是從氏族奴隸制向顯族奴隸制的發展。(2)關於孔子思想的核心問題。侯認爲「立於禮」是孔子思想的核心。「禮」在孔子的時代，具體而言是指西周遺制，即一種過時了的氏族宗法和古舊的宗教儀式。孔子斷言「不學禮無以立」。孔子的「禮」將西周遺制納入其中，是一個觀念化的範疇，用來作爲社會極則的。但是，孔子的思想意識充滿矛盾。孔子之言「禮」，

主張內容先於形式，以道德情操代替業已失去實際內容和意義的繁文縟節。孔子承認禮在形式上或一定程度在內容上的損益，而又強調禮義的絕對性與天道相連結，很反映那個時代的改良主義者的進步性以及這種進步的侷限性。孔子的「仁」的觀念與其「禮」的觀念一樣，也貫穿著對客觀歷史動向的認識和主觀歷史理想的矛盾。孔子的仁論，從一般道德律的角度看，具有國民的屬性，但是，每當觸及具體的制度和傳統觀念時，「仁」的道德律又是「君子」所專有的了。總之，孔子的「仁」、「禮」觀，都交織著主觀上對舊制度的相對「正義感」和客觀上對新陳代謝的悲劇感的矛盾，交織著主觀歷史動向認識的矛盾。從作為我國古代學術開山祖孔子的矛盾意識，一直到戰國末年的諸子論爭，邏輯地、雄辯地反映了先秦顯族社會的難產過程。

對於老子的評價，侯外廬肯定了老子的思想體系基本上是唯心主義。但是，對於老子無神論的自然天道觀和唯物主義的因素，老子的「道」是唯心主義，但比起孔、墨的人格神的唯心主義來，它是較為客觀的，較為遠離的，較為一般的，因而在其自然哲學中，容納了唯物主義的因素。對於先秦時代其他諸子，如李悝、吳起、商鞅、荀子、韓非的評價較高。對於荀子思想體系的發掘，把荀子的學術批判和綜合，歸結為奴隸社會結束階段學術思想的總結，是古代學術思想的集大成者。尤其著重闡述了其唯物主義的宇宙觀和認識論，把對荀子思想的評價提到了前所未有的高度。

其次，注重發掘一些不被一般思想史、哲學史所論述的思想家。從漢代至清代，許多思想家的思想鮮為人知，侯外廬在進行深入研究的過程中，都予以重視。如嵇康、葛洪、呂才、劉知幾、柳宗元、劉禹錫、王安石、葉適、陳亮、馬端臨、何心隱、方以智等。力圖開拓中國思想史的研究領域，發掘中國思想史上唯物主義與反正宗「異端」思想的優良傳統。於此同時，侯外廬對於中國封建社會的正宗思想，多持批判態度。例如對於董仲舒和朱熹的思想，就給予了嚴厲批判。他認為董仲舒思想雖反映了大一統的需要，但它是一種神學思想，它既經出現之後，又被最高統治者在政治上奉為原理。董仲舒的《公羊春秋》學，把儒家以道德情操為基礎的正名主義加以庸俗化，把陰陽家的五行說加以唯理化，把秦漢王朝歸結為奉天承運的天道之必然，把專制制度神化為官制象天的，永恆不變的神聖法則。董仲舒思想實際上是一整套為適應封建專制主義需要而創立的頗具中世紀神學色彩的儒學。董仲舒神學對兩千年中國文化傳統的危害，遠不是他形式上師承儒學創始人孔子的思想本身所能比擬的。對於朱熹的評價。侯外廬認為朱熹的「理」是純精神的，是無具體內涵的抽象，是先於物質存在，產生萬物的神秘根源，是萬物的主宰，一切存在和變化的主宰。這種純精神的「理」，是一種「無人身的理性」。認為朱熹的「理學」採取了佛學華嚴宗的思辯形式。朱熹的自然觀和社會觀是對稱的。這種對稱是用思辯的魔術，先把自然秩序倫理化，然後再以神化了的自然秩序反過來證實現實社會秩序的合理性。

總之，侯外廬的中國思想文化研究，自始至終注重用政治經濟學理論作指導，通過對社會史以及思想史的分析，說明經濟基礎與上層建築、意識形態之間的關係。注重把思想家及其思想放在一定的歷史範圍內進行分析、研究，把思想

家及其思想看成是生根於社會土壤中的有血肉的東西，而不作抽象的孤立的研究。

（趙向東）

徐復觀

　　徐復觀（1903－1982）。歷史學家、思想家。原名「佛觀」，學名「秉常」，生於湖北省浠水縣。其父是個讀書人，汲於功名卻未嘗進學，便把讀書做官的希望寄託在他身上。徐復觀八歲時就發蒙讀書。所讀之書大致可以分爲「新」、「舊」兩類，「新」書便是考舉人、考進士的範文；「舊」書則是《論語》等。這種學習一直持續了四年。十五歲時徐復觀進入武昌省立第一師範學校。從此開始接觸周秦諸子的書，並且很感興趣，進行了廣泛的閱讀。五年的高等師範畢業後擔任教師，其後又投考武昌國學館，受黃季剛先生之薦，作爲全省第一名進入該館。據徐先生回憶，由於當時已失去了讀書的新鮮感，所以在館三年受益並不大。

　　徐先生二十五歲時東渡日本，就學於陸軍士官學校。在日本也接觸到了馬克思主義方面的東西。九、一八事變後歸國，在國民黨部隊中謀事，受陸軍少將軍銜。

　　抗戰結束後，通過朋友之薦，到湖北勉仁書院問學於熊十力先生。熊先生的人格學問深深地打動了他，遂決意轉入學術。

　　1949年之後隱居香港，創辦了《民主評論》雜誌，兼任臺中省立農學院教師。後任臺灣東海大學中文系教授。1960年退休，旋即赴香港任新亞研究所教授。1982年去世，享年八十歲。

　　徐復觀先生學識比較淵博，對東西方思想都有所論述；其著述也十分豐富，於文史哲均有造詣。主要著作有《中國思想史論集》、《中國文學論集》、《中國人性論史、先秦篇》，三卷本的《兩漢思想史》、《中國藝術精神》等，此外還有《徐復觀文錄四卷》、《儒家思想與民主等》。

　　徐先生是在抗戰結束之後才開始一心一意做學問的。此後，他廣泛地閱讀了東西方哲學思想名著。他認爲，西方哲學著作結論雖然貧乏，但其分析論證嚴謹、透徹，能夠收到鍛煉頭腦的良好效果。在研究西方思想同時，對中國文化進行了不懈的探索。他的治學態度比較嚴謹。他認爲中國文化是注重現世生活，平易切實的學問，不做玄空高遠的形而上學探索。所以，他自己對中國文化的研究也主要圍繞著「史」的方面展開，力圖將中國思想發展演變的歷史線索整理出來。《中國人性論史》和《兩漢思想史》是其對中國文化的演變的探索的兩部力作，《中國藝術精神》則是他對於中國藝術包括音樂、美術思想的發掘。

　　徐先生認爲，思想內含於概念，思想史即概念的變遷史。所以，必須考察概念的「發展」及其相關的歷史條件。考察概念的含義不能僅僅依賴傳統的訓詁方

法，也不能僅僅在《爾雅》、《說文》中尋找，而應使用歸納的方法總結出各家各派的具體內容。但他所說的歸納卻又不同於純粹的歸納法。他提出，先哲的概念範疇實質上是他們生命生活的體驗的表徵，因而，概念範疇的內容都有不同的「層級」，分別對應了不同的體驗。「層級」之間有著內在的聯繫，不同的層級共同構成一個立體的體系。研究就是要把散見的概念術語彙集起來，分析比較，並進行「追體驗」，只有這樣才能全面理解先哲，他這種方法的確能夠補充傳統治學方法的一些偏失。

在《中國人性論史》中，徐先生提出，人性論不僅是一種思想史，而且也是中國思想史的主幹，是中華民族精神的原理和動力。既是理解中華民族的起點，也是其終點。文化中的其他現象如宗教、文藝等只有以此爲基礎才能得到深刻的理解。

中國文化重視人文，是一種人文主義的文化，它有非常悠久的歷史，在殷周之前就開始了對人性孜孜不倦的探索。殷商文化是以人格神爲中心建立其宗教活動的，隨著時代的發展，其權威性逐步向人文精神落實。至周幽王時代可以說是權威掃地。徵諸史策則表現爲《詩經》等典籍中，「帝令」逐步轉化爲「天命」、「天」、「命運」等，人格的意義日漸淡薄。「命運」一詞的出現表明，上古宗教文化已告段落。春秋時代是以「禮」爲中心的人文世紀。「禮」在春秋兩百年間不僅範圍了人生，也範圍了宇宙。禮是人文的表徵，是《詩經》時代古宗教墜落之後的必然發展。此一發展方向代表了中國文化的主要方向（《中國人性論史》頁47）。春秋時期的文化並非將宗教消滅，而是將其人文化。所以，宗教意義的「天」逐漸演化爲法則之「天」，失去了人格神的性質。春秋時期也出現了「性」字，開始了向人性論的進展，孔子代表了社會知識份子的自覺，《詩經》、《論語》的每一個觀念都是孔子一生功夫所到，賦予了深化、純化的內窗。中國正統的人性論亦以此爲基礎。孔子發現了普遍的人，奠定了平等的觀念，開闢了內在的人格世界，開啓了人類無限融合及向上之機。他發現了生命的無限深廣的根源，即道德理性，亦即「仁」。「仁」融一切於內在世界，賦予其以意義價值，涵融主客體世界，是人生，也是人類最偉大的理想。孟子從人性落實到心，由心善證性善。他賦予「性」、「命」新的內容，表明人文思想已達到新階段。「命」即「命運」，與「性」無別。然而「性」自內出，實現時人可居於主動地位；「命」自外至，實現時人處於被動境地。孟子在先秦確立了人的主宰地位。《大學》爲先秦儒家思想之集大成，其三綱領八條目以身心意爲中心，確立了道德知識和天下國家的體系，完成了內外之合，使儒家思想有了更完備的形態。由此，孔子的仁便可以避免導向天命而直接落實到客觀世界中。人的道德主體得到了明確的確立。

在《兩漢思想史》中，他認爲，許多學者們治學術卻遺漏了兩漢，實爲一大缺憾。兩漢思想實是先秦學術思想的巨大演變，兩千年以來的社會政治格局均由兩漢奠定。所以，不了解漢代便無以了解近代，中國傳統文化以經史學爲中心，文學爲輔翼，也無不由西漢確立其骨幹。即使與漢學對立的宋學，其實也繼承了漢儒的宇宙觀、人生論；其對天人性命的追求，實際上也順承了漢儒的追求方向。

該著對中國傳統文化提出了許多不同的見解。首先他認爲，中國封建社會不是始於戰國，而是西周。周代確立的是不同於西歐中世紀的封建制，它依據宗法制度建立了以血緣爲紐帶建立的制度，是中國本土型的封建社會。其次在考據上，他一反時論，肯定了陸賈的《新語》、賈誼的《新書》以及董仲舒的《春秋繁露》等文獻，也訂證了大陸在評法批儒時期對《鹽鐵論》的歪曲，詳細地探討了《鹽鐵論》的時代背景問題。

在《中國藝術精神》中，徐先生提出，中國文化中的藝術精神只有孔子和莊子兩個典型。孔子所顯示的是仁與音樂的合一，是道德與藝術的統一，可以作萬古的標程。在文學方面則是儒道兩家，其後也有佛教作其理論基礎。莊子所顯示的是純藝術精神的性格，主要體現在繪畫、音樂和文學中。中國藝術精神的自覺主要表現在繪畫與文學上。書法在筆墨之巧上略勝繪畫一籌，但就精神境界而言，卻是繪畫最高的。他的許多見解都突破了前人，值得肯定。

（喬清舉）

唐君毅

唐君毅（1909–1978），思想家。四川省宜賓縣人。其父爲清朝秀才，由於這個關係，他大約兩歲時就開始讀書識字，六歲時開始讀《老子》、背《說文》等。早年就讀於成都市立第一師範附屬小學。十二歲時入重慶市聯合中學讀書。中學畢業後先入北京大學，後入南京中央大學哲學系，1932年畢業，獲文學學士學位。求學期間，他開始了對哲學問題如平等的起源、唯識論的境由心生以及直覺等的思考。對哲學問題的體認和思辯的體驗形成了他的哲學思想發展的契機和根基，引導他走向了探索哲學的道路。

1933年返母校任助教。1940年任講師，1944年升爲教授，兼任哲學系系主任，直至1949年。在中央大學任教期間也兼任過華西大學教授、金陵大學教授等職，1949年赴港，和錢穆等學者創辦新亞書院，並受聘爲書院教授、兼任哲學系主任以及新亞教務長等職。在任教務長期間，親自主持新亞學術文化講座，並廣泛邀請海内外學者講學，使新亞成爲一個學術活動中心。1958年和張君勱、牟宗三、徐復觀等共同發表《中國文化宣言》。1959年出席了第三次東西方哲學家會議。

1963年香港中文大學成立，新亞書院成爲它的一個學院。唐先生受聘爲中大哲學系教授，並被推選爲第一任文學院院長。1967年受聘爲新亞研究所所長。1974年從中文大學退休。1978年2月因病逝於九龍，享年六十九歲。

唐先生的學術思想經歷了三個階段。1949年以前主要致力於純哲學問題的研究，東西方哲學思想的比較以及人生問題的研究。1949年赴港創辦新亞書院之後，主要致力於對中國傳統文化及哲學思想的反思及省察。晚年致力於對經典的考據、訓詁和校訂工作。唐先生治學刻苦奮勵，著述甚豐。比較能夠表達其文化

思想的代表著作有《中西文化哲學思想的比較研究》（1943）、《中國文化之精神價值》（1953）、《人文精神之重建》（1958）、《中國人文精神之發展》（1958）以及《中國哲學原論》，在這一大題目下分別有《導論篇》（1966）、《原性篇》（1968）、《原道篇》（1973）以及《原教篇》（1975）。唐先生的著作有《唐君毅全集》行世。

唐先生早年認爲，中國哲學中的「天」及自然生命現象之全，中國文化的中心觀念乃「天人合一」，並且以天人合一爲基礎與西方思想文化相比較。但後來又進一步認爲，這些觀點多是似是而非的謬見。論述或比較東西方文化的中心觀念時，應以哲學的根本觀念爲依據，哲學的根本觀念，既不是大化不息的自然，亦不是知覺或思辨理性，而是《道德自我》，即人的道德本體，仁心或者良心、本性。「道德自我」是人的道德生活的依託和歸本；道德的生活是不爲自然、環境以及生理欲望所支配的，是自律自主的生活。這種生活既是「道德自我」的呈現，亦是現實之我的超拔。「道德自我」即中國人的「本心本性」。

人的一切文化活動，舉凡家庭、政治、經濟、科學、哲學以及文學藝術宗教等，都屬於道德自我的範疇，或者是道德自我亦即道德理性的分殊表現。家庭是根據人類道德理想的相愛之情產生的；文學藝術於其求真之時，亦可以發現其與道德理性的圓融；而宗教意識和活動則是以道德意識爲歸本的純粹超越現實和超越自我的意識與活動。只有在確立了形而上的文化哲學之後，方能會通、論述東西方文化理想。

中西文化是有差別的，卻並非高下之別。西方文化以宗教和科學爲本，而中國文化則融宗教於道德之中。中西之差異，正是它們可以溝通之處所在。融合東西方理想，應以中國文化爲本，以「自作主宰」的精神，吸收西方古典精神和近代精神，尤其是近代英美和德國思想以及其自由與民主的理想。我們可以貢獻於西方文化的，則是我們和平、悠久的社會文化理想。這也是中國人文主義理想的精髓所在。東西方的綜合會通的結果，就是人類人文主義精神的重建。

人文主義思想發自人，其研究的對象亦爲人或者屬人的東西。中國的人文主義精神在孔子之前就已經誕生了。當時的人文主義精神表現於具體的文化之內。中國人雖然也面對著自然，但其對於自然的態度卻以人爲中心。中國人對於物只採取兩種態度，或利用厚生，或審美觀賞，缺乏西方那種視自然爲客體並進行研究的態度，也缺乏那種爲真理而求真理的科學精神。中國人雖也有篤信上帝、鬼神的宗教信仰，卻又不同於印度人的信仰。他們不把死後的世界作爲一個純粹的外在世界，追求超脫輪迴。中國古人的宗教意識是「天」、「君」、「民」與「人之德性」相合爲一。君視天，承天命而施倫政，所以有「天視自我民視，天聽自我民聽」之語。「天意」見諸民德，天降命於人，視人修德而定之。這其實是宗教、道德意識與政治相互融合的人文主義精神。

所以，中國文化在本原上是以人文爲中心的，這種文化成熟於周代。「夏尚忠，殷尚質，周尚文」，周代禮樂，意在調和人與人之間的關係，成就一種人際關係和諧的倫理。人文的觀念也是自周代才開始自覺的。最先理解了中國傳統以人文爲中心的文化精神，並闡揚了它的意義與價值的，是孔子開創的先秦儒家思

想。自孔子至秦代一段，可謂中國人文主義思想的自覺成熟時期。當時禮樂崩壞，人文世界逐漸破裂，孔子以重建人文爲己任，「知其不可而爲之」，教人「忠信以爲甲胄，義禮以爲干櫓」，「仁以爲己任，死而後已」，衛文王既没之後之斯文。繼孔子之後，孟子又推進了人文思想，宋明理學，雖受佛家影響，然其根本仍爲儒家之人文思想。宋儒的共同信仰是聖人人人可學，聖人與天、地合德，這些思想都恢復了先秦《中庸》、《易傳》的思想，超撥於漢儒之上。

唐先生晚年又對中國哲學進行了縝審、精審的考察。重新闡釋了中國哲學的許多概念。他認爲，中國哲學中的「理」有六種含義：文理、名理之理、空理、性理、事理、物理，並提出先秦重文理，魏晉重名理、隋唐佛教重空理、宋明重性理、清代學者受事理，近代受西方影響之後，中國學者重物理。他也考察了中國傳統哲學中人性思想的演變，指出，「生」與「心」構成人性之「性」字表明，中國思想自始至終是爲生命與心靈一體而言性的；也是從人與天地萬物相對立而產生的人生理想之處而言性的。這兩個方面都超出了唐先生早期把握的「道德自我」和「道德理性」的概念。在討論了「性」之後，唐先生集中地考察了中國哲學史上的基本概念——「道」。《原道篇》通過對「道」的語義學闡釋指出，「道」實質上是「始於吾人之生命心靈原有之諸方向」的「人的生命心靈的活動之道」，是人生、人性和人的心靈活動的諸方式。道不離性，性不離道；性爲根本、爲體；道爲落實、爲用。

通過對中國哲學的考察，他進一步發揮了早期的道德自我觀念，提出了「生命存在與心靈境界」的哲學體系，這也是他一生學術的大成。他高揭人的心靈，將道德分爲不同的層次，顯揚心靈觀照所生成、所涵攝的九重境界：萬物散殊、依類成化、功能序運、感覺百攝、觀照清虛、道德實踐、歸向一神、我法二空、天德流行。唐先生認爲，這九種境界囊括了人類的一切活動。

（喬清舉）

捌

中國文化大事記
（1919—1949年）

（編輯：陳繼東）

1919 年

1 月

△學生救國會機關刊物《國民》月刊在北京創刊，共出 8 期，停刊於 1921 年 5 月。

△以宣傳新文化爲主旨的《新潮》月刊在北京創刊。該刊由北京大學學生團體新潮社羅家倫、傅斯年等人編輯，在當時爲《新青年》最重要的姊妹篇。

△北京政府總統徐世昌「從祀」孔廟

△陳獨秀在《新青年》第 6 卷第 1 號上發表《本志罪案之答辯書》，這是新文化運動中的一篇重要檄文。

△民聲社、實社、平社、羣社等無政府主義小團體在上海合併組成進化社，同月出版《進化》月刊。自此，以黃凌霜、區聲白爲代表的無政府主義者，在《進化》等雜誌上開始連續發表宣傳無政府主義的文章，進而引起 1919——1920 年關於無政府主義問題的大論戰。

△北京政府批准組織以研究改善中學教育爲宗旨的全國中學校聯合會。

△北京大學哲學研究會成立。

△江蘇省教育會、北京大學、南京高師、暨南學校、中華職業教育社聯合組成中華新教育共進社，次月創辦《新教育》月刊。

△周作人在《每周評論》第 5 號上發表《平民文學》，正式提出「平民文學」口號，以與文言文所代表的貴族文學相對抗，這一口號對五四新文學運動有相當影響。

2 月

△以林紓（琴南）、陳拾遺等爲主要撰稿人的《文藝叢報》出版。該報以維護國粹爲己任，全力攻擊新文化運動。

△陳獨秀在《新青年》第 6 卷第 2 號上發表《再質問〈東方雜誌〉記者》，繼續與倫父（杜亞泉）進行關於東西文化的論爭。

△林紓在上海《新申報》上發表攻擊新文化運動的文言體小說《荊生》，次月《每周評論》轉載。新文化運動者紛紛撰文批駁、反擊。

△郭沫若等在日本發起組織夏社。

△北京《晨報副刊》改組，增加以介紹新文化爲主的「自由論壇」及「譯叢」。該副刊爲中國最早的一份報紙副刊。

△上海《時事新報》副刊《學燈》擴版，增加「講壇」、「青年論壇」、「科學叢談」等，提倡新文化。

△上海《時報》創刊《教育周刊》，陶行知撰文提倡教學合一。此後，陶行知開始在上海等地實踐其「知行合一」的教育思想。

△萬國新聞記者俱樂部在北京成立。

△胡適著《中國哲學史大綱》（上卷）由上海商務印書館出版發行。該書爲運用西方研究方法、採取疑古精神撰寫的第一部中國哲學史專著，影響較大。

3 月

△北京政府舉行春丁祀孔。

△北京政府教育部聘請范源濂、蔡元培、陳寶泉、蔣夢麟、吳稚暉等組成教育調查會，范源濂、蔡元培分任正副會長。

△周作人在《新青年》上發表《日本新村》，介紹並推廣日本人小路實篤的新村主義運動，同時發起成立「新村北京支部」，對當時青年產生了較大影響。

△北京政府教育部公布《女子高等師範學校規程》，共三十五條。

△第一批留法勤工儉學學生離滬赴法。在 1919——1920 年間，赴法勤工儉學達到高潮，先後共二十批約一千六百人出國。

△北京《公言報》發表林紓致蔡元培的公開信，攻擊陳獨秀、胡適等倡導的新倫理觀、新文學觀。同月蔡元培覆信，主張「思想自由」、「兼容並包」。

△《國故月刊》在北京創刊。該月刊由北京大學教授劉師培等發起籌辦，「以昌明中國固有之學術爲宗旨」，反對白話文，宣揚固有文化。

△北京大學平民教育團正式成立。該團以增進平民知識爲宗旨，自 1920 年 4 月起，開始深入工廠、農村，1925 年底停止活動。

△新舊文化之爭在 2——3 月間空前尖銳，形成新文化運動以來的又一高潮。

4 月

△《每周評論》十七、十九號連續發表「對於新舊思潮的輿論」特別附錄，集中批駁封建的固有文化。

△魯迅短篇小說《孔乙己》發表於《新青年》第 6 卷第 4 號。作品「顯示了『文學革命』的實績」。

△全國報界聯合會在上海成立。

△北京政府教育部公布國語研究會按照音類排定之注音字母次序表。

△國語統一籌備委員會在北京正式成立。張一麟任會長，吳敬恆（稚暉）、袁希濤任副會長。

△《晨報》連載《馬克思傳》。

△胡適在《新青年》上發表《實驗主義》。系統介紹實用主義哲學，特別是杜威的「實驗主義」哲學。這是胡適談哲學問題最重要的文章之一。

△月末，美國著名實用主義哲學家杜威抵達上海，開始其長達兩年之久的講學活動。年內創刊的《新教育》雜誌 4 月份出版「杜威號」專刊，胡適、蔣夢麟等紛紛撰文，陶行知也在《時報》上介紹杜威的教育思想。杜威對二十年代前後的中國知識界影響極大。

△《新青年》第 6 卷第 4 號以通信方式刊登關於有神論與無神論的討論，這一討論逐
　漸成爲二十年代的一個熱門話題。

5 月

△杜威在江蘇省教育會分別講演「實用主義」和「平民教育主義」。
△「五四」學生運動爆發。自此，五四運動成爲當時的時代標誌，新文化運動或被
　稱爲五四新文化運動。
△《晨報》開闢「馬克思研究」專欄。這一以宣傳馬克思主義和俄國十月革命爲主要
　内容的專欄共存在了六個多月。
△《晨報》開闢「勞動節」紀念專號。
△蔡元培因北京政府下令懲辦愛國學生，平息學潮無望，辭去北京大學校長一職。
△綜合性雜誌《新中國》在北京創刊。
△《孫文學説》卷一《知難行易》（後編爲《建國方略》之一，題名《心理建設》）付印，
　6 月 5 日由上海强華書局發行。此書系統闡述了孫中山的哲學觀點。
△天津南開學校所辦《南開日刊》創刊。
△北京政府内務部先後通令查禁《進步》、《清華雜誌》、《民生》、《新中國》、《進
　化》、《太平》、《工人寶鑑》等刊物。
△李大釗編輯的《新青年》第 6 卷第 5 號出版，該期爲「馬克思主義研究號」。李大
　釗在該號發表了《我的馬克思主義觀》（上），同期還發表了《馬克思學説》、《馬
　克思傳略》、《馬克思的唯物史觀》及無政府主義者的文章《馬克思學説批評》等。
△杜威離滬赴南京，轉至北京講學。

6 月

△戴季陶、沈玄盧主編《星期評論》（周刊）在上海創刊，該期刊登了戴季陶《潮流
　發動地點的變動》，闡述其「科學萬能」的理論。該刊共出五十三期，1920 年 6
　月休刊。
△陳獨秀在發散傳單時被捕，《新青年》雜誌遭搜查。《每周評論》自 25 期由胡適接
　辦。
△《每周評論》26、27 號連續刊登杜威在北京的演講。
△全國學生聯合會在上海正式成立。
△上海《民國日報》副刊《覺悟》創刊。
△以「發揚平民精神，倡導民生主義」爲宗旨的《嶽麓周刊》在長沙創刊。

7 月

△由李大釗、王光祈等人發起在北京成立少年中國學會。同月出版《少年中國》月
　刊，至 4 卷 12 期終刊。該會爲五四時期出現的一個最大的羣衆性進步團體，

1925 年底宣布解散。

△毛澤東在長沙創辦《湘江評論》。

△胡適在《每周評論》第 31 號上發表《多研究些問題，少談些主義》，引起關於《問題與主義》的論戰。藍公武在《國民公報》上發表《問題與主義》，李大釗在《每周評論》35 號上發表《再論問題與主義》，批駁胡適。胡適則於次月發表《三論問題與主義》、《四論問題與主義》，繼續堅持其觀點。該論戰一直持續到 1920 年。

△《時事新報》副刊《學燈》刊載左舜生《小組織之提倡》一文。提倡新村主義。該文發表後，曾引起廣泛討論。

△《民風》日刊在廣州創刊，主要撰稿人爲梁冰玄、區聲白等無政府主義者。該刊爲珠江流域最早的新文化刊物，自 12 號起改爲周刊。

8 月

△孫中山在上海創辦中華革命黨（同年 10 月改組爲中國國民黨）理論刊在《建設》月刊，主要撰稿人爲朱執信、廖仲愷、戴季陶、胡漢民、汪兆銘、吳敬恆等人。該刊共出二卷十二期，1920 年 8 月停刊。

△周恩來等以《天津學生聯合會報》爲核心，聯合各校刊物，組成天津學生報社聯合會。

△北京中華博物協會舉辦博物展覽會。

△北京政府內務部下令查封《京報》。

△《新生活》周刊在北京創刊。該刊爲五四時期著名的小型通俗性刊物，由北京大學出版部主任李辛白負責編輯。

△歐美同學會總會在上海正式成立，推舉蔡元培爲會長，王寵章、余日章爲副會長，並通過會章二十四條。

△《每周評論》被北京政府封禁。該刊共發行三十六期，爲五四時期重要刊物。

△國史編纂處脫離北京大學文科中國史學門，改由北京政府國務院直接管理。

△上海太平洋學社創辦以研究日本問題爲主的《黑潮》雜誌，由陳友白編輯。

9 月

△北京高師附中學生趙世炎等發起成立少年學會，該會定期舉行學術討論會，研究社會問題及新思潮。次月編輯出版《少年》半月刊。

△北京新學會出版物《解放與改造》半月刊在上海創刊。該刊主要撰稿人爲研究系骨幹張東蓀、俞頌華、梁啓超、張君勱等，以介紹基爾特社會主義，反對馬克思主義的科學社會主義爲主要內容。在開展「社會主義論戰」中，曾特闢「社會主義研究」專欄。該刊爲研究系與馬克思主義者論戰的主要陣地。自 3 卷 1 號起更名《改造》，1922 年 9 月停刊。

△蔡元培返回北京大學任職。

△天津學生聯合會與天津女界愛國同志會聯合組成覺悟社，次年 1 月出版《覺悟》雜

誌，由周恩來任主編，僅出一期。

△張東蓀譯柏格森著《創化論》由上海商印務書館出版。柏格森哲學在當時影響頗
　大。

△上海畫家江新、丁悚、楊清磬等發起組織的天馬畫會成立，以「促進我國美術之
　真藝術爲宗旨」。

△南開大學正式創立，張伯苓任校長。

△北京高等師範學校部分師生成立平民教育社，宣傳教育救國。次月創辦《平民教
　育》，1924 年停刊，社團也停止活動。

10 月

△徐世昌親赴孔廟主持秋丁祀孔。

△《寰球中國學生會周刊》在上海創刊。

△《人言周刊》在上海創刊。

△北京大學部分改良主義者創辦《光明》月刊，以討論農村改造問題爲主旨，後改爲
　半月刊，1920 年 1 月停刊。

△北京政府決定 10 月 20 日，即夏曆 8 月 27 日爲孔子聖誕節。

△北京政府下令查禁《國民公報》。

△《星期評論》出版《雙十節紀念號》，發表有雲陔、蔣夢麟等人的哲學論文及胡適的
　《談新詩》。胡適該文對新詩的創作及發展產生過不小影響。

11 月

△吳虞在《新青年》第 6 卷第 6 號上發表《吃人與禮教》一文。這是抨擊封建禮教的一
　篇著名檄文。

△教育部設立國歌研究會。

△鄭振鐸、王統照等高校學生在北京創辦《曙光》雜誌，共出九期，1921 年 6 月停
　刊。

△由瞿秋白、鄭振鐸、耿濟之等撰稿編輯的《新社會》旬刊創刊，北京社會實進會出
　版發行。共出十九期，1920 年 5 月 被警廳查封。

△天津真學會出版物《新生命》半月刊創刊，該刊以「除舊布新」爲主旨。

△小型通俗讀物《平民》半月刊在天津創刊，僅出二期。

△天津新心學會出版物《導言》半月刊創刊。

△中美資本家會辦的《大民主報》在濟南創刊。

△孔丘七十六世孫「衍聖公」孔令貽在北京病故。

△全國各界聯合會在上海成立。

△旅法華人在巴黎創辦《旅歐周刊》，周太立主編，該刊特設學術新聞欄，介紹西方
　學術動態。共出五十二期，1920 年 11 月停刊。

△由教育界知名人士黃炎培、袁希濤、陳寶泉等十二人組成歐美教育考察團。

△胡適、馬裕藻、朱希祖、錢玄同、周作人、劉復等聯名向教育部提出《請頒行新式標點符號議案》。

△江蘇省交涉員楊晟在上海爲孔教總會建立會堂舉行募捐會。會間散發了孔教會會長陳煥章新著《孔教論》一書。

△是月起，胡適、廖仲愷、胡漢民、朱執信等就中國古代井田制問題展開討論。

12 月

△由於北京政府的迫害，《新青年》編輯部決定遷至上海，仍由陳獨秀主持。

△胡適在《新青年》第 7 卷第 1 號上發表《新思潮的意義》，提出《研究問題，輸入學理，整理國故，再造文明》的口號。就此，關於《問題》與《主義》之爭又起波瀾，李大釗等也紛紛再次撰文論爭。

△無政府主義刊物《閩星》在福建創刊。

△留學歸國學生及國內部分學者在上海創辦《民心》雜誌，又名《民心周報》，爲大型綜合性周刊。

△工讀主義刊物《工讀》半月刊在北京創刊。1920 年 2 月，編輯該刊的北京高等法文專修館四川同鄉會亦更名爲《工讀社》。

[是年]

△商務印書館發行《四部叢刊》，叢刊選擇涵芬樓及其他著名藏書家之宋元明清圖書精本編輯而成，共 3 編凡 504 種。

1920 年

1 月

△《錢江評論》在杭州創刊。

△王光祈在北京組織《工讀互助團》。

△沈雁冰在《小説月報》11 卷 1 號上發表《新舊文學之評論》提出「爲人生」的文學主張。

△北京政府教育部訓令全國各小學一二年級改國文爲語文體，並宣布到 1922 年一律廢止小學各年級用文言文編寫的各類教科書。從此學校以「國語」爲標準語音進行教學，中小學其他各類教科書及大學講義也逐漸全部使用白話文。

△徐世昌下令維持教育經費。

△清華學校校長張煜金辭職，羅忠詒繼任。

△《北京大學學生周刊》創刊，5 月停刊。

△《秦鐘》月刊在北京創刊，共出六期。

△少年中國學會創辦第二種月刊《少年中國》。

△《小説月報》初步改革，設《小説新潮》專欄。茅盾發表《小説新潮欄宣言》。

△北京教職員許繩祖、沈士遠等發起組織《教職員公會》。

△太虛主辦的《覺社叢書》改季刊爲月刊，定名爲《海潮音》，爲佛學重要刊物。

2 月

△湖南學生代表團在上海創辦《天問周刊》。

△上海二師《新學社》創辦《平民周報》。

△北京政府下令查禁革命書刊。

△爲防學生抗日，北京各學校均派駐軍警。

△《湘潮》特刊出版。

△《少年中國》1 卷 8 期特關「詩學研究號」。

△末代「衍聖公」，孔子七十七代孫孔德成出生。同年 4 月正式襲封爲衍聖公。

△北京大學開始招收女生，此爲我國男女同校之始。1921 年後各六校均招收女
　生。

3 月

△《政衡雜誌》在上海創刊。

△梁啓超旅歐歸國。不久寫成《歐遊心影錄》一書，主張建設《中體西用》的《新文
　明》，曾轟動一時。

△惲代英等創辦的「利羣書社」在武昌活動。

△杜威在北大法科社堂開講《現代的三個哲學家》，介紹詹姆斯、柏格森、羅素。

△《北大學生周刊》12 號發表介紹克魯泡特金生平及其無政府主義理論的一組文
　章。

△李大釗發起的北京大學馬克思學說研究會秘密成立，次年 11 月宣布公開活動。

△上海商務印書館出版供師範學校用的教科書《哲學概論》，由劉以鍾編寫。

△第一部新詩集，胡適《嘗試集》由亞東圖書館出版。

△北京大學本教授治校之宗旨，組織評議會、行政會、教務會、黨務處四大部。

△徐世昌下令實施義務教育。

4 月

△北京政府教育部在北京舉辦國際講習所。

△胡適在國語講習所講演《國語文學史》後成書出版。

△《新青年》第 7 卷第 5 號發表陳獨秀《新文化運動是什麼？》及蔡元培《洪水與猛獸》
　兩篇重要論文，並介紹了羅素哲學。

△陳望道譯《共產黨宣言》作爲最早的中譯本由上海社會主義研究社出版。
△杜威再次到南京高等師範長期演講教育哲學、實驗倫理及哲學史。

5 月

△《新青年》出勞動節紀念號，孫中山爲其題《天下爲公》四字。
△《婦女評論》在蘇州創刊。
△復旦大學學生編輯的《平民》周刊在上海創刊。
△上海聖約翰大學設立報學系。
△《現象報》在廣州創刊。
△共產主義小組和馬克思主義研究會在上海成立。
△《少年中國》第 1 卷第 11 號作爲《新唯實主義》專號出版。
△《杜威五大講演》中譯本由北京晨報社出版。包括《社會哲學與政治哲學》、《教育哲學》、《思想的原則》、《現代的三個哲學家》、《倫理講演記略》等五篇講演。
△王星拱著《科學方法論》由北京大學出版部出版，介紹了西方科學研究的諸多方法，主要以馬赫哲學爲依據。
△田壽昌、宗白華、郭沫若通信集《三葉集》由上海亞東圖書館出版。

7 月

△毛澤東等在長沙發起創辦「文化書社」。8 月租定房址，9 月 9 日正式開業。該書社以運銷各種新書刊爲宗旨。

8 月

△胡適在上海一品香開茶話會，陳獨秀、張東蓀、沈恩孚、胡漢民、章行嚴、葉楚倫及學生代表等參加，討論「力爭自由」等問題。
△上海共產主義小組創辦《勞動界》周刊。
△北京大學在第二院舉行第一次授給名譽學位典禮，由校長蔡元培主持授予法國數學家班樂衛、里昂大學校長儒班二人名譽理學博士。

9 月

△《新青年》出版第 8 卷第 1 號，自此期起該刊成爲中國共產黨上海發起組的機關刊物。
△梁啓超、蔣方震創設「講學社」，邀請各國學者來華講學。
△胡適在北京大學始業式上演說反對新文化中的普及運動，主張以提高爲目標。
△毛澤東、何叔衡等在長沙發起組織俄羅斯研究會。
△李大釗在北京建立共產主義小組。

△毛澤東在湖南建立共產主義小組並組織馬克思主義研究會。
△朱執信逝世。

10 月

△廣東共產主義小組出版《勞動者》。
△北京政府命朱啓鈐督理印行《四庫全書》。
△英國著名哲學家羅素應尚志學會、北京大學、新學會、中國公學等四團體之聘，
　來華講學。
△瞿秋白以北京《晨報》記者名義赴蘇俄。
△在北京大學第二次授予名譽學位典禮上，蔡元培主持贈予杜威哲學博士。同時贈
　予前美國駐華公使芮恩施以法學博士。
△長沙新文化協進會成立。
△著名華僑陳嘉庚捐資創辦廈門大學，聘請黃炎培、蔡元培、汪精衛等爲籌備委
　員。1921 年 4 月開學，1937 年國民黨接管，改爲國立大學。
△羅素學說研究會在北京大學成立。
△《新青年》第 8 卷第 2 號、第 3 號連續介紹馬赫及其哲學。
△陳獨秀、鄭賢原等就社會主義與無政府主義問題在《新青年》上展開辯論，從而使
　這一論爭趨於激烈。
△隨羅素來華，國內展開馬克思主義與基爾特社會主義的論戰。

11 月

△北京共產主義小組出版《勞動音》周刊。
△上海共產主義小組創辦《共產黨》周刊。
△黃凌霜譯羅素著《哲學問題》一書由上海新青年出版社出版發行。
△至 11 月，羅素連續五次在北京演講，內容分別爲：《數理選輯》、《物之分析》、
　《心之分析》、《哲學問題》、《社會重建之原則》。後結集出版。羅素哲學在當時影
　響很大。
△上海勸學所召開國語討論會。
△茅盾接編並全部革新了《小說月報》。該報自此成爲最有影響的文學刊物之一。
△是月起胡適與顧頡剛等就古書辨僞問題反覆討論，成爲「古史辨」運動的先聲。

12 月

△《新青年》第 8 卷第 4 號繼續就社會主義論戰發表討論文章。
△北京大學教授劉半農、錢玄同等發起成立歌謠研究會。該會爲中國現代第一個民
　間文學研究團體。
△李大釗的重要史學論文《唯物史觀在現代歷史學上的價值》發表於《新青年》上。

△《評論之評論》創刊，該刊是北京大學法科學生主辦，上海大東圖書局發行。
△以「啓國民常識」爲宗旨的星期通俗講演會在上海成立。

［是年］

△商務印書館刊行大量新制教育用書。
△胡適發起組織世界叢書社。
△李大釗寫成《史學思想史講義》一册。
△無政府主義小團體「奮鬥社」、「安社」、「半月社」、「均社」、「益社」、
　「覺社」、「明社」及「安那其同志社」等相繼成立。

1921 年

1 月

△袁玉冰、邵秀峯等發起組織鄱陽湖社（後改稱改造社），提出以改造社會爲宗
　旨。
△羅素在北京大學發表系列演講。
△北京政府教育部以勤工儉學生在法謀工困難，通令各地暫行停送學生赴法。
△蔡元培到巴黎調查留法學生情況，同時籌設里昂中法大學。
△羅素學說研究會發起《社會主義何以不能實行於現在的中國》的討論；馬克思學說
　研究會則有針對性地組織了「社會主義是適合中國的」大辯論。
△《羅素月刊》創刊。該刊由羅素研究會編輯，共出四期，1921 年 10 月休刊。
△劉伯明譯杜威著《思維術》一書由中華書局印行，風行一時，至 1926 年 9 月九
　版。1935 年又經丘瑾璋翻譯，以《思想方法論》一名由世界書局出版，這是杜威
　關於教育與心理學的重要著作。
△梁漱溟在《少年中國》上發表關於宗教問題的講演稿，不僅贊成宗教，而且認爲將
　來宗教必然「要大盛而特盛」。就此，《少年中國》於同年 2 月又連續發表了惲代
　英的「我的宗教觀」、王星拱、屠孝實等關於宗教問題的講演稿，進行了一場宗
　教問題的論爭。
△由沈雁冰、葉紹鈞、許地山、孫伏園、鄭振鐸、王統照等十二人共同發起的文學
　研究會在北京成立。這是我國最早的新文學團體，主要爲主張「爲人生的藝術」
　的現實主義文學家組成。存在約十年之久，曾產生過廣泛的影響。
△改革後的《小說月報》第 12 卷第 1 期出版，沈雁冰任主編。它是文學研究會會員
　發表作品的主要陣地。文學研究會另出版有《文學旬刊》、《文學周報》、《文學研
　究會叢書》等。
△梅光迪等在南京創辦《學衡》雜誌。

2 月

△郭沫若發表新詩劇《女神之再生》。

△梁啓超著《清代學術概論》由上海商務印書館出版發行。

△《勞動與婦女》周刊在廣州創刊。

△留法勤工儉學會周恩來等人在巴黎成立中國少年共產黨，出版《少年》周刊。該黨
　　後改爲社會主義青年團。

3 月

△《禮拜六》、《紅玫瑰》等文學刊物自是月起圍攻《小説月報》，雙方展開筆戰。

△交通大學成立，葉恭綽爲校長。

△北京孔廟舉行春丁祀孔活動。

△北京國立專門以上八校教職員成立八校教職員聯合會，馬敍倫爲主席。是月起，
　　八校教職員爲索薪與申請教育經費而舉行聯合罷教。天津等地紛紛響應。

△長沙基督徒青年會在長沙開辦平民學校，並在各小學及祠廟附設平民學校二百餘
　　所，美國人蘭安石任總校長，邀晏陽初講學。該校實際上是以普及宗教教育爲宗
　　旨。

4 月

△北京政府蒙藏院在北京雍和宮舉行法物展覽會。

△北京八校教職員宣布全體辭職，教育總長范源濂因無力維持，也提出辭職。月末
　　北京政府與之達成協議，教員復職。

5 月

△郭沫若、郁達夫、成仿吾、張資平等在日本東京組織創造社。

△沈雁冰、陳大悲、歐陽予倩、汪中賢、熊佛西等十三人在上海發起組織民衆戲劇
　　社，創辦《戲劇》月刊。

△鄭振鐸編輯的《文學周報》在北京創刊。

△鴛鴦蝴蝶派刊物《消閒月刊》、《新聲雜誌》、《遊戲世界》、《東方朔》、《半月》等於
　　5 月至 0 月間相繼創刊，鴛鴦蝴蝶派　時異常活躍。

△羅素著《到自由之路》由李季、雁冰、凌霜翻譯，新青年出版社出版。

△《新青年》第 9 卷第 1 號發表李漢俊、李達等人文章，集中就社會主義問題與張東
　　蓀等人展開論戰。

6 月

△馬敍倫因政府摧殘教育在首善醫院絕食。
△北京八校風潮再起，全國響應，就教育經費與教育人格向政府強烈抗議。

7 月

△中國共產黨正式成立，在上海召開一大。
△北京政府正式決定以卿雲歌爲國歌。
△北京八校教職員宣布復職，教潮解決。
△羅素離華。
△由北京哲學社編輯出版的《哲學》雜誌創刊，這是中國最早的專門性哲學期刊，爲不定期刊物，共出九期，1926 年 5 月休刊。傅銅、梁啓超等爲主要撰稿人。

8 月

△郭沫若新詩集《女神》由泰東圖書局出版。
△《新青年》第 9 卷第 4 號出版，就馬克思主義與無政府主義問題繼續論戰，陳獨秀、區聲自、蔡和森等紛紛撰文。
△蔡元培等五人出席在夏威夷召開的太平洋教育會議。
△北京八校教職員組織太平洋研究會，推蔡元培、蔣夢麟爲正、副會長。
△南宋朱熹講學的著名書院江西星子縣白鹿洞被焚，損失圖書一百餘萬卷。
△中國勞動組合書記部機關報《勞動周刊》在上海創刊，這是我國工會的最早刊物。
△毛澤東等在長沙船山學社創辦湖南自修大學，傳播馬克思主義理論，1922 年又以自修大學名義創辦《新時代》月刊和附設補校。1923 年 11 月被查封。

9 月

△中國共產黨在上海創辦人民出版社，李達主持，出版理論書籍，至 1922 年 9 月共出譯著十五種，1923 年與新青年出版社合併，後又併入上海書店。
△美國哥倫比亞大學師範學院院長孟祿博士應中國教育團體之邀，來華調查中國各地教育情況並講學。1922 年 1 月回國。
△里昂中法大學開辦。
△南京東南大學正式成立，郭秉文任校長。

10 月

△陳獨秀在上海被捕，所存《新青年》被銷毀。
△中國報界代表許建屏等出席檀香山召開的世界報界第二次大會。

△台灣文化協會成立，林獻堂爲會長。

△國際律師協會在北京成立。

△嚴復在福州病逝，享年六十七歲。

△馮友蘭在《新潮》第 3 卷第 1 號上撰文介紹柏格森的哲學方法。

△梁漱溟講演稿《東西文化及其哲學》經陳政、羅常培編錄成書，由上海商務印書館
　出版，爲五四時期宣揚傳統文化、反對西方文化極有代表性的論著。

△《小説月報》12 卷 10 號出版「被損害民族的文學號」。

△郁達夫小説集《沈淪》由泰東圖書局出版。

△《晨報》第七版獨立印行，正式取用《晨報副刊》一名，孫伏園任編輯。

11 月

△胡適寫定《清代學者的治學方法》，文中提出「大膽的假設、小心的求證」十字治
　學方法，影響很大，毀譽參半。

△馬克思研究會在《北京大學月刊》刊登啓示，使這一組織公開化。

12 月

△魯迅小説《阿Q正傳》開始在《晨報副刊》上連載，至次年 2 月 12 日止，署名巴
　人。

△中華教育改進社在原實際教育調查社、新教育共進社、新教育編輯社的基礎上合
　併而成，爲當時重要的教育團體。蔡元培、范源濂、郭秉文等爲董事，總部設在
　北京，下設三十二個專門委員會。辦有《新教育》等刊物，北伐開始後 1925 年解
　散。該團體在推動新學制改革上起到了一定作用。

△《胡適文存》第一集由上海亞東圖書館出版。

△《民鐸》第 3 卷第 1 號爲「柏格森號」，發表李石岑、梁漱溟等人的二十餘篇文
　章。

△孫中山在桂林發表《知難行易》的演説，提出「知之維艱，行之非艱」的哲學主
　張。

△中華女界聯合會在上海出版《婦女聲》月刊。

［是年］

△全國教育聯合會議決《推行小學設計教學法案》。

△韓清淨等發起組織研究佛教唯識法相學的學術團體「法相研究會」，開講《成唯
　識記》，1927 年改名爲三時學會，韓清淨任會長，1956 年後停止活動。

△瑞典考古學家安特生在河南澠池發現新石器時代的仰韶文化遺址，隨後又在甘
　肅、青海等地發現許多新石器及銅石並用時代的遺址，他將其定名爲「彩陶文
　化」。同年他又與奧地利人師丹斯基在北京周口店發現龍骨山遺址，找到人類化
　石。安特生的發掘引起國內外學術界極大關注。

1922 年

1 月

△鄭振鐸編輯《兒童世界》創刊。

△朱自清編輯《詩》月刊在上海創刊。

△李卓吾編輯的無政府主義刊物《工　餘》在法國創刊，共出二十三期。

△馮友蘭在美國寫成《論「比較中西」》，後發表於《學藝》第 3 期第 10 號上。

△柏格森《物質與記憶》中譯本由上海商務印書館出版發行，譯者張東蓀。

△中國社會主義青年團機關報《先驅》創刊於北京，共出二十五期，1923 年 8 月停
　刊。該刊在社會主義與無政府主義論戰中發表了大量相關文章。

△北京平民大學成立，張一麟任校長

2 月

△北京教育界召開教育獨立運動籌備會。

△魯迅在《晨報副刊》發表著名雜文《質〈學衡〉》。

△全國教育獨立運動會在北京成立。

△胡鄂公等編輯的《今日》月刊在北京創刊。

△余天休主編《社會學雜誌》在上海創刊。

△《少年中國》出版相對論專號。

△俄國盲詩人愛羅先訶到北京大學任教。

△北京大學研究所國學門成立。

3 月

△非基督教學生同盟在上海發表宣言，反對世界基督教學生在北京清華召開第十一
　次大會。隨後掀起「非基督教運動」，全國紛紛響應，進而引起有神論、無神論
　之間更爲激烈的爭論。

△《先驅》第 4 號刊出「非基督教學生同盟」專號。

△包天笑編輯的《星期》周刊在上海創刊。

△《新潮》第 3 卷第 2 號出版「1920 年名著介紹特號」。譯載了杜威、柏格森、羅
　素、華特生、愛因斯坦等人的論文。

△創造社主辦的《創造季刊》在上海創刊。

4 月

△馮雪峯、應修人、潘漠華、汪靜人在杭州第一師範學校組織「湖畔詩社」，出版
　第一部詩集《湖畔》。

△由上海、北京等地發動的「非宗教運動」波及日本，日本學界就此展開討論。

△李大釗在《北京周報》（日文版）第 12 號上發表《宗教妨礙進步》，爲非宗教運動
　作了理論上的説明。

△世界第十一次基督教學生同盟會在北京清華大學開會，四十多個國家的五百多名
　代表到會。

5 月

△胡適、丁文江等創辦《努力周報》，以宣傳改良主義爲宗旨，提倡「好人政府」。
　胡適等人爲此在創刊號上特撰寫了《我們的政治主張》一文。

△上海、廣州、長沙等地舉行馬克思誕生紀念會。

△駱成驤受命籌建四川大學。

△上海非基督教學生同盟正式成立，羅赤人任主席。

△北京午門歷史博物館所藏明末及前清内閣檔案、試卷等移交北京大學收管。

△北京馬克思研究編輯的《今日》月刊出版「馬克思特號」。

△商務印書館出版《現代小説譯叢》。

△張枕綠編輯的《良晨》周刊在上海創刊。

△須彌編輯的《新小説》在天津出版。

△姚民哀主辦《戲雜誌》在上海創刊。

6 月

△北京八校校長因要求經費無結果，實行總辭職。

7 月

△沈雁冰發表《文學與人生》。

△陳獨秀在《新青年》第 9 卷第 6 號上發表《馬克思學説》，較系統地闡述了馬克思的
　剩餘價值、唯物史觀、階級鬥爭、勞工專政等理論。

△無政府主義刊物《民鐘》周刊創刊，共出版二卷二十三期，1927 年 7 月休刊。該
　刊第 3 號爲「師復紀念號」，第 4 號爲「克魯泡特金研究號」，第 8 號爲「克魯
　泡特金三年祭號」。

△蔡元培、梁超啓等致電北京政府，請求將俄國退還之庚子賠款撥作教育經費。

△北京成立女權同盟會，要求憲法明文規定男女平等，北京警方禁止該會成立。

△江亢虎應北京大學及女高師之請，演説「遊俄觀感」。

8 月

△《羅素算理哲學》作爲「羅素叢書」一種由共學社出版發行，譯者傅鐘孫、張邦
　銘。

△舊派小說團體青社、星社分別成立。

△北京女子參政協進會在北京成立。

△北京政府下令查禁七種書籍：《平民寶鑑》，《官場揭私》，《政府秘密大觀》、《新
　知識》、《民國正義》、《治世要訣》、《下士衣食》。

△女權運動同盟會在北京成立。

9 月

△《努力周報》發行增刊《讀書雜誌》，以「整理國故」爲宗旨，1924 年 2 月停刊。

△中國共產黨機關報《向導》周刊在上海出版。共出二十期，1927 年 7 月停刊。

△《新青年》編輯部編輯《社會主義討論集》，1926 年 7 月再版。由國光書店發行，
　收入陳獨秀、李達、周佛海、李季、李漢俊、施存統，許祈凱等七人共二十五篇
　文章。

△北京政府教育部召開學制會議，通過七項議案：小學分初、高兩級，定四二制；
　實業學校改爲職業學校；中學分初、高兩級，定四二制，但得通融爲三三制；師
　範定爲六年；高專改爲單科大學；高師改爲師範大學。

10 月

△東南高等專科師範學校改爲上海大學，于右任任校長。後成爲共產黨培養幹部的
　重要學校，鄧中夏、瞿秋白等均曾任領導職務，1927 年 5 月爲國民黨查封。

△《旭報》在上海出版。

△廣州《晨鐘》報社被炸。

11 月

△北京言論自由期成會成立，推舉林天木、蔡元培、胡適、李大釗、梁啓超等六十
　人爲評議員。

△北京「萬國報界學會」歡迎美國聯合通訊社社長諾伊斯訪華。諾伊斯在北京、上
　海等地宣傳以不黨不偏的獨立精神發展中國的新聞事業。

△人藝戲劇學校在北京成立。

△柏格森自傳經湯澍、葉芬可合譯，由上海泰東圖書局發行。

△華文《醒華日報》在加拿大多倫多出版。

△北京政府教育部令北京農業專門學校改爲農業大學，聘章士釗爲校長，籌備改
　組。

△北京政府教育部公布實施《學校系統改革案》，進行教育學制改革，課程標準中不
　設讀經科，男女教育無差別，小學年限縮短，取消大學預科，延長中學年限，職
　業教育佔有顯著地位；中學採取綜合中學制與選科制；大學基本上按北京大學辦
　法改制。這是五四時期教育改革的一項綜合成果。

12 月

△北京大學歌謠研究會《歌謠周刊》創刊。
△雲南東陸大學成立，次年 4 月正式開學。
△南京高等師範議併東南大學。

［是年］

△吳淞中學、東南大學附中等開始實行道爾頓制教育方法。
△歐陽竟無在南京發起成立「支那內學院」，培養佛學人材並進行佛學研究，出有
　年刊《內學》和《雜刊》，並刻有大量佛教典藉。1943 年歐陽竟無亡故，呂澂繼任
　院長。1952 年秋停辦。

1923 年

1 月

△教育基金委員會在北京成立，熊希齡任委員長，蔡元培、孫寶琦爲副委員長。
△北大校長蔡元培辭職。
△北京八校代表往見黎元洪，要求罷斥教育總長彭允彝。
△北京政府教育部設蒙藏教育委員會。
△《北大學生新聞》創刊。
△商務印書館在《小說月報》之外另出版《小說世界》周刊，成爲鴛鴦蝴蝶派的陣地，
　與新文化運動對壘。
△胡適創辦《國學季刊》，繼續其「整理國故」運動。
△《小說月報》討論整理國故與新文化運動的關係。

2 月

△張君勱在清華作《人生觀》講演，反對科學支配人生觀。同年 4 月，丁文江在《努
　力周刊》上發表《玄學與科學》，以科學爲旗幟向張君勱發難，從而開始了長達一
　年之久的「科學與人生觀」的大論戰，又稱「科學與玄學」論戰。其後梁啟超、

胡適、吳稚暉等紛紛撰文，共產主義者陳獨秀、瞿秋白等也加入了論戰。一時形成科學派、玄學派、唯物派的對立。這是二十年代的一場重要論戰。

△《杜威三大演講》一書由泰東圖書局發行，收《教育哲學》、《試驗倫理學》、《哲學史》三個講演稿。

△顧頡剛發表《與錢玄同先生論古史書》，提出著名的「層累地造成的中國古史」觀點，在學術界引起軒然大波，從而形成二十年代以來以顧頡剛爲代表的「古史辨」學派，以其疑古精神成爲新文化運動中的一個重要部分。論文發表後，立即引起了一場關於古史真僞問題的爭論。

△北京燕京大學創辦《燕大周刊》。

3 月

△無政府主義刊物《互助》創刊。

△胡山源主編《彌灑》月刊在上海創刊。

△林如稷、馮至等文學青年組織「淺草社」並在上海創辦《淺草》季刊，共出四期，1925 年 2 月停刊。

4 月

△《新時代》創刊。

△李大釗在天津《新民意報》副刊《星火》上發表《史學與哲學》一文，從史學角度討論了史學、哲學、文學的關係。

5 月

△創造社創辦《創造周報》。在同月出版的該刊第 2 號、第 3 號上，成仿吾發表《新文學之使命》、郭沫若發表《我們的文學新運動》、郁達夫發表《文學上的階級鬥爭》等文，使創造社影響日見深遠。

△北京國立法政專門學校改爲北京法政大學。

△上海吳淞同濟醫工專門學校改稱同濟大學。

△張作霖拒絕康有爲赴奉講學。

6 月

△文學研究會北京會員創辦《文學旬刊》，王統照編輯。

△《新青年》改組，出季刊，在廣州出版，成爲中國共產黨的理論性機關刊物，1925 年休刊。

△中華教育改進社蔡元培、范源濂等八人出席美國舊金山舉行的萬國教育會議，會議議決成立「世界教育聯合會」、「改良鄉村教育」等案。

△中國科學社請求政府將庚子退款用於補助學術團體、開辦研究所、博物館之用。

△陶行知、朱其慧等發起組織南方平民教育促進會。

△北京故宮大火，古建築、古物大量被焚，損失達千萬元。

7 月

△《創造日》月刊創刊，郁達夫作《創造日宣言》。

△《前鋒》雜誌在上海創刊。

△中華學藝社（丙辰學社改名）在上海開第一次社員會。該社有社員六百多人，辦
　有《學藝雜誌》，以後又出有《學藝叢書》。

△長沙羣治大學成立，另在北京、上海兩地添設羣治大學。

△蔡元培由上海啓程赴比利時研究美育。

8 月

△全國平民教育第一次大會在北京清華大學召開，成立中華平民教育促進總會，朱
　其慧任董事長，晏陽初任總幹事。

△魯迅小説集《吶喊》作爲新潮社「文藝叢書」之一由北京新潮社出版。

△北京大學國學研究所組織風俗調查會。

△章士釗在上海《新聞報》上發表《評新文化運動》，全面攻擊新文化運動，進而引起
　新舊文化新的論爭。魯迅、胡適等紛紛撰文反駁之。

△熊得山譯恩格斯著《家庭、私有制和國家的起源》部分章節發表於《今日》月刊第 3
　卷第 2 號上。

△《東方雜誌》第 20 卷 14 期出「泰戈爾專號」轉譯泰戈爾作品。

9 月

△聞一多詩集《紅燭》由泰東圖書局出版

△《小説月報》第 14 卷第 9 號出「泰戈爾號」（上），次期出（下）。

△東北大學正式開學，王永江任校長。

△哈爾濱《松江日報》創刊。

△周瘦廬主編《戲劇雜誌》在北京創刊，共出二期。

10 月

△中國社會主義青年團機關刊物《中國青年》在上海創刊，以反對戴季陶主義、國家
　主義派爲主要任務。

△胡國鈺譯柏格森著《心力》由上海商務印書館發行，這是其唯意論哲學的代表作。

△新南社在上海成立，柳亞子任會長。出版《南社社刊》。

△少年中國學會在蘇州開會決議，反對教會教育。此爲收回教育運動之始。

11 月

△九世班禪與達賴失和，被迫離開西藏。

△是月起，李佛森、惲代英、鄧中夏、蕭楚女等在《中國青年》等刊物上連續發表文藝論文。

△康有爲在陝西萬國道德會分會講演，認爲世界宗教只有孔、佛、耶、回而已，「至以中國此時情形而言之，尤宜實施孔教」。

△中國文藝協會在上海成立，推選袁寒雲、包天笑、周瘦鵑等九人爲審查員。

△中華國民教育促進會會長朱其慧及陶行知、晏陽初等分赴武漢各校演講平民教育。同月武漢舉行平民教育集會大遊行，參加者達四萬人，陶行知、晏陽初到會演講。

12 月

△胡適、徐志摩、梁實秋等人在北京成立「新月社」。

△中國青年黨在法國巴黎成立，以國家主義理論爲基礎，又稱國家主義派。後因創辦《醒獅》週報，亦稱「醒獅派」。骨幹爲曾琦、李璜、左舜生、余家菊等。這是當時著名的資產階級政治與哲學派別，1923——1924 年與馬克思主義派展開激烈論爭。

△上海亞東圖書館將「科學與玄學」論戰文章彙集出版，書名《科學與人生觀》，收二十九篇文章，陳獨秀、胡適分別作序。隨後，上海泰東圖書局出《人生觀的論戰》，張君勱作序。至此，「科學與玄學」論戰初步告一段落。

△東方雜誌社編輯《馬克思主義與唯物史觀》一書，上海商務印書館出版發行。

△申報館編印出版《最近之五十年》，其中蔡元培寫有《五十年來中國之哲學》、胡適發表《五十年來之世界哲學》。

△北京國立八校「讀書運動會」發表宣言，宣布該會改名爲「國立八校學生教育基金運動會」。

△梁啓超在北京松坡圖書館爲江蘇銅山縣年僅二十二歲的蕭一山所著《清代通史》作序。

［是年］

△無政府主義作爲一種社會政治勢力逐漸分裂、瓦解。

△熊十力在北京大學教授《新唯識論》。

△北京佛教會成立。

△新佛教青年會在北京成立，後改稱佛化新青年會，發行《佛化新青年會》月刊。

1924 年

1 月

△北京大學成立方言調查會。

△孟憲承譯詹姆斯著《實用主義》一書由上海商務印書館發行。

△胡適、陳西瀅、徐志摩、梁實秋等在北京創辦《現代評論》周刊。

△田漢主辦《南國》半月刊創刊。

△郭沫若發表三幕歷史劇《王昭君》，載《創造》季刊第二卷第二期。

△郭沫若在《創造周報》三十六號上發表《整理國故的評價》。

△列寧逝世。全國舉行悼念活動，形成一次宣傳馬克思主義運動。

△中國青年黨召開第一屆代表大會，選舉曾琦爲委員長，同時創辦《先聲周刊》。

△范源濂辭去教育總長，改任北師大校長。

△北京醫學專門學校改組爲北京醫科大學。

2 月

△吳稚暉、黎錦熙創辦上海國語師範學校。

△北京政府教育部公布《國立大學校條例》。

△北京工業專門學校改組爲北京工業大學。

△孫君勱在上海籌建國立自治學院。

△蔡元培赴英籌資興建科學博物館。

3 月

△《東方雜誌》第 21 卷第 6 號發表魯迅小說《祝福》。後收入小說集《彷徨》。

△蔡元培寫成《哲學綱要》一書，同年由商務印書館發行。

△北京國立八校依中日文化事業協定，派遣學生 50 名赴日考察。

△《勞動旬刊》在上海創刊。

4 月

△印度著名詩人、哲學家泰戈爾訪華，在北京等地多次講演，5 月 30 日離華。

△中央通訊社在廣州成立。

△呂燭慶等在北京發起成立藏書促進會。

5 月

△北京政府成立保存國有古物委員會，以防止清室變賣故宮文物。
△北京教育部歷史博物館裘善元、董光忠等在信陽游河鎮發掘到大批古物珍品。
△陳延齡暫任國立北京美術專門學校校長。
△朱謙之著《無元哲學》由上海泰東圖書局重印，後收入《創造社叢書》。

6 月

△瞿秋白散文集《赤都心史》由商務印書館出版。
△孫中山任命鄒魯爲新創辦國立廣東大學校長。
△爲爭取美國庚子退款用於科學教育事業，胡適、高魯、李石岑、沈兼士、陳恒等
　兩度在北京集會。

7 月

△朱自清編《我們的七月》出版。
△譚翼鵬創辦《翼報》半月刊在上海出版。
△中華民國大學聯合會在南京成立，范源濂、郭秉文任正、副會長。
△北京政府查禁《陳獨秀講演錄》、《中國青年》、《新建設》等書刊。
△美國哥倫比亞大學孟祿博士爲美國退還庚款事離美來華。
△上海藝術師範學校改稱上海藝術師範大學。
△太虛與政商學界共同發起「世界佛教聯合會」，並在廬山舉行演講會。

8 月

△《新青年》季刊第三期出版，陳獨秀發表《答張君勱及梁任公》，就科學與玄學論戰
　繼續辯論，此後這一論戰逐漸結束。瞿秋白在該期發表《實驗主義與革命哲學》。
　蔣俠僧發表《無產階級革命與文化》。
△創造社《洪水》周刊創刊於上海，由周全平、敬隱漁、倪貽德等主持，僅出一期，
　1925 年 9 月復刊，改爲半月刊，共出三卷三十六期，1927 年 12 月停刊。
△上海部分學生重組「非基督教同盟」。
△私立青島大學成立，高恩洪任校長。

10 月

△中國青年黨在上海創辦《醒獅》周報。
△《東方雜誌》二十一卷二十號發表歐陽予倩劇本《回家以後》。
△林紓（琴南）病故於北京，終年七十二歲。

11 月

△清廢帝溥儀移出故宮，北京政府與清室代表聯合組成清室善後委員會，聘考古家
　鑑收故宮文物並封查故宮。李石曾任委員長，汪精衛、蔡元培、范源濂、羅振玉
　等任委員。

△《狂飆》周刊在上海創刊。

△魯迅、孫伏園等創辦《語絲》周刊。

△蔣光慈等組織春雨文學社。

△《學藝》第六卷第五期刊登康德紀念專號。

12 月

△鄭醒民主編《戲劇周刊》在北京創刊，共出四十九期，1925 年 12 月休刊。

△北京女師大爆發反對校長楊蔭榆風潮。

△孫伏園編輯的《京報副刊》出刊。

△中國青年出版社出版《反對基督教運動》一書，爲「非基督教運動」論文集。

［是年］

△北新書局在北京成立。

△光華書局在上海成立。

△魯迅《中國小說史略》由北京新潮社分上下卷出版。1925 年 9 月合訂一冊，由北
　新書局印行，1930 年後再次修訂，多次重印。

△徐特立創辦長沙女子師範學校。

△北京大學研究所國學門考古學研究室（1922 年成立）設考古學會。

△顧頡剛著名論文《孟姜女故事的轉變》發表，這是他運用「層累地造成的中國古
　史」理論完成的重要考證文章。

△梁漱溟著《鄉村建設討論集》（一名《中國民族之前途》）由濟南華文局排印。該書
　對中國社會的特點及存在的問題提出了自己的看法，認爲進行鄉村建設是解決的
　途徑。

△中國共產主義青年團機關刊物《少年共產國際》出版。

△商務印書館在上海建立東方圖書館，又開辦國語師範學校，並開始出版《中國年
　鑑》。

△中國共產黨北方區機關刊物《政治生活》在北京創刊，趙世炎任主編。

1925 年

1 月

△北京臨時政府教育部罷免東南大學校長郭秉文，引起東南大學師生抗議。
△上海反共產主義同盟會成立。
△中國社會黨更名中國社會民主黨，江亢虎任總理。
△北京臨時政府強行解散北京美術專門學校。
△廣州決定取締私塾教育。

2 月

△「國語統一籌備會」就近年來初級小學出現復古現象請求教育部重申以國文爲國
　語的法令，教育部因此重新明令：「凡初級小學一律用國語教科書。」
△美國教育家克拉伯來華，以開設假期聖經學校，傳授、普及《聖經》爲目的。
△成舍我主辦《世界日報》在北京創刊。
△《覺悟》刊登「列寧號特刊」，紀念列寧逝世周年。

3 月

△孫中山逝世。
△國民黨主辦《北京民國日報》創刊，次日即被北京京師警察廳查禁。
△《猛進》周刊在北京創刊，徐炳旭、李宗侗先後任主編，共出五十三期，1926 年 3
　月停刊。
△北京、青島等地新聞界人士要求取消《出版法》。
△北京印刷廠工人罷工，至使 27 家報紙停刊。
△全國各界紛紛悼念孫中山逝世。

4 月

△魯迅等編輯的《莽原周刊》在北京創刊。
△《新青年》改版，仍爲中共機關刊物。
△章士釗就任教育總長，宣布要「整頓學風」，再次與新文化運動爲敵。
△馬君武、張明倫分任北京工業大學、農業大學校長。
△全國私立大學聯合會在北京成立。
△黃埔軍校成立孫文主義學會。初名爲中山主義研究社，發起人爲陳誠等。

△中華圖書館協會在上海成立。
△北京召開「反對日本文化侵略大同盟會」。

5 月

△《民鐸》雜誌第六卷第四號出版「康德號」專刊。
△「中日文化協定」在北京換文，決定用日本退還的庚子賠款發展文化教育事業，
　設中日文化事業總委員會。

6 月

△中國共產黨所辦第一份日報《熱血日報》在上海出版，瞿秋白任主編。

7 月

△章士釗在北京重辦《甲寅》週刊。該刊初創於 1914 年 5 月，1916 年停刊。《甲寅》
　以反對新文化、宣揚復古主義爲宗旨，創刊後即與新文化陣營展開論爭。
△是月起戴季陶《三民主義之哲學的基礎》在《民國日報》的《覺悟》副刊上連載，同年
　由上海民智書局出版單行本，題名《孫文主義之哲學基礎》。該文鼓吹民生爲三民
　主義的基礎等，當時被稱爲戴季陶主義。戴季陶主義與馬克思主義在 20 年代進
　行了長期論戰。
△戴季陶出版《國民革命與中國國民黨》一書，爲其理論的又一代表作。

8 月

△胡適、魯迅等分別撰文反擊章士釗對新文化運動的攻擊。
△北京政府宣布停辦女師大，同月章士釗決定將女師大改組爲國立北京女子大學。
△北京政府通過章士釗草擬的「整理學風令」。
△梁啓超著《中國古代學術思想變遷史》由上海羣衆圖書公司印行。
△南方大學教職員爲反對江亢虎，聯合章炳麟發起成立國民大學。
△因發現胡適致溥儀信中有「昔胡適既見皇上，爲皇上所化」等語，反清大同盟要
　求將胡適逐出北京。

9 月

△魯迅、韋素園、曹靖華、李霽野等人發起組織「未名社」，出版《未名叢刊》，至
　1931 年 5 月該社解散。
△中法學校在四川重慶創辦，吳玉章任校長。

10 月

△《生活周刊》在上海創刊。

△徐志摩接辦《晨報副刊》。

△陳翔鶴、馮至、楊晦等在北京組織「沉鐘社」，創辦「沉鐘」周刊。

△章士釗以孤桐爲筆名在《甲寅》第一卷第十四號上發表《評新文學運動》，對新文學運動全面進行攻擊。

△張貽惠接替范源濂任北京師範大學校長。

△中日文化事業委員會在北京成立，柯劭忞任委員長。

△故宮博物院首次對外開放，設古物、圖書等館，觀衆每日達數萬人。

11 月

△國立自治學院改組爲國立政治大學，張嘉森任校長。

△北京國立女子師範大學復校。

△《政治周報》在廣州創刊。

△魯迅雜文集《熱風》由北新書局出版。

△李金發新詩集《徵雨》由北新書局出版。

12 月

△胡適自編《胡適論學近著》由商務印書館出版發行。1926 年 2 月再版。

△周作人散文集《雨天的書》由北新書局出版。

△郭沫若《文藝論集》由光華書局出版。

△陳公博接任廣東大學校長。

△上海婦女問題研究會辦《新女性》創刊。

△北京、上海等地紛紛成立孫文主義學會。

［是年］

△梁啓超著《中國歷史研究法》由商務印書館出版。

△歐陽竟無在內學院設法相大學特科。

△安特生發表《甘肅考古記》一書，對甘青地區遠古文化進行分期，分別定名爲齊家、仰韶、馬廠、辛店、寺洼、沙井。

1926 年

1 月

△國語研究會等發起全國國語運動，以演講、展覽、文藝演出等方式推行國語，促進統一方言，普及教育。上海反響最熱烈，各報均出國語特刊。

△上海《時報》出版元旦增刊，刊載前一年新聞索引，是爲我國報刊對時事有索引之始。

△教育部部員爲索薪決定將北京圖書館藏《四庫全書》及《唐人寫經》查封作爲抵押。

△北京政府教育部更動北京國立各大學校長人選，聘王寵惠爲法大校長，李石曾爲農大校長，孫柳溪爲醫大校長，林風眠爲藝專校長，徐謙爲俄專校長。

2 月

△北京政府查封《北京晚報》、《大同晚報》。

△段祺瑞下令制止反基督教運動。

△創造社北京分部成立。

3 月

△創造社主辦《創造月刊》在上海創刊，共出二卷十八期，1929 年 1 月停刊。

△創造社廣州分社成立。

△北平中國大學哲學教育系主編《哲學月刊》創刊，後由哲學讀書會接辦，共出十六期，1930 年 11 月休刊。

△北京圖書館成立。

△全國非基督教大同盟通電聲討段祺瑞。

4 月

△徐志摩創辦《晨報詩鐫》。

△顧頡剛編《古史編》第一册出版，自此「古史辨」成爲史學界一大學派，顧頡剛在該册前作有長篇序言，詳盡闡述了其古史觀，爲一著名論文。

△創造社出版部在上海成立。

△創造社在上海出版《A11》周報。

△奉系軍閥進駐北京後，以「宣傳赤化」罪名封閉《京報》，逮捕並處決了該報經理兼總編邵飄萍。是月，北京文化教育界人士紛紛避難。

5 月

△郭沫若在《創造月刊》第一卷第三期上發表《革命與文學》。
△冰心散文集《寄小讀者》由北新書局出版。
△在京教育界人士集會，要求英國儘速退還庚款用於發展中國教育。

6 月

△創造社同人刊物《幻洲》周刊出版。
△李達著《現代社會學》一書由湖南現代叢書社出版。
△魯迅雜文集《華蓋集》由北新書局出版。
△北京《晨報》增闢《劇刊》。
△《光明》半月刊在上海創行。
△國民黨政府決定採用法國大學院制度，組織大學院，爲全國最高學術及教育行政
　機關，並議決任蔡元培爲院長。

7 月

△國民黨中央決定設立學術院，以羅致、造就政治人才。
△梁啓超總結清代學術發展的又一專著《中國近三百年學術史》由上海民志書店出
　版。
△潘梓年主編《北新》雜誌創刊。
△《小說月報》自是月起連載老舍的長篇小說《老張的哲學》。

8 月

△魯迅小說集《彷徨》由北新書局出版。
△魯迅離京南下，9 月起任廈門大學教授。
△奉系軍閥繼續在京鎮壓文化界人士，殺害《社會日報》主筆林白水等。
△女師大與女大合併成立北京女子學院，教育總長任可澄自兼院長。
△中日文化事業委員會更名爲東方文化事業總委員會，在北京成立。
△北京政府教育部宣布故宮永爲國產。

9 月

△馮友蘭著《人生哲學》由商務印書館出版。
△劉侃元譯日本人渡邊秀方《中國哲學史概論》由商務印書館出版發行。
△狂飆社在上海成立。
△全國國語教育促進會在上海成立。

△北京教育界發動反對東方文化事業總委員會運動。

10 月

△《莽原》半月刊在北京復刊。
△安特生公布在北京周口店發現的遠古人類化石，認爲北亞洲爲人種發源地。
△中國派竺可楨等出席在日本召開的第三屆泛太平洋學術會議。

11 月

△北京政府教育部公布國語統一籌備委員會訂定的《國音羅馬字拼音法式》。

12 月

△《小説月報》第十七卷十二號出版「中國文學研究專號」。
△有聲電影在中國首次試映。
△全國文化教育界掀起反日高潮，指斥東方文化事業總委員會「以提倡研究爲名，行文化侵略之實」。要求政府取締，將日本庚子退款收回。

[是年]

△教育界興起鄉村教育運動高潮。中華平民教育促進會選河北定縣爲試驗區，並從翟城入手，進行平民教育等試點。同年中華職業教育社在江蘇崑山徐公橋設立鄉村改進區，推廣、普及、改革教育。陶行知則提出以鄉村學校作爲改造鄉村生活的中心，並於是年籌辦曉莊學校，次年開學，成爲鄉村教育運動的重要陣地。30年代後，又有梁漱溟等繼續這方面的努力與試驗。
△清華大學成立哲學系，金岳霖任主任。
△彭湃、毛澤東等在廣州主辦農民運動講習所。
△李濟領導了第一次由中國人主持的田原考古發掘，發掘了山西夏縣西陰村遺址。

1927 年

1 月

△廣東嶺南大學改組，美方同意交回我國辦理。這是中國收回教育權的首次記錄。
△蔣光慈小説集《鴨綠江上》由亞東圖書館出版。
△魯迅去廣州，任中山大學文學系系主任。

△田漢劇作《銀色的夢》在電影雜誌《銀星》上連載。
△成仿吾在《洪水》半月刊上發表《完成我們的文學革命》，開始討論「文學革命」問題。

2 月

△《洪水》第三卷第二十六期發表郁達夫的《無產階級專政和無產階級文學》，成仿吾的《打倒低級的趣味》進一步掀起關於文學革命的討論。

3 月

△馮友蘭寫成《中國之社會倫理》一文，同年 6 月發表於《社會學界》第 1 卷。
△康有爲在青島去世，終年六十九歲。
△郭沫若《請看今日之蔣介石》，同年 5 月發表於《中央日報》副刊。
△魯迅雜文集《墳》由北京未名社出版。
△瑞典人斯文赫定組織遠征隊考查我國西北地質、文物，並擬掠走大量文物，從而引起我國學術界抗議，各學術團體議決組織北京學術團體聯席會，保護祖國文物。

4 月

△全國學生聯合總會遷至武漢。
△中央農民運動講習所正式開學。
△李大釗爲奉系軍閥逮捕，同月 28 日就義。
△張作霖大捕進步知識份子，主使大量教授離京避難，北京大學等實際陷於癱瘓。
△湖北省鏟除封建勢力，廢除聖廟祭祀。
△北京尚志學會主辦的《哲學評論》（雙月刊）在北京創刊。

5 月

△北京各學術團體與斯文赫定聯合組成西北科學考察團赴西北考察，以防止其掠走文物。
△中國學術團體協會在北京教育部正式立案，該會以保存，採集國內所有學術材料爲主旨。
△南京政府教育委員會派員接收東南大學。

6 月

△南京政府任命戴季陶爲國立廣州中山大學（原廣東大學）校長，朱家驊爲副校

長。
△著名國學家、清華大學國學研究院教授王國維投昆明湖自盡，終年五十歲。
△《中央半月刊》出版，吳稚暉任主編，該刊爲南京國民黨中央宣傳部定期刊物。
△南京政府正式任命蔡元培爲大學院院長。
△美國聖本篤會在北京所辦公教大學，改名爲輔仁大學，推陳垣爲校長。

7 月

△朱自清著名散文《荷塘月色》發表於《小說月報》第十八卷第七號。
△魯迅散文詩集《野草》由北新書局出版。
△上海的美國學校舉辦「中國學暑期講習會」。

8 月

△蔣光慈在上海組織春野書店。
△蔣光慈、錢杏邨籌備組建太陽社
△安國軍政府將北京國立九所大學合併爲國立京師大學校。後重新恢復原校。
△南京政府任命張仲蘇爲國立同濟大學校長。

9 月

△清史館館長，《清史稿》總編修趙爾巽在北京去世，終年八十四歲。
△勞動大學籌建，易培基任校長。
△安國軍政府教育部通令各校禁用白話文。
△郁達夫脫離創造社。
△徐志摩詩集《翡冷翠的一夜》由新月書店出版。

10 月

△《語絲》在北京被查禁，北新書局同時被封，後改在上海出版。
△《中國青年》被查禁，後改名爲《無產青年》在上海祕密刊行。
△中共中央機關刊物《布爾塞維克》在上海創刊，瞿秋白主編，1932 年 7 月停刊。
△國民黨政府正式宣布成立「中央大學院」。
△胡適著《戴東原的哲學》由商務印書館出版。

11 月

△馮友蘭《泛論中國哲學》發表於《燕大月刊》第一卷第二期，扼要闡述了其對中國哲
　學的最基本觀點。

△國民黨中央研究院籌備會及各專門委員會在南京成立，蔡元培兼任研究院院長。
△茅盾以方璧筆名發表《魯迅論》，見《小説月報》第十八卷第十一號。
△國立音樂學院在上海創辦，正式開學。
△著名書畫家吳昌碩在上海病故，享年八十四歲。
△私立金陵大學始由中國人主持，陳裕光爲校長。

12 月

△魯迅、郭沫若、成仿吾、鄭伯奇等合作復刊《創造國報》。
△孫伏園主編的《貢獻》半月刊在上海出版，1929 年 3 月停刊。
△周作人散文小品集《談虎集》由開明書店出版。
△瞿秋白、蔣光慈合編《俄羅斯文學》出版。

［是年］

△中外學者共同發掘北京周口店舊石器遺址。
△北大歌謠研究會主要成員顧頡剛、容肇祖、董作賓等在廣州中山大學成立民俗學
　會。
△魯迅與陳西瀅等展開激烈筆戰。

1928 年

1 月

△太陽社正式成立，出版《太陽月刊》，蔣光慈任主編，共出七期。1929 年太陽社
　解散。該社爲當時重要的文學社團。
△蔣光慈在《創造月刊》第一卷第八期開始連續發表《十月革命與俄羅斯文學》。
△潘漢年、葉靈鳳主編《現代小説》月刊在上海創刊。
△創造社綜合理論性刊物《文化批判》在上海出版，爲創造社後期的主要刊物。
△創造社與太陽社成員共同倡導「革命文學」，掀起「無產階級文學運動」，爲
　30 年代左翼文藝運動的先聲。同時與魯迅等進行「革命文學」論爭，延續一年
　之久。
△《新生命》在上海創刊，編輯陶希聖、周佛海隨後建立新生命書局。以《新生命》爲
　輿論陣地的這一團體被稱爲「新生命派」。
△聞一多詩集《死水》出版。
△臺靜農、李霽野等在北京創辦《未名》半月刊。
△上海現代文化社編《文化戰線》月刊創刊。

2 月

△大學院決定：第一中山大學改名爲中山大學，第三中山大學改名爲浙江大學，第
　四中山大學改名爲江蘇大學。

△大學院明令廢止祀孔。

△郭沫若赴日本，專心研究中國古代歷史。

△郭沫若譯歌德《浮士德》出版。

△丁玲小說《莎菲女士的日記》發表。

3 月

△新月社創辦的《新月》月刊在上海出版爲反對革命文學運動的主要刊物之一。至
　1933 年 6 月停刊。

△創造社綜合刊物《流河》半月刊在上海創刊，同年 5 月停刊。

△中央研究院社會科學研究所在上海成立。又決議設歷史語言研究所於廣州，傅斯
　年、顧頡剛、楊振聲爲常務籌備員。

△《民間文藝》改名《民俗》出刊，鍾敬文、容肇祖等任編輯。1936 年後改爲《民俗》
　季刊，1943 年停刊。

4 月

△《戰線》周刊創刊。

△中央研究院正式成立。

△國民黨政府提倡尊儒，發佈保護孔廟令。

△未名社在北京被查封，臺靜農等三人被俘。

△《中國晚報》在上海復刊，這是我國夕刊新聞的創始者，創辦於 1919 年。

△美國中央探險隊赴內蒙探索生物遺跡。

△中國公學董事會選舉胡適爲校長。

△辜鴻銘在北京病故。

5 月

△《現代中國》雜誌在上海創刊。

△陳公博主編《革命評論》在上海創刊。

△《青年呼聲》雜誌在上海創刊。

△《文化戰線》旬刊在上海創刊。

△杜國庠、洪靈菲等在上海創辦《我們月刊》，組建「我們社」，加入創造社等對魯
　迅的圍攻。

△葉靈鳳主編的《戈壁》半月刊在上海創刊。

6 月

△魯迅、郁達夫、林語堂合編《奔流》月刊在上海創刊。

△陳源（西瀅）散文集《西瀅閒話》出版。

△劉豁公主編《戲劇月刊》在上海創刊，共出三卷三十六期，1931 年 9 月停刊。

△顧孟余主編《前進》半月刊在上海創刊。

△梁啓超、湯化龍辦《晨鐘》及《晨報》停刊。

△蔣介石演講「三民主義救國論」，要求全國思想統一於三民主義。

△國民政府派易培基前往北京接收故宮博物院。

△馬衡等五人奉國民政府令接收清史稿。

7 月

△《太陽月刊》被迫停刊。

△廣州嶺南大學圖書局出版《南大戊辰哲學論文集》

△清東陵盜掘案發生，直魯系軍閥孫殿英率部將裕陵（乾隆）、定東陵（慈禧）洗
　劫一空，歷七晝夜。

8 月

△蔡元培辭去大學院院長之職，定居上海。

△創造社綜合理論性刊物《思想月刊》在上海出版，以介紹馬克思主義理論爲主。

△國民政府任命羅家倫爲國立清華大學校長。

△《哲學評論》第二卷第一期出版休謨專號。

9 月

△海上漱石生、王雪塵、孫超在上海創辦《梨園公報》（三日刊），共出三百九十六
　期，1931 年 12 月停刊。

△魯迅散文集《朝花夕拾》由北京未名社出版。

△郁達夫主編的《大衆文藝》在上海創刊，後成爲「左聯」的機關刊物之一，曾出版
　「新興文學專號」。1930 年 6 月被查封。

△馮雪峯發表《革命與知識階級》，批評文壇對魯迅的圍攻。

△大學院公布國語羅馬字。

10 月

△陶希聖在《新生命》上發表《中國社會到底是什麼社會？》這是有關中國社會史論戰
　中的一篇重要論文，陶希聖斷言「中國宗法制度已不存在」，「封建制度不存

在 」、「 階級也不存在 」。自此，中國學術界開始展開長達數年之久的社會史大
論戰，論戰主要在陶希聖等人與馬克思主義史學工作者之間展開。

△魯迅雜文集《而已集》由北新書局出版。

△朱自清散文集《背影》由開明書店出版。

△國民政府公布以孔子誕日爲紀念日。

△茅盾在《小說月報》第十九卷第十號上發表《從牯嶺到東京》，答覆文藝界對他的批
評並對革命文學運動中的「 標語口號文學 」現象進行批評。

△郁達夫、錢杏邨在上海創辦《白華》月刊，共出三期，年底終刊。

△陳望道主編《大江月刊》在上海創刊。

△《無產青年》改名《列寧青年》，在上海發行，1932 年 5 月停刊。

△國民政府將中央大學院改爲教育部，任命蔣夢麟爲部長。

△國民政府任命李石曾爲國立北平大學校長。

11 月

△李達、鄧初民等人在上海創辦崑崙書店。

△夏康農、張友松主編《春潮》月刊在上海創刊，共出九期，1929 年 9 月停刊。

△國民政府公布《中央研究院組織法》。

△天津德文書店售性史書籍，被警方查封。

△國民政府查禁《疾風》、《雙十》、《暖流》等雜誌，加強新聞管制。

△魯迅、柔石等在上海組織「 朝花社 」。

12 月

△朝花社編《朝花》在上海創刊。

△胡也頻等在上海組織紅黑出版社。

△中國著作者協會在上海成立，發表《中國著作者協會宣言》。

△胡適著《白話文學史》由新月書店出版。

△林語堂散文集《翦拂集》由北新書局出版。

△美國進步作家、新聞記者史沫特萊來華，在上海參加中國進步文化運動。

△創造社、太陽社對魯迅的圍攻受到中共中央的批評。

△以研究國學爲宗旨的奉天萃升書院成立，張學良任院長。

△張學良欲影印《四庫全書》，由東方印刷所承印，東北文化社出版。

[是年]

△創造社、太陽社等對魯迅圍攻，雙方發表了大量文章。

△中國社會史論戰揭開序幕。

△中國學者吳金鼎在山東章丘縣城子崖發現新石器晚期的龍山文化遺址。

△是年始，李濟、梁思永等在河南安陽發掘殷墟。同年董作賓曾前往實地調查。

△中央研究院歷史語言研究所成立，傅斯年任所長。
△歷史語言研究所設考古學組，標誌著中國考古學科的真正建立。
△江蘇鎮江竹林寺創辦「竹林佛學院」。

1929 年

1 月

△陶希聖著《中國社會之史的分析》、《中國社會與中國革命》兩書出版。
△胡也頻編輯的《紅黑》月刊在上海創刊。
△蔣光慈、錢杏邨主辦太陽社刊物《海風周報》在上海創刊。
△邵洵美、章克標編輯《金屋月刊》在上海創刊。
△梁啓超在北平逝世，終年五十六歲。
△國民黨改組派所辦《決鬥》在上海創刊。
△蔣介石發起之勵志社在南京成立，蔣自任社長。
△中國史學會在北平成立，朱希祖等任執委。

2 月

△國民黨查禁創造社出版部，公布《宣傳品審查條例》。

3 月

△國民政府任命易培基兼北平故宮博物院古物館館長，張繼兼該院文獻館館長，莊蘊寬兼該院圖書館館長。
△國民政府查禁《我們》月刊及書店。
△蔣光慈主編太陽社刊物《新流月報》在上海創刊，共出四期，1930 年 1 月改名《拓荒者》。
△鍾泰著《中國哲學史》由商務印書館出版。

4 月

△李偉森編《上海報》出版。
△田漢主編《南國》月刊在上海出版。
△歐陽予倩主編《戲劇》月刊在上海創刊。
△王平陵編《西洋哲學概論》由上海泰東圖書局出版。

△葉紹鈞（聖陶）長篇小說《倪煥之》由商務印書館出版。

5 月

△國民黨中央宣傳部下令查禁《先聲周報》、《中國工人》、《創造月刊》等多種書刊。
△田漢劇作《名優之死》發表於《南國》月刊第一期。

6 月

△魯迅、柔石主辦《朝花旬刊》在上海創刊。
△太陽社、我們社、引擎社等相繼解散。
△馮雪峯主持編輯的「科學的藝術論叢書」開始陸續出版，收入魯迅、馮雪峯等人
　的譯著。是年，介紹馬克思列寧主義理論的譯著大量出現。
△國立山東大學議決改稱國立青島大學，撤銷原私立青島大學。何思源任校長。
△國民黨政府查禁《世界日報》、《公論日報》。
△吳雷川就任燕京大學校長。

7 月

△北平大學學生會致電教育部，要求北大直屬中央，請任蔡元培爲校長，恢復「北
　京大學」原稱。
△國民政府頒布《考試法》、《大學組織法》。
△創造社出版部被封後改組爲江南書店。

8 月

△國民黨政府恢復祀孔。
△左明、趙銘彝主編《南國周刊》在上海創刊。
△張東蓀著《新哲學論叢》由商務印書館出版。
△創造社所編《新興文化》在上海創刊，江南書店發行，僅出一期。
△吉林大學正式成立，張作相任校長。
△中央研究院於南京成立天文、氣象二研究所，上海成立化學、工程、物理、地質
　四研究所，北平成立歷史語言、心理二研究所。

9 月

△國立北平研究院正式成立，李煜瀛任院長。
△上海成立電影檢查會。
△中央研究院向李盛鐸購回前清內閣檔案數千麻袋，交歷史博物館清理。

△《新民報》在南京創刊。

10 月

△李何林編《中國文藝論戰》由中國書店（實爲北新書店）出版，收 1928——1929
　年間關於革命文學問題論戰文章四十七篇。
△高爾基《母親》第一個中譯本由沈端先翻譯出版。
△李一氓以杜竹君筆名譯馬克思《哲學的貧困》由上海水沫書店出版。
△胡適在《新月》第二卷六、七合刊上發表《新文化運動與國民黨》。

11 月

△國民黨中央宣傳部因胡適數月來連續發表指斥政府的言論，組織批判胡適，是月
　出《評胡適反黨義近著》一書。
△教育部通令各大學停止學分制，改行學年制。
△《新思潮》月刊在上海創刊。
△夏衍、鄭伯奇等組成上海「藝術劇社」，創辦《藝術月刊》，出版《戲劇論文集》。
△左明、陳白塵脫離南國社另組織摩登劇社。
△綜合性理論刊物《新思潮》月刊在上海創刊，1930 年 4 月改爲《新思想》。
△我國第一個新興木刻社團「一八藝社」在杭州藝專成立。

12 月

△郭沫若著《漂流三部曲》小說集出版。
△法文譯本《中國當代短篇小說家作品選》在巴黎出版。
△考古學家裴文中在北京周口店龍骨山發現完整的「北京人」頭骨化石，爲從猿到
　人學說提供重要依據，引起學術界極大關注。

［是年］

△中國佛學會成立，太虛任會長。
△安徽九華山創辦「江南九華佛學院」。
△浙江創設「佛教師範學校」。

1930 年

1 月

△蔣光慈主編的《新流月報》改名爲《拓荒者》月刊，主要刊登革命文學作品和馬克思
　主義文藝理論。至 5 月第四、五合刊成爲左聯機關刊物。現代書局發行。

△夏丏尊、葉聖陶主編的《中學生》月刊在上海創刊，由開明書店出版。

△魯迅、馮雪峯合編《萌芽月刊》在上海創刊，由光華書局發行。

△郭沫若《中國古代社會研究》彙印成集由大東書局出版，該書收錄郭自 1928 以來
　的一組以歷史唯物主義方法研究中國古代社會的論文。

2 月

△西安成立佛學講習所。

△中國自由運動大同盟在上海祕密舉行成立大會，並發表《宣言》。其宗旨爲爭取言
　論、出版、結社、集會的自由，反對國民黨的統治。

△國民黨教育部關閉上海新民大學和東亞大學。

△《文藝研究》第一卷第一本所印出版日期爲本月 15 日。實際出版日期爲 4、5 月
　間。

△左翼的《大衆文藝》等刊物開展關於文藝大衆化問題的論戰。

△胡適在上海基督教青年會講演《衆新文藝觀察今日中國思潮》

△楊枝嶸、黃谷仁合譯的布萊脫曼的《哲學導論》一書，由商務印書館出版發行。該
　書主張人格唯心論。

△青銳譯沙爾列·拉波播爾《歷史哲學》一書，由上海辛墾書店出版。

△景昌極《哲學論文集》由上海中華書局出版。

3 月

△中國左翼作家聯盟在上海召開成立大會。與會者四十餘人，加入聯盟者五十餘
　人。大會通過左聯《綱領》：「目的在求新興階級的解放」，「反對一切對我們的
　壓迫」。

△《大衆文藝》第二卷第三、四期的《新興文學專號》刊載第一次文藝大衆化問題討論
　的座談記錄。中有魯迅《文藝的大衆化》一文。

△李立三發表「中國革命的根本問題」，爲中國社會性質問題論戰中的重要文章，
　主要針對托派觀點展開批判。

△《大衆文藝》被查禁。

△夏衍主編《藝術》月刊在上海創刊。

△《太陽社》因左聯成立而解散。

△陳啓修譯出《資本論》第一卷，這是中國最早的《資本論》中譯本。其餘由潘東周譯
　出。前者出版於 1932 年 8 月，後者出於 1933 年 1 月，均由北平東亞書店出版。

△商務印書館出版范錡著《哲學概論》。

4 月

△「左聯」召開第一次代表大會。

△北新書局出版李何林所編《魯迅論》

△藝術劇社被上海市公安局抄封。左聯發表反對查封藝術劇社宣言。

△神州國光社編輯《現代文藝叢書》，譯介蘇聯文學名著。

△「中國社會科學家聯盟」、「中國左翼美術家聯盟」、「中國左翼戲劇家聯盟」
　在上海成立。

△《未名》在出版十二期合刊後停刊。

△上海泰東書局出版王若水譯普列漢諾夫《近代唯物論史》和陶伯譯布哈林《唯物史
　觀》。

5 月

△《萌芽月刊》第一卷第五期《國內文藝消息欄》登出「普羅詩社」成立宣言。

△左聯發表《左翼作家聯盟「五一」紀念宣言》。十三種左翼雜誌聯合發行《五一特
　刊》，附刊贈送，出版《「五一」畫報》。

△中華藝術大學被查封。

△開明書店出版茅盾的長篇小說《蝕》三部曲（《幻滅》、《動搖》、《追求》）。

△蔡元培代表中國公學校董會同意胡適辭校長職，而以馬君武接任。

△毛澤東作《反對本本主義》

△魯迅應外國友人邀請作《魯迅自傳》，當時未發表。後來收入1938年版《魯迅自傳》
　第二十卷附錄。

△左聯在上海召開第二次代表大會。

△國民黨右翼雜誌《中國文化》在南京發刊。

△《新思潮》發表潘東周文章《中國的經濟性質》和王學文的《中國資本主義在中國經
　濟中的地位、發展及其將來》，二文都是中國社會性質論戰中重要文章。

6 月

△鄉村建設研究院在山東鄒平成立，梁漱溟任主任。並出版《鄉村建設》雜誌。該院
　不久又與各地鄉村建設工作單位聯繫，成立「中國鄉村建設學會」，「鄉村建設
　派」正式形成。

△王平陵、潘公展、朱應鵬、傅彥長、黃震遐等提倡「民族主義文學」運動，曾發表《民族主義文學運動宣言》（《前鋒周報》第二、三期），並創辦《前鋒周報》、《前鋒月刊》、《現代文學評論》等雜誌。

△《大衆文藝》停刊。

7 月

△光華書局出版魯迅譯普列漢諾夫《藝術論》，爲《科學的藝術論叢書》之一。

△中國左翼文化總同盟成立於上海。

△南京召開中基會董事會第六次年會。會上成立編譯委員會，胡適任主任委員，負責組織機構和編譯工作。

△國民黨中宣部辦「中國文藝社」在南京成立。

△中國左翼美術家聯盟成立。

8 月

△左聯和社聯的機關刊物《文化鬥爭》在上海創刊。共出兩期。

9 月

△國民黨中央執委會祕書長陳立夫密令上海市政府、市黨部密查左翼文化團體的活動。

△左聯機關刊物《世界文化》月刊創刊。

△《胡適文存》三集出版。

10 月

△中國左翼戲劇家聯盟會員宗暉被國民黨當局殺害於南京雨花臺。

11 月

△江南書店出版吳黎平譯本恩格斯《反杜林論》。同年12月崑崙書店出版錢鐵如譯本。

△左聯召開第四次全體大會。

△蕭三代表左聯參加世界革命作家第二次會議，成爲「國際革命作家同盟」成員。

12 月

△國民政府頒布《出版法》，對書報刊物箝制更緊。

△《胡適文選》和《神會和尚遺集》均由亞東圖書館出版。
△亞東圖書館出版林曼青譯《我的童年》。
△《文藝月刊》在上海創刊。

[是年]

△《語絲》停刊。
△中央研究院與山東省政府合組山東古蹟研究會。1930年–1931年由李濟、梁思永
　相繼主持發掘城子崖遺址，對龍山文化的內涵有了初步認識。
△任曙《中國經濟研究》出版，嚴靈峯《中國經濟問題研究》出版。在中國社會性質論
　戰中代表托派觀點。
△張聞天以劉夢雲的筆名發表《中國經濟之性質問題研究》、劉蘇華發表《唯物辯證
　法與嚴靈峯》，參加了中國社會性質問題的論戰。

1931 年

1 月

△蔣介石發表新年文告，提出民國二十年最切要之兩事為敬教、勸農。
△蔣夢麟出任北大校長，聘胡適為文學院長兼中文系主任。
△《沫若文集》《沫若全集》分別由文藝書局，新文化出版社出版。
△新月派文人徐志摩主編的《詩刊》（月刊）在上海創刊。
△中華文化教育基金會在上海舉行年會，董事長蔡元培，董事胡適、蔣夢麟，司徒
　雷登籌劃會。
△何應欽、顧祝同、陳繼承在西安倡辦《西北文化日報》，陳海觀任總編輯。
△李偉森、柔石、胡也頻、殷夫、馮鏗五位左聯作家被捕。

2 月

△國民政府免去李石曾北平大學校長職務，以沈尹默接任；免去易培基國立北平師
　範大學校長職務，以余炳昶接任。
△左聯五作家被國民黨反動派祕密殺害於上海龍華偽警備司令部。
△國民政府訓令行政院飭教育部在文化基金款下撥出專款收購古籍文物，嚴禁轉售
　外人，以保國粹。
△蔣介石在南京講《中國教育的思想問題》要以「堯、舜、禹、湯、文、武、周公、
　孔子以來的仁義道德思想。」作教育正統思想。
△《二十世紀》在北平創刊。

3 月

△中國語言文字學會在上海成立。

△《文藝新聞》在上海創刊，由袁殊等主編。1932年「一二八」事變之後，從二月三日起按月發行戰時特刊《烽火》，共出十三期。《文藝新聞》於 1932年6月停刊。

△李石岑的《現代哲學小引》由商務印書館出版。重點講德奧哲學，其次是法意英美哲學。

4 月

△内政部、教育部規定 4 月 4 日爲兒童節。

△中國邊疆學會在南京成立，並決定在上海、北平兩地設立分會，宗旨在於研究邊務，促進開發邊疆。

△蔣介石在浙江大學訓話，並推薦戴季陶的《孫文主義哲學基礎》一書。

△《前哨》在上海創刊。

△巴金的《家》並始以「激流」爲題在《時報》上連載。

△國民政府撥專款並募捐修復孔廟和曲阜一帶其他古建築。

△亞洲文化學會第一次代表大會在南京召開，中國代表黃紹美擔任會議主席團主席。黃在開幕詞中宣稱該會最近任務爲《宣揚亞洲文化，發展亞洲文化》，高麗、印、暹邏、安南、緬甸均有代表與會。

5 月

△曼鋒主編的《創作月刊》在南京創刊。

△茅盾的小説散文集《宿莽》由大江書鋪出版。

△日人久原由山東濰縣盜買我國古物七箱，運至青島被扣留。

△瞿秋白與左聯發生聯繫，並擔任左聯的領導工作。

△以陳獨秀爲首的「無產者社」、以梁幹橋、區芳爲首的「我們的話」、以劉仁靜等爲首的「十月社」、以王平一爲首的「戰鬥社」在托洛茨基授意下聯合組成「中國共產主義左派反對派」。又名「列寧主義者左翼反對派」或「中國布爾什維克列寧派」。陳獨秀擔任總書記。

△新亞細亞學會在南京成立。

△葉青《二十世紀》第一卷第三期發表《張東蓀哲學批判》一文，展開了「唯物辯證法論戰」，本期如松《科學與玄學》一文總結分析批判了「科學與玄學的論戰」。

△商務印書館出版錢穆《國學概論》，分期敍述中國學術思想發展的歷史。

6 月

△國民政府特任李書華署理教育部部長；王樹翰爲國府文官長，王未到任前，由葉

楚倫代理。

△國民政府核定「忠孝仁愛信義和平」八字爲訓民要則，並訓令各直屬機關轉飭各
　學校及地方團體將此八字製成匾額懸掛顯處。

△國立北平圖書館舉行落成新館典禮，由館長蔡元培主持，接待來賓兩千餘人。

7 月

△《文藝新聞》第十八期刊登表袁殊的《報告文學論》。

△魯迅被《世界革命文學》雜誌聘爲顧問。該刊係國際革命作家聯盟書記處所編。

△上海勞動大學及附屬中學因不斷發生反對國民黨政策之學潮，被教育部勒令解
　散。

△吳佩孚受成都國學會會長宋芸子之請爲會員講《易經》，從「天德、王道、聖功」
　爲提綱，歸結爲「禮教救國」。

△上海北新書局「訂正本初版」《中國小説史略》出版。

8 月

△《文學導報》（其前身爲《前哨》）第 1 卷第 2 期出版。

△蔣光慈於上海病逝。

△《文學導報》第 1 卷第 3 期發表《革命作家國際聯盟爲國民黨屠殺中國革命作家宣
　言》。

△《讀書雜誌》出版《中國社會史的論戰專號》第 1 輯。此後在 1933 年 4 月共出版四
　輯，發表了大量中國社會性質和中國社會史的論戰文章成爲這場論戰的主要戰
　場。

9 月

△國民政府任梅貽琦爲國立清華大學校長。

△大江書舖出版魯迅新譯法捷耶夫《毀滅》。

△左聯發表《告國際無產階級勞動民衆的文化組織書》抗議日寇暴行，號召抗日。

△丁玲主編的《北斗》月刊在上海創刊。

10 月

△教育部核准四川成都大學、成都師範大學、四川大學三校合併，定名爲國立四川
　大學。

11 月

△詩人徐志摩飛機失事遇難。

△《二十世紀》第 1 卷第 5 期中刊載葉青《批判的態度》和《胡適批判》兩文，另有如松的《一個哲學的會話》

12 月

△胡適在北京大學中文系演講《中國文學的過去和未來》。

△北京大學出版部出版胡適《中國文學史選例》卷一（古代）和《中國中古思想史的提要》（十二講）

△三閒書屋出版曹靖華譯綏拉菲摩維支的《鐵流》。

△上海星光書店出版劉涅夫、王凌世編譯的《世界十大思想家底名著解題》。

△《讀書雜誌》第 1 卷第 9 期爲「黑格爾百年祭」專號。

△普羅美術研究會在上海成立。

△國際革命作家聯盟的機關刊物《世界革命文學》改爲《國際文學》，並特邀魯迅、茅盾、郭沫若等爲特約撰稿人。

△上海文化界夏丏尊、周建人、丁玲、胡愈之等二十餘人集會發起組織「上海文化界反帝抗日聯盟」。

△《文化評論》在上海創刊，創刊號上有胡秋原《阿狗文藝論》一文，由此挑起了「文藝自由論戰」。

△魯迅主編《十字街頭》創刊，第 2 期上發表了他以「明瑟」爲筆名的雜文《「友邦驚詫」論》

［是年］

△1931–1932 年，胡秋原、蘇汶（杜衡）等自稱爲居於中間的「第三種人」或「自由人」，在《現代》、《讀者雜誌》上鼓吹「文藝自由論」。

△1931 年，張東蓀等人在《大公報》的「現代思想欄」和《再生雜誌》上發表了一系列批評馬克思主義唯物辯證法的文章。

△1931 年，「中國社會性質問題論戰」進入高潮。托派任曙出版了《中國經濟研究》一書，嚴靈峯出版了《中國經濟問題研究》一書。張聞天以劉夢雲爲筆名發表《中國經濟之性質問題研究》、劉蘇華發表《唯物辯證法與嚴靈峯》。雙方對峙，就中國社會的性質和中國革命的性質問題發表不同的看法。

△隨著 1930 年以來中國社會性質問題論戰的展開，理論界就中國社會史方面的問題展開了論戰。論戰主要圍繞㈠亞細亞生產方式問題，㈡中國是否存在奴隸制社會的問題，㈢秦漢以後中國社會性質問題，展開論爭。

△梁漱溟在山東鄒平創辦《村治》月刊。

△西北科學考察團中的瑞典學者 F・貝格曼在額濟納河流域，調查發掘漢代烽燧遺址，獲簡牘一萬餘支。

△裴文中主持發掘周口店遺址的「鴿子堂」洞穴，首次發現大批人工打製石製品，
　又發現了人類用火的痕迹，從而確認北京人文化遺址的存在。
△梁思永、吳金鼎、劉燿在安陽後岡遺址的發掘中，第一次從地層上判定仰韶文
　化、龍山文化和商代文化的相對年代。
△梁思永撰寫《小屯龍山與仰韶》、《後岡發掘小記》進行論證，這是中國史前時代考
　古研究科學化的重要標誌。

1932 年

1 月

△中華書局出版蔣維喬著《中國近三百年哲學史》，該書注重西學東漸給中國思想界
　帶來的變化，重點介紹了嚴復、王國維等人。

2 月

△魯迅、茅盾、葉聖陶、胡愈之等四十三人聯名發表上海文化界告世界書，抗議日
　本侵華暴行。載《文藝新聞》的戰時特刊《烽火》第 2 期。

5 月

△蔣介石《革命哲學的重要》發表。提出要禦外侮，救中國，第一就是要恢復固有的
　民族精神，要實行《大學》中「知難行易」的學說。
△胡適、丁文江、傅斯年等創《獨立評論》
△胡適《中國中古思想小史》出版。

6 月

△中國文化界反帝抗日聯盟發出宣言，號召全國文化界及勞苦大眾擁護國際反戰大
　會，反對政府出賣民族利益，揭露高等華人所謂「廢止內戰運動」的陰謀。
△《文藝新聞》被查禁。

7 月

△魯迅、茅盾、陳望道、郁達夫等三十六人聯名致電國民黨中央政府，要求釋放被
　拘禁的泛太平洋產業同盟上海辦事處秘書牛蘭夫婦。

8 月

△上海合衆書店出版魯迅《二心集》。

9 月

△北新書局出版魯迅《三閒集》

△「中國詩歌會」成立於上海，發起人有蒲風、楊騷、穆中天等，目的是研究詩歌理論，引導詩歌創作。主張詩歌反應現實，尤致力於詩歌大衆化工作，出版刊物有《新詩歌》等。

△林語堂《論語》半月刊在上海創刊。該刊宣稱其「格式内容和孔夫子《論語》差不多」，提倡「幽默」、「閑適」的小品文。

10 月

△熊十力《新唯識論》文言本由浙江省立圖書館出版。後於 1944 年由商務出版語體文本。該書融會儒、釋、道思想，完成了一個創造性的獨特的哲學體系。

11 月

△國民黨中宣部公布《宣傳品審查標準》。

△王禮錫、陸晶清編定《中國社會史的論戰》第一輯（《讀者雜誌》第一卷第四、五期合刊「中國社會史論戰專號」）第五版。

△神州國光社出版《中國社會史論戰》第二輯（《讀書雜誌》第二卷第二、三期合刊）　△中華書局出版徐嗣編《社會科學名著題解》。

△文總機關刊物之一《文化月刊》在上海創刊。

12 月

△宋慶齡、蔡元培、楊杏佛等在上海發起組織「中國民權保障同盟」，並在北平、上海設分會，反對國民黨政府對進步人士的迫害，爭取言論、出版、集會、結社的自由。

△黎烈文接替周瘦鵑主編《申報》副刊《自由談》，一改原來的内容和形式。

[是年]

△經學家廖平去世。

△《小説月報》停刊，文學研究會解體。

△自 1932 年至 1936 年，侯外盧、王思華合譯的《資本論》第一卷完整譯本分册在北京出版。

△董作賓發表《甲骨文斷代研究例》提出甲骨斷代的十項標準。
△漢藏教理院在四川成立。
△林森及全國知名人士，發起募建「紫金山藏經樓」，並影印《清藏》。
△戴季陶發起募捐修復白馬寺。
△南京鍾山書局出版柳治徵《中國文化史》兩册。

1933 年

1 月

△國民黨政府決定將北平故宮重要文物南運。北平各團體救國聯合會通電反對。
△孫科、吳鐵城等在上海邀集各界名流二百餘人發起建立中山文化教育館。
△周憲文主編的《新中華》半月刊在上海創刊，中華書局出版發行。
△中國民權保障同盟上海、北京分會成立。
△中國教育學會在上海成立，以「研究改進教育爲宗旨」。劉廷芳、劉湛恩等十五人爲理事。

2 月

△中國民權保障同盟召開記者招待會，發布宣言，抗議顧祝同槍殺《鎮江日報》編輯劉煜生。
△中國詩歌會創辦《新詩歌》雜誌，反對詩歌歐化和詩人「沈醉在風花雪月裏」。
△故宮古物二千餘箱裝運南下。
△神州國光社出版瞿世英《四洋哲學的發展》一書，介紹美國最流行的兩大哲學流派，即實在論和實驗主義。
△王造時主編的《自由言論》半月刊在上海創刊。
△中國電影文化協會在上海成立。夏衍、田漢、洪深、聶耳等三十一人任執委。協會並發布反帝反封的宣言，號召開展電影文化運動。
△胡適在《獨立評論》第三十八號發表《民權的保障》一文，反對民權保障運動。

3 月

△辛墾書店出版鄧均吾譯本湯姆生《科學概論》。
△中山文化教育館在南京成立。
△中國學術界人士在上海舉行馬克思逝世五十周年紀念大會。

△上海青光書店出版《兩地書》。

4 月

△北平「左聯」機關刊物之一「文學雜誌」創刊。
△《讀書雜誌》第三卷第三、四期合刊（即「中國社會史論戰」第四輯）發表劉蘇華
　《唯物辯證法與嚴靈峯》。

5 月

△中德文化協會在北平成立，丁文江、胡適、梅貽琦、蔣夢麟等十七人任理事。
△作家應修人因拒捕而墜樓死難。
△中國考古會在上海成立，以「搜考古蹟、古蹟，發揚本國文化」爲宗旨，選蔡元
　培，葉恭綽、劉海粟、楊杏佛等十九人爲理事。
△張軍光《遠東月刊》在上海創刊。
△潘公展在上海創辦《微言》周刊。

6 月

△北平「左聯」創辦《文藝月刊》。
△葉紫編輯的《無名文藝》月刊創刊。
△陳衍編輯的蘇州國學會會刊《國字商兌》第一號出版，第二號起改名爲《國學治
　衡》。
△上海各大學教職員聯合會發表宣言，指出《中國之病根在文化，而起死之良方在
　學術》，籲請開展「學術救國」與「文化復興」兩大運動。
△南京成立中波文化協會，由蔡元培等人發起。
△中央研究院總幹事、中國民權保障同盟總幹事楊杏佛在上海被刺身亡。
△「社聯」先後創辦，《新思想》、《社會科學戰線》、《世界》、《環球》等三十餘種雜
　誌。

7 月

△鄭振鐸、王統照編輯的《文學》月刊在上海創刊，生活書店發行。
△陶百川主編的反共刊物《汗血》周刊創刊。
△左聯作家洪靈菲在北平被捕並遭殺害。
△胡適在美國芝加哥講學一個月，講題爲《中國文化的趨勢》，共講六次，後講稿彙
　爲一册由該大學出版，名爲《中國的文藝復興》。
△胡適受中基會之聘出任北平圖書館委員會委員長。

8 月

△左聯刊物《反戰新聞》創刊。

△國際革命作家聯盟和巴比塞、羅曼、羅蘭等發表《給中國大衆的信》。

△商務印書館照印庫本《四庫全書珍本初集》。

△邵洵美主辦的《十日談》旬刊在上海創刊。

△故宮博物院理事、清史館代館長、東方文化事業總委員會委員長柯劭忞在北平逝世。

△國民黨中宣部變更新聞檢查辦法，發布報刊新聞發刊標準。

10 月

△胡適在日本會見日禪學大師鈴木大拙，討論北宋本六祖《壇經》。

△辛墾書店出版《二十世紀》第2卷第7期。該期哲學特色較濃，編者聲稱本期努力解決 1. 說明方法的應用；2. 指出胡適思想方面的錯誤；3. 確認主義與問題之間的關係，4. 揭示東方文明與西方文明的特色；5. 解決知行的難易問題；6. 批判個人主義等等。

△北新書局用青光書局名義出版魯迅《僞自由書》。

△國民政府行政院發布查禁普羅文藝的密令。

11 月

△國民黨指使暴徒先後搗毀藝華影片公司，良友圖書印刷公司和伊羅生的《中國論壇》報印刷所。又轟擊神州國光社總發行所。

12 月

△馮友蘭著《中國哲學小史》被商務作爲《萬有文庫叢書》印行。

△商務出版朱謙之《文化哲學》一書。

△十三世達賴喇嘛在拉薩病逝，國民政府追贈爲護國弘化普慈圓覺大師。

[是年]

△山西趙城縣霍山廣勝寺發現《趙城藏》。該藏係金代民間勸募，在山西解州天寧寺刻成。

△郭沫若《卜辭通纂》出版。

△熊十力《破破新唯識論》出版。

1934 年

1 月

△胡適爲《大公報》撰寫《星期論文》。《報紙文字應該完全用白話》。

△艾思奇在《中華月報》第 2 卷第 1 期發表《二十二年來之中國哲學思想》。

△中國左翼新聞記者聯盟在上海成立。

△鄭振鐸、靳以編《文學季刊》在北平創刊，出至第 2 卷第十期停刊。

△上海宗教研究所成立。由吳鐵城、王曉籟、王一亭等發起。宣稱對「社會提倡精
　神治療，冶儒、釋、道、耶、回五教於一爐，培養固有道德。」

△《長城半月刊》在上海創刊，潘文安主編，發行人陳一夫，上海文明印刷所印刷。

△蕭友梅、易韋齋、黃自編輯的《音樂雜誌》季刊在上海創刊。該刊爲全國唯一的音
　樂刊物。

△北平「文化團體聯合會」致電國民黨四中全會，建議設立「中央文化委員會」，
　集中人才從事編纂、譯述以三民主義爲範圍的書籍，加強文化統治。

△中國國際學會在上海成立，選鄔翰芳等爲理事。通過十五項議案。中有要求教育
　部令各大學添設國際學院，增設國際課程，發刊《國際月刊》等。

△魯少飛主編的《時代漫畫》月刊在上海創刊。時代圖書公司出版。

2 月

△蔣介石在南昌發表《新生活運動要義》的講演，提倡「尊孔讀經」的復古教育。隨
　後發起了標榜「復興民族」的，以「禮義廉恥」和生活「藝術化」、「生產
　化」、「軍事化」爲内容的新生活運動。

△杜重遠主編的《新生周刊》創刊。

△陝西考古會在西安成立，張鵬一任委員長，翁文灝等十人爲委員。決定先發掘鬥
　雞臺遺址。

△南京流露社出版的《中國文學月刊》創刊，主編蕭作霖、陸印全，編輯有張資平、
　趙景深等。

△南京成立「中國文化協進會」，陳立夫任理事長。該會鼓吹孔孟之道，配合文化
　圍剿。

△劉家儉等在南京創辦《中德編譯社》。

△上海《人言》周刊創刊，主編謝雲翼、郭明，編輯林語堂等。

△上海中國著作人出版人聯合會緊急會議，參加者有北新、現代、光華、
　中國人等出版社。就國民黨密令查禁進步書刊事提出申訴。

△上海《大陸雜誌》停刊。

3 月

△莊啓東、陳君治編輯的《春光月刊》在上海創刊。該刊是左翼文化刊物。

△由禹貢學會編輯的《禹貢》半月刊在北平創刊。主編爲顧頡剛、譚其驤，主要研究歷史地理。

△戴季陶、褚民誼、居正等在上海發起組設「時輪金剛法令」，擬邀班禪到杭州靈隱寺主持法會。

△上海同文書店（原聯華書店）出版魯迅《南腔北調集》。

△世界文化合作院派國際勞工局助理局長莫維德來華，幫助國民政府改革職工教育和中、小學教育。

△南京召開國民黨中央「新聞宣傳會議」。

△南京《朝報》創刊，社長兼總編爲王公弢副刊編輯張慧劍。

△陳果夫、邵元沖、吳鐵城、葉楚傖、潘公展等發起「中國文化建設協會」。

△上海教授作家協會在上海舉行成立大會，舉韓覺民、黃憲章等九人爲執行委員。

△中正大學編輯出版的《文史季刊》在南京創刊。

△北平《圖書季刊》創刊，由國聯世界文化合作中國協會與北平圖書館合辦。各出中、英文一種。

△南京新生活運動促進會成立。汪精衛、陳立夫、葉楚傖等爲發起人。

4 月

△林語堂、徐訏、陶元德等在上海創辦《人間世》半月刊。

△陶百川主編的《民族文藝月刊》創刊，主要内容爲攻擊左翼文化。

△北平故宮博物院舉行第一次理事會，推舉蔡元培爲理事長。

△考試院長戴季陶致電蔡元培、汪精衛、王世杰、蔣介石，請通令全國嚴禁發掘古墓，謂「縱尋取學術資料，亦一律依刑律專條嚴辦。」蔡元培覆電謂在學術研究中，發掘古墓對「恢復千年古史其用大矣」。

△羅馬教皇決定在僞滿設布教區。

△周啓剛等在上海成立中南文化協會，「以宣揚中南文化及促進僑胞在南洋之地位爲宗旨」。同年出版《中南文化》爲會刊。

△《中南情報》半月刊在滬創刊，暨南大學南洋美洲文化事業部主辦。原名《南洋情報》。

△王樂水在杭州創辦中國國强新聞社。

△全克謙在福州創辦全球通訊社。

△「時輪金剛法會」正式開場。杭州新聞界羣起反對，蔣介石出面回護。

5 月

△話劇家熊佛西在北平發起北平劇人學會。

△殷再爲主編的《大華晚報》在上海創刊。

△葉公超、聞一多等在北平創辦《學文月刊》，這是新月派中自稱「自由人者」的刊
　物，後遷至上海改名《新月月刊》。

△梁得所主編之《小說月刊》在上海創刊。

△美國駐京總領事裴克在南京訪蔡元培，商談「中美文化合作」問題。

△國民黨中政會批修復曲阜的資金 10 萬元。

△鄉村建設派的《民間》半月刊在北平創刊。

△女作家黃廬隱病故。

△中國學院文史社的《文史》雙月刊在北平創刊，由吳承仕編輯。

△洪深主編的《一周間》周刊在上海創刊。

△西南彝族文化促進會在南京成立。

△北京大學、北平師範大學兩校教授錢玄同、胡適、黎錦熙與吳稚暉、于右任等發
　起漢字改革研究會，計劃開辦簡字印刷所，製造簡字鋼模，出版簡字書刊，以期
　普及教育。

△國民黨當局在上海設立圖書雜誌審查委員會。

△國民黨政府下令保存文言，提倡讀經。

△上海文化界開展針對當局所謂保存文言的「語文論戰」和大衆語運動。

6 月

△當局公布《圖書雜誌審查辦法》，要求一切圖書雜誌必須在付印前交審。

△被稱爲「左翼電影陣地」的電通影片公司在上海創立。

△施蟄存主編的《文藝風景》月刊在上海創刊。

△《中華日報、動向》於本月 7 日載魯迅（署名「霍冲」）《拿來主義》一文。

△全國佛教會第六屆代表大會召開。

7 月

△人文出版社出版呂振羽著《史前期中國社會研究》。

△王佘杞編輯的《當代文學》月刊在天津創刊。

△吳漱予主編的《創作與批評》在南京創刊。

△北大教授、研究部文史部主任、語音律學專家劉半農在北平去世。

△吳組緗、林庚、鄭振鐸等在北平創辦《文學評論》月刊。

△中國社會問題研究會主編羅敦偉編輯的《中國社會》季刊創刊。

△《史學論叢》在北平創刊，由北大潛行社編輯發行。

△國民黨政府明令宣布：「8 月 27 日孔丘生日爲國定紀念日」。

△無名劇人協會被查封。

△徐懋庸主編的《新語林》半月刊在上海創刊，由光華書局出版。

△微風文藝社在上海成立，這是國民黨上海市黨部主持的文藝團體。

8 月

△教授作家協會的《教授與作家》雜誌在上海創刊。
△文學評論社主辦的《文學評論》雙月刊在北平創刊。編輯李長之、楊丙辰。
△吳玉衡主辦《南方日報》在福州創刊。
△國民黨中央黨部秘書長葉楚倫率南京政府各機關代表，由褚民誼、韓復榘陪同參
　加山東曲阜祭孔大典。
△《文學季刊》出「大眾語問題特輯」。
△徐悲鴻在莫斯科舉辦個人畫展。由蘇聯對外文協主辦。
△「中山文化教育館季刊》在上海創刊。

9 月

△商務印書館出版馮友蘭《中國哲學史》。
△北平民友書局出版張東蓀《唯物辯證法論戰》一書。
△北平考古學社成立，容庚、魏建功、徐中舒等任理事。
△南京《京聲日報》創刊。
△季小波主編的《新潮雜誌》在上海創刊。
△黃源主編的《譯文》月刊在上海創刊。
△王笑秋在安慶創立江南通訊社。
△陳望道主編的《太白》半月刊在上海創刊。該刊提倡小品文。
△《漫畫生活月刊》在上海創刊。
△國民政府任馬衡爲北平故宮博物院院長。
△中國國語羅馬字促進會在鄭州召開第一次全國代表大會。主張實行羅馬拼音字
　母，改革漢字。會議主席爲黎錦熙。
△畢雲程主編的《世界知識》半月刊創刊。
△《地理學報》季刊在南京創刊，由中國地理學會編輯。

10 月

△巴金、卞之琳合編《水星月刊》創刊，由北平文華書局出版。
△伍蠡甫主編《世界文學》雙月刊創刊。
△葉靈鳳、穆時英合編《文藝畫報》於上海創刊。
△《民族文藝月刊》改名《國民文學》，由張資平任主編。
△國民黨 CC 系的中國文化建設協會出版《文化建設》月刊，創刊號上刊登陳立夫
　《中國文化建設論》提出所謂發揚固有文化，吸收西方文化來建設一新的文化體
　系。
△僞滿舉行祀孔大典，由孔學會籌備會會長鄭孝胥主祭。
△世界圖書館展覽會在上海舉辦。

△上海《申時電訊社》主編之《報學季刊》創刊。
△上海藝術、教育兩界發起成立中華藝術教育社。
△中國速記學會在上海成立。
△金達志在北平創辦《立言報》。
△上海暨南大學教授、哲學家李石岑病逝。

11 月

△中央古物保管委員會在南京正式成立。
△《申報》主編史量才爲國民黨特務暗殺。
△艾思奇、李公樸主辦的《讀書生活》雜誌創刊。
△國民黨中常會第 147 次會議，通過「尊崇孔子發揚文化案」。政府又訓令教育部
　「以天下爲公歌爲孔子紀念歌」。

12 月

△胡適應北師大之邀，前往講演《中國禪學的發展》。
△王塵無編輯的《電影評論》創刊。
△中南文化協會會刊《中南文化》創刊。
△吳卓愚主辦《大衆日報》在上海創刊。
△獅吼劇社在上海成立，社長朱學範，導演歐陽予倩、袁牧之等。
△中華民族學會在南京成立，以研究民族問題和文化爲主旨，推蔡元培、黃文山、
　何聯奎等十人爲理監事。
△國民政府公布《舊都文物整理委員會組織規程》。
△郁達夫、劉大杰等百餘人發起兒童文學社。

［是年］

△本年被稱「文化史上雜誌年」，文藝刊物、各種年鑑、專號盛行。
△出版界出現翻印古籍之熱潮。商務首先翻印《四庫全書》；隨後，中華書局出《圖
　書集成》，開明書店出《二十五史》，書報合作社出《二十六史》等等。
△本年出現了《漁光曲》、《畢業歌》、《鳳陽歌》等音樂作品。
△生活書店出版傅東華主編的《創作文庫》選出現代作家的作品。
△艾思奇《大衆哲學》出版發行。
△《唯物辯證法論戰》進入高潮。張東蓀又寫《唯物辯證法的總檢討》一文。同時，葉
　青發表《哲學向何處去》並先後編定《哲學論戰》和《新哲學論戰集》。
△商務出版胡適、唐鉞合譯杜威的《哲學的改造》。

1935 年

1 月

△《文化建設》第 1 卷第 4 期發表王新命、何炳松、武堉干、孫寒冰、黃文山、陶希聖等十教授《中國本位的文化建設宣言》，掀起了本位文化的論爭。

△《教育雜誌》第25卷第 1 號闢「全國專家對於教育救國的信念專欄」，展開了教育救國的論爭。

△北平故都文物整理委員會成立。

△教育部規定以《新生活運動綱要》爲各大、中、小學的補充教材。

△教育部開會討論編制簡體字譜及注音符號推行問題。決定以易寫、易識、筆簡爲編制簡體字的標準。

2 月

△《文化建設》第 1 卷第 5 期刊載鄭振鐸對《中日本位文化建設宣言》的意見。反對恢復舊文化，認爲當前最重要的是民族生存問題而不僅僅是文化建設的問題。

△胡愈之、艾思奇等及各文學社團聯合公布《推行手頭文字緣起》。

△鄭伯奇編《新小說》月刊在上海創刊。

△艾思奇在《新中華》第 3 卷第 3 期上發表《從新哲學所見的人生觀》。文中批評了十年前對科學與人生觀問題的曲解，指出新哲學（即馬克思主義）既反對觀念論，也反對機械主義。

3 月

△陳序經在《獨立評論》142期發表《關於全盤西化答吳景超先生》一文，主張全盤西化。胡適在該刊後記中表示支持。

△胡適在《大公報》上發表《試評所謂「中國本位的文化建設」》，認爲十教授的主張是「中體西用」說的翻版，主張用世界文化的朝氣洗刷「老文化的惰性和暮氣」。

△辛墾書店出版葉青編輯的《哲學論戰》。

4 月

△《中國新論》雜誌在南京創刊，由雷震等主辦，宗旨以復興民族爲中心，探討各方

面復興之途徑。

△章太炎舉辦國學講習會。主編《制言》雜誌。

△廣東日僑辦「斯文會」，以「發展東方文化」爲名，誘惑青年。

△國民政府公布學位授予法。

△中國哲學會第一屆年會召開（在北大）。

5 月

△《新生》周刊第 2 卷第15期載易水（艾寒松）《閒話皇帝》一文。引發「新生事件」。

△《文化建設》第 1 卷第 8 期載王新命等十教授《我們的總答覆——關於中國本位文化建設宣言》。同刊刊載了陳立夫在中央黨部紀念週上的講稿，題爲《文化與中國文化建設》。

△《教育雜誌》第25卷第 5 期出「讀經問題專號」，七十二人就中小學是否應讀經問題發表意見。

△中德文化協會成立，朱家驊任理事。

△中日博物館協會在北平成立。

△鄭振鐸主編《世界文庫》第一册由生活書店出版。

△電通影片公司的《風雲兒女》拍成上映。片中插曲爲田漢做詞、聶耳譜曲的《義勇軍進行曲》。

△王西徵在《大公報》發表《中國本位文化要義》一文，批評「本位文化」論。

△國民政府公布《中央研究院評議會條例》。

△陳濟棠在廣州創辦《新民月刊》。

△徐懋庸主編的《芝種》半月刊在上海創刊。

6 月

△胡愈之、葉聖陶等發起組識中國語言學會。

△胡適在《大公報》上發表《充分世界化與全盤西化》一文，表示其所主張之「全盤西化」應改爲「充分世界化」。

△《新生》因刊載《閒話皇帝》一文被勒令停刊。

△瞿秋白死難。

△文學社、世界知識社、讀書生活社等十七個文化團體及艾思奇、老舍、周建人、柳亞子、郁達夫、任白戈等一百四十八人發表《我們對於文化運動的意見》（刊於《讀書與出版》第二號）針對復古讀經救國的論調提出反對意見，指出知識大衆化是民族自救的根本。

7 月

△《新生》主編杜重遠被判處一年兩個月徒刑，該雜誌也被封禁。

△國民政府立法院修正通過《出版法》加强限制和壓力。新聞界紛紛要求復議。

△聶耳在東京不幸溺死。

△巴金自日本歸國，組織文化生活出版社。

8 月

△國民黨當局查禁 676 種社會科學書刊。

9 月

△中央研究院評議會在南京舉行成立會。由蔡元培主持。

△林語堂、陶亢德的《宇宙風》半月刊在上海創刊。

△中國法學會在南京成立。

10 月

△沙千里編《生活知識》半月刊創刊。

△中國文藝社成立，葉楚倫、陳立夫爲正副社長。

△中蘇文化協會成立，孫科任會長。

△滿洲國推行官制文化。

11 月

△鄒韜奮主編《大衆生活》周刊在上海創刊。

△上海文化生活出版社出版魯迅譯果戈理《死魂靈》第一部。

△張諤編的《漫畫與生活》文藝月刊在上海創刊。

12 月

△沈鈞儒、鄒韜奮等發起上海文化界抗日救國會，並發表救國運動宣言。

△「一二九」運動爆發。

△章太炎就學生運動發表意見，指斥政府壓制學生。

△胡適在《獨立評論》128號 發表《爲學生運動進一言》，又在北大演講，指出「一二九」運動是學生輕率行爲。

△現代書局因債務關係被查封。

△上海市新聞記者顧執中，薩空了等七十一人發表《爲爭取言論自由宣言》。

△商務出版《胡適論學近著》（後改稱《胡適文存》，共四集）

[是年]

△全國木刻聯合展覽會 1 月份在北京開幕，以後在天津、濟南、太原、漢口、上海
　等地巡迴展出。10 月在上海結束。

△梅蘭芳應全蘇對外文協的邀請去蘇聯。蘇聯報刊予以很高的評論。

△開始出現「國防詩歌」口號。《國防詩歌叢書》也於是年出版。

△世界書局出版陳登原《中國文化史》兩册。

1936 年

1 月

△讀書出版社出版艾思奇《哲學講話》單行本。讀書在 1936 年 6 月第 10 版時改稱
　《大衆哲學》。

△中國社會教育社在中山大學舉行年會。梁漱溟任主席，主張以「社會教育促成地
　方自治並促興社會生產」。

△北平文化界救國會成立，馬敍倫爲主席。

△蔡楚生、歐陽予倩等發起上海電影界救國會。

△上海《晨報》停刊。

2 月

△「左聯」所編《新文化》在上海創刊，發刊詞爲《新文化需要統一戰線》。

△日本外務省特批百萬元資金充實華北文化侵略經費。

△行政院令教育部禁止平津學生聯合會活動。

△徐行在《禮拜六》第 628 期上發表《評「國防文學」》，對「國防文學」的口號提出
　異議。隨後又發表《再評「國防文學」》、《我們需要什麼文學》。

△蘇聯對外文協、中蘇文化協會、中國美術會和中國文藝社等團體聯合主辦蘇聯版
　畫展覽會，先後在南京、上海等地展出。

△陶行知發起組織國難教育社。

4 月

△孟十還在上海創辦《作家》文學月刊。

△中央研究院由傅斯年主持在山東城子崖發掘商代古黑陶器。

5月

△清華大學學生救國會出版《覺悟》，該報是繼《學聯日報》之後的平津學生救亡運動的代表刊物。

△上海學生救國聯合會成立。

△江亢虎在濟南對省市政府公務員講演社會改造與文化復興。

△中華全國學生救國聯合會在上海成立，創辦《學生呼聲》雜誌。

6月

△魯迅與馮靈峯商議後提出「民族革命戰爭的大眾文學」的口號。胡風則於《文學叢報》第三期上發表《人民大眾向文學要求什麼》，第一次公開提出這一口號。

△巴金、靳以主編的《文季月刊》在滬創刊，創刊號刊載曹禺《日出》、巴金的《春》。

△文藝家協會機關刊物《文學界》在滬創刊，周淵主編。創刊號上載有周揚《關於國防文學》一文，提出必須把「國防文學」作爲作家共同創作的口號。

△茅盾、傅東華、夏衍在上海發起中國文藝作家協會。

△鄒韜奮、胡愈之、金仲華等在香港創辦《生活日報》及副刊《生活日報星期增刊》。

△章太炎病逝，享年69歲。

△北平故宮發生盜寶案，乾清宮失竊大批古物。

△魯迅、巴金等63人在《作家》1卷3期發表《中國文藝工作者宣言》。

△聯華書局出版魯迅《花邊文學》。

△瓦窟堡成立「紅軍大學」。1937年1月遷至保安。「七七事變」後改稱「中國人民抗日軍政大學」。

7月

△陶行知出席在倫敦舉行的世界新教育會議第七屆年會。

△内政部令查禁《創造月刊》、《火星半月刊》，《史地知識》。

△蔡元培、魯迅等140人在《文學叢報》第四期發表《我們對推行新文字的意見》。主張實行拼音文字。

△中國哲學會在南京成立，選舉湯用彤、金岳霖、馮友蘭爲學會常務理事，把《哲學評論》定爲學會刊物，馮友蘭爲主編。

8月

△新康德主義哲學家朗格的巨著《朗格唯物論史》被譯成中文，由中華書局印行。

△山東省政府組建「山東孔教會」。

△吳越史地研究會在上海成立，蔡元培任會長。

9 月

△巴金、魯迅、林語堂等 21 人在《新認識》1 卷第 2 期發表《文藝界同人爲團結禦侮
與言論自由宣言》。

10 月

△北平教育學術界人士顧頡剛、錢玄同等，70 餘人發表對時局的宣言，主張抗
戰。

△魯迅病逝於上海（10 月 19 日），享年 56 歲。上海文化界和市民舉行大規模悼
念活動。

11 月

△北平各教授劉仙洲等 485 人致電行政院，要求政府抗日。

△杭州靈隱寺羅漢堂失火，500 尊羅漢焚毀。

△北方作家協成立。在《北平新報》上編印《文學週刊》

△全國各界救國聯合會領袖沈鈞儒、李公樸、鄒韜奮、史良、沙千里、王造時，章
乃器 7 人被捕，時稱「七君子事件」。

△陳可忠擔任國立編輯館館長。

△保安成立中國共產黨領導的中國文藝協會。

12 月

△中央古物保管委員會南京朝天宮保存庫竣工。原上海古物全部運至南京入庫。

△中共主協《中國人》雜誌在北平創刊。

△商務出版賈豐臻《中國理學史》，列入《中國文化史叢書》第 1 輯。

［是年］

△賈玉銘在南京創辦中國基督教靈修學院。

△《田野考古報告》創刊，同年改名爲《中國考古學報》。

△排印本《飲冰室合集》和《劉申叔先生遺書》出版。

△9 月到 10 月間，《哲學的國防動員》、《中國目前的新文化運動》兩文發表。主張
支持「五四」精神，反對異族侵略，反對禮教、復古迷信等愚民政府。在思想界
掀起「新啓蒙運動」，又稱「新理性主義運動」。北平思想文化界人士在《北平
新報》、《華北呼聲》、《動向》、《現實月刊》、《新文化月刊》等報刊上，廣泛宣傳
，並發起組織了「新啓蒙學會」。

△正中書局出版王德華《中國文化史略》

1937 年

1 月

△何幹之著《中國社會性質問題論戰》由生活書店發行。該書對 1927 年以來關於中國社會性質的論戰和 1934-1935 年關於中農村社會性質的論戰進行了介紹和總結。

2 月

△張岱年寫成《中國哲學大綱》一書。

3 月

△中華聖經會在北平舉辦聖經展覽會。

5 月

△郭沫若《殷契粹編》出版。由日本東京文求堂出石印本。
△朱光潛主編《文學雜誌》在北平創刊。

7 月

△中共中央重申孫中山先生的三民主義爲「中國今日之必需，本黨願爲其徹底實現而奮鬥。」葉青、蔣介石、王稼祥、毛澤東分別發表文章或講演，就三民主義問題展開爭論。
△國立清華大學、北京大學、南開大學先後南遷。
△毛澤東完成《實踐論》。
△何幹之編成《中國社會史問題論戰》一書，由上海生活書店出版。
△錢穆著《中國近三百年學術史》作爲《大學叢書》由商務印行。

8 月

△毛澤東寫成《矛盾論》
△北平大學、北平師大、天津北洋工學院遷至西安，組成西安臨時大學。

9 月

△南遷的清華、北大、南開在長沙組成臨時大學。
△南洋公學易名爲國立交通大學
△陝西公學在延安成立，校長成仿吾。

12 月

△九世班禪病逝於青海玉樹，國民政府追贈爲護國宣化廣慧元覺大師。

［是年］

△歐陽竟無率支那内學院院衆攜經板赴四川江津設支那内學院蜀院，傳播佛學。
△上海黎明書局印行呂振羽《中國政治思想史》。
△開明書店出版范壽康《中國哲學史通論》。
△《古史辨》出第六輯。

1938 年

1 月

△《中央日報》遷至長沙出版。
△《戰時青年》在武漢創刊。創刊號上載周恩來《現階段青年運動之性質與任務》。
△北平僞「新民學會」創辦的新民學院開學。王克敏任院長。
△《新華日報》在武漢創刊，社長潘梓年。
△冼星海、賀綠汀等 35 人在漢口成立中國歌詠協會。
△英國商辦中文《文匯報》在滬創刊。

2 月

△江凌主編《大衆報》在漢口創刊。

3 月

△《申報》出刊香港版。
△金陵大學自南京遷至成都正式開課。
△丁玲、舒羣主編《戰地》半月刊創刊於武漢。

△中華全國文藝界抗敵協會在武漢召開成立大會。通過《宣言》、《告世界文藝作家書》、《告日本文藝作家書》。

△中國青年新聞記者協會在漢口成立，創辦會刊《新聞記者》

4 月

△《自由中國雜誌》在武漢創刊。臧雲遠任主編，周揚、夏衍爲編委。

△中國青年記者協會在漢口成立。

△延安魯迅藝術學院成立。

△長沙臨時大學又遷至昆明，己稱西南聯合大學。

5 月

△《抗戰文藝》在武漢創刊。

△張申府主編《戰時文化》半月刊在漢口創刊。

6 月

△長沙商務印書館出版湯用彤《漢魏兩晉南北朝佛教史》

△彭文互主編《民主》半月刊在武漢創刊。

△嵇文甫主編《前衞文化》旬刊在武漢創刊。

7 月

△《掃蕩報》創刊。

△《前進日報》在漢口創刊。

8 月

△丁福保等人發起創辦之中國流通圖書館在上海正式開幕，藏書十萬餘册。

△中蘇文化協會廣州分會成立。

△僞「東西文化協議會」在北平成立。

△國民黨中宣部設立黨報社論委員會。

△馬克思《資本論》全譯本由讀書生活出版社出版。這是郭大力、王亞南合譯的第一個全譯本。

9 月

△張仲實主編《國民公論》半月刊在武漢創刊。

△許曉軒主編的《青年生活》月刊在重慶創刊。

△雲南《新動向》第 1 卷第 7 期發表馮友蘭《別共殊》一文。以後每期發表一篇，至
　1939 年 4 月，第 2 卷第 7 期共發表 12 篇，後集結爲《新事論》一書。

△延安新哲學會成立。在毛澤東倡導下，由艾思奇、何思敬等 18 人發起。主旨在
　於研究和普及馬克思主義哲學。

10 月

△中央圖書雜誌審查委員會正式成立於重慶。

△《譯報》在上海創刊。

△天津《益世報》在昆明出版周刊。

△《申報》在上海復刊。

△《大公報》、《新華日報》自武漢遷至重慶。

11 月

△教育部頒布《青年守則》十二條，以「忠孝仁愛信義和平」爲「國訓」。

12 月

△僞「東亞文化協會」在東京會議。

△國民黨中宣部創立中國文化服務社。王世杰任董事長。

△中華民國音樂界抗敵協會在重慶召開成立大會。

△國民政府特命蒙藏委員會委員長吳忠信會同熱振呼圖克圖主持第十四輩達賴喇嘛
　轉世事宜。

1939 年

1 月

△原北大教授，著名學者錢玄同去世。

△國民政黨表彰巴黎華僑古玩商盧靜齋。盧以其在倫敦國際藝術展覽會上展出的六
　朝石佛贈與政府。

△中央社創辦英文《中國半月刊》，任玲遜爲主編。

△《魯迅風》旬刊創刊。

2 月

△復性書院成立於四川樂山，院長馬一孚。
△《文藝戰線》月刊在延安創刊。
△蔣介石發表紀念新生活運動五周年演説，重新闡述「新運」精神。
△中美文化協會在重慶成立，名譽會長宋美齡、史汀生。

3 月

△中國邊疆文化促進會在重慶成立。
△政治建設學會在重慶成立。
△日機襲蘭州，炸毀唐代著名建築普照等（又名大佛寺）。
△中法比瑞文化協會在重慶成立。
△中央圖書雜誌審查委員會密訂《圖書雜誌原稿審查工作綱要》，確定審查目的在於
　「樹立三民主義爲中心之文化。」
△《黃河大合唱》完成創作。

4 月

△新疆省文化協會成立。
△「文協」在重慶召開首次年會。選出理事 45 人。
△全國基督教大學教育會議在香港舉行。燕京、滬江、聖約翰等 11 所大學校長出
　席。

5 月

△重慶各報因日機轟炸，奉命停刊，並開始發行聯合版。
△商務印書館在長沙出版馮友蘭《新理學》一書。

6 月

△延安出版《中國婦女》月刊。
△教育部規定以 8 月 27 日孔子誕辰爲教師節。
△陝西省政府整修黃帝陵，設陵園管理處。
△《國民日報》在香港創刊。
△上海戲劇出版社創辦《戲迷傳》（又名《戲劇旬刊》）。

7 月

△汪精衛在上海創刊《中華日報》，林柏生任社長。

△陶行知在生活教育社創辦育才學校，校址在重慶北碚。

△國民黨社會部批准圖書雜誌審查委員會制定的《各黨派言論研究辦法》。

8 月

△行政院將國立西北聯合大學改爲國立西北大學。

△重慶當局舉行孔子誕辰紀念活動。孔祥熙作《孔子遺教與民族前途》講演。陳立夫
　播講《闡明春秋大義以紀念孔子》。

10 月

△《共產黨人》在延安創刊。

△中國佛教總會會長圓瑛法師被日本憲兵拘捕。

△孔祥熙、戴季陶、于右任、張羣在重慶組織「孔學總會」。

△汪僞國民黨宣傳部在上海成立「中華通訊社」。

11 月

△中國佛教訪問團到緬甸、印度、新加坡、馬來、泰國等國訪問。

12 月

△中緬文化協會在重慶成立。

△民族文化書院成立，董事長陳布雷，院長張君勘。設置在雲南大理。

△上海戲劇學校成立。

△著名伊斯蘭阿訇浦生將上海伊斯蘭師範學校遷至甘肅平涼，改稱私立伊斯蘭師範
　學校。

△蔣介石《力行哲學》由重慶黃埔出版社出版。

1940 年

1 月

△《文學月報》在重慶創刊，該刊是抗戰期間重要的文藝刊物。

△陝甘寧邊區文化協會召開第一次代表大會。

△毛澤東的《新民主主義政治和新民主主義文化》（即《新民主主義論》）發表。

△《戲劇與文學》雜誌在上海創刊。

△賀麟著《知行合一新論》被收入「國立北京大學建校四十周年紀念論文集」在昆明
　出版。

△尹達在《中國文化》第二卷第一期上發表《關於殷商社會性質爭論中的幾個重要問
　題》，從而引起對此問題新的爭論。

2 月

△達賴十四世生慶典禮在拉薩市布達拉宮大殿舉行，國民黨政府蒙藏委員會委員長
　吳忠信前往主持。同年四月國民黨政府蒙藏委員會在拉薩設駐藏辦事處。

△朱光潛著文譯述「馮友蘭先生的《新理學》」。

3 月

△蔡元培在香港病逝。

△《中國文化》在延安創刊，1941 年 8 月停刊。

△《戲劇教育》雜誌創刊。

4 月

△《現代文藝》創刊。

△陳銓、林同濟等在昆明創辦《戰國策》半月刊，發表林同濟「戰國時代的重演」。
　從此形成「戰國策」派。

△翦伯贊發表《論中華民族與民族主義》——讀顧頡剛論《中華民族是一個》以後。

5 月

△陳銓發表《論英雄崇拜》。

6 月

△茅盾到達延安，並在「魯藝」講課。
△巴金長篇小說《秋》出版。
△中國人事心理研究社在重慶成立。

7 月

△馮友蘭著《新世訓》由開明書店出版。
△汪日文化協會在南京成立，汪精衛、阿都信行任名譽理事長。1943 年 4 月，召
　開第一次全國代表大會，通過了《促進東西文藝復興運動具體議案》，《規定每年
　4 月 21 日爲中日文化日案》等。
△郭沫若發表《三年來的文化論戰》，系統檢討了抗戰三年來「敵、我雙方文化論戰
　的情況」。並提出新文化的內容和性質應是「民族的，民權的，民生的。」
△林同濟發表《廿年來中國思想的轉變》，對抗戰時期所討論的文化建設問題進行了
　評論，並提出了自己的看法。

8 月

△《中國人》週刊創刊。
△中國哲學會第四屆年會在昆明舉行，由馮友蘭主持。
△馬君武病逝於桂林。
△夏衍等編輯《野草》刊物在桂林創刊，是抗戰期間專門發表雜文的文藝刊物。

9 月

△金岳霖《論道》由商務印書館出版發行。
△《抗戰日報》在興縣創刊。

11 月

△《哲學月刊》創刊，代替同年 10 月停刊的《哲學雜誌》。
△淨土宗第十三祖印光法師圓寂
△正中書局在成都出版周輔成編著的《哲學大綱》。

12 月

△巴金抗戰三部曲《火》出版。

［是年］

△日本東亞考古學會和東亞文化協議會，在日本侵佔的華北地區活動，由原田淑人
　主持控掘邯鄲越王城。
△晏陽初創辦「中國鄉村建設育才院」，（後名「鄉村建設院」，並任院長）。
△支那內學院發起編印《精刻大藏經》。
△鎮江焦山佛學院創辦《中流月刊》。

1941 年

1 月

△延安魯迅研究會成立。
△《奔流文藝叢刊》在上海創刊。

3 月

△《抗日救亡》在桂林創刊。

4 月

△蘇北文化界協會第一次代表大會在鹽城魯藝華中分院開會。

6 月

△錢穆《東西文化之再探討》發表。
△國民黨中央圖書雜誌審查委員會印發的《從 1938 年 10 月──1941 年 6 月取締書
　刊一覽》發表此間共取締禁書刊 961 種。

8 月

△許地山在香港去世。
△晉察冀邊區政府籌設蒙藏學院，招收喇嘛寺僧入學。
△賀麟在其《儒家思想的新發展》一文中，提出「新儒學」的概念，又稱「新儒家思
　想」，指西方哲學與中國孔孟程朱陸王之哲學匯合融通而產生「發揮民族哲學之
　新哲學」。

9 月

△重慶文藝界爲郭沫若五十壽辰與創作二十五周年舉行紀念會。

△延安大學成立。

△茅盾在香港創辦並主編《筆談》半月刊。

△中國文化界郭沫若，茅盾等 264 人響應蘇聯科學院之呼籲發表通電，支持蘇聯反
　法西斯的正義戰爭。

10 月

△梁漱溟等在香港創辦《光明報》，發表「成立宣言」和「對時局主張綱領十條」。

△錢穆《中國文化與中國青年》一文發表。

11 月

△延安詩會成立。

△在新加坡我國文藝界人士郁達夫，胡愈之等發起舉行慶祝郭沫若五十壽辰聚餐
　會。

12 月

△重慶國際文化團體舉行擴大反侵略大會，英、美、蘇三國大使幸臨會議，並發表
　演說。

△《希望》月刊創刊。

△《戰國副刊》創刊。

［是年］

△太平洋戰爭爆發後，原由北京協合醫院美國人保管的北京人和山頂洞人的全部化
　石下落不明。

△張東蓀《知識與文化》編定成書。

△《越劇日報》在上海創刊。

△1941 年春季，張大千赴敦煌石窟將有價值的壁畫和雕塑進行臨摹復原，歷時二
　年零七個月。

△呂振羽《中國社會史諸問題》田耕耘出版社出版。

△力行學術研究會在長沙成立，1943 年改名爲中國力行學會。

1942 年

1 月

△王魯彥主編《文藝雜誌》月刊在桂林創刊。
△女作家蕭紅在香港病逝。
△郭沫若完成話劇劇本《屈原》的創作。

2 月

△朱光潛發表《作人精神與禮的精神——儒家思想系統的基礎》。

4 月

△《華北文化》月刊創刊。

5 月

△延安文藝座談會召開，毛澤東在會上作了兩次講話，後被稱爲《在延安文藝座談
　會上的講話》。
△陳獨秀病逝。
△《文化報》創辦。

7 月

△夏衍、丁玲等組織中國藝術劇社。
△蔡光德編輯的《評劇旬刊》在重慶創刊。

9 月

△華北作家協會成立，由僞華北教育總署督辦周作人任譯議會主席。
△熊佛西等編輯《文藝創作》在桂林創刊。

10 月

△延安平劇研究院成立。
△風子編輯《人世間》在桂林創刊。
△葛琴主編《青年文藝》雙月刊在桂林創刊。
△弘一法師在泉州圓寂。

11 月

△《東方文化》1卷6期出「確定東方本位文化特輯」。

12 月

△曹禺將巴金小說《家》改編為話劇。
△陳毅在鹽阜區發起組織抗日文藝團體「湖海詩文社」。
△吳宗祐編輯《戲世界》在北京創刊。

[是年]

△賀麟著《近代唯心論簡釋》，由獨立出版社出版。
△熊十力《新唯識論》語體文印成上卷。
△伊達在延安附近的大砭溝發現龍山文化遺址。

1943 年

1 月

△顧頡剛發表《中國古代史述略》，載《學術月刊》第1卷第2期。

2 月

△延安等地掀起羣衆性的新秧歌運動。
△國民黨頒布《新聞記者法》遭全國記者反對。

3 月

△蔣介石《中國之命運》發表。
△《東方雜誌》復刊。

5 月

△《哲學評論》第 8 卷第 1 期在重慶出版，本期刊登了第四屆中國哲學年會理事名
　單，在第四屆年會上，成立了「西洋哲學名著編輯委員會」和「中國哲學研究委
　員會」。委員有賀麟（主任）、湯用彤、馮友蘭、宗白華、張頤，黃建韋等人。
△馮友蘭《新原人》在商務印書館出版。

6 月

△郭沫若主編《中原》在重慶創刊。

7 月

△范文瀾發表《聽斥謂中國文化的統一性》。
△孫陵主編《文學雜誌》月刊在桂林創刊。
△陳銓主編《民族文學》在重慶創刊。

12 月

△《戲劇春秋》在上海創刊

［是年］

△人生哲學研究會在重慶成立。
△張大千《敦煌臨摹白描畫》集出版。
△上海玉佛寺主辦的《妙法輪》創刊。
△陝西葭縣農民歌手李有源創作歌曲《東方紅》。
△胡秋原著《中西文化與文化復興》出版。
△歐陽竟無病故，呂澂繼任內學院院長。
△太虛法師組織中國宗教聯誼會。
△《古蘭經》第二個譯本出版。
△中國著名阿訇哈德成在雲南逝世。

1944 年

1 月

△熊佛西主編《當代文藝》月刊在桂林創刊。

△熊十力在《哲學評論》第 8 卷第 5 期發表《新唯識論問答》，簡述自己創刊「新論」的經過、宗旨和方法，以及與儒、佛兩家的關係。

3 月

△郭沫若作成史論《甲申三百年祭》

△著名油畫家唐一和由江津往重慶途中不幸遇難。

4 月

△《戲報》在重慶創刊

5 月

△《青年文藝》在重慶創刊。

6 月

△桂林文化界抗戰工作協會成立，李濟深任會長，李宗仁等任理事成員。

△侯外廬《中國古代思想學說史》由重慶文風書局印行。

7 月

△鄒韜奮病逝於上海。

△昆明雲南大學，西南聯大三千名師生集會，一致要求政治改革，聞一多號召青年「再來鬧一次」。

△全國文協發起募集援助貧病作家基金運動。

△翦伯贊《中國史綱》二卷寫成。

8 月

△作家王魯彥在桂林病逝。

△陳立夫《生之原理》（又名《唯生論》（下））由重慶中正書局出版，與《唯生論》
　（上）是姊妹篇。標誌其「唯生之一之論」哲學的完成。

9 月

△重慶各界愛國人士和各黨派代表董必武。張瀾、沈鈞儒、馮玉祥等五百餘人舉行
　會議，要求實行民主，結束國民黨一黨專政。

11 月

△毛澤東寫信給郭沫若，稱讚說「你的史論，史劇大有益於中國人民。」

△《高原》月刊在西安創刊。

12 月

△《文藝春秋叢書之三·星花》消息：蘇聯最近出版《中國小説》第一册，内選有老
　舍，茅盾，姚雪垠，張天翼，端木蕻良，蕭紅等六人的最新作品。

[是年]

△熊十力著《新唯識論》語體文上中下三卷全部完書。

△中國社會建設研究社在成都成立。

1945 年

1 月

△胡風主編的雜誌《希望》月刊創刊。

2 月

△郭沫若寫成《前期法家批判》，從而完成其《十批判書》。

3 月

△昆明文化界發表《關於挽救當前危局的主張》。

△特偉、葉淺予、張光宇、余所亞、丁聰、沈岡衡、張文元、廖冰兄等在重慶舉辦
《漫畫聯展》。

4 月

△馮友蘭《新原道》（副題《中國哲學之精神》）由商務印書館出版發行。

5 月

△孫犁發表《荷花淀》。

△葉以羣主編《文哨》在重慶創刊。

△全國文聯規定「五‧四」爲文藝節。

△洪謙著《維也納派哲學》由商務印書館出版發行。

6 月

△郭沫若應蘇聯科學院邀請訪蘇。

8 月

△中華全國文藝界抗戰協會總會成立「附逆文化人調查委員會」。

9 月

△敦沫若《青銅時代》由重慶文藝出版社出版。

△郭沫若《十批判書》由重慶羣益出版社出版。

△著名作家郁達夫被日本憲兵秘密殺害於南洋。

△中國科學工作者協會在重慶成立。

10 月

△冼星海逝世。

△謝吉然主編《新文化》半月刊在上海創刊。

△范鐵錚編輯《劇世界》在北京創刊。

11 月

△賀麟著《當代中國哲學》出版。

12 月

△中國民主促進會在上海成立。該會由文化教育工作者，工商界人士所組成。
△杜國庠發表《玄虛不是中國哲學精神——譯馮友蘭〈新原道〉》。

〔是年〕

△夏鼐在甘肅寧定縣陽洼灣齊永墓葬的挖掘中，第一次從地層上找到仰韶文化早於
　齊家文化的證據。
△胡適被任命爲北京大學校長。
△圓瑛法師創辦「楞嚴專宗學院」。
△天津解行佛學社出版的《世間解》創刊。
△巴利文三藏學院在西安成立。

1946 年

1 月

△孔另境主編《新文學》半月刊在上海創刊。
△鄭振鐸，李健吾主編的《文化復興》月刊於上海創刊。
△老舍專篇小說《四世同堂》第一部《惶惑》出版。
△魏金枝主編《文壇》月刊在上海創刊。
△茅盾，郭沫若等十七人發表《中國作家致美國作家書》。
△張東蓀《知識與文化》一書，由商務印書館作爲「社會學叢刊」出版。
△科學和生活社在重慶成立。

2 月

△重慶舉行近代名人畫展，有徐悲鴻，齊白石，呂風子，高劍文等人的作品。
△重慶發生校場口事件。

3 月

△老舍，曹禺應美國國務院邀請赴美講學。

△上海美術家協會成立。

△周揚主編的《北方文化》半月刊在張家口創刊。

△張東蓀著《思想與社會》一書由商務印書館列爲「東西文化叢書」出版。

4 月

△夏丏尊逝世。

△茅盾的《清明前後》遭禁演。

△陳公博因漢奸罪被處死。著有《寒風集》、《苦笑錄》、《八年來的回憶》。

5 月

△張東蓀《理性與死亡》由商務印書館出版。

△中華全國文藝界抗敵協會會刊《抗戰文藝》終刊。

△西南聯大宣告結束，學校陸續北上，恢復原稱。

6 月

△何傳禮，肖斧主編《新文藝》在廣州創刊。

△歌劇《白毛女》上演。

7 月

△民主同盟中央委員李公樸、聞一多在昆明遭國民黨特務殺害。

△中華全國文藝協會重慶分會會刊《萌芽》創刊。

△國泰影業公司在上海成立。

△陶行知猝然病逝。

△施復亮發表《何謂中間派》，引起了一場團結中間路線的論戰。施於次年又發表《中國派的政治路線》，張東蓀發表《一個中間性的政治路線》和《追述我的努力建立聯合政府的用意》等文，表示贊成。齊冠華撰文《追擊中間路線》表示反對。張申府在其《論中國的出路──對於自由主義，中間路線，知識份子的探究》一文中，一方面批評中間路線爲幻想和欺騙，一方面又提出一條「正好恰當」的「中路」即不是黨派的「私路」，而是符合民主，科學、理性的「人民的出路」。

8 月

△國立政治大學在南京成立，蔣介石爲名譽校長，顧毓琇任校長。

9 月

△中華全國文藝協會港澳分會編《文藝叢刊》在香港出版。

12 月

△《哲學評論》終刊。

△應蘇聯對外文化協會的邀請，茅盾偕夫人赴蘇訪問。

△龔敬威編輯《戲劇雜誌》在成都創刊。

△馮友蘭《新知言》由商務印書館出版。從而完成其所謂「貞元之際所著書」或稱「貞元六書」。

△中國科學促進會在南京成立。

［是年］

△陶行知倡導社會大學運動。

△錢鍾書專篇小說《圍城》出版。

△鄭昕《康德學述》出版。

△太虛法師主辦《覺羣》雜誌創刊。

△《古蘭經》第三個譯本在上海出版。這是最好的一種譯本。

△馮友蘭赴美賓夕法尼亞大學任客座教授。

1947 年

1 月

△《中華教育界》雜誌復刊。

△郭沫若《評托爾斯泰「戰爭與和平」》出版。

△梁漱溟發表《政治的根本在文化》一文。

△賀麟《當代中國哲學》由南京勝利出版公司出版發行。該書被列爲《當代中國叢書》。

3 月

△馮契發表「中西文化的衝突與匯合」一文

△西洋哲學名著編譯委員會及中國哲學研究會在北京大學召開會議，研究該會工作，及編輯出版學術著作，接待來華訪問學者事宜。參加會議的有：胡適、林志鈞、張東蓀、張申府、余岳霖、湯用彤、賀麟、王賓鈞、張岱年、陳康等。

4 月

△劇作家田漢，陽翰笙，陳白塵等應「中國福利基金會」之約，創作《文化春秋》一劇，爲文化界籌募基金。

△茅盾夫婦訪蘇歸來抵上海。

△郭沫若自傳第一卷《少年時代》由文化生活出版社出版。

△馬寅初發表《中國經濟之路》一文。

5 月

△蕭軍主編《文化報》在哈爾濱創刊。

△上海各校學生進行反內戰宣傳示威。

8 月

△侯外廬，杜守素，紀玄冰著《中國思想通史・卷一古代思想編》出版發行。

9 月

△馬寅初《經濟學概論》出版，書中批評了傳統文化對經濟發展的抑制作用。

10 月

△徐悲鴻在北平創辦「北平藝專」齊白石、張大千、吳作人等到「北平藝專」任教。

11 月

△賀麟《文化與人生》由商務印書館出版。

△台灣愛國民主人士在香港發起組織了台灣民主自治同盟。

12 月

△茅盾離上海去香港。

△張繼病逝於南京，著作編有《張溥泉先生全集》。

［是年］

△馬思聰創造《祖國大合唱》

△中華全國文協機關報《中國作家》在上海創刊。

△太虛法師病逝於上海玉佛寺。

△《十力叢書》出版。

△《小說月刊》在香港創辦。

△侯外廬《中國近代思想史》由生活書店出版。

1948 年

1 月

△馮友蘭在 1946–1948 年在任美賓夕法尼亞大學客座教授期間，寫成美文《中國哲學簡史》在紐約出版。

△中國國民黨革命委員會在香港成立。

2 月

△許壽裳逝世

3 月

△邵荃麟等編輯《大眾文藝叢刊》在香港創刊。

5 月

△周憲文發表「中國傳統思想與現代化」一文。

△上海各大中學學生一萬五千多人在交通大學集合，發動反對美國扶植日本的愛國運動。

6 月

△中國學術工作者協會與分會留港理事郭沫若、馬敍倫，千家駒等十九人，發表反
　對蔣介石，擁護中共中央「五一〇號」的聲明。

7 月

△茅盾，巴金等編輯的《小說》月刊在香港創刊。

8 月

△費孝通在《鄉土重建》一書中發表「中國社會變遷中的文化癥結」一文。
△朱自清在北平病逝，終年五十歲。
△《羣衆文藝》在延安創刊。
△東北文藝界以《生活報》爲中心，發起對蕭軍及其《文化報》的圍攻。
△丁玲《太陽照在桑乾河上》出版。

10 月

△東北魯迅文藝學院成立。
△《文藝月刊》在吉林創刊。
△王亞南《中國官僚政治研究》出版。

11 月

△郭沫若離開香港到解放區。

12 月

△創辦於 1909 年的《教育雜誌》終刊。
△《東方雜誌》停刊。
△茅盾離開香港到解放區。
△金岳霖《知識論》一書脫稿。

[是年]

△中國著名伊斯蘭教學者王靜齋逝世。
△原華北聯合大學與北方大學合併，成立華北大學。
△戴望舒《災難的歲月》出版。
△大量美國影片傾入中國，壟斷了中國放映市場。

△《豐子愷漫畫全集》出版。

1949 年

2 月

△戴季陶在廣州自殺。
△各民主黨派領導人和著名人士李濟深，沈鈞儒、馬敘倫，郭沫若，譚平山、章伯
　鈞等三十五人，從東北抵達北平。

5 月

△茅盾，宋雲彬等編輯的《進步青年》創刊。
△《申報·自由談》停刊。

6 月

△《大衆影劇》創刊。

7 月

△中華全國文學藝術工作者代表大會在北平舉行。
△中華全國文學工作者協會在北平成立。茅盾任主席，丁玲、柯仲平任副主席。
△中國社會科學工作者代表會在北京召開發起人會議，共一百四十多人參加，林伯
　渠任主席，沈鈞儒，郭沫若，陳伯達，李達爲副主席。
△中國新哲學研究會籌備會在北京成立，李達任主席、艾思奇，鄭昕任副主席。
△中國戲曲改進會籌備委員會在北京成立。
△中國新史學研究會籌備會在北京成立，郭沫若任主席，吳玉章、范文瀾任副主
　席。
△中華全國戲劇工作者協會在北平成立。田漢任主席，張康、丁玲任副主席。
△中華全國電影工作者協會在北平成立，陽翰笙爲主席，表牧之爲副主席。
△中華全國音樂工作者協會在北平成立，呂驥任主席，馬思聰、賀綠汀任副主席。

8 月

△《戲劇》新報創刊。

9 月

△全國文聯的機關刊物《文藝報》在北京正式創刊。

△田漢，聶耳創作的《義勇軍進行曲》被定爲中華人民共和國國歌。

△《新詩歌》月刊創刊。

△中國新政治學研究會籌備會在北京成立。

10 月

△茅盾擔任中央政府文化部部屬。

△《人民文學》月刊在北京創刊。

△中國文學政策協會在北京成立，選出是吳玉章等人爲理事。

11 月

△梁漱溟《中國文化要義》由開明書店出版。

12 月

△老舍由美歸國抵京。

［是年］

△吳虞在成都病逝。著有《吳虞文錄》。

△中國近代著名學者王星拱卒於上海，曾著有《科學方法論》、《科學概論》，曾任武漢大學和中山大學的校長。

△著名佛學家，居七韓清淨病逝於北京。

玖

中國文化研究資料索引

（編輯：胡欣）

中國文化研究書名目錄

（五四前後──1988）

楊　深　編

1921 年以前

中國四千年開化史（附歷代大事年表）　梁啓超　成都印本　1906
中國商業史　陳家錕編　上海中國圖書公司　1908
古滇土人風俗圖志（2 冊）　董一道　1914
兩周金石文韻讀　王國維　上海侖聖明智大學廣侖學窘叢書甲類本　1916
永嘉高僧碑傳集（8 卷　附錄 1 卷　補 1 卷）　冒廣生　如皋冒氏叢書本　1917
本國文化史大綱　楊東蓴　上海北新書局　1920
東西文化及其哲學　梁漱溟　商務印書館　1921
社會學上之文化論　孫本文　北平樸社　1921

1922 年

中國之苗族　報刊資料剪貼本　北京圖書館藏　1922
貴州苗族風俗之真相　伍定一　北京圖書館藏　1922
峨邊之土人　新川　北京圖書館藏　1922

1923 年

雲南文化史　夏光南　昆明崇文印書館　1923
新續高僧傳（65 卷）　喻謙　北洋書局　1923

1924 年

中國文化史（2 冊）　顧康伯　上海泰東圖書局　1924

評中西文化觀　楊明齋　北京印刷局　1924
東方文化和現在中國及世界的關係　羅正緯　公記印書局　1924
新文化辭書　唐敬泉　商務印書館　1924.4
科學與哲學　張東蓀　上海商務印書館　1924

1925 年

中國古代婚姻史　陳顧遠　商務印書館　1925.1

1926 年

近世文化史　謝勳之　上海光華書局　1926
明末清初灌輸西學之偉人　徐宗澤　上海土山灣印書館　1926
唯物史觀與倫理之研究　胡漢民　上海民智書局　1926
人類文化進步史　宮廷璋　商務印書館　1926
現代社會學　李達　湖南現代叢書社　1926
社會學史要　易家鉞　上海商務印書館　1926
中國關稅史　陳向元　1926.8
中國商業史　陳燦　上海商務印書館　1926

1927 年

中國近代學制變遷史　陳寶泉　文化學社　1927.6
記錄以前之人類史略　李泰藥　北京文化學社　1927
國際智識合作運動史　吳敬恆　商務印書館　1927

1928 年

人文生物學論叢　潘光旦　上海新月書店　1928
文化的研究　謝頌編　上海廣學會　1928
近代文學思潮　黃懺華編　上海商務印書館　1928
蘇州風俗　周振鶴　廣州中山大學語言歷史研究所　1928
中國婦女生活史　陳東原　上海商務印書館　1928
中國文化小史　常乃德　中華書局　1928
中國民族志　張其昀　商務印書館　1928

苗荒小紀　劉錫蕃　商務印書館　1928
中國民族與世界文化　徐廣譽　上海世界學會　1928

1929 年

文化與政治　許仕廉　北平樸社　1929.1
先秦文化史　孟世傑　北平文化學社　1929
現代社會學　李達　上海崑崙書店　1929
社會的文化基礎　孫本文　世界書局　1929
中國民族的病源及治療法　高槐川　上海民智書局　1929
文化評價 ABC　葉潔無　ABC 叢書社　1929
社會問題辭典　陳綏蓀　上海民智書局　1929
中華婦女纏足考──中華婦女活動史附錄之一　賈逸君　北平文化學社　1929
道統源流　嚴合怡　民鐸報社　1929

1930 年

中國古代社會研究　郭沫若　聯合書店　1930　上海新文藝出版社　1952
台灣番族之原始文化　林惠祥　國立中央研究院社會科學研究所　1930
中國圖書館名人錄　宋景祁　上海圖書館協會　1930
中西交通史料彙編　張星烺　輔仁大學圖書館　1930
中國的新聞記者與新聞紙　張靜廬　光華書局　1930.7
最近三十年中國教育史　陳翊林　太平洋書店　1930.10
宋儒與佛教　林科棠　商務印書館　1930.10

1931 年

物觀中國文化史（2 冊）　陳國强　上海神州國光社　1931
十九世紀之歐洲與中國　沈熼若　中華印書局　1931
儀禮與禮記之社會學的研究　李安寶　上海商務印書館　1931
雅爾崖古墳中陶器之研究　黃文弼　1931
教育史大綱　劉炳藜編　上海北新書局　1931
中國古代教育　陳東原　商務印書館　1931
中國現代交通史　張心澂　上海良友圖書印刷公司　1931
高昌磚集　黃文弼　西北科學考察團理事會　1931　中國科學院出版社　1951
皇清書史（32 卷　首 1 卷　末一卷　附錄 1 卷）　李放　遼海書社遼海叢書本

1931－1934

1932 年

中國文化史　柳詒徵　南京鍾山書局（2 册）　1932　正中書局　1948
我們爲什麼作新文化運動　沈熳若　南京新文化協會　1932
中西文化之關係　鄭壽麟　中華書局　1932
中國學術史講話　楊東蓴　上海北新書局　1932
相對的道德觀念　冼榮熙　唯理書屋　1932
中國新文化協會宣言　沈熳若擬稿　北平中國新文化協會　1932
論理學綱要　張希之　北平文化學社　1932

1933 年

西藏之社會生活及其風俗　倫琴拉木著、胡求真譯　北平西北書局　1933
歐化東漸史　張星烺　商務印書館　1933
世界文化合作（參加國聯世界文化合作會第十四次會議之經過）　陳銑和　世界編
　　譯館　1933
先秦學術概論　呂思勉　上海世界書局　1933
文化哲學　朱謙之　商務印書館　1933
人倫研究　周進　上海世界書局　1933
世界文化合作會討論改進中國教育報告書（會議記錄）　陳銑和　世界文化合作中
　　國協會籌備委員會　1933
中國古代史（從傳疑時代至隋）　夏曾佑　商務印書館　1933
各國文化合作協會概覽　國際聯盟秘書處　世界文化合作中國協會籌備委員會
　　1933
漢代婚喪禮俗考　楊樹達　商務印書館　1933
西藏佛學原論　呂澂　上海商務印書館　1933
中國憲法史　陳茹玄　上海世界書局　1933
中國法律發達史　楊鴻烈　上海商務印書館　1933
蒙古人的生活　徐德春　上海新中國書局　1933.4
青海風土記　楊希堯　新亞細亞學會　1933.5

1934 年

中國新文化運動概觀　伍啓元　現代書局　1934

中國文化的出路　陳序經　商務印書館　1934
中國民族史　呂思勉　世界書局　1934
西藏奇異志　段克興　商務印書館　1934
外族音樂流傳中國史　孫德　商務印書館　1934
元代征倭記　石榮暲　陽新石氏蓉城仙館叢書本　1934
中國人文思想概觀　吳博民　上海長城書局　1934
文化人類學　林惠祥　上海商務印書館　1934
文化與教育　錢穆　重慶國民圖書出版社　1934
史前文化概論　王進展　安徽大學地質室　1934
中國上古史之研究　趙世昌　北平新史研究社　1934
高昌陶集　黃文弼　西北科學考察團理事會　1934
第十五次國聯文化合作報告　國際聯盟秘書處　世界書局　1934
（實用）佛學辭典　佛學書局編輯部編印　1934
中國民食史　郎擎霄　上海商務印書館　1934
中國婦女運動　劉王立明　商務印書館　1934.8
史前期中國社會研究　呂振羽　人文書店　1934.9
全國文化機關一覽　莊文亞　世界書局　1934.9
全盤西化言論（一、二、三）　呂學海等編　嶺南大學學生自治會出版
　　　1934-1935

1935 年

中國文化史（2冊）　陳登原　世界書局　1935
中國民族演進史　呂思勉　上海亞西亞書店　1935
中國民族之改造　張君俊　上海中華書局　1935
民俗學　林惠祥　上海商務印書館　1935
中國風俗史　張亮采　上海商務印書館　1935
中華全國風俗志（4冊）　胡樸玉　上海大達圖書供應社　1935
舊石器時代之藝術　裴文中　商務印書館　1935.5
中國家庭改造問題　麥惠庭　商務印書館　1935.5
民族復興之學術基礎　張君勱　北平再生社　1935.6
中國民族之改造（正、續篇）　張君俊　上海中華書局　1935, 1936

1936 年

中國文化建設討論集　馬雲若編　經緯書局　1936
中國文化史　文公直　上海大中華書局　1936

中國文化史略　王德華　正中書局　1936
中國近世文化史　陳安仁　商務印書館　1936
殷周時代的中國社會　呂振羽　南京文心印刷社　1936　上海不二書店　1936
明日之中國文化　張君勱　上海商務印書館　1936
湘西苗族考察紀要　石宏規　著者刊　1936
藝術與生活　周作人　中華書局　1936
東晉南北朝學術編年　劉汝霖　上海商務印書館　1936
中國文化敍論　江亢虎　上海東方文化出版社　1936
中國文化問題導言　李麥麥　上海辛墾書店　1936
震旦人與周口店文化　葉爲耽　商務印書館　1936
中國教育史（2冊）　陳青之　上海商務印書館　1936
北平天橋志　張江裁　國立北平研究院總辦事處　1936
基督教與中國文化　吳雷川　上海青年協會書局　1936
近五十年中國思想史　郭湛波　人文書店　1936.8
巫術與語言　李安寶　商務印書館　1936.11
中國文化史叢書（共50種）　王雲五、傅緯平主編　商務印書館　1936-1937
　　　　中國目錄學史　　　姚名達
　　　　中國經學史　　　　馬宗霍
　　　　中國倫理學史　　　蔡元培
　　　　中國理學史　　　　賈豐臻
　　　　中國道教史　　　　傅勤家
　　　　中國政治思想史　　楊幼炯
　　　　中國政黨史　　　　楊幼炯
　　　　中國稅制史　　　　吳兆華
　　　　中國田賦史　　　　陳登原
　　　　中國鹽政史　　　　曾仰豐
　　　　中國法律思想史　　楊鴻烈
　　　　中國水利史　　　　鄭肇經
　　　　中國救荒史　　　　鄧雲特
　　　　中國教育思想史　　任時光
　　　　中國交通史　　　　白壽彝
　　　　中國日本交通史　　王輯五
　　　　中國南洋交通史　　馮承鈞
　　　　中國殖民史　　　　李長傅
　　　　中國婚姻史　　　　陳顧遠
　　　　中國婦女生活史　　陳東原
　　　　中國文字學史　　　胡樸安
　　　　中國訓詁學史　　　胡樸安
　　　　中國音韻學史　　　張世祿

中國算學史　　　　李　儼
中國度量衡史　　　吳承洛
中國漁業史　　　　李士豪等
中國建築史　　　　伊東忠太著、陳清泉譯補
中國商業史　　　　王孝通
中國醫學史　　　　陳邦賢
中國陶瓷史　　　　吳仁敬等
中國繪畫史　　　　俞劍華
中國音樂史　　　　田邊尚雄著、陳清泉譯
中國韻文史　　　　澤思總清著、王鶴儀編譯
中國散文史　　　　陳　柱
中國駢文史　　　　劉麟生
中國小說史　　　　郭箴一
中國俗文學史　　　鄭振鐸
中國地理學史　　　王　庸
中國考古學史　　　衛聚賢
中國民族史　　　　林惠祥
中國圖書史　　　　蔣復聰
中國地方政治史　　聞鈞天
中國經濟思想史　　壽勉成
中國經濟史　　　　壽勉成
中國歷法史　　　　朱文鑫
中國農業史　　　　萬國鼎
中國金石史　　　　易大廠
中國疆域沿革史　　顧頡剛
中國西域交通史　　曾問吾
中國史學史　　　　何炳松

1937 年

編纂中國文化史之研究　王雲五　商務印書館　1937
吳越文化論叢　吳越史地研究會　上海江蘇研究社　1937
國難與文化　柳湜　黑白叢書社　1937
戰時的文化工作　張崿籌　上海生活出版社　1937
民族特性與民族衛生　潘光旦　商務印書館　1937
唐代日人往來長安考　張鵬一　秦風周報社出版　1937
圖騰藝術史　岑家梧　商務印書館　1937
社會學大綱　李達　上海筆耕堂書店　1937

人文史觀　潘光旦　上海商務印書館　1937
論抗戰期中的文化運動　宰木　黑白叢書社　1937
北平風俗類徵　李家瑞　商務印書館　　1937.5
中國文化問題研究　陳高傭　上海商務印書館　1937.6
中國近三百年學術史（大學叢書）　錢穆　商務印書館　1937.7

1938 年

中國上古中古文化史　陳安仁　上海商務印書館　1938
文化學論文集　黃文山　廣州中山文化學學會　1938
史前藝術史　岑家梧　長沙商務印書館　1938
近代中國啓蒙運動史　何幹之　生活書店　1938
中國歷代尺度考　楊寬　商務印書館　1938

1939 年

山東文化史研究（甲編）　張立志　齊魯大學國學研究所　1939　台灣文海出版社
　　1971
抗戰與文化　羅家倫　重慶獨立出版社　1939
隋唐時代西域人華化考　何健民　中華書局　1939
歷代社會風俗事物考　尚秉和　商務印書館　1939
國際智識合作運動史　張輔良　商務印書館　1939
中華最早的佈道者梁發　麥沾恩　上海廣學會　1939

1940 年

中國民族之文化　繆鳳林　西安新中國文化出版社　1940
中國文化與中國的兵　雷海宗　長沙商務印書館　1940
現階段的文化運動　李仲融等　桂林文化供應社　1940
中國思想對於歐洲文化之影響　朱謙之　長沙商務印書館　1940
中國之民族思想與民族氣節　張厲生　重慶青年書店　1940
墨翟與耶穌　吳雷川　上海青年協會書局　1940
亞洲古兵器與文化藝術之關係　周緯　中華書局　1940
北京文化學術機關綜覽　李文禕、武田熙　新民印書館　1940.4

1941 年

中國文化史講話　李建文　世界書局　1941
中西交通史　向達　上海中華書局　1941

1942 年

中國文化演進史觀　陳安仁　貴陽交通書局　1942

1943 年

甲骨文字與殷商制度　周傳儒　開明書店　1943
文化教育與青年　羅家倫　重慶商務印書館　1943
華族素質之檢討　張君俊　重慶商務印書館　1943
中國古代社會史論　侯外廬　重慶五十年代社　1943
民族素質之改造　張君俊　重慶商務印書館　1943
中國文化史類編　王治心　1943
中國原始社會　尹達　作者出版社　1943
中國古代史的傳説時代　徐炳昶　重慶中國文化服務社　1943
中國歷史通論（遠古篇）　黎東方　重慶商務印書館　1943
雲南邊民錄　龔家驊　正中書局　1943

1944 年

中國文化史略　陳竺同　桂林文化書店　1944
唐代文化史研究　羅香林　重慶商務印書館　1944
太平天國革命文化史　朱謙之　中華正氣出版社　1944
中華民族史　俞劍華　南平國民出版社　1944
中外文化交通史論叢（注：此書末附《擬十七、八世紀中外交通要目》）　方豪
　　1944
漢學東漸叢考　梁盛志　北京中國留日同學會　1944
古代中日關係之研究　洪啓翔　重慶商務印書館　1944
倫理學體系（中國道德之路）　汪少倫　重慶商務印書館　1944
上下古今談（2 册）　吳敬恆　重慶復甦出版社　1944.6
藏苗兩區采風記　胡慶鈞　重慶中國出版社　1944.9

中國絲絹西傳史　姚寶猷　重慶商務印書館　1944

1945 年

大涼山夷區考察記　曾昭掄　求真社　1945
中國海外移民史　陳里特　中華書局　1945
三民主義文化　燕義權　獨立出版社　1945.2

1946 年

知識與文化　張東蓀　商務印書館　1946
四川古代文化史　鄭德坤　華西大學　1946
唐代文化史研究　羅香林　商務印書館　1946
知識與文化　張東蓀　商務印書館　1946
民族學與人類學　楊坤　《國立北平大學學報文理專刊》單行本　1946
新疆的民族與禮俗　陳志良　文通書局　1946
西南采風錄　劉兆吉　上海商務印書館　1946
中華民族正統文化之認識　張蔭梧　1946
文化形態史觀　林同濟　上海大東書局　1946
雲南碧羅雪之栗粟　陶遠逵　1946
印藏佛教史　劉立千　成都華西大學華西邊疆研究所　1946
中國家族社會之演變　高達觀　正中書局　1946.1
儒家倫理思想述要　劉真　正中書局　1946.2
蜑民的研究　陳序經　上海商務印書館　1946.10

1947 年

中國文化史導論　錢穆　正中書局　1947
中國文化史（2 冊）　陳安仁　商務印書館　1947
中國隱士與中國文化　蔣星煜　中華書局　1947
論民族形式問題　胡風　七月文叢　1947
甘肅夏河藏民調查記　馬無忌　貴州文通書局　1947
涼山彝家　林耀華　上海商務印書館　1947
文化與人生　賀麟　商務印書館　1947
教育文化　李旭　南京時代出版社　1947
文化學概觀（4 冊）　陳序經　商務印書館　1947

中國人與中國文　羅常培　開明書店　1947
史前中國　荊三林　國立西北大學歷史系　1947
中國古文物展覽會目錄　中國文化協會中英學會　1947
中國佛教史略　（釋）印順、妙欽合編　上海正聞學社　1947
書學史　祝嘉　上海教育書店　1947
家庭女子的社會生活　趙榮璇　正中書局（滬一版）　1947.11

1948 年

中國文化與現代化問題　吳世昌　上海觀察社　1948
水擺夷風土記　姚荷生　上海大東書局　1948
中國學術家列傳　楊蔭深　上海光明書局　1948
文化社會學　朱謙之　廣州中國社會學社　1948
中國文化史導論　錢穆　正中書局　1948
中國史前時期之研究　裴文中　商務印書館　1948, 1950
瑤民概況　廖炯然　上海中華書局　1948

1949 年

漢學發達史　莫東寅　北平文化出版社　1949.1
大理古代文化史　徐嘉瑞　雲南大學西南文化研究室　1949
文藝三十年　中華全國文藝協會香港公會編印（九龍）　1949
民族文化史論　姚紅濱　1949
中國的少數民族　沙林　上海時代書局　1949
西南民族文化論叢　岑家梧　廣州嶺南大學　1949
中蘇文化之交流　郭沫若　三聯書店　1949
中國文化要義　梁漱溟　成都路明書店　1949
中國文化史略　陳竺同　文光書店　1949（2版）

1950 年

西北遊牧藏區之社會調查　俞湘文　商務印書館　1950
西南風情記　陳志良　上海時代書局　1950
擺彝的生活文化　江應梁　上海中華書局　1950

1951 年

關於文化教育工作的報告（在中國人民政治協商會議第一屆全國委員會第三次會議
　　上的報告）　郭沫若　北京人民出版社　1951
中國少數民族　黃華　上海羣衆書店　1951
西南少數民族及其神話　何愈　新世紀出版社　1951
中朝人民的友誼關係與文化交流　周一良　開明書店　1951
河套人　賈蘭坡　龍門聯合書局　1951
圖書館與文化學習　洪煥春　開明書店　1951.6

1952 年

黑龍江邊興安嶺裡鄂倫春民族　楊英傑　瀋陽東北人民出版社　1952

1953 年

中國穆斯林生活　北京民族出版社影印本　1953
回鶻文寫本《菩薩大唐三藏法師傳》　馮家升　科學院出版社　1953
中國文化論集（第1、2集）　張其昀等　中國新聞出版公司　1953-1955
中國近代出版史料　張靜廬編　上雜出版社　1953　上海羣聯出版社　1954

1954 年

中國石器時代的文化　裴文中　中國青年出版社　1954
唐代的長安　定白　上海四聯書店　1954
中國文化講話　香港大學東方文化研究院編　1954
國內少數民族語言文字的概況　羅常培等，中國語文雜誌社編　中華書局　1954
鄭和下西洋　陶秋英　上海四聯出版社　1954
新中國少數民族　徐心芹、艾以　上海美術出版社　1954
中國古代神話　袁珂　上海商務印書館　1954
中國目錄學史　許世瑛　台北市中華文化出版事業委員會　1954

1955 年

唐代文化史　羅香林　台灣商務印書館　1955
中國新石器時代　嚴達　三聯書店　1955
中國古代社會史論　侯外廬　人民出版社　1955
新中國的少數民族　如卓　北京通俗讀物出版社　1955
中國佛教史籍概論　陳垣　北京科學出版社　1955　中華書局　1962.11
佛學圖書目錄　庚申佛經流通處編印　北京　1955
中國古代天文學簡史　陳遵嬀　上海人民出版社　1955

1956 年

西北的少數民族　樊圃　新知識出版社　1956
雲南省少數民族概況　雲南人民出版社　1956
古化西域交通與法顯印度巡禮　賀昌羣　湖北人民出版社　1956
晚清的白話文運動　譚彼岸　湖北人民出版社　1956
中國古代教育和教育思想　沈灌羣　湖北人民出版社　1956
中國史部目錄學　鄭鶴聲　上海商務印書館　1956
中國科學技術發明和科學技術人物論集　李光璧、錢君曄編　北京三聯書店　1956

1957 年

燦爛的鄭州商代文化　許順湛　河南人民出版社　1957
唐代長安與西域文明　向達　北京三聯書店　1957
中國民族學當前的任務　費孝通、林耀華　北京民族出版社　1957
西漢與西域等地的經濟文化交流　陳竺同　上海人民出版社　1957
中越兩國人民的友好關係和文化交流　陳修和　中國青年出版社　1957
中印文化關係史論叢　季羨林　北京人民出版社　1957
中國倫理思想發展規律的初步研究　張岱年　北京科學出版社　1957
舊石器時代文化　賈蘭坡　北京科學出版社　1957
資陽人　裴文中、關汝康　科學出版社　1957
中國出版史料補編　張靜廬編　北京中華書局　1957
孔子的教育思想　陳景磐　湖北人民出版社　1957
西藏佛教藝術　劉藝斯編　北京文物出版社　1957

1958 年

我國少數民族簡史　依羣　民族出版社　1958.9
維吾爾族史料簡編　家升、程溯洛、穆廣義　民族出版社　1958
敦煌藝術　勞榦　台灣中華叢書委員會　1958
東西樂制之研究　王光祈　音樂出版社　1958
抗日前線的文化兵工廠——四憶新四軍的印刷所　張蕭　上海人民出版社　1958
日月潭邵族調查報告　台灣大學文學院考古人類學刊編輯委員會編印　1958.1

1959 年

唐宋之際社會門第之消融　孫國棟　撰者自印　1959
新文化之真相（陳擬籌設全國勞工事務局意見書）　胡先驌　台灣　1959
西漢與西域關係史　安作璋　山東人民出版社　1959
中國歷代大同理想　侯外廬主編　北京科學出版社　1959
中國文化論叢　何建民　台北三民書局　1959
中國上古史綱　王玉哲　上海人民出版社　1959
中國法制史　陳顧遠　上海商務印書館　1959

1960 年

唐代的長安　姚堅　北京中華書局　1960
敦煌藝術　郭宗紓　中華書局　1960.5
中國的印刷　劉國鈞　上海人民出版社　1960.6

1961 年

香港與中西文化之交流　羅香林　香港中國學社　1961
殷周青銅器銘文研究　郭沫若　北京科學出版社　1961
史前期中國社會研究（《中國原始社會史》補訂本）　呂振羽　三聯書店　1961
中華五千年史（第一至九冊）　張其昀　台灣中國文化大學出版部　1961-1983
中國古代數學史話　李儼　杜石然編　中華書局　1961.9

1962 年

鄂溫克人的原始社會形態　秋浦等　北京中華書局　1962.2
中西回史日曆　陳垣　中華書局　1962
半坡村遺址　劉昭豪　中華書局　1962
馬太安阿美族的物質文化　李亦園等　台灣中央研究院民族學研究所　1962
中國佛教經濟政治社會關係史料　北京三時學會　1962
中國古代書籍史話　劉國鈞　中華書局　1962.12

1963 年

中國青銅器時代　郭寶鈞　三聯書店　1963
花山崖壁畫資料集　廣西少數民族社會歷史調查組　廣西民族出版社　1963
中國活字印刷史話　張秀民、龍順宜　北京中華書局　1963.4
中國古代的字典　劉葉秋　中華書局　1963.4
上古神話　高亨、董治安　中華書局　1963.9

1964 年

中國猿人及其文化　賈蘭坡　中華書局　1964
仰韶文化　安志敏　中華書局　1964
中國少數民族戲劇　曲六乙　北京作家出版社　1964
原始宗教　朱天順　上海人民出版社　1964.8

1965 年

龍山文化　佟柱臣　中華書局　1965
有關封建道德能否繼承問題的資料　光明日報總編室　1965

1966 年

中西文化論集　吳經熊　台灣國防研究院　1966

1967 年

中華文化復興運動基本教材　王孟元　樂羣圖書中心　1967

1968 年

中國文化概論——對傳統文化的解析　韋政通　台北水牛出版社　1968
美國東南與中國華東的近墩文化　台北中央研究院民族學研究所編印　1968
中山學術文化集刊（5 冊）　高思謙等　中山學術文化基金董事會編印　1968

1969 年

長濱文化——台灣首次發現的先陶文化　宋文薰　台北中國民族學會　1969
中國文化史（10 冊）　楊幼炯　台灣書店　1969
中華文化之特質　台灣教育部文化局　台灣世界書局　1969
台灣文化源流　毛一波　台灣省政府新聞處　1969
論政治與文化　陳少廷　華明出版社　1969
中國邊疆民族史　劉義棠　台灣中華書局　1969
中國文化與世界　宋晞　新中國出版社　1969
中韓文化論集　王大任主編　中華大典編印會　1969
隋唐五代中日關係史（註：附中日關係大事年表）　余又蓀　台灣商務印書館
　　1969
中國文化史複習大全　青雲梯　南一書局　1969
中國文化概論　徐文珊　維新書局　1969
中國文化叢談　錢穆　三民書局　1969
中華文化的基礎（倫理、民主、科學）　吳華盛　嘉義文化服務社　1969
中華文化復興論叢（第 1 集）　中華文化復興運動推行委員會編印　1969
文化與生活　錢穆等　樂天出版社　1969
青年論中華文化　黃肇松等　台灣教育部文化局編印　1969
人文學社與文化復興　吳自甦　台灣商務印書館　1969

1970 年

大中華民族與其文化之關係述略　吳頤平　聞道出版社　1970
從日本到台灣　王光逖　雲天圖書公司　1970

中國文化史綜合講義　金炳升　南一書局　1970
高中中國文化史概要　葉光中編　南一書局　1970
中國文化新論（2冊）　張其昀　中國文化大學出版部　1970
文化復興與中華文物　吳疏潭　台北中國廣播公司　1970
歌頌中華　張其昀　中國文化大學出版部　1970
文化哲學的試探　劉述先　志文出版社　1970
文化與人　黃樹民　大西洋圖書公司　1970
ΣBEST 文化史　張禾　南一書局　1970
世界文化的前途　朱家驊　雲天出版社　1970
中歐文化交流史事論叢　陳受頤　台灣商務印書館　1970
中華姓府（2冊）　王素存　台灣中華叢書編審委員會　1970

1971 年

宋代政教史　劉伯驥　台灣中華書局　1971
中原文化與台灣　王國璠等　台北市文獻委員會　1971
危機時代的中西文化　顧翊羣　三民書局　1971
中國文化史　虞君質主編　台灣書店　1971
中國文化史綱　高永祖編　南一書局　1971
中國文化概論　李鍌等　三民書局　1971
中華文化概論　曾迺敦　中華書局　1971
中國文化綜合研究　中華學術院編　中國文化大學出版部　1971
復興中華文化論文專輯　李國良主編　台北市立女子師範專科學校　1971
文人與無行　吳魯芹等　仙人掌出版社　1971

1972 年

文化與傳播　董年彭　台灣商務印書館　1972
隋唐與後三韓關係及日本遺隋使遣唐使運動　王儀　台灣中華書局　1972
中國傳統文化與文化大革命　熊鈺錚　自印　1972
日本的漢學研究　鄭子瑜　香港編譯社　1972

1973 年

中國文化史（2冊）　屠炳春等，中華電視臺教學部主編　台北市中華出版社
　1973

從元代蒙人習俗軍事論元代蒙古文化　袁國藩　台灣商務印書館　1973
古代中韓關係與日本　王儀　台灣中華書局　1973
中日滄桑錄　朱蔣元主編　華宇出版社　1973
中華民族與中華文化　陳來奇主編，中華民族與中華文化編委會編　華欣文化事業
　　出版社　1973
佛門人物志　褚柏思　台北傳記文學出版社　1973
中華文化總論書目　中華文化復興運動推行委員會編印　1973
文化學與哲學之能學的基礎　張起鈞　新天地書局　1973
文化與人生　賀自昭　地平線出版社　1973
藍田猿人　陝西省博物館　陝西省文管會　陝西人民出版社　1973
中非交通史初探　張鐵生　北京三聯書店　1973

1974 年

中華文化概述　台灣中華文化復興運動推行委員會編印　1974
中國文化與現代生活　韋政通　台北水牛出版社　1974
馬王堆漢墓帛書（2冊）　《馬王堆漢墓帛書》整理小組　文物出版社　1974
文化復興與現代化　王邦雄　正中書局　1974
青年論中華文化（第2集）　楊旺興等　台灣教育部社會教育司編印　1974
中國少數民族簡況㈠：蒙古族、達斡爾族、鄂溫克族、鄂倫春族　中央民族學院研
　　究室　1974
中國少數民族簡況㈡：滿族、朝鮮族、赫哲族　中央民族學院研究室　1974
中國少數民族簡況㈢：維吾爾族、塔吉克族、烏孜別克族、塔塔爾族　中央民族學
　　院研究室　1974
中國少數民族簡況㈣：哈薩克族、柯爾克孜族、錫伯族、俄羅斯族　中央民族學院
　　研究室　1974
中國少數民族簡況㈤：回族、東鄉族、土族、撒拉族、保安族、裕固族　中央民族
　　學院研究室　1974
中國少數民族㈥：藏族、門巴族、珞巴族　中央民族學院研究室　1974
中國少數民族㈦：傈僳族、羌族、普米族、怒族、獨龍族　中央民族學院研究室
　　1974
中國少數民族㈧：彝族、白族、哈尼族、拉祜族、納西族　中央民族學院研究室
　　1974
中國少數民族㈨：傣族、佤族、景頗族、布朗族、阿昌族、崩龍族　中央民族學院
　　研究室　1974
中國少數民族㈩：壯族、布依族、侗族、水族、仫佬族、毛難族　中央民族學院研
　　究室　1974
中國少數民族⑾：苗族、瑤族、土家族、仡佬族　中央民族學院研究室　1974

中國少數民族(十一):黎族、畲族、高山族、京族　中央民族學院研究室　1974
中華文化談苑　李甲孚　台灣中華書局　1974
文化人類學選讀　李亦園　食貨出版社　1974
文化形態史觀　李同濟、雷伯倫　地平線出版社　1974

1975 年

中國文化故事(第一、二集)　李甲孚　台北市綜合月刊社　1975-1976
中國歷史上的宇宙理論　鄭文光、席澤宗　人民出版社　1975
周口店—「北京人」之家　賈蘭坡　北京人民出版社　1975
書學簡史　祝嘉　香港中華書局　1975
中國古代書史(又名:書干竹帛)　錢存訓　香港中文大學　1975

1977 年

匈奴史　林幹　内蒙古人民出版社　1977.1
中國古代北方各族簡史　内蒙古自治區蒙古語文歷史研究所歷史研究室、内蒙古大學蒙古史研究室同編　内蒙古人民出版社　1977.6
蒙古族簡史　内蒙古自治區蒙古語文歷史研究所「蒙古族簡史」編寫組編　内蒙古人民出版社　1977.8

1978 年

中國的傳統文化　鄭德坤　台北偉文圖書公司　1978
古代中國文化與中國知識分子　胡秋原　台灣學術出版社　1978
先秦文化之發展　楊亮功　台灣商務印書館　1978
大理古代文化史稿　徐嘉瑞　中華書局　1978
中國大陸上的遠古居民　賈蘭坡　天津人民出版社　1978
西侯度——山西更新世早期古文化遺址　賈蘭坡、王健　文物出版社　1978
中國古代科技成就　自然科學史研究所主編　北京中國青年出版社　1978

1979 年

中國生育禮俗考　郭立誠　台北文史哲出版社　1979
報刊史話　方漢奇編著　北京中華書局　1979.9

中國文化史要論（人物、圖書）　蔡尚思　湖南人民出版社　1979.10
大汶口文化討論文集　山東大學歷史系考古教研室編　齊魯書社　1979.11
中國近代教育史　陳景磐　人民教育出版社　1979.11
新華日報的回憶　四川人民出版社　1979.12

1980 年

中國文化發展史　溫世喬　台灣洋洋出版社　1980
民族與文化之研究　侯暢　台北市中國文化學院出版部　1980
中國文化史新論　謝澄平　台北青城出版社　1980
夏代文化　李民　中華書局　1980
中國古代青銅器小辭典　杜廼松　北京文物出版社　1980
鄭和下西洋資料彙編　鄭鶴聲、鄭一鈞　齊魯書社　1980
絲綢之路　陳振江　中華書局　1980
留法勤工儉學運動　張允候等　上海人民出版社　1980
中國書的歷史　杜葳編著　上海人民出版社　1980.2
馬王堆漢墓帛書（壹、二、三）　國家文物局古文獻研究室編著　文物出版社
　　1980.3～1983.10
中國佛教（第1、2輯）　中國佛教協會編　知識出版社　1980.4～1982.8
美學論集　李澤厚　上海文藝出版社　1980.7
中國天文學史（第1冊）　陳遵嬀　上海人民出版社　1980.8
中國西南的古代民族　龍中　雲南人民出版社　1980.12

1981 年

西北民族原始社會形態研究　呂光天　寧夏人民出版社　1981
中國文化對日韓越的影響　朱雲影　台北黎明文化事業股份有限公司　1981
馬可波羅和他的遊記　唐錫仁　北京商務印書館　1981
中華民國文化發展史　秦孝儀編　台北近代中國出版社　1981
日本的中國學家　嚴紹璗　中國社會科學出版社　1981
老解放區教育資料㈠：土地革命戰爭時期　陳元暉等編　北京教育科學出版社
　　1981
中國佛教史（第一、二卷）　任繼愈主編　中國社會科學出版社　1981～1985
宋元時期的海外貿易　陳高華、吳泰　天津人民出版社　1981　黑龍江人民出版社
　　1986
滿族的歷史與生活——三家子屯調查報告　金啓孮　黑龍江人民出版社　1981.2
美的歷程　李澤厚　文物出版社　1981.3

傳教士與近代中國　顧長聲　上海人民出版社　1981.4
美學散步　宗白華　上海人民出版社　1981.5
魯迅美學思想論稿——關於真善美的思考和探索　劉再復　中國社會科學出版社
　　　1981.6
近三十年國外「中國學」工具書簡介　馮蒸　中華書局　1981.6
漢代美學思想述譯　施昌東　中華書局　1981.7
延安魯藝——我黨創辦的一所藝術學院　鍾敬文　北京文物出版社　1981.8
楚文化新探　湖北社科院歷史所編　湖北人民出版社　1981.9
中國古代服飾研究　沈從文編著　香港商務印書館　1981.9
老解放區教育簡史　陳元暉主編　北京教育科學出版社　1981.11
中國文化論文集（7 冊）　牟宗三等著，東海大學哲學系主編　台北幼獅文化事業
　　　公司　1981-1986

1982 年

竹簡帛書論文集　鄭良樹　中華書局　1982
中印文化關係史論文集　季羨林　北京三聯書店　1982
中西宗教哲學比較研究（中國文化叢書）　羅光　台北中央文物供應社　1982
留法勤工儉學運動簡史　張洪祥、王永祥　黑龍江人民出版社　1982
中國古代藏書與近代圖書館史科（春秋至五四前後）　李希泌、張椒華　中華書局
　　　1982.2
中國古代的類書　胡道靜　北京中華書局　1982.2
中國文史工具資料書舉要　吳小好、吳同賓　中華書局　1982.3
中國圖書館名錄　吳仁勇等編　中國藝術出版社　1982.6
西藏佛教史略　王輔仁　青海人民出版社　1982.7
中國文官制度史　楊樹藩　台北黎明文化事業股份有限公司　1982.8
泉州港與古代海外交通　《泉州港與古代海外交通》編寫組　文物出版社　1982.10
中國書史簡編　劉國鈞著、鄭如斯訂補　書目文獻出版社　1982.10
中國文獻學　張舜徽　中州書畫社　1982.12
中國文化新論（共 13 冊）　劉岱總主編　台北聯經出版事業公司　1982-1983
　　　序論篇：不廢江河萬古流　　劉　岱主編　　1983.4
　　　根源篇：永恆的巨流　　　　邢義田主編　　1983.4
　　　學術篇：浩瀚的學海　　　　林慶彰主編　　1983.4
　　　思想篇：思想與現實　　　　黃俊傑主編　　1982.10
　　　思想篇：天道與人道　　　　黃俊傑主編　　1982.10
　　　制度篇：立國的宏規　　　　鄭欽仁主編　　1982.6
　　　社會篇：吾土與吾民　　　　杜正勝主編　　1982.11
　　　經濟篇：民主的開拓　　　　劉石吉主編　　1982.10

文學篇：㈠抒情的境界　　蔡英俊主編　　1982.9
文學篇：㈡意象的流變　　蔡英俊主編　　1982.9
藝術篇：美感與造形　　郭繼生主編　　1983.4
科技篇：格物主成器　　洪萬生主編　　1982.4
宗教禮俗篇：敬天與親人　　藍吉富等編　　1982.8

1983 年

近代中國啓蒙運動史　何幹之　生活書店　1983
中國婦女生活史話　田家英　中國婦女出版社　1983
中國文化概論　李蕚　中國文化大學出版部　1983.6
中國文化地理　陳正祥　三聯書店　1983.12

1984 年

中國文化的前途　劉真　台北幼獅文化事業公司　1984（再版）
人心與人生　梁漱溟　上海學林出版社　1984
中國原始社會史稿　岑家梧　民族出版社　1984
中國美學史　李澤厚、劉綱紀　社會科學出版社　1984
中國文化的優良傳統——文化人立身治學經驗　蔡尚思　湖南人民出版社　1984.2
鄂倫春族　秋浦主編　文物出版社　1984.2
在歷史的表象背後　金觀濤　四川人民出版社　1984.6
比較文化論集　金克木　三聯書店　1984.6
儒家與現代中國　韋政通　東大圖書公司　1984.7
胡適與中西文化　胡適等　水牛出版社　1984.9（增訂版）
中國文化研究集刊（第 1、2、3、4、5 輯）　丁守和等主編　上海復旦大學出版社
　　1984, 1985.2, 1986.11, 1987.1, 1987.6

1985 年

搖籃與墓地：嚴復的思想和道路（走向未來叢書）　陳越光、陳小雅編著　四川人
　　民出版社　1985.4
雲南民族民俗和宗教調查（中國少數民族社會歷史調查資料叢刊）　雲南省編輯組
　　編　雲南民族出版社　1985.4
走向世界：近代中國知識分子考察西方的歷史（中華近代文化史叢書）　鍾叔河
　　中華書局　1985.5

中國書院制度考略　張正藩　江蘇教育出版社　1985.5

東巴文化論集　郭大烈、楊世光編　雲南人民出版社　1985.6

彝族文化研究文集　雲南社科院楚雄彝族文化研究所編　雲南人民出版社　1985.7

中國文明的起源　夏鼐　文物出版社　1985.7

中國文明源頭新探──道家與彝族虎宇宙觀（彝族文化研究叢書）　劉堯漢　雲南
　　人民出版社　1985.8

藏學研究文集　中央民族學院藏族研究所編　民族出版社　1985.8

秦漢社會文明　林劍鳴　西北大學出版社　1985.9

神話與民族精神（幾個文化圈的比較）　謝選駿　山東文藝出版社　1985.10

中國文化之謎（第1、2、3、4輯）　施宣圓等主編　上海學林出版社　1985.11

中國的智慧：中西偉大觀念的比較（哲學叢書）　韋政通　水牛出版社
　　1985.11－1987.4

中國文化精神的探索　李威熊　台北黎明文化事業股份有限公司　1985.11

中西文化交流史（中國文化史叢書）　沈福偉　上海人民出版社　1985.12

中國甲骨學史（中國文化史叢書）　吳浩坤、潘悠　上海人民出版社　1985.12

中國文化史新編（5冊）　謝澄平　台北青城出版社　1985

漢民族歷史和文化探討　徐傑舜　廣西人民出版社　1985.12

1986 年

中國婚俗　吳存浩　山東人民出版社　1986.3

儒家文化的困境──中國近代士大夫與西方挑戰（走向未來叢書）　蕭功秦　四川
　　人民出版社　1986.4

諸神的起源──中國遠古神話與歷史　何新　三聯書店　1986.5

禪宗與中國文化（中國文化史叢書）　葛兆光　上海人民出版社　1986.6

道家思想與中國文化　趙明　吉林大學出版社　1986.7

楚文化覓蹤　河南省考古學會等編　中州古籍出版社　1986.7

忽必烈（中國少數民族文庫）　周良霄　吉林教育出版社　1986.8

傣族農奴制和宗教婚姻　曹成章　中國社會科學出版社　1986.8

中國民間諸神　宗力、劉羣編著　河北人民出版社　1986.9

秦漢文化史　韓養民　陝西人民教育出版社　1986.9

方言與中國文化（中國文化史叢書）　周振鶴、游汝杰　上海人民出版社
　　1986.10

東方佛教文化　羅照轔、江亦麗　山西人民出版社　1986.10

東方學術概觀　梁漱溟　巴蜀書社　1986.11

西夏文化（中國少數民族文庫）　史金波　吉林教育出版社　1986.12

傣族文化（中國少數民族文庫）　張公瑾　吉林教育出版社　1986.12

中國文化與中國哲學　深圳大學國學研究所主編　東方出版社　1986.12

中國古文化的奧秘　馮天瑜、周積明　湖北人民出版社　1986.12
在歷史的地平線上──比較文化古今談（面向現代化，面向世界，面向未來叢書）
　　　張士楚　人民出版社　1986.4
中國古代文化史論　向仍旦編　北京大學出版社　1986.10
中國文化概論：對傳統文化解析　韋政通　台北水牛出版社　1986

1987 年

楚文化研究論集（第 1 集）　楚文化研究會編　荊楚書社　1987.1
中國石窟藝術總論　閻文儒　天津古籍出版社　1987.3
東南文化（第 2 輯）　《東南文化》編輯部編　江蘇古籍出版社　1987.4
中國傳統文化的再估計（首屆國際中國文化學術討論會〈1986〉文集）　復旦大學歷
　　　史系編　上海人民出版社　1987.5
空寂的神殿：中國文化之源（走向未來叢書）　謝選駿　四川人民出版社　1987.6
文化：中國與世界（第一、二、三輯）　三聯書店　1987.6, 10, 12
中國文化史詞典　楊金鼎主編　浙江古籍出版社　1987.8
中國文化史新論（關於文化傳統與中國現代化）　何新　黑龍江人民出版社
　　　1987.8
黃帝功德記　于右任　陝西人民出版社　1987.3
人體文化：古典舞世界裡的中國與西方（走向未來叢書）　謝長、葛岩　四川人民
　　　出版社　1987.7
中國傳統文化的反思　洋溟編　廣東人民出版社　1987.7
道教與中國文化（中國文化史叢書）　葛兆光　上海人民出版社　1987.9
中國小學史（中國文化史叢書）　胡奇光　上海人民出版社　1987.11
中外文化交流史　周一良主編　河南人民出版社　1987.11
斷裂與繼承──青年學者論傳統文化與現代化　上海人民出版社　1987.11
中國文化史三百題　上海古籍出版社編印　1987.11
走出中世紀　朱維錚　上海人民出版社　1987.12
士與中國文化（中國文化史叢書）　余英時　上海人民出版社　1987.12

1988 年

元昊傳（中國少數民族文庫）　白濱　吉林教育出版社　1988.1
論中國傳統文化（中國文化書院講演錄第一集）　李中華、張文定主編　三聯書店
　　　1988.1
龍鳳文化源流　王大有　北京工藝美術出版社　1988.1
神龍之謎──東西方思想文化研究與比較　何新　延邊大學出版社　1988.3

中國佛教與傳統文化　方立天　上海人民出版社　1988.4

北大校長與中國文化　北京大學部分教師及研究生　三聯書店　1988.4

魏晉南北朝時期的道教　湯一介　陝西師範大學出版社　1988.4

歷史透鏡下的魂靈──中國傳統文化中的人性結構論　何錫章　國際文化出版公司　1988.5

無形的網絡──從傳播學的角度看中國的傳統文化　吳予敏　國際文化出版公司　1988.5

淒壯的祭壇──從中國古代改革家的悲劇看傳統文化中銳氣與惰性的對壘及其終結　華嚴　國際文化出版公司　1988.6

變革中的文化心態──當代社會心理分析及傳統文化的滲透作用　李勇鋒　國際文化出版公司　1988.6

無・神・人──中國傳統文化中的造神運動　馬曉宏　國際文化出版公司　1988.6

走向避難所──精神勝利的源流考察與效應分析　董炳月、劉晴　國際文化出版公司　1988.6

世俗的祭禮──中國戲曲的宗教精神　郭英德　國際文化出版公司　1988.6

文化學辭典　覃光廣、馮利、陳樸主編　中央民族學院出版社　1988.8

文化的民族性與時代性　龐樸　中國和平出版社　1988.8

中國文化研究論文索引

孫尚揚、王麗麗　編

凡　例

一、本索引收錄 1919 年至 1988 年 6 月間各報刊雜誌所發表有關中國文化
　　的研究論文，均按年代編次。

二、本索引所收錄論文，均注明(1)題目，(2)作者或譯者，(3)期刊名，(4)卷
　　期，(5)年月日〔1949 年後報刊多不分卷、期，所以(4)、(5)兩項合併爲
　　一項〕，各項之間以空一格劃分，如：
　　中華民族溯源論　章嶔　地學雜誌　10：3　1919
　　古越族文化初探　張潮　江漢考古　1984.4

1919 年

漢以前中國本部文明傳播之次第　林幹　地學雜誌　10：6-7　1919
論中國之民族氣質　康白情　新潮　1：2　1919.2
中華民族溯源論　章嶔　地學雜誌　10：3　1919
怎樣叫做中西學術之溝通　劉叔雅　東方雜誌　6：12　1919.12.15
科學之起源與效果　王星拱　新青年　7：1　1919.12.1

1920 年

由經濟上解釋中國近代思想變動的原因　李大釗　新青年　7：2　1920.1
中國社會文化之特質　楊祥蔭　東方雜誌　17：5　1920.3
東西文明根本之異點　李大釗　守常文集　1920
歐遊心影錄　梁啓超　上海時事新報（又見飲冰室文集）　1920
東西洋人生觀之比較　劉伯明　覺悟　1920.6.3
什麼是科學方法　王星拱　新青年　7：5　1920.4.1
關於蘇維埃政治形式與西方文明關係的論辯　倪林、羅季　東方雜誌　25：13
　　1920.7.10

1921 年

中國文化起源於農業　于炳祥　史地叢刊　1：2　1921.1
中國文化史綱　梁啓超　改造　4：3-4　1921.11.12
中國行到自由之路　羅素　羅素月刊　4　1921
東西兩洋文化之比較觀（譯自日本內崎的講演）　玉麟　東方雜誌　18：9
　　1921.5.10
東方文化與吾人之大任　陳嘉異　東方雜誌　18：1-2　1921.1.10,25
文明進步之原動力及物質文明與精神文明之關係　三無　東方雜誌　18：19
　　1921.9.10
臺莪爾與東西文化之批判　愈之　東方雜誌　18：17　1921.9.10

1922 年

中國學術要略　孫德謙　學衡　11　1922
中華民族之研究　梁任公　地學雜誌　13：1-14：4　1922-1923
歐洲文化危機及中國新文化之趨向　張君勱　東方雜誌　19：3　1922.2.!0
東西人的教育不同　梁漱溟　教育雜誌　14：3　1922.3
科學精神與東西文化　梁啓超　晨報副刊　1922.8.24-25
什麼是文化　梁啓超　晨報副刊　1922.12.1
與泰谷爾談話（東西文化之比較觀）　馮友蘭　新潮　1　1922
論比較東西　馮友蘭　學藝　3：10　1922
東西文化之比較觀　羅素　學燈　1922.12.1
杜威論中國思想　劉伯明　學衡　5　1922.5
中西文化的互助　杜里舒　晨報副刊　1922.12.1
評「東西文化及其哲學」　李石岑　民鐸　3：3　1922.3.1
評「東西文化及其哲學」　嚴既澄　民鐸　3：3　1922.3.1
評「東西文化及其哲學」　袁家驊　學燈　1922.6.28,29,30
合理的人生態度　梁漱溟　學燈　1922.3.20
新文化中幾位學者對於基督教的態度　生命　2：7,8　1922
中國人的人生哲學　杜威　東方雜誌　19：3　1922
觀迎杜里舒與愛因斯坦博士　Y. C　學燈　1922.10.14

1923 年

文字學上之中國人種起源考　陳鐘凡　國學叢刊　1：2　1923.8

中國民族之構成　梁任公　東北文化月報　2：9,10　1923.9,10　史地叢刊（師範
　　大學）　2：2,3　1923.4
中國遠古之文化　安特生（瑞典）著、袁復禮譯　地質學報　5（上）　1923.10
論新發現的石器時代的文化　袁復禮　史地學報　2：4　1923.5
研究文化史的幾個重要問題　梁啓超　學燈　1923.3
論閩中文化　胡適之、顧頡剛　民鐸　4：5　1923.7
東方文化與世界革命　屈維它　新青年季刊　1　1923.6.15
古代中國中西交通考　陳旦　史地學報　2：6　1923.8
歌謠的起源　爲君　歌謠周刊　4　1923.1
學術與救國　代英　中國青年　1：7　1923.12
中國現在的思想界　中夏　中國青年　1：6　1923.11.24
寸鐵雜談：「康有爲與許斯、梁啓超與芳澤」　巨緣　前鋒　2　1923.12.1
論中德文化書　郭沫若　文集十卷　1923.5.20
談梁任公「墨子新社會之組織法」　郭沫若　創造周報　7　1923.6.23
答胡評東西文化及其哲學　梁漱溟　晨報副刊　1923.11.8−17
談梁漱溟先生的「東西文化及其哲學」　胡適　讀書　8　1923.4.1
東西文化之過去未來　華林　覺悟　1923.12.7
東西文化到底能融合嗎？　渾託　覺悟　1923.9.7,9,10,13,14
互助的文化觀　堅瓠　東方雜誌　20：5　1923.3.10
東西哲學本體論之別類比觀與綜合批評　鄧光禹　東方雜誌　20：7　1923.4.10
科學與人生觀序　陳獨秀　新青年季刊　2　1923.12.20
人生觀　張君勱　學燈　1923.2.23
再論人生觀與科學並答丁在君　張君勱　晨報副刊　1923.5.6−14
人生觀之論戰序　張君勱　人生觀論戰一書　1923
科學之評價　張君勱　學燈　1923.6.10
人生觀與科學　梁啓超　晨報副刊　1923.5.29
關於玄學科學論戰之「戰時國際公法」　梁啓超　晨報副刊　1923.5.9
科學與人生觀　王星拱　晨報副刊　1923.7.9
批評的「倫理」　唐鉞（擘黃）　晨報副刊　1923.10.25
孫行者與張君勱　胡適　晨報副刊　1923.5.22
科學與人生觀　胡適　覺悟　1923.11.16
科學與人生觀序　胡適　科學與人生觀一書（又見胡適文選）　1923
答陳獨秀先生　胡適　科學與人生觀一書　1923.11.29
二十世紀的社會不要宗教麼？　冠路特講、劉昉等譯　晨報副刊　1923.4.8
建造新中國的唯一的路　壽康、公敢　孤軍　1：7　1923.4

1924 年

歷史上亞洲民族之研究　王桐齡　學術與教育　1：1　1924.8

印度與中國文化的關係　梁啓超　教育叢刊　5：2　1924.4

印度與中國之親屬的關係　梁啓超　晨報副刊　1924.5

中國文化西被之商榷　柳詒徵　學衡　27　1924.3

明清之交西學東漸考　翁幕莊　學燈　1924.8

歌謠的起源　傅振倫　歌謠周刊　87　1924.11

再論學術與救國　代英　中國青年　1：17　1924.2

最近二十年間中國國學之進步　杭久　東方雜誌　21：1　1924.1

最近二十年來中國學術界蠡測　甘蟄仙　東方雜誌　21：1　1924.1

二十年學術與政治之關係　胡樸安　東方雜誌　21：1　1924.1

中國學術年表及說明　顧頡剛　民鐸　5：3　1924.7

周秦學術發達之原因　張昭麟　金陵光　13：2　1924.2

今日五四與第三期復古運動　賢江　覺悟　1924.5.5

現代中國思想　余文偉　晨報副刊　1924.12.18－20

中國三十年來之社會改造思想　楊銓（杏佛）　東方雜誌　21：17　1924.9.10

寸鐵雜談：「社會主義行爲是假客氣」　巨緣　前鋒　3　1924.2.1

現代文明的問題與社會主義　鄧中夏　東方雜誌　21：1　1924.1.10

告歡迎泰戈爾的人　代英　覺悟　1924.4.19

寸鐵雜談　陳獨秀　前鋒　3　1924.2.1

太戈爾與東方文化　實庵　中國青年　27　1924.4.18

太戈爾與中國青年　澤民　中國青年　27　1924.4.18

太戈爾來華後的中國青年　亦湘　中國青年　27　1924.4.18

評「人類第三期之世界」　澤民　中國青年　31　1924.5.17

「文藝復興」？　林根　中國青年　48　1924.10.11

無產階級革命與文化　蔣俠僧　新青年季刊　3　1924.8.1

評梁漱溟先生的東西文化及其哲學　惡石　覺悟　1924.4.21

質梁漱溟　惡石　覺悟　1924.4.21

梁漱溟先生那裡去了　王德周　覺悟　1924.8.18

東西社會思想之比較　高爾柏　覺悟　1924.12.24

中西文化比較　吳獻書　東方雜誌　21：4　1924.2.25

答張君勱及梁任公　陳獨秀　新青年季刊　3　1924.8.1

我之人生觀爲是　梁漱溟　晨報副刊　1924.4.2

物質文明與科學　吳稚暉　吳稚暉學術論著　1924

洋八股化之理學　吳稚暉　吳稚暉學術論著　1924

一個新信仰的宇宙觀及人生觀　吳稚暉　吳稚暉學術論著　1924

機械與人生　唐鉞（擘黃）　太平洋　4：8　1924.9.5

基督教是「平等」和「愛」的主義嗎？　何柏年（春蕃）　覺悟　1924.9.2

再論學術與救國　惲代英　中國青年　17　1924.2.9

1925 年

中國人種之構成（附圖表）　李濟著、雷寶華譯　科學　9：11-12　1925.4

中國民族西來辨　繆鳳林　學衡　37　1925.1

小屯龍山與仰韶　梁思永　蔡元培先生六十五歲論文集（下）　1925.1

中國文化史　柳詒徵　學衡　41-45,58,61-64　1925-1928

中國文化史緒論　柳翼謀　史地學報　3：8　1925.10

五代時之文化　何炳松　民鐸　6：5　1925.5

中國神話研究　沈雁冰　小說月報　16：1　1925.1

「鏡花緣」與中國神話　沅君　語絲　54　1925

歌謠的原始的傳說　尚鉞　北大國學周刊　7　1925.11

論環境與文化之關係並及儒教之體系及其革新　市村讚次郎（日）著、冷觀譯　國
　　　聞周報　2：25,27　1925.7

論秦漢儒學之嬗變　秦贊周　金陵光　14：2　1925.11

精神文明東方文化的段祺瑞　實庵　嚮導　105　1925.3.7

精神文明與物質文明——新舊與文白之爭　郭沫若　王陽明禮贊・文集十卷
　　　1925.6.17

梁漱溟的造孽　廉生　中國青年　79　1925.5.9

東西文化及其哲學（通訊）　梁漱溟　甲寅周報　1：3　1925

原化　孤桐（章士釗）　甲寅周刊　1：12　1925

科學與哲學　張東蓀　東方雜誌　22：2　1925.1.25

1926 年

日本人唐化考　周傳儒　清華周刊　25：16　1926.6

孟姜女故事之歷史的系統　顧頡剛　現代評論　3：75-77　1926.5

孔子老子學說對於德國青年之影響　吳宓　學衡　54　1926

耶穌、孫子與革命青年——在嶺南大學演說詞　代英　中國青年　120　1926.5.22

什麼是文化工作　昌羣　中國青年　142　1926.11

文明或文化　張申府（崧年）　東方雜誌　23：24　1926.12.25

西方文明與中國　張東蓀　東方雜誌　23：24　1926.12.25

我對於西洋近代文明的態度　胡適　東方雜誌　23：17　1926.8.10

東西國民性及其社會思想　鄒敬芳　東方雜誌　23：11　1926.6.10

東西文化抉擇談　唐大圜　東方文化（文集一）　1926

1927 年

王的哲學與中國文化　何炳松　民鐸　9：2　1927.11
什麼是文化工作　昌羣　中國青年　6：142　1927.2
怎樣做文化工作　昌羣　中國青年　6：143　1927.2
中國與安南　龍灜　燕大月刊　1：2,3　2：1,2　1927－1928
中日神話之比較　查士元　小說世界　16：14　1927.9
舶趠風之神話與考證　含涼生　小說世界　16：10　1927.8
孔子在中國歷史中的地位　馮友蘭　燕京學報　2　1927.12
十四世紀南俄人之漢文學　陳垣　小說月報　十七卷號外　1927.6
中國民族之研究　王桐齡　社會學界　12　1927.6－1928.6
東方文化事業委員會　陸定一　中國青年　149　1927.1.8
論東方文化事業告當局　胡瑞霖　東方文化（三集）　1927
關於第二次國內革命戰爭時期文化思想戰線上的鬥爭　陳獨秀　布爾塞維克　1：2
　　　1927.10.31

1928 年

印度釋名　吳其昌　燕京學報　4　1928.12
中國與波斯　劉朝陽　語歷所周刊　5：55　1928.11
中國神話的保存　玄珠　文學周報　6：15,16　1928
太陽神話研究　越景深　文學周報　5　1928
西南民族起源的神話──槃瓠　余永梁　語歷所周刊　3：35,36　1928.7
西南民族起源的神話──槃瓠書後　鍾敬文　語歷所周刊　3：35,36　1928.7
關於「桑」的神話與傳說的點點滴滴　張壽林　晨報副刊　1928.2.16－23
中國民間故事型式發端　趙景深　民俗　8　1928.5
科學與人生觀──近幾年來中國思想界的總結算　彭康　文化批判（創造社）　2
　　　1928.2
外國人關於中國著作目錄一覽　李貫英　語歷所周刊　3：30,31　4：44,45,48
　　　1928.5－9
周末學術談　一針　莽蒼社刊　1：3,4　1928.12－1929.3
學術概要　魏運五　東北大學周刊　47：48　1928.6
評人生觀論戰　彭康　文化批評　2　1928
科學的人生觀　胡適　覺悟　1928.6.1－2
祝詞　成仿吾　文化批判　1　1928.1.15

全部的批評之必要　成仿吾　創造月刊　1：10　1928.3.1
今後的文化運動　潘梓年　洪荒　1：1　1928.5.1
新文化的根本立場　彭康　思想月刊　4　1928
請大家來照照鏡子　胡適　胡適文選　1928

1929 年

中華民族成立之程序　鄒昕　天津益世報學術周刊　1929.1.7,14,21
中華民族成立之過程　朱偰　北大社會科學季刊　4：3,4　1929.7-12
中國開化始於東方考　蒙文通　中央大學半月刊　1：3　1929.11
中國古代文化的象徵　堯圃　廈大周刊　204-207　1929.5,6
中國人種及文化之由來　金兆梓　東方雜誌　26：24　1929.12
漢及漢以前中國人關於日本之智識　曹掄宇　東方雜誌　26：7　1929.4
明人著與日本有關史籍提要　繆鳳林　中央大學國學圖書館年刊　2　1929.10
中國古代神話之研究　馮承鈞　國聞周報　6：9-17　1929：3-5
從山海經的神話中所得到的古史觀　胡欽甫　中國文學季刊　1：1　1929.8
中國學術研究的總成績　安部執筆、汪馥泉譯　語絲　5：41　1929.12
中華民族起源之新神話　何炳松　東方雜誌　26：2　1929.1
文化與優生學　孫本文　社會學刊　1：2　1929.10
中國何以無哲學系統　H.H Dubs　東方雜誌　26：4　1929.2.25

1930 年

由歷史上觀察的中國南北文化　桑原騭藏（日）著、楊筠如譯　武大文哲季刊
　　1：2　1930.7
古代之竹與文化　翟兌之　史學年報　1：2　1930.11
三代文化論　蒙文通　史學雜誌　2：3,4　1930.9
再志歷史文化與古物之保護　教育雜誌　22：7　1930.7
江浙文化之鳥瞰　鄭鶴聲　中央大學半月刊　1：6,9,11,12　1930.1,3,4
中國病根在文化辨　杭立武　金陵光　17：1　1930.6
東方交通後文化之交換與融和　鍾秀崎　東北叢刊　7　1930.7
魯濱孫的中國文化觀　陳受頤　嶺南學報　1：3　1930.6
由寶石所得古代東西交通觀　章鴻釗　地學雜誌　18：1　1930
評中西交通史料彙編　馮承鈞　地學雜誌　18：4　1930
答馮承鈞評中西交通史料彙編　張星烺　地學雜誌　18：4　1930
讀中西史料彙編　大弨　地學雜誌　18：2　1930
日本之中國研究與中國之日本研究　傅錫永　南開　78　1930.1

日本遣唐使廢絕後之唐日交通考　木宮泰彥（日）著、胡肇椿譯　睿湖　2
　　1930.10
三國志曹沖華陀傳與印度故事　陳寅恪　6：1　1930.6
山海經神話研究的討論及其他　鍾敬文　民俗　92　1930.1
中國佛教藝術與印度藝術之關係　陳之佛　東方雜誌　27：1　1930.1
佛陀以前文化及其哲學　談玄　海潮音　11：3　1930.3
中國目前思想界的解剖　谷蔭　世界文化月刊　1　1930.9
最近中國學術思潮之變遷　瓻廬　廈大周刊　9：9　1930.5
先秦時代學術思想發達之原因　汪秀英　朝華月刊　2：1,2　1930.11
古代學術之淵源　郭熙　協大季刊　1　1930.12
中華民族由來論　繆鳳林　史學雜誌　2：2,3,4　1930.5.9
中國民族史敍論　繆鳳林　史學雜誌　2：3,4　1930.9　中央大學半月刊　1：15
　　1930.6
左聯成立的意義和他的任務　馮乃超　世界文化　創刊號　1930.9.10
中國社會科學運動的意義　梁平　世界文化　創刊號　1930.9.10
黑暗中國的文藝現狀　魯迅　二心集‧全集四卷　1930
新文化運動與人權主義　彭康　新思潮　4　1930
漫遊的感想　胡適　胡適文選　1930
崇拜科學文明之一瞥　王博之　嶺南學報　1：3　1930
西學來華時國人之武斷態度　陳登元　東方雜誌　27：8　1930.4.25
略論民族文化　無咎　上海周報　2：2　1930.5.18

1931 年

中國古代民族的研究　汪馥泉　微音　1：5　1931
中國史前文化的推測　楊筠如　暨大文學院集刊　12　1931.6
自考古學上觀察東亞文化之黎明　濱田耕作原（日）著、張我軍譯　輔仁學誌
　　2：2　1931.9
殷周文化之蠡測　徐中舒　史語所集刊　2：3　1931.4
歷史文物與古物之保護　教育雜誌　23：6　1931.6
福建文化研究書目　金雲銘　福建文化　1：1-4,6　1931.12-1932.6-11
各地文化通信　讀書月刊（上海光華）　1：6　2：1-3　1931-1932
中國文化論　閻煥文　新社會科學　1：4　1931.8
中國先秦時代所受的西方文明的影響　Maspero. H.（法）講、鄧名冊譯　世界雜
　　誌　1：4　1931.4
三千年來一大變局（中西接觸與中國問題的發生）　王造時　新月　3：10
　　1931.12
南洋華僑移殖史鳥瞰　李長傅　新亞細亞　1：4　1931.1

十八世紀中英文明之接觸　李兆强　南風　4：1　1931.5

中國關於植物的神話傳說　黃石　青年界　2：2　1931

中華民族與中庸之道　蔡元培　東方雜誌　28：1　1931.1

中國民族之歷史的發展　和田清（日）著、賀昌英譯　進展　1：2　1931.10

學術史料考證法　劉汝霖　女師大學術季刊　2：2　1931：4

西人研究中國學術之沿革　田中萃一朗（日）著、王古魯譯　金陵學報　1：1
　　　1931.5

宋儒新注書流傳日本情狀小誌　大江文城（日）著、古魯譯　人文月刊　2：1,2
　　　1931.2,3

兩漢的人口移動與文化　吳景超　社會學刊　2：4　1931.7

國內北平圖書館在中國文化上之地位　李文綺　圖書館學季刊　5：2　1931.3

蘇州文化之情報　文藝新聞　21　1931.8.3

西湖文化　文藝新聞　7,8　1931.4.27

中國現代思潮之源流及其性質　魯夫　時代文化　2　1931.10

文化上的任務　李太　十字街頭　2　1931.12.25

東方民族與東方文化　戴季陶　新亞細亞　2：1　1931.4

資本主義與共產主義歟　馬寅初　東方雜誌　28：24　1931.12.25

1932 年

史前人類及其文化　林惠祥講、陳元恆記　廈大周刊　12：13　1932.12

中國古代文化之發展及其地理背景　張印堂　地學雜誌　20：2　1932

中國文化的搖籃　周容　世間旬刊　18　1932.10

從地理民族學術的變遷說到研究福建文化的途徑　王孝泉　福建文化　1：3
　　　1932.4

古代中國與世界之關係　廖世功　人文　3：4-7　1932.5-9

揚子江泛濫及洪水的傳說　德佑　東方雜誌　29：2　1932.1

中國民間故事試探　鍾敬文　民眾教育季刊　2：3　1932.6

最近日本帝大研究中國學術之概況　王鍾麟　金陵學報　2：1　1932.5

孔子與西洋文化　范存忠　國風半月刊　1：3　1932.9

孔子與亞里士多德　郭斌龢　國風半月刊　1：3　1932.9

孔子與歌德　唐君毅　國風半月刊　1：3　1932.9

近二十年來中國思想界的轉變及學術的進展　陳鐘凡講、宋琴心記　協大學術　2
　　　1932.4

從文化史上所見的古代荊楚社會　雷震　社會雜誌　4：2　1932

五四與新的文化革命　易嘉　北斗　2：2　1932

中國社會科學家聯盟北平分盟鬥爭綱領　魯迅　大眾文化　1932.5.1

目前政治危機與左翼文化鬥爭　信一　大眾文化　1932.5.1

中國文化之精神　林語堂　申報月刊　1：1　1932.7.15
開展西北文化與建設新中國　戴季陶　新亞細亞　4：6　1932.10.1
中國文化在世界上之地位及其價值　戴季陶　新亞細亞　4：2　1932.6.1
西方文化的侵入與中國的反應　蔣明謙　獨立評論　22　1932

1933 年

國史上之民族年代及地理述略　繆鳳林　史學（中央大學）　1：1　1933.3
從地理上觀察中國民族　王成組講、何友熙筆記　廈大社會學刊　1：1　1933.6
民族觀點上中華歷時代之劃分及其第三振作時期　張君勱　再生　2：2　1933.11
史前文化　王進展　安徽大學月刊　1：1-3　1933.2-4
中國社會文化草書　胡秋原　讀書　3：3,4　1933
東吳時之文化　夏定域　之江學報　1：2　1933.4
中西文化之比較觀　羅素著、谷芳譯　中華季刊　2：4　1933.11
康熙大帝與路易十四　後藤未雄著、周鑑頤譯　史學（中央大學）　2　1933.3
阿拉伯名稱在中國古籍中的轉變　戴裔煊　現代史學　1：1　1933.1
中國原始神話傳說之研究　憶芙　國專季刊　廿二年五月號　1933.5
中國神話之文化史的價值　鍾敬文　青年界　4：1　1933.8
中日神話之比較　陸萬美譯　歷史科學　6,7　1933.12
關於中國的植物起源神話　鍾敬文　民眾教育季刊　3：1　1933
盤古傳說試探　楊寬　光華大學半月刊　2：2　1933.10
禹治水傳說之推測　楊寬　民俗　116,117,118　1933.5
黃河與中國文化　許炳琨　史地叢刊（大夏大學）　1　1933
中國民族性的歷史觀　陳高佣　新中華　1：24　1933.12
中國民族的特點　梁園東　前途　1：4　1933.4
中國民族與西北　葛承諸　西北範衡　1　1933.11
中國民族之來源　衛聚賢　史地叢刊（大夏大學）　1　1933
歐人之漢學研究　石井干之（日）著、朱滋萃譯　中法大學月刊　4：1-5,5：1
　　1933.11,1934.4
明治以後日本學者研究滿蒙史的成績　和田清著、翁獨健譯　史學年報　1：5
　　1933.8
五四以後中國各派思想家對於西洋文明的態度　劉錫三　社會學界　7　1933.7
奴隸文化史之考察　穆剛　歷史科學　1：5　1933.9
中國士大夫與中國政治　成本俊　珞珈　1-4　1933.11-1934.2
文化通訊—國內各地文藝界訊　西彥等　橄欖　28-31　1933.4
中國神話之文化史的價值　靜界　4：1　1933.8
中國文化之起源及其地理背景　弼蕭普（美）著、朱炳海譯　方志月刊　6：2
　　1933.2

科學與哲學之攜手　張君勱　再生　2：1　1933

誰能領導反帝國主義文化鬥爭？　豆秀　世界文化（滬）　2　1933

革命與文化問題　SW　社會主義月刊　1：5　1933.7.1

現代思想的歧途　謝循初　光華大學半月刊　2：2,3　1933

人的文化與物的文化　獨立評論　49　1933

世界文化的前途　李石岑　前途　創刊號　1933.1.1

徹底改造與發展現代文化　梁錫羣　南風　9　1933.12.15

中西文化的異點及其溝通後吾國所發生的危機　鍾魯齊　民族　1：11　1933.11.1

現代派與先務急　孟森　獨立評論　77　1933

理智和直觀之矛盾　艾思奇　中華日報　1：10　1933.12.25

1934 年

中國歷史上民族考　郎擎霄　建國　11：4,5,6　12：2　1934.10－1935.2

中國上古時代種族史　孫傅瑗　學風　4：2　1934.3

漢末三國時代中國民族之演變　李旭　師大月刊　10　1934.3

擬編纂現代文化史料彙編計劃書　文史學研究所月刊　3：2　1934.12

中華古代文化之發展及其地理背景　張印堂　地學雜誌　22：2　1934.12

中國文化上的南北問題　陳高傭　新中華　2：19　1934.10

南北文化觀　陳序經　嶺南學報　3：3　1934.5

中國文化之原始　Henri Maspero（法）著、蒂若譯　中法大學月刊　4：3　1934.1

封建文化的解剖　熊得山　新中華　2：19　1934.10

魏晉南北朝文化之動向　高邁　新社會科學季刊　1　1934.2

二十二年來中國文化發展之趨勢　向榮　中華月報　2：1　1934.1

中印文化溝通　譚雲山　前途　2：10　1934.10

中國民族的神話研究　古鐵　中原文化　14－19　1934.11－1935.3

中國古代傳說之批評　市村瓚次郎（日）著、公常譯　清華周刊　41：6　1934

中國上古傳說之批評　市村瓚次郎（日）著、蕭靜菴譯　學術季刊　1：2　1934.8

天地開闢與盤古傳說的探源　衛聚賢　學藝　13：1　1934.2

近三百年來中國民族思想之消長　陳汝衡　汗血月刊　4：2　1934.11

中國民族史略　越振中　新文化　1：3,4,5　1934.4,5

再論中國民族起源問題　王伯平　前途　2：9　1934.9

中國民族起源及其流源　李則綱　中山文化教育館季刊　1：2　1934.11

中華民族來源之一說　王旦華譯　地學季刊　1：3　1934.1

中國古代諸哲「國家起源學說」之探討　李俊　珞珈　2：1　1934.9

中國人文思想的骨幹　潘光旦　人文　5：1　1934.2

楊朱教義與復興中國 楊大膺 光華大學半月刊 3：1 1934.10
十年來之中國思想史 金增嘏 大廈 1：5 1934.10 人言 1：37 1934.10
中國古代社會的圖騰文化 黃文山 新社會科學季刊 1：1 1934.2
廿三年來的中國文化運動及其前途 李旭 文化與教育 19,20 1934.5
天津文化界速寫 中石 讀書生活 1：4 1934.12
人生觀論戰之回顧 張君勱 再生 2：8 1934
吾國文化運動的過去及將來 蔡元培 中山文化教育館季刊 創刊號 1934.8.15
提倡什麼的文化 陳公博 民族 2：1 1934.8.1
被囚的現代思想 張淑平 清華周刊 42：8 1934.12.17
文化統制的意義 劉炳黎 前途 2：8 1934.8.1
中國文化之回顧與前瞻 書懿 前途 2：8 1934.8.1
中國文化統制的目標及方法 沈淋 前途 2：8 1934.8.1
統制文化與民族復興 楊季 前途 2：8 1934.8.1
文化統制的意義及方法 張雲伏 前途 2：8 1934.8.1
現階段文化運動的理論與實踐 章元璞 文化批判 1：1 1934
現階段的中國社會與文化 胡澤吾 四十年代 3：1 1934.4.15
中國文化現階段的把握 艾思奇 新中華 2：20 1934.10.25
略論陳序經博士研究中國文化出路之比較方法 千家駒 民國日報 56 1934.6.1
文化建設之前夜 華僑半月刊 46 1934.5.1
中國文化建設論 文化建設 1：1 1934.10.10
學術界之方向與學者之責任 張君勱 國民日報 63-69 1934.6.16-25
廣州的文化之論戰 天睨 年華周刊 3：12 1934.3.24
民族文化與民族思想 文治 文化建設 1：2 1934.10.10
文化與中國文化的出路 蔡法年 前途 2：8 1934.8.1
文化統制的根本意義與民族前途 茹養評 前途 2：8 1934.8.1
中國歷史上的文化統制 李永若 前途 2：8 1934.8.1
文化統制與文藝自由 蕭作霖 前途 2：8 1934.8.1
文化統制之現階段 李馥郁 汗血月刊 3：6 1934.9.1
中國民族文化建設訊論 陳無悶 汗血月刊 2：5 1934.2.15
中國文化問題進一解 謝扶雅 廣州民國日報 831 1934.1.22
評「中國文化的出路」 余蘊仁 文化建設 1：2 1934.11.10
評「中國文化的出路」 朱元懋 讀書顧問 3 1934.10
西方化的討論 何永吉 廣州民國日報 180 1934.11.30
「全盤西化」乎！ 吳良光 廣州民國日報 87 1934.7.20
文化問題中的幾個具體問題 何汝津 現代青年 85 1934.2.19
東西文化之分析 王衍孔 廣州民國日報 849 1934.2.15
評陳序經博士說中國文化之出路 林潮 廣州民國日報 838 1934.1.3
中國文化問題 祝伯英 廣州民國日報 838 1934.1.3
資本主義與社會主義 諸青來 光華大學半月刊 2：10 1934.6.18

尊孔救得中國嚜？　申府　清華周刊　42：34　1934.11.12
對於尊孔的意見　陶希聖　清華周刊　42：43　1934.11.12
尊孔平議　田炯錦　公道　3：3　1934.1
南北文化觀　南嶺學報　3：3　1934
信心與反省　胡適　胡適論學近考（二）　1934
再論信心與反省　胡適　胡適論學近考（二）　1934
三論信心與反省　胡適　胡適論學近考（二）　1934
徹底西化釋義　呂學海　獻青年　22：5　1934.1.12
讀在文化運動戰線上答陳序經博士後　呂學海　全盤西化言論三集　1934.4
評中西文化討論的折衷派　呂學海　全盤西化言論三集　1934.4
再釋全盤西化　呂學海　廣州民國日報76　1934.7.5
論基督教文化　馮思榮　獻青年　22：5　1934.1.12
中國文化之死路　張磬　廣州民國日報834　1934.1.25
爲中國文化問題再進一解　張磬　廣州民國日報836　1934.1.29
中國文化的物質　穆超　廣州民國日報853　1934.2.21
再論全盤西化　廣州民國日報　81　1934.7.12
中國文化全盤西化可以行得通嗎？　穆超　廣州民國日報　1934.5.24
評陳序經先生的「中國文化之出路」　王峯　廣州民國日報837　1934.1.30
中國文化之出路與死路　陳安仁　廣州民國日報837　1934.1.30
廣州文化論戰通信　陳安仁　光華周刊　3：23　1934.6.9
全盤西化與其他　非斯　廣州民國日報　87　1934.7.23

1935 年

我國民族考　燕賓　民鳴周刊　1：46　1935.4
我國民族之名稱　梁園東　大夏　1：8　1935.1
雄視歐亞的中華民族　李長庚　遺族校刊　2：4,5　1935.6
由三代都邑論其民族文化　丁山　史語所集刊　5：1　1935
從國史觀察牧畜時代之文化　吳貫因　正風半月刊　1：6,7　1935.4
奄城及奄城文化的蠡測　陳志良　新壘月刊　5：6　1935.6
中國新舊兩石器的文化相　昮庵譯　文化與教育　46　1935.2
中國南北文化的起源　Carl Whiting Bishop（美）著、黃澤浦譯　集美周刊
　　18：2　1935
中國文化擴展之地理的背景　孟世傑　北平大學學報（文理專刊）　1：4　1935.3
中國民族文化特輯　進展　4：1,2　1935
中國古代文化的剖析　李立中　文化建設　1：12　1935.9
中國文化的出路　牛亦末　新北辰　1：7　1935.7
評「本國文化史大綱」　應普漢　學藝　14：5　1935.6

中華民國文化史編首解題　顧惕生　國專月刊　1：3　1935.5
中國文化史資料　陳登原　人文　6：1　1935.2
漢魏時代東北之文化　馮家升　禹貢　3：3　1935.4
唐宋時代的文化　張春華　女師學院季刊　3：1,2　1935.1
「十大教授的總答覆」　馮智學　新社會　8：10,11,12　1935.7
吳越錢氏之文化　夏定域　文瀾學報　1　1935.1
西藏之文化的考究　義培　蒙藏月報　4：1　1935.10
中國文化根本精神之一種嘗試解釋　唐君毅　中央大學文藝叢刊　2：1　1935.6
東方文化史叢考　錢稻孫　清華學報　10：3　1935.7
上古時期中國與日本文化的關係　莊進輝　3：1,2　1935.1
上古期間中日兩國在文化上之關係　劉蓮鳳　女師學院季刊　3：1,2　1935.1
中日文化的交流　郭沫若　黃鐘　7：8　1935.11
中國文化西傳考　何炳松　中國新論　1：3　1935.6
清末的西學源於中國說　全漢升　嶺南學報　4：2　1935.6
朝鮮文化考　盧景統　國專月刊　2：1　1935.9
安南文化考原　陸思湧　金大文學季刊　2：1　1935
戴燿與葡萄牙人的關係　謝扶雅　嶺南學報　4：2　1935.6
中國古史上的神話傳說源流考　陳伯達　太白　2：1　1935.3
中國古代的神祇（讀山海經隨筆）　古鐵　中原文化　22　1935.10
敦煌本韓朋賦考　容肇祖　蔡元培先生六十五歲論文集下　1935.1
民間故事之民俗學的解釋　趙景深　青年界　8：4　1935：11
中國民間文學研究實況　武田（日）撰、沈譯　北平世界日報文藝周刊　15−17
　　　1935.9.16,22,30
從民間歌謠中探討我國之民族性　張周勳　前途　3：9　1935.9
從民間歌謠中去窺探民眾生活的疾苦　裴慶媛　浙江民眾教育　3：2,3　1935.3
從民歌中探討家庭與婚姻的情況　張周勳　師大月刊　18　1935.4
從福州歌謠中找出福建原始文化之社會制度形式　張增齡　福建文化　3：17
　　　1935：1
老子孔子與中國民族　卡谷川如是閑（日）著、孟子真譯　文化建設　1：10
　　　1935.7
中華民族特性與智力　張德培　文化與教育　65　1935.9
中國民族氣質與文化　陳文淵　協大學術　3　1935.8
中華民族精神之檢討　鄭鶴聲　中國新論　1：3　1935.6
中華民族論　賴希和　中山文化教育館季刊　2：4　1935.10
中國民族文弱和平之歷史的考察　姜季辛　學藝　14：5　1935.6
中華民族衰落的原因　炯煊　中國新論　1：1　1935.4
中華民族性弱點之改造論　賴希和　建國月刊　13：5　1935.11
中國學術思想之回顧與前瞻　潘壽田　文史叢刊（安徽大學）　1：1　1935.7
中國學術原衍闡微　姜亮夫　民族　3：4　1935.4

中國學術分期標準的討論　詠林　中原文化　16,17　1935

學術思想和民族性　林宰平　文哲月刊　1：1　1935.10

「中國學術研究」（江亢虎著）　陳恭祿　武大社會科學　5：1　1935.2

歐美研究中國學術之雜誌　樊哲民　行健月刊　6：4　1935.4

馬伯樂之近代「漢學」研究論　何永譯　天津益世報讀書周刊　29,32　1935.12.19,26－1936.1.16

漢學論　章炳麟　制言　2：1　1935.9

經學與儒說　瀧熊之助（日）著、王曉舟譯　文化與教育　54　1935.5

李斯文化統制政策與先秦諸文　冀紹儒　文化批判　2：2,3　1935.1

儒家思想與現代中國　呂金錄　東方雜誌　32：19　1935.10

論孔門的六藝並評馮友蘭先生的中國哲學史　曾謇　北平華北日報史學周刊　59,60　1935.10.31－1935.11.7

墨子教義與復興中國　熊世琳　河南政治月刊　5：7　1935.7

十年來之國學商兌　錢基博　光華大學半月刊　3：9-10　1935.6

中國政治文化中心地之遷移　茲南譯　史地社會論文摘要　1：5　1935.2

中國佛教藝術溯源　常景宗　北平晨報藝圃　1935.5.21,22,24

中國文化之地理背景　胡翼成　康藏前鋒　2：9-3：1　1935.5,9

我們對文化運動的意見　文學社團等17個團體，鄭振鐸、艾恩奇等149人　讀書生活　2：4　1935

中國文化之動向及其前途　姚寶賢　前途　3：10　1935.10.16

十年來之哲學界　張東蓀　光華大學半月刊　3：9-10　1935　宇宙旬刊　2：7　1935

再論目前文化運動之性質問題　李建芳　文化建設　1：12　1935.9.10

目前中國文化論戰的透視　季蕪　清華周刊　43：5　1935.6.12

文化建設運動的總結帳　政治月刊　3：2　1935.6.1

我們今日還不配讀經　胡適　中華教育界　22：12　1935.6

中國本位文化建設宣言　文化建設　1：4　1935.1.10

中國本位文化建設宣言各方面之反映　文化建設　1：12　1935.9.10

民族復新與讀書運動　陳立夫　文化建設　1：8　1935.5.10

文化與中國文化之建設　陳立夫　文化建設　1：8　1935.5.10

中國文化將如何建設　陳立夫　文化前哨　1：2　1935.6.1

現代的中國怎樣要孔子　張東蓀　正風半月刊　1：2　1935.1

中國本位的政治與文化　陳公博　民族　3：5　1935.5.1

中國文化的特徵在那裡　梁漱溟　鄉村建設　4：28　1935.3.12

爲什麼否認現在中國　陶希聖　文化建設　1：11　1935.4.10

對中國本位文化建設宣言的幾點補充意見　陶希聖　大學新聞　3：8　1935.4.23

建設中國本位文化問題　何炳松　大夏周報　11：24　1935.4.29

關於全盤西化答吳景超先生　陳序經　全盤西化言論集　1935.5.25

評中國本位文化建設宣言　陳序經　全盤西化言論續集　1935.5.25

評張東蓀先生的中西文化觀　陳序經　全盤西化言論續集　1935.5.25

鄉村文化與都市文化　陳序經　獨立評論　126　全盤西化言論續集　1935.5.25

再談全盤西化　陳序經　獨立評論　147　全盤西化言論續集　1935.5.25

從西化問題的討論裡求得一個共同信仰　陳序經　獨立評論　149　全盤西化言論
　　續集　1935.5.25

充分世界化與全盤西化　胡適　文化建設　1：11　1935.8.10

爲全盤西化論答客難　呂學海　全盤西化言論續集　1935.5.25

目前文化問題　葉青　研究與批判　1：2　1935

資本主義文化與社會主義文化討論　葉青等　文化建設　1：7　1935.4.10

評葉青對於西洋文化的態度　李建芳　文化建設　1：11　1935.8.10

中國本位文化建設批判總清算　李钟　文化建設　1：7　1935.4.10

中國本位文化建設宣言的商榷　車同文　文化建設　1：6　1935.3.10

陳胡二先生全盤西化論的分析　王南屏　文化建設　1：11　1935.8.10

論全盤西化質胡適之先生　樓觀澤　文化建設　1：11　1935.8.10

我們的總答覆與全盤西化及其他　魏顯吾　生路月刊　3-4　1935.7.15

再論本位文化建設　文化建設　1：71　1935.8.10

中國本位文化建設實際問題　文化建設　1：9　1935.6.10

中國本位文化的政治和文化　文化建設　1：9　1935.6.10

從日本趣味說到中國本位　稜　文化建設　1：11　1935.8.10

科學的文化建設　盧于道　文化建設　1：12　1935.9.10

中國的本位文化與大學之道　儀方　文化建設　1：12　1935.9.10

中國本位文化建設之四生與三才　靜一　文化建設　1：12　1935.9.10

中國的本位文化與中國本位的文化　黃公部　文化建設　1：12　1935.9.10

中國文化建設　張冠球　江漢思潮　3：1　1935.7.15

我的本位文化建設　林美珊　江漢思潮　3：1　1935.7.15

如何建設中國文化　孫少蘋　晨光周刊　44　1935.7.7

中國本位文化建設問題的發現　卜鍋田　文化與教育旬刊　60　1935.7.20

中國文化建設與中日文化事業　國聞周報　12：26　1935.7

從五四運動到中國本位文化建設運動　丁兆人　明恥　1：11　1935.6.16

全盤西化與中國本位文化建設　張熙若　文化建設　1：11　1935.8.10

文化與哲學　熊十力　文化建設　1：9　1935.6.10

論文化之特性及其研究　高邁　文化建設　1：11　1935.8.10

從五四運動談到文化建設　文化建設　1：11　1935.8.10

中國文化建設之我見　孫谷昇　文化建設　1：12　1935.9.10

中國本位文化建設備詳　太虛　文化建設　1：6　1935.3.10

中國之本位的文化建設問題　張素民　文化建設　1：6　1935.3.10

對中國本位文化建設宣言的商榷　次騰　文化建設　1：6　1935.3.10

首都中國本位的文化建設　座談會記事　文化建設　1：6　1935.3.10

建設中國本位文化之我見　曾今可　文化建設　1：6　1935.3.10

關於中國本位的文化建設宣言的討論　問漁　文化建設　1：6　1935.3.10
建設中國本位文化芻議　宗流　文化建設　1：6　1935
中國科學化運動的動向　陳石泉　文化建設　1：8　1935.5.10
文化建設與科學　李若風　前途　3：10　1935.10.16
中國文化建設之真實意義　叢若財　前途　3：10　1935.10.16
中國文化問題的一個粗暴分析　茹養沛　前途　3：10　1935.10.16
文化變遷及其學說之分討　王一葉　前途　3：10　1935.10.16
中國文化的價值及其建設　寒屏　汗血月刊　6：3　1935.12.1
文化建設中我國民族之中心思想　孟方　汗血月刊　6：3　1935.12.1
文化建設之路　想公　政治月刊　3：2　1935.6.1
中國本位文化建設之基要觀　顏仟　正中　1：7　1935.3.1
中國本位的文化建設宣言後的感想　冬子　新創造　2：2-3　1935.3.1
中國本位文化建設問題　皇　中華月報　3：2　1935.2
王雲五先生對於中國本位的文化建設問題之感想　東方雜誌　32：4　1935.2.16
中國本位的文化建設　閻振熙　衆志月刊　2：5-6　1935.3.15
新中國建設中的文化問題　邊恆彥　自新月刊　3：4-5　1935.5.15
文化建設與中國本位科學術研究　黃豪　行健月刊　6：5　1935.5.15
從文化之性質講到文化學及文化建設　胡鑑民　社會科學研究　1：1　1935.3
文化單位論　青生　獨立評論　153　1935.6.2
論中國本位的文化　孫伏園　民間半月刊　2：5　1935.7.10
漫談中西文化　鄭伯彬　讀書季刊　1：2　1935
中國目前最需要之文化的建設　張伯蘭等　讀書季刊　1：2　1935
讀經「存文」其社會的意義　唯明　現代　6：3　1935.4
尊孔論　李源澄　新亞細亞　10：2　1935.8.1

1936 年

文字學上之中國人種觀察　朱希祖　社會科學季刊　1：2　1936.1
中國之風積文化與沖積文化　石川三四郎（日）著、潘文夫譯　文化建設　2：9　1936.6
民族發展與民族文化之形成　勗庵　文化與教育旬刊　96　1936.7
中國文化東南早於西北說　呂思勉講、呂翼仁記　文化建設　3：2　1936.11　光華大學半月刊　5：1　1936.10
費次者洛德的「中國文化小史」　陳受頤　獨立評論　189　1936.2
中國文化史上的循環矛盾現象　陳高佣　文化建設　3：1　1936.10
略述黃帝時代之文化制度　黃鐵民　中興月刊　1：2　1936.6
三皇五帝時代之文化　陳德儉　河南政治月刊　6：5　1936.5
夏商時代之文化　陳德儉　河南政治月刊　6：6　1936.6

西周時代之文化　陳德儉　河南政治月刊　6：7,8　1936.7,8

春秋戰國時代之文化　陳德儉　河南政治月刊　6：9　1936.9

河北文化的略評　夷姞　河北月刊　4：5　1936.5

江南文化與兩浙文人　賀昌羣　圖書展望　2：1　1936.11

江蘇古文化時期之重新估定　衛聚賢　江蘇研究　2：6　1936.6

西洋人觀察之中國　後藤末雄（日）著、魏守模譯　國光雜誌　14－16　1936.2,3,4

清末反對西化的言論　全漢升　嶺南學報　5：3,4　1936.12

安徽文化史料　學風編輯部　學風　6：1－10　1936.2－12

新疆文化之迹象　劉熙　蒙藏學報　6：2　1936.11

唐代對於西藏文化的影響　馬鶴天　新亞細亞　12：5　1936.11

西藏文化的啓端與佛教傳播之痕爪　德潛　新亞細亞　11：5　1936.5

無兵的文化　雷海宗　社會科學　1：4　1936.7

中國文化動向　張君勱　出版周刊　新201　1936.10

由五四運動談到通俗文化　陶希聖　大眾知識　1　1936.10

中國文化所受印度佛教之影響　吳鼎第　文化建設　3：1　1936.10

從食品上所見中日文化的交流　桃谷文活（日）著、陳迅之譯　國聞周報　13：37
　　1936.9

評郭沫若講「中日文化之交流」　周金　蓋旦　1：4　1936.1

東西文化觀　陳序經　嶺南學報　5：1－4　1936.7－12

東方文明與西方文明異同的究竟　樓桐孫　中國國際聯盟同志會月刊　1：2
　　1936.6

西洋漢字與中國文明　陳受頤　獨立評論　198　1936.4

亞可布教授（George Jacab）論東方對於西方文化的影響　陳銓　大公報中地周
　　刊　79　1936.4.3

洋鬼子眼裡的中國人　Henri Michaux（法）著、黃嘉德譯　西風　1　1936.9

釋桃花石（Taugas）　岑仲勉　東方雜誌　33：21　1936.11

康熙大帝與路易十四　後藤末雄著、周景濂譯　人文月刊　7：6　1936.8

中日古代交通　許興凱　文化與教育旬刊　87　1936.4

十六世紀前之中國與南洋　吳晗　清華學報　11：1　1936.1

明代葡人入居濠鏡澳考略　陳祖源　歷史學報　1　1936.10

中國神話傳說短論　松村武雄（日）著、石鹿譯　藝風　4：1　1936.10

神話演變及其影響　劉北斗　北平晨報歷史周刊　12　1936.12.16

商代的神話與巫術　陳夢家　燕京學報　20　1936.12

客家山歌之社會背景　張騰發　民俗　1：1,2　1936.9－1937.1

廣西民歌和性愛的探討　黃芝岡　中流　1：8　1936.12

我國民族的特性與其他民族的比較　孫本文　廣播周刊　113　1936.11

中華民族之量與質　張廷休　中山文化教育館季刊　3：3　1936.7

先秦學術思想之淵源　王眉征　正中校刊　34：5　1936.4

歐美蒐集漢籍記略　劉曼仙　東方雜誌　33：24　1936.12

西洋漢學論文題要　史學消息　1：3-7　1936.12-1937.6

現代蘇聯邦的東方文獻　江上波夫（日）著、劉選民譯　史學消息　1：2
　　1936.11

在蘇俄的中國文獻　王禮錫　東方雜誌　33：23　1936.12

日本「支那學」論文題要　復翰　史學消息　1：3　1936.12

評王古魯最近日人研究中國學術之一斑　吳成　中國新論　2：4　1936.4

關於文化與哲學　張季同　北平晨報思辨　55　1936.10.2

論中西哲學中本體觀念之一種變遷　唐君毅　文哲月刊　1：8　1936.9

孟子學說對於吾國民族思想上的影響　鍾魯齋　民族　4：1　1936.1

法家與中國學術　陳啓天　國論　1：7　1936.1

評郭湛波近三十年中國思想史　高名凱　大公報史地周刊　92　1936.7

中國近代道德思想之演變　郭湛波　人生評論　1　1936.10

論中國的自我覺醒　陳伯達　新世紀　1：3　1936.11

中國的后羿與希臘的赫克利斯（Hercules）　程憬　安大季刊　1：3　1936.7

中國藝術源流　Ludvig Bachhofer（德）著、方竑譯　大公報藝術周刊　89　19
　　36.6.27

現階段之中國文化建設　陳果夫　中蘇文化　1　1936.12.1

中國目前的文化運動　艾思奇　生活星期刊　1：19　1936.10.11

我們還需要「德賽二先生」　陳伯達　時代文化　創刊號　1936.9.17

讀經嗎？讀外國書嗎？　艾思奇　智識的應用　1936

南北文化觀（上、中、下）　陳序經　嶺南學報　5：1-4　1936

讀十教授「我們的總答覆」後　陳序經　天津大公報　全盤西化言論三集
　　1936.5.26

西化問題的尾聲　張佛泉　全盤西化言論二集　1936.10.31

我們的總答覆書後　嚴既澄　天津大公報　5：22　全盤西化言論三集　1936.10.31

我們此時此地的需要是什麼　巨少平　獨立評論　全盤西化言論三集　1936

我對於西洋文化的態度　葉青　文化建設月刊　2：4　1936.1.1

略論民族復興與心理建設　丘彬和　民鐘季刊　2：3　1936.10

開明運動與文化　鄭昕　全盤西化言論三集　1936.10.31

文化的類型　賀麟　哲學評論　7：3　1936

1937 年

中華人種西來新證　劉盼遂　越風　2：4　1937.4

殷周民族與井水文化　郭豫才　河南博物館館刊　9　1937.5

東晉南北朝之民族大混合　佟玉瑛　新亞細亞　13：3　1937.3

關於中國文化起源問題（致王雲五先生）　李旭　史地半月刊　1：11，12　1937.4

關於中國文化的發達問題（致賈豐臻、林惠祥先生）　李旭　史地半月刊　1：

　　　13,14　1937.5

中國文化之起源及發達　林惠祥　東方雜誌　34：7　1937.4

中國文化的起源及發達　賈豐臻　東方雜誌　34：7　1937.4

中國文化之起源　高潛子　中外文化　1　1937.2

仰韶文化與小屯文化　任友仁　中學生　72　1937.2

湖州錢山漾石器之發現與中國文化之起源　江蘇研究　3：5,6　1937.6

浙江果有新石器時代文化乎？　胡行之　江蘇研究　3：5,6　1937.6

中國文化起源於東南發達與西北的檢討　衛聚賢　東方雜誌　34：7　1937.4

中國古文化由東南傳播於黃河流域　衛聚賢　江蘇研究　3：5,6　1937.6

中國文化起源與世界文化移動之研究　李長傅　東方雜誌　34：7　1937.4

中國近世文化史　賀次君　出版周刊　新 232　1937.5

編纂中國文化史之研究　王雲五　東方雜誌　34：7　1937.4

從中國藝術以探索中國文化　唐君毅　論學　2　1937.2

開國前周人文化與西域關係　丁山　禹貢　6：10　1937.1

古代越族的文化　羅香林　江蘇研究　3：5,6　1937.6

吳越文化傳播於黃河流域的說明　衛聚賢　東方雜誌　34：10　1937.5

與衛聚賢論吳越文化書　呂思勉　江蘇研究　3：5,6　1937.6

河南省在中華民族及文化發達史上之地位　胡石青　河南博物館館刊　10　1937.6

中國文化之回顧與前瞻　韋愨　張菊生先生七十生日紀念論文集　1937.1

中國的文化問題　東蓴　申報周刊　2：8　1937.2

中國文化與文學　李冠芳　史地社會論文摘要　3：8　1937.5

「科學化中國文化」的討論　黃子通、黎錦熙　經世　1　1937.1

評「中國文化所受印度佛教之影響」　茗山　海潮音　18：4　1937.4

中外文化接觸最早之時期　衛聚賢　中外文化　1　1937.2

中國文化與國際關係　吳凱聲　中外文化　1　1937.2

中國文化在世界上之地位　孫本之　政治季刊　2：1　1937.5

中國與世界文化合作　郭子雄　中國國際聯盟同志會月刊　1：2　1937.6

中國文化與世界使命　江亢虎　中外文化　1　1937.2

嚴復的中西文化觀　振甫　東方雜誌　34：1　1937.1

中國海通前對外關係之特質及其教訓　趙澍　民族　5：1　1937.1

明代與日本足利幕府關係之研究　吳先培　東方雜誌　34：14　1937.7

論山魈的傳說與祀典　黃芝岡　中流　1：11　1937.2

中國民族思想之研究　方治　文化建設　3：9　1937.6

中國民族史　葉德祿　天津益世報人文周刊　16　1937.4.23

中國學術史上漢宋兩派之長短得失　張君勱　張菊生先生七十生日紀念論文集
　　　1937.1

中國學術進展觀　賀次君　書林　1：3　1937.4

歐美人漢學研究文獻目錄　青木富太郎（日）著、編者譯　史學消息　4：7
　　　1937.3－6

英國漢學家翟理斯教授的生平及其著作概要　黃培永譯　史學消息　1：7　1937.6

德國「支那學」的現狀　耶捷 Frifz Täger（德）著、朱炳蓀譯　文學年報　3
　　　　1937.5

日本研究中國學術之機關　劉選民　史學消息　1：4　1937.3

我對於現階段中國思想的意見　沈子田　新學識　1：7　1937.5

天主教對於中國文化的貢獻　程戀聲　磐石雜誌　5：6　1937.6

思想無罪——我們要爲「保衛中國最好的文化傳統」和爭取「現代文化的中國」而
　　　　奮鬥　陳伯達　讀書月刊　1：3　1937.7

什麼是新啓蒙運動　艾思奇　國民周刊　8　1937.6.25

理性主義、啓蒙運動　胡繩　自修大學　1：2：11　1937.6.12

論兩年來的思想文化運動　胡繩　認識月刊　創刊號　1937.6.15

開展新文化運動　江陵　國防知識　1：1　1937.5.15

文化運動在北平　李達　讀書月報　2　1937

民族抗戰中的民衆組織與文化運動　柳湜　國民周刊　15　1937.8.13

思想統一與思想自由　曲沅　新學識　1：2　1937.5.20

我們對於目前文化運動的意義　嘉德　人民之友　3　1937.5.25

論「左」聯的文化運動　賈思　中國研究　1：4　1937.4.20

「左」聯的文化運動說　杜默　中國研究　1：4　1937.4.20

對於目前思想文化的意見　馬哲民、陶希聖等九人　認識月刊　創刊號　1937.6.15

五四紀念與啓蒙運動　張申府　認識月刊　創刊號　1937.6.15

西方學術思想在吾國之演變及其出路　張君勱　新中華　5：10　1937.5.25

論五四新文化運動　陳伯達（周金）　認識月刊　創刊號　1937.6.15

胡繩爲什麼要讀書　陳伯達　讀書月報　1：1　1937.5.15

論思想文化問題　艾思奇　認識月刊　創刊號　1937.6.15

新啓蒙運動與中國的自覺運動　艾思奇　實踐與理論　1937

新啓蒙運動與哲學家　艾思奇　國民周刊　13　1937.7.30

我們對於目前文化運動的意見　嘉德　人民之友　3　1937.5.25

評江亢虎關於中國文化的講演　許凌青　文化動向　1：3　1937.4.5

我們需要什麼文化　盧隆基　思想月刊　創刊號　1937.2.1

五四運動與新啓蒙運動　張申府等　讀書月報　1：2　1937

中國現代化問題特輯　張申府等　申報月刊　2：7　1937.7.15

關於讀經　梁實秋　獨立評論　239　1937.6.20

中華民族起源之神話及學說　劉紫萍　河南博物館館刊　11-15　1937.8-11

中國文化東漸考　王輯五　史學集刊　3　1937.4

中國新文化運動的社會基礎　何幹之　認識月刊　1　1937.6

思想的自由與自由的思想（再論新啓蒙運動）　陳伯達　認識月刊　1　1937.6

十年來新文化運動的檢討　李初黎　解放周刊　24　1937.11

戰爭時期的文化界　胡繩　抗戰　4　1937.8

封建制度與儒家思想　齊思和　燕京學報　22　1937.12

文化運動在現階段的中心任務　潘梓年　全民周刊　1：1　1937.12.11
文化在抗戰中　艾思奇　抗戰　1937.9.6
現階段的文化運動　從賢　解放　1：23　1937.11.13
雲集武漢的文化人從何處去？　柳湜　全民周刊　1：2　1937.12.18
借問胡適（由當前的文化動態說到儒家）　郭沫若　中華公論　1937.7.20

1938 年

爭取中國的自由與創造自由的中國　陳伯達　自由中國　創刊號　1938.4.1
關於文化政策　張申府　全民周刊　1：16　1938.3.26
中國民族之特質及復興之途徑　蕭一山　經世「戰時特刊」　26-28　1938.10.12
中國民族不可分性之研究　張中微　蒙藏月報　8：3　1938.5
德國人的漢學研究　韓奎章　東方文化（北京）　1：1-3　1938.1-4
中國文化與西方文化之交流　石田幹之助（日）著、錢稻孫譯　東方文化（北京）
　　　1：1-4,6,7　1938.1-11
中國北方文化之開展與變遷　詹詹　東方文化（北京）　1：6　1938.10
論文化運動中的民族傳統　陳伯達　解放　46　1938.7
戰區文化供應問題　長江　抗戰　54　1938.3
論戰區的文化工作　吳敏　羣眾周刊　1：15　1938.3
現階段的新文藝運動（轉載新華報）　華美　1：2　1938.4
抗戰中的文化工作問題　北鷗　抗戰　76　1938.5
我們關於目前文化運動的意見　解放周刊　39　1938.5
第三期抗戰中的文化工作　柳湜　全民周刊　2：4　1938.6
文化運動的新形勢和後方工作　柳湜　全民抗戰　14　1938.8
抗戰的文化動態　文獻　1　1938.10
抗戰的文化動態　密林　文獻　2　1938.11
抗戰的文化動態　文獻　3-5　1938.12-1939.2
抗戰一年來的文化運動　潘梓年　羣眾周刊　2：5　1938.7　華美　1：16　1938.7
抗戰一周年之文化　中央周刊編輯部　中央周刊　1：1　1938.7
上海淪陷後的文化工作　曹荻秋　全民周報　1：21　1938.4
保衛武漢與文化工作者的任務　杜若君　抗戰　84　1938.6
內地的文化巡禮　丁明　文藝陣地　2：5　1938.12
雲南文化的新階段與對人的尊重和學術的寬容　楚圖南　1：1　1938.6
雲南文化界在戰鬥中　羊醉秋　新動向　1：7　1938.9
先秦三家思想比較觀　牟仁水　民治月刊　21　1938.6
文化哲學、科學態度（三篇）　胡繩　新學識　戰時文化　創刊號　1938.5
什麼是文化　胡繩　戰時文化　1：1　1938.5.25
戰爭與文化　郭沫若　自由中國　2　1938

保衛祖國的文化　北鷗　自由中國　1938
我們關於目前文化運動的意見　荃麟　解放　1：39　1938.5.22
抗戰建國文化的建立發端　張申府　戰時文化　創刊號　1938.5.25
抗戰建國中之文化問題　孫本文　新民族　1：12　1938.5.15
論抗日文化統一戰線　陳伯達　自由中國　2　1938
鞏固文化統一戰線，加強文化國防　章乃器　全民周刊　1：8　1938.1.29
民族與民族性　羅家倫　新民族　1：2　1938.3

1939 年

中華民族與回教　孫繩武　回民言論半月刊　1：7　1939.4
再論中華民族與回教　孫繩武　回民言論半月刊　1：12　1939.6
中國民族歷史上的文化鬥爭　姚江濱　中央周刊　1：28　1939.2
中華民族之威力　鄭鶴聲　新民族　3：8　1939.1
中華民族論　沈鎪若　時代精神　1：5　1939.12
民族問題在中國　劉百閔　時代精神　1：3　1939.10
佛爾克教授與其名著中國哲學史　方志浵　研究與進步　1：1　1939.4
現下在德國之中國學　福蘭閣（Otto Franken）（德）著、楊丙辰譯　研究與進
　　步　1：2,3　1939.7-10
清代學術對於日本的影響　林壽　中國公論　1：5　1939.8
中國文化的發展及其前途　何炳松　時代精神　1：1　1939.8
抗戰以來我國文化動態　譚輔之　建設研究月刊　1：1　1939.3
文化挺進隊（戰地文化工作討論）　王況　戰地　9　1939.1
戰地的文化進攻　蔡槐卿　戰地　9　1939.1
抗戰中的文化運動　胡曲園　譯報周刊　1：22　1939.3
戰區文化工作的新嘗試　江樹峯　全民抗戰　58,59　1939.3
敵區文化工作在開展中　穆欣　全民抗戰　69　1939.5
抗戰兩年的文化界　梓年　羣衆周刊　3：6,7　1939.7
抗戰二年來的文化運動　耐君　抗戰文化　1：1　1939.7
論敵人後方文化工作　梓年　羣衆周刊　2：14　1939.2
二期抗戰的科學運動　吳藻溪　羣衆周刊　3：13,14　1939.8,9
科學化運動與長期抗戰　吳承洛　中國青年　1：4　1939.10
敵人在淪陷區文化進攻的陰謀　姚蓬　抗戰文藝　5：2,3　1939.12
論當前的文化工作　夏衍　國民公論　1：7　1939.2
今後文化界的任務　潘梓年　讀書月報　1　1939.2
陷落後平津的文化與文化人　張煌　新知半月刊　2：4,5　1939.10
一九三八年上海文化界動態　白屋　讀報周刊　1：12,13　1939.1
兩年（1937-39）來浙西游擊區文化工作的總結　房宇園　戰地　2：10　1939.7

成都抗戰文藝運動鳥瞰　周文　抗戰文藝　4：1　1939.4
一年（1938）來雲南抗戰文化的檢討　楊東明　新雲南　1　1939.1
西南邊疆文化建設之三個建議　楊成志　青年中國季刊　1：1　1939.9
由中蘇商約談到中蘇文化合作　鄭伯奇　中蘇文化　4：1　1939.8
三十年來中阿文化關係　孫繩武　回民言論半月刊　1：3　1939.2
發揚伊斯蘭文化之必要　王靜齋　回民言論半月刊　1：1　1939.1
目前文化工作的具體內容　潘梓年　翻譯與評論　4　1939.3.1
新階段學術運動的任務　潘梓年　理論與現實　1：1　1939.4
五四文化運動在今日的意義　艾思奇　新中華報　1939.4.28
北方文化在飛躍中　臧雲運　新華日報　1939.9.15
抗戰救國的文化運動之總方向　侯外廬　翻譯與評論　4　1939
目前文化運動中的幾個問題　張宗植　翻譯與評論　4　1939.3.1
大眾文化運動　勾適生　翻譯與評論　4　1939.3.1
檢討文化人製造的侵略意識　沈起予　翻譯與評論　4　1939.3.1
戰時文化態樣再展開　張申府　戰時文化　2：1　1939.1.10
中國民族新文化的三大特性　段麟郊　時代精神　1：3　1939.10.10
民族文化論　胡秋原　時代精神　1：3　1939.10.10
中華民族之特性　凌生　中國公論　1：4　1939.7.1
中國學術的傳統與現階段學術運動　侯外廬　理論與現實　1：1　1939.5.15
論學術中國化　黃特　新知　3：4　1939.12.25
學術中國化問題的發端　潘菽　1：3　1939.11.1
論中國化　張申府　戰時文化　2：2　1939.2.10
易理與東方文化　吳畏因　華知　1：3　1939.6.1

1940 年

中華民族發展的規律性　何軒舉　滿地紅　2：10　1940.5
「中華」民號起源考　王樹民　責善半月刊　1：1　1940.3
中華民族之起源及其發展　李旭　思潮月刊　1：2　1940.10
論中華民族與民族主義（讀顧頡剛「中華民族是一個」以後）　翦伯贊　中蘇文化
　　6：1　1940.4
中國民族的社會性　戴震東　社會研究　3　1940
中華民族的統一性　姚薇元　時代精神　2：5　1940.6
民族學與中華民國的認識　謝康　建設研究月刊　3：3　1940.5
歷代學術變遷的一瞥　礦夫　學生月刊　1：3　1940.3
論中國學術不發達之歷史原因　許廷星　國訊旬刊　228　1940.3
古代的傳統思想　胡理茲　說文月刊　2：4　1940.7
古代學術之司守　王淬伯　政治季刊　3：4　1940.5

親故主義——一個中西制度的比較　韓亦琦　斯文　1：4,5　1940.11.12

外國漢學研究之檢討　梁盛志　再建旬刊　1：8,9　1940.4

中國研究在歐美　石田幹之助（日）著、汪馥泉譯　學術　1　1940.2

歐人中國溯源　盛志　新東方（上海）　1：2,3　1940.3.4

遺留在奄美羣島的中國文化　殷塵　説文月刊　2：2　1940.5　2　1943.11

中日兩國文化史箭記　復旦　更生周刊　5：4,5　1940.3

中日文化之交流　違善之助（日）著、紀生譯　中和　1：8-10　1940.8-10

十三世紀前歐洲人關於東方的知識　岩村忍（日）著、沈浚譯　學術　4　1940.5

十七、八世紀西歐之華化與中國之歐化　李思純　史學季刊　1：1　1940.3

中日文化與唐代僧侶　木宮泰彦（日）著、陳一平譯　同願半月刊　1：4　1940.5

從伏羲等陵説到文化始於東南　孔令谷　説文月刊　2：1　1940.4

唐蕃文化關係考　譚英華　邊疆研究　1　1940.9

「山東文化研究史甲編」　張敬、立志　圖書季刊　新2：2　1940.6

廣東文化之研究　簡又文　大風半月刊　65,66　1940.4

古代四川之文化（附表）　徐中舒　史學季刊　1：1　1940.3

中國民族之文化（一個歷史學者對於中國民族文化問題的總解答）　繆鳳林　説文
　　月刊　2：4　1940.7

從人生哲學論述中國文化之形態（附表）　周景俞　民族學研究集刊　2　1940.3

論社會與歷史中之文化因素　王宜昌　力行　2：2　1940.8

殷商之社會及其文化　黃淬伯　政治季刊　4：1　1940.7

檢討五四運動的歷史評價　蔣仲牟　衡陽青年　2：4　1940.4

易理與文化　季和　新東方（上海）　1：9　1940.10

加强中蘇文化關係的兩個根本問題（社論）　羣衆周刊　4：14　1940.5

中國與法國十八世紀之文化關係　閣宗臨　建設研究月刊　5：2　1940.4

伊克昭盟之教育與文化　阿齊圖　蓋世報邊疆研究月刊　5,6　1940.12

建設中國回教文化　謝松濤　月華　12：22-27　1940.9

中國天主教五大文化事業概述　圖書季刊　新2：3　1940.9

爲抗日建國服務的新文化運動　潘梓年　羣衆　4：18　1940.7.7

戰爭與文化　胡繩　讀書月報　2：5　1940.7.1

新民主主義的政治與新民主主義的文化　毛澤東　羣衆　4：10　1940.4.10

中西文化論　胡秋原　時代精神　2：5　1940.6.20

十年來的文化戰　郭沫若　文集11卷　1940.8.7

抗戰以來中華民族的新文化運動與今後任務　洛甫　解放　103　1940.4.10

抗戰以來中華民族的新文化運動與今後的任務——1940年1月5日在陝甘寧邊區
　　文化界救亡協會第一次代表大會的報告提綱　荃麟　1940.1.5

不同的邏輯與文化並論中　國理　張東蓀　時代精神　3：1　1940.9.20

國家、文化與自由　胡繩　全民抗戰　112　1940.2.24

三民主義與世界文化　陳忠純　新認識　1：2　1940

從文化哲學的觀點論中國的民主政治　劉松桂　時代精神　2：6　1940.7

大學之道與民族復興　段麟郊　時代精神　2：5　1940.6.20

民族潛能的發皇　陳立夫　東方雜誌　37：13　1940.7.1

漫談學術中國化問題　嵇文甫　理論與現實　1：4　1940

創造民族的新文化與文化遺產的繼承問題　呂振羽　中國社會史諸問題　1940.11.5

魯迅對於民族的文化和藝術問題的意見　胡蠻　羣衆　4：16,17　1940

中國傳統文化的中和性　朱本源　讀書月刊　1：.11　1940.1.1

論「中國本位再版」　周策縱　新認識　1：6　1940.8.15

力行與文化　劉瑀　力行　1：1　1940.1.1

第三期的中國學術思潮　戰國策　14　1940.12.1

1941 年

中華民族是整個的　黃舉安　蒙藏月報　13：6　1941.6

中國民族之來源考　清君　中日文化　1：2　1941.3

中國人種的起源　化岡　學習生活　2：3,4　1941.3

中國民族來源詳考　張喆、傅白　國民雜誌　1：7　1941.7

中國民族性及其改造之研究　金天然　思潮月刊　1：9　1941.11-1942.2

中華民族之生存力　李毓田　東方雜誌　38：1　1941.1

中國學術思想之東漸及其影響　戴裔煊　青年中國季刊　2：2　1941.1

中國學術的進展　曾昭掄　東方雜誌　38：1　1941.1

談學術中國化　曹日昌　學習生活　2：3,4　1941.3

秦始皇焚書問題及其影響　陳靖梅　春秋　2：6　1941.11

中國哲學與政治思想之系統觀　汪奠基　讀書通訊　17,18　1941.1

論儒家的法律觀　沈玉清　東方雜誌　38：5　1941.3

先儒崇拜天鬼之倫理觀　王夢鷗　時代精神　5：2,4　1941.1-1942.1

中國民族與中國哲學　達人　中日文化　1：1　1941.1

東方哲學之體系　蔣維喬　學林　5　1941.3

外國漢學研究論　梁繩褘　國學叢刊　3　1941.7

外國漢學研究概觀　梁繩褘　國學叢刊　5-7　1941.12-1942.2

印度之漢學　譚雲山著、李鼎芳譯　圖書月刊　1：7,8　1941.12

德國學術來華述略　鄢雅南　中和　2：9　1941.9

「中蘇文化」雜誌編輯同人致蘇聯書刊藝文供應社書　中蘇文化　8：3,4　1941.4

中日文化交流史略　錢仲華　中日文化　1：3　1941.5

中國儒學與日本文化　錢仲華　中日文化　1：3　1941.7

古代中西文化之交流略述　閻宗臨　建設研究月刊　6：2　1941.10

關於馬可孛羅離華的一段漢文記載　楊志玖　文史雜誌　1：12　1941.12

明清間中西文化接觸中之醫學音學及對中國語文之貢獻　張維華　文史雜誌　1：
　　10　1941.8

評「德國詩中所表現的中國」（常安爾著）　霍福民（Alfred Hoffmann）（德）
　　著、胡雋吟譯　中德學誌　3：2　1941.6
唐代文化之東漸與日本文明之開發（附表）　賀昌羣　文史雜誌　1：12　1941.12
影響日本文化之唐元明清五代代表學者　今關天彭（日）講、張千里譯　中日文化
　　1：4　1941.7
中日文化與宋代僧侶　木宮泰彥（日）著、陳一平譯　同願月刊　2：6　1941.6
中日文化與元代僧侶　木宮泰彥（日）著、陳一平譯　同願月刊　2：8-10
　　1941.9.10
俞曲園與日本文獻　騰霄　政治月刊　2：1　1941.7
佛教禪宗對於日本儒教的影響　思尚　新東方（上海）　2：6　1941.10
日本古代文學與中國文學之關係　梁繩褘　國學叢刊　4　1941.10
提倡民族氣節的必要　范文瀾　解放　123　1941.1
中國史前文化　鄭師許　中山學報　1：1,8-2：1,2　1941.11-1944.2
漢末大亂中原人民之流徙與文化之傳播　賀昌羣　文史雜誌　1：5　1941.6
晉代之民族自卑心理　錢穆　責善半月刊　2：15　1941.10
辛亥革命前的中國文化運動　宋雲彬　文化雜誌　1：3　1941.10
從胡適、李守常諸人看「五四」時代的民主思想　張敏生　青年生活（桂林）
　　2：1,2　1941.7
從民族文化之觀點論老子思想之謬誤　梅修偉　現代史學　4：3　1941.8
西洋政治思想及於中國的影響　E.R.許士著、孫繼良譯　政治月刊　1：1-3
　　1941.1-3
吳回考（論荊楚文化所受印度之影響）　丁西　齊大國學季刊　新1：2　1941.6
中國文化西漸之一頁　閻宗臨　建設研究月刊　5：5　1941.7
伊盟的教育與文化　謝再善　西北論衡　9：10　1941.10
上海文化事業發軔年表　人白　政治月刊　2：3　1941.9
東方文教研究院與文教叢刊　王恩祥　文教叢刊　1　1941.4
中國音樂戲劇在文化上之價值　楊鴻烈　中日文化　1：3　1941.5
戰時我國文化之動向　王雲五　讀書通訊　27　1941
論現代精神　張其昀　思想與時代　23　1941
救青年救民族的文化運動　蔣介石　中央周刊　4：16　1941.11.27
陝甘寧邊區新文化運動的現狀　新華日報　1941.1.7-8
三民主義的文化運動　邱椿　讀書通訊　25　1941
發揮中華民族之特性　陳立夫　讀書通訊　32　1941
由東方文化談到明民雜誌　王揖唐　國民雜誌　1：1　1941.1
中國民族文化的唯生哲學上的命題　高慶豐　新認識　3：2　1941.4
中國社會之剖視及其展望　錢穆　思想與時代　4　1941.11
中國傳統政治與儒家思想　錢穆　思想與時代　3　1941.10.1
儒教與中國文化之本位　思齋　新東方雜誌　2：7　1941

1942 年

中國民族與中國文化　陳安仁　建設研究月刊　8：3,4　1942.11,12

中華民族解　芮逸夫　人文科學學報　1：2　1942.12

中華民族起源問題質疑　席世鍠　讀書通訊　49　1942.9

答席世鍠「中國民族起源問題」　徐炳昶、蘇炳琦　讀書通訊　49　1942.9

古代中國思想　服部務（日）著、叔敏譯　中日文化　2：1　1942.1

論國學的正統　陸懋德　責善半月刊　2：22　1942.2

儒家的國家論　吳錫澤　新湖北季刊　2：3,4　1942.12

中國儒家的倫理思想　劉真　學海（湖北）　25,26　1942.7

樂的精神與禮的精神（儒家思想系統的基礎）　朱光潛　思想與時代　7　1942.3

中國思想科學化　陳覺玄　大學　1：7,8　1942.7.8

六十年來日本人之中國學術研究　唐敬杲　東方文化　1：1　1942.7

近世紀來西洋人之中國學術研究　唐敬杲　東方文化　1：2　1942.7

中蘇文化之交流（1942 年 5 月 30 日在中蘇文化協會講）　郭沫若講、羅穎之記
　　中蘇文化　11：3,4　1942

中日文化地位的逆轉　汪向榮　中日文化　2：8　1942.10

理學東渡與李用　梁盛志　華北編譯館館刊　1：1　1942.10

清儒翁海村之日本文化研究（清代學者所著日本文化史「吾妻鏡補」之介紹）　藤
　　塚鄰（日）著、林春暉譯　政治月刊　5：3　1942.3

八十年來的中日文化關係　實籐惠秀（日）著、張耀仁譯　教育建設　4：1,2
　　1942.5

中日文化交流的橋樑——浙江　王守素　中日文化　2：10　1942.12

日本五山文學與中國江南文化　今關天彭（日）著、張千里譯　中日文化　2：2
　　1942.3

日本古時代的漢文學　朱明　中日文化　2：2　1942.3

中西文化的相遇及其分期　徐旭生　中國青年　7：1　1942.7

「明清間基督教及西洋學術東漸史」自序　張維華　責善半月刊　2：12　1942.2

明清兩代來華人考略　張恩龍　東方文化　1：4　1942.9

德國詩中所表現的中國　常安爾（Ed. Horst Von Tscharner）（德）著、崔亮節
　　譯　中德學誌　4：2,3　1942.6.9

明末以來天主教對中國文化的貢獻　張維華　學思　1：1　1942.1

新報業與新文化　馬星野　文化先鋒　1：3　1942.9

中印文化及其哲學思想　太古　時代中國　5：4,5　1942.5

中國近代學術研究之回顧與展望　徐中玉　5：4,5　1942.5

五十年來中國思想界之主流與副流　張其昀　時代精神　6：5　1942.8

中國學術史上廣東的地位　羅香林　文史雜誌　2：7,8　1942.8　廣東建設研究
　　2：1　1947.2

魯迅與中國啓蒙運動　洪堅　時代中國　6：4　1942.10

論五四運動與學術研究　華崗　羣衆周刊　7：8　1942.5

五四時代之反儒家運動　雲彬　文化雜誌　2：2　1942.4

「五四」文化運動中的一個重要爭論　艾思奇　解放日報　1942.5.4

「中國文化與中國的兵」（雷海宗著）　李鼎芳　讀書通訊　28　1942.1

世界文化之三型（東西文化之探討）　錢穆　華文月刊　1：1　1942.3

東西文化之再探討　錢穆　華文月刊　1：2　1942.4

論中西文化的差異　張蔭麟　思想與時代　11　1942.6

大後方的文化逆流（社論）　解放日報　1942.5.17

抗戰五年來之教育與文化　林礪儒等　建設研究月刊　7：5,6　1942.8

文化與目前中國文化運動的任務　葉無法　文化先鋒　1：5　1942.9

中國邊疆文化　凌純聲　邊政公論　1：9-12　1942.5-7

對於當前文化界的若干感想　荃麟　文化雜誌　2：5　1942.7.25

談談現代中國所需要的文化運動　大學編輯部　大學　1：8　1942

戰後世界和平與文化問題　陳覺玄　大學　1：11　1942

新文化運動與蔡孑民先生　蕭一山　時代精神　6：4　1942.6

四川史前文化　鄭德坤　學思　2：9　1942.11

新疆之史前考古　裴文中　中央亞細亞　1：1　1942.7

中國文化之前途　馬濬　大學　1：5　1942

戰爭與文化動態　李長之　時與潮副刊　1：1　1942.8

中華民族起源問題（討論）　陸懋德、蘇秉琦等四人　讀書通訊　49　1942

「科學中國化」與「中國科學化」——我們文化界的任務　馬濬　大學　1：4
　　1942

關於「中國學術科學化」的問題　暢文　大學　1：7　1942

論科學中國化　暢文　大學　1：7,8　1942

孝與中國文化　謝幼偉　思想與時代　14　1942.9.1

中國傳統教育精神與教育制度　錢穆　思想與時代　7　1942

中國民族之文字與文學　錢穆　思想與時代　11,12　1942

中國人之法律觀念　錢穆　思想與時代　8　1942.3.1

中華民族之宗教信仰　錢穆　思想與時代　6　1942.1

1943 年

諸夏的分布與鼎鬲文化　翦伯贊　中山文化季刊　1：2　1943.7

先秦民族文化史論叢　葉夢雨　東方文化　2：3　1943.3

西夏文化輪廓　盧前　新中華（復刊）　1：10　1943.10

論西北文化之發展與歸趨　張聯元　力行　7：1　1943.1

安徽過去文化與中國歷史之發展　方勇　安徽政治　6：10　1943.10

四川舊有文化　陳覺玄　大學　2：5　1943.5

古代巴蜀文化　繆鳳林　文史哲季刊　1：2　1943.6

中國民族文化的新發揚　嵇文甫　力行　7：1　1943.1

民族文化論究　朱辛流　民族學研究集刊　3　1943.9

中國文化之特徵　胡筠　新中華（復刊）　1：3　1943.3

中國文化的本質問題　王民　中國青年　9：5　1943.11

中華民族已有五十萬年之歷史　陳正謨　新中華（復刊）　1：10　1943.10

中國民族特性論　申悅廬　東方雜誌　39：19　1943.12

中華民族之特性及其發展　林希謙　時代精神　8：2　1943.5

中華民族之特性及其發展　劉雲山　新中華（復刊）　1：9　1943.9

中華民族之年齡　范任　東方雜誌　39：1　1943.3

中華民族同源考　馬鶴天　中國邊疆　2：10　1943.12

中華民族發祥於重慶　衛聚賢　新中華（復刊）　1：5　1943.5

中國民族的來源及其發展　何子恆　東方文化　2：4,5　1943.4-5

中華民族人種的由來　呂振羽　解放日報　1943.4.17

中國古代「賢者」之史的研究　侯外廬　中山文化季刊　1：2　1943.7

略論中國哲學與中國文學之關係　唐君毅　思想與時代　22　1943.4

先秦儒家的農業理想世界　程兆熊　建國學術　4　1943.7

儒家民族思想及其影響　戴錫樟　東方雜誌　39：17　1943.11

儒家思想與民主主義　林穆光　大學　2：10　1943.10

我國的人本主義——儒學　謝扶雅　時代精神　7：4　1943.1

儒家的根本精神　羅庸　國文月刊　21　1943.4

古代學術和古代文字　錢穆　思想與時代　26　1943.9

中國哲學思想之文化學的研究　達人　東方文化　2：2　1943.2

日本最近研究中國學的動向　再廬　學思　3：10　1943.5

歐美關於中國學的諸雜誌　石田幹之助（日）著、唐敬杲譯　學術界　1：5,6
　　　1943.12-1944.1

歐美人研究中國學術的概要　楊慕馮　大學　2：10　1943.10

二十世紀之法國漢學及其對於中國學術之影響　王靜如講、瞿恩寶記　華北編譯館
　　　館刊　2：8　1943.8

東西文化之對比與交流　鄭學稼　文化先鋒　1：18　1943.1

中國文化傳入西伯利亞考　傅振倫　說文月刊　3：10　1943.5

漢代文物的西漸　姚鑑　中央亞細亞　2：1　1943.1

十七、八世紀來華西人對我國經籍之研究　方豪　思想與時代　19　1943.2

隋唐時代中日文化關係之檢討　錢宜叔　學術界　1：4-6　1943.11-1944.1

唐代的中日通聘與中國文化之輸日　張旭庭　東方文化　1：4　1943.9

清代文化及於日本之影響　中山久四郎（日）著　中日文化　3：2,3,4　1943.4

清儒翁海村之研究日本文化　藤塚鄰（日）著、蔡惕若譯　華北編譯館館刊　2：3
　　　1943.3

近代中國與日本文化　佐藤三郎（日）著　中華月報　6：5　1943.11
日本教羽與中日文化交流　汪向榮　日本研究　1：4　1943.12
記中日文化交流之文物　劉禱孫　中華月報　6：2　1943.8
從中國紙的發明說到日本造紙事業　重綠　中日文化　3：8-10　1943.11
中國古代之教化　陳東原　文化先鋒　2：1　1943.3
中國古代之學科　陳東原　文化先鋒　2：22　1943.10
滿洲的文化十年　少虬　華北作家月報　8　1943.8
中國文化史　馬蔭良　大衆　10　1943.10
中國文化之起源　橋本增吉（日）著、鍾英譯　真知學報　3：1　1943.3
中國文化發展的南向與北向說的新論　馮漢驥　學思　3：6　1943.3
文化思想之衝突與調和　湯用彤　學術季刊　1：2　1943.1
中國文化與農業社會　鄒雲亭　文化先鋒　1：18　1943.1
讀錢著「文化與教育」　燕義權　文化先鋒　3：2　1943.12
希臘文化盛時與中國同期文化之比較　陳安仁　文科研究所集刊　1　1943.10
關於中西文化對比敬答梁實秋先生　錢穆　文化先鋒　1：19,20　1943.1
山西在世界文化史上的位置　朱君哲　山西大學校刊　1：2-5　1943.1-3
新疆之文化　梁寒操　文化先鋒　2：8,9　1943.6
上海文化界近況　杭德聰　精忠導報　7：4　1943.1
歷史與文化演進（歷史教育論之五）　徐文珊　文化先鋒　2：20　1943.10
河套之史前文化　裴文中　中央亞細亞　2：2　1943.4
漢中區的史前文化　陸懋德　說文月刊　3：1　1943.11
中國史前文化　馬蔭良　大衆　8　1943.8
東西哲人對於人生道德價值的批判　陳安仁　現哲史學　5：2　1943.6
儒道法三家之歷史觀　朱建生　東方文化　2：6　1943.6
儒道兩家之政教思想　汪奠基　讀書通訊　59,60　1943.2
近代中國文化運動的總檢討　王俊杰　河南政治　1,2　1943.2
論總理之革命學與中西文化　梁寒操　文化先鋒　2：4,5　1943.4,5
蔡子民先生對於民族之貢獻　何聯奎　民族學研究集刊　3,5　1943.9-1946.4
印度文化東傳對於中國社會經濟形態之影響　陳安仁　東方雜誌　39：6　1943.5
中國農村文化事業發展的途徑　陳濤　文化先鋒　1：18　1943.1
晉西北的文化教育建設　解放日報　1943.1.24
公教在中國五大文化事業概況　公教學生　3：2,3　1943.6
從民間文化論接受文化遺產　盧驌　羣衆周刊　8：13,14　1943.7
中國科學落後溯源　胡爲柏　文化先鋒　2：10　1943.6
斥所謂「中國文化的統一性」　范文瀾　解放日報　1943.7.10
文化階段與文化地域　張資平　中華周報　6：4　1943.10.1
三民主義文化論　徐照　三民主義半月刊　2：4　1943
儒家民族思想及其影響　士錫樟　東方雜誌　39：17　1943
民族化問題討論特輯　勁秋等　羣衆　8：11　1943

從民間文化論接受文化遺產　盧蕻　羣衆　8：13,14　1943
論中國民族新文化的建立　沈友谷　羣衆　8：12　1943
文化本體之反省　陳天鷗　時代精神　8：5　1943.8.31
孔子與文教　錢穆　思想與時代　21　1943.4.1

1944 年

中國民族發展略論　于務泰　東方雜誌　40：14　1944.7
中華民族的支派及其分布　芮逸夫　中國民族學會十周年紀念論文集　1944.12
近三百年來中華民族融合之趨向　鄭鶴聲　邊政公論　3：2　1944.2
中國民族意識之發生與發展　陳志讓　中國青年　11：3　1944.9
論民族與宗族　岑家梧　邊政公論　3：4　1944.4
東亞的過去與將來　杜呈祥　中國青年　11：3　1944.9
中華民族體格盛衰之檢討　蕭國忠　中國青年　11：3　1944.9
論學術界的復古傾向　聖湖　新華日報　1944.10.25
儒家思想對於中國的影響與中國應趨的途徑　郭毓麟　福建文化　2：1,2
　　1944.1.6
論北人南人學術之異　金毓黻　志林　6　1944.5
西藏學者之中華學術史觀　黃明信　邊疆通訊　2：9　1944.9
中國四十五種雜誌所載漢學研究資料類編　何達　亞洲文化論叢　4　1944.7
近年日本研究中國學動術之一斑　資料室編　東方學報　1：2　1944.11
春秋戰國時代的學術自由　陳礬玄　大學　3；56　1944
春秋戰國時代的學術思想　雲彬　青年生活（桂林）　4：6-5：1　1944.4.6
中國稱號通考　葉夢雨　中華月報　8：3　1944.12
關於中國文化西漸的一個考察　華星　東方學報　1：1　1944.10
明季西書七千部流入中國考　方豪　文史雜誌　3：1,2　1944.1
近代中國與西洋文化　後藤末雄（日）著、之良譯　中華月報　7：4　1944.4
東西接觸與中國文化之新趨勢　錢穆　思想與時代　32　1944.3
中外文化交通史論叢第一輯（方豪著）　圖書季刊　新5：4　1944.12
漢學東漸叢考敍　梁盛志　中和　5：4　1944.4
老莊典籍東渡考　張達愚　中華月報　7：4　1944.4
宋子學在日本　程中道　東方學報　1：2　1944.11
中國思想與日本　武內義雄　東方學報　1：2　1944.11
六朝時代中日關係的關係　姚鑑　日本研究　2：2　1944.2
隋時日本遣華使僧及文化之東傳　何達　亞洲文化論叢　3　1944.4
朱舜水與日本文化　佳禾　東方學報　1：2　1944.11
關於中日同種之考察　方紀生　日本研究　2：1　1944.1
伊盟需要文化拓荒　顏客　邊疆通訊　2：1　1944.1

夏殷周文化之交流　黃灼耀　時代中國　9：4,5　1944.4,5

唐代文化的新認識　羅漢　文史雜誌　3：9,10　1944.5

中華民族之融和與唐代文化　文史雜誌　1　1940.9

「唐代文化史研究」　羅香林　圖書季刊　新5：4　1944.12

從中國文化史上來論西北的地位　王綏之　西北論衡　12：2　1944.4

論中國文化　徐之良　文友　2：5　1944.1

中國文化傳統之演進　錢穆　中國青年　11：2　1944.8

吾國文化與經濟思想之淵源　楊蔭溥　中國青年　10：5　1944.5

如何接受文化遺產（時論）　新華社　羣眾周刊　9：1　1944.1

評錢穆著「文化與教育」　沈友谷　羣眾周刊　9：3,4　1944.2

評中西文化傳統　方豪　真理雜誌　1：3　1944.6

東西文化與宗教的檢討　彭炎西　中國學報　2：2　1944.12

論中國文化及其宗教道德　張爾田　漢學　1　1944.9

近代中國文化運動的功罪　徐之良　中華月報　7：5　1944.5

中國文化新時代　朱謙之　現代史學　5：3　1944.6

淪陷七年來的北方文化　王藍　文化先鋒　3：25　1944.8

開展邊區文化建設　解放日報　1944.4.23

建設邊疆文化的我見　司以忠　邊疆通訊　2：10　1944.10

原始基督教教義所受中國古代之影響　張道升　說文月刊　5：1,2　1944.11

新文化運動與新文學　朱肇洛　風雨談　8　1944.1

中國古代神話傳說的發展　鄭師許　風物志　1　1944.1

新疆文化教育十年來發展概說比較表　本刊資料室輯　中國邊疆　3：3,4　1944.4

中越文化關係　黎正甫　東方雜誌　40：6　1944.3

南海航運在中印經濟文化史上的考察　陳竺同　南洋研究　11：3　1944.9

中國近代民族復興與歷史意識與本質　陳安仁　現代史學　5：3　1944.6

歷史與文化　胡一貫　文化先鋒　3：4　1944.1

共產主義者怎樣看民族歷史與傳統文化　沈友谷　新華日報　1944.6.10

什麼是世界文化的危機　沈友谷　羣眾　9：8,9　1944.5.5

再論戰爭與文化動態　李長之　時與潮副刊　3：6　1944.1

中國思潮往何處去？　孫次舟　大學周刊　3：1　1944.1

民族思想的消沈與民族地位的恢復　崔玉琴　東方雜誌　40：1　1944.1

宋以下中國文化之趨勢　錢穆　思想與時代　31　1944.2

國際的孔子與孔子的國際　江亢席　申報月刊（復刊）　2：10　1944.10.16

1945 年

中華民族之分與合　闍童　西北論衡　12：3　1945.3

中國民族史概說　王桐齡　中大學報　3：1,2　1945.5

中國民族之整體性　姚薇元　邊疆通訊　3：1　1945.1
中國原始民族哲學心靈狀態之形成　唐君毅　中國文化　1　1945.6
中國學術史上的四大爭端　王治心　大眾　5　1945.5
學術與暴力　翦伯贊　中華論壇　1：2　1945.2
儒學在人類文化之地位及其意義與源流　王思洋　文教叢刊　1　1945.2
略論清代的學風與士氣及其文化政策　鄧初民　中華論壇　1：3　1945.3
近年來國學研究在北京　傅芸子　文化年刊　2　1945.1
中國哲學三型　張嘉謀　文化先鋒　5：7-9　1945
西洋中國印度哲學的概觀　太虛　文化先鋒　5：5　1945
談「學」與「人之自覺」　呂澂講、王冠勳記　文教叢刊　1　1945.2
外語稱中國的兩個名稱（附格兒德齊由哈密至西安紀程）　岑仲勉　新中華（復
　　刊）3：4　1945.4
中國青銅文化的傳播　姚鑑　中國學報　3：1　1945.1
中西文化接觸之回顧與前瞻　錢穆　中國文化　1　1945.9
十七、八世紀中國學術西被之第二時期　方豪　東方雜誌　41：1　1945.1
浙江省人文對於日本之影響　張其昀　浙江省通志館館刊　1：3　1945.8
中國古籍中的日本語　夏丏尊　新語　4　1945.11
談漢語借詞與漢文化的傳播（一個猓族實地調查的統計和研究）　高華年　邊疆通
　　訊　3：9　1945.9
古文獻最初發現的中國古代文明考　侯外廬　中山文化季刊　2：1　1945.6
「唐代文化史研究」　維　史學雜誌　1　1945.12
西藏文化之演進　朱允明　現代西北　8：1　1945.1
中國文化的形成　鄭德坤　文史雜誌　5：3,4　1945.10
民族文化的大危機（如何擊退頹風開展文化的新運）　茅盾　文萃　2　1945.10
現階段文化運動的特質　許傑　新文化　1：1　1945.10
中國文化復興的路線　草枚　青年文化半月刊　1：3　1945.11
八年來文化運動的檢討　田漢、李公樸等　文萃　1　1945.10
人民文化的時代（陝甘寧邊區文教運動的結果）　周而復　羣眾周刊　10：3,4
　　1945.3
閒談邊疆文化　胡耐安　邊疆通訊　3：2　1945.2
南明歷史與福建文化　葉國慶　教育與文化　1：1　1945.12
五四文化運動與孫文學說的關係　外廬　中華論壇　1：5,6　1945.4
子學略談　欒銘　國學月刊　1：5,6　1945.5-8
新疆之宗教與文化　戈定邦　邊政公論　4：1　1945.1
東方文教研究院緣起　文教叢刊　1：2　1945.5
中國傳統政制與王權憲法　錢穆　東方雜誌　41：6　1945.3
人治與法制　錢穆　東方雜誌　41：17　1945.9.15
學統與治統　錢穆　東方雜誌　41：15　1945.8.15

1946 年

中國民族與中國民族學　岑家梧　南方雜誌　1：3,4　1946.11

學術思想與政風　呂甲初　勝流　4：3　1946.8

論中國思想　胡秋原　新中國月報　1：2　1946 10

中國哲學中三民主思想　馮友蘭　文華　2　1946.11

中國哲學與民主政治　馮友蘭　新思潮　1：3　1946.10

禪學與儒學　任繼愈　中國文化　2　1946.6

中國傳統政治與儒家思想　錢穆　文華　3　1946.11

儒家對中國學術政治社會之影響　李源澄　東方雜誌　42：7　1946.4

東方文化對西方文化的影響　陳銓　文化先鋒　6：9,10　1946.12

民主東北的文化建設　解放日報　1946.5,4

瀋陽城文化界的動靜　東方離　聲華半月刊　1：1　1946.11

長春文化的面面觀　東方離　華聲半月刊　1：2　1946.11

「中國近世文化史」（陳安仁）　聶崇岐　燕京學報　80　1946：6

廣東在中國文化史上的地位　黎淦林　粵秀文彙　1：7　1946

廣東文化的特徵　沈廷溥　社會學報　1：1　1946.7

中國文化之演進　羅香林　廣東建設研究　1：2　1946.11

中原文化之回顧與前瞻　楊一峯　儒效月刊　2：2,3　1946.6

中國現代化與歷史壓力的關係　戴裔煊　法商學術會刊　1　1946.7

中西文化的差異論　張道藩　文化先鋒　6：9,10　1946.12

再論中西文化　郭銀田　文化先鋒　5：25　1946.8

新文化運動的根、樹葉和所需要的陽光　蒲韌　中國建設　2：5　1946.11

新文化的方向和途徑（抗戰時期的文化運動回顧）　胡繩　中國建設　2：4
　　1946.11

胡適的獨立與自由　蒲韌　新文化　2：10　1946.12

北方文化拉雜談　勞勞　民主　1：18　1946.2

張家口的文化　侯唯動　知識　1：3　1946.9

張家口的文化活動　侯歠　集納　2　1946.3

瓦礫中的武漢文化（通訊）　呂岑　文萃　26　1946.4

武漢──文化的荒城（漢口通訊）　憶南　文聯　1：5　1946.3

南方「文化城」的文化氣息（廣州通訊）　茨岡　文聯　1：4　1946.2

寂寞「文化城」（記今日桂林的文化教育）　劉士偉　文萃　23　1946.3

中國史前文化之傳播及混合　裴文中　大公報文史周刊　11　1946.12.25

漢代對西域交通與中西文化之影響　陳安仁　東方雜誌　42：2　1946.1

中國史前之社會形態與文化形態　陳安仁　東方雜誌　42：5　1946.3

康熙帝與西洋文化　楊衞玉、潘公昭　讀書通訊　121　1946.11

文化建設與新訓詁學　王力講、謝以榮、周斯記　廣東建設研究　1：2　1946.11

中國古代的神話與傳說　蔣祖怡　新學生　1：6　1946.10
蘇皖邊區的文化教育工作　劉季平　文萃　23　1946.3
論廣東的文化及教育文化　毛禮銳　廣東建設研究　1：1　1946.8
渝文化界對政治協商會議的陳辭　圖訊旬刊　406　1946.1
魯省在中國經濟文化上之地位　高仲騫　魯青月刊　1：1　1946.12
論我國法家的法治主義　陳行健　中華法學雜誌　5：6　1946.11
中國政治與中國文化　錢穆　新中國月報　新1：1,2　1946
略談中蘇兩國文化交流　中文　新文化　2：8　1946.11
秦漢大一統與先秦諸子的結局　嵇文甫　求真雜誌　1：6　1946.10
周末社會大轉變與諸子學說的勃興　嵇文甫　求真雜誌　1：8　1946.12
新文化的方向和途徑　胡繩　中國建設　2：4　1946.8
學術工作的方向　胡繩　讀書與生活　5　1946.8.15
當前文化工作者的任務　陳立夫　文化先鋒　6：9,10　1946.12
八年抗戰在思想上的成功　夏康農　文萃　16　1946.3.24
大夫士與士大夫：國史上的兩種人格型　林同濟　見「文化形態史觀」　大東書局
　　1946
官僚傳統：皇權之花　林同濟　見「文化形態史觀」　大東書局　1946
文化的盡頭與出路　林同濟　見「文化形態史觀」　大東書局　1946
民主文化運動　陳銓　見「時代之波」　大東書局　1946
王倫新解　賀麟　見「時代之波」　大東書局　1946
中西人風格一較　何永結　見「時代之波」　大東書局　1946
世界文化之明日與新中國　錢穆　三民主義半月刊　9：4　1946.6.15
錢穆的復古論　艾尚志　見「中國傳統思想總批判」補編　1946
聖教與異端──從政治思想論孔子在中國文化史中的地位　尚公權　觀察　1：
　　10,11,12　1946
建設民族文化　張道藩　文化先鋒　6：12-13　1946.12.15
中國哲學與民主政治　馮友蘭　新思潮　1：3　1946.9
提供中國及世界新文化建設的意見　福喜　黨羣周刊　16,17 合刊　1946
中國文藝的建設　以羣　中國建設　2：5　1946.8

1947 年

中國古代民族之凝合意識　唐君毅　歷史與文化　3　1947.8
中國民族性之研究　喻智微　大公報現代思潮　27-30　1947.4.25；5.9.16
華族西來說得到第一步考實　岑仲勉　新疆論叢　1　1947.12
中華民族是一個　顧頡剛　西北通訊　1　1947.3
中國學術的檢討　黃若高　凱旋　20,21　1947.5.6
中國哲學之特點　林志鈞　哲學評論　10：3　1947.4

中國的儒釋道三教　陳立森　建國月刊　1：3　1947.12

略論宗教與科學思想在中國不發達之原因　許思園　東方與西方　1：1　1947.4

近十年來德國學者研究漢學的成績　季羨林　大公報圖書周刊　19　1947.5.28

新發現十二世紀初亞拉伯人關於中國之記載　周一良　思想與時代　41　1947.1

西南古典文化與周公旦　關履權　文化先鋒　6：17　1947.2

秦漢時代文化的概述　勞貞一　文訊　7：4　1947.10

「唐代文化史研究」　中　國立中央圖書館館刊（復刊）　1　1947.3

宋代遼金文化之南漸　劉銘恕　中國文化研究會刊　6　1947

西北地區與中西文化之交流　鄧尉梅　西北論壇　1：1　1947.7

蘇州的文化　顧頡剛　教育與社會　5：3,4　1947.3

中國文化之前瞻　于乃仁　五華　3　1947.3

東西文化雙系發展說發凡（農業文化系統與商業文化系統）　余精一　學原　1：
　　5,6　1947.9.10

中西文化精神之不同論略　唐君毅　東方與西方　1：1　1947.4

略說中西文化　熊十力　學原　1：4　1947.8

中國文化與現代化問題　吳世昌　學識　1：1　1947.5

論中國的文化建設　艾寒松　中國建設　3：1　1947.5

爭取學術獨立的十年計劃　胡適　教育通訊（復刊）　4：6　1947.11　教育短波
　　（復刊）　1：21　1947.10　智慧　35　1947.11

「爭立學術獨立十年計劃」的論戰（特約北平特訊）　趙鎮乾　時與文　2：3
　　1947.9

甘肅文化事業之概述　朱允明　西北通訊　8　1947.10

從草臺戲看台灣文化（台灣風采錄2）　朱荷生　中央周刊　9：4　1947.1

中國文化新生與雲南　錢穆　王華　4　1947.4

東北自然環境與史前文化區（附表圖）　佟柱臣　遼海引年集　1947

晉室南渡與中國文化　桑原隲藏（日）著、方今茲譯　中國青年（南京復刊）
　　1：4　1947.6

遼初內侵徙民置州縣及其文化之關係　朱子方　遼海引年集　1947

新文化運動的再估價（爲「五四」二十三年周年紀念）　劉亦宇　民主與統一　33
　　1947.4

老子盧騷與孔子　敬軒　學術叢刊　1：1　1947.6

唐代新文化運動　譚丕謨　讀書與出版　2：2　1947.2

四川文教之進展　蔣益明　民友　1：6　1947.8

回教與伊斯蘭文化　哈德成　文化先鋒　6：25　1947.6

文化論戰的總清算　胡一貫　三民主義半月刊　10：1　1947.3.15

十年來的教育文化統制　蔡尚思　時與文　1：17　1947

論三民主義的新文化建設　殷海光　三民主義半月刊　10：11　1947.8.15

文化本質的探討　張道藩　文化先鋒　6：17　1947.2.5

文化與物化　胡一貫　文化先鋒　7：2-3　1947.8.5

從中國抗戰以來之學術思想看新革命運動　楊震羽　主流　2　1947.2.5
中國文化與現代化問題　吳世昌　觀察　2：18　1947
中國文化特徵之研究　梁漱溟　觀察　2：5,6　1947.4
從中國人的家說起　梁漱溟　觀察　2：11,12　1947
東西文化之綜合　謝幼偉　思想與時代　48　1947.4
人類與文化　謝幼偉　思想與時代　42　1947.1
文化的特色——評馮友蘭《新事論》之一　黃紹衡　新中華（復刊）　5：17
　　　1947.9
倫理建設與社會建設　潘公展　中建　15　1947.1.1
西洋近代人生哲學之趨勢　賀麟　讀書通訊　126　1947

1948 年

廣西兩大系派民族的由來及其文化的演進　劉介　廣西省通誌館館刊　1　1948.1
中國哲學的精神　馮友蘭　改造評論　2：1　1948.4
先王崇拜與道統觀念的內部聯繫（其方法論，其歷史觀的剔抉和檢討）　紀玄冰
　　　新中華（復刊）　6：10　1948.5
論儒家思想　喻淦郁　再生　223,226－228,230　1948.7－9
儒家民本主義與近代民主思想　王輝明　社會科學論叢季刊　新1　1948.2
儒家思想與中國社會　魯山　文訊　8：1　1948.1
青銅文化來源考疑　趙宗溥　鑛測近訊　89　1948.7
中國民族文化由來的理論與實際　戴裔煊　珠海學報　1　1948.5
中國文明之地理轉移　陳登原　國立中山大學文史集刊　1　1948.1
理想的氣候與原始文化　朱炳海　學識　2：9,10　1948.4
中國文化的再生　陳定閎　新人　1：1　1948.7
胡適的胡說　懷湘　羣衆周刊　2：6　1948.2
台灣光復後的文化運動　林紫貴　文化先鋒　8：8　1948.5
我國史前文化研究之現階段　鄭師許　大學　2　1948.5
從近百年的研究說到中國民族文化的未來　林一新　新人　1：1　1948.7
金上京城及其文化　鳥居龍藏（日）　燕京學報　35　1948.12
新文化運動的意義　樊弘　中建　1：8　1948.11
儒道兩家對民衆之體認為治術　哲學敷　學識　2：9,10　1948.4
西藏環境與藏人文化　張印堂　邊政公論　7：1　1948.3
中國之經濟政治與文化　樊弘　清華旬刊　2　1948.2
從中印文化關係談到中國梵文的研究　季羨林　經世日報讀書周刊　81　1948.3.10
論管子在中國學術思想史上之地位　陳千鈞　文理學院院刊　18　1948.4
戰後兩年來的中外文化交流　汪通祺　中華教育界（復刊）　2：5　1948.5
新文化的方向和途徑　胡繩　中國建設　8：4　1948.8

新形勢下的知識份子問題　荃麟　羣衆周刊　2：50　1948.12.23

「五四」的歷史意義　荃麟　羣衆周刊　2：17　1948.5,6

論中國傳統思想之取得存在與喪失存在的問題　王亞南　新中華（復刊）　6：11
　　　1948.6.1

當前中國文化問題　胡適　自由與進步　1：10　1948.11.16

由憲政問題起從比較文化論中國前途　張東蓀　中國建設　5：6　1948.2

我國思想界的寂寞　張君勱　再生周刊　236　1948.11

從文化論統一　胡洪文　文化先鋒　8：1-2　1948.1.31

傳統思想與中國教育　黃渭川　新中華（復刊）　6：9　1948.5.1

中國傳統思想與現代文化　周憲文　新中華（復刊）　1948

論傳統思想　周憲文　新中華（復刊）　6：4　1948

全體主義與個體主義——中古哲學與今日意識中的一個根本問題　雷海宗　周論
　　　1：15　1948

道德與宗教　謝幼偉　學原　2：3　1948.7

論中國文化的病癥　吳恩裕　現代知識　2：7　1948.2.1

民族性與文化　劉傳貽　世紀評論　3：3　1948

社會化與心理建設　李石曾　世界　2：9　1948.3.1

論新民族文化　陸印泉　中國輿論　1：2　1948.1

太戈爾與世界文化　周子亞　讀書通訊　149　1948

中國傳統思想與現代化　周憲文　新中華（復刊）　6：9　1948.5

我們為什麼要做這檢討傳統思想的工作　兆梓　新中華（復刊）　6：9　1948.5

1949 年

太平天國與資本主義外國的關係——洪秀全怎樣向西方國家尋求真理　胡繩　學習
　　　1949.1

文化學方法論　黃文山　廣大學報（復刊）　1：1　1949.3

迎接文化建設的高潮（讀共同綱領文化教育政策章）　求思　世界知識　20：19
　　　1949.10

文化的一致性——論馮友蘭《新事論》之三　黃紹麟　新中華（復刊）　12：4
　　　1949.2

邏輯思想從孔門到墨子的發展　紀玄冰　新中華（復刊）　12：15,16　1949

大同主義與墨家　蔡尚志　文匯報　1949.11.15

清算文化劊子手胡適　孟氣　光明日報　1949.10.25,26

中國歷史教程緒論　吳玉章　人民日報　1949.5.25

舊文物的新生命　黃苗子　文匯報　1949.11.1-3

對「羣」的一點說明　王坪　人民日報　1949.9.14

人古猿到現代人　裴文中　學習　1949.1.4

談從「猿到人」　郭大力　學習　1949.1.1
科學與民主　周建人　人民日報　1949.5.4
五四與新文學　楊振聲　人民日報　1949.5.4
五四運動與知識分子的道路　陳伯達　人民日報　1949.5.4
人民革命的信號──「五四」運動　黃炎培　人民日報　1949.5.4
五四與今天　田家英　中國青年　1949.5.4

1950 年

《紅樓夢》思想批判　慕宇等　文匯報　1950.8.16,25
從階級性看《紅樓夢》　吳羽白　文匯報　1950.2.12
關於《紅樓夢》　文藝報編輯部　文藝報　1950.4
從文化教育的角度來看美帝對我的侵略　姚紹華　文匯報　1950.12.13
「五四」文學革命運動試論　丁易　新建設　1950.1.10
談《水滸》的人物和結構　茅盾　文藝報　1950.2
蜥蜴的殘夢──《十批判書》改版書後　郭沫若　光明日報　1950.4.26
從《唯物史觀中國史》說起　沈樹榮　大公報（論）　1950.5.25
給「古董」以新生命　鄭振鐸　文匯報　1950.10.1
表現被壓迫階級意識的民間故事　鍾敬文　光明日報　1950.3.29
當今年畫與我國古畫人物之比較　徐悲鴻　新建設　1950.5
關於改編歷史劇的一點意見　魏垂枝　大公報　1950.11.4
文字佛法──佛教典籍略述　石雲　覺有情　1950
關於中國藝術的發展　常任俠　新建設　1950.3.2
論「五四」以來中國的新文化運動　許杰　新中華　1950.5.1

1951 年

鴉片戰後山窮水盡的經學　范文瀾　歷史教學　1951.1
武訓性格與阿 Q 精神有本質上的不同　蔡儀　文藝報　1951.4.6
照妖鏡下看美國對華的文化「援助」　劉不同　光明日報　1951.1.10
美帝文化侵略的罪行　丘林　光明日報　1951.1.26,27
文化侵略的動機及其影響──百年來英美侵華史料之七　水金　新中華　1951.14.8
從歷史上看日本帝國主義對中朝兩國的文化侵略　洪靜淵　大公報　1951.6.26
從敦煌藝術談帝國主義對我國文化的搶掠　呂遵諤、朱克朗　大公報　1951.5.18
美日帝國主義怎樣劫掠我們的甲骨文　胡厚宣　進步日報　1951.4.27
斯坦因第三次中亞考古盜去我國文物簡述　傅樂煥譯　文物參考資料　1951.2.5
五四前期的科學與民主　陰法魯　大公報　1951.5.4

文學革命的前夜　姚雪垠　新中華　1951.14.2
從我自己爲胡適　顧頡剛　大公報　1951.12.16
中國文化之生成及其發展　裴文中　新建設　1951.3.1.

1952 年

《紅樓夢》抉誤　何心　大公報　1952.1.8－2.15
反對替資產階級罪行作辯護的美術作品　人民日報　1952.3.3
施耐庵與《水滸傳》　劉冬等　文藝報　1952.21
施耐庵生平調查報告　丁正華等　文藝報　1952.21
關於中國古代社會性質的問題　童丕繩　文史哲　1952.5
與童書業論亞細亞生產方法問題　日知　文史哲　1952.3
答日知先生論亞細亞生產方法問題　童書業　文史哲　1952.3
發掘古物，研究歷史　胡康　大公報　1952.3.30
田野考古序論　夏鼐　文物參考資料　1952.4
關於神話劇　李綸　東北日報　1952.8.22
宗教是怎樣發生的？　修睦　新聞日報　1952.6.5
關於神話題材的處理　嚴敦易　人民文學　1952.12
原始公社制借史的分期問題　日知　大公報　1952.11.20
五四運動中的資產階級知識分子　宋雲彬　新建設　1952.5

1953 年

《紅樓夢研究》　靜之　文藝報　1953.2
《紅樓夢》簡説　俞平伯、王佩璋　大公報　1953.12.19
宋江考　張政烺　歷史教學　1953.1
《水滸》是怎樣寫成的　聶紺弩　人民文學　1953.6
《水滸》——英雄的史詩　路工　光明日報　1953.2.1
關於《水滸》的思想和藝術　何劍熏　西南文藝　1953.3
讀《馬克思、恩格斯論中國》兼論中國封建社會的歷史分期問題　楊向奎　文史哲
　　1953.2
由封建的領主經濟與地主經濟引論到中國社會發展史上的諸問題　王亞南　文史哲
　　1953.3－1954.2.7
關於新社會制度發生於舊社會制度中的問題　漆俠　《新建設》　1953.9
中國考古學的現狀　夏鼐　文物參考資料　1953.12
應珍視祖國古代藝術的光榮傳統　張望　東北時報　1953.1.14
中國古代繪畫概述　鄭振鐸　光明日報　1953.11.1－2

伊斯蘭教是怎樣產生的？　林幹　歷史教學　1953.12

1954 年

論《紅樓夢》悲劇性衝突的時代意義　李希凡等　文藝學習　1954.12
論《紅樓夢》的人民性　李希凡等　新建設　1954.11
論《紅樓夢》的主題思想　何劍熏　西南文藝　1954.12
關於賈家的典型性及其他　佘樹聲　人民日報　1954.11.29
試談《紅樓夢》的傾向性　慎之　光明日報　1954.12.26
關於曹雪芹的世界觀和創作方法的一些理解　楊蔭安　四川日報　1954.12.18
發揚「五四」文學革命的戰鬥傳統　周揚　人民日報　1954.5.4
孔子的教育思想　許夢瀛　光明日報　1954.6.14
讀《孔子的教育思想》以後　沈沂　光明日報　1954.6.28

1955 年

論《紅樓夢》的社會背景和歷史意義　鄧楊　人民日報　1955.1.9
論十八世紀上半期中國社會經濟的性質——兼論《紅樓夢》中所反映的社會經濟狀況
　　翦伯贊　北京大學學報　1955.2
關於《紅樓夢》的思想傾向問題　李希凡、藍翎　新建設　1955.4
《紅樓夢》中所反映的新的意識形態的萌芽　林庚　光明日報　1955.10.23
關於《紅樓夢》評價的幾個問題　陳煒謨　四川大學學報　1955.2
論《紅樓夢》現實主義傾向的實質　郭功照　光明日報　1955.5.8
《紅樓夢》的社會意義　李希凡等　讀書月報　1955.11
略論《紅樓夢》的人民性　潘穎舒　文史哲　1955.1
論西漢新儒家的產生　楊向奎　文史哲　1955.9
魯迅的教育思想　沈灌羣　華東師大學報　1955.11
批判社會科學領域中的胡適唯心觀點　王贛愚　南開大學學報　1955.10
揭穿梁漱溟的反動本質　何思源　新華日報　1955.11
蔡元培的教育思想　潘懋元　廈門大學學報　1955.10.

1956 年

《紅樓夢》作者曹雪芹的世界觀和創作方法　陳中凡　南京大學學報　1956.3
《紅樓夢》的現實主義悲劇結構　李希凡等　新港　1956.7創刊號
略論《紅樓夢》社會背景——評吳大琨先生的幾點論點　陳湛若　文史哲　1956.4

關於《略論〈紅樓夢〉的社會背景》及其他（答陳湛若先生）　吳大琨　文史哲
　　　1956.4
論《紅樓夢》的人民性和它是否是「市民文學」問題　彭慧　人民文學　1956.9
《關於〈略論紅樓夢的社會背景〉及其他》一文的補充　吳大琨　文史哲　1956.11
中國科學院文學研究所討論關於魯迅研究和《紅樓夢》研究的論文　人民日報
　　　1956.12.26
孔子的教育思想究竟是爲哪一個階級服務的　李松筠　天津日報　1956.12.22
試論太平天國革命的性質　祁龍成　光明日報　1956.5.24
朱光潛文藝思想的哲學根源　賀麟　人民日報　1956.7.9
關於評價農民戰爭的幾個問題　王彝　光明日報　1956.7.19

1957 年

五四時期的新文化運動　趙春谷　雲南文學學報（人）　1957.3
論「五四」前夕文學運動的性質　王金泉　南開大學學報（人）　1957.4
略論北京同文館的設置　郭吾真　山西師院學報　1957.2
石印輸入中國年代考　張靜廬　文匯報　1957.1.3
評王國維的《紅樓夢評論》　李希凡等　紅樓夢評論集　1957.1
我對《紅樓夢》二三問題的看法　村松（日）著、留仲平譯　人民文學　1957.1
斥彭慧在《紅樓夢》研究中的非馬克思主義觀點　聶石樵　光明日報　1957.11.3
談談孔子的思想　王澤浦　天津日報　1957.2.8
孔子的思想及其學派　楊向奎　文史哲　1957.5
孔子的思想應該怎樣評價　王達津　天津日報　1957.1.5
我對評價孔子的一些意見　黃立強　1957.7.7
關於孔子的評價問題　陳振維　光明日報　1957.5.1
從儒家的倫理學說中爲道德的繼承問題　竇重光　光明日報　1957.4.10
魏源——十九世紀中期的中國先進思想家　馮友蘭　人民日報　1957.3.26
日本民族文化的現狀　德永直　人民日報　1957.4.3
論先秦私人講學之風，不始自孔子　王越　中山大學學報　1957.4
美國有沒有創造出眞正的民族文化？——愛倫保和尤齊姆——貝克有爭論　人民日
　　　報　1957.3.28
關於美國民族文化的論爭　珍　光明日報　1957.4.13
孔子的思想及其學派　楊向奎　文史哲　1957.5
批判胡適的實用主義歷史觀　羅孟章　華南師範學院學報　1957.4
馬寅初談人口問題　楊重野　文匯報　1957.4.27
我國人口問題與發展生產力的關係　馬寅初　大公報　1957.5.9
對馬爾薩斯「人口原理」的批判　楊學章　教學簡報　1957.5
「意境」雜談　李澤厚　光明日報　1957.6.9

莊子思想　楊向奎　文史哲　1957.8
老子及其思想　劉堯民　人文科學雜誌　1957.8
信陽發現楚國大型木槨墓　呂忠爽　人民日報　1957.8.19
論人道主義　馬俊之　解放日報　1957.9.4
略論人性和階級性　關鋒　學開　1957.9
批判杜威的道德論　滕大春　哲學研究　1957.8
論宗法制與封建制的關係　童書業　歷史研究　1957.8
再論中國哲學遺產底繼承問題　馮友蘭　哲學研究　1957.10
十月革命對中國政治思潮的影響　丁守和等　新建設　1957.7.11
魯迅的哲學觀點　郟義　哲學研究　1957.10

1958 年

西方資産階級社會學輸入中國的意義　胡繩　哲學研究　1958.6
歐美人在中國的文化事業──中國近代史資料簡介　舒新城　學術月刊　1958.1
孔子的音樂觀　夏宗禹　新建設　1958.6
孔子的音樂思想　李純一　音樂研究　1958.5
孔子的教育思想　楊春榮　華南師院學報　1958.4
孔子教育思想的研究　楊銘　天津師院學報　1958.3
墨家論「辟、侔、援、推」　李匡武　理論與實踐　1958.7
事物、認識與表達──墨家認識的片斷　杜守素　理解與實踐　1958.1
批判馬寅初學術思想綜述　章時鳴　學術月刊　1958.9
批判我的「抽象繼承法」　馮友蘭　哲學研究　1958.5
對湯因比「歷史研究」批判之一　曹末風　學術月刊　1958.9
從考古發現上爲阿剌伯國家與中國的友好關係　閻文儒　文物參考資料　1958.9
論清代漢學家學術思想　吳則虞　安徽歷史學報　1958.2
中國近代民主主義啓蒙思想先驅者──譚嗣同、徐光仁　中學歷史教學　1958.9
批判馮友蘭先生的抽象繼承法　張文儒、方肇詳　北京大學學報　1958.3
批判朱謙之「十八世紀中國哲學對歐洲哲學的影響」　任吉悌　哲學研究　1958.7

1959 年

五四新文化運動　丁守和、殷敍彝　歷史研究　1959.4
五四新文化運動　陳望道　文藝月報　1959.4
論「五四」初期的新文化運動　陳旭麓　歷史教育問題　1959.5
論「五四」前的民主思潮　平心　新建設　1959.5
「五四」前後「疑古」思想的分析和批判　吳澤　歷史教學問題　1959.4

「五四」時期的文化革命與文學改革　王慶生等　理論戰線　1959.5
「五四」新文學與晚清文學　溫蛟　語言教學　1959.2
李大釗與新文化運動　米俊彥　歷史研究　1959.8
魯迅與「五四」新文學運動　劉國梁、吳現章　復旦月刊　1959.5
孔子思想體系初探——孔子的仁學是奴隸解放的理論　劉介人　光明日報
　　　1959.11.1
對《孔子思想體系初探》一文的意見　孫九　光明日報　1959.12.20
對於《孔子的教育思想》一文的自我批判　楊春榮　華南師院學報（社）　1959.2
批判胡適的中國哲學史研究　哲學系中國哲學史教研室胡適批判小組　北京大學學
　　　報　1959.2
「五四」時期馬克思主義對社會改良主義的論戰　羅耀九　廈門大學學報　1959.1
五四時期的資產階級民主派　胡慶鈞　光明日報　1959.8
中國近代史研究中的幾個問題　劉大年　歷史研究　1959.10

1960 年

關於中國資產階級哲學的問題——答關鋒同志　馮友蘭　新建設　1960.3
帝國主義的「慈善措施」（讀書札記）　阿英　人民日報　1960.11.20
論孔子（上續）　馮友蘭　光明日報　1960.7.22-29
對馮友蘭先生《論孔子》的幾點意見　李啓謙　光明日報　1960.8.5
評馮友蘭先生的《論孔子》　北大哲學系「哲四」小組　光明日報　1960.8.26
後期墨家的「時」觀念　高文策　光明日報　1960.9.2
略論名墨邏輯的思想特點　江奠基　教學與研究　1960.1
評黨暗梵先生《先秦思想史論略》一書　殷民等　人文雜誌　1960.2
馬寅初哲學的破產　韓佳辰　新建設　1960.1
重申我的請求　馬寅初　新建設　1960.1
關於梁啓超的評價問題　胡繩武、金沖及　學術月刊　1960.2
關於「老子」若干問題的研究　鍾大史　理論與實踐　1960.1
孔子的仁學不是奴隸解放的理論　章士風　光明日報　1960.3.27

1961 年

「五四」前後東西文化問題的大爭論　蔡尚思　學術月刊　1961.5
西方資產階級文明在中國的破產　金沖及、胡繩武　學術月刊　1961.4
讀「西方資產階級文明在中國的破產」　李星、趙親　學術月刊　1961.6
當代學者對孔子的一些看法　范文瀾　北京日報　1961.8.10
我國學者對孔子的看法　朱活　光明日報　1961.10.30

我對孔子的看法　嵇文甫　大衆日報　1961.12.9
論孔子的「克己」「復禮」「愛人」　車載　學術月刊　1961.12
略論孔子思想的階級性　鍾肇鵬　文史哲　1962.3
孔子政治上的保守立場和哲學上的唯心主義　任繼愈　北京日報　1961.7.27
論孔子關於「仁」的思想　馮友蘭　哲學研究　1961.5
論孔子的「仁」和「禮」　關鋒等　人民日報　1961.7.23
「易經」「易傳」的思想體系問題　王明　光明日報　1961.6.23
康復札記　湯用彤　新建設　1961.6

1962 年

論「五四」新文化運動及其統一戰線　李龍牧　歷史研究　1962.2
論十九世紀六十至九十年代的「西學」　楊超、張光之　新建設　1962.9
「儒」的起源及歷史發展　蘇鏡人　安徽日報　1962.4.7
瑣談「三字經」　趙希鼎　光明日報　1962.3.1
三論孔子　關鋒、林聿時　光明日報　1962.1.22
再論孔子　馮友蘭　北京大學學報（人）　1962.4
紀念孔子，討論學術　周谷城　學術月刊　1962.7
談談過去、現在和今後對於孔學問題的爭論　蔡尚思　學術月刊　1962.7
我對孔子的基本看法　馮友蘭　學術月刊　1962.7
孔子學說的中心思想　晁松亭　河北大學學報（社）　1962.3
孔子　湯一介　教學與研究　1962.2
孔子──奴隸社會的保守派，封建社會的「聖人」　任繼愈　北大學報（人）
　　1962.4
十七、八世紀西方哲學家的孔子觀　朱謙之　人民日報　1962.3.9
楊向奎談儒家、哲學、理學　光明日報　1962.6.7

1963 年

近代進步思想與紅學　鍾敬文　北京師大學報　1963.3
美國公理會教士鼓吹加緊對華文化侵略　謝紀恩　近代史資料　1963.3
關於論孔子「仁」的思想的一些補充論證　馮友蘭　學術月刊　1963.8
孔子講的「仁」能不能是人類普遍的愛　任繼愈　學術月刊　1963.8
論孔子中庸及其變革思想的實質　蔡尚思　學術月刊　1963.11
「禮不下庶人，刑不上大夫」論　鍾肇鵬　學術月刊　1963.2
孔子「愛人」的思想實質　林傑　文匯報　1963.2.22
談談孔子的啓發教育思想　羅佐才　福建教育　1963.9

試論我國古代儒家的教學原則思想　章陸　浙江師院學報（人）　1963.1
孔子的藝術理論　董國光　黑龍江日報　1963.3.12
怎樣理解孔子的藝術理論——並與《孔子的藝術理論》作者商榷　張筆　黑龍江日報
　　　1963.5.7
中國佛教宗派問題補論　湯用彤　北京大學學報　1963.5

1964 年

反對封建復古主義和在思想上的「一次大解放」——關於近代復古論與反復古論的
　　　一段歷史考察　張豈之　光明日報　1964.2.28
試論五四新文學陣營的分裂　萬平近　廈門大學學報（社）　1964.2
周谷城歌頌帝國主義、封建主義的文化同盟　張豈之　新建設　1964.10,11
美化帝國主義文化侵略必須批判　俞沛銘　光明日報　1964.12.30
略論辛亥革命前後美帝國主義對華侵略——近代帝國主義對華侵略史的初步考察之
　　　一　侯外廬　新建設　1964.8,9
「中庸之道」是反對社會革命的思想武器　何順祥　川師學報　1964.1
剝削階級和被剝削階級能夠共同「平均財富分配」嗎？——評嚴北溟先生對孔子經
　　　濟思想的研究　胡嘯　江海學刊　1964.8
論「治統」與「道統」　湯一介等　北京大學學報（人）　1964.2
論中國的封建主義文化革命　鞏詒英　南開大學學報　1964.5.3

1965 年

孔子「和而不同」的思想來源及其矛盾調和論的邏輯歸宿　趙紀彬　哲學研究
　　　1965.4
范文瀾論述唐朝佛教的禍害　張智彥　人民日報　1965.12.7
《唐朝佛教》引言　范文瀾　新建設　1965.10
後期墨者關於價值與貨幣的思想——與胡寄窗、陳正炎兩先生商榷　明日　經濟研
　　　究　1965.9
駁周谷城維護封建統治秩序的謬論　唐專孺　江漢學報　1965.4
從「理學」的實質爲周谷城的階級調和論　牛致功　史學月刊　1965.5
評新編歷史劇《海瑞罷官》　姚文元　人民日報　1965.11.30
海瑞得到人民羣衆擁護的主要原因　蔣星煜　文匯報　1965.12.13
一概否定的態度是不對的——從姚文元同志批評吳晗同志的《海瑞罷官》說起　張汝
　　　范　北京日報　1965.12.12
關於《海瑞罷官》的自我批評　吳晗　北京日報　1965.12.27

1966 年

必須把史學革命進行到底　尹達　紅旗　1966.3

評吳晗同志的資產階級歷史觀　馬嚴　紅旗　1966.2

三支射向社會主義的毒箭──爲什麼要批判《海瑞罷官》《謝瑤環》《李慧娘》　薄習
　　南方日報　1966.2.9

田漢的《謝瑤環》是一棵大毒草　雲松　人民日報　1966.2.1

宣傳革命，還是散播幻想？──《海瑞罷官》的藝術形象説明什麼　李夏陽　新華日
　　報　1966.2.1

評吳晗同志的歷史觀　李東石　北京日報　1966.1.8

美化封建王法，就是宣揚階級調和──就《海瑞罷官》與吳晗同志商榷　魯史文　大
　　衆日報　1966.1.8

由假海瑞談到真海瑞　商鴻逵　文匯報　1966.1.11

《燕山夜話》究竟宣揚了什麼？（《燕山夜話》的摘錄）　北京日報　1966.4.16

有鬼無害論（原載《前線》1961 年 22 期）　廖沫沙　北京日報　1966.4.16

翦伯贊同志反馬克思主義史觀學綱領批判　蘇文　光明日報　1966.4.3

1967 年

法國《新人道報》發表「老三篇」：毛主席三篇光輝著作在印度譯成馬拉雅蘭文出版
　　人民日報　1967.3.4

國際共產主義運動史上的大事件，無產階級文化大革命的勝利！《毛主席語錄》在全
　　世界廣泛傳播　人民日報　1967.7.2

翦伯贊「讓步政策」的反動實質　洪堅斌　光明日報　1967.3.26

「孔子討論會」是牛鬼蛇神它黨的進攻黑會　北京師範大學毛澤東思想紅衛兵井崗
　　山戰鬥團　人民日報　1967.1.10

徹底清算周揚在史學界犯下的滔天罪行　史紅兵　光明日報　1967.2.18

撕下孫冶方三十年代「左派」經濟學家的畫皮　余章　光明日報　1967.2.27

周揚爲什麼召喚狄德羅和萊辛的亡靈　柳鳴九　光明日報　1967.8.10

應當重視電影《武訓傳》的討論　毛澤東　文匯報　1967.5.26

從對《武訓傳》的批判中引出教訓來　文匯報社論　1967.5.26

1968 年

孔子幽靈的破滅和劉少奇的可恥下場　駐上海社會科學院工人、解放軍毛澤東思想
　　宣傳隊史反修　文匯報　1967.12.18

不許《燎原》爲中國赫魯曉夫篡黨篡政製造輿論　　滕雲、申士昌　光明日報
　　1968.4.5
「黨性就是人性」是資產階級的反動謬論　薛忠東　光明日報　1968.7.21
徹底批臭反動的「教師主導作用論」　開新宇　光明日報　1968.7.7

1969 年

揭穿「禮尚往來」的反動實質　青浦縣　青紅哨　解放日報　1969.12.19
徹底埋葬「死生有命，富貴在天」的鬼話　上海縣　章農民　解放日報　1969.7.22
僞善者的哲學　上海市新聞出版系統五七幹校　文匯報　1969.11.1
「己所不欲，勿施於人」的反動實質　復旦大學紅衛兵　伍堅、蕭矢　文匯報
　　1969.11.1
駁「爲戰，大罪也」　上海警備區某部　張賢伯　解放日報　1969.12.7
駁「父母在，不遠遊」　華鋒漢　文匯報　1969.12.28
斥「不在其位，不謀其政」　人民電機廠工人寫作組　解放日報　1969.12.7
在「仁愛」背後的血淋淋殺機　上海外語學院　解放日報　1969.10.20
是「愛人」還是「吃人」──孔子的「仁」的虛僞性和反動性　紅戈　大衆日報
　　1969.8.14
拆穿「仁」的假面具　華炳新　葛文新　文匯報　1969.7.16
孔孟的「四書」和劉少奇的黑《修養》　史反修　解放日報　1969.1.18

1970 年

保衛革命樣板戲是一場嚴重的階級鬥爭　本報評論員　文匯報　1970.1.28
肅清「四條、漢子」流毒，講好革命故事　呂燕　文匯報　1970.1.31
農民戰爭是歷史發展的動力──批判翦伯贊的反動「讓步政策」論　孫達人等　文
　　匯報　1970.10.23
「輕緩薄賦」是十足的橫征暴斂　田哲兵　文匯報　1970.10.29
社會主義建設與經濟學領域中的階級鬥爭──批判孫冶方的修正主義經濟理論　吉
　　林省革命委員會寫作小組　光明日報　1970.2.5
劉少奇洋奴哲學的破產　北京重型電機廠工人大批判組　光明日報　1970.3.18

1971 年

看了彩色影片《紅燈記》《紅色娘子軍》受到一次深刻的思想和政治路線教育，本市廣
　　大工農兵羣衆歡呼兩部影片的上映是毛主席革命文藝路線的偉大勝利，是文化

　　大革命又一豐碩成果　文匯報　1971.1.29
學習洪常青，永遠向前進　沈玉英　文匯報　1971.1.30
無產階級先鋒戰士的光輝形象——贊彩色影片《紅燈記》中的李玉和　辛苗　文匯報
　　1971.2.8

1972 年

把《紅樓夢》作爲歷史書來讀　蘇浩青　圖書評論　1972.10.7
《紅樓夢》的愛情描寫及其他　吳雄偉　圖書評論　1972.12.8
《水滸》簡介　圖書評論　1972.7
關於閱讀我國古典文學作品的幾點意見　黑龍江省圖書館評論小組　圖書評論
　　1972.6
從甲骨文爲商代的農田墾殖　于省吾　考古　1972.4
讀《安陽新出土的牛胛骨及其刻辭》　裘錫在　考古　1972.5

1973 年

資產階級與儒法鬥爭　《中國近代史叢書》編寫組　學習與批判　1973.3
中國近代反孔與尊孔的鬥爭　孫克復　關捷　遼寧大學學報　1973.4
論辛亥革命後的復辟與尊孔　趙欣　文匯報　1973.12.6
近代中國反孔與尊孔的幾次鬥爭　北京師院　鍾普年　光明日報　1973.12.31
革命與反革命的大搏鬥——近百年來反孔與尊孔的鬥爭　杭大歷史系　浙江日報
　　1973.10.13
中國近代史上尊孔與反孔的鬥爭　楊定名　甘肅日報　1973.10.26
近百年來反孔與尊孔的鬥爭　黃天朋　重慶日報　1973.10.24
中國近代尊儒與反儒的鬥爭　張豈之　西安日報　1973.11.24
一百多年來反孔與尊孔的鬥爭　北大清華大批判組　人民日報　1973.12.7

1974 年

孔孟之道和基督教如何結成反動同盟　唐陶華　廣東師院學報　1974.1
揭露近代反動派「克己復禮」的實質　邱遠猷　北京師院學報　1974.2
近代中國婦女的反孔鬥爭　方如金　浙江日報　1974.3.6
歷史是現實的一面鏡子——剖析「尊孔賣國」與「尊孔侵華」的雙簧醜劇　劉達成
　　雲南大學學報　1974.3
近代資產階級民主革命時期的儒法鬥爭　北大儒法鬥爭史編寫組　北京大學學報

1974.6

尊孔崇洋必然滅亡——一條帶有中國歷史的特點的規律　劉達成　雲南日報
　　1974.11.14

近代的儒法鬥爭　劉培順等　黑龍江日報　1974.11.23

近代資產階級舊民主主義革命時期的儒法鬥爭　遼寧青年　1974.18.19

辛亥革命後復辟與反復辟的鬥爭　周振華　成都日報　1974.8.5

儒法鬥爭史概況　北京大學儒法鬥爭史編寫小組　北京日報　1974.12.2,9,18,23,31

文化上的復古是爲了復辟　孫甲　内蒙古日報　1974.5.30

「怒向刀叢覓小詩」——魯迅詩論的反儒精神　黃侯興　北京文藝　1974.5

1975 年

淺談我國近代科學技術領域儒法兩條路線的鬥爭　徐立亭等　吉林大學學報
　　1975：1-2

從尊孔走向賣國是一條歷史規律——斥「投降合算論」　隋喜文　光明日報
　　1975.1.4

近代中國的投降派與孔孟之道　施朔彬　河南歷史研究所集刊　1975.總 3

鴉片戰爭前後的儒法鬥爭　上海二十二棉紡廠工人理論組，上海師大中文系鍾彬
　　文匯報　1975.3.19

鴉片戰爭時期愛國主義與賣國主義的鬥爭　鄭恩世　北師大學報　1975.2

鴉片論戰是一場儒法鬥爭　楊國楨　廈門大學學報　1975.1

資產階級和孔孟之道　田力　歷史研究　1975.4

重視對《水滸》的評論　紅旗雜誌短評　紅旗　1975.9

開展對《水滸》的評論　人民日報社論　人民日報　1975.9.4

魯迅論《水滸》　紅旗雜誌　1975.9

1976 年

論儒家中庸之道的歷史演變——兼論中國近代資產階級民主派的世界觀　陳俊民
　　陝西師大學報　1976.2

辛亥革命後復辟與反復辟的鬥爭　江岸車輛廠　華中師院學報　1976.2

元明清雲南勞動人民的反孔鬥爭　耘文　立成　思想戰線　1976.4

尚賢堂與孔孟之道　李宗一等　歷史研究　1976.3

1977 年

批所謂中國近代「儒法鬥爭」　孫克復　遼寧大學學報　1977.6
中國近代「儒法」鬥爭駁議　李侃　歷史研究　1977.3
如何看待魯迅初期思想受尼采影響　李永壽　南開學報　1977.6

1978 年

民主與科學──紀念五四運動五十九周年　黎澍　光明日報　1978.5.4
「科學」與「迷信」、「民主」與「專制」的一場激烈鬥爭──回顧一九一五年至
　　一九一八年五四運動前夜徹底反封建的文化革動　汪士漢　社會科學戰線
　　1978.3
關於一九一七年文學運動性質問題的質疑　劉增杰　關封師院學報（社）　1978.6
近代開眼看世界的第一人──林則徐、陳金陵　光明日報　1978.7.5
「五四」文化新軍的最偉大和最英勇的旗手──兼論「五四」時期魯迅的思想　劉
　　國盈、張建業　南開學報　1978.1

1979 年

「五四」新文化運動的歷史意義　張豈之　西北大學學報（哲社）　1979.2
試論「五四」新文化運動的革命精神及其繼承問題　萬健　四平師院學報（哲社）
　　1979.6
陳獨秀、李大釗與新文化運動──紀念五四運動六十周年　陳志凌、賀揚　鄭州大
　　學學報（社）　1979.2
五四前期的科學與民主　蔣耀華、孫淑　南京大學學報（哲社）　1979.2
新文化運動的兩面旗幟──民主和科學　史逸竹　黑龍江日報　1979.3.14
五四運動前期反對封建文化專制的鬥爭　龔書鐸　北京師範大學學報（社）
　　1979.3
「五四時期新舊道德的鬥爭　吳澤　上海師範大學學報（哲社）　1979.2
「五四」文學革命運動試論　李昌陟　四川大學學報（哲學）　1979.2
十九世紀中葉向西方學習的思想　陳絳　學術月刊　1979.11
評京師同文館　鄭登雲　上海師範大學學報（哲社）　1979.2
林則徐對西方知識的探求　楊圖楨　廈門大學學報（哲社）　1979.2
太平天國反封建文化的鬥爭　杜經國、程杰　社會科學（甘肅）　1979.4
洪秀全向西方國家找來的是什麼　杜經國　學術月刊　1979.8
評陳獨秀在五四新文化運動中的作用　劉揚烈　廣西民族學院學報　1979.3

論陳獨秀在新文化運動中的歷史作用　求慎兆　北師大學報　1979.2

匈奴文化點滴　吉丘習等　實踐　1979.6

肅慎和西團山文化　薛虹　吉林師大學報　1979.1

滿族文化的來源及其對祖國的貢獻　金啓孮　學習與探索　1979.4

西藏原始文化與黃河流域的密切聯系　成昌文　歷史教學　1979.11

雪山下的文化寶庫——德格印經院　龔伯勳　民族團結　1979.3

文化古城揚州　王汝今　羣衆　1979.9

我國著名的文化古城——曲阜　駱承烈　光明日報　1979.6.13

《大理古代文化史》是有價值的地方史專著　黃有成　昆明師院學報　1979.4

雲南青銅文化概論　張增祺　思想戰線（雲南）　1979.4

介紹新發現的一種古代文化　支前　河南文博通訊　1979.2

發自地下的聲音：四千年的文化　杜文寧　考古學參考資料　1979.1

從日本古墳文物中看到的中國文化　綱干善教（日）　社會科學戰線　1979.4

關於中國文明起源的繼續探索　張光直　考古學參考資料　1979.1

試論中國北方和東北地區含有細石器的諸文化問題　佟柱臣　考古學報　1979.4

陽春縣發現古人類文化遺址　南方日報　1979.3.29

「以吏爲師」與文化專制主義　趙恆烈　光明日報　1979.10.2

中國封建文化專制主義批判　王曾瑜　史學史研究　1979.2

喇嘛教對藏族文化的影響　王光　青海民族學報　1979.3,4

試談夏文化及其與商文化的關係問題　孟凡人　鄭州大學學報　1979.1

早周文化的特點及其溯源的探索　徐錫台　文物　1979.10

悠久的歷史，燦爛的文化　陳高林　湖北日報　1979.6.6

盛唐時期的對外經濟文化交流　王威　解放日報　1979.3.6

唐代中國與亞洲各國的經濟文化交流　李剛　西南師院學報　1979.2

南宋時期杭州的經濟和文化　林正秋　歷史研究　1979.12

金代女真和漢族及其他民族的經濟文化聯繫　岑家梧　民族研究　1979.2

論僞滿的文化　呂元明　學習與探索　1979.5

略論「五四」新文化運動的分期問題　孔憲琛　安徽師大學報　1979.2

論「五四」新文化運動中的民主和科學　胡繩　哲學研究　1979.6

五四新文化運動與反封建思想　林鐵鈞　中國史研究　1979.2

李大釗同志與五四新文化運動　柳南彭　語文教育研究　1979.3

李大釗在新文化運動初期的「青春」人生觀　呂明灼　破與立　1979.1

試論胡適在五四新文化運動中的作用和地位　朱文華　復旦學報　1979.3

胡適與「五四」時期的新文化運動　耿雲志　歷史研究　1979.5

試論五四新文化運動中胡適的歷史作用　孫昌熙等　文史哲　1979.3

瞿秋白與新文化運動　王永生　復旦學報　1979.3

「大窰文化」的發現及其意義　汪宇平　內蒙古日報　1979.2.17

絢麗多姿的新石器時代文人　吉發習　實踐　1979.3

黃河流域新石器時代早期文化的新發現　嚴文明　考古　1979.1

試論裴李崗文化　李友謀等　考古　1979.4
關於磁縣下潘汪仰韶文化遺存的討論　高雲麟　考古　1979.1
關於仰韶文化的幾個問題　梁星彭　考古　1979.3
關於仰韶文化一問題的淺見　李友謀　鄭州大學學報　1979.4
甘肅出土的幾件仰韶文化人像陶塑　張明川　文物　1979.11
試論大溪文化與屈家嶺文化、仰韶文化的關系　李文杰　考古　1979.2
大汶口文化的社會性質及有關問題的討論綜述　考古　1979.1
大汶口文化討論簡介　蔡鳳書　中國史研究動態　1979.5
從大汶口文化看氏族制度的演變　羅琨　中國史研究　1979.2
論大汶口文化中的陶溫器　唐蘭　故宮博物院院刊　1979.2
大汶口文化劉林期遺存試析　張忠培　吉林大學學報　1979.1
典型龍山文化的來源、發展及社會性質初探　黎家芳等　文物　1979.11
河南龍山文化分析　鄭杰祥　開封師院學報　1979.4
襄汾縣發現「龍山文化」墓羣遺址　山西日報　1979.12.10
安陽八里莊龍山文化遺址發掘情況　安陽地區文管會　河南文博通訊　1979.3
河姆渡遺址出土骨耜的研究　宋兆磷　考古　1979.2
試論齊家文化與陝西龍山文化的關係　謝端琚　文物　1979.10
中華民族的又一個搖藍　江月啓　中國青年報　1979.2.8
關於印紋陶與「幾何形印紋陶文化的問題　杜耀西等　中國歷史博物館館刊
　　1979.1
夏文化初論　吳汝祚　中國史研究　1979.2
夏代與夏文化問題　佟柱臣　河南文博通訊　1979.2
關於探討夏文化的幾個問題　鄒衡　文物　1979.3
夏代文化的再探索　許順湛　河南文博通訊　1979.3
試論曇石山遺址的文化性質及其文化命名　吳綿吉　廈門大學學報　1979.2
早周文化的特點及其淵源　徐錫台　文物　1979.10
試談夏文化及其與商文化的關係問題　孟凡人　鄭州大學學報　1979.1
豫西夏代文化初探　安金槐　中國歷史博物館館刊　1979.1

1980 年

泉州與日本佛學界的友好往來和文化交流　沈玉水　海交史研究　1980.2
批判封建文化、清理儒家經學　湯志鈞　晉陽學刊　1980.3
兄弟民族對我國科學文化的貢獻　李迪　民族團結　1980.5
我國古代少數民族在科學技術和文化藝術上的貢獻　邱樹森　社會科學戰線
　　1980.3
遼寧新石器文化概述　李恭篤　遼寧師院學報　1980.5
揚州古代文化叢談　李廷先　揚州師院學報　1982.2.4

關於福建史前文化遺存的探討　曾凡　考古學報　1980.3

略談古代四川與國外的經濟文化交流　馮一下　四川師院學報　1980.3

甘肅的遠古文化　余光　甘肅師大學報　1980.4

示與「大石文化」　蕭兵　遼寧大學學報　1980.2

客省莊文化及其相關諸研究　張忠培　考古與文物　1980.4

密縣古文化遺址概述　魏殿臣等　河南文博通訊　1980.3

關於中國遠古文化的源遠問題　許順湛　鄭州大學學報　1980.2

大荔人及其文化　吳新智等　考古與文物　1980.1

新都戰國木椁墓的文化性質　梁文駿　考古　1980.6

全國考古學年會在漢討論古文化，俞偉超副教授就有關楚文化問題答本報記者問
　　　長江日報　1980.11.28

試談楚文化研究　王兵翔　鄭州大學學報　1980.4

從河南淅川春秋楚墓的發掘談對楚文化的識認　張劍　文物　1980.10

關於楚文化發展的新探索　俞偉超　江漢考古　1980.1

先楚與三苗文化的考古學推測　俞偉超　文物　1980.10

盛唐時期中日文化關係撮談　李乃賡　四平學院學報　1980.3

試論朱熹對封建文化教育的思想　方品藝等　福建師大學報　1980.3

人思巴與蒙藏文化交流　張興明等　內蒙古日報　1980.10.28

明王朝科舉制度中的文化專制主義初探　文元鈺　湖南師院學報　1980.4

龔自珍與中日文化交流　竺相松　中華文史論叢　1980.3

「五四」與二十年代台灣文化啓蒙運動　陳碧笙　歷史教學　1980.5

從桑乾河流域幾處遺址的發現看我國細石器文化的起源　李壯偉等　山西大學學報
　　　1980.3

江漢地區新石器時代文化綜述　王勁　江漢考古　1980.1

論裴李崗文化　許順湛　河南文博通訊　1980.1

關於「磁山」和「裴李崗」的幾個問題　李紹連　文物　1980.5

略論仰韶文化和後岡第二期文化的關係　吳汝祚　考古與文物　1980.1

關中地區仰韶文化刻劃符號綜述　王志俊　考古與文物　1980.3

略論大汶口文化　丁季華　上海師大學報　1980.1

大汶口文化居民的種屬問題　韓康信等　考古學報　1980.3

略論河南龍山文化的社會性質　方酉生　江漢考古　1980.2

試論齊家文化的不同類型及其源流　胡謙盈　考古與文物　1980.3

遼寧新石器時代文化概述　李恭篤　遼寧師院學報　1980.5

略論渭南史家遺存的文化性質年代　張瑞嶺　考古與文物　1980.2

廣東新石器文物淺述　饒啓光　中學歷史教學　1980.3

關於大禹的功績與夏代文學問題的我見　牛庸懋　河南師大學報　1980.1

關於二里頭文化　孫華　考古　1980.6

談夏文化探索中的幾個問題　方酉生　河南文博通訊　1980.1

關於探討夏文化的方法問題　李先登　中國歷史博物館館刊　1980.2

關於探討夏文化的方法問題　鄒衡　河南文博通訊　1980.2
關於夏文化問題的一點認識　陳旭　鄭州大學學報　1980.3
從龍山文化的建築技術探索夏文化　王克林　山西大學學報　1980.3
談談夏代文化的問題　楊育彬　河南文博通訊　1980.4
略談夏文化　周永珍　歷史教學　1980.9

1981 年

夏文化探索　田昌五　文物　1981.5
江西地區新石器時代文化概述　彭適凡　江西大學學報　1981.4
試談土地灣一期和其他類型文化的關係　張明川等　文物　1981.4
試論黑龍江省新石器時代文化的特點　郝思德　求是學刊　1981.2
鼎、鬲、豆——從吉林地區出土文物看西團山文化與中原文化的聯繫　陳家槐　學
　　會簡報　1981.1
龍山文化和龍山時代　嚴文明　文物　1981.6
論石嶺下類型的文化性質　謝端琚　文物　1981.4
試論齊家文化　謝端琚　考古與文物　1981.3
我省齊家文化的發掘及其研究　許興國等　青海社會科學　1981.3
試論磁山、裴李崗文化遺存的性質　張之恆　考古與文物　1981.1
關於「裴李崗文化」問題　荊三林　社會科學戰線　1981.2
仰韶文化後崗類型的來龍去脈　丁清賢　中原文物　1981.3
略論河南境內發現的大汶口文化　武津彥　考古　1981.3
大汶口文化中晚期的父系氏族社會　王真　史學月刊　1981.4
關於老官台文化的幾個問題　張忠培　社會科學戰線　1981.2
中原新石器早期文化問題探討　李友謀　鄭州大學學報　1981.1
大化革新與中國文化　孫義學　東北師大學報　1981.3
略談中國語言文字在越南文化史中的作用　郭振鋒　印度支那研究　1981.4
從沈括的《夢溪筆談》看中印古代文化交流　郁龍余　南亞研究　1981.1
略論中國封建割據時代的經濟與文化　旻金銘　湖南師院學報　1981.2
元明時期傣族的文化與生活　黃惠焜　研究集刊　1981.2
遼寧半島的巨石文化　陶炎　理論與實踐　1981.1
論蘇州地區的原始文化　吳奈夫　中國歷史　1981.4
敦煌經卷在中國文化學術上的價值　姜亮夫　思想戰線　1981.1
文化寶庫中的明珠——西安碑林　裴少軍等　北京晚報　1981.12.1
佛教與中國思想文化　任繼愈　世界宗教研究　1981.1
銅梁舊石器文化之研究　李宣民等　古脊椎動物與古人類　1981.19.4
上古時期中西經濟文化的交流　莫任南　湖南師院學報　1981.1
中日文化交流源遠流長　忻中　社會科學戰線叢刊‧世界史論文集　1981.1

試論先秦文化的淵源　李仲立　社會科學（甘肅）　1981.1
新都戰國木槨墓與楚文化　沈仲常　文物　1981.6
從楚都、楚墓出土文物看楚國文化　李玉龍　荊州師專學報　1981.1
從考古學上看唐代渤海文化　李殿福　學習與探索　1981.4
從唐代渤海國和日本詩人之間的往來談歷史上的中日文化交流　徐琳　北方論叢
　　　1981.3
遼代契丹和漢族及其他民族的經濟文化聯繫　岑家梧　歷史研究　1981.1
新文化運動與知識分子　陳金陵　東岳論叢　1981.2
內藤湖南與漢學　宮崎市定〔日〕　中國史研究動態　1981.2

1982 年

《西儒耳目資》與中法文化交流　劉埜　河北師院學報（哲社）　1982.1
關於新文化運動的幾個問題　魏宏遠　南開史學　1982.1
從考古學上看漢代東北地區的漢族文化　李殿福　博物研究　1982 創刊號
毛澤東與新文化運動　華濟時　湘潭大學社會科學學報　1982.2
金代文化概述　宋德全　歷史教學　1982.2
滿洲文化淵源初探　穆鴻利　滿族文學研究　1982.2
獨特的中國貨幣文化——訪《中國歷代貨幣畫冊》編輯組　李世義等　瞭望　1982.2
新文化運動的新方向　魏宏遠　南開史學　1982.2
試論五四時期新文化運動轉化基本條件　楊先文　中山大學學報（哲社）　1982.3
南宋臨安的文化　方如金　浙江師範學院學報（社科）　1982.3
中國文化起源「單一中心」說質疑　丁季華　華東師範大學學報（哲社）　1982.4
試論唐代文化高峯形成的原因　劉修明　學術月刊　1982.4
五卅運動中思想文化界的一場論戰　傅道慧　社會科學（上海）　1982.5
談文明發展的歷史進程　梅放　貴州社會科學　1982.5
文化藝術發展趨勢　李根寶　未來研究　1982.6
三談比較文化　金克木　讀書　1982.7
民族文化與文化特性——在「亞州作家討論會」上的發言　艾青　文藝報　1982.8
應該注意文化史的研究　龐樸　人民日報　1982.8.26
哪些書最能代表中國文化　蔡尚志　書林　1982.5

1983 年

商族鳥圖騰探源——物候學與中國古代文化　常正光　貴州民族研究　1983.1
從考古學文化探討我國私有制和國家的起源問題——紀念摩爾根逝世一百周年　石
　　　興邦　史前研究　1983 創刊號

文獻記錄與文化史　陳家聲　蘭州大學學報（社科）　中國古代史論文輯刊　1983

從語言學看佛教對中國文化的影響　李明權　法音　1983.1

文化‧文化史‧明清文化史　馮天瑜　武漢師範學院學報（哲社）　1983.1

西學輸入和中國傳統文化　葉曉青　歷史研究　1983.1

中國古代文化對法國啓蒙思想家的影響　許明龍　世界歷史　1983.1

美學與人類文明　陳望衡　湖南師院學報（哲社）　1983.1

略論兩晉南朝門閥士族在文化上的特點　張祥光　貴州師院學報（社科）　1983.1

歷史分期、文明和文明時代──對經典著作的引證和引伸小議　秋疏　學習與思考　1983.4

吳城遺址文化分析　李家和　中原文物　1983.4

關於西團山文化的新資料　董學增　黑龍江文物叢刊　1983.4

怎樣建造「思想世界」中的「科學文化大廈」？　嚴家其　瀋陽師範學院學報（哲社）　1983.4

從上古文化說到當今的中華民族　紀雲　自學　1983.4

中國文化在法國　王憲華　光明日報　1983.4.7

雲南原始文化族系試探　李昆存　雲南社會科學　1983.4

林紓與新文化運動　李景光　社會科學輯刊　1983.4

威寧白族人口減少，文化落後的原因　（白族）張德輝　大理文化　1983.5

宋代中日經濟文化交流　李培浩等　北京大學學報（哲社）　1983.5

列寧論社會主義文化建設　吳秉光　江淮論壇　1983.5

戊戌維新與中國近代思想文化史　李侃　歷史研究　1983.5

繼承和借鑑在無產階級文化建設中的作用──馬克思主義的批判和借鑑學說初探之一　李淮等　學習與探索　1983.5

中西學術差異：一個比較文化史研究嘗試　自然辯證法通訊　1983.5.2

中國中亞文化研究協會首屆學術報告會紀略　閔丁　民族研究　1983.6

批判地繼承文化遺產和吸收外國文化──重新學習毛澤東的批判繼承的思想　方治　晉陽學刊　1983.6

試論批判繼承和借鑑的範圍──馬克思主義的批判繼承和借鑑學說初探之二　李淮等　齊魯學刊　1983.6

一部文化巨著的誕生──訪《甲骨文全集》總編輯胡厚宣　程亦軍　光明日報　1983.7.24

戊戌新文化運動述略　龔書鐸　光明日報　1983.8.24

關於文化史研究的初步設想　劉志琴　光明日報　1983.9.28

比較文化我見　何道寬　讀書　1983.8

關於開展民族文化工作的問題──在全國民族文化工作會議上的講話　朱穆之　民族團結　1983.10

我們奴隸社會的科學文化　尚政　政治教育　1983.10

正確對待文化遺產　馬國征　羣衆　1983.23-24

從近代思想文化史的角度看戊戌維新運動　李侃　百科知識　1983.12

推進文化史研究的正確指針——學習毛澤東同志建設中華民族新文化的理論　姜義
　　　華等　學術月刊　1983.12
百越文化在雲南的考古發現　李昆存　民族學報　1983.3
哪些書最能代表中國文化？　聞宥、施蟄存、楊廷福、胡道靜　書林　1983.2
觀音洞文化在中國舊石器時代文化中的地位　李炎賢　史前研究　1983.2
試論齊家文化與晉南龍山文化的關係——兼論先周文化的起源　王克林　史前研究
　　　1983.2
近代技術引進及其與中國封建文化傳統的衝突　刁培德　科學學研究　1983.2
清朝的西方傳教士與中國文化　何哲　故宮博物院院刊　1983.2
從民俗學的角度談楚文化寶庫的開採　巫端書　楚風　1983.3

1984 年

兩點意見　于光遠　中國文化研究集刊　1984.1
中國文化史研究的意見和希望　周谷城　中國文化研究集刊　1984.1
中國文化史研究學者座談會紀要　中國文化研究集刊　1984.1
保存文化，發展文化　姜椿芳　中國文化研究集刊　1984.1
把中國近代文化史的研究提到研究日程上來　陳元暉　中國文化研究集刊　1984.1
道教與中國文化：相互關係問題　Ｅ·Ａ·托爾切諾夫（蘇）著、董進泉摘譯　中
　　　國文化研究集刊　1984.1
開展對中國文化總體上的綜合研究　樓宇烈　中國文化研究集刊　1984.1
論中國文化的基本精神　張岱年　中國文化研究集刊　1984.1
如何加強中國文化史的研究　楊寬　中國文化研究集刊　1984.1
論中國文化的幾個重大問題　蔡尚思　中國文化研究集刊　1984.1
對於中國文化前途的展望　馮友蘭　中國文化研究集刊　1984.1
從中國文化的書目談到中國文化史的研究對象　李祖德　中國文化研究集刊
　　　1984.1
試論文化史研究的對象和途徑　丁守和、蔣大椿　中國文化研究集刊　1984.1
論中國文化二題　許恩園　中國文化研究集刊　1984.1
建築文化叢談　楊鴻勳　中國文化研究集刊　1984.1
方言和文化史研究　周振鶴、游汝杰　中國文化研究集刊　1984.1
什麼是文化和文化史　黃沫輯錄　中國文化研究集刊　1984.1
馬克思主義文明觀的新發展　王晶森　社會科學輯刊　1984.1
美學與人類文明　楊治經　克山師專學報（哲社）　1984.1
列寧的兩種文化學說——紀念列寧逝世六十周年　吳元邁　外國文學報導　1984.1
轉形期的圖騰文化　岑家梧　中南民族學院學報（哲社）　1984.1
關於中國近代文化史的幾個問題　李侃　近代史研究　1984.1
正確對待中外文化遺產——學習毛澤東同志「古爲今用」，「洋爲中用」的方針

華世欣　固原師專學報（社科）　1984.1

康熙的文化政策　劉潞　故宮博物院院刊　1984.1

文化史研究筆談　龐樸等　文史哲　1984.1

《明清文化史散論》序　邱漢生　武漢師範學院學報（哲社）　1984.1

文明概念的歷史演化　沈大德等　雲南社會科學　1984.1

唐代的書儀與中日文化關係　周一良　歷史研究　1984.1

列寧關於兩種文化的思想　陳遼　安徽大學學報（哲社）　1984.1增刊

中國古代文化在德國的傳播　馬節　翻譯通訊　1984.1

中國傳統哲學中的真、善、美問題　湯一介　求索　1984.2

試論中國和歐洲早期啓蒙文化的異同　馮天瑜　中國史研究　1984.2

巫術文化的遺跡——廣西左江岩畫剖析　王克榮等　學術論壇　1984.3

中國古代文明起源新探　姚政　南充師院學報（哲社）　1984.3

西周法制與中國古代文明　佘樹聲　理論研究　1984.3

淺論文明的起源及其含義　李芳凡　江西大學學報（哲社）　1984.3

在「社會遺產」面前——談談文化　龐樹奇　社會　1984.3

列寧的「兩種文化」理論再探討　錢念孫　文藝理論研究　1984.3

元代中日文化交流及宋學在日本的傳播和研究　孫國珍　內蒙古師範大學學報（哲
社）　1984.4

中國古代文化史芻議　向仍旦　文史哲　1984.4

兩種歷史文明和文明遺產的兩種繼承方式　張弓　學術月刊　1984.4

如何理解「文明」這個概念　林劍鳴　人文雜誌　1984.4

論走上文明的歷史過渡時期　陳炯光　暨南學報（哲社）　1984.4

簡論伊斯蘭教對撒拉族政治經濟和文化教育的影響　馬明良　青海民族學院學報
（社科）　1984.4

高昌回鶻五國政治經濟文化史略　程溯洛　西北史地　1984.4

試論文明的起源　楊一民　晉陽學刊　1984.4

中國文化史研究散論　朱維錚　復旦學報（社科）　1984.4

八卦卦象與中國遠古萬物本原說　龐樸　光明日報　1984.4.23

論胡適的文化觀　曾樂山　華東師範大學學報（哲社）　1984.4

論文明的起源　翁其銀　內蒙古社會科學　1984.4

中國文化史的過去和現在　朱維錚　復旦學報（社科）　1984.5

傳統：面對著現代文明——從幾個中國留學人員的歷程看一種趨勢　徐燕白　社會
1984.6

吳、東晉、南朝的文化及其對海東的影響　楊泓　考古　1984.6

老子非文化觀剖析　李超元　天津社會科學　1984.6

體用論的動態體系及心學非主觀主義　杜維明　求索　1984.6

關於文化史研究的斷想　包遵信　文匯報　1984.6.18

《比較文化論集》自序　金克木　讀書　1984.6

李浩博士談東西文化　陳實　編譯參考　1984.7

先周文化的初步研究　尹盛平　文物　1984.7
比較・交流・發展——文化史比較研究淺談　包遵信　讀書　1984.7
《易傳》與中國文化的優良傳統　張岱年　江漢論壇　1984.8
夸多識與尊新知——比較文化淺談之二　包遵信　讀書　1984.8
中國近代的科學與文化　殷常符　自修大學（文史哲經）　1984.8
李卓吾和布魯諾——文化史比較研究淺談　包遵信　讀書　1984.9
太平天國的文化藝術　羅爾綱　文史知識　1984.10
秦漢文明發展的特點　林劍鳴　學術月刊　1984.10
試論開展對文化史的總體研究　周積明　學術月刊　1984.10
明清時期的文化　巴鴻　中國報導　1984.11－12
試論近代中日文化的交流　王曉秋　光明日報　1984.12.19
一部寫在東西方文明交匯之際的書——讀《文明論概略》　辛劍　讀書　1984.12
中國近代文化史學術討論會　人民日報　1984.12.28
古代中西文化交流的通途——從李賢墓出土文物看寧夏固原在「絲綢之路」上的位
　　置及古代中西文化的交流　馬學林　寧夏藝術　1984 試刊號
敦煌學在中國文化史上的價值　姜亮夫　杭州大學學報（哲社）　1984.14.2
西南民族文化史研究芻議　泰家華　思想戰線　1984.6
歷史、文化、翻譯——魯迅翻譯理論的歷史意義　許崇信　福建師範大學學報
　　1984.4
中國古代生產技術在日本的傳播和影響　戴朱　歷史研究　1984.5
淺析仰韶文化中晚期的民族制度　聶玉海　殷都學刊　1984.4
古越族文化初探　張潮　江漢考古　1984.4
明清時期的文化　衛鴻　中國報導　1984.11－12

1985 年

評「五四」前後東西文化問題的論戰　陳崧　中國文化研究集刊　1985.2
我的儒教中國觀　勒文森（美）原作、趙小建摘譯　中國文化研究集刊　1985.2
民族文化的形成與特點　任繼愈　中國文化研究集刊　1985.2
略說文化　劉家和　中國文化研究集刊　1985.2
論阿Q的文化心理結構　張琢　中國文化研究集刊　1985.2
漫述莊禪　李澤厚　中國社會科學　1985.1
日本保存中國文化典籍初探　李春光　文獻　1985.1
商代的文化藝術——中國早期精神文明的一瞥　王貴民　歷史教育問題　1985.1
試論文化地理學的性質和內客　王熙樫　南京師大學報（自然）　1985.1
勿吉和靺鞨的物質文化　孫進己等　博物館研究　1985.1
廣西古代漢族文化對壯族的影響　陳金源　中南民族學院學報（哲社）　1985.1
中國文化的特點　任繼愈　承德師專學報　1985.1

試論王夫之的文明演進思想　馮天瑜　船山學報　1985.1

論團結文化的類型、分期和相關的問題　賈偉明　考古與文物　1985.1

簡論中國近代文化與近代革命　李侃　中州學刊　1985.1

明代文化史雜識　王春瑜　阜陽師範學院學報（社科）　1985.1

中國傳統文化在近代　葉曉青　歷史研究　1985.1

中華民族龍虎文化論——聯結中國各族的龍虎文化紐帶淵源於遠古女媧、伏羲的合
　　體葫蘆㈠（彝族）　劉曉漢　貴州民族研究　1985.1

隋唐時期中日兩國的文化教育交流　周德昌　世界教育文摘　1985.1

中國新石器時代文化三個接觸地帶論——中國新石器時代文化綜合研究之一　佟柱
　　臣　史前研究　1985.2

筆談中國近代文化史　李侃等　中州學刊　1985.2

中國近代文化史首次學術討論會紀要　史革新等　歷史研究　1985.2

從考古學物質文化上觀察中華民族融合的痕迹　佟柱臣　社會科學戰線　1985.2

古老雄文明　（藏）才讓太　西藏研究　1985.2

評《寶雞北首嶺》——兼說土層遺存的文化性質　蘇迎堂　考古　1985.2

中國古代文明的特點　洪廷彥　文史知識　1985.2

中西文化比較的新探索：中國文化現代化的道路　紀樹立　上海社會科學院學術季
　　刊　1985.2

十二——十七世紀蒙古文化史上的幾個問題　魯緬采夫（蘇）著、姜世平譯　蒙古
　　學資料與情報　1985.2

彝族傳統文化中的古典宇宙觀　夏光輔　研究集刊　1985.2

戰國文化的歷史特點和屈原、宋玉、荀況賦　馬積高　岳陽師專學報　1985.3

南詔音樂文化辨略（唐）　黃鎮方　民族文化　1985.3

商文明在古代世界的位置　王貴民　史學月刊　1985.3

太平洋文明初創時期的中國因素　潘利等　史前研究　1985.3

近年來我國東西方文化比較研究概述　張士楚　中國社會科學　1985.3

文化學說構架無效要素價值論綱　劉敏中　學習與探索　1985.3

近代中國人時間觀念的文化意義　張榮華　復旦學報（社科）　1985.3

再論洋務派中體西用的文化政策　侯玉臣　社會科學　1985.3

五涼時期的河西文化　黎尚誠　西北師院學報（哲社）　1985.3

淺論殷墟文化與北方民族文化的關係　唐雲明　殷都學刊　1985.3

漢代夫余文化爭論　李殿福　北方文物　1985.3

中國文化史研究五十年著作一瞥　邵振環　讀書　1985.4

傳統文化、民族性與改良浪潮——關於中國文化史研究的思考　葛兆光　書林
　　1985.4

近代中國中西文化之爭歷史評述　許紀霖　學習與探索　1985.4

鴉片戰爭前後中國人西洋觀的變遷　王燕軍　河北師範大學學報（社科）　1985.4

台灣新石器時代文化綜述　張之恆　史前研究　1985.4

初論吳文化　蕭夢龍　考古與文物　1985.4

評馮天瑜《明清文化史散論》　張首映　湖北大學學報（哲社）　1985.4

中國傳統文化的特質和價值——中國文化講習班講授綜述　程宜山整理　中國社會
　　科學　1985.4

試論中國青銅時代藝術中的東方史前文化因素　史前研究　1985.4

略談清代漢族與北方各族的文化交流　盧明輝　北方文物　1985.4

論《老子》在中國文化史上的地位　陳書良　求索　1985.4

論隋唐時期中原與西域文化交流的幾個特點　張廣達　北京大學學報（哲社）
　　1985.4

中國文化史研究現狀述評　李曉東　西北大學學報（哲社）　1985.4

西遼時期的文化對中亞的影響　魏良弢　歷史研究　1985.4

論辛亥革命後的中西文化論戰　鄭師渠　北京師範大學學報（社科）　1985.5

中國思想史雜談　李澤厚　復旦學報（社科）　1985.5

論元朝文化的歷史地位　湯曉方　內蒙古社會科學　1985.5

近代文化漫論　龔書鐸　北京師範大學學報（社科）　1985.5

試論楚文化的淵源　張正明　湖北大學學報（哲社）　1985.5

不應低估中國近代文化　龔書鐸　北京師範大學學報　1985.5

內蒙古中南部考古學文化序列與年代試探　崔璇　內蒙古社會科學　1985.5

福澤諭吉的「文明」歷史觀芻論　崔新京　遼寧大學學報（哲社）　1985.6

「中國文化」研究的勃興——對近幾年來我國一個文化新潮的評述　郭齊勇　青年
　　論壇　1985.6

卡約文化和李清文化的族屬問題——兼論我國古羌人的起源　周慶明　中國歷史博
　　物館館刊　1985.6

在廣闊的背景上探索——兼談《楚辭》與中華上古四大集羣文化及太平洋文化因子的
　　關係　蕭兵　文藝研究　1985.6

文明的足下（談文化地理學兼評《中國文化地理》）　周尚意等　讀書　1985.7

《中國文化之謎》序　王元化　文匯報　1985.7.29

馮牧談中美文化（文學）交流　劉亞洲　文藝情況　1985.7

台灣、香港、大陸的文化危機與趣味取向　余英時　編譯參考　1985.7

中國文明的起源　夏鼐　文物　1985.8

人、符號、文化——卡西爾和他的《人論》　甘陽　讀書　1985.8

略論「海派」文化　姜義華　解放日報　1985.9.25

文化價值與社會變遷（訪哈佛大學教授杜維明）　薛湧　讀書　1985.10

明清文化史研究新成果——馮天瑜《明清文化史散論》讀後　郭齊勇　社會科學評論
　　1985.10

對中國舊文化要批判地繼承——訪馮友蘭先生　郭琰柏文　理論信息報
　　1985.11.11

中國傳統文化——心理結構的新探索——讀李澤厚《中國古代思想史論》　何新　人
　　民日報　1985.11.29

上海和香港文化事業現狀初析——兼談上海城市文化建設的幾個問題　詹述仕　社

會科學（上海）　1985.12

西藏文化的分期與分類　仁真洛色　西藏日報　1985.12.1

談談文化與現代文化學　何新　理論信息報　1985.12.2

我國近代歷史哲學與中西文化比較研究的三個階段　許蘇民　哲學研究　1985.12

蔡元培與新文化運動　方憲玕　杭州大學學報（哲社）　1985.15.2

有關中國文化研究的若干問題　向世山　社會科學參考　1985.16

中國傳統文化與現代化斷想——訪龐樸教授　張耒　社會科學參考　1985.20

東西方文化比較研究全國討論會綜述　趙平之　社會科學（上海）　1985.1

關於日本對中國文化的吸收　于長敏　吉林日報　1985.1.28

試論中國傳統思維方式的特徵　黃衛平　江海學刊　1985.1

有關人與文化的兩點思考　思之　蘭州學刊　1985.1

十六世紀耶穌會士在華傳教政策的演變　張維華　文史哲　1985.1

魯濱遜、唐敖與兩種文化——文化史比較研究淺談　包遵信　讀書　1985.3

日本文化的根同中國少數民族的習俗——食、住、祭、歌、戀、魂　荻原秀三郎
　　（日）著、梁小棋譯　編譯參考　1985.3

魯迅的「國民性」思想及其文化批判　金宏達　齊魯學刊　1985.2

孔子的六學體系與中國封建社會　佘樹聲　阜陽師範學院學報　1985.1

美報評論亞洲文化——剖析亞洲人在美國獲得成功的奧秘　黃繼功　上海譯報
　　1985.4.29

明代文化史雜識　王春瑜　阜陽師範學院學報　1985.1

近代中國文化結構的變化　龔書鐸　歷史研究　1985.1

魯迅和尼采初探　川上哲本（日）著、高鵬譯　中外文學研究參考　1985.1

龍爾·阿貝爾特對老子的比較研究　薛華　中國哲學史研究　1985.1

古今、中西之爭與中國近代哲學革命　馮契　上海社會科學院學術季刊　1985.1

中國與太平洋古代各國關係史研究綜述　尚赤悔　思想戰線　1985.2

從東西哲學的比較看孔子哲學思想的一個特點　蘇明立　北京師院學報　1985.2

中外文化交流源遠流長——文化部副部長呂志光答本刊記者問　瞭望　1985.3

柳詒徵和《中國文化史》　張文建　學術月刊　1985.5

中國文化史的發展脈絡　馮天瑜　中州學刊　1985.2

佛教與中國文化　趙樸初　法音　1985.2

中國現代化與東西方文化比較觀　趙鑫珊　文匯報　1985.6.13

試論少數民族在中外科技交流中的橋樑作用　楊玉　中央民族學院　1985.2

魯迅早期文化問題上的傾向與民族主義問題　金宏達　聊城師範學院學報　1985.2

洋務運動與西方科技的引進　李剛　西北大學學報　1985.2

差異、原因、趨勢——中西自然觀比較淺論　李志林　學術月刊　1985.6

社會主義的思想文化應該對外開放　李平　工人日報　1985.7.19

文化社會學與美國的價值觀念　魏章玲　國外社會科學協會　1985.6

孔子、屈原、司馬遷——他們奠定中國知識分子立德、立功、立言的優秀傳統　楊
　　天堂　暨南學報　1985.3

漢對楚文化的繼承關係　徐志嘯　求索　1985.3

文化演變及其研究方法　E.A.Hoebel 著、楊希枚譯　中國社會科學院研究生院學報　1985.3

從東漢農村社會看東西方封建社會的差異　劉修明　上海社會科學院學術季刊　1985.2

歷史研究、文化傳統與科技發展──接受蘭州大學名譽教授致詞　張春樹　蘭州大學學報　1985.13.3

淺論中國近代史上的「中體西用」　梁義羣　許昌師專學報（社科）　1985.3

中西民族特徵溯源──中西歷史比較研究札記　蔣曉麗　史學月刊　1985.4

文化史上的一塊巍峨豐碑──《中華大藏經》　周紹良　文史知識　1985.8

傳統與發展小議──兼向高爾太先生求教　任綏海　陝西師大學報　1985.3

論魯迅關於文化遺產的理論與實踐　王生永　中州學刊　1985.4

「魯迅與五四新文化運動」新議　魏治馨　齊魯學刊　1985.5

魯迅關於汲取外來文化營養的理論與實踐　王永生　齊魯學刊　1985.5

盧梭民權學說與晚清思想界　鄭永福　中州學刊　1985.4

辛亥革命準備時期西方社會主義與中國傳統「均平」思想的融合　楊漢鷹　政治學研究資料　1985.2

遠古時代中日交往初探　禹碩基　日本研究　1985.2

寧夏民族文化介紹史輯　民族文化　1985.4

論唐太宗的文化建設業績　遼寧大學學報　1985.4

路易十四與康熙皇帝　單寶　北方論叢　1985.5

「中國封建傳統道德優於西方近代道德論」駁議　學迅文　青年論壇　1985.5

唐宋時期穆斯林的來華和留居　穆寶修　雲南社會科學　1985.5

近代中國人日本觀散論　傅大中　學術研究叢刊　1985.3

犬約文化和夤注文化的族屬問題──兼論我國古羌人的起源　周慶明　中國歷史博物館館刊　1985.6

論楚文化的淵源　張正明　湖北大學學報　1985.5

淺談石家河文化　李龍章　江漢考古　1985.3

長沙古代文化及遺存概述　黃綱正　長沙史誌通訊　1985.2

中西封建社會結構比較研究　黃敏蘭　社會科學（上海）　1985.10

論歷史的活力和惰性──兼論中國封建社會發展的緩滯問題　李桂海　雲南社會科學　1985.5

論中西封建城市產生的不同原因的關鍵　畢道村　社會科學（上海）　1985.10

儒教與基督教的比較研究　謝扶雅　中國哲學史研究　1985.3

試論儒家思想對中國伊斯蘭教的影響和滲透　馮今源　中國哲學史研究　1985.3

嚴復前期對中西哲學的比較研究　汪金銘　廈門大學學報　1985.4

神話系統論──兼論中國上古神話不發達的原因　殷驤　江西師範大學學報（哲社）　1985.4

西方學者談儒家文化與經濟發展　彥滿　理論交流　1985.12

中日之間翻譯事業的幾個問題　譚汝謙　日本研究　1985.3

東學西漸及其反饋　羅希文　人民日報（海外版）　1985.11.13

文化史領域的新收穫　黃新亞　讀書　1985.11

海灣古代文化簡述　蔡偉良　阿拉伯世界　1985.4

作爲啓蒙思想家的睿智與卓識──嚴復關於中西文化比較研究的論著讀後　黃克劍
　　讀書　1985.11

「中體西用」與中國科學近代化　刁培德　科學學研究　1985.3

科學技術及其人才在中國古代封建社會中的地位　張鍾靜　科學學研究　1985.3

用中外對比法試析周人進入階級社會的物質條件　王德培　天津師大學報　1985.5

元朝大漠南北與中原內地的經濟文化交流　舒順林　內蒙師大學報　1985.3

日本明治維新對近代中國的影響　王燕梅　青海師範大學學報　1985.3

西學的輸入與中國近代先進知識分子的政治覺醒　陳彪　華東師大學報　1985.5

何謂「敦煌學」　周一良　文史知識　1985.10

中國哲學的一種傳統　湛筱萍　讀書　1985.12

中國體系神話簡論　謝選駿　民間文學論壇　1985.5

從開放的心靈接受「傳統」的挑戰　杜維明　青年論壇　1985.6

十九世紀六十至九十年代西學在中國的傳播　史革新　北京師大學報（社科）
　　1985.5

試論十七世紀後半期的英國文化　尹廣瑤　綏化師專學報　1985.3-4

康帕內拉如與何心隱（文化史比較研究淺談）　包遵信　讀書　1985.12

中西學術思想比較之先聲──讀梁啓超《論中國學術思想變遷之大勢》　黃克劍　讀
　　書　1985.12

貫通中西，成一家之言──《三松堂全集》評介（馮友蘭先生的全部學術著作）　王
　　恩榮　中州學刊　1985.6

簡論中國傳統哲學不利於自然科學發展的因素　喬根鎖　西藏民族學院學報
　　1985.4

新文化運動中毛澤東對封建倫理的批判　黎永泰　青海社會科學　1985.6

跨文化心理學　陳邵夫譯　心理學動態　1985.4

從印度佛教傳入中國看兩種文化的衝突和融合　湯一介　深圳大學學報（社科）
　　1985.2.3

論《離騷》與《約伯記》的主題及其他──與三澤玲先生商榷　楊炳校　荊州師專學報
　　（哲社）　1985.4

從民族學角度探索我國南方文化的特點是行之有效的方法　龔佩華　民族研究
　　1985.5

馬可波羅的著作在中國　盛巽昌　江蘇圖書館學報　1985.4

中美學術交流的特點──在美中學術交流委員會北京辦事處成立會上的致辭
　　（·1985.7.19）　趙復三　編譯參考　1985.11

漢文化對越南影響瑣談──讀書札記三則　林明華　東南亞研究資料　1985.4

李暠與劉昞──談西涼文化發展的原因及其特點　江波　社會科學（甘肅）

1985.6

春秋時期楚國上層文化面貌初探　張君　學術月刊　1985.12

安徽省古代文化中心的分佈　張增之　安徽史通志　1985.4

清代前期揚州鹽商與地方文化事業　朱宗宙　揚州師範學院學報（社科）　1985.4

　　道光間文化述論　龔書鐸　福建論壇（文史哲）　1985.6

文化研究的若干理論方法論問題　顧曉鳴　上海社會科學院學術季刊　1985.4

論魯迅早期文化發展觀　金宏達　瀋陽師院社會科學學報　1985.4

試論魯迅的「國民性思想」　丁文慶　固原師專學報（社科）　1985.3-4

反國粹主義與魯迅早期文化觀　金宏達　江漢論壇　1985.12

先商文化及其淵源與發展新探　鄭伯昂　商丘師專學報　1985.2

魯迅社會思想的起點──早期的「國民性」觀　張琢　中國哲學史研究　1985.4

文化生態學與海南黎族　陳爲　未來發展　1985.5

關於物質文化史的研究對象與任務的幾點淺見　傅玫　南開史學　1985.2

文化事業的宏觀管理　胡梅娜　中國行政管理　1985.4-5

經濟體制改革與文化建設　鄭學勤　社會調查與研究　1985.7

1986 年

文化──情感──個性　陳昌文　當代文藝思潮　1986.1

也論中國傳統思維模式的特點及其出路──兼與陳曉明同志商榷　儲昭華　福建論
　　壇　1986.1

南宋浙江文化的大發展　方如金　浙江師範大學學報　1986.1

試論荊楚文化的特色及其與屈原詩歌的關係　陳盡忠　廈門大學學報　1986.1

文化・尋根・語碼　陳平原　讀書　1986.1

現代化進程中的文化反省　王友琴　讀書　1986.1

關於儒學與現代新儒學　李澤厚　文匯報　1986.1.28

中國文化的人文精神（論綱）　龐樸　光明日報　1986.1.6

從印度佛教的傳入看中國文化的發展　湯一介　光明日報　1986.1.20

論「海派」文化的「邊緣文化」特徵及其歷史作用　盛平　社會科學（上海）
　　1986.1

文化性格的裂變與更新　靳大成　讀書　1986.1

「師夷長技」論　夏東元　人民日報　1986.1.31

中國國民性問題析論　姜義華　復旦學刊　1986.1

「中體西用」思想在洋務運動中的發展　鄭佩權　山西師大學報（社科）　1986.1

近代走向世界的中國人──關於《走向世界叢書》　鍾叔河　文藝報　1986.2.8

近代中國與日本的文化教育交流　周德昌　華南師範大學學報　1986.1

論漢武帝在文化史上的貢獻　韓養民　文博　1986.1

論中國現代化的哲學基礎　何畏　福建論壇　1986.1

中國傳統文化有「人文」主義精神嗎？——與龐樸同志商榷　黎鳴　光明日報
　　　1986.3.27

《中國文化的人文精神《論綱》駁議　白鋼　光明日報　1986.3.17

文化城芻議　舒蕪　人民日報　1986.3.18

當代中國文化研究現狀的宏觀思考　劉偉　學習與探索　1986.2

有關中國文化研究的若干問題　向州石　大學文科園地　1986.1

對外物質文明交流與精神文明交流的一致性與差異性　尹元玄　新長征　1986.3

中西文化的差異——近代史上關於中國文化特質的討論　馮天瑜　書林　1986.2

說中西古今文化之爭　甘陽　青年論壇　1986.3

中國文化的時代差異和地區差異　譚其驤　復旦學報（社科）　1986.2

中國現代文化向西方求真理——談談中國文化應走的道路　蔡尚思　復旦學報（社
　　　科）　1986.2

中國經學與中國文化　朱維錚　復旦學報　1986.2

唐代方伎之士與科學文化——讀《舊唐書‧方伎傳》　許道勳　復旦學報　1986.2

社會文化芻議　陳立德　學習與探索　1986.2

論文化學說評價之價值觀　劉敏中　學習與探索　1986.2

傳統、時間性與未來　甘陽　讀書　1986.2

文化科學　求是　文藝研究　1986.1

清末留日學生與中日文化交流　李喜所　歷史教學　1986.2

魯迅論中國封建文化思想根柢——魯迅文化思想研究之一　金宏達　內蒙古師大學
　　　報　1986.1

國民性問題與魯迅的思想發展　趙持平　內蒙古師大學報　1986.1

中國新石器時代文化的多中心發展論和發展不平衡論——論中國新石器時代文化發
　　　展的規律和中國文明的起源　佟柱臣　文物　1986.2

中日文化和民族精神的比較研究　森島通夫（日）著、雷克譯　世界史研究動態
　　　1986.1

儒家思想與現代化關係的探討　李錦全　現代哲學　1986.1

中國儒學傳統的特質及其在當代改革中的意義　馮達文　現代哲學　1986.1

維新派的哲學分歧及其文化背景　陳少明　福建論壇　1986.2

合中外古今文化融成新的學術思想——介紹《南海康先生學說》　吳熙釗　中山大學
　　　學報　1986.1

陳獨秀和他的《東西民族根本思想之差異》　黃克劍　讀書　1986.3

莊子與薩特的自由觀　劉笑敢　中國社會科學　1986.2

人倫思想與現代意識　劉志琴　光明日報　1986.4.28

對中國傳統價值觀的思考　鄭曉江等　學術月刊　1986.3

淺談中國古代文化的南北差異　葛壯等　江淮論壇　1986.1

中國古代文化結構及期特徵　曹錫仁　貴州社會科學（文史哲）　1986.2

中國傳統文化在日本的命運　嚴紹璗　文史知識　1986.3

文化管理學研究芻議　汪建德　中國文化報　1986.3.9

評「文化限制」論　無忌　當代文藝思潮　1986.2

青年文化的社會功能　潘一　青年探索　1986.1

改變觀念與思想文化結構　王建武　晉陽學刊　1986.2

「象」和「理想型式」：中西文化差異的深層分析　顧曉鳴　文匯報　1986.4.22

「尋根」沈思錄　周平遠　上饒師專學報（社科）　1986.1

中國民族精神探析　謝幻田　社會科學研究　1986.2

試論儒家思想對日本《古事記》的影響　王家驊　南開學報（哲社）　1986.2

東西文化大交匯的產兒——論「科學與人生觀論戰」在現代中國哲學中的地位　聽
　　劍飛　復旦學報（社科）　1986.3

文化現代化的立足點在那裡　李侃　中國文化報　1986.4.6

傳統文化惰性對中國現代化的三重屏障　蕭功秦　文匯報　1986.5.27

中華民族文化面臨的選擇——讀《熵：一種新的世界觀》所想到的　黎鳴　爭鳴
　　1986.2

儒學與傳統文化——上海國際中國文化學術討論會綜述　龍柏文　讀書　1986.5

傳統文化的封閉性及其時代特質　黃克劍　光明日報　1986.5.26

清初滿漢文化交流的新篇章　閻崇年　北京社會科學　1986 創刊號

論晚明思潮——一個反儒文化斷層　陳建華　復旦學報　1986.3

從「儒家資本主義」看中西體用之爭　程偉禮　復旦學報　1986.3

論康有為戊戌維新前對中西文化形態的比較　吳根梁　復旦學報　1986.3

中國古文化的倫理型特徵　馮天瑜　江海學刊　1986.3

《中國文化史》擬目　陰法魯　圖書館學研究　1986.1

不能否定「五四」新文化運動的方向——「民族文化」斷裂說質疑　高起祥　學習
　　與研究　1986.5

論美國與西方資產階級新文化輸入中國　羅榮渠　近代史研究　1986.2

十八世紀歐洲的「中國熱」文化史比較研究淺談　包遵信　讀書　1986.5

日本文化的羣體特徵——關於日本傳統文化的繼承與變形　高增杰　日本問題
　　1986.1

魯迅在中西文化結合中的實踐和理論　張琢　中國現代文學研究叢刊　1986.3

中國與西方文化之比較　羅素（英）著、林毓生譯　編譯參考　1986.4

文化心理傳統與社會發展——近代中、日學習西方文化的比較研究　曹前　學術月
　　刊　1986.4

科學家的理性與悲沈——讀《陳寅恪文集》論陳寅恪　何新　讀書　1986.5

漫話國學　伯岳　圖書館學研究　1986.1

「人」與「自然」殊途同歸——中西文明源流比較的科學、哲學及政治經濟學考察
　　初探　徐飛　開發　1986.2

尼采和非理性主義文化觀　翁紹軍　社會科學　1986.5

跨文化研究與對外開放　聶莉莉　文匯報　1986.5.23

文化討論的命運——兼與杜維明先生商榷　陳奎德　復旦學報（社科）　1986.3

論文化的傳播與文化區域的變遷　盧雲　復旦學報　1986.3

文化研究主題議　張汝綸　復旦學報　1986.3
「象」：中國文化的一種「基因」　顧曉鳴　復旦學報　1986.3
文化與傳統　商戈令　復旦學報　1986.3
略論文化研究中的若干哲學問題　吳曉明　復旦學報　1986.3
關於文化傳播學的幾個問題　居延安　復旦學報　1986.3
現代城市文化斷想　李天綱　復旦學報　1986.3
中國新文學對文化傳統的認識及其演變　陳思和　復旦學報　1986.3
意象理論與中國思維方式之變遷　胡偉希　復旦學報　1986.3
「借喻基點」與「文化密碼」：中美學術文化比較的啓示　傅葆石　復旦學報
　　1986.3
論作爲文化的宗教　吾敬東　上海師範大學學報（哲社）　1986.2
佛教與基督教的比較　楊毓初　西南民族學院學報　歷史研究專輯　1986
盤古之謎的闡釋　何新　哲學研究　1986.5
也談中國古代宗教神話向古史神話的轉變　謝選駿　哲學研究　1986.5
八十年代中國文化討論五題　甘陽　哲學研究　1986.5
中國傳統文化研究　張春田　國內哲學動態　1986.5
關於明清之際文化性質問題　包遵信　光明日報　1986.6.23
唐代的中外文化匯聚和晚清的中西文化衝突　張廣達　中國社會科學　1986.3
開拓中國文化中研究的新途徑——《中國文化之謎》（第一輯）讀後　羅竹風　讀書
　　1986.6
文化史比較研究淺談：傳統文化的自我調整（明清之際「文藝復興」說質疑）　包
　　遵信　讀書　1986.6
文化研究的對象、歷史和方法　李河　哲學研究　1986.5
「文化」猜想錄　鄭凡　哲學研究　1986.5
文化傳統與文化意識　高爾泰　讀書　1986.6
西方文化吸收與方法論的反思　陳鳴樹　文匯報　1986.6.9
傳統文化的多重性　馬自毅　文匯報　1986.6.10
文化的多義與模糊性　劉志琴　文匯報　1986.6.17
中國文化心態的四大優點——與魏承思同志商榷　朱宗震　文匯報　1986.6.24
中國傳統文化新探　張鴻雁　社會科學　1986.6
尋找傳統文化與現代文化的聯結——讀余英時先生《從價值系統看中國文化的現代
　　意義》　葛兆光　書林　1986.6
關於傳統——兼議文化傳統　王明石　人民政協報　1986.6.17
傳統與現代：我對中國文化的一些體認　傅敏怡（聯邦德國）著　哲學研究
　　1986.5
歷史與文明：湯因比的文化形態史觀　劉昶　上海師範大學學報　1986.2
追求新的文化目標——訪北京大學哲學系湯一介教授　薛湧　書林　1986.6
企業家集團與城市文化的發展　楊博　社會　1986.3
中西古今之辯與當代文化建設三題　張宏生　南京大學學報　1986.2

文明的科學含義及其與文化的關係　方任安　安慶師範學報　1986.2

人・社會・文化——論文化社會學的研究對象和理論　司馬雲杰　阜陽師範學院學
　　報　1986.1

中國現代化過程中的文化衝突與社會發展　潘建雄　社會學研究　1986.2

魯迅論外來文化與民族傳統　錢文斌　杭州大學學報　1986.16.2

學習海外文化與發展社會主義民族文化　楊運泰　文藝評論　1986.3

論楚材——探索楚文化發展中的人才問題　向鵬　湖南教育學院學報（哲社）
　　1986.1

試論近代中國引進馬克思主義的内在契機——兼論中西哲學結合的效用原則、民族
　　心理和文化背景　周玉燕等　上海黨校學報　1986.7

趙樸初談佛教文化　周承恩　宗教　1986.1

政治文化——聯邦德國考察之一　關山　國外社會科學動態　1986.6

改革，面臨著對文化「潛結構」的深層爆破——訪溫元凱、張濤　中國青年報
　　1986.7.29

中國傳統文化與中國經濟改革——遼寧大學文科部分師生理論研討會發言摘要　理
　　論與實踐　1986.13

「傳統文化研究」述評　張智彥　哲學研究　1986.6

也談「關東文化」研究　董鴻揚　黑龍江日報　1986.7.9

開拓民俗文化研究的新領域　仲富蘭　文匯報　1986.7.4

當代中國文化學研究方法探討　任平　蘇州大學學報　1986.3

現代化建設需要中外文化比較研究——中外文化比較研究講習班學術觀點綜述　一
　　木　社會科學評論　1986.4

經濟開放與文化交流　楊奎章　廣州日報　1986.7.11

中國古文的性質　馮天瑜　美術思潮　1986.3

評初期新文化運動的反孔思潮　柴志華　河北師範大學學報（社科）　1986 增刊

後期桐城派與五四新文化運動　關愛初　江淮論壇　1986.3

嚴譯《天演論》與中國近代文化　張瑛　福建論壇　1986.3

淺談南詔、大理文化教育發展與中原的關係　劉光智　雲南教育學院學報　1986.2

中世紀伊斯蘭文化及其影響　閻瑞松　中東　1986.1

亞洲的文化與社會——對西方分叉發展論的考察　王新榮編譯　發展研究　1986.2

關於日本文化研究及其借鑑意義的探討　高增杰　日本問題　1986.3

簡述列寧關於社會主義文化建設的思想　劉元欽　社會主義研究　1986.3

文化機制芻論　黎民　學習與探索　1986.4

進化與傳統・適應與衝突——外國民族學家文化觀的啓迪　何金彝　學術月刊
　　1986.6

打破和諧——杜維明先生「儒家第三期發展」說駁議——楊念羣　青年論壇
　　1986.7

文化變遷和經濟改革——文化經濟理論探索之二　沈建新等　贛江經濟　1986.5

林語堂的審美觀與東西文化　陳平原　文藝研究　1986.3

科學文化與精神文明　沈銘賢　解放日報　1986.7.16
文化熱，又一次思想解放潮流　黃安國　文匯報　1986.7.3
也談「象」與中西文化差異的深層分析——與顧曉鳴同志商榷　朱義祿　文匯報
　　1986.7.30
文化研究中的幾個「悖論」　顧曉鳴　社會科學（上海）　1986.7
丹尼爾·貝爾的文化理論　傅鏗　社會科學（上海）　1986.7
民族文化面向世界的有益嘗試　錢杭　書林　1986.7
社會·文化·傳播　俞旭　新聞大學　1986.11
茅家琦同志談如何對待中西方文化　揚州師範學報　1986.2
論兩種文化的溝通　張志國　新聞大學　1986.11
試論中西文化歷史——邏輯結構的差異　黎鳴　江西社會科學　1986.3
文化發展史中的歷史取向與價值取向　潘叔明　福建論壇（文史哲）　1986.3
文化偏差與歷史正軌　體孚　福建論壇　1986.3
簡論我國傳統文化心理延緩生產力發展的作用　魯旭　齊魯學刊　1986.4
關於中國文化的特質與價值的討論　人民日報　1986.7.11
關於傳統——兼議文化傳統　王明石　人民政協報　1986.9.1
中國傳統文化精神之我見　何新　光明日報　1986.7.7
目前國內學者關於中國傳統文化的一些主要觀點　王和　國內哲學動態　1986.6
東西文化傳統與人的現代化　鄒廣文　學習與探索　1986.4
從「人格之因素論」看中國傳統文化與人格　許金聲　學習與探索　1986.4
漫談傳統文化與外來文化　羅竹鳳　上海少年研究　1986.7
關於中國傳統文化的討論　李明三　理論交流　1986.12
「五四」的啓示　尚吟　福建論壇　1986.3
中國古代人文思想中的儒家和道家　金春峯　光明日報　1986.8.4
中國傳統人文思想中的王權主義　劉澤華　光明日報　1986.8.4
西方殖民主義入侵與中國近代化進程　王笛　社會科學研究　1986.4
洋務運動與儒學傳統　陳絳　復旦學報　1986.4
中國佛教和中國文化　杜繼文　世界宗教研究　1986.2
隋唐時期的日中佛教文化交流　楊曾文　世界宗教研究　1986.2
魯迅與郭沫若文化觀略論　趙京華　學習與探索　1986.5
中國古代文化對哥倫布之前的美洲文化的影響　劉敦勵（美）、歐陽健編譯　華南
　　師範大學學報（社科）　1986.3
佛學是否適用於當前　李五湖　現代哲學　1986.3
試論道家在中國傳統文化中的主幹地位　周玉燕　哲學研究　1986.9
孫中山與融匯中西文化思想初探　吳熙劍　現代哲學　1986.3
論孫中山與儒學　王克鋒　寶雞師院學報　1986.3
中國傳統哲學的評介及其歷史命運　牟鍾鑑　哲學研究　1986.9
在痛苦中覺醒的民族靈魂——魯迅在中國文化史上的地位　楊義　人民日報
　　1986.10.20

魯迅與中國文化的深層意識——紀念魯迅逝世五十周年　陳鳴樹　文學報
　　1986.10.16
沿著魯迅開闢的文化方向繼續探索　劉再復　文學報　1986.10.30
魯迅對中外文化的分析態度　胡喬木　人民日報　1986.10.2
救治歷史的積患——學習魯迅對封建性傳統心理的批判　韋野　河北日報
　　1986.10.19
魯迅前期論學習和吸收西方文化　李直　南通師專學報（社科）　1986.3
論魯迅的「兩種文化」的思想——紀念魯迅逝世五十周年　金宏達　理論月刊
　　1986.9
論魯迅後期文化批判的特點　金宏達　河北學刊　1986.5
文化與人：魯迅青年思想初探　李韧　上海青少年研究　1986.1, 1986.50
古代百越文化與現代化建設——中國百越民族史第五屆學術討論會綜述　懿之　雲
　　南社會科學　1986.5
中華五千年文明史的問題——駱賓基先生的第二封信　人民政協報　1986.9.30
中華五千年文明史的問題——盧陰慈先生給駱賓基先生的信　人民政協報
　　1986.11.13
中華五千年文明史的問題——駱賓基先生的來信之二　人民政協報　1986.12.23
文化結構與近代中國　龐樸　中國社會科學　1986.5
試論楚文化對越文化的影響　舒之梅　民族研究　1986.4
儒家思想和現代化——新儒學商兌　包遵信　北京社會科學　1986.3
杜維明教授澄清他對儒學的觀點　江安　國內哲學動態　1986.10
孔子在國外的影響　維新　道德與文明　1986.5
「中體西用」的破產與中國哲學的近代化　丁禎彥等　浙江學刊　1986.5
談日本哲學與文化思潮　卞崇道　遼寧大學學報　1986.6
與李澤厚的對話——感性、個人、我的選擇　劉曉波　中國　1986.10
佛教與中國文化的關係　趙樸初　文史知識　1986.10
佛教與儒教　任繼愈　文史知識　1986.10
論魯迅與嚴復的中外文化觀　林志浩　北京社會科學　1986.3
也說魯迅與國民性思想的產生　羽白　黑龍江教育學院學報　1986.1
傳統文化與清王朝的興衰　左步青　人民日報　1986.11.28
近代開放問題的宏觀認識　傅建成　福建論壇　1986.5
林則徐與中國近代文化　黃保萬　福建論壇　1986.5
「使外國之資本主義造成中國之社會主義」——論孫中山的對外開放思想　方式光
　　廣州日報　1986.11.6
從某些歷史文化現象看文化史研究　鮑良駿　世界歷史　1986.10
論早期文明與古典文明——兼論漢晉帝國與羅馬帝國的歷史地位　梁作干　暨南學
　　報　1986.4
中國歷史和文化研究中的舊約問題——「歐洲中心論批判」　彭小瑜　社會科學研
　　究　1986.6

鴉片戰爭前基督傳教士在華的文化活動　鄒明德　近代史研究　1986.5

近代來華傳教士與儒學的關係　史革新　北京師範大學學報（社科）　1986.6

論孫中山的文化觀　龔書鐸　北京師範大學學報（社科）　1986.6

略論孫中山文化思想的特點　左雙方　廣州研究　1986.11

對中國文明起源的探索　田昌五　殷都學刊　1986.4

漫談浙江古越族文化特徵中的「水」以及古越族文化與華夏、百越的融合　龔佩華
　　廣西民族研究　1986.4

蘭州新石器時代文化述論　何硯奇　蘭州學刊　1986.5

文明是一個歷史範疇　葉金孝　蘭州大學學報　1986.14.4

傳統文化與社會主義精神文明建設　陳啓智　理論交流　1986.17

價值取向與文化整體──讀余英時《從價值系統看中國文化的現代意義》　黃克劍
　　讀書　1986.9

中國文化發展的方向　張維化　文史哲　1986.5

廣州未來文化的基本取向　劉悅倫　廣州研究　1986.9

淺議廣州都市文化的特色　周大鳴　廣州研究　1986.9

中國傳統文化思想學術討論會紀要──紀念本刊創刊三十五周年　張大同等　文史
　　哲　1986.5

由漢詩在日本的流變看中國古代文化對日本的影響　林丹　華聲報　1986.10.2

近代雲南文化述略　夏光輔　研究集刊　1986.1

儒學的惰性因素與近代中國落後的幾個問題　周輝湘　衡陽師專學報（社科）
　　1986.3

滿園春色關不住──抗戰時期永安進步文化活動歷史地位初探　田夫　福建黨史通
　　訊　1986.6

宗教與山水結合的歷史文化考察　蔣述卓　文藝研究　1986.5

「法性論」與「本無說」──「佛學與中國傳統文化」研究之二　賴永海　社會科
　　學研究　1986.5

江南製造局翻譯館和近代中國的西學傳統　史革新　文史知識　1986.9

近年來中國文化和中西文化比較研究述介　郭齊勇　國內哲學動態　1986.9

東西方文化與中國現代化──杭州講習班綜述　賈磊磊　國內哲學動態　1986.9

塑造新的民族靈魂──關於「文化」問題的思考　丹晨　文學自由談　1986.5

一個以「意欲」為原點的「東方文化派」的文化座標系──評梁漱溟《東西文化及
　　其哲學》　黃克劍　青年論壇　1986.9

關於近年來中國文化和中西文化比較研究的評價　郭齊勇　青年論壇　1986.9

文化交流是人類的需要──讀王佐良《論契合》　紀土　讀書　1986.9

兩種文化反叛引起的思考　何思玉　語文導報　1986.10

「紋化」──文化通觀　顧曉鳴　語文導報　1986.10

從發生學原理看文化的衍變和優化　孫東海　文匯報　1986.10.28

文化消費簡論　任紅葆　社會科學（上海）　1986.10

青年文化──青年研究札記之二　吳端等　上海青少年研究　1986.10

文化反思與中國現代化　何新　上海青少年研究　1986.10

對西方文明的獨立思考　胡平　上海青少年研究　1986.10

試論青年文化的結構和功能　傅鏗　上海青少年研究　1986.10

校園文化的特徵、利能與建設　沈輝　上海青少年研究　1986.10

前喻文化、同喻文化、後喻文化——M・米德《文化和宗奉》述評　金堅　上海青少
　　　年研究　1986.10

現代意識和青年文化心理　姚全興　上海青少年研究　1986.10

文化的深層結構和表層結構　陸小偉　社會　1986.5

關於異端的沈思　胡繩等　社會科學研究　1986.5

切不可自貶民族傳統文化　蕭英　人民日報（海外版）　1986.10.6

中國傳統文化封閉說質疑　趙光賢等　北京師範大學學報（社科）　1986.5

傳統文化和商品經濟——兼論評估傳統文化的立足點　魏承思　文匯報　1986.10.7

如何正確認識傳統文化　張岱年　文史哲　1986.5

淺議科學對待傳統文化的方法論問題　劉春建　東岳論叢　1986.5

現代化與中國傳統文化爭議　郭齊勇　武漢大學學報（社科）　1986.5

中國與西方師授學承模式比較　王光照等　雲南社會科學　1986.5

論電視文化　田本相等　南開學報（哲社）　1986.5

中國的新聞文化　甄岩　中國文化報　1986.11.19

我看傳統文化——與程遠同志商榷　熊順和　中國青年報　1986.11.28

對文化反思的反思　莫紀宏　中國青年報　1986.11.28

珠江三角洲文化新發展階段和我們的選擇　張錫洪等　學術研究　1986.5

試論中國思想文化的現代化道路問題　劉魁　研究生學報（華中師大）　1986.3

創造、吸收、發展民族文化　（維吾爾族）烏鐵庫爾　新疆社會科學　1986.5

關於文化發展戰略的思考　高占祥　紅旗　1986.21

關於借鑑西方文明的討論　中國青年　1986.11

亞美文化協會與賓州研討會　震宇　台聲　1986.10

中華文化的花果——記「亞美文化協會」的一次討論會　黃瑞成　台聲　1986.10

秦漢文化的絢麗畫卷——《秦漢文化史》評介　劉孟澤　人民日報（海外版）
　　　1986.11.3

關於《唐代廣東民族文化初析》一文引用史料的失誤求是　中央民族學院學報
　　　1986.4

漢唐時期山西文人及地理分布及其文化發展之特點　王尚義　山西大學學報（哲
　　　社）　1986.4

近代西學東漸三個階段及其社會影響　皮明麻　江漢論壇　1986.10

「五四」文化論爭與當前的文化學討論——讀《五四前後東西文化論戰文選》　金春
　　　峯　北京社會科學　1986.3

中日文化的源緣　高吉甫　中學歷史　1986.6

魯迅對中西文化發展模式的比較　高旭東　文史哲　1986.6

正確評價和對待西方文化的幾個問題　胡沙　光明日報　1986.11.22

傳統文化與現代化　羣言　1986.11

談談民族的下層文化　鍾敬文　羣言　1986.11

現代文化與民族傳統文化　王蒙　羣言　1986.11

「民族無意識」與文化接受機制——東西方文化比較研究的方法轉換　安慶國　社
　　會科學研究　1986.6

「時代的生命」與「文化尋根」——評年宗之《中國文化的省察》　黃克劍　讀書
　　1986.11

爲文化科學奠定哲學基礎——《文化科學和自然科學》一書的啓示　翁紹軍　讀書
　　1986.11

文化、記憶、工具與人——一種文化哲學的思考　李軍等　河北大學學報（哲社）
　　1986.3

中國傳統文化再批判三題　榮偉　河北大學學報（哲社）　1986.3

從宗教傳播看文化移植模式　陳立雄　文匯報　1986.11.4

優勢文化與跨文化認同——兼談文化引進　袁錚　文匯報　1986.11.25

民族文化交流的必然、選擇與變異　劉心勇　社會科學（上海）　1986.11

論中國傳統文化的根本精神　許蘇民　福建論壇（文史哲）　1986.5

文化的效用性和再生性　徐經澤等　文史哲　1986.6

關於文化問題的思索　于化民　文史哲　1986.6

民族文化心理素質是不同文化類型的基本内核——兼論中華民族現代化文化心理素
　　質的建構　許蘇民　江漢論壇　1986.10

中國傳統文化框架的哲學分析　秦瑞基　中州學刊　1986.5

淺談輿論　陳謀亮　研究生學報（華中師大）　1986.2

近年來我國有關「傳統文化」問題討論述評　董澤芳　研究生學報（華中師大）
　　1986.2

中國文化研究中的「古今中外」之爭　涂艷國　研究生學報（華中師大）　1986.2

國民性問題研究論綱　胡代勝　岳陽師專雲夢學刊　1986.1

關於東西方文化比較研究的若干問題　劉偉　寧夏社會科學　1986.6

百家論百家爭鳴㈠　王蒙等　中國文化報　1986.12.10

論中華民族的文化自覺　許蘇民　青年論壇　1986.11

廣州文化風格要略　廣州市社會科學研究所社會問題研究室　廣州研究　1986

貴州經濟發展的文化基礎　余志華　貴州社科通訊　1986.10

未完成的「涅槃」——《走向未來》叢書主編包遵信談中國傳統文化與現代化　馬曉
　　麟等　山花　1986.12

論發展西藏經濟和發展西藏文化的關係　楊華山等　西藏黨校　1986.2

文化建設方針的探索——讀《同音樂工作者的談話》　高路　學習與研究　1986.12

共同探討日本文化，努力加深相互理解——出席「日本文化與東亞國際學術討論
　　會」散記　高增杰　日本問題　1986.6

乾隆年間文化斷想　龔書鐸　北京社會科學　1986.4

一個「全盤西化」論者的文化選擇——評胡適廿至卅年代關於中西文化比較的幾篇

文章　黃克劍　青年論壇　1986.11

宗法制度與中國文化　文彬　廣州研究　1986.11

中國文化的共同淵源及其多民族特點　張公瑾　廣西民族研究　1986.4

淺談唐代廣西文化的發展　覃延歡　廣西社會科學　1986.3

應重視對文化哲學的研究　李志林　文匯報　1986.12.31

關於文化理論的幾個問題　徐經澤等　齊魯學刊　1986.6

略論文化環境　董丁誠　西北大學學報（哲社）　1986.4

傳統文化及其「團體本位」　王紹光　中國青年報　1986.12.4

中西文化──傳統的地方性文化與現代的世界性文化　孫立平　中國青年報
　　　1986.12.4

面對未來反思傳統文化，尋找「契合點」　牛啓壽　中國青年報　1986.12.23

面對「無法超越的困境」──在創造中批判和繼承傳統　張倫　中國青年報
　　　1986.12.23

也談中國傳統文化與人格──與許金聲同志商榷　黃先海　國內哲學動態
　　　1986.11

科學文化對傳統文化的衝擊　沈銘賢　文匯報　1986.12.16

略論中國文化及其現代命運　高旭東　東岳論叢　1986.6

中西關於人性善惡信息選擇的差異　黎鳴　中國青年報　1986.12.23

東西方文化比較研究中的幾點思考　劉嘉旭　學術交流　1986.6

「拿來主義」今析　夏征農　解放日報　1986.12.17

論民族排外心理之消解──兼論中外文化比較中的幾個概念──段小光　南京大學
　　　學報（哲社）　1986.4

西方思想能從東方文明中學到什麼？──兩位美國學者學術報告綜述　儲昭華　武
　　　漢大學學報（社科）　1986.6

中國傳統文化的分析　張岱年　理論月刊　1986.7

追求傳統的創造性轉化──寫在林毓生《中國意識的危機》出版之際　崔之元　讀書
　　　1986.7

傳統文化反思的新熱潮──近年中國傳統文化研究述源　吳根梁　解放日報
　　　1986.8.6

文化傳統即民族自我　施忠連　文匯報　1986.8.5

中國傳統文化的歷史個性片論──兼與蕭功秦同志商榷　文匯報　1986.8.12

關於中國文化傳統問題的思考　沈起煒　上海教育學院學報（社科）　1986.2

關於中國傳統文化的討論綜述　文韋　寧夏社會科學　1986.4

談談文化發展戰略的幾個問題　許士杰　開拓者（廣州）　1986.12.2─4

論中國傳統文化與現代化　何新　延邊大學學報：社科版（吉）　1986.4.1─32

文化傳統與民族精神　張岱年　學術月刊（滬）　1986.12.1─3

對傳統文化批判的方法論思考　張廣照　廣東社會科學（廣州）　1986.4.32─35

中國文化傳統弱點散論　堅毅　九江師專學報哲社版（贛）　1986.4.62─64,68

文化傳統與拔尖人才　葛民　社會科學評論（西安）　1986.11

文化尋根與民族意識自覺　鄒廣文　社會科學評論（西安）　1986.11

關於傳統文化的歷史反思　黃新亞　社會科學評論（西安）　1986.11

儒家資本主義的典範：讀弗蘭克・吉布尼著《日本經濟奇跡的奧秘》　程偉禮　社會
　　科學評論（西安）　1986.11

對中國人文主義問題的思考　顧士敏　雲南民族學院學報（哲社）　1986.4

由人治到法治：中國傳統政治文化變革芻議　劉彩安　開拓者（廣州）　1986.12

科學史研究中的文化觀：評 N・席文「爲什麼中國沒有發生科學革命」一文　葉
　　曉青　自然辯證法通訊（京）　1986.6

儒學與日本　李甦平　學術月刊（滬）　1986.12

關於外來文化影響問題的一些斷想　黎軍　社會科學（蘭州）　1986.6

討論傳統文化時要摒棄傳統的籠統的思維方式（張岱年談中國傳統哲學的批判繼
　　承）　理論信息報　1986.12.29

關於「中體西用」和「西體中用」的反思　默明哲　社會科學（蘭州）　1986.6

儒家傳統與中國民族性　范麗珠　天津師大學報　1986.6

旅遊與文化　余光遠　瞭望　1986.14

中國文化研究熱潮興起的原因和前提　鄭曉江　社會科學（上海）　1986.4

中日文化交流的碩果——《中國譯日本書綜合目錄》《日本譯中國書綜合目錄》評介
　　周啓富　圖書館雜誌　1986.1

交光互影的中外文化交流　季羨林　羣言　1986.5

文化遺產取捨論　沈迎選　人民日報（海外版）　1986.9.12

論傳統　劉春建等　學習與探索　1986.5

中國傳統的人文思想與王權主義　劉澤華　南開學報（哲社）　1986.4

秦漢文化史初論　韓養民　雲南社會科學　1086.4

論中國傳統文化中虎的觀念　屈育德　社會科學輯刊　1986.4

北宋科學文化發達的原因　顧全芳　山西大學學報（哲社）　1986.3

中國傳統價值觀與現代化問題　鄭永年等　社會科學（上海）　1986.9

現代化和西化——評新儒家「現代化不等於西化」〔《中國傳統文化與現代化》問題
　　討論〕　包遵信　文匯報　1986.9.23

文化比較應遵循對等原則　劉偉　光明日報　1986.8.4

文化的民族性與時代性　龐樸　北京社會科學　1986.2

文化學與文化概念　王至元等　北京社會科學　1986.2

魯迅改造國民性的思想二題　潘克森　江西師範大學學報　1986.4

現代化與傳統：從對立到滲透——西方關於中國社會現代化與歷史傳統問題研究述
　　評　李懷印　社會科學評論　1986.11

1987 年

論文化發展的大同世界——兼評當前的文化討論　榮偉　廣州研究　1987.6

關於文化研究中的幾個問題　王俊義、房德鄰　中國人民大學報　1987.4

當代中國文化的地域觀　王世達、陶亞靜　社會科學（滬）　1987.8

關於中西文化論爭以及傳統文化與現代化的歷史接合點　蕭萐父　武漢大學學報　1987.5

論中國傳統文化的改造　魏承思　社會科學（滬）　1987.10

梁漱溟──「最後的儒家」　熏風　北京社會科學　1987.3

中國文化的三次浪潮及其原因──中國封建社會形態研究之二　景戎年　求是學刊　1987.4

馮友蘭文化類型説芻議　田文軍　江漢論壇　1987.8

評「中體西用」和「西體中用」　方克立　哲學研究　1987.9

國外對中國傳統文化的研究　張承文　雲南教育學院學報　1987.3

馬克思的文化觀　吳彤　內蒙古大學學報　1987.4

略論歐洲文藝復興的文化淵源　王海龍　上海教育學院學報　1987.2

中國傳統文化試論　丁守和　求索　1987.4

評張岱年近年來對中國文化的研究　范學純、沈曉陽　中國哲學史研究　1987.3

論儒家傳統文化對我國經濟發展的影響　鄭克中　東岳論叢　1987.4

依靠科學技術促進文化發展　劉則淵　發展戰略報　1987.8.9

一九八六年中國傳統文化研究概述　黃山　中國史研究動態　1987.7

中國傳統文化諸論及對諸論的駁議　谷方　哲學動態　1987.7

佛教與中國文化　常定　發展戰略報　1987.8.19

中國的傳統文化思想是中和主義的　周來祥　文史哲　1987.4

對中國科技文化政策的回顧與思索　芬漢生　科學學與科學技術管理　1987.7

文化交流的一個重要課題　蘇仲湘　人民日報（海外版）　1987.8.25

晚清「西學源於中學」説　陶飛亞、劉天路　歷史研究　1987.4

從幾個神話模子看來東西文化因子的趨向性　靳兵　深圳大學學報　1987 增刊

簡論藏族傳統文化及其同社會主義精神文明建設的關係　李延愷　青海師範大學學報　1987.3

文化史研究對象略論　芹青　學術研究　1987.2

民族的傳統文化與民族共存亡　石磊　地方藝術　1987.2

當前中國傳統文化研究狀況述評　吳天宗、王玉禮　社會科學（滬）　1987.6

中國傳統文化反進化的特質及其危機與出路──國民心理素質必須更新　邢益海　中山大學研究生學刊　1987.1

文化開放與學術自由　查汝強　自然辯證法報　1987.6.19

中國傳統文化沒有科學、民主和人文精神嗎？──與榮偉同志商榷　李振綱　河北大學學報　1987.1

當代儒學思潮簡論　景海峯　深圳大學學報　1987.1

論科學與傳統文化的矛盾關係　朱路鈞　社會科學（滬）　1987.6

關於中西文化比較的幾個問題　萬軍　理論討論　1987.3

目前中西文化比較研究綜述　陳呂洪　大理師專學報　1987.1

試論我國的民族心理和傳統對科技文化發展的影響　郭建榮、郭廣瑛　中央民族學
　　院學報　1987.4

冰島古文化與中國古文化爲何有某些驚人的類似？　唐長勝　長江日報　1987.6.13

文化概念研究　于立青　哲學動態　1987.7

文化研究還有沒有活力？　鍾蔭騰　社會科學報　1987.5.14

文化分類面面觀　魏承思　書林　1987.3

現代化與中國傳統文化「潛結構」的改造　溫元凱、余明陽　創造與人才
　　　1987.1.2

對現代化與傳統文化的再思考──評海外新儒學　何新　社會科學輯刊　1987.2

現代主義文化的四個特點　徐杰譯　社會科學報　1987.4.9

論文化社會效益的實現途徑　鍾國興　社會科學輯刊　1987.2

試析社會主義文化建設的若干問題　陳茂鋐　馬克思主義研究　1987.1

漫說「西體中用」　李澤厚　孔子研究　1987.1

中西文化比較研究的若干方法問題　朱宗震　世界歷史　1987.2

如何研究政治文化及其研究的社會意義　趙軍　政治學研究　1987.3

衝突與交匯：十九世紀中國文化──「中國文化史討論會」紀要　張士楚、何錫蓉
　　整理　上海社會科學院學術季刊　1987.1

少數民族對祖國文化的貢獻　君亭　齊魯學刊　1987.2

我國文化發展戰略問題　季羨林　羣言　1987.7

論文化發展的參照選擇　傅道彬　湖北社會科學　1987.4

迎接衝擊傳統文化的第三次浪潮──兼論廣州的文化功能與戰略　周巷亭　廣州研
　　究　1987.5

毛澤東的中西文化觀與當前中西文化的論爭　汪澍白　毛澤東思想研究　1987.1

對現代西方文化某些方面的一些思考──一篇讀書筆記　趙復三　人民日報
　　　1987.3.23──24

西方文化研究中應當克服的幾種傾向　王治國　羣言　1987.3

中國近代中西文化比較研究的萌生與拓展　黃克劍　學習與探索　1987.1

中西文化講習研討會簡介　郁有學　學術月刊　1987.2

試論孫中山對西方文化的認識　陳崧　文史哲　1987.1

孫中山對中國傳統文化的反思　張豈之　西北大學學報（哲社）　1987.1

關於「世界人」──「五四」時期魯迅文化意識述論　爾遲　汕頭大學學報（人
　　文）　1987.1

馬克思主義在中國傳播與民族文化的關係　隗芾　汕頭大學學報　1987.1

「全盤西化論」的始作俑者　周溯源　人民日報　1987.3.2

傳統文化是多元的──關於「文化」問題的問答　陳鼓應、榮書菁　電影藝術
　　　1987.3

關於「文化」問題的問答　李澤厚、榮書菁　電影藝術　1987.1

文化研究十五問　降大任　晉陽學刊　1987.1

關於文學中的文化問題的討論　陳晉　文藝理論與批評　1987.1

論文化發展的未來趨勢　顧曉鳴　社會科學　1987.1

略論中國文化發展的前景　湯一介　理論月刊　1987.1

中國當今的落後是由於對傳統文化精華的遺忘　丁中柱　中國青年報　1987.1.2

傳統文化與文化傳統　朱維錚　復旦學報　1987.1

對中國傳統文化的兩點看法　張岱年　光明日報　1987.1.19

傳統文化研究現狀述評　王和　文史知識　1987.1

正確反思中國文化傳統　何雙及　中國青年報　1987.1.8

基督教與中西文化交流　程偉禮　復旦學報　1987.1

試論文化現代化的途徑　陳爕君　天津社會科學　1987.1

中國政法體制改革的政治文化背景　嚴家其　管理世界　1987.1

文化三議：關於「文化熱」的反思　尹繼佐　中國文化報　1987.3.4

談文化創造的二重性：評當前一種文化觀點　聞一步　中國文化報　1987.3.8

文化與批評：人類學對文化概念的研究給我們的啓示　靳大成　批評家　1987.1

文化發展的戰略思想：改革、開放、建設　張松魁　精神文明研究　1987.1

中國傳統文化和現代化　劉修明　社會科學　1987.2

社會主義精神文明和中國傳統文化　鄭文瑞　求實　1987.1

應歡迎外來文化的傳入　王毅　西北大學學報（哲社）　1987.1

傳統文化與經濟形態　廉永杰、馬永俠　西北大學學報（哲社）　1987.1

論民族文化的主體意識　許志杰　團結報　1987.3.28

漫談文化傳統　吳組緗　文史和識　1987.2

儒家倫理觀念與中國傳統文化　葛兆光　文史知識　1987.1

論爲學之道：序《道家思想與中國文化》　張松如　吉林大學社會科學學報　1987.1

文化史上的兀鷹：兼論董卓式的歷史「形式」　謝選駿　華人世界　1987.1

中國傳統文化與近代解放潮流：讀梁啓超《清代學術概論》與《中國近三百年學術史》
　　　李錦全　學術研究　1987.1

中國傳統文化中的惰性心理　李若　山西師大學報（社科）　1987.1

「全盤西化」在近代中國的起因及其破產　黃清根　文匯報　1987.2.24

蛇崇拜和龍蛇崇拜　李吉光　科學畫報　1987.1

古代日本文化與中國文化會合的形態　嚴紹盪　文史知識　1987.2

古代美洲和中國交往問題的探索　蘇仲湘　人民日報（海外）　1987.4.2

中國傳統文化在西方：略論西方對中國傳統文化認識的變化（上、中、下）　張廣
　　　達　文史知識　1987.1-3

日本的文化引進和民族傳統　賴育芳、顏吉鶴　學習與研究　1987.3

「四大發明」在東西方的不同命運　郭永芳　文史知識　1987.1

列寧關於社會主義文化建設的論述　江萍、武滿貴　錦州師院學報（哲）　1987.1

文化學的概念與理論　何新　人文雜誌　1987.1

文化哲學初論　江振華　社會科學家　1987.1

商品經濟與政治文化觀念　公丕祥、李義生　政治學研究　1987.1

關於建設民族新文化的斷想　郭鐵城　新長征　1987.1

經濟改革與文化改革　沈建新　遼寧大學學報（哲社）　1987.1

中國傳統文化對政治體制改革的影響　李小青　遼寧大學學報（哲社）　1987.1

民族傳統文化與現代化　王蒙　民族團結　1987.1

現代中國文化的體與用　張岱年　社會科學家　1987.1

「古已有之」心理──走向現代化的一個心理障礙　胡代勝　中國青年報　1987.1

任何傳統不可能靠虛無主義態度去突破　李貴仁　深圳青年報　1987.2

傳統：主體性和選擇的自由度　嚴博非　文匯報　1987.1

傳統哲學在現代化中的作用　丁寶蘭　廣州日報　1987.2

文化三型‧中國四學　金克木　讀書　1987.1

從中日西學輸入看文化問題　魏常海　晉陽學刊　1987.1

訓詁學與中國文化史的研究　劉又辛、李茂康　語文　1987.1

「全盤西化」論溯源　鍾卓安　廣州日報　1987.2.13

從中國的《懺悔錄》看知識份子的心態與人格：讀《遠生遺著》述感　許紀霖　讀書
　　　1987.1

中國文化在世界文化中的地位：兼論中國傳統文化的改造　莊錫昌　文匯報
　　　1987.2.10

閩台文化的相互交融　陳椿齡、鄭龍泉　人民日報　1987.1.26

文化衝突與文化融合的哲學思考　劉偉　內蒙古社會科學　1987.1

文化與自由：對一個馬克思主義理論問題的探討　孫月才　社會科學　1987.9

關於文化的思考　劉衛　浙江學刊　1987.5

「文化熱」走向的窺探　沈敏特　學術界　1987.4

文化學和文化史的研究對象及其學科特徵　吳廷嘉、沈大德　人文雜誌　1987.5

當代中國文化的哲學思考　周德豐　天津社會科學　1987.4

試論文化結構　唐大斌　江漢論壇　1987.8

評《中國文化的「深層結構」》　石黛　書林　1987.8

中西方學者論文化的矛盾動力性　魯凡之　學術研究　1987.4

試論經濟在中國文化中的地位　徐麟　安慶師院學報（社科）　1987.3

對文化斷裂說的思考　羅福惠　湖北社會科學　1987.9

論民族文化心理的深層結講　許蘇民　江海學刊（文史）　1987.5

著力探索民族文化的特質：訪中國文化史專家、湖北大學教授馮天瑜　熊瑞隆　人
　　　民日報（海外）　1987.9.24

長江流域文化的特徵及其對民族性格的影響　黃金輝　社會科學　1987.8

農業文化：中國文學之根　陰友權　當代文藝思潮　1987.4

道教特徵芻議：兼論與中國傳統文化的關係　哲學研究　1987.10

從中國古代飲食文化到中國古典美學：關於中國美感心態與文化心態的札記　潘如
　　　常、林偉　鄭州大學學報（哲社）　1987.5

試析中國思想文化史上的三次開放　俞啓義　湖北黨校學報　1987.4

欲把金針度與人：讀馮天瑜、周積明的《中國古文化的奧秘》　王才忠　江漢論壇
　　　1987.8

漢族與中國文化：讀徐杰舜《漢民族歷史和文化新探》的思考　李立綱　學術論壇
　　（文史哲）　1987.5
「精神勝利法」與傳統文化之關係　曹斌　寶鷄師院學報（哲社）　1987.3
中國傳統文化人文精神的特點　張慧彬　學習與探索　1987.5
中國傳統文化的特質及其背景　吾淳　學術月刊　1987.5
中國傳統文化與教育簡議　馬秋帆　教育叢刊（瀋陽師院教育研究所）　1987.2
試論荀子思想在傳統文化中的地位　于世君　遼寧大學學報（哲學）　1987.5
試論唐代文化教育的開放性　劉海峯　福建論壇（文史哲）　1987.5
明清之際文化性質與中國啓蒙文化發展道路：與包遵信同志商榷　陳寒鳴　晉陽學
　　刊　1987.4
滿族入關和漢族文化的影響　左步青　故宮博物院院刊　1987.3
中國近代文化的起點及其研究展望　魏承思　文匯報　1987.10.20
梁漱溟文化哲學述評　方松華　學術月刊　1987.5
論態十力的中國文化觀：《讀經示要》、《原儒》讀後　郭齊勇　孔子研究　1987.3
蔡元培「中西融合」學術思想述評　楊曉　遼寧師範大學學報（社科）　1987.5
我們的文化難題　金克木　讀書　1987.10
東西文化的比較研究：以近代科學的產生爲觀點　諸葛蔚東　中國文化報
　　1987.11
文化與功能：日本文化特徵論　諸葛蔚東　國外社會科學　1987.11
中日兩國人民文化交流點滴：國際王國維學術研討會側記　柔之　美育　1987.5
孔子精神、基督精神與中西文化　高旭東　山東大學學報（哲社）　1987.1
宗教與準宗教　陳炎　山東大學學報（社哲）　1987.1
「原罪」與「仁」　吳忠民　山東大學學報（社哲）　1987.1
文化與選擇　鄒廣文　山東大學學報（社哲）　1987.1
儒家美學的「和諧」與基督教神學美學的「和諧」　姚文放　山東大學學報（哲
　　社）　1987.1
文化發展中的「增生原則」　方江山　科技日報　1987.9
文化建設的方向　張岱年　北京大學學報（哲社）　1987.5
必須在文化領域堅持判繼承的方針　魏世峯　人文雜誌　1987.5
文化發展中的兩個悖論　許志杰　東岳論叢　1987.5
傳統文化與社會主義文化　嚴仲奎　廣州研究　1987.6
關於文化發展戰略幾個問題的探討　李軍　經濟與社會發展　1987.3
我國二十一世紀的文化　張學禮　未來與發展　1987.4
文化發展豈能隨心所欲　金開誠　北京大學學報（哲學）　1987.5
中國文化的繼往與開來　鄧廣銘　北京大學學報（哲學）　1987.5
把文化觀念建立在社會主義商品經濟的基礎上：訪經濟學家、《光明日報》副總編輯
　　方恭溫　鴻鶴、湧峯　中國文化報　1987.10
創造一個有利於改革的文化環境：答《中國文化報》記者問　唐宗焜　中國文化報
　　1987.10

改革中人的觀念問題　蔣映光　中國文化報　1987.10

經濟體制改革實質上也是文化觀念的變革　張宣三　中國文化報　1987.10

文化觀念必須適應商品經濟的發展　馮文光　中國文化報　1987.10

「首屆城市文化研討會」綜述　舒待之　中國文化報　1987.11

城市的「大衆文化」與「小衆文化」　吳亮　語文導報（杭州大學中文系）
　　　1987.10

淺談深圳文化建設的特色　雲惟經、馮達才　現代哲學　1987.2

對「南京文化」之我見　吳調公　南京史志　1987.5

關於「法制文化學」的對話：訪國務院法制局副局長黃曙海　李勇鋒、紀紅　中國
　　　文化報　1987.9.23

文化與犯罪淺談　阿江　中國文化報　1987.9

比較法律文化的名與實　梁治平　中國文化報　1987.9.23

把文化建設納入法制軌道　劉玉珠　中國法制報　1987.10.21

正確認識政府管理經濟的職能：關於政企分工觀念的反思　季曉南　中國文化報
　　　1987.9.2

建立新型政治體制與轉變舊有文化觀念　吳知論　中國文化報　1987.9.2

正確理解「解堅黨的領導」：關於黨政分開觀念的理論思索　陸翼鵬　中國文化報
　　　1987.9.2

「幹部」觀念的再認識　張樹義　中國文化報　1987.9.2

廣州文化發展戰略綱要　廣州日報　1987.8.27

對我區文化發展戰略研討的意見　羅立斌　學術論壇（文史哲）　1987.3

改革和發展中的文化心態：系列調查報告㈠㈡　尚曉原執筆　中國文化報
　　　1987.9.6,16

《瞭望》周刊發展趙蘭英的文章指出上海：東西方文化交匯的熱點　文匯報
　　　1987.8.19

談融會　林克歡　文藝學習（京）　1987.4

古代中、印、希文化交融發微　劉以煥　深圳大學學報　1987 增刊,17—26

農村羣衆文化工作改革的設想　程萬里　光明日報（京）　1987.8.26

關於文化工作的斷想　戴式祖　河南日報　1987.7.29

啓動革命老區文化建設的內在活力　晏亞仙　光明日報　1987.8.25

內蒙古自治區羣衆文化事業四十年　齊寶海　中國文化報　1987.8.23

山老區文化建設必須綜合治理　王一民　中國文化報　1987.7.29

從伊水流域看貧困地區的文化　武中華　中國文化報　1987.7.29

對山區文化發展問題的再認識　劉芳九　光明日報（京）　1987.8.25

實行社會文化建設的城鄉一體化　于偉國　北京日報　1987.8.17

關於建設大連文化環境的設想　張鴻慶、隋允康　發展戰略報　1978.8.9

中國藝術的文化選樣　王可平　文論報　1987.9.11

中國法律文化的現代化　蔣迅　法學　1987.7

繼承光榮傳統開展新型軍營文化活動　劉立封　中國文化報　1987.7.29

文化建設在現代戰爭中的地位和作用　許祥文　社會　1987.4

中國文化與中國的統計科學　曾達敏　統計與決策　1987.4

對美學和文化研究的歷史反思：兼論審美文化學建設及其重要意義　李欣復　西藏
　　民族學院學報（社科）　1987.2

城市文化縱橫談　時維、辛章平、韓鳳仙　中國文化報　1987.9.13

農民文化與文化農民　王介民　中國文化報　1987.9.13

試論文化相對論　李安民　中山大學學報（哲社）　1987.3

中國人的文化心理向何處去？　張曉光　長白學刊　1987.4

文化——把握三個規律的聯結　康式昭　北京社會科學　1987.2

文化建設與民族主體性　張岱年　北京社會科學　1987.12

文化在生活與藝術中的中介作用　張首映　文藝學習　1987.4

文化視角中的現實主義與形式主義互補論　張首映　文論報　1987.8.1

注意經濟與文化發展中的畸型現象　洪濟龍　文化周報　1987.9.2

文化——人類生活的手段：評馬林諾夫斯基的《文化論》　江劍旭　中國圖書評論
　　（瀋陽）　1987.3

中國傳統文化思想芻議　劉奉光　北京社會科學　1987.2

中國古代農業社會和傳統文化㈠㈡　劉國培　昆明師專學報（哲社）　1987.1-2

對中國文化特質的可貴探索：評介《中國古文化的奧秘》　王武子　湖北日報
　　1987.7.25

談中國在海外的一個名字——「契丹」　蘇仲湘　人民日報（海外）　1987.8.10

中原傳統文化七人談　張冠生整理　大學文科園地　1987.4

從敦煌的五台山繪畫和文獻看五代宋初中原與河西于闐間的文化交往　榮新江　文
　　博　1987.4

從《日書》看秦人鬼神觀及秦文化特徵　李曉東、黃曉芬　歷史研究　1987.4

滇文化在雲南古代民族研究中的地位　張錫盛　曲靖師專學報（社科）　1987.1

贛中先秦文化若干問題的探討　李玉林　宜春師專學報（哲社）　1987.2

漢唐文化發展的特點　熊鐵基　華中師範大學學報（哲社）　1987.4

遼代文化與「華夷同風」　馬赫　民族研究　1987.3

《周易與中國文化》之一——「河圖」「洛書」淺說　鄧球拍　湘潭大學學報（社
　　科：哲學專輯）　1987增刊

論我國古代文化重心南移於五代　陶懋炳　湖南師範大學學報（社科）　1987.4

近代中國對中西文化的優選　朱宗震　中國社會科學院研究生院學報　1987.4

談中國近代文化史的研究　龔書鐸　文史哲　1987.4

毛澤東文化選擇的方法論原則　何顯明　毛澤東思想研究　1987.3

評李敖的全盤西化論　李春平　清華大學學報（哲社）　1987.1

人民調解制度與中國傳統文化　張衛平、趙萬一、郭明忠　法律學習與研究
　　1987.3

試論宗教滲透對我國群眾文化生活的影響與意義　陳達專　吉林大學學報（社科）
　　1987.2

「則天走私」與中國傳統文化 沈迪中 現代日本經濟 1987.2

胡適舊方治國難？不值一駁的「全盤西化」論 楊啓軍 寧夏日報 1987.8.13

新疆古代少數民族對祖國文化的重要貢獻 高新生 實事求是 1987.4

《唐詩三百首》與民族文化心理 曾憲祝 古典文學知識 1987.4

南朝四百八十寺，多少樓台風雨中，文化研究的一個側面：讀《台灣寺廟考》 李茅
　　社會科學報 1987.7.30

解釋學：中西文化比較方法之探討 嚴軍 哲學動態 1987.7

科學發展的社會文化背景：默頓《十七世紀英國的科學、技術與社會》述評 顧昕
　　讀書 1987.8

日本深層文化論的興起 卞崇道 哲學動態 1987.7

從「理性的批判」到「文化的批判」：從卡西爾的《語言與神話》談起 甘陽 讀
　　書 1987.7

日本近代化初期的文化選擇 翟新 文匯報 1987.9.15

淺論「道」對日本文化的滲透 張麟生 山西大學學報（哲社） 1987.3

日本吸收外來文化的歷史觀察 武安隆 南開學報（哲社） 1987.3

華夏傳統文化與中國式企業管理 馬泉山 工業經濟管理叢刊 1987.6

我國社會主義文化市場初探 車國成 財貿經濟（京） 1987.7

繼承和借鑑及其連接點 若筠 青海日報 1987.8.9

文化斷裂帶上的這一代大學生 徐渭明 青少年研究 1987.8

改革開放與中國傳統文化的發展 韓國磐 廈門日報 1987.7.25

珍惜民族優秀傳統，重視人的倫理價值 王鳳賢 浙江學刊 1987.4

東西方比較研究的方法論思考 吳光 浙江學刊 1987.4

馬克思主義理論研究中的幾個方法論問題 任鷹 浙江學刊 1987.4

正確估價現代西方哲學西潮 賴金良 浙江學刊 1987.4

對中國傳統文化的鑑別和選擇 錢明 浙江學刊 1987.4

簡談民主 董平 浙江學刊 1987.4

文化批判與繼承的沉思 滕夏 浙江學刊 1987.4

經濟體制改革呼籲著文化觀念變革：答《中國文化報》記者問 董輔祖 中國化報
　　1987.8.19

關於我國經濟體制改革的文化背景 榮敬本 中國化報 1987.8.19

關於改革中的價值觀變遷問題：對「改變」的重新評價 楊冠三 中國化報
　　1987.8.19

改革中的社會心理變化 蓋軒 中國化報 1987.8.19

關於改革中的文化傳統變革問題 張曉明、詹小洪 中國文化報 1987.8.19

現代意識應和民族文化意識相交融 李健民 文化周報 1987.7.22

傅偉勳教授談，中國文化的未來展望 社會科學報 1987.7.30

關於中國傳統文化與現代化討論的反思 張振江 河南大學學報（哲社） 1987.3

有錢有閒後的反省：一個台灣同胞眼中的中國文化 莒青、簡波 電影藝術
　　1987.8

區域文化發展戰略思想的理論探討　黃堅　福建論壇（經濟、社會）　1987.6

文化的層次性與廣州的文化發展　萬朝領　廣州研究　1987.5

談大眾文化研究　劉德偉　中國文化報　1987.6.24

當前社會文化工作的特點　焦勇夫　羣衆文化　1987.5

城市文化發展趨勢初探：從城市職工文化生活的一次千人調查説起　高思國　中國
　　文化報　1987.7.8

試談羣衆文化的十大發展趨勢　華蕭　精神文明研究　1987.2

在改革中建立科學的農村羣衆文化工作體系　仇學英　貴州社會科學（文史哲）
　　1987.6

關於企業文化的沉思　羅海波　企業家天地　1987.4

「企業文化」與企業戰略　馮之浚、張冠生、薛正强　瞭望　1987.23

略論我國企業文化的重塑　高栓平　贛江經濟　1987.5

企業文化與企業活力　石璞　中南財經大學學報　1987.3

企業文化與文化組合　聶元昆　社科信息　1987.4

企業文化結構初探　郭廷建　中國文化報　1987.6.24

現代企業文化與傳統文化的關聯　經志强　中國文化報　1987.6.24

中國旅遊文化及其改造之我見　喻學才　中國文化報　1987.6.24

「城市文化」研討會綜述　管益忻　中國文化報　1987.7.8

語言學與文化學（上、下）　游汝杰　語文導報　1987.5-6

文化進化學提要：有關人與文化的再度思考　牛龍菲　蘭州學刊　1987.2

「文化」涵義辨析：兼論文化與文明的關係　劉修水　人文雜誌　1987.3

對近年來文化討論的再思考　劉柊　新長征　1987.7

論人類文化的結構及其演變　丁篤本　湖南師範大學社會科學學報　1987.3

略談文明的起源與發展　智純　寧夏大學學報（社科）　1987.2

文化心理與思維框架　李林　讀書　1987.5

「新亞當蘋果」和「潘多拉之匣」：西方文化理論思潮簡述　亦舟　國外社會科學
　　1987.5

中國傳統文化之評價及其他　沈嘉榮　南京史志　1987.3

傳統文化研究展望　王和　史學情報　1987.1

開拓進取是中國傳統文化的主流：評歪曲中國傳統文化的封閉型文化説　杜建民
　　聊城師範學院學報（哲社）　1987.2

試論傳統思維方式及其變革　陳曉龍　蘭州學刊　1987.2

中國的地理環境與中國傳統文化的二重性：魯迅的中國文化觀研究之一　張琢　社
　　會學研究　1987.1

傳統文化與精神文明　藍嵐　社科信息　1987.4

《中國文明源頭新探》質疑　司馬龍　西南民族學院學報（哲社）　1987.2

中國神話散亡原因探測　張治安　伊犁師範學院學報（社科）　1987.1

佛教對中國傳統文化的滲透　雷瑩　北京大學研究生學刊　1987.2

道教與中國傳統文化　牟鍾鑑　文史知識　1987.5

中國傳統文化中的「道」與「器」：讀《華夏意匠》　王毅　讀書　1987.6

中華文化是值得驕傲的文化　張槤壽　雲南日報　1987.7.17

期待夏文化探索取得突破性進展　殷瑋璋　史學情報　1987.1

從散曲看元儒民族文化心態中的離異意識　譚微中　汕頭大學學報（人文）
　　1987.2

中國近代文化——從挫折中崛起　馮天瑜　湖北社會科學　1987.4

中國文化三題　程應鏐　上海師範大學學報（哲社）　1987.2

中國文化的雙重性結構及其對近代中國社會的影響　潘建雄　社會學研究　1987.3

「全盤西化」論破滅的三代　易孟醇　湖南日報　1987.6.25

「全盤西化」與傳統文化　湯文志　雲南教育學院學報（社科）　1987.2

中國人對中西文化認識的演變及「全盤西化」論的破產　李友濱、周溯源　學習與
　　研究　1987.5

本世紀初西方現代思潮在中國的影響：王國維魯迅比較論　陳思和　復旦學報（社
　　科）　1987.3

西學和中國近代史學　吳懷棋　光明日報　1987.6.17

中國近代資產階級「西學」的特徵和歷史命運　吳熙釗　學術研究　1987.3

論魯迅對西方文化的態度　黃洪基　求索　1987.3

魯迅與傳統文化　郭志剛　光明日報　1987.6.16

進化論是陳獨秀在新文化運動初期思想的主線　張洪波　江淮論壇　1987.3

淺論中西文化比較的方法論　葉志華　嶺南學刊　1987.5

讓中國文化走向世界，也讓世界文化走向中國　湯一介　人民日報（海外）
　　1987.6.15

論走向世界的中國文化：兼論馬克思的文化觀　榮劍　河北大學學報（哲社）
　　1987.1

論猶太文化對文化研究的意義　顧曉鳴　復旦學報（社科）　1987.3

「儒學資本主義」與中西文化交流　楊丙安　中州學刊　1987.3

香港的現代化與中國文化　翁素倫著、張廷玉譯　國外社會科學動態　1987.6

深入研究文化對外開放問題　廣言　廣州研究　1987.4

類比方法與文化的價值系統　吳彤　自然信息　1987.3

在中西文化的經緯度上　李思孝　文匯報　1987.6.29

中國經濟、政治、文化全方位改革的思考　馮根福　經濟學情報（中南財經大學）
　　1987.3

談談傳統與改革　王興國　紅旗　1987.12

關於傳統文化與現代化關係問題之我見　錢遜　孔子研究　1987.2

論傳統文化與人的現代化　劉有君、楊圻榮　中山大學研究生學刊（社科）
　　1987.1

同傳統文化主體訣別　黃崇山　社會學研究　1987.1

淺論在開放中發展民族文化　束迪生　實事求是　1987.3

文化、人、社會動力系統　孫立平　中國文化報　1987.7.22

關於文化發展戰略的若干思考　馮之浚　科學學與科學技術管理　1987.6
世界文化的「危機」與發展　關鍵　雲南社會科學　1987.3
第三次浪潮的科學和文化述略　陳傳康　現代化　1987.6
文化：列寧的態度　王兼强　社會科學報　1987.5.7
也談「文化熱」　陳遼　文藝爭鳴　1987.3
文化研討方法論三題　周德豐　山西日報　1987.6.2
文化戰略與時間戰略的綜合效應　金哲、陳燮君　社會科學戰線　1987.2
中國應當再來一次西方的「文藝復興」嗎？　馮虞章　理論月刊　1987.5
試談發達國家對傳統文化的反思　潘光　解放日報　1987.4.29
談談文化交流中的幾個問題　楊知秋　大西南文學　1987.4
關於輸進西方文化問題　鍾敬文　羣言　1987.4
要重視中國民族文化的整體研究　余斌　人民日報　1987.3.31
傳統儒學的歷史命運　朱日耀、曹德本、孫曉春　吉林大學社會科學學報　1987.
　　　3
中國傳統文化方法論及其現代價值　王國炎　爭鳴　1987.3
「全盤西化」論的過去和現在　周隆賓　紅旗　1987.8
反對民族虛無主義　錢茂竹　紹興師專學報（社科）　1987.2.5
正確評價我國的傳統文化　夏春濤　湖南日報　1987.5
傳統的惰性並非法力無邊　余英杰　光明日報　1987.5.3
論民族傳統文化的主體性　鍾向東　爭鳴　1987.2
戊戌時期社會觀與文化觀的變革　吳廷嘉　上海社會科學院學術季刊　1987.1
中國史前文化的統一性與多樣性　嚴文明　文物　1987.3
對母體文化的自衛與超越：論聞一多的文化發展觀　呂維、徐葆耕　中國社會科學
　　　院研究生院學報　1987.2
章太炎與中國近代民族文化　徐和雍、李今栽　杭州大學學報（哲社）　1987.1
李大釗對中西文化的揚棄　李聲笑　河北學刊（石家莊）　1987.3
魯迅與孔子　孫世哲　遼寧教育學院學報（社科）　1987.2
文化性格論　林非　河北學刊　1987.3
變革興揚棄　曹健飛　寧夏教育學院學報（社科）　1987.2
自然權利的觀念與文化傳統　何兆武　學術月刊　1987.3
現代意識與文化傳統　徐中玉　上海文論　1987.2
關於人的現代化　馮賢昭、李曙華　杭州師院學報（社科）　1987.1
文化與道德關係初探　袁林生　安徽省委黨校學報　1987.1
促進觀念更新是文化事業發展的先導　高占祥　文藝爭鳴　1987.2
技術進步是文化發展　王興成　中國科技論壇　1987.2
關於區域文化建設的若干思考　曾繁亮、李廷鑄　開拓　1987.1
科學的文化性　韓承清　社會科學報　1987.4.23
民族文化資源的開發　鄧啓耀　中國文化報　1987.4.8
文化觀與思維方式　默明哲　晉陽學刊　1987.2

文化的動態結構與新時期文學的兩種審美流向　區漢宗　雲南社會科學　1987.2

文化之維與審美之未　張首映　社會科學家　1987.2

「歲名」溯源：語言與文化密切相關之一例　童致和　杭州大學學報（哲社）　1987.1

中國語言學的宏富之路：評「文化語言學」　申小龍　復旦學報（社科）　1987.2

關於文化學研究的幾個問題　周洪宇、程啓灝、俞懷寧、熊建華　華中師範大學學報（哲社）　1987.6

多維視野中的「文化」概念（簡論「文化」）　顧曉鳴　社會科學戰線　1987.4

略論社會結構與文化結構的雙向選擇效應　陸才堅　社科信息　1987.11

人類學觀點：中國文化的選擇與分解　莊孔韶　雲南社會科學　1987.6

文化重建及當代文化論爭　曹錫仁　社會科學評論　1987.1

概論近代以來我國文化傳統主義的演化　羅福惠　華中師範大學學報（哲社）　1987.6

略論文化交流　郁龍余　深圳大學學報（人文社會科學）　1987.3

中國比較文化研究史的分期問題　許蘇民　天津社會科學　1987.5

試論三十年代中期的中國本位文化建設運動　馬克鋒　寶雞師院學報（哲社）　1987.4

胡適的中西文化觀簡評　杜蒸民、房列曙　安徽師大學報（哲社）　1987.4

試論我國社會主義初級階段的文化　冷鶴鳴　黨政論壇　1987.10

試論中國傳統政治文化的基礎與特徵　徐大同、高建　天津社會科學　1987.5

傳統文化與法制建設　喬偉　政法論壇（中國政法大學學報）　1987.6

經濟學與文化選擇　周佛林　浙江師範大學學報（哲社）　1987.2

中國的教育文化與教育傳統　楊宏聲　社會科學報　1987.5.7

對當前中國城鄉文化合流的斷想　梁健　社會科學評論　1987.12

當代中國文化地域性初探　王世達、陶亞舒　社會科學評論　1987.12

論培育和優化我國企業文化　高平　江西社會科學　1987.6

創造有中國特色的社會主義文化：也談中國文化發展的前景　田文棠、張積玉、劉學智　社會科學評論　1987.12

時代呼喚著南寧文化的變革與創新　陳仲良、易偉球　廣西社會科學　1987.4

中國在日本攝取近代歐洲文化中的作用　趙建民　學術月刊　1987.12

古代伊朗對江西文化的影響　李鐵匠　江西社會科學　1987.6

略論漢代西域文學藝術對中國文化的影響　丘進　暨南大學研究生學報　1987.4

李錦全教授關於中國傳統思想文化的縱橫談　梅汶佬　學術研究　1987.6

民族文化心理積淀與古代散文的流變　萬陸　萍鄉教育學院學報（社科）　1987.4

文化視界論　周憲　人民文學（京）　1987.12

文化、文化研究與歷史學　姚蒙　史學理論　1987.3

文化結構和文化主體性　徐建融　新疆藝術　1987.5

文化發展的勢差規律　任繼愈　羣言　1987.12

談談文化選擇及其機制　顧曉鳴　理論教育　1987.10

國外跨文化心理學研究綜述　陸士杰　青海師專學報　1987.4

論物化文化的作用　郎毅懷　吉林社會科學　1987.2

論思想文化遺產的改造　張俊相　齊齊哈爾師範學院學報（哲社）　1987.4

人類先進思想文化與社會主義精神文明建設　呂彥博　吉林社會科學　1987.10

傳統文化與現代化　嚴鍾奎　暨南學報（哲社）　1987.4

論社會主義新文化的基本特徵　魯華　山東社會科學　1987.2

古爲今用：中國文化特色發展管見　張聚寧　爭鳴　1987.6

傳統文化與人才成才　王亞南、鄭凡、趙捷　科學、經濟、社會　1987.6

民族社會的文化生態　鈉日碧力戈　內蒙古社會科學（文史哲）　1987.6

關於文化與文學的思考　陳文　廊坊師專學報（社科）　1987.4

從小說到宏觀文化心態學　楊義　人民日報　1987.12.29

試論企業文化　章瑞華　社會科學　1987.12

史前中國東南濱海文化的生態學研究　喬曉勤　東南文化　1987.3

近現代東西文化哲學交流、結合的歷史反思　李成蹊　復旦學報（社科）
　　　1987.6.21

跨文化研究「自我」的啓示：《文化與自我——東西方比較研究》前言　暢廣元　陝
　　　西師大學報（哲社）　1987.4

中西文化衝突的性質及其根源：兼論兩種文化的價值特徵　吳廷嘉、沈大德　社會
　　　科學輯刊　1987.5

從中西藝術文化逆向說談起　潔泯　當代文壇報　1987.11

當前世界文化趨向與比較文學比展的必然性　樂黛雲　比較文學研究　1987.3

關於「人與自然」的國際文化對話　萬俊人整理　中國社會科學　1987.6

太平洋區域文化與西方文明　周谷城、李春輝、沈子峯等　羣言　1987.11

從「海洋」母題看東西方文化傳統　劉禹軒　學術月刊　1987.11

進一步開展日本文化研究：日本文化學術討論會綜述　王偉　日本問題　1987.6

文化衝突中的正確選擇與日本近代文化形成：讀《文明論概略》　馮國有　社會科學
　　　評論　1987.7

不成熟的日本文化論　陳敦秀　讀書　1987.11

中日文化交流的歷史再回顧：紀念「七七」事變五十周年　吳于廑　武漢大學學報
　　　（社科）　1987.6

CiCi問題：中印文化交流的一個例證　季羨林　社會科學戰線　1987.4

時代呼喚著文化史研究的深入　羅德惠、高鈍　湖北社會科學　1987.11

論中國傳統文化的層次結構與體用　趙吉惠　人文雜誌　1987.6

傳統文化的哲學反思：讀陳俊民同志《張載哲學思想及關學學派》　黃新亞　社會科
　　　學評論　1987.6

淺談漢文化的形成　李鴻恩　洛陽大學學報（綜合）　1987.2

中國傳統教育的結構、特性和特徵及其與文化的關係　丁鋼　教育研究　1987.12

先秦三晉文化思想探析　李元慶、高銀秀　晉陽學刊　1987.6

楚文化的審美特徵與浪漫主義文學　高逸羣　湖北師範學院學報（哲社）　1987.3

秦漢以後中國古代文化發展的軌跡　熊鐵基　江漢論壇　1987.11
南宋杭州文化發展的歷史特點　林正秋　杭州師院學報（社科）　1987.3
近代文化覺醒與《人境廬詩草》　陳其泰　學術研究　1987.5
中體西用文化模式之反思　馬克鋒　中州學刊　1987.6
試評「全盤西化」論和「中國本位文化」論之爭　陳江豐　理論月刊　1987.12
傳統文化與現代化　季羨林　北京大學學報（哲社）　1987.5

1988 年

中國文化特徵形成的文化學機制　顧曉鳴　天津社會科學　1988.1
文化無意識（一種新的精神領域的研究報告）　李述一　哲學研究　1988.2
「文化熱」的方法論熱點（兼論文化發生態的方法脈絡）　張德華　社會科學
　　1988.2
文化結構、文化心態、文化勢能與文化衝突的圖景（關於文化研究的方法論思考之
　　一）　李曉明　湖北社會科學　1988.1
論文化重構和社會學發展的前景　任平　蘇州大學學報（哲社）　1988.1
關於城市文化的幾個問題　師海貌、趙偉東　城市改革理論研究　1988.1
盧森堡公園漫步（對現代西方文化某些方面的歷史考察札記）　趙復三　中國社會
　　科學（京）　1988.2
中國現代化的歷程：雙向回流　陳立旭　中共浙江省委黨校學報　1988.1
關於印藏文化交流的幾個問題　星全成　青海民族學院學報（社科）　1988.1
論中國特徵的農業家族文化及其矛盾　陳學凱　湘潭大學學報（社科）　1988.1
近代以來中國人的文化認識歷程（兼論文化的時代性與民族性）　龐樸　教學與研
　　究　1988.1
關於研究中國古代北方民族文化史的我見　林幹　內蒙古大學學報（哲社）
　　1988.1
華夏之龍（對我國龍文化的模糊省思）　高天星　大學文科園地　1988.2
「中國走向近代的文化歷程」學術討論會綜述　田文軍　哲學動態　1988.1
明末清初「西學東漸」評議　饒良倫　求是學刊　1988.1
關於社會主義初級階段中傳統文化的作用　舒焚　湖北大學學報（哲社）　1988.1
「西體中用」評議（求救於李澤厚先生）　吳忠民　哲學動態　1988.1
關於當前文化工作的幾個問題（向七屆人大一次會議的書面報告）　王蒙　中國文
　　化報（京）　1988.4.3
文化研究：錯誤在什麼地方？　黎明　經濟學周報　1988.4.3
關於文化管理學科建設之管見　龔心瀚　上海大學學報（社科）　1988.1
文化學精英誌(一)　小光　社科信息（武漢）　1988.2
文化學精英誌(二)　小光　社科信息（南京）　1988.3
文化學說價值域論　劉敏中　求是學刊　1988.2

論文化生活消費和人的全面發展　林白鵬　山東大學學報（哲社）　1988.1

中國飲食文化面面觀　張光直（美）著、蕭竹譯　旅遊科學　1988.1

科學研究中的文化觀問題　吳彤　内蒙古大學學報（哲社）　1988.2

從文化區系關係看長城的歷史　彭曦　慶陽師專學報（社科）　1988.1

中西文化論爭源流初探　呂振亞　貴州社會科學（文史哲）　1988.4

關於以西方之新復中國之舊的思考　唐振常　歷史研究　1988.2

東亞經濟的發展和早期儒家文化　錢佳變　社會科學評論　1988.2

關於文化交流的歷史哲學反思　許蘇民　天津社會科學　1988.2

中國歷史上的文化開放與社會進步　張相輪　南京政治學院學報　1988.2

民主與科學：中國近代文化的發展趨向　黃宣民、姜廣輝　浙江學刊　1988.2

中國傳統文化中的性別歧視　張允熠　社會學研究　1988.2

儒學的反思與吸收西方文化　徐遠和　東岳論叢　1988.5

論新時期小説中的文化回歸意識　宇文華生　東岳論叢　1988.5

文化常常比經濟更重要　朱嘉明　讀書　1988.8

中國新文化的創建（序《中國文化的現代化與世界化》）　湯一介　讀書　1988.7

中西文化之「會通和合」（讀錢穆《現代中國學術論衡》有感）　葉秀山　讀書
　　1988.4

文學史的「邊際研究」（讀陳平原《在東西方文化碰撞中》）　黃子平　讀書
　　1988.4

「海洋時代」（近代圖書文化史話）　汪家熔　黑龍江圖書館　1988.2

從民族文化形態上看晚清之際中日兩國西學輸入問題　陶衛東　日本問題　1988.2

海外精蘭——日本高僧榮西與浙江的佛教文化交流　楊古城　浙江工藝美術
　　1988.1

試論陝甘寧革命根據地的政權與文化的關係　董漢河　寧夏社會科學　1988.2

馮友蘭中西文化觀述評　王鑑平　上海社會科學院學術季刊　1988.1

東西方傳統文化之管見　劉梅生等　信陽師範學院學報（哲社）　1988.1

梁漱溟的文化比較模式析論　郭齊勇　武漢大學學報（社科）　1988.2

中西封建社會主體文化興衰的反思　熊家利　湖南師範大學社會科學學報
　　1988.17.2

文化組合論　冷德熙　南京大學學報（哲、人文、社科）　1988.1

文化的社會功能　馮之浚、張冠生、薛正強　學術月刊（滬）　1988.1

論文化人格和美育疏導　徐宏力　爭鳴　1988.1

文化開放與心理障礙　鄧啓耀　中國文化報　1988.2.28

人類文明會走向崩潰嗎？　何心、崔莉　未來與發展　1988.1

人力資源管理的跨文化比較　俞文釗　外國經濟與管理　1988.3

「潛文化」試論　黃啓　社會科學　1988.2

論城市文化建設　劉榮惠　河北學刊　1988.1

論城市文化的作用　張亞昌、李文清　城市改革理論研究　1988.1

地方志與區域文化　陳中凡　史志文萃　1988.1

淺議我國政治文化心理的幾點弊端　宋志臣　學習與探索　1988.2
試論法律文化的結構層次　劉作翔　西北政法學院學報　1988.1
社會主義初級階段的法律文化特徵　林揚　中國文化報　1988.3.16
校園文化的概念、特徵、功能及其建設　丁東瀾　浙江師範大學學報（社科）
　　　1988.1
青年文化及其在德育觀念更新中的意義　秦國柱　廈門大學學報（哲社）　1988.1
社會主義初級階段的文化建設　吳祖鯤　長白學刊　1988.1
中國近代方法論變革的軌跡：中國文化衝突和融合的一個側面　李志林　哲學研究
　　　1988.2
中西文化比較研究之我見　方延明　文匯報　1988.3.20
世界是多元的整體：周谷城教授談國際文化交流　朱聖弢　文匯報　1988.3.6
對中國文化面向世界的思考　李榮啓　理論學刊　1988.1
中國文化的一面鏡子　張錦　讀書　1988.2
魯迅的世界文化取向　陳學超　中國文化報　1988.2.17
外國傳教士與近代中西文化交流　呂延濤　光明日報　1988.2.3
托爾斯泰和中國文化　袁荻湧　課外學習　1988.3
在「文化熱」中對東方文化的反思　于志斌　東方青年　1988.1
將文化史研究推上一個新台階：「中國走向近代的文化歷程學術討論會」綜述　羅
　　　非、汪潤元　華中師範大學學報（哲社）　1988.1
對文化問題的新探索：「中國走向近代的文化歷程」學術討論會述要　李維武　武
　　　漢大學學報（社科）　1988.1
傳統文化研究面臨三個問題：湯一介先生對傳統文化研究諸流派的評議　理論信息
　　　報　1988.3.21
多側面地探討中國傳統文化　王有為　學術月刊　1988.1
原始思維機制與原始文化之謎：兼論兒童思維機制與兒童的世界圖景　劉文英　文
　　　史哲　1988.1
五四時期復古與西化的文化偏向：對文化回歸現象的再認識　俞祖華　中州學刊
　　　1988.1
民族的文化與文化的民族性：為《中國文化史叢書》發行而作　龐樸　人民日報
　　　1988.2.12
淺析王國維與陳寅恪的「民族文化史觀」　任嘉禾　內蒙古社會科學（文史哲）
　　　1988.1
人類最早的自我肯定與文化的復歸　于洪英　天津社聯學刊　1988.2
走向現代化過程中的中國傳統文化縱橫談　孔令明　中南財經大學研究生學報
　　　1988.1
為毛澤東思想研究開拓新的領域：《毛澤東思想與中國文化傳統》讀後　李銳　人民
　　　日報　1988.3.28
魏源暨中國近代文化史討論會綜述　鄭大華　光明日報　1988.3.23
傳統與中國人：關於「五四」新文化運動若干基本主題的反思與再批評（提綱）

劉再復、林崗　中國文化報　1988.3.29

鳳之謎：鳳凰崇拜的起源與演變　何新　中國文化報　1988.3.16

元末東南沿海城市文化特徵初探　陳建華　復旦學報（社科）　1988.1

論中國傳統文化與現代化的結合部　許蘇民　江漢論壇（武漢）　1988.2

中西封建社會主體文化興衰的反思　熊家利　湖南師範大學社會科學學報　1988.2

論民族傳統文化與社會主義現代民族文化建設　向零　貴州民族研究　1988.1

近代文化與儒學　耿雲志　人民日報　1988.3.21

要重視開掘齊文化　苗楓林　管子學刊　1988.1

考古學文化辨析　郭曉暉　爭鳴　1988.1

馬克思與文化學問題　孫偉科　羣衆文化　1988.3

加速深化文藝團體體制改革，全國文化工作會議在京開幕　人民日報（京）
　　1988.5.14

社會文化管理的幾個問題　黃浩　開拓者　1988.2

關於文化管理學科建設的思考　王生洪　上海大學學報（社科）　1988.1

文化領域實行間接管理的幾個問題　杜長勝　中國文化報（京）　1988.4.6

文化目標與社會承受力　經濟學周報　1988.3.27

「初級階段」思想文化的性質和特徵　梁渭雄　廣州日報　1988.5.6

關於「文化熱」的背景及其意義　沈嘉榮　東南文化　1988.2

「文化熱」的興起及其發展　朱劍　東南文化　1988.2

文化──現代化的靈魂：文化發展問題座談會側記　高瑜　經濟學周報　1988.5.8

文化移動簡論　樓嘉軍　歷史教學問題　1988.2

中國不再是龍　嚴家其　人民日報　1988.5.23

「文化與現代化」座談紀要　陳天慶整理　社科信息　1988.2

文化批判斷想　吳國光　新觀察　1988.7.14

折中主義文化現象的兩重性　高華　東南文化　1988.2

必要的參照和借鑑：評《文化的變異》　劉烈恆　中國圖書評論　1988.2

審美、傳統與地方文化：在我校座談會上的發言　王朝聞　呂梁學刊（社科）
　　1988.1

作爲文化的視覺藝術　周彥　文藝研究　1988.2

對「中國熱」和中國傳統價值觀的反思　鄭曉江　廣東教育學院學報（社科）
　　1988.1

用文學力量促進傳統文化「潛結構」的改造：致竹林　溫元凱　解放日報
　　1988.5.3

「神的文化」是對人的全面窒息：李燕傑曲嘯由蛇口青年的爭論引起的思考　曹長
　　青　蛇口通訊報　解放日報　1988.4.25

作爲文化的美術　戴恆揚　美術　1988.3

人才的宗教學思考　李向平　人才開發　1988.2

宗教與文化　賴永海　東南文化　1988.2.

法律權威性的文化反思　鄧正來　中國文化報　1988.4.6

建築文化研究大有可爲　蔣述傳　東南文化　1988.2

銀行文化淺論　陳德齊、張苿　銀行與企業　1988.4

文學家審美體驗中的文化因素　韓强　美育　1988.2

城市，上帝還是魔鬼：城市文化及其文學演示　張擎　藝術廣角　1988.2

論創造中國特色的企業文化　聶元昆　社會科學研究　1988.2

中華民族新文化的方向：從魯迅與胡適的中外文化觀談起　盧黎明、盧再彬　淮陰
　　師專學報（哲社）　1988.1

從新式標點符號的制訂看五四時期我國學者對待中西文化的態度　楊擇令　中州學
　　刊　1988.2

辜鴻銘與中西文化　李喜所　歷史教學　1988.4

文化精神的衝撞與美學思想的滲透：論西方美學對中國近代美學思想的影響　朱樺
　　學術月刊　1988.2

近代中西文化接觸交流層次的再認識　謝俊美　歷史教學問題　1988.2

健康人格理論比較文化的一種方法　許金聲　理論信息報　1988.5.16

文化・社會・人格　鄭也夫　理論信息報　1988.5.16

健康人格的價值評判　蘭秀良　理論信息報　1988.5.16

人格：在理想與現實之中　王潤生　理論信息報　1988.5.16

中國傳統人格的主要特點　張慧斌　理論信息報　1988.5.16

文字・思維・文化：一個中西比較的嘗試　郭沂　東岳論叢　1988.3

文化交流和中國文化的現代化　汪錫奎　唯實　1988.2

東西方文化及其比較的實質　趙平之　求是學刊　1988.2

東西方傳統文化比較之管見　劉梅生、雷近芳　信陽師範學院學報（哲社）
　　1988.1

北京歷史上的對外文化交流　閻崇年　學習與研究　1988.4

東西文化與人格暨健康人格問題　何振　中國文化報　1988.5.11

中國文化對日本地名的影響　劉沛林　衡陽師專學報（社科）　1988.1

文化類型、特質與社會發展：中日文化比較初探　盛邦和　社會科學　1988.4

試論日本的企業文化　米建國　日本研究　1988.1

蜀地文化興盛初探　李景焉　成都大學學報（社科）　1988.1

蜀文化發展淵源的探索　王毅　成都大學學報（社科）　1988.1

試論道教在中國傳統文化中的地方　卿希泰　哲學研究　1988.1

論民族精神解放對社會文化發展的能動作用　洪雨　青海師範大學學報（哲社）
　　1988.1

試論回族文化與中華民族傳統文化的關係　李燕晨　寧夏社會科學　1988.2

中華「日月文化」源流探索　龔維英　貴州社會科學（文史哲）　1988.4

論改革開放與民族精神的轉變　俞吾金　人民日報　1988.5.2

中國傳統文化基本精神的透視：《天人關係論》一書讀後　惠吉興　社會科學評論
　　1988.2

我國傳統文化中的幾次反思　沈善洪、滕建明　探索　1988.2

不似前人，勝似前人：試論兩種《中國文化史叢書》　吳德鐸　光明日報　1988.5.31

酒之於慶典：酒文化研究題三　彭兆榮　貴州社會科學（文史哲）　1988.4

楚和美：一個斷了線索的文化史疑案　劉曉路　美術研究　1988.2

東南文化的歷史發展及其特色　陳忠平　東南文化　1988.2

論「吳江派」的崛起及其貢獻　俞爲民　1988.2

論中國傳統文化的價值和文化戰略　陳秉公　社會科學輯刊　1988.2

生殖崇拜與中國生殖文化論略　傅道彬　社會科學評論　1988.2

中國傳統生活方式的特點　劉應傑　社會學研究　1988.2

文化背景與故事傳承：對三十二位民間故事講述家的綜合考察　劉守華　民族文學
　　研究　1988.2

「文明」源於「野蠻」：論中國文明的起源　李紹連　中州學刊　1988.2

我與浙江民間文化　鍾敬文　北京師範大學學報（社科）　1988.2

夏翟洛翟，播彩飾儀：雉鳥與中國上古文化　李炳海　文史知識　1988.3

扇子藝術史略　魏兆銓　文史知識　1988.5

論「中體西用」模式　蕭文傑　中州學刊　1988.2

「文化認同」和儒學的現代命運：評杜維明《儒學第三期發展的前景問題》　黃克劍
　　讀書　1988.3

對我國原始陶器幾何紋起源問題的思考　李冀川　美術史論　1988.1

中國傳統法律文化的反思　陳漢生、楊廣偉　文匯報　1988.4.1

淺談宗教對中國文化的影響　陳綺綺　法音　1988.2

近代文學與儒學　耿雲忠　人民日報　1988.3.21

社會公平：文化重建的幾點思考　王潤生　中國青年報　1988.3.25

儒文化：新生還是復蘇　姚蜀平　中國青年報　1988.3.25

文化場剖面與大學生成才——李端著《成本與第二文化環境》評介　宋覺　博覽羣書
　　1988.3

論藝術亞文化　馮憑　1988.3

人類最早的自我肯定與文化的復歸　于洪英　天津社聯學刊　1988.2

處在焦點上的文藝管理　徐永耀等　上海大學學報（社科）　1988.1

中國人醜陋嗎——讀《醜陋的中國人》一書有感　翁紹裘（美）著　華聲報
　　1988.3.18

護短與愛國——評對《醜陋的中國人》的若干批評　嚴秀等　文藝理論與批評
　　1988.1

社會主義文化市場及其特點　陳德述　中國文化報　1988.4.6

理順文化產品的交換關係　汪菊平　中國文化報　1988.4.6

社會主義初級階段文化建設的目標及其特點　李良棟等　精神文明研究　1988.2

改革需要文化，文化需要改革——本刊編輯部召開改革與文化座談會　新觀察
　　1988.5

改革、現代化與中國的傳統文化　杜治政　遼寧師範大學學報（社科）　1988.2

民間文化與現代生活（龐樸、鮑昌、樂黛雲、宋兆麟、陶陽五人談）　邱希淳整理

民間文學論壇　1988.1

當我和文化掮客握手（「初級階段」與文藝改革論壇）　天雲　上海文化藝術報
　　1988.4.1

論創造中國特色的企業文化　聶元昆　社會科學研究　1988.2

企業文化與職工素質：問題、成因、改造　周偉林　浙江師範大學學報（社科）
　　1988.2

管理理論的深化——企業文化的勃興　許建業　江漢大學學報（社科）　1988.1

關於上海文化發展的若干問題　王元化　解放日報　1988.4.13

蓬勃發展的深圳文化企業　王一章　中國文化報　1988.4.24

建設具有彝州特色的社會主義民族文化藝術　何毅　民族工作　1988.4

讓古老的西藏文化重放異彩——訪西藏文化廳副廳長甲央　冠山　人民日報（海外
　　版）　1988.4.23

簡談民族文化與倫理　竹立家　道德與文明　1988.2

中國傳統文化基本精神的透視——《天人關係論》一書讀後　惠吉興　社會科學評論
　　1988.2

古代東西方幾種「五經」説　劉以煥　求是學刊　1988.2

列寧文化思想初探　林兆榮　福建師範大學學報（哲社）　1988.2

大文化視角——《文化社會學》評介　墨蘭　博覽羣書　1988.4

再論魯迅與柏楊——兼答《醜陋的中國人》的編者　梁超然　文藝理論與批評
　　1988.2

文化哲學的歷史與展望　何萍等　社會科學（上海）　1988.5

對「禮」的文化機制本身的批判　顧曉鳴　復旦學報（社科）　1988.3

試論文化傳統　林牧　社會科學評論　1988.4

論中國傳統文化的價值與文化戰略（續）　陳秉公　社會科學輯刊　1988.3

關於中國傳統文化的性質　楊安崙　求索　1988.2

傳統思想文化評價五論　滕復　求索　1988.2

論倫理文化比較和評判的價值標準　王潤生　求索　1988.2

論傳統觀念　高旭光　復旦學報（社科）　1988.3

批判的衝突：兩種文化價值觀在當代批評中的投影　李振聲　復旦學報（社科）
　　1988.3

中西啓蒙運動比較論綱　胡木貴等　爭鳴　1988.3

論社會「傳統」機制　朱恪鈞　晉陽學刊　1988.3

文化行政管理工作改革的嘗試　張庚西　羣衆文化　1988.5

「尷尬」中的反思——從民族文化形態談羣衆文化　王盛雲　羣衆文化　1988.5

綜合治理全面防範——漫談現階段羣衆文化工作　周大風　羣衆論壇　1988.2

職工文化能力場　劉湧等　時代　1988.6

貨幣與文化——兩難和悖論　顧曉鳴　中國青年報　1988.6.24

文化市場的開放與管理　高占祥　中國文化報　1988.6.5

簡論文化藝術勞務市場　商爾剛　中國文化報　1988.6.15

文化經營體制的模式轉換　程雲瑞　中國文化報　1988.6.26

建立健康的性文化觀　張建明　中國文化報　1988.6.26

面對文化經紀人的挑戰——來自文化市場的信息　建國　文藝報　1988.6.18

科學與文化——中華民族復興的關鍵　鄭必堅　世界經濟導報　1988.6.6

改革與傳統文化模式的轉換　張文儒　晉陽學刊　1988.3

論中國近代化現代化進程中傳統文化的雙向進動　姜義華　復旦學報（社科）
　　1988.3

論當代中國文化的內在衝突　俞吾金　復旦學報（社科）　1988.3

論中西文化差異之根與當代中國文化之趨向　謝遐齡　復旦學報（社科）　1988.3

「清文化」與知識分子　周義澄　復旦學報（社科）　1988.3

論當代世俗崇拜　王振復　復旦學報（社科）　1988.3

當代中國文化心態的「愛憎症候羣」　程偉禮　復旦學報（社科）　1988.3

轉變中的中國政治文化結構　王滬寧　復旦學報（社科）　1988.3

大衆文化：當代文化的主角　高冠鋼　復旦學報（社科）　1988.3

上海文化中心地位的衰退與重建　李天綱　復旦學報（社科）　1988.3

關於文藝經濟政策的一些思路　陳繼明　社會科學（上海）　1988.6

我國歷史上的三次文化危機　李元　北方論叢　1988.3

秦漢文化生成機制的反思　韓養民　社會科學評論　1988.4

論儒家思想與傳統文化　李元　求是學刊　1988.3

孔子儒學文化初探　何天鵬　求是學刊　1988.3

中國的傳統文化與「阿Q模式」　劉再復等　中國社會科學　1988.3

民主與科學——中國近代文化的艱難歷程　黃宣民等　晉陽學刊　1988.3

試論「五四」時期的文化反省　滕復　浙江學刊　1988.3

閒暇文化初探　陳民健　中國文化報　1988.6.12

文化學內核芻議　郭齊勇等　哲學研究　1988.5

論社會主義的文化產業　李建中　人文雜誌　1988.3

不應將東西文化對立看待　兼論「世界文化」的形成　喻鍾烈　編譯參考　1988.4

兩種文化與一個尺度——關於全腦文化的構想　劉欣大　爭鳴　1988.3

淺議宣傳對象的地位及心理特點　李佳　徽州社會科學　1988.1

社會主義初級階段文化形態轉變特徵辨析　馬亞平　中國文化報　1988.6.15

論社會主義初級階段的低層次文化　王世達等　社會科學評論　1988.5

略論社會主義初級階段文化的層次性　王世達等　社會科學（上海）　1988.6

文化學說論綱——文化學說價值論之四　劉敏中　學習與探索　1988.2

文化概念分析　劉偉　學習與探索　1988.2

跨文化研究中的一些方法論問題　傅鏗　社會　1988.4

傳統道德的困境——「五四」新文化運動對傳統道德的反思　劉再復等　社會科學
　　戰線　1988.2

關於中國古代文化的思考　楊志才　外文學院學報　1988.1

恢弘的懷抱——荐台版《文化中國系列叢書》　秋禾　博覽羣書　1988.1

蔡元培論輸入西方文化問題　高平權　羣言　1988.1

趨熱：一種文化現象的思考　宋煒觀　中國圖書評論　1988.1

民俗學的對象、功能及學習研究方法　鍾敬文　北方論叢（哈爾濱師大學報）
　　　1988.1

試論我國文化市場的形成和發育　徐春政、余愛水　中國文化報　1988.2.28

文化市場管理的内在機制　程雲瑞　中國文化報　1988.2.28

西部文化的觀照　馮毅　青海日報　1988.3.27

海南特區文化建設芻議　陳高衛、陳運震　中國文化報　1988.3.13

香港文化　雨寒　中國文化報　1988.2.15

聞一多在東西文化交流中的複雜心態　方仁念　齊魯學刊（曲阜師院學報）
　　　1988.2

侗族文化與漢族文化比較談　姚世模　黔東南社會科學　1988.1

它將引導人們進入中國古文化的殿堂：讀《中國文化史詞典》　楊純樸　中國圖書評
　　　論　1988.2

「文明與人類社會俱來」説不妥：兼論文明的起源　梁延　廣西黨校學報　1988.2

中國仕文化現象　曲彦斌　中國文化報　1988.5.1

文化意識與歷史文化名城的景觀構成　韋培香、張郁明　淮海論壇　1988.1

中國文化法制建設薄弱點初探　王躍　中國文化報　1988.3.9

屈原與民俗文化　鍾敬文　羣言　1988.4

漢代文化與漢代詩歌　范金民　東南文化　1988.2

秦文化淵源初探　常青　北京大學研究生學刊　1988.1

從明清之際的文學看傳統文化心理的變革　姚學賢、王忠閣　信陽師範學院學報
　　　（哲社）　1988.1

試論清代「西學中源」説　江曉原　自然科學史研究　1988.2

中國近代政治文化的反思　楊漢鷹　政治學研究資料　1988.1

儒家文化的西傳——歐洲爭注《三字經》　汪家熔　黑龍江圖書館　1988.1

《士與中國文化》自序　余英時　讀書　1988.1

五四新文化運動的時代屬性及其主要口號的釋義分析——五四時期思想研究偶見之
　　　一　教學與研究　1988.1

近代湖湘文化的源流、結構及其特徵　饒懷民　湖南師大社會科學學報　1988.1

試論貴州農村羣衆文化建設　傅汝吉　貴州民族研究　1988.1

蘆笙文化叢初探　鍾年　貴州民族研究　1988.1

陰陽五行與中國文化的兩個系統　傅道彬　學習與探索　1988.1

論我國傳統思想文化中的儒法互補問題　李錦全　江海學刊　1988.1

從綜合性系列叢書看兩種文化（續二）　于一　文藝報　1988.2.13

企業文化理論的提出及其特點　郭廷建　中國文化報　1988.2.3

改造觀念形態的城市文化　郭廷建　城市問題　1988.1

文化結構的整體功能與文化結構的改革　林炳熙等　廣州研究　1988.1

消費、文化、電影——俗電影漫論　弘石　羣衆文化　1988.1

簡述佛教與中國文化相結合的歷程　羅顥　法音　1988.2

商品經濟發展中的羣眾文化內涵　聞進　羣眾文化學報　1988.1

羣眾文化活動與羣眾心理　傅恆　羣眾文化學報　1988.1

陶行知的中西文化觀　張葵　行知研究　1988.1

中西體用之爭概述　北久矢　哲學動態　1988.4

形似而神異──中學西漸片論　許蘇民　學習與探索　1988.3

當前我國企業文化的基本特徵　王春播　中國文化報　1988.5.11

社會主義初級階段文化的幾個基本特徵　張平　中國文化報　1988.5.22

社會協商對話與主體文化心理結構　鄭杭生等　中國文化報　1988.5.22

正確對待祖國歷史文化傳統，認真學習馬克思主義哲學　錢學森　思維科學
　　1988.4.1

論我國集鎮社區的文化　葉南客　社會科學（上海）　1988.4

當前農村羣眾文化工作的形勢和對策　常紀平　羣眾文化研究　1988.1

羣眾文化「大」「小」析　郭萍　羣眾文化研究　1988.1

編後記

從1988年 4 月至1989年 4 月整整用了一年的時間，我們編成了這本《1989年中國文化研究年鑑》，它是迄今爲止第一本有關中國文化研究的年鑑。由於中國文化書院是一個民辦的學術和教育機構，在編輯這本年鑑中的困難是可想而知的，因此它不能盡如人意也是可以想像到的。但是爲中國文化事業的發展，中國文化書院是盡了力的。

本年鑑由北京大學張文定先生設計，參加編輯工作的人員主要是北京大學在學或已畢業的碩士和博士研究生。他們是：胡欣、孫尚揚、楊深、陳繼東、程漫紅、喬清舉等。參加寫作的人員除上述編輯外尚有：鮑博、冷德熙、王麗麗、吳紅、徐秀娥、方雲風、張希玲、王博、張廣保、杜浩、汪業芬、陳小蘭、蘇軍、王平、李錦綉、丁一川、陳致、徐衞國等、葛兆光和王守常兩位先生校閱過年鑑全部和部分稿。

我們特別要感謝香港中文大學教授劉述先先生爲年鑑撰寫了香港中國文化研究的情況。台灣《中國論壇》召集人韋政通先生爲年鑑撰寫了台灣中國文化研究的情況，西德墨尼黑大學傅敏怡（Michael Priedrich）先生爲年鑑撰寫了西德中國文化研究的情況。

在我們的年鑑編成後，找出版的地方又遇到了困難，因爲出版這樣的書在中國大陸顯然是要賠錢的。這對大陸的一些出版社是負擔不起的。於是我們就找到了台灣國文天地出版社社長林慶彰先生，他很高興接受這本年鑑，對此我們自然更爲感謝。爲了使年鑑不至於中斷，我們中國文化書院希望和國文天地出版社在編輯出版《中國文化研究年鑑》的工作上繼續合作。

湯一介
1990年 2 月

■國文天地叢書　史學類■

中國文化研究年鑑(1989年)

主　　編：湯一介

編　　者：中國文化書院

發 行 人：林慶彰

責任編輯：黃炫敏・李冀燕・朱盈俊

發 行 所：國文天地雜誌社

　　　　　台北市金山南路2段18號12樓之2

　　　　　電話(02)3216565（代表號）

　　　　　FAX：3942674

　　　　　劃撥帳號0785178－1

總 經 銷：鴻泰圖書有限公司

　　　　　台北市牯嶺街68號地下樓

　　　　　訂書專線（02）3936905・3945633

　　　　　FAX：（02）3945497

定　　價：新台幣1500元正

出版日期：民國79年12月初版

（ 如有缺頁或破損，請寄回本社更換，謝謝 ）

⊙本書由中國文化書院授權出版　翻印必究⊙

ISBN　957-534-023-X